2026 최신판

에듀윌
KBS한국어
능력시험
한권끝장
+무료특강

❶ 통합개념편 | 핵심개념+확인·적용문제

송주연, 김지학, 황혜림 저

YES24 25년 5월
월별 베스트셀러 기준
베스트셀러 1위

YES24 국어 외국어 사전
한국어 능력시험 베스트셀러 1위

특별제공
어휘·어법 끝장노트

45개월 베스트셀러 1위 산출근거 후면표기
최근 13개년 기출분석 자료로 목표등급 달성

- 기출문제 해설 특강 (18회분)
- 어휘·어법 기초 특강 & 어휘·어법 BEST 기출 특강 (각 7일간)
- 최빈출 어휘·어법 문장 완성하기 100선 (PDF)

eduwill

에듀윌과 함께 시작하면,
당신도 합격할 수 있습니다!

목표한 대학에 진학하기 위해
대학 입시를 준비하는 고등학생

졸업을 앞두고 취업을 하기 위해 시간을 쪼개어
KBS한국어능력시험 공부를 하는 취준생

원하는 일과 삶을 찾기 위해
회사생활과 병행하며 이직을 준비하는 직장인

누구나 합격할 수 있습니다.
해내겠다는 '열정' 하나면 충분합니다.

마지막 페이지를 덮으면,

**에듀윌과 함께
KBS한국어능력시험 합격이 시작됩니다.**

에듀윌 KBS한국어능력시험
합격 스토리

한○희 합격생

최고난도 시험에서 전보다 향상된 등급을 받았어요!

제61회 KBS한국어능력시험을 준비하면서 기출문제에서 자주 출제된 어휘를 반복적으로 살펴보았습니다. 낯선 어휘 문제와 생소한 현대 소설 문제가 출제되어 난도가 높은 시험이었는데, 저는 2-급을 취득했습니다. 아쉽다면 아쉬운 등급이지만 처음 시험을 쳤을 때보다 에듀윌 강의를 들은 후 향상된 등급을 받아 이렇게 합격후기를 남깁니다. 앞으로 KBS한국어능력시험의 문제 유형이 더 다양해지리라고 예상합니다. 점점 더 어려워지는 KBS한국어능력시험에 대비하기 위해 에듀윌 오선희 교수님의 강의 커리큘럼을 따라가시는 것을 추천드립니다!

김○원 합격생

에듀윌 '2주 플랜' 따라 1급 취득했어요!

시험을 제대로 준비하기 위해 앞서 시험을 본 친구가 추천해 준 <에듀윌 KBS한국어능력시험 한권끝장>을 구매하였습니다. 교재 구성이 좋았는데, 특히 교재에 수록된 플래너가 한 달 플랜과 2주 플랜으로 나눠져 있다는 점이 좋았습니다. 공부 계획을 세우기 어렵다면 상황에 따라 교재에서 제시하는 대로 따라도 좋을 것 같다는 생각이 들었습니다. 저는 기본적으로는 '2주 플랜'을 따르되, 빈출이론편과 기출변형 문제편을 모두 꼼꼼히 봤습니다. 제 버킷리스트 중 하나가 'KBS한국어능력시험 2급 이상 취득하기'였는데요. 결과는, '1급'으로 기분 좋게 초과달성했습니다!

김○은 합격생

비전공자도 고등급 취득 가능해요!

저는 국어 관련 전공자가 아니고, 다른 일들과 병행하여 준비하느라 KBS한국어능력시험에 올인할 수 없었습니다. 그래서 독학보다는 인강을 듣는 게 더 효율적이라고 보았습니다. 저는 에듀윌 오선희 교수님의 KBS한국어능력시험 초단기 1급 완성반 커리큘럼을 따라 시험을 준비했습니다. 가장 도움이 되었던 부분은 고득점 특강이었는데, 소름 돋을 정도로 적중률이 좋았어요. 실제 시험에서 어휘·어법 영역을 문제당 약 10초 만에 풀어내어 다른 영역에서 풀이 시간을 활용할 수 있었습니다. 그 결과, 저는 2+급을 취득했습니다. 여러분도 모두 목표하는 등급에 도달할 수 있기를 바랍니다.

다음 합격의 주인공은 당신입니다!

에듀윌 한국어

한국어 교재 48만 부 판매 돌파
324개월 베스트셀러 1위

에듀윌이 만든 한국어 BEST 교재로
합격의 차이를 직접 경험해 보세요

KBS한국어능력시험

 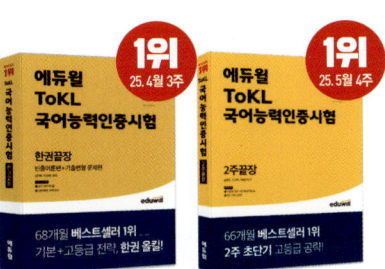 

한국실용글쓰기

ToKL국어능력인증시험

TOPIK 한국어능력시험

* 에듀윌 KBS한국어능력시험 한권끝장/2주끝장/통기출 600제/통기출 600제②/더 풀어볼 문제집, ToKL국어능력인증시험 한권끝장/2주끝장, 한국실용글쓰기 1주끝장, TOPIK한국어능력시험 TOPIK Ⅰ / Ⅱ / Ⅱ 쓰기(이하 '에듀윌 한국어 교재') 누적 판매량 합산 기준 (2014년 7월~2025년 5월)
* 에듀윌 한국어 교재 YES24 베스트셀러 1위
  (2015년 2월, 4월~2025년 5월 월별 베스트. 매월 1위 아이템은 다를 수 있으며, 해당 분야별 월별 베스트셀러 1위 기록을 합산하였음)
* YES24 국내도서 해당 분야별 월별, 주별 베스트 기준

KBS한국어능력시험
모든 강의팩 제공

무료 강의팩으로 목표 등급 달성!

기출문제 해설 특강(18강)
교수님이 시험 응시 후 바로 제공하는 기출 분석

수강경로 에듀윌 도서몰(book.eduwill.net) > 동영상강의실 > 검색창에 'KBS' 검색

어휘·어법 기초특강(5강)
어휘·어법 기초 완성(수강신청일로부터 7일)

수강경로 에듀윌(eduwill.net) > 자격증 > KBS한국어/실용글쓰기 > 상단의 학습자료 탭

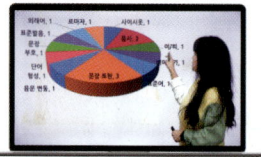

어휘·어법 BEST 기출특강(5강)
최빈출 어휘·어법 모음(수강신청일로부터 7일)

수강경로 에듀윌(eduwill.net) > 자격증 > KBS한국어/실용글쓰기 > 상단의 학습자료 탭

* 위 내용은 서비스 개선을 위해 예고 없이 변경될 수 있습니다.

[개념편+문제편] 한 달 완성

한 달 고등급 플래너

개념부터 실전문제까지 한 달에 고등급 도전!

	공부 범위	공부 여부 ☐ 부족한 영역은 개념+문제 모두, 나의 강점 영역은 문제편만		공부한 날
		통합개념편	기출동형 문제편	
1-2일	I. [1~15] 듣기 최신 6회분 기출 분석 01 듣기 02 듣기+말하기(통합 문제)	☐	☐	__월 __일
3-4일	II. [16~45] 어휘·어법 [어휘] 최신 6회분 기출 분석 01 고유어	☐	☐	__월 __일
5-6일	02 한자어	☐	☐	__월 __일
7-8일	03 어휘 간의 의미 관계	☐	☐	__월 __일
9-10일	04 관용 표현 – 속담/한자 성어/관용구	☐	☐	__월 __일
11일	05 순화어	☐	☐	__월 __일
12-13일	[어법] 최신 6회분 기출 분석 01 주요 한글 맞춤법 규정 02 한글 맞춤법 – 띄어쓰기	☐	☐	__월 __일
14-15일	03 표준어 규정/표준 발음법	☐	☐	__월 __일
16일	04 외래어/로마자 표기법	☐	☐	__월 __일
17-18일	05 문장 부호 06 문장 표현/문법 요소	☐	☐	__월 __일
19일	III. [46~50] 쓰기 최신 6회분 기출 분석 01 글쓰기 계획	☐	☐	__월 __일
20일	02 자료 활용 방안 03 개요 수정 및 상세화 방안	☐	☐	__월 __일
21일	04 퇴고	☐	☐	__월 __일
22-23일	IV. [51~60] 창안 최신 6회분 기출 분석 01 시각 자료를 통한 내용 생성 02 조건에 따른 내용 생성	☐	☐	__월 __일
24일	V. [61~90] 읽기 최신 6회분 기출 분석 01 문학 – 현대시/현대소설	☐	☐	__월 __일
25일	02 학술문 – 인문/예술/과학/사회	☐	☐	__월 __일
26일	03 실용문	☐	☐	__월 __일
27일	VI. [91~100] 국어문화 최신 6회분 기출 분석 01 국어학	☐	☐	__월 __일
28일	02 국문학	☐	☐	__월 __일
29일	취약 영역 복습하기	☐	☐	__월 __일
30일	실전모의고사	☐	☐	__월 __일

[개념편 or 문제편] 2주 완성

2주 목표등급 플래너

'선택과 집중'으로 2주에 목표등급 도전!

	공부 범위	☐ 선택 1 통합개념편	☐ 선택 2 기출동형 문제편	공부한 날
1일	I. [1~15] 듣기 최신 6회분 기출 분석 01 듣기 02 듣기+말하기(통합 문제)	☐	☐	__월 __일
2일	II. [16~45] 어휘·어법 [어휘] 최신 6회분 기출 분석 01 고유어	☐	☐	__월 __일
3일	02 한자어	☐	☐	__월 __일
4일	03 어휘 간의 의미 관계	☐	☐	__월 __일
5일	04 관용 표현 – 속담/한자 성어/관용구 05 순화어	☐	☐	__월 __일
6일	[어법] 최신 6회분 기출 분석 01 주요 한글 맞춤법 규정 02 한글 맞춤법 – 띄어쓰기	☐	☐	__월 __일
7일	03 표준어 규정/표준 발음법 04 외래어/로마자 표기법	☐	☐	__월 __일
8일	05 문장 부호 06 문장 표현/문법 요소	☐	☐	__월 __일
9일	III. [46~50] 쓰기 최신 6회분 기출 분석 01 글쓰기 계획 02 자료 활용 방안 03 개요 수정 및 상세화 방안	☐	☐	__월 __일
10일	04 퇴고	☐	☐	__월 __일
11일	IV. [51~60] 창안 최신 6회분 기출 분석 01 시각 자료를 통한 내용 생성 02 조건에 따른 내용 생성	☐	☐	__월 __일
12일	V. [61~90] 읽기 최신 6회분 기출 분석 01 문학 – 현대시/현대소설 02 학술문 – 인문/예술/과학/사회 03 실용문	☐	☐	__월 __일
13일	VI. [91~100] 국어문화 최신 6회분 기출 분석 01 국어학 02 국문학	☐	☐	__월 __일
14일	실전모의고사	☐	☐	__월 __일

에듀윌
KBS한국어능력시험
한권끝장 + 무료특강
통합개념편

머리말

"기출분석부터 고등급 전략까지,
　　수험생에게 필요한 모든 것을 한권에 담았다!"

KBS한국어능력시험에 도전하십니까?

그것이 어떤 목적이었든, 국가공인 KBS한국어능력시험 자격증이 필요해서 도전하는 것이라면 ≪KBS한국어능력시험 한권끝장≫은 탁월한 선택이 될 것입니다. 이 책은 KBS한국어능력시험의 처음부터 끝까지, 이론부터 예제까지, 기출부터 심화까지 KBS한국어능력시험의 모든 것을 총망라했기 때문입니다. 더불어, 변화하는 시험의 흐름을 고스란히 담아내고자 매년 실질적인 개정을 하고 있습니다.

한국 사람이라면 당연히 잘해야 할 한국어이지만 어느 순간부터 국어 능력이 외면받는 현실 때문에, 이제는 되레 한국어를 잘하는 것도 자신의 가치를 높이는 시대가 되었습니다. 저자들과 편집부의 노력이 여러분의 노력과 맞물려, 더 큰 가치로 여러분을 높일 수 있길 바랍니다.

송주연

- (재)한국언어문화연구원 인증
  ToKL국어능력인증시험 전문강사 제1호 위촉
- KRS 한국어 진흥원 온라인 강사
- KBS 미디어 평생교육센터 온라인 강사
- EBS 프리미엄강좌 ToKL국어능력인증시험 강사
- 대치동, 목동 ToKL국어능력인증시험 강사
- (전) 에듀윌 실용글쓰기 초단기 고득점완성반 강사
- GWP 고시학원 국어교수
- 동원대학교 초빙교수

개정을 맞아 여러 내용을 새롭게 채웠습니다.

KBS한국어능력시험은 한국어 활용을 적절하게 할 수 있는지 확인하고자 하는 시험입니다. 우리가 살아가는 환경의 변화에 따라, 언중의 언어 사용도 변화하고 있습니다. 그리고 KBS한국어능력시험의 문항의 유형과 내용에도 많은 변화가 있었습니다. 최근에는 기존에 출제된 유형이 각 영역 내에서 혼합되어 출제되는 양상을 보였습니다. 또한 사회적 경향을 반영한 문항이 출제되기 시작했습니다.

듣기와 말하기 영역에서는 대화의 주제와 방법에 대한 이해를 높일 수 있도록 하였습니다. 국어 실력의 향상이 여러분이 하고자 하는 일의 작은 등불이 되기를 기대하며 응원합니다.

김지학

- 가톨릭대학교 한국어교육학과 박사 수료
- 연세대학교 언어정보학협동과정 박사 과정
- 숭실대학교 베어드교양대학 외래 교수
- 국립목포대학교 글로벌한국학과 외래 교수
- 숭실사이버대학교 한국어교육학과 외래 교수
- 고려사이버대학교 한국어교육과 외래 교수
- 에듀윌 TOPIK 한국어능력시험 온라인 강사
- YBMNET 평생교육원 한국어교원 2급 과정 외래 교수
- 뉴엠 한국어교원 2,3급 과정 외래 교수
- 탑에듀 평생교육원 한국어교원 3급 과정 외래 교수

중심을 잘 잡는 것이 중요하다는 생각이 듭니다.

입시, 입사라는 큰 문턱뿐 아니라 일상에서 의문을 해결하고 절차를 잘 밟아 나가는 데에 참고할 수 있는 자료는 이미 너무 많습니다. KBS한국어능력시험도 마찬가지일 것 같습니다. 이 시험에서 좋은 점수를 받아 얻을 수 있는 것은 무엇인지, 좋은 점수를 받기 위해서 어떤 자료들을 참고해야 할지에 대한 정보는 도처에 있고 그래서 참 혼란스럽습니다.

시험의 중심은 역시 최근 기출인 듯합니다. 최근 시험 경향을 중심으로 개정된 《KBS한국어능력시험 한권끝장》이 실제 한국어 능력을 기르는 데에도, 이 시험을 통해 얻고자 하는 바에, 수험생들이 보다 안전하고 빠르게 다다르는 데에도 도움이 되었으면 좋겠습니다.

황혜림

- 고려대학교 국어교육과
- 성신여고 국어 교사

한권끝장 100% 활용법

기본부터 제대로 학습하고 싶다면?

통합개념+기출동형 문제를 한 권에!
한 번에 확실한 목표등급 달성!

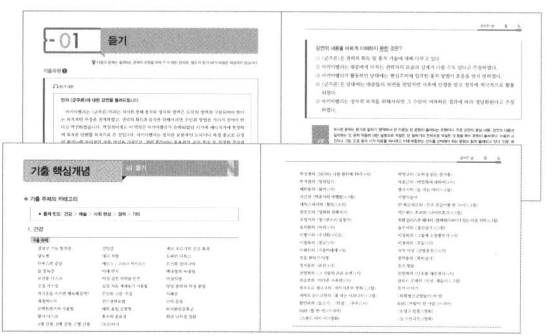

통합개념편
- 기출유형 → 기출 핵심개념
  꼼꼼한 기출분석! 기출유형 및 핵심개념 정리
- 개념 적용문제
  학습한 개념 점검! 기출동형 문제편 학습 전 필수문제 풀이

기출동형 문제편
- 기출동형 문제
  핵심은 기출! 기출을 반영한 영역별 문제풀이
- 실전모의고사
  실제시험처럼 실전 감각 끌어올리기! 모의 답안지로 마킹 연습까지!

효율적인 학습을 원한다면?

어휘·어법+읽기=출제비중 60%!
영역별 특성에 적합한 맞춤학습!

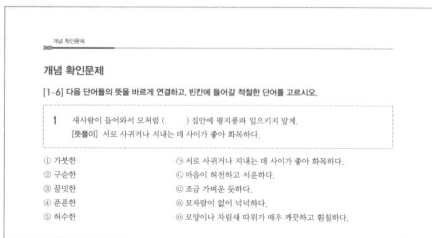

어휘·어법
'기출 핵심개념 → 개념 확인문제 → 개념 적용문제 → 기출동형 문제편 + [특별부록] 어휘·어법 끝장노트'의 반복 훈련

읽기
'제한시간 장치'로 풀이 시간 단축 훈련

기본부터 제대로, 한권이면 충분하다!

기출 경향을 파악하고 싶다면?

전 문항 기출 분석자료로 정확히 목표등급 공략!

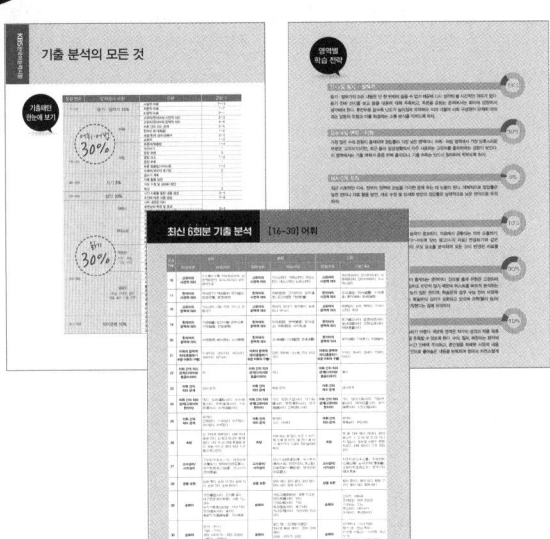

기출 분석의 모든 것
- 기출패턴 한눈에 보기
  최근 13개년 기출 전 문항 분석을 통한 기출패턴 및 기출유형 파악
- 영역별 학습 전략
  영역별 접근 방법 파악으로 목표 등급 공략
- 최신 6회분 기출 분석
  최신 기출 전 문항의 유형과 개념을 분석한 자료로 영역별 기출 완벽 파악

18회분 기출해설·어휘·어법 특강 & 최빈출 어휘·어법 문장 완성하기 100선(PDF)

- 18회분 기출문제 해설과 초고난도 영역의 어휘·어법 특강 제공
- 수강경로
  - 18회분 기출문제 해설 특강: 에듀윌 도서몰(book.eduwill.net) > 동영상강의실 > 검색창에 'KBS' 검색 > KBS한국어능력시험 기출해설특강 강좌 수강하기(최신 6회분 8월부터 제공 예정)
  - 어휘·어법 기초 특강 + 어휘·어법 BEST 기출 특강: 에듀윌(eduwill.net) > 자격증 > KBS한국어/실용글쓰기 > 상단의 학습자료 탭
- 최빈출 어휘·어법을 담은 어휘·어법 문장 완성하기 100선 PDF 제공
- 다운로드 경로
  - 에듀윌 도서몰(book.eduwill.net) > 도서자료실 > 부가학습자료 > 검색창에 'KBS' 검색

어휘·어법 끝장노트

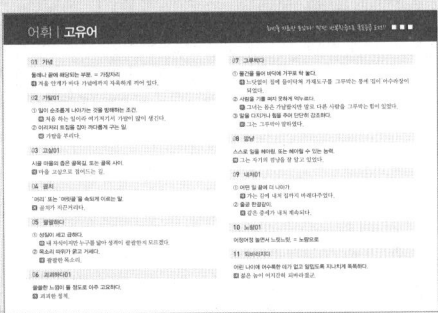

- 어휘·어법의 빈출 이론과 바로확인 문제를 한 권에 담은 암기노트
- 언제 어디서나 볼 수 있도록 휴대성을 높임

에듀윌의 **학습 전략**

▌수험생이 묻고, 에듀윌이 답하다

 시험 준비 기간을 얼마나 잡으면 좋을까요?

 대부분의 사람들이 시험 한 달 정도 전부터 시작은 하지만, 본격적으로 공부를 하는 건 2주 정도입니다. 매일매일 공부할 수 있는 상황이 아니라면 2주 전부터는 최대한 매일 1~2시간이라도 공부하고, 공부할 시간이 없을 때는 이동 시간에 암기라도 합니다. 2~3주 정도로 잡고 집중해서 준비하면 좋아요.

 시험 중 시간 관리는 어떻게 하는 게 좋을까요?

 답안지 마킹 시간도 꽤 걸립니다. 그렇기 때문에 문제를 풀면서 바로 마킹하는 것을 추천해요. 확실한 건 바로 마킹하고, 헷갈리는 문제는 마킹하지 않은 채 보기를 최대한 소거해 두고 마지막 문제까지 훑고 나서 다시 앞부분부터 푸는 것입니다. 그리고 어휘·어법과 창안 영역을 빠르게 풀고, 나머지 시간을 읽기와 쓰기 영역에 더 사용합니다.

 읽기 영역에서 점수를 잘 받으려면 어떻게 하면 좋을까요?

 집중해서 읽고 내용을 파악해야 하는 영역이기 때문에, 마음의 여유를 가지고 풀 수 있도록 다른 영역과 적절히 시간을 배분하는 전략이 필요합니다. 어느 정도 정답률이 높아지면 조금 빠듯하게 제한 시간을 설정해 두고 풀어 보는 걸 추천합니다.

 출제 비중이 큰 어휘, 어법과 읽기는 어떻게 공부하면 좋을까요?

 어휘·어법은 책에 나온 최신 및 중요 어휘·어법 위주로 외웁니다. 특히 어휘·어법은 문제를 풀다가 모르는 게 나오면 꼭 적으면서 암기합니다. 읽기 같은 경우는 실전에서의 집중력이 중요하므로 꼭 시간을 정해 놓고 실전처럼 푸는 연습을 합니다.

 짧은 시간에 효율적으로 공부할 수 있는 팁이 없을까요?

 본인에게 취약한 영역을 확실하게 파악하고, 그 영역을 집중적으로 공부하는 것이 좋은 방법이 될 것입니다. 만약 다른 영역보다 어휘·어법이 약하다고 생각한다면, 모든 영역을 똑같은 강도로 공부하기보다 어휘, 어법을 위주로 공부합니다. 이동 시간에도 틈틈이 기출 어휘·어법 암기노트를 암기합니다.

 단기간에 2-급 이상을 받으려면 어떻게 하면 좋을까요?

 최고 등급 달성이 목표가 아니라면 영역별 집중 전략을 취하는 게 효율적입니다. 사실 어휘·어법과 읽기 비중이 가장 크기 때문에 이 두 영역에 집중하면 단기간에 2-급 취득이 가능합니다. 특히 어휘·어법은 교재에 수록된 내용을 시간 나는 대로 반복하여 학습하면 좋습니다.

자신의 상황에 맞게 한권끝장 교재 활용하기

국어지식 취약자
개념 학습 > 문제풀이 > 모의고사 풀이

 〈통합개념〉편으로 영역별 기본 개념을 꼼꼼히 학습합니다.

 〈기출동형 문제〉편으로 영역별 문제풀이를 합니다.

 취약 영역을 파악하여 해당 영역의 실력 향상을 위해 집중 학습합니다.

 실전모의고사로 시험 직전 최종 점검을 실시합니다.

문제적용 취약자
문제풀이 > 개념 학습 > 모의고사 풀이

 〈기출동형 문제〉편으로 영역별 문제풀이를 합니다.

 주로 어떤 문제를 틀렸거나 어려워했는지 되짚어 보고 취약 영역을 파악합니다.

 취약 영역의 기본 개념을 〈통합개념〉편으로 집중 학습합니다.

 실전모의고사로 시험 직전 최종 점검을 실시합니다.

시험의 모든 것

☑ 시행 기관: KBS한국방송 주최, KBS한국어진흥원 주관

☑ 출제 수준: 한국의 고교 수준의 국어교육을 정상적으로 받은 사람이 풀 수 있는 수준

☑ 응시 자격: 제한 없음.

☑ 자격증 및 성적의 유효 기간: 성적 조회 개시일로부터 만 2년

☑ 검정 기준

등급	검정 기준
1급	전문가 수준의 뛰어난 한국어 사용능력을 가지고 있음. 창조적인 언어 사용능력의 소유자로서 언론인, 방송인, 저술가, 작가, 국어 관련 교육자, 기획 및 홍보 업무 책임자로서 갖추어야 할 언어능력을 충분히 갖추고 있음.
2+급	일반인으로서 매우 뛰어난 수준의 한국어 사용능력을 가지고 있음. 언론인, 방송인, 저술가, 작가, 국어 관련 교육자, 기획 및 홍보 업무를 수행할 언어 사용능력을 갖추고 있음.
2-급	일반인으로서 뛰어난 수준의 한국어 사용능력을 가지고 있음. 언론인, 방송인, 저술가, 작가, 국어 관련 교육자, 기획 및 홍보 업무를 수행할 기본적인 언어 사용능력을 갖추고 있음.
3+급	일반인으로서 보통 수준 이상의 한국어 사용능력을 가지고 있음. 일반 업무를 수행할 수 있는 언어 사용능력을 갖추고 있음.
3-급	국어교육을 정상적으로 이수한 일정 수준 이상의 한국어 사용능력을 가지고 있음. 일정 범위 내에서 일반 업무를 수행할 수 있는 언어 사용능력을 갖추고 있음.
4+급	국어교육을 정상적으로 이수한 수준의 한국어 사용능력을 가지고 있음. 일정 범위 내에서 일반 업무를 수행할 수 있는 기초적인 언어 사용능력을 갖추고 있음.
4-급	고교 교육을 이수한 수준의 한국어 사용능력을 가지고 있음. 일정 범위 내에서 기본 업무를 수행할 수 있는 기초적인 언어 사용능력을 갖추고 있음.
무급	국어 사용능력을 위해 노력해야 함.

(1급~4+급: 국가공인 자격증 발급)

☑ 출제 방식: 객관식 5지 선다형, 100문항, 990점 만점, 문항당 균일 배점이 원칙이나 필요시 차등 배점

☑ 시험 시간: 총 120분(쉬는 시간 없음.)
시험 당일 10:00~12:00**(반드시 09:30까지 입실 완료)**
① 듣기·말하기 평가 25분(10:00~10:25)
② 어휘·어법, 쓰기, 창안, 읽기, 국어문화 평가 95분(10:25~12:00)

국가공인자격의 KBS한국어능력시험

KBS한국방송공사에서 실시하는 KBS한국어능력시험은 문화체육관광부로부터 공인민간자격을 인증받음으로써 명실공히 우리나라를 대표하는 국가공인 한국어능력 자격검정이다.

- 문화체육관광부, 국립국어원이 공공성을 인정하고 지원하는 시험

- 문화체육관광부 공인 제2020-1호

- 자격기본법에 근거한 민간자격 국가공인 취득

  제19조(민간자격의 공인) ① 주무부장관은 민간자격에 대한 신뢰를 확보하고 사회적 통용성을 높이기 위하여 심의회의 심의를 거쳐 법인이 관리하는 민간자격을 공인할 수 있다.

- 국어기본법 시행에 근거한 시험

  제4장 국어능력의 향상 제23조(국어능력의 검정) ① 문화체육관광부장관은 국민의 국어능력 향상과 창조적인 언어생활의 정착을 위하여 국어능력을 검정할 수 있다.

- 국립국어원이 공공성을 인정하고 지원하는 시험

  KBS한국어능력시험은 국어능력 검정을 주관하는 국립국어원이 공식 인증한 시험이다. 출제와 평가결과의 활용 등에 대해서 긴밀히 협조하고 있다.

☑ 2025년 시험 일정

회차	시험일	접수 기간	성적 발표일
83회	2025.02.15.(토)	2025.01.06.(월)~2025.01.31.(금)	2025.02.27.(목)
84회	2025.04.20.(일)	2025.03.10.(월)~2025.04.04.(금)	2025.05.01.(목)
85회	2025.06.15.(일)	2025.05.05.(월)~2025.05.30.(금)	2025.06.26.(목)
86회	2025.08.17.(일)	2025.07.07.(월)~2025.08.01.(금)	2025.08.28.(목)
87회	2025.10.19.(일)	2025.09.01.(월)~2025.09.26.(금)	2025.10.30.(목)
88회	2025.12.21.(일)	2025.11.10.(월)~2025.12.05.(금)	2026.01.01.(목)

☑ 2026년 시험 일정

회차	시험일	접수 기간	성적 발표일
89회	2월 경	1월~2월 경	시험일 기준 열흘 뒤
90회	4월 경	3월~4월 경	
91회	6월 경	5월~6월 경	
92회	8월 경	7월~8월 경	
93회	10월 경	9월~10월 경	
94회	12월 경	11월~12월 경	

☑ 접수 기간: 접수 시작일 09:00부터, 접수 마감일 18:00까지 온라인 접수만 가능

  ※ 시행 일정은 시행처 사정에 따라 변경될 수 있으며, 2026년의 정확한 시험 일정은 2025년 말에 발표 예정.

☑ 수험생 유의사항

- **준비물:** 수험표, 신분증, 연필, 지우개
- 시험지 불출 엄금

응시 영역	대상	활용
① 공무 영역	공사 지원자 및 종사자	자기점검, 임용, 승진
② 군인·경찰 영역	경찰공무원, 군간부 지원자 및 종사자	자기점검, 임용, 승진
③ 교사·강사 영역	자기점검, 교원 및 강사 채용	자기점검, 교원 및 강사 채용
④ 청소년 영역	중·고등학교 학생	자기점검, 특목고 진학 및 대입 면접
⑤ 언론 영역	언론사 지원자 및 종사자	자기점검, 채용 및 승진
⑥ 직무 영역	일반회사 지원자 및 종사자	자기점검, 채용 및 승진
⑦ 외국어 영역	국내 거주 외국인	자기점검, 외국인 근로자 채용

공사/공기업/정부기관
- KBS, 경찰청, 국민건강보험공단, 국민체육진흥공단, 근로복지공단, 도로교통공단, 동작구청, 마포구청, 한국고전번역원, 한국교육방송공사, 한국농촌경제연구원, 한국농어촌공사, 한국생산성본부, 한국석유관리원, 한국수자원공사, 한국자산공사, 한국전력, 한국지도자육성장학

언론사/기업
- GS홈쇼핑, 경향신문, 국악방송, 농수산홈쇼핑, 농심기획, 머니투데이, 서울신문사, 세계일보, 스포츠서울, 우리은행, 전주방송JTV, 파워킹시스템, 한겨레신문, 한국남동발전, 한국일보, 해외한국어방송인턴십

국방부
- 간부사관, 민간부사관, 여군부사관, 헌병부사관, 법무부사관, 군종부사관, 군악부사관, 현역부사관, 학사사관, 여군사관, 육군부사관

대학교
- 경기대, 경인교대, 경희대, 공주영상대, 군산대, 대구가톨릭대, 대구대, 대진대, 덕성여대법학과, 동신대, 동아대, 서울대, 성균관대, 순천향대, 신라대, 아주대대학원, 안양대, 위덕대, 전주대, 청주대, 춘천교육대, 한국외대, 한양대

※ 채택 기관 정보는 유동적이므로 반드시 해당 기관의 공고를 확인하기 바랍니다.

출제 영역

1 문법 능력 (어휘·어법)

1. 어휘
① 고유어　② 한자어　③ 순화어

2. 어법
① 한글 맞춤법　② 표준어 규정　③ 외래어/로마자 표기법　④ 문장 부호

2 이해 능력 (듣기·읽기)

1. 듣기
강의, 강연, 뉴스, 토론, 대화, 인터뷰 자료 등 다양한 구어 담화를 듣고 문제 해결

2. 읽기
① 사실(분석적 이해): 실용 텍스트(기사문, 보고서, 설명서, 편지글, 다매체 텍스트)
② 추리(상상적 이해): 문예 텍스트(문학, 정서 표현의 글)
③ 논리(비판적 이해): 학술 텍스트(인문, 사회, 과학, 예술 등)

3 표현 능력 (쓰기·말하기)

1. 쓰기
① 주제 선정　② 자료 수집　③ 개요 작성　④ 집필　⑤ 퇴고

2. 말하기
① 다양한 말하기 상황과 관련된 능력(발표, 토론, 협상, 설득, 논증, 표준 화법 – 언어예절, 호칭어와 지칭어 등)
② 표준 발음법

4 창안 능력 (창의적 언어 능력)

1. 텍스트 창안
① 유비 추론을 통한 내용 생성
② 조건에 맞는 내용 생성

2. 그림 창안
① 구체적 그림을 통한 내용 생성
② 시각 리터러시

5 문화 능력 (국어 교과의 교양적 지식)

1. 국문학
고전과 현대의 작품과 작가

2. 국어학
국어사 자료 읽기

3. 매체와 국어생활
신문, 점자, 수어, 법률, 방송 매체 등

기출 분석의 모든 것

기출패턴 한눈에 보기

문항 번호	영역(출제 비중)	유형	문항 수
1~15	듣기·말하기 15%	사실적 이해	7~14
		추론적 이해	1~7
		비판적 이해	0~1
16~45	어휘·어법 30% (어휘)	고유어/한자어의 사전적 의미	2~3
		고유어/한자어의 문맥적 의미	4~6
		어휘 간의 의미 관계	3~5
		한자어 표기(독음)	1~2
		속담/한자 성어/관용구	2~3
		순화어	1~2
	(어법)	표준어/맞춤법	1~4
		띄어쓰기	1
		문장 표현	3
		문법 요소	1~2
		문장 부호	1
		표준 발음법/사이시옷	1~2
		외래어/로마자 표기법	2
46~50	쓰기 5%	글쓰기 계획	1
		자료 활용 방안	1
		개요 수정 및 상세화 방안	1
		퇴고	2
51~60	창안 10%	시각 자료를 통한 내용 생성	2~5
		조건에 따른 내용 생성	7~8
61~90	읽기 30% (현대시)	시에 내포된 의미	2~3
		표현상의 특징 및 효과	
		화자의 심리 상태	
		시어의 의미와 역할	
	(현대소설)	서술상의 특징 및 효과	2~3
		작품의 이해와 감상	
		추론적 이해 – 어휘·구절을 통한 작품 해석	
		추론적 이해 – 상황이나 인물의 심리 상태에 적절한 한자 성어, 속담	
		비판적 이해	
	(학술문) (인문, 예술, 과학, 사회)	사실적 이해 – 정보 확인	4~5
		사실적 이해 – 내용 전개 방식	
		사실적 이해 – 자료의 활용 방법	
		사실적 이해 – 서술상 특징	
		추론적 이해 – 빈칸에 들어갈 표현 추리	3~5
		추론적 이해 – 글쓴이의 의도 추리	
	(실용문) (교술, 안내문, 평론, 자료, 보도 자료, 공문)	사실적 이해 – 글, 자료의 내용	8~10
		사실적 이해 – 도표, 그래프의 내용	0~2
		사실적 이해 – 전개 방식, 서술 방식, 자료의 활용 방안	0~1
		추론적 이해 – 구체적 사례에 적용	2~4
		추론적 이해 – 빈칸에 들어갈 내용, 어휘 추리	
		추론적 이해 – 적절한 한자 성어, 속담, 관용 표현	0~1
		비판적 이해 – 글에서 설명 주장한 내용에 대한 비판(교술)	0~1
91~100	국어문화 10%	국문학 – 작품/작가	3
		국어학 – 국어사/내용 파악	3
		국어학 – 수어/점자	2
		국어학 – 매체	2

영역별 학습 전략

[1~15] 듣기 · 말하기 15%

듣기·말하기의 모든 내용은 단 한 번밖에 들을 수 없기 때문에 다시 생각해 볼 시간적인 여유가 없다. 듣기 전에 선지를 보고 들을 내용에 대해 추측하고, 추론을 요하는 문제에서는 화자의 입장에서 생각해야 한다. 후반부로 갈수록 난도가 높아짐에 유의하자. 이와 더불어 사회 구성원이 관계에 따라 겪는 갈등의 유형과 이를 해결하는 소통 방식을 익히도록 하자.

[16~45] 어휘 · 어법 30%

가장 많은 수의 문항이 출제되며 정답률이 가장 낮은 영역이다. 어휘·어법 영역에서 가장 당혹스러운 부분은 '고유어'이지만, 최근 들어 일상생활에서 자주 사용하는 고유어를 출제하려는 경향이 보인다. 이 영역에서는 기출 어휘가 종종 반복 출제되니, 기출 어휘는 반드시 정리하여 익히도록 하자.

[46~50] 쓰기 5%

최근 사회적인 이슈, 정부의 정책에 관심을 가지면 문제 푸는 데 도움이 된다. 대체적으로 정답률은 높은 편이나 자료 활용 방안, 개요 수정 및 상세화 방안의 정답률은 상대적으로 낮은 편이므로 주의하자.

[51~60] 창안 10%

다양한 텍스트, 시각자료로부터 유비추리하는 능력이 중요하다. 자료에서 공통되는 의미 도출하기, 〈조건〉에 맞는 문구 만들기, 글에 제시된 (가)~(마)에 맞는 광고(시각 자료) 연결하기와 같은 문제의 정답률이 낮은 편이다. 제시문이나 글의 구성 요소를 분석하여 모든 것이 반영된 자료를 찾을 수 있도록 연습하자.

[61~90] 읽기 30%

어휘·어법 영역과 함께 가장 많은 수의 문항이 출제되는 영역이다. 장르별 출제 유형은 고정되어 있으나, 텍스트의 주제가 매회 달라지고 글의 길이도 만만치 않기 때문에 텍스트를 빠르게 분석하는 능력이 필요하다. 문학은 대체적으로 난도가 높지 않은 편이며, 학술문의 경우 수능 언어 비문학 영역과 유사하다. 인문 및 사회를 주제로 하는 학술문의 깊이가 심화되고 있으며 과학(물리 등)의 지문이 일반적인 상식 수준 이상을 요구하기 시작했다는 점에 유의하자.

[91~100] 국어문화 10%

국어문화 영역은 출제 범위가 너무 넓어서 예측하기 어렵다. 국문학 영역은 작가의 성격과 작품 목록을 두루 눈에 익혀두어, 작품 제목을 보고 내용을 추측할 수 있도록 한다. 수어, 점자, 북한어는 회차에 따라 어려운 문항을 돌려서 출제하고 있으니 시간 안배에 주의하고, 훈민정음 해례본 서문의 내용과 문법은 반드시 외우며, 법령문은 알기 쉬운 언어로 풀어놓은 내용을 반복하여 읽어서 자연스럽게 익혀 놓자.

차례

- 어휘 · 어법 끝장노트
- 한 달 고등급 & 2주 목표등급 플래너

- 머리말
- 한권끝장 100% 활용법
- 에듀윌의 학습 전략
- 시험의 모든 것
- 기출 분석의 모든 것

15% PART Ⅰ [1~15] 듣기 · 말하기

	개념편	문제편
최신 6회분 기출 분석	18	
01 듣기	20	10
02 듣기+말하기(통합 문제)	32	13

30% PART Ⅱ [16~45] 어휘 · 어법

	개념편	문제편
[어휘] 최신 6회분 기출 분석	48	
01 고유어	50	18
02 한자어	98	21
03 어휘 간의 의미 관계	155	25
04 관용 표현 – 속담/한자 성어/관용구	183	29
05 순화어	224	34
[어법] 최신 6회분 기출 분석	238	
01 주요 한글 맞춤법 규정	240	37
02 한글 맞춤법 – 띄어쓰기	258	42
03 표준어 규정/표준 발음법	266	44
04 외래어/로마자 표기법	286	49
05 문장 부호	296	52
06 문장 표현/문법 요소	307	54

5%

PART Ⅲ [46~50] 쓰기

	개념편	문제편
최신 6회분 기출 분석	334	
01 글쓰기 계획	336	62
02 자료 활용 방안	342	66
03 개요 수정 및 상세화 방안	347	71
04 퇴고	353	78

10%

PART Ⅳ [51~60] 창안

	개념편	문제편
최신 6회분 기출 분석	372	
01 시각 자료를 통한 내용 생성	374	84
02 조건에 따른 내용 생성	382	89

30%

PART Ⅴ [61~90] 읽기

	개념편	문제편
최신 6회분 기출 분석	394	
01 문학 – 현대시/현대소설	398	94
02 학술문 – 인문/예술/과학/사회	417	104
03 실용문	430	118

10%

PART Ⅵ [91~100] 국어문화

	개념편	문제편
최신 6회분 기출 분석	444	
01 국어학	446	138
02 국문학	464	147

- 실전모의고사
- OMR카드

P A R T

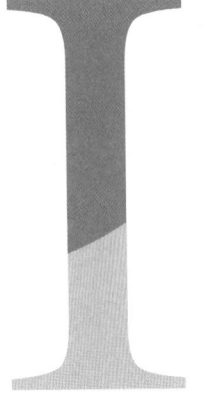

듣기·말하기

01 듣기
02 듣기+말하기(통합 문제)

듣기·말하기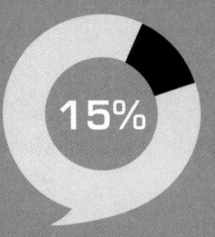

📋 최근 13개년 기출 전 문항 분석 결과

영역	출제 유형	출제 문항 수
[1~15] 듣기·말하기	사실적 이해	7~14
	추론적 이해	1~7
	비판적 이해	0~1

- ☑ 최근 시험에서 추론적 이해의 출제 문항 수가 증가하는 편이다.
- ☑ 담화를 듣고, 이어질 내용을 추론하는 문항의 난도가 높고 정답률이 낮은 편이다.
- ☑ 사진이나 그림을 보고 푸는 문항, 시나 수필을 듣고 푸는 문항은 난도가 낮은 편이다.
- ☑ 듣기·말하기 영역에서는 대부분 80~90% 이상의 정답률을 보인다.

최신 6회분 기출 분석 [1~15] 듣기 · 말하기

문항 번호	A회 유형/분류	A회 지문	A회 자료/개념	B회 유형/분류	B회 지문	B회 자료/개념	C회 유형/분류	C회 지문	C회 자료/개념
1	사실적 이해	테오도르 제리코, 〈메두사호의 뗏목〉	설명(그림)	사실적 이해	뱅크시, 〈눈 먹는 아이〉	설명(그림)	사실적 이해	샤갈, 〈약혼자와 에펠탑〉	설명(그림)
2	추론적 이해	제 꾀에 제가 넘어감	이야기	추론적 이해	모략을 경계	이야기	추론적 이해	노력의 중요성	이야기
3	사실적 이해	일회용품 사용과 환경 오염	강연	사실적 이해	식물의 자기보호	강연	사실적 이해	찌개	강연
4	사실적 이해	〈미스티〉	미디어(라디오)	사실적 이해	첼로	미디어(라디오)	사실적 이해	〈놀람 교향곡〉	미디어(라디오)
5	추론적 이해	문정희, 〈율포의 기억〉	시	추론적 이해	최승호, 〈아마존 수족관〉	시	추론적 이해	공광규, 〈얼굴 반찬〉	시
6	사실적 이해	재생에너지	대화(인터뷰)	사실적 이해	롤, 이스포츠	대화(인터뷰)	사실적 이해	인구 문제와 출산율	대화(인터뷰)
7	사실적 이해 (말하기 전략)	재생에너지	대화(인터뷰)	사실적 이해 (말하기 전략)	롤, 이스포츠	대화(인터뷰)	사실적 이해 (말하기 전략)	인구 문제와 출산율	대화(인터뷰)
8	사실적 이해	지붕 뚫고 하이킥(MBC)	대화(일상 대화)	사실적 이해	남편-아내 대화	대화(일상 대화)	사실적 이해	나의 하제를 위해 (KBS 무대)	대화(일상 대화)
9	추론적 이해	지붕 뚫고 하이킥(MBC)	대화(일상 대화)	사실적 이해 (말하기 전략)	남편-아내 대화	대화(일상 대화)	사실적 이해 (말하기 전략)	나의 하제를 위해 (KBS 무대)	대화(일상 대화)
10	사실적 이해	타인의 시선	강연-인문	사실적 이해	비상식량	강연-과학	사실적 이해	모기와 말라리아	강연-사회
11	사실적 이해 (강연의 특징)	타인의 시선	강연-인문	사실적 이해 (말하기 전략)	비상식량	강연-과학	사실적 이해 (말하기 전략)	모기와 말라리아	강연-사회
12	사실적 이해	컨테이너 박스	발표-사회	사실적 이해	청소년 도박 중독	발표-사회	사실적 이해	휴식의 중요성	발표-과학
13	사실적 이해 (내용 구성 전략)	컨테이너 박스	발표-사회	사실적 이해 (내용 구성 전략)	청소년 도박 중독	발표-사회	사실적 이해 (말하기 전략)	휴식의 중요성	발표-과학
14	사실적 이해	직장 내 대화	대화	사실적 이해	담당자와 주민 대표의 대화	대화	사실적 이해	시청담당자와 주민 대표의 대화	대화
15	추론적 이해	직장 내 대화	대화	추론적 이해	담당자와 주민 대표의 대화	대화	추론적 이해	시청담당자와 주민 대표의 대화	대화

듣기 · 말하기 학습 전략

KBS한국어능력시험의 듣기 영역에서 듣기 단독 문항의 경우 대부분 평이한 수준으로 출제되고 있어 난도가 낮은 편이나, 들은 내용과 일치하지 않는 것을 고르는 문항의 풀이에는 꼼꼼함이, 들은 내용을 바탕으로 드러나지 않은 내용을 추론하는 문항의 풀이에는 집중력이 필요하다.

말하기 영역은 단독으로 출제되지 않고, 듣기와 연계되어 출제되고 있다. 그러므로 하나의 텍스트를 듣고 먼저 듣기와 관련된 문항을 푼 후, 말하기와 관련된 문항을 풀어야 한다. 강연의 내용을 듣고 세부 내용이나 주제를 파악하는 문항은 쉬운 편이지만, 말하기 전략을 파악하는 문항은 오답률이 높으므로 말하기 전략을 묻는 문항의 유형 파악은 필수적이다. 또한 강연이나 뉴스를 듣고 이어지는 말을 고르는 문항의 경우, 주어진 텍스트의 요점과 맥락을 이해하여 답을 골라야 하는 점도 반드시 기억해 두도록 한다.

문항 번호	D회 유형/분류	D회 지문	D회 자료/개념	E회 유형/분류	E회 지문	E회 자료/개념	F회 유형/분류	F회 지문	F회 자료/개념
1	사실적 이해	피에트 몬드리안, 〈꽃 피는 사과나무〉	설명(그림)	사실적 이해	윌렘 클라스존 헤다, 〈블랙베리 파이가 있는 아침 식탁〉	설명(그림)	사실적 이해	셰익스피어, 〈햄릿〉	설명(그림)
2	추론적 이해	〈이솝우화〉	이야기	추론적 이해	자신만의 길을 만들어가는 것의 중요성	이야기	추론적 이해	장자, 〈달생편〉	이야기
3	사실적 이해	북	강연	사실적 이해	모세혈관	강연	사실적 이해	건축물의 구조	강연
4	사실적 이해	베토벤	미디어(라디오)	사실적 이해	깊이에의 강요	미디어(라디오)	사실적 이해	아리랑	미디어(라디오)
5	추론적 이해	이성복, 〈그렇게 소중했던가〉	시	추론적 이해	이장욱, 〈절규〉	시	추론적 이해	박상천, 〈5679는 나를 불안케 한다〉	시
6	사실적 이해	인간과 동물의 언어	대화(인터뷰)	사실적 이해	합성 계면 활성제	대화(인터뷰)	사실적 이해	고혈압	대화(인터뷰)
7	사실적 이해 (말하기 전략)	인간과 동물의 언어	대화(인터뷰)	사실적 이해 (말하기 전략)	합성 계면 활성제	대화(인터뷰)	사실적 이해 (말하기 전략)	고혈압	대화(인터뷰)
8	사실적 이해	남녀의 대화	대화(일상 대화)	사실적 이해	오은영 리포트: 결혼지옥	대화(일상 대화)	사실적 이해	가정 내 대화	대화(일상 대화)
9	추론적 이해	남녀의 대화	대화(일상 대화)	사실적 이해 (말하기 전략)	오은영 리포트: 결혼지옥	대화(일상 대화)	사실적 이해 (말하기 전략)	가정 내 대화	대화(일상 대화)
10	사실적 이해	부호화	강연 – 인문	사실적 이해	도파민 디톡스	강연 – 과학	사실적 이해	마약 중독	강연 – 사회
11	사실적 이해 (말하기 전략)	부호화	강연 – 인문	사실적 이해 (말하기 전략)	도파민 디톡스	강연 – 과학	사실적 이해 (말하기 전략)	마약 중독	강연 – 사회
12	사실적 이해	바이오필릭 디자인	발표 – 사회	사실적 이해	가사 노동	발표 – 사회	사실적 이해	동물권	발표 – 사회
13	사실적 이해 (말하기 전략)	바이오필릭 디자인	발표 – 사회	사실적 이해 (내용 구성 전략)	가사 노동	발표 – 사회	사실적 이해 (내용 구성 전략)	동물권	발표 – 사회
14	사실적 이해	주민 대표와 시청 직원의 대화	대화	사실적 이해	박 고문과 김 대표의 대화	대화	사실적 이해	공영버스담당자와 아파트주민 대표의 대화	대화
15	추론적 이해	주민 대표와 시청 직원의 대화	대화	추론적 이해	박 고문과 김 대표의 대화	대화	추론적 이해	공영버스담당자와 아파트주민 대표의 대화	대화

수험생이 묻고, 전문가가 답하다

Q 강연이나 뉴스를 듣고 이어질 내용을 어떻게 고를 수 있죠? 각자 예상하는 내용이 다를 수 있지 않나요?

A 물론 각자의 생각이 다를 수 있습니다. 그러나 강연이나 뉴스를 듣다 보면 화자가 이야기하는 중심 생각이 반드시 드러나게 되어 있습니다. 그 중심 생각, 중심 주장과 일치하는 내용을 찾도록 노력해야 합니다. 특히 뉴스는 특정 상황의 전망을 제시하며 마무리하는데 긍정적인 입장을 보이는지 그렇지 않은지를 잘 듣고 답을 택해야 합니다.

01 듣기

💡 다음의 문제는 출제되는 문제의 유형을 보여 주기 위한 장치로, 별도의 듣기 MP3 파일은 제공하지 않습니다.

기출유형 ❶

🎧 듣기 대본

먼저 〈군주론〉에 대한 강연을 들려드립니다.

　마키아벨리는 〈군주론〉이라는 저서를 통해 통치와 정치의 영역은 도덕의 영역과 구분되어야 한다는 파격적인 주장을 전개하였고, 권력의 획득과 유지를 위해서라면 수단과 방법을 가리지 말아야 한다고 역설하였습니다. 역설적이게도 이 역작은 마키아벨리가 유배되었던 시기에 메디치가에 헌정하여 복직을 탄원할 목적으로 쓴 것입니다. 마키아벨리는 정치란 보편적인 도덕이나 특정 종교로 규정이 불가능한 독립적인 작동 방식을 가지므로, 권력 획득이나 효율적인 국가 통치 등 일정한 정치적 목적을 위해서라면 그 수단이 반도덕적이거나 반종교적이라 할지라도 그 결과의 긍정성에 따라 얼마든지 정당화될 수 있다고 생각하였습니다. 그는 권력자에게는 여우와 같은 간사한 지혜와 사자와 같은 힘이 필요하다고 역설하였습니다. 또한 대중에게 비치는 권력자의 모습은 고결하고도 도덕적이어야 하지만 실제 모습까지 그럴 필요는 없다는 파격적인 주장을 하였습니다. 필요한 경우에는 주저 없이 사악해지라는 것이 군주를 향한 그의 간언이었습니다. 이로써 오늘날 현실 정치 등을 의미하는 마키아벨리즘이라는 용어가 생겨난 것입니다.

　그러나 그의 역작은 당대의 권력 주체인 메디치 가문의 관심을 끌지 못했고, 철저한 현실주의에 입각한 통치 교본인 〈군주론〉은 그 반도덕적, 반종교적 내용 때문에 당대는 물론 그의 사후에도 오랫동안 권력층의 반발을 샀습니다. 1559년에는 로마 교황청이 마키아벨리의 모든 저서를 금서 목록에 올리게 됩니다. 〈군주론〉에 대한 메디치가의 냉담과 당대인들의 비난에 실망한 마키아벨리는 좀 더 대중적인 계몽의 수단으로 〈만드라골라〉라는 극작을 시도하기도 하였습니다. 그렇지만 대중들의 머릿속에 남아 있는 것은 여전히 〈군주론〉이며, 이를 기점으로 정치사상이 근대와 전근대로 나뉜다는 점에서 그는 계속하여 주목을 받고 있는 것입니다.

강연의 내용을 바르게 이해하지 못한 것은?

① 〈군주론〉은 권력의 획득 및 통치 기술에 대해 다루고 있다.
② 마키아벨리는 대중에게 비치는 권력자의 모습과 실제가 다를 수도 있다고 주장하였다.
③ 마키아벨리가 활동하던 당대에는 현실주의에 입각한 통치 방법이 호응을 얻지 못하였다.
④ 〈군주론〉은 당대에는 대중들의 외면을 받았지만 사후에 인정을 받고 정치에 적극적으로 활용되었다.
⑤ 마키아벨리는 정치적 목적을 위해서라면 그 수단이 어떠하든 결과에 따라 정당화된다고 주장하였다.

유형 익히기

제시된 문제는 듣기와 말하기 영역에서 한 지문당 한 문항이 출제되는 유형이다. 주로 강연의 중심 내용, 강연의 내용과 일치하는 것, 문학 작품에 대한 설명으로 적절한 것, 말하기의 전략으로 적절한 것 등을 묻는 문항이 출제된다. 아울러 사진이나 그림, 도표 등의 시각 자료를 제시하고 이에 부합하는 선지를 선택해야 하는 문항도 함께 출제되고 있다. 인문, 예술, 과학, 건강, 문학 등 다양한 분야의 주제가 다뤄지고 있으며, 문학 작품이 지문으로 제시되는 문항의 난도가 가장 낮고 시각 자료가 제시되는 문항의 난도가 높은 편이다. 내용을 한 번만 들려주므로, 주요한 내용은 메모를 하며 듣는 것이 좋고, 미리 선지의 내용을 파악하여 대략의 주제를 떠올리고 배경지식을 활성화해 두는 것이 도움이 된다.

문제풀이

대본의 둘째 문단에서 '〈군주론〉은 그 반도덕적, 반종교적 내용 때문에 당대는 물론 그의 사후에도 오랫동안 권력층의 반발을 샀습니다.'라고 했으므로, ④의 '사후에 인정을 받고 정치에 적극적으로 활용되었다'는 틀린 내용이다.

정답 | ④

기출 핵심개념 01. 듣기

❖ 기출 주제의 카테고리

■ 출제 빈도: 건강 > 예술 > 사회 현상 > 경제 > 기타

1. 건강

기출 주제

갑상선 기능 항진증	건망증	계단 오르기의 건강 효과
당뇨병	대리 처방	도파민 디톡스
루푸스의 증상	메르스 / 코로나 바이러스	모기와 말라리아
물 중독증	미세 먼지	백내장과 녹내장
보건용 마스크	비상 걸린 의약품 안전	비상식량
신경 가소성	심장 자동 제세동기 사용법	양성 종약과 악성 종양
억지웃음 지으면 행복해질까?	은밀한 고통 '치질'	자폐증
재생에너지	전기경련요법	코어 운동
콘택트렌즈의 사용법	해외 유입 감염병	하지불안증후군
황사 마스크	휴식의 중요성	희귀 난치성 질환
A형 간염, B형 간염, C형 간염	O(오)다리	

⇨ 역대 듣기와 말하기 영역에서 '건강과 질병'을 주제로 한 문항이 독보적으로 많이 출제되었다. 일상에서 많이 경험하게 되는 증상에 대한 구체적인 설명, 잘못된 건강 관리 방법에 대한 조언, 건강을 위해 애써야 하는 것 등을 주제로 듣기 내용이 제시되고 있다.

근래에 스마트폰의 사용자가 늘어남에 따라 '거북목', '안구 건조증' 등에 대해 관심을 가져 보아도 좋을 것이다. 또한 '조현병' 등 사회적인 이슈를 불러일으키는 질병에 대한 기초 지식을 갖추어도 좋다.

2. 예술

기출 주제

공광규의 〈얼굴 반찬〉(시)	구룡연(명소)
권천학의 〈7월의 바다〉(시)	그림으로 읽는 그림 이야기
김두량의 〈삽살개〉(그림)	김만중의 〈사씨남정기〉
김사형 등의 〈혼일강리역대국도지도〉	김성태의 〈검은 구두〉(시)
김충규의 〈거미〉(시)	김현승의 〈파도〉(시)
김홍도의 〈타작도〉(그림)	나희덕의 〈그 복숭아나무 곁으로〉(시)
류시화의 〈잠〉(수필)	문정희의 〈율포의 기억〉(시)
뭉크의 〈절규〉(그림)	박라연의 〈메주〉(시)

박상천의 〈5679는 나를 불안케 한다〉(시)
박지원의 〈열하일기〉
배한봉의 〈봄비〉(시)
샤갈의 〈약혼자와 에펠탑〉(그림)
셰익스피어의 〈햄릿〉(소설)
양진모의 〈명화와 친해지기〉
오영지의 〈창〉(판소리 심청가)
유치환의 〈바위〉(시)
이병기의 〈수선화〉(시조)
이장욱의 〈절규〉(시)
이해인의 〈가을비에게〉(시)
전통 현악기 아쟁
정지용의 〈춘설〉(시)
천양희의 〈그 사람의 손을 보면〉(시)
최승호의 〈아마존 수족관〉(시)
테오도르 제리코의 〈메두사호의 뗏목〉(그림)
피에트 몬드리안의 〈꽃 피는 사과나무〉(그림)
함민복의 〈물고기〉, 〈반성〉, 〈부부〉(시)
KBS 〈밥 한 끼〉(드라마)
〈스탠드 바이 미〉(영화)

박영규의 〈도덕경 읽는 즐거움〉
복효근의 〈버팀목에 대하여〉(시)
뱅크시의 〈눈 먹는 아이〉(그림)
서양미술사
얀 베르메르의 〈진주 귀걸이를 한 소녀〉(그림)
에드워드 호퍼의 〈나이트호크〉(그림)
윌렘 클라스존 헤다의 〈블랙베리파이가 있는 아침 식탁〉(그림)
윤두서의 〈짚신삼기〉(그림)
이성복의 〈그렇게 소중했던가〉(시)
이정하의 〈우물〉(시)
작자 미상 〈금방울전〉(고전)
정약용의 〈목민심서〉
조선 왕릉
천양희의 〈단추를 채우면서〉(시)
클로드 모네의 〈인상, 해돋이〉(그림)
토끼 이야기
〈하회별신굿탈놀이〉의 탈
KBS 〈바람이 된 사랑〉(드라마)
〈쇼생크 탈출〉(영화)
〈싱 스트리트〉(영화)

⇨ 그림에 대해 소개하고 적절한 그림을 선택하는 유형과 시나 수필 등 문학 작품을 듣고 푸는 유형으로 출제된다. 전자의 경우 1~2번의 위치에서 시각 자료와 함께 제시되는 것이 있고, 강연을 들려주는 형태가 있다. 후자의 경우 듣기 내용과의 일치, 시의 중심 소재 등을 선택하는 유형이 출제된다. 또는 특정 작품에 대한 감상문을 공유하고 현대에 교훈을 주며 마무리하는 형태로 출제되기도 한다. 예술 분야에 대한 지식이 없어도 듣기 내용을 잘 들으면 충분히 문제를 풀 수 있다.

3. 사회 현상

기출 주제

게이미피케이션
귀인의 편향
노후 빈곤
동물실험
리우 올림픽이 남긴 교훈
만 나이
바이오 필릭 디자인
아파트 면적과 공간
연구 부정행위

고령화
노블레스 오블리주
답정너 확증 편향
대형견 입마개 의무화
마약 중독
무분별한 게임 개발의 미래
시속 10km 감속, 사고 위험 16%p 줄어
어른이
이스터섬과 모아이

기출 핵심개념

인구 문제와 출산율	인구 절벽 본격화, 생산 연령 인구↓, 고령 사회 진입
자동차 리콜, 완벽한 자동차를 위하여	자동차 승차 예절
저출산	직장 내 대화
청소년 도박 중독	체계적인 지진 대비책 시급
촉법 소년 연령 기준 하향	키워드 토크 병역
한·중·일 밥상 문화	10대들의 위험한 다이어트
4차 산업 혁명	90년대생들이 말하는 이해 안 가는 상사 유형

⇨ 사회 전반에서 문제로 인식되고 있는 영역들을 집중적으로 다루고 있다. 최근에는 '올바르고 좋은 사회' 형성을 저해하는 요소들을 분석하고 이를 극복하는 방안과 대책 마련 촉구가 중심을 이루고 있다. '안전 불감증'이나 '정치인의 도덕' 등 최근 이슈가 되는 소재들은 출제될 가능성이 높다.

4. 경제

기출 주제

니케이 지수	소비 심리
유엔 식량 농업 기구의 식량 생산 능력 감소 경고	자동차 리콜 제도
정부의 부동산 종합 대책 발표	통화 정책의 영향에 따른 원·달러 환율 하락
한국은행과 함께하는 화폐 이야기(위조지폐)	한국은행 성장률 조망
한미 금리 역전, 금융 불안 우려	항공 마일리지 사용 방법

⇨ 최근 기출에서는 경제 분야에 관한 기본적인 지식이 있어야 풀기에 용이한 문항이 종종 출제되고 있다. 특히 금융과 관련된 주제들의 출제 빈도가 높아지고 있으니 유의하여 대비해야 한다.

5. 일상 대화 및 공적 대화

기출 주제

가사노동	가정 내 대화
공영버스담당자와 아파트 주민대표의 대화	남녀의 대화(일상 대화)
남편과 아내의 대화	박 고문과 김 대표의 대화
시청 직원의 대화	인간과 동물의 언어(일상 대화)
주민 대표와 주민 대표와 시청 직원의 대화(공적 대화)	

6. 기타

기출 주제

개천절	고양이 눈동자가 세로로 길쭉한 이유
공유지의 비극	곰 관제 시설 오작동
기상 정보	나를 위한 글쓰기
뇌파를 통한 특별한 훈련	다운 점퍼의 세탁 방법
대입 정시 확대	라면 끓이는 방법
레드카펫	미세 먼지 감축
미세 플라스틱	방파제 주변 파도 주의
봉수제	사하라 사막
상대방과 약속을 잡는 방법	손난로의 작동 원리
수학 포기자의 발생 원인	아이 양육에 필요한 요소
아파트 공동 체육 시설	엔지니어 정약용
'여간' 사용의 오류	인공위성
점자로 세상을 열다	제습기의 원리
제임스 웹 우주 망원경	조선 시대 왕의 놀이 '투호'
지진 대응 방안	지퍼의 고안 과정과 역할
탄소중립과 산림 관리	테니스 경기 방법과 규칙
한반도, 지진 안전지대 아니다	한옥의 지붕 구조
항아리 냉장고	효모
SD 메모리 카드	

⇨ 위에서 특정한 범주 안에서 이야기되었던 주제들 이외에 '일상생활의 지혜'와 관련한 부분과 기존의 한국 정책 안에 있던 제도와 문화에 대해 출제되고 있다.

❖ 예상 출제 주제

• 일상 대화의 대화 관계 및 주제

대화 관계	주제	예시
인간(화자)-인간(동물 주제)	인간과 동물에 대한 이야기	인간과 동물의 상호작용, 애착, 관찰에 대한 이야기
남성-여성 (연인, 친구, 직장 동료 등)	남녀의 일상 대화	일상적인 감정 공유, 소소한 사건, 일상의 계획 등
남편-아내 (배우자 관계)	남편과 아내의 일상 대화	가정생활, 자녀 문제, 가계 운영, 일상 고민 등
가족 구성원 간 (부모-자녀, 형제자매 등)	가정 내 대화	가족 구성원 간 일상적 소통, 갈등 조정, 애정 표현 등
가족 구성원 간 (특히 부부 또는 부모-자녀 등)	가사노동에 대한 대화	가사 분담, 청소, 식사 준비 등 생활 관리에 대한 협의

• 공적 대화의 대화 관계 및 주제

대화 관계	주제	예시
공영버스 담당자-아파트 주민 대표	공영버스 관련 민원 대화	버스 노선 변경, 운행 시간 조정 등 지역 교통 문제 협의
기업 고문-회사 대표	박 고문과 김 대표의 대화	경영 자문, 사업 방향 논의, 정책 자문 등 공적 업무 관련
주민 대표-주민 대표	주민 대표 간의 회의 대화	아파트 관리, 공동체 운영 방안, 시설 개선 논의 등
주민 대표-시청 직원	주민 대표와 시청 직원 간 대화	지역 행정, 민원 처리, 공공 시설 개선 요청 등
시청 직원-시청 직원 (동료 또는 상하 관계)	시청 직원 간 공적 대화	부서 간 협력, 행정 업무 보고 등 정책 집행 관련 대화

- **생명과학/뇌과학**: 수면과 기억력 향상의 관계, 기후 변화와 전염병 확산, 뇌 신경 전달 물질과 인간 감정 조절, 신경과학을 활용한 집중력 향상 기술
- **환경과학/에너지**: 친환경 교통수단 개발과 미래 사회, 인공광합성 기술과 식량 문제 해결, 지구 온난화와 대체 식량 개발
- **응용과학/기술**: 극한 상황 생존 기술과 과학적 원리, 전자기파와 인간 건강
- **환경/디자인 관련**: 도시 녹지 공간 확대와 시민 삶의 질, 도시 녹지 공간 확대와 시민 삶의 질, 지속 가능한 도시 개발과 주민 참여
- **청소년/중독/심리 관련**: 청소년 정신 건강과 스트레스 관리, 중독 예방을 위한 교육과 캠페인, 청소년 여가 활동과 사회적 연대
- **인구/출산/사회정책 관련**: 고령화 사회와 노인 복지 정책, 저출산 시대의 가족 정책과 일·가정 양립 지원
- **마약/법적 문제 관련**: 불법 약물 유통 방지와 법적 대응 방안
- **건강/생활 습관 관련**: 건강한 생활 습관 형성을 위한 지역 사회 프로그램

❖ 듣기 출제 텍스트의 유형

> ■ 출제 빈도: 설명 > 설득 > 인터뷰 > 뉴스 > 문학

1. 설명
읽는 이들이 어떠한 사항에 대해 이해할 수 있도록 객관적이고 논리적으로 서술하는 것으로, 주로 실용적인 내용을 다룬다. 정보의 전달을 통해서 듣는 이가 모르고 있는 사실이나 사물, 현상, 사건에 대해 알게 하는 것을 목적으로 한다. 객관성, 평이성, 정확성, 유용성 등의 특성을 지닌다.

⇨ 주로 새롭게 시행되는 제도, 에너지, 생태계, 건강과 질병, 사고방식에 대한 주제들이 많이 다뤄지고 있다. 시험이 시행되기 6~8개월 정도 이전에 새롭게 시행되거나 논의가 된 제도의 내용을 미리 확인해 두면 도움이 될 것이다. 이 외에도 새롭게 주목받고 있는 이론이나 도서의 내용(타바타 운동, 정리의 힘 등)도 주제로 제시될 가능성이 높다. 이와 더불어 신조어(루키즘, 톱-다운 제도, 데이터 스모그 등), 운동 경기의 규칙(골프, 유도, 야구, 펜싱 등), 건강(대사 증후군, 석면 피해 등)을 주제로 한 텍스트가 자주 제시되는 점에 주목하여야 한다.
또한 효과적인 의사소통을 위한 공감적 듣기, 표현법에 관한 텍스트의 출제 빈도가 높은 점을 기억해야 한다. 신조어의 경우 특정 세대에게 유행하는 용어보다는 과학, 기술, 제도 등과 유관하게 만들어진 신조어의 출제 가능성이 높은 편이다.

2. 설득
어떤 주제에 관하여 자기의 생각이나 주장을 체계적으로 밝혀, 듣는 이가 말하는 이의 생각을 인정하고 받아들이도록 하며 구체적 행동으로 옮기도록 하는 것을 목적으로 한다. 설득에 영향을 미치는 요소에는 파토스(감성 - 감정적 요소), 로고스(이성 - 논리적 뒷받침의 요소), 에토스(신뢰 - 믿을 만한 화자)가 있다.

⇨ 설득은 최근 이슈가 되고 있는 현황·사건 등을 다루고, 이에 대한 문제점을 제기하거나 해결 방안을 제시하고, 해결을 촉구하는 형태의 텍스트가 제시된다. 최근 사회, 경제, 문화에서 주요하게 다뤄지는 현상에 주목할 필요가 있다. 주로 '말하기 전략'과 연계되어 출제된다.

3. 인터뷰
특정한 목적을 가지고 개인이나 집단을 만나 정보를 수집하고 이야기를 나누는 것으로, 주로 기자가 취재를 위해 특정한 사람과 가지는 회견을 이른다.

⇨ 인터뷰의 출제 빈도는 높지 않으며, 주로 뉴스나 강연의 사회자와 강연자가 대화하는 형태로 제시된다.

4. 문학
사상이나 감정을 언어로 표현한 것이다. 즉, 작가가 인간의 가치 있는 체험을 상상력을 바탕으로 재구성하여, 언어로 표현하는 예술의 한 갈래이다.

기출 핵심개념

⇨ 문학과 관련한 듣기 텍스트는 '시 > 판소리 > 우화 > 수필'의 빈도로 출제되는 경향을 보인다. 문학 텍스트가 듣기에 제시되는 경우에는 '중심 생각', '중심 주제', '내용 파악' 등의 단순한 내용 확인만을 요하기 때문에 쉽게 풀 수 있는 경우가 많다.

5. 뉴스
새로운 소식을 알려 주는 방송 프로그램이나 그러한 보도를 의미한다.

⇨ 최근 회차에서는 라디오 뉴스의 내용을 제시하고, 각 참여자의 설명과 관련한 내용을 묻는 문항이 출제되고 있다. 시의성이 반영된 내용이 주로 제시되고 있으며, '전문가가 설명한 내용과 일치하지 않는 것, 기자의 말하기 전략에 대한 설명으로 적절하지 않은 것'을 묻는 문항이 고정으로 출제되고 있다.

개념 적용문제   01. 듣기

🎧 에듀윌 도서몰(book.eduwill.net)에서 듣기 MP3 파일을 무료로 내려받으세요.

1 강의의 내용을 바르게 이해한 것은?

① 실험에 참여한 학생들은 호응의 효과를 미리 알고 있었다.
② 심리학 강의를 듣는 인류학과 학생들이 듣기 실험에 참여하였다.
③ 심리학 교수는 자신의 수업을 듣는 학생을 대상으로 실험을 했다.
④ 학생들은 실험 내내 인류학 강의를 열심히 듣기 위해 노력하였다.
⑤ 실험 전에 인류학 교수는 강의하면서 학생들과 시선을 맞추지 않았다.

문제풀이 ▶ 실험이 시작된 후에, 인류학 교수가 학생들의 적극적인 듣기와 호응에 따라 학생들과 시선을 마주치기 시작했다는 서술로 보아 ⑤가 적절하다.
①, ④ 실험에 참여한 학생들은 자신들의 행동에 대한 결과를 미리 알지 못했으며, 학생들은 처음에 단순히 실험 차원에서 강의를 열심히 듣는 척하였다.

정답 | ⑤

2 시의 제목으로 가장 적절한 것은?

① 길
② 손
③ 허공
④ 촛불
⑤ 석문

문제풀이 ▶ 이 시는 버림받은 여인의 기다림과 하소연이 담긴 조지훈의 〈석문〉이다.

정답 | ⑤

개념 적용문제

🎧 듣기 대본
1 먼저 심리학 강의를 들려드립니다.

> 어느 대학의 심리학 교수가 그 학교에서 강의를 재미없게 하기로 정평이 나 있는 한 인류학 교수의 수업을 대상으로 듣기의 효과에 관한 실험을 하였습니다. 그 심리학 교수는 인류학 교수에게는 이 사실을 철저히 비밀로 하고 그 강의를 수강하는 학생들에게만 사전에 다음의 몇 가지 주의 사항을 전달했지요. 첫째, 교수의 말 한 마디 한 마디에 주의를 집중하면서 열심히 들을 것. 둘째, 얼굴에는 약간의 미소를 띠면서 눈을 반짝이며 고개를 끄덕이기도 하고 간간이 질문도 하면서 강의가 매우 재미있다는 반응을 겉으로 드러나게 할 것이었습니다.
>
> 한 학기 동안 계속된 이 실험의 결과는 매우 흥미롭게 나타났습니다. 우선 그 재미없던 인류학 교수는 줄줄 읽어 나가던 강의 노트에서 드디어 눈을 떼고 학생들과 시선을 마주치기 시작했고, 가끔씩은 한두 마디 유머 섞인 농담을 던지기도 하더니 그 학기가 끝날 즈음엔 가장 열의 있게 강의하는 교수로 바뀌게 된 것이지요. 더욱 놀라운 것은 학생들의 변화였습니다. 처음에는 단순히 실험 차원에서 재미 삼아 강의를 열심히 듣는 척하던 학생들은 이 과정을 통해서 정말로 강의를 흥미롭게 듣게 되었고, 그 가운데는 소수이긴 하지만 아예 전공을 인류학으로 바꾸기로 결심하게 된 학생들도 나오게 되었습니다.

2 이번에는 시 한 편을 들려드립니다.

> 　당신의 손끝만 스쳐도 소리 없이 열릴 돌문이 있습니다. 뭇사람이 조바심치나 굳이 닫힌 이 돌문 안에는, 석벽 난간(石壁欄干) 열두 층계 위에 이제 검푸른 이끼가 앉았습니다.
>
> 　당신이 오시는 날까지는, 길이 꺼지지 않을 촛불 한 자루도 간직하였습니다. 이는 당신의 그리운 얼굴이 이 희미한 불 앞에 어리울 때까지는, 천 년이 지나도 눈감지 않을 저의 슬픈 영혼의 모습입니다.
>
> 　길숨한 속눈썹에 항시 어리운 이 두어 방울 이슬은 무엇입니까? 당신의 남긴 푸른 도포 자락으로 이 눈썹을 씻으랍니까? 두 볼은 옛날 그대로 복사꽃 빛이지만, 한숨에 절로 입술이 푸르러 감을 어찌합니까?
>
> 　몇 만 리 굽이치는 강물을 건너와 당신의 따슨 손길이 저의 흰 목덜미를 어루만질 때, 그때야 저는 자취도 없이 한 줌 티끌로 사라지겠습니다. 어두운 밤하늘 허공 중천(虛空中天)에 바람처럼 사라지는 저의 옷자락은, 눈물 어린 눈이 아니고는 보이지 못하오리다.
>
> 　여기 돌문이 있습니다. 원한도 사무칠 양이면 지극한 정성에 열리지 않는 돌문이 있습니다. 당신이 오셔서 다시 천 년(千年)토록 앉아 기다리라고, 슬픈 비바람에 낡아 가는 돌문이 있습니다.
>
> － 조지훈, 〈석문〉

02 듣기 + 말하기(통합 문제)

> 다음의 문제는 출제되는 문제의 유형을 보여 주기 위한 장치로, 별도의 듣기 MP3 파일은 제공하지 않습니다.

기출유형 ❶

🎧 듣기 대본

[1~2] 먼저 '빅 데이터'에 대한 강연을 들려드립니다. 1번은 듣기 문항, 2번은 말하기 문항입니다.

  인터넷 감시가 '폭증'하고 있습니다. 지난 29일 방송통신위원회가 내놓은 〈상반기 감청 협조, 통신 사실 확인 자료, 통신 자료 제공 현황〉에 따르면 전반적으로 수사 기관의 통신 감청이 줄어드는 상황 속에서도 유독 인터넷 감청은 320건에서 356건으로 11.3% 늘었습니다. 인터넷 감청이란 이메일과 비공개 모임 게시 내용을 확인한 것을 뜻합니다. 통화 내역, IP 주소 등에 대한 사실을 조회하는 '통신 사실 확인 자료' 부문은 전년도 대비 10.5% 증가한 가운데 전반적으로 인터넷 부문의 증가치 14.4%가 두드러집니다.
  특히 '통신 자료 제공' 부문의 증가치는 충격적입니다. 이용자의 실명 등 신상 정보를 조회하는 '통신 자료 제공'이 전년도 대비 0.7% 증가한 가운데 인터넷 부문은 무려 28.1%나 증가했습니다. 현행 전기통신사업법 제54조에 의거하여 요청되고 있는 '통신 자료 제공'은 통신비밀보호법에 의해 법원의 영장이나 허가를 구하도록 한 다른 자료 제공과 달리 수사 기관의 요청만 있으면 제공되기 때문에 문제를 지적받아 왔습니다.
  무엇보다 최근 자료 요청이 폭증한 것은 인터넷 실명제와 관련이 있어 보입니다. 법원에 최소한의 범죄 사실을 소명할 필요도 없이 공문 한 장이면, 아니 바쁘면 그도 없이, 평소에 실명 정보를 수집해 두었던 포털 등 통신 사업자에게 이용자 성명, 주민 등록 번호, 주소, 가입 및 해지 일자, 전화번호, ID를 척척 제공 받을 수 있으니 수사 기관은 얼마나 편하겠습니까. 인터넷 실명제의 '악플 감소' 효과에 대해서는 객관적 자료를 찾아볼 수 없지만 수사 편의는 확실히 증가한 것으로 보입니다. 이러한 인터넷 감청과 자료 제공이 모두 합당한 것이라고 보기는 어렵습니다. 실명제로 수집된 이용자의 신상 정보가 최소한의 사법적 통제 없이 마구잡이로 제공되고 있을 뿐만 아니라, 인터넷 감청 역시 광범위한 압수 수색 영장에 의해 이루어지고 있는 것이 현실이기 때문입니다.

1 강연의 내용과 일치하지 <u>않는</u> 것은?

① 인터넷 실명제는 수사 편의의 증가와 관련성을 지니고 있다.
② 통신 자료 제공은 법원의 영장이나 허가를 구해야만 가능하다.
③ 인터넷 실명제로 수집된 이용자의 신상 정보가 함부로 제공되고 있다.
④ 통화 내역과 IP 주소 등에 대한 사실을 조회하는 것은 '통신 사실 확인 자료' 부문에 해당된다.
⑤ 인터넷 실명제로 수집된 이용자의 신상 정보, 인터넷 감청이 합당하지 않은 방법으로 제공되고 있다.

2 강연자가 사용한 말하기 전략에 대한 설명으로 가장 적절한 것은?

① 비유의 방식을 사용하여 대상의 개념을 설명하고 있다.
② 동일한 현상을 설명하는 다양한 이론을 제시하고 있다.
③ 반어적 표현을 사용하여 중심 소재에 대해 설명하고 있다.
④ 상반된 대상을 대비하며 중심 소재의 특성을 부각하고 있다.
⑤ 통계 자료를 구체적으로 제시하여 주장의 설득력을 높이고 있다.

유형 익히기

듣기와 말하기 통합 문항이다. 주로 '강연' 유형의 텍스트가 제시되고 '일치하는 것, 일치하지 않는 것'을 선택하는 문항과 이 강연에서 사용한 말하기 전략이 무엇인지 묻는 문항이 통합적으로 출제된다. 강연의 내용을 잘 듣고 일치하는 내용과 일치하지 않는 것을 찾는 문항은 난도가 그리 높지 않으며, 눈으로 텍스트를 보며 내용을 파악하는 것이 아니라 텍스트를 듣고 답을 찾아내야 하므로 선지의 내용에 집중해야 한다. 말하기 전략을 선택하는 문항의 선지는 기출 선지의 경향에서 벗어나는 내용이 많지 않으므로 적은 개수의 문항 풀이 연습으로도 충분히 해결할 수 있다. '역사적 사실, 통계 자료의 제시, 전문가의 견해 인용, 실제 사례 제시, 대상의 개념 정의' 등이 선지로 자주 제시되고 있다. 텍스트의 장르에 대한 지식을 함께 학습하면 선지를 빠르게 선택할 수 있을 것이다. 설명의 일부를 제외하면 '비유적 표현, 반어적 표현'이 선지의 정답으로 등장하는 일이 드물다는 점을 참고하되 변수가 있는 경우에 유의하자.

문제풀이

1. 통신 자료 제공은 '통신비밀보호법에 의해 법원의 영장이나 허가를 구하도록 한 다른 자료 제공과 달리 수사 기관의 요청만 있으면 제공되기 때문에 문제를 지적받아 왔습니다.'라고 언급되어 있으므로, 제시된 강연의 내용과 ②의 내용이 일치하지 않는 것을 알 수 있다.
2. 통계 자료의 구체적 수치를 제시하며 인터넷 감청의 비중이 높다는 것을 청자가 확인하도록 하고 있다. 타당한 근거를 가지고 주장을 할 때 사용되는 대표적 방법이 '통계 자료 제시', '전문가의 의견 인용' 등이다.

정답 1. ② / 2. ⑤

기출유형 ❷

🎧 듣기 대본

[3~4] 이번에는 드라마 속 대화를 들려드립니다. 3번은 듣기 문항, 4번은 말하기 문항입니다.

모친: 너 이게 무슨 영수증이야?
딸: 응? 갑자기 무슨 영수증 말하는 거야?
모친: 세탁기에 빨래 넣다가 봤는데, 뭐 하는 데 7만 원이나 썼어?
딸: 아, 그거? 주말에 친구들하고 놀면서 먹은 거지 뭐.
모친: 친구들하고 하루 동안 뭘 얼마나 사 먹었길래 돈을 이렇게 많이 썼어?
딸: 점심때 만나서 밥 먹고, 커피 마시고 와플도 먹고.
모친: 어이구, 정신이 없구먼. 네가 지금 그럴 때야?
딸: 왜 그래? 예쁘고 맛있는 거 사서 먹고 하면 기분도 좋잖아.
모친: 아르바이트해서 얼마 벌지도 않으면서 헛돈 쓰고 다니니까 하는 말이지! 도대체 언제 철들래?
딸: 그게 왜 헛돈이야? 돈은 그런 데 쓰라고 버는 거야. 내 친구들도 다 그래.
모친: 먹는 거에 하루에 몇만 원씩 쓰면 그게 다 헛돈 쓰는 거지. 먹는 거는 학생 형편에 맞게 아껴 쓰고, 돈을 잘 모아 놨다가 꼭 필요한 일이 있을 때 쓸 줄 알아야지.
딸: 엄마처럼 나중에 쓴다고 맨날 아끼다가 지금 후회하는 것보다 이게 낫거든?
모친: 돈이 있다가도 없고 없다가도 있는 거지만, 그렇게 쓸데없는 데 자꾸 쓰면 없다가 계속 없는 거야!
딸: 돈은 지금 나한테 필요한 걸 위해서 쓰면 되는 거지. 오늘은 딱 하루만 사는 거라고. 아, 몰라. 나 학교 간다!

3 등장인물의 생각으로 적절하지 않은 것은?

① 모친: 현재를 위해 아끼지 않고 쓰는 것은 철이 없는 것이다.
② 모친: 친구를 만나서 돈 쓰는 것보다 가족을 위해 쓰는 것이 낫다.
③ 딸: 나중을 위해 아끼는 것보다 지금을 위해 쓰는 것이 낫다.
④ 모친: 돈은 먹는 것에 쓰기보다는 아껴서 필요할 때 써야 한다.
⑤ 딸: 돈은 자신이 의미 있다고 생각하는 곳에 쓰기 위해 버는 것이다.

4 두 사람의 갈등이 촉발된 근본적인 원인으로 가장 적절한 것은?

① 놀이 문화에 대한 시각 차이
② 소비 문화에 대한 시각 차이
③ 현실적 한계에 대한 시각 차이
④ 행복의 조건에 대한 시각 차이
⑤ 교육에 드는 비용에 대한 시각 차이

유형 익히기

듣기와 말하기 통합 문제로, 드라마 속 인물의 대화를 듣고 인물의 생각을 파악하는 문항과 두 인물의 생각이 다른 원인이 무엇인지를 선택하는 문항을 풀어야 한다. 드라마는 역사적 배경이나 인물의 복잡한 관계를 고려해야 하는 형태로 출제되지는 않으며, 길지 않은 담화를 듣고 등장인물 간의 생각이 다른 초점만 잘 파악하면 문제를 푸는 데에 큰 어려움이 없다. 갈등의 원인도 대화에서 간접적 힌트가 자주 제시되는 편이다. 등장인물 간의 성별이 다른 경우 인물의 변별이 잘 되어서 문항을 푸는 것이 덜 어렵지만, 같은 성별의 등장인물이 대화하는 형태로도 출제가 되고 있다. 이때에는 인물의 이름이나 특성에 대해 잘 기억하여 문제를 풀어야 한다. 일상적 대화에서도 자주 등장하는 '돈이 먼저냐 꿈이 먼저냐, 개발이 먼저냐 자연 보호가 먼저냐' 정도의 가치관 차이로 인한 갈등이 나타난 대화가 제시된다. 극심하게 상대방을 비난하는 정도의 갈등이 나타나는 대화가 제시되는 것이 아니므로 대화의 분위기만으로 선지의 내용을 파악하는 것은 적절한 방법이 아니다. 하나의 주제에 대해 서로 의견이 다른 이유를 잘 찾아내야 한다.

문제풀이

3. 모친은 딸이 지금 친구들과 먹고 놀며 쓰는 돈을 아껴서 나중을 위해 사용하는 것이 좋다고 언급하고 있다. 딸에게 친구들 대신 가족을 위해 돈을 지출해야 한다는 말을 하지는 않았다.
4. 모친은 어디에 언제 소비하는 것이 좋은지에 대해 딸과 입장 차이를 보이고 있다. 모친은 먹는 데에 돈을 아껴 쓰고 더 필요한 다른 일을 위해 돈을 모으는 것을 권하고 있지만, 딸은 지금 먹고 싶은 것을 사 먹고 현재를 위해 돈을 쓰면 된다고 생각하고 있다.

정답 3. ② / 4. ②

기출유형 ❸

🎧 듣기 대본

[5~6] 이번에는 라디오 방송의 일부를 들려드립니다. 5번은 듣기 문항, 6번은 말하기 문항입니다.

기자: 오늘은 개 구충제인 펜벤다졸을 암 치료제로 복용한 해외의 사례를 바탕으로, 이것이 암 치료제가 될 수 있을지 전문가의 의견을 들어 보겠습니다.

교수: 이번에 그 조티 펜스라는 분이 먹은 건 3일 동안 하루에 1알씩 먹었다는 거죠. 그리고 4일은 안 먹고. 그런데 그 용량을 보니까, 보통 4.5kg짜리 푸들 있지 않습니까? 그 4.5kg의 개한테 사용하는 펜벤다졸 성분으로 222mg이거든요, 약 200mg. 그걸 그분이 똑같이 먹었어요. 50kg이라고 하면 대략 2500mg을 먹어야 되거든요. 그런데 그 10분의 1 용량을 먹었으니까 굉장히 적은 용량입니다.

기자: 그렇네요. 구충제용으로 먹었다고 하기에도 굉장히 적은 양이라는 말씀이시죠?

교수: 굉장히 적죠. 그런데 암이 3개월 만에 완전히 사라졌다. 그게 일반적으로 생각하기에는 참 이해하기가 어렵습니다.

기자: 그러니까 저는 사실 암 치료용으로 먹었다고 해서 '일반적인 구충제 복용 양보다 훨씬 더 많이 먹었나 보다. 그러면 이제 어떤 부작용이 생길 것인가' 이걸 염려했던 건데요. 이 치료를 받은, 완치가 됐다고 주장하는 미국인은 개한테 먹이는 정도의 구충제 용량을 먹었기 때문에 큰 부작용이 있을 수가 없었다. 이 말씀이시네요.

교수: 예. 그렇습니다. 그리고 추정컨대 당시 소세포폐암의 치료를 위한 임상 시험에 참여했었다고 하지 않습니까?

기자: 네. 다른 신약 임상 시험에요.

교수: 정말 좀 독특한 상황이기는 합니다.

기자: 그러면 말기 암. 김철민 씨 같은 말기 암 환자한테는 한번 해 보라고 하실 수 있는 거예요?

교수: 이 부분이 저는 참 어렵다고 생각을 합니다. 가장 한계적인 측면 하나가 이 펜벤다졸이 동물에게서만 승인이 된 약이라는 거죠. 동물에게만 승인이 된 것이기 때문에 우리 의사들이 사용하는 데는 현재로서는 법적으로 여러 가지 제한점이 있지만 그래도 원하시는 경우에는 담당 주치의와 상의를 해서 결정을 하는 게 필요하다는 겁니다.

기자: 그렇죠. 주치의 상담 없이는 절대 혼자 복용하는 건 안 된다. 이런 조언까지 덧붙이면서 오늘 말씀 여기까지 듣도록 하죠. 명 박사님, 고맙습니다.

교수: 감사합니다.

– CBS 김현정의 뉴스쇼, 〈개 구충제, 암 치료제 될 수 있나? 확률은 1/10000〉 중, 노컷뉴스

5 교수가 설명한 내용과 일치하지 <u>않는</u> 것은?

① 조티 펜스는 개에게 먹이는 정도 용량의 구충제를 복용해서 큰 부작용을 겪었다.
② 법적인 제한점이 있는 것은 분명하나 주치의와 상의를 해서 복용을 결정할 수 있다.
③ 다른 임상 시험에 참여하면서 펜벤다졸을 복용한 경우 구충제의 효과를 확인하기 어렵다.
④ 조티 펜스는 구충제로 3개월 만에 암이 사라졌다고 주장했으나 그 결과에 의구심이 든다.
⑤ 펜벤다졸은 사람을 대상으로 승인된 약이 아니며 사람에게 적용하기에 법적 문제가 있다.

6 기자의 말하기 전략에 대한 설명으로 적절하지 <u>않은</u> 것은?

① 전문가가 발언한 내용에 대해 재확인해 가며 다음 발언을 하고 있다.
② 해외에서 암 환자가 구충제를 복용한 사례를 전문가의 발언과 관련짓고 있다.
③ 개 구충제를 암 환자가 먹어도 되는지에 대해 궁금한 점을 질문하고 있다.
④ 인터뷰의 주제와 관련 없는 질문으로 전문가의 설명 전개를 다른 방향으로 바꾸고 있다.
⑤ 개 구충제의 암 치료 사용 여부에 대해 우려되는 바를 정리하며 인터뷰를 마무리하고 있다.

유형 익히기
이 유형은 라디오 방송을 듣고 시의성을 담은 주제에 대해 전문가가 설명한 내용을 세부적으로 이해하고 확인하는 것과, 기자의 말하기 전략을 확인하는 것으로 구성되어 있다. 강연이 아닌 라디오이지만 출제되는 주제에 따라 내용의 난이도가 다르다. 문항 유형이 특이한 것은 아니므로 대화의 분위기를 파악하고 세부적인 내용을 간략히 메모하여 두는 것이 도움이 될 것이다.

문제풀이
5. 조티 펜스가 큰 부작용을 겪었다는 내용은 나타나 있지 않다. 또한 조티 펜스라는 사람은 개에게 먹이는 정도의 구충제 용량, 즉 매우 적은 용량을 먹어서 부작용이 있기 힘들다고 기자가 말했고, 교수는 이에 동의했다.
6. 기자는 인터뷰의 주제와 관련 없는 질문을 하지 않았으며, 오히려 전문가가 제시하는 내용과 관련 있는 사실 등을 제시하며 인터뷰를 이어 가고 있다.

정답 | 5. ① / 6. ④

기출 핵심개념   02. 듣기+말하기(통합 문제)

1. 듣기 전략

(1) 효과적인 듣기를 위한 4단계 전략
① 적극적으로 듣기(바꾸어 말하기, 명료화하기, 피드백)
② 공감하며 듣기
③ 개방적으로 듣기
④ 인식하며 듣기

(2) 총체적인 듣기 전략
① 눈 맞춤을 유지하라.
② 몸을 약간 앞쪽으로 기울여라.
③ 고개를 끄덕이거나 상대방의 말을 요약 및 정리하여 말하라.
④ 질문을 해서 명료화하라.
⑤ 화가 나거나 기분이 나쁘더라도 상대방의 말을 이해하기 위해 최선을 다하라.

(3) 화자일 때의 말하기 전략
① 관점을 간단하고 명료하게 설명하라.
② 비난을 하거나 욕 하는 것은 피하라. 상대방의 실수나 잘못을 지적하지 말라.
③ 자신의 경험을 이야기하라. 자신이 무엇을 원하고 무엇을 느끼는지에 초점을 두어라.

(4) 청자일 때의 듣기 전략
① 상대방의 느낌과 의견, 요구를 이해할 수 있도록 완전히 주의를 집중하라.
② 상대방이 이야기하는 어떤 것에 대해서도 반대하거나 논쟁, 교정하려 하지 말라.
③ 문제를 명료화하기 위해 질문은 할 수 있지만 논쟁은 피하라.

2. 말하기 전략

(1) 기출 발문으로 확인하는 '청중에 대한 화자의 태도'와 관련된 말하기 전략
① 한자 성어를 통해 청중에게 당부를 하고 있다.
② 시각 매체를 사용하여 청중의 이해를 돕고 있다.
③ ~와/과, ~을/를 비교함으로써 독자의 관심을 유도하고 있다.
④ 생활 주변의 사례를 제시하여 강연 내용에 대한 청자의 공감을 유도하고 있다.
⑤ ~을 위한 구체적 방법을 제시하며 비유적 표현을 활용하여 독자의 이해를 돕고 있다.

⑥ 대상의 개념적 의미를 명확하게 제시하여 설명 대상에 대한 독자의 이해를 높이고 있다.
⑦ 연구에 대한 다양한 견해를 제시하며 설명 대상에 대한 독자의 심층적 이해를 돕고 있다.

⇨ '설명'이 목적인 텍스트에서는 청중의 '이해를 돕는 말하기 전략'이 활용되며, '설득'이 목적인 텍스트에서는 청중의 '공감을 유도하는 말하기 전략'이 활용된다.

(2) 기출 발문으로 확인하는 '신뢰 형성'과 관련된 말하기 전략
① 특정한 현상이 나타나게 되는 이유를 과학적으로 설명하고 있다.
② 실제 사례를 함께 제시하여 설명 내용에 대한 사실성을 높이고 있다.
③ 구체적인 수치를 통해 전달하려는 내용을 객관적으로 제시하고 있다.
④ 공신력 있는 통계 결과를 제시하여 설명 내용에 대한 신뢰성을 높이고 있다.

⇨ 주로 '설득'이 목적인 텍스트가 제시될 때, 문제가 되는 현황을 객관적으로 제시하기 위해 다양한 조사 결과와 연구 결과를 인용한다.

(3) 기출 발문으로 확인하는 '설명 및 설득'과 관련된 말하기 전략
① 비유의 방식을 사용하여 대상의 개념을 설명하고 있다.
② 동일한 현상을 설명하는 다양한 이론을 제시하고 있다.
③ 최근의 이슈를 제시하여 내용 전개의 실마리로 활용하고 있다.
④ '~에 대한 문제점'을 제시하여 해설 내용의 설득력을 높이고 있다.
⑤ 문제 상황의 개선의 의의를 제시하여 주장의 설득력을 높이고 있다.
⑥ 전문가의 말을 인용하여 중심 화제의 개념을 분명히 드러내고 있다.
⑦ 역사적 사실을 활용하여 자신의 주장이 지닌 타당성을 높이고 있다.
⑧ '~의 의미와 가치'를 제시하여 문제 개선의 시급성과 당위성을 강조하고 있다.
⑨ 중심 화제와 관련한 다양한 견해를 소개한 후 자신의 주장을 부각시키고 있다.
⑩ 대상이 지닌 차이점을 비교하여 중심 화제의 의미를 효과적으로 드러내고 있다.
⑪ 묻고 답하는 방식을 반복적으로 사용하여 대상이 지닌 문제점을 부각하고 있다.

⇨ '설명'이 목적인 텍스트에서는 주로 ①, ②, ⑥, ⑩의 말하기 전략이 사용되며, '설득'이 목적인 텍스트에서는 주로 ③, ④, ⑤, ⑦, ⑧, ⑨, ⑪의 말하기 전략이 사용된다.

(4) 기출 발문으로 확인하는 '전개 및 서술 방식'과 관련된 말하기 전략
① 통계 자료를 제시하여 강연 내용을 뒷받침하고 있다.
② 전문가의 견해를 인용하여 대상의 장점을 열거하고 있다.
③ 묻고 답하는 방식을 사용하여 강연 내용을 전개하고 있다.
④ 반어적 표현을 사용하여 중심 소재에 대해 설명하고 있다.
⑤ 상반된 대상을 대비하여 중심 소재의 특징을 부각하고 있다.

⇨ 뉴스나 강연 등의 유형이 듣기 내용으로 제시될 때, 위와 같은 말하기 전략이 사용된다.

개념 적용문제 — 02. 듣기+말하기(통합 문제)

🎧 에듀윌 도서몰(book.eduwill.net)에서 듣기 MP3 파일을 무료로 내려받으세요.

[1~2] 이번에는 강연을 들려드립니다. 1번은 듣기 문항, 2번은 말하기 문항입니다.

1 강연의 내용과 일치하지 <u>않는</u> 것은?

① 화병은 한국에만 있는 특이한 질병이다.
② 화병과 우울증은 발병 과정과 증상이 상이하다.
③ 화병을 가벼운 화로 생각하고 방치하면 위험해질 수 있다.
④ 화병은 개인의 기본적인 성향과 관계없이 발병하는 질병이다.
⑤ 화병은 심리적인 문제가 신체적인 증상으로 나타나는 질병이다.

문제풀이 ▶ 화병은 소극적이고 내성적인 성격의 소유자에게 발병될 확률이 높다고 제시되어 있다.

정답 | ④

2 강연자가 사용한 말하기 전략에 대한 설명으로 가장 적절한 것은?

① 최근의 이슈를 제시하여 내용 전개의 실마리로 활용하고 있다.
② 역사적 사실을 활용하여 자신의 주장이 지닌 타당성을 높이고 있다.
③ 중심 화제와 관련한 다양한 견해를 소개한 후 자신의 주장을 부각하고 있다.
④ 연구에 대한 다양한 견해를 제시하며 설명 대상에 대한 독자의 이해를 돕고 있다.
⑤ 대상의 개념과 구체적 사례를 제시하여 독자가 내용을 쉽게 이해하도록 돕고 있다.

문제풀이 ▶ 화병의 의미를 제시하고, 화병의 증상이 어떠한지와 어떤 사람이 화병에 걸리는지에 대해 구체적으로 제시하여 의학적 지식이 없는 일반인도 내용을 이해할 수 있도록 설명하였다.
① 최근에 새롭게 등장한 화두임을 드러낸 내용이 없다.
② 역사적 사실을 활용한 통시적 서술이 제시되지 않았다.
③ 화병에 관한 다양한 견해를 소개하지 않았다.
④ 독자의 이해를 돕고 있는 것은 맞으나 연구에 대한 다양한 견해를 제시한 것은 아니다.

정답 | ⑤

[3~4] 이번에는 드라마 속 대화를 들려드립니다.

3 등장인물의 생각으로 적절하지 않은 것은?

① 이 부장: 젊은 사람들은 업무 태도가 좋지 못하다.
② 박 대리: 공식적인 근로 시간에 맞춰 출근해도 문제가 없다.
③ 이 부장: 부하 직원에게 사회생활을 잘하는 방법을 알려 준 것이다.
④ 박 대리: 출근 시간 전에 충분한 준비를 거쳐야 업무 진행에 무리가 없다.
⑤ 이 부장: 승진과 성공을 하기 위해서는 회사의 기준 이상을 소화하는 것이 좋다.

문제풀이 ▶ ④의 내용은 '박 대리'가 아닌 '이 부장'의 생각이다.

정답 ④

4 두 사람의 갈등이 촉발된 근본적인 원인으로 가장 적절한 것은?

① 승진 방법에 대한 시각 차이
② 근로 시간에 대한 시각 차이
③ 상사 대우에 대한 시각 차이
④ 회사 계급에 대한 시각 차이
⑤ 급여 조건에 대한 시각 차이

문제풀이 ▶ 두 사람은 근로 시간의 범주와 관련하여 갈등을 겪고 있다. 이 부장은 9시 이전에 출근하여 준비하는 것은 근로 시간과 별개의 사회적 예의라고 보며, 박 대리는 출근 시간 이전에 출근하는 것을 강요하면 명백하게 근로 시간이 추가되는 것이라고 생각한다.
① 승진을 위해서 일찍 출근하라는 이 부장의 언급이 나오지만, 승진 방법에 대해 두 사람이 상반된 태도를 보이는 것은 아니다.
③ 상사를 어떻게 대우하는 것이 적절한지에 대해 두 사람이 갈등을 겪고 있는 것이 아니다.
④ 회사의 계급에 대한 내용이 제시되지 않았다.
⑤ 급여 조건에 대해 언급되지 않았고, 업무의 시작 시간을 바라보는 입장에 차이가 있을 뿐이다.

정답 ②

개념 적용문제

[5~6] 이번에는 라디오 방송의 일부를 들려드립니다. 5번은 듣기 문항, 6번은 말하기 문항입니다.

5 대표가 설명한 내용과 일치하지 <u>않는</u> 것은?

① 정년 연장은 노동력 부족 현상을 완화한다는 점에서 장점이 있다.
② 정년 연장에 대해 찬성하는 사람이 반대하는 사람의 두 배 이상이었다.
③ 정년 연장에 대해 현재 피고용자는 긍정적으로 반응하는 비중이 과반수였다.
④ 정년 연장에 대해 반대한 사람들 중 일부는 받을 수 있는 혜택이 없는 계층이다.
⑤ 정년 연장이 되면 연금을 받기 시작하는 시점이 늦어진다는 것이 단점이 될 수 있다.

문제풀이 ▶ 찬성이 50.4%, 반대가 39.5%로 찬성과 반대의 차이가 크지 않은 것으로 나타났다.

정답 | ②

6 기자의 말하기 전략에 대한 설명으로 적절하지 <u>않은</u> 것은?

① 대표의 답변이 미흡하여 같은 질문을 반복해서 하고 있다.
② 대표에게 조사 결과를 묻고 답을 들은 후 관련 내용을 재확인하고 있다.
③ 전문가를 소개하고 어떤 주제에 대해 찬반 여론을 조사했는지 밝히고 있다.
④ 조사 내용에 대해 이해되지 않는 부분을 구체적으로 설명하며 질문하고 있다.
⑤ 설문 조사의 결과가 현재와 같이 나온 이유에 대해 대표에게 구체적으로 묻고 있다.

문제풀이 ▶ 같은 질문을 반복하여 제시하지는 않았다.

정답 | ①

🎧 듣기 대본
[1~2] 이번에는 강연을 들려드립니다. 1번은 듣기 문항, 2번은 말하기 문항입니다.

화병은 미국의 정신의학회의 정신 질환의 진단 기준에서 우리나라에만 있는 문화 관련 증후군의 하나로 등록된 질병입니다. 화병은 자칫 우울증과 유사한 질병인 것 같지만, 분명한 차이점이 있습니다. 화병은 스트레스로 인해 우울함을 느끼는 면에서는 우울증과 유사하다고 볼 수 있으나, 화병의 경우 자신이 분노하는 감정 등이 사회적으로 용납되지 않아 환자가 이러한 감정을 표출하지 못하고 내면화하면서 억압된 감정이 신체적인 증상으로도 나타난다는 면에서 다르지요. 화병에 걸리게 되면, 먼저 정신적인 증상이 나타나게 됩니다. 환자들의 대부분은 작은 일에도 예민한 반응을 보이며, 분노와 화를 참지 못하고 공격적인 성향을 보이기도 합니다. 또한 불안과 초조로 인해 불면증을 겪기도 합니다. 이 외에도 소화가 잘 안 되는 느낌이 지속되거나 온 몸에 열이 나는 증상이 나타나기도 하는데, 만성적인 분노는 고혈압이나 중풍 등의 발병으로 이어질 우려가 있습니다. 따라서 가벼운 화로만 생각하다가는 큰 문제가 될 수 있습니다.

그럼, 화병을 막기 위해서는 어떤 방법들을 사용하면 좋을까요? 화병을 겪는 사람들의 유형을 살펴보면, 모든 면에서 참기를 반복하고 자신의 감정을 적절하게 표현하지 못하는 소극적이고 내성적인 성격의 소유자인 경우가 많습니다. 화병을 막기 위해서는 자신의 감정을 잘 표현하는 방법을 익혀 가슴속의 응어리를 풀어 주어야 합니다. 또 화가 난다고 해서 그 즉시 화를 내지 말고 천천히 침착하게 화를 다스리며 풀어야 합니다. 스스로 혹은 가족의 도움으로 풀기 쉽지 않은 경우에는 정신과 전문의의 도움을 받는 것이 좋고, 간단한 체조나 심호흡을 통해 마음의 안정을 찾는 것도 지혜로운 방법입니다.

>>> 개념 적용문제

🎧 듣기 대본
[3~4] 이번에는 드라마 속 대화를 들려드립니다.

> 이 부장: 박 대리, 지금 몇 시야? 출근이 왜 이렇게 늦어?
> 박 대리: 부장님, 지금 8시 55분인데요. 9시 출근보다 5분 일찍 도착한 건데요.
> 이 부장: 출근 시간이 9시면 말이야, 8시 반에는 도착해서 9시에 업무에 차질이 없게 준비도 하고 그래야지.
> 박 대리: 제 근로 시간은 분명히 9시부터 6시까지입니다.
> 이 부장: 요즘 젊은 사람들은 이런 게 참 문제야. 남의 돈 벌기가 그렇게 쉬운 줄 알아? 9시가 근로 시간이면 그 전에 일을 시작할 준비를 해 두는 게 당연하지.
> 박 대리: 업무를 제시간에 시작하지 않는 것도 아닌데, 매번 일찍 더 일찍 출근하라고 하시니까 불편하네요.
> 이 부장: 다 박 대리 사회생활에 도움이 되라고 하는 이야기야. 그렇게 일을 최소한의 기준에 맞춰서 하면 어떻게 승진을 하고 성공을 하겠나?
> 박 대리: 제가 일찍 출근한다면 근로 시간이 늘어나는 건데요.
> 이 부장: 근로 시간이 늘어나기는 무슨, 그런 건 회사에 대한 예의라고 하는 거야, 예의! 내가 오자마자 일을 시작하라는 건 아니잖아. 그냥 준비를 좀 하라고 준비를.
> 박 대리: 하....... 아침부터 할 말이 없게 만드시네요.
> 이 부장: 다 박 대리 잘되라고 그러는 건데 이렇게 반응을 하다니, 거참!
> 박 대리: 회사에서 근로 시간을 공식적으로 변경하는 게 아니라면 죄송하지만 저는 지금보다 더 일찍 출근하기는 어렵겠습니다.
> 이 부장: 알았어, 그만해 그만. 그래도 웬만하면 일찍 다녀 보도록 해!
> 박 대리: 이만 업무 보러 제 자리로 가 보겠습니다.

🎧 듣기 대본

[5~6] 이번에는 라디오 방송의 일부를 들려드립니다. 5번은 듣기 문항, 6번은 말하기 문항입니다.

기자: 한 주의 최신 여론 조사 결과를 알아보는 시간입니다. 관련하여 이야기를 나눠 보기 위해 이 대표님 모셨습니다. 계속 고용제, 즉 정년 연장에 대한 찬반 여론을 조사해 봤는데요. '정년 연장이 되면 무조건 좋은 것 아닌가' 하는 생각이 있는 반면에, 실제 여론은 그렇지 않은 반응도 있었다는 것이 확인됐다고 합니다. 대표님, 말씀 좀 부탁드립니다.

대표: 정년 연장이 되면 노년층의 고용이 안정되고, 인구 감소로 인해 노동력이 부족해지는 현상을 완화할 수 있다는 장점이 있지만, 다른 한편으로는 청년 취업이 굉장히 어려운 상황인데 노년층이 더 오래 자리를 유지하게 됨으로써 상대적으로 청년 취업이 감소할 우려가 있고요. 그리고 정년이 연장되면 그만큼 국민연금과 같은 연금의 개시 연령이 높아질 수 있기 때문에 재정 차원에서도 반대하는 목소리가 있습니다.

기자: 조사 결과가 어떻게 나왔습니까?

대표: 찬성이 50.4%, 반대가 39.5%. 대략 5:4로 찬성 의견이 10% 포인트 이상 높게 나타났습니다.

기자: 그러니까 찬성 의견이 많기는 하지만 반대 의견도 거의 40% 가까이 나왔기 때문에 만만치 않네요.

대표: 그렇습니다.

기자: 어떤 분들이 주로 찬성을 하셨습니까?

대표: 현재 근무를 하고 있는 피고용자들, 그러니까 사무직이거나 잠재 취업자들, 학생들. 연령이 낮을수록 진보 성향일수록 찬성 여론이 높아 응답자 중 찬성이 절반 넘게 나왔습니다.

기자: 그러면 주로 어떤 계층에서 반대가 나왔습니까?

대표: 자영업층, 그러니까 은퇴와는 무관한 계층들이겠죠. 그리고 이미 은퇴하신 분들이 많이 포함된 60대 이상과 대구 경북 보수층에서 다수가 반대하였습니다. 가정주부, 충청권, 서울, 진보층에서는 찬반 양론이 팽팽한 것으로 나타났습니다.

기자: 제가 이해가 잘 안 되는데 자영업층이나 60대 이상에서 반대가 많은 이유가 무엇일까요? 여기는 오히려 찬성이 많을 것이라고 생각했는데 이렇게 반대가 많이 나온 이유를 어떻게 봐야 될까요?

대표: 자영업을 하시는 분들은 고용이 연장돼도 별다른 혜택을 받을 수 없겠죠. 60대 이상 연령층 역시 제도가 시행된다고 하더라도 이미 은퇴하신 분들이라서 별다른 혜택을 받을 수 없습니다.

기자: 아, 이미 은퇴하신 분들이 많기 때문이군요.

대표: 네. 또한 연금 수급 개시 연령이 높아진다는 단점이 있고, 무상 복지 찬반 논란 때처럼 재원 문제를 걱정하시는 분들이 계실 테니까 60대 이상에서 반대 의견이 좀 높게 나타났습니다.

기자: 네, 그렇군요.

– CBS 김현정의 뉴스쇼, 〈65세 정년 연장 "찬성 50.4 VS. 반대 39.5"〉 중, 노컷뉴스

문제를 더 풀고 싶다면 [**기출동형 문제**]편 바로가기 ☞ p.13

PART II

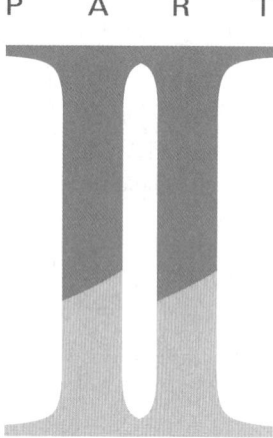

어휘
01 고유어
02 한자어
03 어휘 간의 의미 관계
04 관용 표현 – 속담/한자 성어/관용구
05 순화어

어법
01 주요 한글 맞춤법 규정
02 한글 맞춤법 – 띄어쓰기
03 표준어 규정/표준 발음법
04 외래어/로마자 표기법
05 문장 부호
06 문장 표현/문법 요소

어휘·어법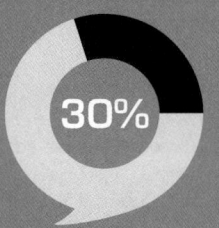

최근 13개년 기출 전 문항 분석 결과

영역	출제 유형	출제 문항 수
[16~30] 어휘	고유어/한자어의 사전적 의미	2~3
	고유어/한자어의 문맥적 의미	4~6
	어휘 간의 의미 관계	3~5
	한자어 표기(독음)	1~2
	속담/한자 성어/관용구	2~3
	순화어	1~2
[31~45] 어법	표준어/맞춤법	1~4
	띄어쓰기	1
	문장 표현	3
	문법 요소	1~2
	문장 부호	1
	표준 발음법/사이시옷	1~2
	외래어/로마자 표기법	2

- ☑ 고유어와 한자어는 사전적 의미와 문맥적 의미가 비슷한 비중으로 다루어지며, 기출 단어만 제대로 익히면 70% 이상 풀 수 있다.
- ☑ 최근 어휘 간의 의미 관계를 파악하는 문항 수가 늘었다.
- ☑ 순화어는 정답률이 낮은 영역이고 쓰임이 익숙하지 않지만, 문제 유형이 고정되어 있으므로 접근성이 높다.
- ☑ 어법은 정답률 50% 이하 문항이 가장 많은 영역으로 수험생들이 가장 어려워한다.
- ☑ 표준어와 외래어 표기법의 정답률이 가장 낮고, 다음으로 문법 요소, 띄어쓰기, 표준 발음법, 문장 표현의 정답률이 낮다.

최신 6회분 기출 분석 [16~30] 어휘

문항번호	A회 유형/분류	A회 자료/개념	B회 유형/분류	B회 자료/개념	C회 유형/분류	C회 자료/개념
16	고유어의 사전적 의미	두두룩두두룩, 미주알고주알, 버르적버르적, 주저리주저리, 휘뚜루마뚜루	고유어의 사전적 의미	가살스럽다, 게염스럽다, 곰살스럽다, 내숭스럽다, 느물스럽다	고유어의 사전적 의미	걱실걱실하다, 만수받이하다, 새물새물하다, 안다미씌우다, 흐리마리하다
17	한자어의 사전적 의미	목하(目下), 거반(居半), 극구(極口), 물경(勿驚), 졸연(猝然)	한자어의 사전적 의미	계발(啓發), 긍지(矜持), 당돌(撞突), 융간(戎間), 작량(酌量)	한자어의 사전적 의미	갈급(渴急), 답습(踏襲), 소거(掃去), 풍미(風味), 흉금(胸襟)
18	고유어의 문맥적 의미	거스러미, 너덜, 목물, 가두리, 천둥지기	고유어의 문맥적 의미	핫바지, 뜨내기, 떨꺼둥이, 트레바리, 무녀리	고유어의 문맥적 의미	예제없다, 되우, 맥쩍다, 모지락스럽다, 짜장
19	한자어의 문맥적 의미	가량(假量), 오찬(午餐), 공표(公表), 가차(假借), 전철(前轍)	한자어의 문맥적 의미	자자(藉藉), 쌍벽(雙璧), 함의(含意), 계륵(鷄肋), 사숙(私淑)	한자어의 문맥적 의미	함구(緘口)하다, 흔연(欣然)하다, 힐난(詰難)하다, 골몰(汨沒)하다, 해량(海量)하다
20	한자어의 문맥적 의미	수령(受領), 배수(背水), 수리(修理)	한자어의 문맥적 의미	고사(固辭), 감상(鑑賞), 연패(連覇)	한자어의 문맥적 의미	부조(扶助), 구색(具色), 가령(假令)
21	어휘의 문맥적 의미(혼동하기 쉬운 어휘의 구별)	드레지다, 비어지다, 깨단하다, 뒤쳐지다, 점직하다	어휘의 문맥적 의미(혼동하기 쉬운 어휘의 구별)	당최, 댓바람, 너스레, 깜냥, 비설거지	어휘의 문맥적 의미(혼동하기 쉬운 어휘의 구별)	보깨다, 물쿠다, 결내다, 가말다, 달뜨다
22	어휘 간의 의미 관계(다의어와 동음이의어)	딱	어휘 간의 의미 관계(다의어와 동음이의어)	켜다	어휘 간의 의미 관계(다의어와 동음이의어)	떨다
23	어휘 간의 의미 관계	상하 관계	어휘 간의 의미 관계	부분 관계	어휘 간의 의미 관계	상하관계
24	어휘 간의 의미 관계(고유어와 한자어)	먹다-섭취(攝取)하다, 수수(收受)하다, 착복(着服)하다, 소요(所要)되다, 수렴(收斂)하다	어휘 간의 의미 관계(고유어와 한자어)	가다-입영(入營)하다, 지속(持續)되다, 변형(變形)되다, 경과(經過)하다, 운행(運行)하다	어휘 간의 의미 관계(고유어와 한자어)	가다-입대(入隊)하다, 작동(作動)하다, 위치(位置)하다, 참석(參席)하다, 소등(消燈)하다
25	어휘 간의 의미 관계	유의어 간데없다-두말없다, 여지없다, 영락없다, 틀림없다	어휘 간의 의미 관계	반의어 눅다-비싸다	어휘 간의 의미 관계	반의어 팽패롭다-무던하다
26	속담	산 까마귀 염불한다, 바람 따라 돛을 단다, 신 벗고 따라도 못 따른다, 서당 개 삼 년에 풍월을 한다, 밤눈 어두운 말이 워낭 소리 듣고 따라간다	속담	자루 베는 칼 없다, 누운 소 타기, 제 논에 물 대기, 내 건너 배 타기, 부뚜막의 소금도 집어넣어야 짜다	속담	떡 본 김에 제사 지낸다, 긁어 부스럼, 소 갈 데 말 갈 데 가리지 않는다, 오뉴월 바람도 불면 차갑다, 한데 앉아서 음지 걱정한다
27	고사성어/사자성어	구우일모(九牛一毛), 대경실색(大驚失色), 방약무인(傍若無人), 극기복례(克己復禮), 견리사의(見利思義)	고사성어/사자성어	진두지휘(陣頭指揮), 무소불위(無所不爲), 망양지탄(亡羊之歎), 일촉즉발(一觸卽發), 명약관화(明若觀火)	고사성어/사자성어	자중지란(自中之亂), 자승자박(自繩自縛), 호사다마(好事多魔), 고육지계(苦肉之計), 연목구어(緣木求魚)
28	관용 표현	손을 맺다, 손을 넘기다, 손에 익다, 손을 걸다, 손을 붙이다	관용 표현	말을 떼다, 말이 굳다, 말이 많다, 말이 되다, 말을 삼키다	관용 표현	발이 묶이다, 발이 뜨다, 발을 구르다, 발이 익다, 발에 채다
29	순화어	거증(擧證)하다-증거를 들다, 내구연한(耐久年限)-사용 가능 햇수, 누가기록(累加記錄)-보태 적다, 일실(逸失)하다-놓치다, 통로암거(通路暗渠)-지하통로	순화어	과오급(過誤給)된-잘못 지급된, 앙등(昂騰)하다-뛰다, 기장(記帳)하다-적다, 최고(催告)하다-촉구하다, 계리(計理)하다-계산하여 정리하다	순화어	간헐적-이따금, 중차대한-매우 중요한, 소요되는-드는, 불출하다-내어주다, 초치하다-불러들이다
30	순화어	앙꼬(→ 팥소), 크루(→ 모임), 혈당 스파이크(→ 혈당 급상승), 리빌딩(→ 재정비), 커리어 하이(→ 최고 기록)	순화어	로드 맵(→ 단계별 이행안), 인터넷 빌링 제도(→ 전자 결제 제도), 실링(→ 한도액, 상한), 아카이브(→ 자료 저장소), 풀필먼트(→ 물류 종합 대행)	순화어	이지머니(→ 저리 자금), 뱅크 런(→ 인출 폭주), 디지털 디톡스(→ 디지털 거리두기), 메디컬 푸어(→ 의료 빈곤층), 제너럴리스트(→ 다방면 인재)

문항 번호	D회 유형/분류	D회 자료/개념	E회 유형/분류	E회 자료/개념	F회 유형/분류	F회 자료/개념
16	고유어의 사전적 의미	가살스럽다, 가탈스럽다, 간살스럽다, 거쿨스럽다, 귀살스럽다	고유어의 사전적 의미	구순하다, 납신하다, 부숭하다, 삽삽하다, 찬찬하다	고유어의 사전적 의미	가래, 따비, 써레, 고무래, 도리깨
17	한자어의 사전적 의미	범람(汎濫), 항간(巷間), 추념(追念), 통감(痛感), 책동(策動)	한자어의 사전적 의미	각주(脚註), 감상(鑑賞), 강횡(強橫), 망념(妄念), 적폐(積弊)	한자어의 사전적 의미	할당(割當), 청산(淸算), 청구(請求), 갈채(喝采), 활보(闊步)
18	고유어의 문맥적 의미	곰삭다, 곰상스럽다, 국으로, 우세스럽다, 줄잡다	고유어의 문맥적 의미	가납사니, 늦깎이, 더펄이, 뜨내기, 살살이	고유어의 문맥적 의미	한몫, 귓불, 드잡이, 봉오리, 가살
19	한자어의 문맥적 의미	송영(送迎)하다, 무마(撫摩)하다, 일별(一瞥)하다, 작파(作破)하다, 영락(零落)하다	한자어의 문맥적 의미	전가(轉嫁), 생산(生産), 곡진(曲盡), 망막(茫漠), 약진(躍進)	한자어의 문맥적 의미	추호(秋毫), 내홍(內訌), 참척(慘慽), 와중(渦中), 온상(溫床)
20	한자어의 문맥적 의미	전통(傳通), 계승(繼乘), 전수(傳受)	한자어의 문맥적 의미	착상(着想), 자멸(自滅), 유감(有感)	한자어의 문맥적 의미	조화(造化), 권력(權力), 타진(打診)
21	어휘의 문맥적 의미(혼동하기 쉬운 어휘의 구별)	더덜이, 게염, 노박이로, 늦무, 드레	어휘의 문맥적 의미(혼동하기 쉬운 어휘의 구별)	놀리다, 놀면하다, 그느르다, 호비다, 설면하다	어휘의 문맥적 의미(혼동하기 쉬운 어휘의 구별)	두텁다, 끌끌하다, 시망스럽다, 비끼다, 그을리다
22	어휘 간의 의미 관계(다의어와 동음이의어)	다리, 해, 차, 배, 풀	어휘 간의 의미 관계(다의어와 동음이의어)	먹다	어휘 간의 의미 관계(다의어와 동음이의어)	고르다, 지긋하다, 그만하다, 부르다, 걸다
23	어휘 간의 의미 관계	부분관계	어휘 간의 의미 관계	상하관계	어휘 간의 의미 관계	작은말-큰말 관계
24	어휘 간의 의미 관계(고유어와 한자어)	부르다-초래(招來)하다, 호령(號令)하다, 지칭(指稱)하다, 호가(呼價)하다, 호명(呼名)하다	어휘 간의 의미 관계(고유어와 한자어)	치다-부착(附着)하다, 연주(演奏)하다, 가격(加擊)하다, 설치(設置)하다, 사육(飼育)하다	어휘 간의 의미 관계(고유어와 한자어)	돌다-공전(空轉)하다, 우회(迂廻)하다, 유통(流通)하다, 전향(轉向)하다, 작동(作動)하다
25	어휘 간의 의미 관계	반의어 낙낙하다-빡빡하다	어휘 간의 의미 관계	유의어 맵다-빈틈없다, 아무지다, 다부지다, 물샐틈없다	어휘 간의 의미 관계	반의어 가멸다-가난하다
26	속담	야윈 말이 짐 탐한다, 선무당이 사람 잡는다, 곧은 나무는 가운데 선다, 송충이가 갈잎을 먹으면 죽는다, 하룻강아지 범 무서운 줄 모른다	속담	외삼촌 산소에 벌초하듯, 개밥에 도토리, 빛 좋은 개살구, 냉수 먹고 이 쑤시듯, 계란에도 뼈가 있다	속담	대장장이 집에 식칼이 놀다, 가문 논에 물 대기, 원님 덕에 나팔 분다, 조자룡이 헌 칼 쓰듯, 양반은 얼어 죽어도 겻불은 안 쬔다
27	고사성어/ 사자성어	마이동풍(馬耳東風), 만시지탄(晩時之歎), 공평무사(公平無私), 문전약시(門庭若市), 순망치한(脣亡齒寒)	고사성어/ 사자성어	면종복배(面從腹背), 문과수비(文過遂非), 누란지세(累卵之勢), 고장난명(孤掌難鳴), 견리망의(見利忘義)	고사성어/ 사자성어	위편삼절(韋編三絕), 화사첨족(畫蛇添足), 오매불망(寤寐不忘), 새옹지마(塞翁之馬), 낭중지추(囊中之錐)
28	관용 표현	속을 차리다, 속이 마르다, 속이 낼갛다, 속을 쓰다, 속을 뜨다	관용 표현	간에 바람들다, 간이 콩알만 해지다, 간을 빼 먹다, 간이 뒤집히다, 간을 졸이다	관용 표현	코가 우뚝하다, 코가 꿰이다, 코를 빠뜨리다, 코가 납작해지다, 코가 세다
29	순화어	경구 투여(經口投與) - 먹는 개찰(改札) - 표 확인 노정(露呈) - 드러내고 나대지(裸垈地) - 빈터 수탁(受託) - 접수	순화어	계류(繫留)하다 - 매어 두다 상신(上申)하다 - 올리다 대부(貸付)하다 - 빌려주다 절사(切捨)하다 - 끊어버리다 명문화(明文化)하다 - 문서로 밝히다	순화어	횡풍(橫風) - 옆바람 휘보(彙報) - 여러 소식 불출(拂出) - 내주다 맹지(盲地) - 도로 없는 땅 유어 행위(遊魚行爲) - 낚시
30	순화어	킬러 아이템(→ 핵심 상품) 언택트(→ 비대면) 오픈런(→ 개점질주) 베타 테스트(→ 출시 전 시험) 하우스 푸어(→ 내집빈곤층)	순화어	어젠다(→ 의제) 슬로건(→ 구호) 바우처(→ 상품권) 유비쿼터스(→ 두루누리) 거버넌스(→ 민관협력)	순화어	메타팜(→ 가상 농장) 센서스(→ 총조사) 헤드헌터(→ 인재 중개인) 웹마스터(→ 누리지기) 워킹 그룹(→ 실무단)

01 고유어

기출유형 ❶ 고유어의 사전적 의미

다음 중 밑줄 친 고유어의 뜻풀이로 적절하지 <u>않은</u> 것은?

① 그녀는 할머니께 <u>구메구메</u> 용돈을 드렸다. (남모르게 틈틈이)
② 할머니께서는 손자의 재롱을 보며 <u>새물새물</u> 좋아하신다. (입술을 약간 샐그러뜨리며 소리없이 자꾸 웃는 모양)
③ 우리는 물소리를 따라 <u>발맘발맘</u> 걸었다. (자국을 살펴 가며 천천히 따라가는 모양)
④ 앉아 있던 아이가 무엇을 만드는지 <u>갉작갉작</u> 긁어 댔다. (붙어 있는 찌꺼기 따위를 자꾸 긁어내는 소리)
⑤ 무말랭이가 생각했던 것보다 <u>부둑부둑</u> 말라서 먹기가 불편하다. (물기가 있는 물건의 거죽이 거의 말라 약간 뻣뻣하게 굳어진 모양)

유형 익히기 고유어는 어휘 영역 가운데 오답률이 높은 문항에 속한다. 따라서 철저한 대비가 필요하다. 특히 사전적 의미를 묻는 문항은 단어의 정확한 뜻을 알아야 풀 수 있으므로 철저하게 학습해야 한다.

문제풀이 '붙어 있는 찌꺼기 따위를 자꾸 긁어내는 소리'는 '갈그락갈그락'으로 표현한다. '갉작갉작'은 '날카롭고 뾰족한 끝으로 자꾸 바닥이나 거죽을 문지르는 모양'을 의미하며, '눈가를 새끼손가락으로 갉작갉작 긁는다'와 같이 쓰인다.

정답 | ④

기출유형 ❷ 고유어의 문맥적 의미

밑줄 친 고유어의 쓰임이 적절하지 <u>않은</u> 것은?

① <u>노상</u> 그날이 그날이다.
② 그녀의 <u>선웃음</u>은 주변마저 환하게 만들 정도로 아름답다.
③ 최선을 다한 결과, 당시의 최강들과 <u>맞갚아</u> 이길 수 있었다.
④ 거리의 사람들은 목을 움츠리고, <u>해읍스름</u>하고 횅한 것이 겨울의 풍경이었다.
⑤ 허우대도 좋은 구씨는 워낙 <u>거쿨스러워서</u> 남녀 모두에게 인기가 있는 사람이다.

유형 익히기 KBS한국어능력시험은 다른 시험에 비해 고유어 출제 비율이 높다. 생소한 고유어나 문학 작품과 연계한 고유어들이 주로 출제된다. 문맥상 대강 이해하고 지나치면 문제의 함정에 걸릴 수 있으니 주의하도록 하자.

문제풀이 '선웃음'은 '우습지도 않은데 꾸며서 웃는 웃음'으로, 문맥과 어울리지 않는다.
① '언제나 변함없이 한 모양으로 줄곧'이라는 의미이다.
③ '서로 우열이나 승부를 가리다'라는 의미이다.
④ '산뜻하지 못하게 조금 하얗다'라는 의미이다.
⑤ '보거나 듣기에 몸집이 크고 말이나 하는 것이 씩씩한 데가 있다'라는 의미이다.

정답 | ②

기출 핵심개념 01. 고유어

1. 빈출 고유어 사전

ㄱ

최신 가납사니 쓸데없는 말을 지껄이기 좋아하는 수다스러운 사람
예) 가납사니 같은 사람들이 주위에 많으면 피곤하다.

최신 가년스럽다 보기에 가난하고 어려운 데가 있다.
예) 그 가난한 고학생의 옷차림새는 늘 가년스러웠다.
유의어 **가린스럽다** 다랍고 인색하다.

가녘 둘레나 끝에 해당되는 부분 = **가장자리**
예) 겨울 안개가 바다 가녘에까지 자욱하게 끼어 있다.

가늠
① 목표나 기준에 맞고 안 맞음을 헤아려 봄. 또는 헤아려 보는 목표나 기준
예) 매사가 다 그렇듯이 떡 반죽도 가늠을 알맞게 해야 송편을 빚기가 좋다.
② 사물을 어림잡아 헤아림.
예) 그 건물의 높이가 가늠이 안 된다.

가랑가랑01
① 액체가 많이 담기거나 괴어서 가장자리까지 찰 듯한 모양
예) 소나기가 지나가자 마당에 널린 화분마다 빗물이 가랑가랑 고였다.
② 눈에 눈물이 넘칠 듯이 가득 괸 모양
예) 손을 대기만 해도 눈물을 쏟아 낼 듯이 눈물이 가랑가랑 맺혔다.

가래다
① 맞서서 옳고 그름을 따지다.
예) 철모르는 어린이들을 데리고 가래 보았자 무슨 소용이 있겠나?
② 남의 일을 방해하거나 남을 해롭게 하다.
예) 왜 남의 일을 사사건건 가래는 거야?

최신 가름01
① 쪼개거나 나누어 따로따로 되게 하는 일
예) 차림새만 봐서는 여자인지 남자인지 가름이 되지 않는다.
② 승부나 등수 따위를 정하는 일
예) 이번 시험으로 전체 석차가 가름이 날 것이다.

가리다01 보이거나 통하지 못하도록 막히다.
예) 안개에 가려서 앞이 잘 안 보인다.

가리다03
① 여럿 가운데서 하나를 구별하여 고르다.
예) 우승 팀을 가리다.
② 낯선 사람을 대하기 싫어하다.
예) 낯을 보통으로 가리는 아이가 아니에요.

가리사니
① 사물을 판단할 만한 지각(知覺)
② 사물을 분간하여 판단할 수 있는 실마리
예) 일이 복잡하게 얽히고설키어 가리사니를 잡을 수 없다.

최신 가멸다 재산이나 자원 따위가 넉넉하고 많다.
예) 명수네는 원래 가멸었는데, 형이 사업을 하다 실패해서 지금은 겨우 목구멍에 풀칠만 한다.

최신 가뭇없다 보이던 것이 전혀 보이지 않아 찾을 곳이 감감하다.
예) 그녀는 홍수로 다 떠내려가 버린 가뭇없는 집터에서 눈물만 짰다.

가분하다01
① 들기 좋을 정도로 가볍다.
예) 그녀는 쓸모없는 짐을 줄여 가방을 가분하게 만들었다.
② 말이나 행동 따위가 가볍다.
③ 마음에 부담이 없이 가볍고 편안하다.
예) 복잡한 도시를 벗어나 맑은 공기를 마시니 마음이 한결 가분하다.
센말 **가뿐하다**

가붓하다 조금 가벼운 듯하다.

최신 가탈01
① 일이 순조롭게 나아가는 것을 방해하는 조건
예) 처음 하는 일이라 여기저기서 가탈이 많이 생긴다.
② 이리저리 트집을 잡아 까다롭게 구는 일
예) 가탈을 부리다.

최신 간종이다 흐트러진 일이나 물건을 가닥가닥 가리고 골라서 가지런하게 하다.

갈그락갈그락 붙어 있는 찌꺼기 따위를 자꾸 긁어내는 소리
예) 갈그락갈그락 귀지를 파내다.

갈무리
① 물건 따위를 잘 정리하거나 간수함.
예) 겨울 동안 갈무리를 했던 잡곡을 내다 팔 작정이었다.
② 일을 처리하여 마무리함.
예) 일의 갈무리를 하고 자리에 누우니까 참 기분이 편하다.

기출 핵심개념

갈음하다 다른 것으로 바꾸어 대신하다.
예 여러분과 여러분 가정에 행운이 가득하기를 기원하는 것으로 치사를 갈음합니다.

갈치잠 비좁은 방에서 여럿이 모로 끼어 자는 잠
예 좁은 방에 열 명이 자려니 모두 갈치잠을 잘 도리밖에 없었다.

갉작갉작 날카롭고 뾰족한 끝으로 자꾸 바닥이나 거죽을 문지르는 모양
예 눈가를 새끼손가락으로 갉작갉작 긁는다.

감실감실01 사람이나 물체, 빛 따위가 먼 곳에서 자꾸 아렴풋이 움직이는 모양
예 푸른 연기가 감실감실 피어오른다.

개펄 밀물 때는 물에 잠기고 썰물 때는 물 밖으로 드러나는 모래 점토질의 평탄한 땅 = **갯벌**
예 개펄에서 굴을 캐다.

개평01 노름이나 내기 따위에서 남이 가지게 된 몫에서 조금 얻어 가지는 공것
예 꼬맹이는 옆에 잠자코 앉아 있다가 개평을 얻어 가지곤 했다.

객쩍다 행동이나 말, 생각이 쓸데없고 싱겁다.
예 객쩍은 소리만 한 시간째 듣고 있다.

거리01 사람이나 차가 많이 다니는 길 = **길거리**
예 비 내리는 명동 거리

거리02
① 어떤 행동을 하는 데 쓰이는 대상이나 소재
예 여기, 마실 거리 좀 내오너라.
② 제시한 시간 동안 해낼 만한 일
예 반나절 거리도 안 되는 일을 종일 하고 있구나.
③ 제시한 수가 처리할 만한 것
예 그 과일은 한 입 거리밖에 안 된다.

최신 거스러미
① 손발톱 뒤의 살 껍질이나 나무의 결 따위가 얇게 터져 일어난 부분
예 날씨가 건조해지자 손톱 주위에 다시 거스러미가 일기 시작했다.
② 기계의 부품을 자르거나 깎은 뒤에 제품에 아직 그대로 붙어 남아 있는 쇳밥
예 그는 막 잘려 나온 쇠 파이프의 거스러미를 열심히 밀고 있었다.

거저01
① 아무런 노력이나 대가 없이
예 그는 힘들여 만든 물건을 돈도 안 내고 거저 가지려 했다.
② 아무것도 가지지 않고 빈손으로

예 아기 돌잔치에 거저 갈 수야 없는 일이지.

최신 걱실걱실하다 성질이 너그러워 말과 행동이 시원스럽다.
예 누이는 성품이 걱실걱실하기 때문에 앞뒤 다른 소리를 할 사람이 아니다.

건들바람 초가을에 선들선들 부는 바람
예 무덥던 여름이 지나고 건들바람이 부니 일하기에도 훨씬 수월하다.

겉말하다 마음으로는 그렇지 않으면서 겉으로만 꾸며 말하다.
예 그 사람은 나에게 아직도 젊다고 싱겁게 겉말하곤 한다.

겨를 어떤 일을 하다가 생각 따위를 다른 데로 돌릴 수 있는 시간적인 여유 ≒ **틈[Ⅱ]**
예 일거리가 쌓여 잠시도 쉴 겨를이 없다.

견주다 둘 이상의 사물을 질(質)이나 양(量) 따위에서 어떠한 차이가 있는지 알기 위하여 서로 대어 보다.
예 나는 그와 실력을 견주기에는 부족함이 있다.

결딴
① 어떤 일이나 물건 따위가 아주 망가져서 도무지 손을 쓸 수 없게 된 상태
② 살림이 망하여 거덜 난 상태
예 이젠 집안을 아주 결딴을 내려고 하는군.

고깝다 섭섭하고 야속하여 마음이 언짢다. ≒ **곡하다**
예 행여 나를 고깝게 여기지는 말게.

고삭부리
① 음식을 많이 먹지 못하는 사람
예 준식이는 밥 한 그릇도 다 못 비우는 고삭부리라서 몸무게가 50kg도 안 나간다.
② 몸이 약하여서 늘 병치레를 하는 사람

고시랑고시랑 못마땅하여 군소리를 자꾸 좀스럽게 하는 모양
예 뒤에서 고시랑고시랑 말하지 말고 직접 말해라.

고즈넉하다 고요하고 아늑하다.
예 고즈넉한 산사를 걸으니 마음마저 아늑해지는 것 같았다.

골치 '머리' 또는 '머릿골'을 속되게 이르는 말
예 골치를 썩이다.

최신 곰비임비 물건이 거듭 쌓이거나 일이 계속 일어남을 나타내는 말
예 경사스러운 일이 곰비임비 일어난다.
참고 **곰비곰비** '곰비임비'의 잘못된 표현

유의어 연거푸, 자꾸자꾸

최신 **곰삭다** 옷 따위가 오래되어서 올이 삭고 질이 약해지다.
예 곰삭아 너덜너덜해진 옷

최신 **곰살갑다** 성질이 보기보다 상냥하고 부드럽다.
예 어찌나 곰살갑게 구는지 미워하려야 미워할 수가 없다.
유의어 **곰살궂다** 태도나 성질이 부드럽고 친절하다.
예 곰살궂게 굴다.

최신 **곰상스럽다**
① 성질이나 행동이 싹싹하고 부드러운 데가 있다.
예 그녀는 곰상스럽게 타일렀다.
② 성질이나 행동이 잘고 꼼꼼한 데가 있다.
예 그런 일에 곰상스럽게 마음을 쓰다가는 아무 일도 못한다.

곰실곰실 작은 벌레 따위가 한데 어우러져 조금씩 자꾸 굼뜨게 움직이는 모양
예 벌레가 곰실곰실 움직인다.

곰작곰작 몸을 둔하고 느리게 조금씩 자꾸 움직이는 모양
예 달팽이가 나뭇잎 위를 곰작곰작 기어간다.

곰질곰질 '곰지락곰지락(몸을 계속 천천히 좀스럽게 움직이는 모양)'의 준말
예 곰질곰질 굴지 말고 빨리 좀 서둘러라.

최신 **곰팡스럽다** 생각이나 행동이 고리타분하고 괴상한 데가 있다.
예 그는 겉으로 보이는 것과 달리 곰팡스러운 면이 있다.

괄괄하다 성질이 세고 급하다. ≒ **괄하다**
예 내 자식이지만 누굴 닮아 성격이 저리도 괄괄한지 모르겠다.

괜히 아무 까닭이나 실속이 없게 = **공연히**
예 괜히 폐를 끼치다.

괴괴하다01 쓸쓸한 느낌이 들 정도로 아주 고요하다.
예 사방은 쥐 죽은 듯 괴괴하다.

괴발개발 고양이의 발과 개의 발이라는 뜻으로, 글씨를 되는대로 아무렇게나 써 놓은 모양을 이르는 말
예 화장실 벽에 괴발개발 그려 놓은 낙서는 내 동생이 한 짓이 분명하다.
유의어 **개발새발** 개의 발과 새의 발이라는 뜻으로, 글씨를 되는대로 아무렇게나 써 놓은 모양을 이르는 말

구나방 말이나 행동이 모질고 거칠고 사나운 사람을 이르는 말

구두덜거리다 못마땅하여 혼자서 자꾸 군소리를 하다.
≒ **구두덜대다**
예 그녀는 일이 마음대로 되지 않는지 구두덜거렸다.

최신 **구순하다** 서로 사귀거나 지내는 데 사이가 좋아 화목하다.
예 집안이 구순하고 편안하다.

최신 **구시렁거리다** 못마땅하여 군소리를 듣기 싫도록 자꾸 하다.
≒ **구시렁대다**
예 뭘 그렇게 혼자 구시렁거리고 있나?

구태여 일부러 애써
예 구태여 이름까지 밝힐 필요는 없다.

최신 **국으로** 제 생긴 그대로. 또는 자기 주제에 맞게
예 국으로 가만히 있어라.

굴뚝같다 바라거나 그리워하는 마음이 몹시 간절하다.
예 마음은 굴뚝같지만 몸이 말을 듣지 않는다.

궂은소리 사람이 죽었다는 소리
예 정초부터 궂은소리를 들으니 기분이 언짢다.

귓전 귓바퀴의 가장자리
예 귓전을 스치는 바람

그끄저께 그저께의 전날. 오늘로부터 사흘 전의 날을 이른다.
≒ **삼작일, 재재작일**
예 내가 너를 만난 건, 그끄저께였다.

최신 **그느르다**
① 돌보고 보살펴 주다.
예 누나라고 어린 동생을 그느르는 걸 보면 보통이 아니다.
② 흠이나 잘못을 덮어 주다.
예 제가 한 일이라고 친구의 잘못을 그느르고 있었다.

그득그득 ≒ **그득그득히**
① 분량이나 수효 따위가 어떤 범위나 한도에 여럿이 다 또는 몹시 꽉 찬 모양
예 항아리마다 물이 그득그득 담겨 있었다.
② 여럿이 다 빈 데가 없을 만큼 사람이나 물건 따위가 몹시 많은 모양
예 주말에는 경기가 열리는 운동장마다 사람들이 그득그득 앉아 있었다.
③ 냄새나 빛 따위가 넓은 공간에 매우 널리 퍼져 있는 상태
④ 감정이나 정서, 생각 따위가 몹시 많거나 강한 모양

기출 핵심개념

그득하다
① 분량이나 수효 따위가 어떤 범위나 한도에 아주 꽉 찬 상태에 있다.
예 최 교수의 책장은 고서로 그득하다.
② 냄새나 빛 따위가 넓은 공간에 널리 퍼져 있다.
예 방 안은 은은한 묵향으로 그득했다.

그슬다 [최신] 불에 겉만 약간 타게 하다.
예 장작불에 털을 그슬다.

그을다 햇볕이나 불, 연기 따위를 오래 쐬어 검게 되다.
예 햇볕에 얼굴이 검게 그을었다.

그저
① 변함없이 이제까지
예 친구는 하루 종일 그저 잠만 자고 있다.
② 다른 일은 하지 않고 그냥
예 그는 묻는 말에 그저 "예, 예." 하며 대답하였다.
③ 특별한 목적이나 이유 없이
예 그저 한번 해 본 말이다.

글눈 글을 보고 이해하는 능력
예 글눈을 뜨다.

글피 모레의 다음 날
예 내일, 모레, 글피 삼 일 동안 쉬겠습니다.

긋다01
① 어떤 일정한 부분을 강조하거나 나타내기 위하여 금이나 줄을 그리다.
예 중요한 단어에 밑줄을 그어라.
② 물건값이나 밥값, 술값 따위를 바로 내지 않고 외상으로 처리하다.
예 내일 드릴 테니 오늘 밥값은 장부에 그어 두세요.
③ 시험 채점에서 빗금을 표시하여 답이 틀림을 나타내다.
예 맞춤법이 틀린 답에는 줄을 그어 버려라.
④ 손이나 손가락으로 허공에 어떤 것을 그리는 동작을 하다.
예 성호를 긋다.
⑤ 활 따위를 쏘다.
예 궁수 한 사람이 활을 한 번 긋자 화살은 과녁의 한가운데를 꿰뚫었다.

길01
① 사람이나 동물 또는 자동차 따위가 지나갈 수 있게 땅 위에 낸 일정한 너비의 공간
예 길이 막히다.
② 시간의 흐름에 따라 개인의 삶이나 사회적·역사적 발전 따위가 전개되는 과정
예 이제까지 살아온 고단한 길
③ 방법이나 수단
예 먹고살 길이 막막하다.
④ '과정', '도중', '중간'의 뜻을 나타내는 말
예 그는 어제 산책길에 만났던 그녀와 다시 마주쳤다.

길02 어떤 일에 익숙하게 된 솜씨
예 농촌 생활에 제법 길이 들었다.

길쌈 실을 내어 옷감을 짜는 모든 일을 통틀어 이르는 말
예 길쌈을 하여 옷을 지어 입다.

길처 가는 길의 근처
예 내 고향은 남도 가는 길처에 있다.

까라지다 기운이 빠져 축 늘어지다.
예 날이 흐려서인지 몸이 까라진다.

까칠까칠 야위거나 메말라 살갗이나 털 등의 여기저기가 매우 윤기가 없고 거친 모양
예 언제나 까칠까칠 지저분하게 얼룩져 있던 턱수염은 말끔하게 깎여 있었다.

깔보다 얕잡아 보다.
예 어리다고 그 아이를 무시하고 깔보다가는 큰코다친다.

깜냥 [최신] 스스로 일을 헤아림. 또는 헤아릴 수 있는 능력
예 그 사람은 자기의 깜냥을 잘 알고 있었다.

깨단하다 [최신] 오랫동안 생각해 내지 못하던 일 따위를 어떠한 실마리로 말미암아 깨닫거나 분명히 알다.
예 또다시 연인과 헤어지고 나서야 그는 그 이유를 깨단했다.

깨지락거리다
① 조금 달갑지 않은 음식을 자꾸 억지로 굼뜨게 먹다.
예 밥을 앞에 놓고 깨지락거리기만 하나가 일어섰다.
② 조금 달갑지 않은 듯이 자꾸 게으르고 굼뜨게 행동하다.
예 그 사람은 의문을 품으면 깨지락거리지 않고 끝장을 봐야 직성이 풀린다.

꼼바르다 마음이 좁고 지나치게 인색하다.

끼다02
① 안개나 연기 따위가 퍼져서 서리다.
예 안개가 끼다.
② 얼굴이나 목소리에 어떤 기미가 어리어 돌다.
예 수심 낀 얼굴

ㄴ

나비잠01 갓난아이가 두 팔을 머리 위로 벌리고 자는 잠
예 팔을 어깨 위로 쳐들고 나비잠을 자는 갓난아기의 얼굴을 보니 정말 사랑스러웠다.

낫잡다 금액, 나이, 수량, 수효 따위를 계산할 때에, 조금 넉넉하게 치다.
예 경비를 낫잡았더니 돈이 조금 남았다.

낮잡다
① 실제로 지닌 값보다 낮게 치다.
예 물건값을 낮잡아 부르다.
② 사람을 만만히 여기고 함부로 낮추어 대하다.
예 그는 낮잡아 볼 만큼 만만한 사람이 아니다.

내내 처음부터 끝까지 계속해서
예 돌아오는 동안 거기서 본 아이의 모습이 내내 잊히지 않았다.

내처01
① 어떤 일 끝에 더 나아가 ≒ **내처서**
예 가는 김에 내처 집까지 바래다주었다.
② 줄곧 한결같이
예 같은 증세가 내처 계속되다.

너나들이 서로 너니 나니 하고 부르며 허물없이 말을 건넴. 또는 그런 사이
예 그는 지서장하고 너나들이로 지내는 처지임을 은근히 과시한다.

너부시
① 큰 사람이 매우 공손하게 머리를 숙여 절하는 모양
예 그는 맨땅에 무릎을 꿇고 너부시 절을 했다.
② 큰 사람이나 물체가 천천히 땅 쪽으로 내리거나 차분하게 앉는 모양
예 호랑나비가 꽃송이 위에 너부시 내려앉았다.

너붓너붓 엷은 천이나 종이 따위가 나부끼어 자꾸 흔들리는 모양
예 바람에 커다란 나뭇잎이 너붓너붓 춤을 춘다.

최신 **너스레02** 수다스럽게 떠벌려 늘어놓는 말이나 짓
예 그녀의 걸쭉한 너스레에 우리 모임은 항상 화기애애하다.

너울가지 남과 잘 사귀는 솜씨. 붙임성이나 포용성 따위를 이른다.
예 너는 너울가지가 참 좋구나.

넌지시 드러나지 않게 가만히
예 넌지시 떠보다.

널브러지다
① 너저분하게 흐트러지거나 흩어지다.
예 방에는 잡동사니들이 널브러져 있다.
② 몸에 힘이 빠져 몸을 추스르지 못하고 축 늘어지다.
예 소대원들은 땅바닥에 아무렇게나 널브러져 앉아 있었다.

넘보다
① 남의 능력 따위를 업신여겨 얕보다.
예 도적 떼는 관군을 넘보고 덤벼들었다.
② 어떤 것을 욕심내어 마음에 두다. = **넘겨다보다**
예 신하로서 왕의 자리를 넘보다니!

넘성넘성
① 계속 넘어다보는 모양
예 담 너머로 넘성넘성 남의 집을 엿보다.
② 남의 것을 탐내어 가지려고 계속 기회를 엿보는 모양

노량으로 어정어정 놀면서 느릿느릿 ≒ **노량**
예 나와 친구는 한동안 앉아서 웃고 이야기하다가 일어나서 노량으로 걸음을 걸었다.

노상01 언제나 변함없이 한 모양으로 줄곧
예 그녀는 노상 웃고 다닌다.

뇌꼴스럽다 보기에 아니꼽고 얄미우며 못마땅한 데가 있다.
예 함부로 나대는 그가 몹시 뇌꼴스럽다.

늘리다
① 물체의 넓이, 부피 따위를 본디보다 커지게 하다.
예 주차장의 규모를 늘리다.
② 수나 분량 따위를 본디보다 많아지게 하거나 더 나가게 하다. '늘다'의 사동사.
예 학생 수를 늘리다.

늘비하다 질서 없이 여기저기 많이 늘어서 있거나 놓여 있다.
예 산 위에서 마을을 바라보니 집들이 늘비하다.
참고 **즐비(櫛比)하다** 빗살처럼 줄지어 빽빽하게 늘어서 있다.

늘이다01
① 본디보다 더 길어지게 하다.
예 바짓단을 늘이다.
② 선 따위를 연장하여 계속 긋다.
예 선분 ㄱㄴ을 늘이면 다른 선분과 만나게 된다.

기출 핵심개념

늦깎이 [최신]
① 나이가 많이 들어서 어떤 일을 시작한 사람
예 늦깎이로 시작한 학업이었던 만큼 그 길이 순탄치 않았다.
② 남보다 늦게 사리를 깨치는 일. 또는 그런 사람
예 우리 애는 다른 애들에 비해 늦깎이인데, 잘 따라갈 수 있을까 걱정이야.

늦되다 [최신]
① 곡식이나 열매 따위가 제철보다 늦게 익다.
예 벼가 늦되다.
② 나이에 비하여 발육이 늦거나 철이 늦게 들다.
예 그는 늦되었는지 행동하는 모습이 어린애 같았다.

ㄷ

다락같다 [최신]
① 물건값이 매우 비싸다.
예 물가가 다락같이 뛴다.
② 덩치나 규모 정도가 매우 크고 심하다.
예 날씨가 다락같이 추워지니까 밖에 나갈 엄두가 안 난다.

다루다
① 일거리를 처리하다.
예 무역 업무를 다루다.
② 어떤 물건을 사고파는 일을 하다.
예 이 상점은 주로 전자 제품만을 다룬다.
③ 기계나 기구 따위를 사용하다.
예 악기를 다루다.
④ 가죽 따위를 매만져서 부드럽게 하다.
예 가죽을 다루다.
⑤ 사람이나 짐승 따위를 부리거나 상대하다.
예 무고한 사람을 범인으로 다루다니 가만있지 않겠다.

다리다 옷이나 천 따위의 주름이나 구김을 펴고 줄을 세우기 위하여 다리미나 인두로 문지르다.
예 다리미로 옷을 다리다.

단김01 음식물의 제맛이 되는 맛이나 김
예 단김이 빠진 맥주

단김02 달아올라 뜨거운 김
예 펄펄 끓는 물에서 단김이 솟았다.

단내01 달콤한 냄새
예 알사탕을 넣자 입 안에는 곧 단내가 돌았다.

단내02
① 높은 열에 눋거나 달아서 나는 냄새
예 감자가 타서 단내가 난다.
② 몸의 열이 몹시 높을 때, 입이나 코 안에서 나는 냄새
예 급히 다녀오라는 어머님 말씀에 그는 목구멍에서 단내가 나도록 뛰었다.

단물01
① 단맛이 나는 물
예 아이는 껌의 단물만 빨아 먹고선 바로 버렸다.
② 알짜나 실속이 있는 부분을 비유적으로 이르는 말
예 그 땅은 단물이 다 빠져서 값이 싸졌다.

단물02 어떤 대상이 가지고 있는 본래의 색
예 단물이 다 빠진 낡은 옷

단출하다 일이나 차림차림이 간편하다.
예 단출한 차림

닫치다
① 열린 문짝, 뚜껑, 서랍 따위를 꼭꼭 또는 세게 닫다.
예 동생은 화가 나서 문을 탁 닫치고 나갔다.
② 입을 굳게 다물다.
예 그는 무슨 말을 할 듯하다가 입을 닫쳐 버렸다.

닫히다 '닫다02'의 피동사
예 열어 놓은 문이 바람에 닫혔다.

달이다
① 액체 따위를 끓여서 진하게 만들다.
예 간장을 달이다.
② 약재 따위에 물을 부어 우러나도록 끓이다.
예 보약을 달이다.

달포 한 달이 조금 넘는 기간
예 그가 떠난 지 달포가량 지났다.

담불01 말이나 소의 열 살을 이르는 말 ≒ **열릅**
예 할아버지의 소가 올해로 담불이 된다.

담불02 곡식이나 나무를 높이 쌓아 놓은 무더기
예 곳간에 벼가 담불로 쌓여 있다.

담상담상 드물고 성긴 모양
예 언덕에 담상담상 푸른 풀이 돋았다.

당기다01
① 좋아하는 마음이 일어나 저절로 끌리다.
예 나는 그 얘기를 듣고 호기심이 당겼다.
② 입맛이 돋우어지다.
예 식욕이 당기다.
③ 물건 따위를 힘을 주어 자기 쪽이나 일정한 방향으로 가까이 오게 하다.
예 고삐를 당기다.

④ 정한 시간이나 기일을 앞으로 옮기거나 줄이다.
예 6월로 잡았던 결혼 날짜를 5월로 당겼다.

대엿새 닷새나 엿새 정도
예 대엿새만 더 머물러 주시오.

최신 **댓바람**
① 일이나 때를 당하여 서슴지 않고 당장
예 소식을 듣자마자 댓바람으로 달려나갔다.
② 아주 이른 시간
예 아침 댓바람부터 그 일 때문에 하루를 잡쳐 버렸다.

댕기다 불이 옮아 붙다. 또는 그렇게 하다.
예 바싹 마른 나무가 불이 잘 댕긴다.

최신 **더펄이**
① 성미가 침착하지 못하고 덜렁대는 사람
② 성미가 스스럼이 없고 붙임성이 있어 꽁하지 않은 사람
예 그는 더펄이라서 문제를 잘못 읽고 풀고는 한다.

덖다01 때가 올라 몹시 찌들거나 때가 덕지덕지 묻다.
예 그는 축구를 얼마나 했는지 운동화가 덖어 빨아도 때가 지워지지 않았다.

덖다02 물기가 조금 있는 고기나 약재, 곡식 따위를 물을 더하지 않고 타지 않을 정도로 볶아서 익히다.
예 야채와 쇠고기를 함께 넣어 자글자글 덖었다.

데면데면
① 사람을 대하는 태도가 친밀감이 없이 예사로운 모양
예 그 사람은 누구를 만나도 데면데면 대한다.
② 성질이 꼼꼼하지 않아 행동이 신중하거나 조심스럽지 않은 모양
예 데면데면 일을 하면 꼭 탈이 생기게 마련이다.

데생기다 생김새나 됨됨이가 완전하게 이루어지지 못하여 못나게 생기다.
예 땅이 기름지지 못한 데다 날씨까지 좋지 않아 감자알이 자잘하고 데생긴 것뿐이다.

데치다
① 물에 넣어 살짝 익히다.
예 오징어를 데치다.
② 단단히 꾸짖어 풀이 죽게 하다.

도둑눈 밤사이에 사람들이 모르게 내린 눈

되바라지다
① 그릇이 운두가 낮고 위가 벌어져 쉽사리 바닥이 드러나 보이다.
예 되바라진 접시
② 어린 나이에 어수룩한 데가 없고 얄밉도록 지나치게 똑똑하다.
예 젊은 놈이 어지간히 되바라졌군.

최신 **되우** 아주 몹시
예 그 사람은 의심이 되우 많다.
유의어 되게

되통스럽다 찬찬하지 못하거나 미련하여 일을 잘 저지를 듯하다.
예 온 식구들이 모인 자리니, 되통스럽게 굴지 말고 얌전히 앉아 있어라.

두런두런 여럿이 나지막한 목소리로 서로 조용히 이야기하는 소리. 또는 그 모양
예 두런두런 이야기를 나누다 보니 한 시간이 금방 지났다.

두름
① 조기 따위의 물고기를 짚으로 한 줄에 열 마리씩 두 줄로 엮은 것
예 우리는 사로잡은 적들을 굴비 두름처럼 새끼로 엮었다.
② 고사리 따위의 산나물을 열 모숨 정도로 엮은 것
예 고사리를 두름으로 엮어서 팔다.

둘레둘레01 사방을 이리저리 살피는 모양
예 이 집 저 집 둘레둘레 돌아다닌다.
둘레둘레02 여러 사람이나 물건이 주위에 둥그렇게 둘러 있는 모양

뒤넘스럽다 주제넘게 행동하여 건방진 데가 있다.

뒤잇다 일과 일이 끊어지지 않고 곧바로 이어지다. 또는 그 것을 그렇게 이어지도록 하다.
예 축가에 뒤이어 축사가 있었다.

최신 **드레** 인격적으로 점잖은 무게
예 어린 사람이 퍽 드레가 있어 보인다.

드문드문
① 시간적으로 잦지 않고 드문 모양
예 드문드문 찾아드는 손님
② 공간적으로 배지 않고 사이가 드문 모양
예 드문드문 서 있는 나무

득달같이 잠시도 늦추지 아니하게
예 맡은 일을 득달같이 해치웠다.

기출 핵심개념

들마 가게 문을 닫을 무렵
예 들마에 손님들이 몰려왔다.

들머리01 들어가는 맨 첫머리 ≒ 들목
예 여기가 강원도로 들어가는 들머리이다.

딱히01
① 사정이나 처지가 애처롭고 가엾게
예 처지를 딱히 여기다.
② 일을 처리하기가 난처하게

딴죽
① 씨름이나 택견에서, 발로 상대편의 다리를 옆으로 치거나 끌어당겨 넘어뜨리는 기술
② 이미 동의하거나 약속한 일에 대하여 딴전을 부림을 비유적으로 이르는 말
예 약속해 놓고 이제 와서 딴죽을 치면 어떻게 하니?

딴통같이 전혀 엉뚱하게
예 그는 혼자만 아는 이야기를 딴통같이 던지더니 바로 나가 버렸다.

땅기다01 몹시 단단하고 팽팽하게 되다.
예 얼굴이 땅기다.

똘기 채 익지 않은 과일

뜨물 곡식을 씻어 내 부옇게 된 물 ≒ 뜨물국
예 뜨물 한 바가지

ㅁ

최신 **마냥02**
① 언제까지나 줄곧
예 친구가 올 때까지 마냥 기다렸다.
② 부족함이 없이 실컷
예 모처럼 친구들을 만나 마냥 웃고 떠들었다.

최신 **마뜩하다** 제법 마음에 들 만하다.
예 나는 그의 행동이 마뜩하지 않아서 고개를 돌려버렸다.

마수걸이
① 맨 처음으로 물건을 파는 일. 또는 거기서 얻은 소득
예 오후 한 시가 넘도록 마수걸이도 못 했다.
② 맨 처음으로 부딪는 일
예 요리를 배운 적 없는 그에게 요리법이 복잡한 잡채는 마수걸이로 적합하지 않다.

만무방01 염치가 없이 막된 사람
예 그 학생은 선생님에 대한 예의도 모르는 만무방이다.

맏물 과일, 푸성귀, 해산물 따위에서 그해의 맨 처음에 나는 것
예 고모네 과수원에서 나는 사과는 맏물이 가장 크고 달다.

말미01 일정한 직업이나 일 따위에 매인 사람이 다른 일로 말미암아 얻는 겨를
예 말미를 주다.

맞갖다 마음이나 입맛에 꼭 맞다.
예 마음에 맞갖지 않은 일자리라서 거절하였다.

맞잡이
① 서로 대등한 정도나 분량 ≒ 맞들이
예 그때 돈 만 원은 지금 돈 십만 원 맞잡이이다.
② 서로 힘이 비슷한 두 사람
예 결승에서는 맞잡이끼리 붙어서 승부가 잘 나지 않았다.

맡기다 '맡다01'의 사동사
예 새로 온 선생님에게 3학년 담임을 맡겼다.

매몰차다
① 인정이나 싹싹한 맛이 없고 아주 쌀쌀맞다.
예 매몰차게 돌아서다.
② 목소리가 높고 날카로우며 옹골차다.
예 할아버지께서는 우리를 향해 매몰차게 호통을 치셨다.

매조지 일의 끝을 단단히 단속하여 마무리하는 일

맥맥하다
① 코가 막혀 숨쉬기가 갑갑하다.
예 감기 기운으로 코가 맥맥하다.
② 생각이 잘 들지 아니하여 답답하다.
예 말이 끊기니 마주 앉아 있기가 맥맥하고 힘이 든다.
③ 기운이 막혀 감감하다.
예 마음 한구석이 늘 맷돌에 짓눌린 듯 맥맥하였다.
유의어 **맹맹하다02** 코가 막히어 말을 할 때 코의 울림소리가 나면서 갑갑하다.
예 감기에 걸려서 코가 맹맹하다.

최신 **맥쩍다**
① 심심하고 재미가 없다.
예 하는 일 없이 맥쩍게 앉아 시간을 보내다.
② 열없고 쑥스럽다.
예 얼굴 대하기가 맥쩍다.

맨드리
① 옷을 입고 매만진 맵시
예) 맨드리가 곱다.
② 물건이 만들어진 모양새
예) 한 손으로 잡고 지그시 힘을 주었더니 맨드리가 곱던 바리가 헤벌쭉하게 쭈그러졌다.
③ 이미 만들어 놓은 물건

머쓱하다 (최신)
① 어울리지 않게 키가 크다.
예) 키만 머쓱하게 큰 사람
② 무안을 당하거나 흥이 꺾여 어색하고 열없다.
예) 그는 면박을 받고는 머쓱하여 머리를 긁적였다.

메다01
① 뚫려 있거나 비어 있는 곳이 막히거나 채워지다.
예) 밥을 급히 먹으면 목이 멘다.
② 어떤 장소에 가득 차다.
예) 마당이 메어 터지게 사람들이 들이닥쳤다.
③ 어떤 감정이 북받쳐 목소리가 잘 나지 않는다.
예) 그녀는 가슴이 메어 다음 말을 잇지 못했다.

메다02
① 어깨에 걸치거나 올려놓다.
예) 어깨에 배낭을 메다.
② 어떤 책임을 지거나 임무를 맡다.
예) 젊은이는 나라의 장래를 메고 나갈 사람이다.

모레 내일의 다음 날
예) 모레부터 방학이다.
  참고 **내일모레(來日모레)**
① 내일의 다음 날
② 어떤 때가 가까이 닥쳐 있음을 이르는 말

모숨
① 한 줌 안에 들어올 만한 분량의 길고 가느다란 물건
예) 세 가닥으로 모숨을 고르게 갈라 곱게 땋은 머리
② 길고 가느다란 물건의, 한 줌 안에 들어올 만한 분량을 세는 단위
예) 담배 한 모숨

모지락스럽다 (최신) 보기에 억세고 모질다.
예) 마음이 모지락스러운 나였지만, 고향만 생각하면 갑자기 목울대가 후끈거리면서 울컥 울음이 솟구치려고 하였다.

모짝모짝
① 한쪽에서부터 차례로 모조리
예) 농부는 모내기를 하려고 못자리에서 모를 **모짝모짝** 뽑았다.
② 차차 조금씩 개먹어 들어가는 모양

몽글몽글 덩이진 물건이 말랑말랑하고 몹시 매끄러운 느낌
예) 몽글몽글 덩이진 떡

몽니 (최신) 받고자 하는 대우를 받지 못할 때 내는 심술
  관용구 **몽니(가) 사납다** 몽니가 매우 세다.
예) 몽니 사납게 굴지 마. 벌 받아.

무녀리 (최신)
① 한 태에 낳은 여러 마리 새끼 가운데 가장 먼저 나온 새끼
② 말이나 행동이 좀 모자란 듯이 보이는 사람을 비유적으로 이르는 말

무르녹다
① 과일이나 음식 따위가 충분히 익어 흐무러지다.
예) 무화과가 무르녹아 있다.
② 일이나 상태가 한창 이루어지려는 단계에 달하다.
예) 분위기가 자연스레 무르녹았다.

무릎맞춤 두 사람의 말이 서로 어긋날 때, 제삼자를 앞에 두고 전에 한 말을 되풀이하여 옳고 그름을 따짐.
예) 이 일은 **무릎맞춤**을 해 보아야 진상이 밝혀지겠다.

물곬 물이 흘러 빠져나가는 작은 도랑
예) 그는 농사를 짓기 위하여 논에 **물곬**을 잘 빼 놓았다.

물큰 냄새 따위가 한꺼번에 확 풍기는 모양
예) 뚜껑을 여는 순간 고약한 냄새가 물큰 코를 찔렀다.

뭇01 고기잡이에 쓰는 커다란 작살
뭇02
① 짚, 장작, 채소 따위의 작은 묶음을 세는 단위
예) 어머니는 부엌으로 가서 장작 한 **뭇**을 더 넣으셨다.
② 생선을 묶어 세는 단위. 한 뭇은 생선 열 마리를 이른다.
③ 미역을 묶어 세는 단위. 한 뭇은 미역 열 장을 이른다.
뭇03 수효가 매우 많은
예) **뭇** 백성 여울 건너듯

뭇웃음
① 여러 사람이 함께 웃는 웃음
예) 볼기짝에 구멍이 뚫린 새신랑의 옷을 보고 **뭇웃음**이 터져 오른다.
② 여러 사람에게 덧없이 짓는 웃음
예) 나는 **뭇웃음**을 자주 짓는 사람을 싫어한다.

뭉근하다 세지 않은 불기운이 끊이지 않고 꾸준하다.
예) 사랑방은 뭉근한 화롯불로 새벽까지 뜨뜻했다.

뭉뚱그리다
① 되는대로 대강 뭉쳐 싸다.

기출 핵심개념

예 나는 외투를 뭉뚱그려 든 채 급히 뛰었다.
② 여러 사실을 하나로 포괄하다.
예 의장이 자꾸 나의 의견을 그의 의견과 뭉뚱그리려고 해서 화가 났다.

뭉텅뭉텅01 잇따라 제법 크게 잘리거나 끊어지는 모양
예 그놈은 내 머리채를 날이 시퍼런 군도로 뭉텅뭉텅 베었다.

미쁘다 믿음성이 있다.
예 여기저기 눈치를 살피는 모습이 미쁘게 보이지 않는다.

최신 **미주알고주알** 아주 사소한 일까지 속속들이
예 말하기 싫어하는 걸 굳이 미주알고주알 캐묻는 걸 보면 그 사람은 진짜 눈치가 없다.

미처 아직 거기까지 미치도록
예 남편이 그런 사람인 줄 예전에는 미처 몰랐다.

밉살맞다 '밉살스럽다'를 속되게 이르는 말
예 나는 제 욕심만 차리는 그 사람이 밉살맞기 그지 없었다.
밉살스럽다 보기에 말이나 행동이 남에게 몹시 미움을 받을만한 데가 있다.

ㅂ

바득바득01
① 악지를 부려 자꾸 우기거나 조르는 모양
예 혼자만 바득바득 우기지 마라.
② 악착스럽게 애쓰는 모양
예 내겐 바득바득 재산을 지켜 나갈 용기도 없다.

바락바락
① 성이 나서 잇따라 기를 쓰거나 소리를 지르는 모양
예 바락바락 악을 쓰다.
② 빨래 따위를 가볍게 조금씩 주무르는 모양
예 건져 낸 시래기를 곱게 다지고 국 솥에다 된장과 함께 바락바락 주무른 후 뜨물을 붓는다.

바작바작
① 물기가 적은 물건을 잇따라 씹거나 빻는 소리. 또는 그 모양
예 과자 부스러기를 바작바작 소리를 내며 먹다.
② 마음이 매우 안타깝게 죄어드는 모양
예 바작바작 마음을 졸이며 합격 통지를 기다리고 있다.

바장이다
① 부질없이 짧은 거리를 오락가락 거닐다.
예 공연히 이리저리 바장이다가 집으로 내려가는 길이다.
② 마음에 걸리는 것이 있어서 머뭇머뭇하다.

바투01
① 두 대상이나 물체의 사이가 썩 가깝게
예 어머니는 아들에게 바투 다가가 두 손을 움켜쥐었다.
② 시간이나 길이가 아주 짧게
예 날짜를 바투 잡다.

바특하다
① 두 대상이나 물체 사이가 조금 가깝다.
② 시간이나 길이가 조금 짧다.
예 시간이 너무 바특하다.
③ 국물이 조금 적어 묽지 아니하다.
예 국이 바특하다.

최신 **발만스럽다** 두려워하거나 삼가는 태도가 없이 꽤 버릇없다.
예 요즘에는 부모에게도 바락바락 대드는 걸 보면 그는 여전히 발만스럽다.

발맘발맘
① 한 발씩 또는 한 걸음씩 길이나 거리를 가늠하며 걷는 모양
예 아까 발맘발맘 간 감으로는 조금 어찌어찌 걸으면 호텔로 돌아올 수도 있었을 텐데.
② 자국을 살펴 가며 천천히 따라가는 모양
예 우리는 골짜기를 내려와 목탁 소리를 따라 발맘발맘 걸었다.

배다01
① 스며들거나 스며 나오다.
예 종이에 기름이 배다.
② 버릇이 되어 익숙해지다.
예 욕이 입에 배다.
③ 느낌, 생각 따위가 깊이 느껴지거나 오래 남아 있다.
예 농악에는 우리 민족의 정서가 배어 있다.
배다02 배 속에 아이나 새끼를 가지다.
예 새끼를 배다.

최신 **뱃심**
① 염치나 두려움이 없이 제 고집대로 버티는 힘
예 그는 모두가 반대하는 일을 뱃심으로 밀고 나갔다.
② 마음속에 다지는 속셈

벌리다01
① 둘 사이를 넓히거나 멀게 하다.
예 줄 간격을 벌리다.
② 껍질 따위를 열어 젖혀서 속의 것을 드러내다.
예 생선의 배를 갈라 벌리다.
③ 우므러진 것을 펴지거나 열리게 하다.
예 아이는 두 손을 벌려 과자를 조심스레 받았다.

최신 **벌이다**
① 일을 계획하여 시작하거나 펼쳐 놓다.

예 사업을 벌이다.
② 놀이판이나 노름판 따위를 차려 놓다.
예 장기판을 벌이다.
③ 여러 가지 물건을 늘어놓다.
예 책상 위에 책을 어지럽게 벌여 두고 공부를 한다.
④ 전쟁이나 말다툼 따위를 하다.
예 친구와 논쟁을 벌이다.

벙글벙글 입을 조금 크게 벌리고 자꾸 소리 없이 부드럽게 웃는 모양
예 일이 잘 풀리자 벙글벙글 웃는 웃음을 금치 못하였다.

변죽01
① 그릇이나 세간, 과녁 따위의 가장자리
예 화살이 과녁의 변죽을 꿰뚫었다.
② 제재목 가운데 나무껍질이 붙어 있는 널빤지

보람
① 약간 드러나 보이는 표적
② 다른 물건과 구별하거나 잊지 않기 위하여 표를 해 둠. 또는 그런 표적
예 비행기에 탈 때에는 가방에 눈에 띄는 보람을 해 두면 좋겠다.
③ 어떤 일을 한 뒤에 얻어지는 좋은 결과나 만족감. 또는 자랑스러움이나 자부심을 갖게 해 주는 일의 가치
예 삶의 보람을 느끼다./아무 보람도 없이 허송세월만 했다.

볼멘소리 서운하거나 성이 나서 퉁명스럽게 하는 말투
예 나도 모르게 볼멘소리가 흘러나왔다.

[최신] **봉우리01** 산에서 뾰족하게 높이 솟은 부분 = 산봉우리
예 산의 제일 높은 봉우리에 오르다.
참고 **봉오리** 망울만 맺히고 아직 피지 아니한 꽃
예 봄이 되니 꽃에 이제 막 봉오리가 맺혔다.

부들부들01 몸을 자꾸 크게 부르르 떠는 모양
예 몸이 부들부들 떨리도록 춥다.

부시다01 그릇 따위를 씻어 깨끗하게 하다.
예 밥 먹은 그릇은 깨끗이 부셔 놓아라.

부아01 노엽거나 분한 마음
예 부아가 치밀다.

부질없다 대수롭지 아니하거나 쓸모가 없다.
예 부질없는 생각

붇다
① 물에 젖어서 부피가 커지다.

예 콩이 붇다./북어포가 물에 불어 부드러워지다.
② 분량이나 수효가 많아지다.
예 개울물이 붇다./체중이 붇다.

[최신] **불잉걸** 불이 이글이글하게 핀 숯덩이
예 나뭇가지 젓가락으로 불잉걸을 하나 집어 들고 후후 길게 불어 불을 켰다.

붓다01
① 살가죽이나 어떤 기관이 부풀어 오르다.
예 얼굴이 붓다.
② 성이 나서 뽀로통해지다.
예 왜 잔뜩 부어 있나?

비거스렁이 비가 갠 뒤에 바람이 불고 기온이 낮아지는 현상
예 비가 그치고 난 뒤, 비거스렁이를 하느라고 바람이 몹시 매서웠다.

비리비리01 비틀어질 정도로 여위고 연약한 모양
예 아이가 입이 짧아서 비리비리 약하다.

[최신] **비설거지** 비가 오려고 하거나 올 때, 비에 맞으면 안 되는 물건을 치우거나 덮는 일
예 비설거지를 해야 물건들이 상하지 않는다.

빈말 실속 없이 헛된 말
예 빈말이라도 고맙다.

빗밑 비가 그치어 날이 개는 속도
예 빗밑이 가볍다.

빨 일이 되어 가는 형편과 모양
예 그 노인이 하는 빨로 따라 하면 된다.

ㅅ

[최신] **사뭇**
① 거리낌 없이 마구
예 그는 선생님 앞에서 사뭇 술을 마셨다.
② 내내 끝까지
예 이번 겨울 방학은 사뭇 바빴다.
③ 아주 딴판으로
예 사뭇 다르다.
④ 마음에 사무치도록 매우
예 그녀의 마음에는 사뭇 슬픔이 밀려왔다.

사박스럽다 성질이 보기에 독살스럽고 야멸친 데가 있다.
예 친구는 나를 사박스럽게 몰아붙였다.

기출 핵심개념

사뿐사뿐 소리가 나지 아니할 정도로 잇따라 가볍게 발을 내디디며 걷는 모양
예 한 소녀가 발걸음도 가볍게 사뿐사뿐 걸었다.

산들바람 시원하고 가볍게 부는 바람

[최신] 살갑다
① 집이나 세간 따위가 겉으로 보기보다는 속이 너르다.
② 마음씨가 부드럽고 상냥하다.
예 계장님은 살가워서 장모님의 사랑을 듬뿍 받을 것 같다.

살뜰하다 일이나 살림을 매우 정성스럽고 규모 있게 하여 빈틈이 없다.
예 그는 규모 있고 살뜰하게 살림을 꾸려 나간다.

살며시
① 남의 눈에 띄지 않게 가만히
예 선물을 살며시 건네주다.
② 행동이나 사태 따위가 가벼우면서도 은근하고 천천히
예 살며시 손을 잡다.

삶다
① 물에 넣고 끓이다.
예 계란을 삶다.
② 달래거나 꾀어서 자기 말을 잘 듣게 만들다.
예 주인만 잘 삶으면 그 일은 쉽게 처리할 수 있을 듯하다.

삼삼하다02
① 음식 맛이 조금 싱거운 듯하면서 맛이 있다.
예 국물이 삼삼하다.
② 사물이나 사람의 생김새나 됨됨이가 마음이 끌리게 그럴듯하다.
예 얼굴이 삼삼하게 생기다.

싱글싱글 눈과 입을 귀엽게 움직이며 소리 없이 정답게 자꾸 웃는 모양

상동상동 작고 연한 물건을 단번에 잇따라 가볍게 베거나 자르는 모양

새록새록
① 새로운 물건이나 일이 잇따라 생기는 모양
예 봄이 되자 새순이 새록새록 돋아난다.
② 어떤 생각이나 느낌이 거듭하여 새롭게 생기는 모양
예 아프고 쓰라렸던 지난 일이 새록새록 떠올랐다.

새살스럽다 성질이 차분하지 못하고 가벼워 말이나 행동이 실없고 부산한 데가 있다.
예 사람이 많은 곳에서 새살스럽게 행동해 주변 사람에게 눈총을 받았다.

새삼스럽다
① 이미 알고 있는 사실에 대하여 느껴지는 감정이 갑자기 새로운 데가 있다.
예 몇 년 만에 보는 고향 산천이 새삼스럽다.
② 하지 않던 일을 이제 와서 하는 것이 보기에 두드러진 데가 있다.
예 나이 오십에 새삼스럽게 공부를 하겠다고?

새우잠 새우처럼 등을 구부리고 자는 잠. 주로 모로 누워 불편하게 자는 잠을 의미한다.
예 방바닥이 차서 웅크리고 새우잠을 잤다.

생게망게하다 하는 행동이나 말이 갑작스럽고 터무니없다.

선웃음 우습지도 않은데 꾸며서 웃는 웃음
예 이제는 선웃음까지 지어 가며 좋아하지도 않는 옆집 사람에게 먼저 인사를 건넸다.

설눈 설날에 내리는 눈

설레설레 큰 동작으로 몸의 한 부분을 거볍게 잇따라 가로 흔드는 모양
예 아버지는 무엇인가 몹시 답답하시다는 듯 고개를 설레설레 흔드시다가 담배를 꺼내 무셨다.

설멍하다
① 아랫도리가 가늘고 어울리지 아니하게 길다.
예 대호는 귀여운 외모에 설멍하게 키가 크다.
② 옷이 몸에 맞지 않고 짧다.
예 설멍한 바지를 입고 나타난 그의 모습이 너무나 우스꽝스러웠다.

설핏하다
① 사이가 촘촘하지 않고 듬성듬성하다.
예 지붕에서 떨어지는 추녀 물이 닿는 자리에 잡초가 설핏하게 자랐다.
② 해의 밝은 빛이 약하다.
예 그 사람들은 아침 일찍 집을 나섰지만 길이 막혀서 해가 설핏할 무렵에야 겨우 그곳에 도착할 수 있었다.
③ 잠깐 나타나거나 떠오르는 듯하다.
예 어머니는 설핏한 웃음만 입가에 흘릴 뿐 그 내막에 대해선 입을 열지 않았다.

섬뜩하다 갑자기 소름이 끼치도록 무섭고 끔찍하다.
예 무언가 등 뒤가 섬뜩해서 돌아보자 누가 나를 노려보고 있었다.

섬벅섬벅01 크고 연한 물건이 잘 드는 칼에 쉽게 자꾸 베어지는 소리. 또는 그 모양

예 무를 섬벅섬벅 썰다.

손방01 아주 할 줄 모르는 솜씨
예 세상 이치는 모를 것이 없지만 실제에 있어서는 매사에 아주 손방이다.

손사래 어떤 말이나 사실을 부인하거나 남에게 조용히 하라고 할 때 손을 펴서 휘젓는 일
관용구 **손사래(를) 치다** 거절이나 부인을 하며 손을 펴서 마구 휘젓다.

최신 **수나롭다** 무엇을 하는 데 어려움이 없이 순조롭다.
예 일이 수나롭게 풀리다.

수더분하다 성질이 까다롭지 아니하여 순하고 무던하다.
예 수더분하게 생기다.

스러지다
① 형체나 현상 따위가 차차 희미해지면서 없어지다.
예 그는 죽음이란 한 조각 구름이 스러지는 것이라고 생각했다.
② 불기운이 약해져서 꺼지다.
예 스러지는 불꽃

슬며시
① 남의 눈에 띄지 않게 넌지시
예 그는 어느새 내 옆으로 다가와 슬며시 손목을 잡았다.
② 행동이나 사태 따위가 은근하고 천천히
예 흉흉하던 민심은 슬며시 가라앉고 말았다.
③ 감정 따위가 속으로 천천히 은밀하게
예 친구한테 술을 뺏긴 생각을 하면 슬며시 부아가 돋았다.

슬쩍슬쩍
① 남의 눈을 피하여 잇따라 재빠르게
예 상에 놓인 음식을 슬쩍슬쩍 집어 먹다.
② 심하지 않게 약간씩
예 나물을 슬쩍슬쩍 데치다.

시나브로 모르는 사이에 조금씩 조금씩
예 그는 도박으로 지난 1년 동안 재산을 시나브로 잃었다.
속담 **가랑비에 옷 젖는 줄 모른다** 가늘게 내리는 비는 조금씩 젖어 들기 때문에 여간해서도 옷이 젖는 줄을 깨닫지 못한다는 뜻으로, 아무리 사소한 것이라도 그것이 거듭되면 무시하지 못할 정도로 크게 됨을 비유적으로 이르는 말

최신 **시부렁거리다** 주책없이 쓸데없는 말을 함부로 자꾸 지껄이다.
예 그는 술에 취해 세상이 곧 망할 것이라고 시부렁거리더니 어느새 잠이 들었다.

신소리01 신을 끌면서 걸을 때 나는 소리

예 어머니의 신소리가 들린다.
신소리02 상대편의 말을 슬쩍 받아 엉뚱한 말로 재치 있게 넘기는 말
예 구경꾼들은 신소리를 해 대며 웃었다.

최신 **실팍하다** 사람이나 물건 따위가 보기에 매우 실하다.
예 그는 실팍한 몸집인데도 쌀 한 가마를 제대로 못 옮겼다.

싱글싱글 눈과 입을 슬며시 움직이며 소리 없이 정답게 자꾸 웃는 모양
예 지호는 싱글싱글 웃으며 나를 반겼다.

싹수 어떤 일이나 사람이 앞으로 잘될 것 같은 낌새나 징조
예 그녀는 사업으로 성공할 싹수가 보인다.

썩이다 '썩다 ②'의 사동사
예 이제 부모 속 좀 작작 썩여라.

썩히다 '썩다 ①'의 사동사
예 그는 시골구석에서 재능을 썩히고 있다.

쏠쏠하다 품질이나 수준, 정도 따위가 웬만하여 괜찮거나 기대 이상이다.
예 수입이 쏠쏠하다.

쑤다 곡식의 알이나 가루를 물에 끓여 익혀서 죽이나 메주 따위를 만들다.
예 죽을 쑤다.

쓸쓸하다
① 외롭고 적적하다.
예 집안이 쓸쓸하다.
② 날씨가 으스스하고 음산하다.
예 찬 바람이 부는 쓸쓸한 늦가을에 군에 갔다.

씀벅씀벅 눈꺼풀을 움직이며 눈을 자꾸 감았다 떴다 하는 모양
예 눈이 부셔서 눈을 씀벅씀벅 감았다 떴다 했다.

아귀아귀 음식을 욕심껏 입안에 넣고 마구 씹어 먹는 모양
예 그는 밥을 아귀아귀 먹어 대며 내심 화를 삭이고 있었다.

아람 밤이나 상수리 따위가 충분히 익어 저절로 떨어질 정도가 된 상태. 또는 그런 열매
예 밤송이가 저 혼자 아람이 벌어져 떨어져 내렸다.

기출 핵심개념

아롱다롱 여러 가지 빛깔의 작은 점이나 줄 따위가 고르지 아니하고 촘촘하게 무늬를 이룬 모양
예 아롱다롱 켜진 불빛들이 참 아름다웠다.

아름01 두 팔을 둥글게 모아서 만든 둘레
예 아름 안으로 모든 것을 품어 넣고만 싶다.

아양 귀염을 받으려고 알랑거리는 말. 또는 그런 짓
예 동생이 아양을 떠는 모습이 아니꼬웠다.

[최신] 안다미 남의 책임을 맡아 짐. 또는 그 책임 = **안담(按擔)**
예 그 일까지 왜 우리가 안다미를 뒤집어써야 하나요?

안차다 겁이 없고 야무지다.
예 그 애는 어른이 뭐라 해도 워낙 안차서 기도 안 죽는다.

[최신] 안치다01
① 어려운 일이 앞에 밀리다.
예 당장 눈앞에 안친 일이 많아 어찌할 바를 모르겠다.
② 앞으로 와 닥치다.
예 밤바람이 선득하게 얼굴에 안친다.
안치다02 밥, 떡, 찌개 따위를 만들기 위하여 그 재료를 솥이나 냄비 따위에 넣고 불 위에 올리다.
예 솥에 쌀을 안치러 부엌으로 갔다.

알근알근
① 매워서 입안이 매우 알알한 느낌
② 술에 취하여 정신이 매우 아렴풋한 느낌
예 술이 알근알근 달아오른다.

알싸하다 매운맛이나 독한 냄새 따위로 콧속이나 혀끝이 알알하다.
예 고추가 매워 혀끝이 알싸하다.

알차다 속이 꽉 차 있거나 내용이 아주 실속이 있다.
예 알차고 보람 있는 시간을 보내다.

앙짜
① 앳되게 점잔을 빼는 짓
② 깐깐하게 행동하고 몹시 끈덕지게 샘을 내는 짓. 또는 그런 사람
예 겉으로 보기에 그는 앙짜일 것 같다.

애오라지
① '겨우'를 강조하여 이르는 말
예 주머니엔 애오라지 동전 두 닢뿐이다.
② '오로지'를 강조하여 이르는 말
예 애오라지 자식을 위하는 부모 마음

야무지다 사람의 성질이나 행동, 생김새 따위가 빈틈이 없이 꽤 단단하고 굳세다.
예 그녀는 일을 야무지게 처리하는 사람이다.

야물다
① 과실이나 곡식 따위가 알이 들어 단단하게 잘 익다.
예 초가을의 따가운 햇살에 오곡이 잘 야문다.
② 일 처리나 언행이 옹골차고 야무지다.
예 일을 야물게 처리하다.

약가심 약을 먹은 뒤에 다른 음식을 먹어 입을 가시는 일. 또는 그 음식

얄망궂다 성질이나 태도가 괴상하고 까다로워 얄미운 데가 있다.
예 초초히 떠나 버린 그 사람만 생각하면 심사가 얄망궂게 뒤틀린다.

얍삽하다 사람이 얕은꾀를 쓰면서 자신의 이익만을 챙기려는 태도가 있다.
예 얍삽하게 빠져나오다.

어깃장 짐짓 어기대는 행동
예 남녀 사이의 사랑은 제삼자가 어깃장을 놓는 경우가 많다.
[참고] **어기대다** 순순히 따르지 아니하고 못마땅한 말이나 행동으로 뻗대다.

어떻든
① 의견이나 일의 성질, 형편, 상태 따위가 어떻게 되어 있든 = **아무튼**
예 어떻든 나는 그의 요청을 들어주기로 했다.
② '어떠하든'이 줄어든 말
예 동기야 어떻든 결과에 대한 책임을 져야 합니다.

어련하다 따로 걱정하지 아니하여도 잘될 것이 명백하거나 뚜렷하나. 내심을 긍정적으로 칭찬하는 뜻으로 쓰나, 때로 반어적으로 쓰여 비아냥거리는 뜻을 나타내기도 한다.
예 선생님께서 직접 하신 일인데 어련하시겠습니까.

어리다01
① 눈에 눈물이 조금 괴다.
예 눈에 눈물이 어리다.
② 어떤 현상, 기운, 추억 따위가 배어 있거나 은근히 드러나다.
예 입가에 미소가 어리다.
③ 연기, 안개, 구름 따위가 한곳에 모여 나타나다.
예 앞들 무논 위에 아지랑이가 어리기 시작한다.

어리다03
① 나이가 적다. 10대 전반을 넘지 않은 나이를 이른다.
예 나는 어린 시절을 시골에서 보냈다.

② 생각이 모자라거나 경험이 적거나 수준이 낮다.
예 저의 어린 소견을 끝까지 경청해 주셔서 고맙습니다.

어슴푸레
① 빛이 약하거나 멀어서 어둑하고 희미한 모양
예 초승달이 어슴푸레 창문을 비춘다.
② 뚜렷하게 보이거나 들리지 아니하고 희미하고 흐릿한 모양
예 강 건너 마을에서 개 짖는 소리가 어슴푸레 들려온다.

어슷비슷
① 큰 차이가 없이 서로 비슷비슷한 모양
예 그들은 형제도 아닌데 얼굴이 어슷비슷 닮았다.
② 이리저리 쏠리어 가지런하지 아니한 모양
참고 어슷어슷02 여럿이 다 한쪽으로 조금 비뚤어진 모양
예 어슷어슷 누빈 옷 / 어슷어슷 썬 풋고추

어안01 어이없어 말을 못 하고 있는 혀 안
예 어안이 벙벙하다.

어우러지다 여럿이 조화되어 한 덩어리나 한판을 크게 이루게 되다.
예 들꽃이 어우러져 핀 둑은 환상적으로 아름답다.

어쩌다01
① '어찌하다'의 준말
예 날더러 어쩌란 말이냐?
② '무슨', '웬'의 뜻을 나타낸다.
예 어쩐 일로 전화하셨소?

어쩌다02 '어쩌다가'의 준말
예 그는 어쩌다 길을 잘못 들어 불량 학생으로 낙인이 찍혔다.

억척같이 몹시 모질고 끈덕지게
예 억척같이 일을 하여 재산을 모으다.

얼키설키
① 가는 것이 이리저리 뒤섞이어 얽힌 모양
예 칡덩굴이 얼키설키 뒤얽혀 있다.
② 관계나 일, 감정 따위가 복잡하게 얽힌 모양
예 세상만사가 재미로 얼키설키 엉키었지.

얼핏얼핏 지나는 결에 잇따라 잠깐씩 나타나는 모양
= 언뜻언뜻
예 차창 밖으로 낯선 풍경이 얼핏얼핏 지나간다.

엉기정기 질서 없이 여기저기 벌여 놓은 모양
예 그는 책상 위에 책들을 엉기정기 벌여 놓고 나가 버렸다.

여우비 볕이 나 있는 날 잠깐 오다가 그치는 비
예 여우비가 온 끝이라 개울가의 풀들이나 물빛이 더욱 뚜렷하였다.

영금01 따끔하게 당하는 곤욕
예 영금을 보다.

예니레 엿새나 이레
예 거사는 빨라도 예니레쯤 뒤가 될 것 같소. 그렇게 알고 준비들을 합시다.

예닐곱 여섯이나 일곱쯤 되는 수. 또는 그런 수의
예 나이가 예닐곱은 되어 보인다.

오금01 무릎의 구부러지는 오목한 안쪽 부분 ≒ **뒷무릎**
예 구석에 앉은 소년은 오금이 저린지 자꾸 자세를 바꾸었다.

오지랖 웃옷이나 윗도리에 입는 겉옷의 앞자락
예 오지랖을 여미다.
관용구 오지랖(이) 넓다 쓸데없이 지나치게 아무 일에나 참견하는 면이 있다.

옥실옥실
① '옥시글옥시글(여럿이 한데 모여 몹시 들끓는 모양)'의 준말
예 좁은 골목에 아이들이 몰려와 옥실옥실 떠들어 댄다.
② 아기자기한 재미 따위가 많은 모양

옴니암니 다 같은 이인데 자질구레하게 어금니 앞니 따진다는 뜻으로, 아주 자질구레한 것을 이르는 말
예 안 쓴다 안 쓴다 했어도 옴니암니까지 계산하니까 꽤 들었어요.

옴짝달싹 몸을 아주 조금 움직이는 모양
예 옴짝달싹 못 하게 묶다.

옴팡지다
① 보기에 가운데가 좀 오목하게 쏙 들어가 있다.
예 우리를 안내해 준 안내원은 광대뼈가 튀어나온 데다 눈이 옴팡져서 더 매섭게 보였다.
② 아주 심하거나 지독한 데가 있다.
예 옴팡지게 술값을 뒤집어쓰다.

옹골지다 실속이 있게 속이 꽉 차 있다.
예 책을 쓰는 일은 고되긴 하지만, 공부하는 재미가 옹골지다.

옹골차다 매우 옹골지다. ≒ **골차다, 옹차다**
예 씨가 옹골차게 영글다.

왁자글왁자글 여럿이 한데 모여 잇따라 시끄럽게 떠드는 소리. 또는 그 모양

욕지기 토할 듯 메스꺼운 느낌
예 속에서 욕지기가 나서 배 속에 있는 것이 모두 올라올 것만 같았다.

우럭우럭
① 불기운이 세차게 일어나는 모양
예 모닥불이 우럭우럭 피어오르다.
② 병세가 점점 더하여 가는 모양
예 방치하는 사이에 그녀의 병세가 우럭우럭 더해졌다.
③ 심술이나 화가 점점 치밀어 오르는 모양
예 정신없이 뛰어왔던 일을 생각하니 분한 마음이 우럭우럭 뻗질러 올라, 무섭게 박 서방을 노려보았다.

우렁잇속
① 내용이 복잡하여 헤아리기 어려운 일을 비유적으로 이르는 말
예 지시가 하루에도 서너 번씩 바뀌니 도대체 일을 종잡을 수가 없어 우렁잇속이 되어 버렸어.
② 품은 생각을 모두 털어놓지 아니하는 의뭉스러운 속마음을 비유적으로 이르는 말
예 그 녀석의 속마음은 우렁잇속 같아서 뭐가 뭔지 알 수가 없다.

우수리
① 물건값을 제하고 거슬러 받는 잔돈
예 우수리는 심부름값으로 줄 테니, 아이스크림이라도 사 먹으렴.
② 일정한 수나 수량에 차고 남는 수나 수량
예 한 사람 앞에 2개씩 주었더니 우수리가 3개가 되었다.

욱하다 앞뒤를 헤아림 없이 격한 마음이 불끈 일어나다.
예 욱하고 치밀어 오르는 감정

울력다짐 여러 사람이 힘을 합하여 일을 빠르고 시원스럽게 끝냄. 또는 그런 기세
예 울력다짐으로 하는 바람에 능률이 올랐다.

울컥하다
① 격한 감정이 갑자기 일어나다.
예 그는 억울한 분김에 울컥하여 부모님께 대들었다.
② 먹은 것을 갑자기 게우는 소리가 나다. 또는 그런 소리를 내다.

움큼 손으로 한 줌 움켜쥘 만한 분량을 세는 단위
예 아이가 사탕을 한 움큼 집었다.

웃음가마리 남의 웃음거리가 되는 사람
예 실없는 짓을 하면 항상 웃음가마리가 되기 마련이다.

웃음바다 한데 모인 수많은 사람이 유쾌하고 즐겁게 마구 웃어 대는 웃음판을 비유적으로 이르는 말
예 교실이 삽시간에 웃음바다로 변했다.

웃음살 웃음으로 얼굴에 번지는 환한 기운
예 그의 얼굴에 오래간만에 웃음살이 활짝 폈다.

웃음새 웃는 모양새

으름장 말과 행동으로 위협하는 짓
예 으름장을 놓다.

을밋을밋
① 기한이나 일 따위를 우물쩍거리며 잇따라 미루는 모양
② 자기의 책임이나 잘못을 우물우물하며 넘기려고 하는 모양

을씨년스럽다
① 보기에 날씨나 분위기 따위가 몹시 스산하고 쓸쓸한 데가 있다.
예 날씨가 을씨년스러운 게 곧 눈이라도 쏟아질 것 같다.
② 보기에 살림이 매우 가난한 데가 있다.
예 을씨년스럽던 살림살이가 나아졌다.

[최신] 이기죽거리다 자꾸 밉살스럽게 지껄이며 짓궂게 빈정거리다.
예 그 아이는 입을 삐죽거리며 이기죽거렸다.

이물01 배의 앞부분 ≒ **선두, 선수**
예 사공은 나룻배의 이물을 붙여야 할 언덕을 찾지 못하고 있었다.

입가심
① 입 안을 개운하게 가시어 냄. ≒ **입씻이**
예 입가심으로 껌을 씹다.
② 더 중요한 일에 앞서 가볍고 산뜻하게 할 수 있는 일을 비유적으로 이르는 말
예 이 정도야 입가심에 지나지 않지.

입찬말 자기의 지위나 능력을 믿고 지나치게 장담하는 말 = **입찬소리**
예 사람 일이란 어떻게 될지 모르는 일이니 그렇게 입찬말만 하지 마라.

ㅈ

자근자근01
① 조금 성가실 정도로 자꾸 은근히 귀찮게 구는 모양
예 외판원은 자근자근 나를 따라다니며 책을 권했다.
② 자꾸 가볍게 누르거나 밟는 모양
예 나는 아버지의 다리를 자근자근 주물러 드렸다.
③ 자꾸 가볍게 씹는 모양
예 몇 시간째 말없이 자근자근 입술만 깨물고 있다.

자글자글01
① 적은 양의 액체나 기름 따위가 걸쭉하게 잦아들면서 자꾸 끓는 소리. 또는 그 모양
예 찌개가 자글자글 끓고 있다.
② 어린아이가 아파서 열이 자꾸 나며 몸이 달아오르는 모양
예 아이의 이마가 자글자글 끓어오르고 있다.

자발없다 행동이 가볍고 참을성이 없다.
예 다른 사람들 앞에서도 그렇게 촐랑대다가는 자발없다고 남들이 우습게 볼 거야.
속담 **자발없는 귀신은 무랍도 못 얻어먹는다** 너무 경솔하게 굴면 푸대접을 받고 마땅히 얻어먹을 것도 못 얻어먹음을 이르는 말

자작자작01 힘없이 찬찬히 걷는 모양
자작자작02 액체가 점점 잦아들어 적은 모양
예 냄비에 건더기가 자작자작 잠길 만큼 물을 부었다.

작히 '어찌 조금만큼만', '얼마나'의 뜻으로 희망이나 추측을 나타내는 말. 주로 혼자 느끼거나 묻는 말에 쓰인다.
예 그렇게 해 주시면 작히 좋겠습니까?

잔말 쓸데없이 자질구레하게 늘어놓는 말
예 잔말 말고 시키는 대로 해라.

잘파닥잘파닥01
① 얕은 물이나 진창을 자꾸 거칠게 밟거나 치는 소리. 또는 그 모양
예 아이가 도랑물에서 잘파닥잘파닥 뛰어다닌다.
② 여럿이 다 조금 힘없이 넘어지거나 주저앉는 소리. 또는 그 모양
예 가뭄과 질병으로 사람들이 잘파닥잘파닥 넘어졌다.
잘파닥잘파닥02 진흙이나 반죽 따위가 물기가 많아 매우 보드랍게 진 느낌
예 비가 와서 논두렁이 잘파닥잘파닥 질어졌다.

최신 **잠방이다** 작은 물체가 물에 부딪치거나 잠기는 소리가 나다. 또는 그런 소리를 내다.
예 아이가 물에 발을 잠방이며 놀고 있었다.

잦히다01 밥물이 끓으면 불의 세기를 잠깐 줄였다가 다시 조금 세게 해서 물이 잦아지게 하다.
예 밥물을 잦히다.
잦히다02
① '잦다02'의 사동사
예 고개를 뒤로 잦히다.
② 물건의 안쪽이나 아래쪽이 겉으로 드러나게 하다.
예 장독 뚜껑을 잦히다.

재겹다 몹시 지겹다.
예 옆집에서 매일 들리는 노래가 재겹다.

재우01 매우 재게
예 발걸음을 재우 놀리다.

재자재자 자꾸 가볍게 지저귀는 소리. 또는 그 모양
예 재자재자 울어 대는 새소리를 들으며 우리는 녹음이 짙은 숲길을 걸었다.

적이 꽤 어지간한 정도로
예 적이 놀라다.

접01 금, 은, 구리 따위의 광구를 통틀어 이르는 말 = **접판**
접02 채소나 과일 따위를 묶어 세는 단위. 한 접은 채소나 과일 백 개를 이른다.
예 배추 두 접/마늘 한 접

조록조록
① 가는 물줄기나 빗물 따위가 빠르게 자꾸 흐르거나 내리는 소리. 또는 그 모양
예 조록조록 소리가 나서 창밖을 내다보니 봄비가 내리고 있었다.
② 잔주름이 고르게 많이 잡힌 모양

조리다 양념을 한 고기나 생선, 채소 따위를 국물에 넣고 바짝 끓여서 양념이 배어들게 하다.
예 생선을 조리다.

최신 참고 **졸이다** 찌개, 국, 한약 따위의 물을 증발시켜 분량을 적어지게 하다. '졸다'의 사동사

주눅
① 기운을 제대로 펴지 못하고 움츠러드는 태도나 성질
예 주눅이 들다.
② 부끄러움이 없이 언죽번죽한 태도나 성질
예 저 녀석은 남들이 욕을 하거나 말거나 주눅이 좋게 얼렁뚱땅 넘긴다.

주룩주룩
① 굵은 물줄기나 빗물 따위가 빠르게 자꾸 흐르거나 내리는 소리. 또는 그 모양
예 지붕 위에서 물방울이 주룩주룩 떨어지고 있었다.
② 주름이 고르게 많이 잡힌 모양
예 저고리에 주름이 주룩주룩 잡히다.

주뼛하다
① 무섭거나 놀라서 머리카락이 꼿꼿하게 일어서는 듯한 느낌이 들다.
② 어줍거나 부끄러워서 머뭇거리거나 주저하다.
③ 입술 끝을 비죽 내밀다.

기출 핵심개념

죽02 옷, 그릇 따위의 열 벌을 묶어 이르는 말
예) 접시는 죽을 채워 보내라.

죽03
① 줄이나 금 따위를 곧게 내긋는 모양
예) 줄을 죽 내리긋다.
② 곧게 펴거나 벌리는 모양
예) 허리를 죽 펴다.

줄곧 끊임없이 잇따라
예) 여름 방학 동안 줄곧 집에만 있었니?

줄레줄레01
① 꺼불거리며 경망스럽게 행동하는 모양
예) 그를 줄레줄레 따라다니기만 하는 건 너에게 아무 도움이 되지 않는다.
② 무질서하게 줄줄 뒤따르는 모양
예) 저렇게 자식을 줄레줄레 낳아서 어찌 키우려는지 모르겠다.

줄레줄레02 해지거나 헝클어져 너절하게 잇달리어 있는 모양
예) 줄레줄레 해진 옷은 과감하게 버려라.

즈런즈런 살림살이가 넉넉하여 풍족한 모양

지그시
① 슬며시 힘을 주는 모양
예) 지그시 밟다.
② 조용히 참고 견디는 모양
예) 아픔을 지그시 참다.

지레01 '지렛대'의 준말
예) 그는 지레나 도르래를 사용하지 않고 그 큰 바위를 머리 위로 번쩍 들어 올렸다.

지레02 어떤 일이 일어나기 전 또는 어떤 기회나 때가 무르익기 전에 미리
예) 지레 겁을 먹다.

지지재재하다 이러니저러니 하고 자꾸 지껄이다.
예) 더 이상 지지재재할 것도 없다.

지청구
① 아랫사람의 잘못을 꾸짖는 말 = **꾸지람**
예) 말을 꺼냈다가는 또 무슨 지청구를 들을지 모른다.
② 까닭 없이 남을 탓하고 원망함.
예) 그 사람은 일이 잘 풀리지 않을 때면 애꿎은 주변 사람들에게 지청구를 늘어놓았다.

진저리
① 차가운 것이 몸에 닿거나 무서움을 느낄 때, 또는 오줌을 눈 뒤에 으스스 떠는 몸짓

예) 그는 추위에 몸을 떨며 부르르 진저리를 쳤다.
② 몹시 싫증이 나거나 귀찮아 떨쳐지는 몸짓
예) 이제는 그 사람 얘기만 들어도 진저리가 난다.

질겅질겅 질긴 물건을 거칠게 자꾸 씹는 모양
예) 소년이 손톱을 질겅질겅 씹으며 몇 걸음 물러났다.

질근질근01 단단히 자꾸 졸라매거나 동이는 모양
예) 허리를 질근질근 동여맨 청인들이 지나간다.

질근질근02 질깃한 물건을 자꾸 씹는 모양
예) 그녀는 질근질근 껌을 씹고 있다.

짐짓01
① 마음으로는 그렇지 않으나 일부러 그렇게
예) 짐짓 모른 체하다.
② 아닌 게 아니라 정말로 = **과연**
예) 먹어 보니, 짐짓 기가 막힌 음식이더라.

최신 **징건하다** 먹은 것이 잘 소화되지 아니하여 더부룩하고 그득한 느낌이 있다.
예) 속이 징건하여 아무것도 먹을 수 없었다.

최신 **짜장** 과연 정말로
예) 친구는 짜장 사실인 것처럼 이야기를 한다.

짬01
① 어떤 일에서 손을 떼거나 다른 일에 손을 댈 수 있는 겨를
예) 짬을 내다.
② 두 물체가 마주하고 있는 틈. 또는 한 물체가 터지거나 갈라져 생긴 틈
예) 과연 일등 가는 솜씨인 만큼 돌과 돌이 맞이은 짬에는 물을 부어도 샐 틈이 없었다.
참고 **짬짬이** 짬이 나는 대로 그때그때
예) 문수는 직장에 다니면서도 짬짬이 아버지가 하시는 일을 돕는 효자였다.

짬짜미 남모르게 자기들끼리만 짜고 하는 약속이나 수작
예) 저희들끼리 짬짜미를 하고 나를 술래로 만들려는 수작이다.
유의어 **짝짜꿍이** 끼리끼리만 내통하거나 어울려서 손발을 맞추는 일
예) 그들은 뒷구멍으로 무슨 짝짜꿍이 수작을 했다.

쪼록쪼록 가는 물줄기나 빗물 따위가 빠르게 자꾸 흐르거나 내리는 소리. 또는 그 모양
예) 화장실에서 물이 쪼록쪼록 새는 소리가 들린다.

찌릿찌릿
① 뼈마디나 몸의 일부가 매우 또는 자꾸 저린 느낌
예) 다친 곳이 찌릿찌릿 아파서 못 견디겠다.

② 가슴이나 마음이 매우 저린 느낌
예 내 실수로 아이들이 고생을 하게 되다니 가슴이 찌릿찌릿 아프다.

ㅊ

차라리 여러 가지 사실을 말할 때에, 저리하는 것보다 이리하는 것이 나음을 이르는 말. 대비되는 두 가지 사실이 모두 마땅치 않을 때 상대적으로 나음을 나타낸다.
예 이런 음식을 먹을 바에야 차라리 안 먹는 게 낫다.

차마 부끄럽거나 안타까워서 감히
예 차마 거절할 수 없다.

[최신] 찬찬하다01 성질이나 솜씨, 행동 따위가 꼼꼼하고 차분하다.
예 찬찬하게 관찰하다.

참눈 사물을 올바로 볼 줄 아는 눈

철겹다 제철에 뒤져 맞지 아니하다.
예 철겹게 오는 비가 영 마음에 들지 않는다.

체머리 머리가 저절로 계속하여 흔들리는 병적 현상. 또는 그런 현상을 보이는 머리 ≒ **풍두선**
예 어머니는 체머리를 앓으셨다.

추렴 모임이나 놀이 또는 잔치 따위의 비용으로 여럿이 각각 얼마씩의 돈을 내어 거둠.
예 추렴을 거두다.

ㅋ

쾌 북어를 묶어 세는 단위. 한 쾌는 북어 스무 마리를 이른다.
예 북어 한 쾌

ㅌ

타박타박01 조금 느릿느릿 힘없는 걸음으로 걸어가는 모양
예 제정신이 돌아온 그녀는 손등으로 눈물을 훔치며 대문께로 타박타박 걸어 나갔다.

토끼잠 깊이 들지 못하고 자주 깨는 잠
예 문 여는 소리에 토끼잠에서 깬 아이가 눈을 비비며 나왔다.

토닥토닥 잘 울리지 않는 물체를 잇따라 가볍게 두드리는 소리. 또는 그 모양
예 아기를 토닥토닥 달래다.

토렴하다 밥이나 국수에 뜨거운 국물을 부었다 따랐다 하여 덥게 하다.
예 국수를 토렴하다.

토실토실 보기 좋을 정도로 살이 통통하게 찐 모양
예 아기가 살이 토실토실 오르고 얼굴에 윤이 나기 시작했다.

[최신] 트레바리 이유 없이 남의 말에 반대하기를 좋아함. 또는 그런 성격을 지닌 사람
예 넌 그 트레바리 같은 성질 좀 고쳐야 해.

티적티적하다 남의 흠이나 트집을 잡으면서 자꾸 비위를 거스르다.

ㅍ

파임내다 일치한 의논을 나중에 다른 소리를 하여 그르치게 하다.

푸네기 가까운 제살붙이를 낮잡아 이르는 말
예 관청 주변에서 턱찌끼 먹고 살아온 저 사람은 벌써 일가 푸네기가 네댓 명이나 되었다.

푸성귀 사람이 가꾼 채소나 저절로 난 나물 따위를 통틀어 이르는 말
예 집 근처 밭에 푸성귀를 심어 먹었다.

푸지다 매우 많아서 넉넉하다.
예 잔칫상에 음식이 푸지다.

푹하다 겨울 날씨가 퍽 따뜻하다.
예 겨울답지 않게 푹한 날씨

[최신] 푼푼하다 모자람이 없이 넉넉하다. ≒ **푼하다**
예 먹을 것이 푼푼하다.

ㅎ

[최신] 하릴없다
① 달리 어떻게 할 도리가 없다.
예 중요한 물건을 잃어버렸으니 꾸중을 들어도 하릴없는 일이다.
② 조금도 틀림이 없다.
예 비를 맞으며 대문에 기대선 그의 모습은 하릴없는 거지였다.

한겨울
① 추위가 한창인 겨울
예 그는 한겨울에도 얇은 옷차림으로 다닌다.

② 겨울 내내
예 한겨울을 나다.

한낮 낮의 한가운데. 곧, 낮 열두 시를 전후한 때를 이른다.
예 햇볕이 쨍쨍 내리쬐는 한낮

한들한들 가볍게 자꾸 이리저리 흔들리거나 흔들리게 하는 모양
예 간간이 부는 가는 바람에도 나무 끝은 한들한들 흔들린다.

한밥01 마음껏 배부르게 먹는 밥이나 음식
예 금점판에서는 금이 잘 나면 잔치를 열고 일꾼들에게 한밥을 먹인다.
한밥02 끼니때가 지난 뒤에 차리는 밥

한복판 '복판'을 강조하여 이르는 말
예 운동장 한복판 / 길 한복판

한소끔 한 번 끓어오르는 모양
예 밥이 한소끔 끓다.

한잠01 잠시 자는 잠
예 밤새 한잠도 못 자다.
한잠02 깊이 든 잠
예 한잠을 늘어지게 자다.

할금할금 곁눈으로 살그머니 계속 할겨 보는 모양
예 강아지가 할금할금 내 눈치를 살핀다.

함초롬 젖거나 서려 있는 모습이 가지런하고 차분한 모양
예 두 눈에 함초롬 물기를 가득 머금고 있다.

핫옷 안에 솜을 두어 만든 옷 = **솜옷**

해거리 한 해를 거름. 또는 한 해씩 거름.
예 이 대회는 해거리로 열린다.

해망쩍다 영리하지 못하고 아둔하다.
예 이놈이 해망쩍게 또 어디를 간 것인지.

해사하다01
① 얼굴이 희고 곱다랗다.
예 그 친구는 눈이 크고 얼굴이 해사하다.
② 표정, 웃음소리 따위가 맑고 깨끗하다.
예 동생이 해사하게 웃으며 뛰어왔다.
③ 옷차림, 자태 따위가 말끔하고 깨끗하다.
예 그는 큰 키와 알맞은 몸집에 귀공자다운 해사한 면모를 빛내고 있었다.

해찰01
① 마음에 썩 내키지 아니하여 물건을 부질없이 이것저것 집적거려 해침. 또는 그런 행동
② 일에는 마음을 두지 아니하고 쓸데없이 다른 짓을 함.
예 아이들이란 자칫 해찰을 부리기 일쑤라서 가끔 주의를 환기할 필요가 있다.

해포01 한 해가 조금 넘는 동안 ≒ **세여**
예 여러 해포 만에 여행을 떠날 수 있었다.

허섭스레기 좋은 것이 빠지고 난 뒤에 남은 허름한 물건
= **허접쓰레기**(2011년 표준어 등재)
예 너에게는 이것이 허섭스레기처럼 보일지 몰라도 나에게는 추억이 담긴 물건이야!

최신▶ **허수롭다** 짜임새나 단정함이 없이 느슨한 데가 있다.
예 초면에 허수롭게 대답하는 것은 좋은 인상을 주기 어렵다.

허위허위
① 손발 따위를 이리저리 내두르는 모양
예 그 범인은 두 팔을 허위허위 내저으며 넋이 나간 얼굴을 하고 있었다.
② 힘에 겨워 힘들어하는 모양
예 허위허위 산을 오르다.

최신▶ **헙헙하다** 활발하고 융통성이 있으며 대범하다.
예 그는 마음이 헙헙한 사람이었다.

헤살 일을 짓궂게 훼방함. 또는 그런 짓
예 헤살을 놓다.

호젓하다 후미져서 무서움을 느낄 만큼 고요하다.
예 호젓한 산길

화수분01 재물이 계속 나오는 보물단지. 그 안에 온갖 물건을 담아 두면 끝없이 새끼를 쳐 그 내용물이 줄어들지 않는다는 설화상의 단지를 이른다.
예 땅은 해마다 돈을 낳을 화수분이다.

최신▶ **휘뚜루마뚜루** 이것저것 가리지 아니하고 닥치는 대로 마구 해치우는 모양
예 계획 없이 휘뚜루마뚜루 돌아다니고 싶다.

흐슬부슬 차진 기가 없고 부스러져 헤어질 듯한 모양
예 마른 흙벽에서 모래가 흐슬부슬 흘러내렸다.

최신▶ **흰소리** 터무니없이 자랑으로 떠벌리거나 거드럭거리며 허풍을 떠는 말
예 그 사람은 평소 흰소리를 잘해 주위 사람들의 신뢰를 얻지 못했다.

2. 중요 고유어 사전

ㄱ

가드락가드락 조금 거만스럽게 잘난 체하며 버릇없이 자꾸 구는 모양
예 그 사람은 자기 집이 부자라고 하도 가드락가드락 친구를 대하여 모두가 그를 꺼린다.

가랑눈 조금씩 잘게 내리는 눈
예 눈이 많이 오면 그 해 가을에 풍년이 든다는데, 올겨울에는 가랑눈만 몇 번 내렸을 뿐이다.

최신 **가말다** 헤아려 처리하다.
예 그동안 잘 가말아 온 일이 벽에 부딪혔다.

가붓하다 조금 가벼운 듯하다.
예 긴 머리카락을 짧게 자르고 나니 가붓해졌다.

최신 **가살** 말씨나 행동이 되바라지고, 밉상스러움. 또는 그런 짓
예 그녀는 오늘도 안해도 될 말을 해서 가살을 떨었다.

최신 **가없다** 끝이 없다.
예 가없는 어머니의 은혜에 그는 눈물을 흘렸다.

-가웃 앞말이 가리키는 단위에 그 절반 정도를 더 보태는 뜻을 더하는 접미사
예 책상 길이가 석 자가웃 정도 될 거야.

가직하다 거리가 조금 가깝다.
예 여기서 가직한 거리에 상점이 하나 있다.

갈다01 이미 있는 사물을 다른 것으로 바꾸다.
예 고장 난 전등을 빼고 새것으로 갈아 끼웠다.

갈다02 날카롭게 날을 세우거나 표면을 매끄럽게 하기 위하여 다른 물건에 대고 문지르다.
예 기계로 칼을 갈다.

갈래다
① 혼란하여 갈피를 잡지 못하게 되다.
예 정신이 갈래다.
② 섞갈려 바른길을 찾기 어렵게 되다.
③ 짐승이 갈 바를 모르고 왔다 갔다 하다.
예 밤중에는 짐승들이 갈래니 밖에 돌아다니지 않는 것이 좋다.

갈마보다 양쪽을 번갈아 보다.
예 그는 두 사람을 갈마보며 화해할 것을 권하였다.
참고 **갈마들다** 서로 번갈아들다.
예 우리의 인생은 슬픔과 기쁨이 갈마들기 마련이다.

갈피
① 겹치거나 포갠 물건의 하나하나의 사이. 또는 그 틈
예 그날의 일이 노트 갈피 속에 숨어 있다가 되살아났다.
② 일이나 사물의 갈래가 구별되는 어름
예 갈피를 못 잡다.

감돌다
① 어떤 둘레를 여러 번 빙빙 돌다.
예 아직도 안개는 몽실몽실 산허리를 감돌고 있다.
② 어떤 기체나 기운이 가득 차서 떠돌다.
예 계곡에 전운(戰雲)이 감돌다.
③ 생각 따위가 눈앞이나 마음속에서 사라지지 않고 자꾸 아른거리다.
예 귓가에 감도는 아름다운 선율

감바리 잇속을 노리고 약삭빠르게 달라붙는 사람
예 부동산 투기하는 곳에 가면 감바리 같은 사람이 많다.

감사납다
① 생김새나 성질이 억세고 사납다.
예 그는 감사납게 생긴 얼굴 때문에 오해를 많이 받는다.
② 논밭 따위가 일하기 힘들게 험하고 거칠다.
예 잡초가 우거진 감사나운 밭
유의어 **감때사납다**
① 사람이 억세고 사납다.
② 사물이 험하고 거칠다.

감투01
① 예전에, 머리에 쓰던 의관(衣冠)의 하나. 말총, 가죽, 헝겊 따위로 탕건과 비슷하나 턱이 없이 밋밋하게 만들었다.
≒ 소모자
② 벼슬이나 직위를 속되게 이르는 말
예 위원장이라는 감투를 둘러싸고 싸움이 끊이지 않았다.
최신 관용구 **감투(를) 쓰다** 벼슬자리나 높은 지위에 오름을 속되게 이르는 말
예 그는 감투를 쓰더니 권력을 마음대로 휘둘렀다.

강샘 = 질투
속어 **강짜** (주로 '강짜를 부리다'의 형태로 쓰임.)

거식하다01 말하는 중에 표현하려는 동사나 형용사가 얼른 생각이 나지 않거나 바로 말하기 곤란할 때에, 그 대신으로 쓰는 말
예 옷 색깔이 좀 거식해서 입고 나가기가 영 거식하다.

기출 핵심개념

걱세다 몸이 굳고 억세다.
예 그는 걱센 생김새와는 달리 마음씨는 매우 여린 사람이었다.

걸다01
① 흙이나 거름 따위가 기름지고 양분이 많다.
예 논이 걸어서 벼가 잘 자란다.
② 액체 따위가 내용물이 많고 진하다.
예 죽이 국물을 볼 수 없을 정도로 걸다.
③ 음식 따위가 가짓수가 많고 푸짐하다.
예 이 식당은 반찬이 걸게 나온다.
④ 말씨가 거칠고 험하다.
예 친구는 어찌나 입이 건지 아무도 못 당한다.
⑤ ('-게'의 꼴로 쓰여) 푸짐하고 배부르다.
예 잔칫집에 가서 걸게 먹고 왔다.

걸태질 염치나 체면을 차리지 않고 재물 따위를 마구 긁어모으는 일을 낮잡아 이르는 말
예 세상이 달라졌다고 해도 윗분들의 탐욕스러운 걸태질은 변함이 없구나.

걸터들이다 이것저것 가리지 않고 휘몰아 들이다.

경성드뭇하다 많은 수효가 듬성듬성 흩어져 있다.
예 집회에 참가하기 위해 농민들이 여의도 광장에 경성드뭇하게 모여 있다.

경중경중 긴 다리를 모으고 계속 힘 있게 솟구쳐 뛰는 모양
예 키도 큰 그가 제자리에서 경중경중 뛰는 폼이 제법이었다.

[최신] **게염** 부러워하며 시샘하여 탐내는 마음
예 그 사람은 게염이 났는지 나만 못살게 굴어.

겨끔내기 서로 번갈아 하기
예 이번엔 내가 오락할 차례야. 우리 겨끔내기로 약속했잖아!

겯고틀다 시비나 승부를 다툴 때, 서로 지지 않으려고 버티어 겨루다.
예 소라와 나는 중학교를 졸업할 때까지 전교 1등 자리를 놓고 겯고틀던 사이였다.

[최신] **결내다** 못마땅한 것을 참지 못하여 성을 내다.
예 웬만하면 참지. 그만한 일로 결을 내면 뭐하겠느냐.

결딴나다
① 어떤 일이나 물건 따위가 아주 망가져서 도무지 손을 쓸 수 없는 상태가 되다.
예 아이가 장난감을 집어 던져 결딴났다.
② 살림이 망하여 거덜 나다.
예 사업 실패로 집안이 완전히 결딴났어.

고갱이
① 풀이나 나무의 줄기 한가운데에 있는 연한 심
예 배추 고갱이
② 사물의 중심이 되는 부분을 비유적으로 이르는 말
예 그녀의 삶 속에는 종교라는 고갱이가 있었다.

고리삭다 젊은이답운 활발한 기상이 없고 하는 짓이 늙은이 같다.
예 여태 연애 한 번 못 해 보다니 천생 고리삭은 샌님이네.

고분고분 말이나 행동이 공손하고 부드러운 모양
≒ 고분고분히
예 그 아이는 시키는 대로 고분고분 말을 잘 듣는다.

고빗사위 매우 중요한 단계나 대목 가운데서도 가장 아슬아슬한 순간
예 그는 처세에 능해 매번 고빗사위를 잘 넘겨 왔다.

고샅 시골 마을의 좁은 골목길. 또는 골목 사이. ≒ 고샅길
예 오늘 동네 고샅을 지나치는데 갑자기 오토바이가 튀어나왔다.
참고 **고삿** 초가지붕을 일 때 쓰는 새끼

고수레01 주로 흰떡을 만들 때에, 반죽을 하기 위하여 쌀가루에 끓는 물을 훌훌 뿌려서 물이 골고루 퍼져 섞이게 하는 일
고수레02 민간 신앙에서, 산이나 들에서 음식을 먹을 때나 무당이 굿을 할 때, 귀신에게 먼저 바친다는 뜻으로 음식을 조금 떼어 던지는 일
예 어제 성묘를 갔더니 음식을 고수레하더라.

곧추다 굽은 것을 곧게 바로잡다.
부사 **곧추** 굽히거나 구부리지 아니하고 곧게
예 짐을 들 때는 허리를 곧추 펴고 들어야 한다.
참고 **곧추뜨다**
① 눈을 위로 향하여 뜨다.
② 눈을 부릅뜨다.

곬 한쪽으로 트여 나가는 방향이나 길
예 제 곬으로만 흐르는 강물 / 이것저것 건드리지 말고 한 곬으로만 파고들어야 성공한다.

곰파다 사물이나 일의 속내를 알려고 자세히 찾아보고 따지다.
예 그 사람은 호기심이 많아서 무엇이든 곰파는 성격이야.

괘다리적다
① 사람됨이 멋없고 거칠다.

② 성미가 무뚝뚝하고 퉁명스럽다.
例 임 교수님께서는 괘다리적어 보이시지만, 사실은 진짜 좋은 분이시다.

구듭 귀찮고 힘든 남의 뒤치다꺼리
例 영감은 괜히 남의 일을 버르집어 쓸데없이 구듭 치고 있었다.

구쁘다 배 속이 허전하여 자꾸 먹고 싶다.
例 식사를 안 한 것도 아닌데 속이 구쁘다.

구완하다 아픈 사람이나 해산한 사람을 간호하다.
例 그는 쇠약할 대로 쇠약해진 어머니를 극진히 구완하였다.

군드러지다 몹시 피곤하거나 술에 취하여 정신없이 푹 쓰러져 자다.
例 동생은 오늘도 술에 만취하여 집에 오자마자 군드러졌다.
작은말 **곤드라지다**
참고 **곤드레만드레** 술이나 잠에 몹시 취하여 정신을 차리지 못하고 몸을 못 가누는 모양

궁글다 착 달라붙어 있어야 할 물건이 들떠서 속이 비다.
例 벽지가 궁글어 보기 싫다.

그루터기
① 풀이나 나무 따위의 아랫동아리. 또는 그것들을 베고 남은 아랫동아리
例 소나무 그루터기에 걸터앉았다.
② 물체의 아랫동아리를 비유적으로 이르는 말
例 산 그루터기에서부터 이미 숨이 차올랐다.
③ 밑바탕이나 기초를 비유적으로 이르는 말
例 나는 생활의 그루터기를 시골로 옮겼다.
유의어 **등걸** 줄기를 잘라 낸 나무의 밑동

그악하다
① 장난 따위가 지나치게 심하다.
例 이제 갓 결혼한 신랑을 거꾸로 매달아 놓고 그 발바닥을 그악하게 쳐 댔다.
② 모질고 사납다.
例 형과 달리 동생은 어쩜 그리 그악한지 모르겠다.
③ 끈질기고 억척스럽다.
例 박 씨는 그악해서 늘그막에는 재산을 좀 모을 수 있었다.

금새 물건의 값. 또는 물건값의 비싸고 싼 정도
例 부유하게 자란 그는 금새도 모르고 마냥 저렴하다고 했다.

길라잡이 길을 인도해 주는 사람이나 사물 = **길잡이**
例 이번 지리산 등반에 세 명의 길라잡이가 우리를 안내하기로 했다.

길섶 길의 가장자리. 흔히 풀이 나 있는 곳을 가리킨다.
例 길섶에 핀 코스모스가 참 예쁘다.
유의어 **길가** 길의 양쪽 가장자리

까닥
① 고개 따위를 아래위로 가볍게 한 번 움직이는 모양
例 턱을 까닥 쳐다.
② 움직이거나 변동되어서는 안 될 것이 조금이라도 움직이거나 잘못 변동되는 모양
例 까닥 잘못하면 큰일이다.

최신 **까부르다** 키를 위아래로 흔들어 곡식의 티나 검불 따위를 날려 버리다.
例 콩을 까불러서 검불을 잘려 보냈다.

까치놀02 먼바다의 수평선에서 석양을 받아 번득거리는 노을
例 까치놀을 등지고 서 있는 모습이 아름답다.

깔짝깔짝01 매우 얇고 빳빳한 물체의 바닥이 앞뒤로 되풀이하여 가볍게 자꾸 뒤집히는 소리

깡그리다 일을 수습하여 마무리하다.
例 오늘은 하던 일을 대강 깡그리고 다 같이 회식이나 합시다.

깨나다 '깨어나다'의 준말
例 마취에서 깨나다.

께름칙하다 마음에 걸려서 언짢고 싫은 느낌이 꽤 있다.
例 작은아버지를 쫓겨나게 했던 일이 조금 께름칙하기는 했다.
복수표준어 **꺼림직하다**

꼬들꼬들 밥알 따위가 물기가 적거나 말라서 속은 무르고 겉은 조금 굳은 상태. '고들고들'보다 센 느낌을 준다.
例 밥이 꼬들꼬들 말라 버렸다.

꽃샘 이른 봄, 꽃이 필 무렵에 갑자기 날씨가 추워짐. 또는 그런 추위
例 꽃샘 때문에 옷을 두껍게 입고 나왔다.

꿰미 물건을 꿰는 데 쓰는 끈이나 꼬챙이 따위. 또는 거기에 무엇을 꿴 것
例 시장에서 생선 몇 마리와 명태 한 꿰미를 사서 장바구니에 넣었다.

끄나풀
① 길지 아니한 끈의 나부랭이
例 그녀는 끄나풀로 야무지게 동여맸다.

② 남의 앞잡이 노릇을 하는 사람을 낮잡아 이르는 말
예 그는 자신은 경찰 끄나풀이 아니라고 억울함을 호소했다.

끄물끄물
① 날씨가 활짝 개지 않고 몹시 흐려지는 모양. '그물그물'보다 센 느낌을 준다.
예 하늘이 갑자기 끄물끄물 흐려지다.
② 불빛 따위가 밝게 비치지 않고 몹시 침침해지는 모양. '그물그물'보다 센 느낌을 준다.
예 불빛이 끄물끄물 희미해져 가다.

끌밋하다 모양이나 차림새 따위가 매우 깨끗하고 훤칠하다.
예 우리 아버님은 풍채가 워낙 끌밋하셔서 어떤 옷이든 잘 어울리신다.

ㄴ

최신 **나부대다** 얌전히 있지 못하고 철없이 출랑거리다. ≒ **나대다**
예 어른들 앞에서는 나부대지 말고 얌전히 있어야 한다.

남새01 밭에서 기르는 농작물. 주로 그 잎이나 줄기, 열매 따위를 식용한다. 보리나 밀 따위의 곡류는 제외한다.
예 채소는 남새와 같은 의미의 한자어야.

남우세 남에게 비웃음과 놀림을 받게 됨. 또는 그 비웃음과 놀림
예 그렇게 허술하게 차리고 나갔다가는 남우세를 받기 딱 좋겠다.
참고 **남우세스럽다** 남에게 놀림과 비웃음을 받을 듯하다. ≒ 남사스럽다(2011년 표준어 등재)

최신 **납신하다** 윗몸을 가볍고 빠르게 구부리다.
예 한 학생이 김 선생에게 다가와서 몸을 납신하며 인사를 하였다.

내리밟다 위에서 아래로 힘주어 밟다.
예 아낙들은 디딜방아를 내리밟으면서 노래를 불렀다.

내리사랑 손윗사람이 손아랫사람을 사랑함. 또는 그런 사랑. 특히 자식에 대한 부모의 사랑을 이른다.
반의어 **치사랑**
속담 **내리사랑은 있어도 치사랑은 없다** 윗사람이 아랫사람을 사랑하기는 하여도 아랫사람이 윗사람을 사랑하기는 좀처럼 어렵다는 말

내밟다 밖이나 앞으로 옮겨 디디다.
예 그는 난간을 붙잡고 겨우 앞으로 한 걸음을 내밟았다.

내숭 겉으로는 순해 보이나 속으로는 엉큼함.
예 속으로는 좋아하면서 관심 없는 척 내숭이군.

참고 **내숭하다** 겉으로는 순해 보이나 속으로는 엉큼하다.
예 할아버지는 사람이 좀 내숭합니다.

냅뜨다
① 일에 기운차게 앞질러 나서다.
예 홍철이는 매사에 남보다 먼저 냅뜨는 성미이다.
② 관계도 없는 일에 불쑥 참견하여 나서다.
예 어른들 대화에 냅뜨지 말아라.

최신 **너덜** 돌이 많이 흩어져 있는 비탈
예 잠시 몸이 아픈 사이에 잘 일구었던 밭이 너덜로 변한 것을 보니 너무 속이 상한다.

넉살 부끄러운 기색이 없이 비위 좋게 구는 짓이나 성미
예 그는 넉살이 좋아 어디 가서도 굶지는 않을 것 같다.

넌더리 지긋지긋하게 몹시 싫은 생각
예 아이가 10명이나 되는 그녀는 또다시 시작된 아이들의 다툼에 넌더리를 냈다.

넘늘다
① 점잖을 지키면서도 흥취 있게 말이나 행동을 하다.
예 인선이는 회식 자리에서는 넘느는 편이라 분위기를 잘 이끈다.
② 점잖은 척하면서 제멋대로 놀아나다.

노닥이다 조금 수다스럽게 재미있는 말을 늘어놓다.
예 시골로 휴가를 떠난 우리 가족들은 숲속에서 한가로이 노닥이며 거닐었다.

노릇노릇 군데군데 노르스름한 모양 ≒ **노름노름, 노릇노릇이**
예 호박전이 노릇노릇 익었다.

최신 **노박이로**
① 줄곧 한 가지에만 붙박이로.
② 줄곧 계속적으로.
예 그는 겨울을 노박이로 스키장에서 보냈다.

놀금 물건을 살 때에, 팔지 않으려면 그만두라고 썩 낮게 부른 값
예 우리 어머니께서는 시장에서 물건을 살 때, 짐짓 놀금을 부르신다.

최신 **놀면하다** 보기 좋을 만큼 알맞게 노르스름하다.
예 요즘에는 건강을 위해 놀면한 레몬수를 마시고 있다.

뇌까리다
① 아무렇게나 되는대로 마구 지껄이다.
예 그는 말도 안 되는 소리를 뇌까렸다.

② 불쾌하다고 생각되는 상대편의 말이나 행동, 태도에 대하여 불쾌하다는 뜻을 담은 말을 거듭해서 자꾸 말하다.
예 정희는 만나는 사람마다 불평을 늘어놓으며 똑같은 말을 뇌까리기도 했다.

최신 **눅다**
① 굳거나 뻣뻣하던 것이 무르거나 부드러워지다.
예 봄비에 땅이 눅었다.
② 분위기나 기세 따위가 부드러워지다.
예 나이가 드니 그의 성질도 눅었다.

느껍다 어떤 느낌이 마음에 북받쳐서 벅차다.
예 나는 목도리를 둘러 주는 민정이의 마음 씀씀이가 느꺼웠다.

느물스럽다 말이나 행동이 능글맞은 데가 있다.
예 그는 상대방이 불편함을 느낄 정도로 느물스럽게 말했다.

는개 안개비보다는 조금 굵고 이슬비보다는 가는 비
예 골짜기에는 는개가 피어오르는 것 같았다.

능갈치다
① 교묘하게 잘 둘러대는 재주가 있다.
② 아주 능청스럽다.
예 그 사람은 가증스러울 정도로 능갈치는 사람이다.

최신 **늦마** 제철이 지난 뒤에 지는 장마 ≒ 늦장마
예 무더운 날씨에 늦마까지 와서 너무 힘들다.

ㄷ

다따가 난데없이 갑자기
예 이민이라니, 다따가 무슨 말인지 모르겠다.

최신 **다문다문**
① 시간적으로 잦지 아니하고 좀 드문 모양
예 서울 사는 아들도 어쩌다 한 번씩 다문다문 집을 찾아왔다.
② 공간적으로 배지 아니하고 사이가 좀 드문 모양
예 차가 산길에 접어들자 집들이 어쩌다 하나씩 다문다문 보일 뿐이었다.

다붓하다01 매우 가깝게 붙어 있다.
예 앞쪽이 많이 좁으니 뒤쪽 분들은 다붓하게 서 주세요.
다붓하다02 조용하고 호젓하다.
예 손자들이 제집으로 돌아가고 나니 집 안이 다붓해졌다.

다잡다
① 다그쳐 단단히 잡다.
예 칠수는 다시금 도끼를 다잡았다.

② 들뜨거나 어지러운 마음을 가라앉혀 바로잡다.
예 동생은 며칠 남지 않은 시험을 위해 마음을 다잡고 공부를 시작했다.
③ 단단히 다스리거나 잡도리하다.
예 큰일일수록 처음부터 잘 다잡고 시작해야 한다.

최신 **닦달**
① 남을 단단히 옥박질러서 혼을 냄.
예 저들의 무자비한 닦달에 견딜 수가 없었다.
② 물건을 손질하고 매만짐.
③ 음식물로 쓸 것을 요리하기 좋게 다듬음.
예 닭의 닦달을 아저씨께 맡겼다.

최신 **달뜨다**
① 마음이 가라앉지 아니하고 조금 흥분되다.
② 열기가 올라서 진정하지 못하다.

닦아세우다 꼼짝 못 하게 휘몰아 나무라다.
예 이 부장은 부하 직원을 면전에서 닦아세우는 버릇이 있었다.
유의어 **닦달하다** 남을 단단히 옥박질러서 혼을 내다.

최신 **답삭이다** 왈칵 달려들어 냉큼 물거나 움켜잡다.
예 쥐가 미끼를 답삭이는 순간 덫에 걸렸다.

대근하다01 견디기가 어지간히 힘들고 만만하지 않다.
예 오르막길이 시작되자 입을 벌리기도 대근하여 이야기는 한동안 끊겼다.

대롱대롱 작은 물건이 매달려 가볍게 잇따라 흔들리는 모양
예 감나무에 감이 대롱대롱 달려 있다.

대물림 사물이나 가업 따위를 후대의 자손에게 남겨 주어 자손이 그것을 이어 나감. 또는 그런 물건
예 이 백자는 할아버지 때부터 내려온 우리 집안의 대물림이다.

더끔더끔 어떤 것에 조금씩 자꾸 더하는 모양. '더금더금'보다 센 느낌을 준다.
예 밤이 되자, 눈이 녹지 않고 더끔더끔 쌓이기 시작했다.

최신 **더덜이** 더함과 덜함. ≒ 가감(加減)
예 한 치의 더덜이도 없이 딱 맞다.

더뻑거리다 앞뒤를 헤아리지 않고 자꾸 불쑥불쑥 행동하다. ≒ 더뻑대다
예 김패기 군은 매사에 패기만 넘치고 더뻑거려 결과는 좋지 못할 때가 많다.

덤뻑
① 깊은 생각이 없이 무턱대고 행동하는 모양
예 덤뻑 나섰다가 고생만 했다.

② 서슴지 않고 단숨에 하는 모양
예 물건을 덤뻑 들어 올리다.

덤터기
① 남에게 넘겨씌우거나 남에게서 넘겨받은 허물이나 걱정거리
예 남의 빚보증을 잘못 서는 바람에 덤터기를 만나 남의 빚을 대신 갚아야 할 판이다.
② 억울한 누명이나 오명
예 엉뚱한 사람에게 덤터기를 씌우지 마라.

덧거리
① 정해진 수량 이외에 덧붙이는 물건 ≒ 곁들이
예 배보다 배꼽이 크다더니 제 몫보다 덧거리가 더 많다.
② 사실에 보태어 없는 일을 덧붙여서 말함. 또는 그렇게 덧붙이는 말
예 요즘 예민해서 그런지 별것 아닌 덧거리 말도 신경이 쓰인다.
참고 **덤** 제 값어치 외에 거저로 조금 더 얹어 주는 일. 또는 그런 물건

최신 **덩둘하다**
① 매우 둔하고 어리석다.
예 그 아이는 꾀도 없고 눈치도 없는 덩둘한 사람이다.
② 어리둥절하여 멍하다.
예 영문도 모르는 일에 놀라 눈만 덩둘하게 뜨고 서 있다.

데퉁스럽다 말과 행동이 거칠고 미련한 데가 있다.
예 그는 내가 무엇을 물어볼 때마다 얼굴을 찡그리며 데퉁스럽게 대꾸한다.

도두보다 실상보다 좋게 보다.
예 첫인상만 생각하고 사람을 도두보면 나중에 실망하기 십상이다.
참고 **도두치다** 실제보다 많게 셈을 치다.
예 값을 도두쳐 바가지를 씌워도 모르는 사람을 흔히들 '호구'라고 부른다.

도드밟다 오르막길 따위를 오를 때 발끝에 힘을 주어 밟다.
예 비탈길을 도드밟아 꼭대기에 오르니 시원한 바람이 우리를 맞는다.

도린곁 사람이 별로 가지 않는 외진 곳
예 어렵사리 찾아간 그 사람의 집은 해변 후미진 도린곁에 있었다.

돈바르다 성미가 너그럽지 못하고 까다롭다.
예 윗사람이 돈바르면 아랫사람이 힘들다.

동그마니 사람이나 사물이 외따로 오뚝하게 있는 모양
예 지영는 왠지 자기 혼자만 동그마니 남는 것 같은 외로움 때문에 눈물이 날 것 같았다.

되알지다
① 힘주는 맛이나 억짓손이 몹시 세다.
예 친구는 마음을 먹으면, 되알지게 밀어붙인다.
② 힘에 겨워 벅차다.
예 며칠째 계속된 일정으로 오늘은 매우 되알지게 느껴진다.
③ 몹시 올차고 야무지다.
예 벼 이삭이 되알지게 여물었다.

된바람
① 매섭게 부는 바람 ≒ 놉바람
예 갑자기 된바람이 불어와 담벼락을 무너뜨렸다.
② 뱃사람들의 말로, '북풍(北風)'을 이르는 말 ≒ 덴바람
예 북쪽에서 불어오는 바람을 된바람이라고 한다.

된서리
① 늦가을에 아주 되게 내리는 서리
예 된서리 때문에 벼 수확에 지장이 생겼다.
반의어 **무서리** 늦가을에 처음 내리는 묽은 서리
② 모진 재앙이나 타격을 비유적으로 이르는 말
예 이번 사건을 계기로 그동안 부정을 일삼던 관리들에게 된서리가 내렸다.

될성부르다 잘될 가망이 있어 보이다.
속담 **될성부른 나무는 떡잎부터 알아본다** 잘될 사람은 어려서부터 남달리 장래성이 엿보인다는 말

최신 **두두룩두두룩** 여럿이 모두 가운데가 솟아서 불룩한 모양
예 경주에 가면 낮은 산과 같이 두두룩누누룩 늘어선 고분들을 볼 수 있다.

두루치기01
① 한 가지 물건을 여기저기 두루 씀. 또는 그런 물건
예 경운기 한 대를 동네 사람들이 두루치기로 몰고 다녔다.
② 두루 미치거나 두루 해당함.
예 학생들을 두루치기로 나무랐지만 실상은 모임에 빠진 학생에게 들으라고 한 말이었다.
③ 한 사람이 여러 방면에 능통함. 또는 그런 사람
예 그 사람은 농사, 운동, 집안 살림 등 못하는 것 없는 두루치기다.

두르다
① 띠나 수건, 치마 따위를 몸에 휘감다.
예 머리에 흰 수건을 두르다.
② 둘레에 선을 치거나 벽 따위를 쌓다.
예 모자에 금테를 두르다.

최신 **두텁다** 신의, 믿음, 관계, 인정 따위가 굳고 깊다.
예 그들은 자주 오가며 두터운 관계를 유지했다.

둔덕 가운데가 솟아서 불룩하게 언덕이 진 곳
예 그녀는 강을 내려다보려고 둔덕에 올라섰다.

둔치 물가의 언덕
예 한여름에는 한강 둔치에서 휴식을 취하는 사람들이 많다.

둥개다 일을 감당하지 못하고 쩔쩔매다.
예 그 정도 일을 가지고 하루 종일 둥개고 있는 게냐?

뒤란 집 뒤 울타리의 안
예 집 뒤란에 여러 가지 꽃이 피어 있다.

뒤스르다
① 몸을 이리저리 뒤척이다.
② 일이나 물건을 가다듬느라고 이리저리 바꾸거나 뒤적거리다.
예 그는 항상 일을 뒤슬러 놓기만 하고 매듭을 짓지 못한다.

뒷갈망 일의 뒤끝을 맡아서 처리함. = 뒷감당
예 준하는 뒷갈망도 못하면서 일만 벌인다.

최신 **드레지다**
① 사람의 됨됨이가 가볍지 않고 점잖아서 무게가 있다.
예 또래에 비해 그 아이는 몸가짐이 매우 드레져 보인다.
② 물건의 무게가 가볍지 아니하다.

최신 **드잡이**
① 서로 머리나 멱살을 움켜잡고 싸우는 짓
예 집안 어른들은 드잡이 직전에까지 이르는 격렬한 말다툼을 벌이곤 했다.
② 빚을 못 갚은 사람의 가마나 솥 따위를 떼어 가거나 세간을 가져가는 일
예 밤낮없이 일을 해 봐야 잡다한 세금도 못 물어 드잡이를 당하는 신세이다.

드티다
① 밀리거나 비켜나거나 하여 약간 틈이 생기다. 또는 그렇게 하여 틈을 내다.
예 힘주어 미니까 바위가 약간 드티는 것 같다.
② 예정하였거나 약속하였던 것이 어그러져 연기되다. 또는 그렇게 연기하다.
예 차량 시간이 드티서 30분 동안 추위에 떨었다.

들고나다
① 남의 일에 참견하다.
예 괜히 남의 싸움에 들고나다 얻어맞지나 마라.
② 집 안의 물건을 팔려고 가지고 나가다.
예 이번 홍대 알뜰 장터에 들고나려고 쓸 만한 물건을 챙겼다.

들입다 세차게 마구
예 들입다 뛰어갔다.

듬쑥하다01 분량이나 수효가 매우 넉넉하다.
예 듬쑥한 자본 없이는 더 이상 사업 경영이 어려울 듯하다.

듬쑥하다03 사람됨이 가볍지 아니하고 속이 깊다.
예 그녀는 사위 될 사람의 첫인상이 듬쑥해서 마음에 들었다.

따따부따 딱딱한 말씨로 따지고 다투는 소리. 또는 그 모양
예 왜 사사건건 따따부따 남의 일에 참견이냐?

따복따복 물건을 가지런히 겹쳐 쌓거나 포개는 모양. 또는 말이나 행동 따위를 아주 찬찬하게 순서에 따라 조리 있게 하는 모양
예 이야기의 진행에 따라 끓어오르기 시작하는 감정을 다스리기 위해, 영미는 따복따복 낱말들을 골라서 공손히 주워섬겼다.
유의어 차곡차곡, 차근차근

최신 **따비** 풀뿌리를 뽑거나 밭을 가는 데 쓰는 농기구. 쟁기보다 조금 작고 보습이 좁게 생겼다.
예 작은 밭이랑은 쟁기를 댈 수 없어서 따비로 이겨야 한다.

따지기 얼었던 흙이 풀리려고 하는 초봄 무렵
예 따지기 무렵, 땅에서는 아지랑이가 올라오기 마련이다.
유의어 해토머리(解土--) 얼었던 땅이 녹아서 풀리기 시작할 때

딸깍딸깍 '딸까닥딸까닥(작고 단단한 물건이 맞부딪치는 소리)'의 준말
예 부엌으로 들어서는데, 딸깍딸깍 현관문에 열쇠 돌리는 소리가 난다.

때맞다 때가 늦지도 이르지도 않게 꼭 알맞다.
예 이제 막 상을 차리려는 참인데 때맞게 잘 왔다.

떠세 재물이나 힘 따위를 내세워 젠체하고 억지를 씀. 또는 그런 짓
예 돈이 많은 그는 떠세가 지나치다.

최신 **떨꺼둥이** 의지하고 지내던 곳에서 가진 것 없이 쫓겨난 사람
예 그녀는 작은 잘못으로 그만 주인집에서 쫓겨나 떨꺼둥이가 되었다.

최신 **뜨악하다** 마음이 선뜻 내키지 않아 꺼림칙하고 싫다.
예 선애는 별로 탐탁스럽지가 않다는 듯 뜨악한 얼굴로 흘겨보았다.

뜸직하다 말이나 행동이 매우 속이 깊고 무게가 있다.
예 혁이는 나이에 어울리지 않게 뜸직한 구석이 있어 호감이 간다.

기출 핵심개념

ㅁ

마디다
① 쉽게 닳거나 없어지지 아니하다.
예) 요즘 유행하는 향초는 마디게 타고 향기도 좋다.
반의어 **헤프다** 쓰는 물건이 쉽게 닳거나 빨리 없어지는 듯하다.
② 자라는 속도가 더디다.

마루01
① 등성이를 이루는 지붕이나 산 따위의 꼭대기
예) 산 마루에 걸린 해를 보면서 일어났다.
② 파도가 일 때 치솟은 물결의 꼭대기
③ 일이 한창인 고비

마름03 지주를 대리하여 소작권을 관리하는 사람
예) 〈동백꽃〉의 점순이는 마름의 딸로, '나'는 소작인의 아들로 설정되어 있다.

최신 **마름질** 옷감이나 재목 따위를 치수에 맞도록 재거나 자르는 일
예) 옷감을 펼쳐 놓고 마름질을 시작하다.

마파람 뱃사람들의 은어로, '남풍01(南風)'을 이르는 말
속담 **마파람에 게 눈 감추듯** 음식을 빨리 먹어 버리는 모습을 비유적으로 이르는 말

막놓다 노름에서, 몇 판에 걸쳐서 잃은 돈의 액수를 합쳐서 한 번에 걸고 나서 내기를 하다.

최신 **만수받이하다** 아주 귀찮게 구는 말이나 행동을 싫증 내지 않고 잘 받아 주다.
예) 사람들의 이야기를 잘 들어주기로 소문난 그녀도 때로는 만수받이하다가 지치기도 했다.

말결
① 말의 법칙
예) 아이들에게 언어를 가르칠 때에는 우리말의 말결에 맞게 쓰도록 지도해야 한다.
② 어떤 말을 할 때를 이르는 말
예) 현지는 지나가는 말결에 결혼 이야기를 했던 것뿐이었다.

말밥02 좋지 못한 이야기의 대상
관용구 **말밥에 오르다** 좋지 아니한 화제의 대상으로 되다.
예) 죄 없는 사람을 말밥에 올리지 마시오.

망석중 나무로 다듬어 만든 인형의 하나. 팔다리에 줄을 매어 그 줄을 움직여 춤을 추게 한다.

속담 **망석중 놀리듯** 사람을 자기 마음대로 부추겨 조롱함을 비유적으로 이르는 말

맞갚다
① 서로 우열이나 승부를 가리다. = **맞겨루다**
예) 친구와 태권도 실력을 맞갚았다.
② 거리, 시간, 분량, 키 따위가 엇비슷한 상태에 이르다.
= **맞먹다**
예) 어느새 동생과 나의 키가 맞갚아 가고 있다.

매개01 일이 되어 가는 형편
관용구 **매개(를) 보다** 일이 되어 가는 형편을 살피다.

매나니 무슨 일을 할 때 아무 도구도 가지지 아니하고 맨손뿐인 것
예) 삽이라도 있어야 땅을 파지 매나니로야 어떻게 하겠나?

매캐하다 연기나 곰팡이 따위의 냄새가 약간 맵고 싸하다.
예) 모처럼 불을 넣는 구들이라 방 안엔 연기가 매캐하다.

최신 **맵자하다** 모양이 제격에 어울려서 맞다.
예) 옷차림이 맵자하다.

맵짜다
① 음식의 맛이 맵고 짜다.
예) 민지가 만든 음식은 모두 맵짰다.
② 바람 따위가 매섭게 사납다.
예) 겨울 아침의 맵짠 바람 때문에 머리카락이 구름처럼 날린다.
③ 성미가 사납고 독하다.
예) 맵짠 표정
④ 성질 따위가 야무지고 옹골차다.
예) 보기보다 살림 솜씨가 맵짜다.

머드러기
① 과일이나 채소, 생선 따위의 많은 것 가운데서 다른 것들에 비해 굵거나 큰 것
예) 할인 판매가 시작되자, 알뜰한 주부들이 수북한 참외 더미 속에서 머드러기를 고르려고 몰려들었다.
② 여럿 가운데서 가장 좋은 물건이나 사람을 비유적으로 이르는 말

머츰하다 계속해서 내리던 눈이나 비 따위가 잠시 잦아들어 멎는 듯하다.
예) 아침이 되니 밤새 내리던 빗발이 머츰하다.

최신 **멀쑥하다**
① 지저분함이 없이 훤하고 깨끗하다.
예) 멀쑥한 옷차림

② 멋없이 키가 크고 물러 옹골찬 데가 없다.
예 폐허가 되어 버린 그 집 뜰에는 멀쑥하게 자란 소나무만이 바람에 흔들거리고 있었다.

멱차다
① 더 이상 할 수 없는 한도에 이르다.
예 유은이는 처음 해 보는 물놀이에 숨쉬기가 멱찼는지 물 밖으로 나가려고 바동거렸다.
② 일이 끝나다.
③ 완전히 다 되다.

최신 **메지다** 밥이나 떡, 반죽 따위가 끈기가 적다.
예 물을 너무 많이 부었는지 밀가루 반죽이 메지다.
반의어 차지다

멧부리 산등성이나 산봉우리의 가장 높은 꼭대기
예 뾰족뾰족한 멧부리에 구름이 걸쳐 있다.

모개01 죄다 한데 묶은 수효
예 파장이라 싸게 드릴 테니, 이것들 모개로 사 가십시오.

모꼬지 놀이나 잔치 또는 그 밖의 일로 여러 사람이 모이는 일
예 우리 과는 이번 주에 강촌으로 모꼬지를 떠난다.

모르쇠 아는 것이나 모르는 것이나 다 모른다고 잡아떼는 것
관용구 **모르쇠(를) 잡다[대다]** 아무것도 모르는 체하거나 모른다고 잡아떼다.

모지라지다 물건의 끝이 닳아서 없어지다.
예 내 칫솔은 1개월을 쓰면 모지라진다.

모집다 허물이나 결함 따위를 명백하게 지적하다.
예 선생님께서는 학생들의 태도에 대해 모집으셨다.

최신 **몰강스럽다** 인정이 없이 억세며 성질이 악착같고 모질다.
예 그들은 그 비싼 이자를 몰강스럽게 다 챙겨 간다.

못내
① 자꾸 마음에 두거나 잊지 못하는 모양
예 할머니는 못내 섭섭하다는 표정이셨다.
② 이루 다 말할 수 없이
예 꽃다발을 받고 못내 감격하였다.

몽글리다02
① 어려운 일을 당하게 하여 단련시키다.
예 이런 때일수록 더욱 마음을 몽글려야 한다.
② 옷맵시를 가뜬하게 차려 모양을 내다.
예 오랜만에 정장을 입으며 몽글렸더니 조금 어색한 느낌이다.

몽따다 알고 있으면서 일부러 모르는 체하다.
예 하연이는 시어머니의 질문에 몽따고 되묻기를 반복했다.

무논
① 물이 괴어 있는 논
예 무논에 안개가 자주 낀다.
② 물을 쉽게 댈 수 있는 논
예 이곳 논들은 다 가뭄을 모르는 무논이다.

무드럭지다 한데 수북이 쌓여 있거나 뭉쳐 있다.
준말 **무덕지다**
예 산에 눈이 무덕지게 덮여 있다.

최신 **무람없다** 예의를 지키지 않으며 삼가고 조심하는 것이 없다.
예 우리 아이의 행동이 버릇없고 무람없었다면 용서하십시오.

무서리 늦가을에 처음 내리는 묽은 서리
예 올겨울은 많이 추울 거라더니, 예년보다 무서리가 일찍 내리었다.
참고 **된서리**

무지근하다
① 뒤가 잘 안 나와서 기분이 무겁다.
예 아랫배가 무지근하다.
② 머리가 띵하고 무겁거나 가슴, 팔다리 따위가 무엇에 눌리는 듯이 무겁다.
예 어제 온종일 혼자 돌을 들어 올렸더니 팔다리가 무지근하고 허리가 뻑적지근하여 아무 일도 하고 싶지가 않았다.

최신 **무쪽같다**
① 사람의 생김새가 몹시 못난 것을 두고 속되게 이르는 말
예 지운이는 다른 사람들은 아무도 없는 듯이 무쪽같이 행동했다.
② 하는 행동이 변변치 못함을 이르는 말
예 할머니는 살뜰하게 살림을 꾸리시는 분인데, 무쪽같은 나는 허둥대기만 한다.

묵새기다
① 별로 하는 일 없이 한곳에서 오래 묵으며 날을 보내다.
예 그는 고향에서 묵새기며 요양하고 있다.
② 마음의 고충이나 흥분 따위를 애써 참으며 넘겨 버리다.
예 슬픔을 묵새기다.

묵정이 묵어서 오래된 물건
예 우리 집 냉장고는 10년 된 묵정이다.

묵직하다
① 다소 큰 물건이 보기보다 제법 무겁다.
예 아래에서 올려 주는 자루를 끌어 올렸다. 꽤 묵직했다.
② 사람이 점잖고 무게가 있다.

기출 핵심개념

예 그분은 묵직하고 너그러운 인상을 지니셨다.

문실문실 나무 따위가 거침없이 잘 자라는 모양
예 그곳에는 하늘을 향하여 문실문실 자란 나무들이 있었다.

물매04 〈건설〉 수평을 기준으로 한 경사도
예 물매가 가파르면 자연스레 차량들의 속도가 줄어들어 정체 구간이 된다.

최신 **물색없다** 말이나 행동이 형편이나 조리에 맞는 데가 없다.
예 저 혼자 김칫국 마시며 물색없이 좋아했구나!

최신 **물쿠다**
① 날씨가 찌는 듯이 더워지다.
예 날씨가 물쿠고 무덥더니 비가 내리기 시작하였다.
② 너무 무르거나 풀려서 본 모양이 없어지도록 헤어지게 하다.

뭉근하다 세지 않은 불기운이 끊이지 않고 꾸준하다.
예 조림이나 미역국은 뭉근한 불로 오래 끓여야 맛이 난다.

미대다
① 하기 싫은 일이나 잘못된 일의 책임을 남에게 밀어 넘기다.
예 자기 일을 남에게 미대는 것도 일종의 버릇이다.
② 일을 제때에 하지 않고 오래 질질 끌다.
예 간단한 일을 왜 그리 미대고 있는지 모르겠다.

미립01 경험을 통하여 얻은 묘한 이치나 요령
예 평소 어리숙한 그는 운전을 할 때만은 미립이 환하다.

미욱하다 하는 짓이나 됨됨이가 매우 어리석고 미련하다.
예 내가 비록 미욱하지만 네 말은 안 믿는다.

미적미적 자꾸 꾸물대거나 망설이는 모양
예 이럴 시간이 없음에도 그를 뿌리칠 수가 없어 미적미적 끌려가고 있었다.

민틋하다 울퉁불퉁한 곳이 없이 평평하고 비스듬하다.
예 이발을 하고 온 남편의 뒷머리가 민틋하니 깨끗하다.

최신 **밍근하다01** 약간 미지근하다.
밍근하다02 은근히 허전하고 헛헛한 느낌이 있다.

밍밍하다
① 음식 따위가 제맛이 나지 않고 몹시 싱겁다.
예 어머니는 국이 너무 밍밍하다며 간장으로 간을 맞추셨다.
② 술이나 담배의 맛이 독하지 않고 몹시 싱겁다.
예 맥주는 너무 밍밍하니 소주로 마시자.
③ 마음이 몹시 허전하고 싱겁다.
예 오늘 결혼한 신랑 신부가 왜 그리 밍밍하게 앉아 있습니까?

ㅂ

바잡다
① 마음이 자꾸 끌리어 참기 어렵다.
예 몇 달 전부터 손을 꼽아 기다리던, 즐겁고 바잡던 그날이 왔다.
② 두렵고 염려스러워 조마조마하다.
예 성적 발표일이 다가오자 현준이는 마음이 바잡고 예민해졌다.

반색01 매우 반가워함. 또는 그런 기색
예 할머니는 놀러 온 외손자를 반색을 하며 안았다.

반지빠르다 말이나 행동 따위가 어수룩한 맛이 없이 얄미울 정도로 민첩하고 약삭빠르다.
예 은주는 반지빠르게 굴어서 정이 가지 않는다.

발보이다
① 남에게 자랑하기 위하여 자기가 가진 재주를 일부러 드러내 보이다.
예 그가 매번 셀카를 찍어 올리며 발보이는 꼴이 정말 싫다.
② 무슨 일을 극히 적은 부분만 잠깐 드러내 보이다.
예 이번 사건은 좋은 것을 나누고 싶어 하는 그녀의 성정이 발보이게 된 것이라고 볼 수 있다.

발치01
① 누울 때 발이 가는 쪽
예 어머니는 잠이 덜 깬 상태에서 발치를 더듬어 버선을 찾았다.
② 발이 있는 쪽
예 그녀는 시선을 발치에다 떨어뜨리고 있었다.
③ 사물의 꼬리나 아래쪽이 되는 끝부분
예 침대 발치

배냇짓 갓난아이가 자면서 웃거나 눈, 코, 입 따위를 쫑긋거리는 짓
예 아이는 이따금 배냇짓을 하며 자고 있었다.
참고 **배냇버릇** 태어날 때부터 가지고 있는 버릇 또는 고치기 힘들게 굳어진 나쁜 버릇을 비유적으로 이르는 말

버금01 으뜸의 바로 아래. 또는 그런 지위에 있는 사람이나 물건
예 의사에게는 무엇보다 환자를 잘 살피는 마음이 으뜸이요, 의술은 버금이다.

버르집다
① 파서 헤치거나 크게 벌려 놓다.
예 동생은 속옷을 찾는다고 개어 둔 빨래를 몽땅 버르집었다.
② 숨겨진 일을 밖으로 들추어내다.
③ 작은 일을 크게 부풀려 떠벌리다.
예 언론은 대단치도 않은 일을 버르집는 나쁜 습성이 있다.

버성기다 벌어져서 틈이 있다.
예 버성긴 발뒤꿈치에서 피가 나온다.

벋대다 쉬이 따르지 않고 고집스럽게 버티다. ≒ **벋장대다**
예 그렇게 벋대다가는 나중에 후회할 것이다.

벌충 손실이나 모자라는 것을 보태어 채움.
예 동생은 간헐적 단식을 한다더니, 그동안 먹지 못한 것을 벌충이라도 하듯 마구 먹어 댔다.

벼랑 낭떠러지의 험하고 가파른 언덕
예 벼랑 끝에 서다.
관용구 **벼랑에 몰리다** 위험한 상황에 직면하게 되다. ≒ **벼랑에 서다**

벼리
① 그물의 위쪽 코를 꿰어 놓은 줄. 잡아당겨 그물을 오므렸다 폈다 한다. ≒ **그물줄**
예 이제 벼리 당기는 일만 남았구나.
② 일이나 글의 뼈대가 되는 줄거리
예 벼리도 파악하지 못했으면서 큰소리치지 마라.

벼리다
① 무디어진 연장의 날을 불에 달구어 두드려서 날카롭게 만들다.
예 일을 하기 전에 우선 연장부터 벼리었다.
② 마음이나 의지를 가다듬고 단련하여 강하게 하다.
예 투지를 벼리다.
참고 **벼르다01** 어떤 일을 이루려고 마음속으로 준비를 단단히 하고 기회를 엿보다.
예 너, 엄마가 벼르고 있는 거 알지?

최신 **보깨다**
① 먹은 것이 소화가 잘 안되어 속이 답답하고 거북하게 느껴지다.
예 어제저녁에 잔치음식을 먹어서인지 속이 보깨어 혼났다.
② 일이 뜻대로 되지 않아 마음이 번거롭거나 불편하게 되다.
예 지금 하는 일이 순조롭지 않아서 마음이 보깨다보니 다른 일에 신경 쓸 여유가 없다.

볼모 약속 이행의 담보로 상대편에 잡혀 두는 사람이나 물건
예 그것을 볼모로 잡고 수작을 부리고 있다.

부대끼다 사람이나 일에 시달려 크게 괴로움을 겪다.
예 만원 버스에 부대끼다 지친 민경 씨는 드디어 차를 구입했다.

부둑부둑 물기가 있는 물건의 거죽이 거의 말라 약간 뻣뻣하게 굳어진 모양
예 비에 젖었던 구두가 부둑부둑 말라 있어서 신기가 불편했다.

부산하다 급하게 서두르거나 시끄럽게 떠들어 어수선하다.
예 교실 안은 많은 아이들로 매우 부산하다.

최신 **부숭하다** 얼굴이 부어오른 듯한 느낌이 있다.
예 주희는 수학문제가 풀리지 않아서 많이 울었다더니 얼굴이 부숭하다.

부슬부슬01 덩이진 가루 따위가 물기가 적어 잘 엉기지 못하고 부스러지기 쉬운 모양
예 떡이 부슬부슬 부스러지다.

부전부전 남의 사정은 돌보지 아니하고 자기가 하고 싶은 일에만 서두르는 모양
예 종국의 부전부전 재촉하는 소리에는 아랑곳없이, 광수는 속도를 낮추어 걷기 시작했다.

부추기다
① 남을 이리저리 들쑤셔서 어떤 일을 하게 만든다. ≒ **추키다**
예 나는 삼촌에게 하루라도 빨리 장가를 들어 버리라고 부추기곤 했다.
② 감정이나 상황 따위가 더 심해지도록 영향을 미치다.
예 경쟁심을 부추기다.

북새01 많은 사람이 야단스럽게 부산을 떨며 법석이는 일
예 그 북새 속에서도 재민이는 공부에 열중했다.
유의어 **북새통, 북새틈**

붙박다 움직이거나 다른 곳으로 옮겨 가지 못하도록 꼭 붙이거나 박아 놓다.
예 그는 천장에 전등을 붙박아 놓았다.
참고 **붙박이** 어느 한 자리에 정한 대로 박혀 있어서 움직임이 없는 상태. 또는 그런 사물이나 사람

비나리 남의 환심을 사려고 아첨함.
예 비나리를 치는 사람은 상대방의 진심을 얻기 어렵다.

비설거지 비가 오려고 하거나 올 때, 비에 맞으면 안 되는 물건을 치우거나 덮는 일
예 비설거지를 하는 것은 내 몫이다.

빌미 재앙이나 탈 따위가 생기는 원인
예 서운하게 들리겠지만, 나는 네가 빌미를 제공했다고 생각해.

빙충맞다 똘똘하지 못하고 어리석으며 수줍음을 타는 데가 있다.
예 젊은 애가 그런 빙충맞은 생각을 하고 그러니.

기출 핵심개념

빙퉁그러지다
① 하는 짓이 꼭 비뚜로만 나가다.
② 성질이 싹싹하지 못하고 뒤틀어지다.
예 도영이는 하는 말마다 빙퉁그러져서 미움을 받는다.

뻐기다 얄미울 정도로 우쭐거리며 자랑하다.
예 잘한 일이라고 뻐기다.

ㅅ

사달01 사고나 탈
예 조마조마하더니만 결국 사달이 났구나.

사람멀미
① 많은 사람이 있는 곳에서 느끼는, 머리가 아프고 어지러운 증세
예 오랜만의 외출을 명동으로 했더니, 사람멀미가 날 지경이었다.
② 여러 사람에게 부대끼고 시달려서 머리가 아프고 어지러운 증세

사르다01 = 불사르다
① 불에 태워 없애다.
예 성냥불을 켜서 편지를 살랐다.
② 어떤 것을 남김없이 없애 버리다.
예 돈 벌 생각에 아픈 이에 대한 염려를 사르고 말았다.

사리다
① 국수, 새끼, 실 따위를 동그랗게 포개어 감다.
예 새끼를 사리다.
② 뱀 따위가 몸을 또리처럼 동그랗게 감다.
예 큰 뱀이 둥글게 몸을 사리고 있다.
③ 짐승이 겁을 먹고 꼬리를 다리 사이에 구부려 끼다.
예 개는 꼬리를 사타구니에 사려 넣은 채 아예 외양간에 숨어 나오질 않았다.
④ 박아서 나온 못을 꼬부려 붙이다.
⑤ 어떤 일에 적극적으로 나서지 않고 살살 피하며 몸을 아끼다.
예 몸을 사리다.
⑥ 정신을 바짝 가다듬다.
예 경옥이는 어머니하고 단단히 담판을 하려고 다시 마음을 사려 먹었다.

사부작거리다 별로 힘들이지 않고 계속 가볍게 행동하다.
예 은재는 아침에 일어나 사부작거리다 갑자기 미용실에 갔다 왔다.

사북
① 접었다 폈다 하는 부채의 아랫머리나 가위다리의 교차된 곳에 박아 돌쩌귀처럼 쓰이는 물건
② 가장 중요한 부분을 비유적으로 이르는 말
예 그 틈에 자신은 나름 사북 노릇을 하고 있다고 생각하며 빙긋이 웃었다.

사분사분하다02 성질이나 마음씨 따위가 부드럽고 너그럽다.
예 인선이는 사분사분해서 유치원 선생님이 되면 잘 어울릴 것이다.

사위다 불이 사그라져서 재가 되다.
예 바람이 심해서 숯불이 쉽게 사위었다.

사위스럽다 마음에 불길한 느낌이 들고 꺼림칙하다.
예 그런 사위스러운 예감은 왜 꼭 현실이 되는 걸까?

사품01 어떤 동작이나 일이 진행되는 바람이나 겨를
예 낭떠러지에서 떨어지는 사품에 그만 정신을 잃고 말았다.

삭신 몸의 근육과 뼈마디
예 삭신이 쑤시다./삭신이 느른하다.

삭정이 살아 있는 나무에 붙어 있는, 말라 죽은 가지
예 산에 가서 땔감으로 쓸 삭정이 좀 주워 오너라.

산뜻하다
① 기분이나 느낌이 깨끗하고 시원하다. '산듯하다①'보다 센 느낌을 준다.
예 기분이 산뜻하다./한숨 자고 나니 몸이 아주 산뜻하다.
② 보기에 시원스럽고 말쑥하다. '산듯하다②'보다 센 느낌을 준다.
예 산뜻한 차림새

(최신) **산망스럽다** 말이나 행동이 경망하고 좀스러운 데가 있다.

살피01
① 땅과 땅 사이의 경계선을 간단히 나타낸 표
예 고속도로 공사 현장에 가면 차선을 구분 짓는 살피가 박혀 있기 마련이다.
② 물건과 물건 사이를 구별 지은 표
예 책들 사이에 살피를 끼워 참고서와 문학 서적을 구분하였다.

(최신) **삽삽하다** 태도나 마음 씀씀이가 마음에 들게 부드럽고 사근사근하다.
예 물품이 하자가 있었지만 직원의 삽삽한 태도에 마음이 누그러졌다.

새근새근01
① 고르지 아니하고 가쁘게 자꾸 숨 쉬는 소리. 또는 그 모양
예 영애는 대꾸도 않고 새근새근 어깨로 숨을 쉬었다.
② 어린아이가 곤히 잠들어 조용하게 자꾸 숨 쉬는 소리

예 아기가 새근새근 잠이 들다.

새물내 빨래하여 이제 막 입은 옷에서 나는 냄새
예 요즘엔 자연스러운 향이 유행이라, 새물내가 나는 향수도 있대.

새치부리다 몹시 사양하는 척하다.
예 신랑은 술을 무척 잘 마시는 술고래이지만 결혼식 날인 오늘은 예의 때문인지 계속 술을 새치부렸다.

샛바람 뱃사람들의 은어로, '동풍02(東風)①'을 이르는 말
예 동쪽에서 불어오는 바람을 샛바람이라고 한다.

서름하다
① 남과 가깝지 못하고 사이가 조금 서먹하다.
예 그녀에게 고백을 한 후로 사이가 더 서름해졌다.
② 사물 따위에 익숙하지 못하고 서툴다.
예 나는 아직 내 차에 서름하다.

선득선득
① 갑자기 서늘한 느낌이 자꾸 드는 모양
예 추위를 모르는 그는 선득선득 시원하게끔 여기었다.
② 갑자기 놀라서 마음에 서늘한 느낌이 자꾸 드는 모양
예 벌써 저승사자들이 와 있는 분위기가 선득선득 감돌아.

섣부르다 솜씨가 설고 어설프다.
예 약점을 잡힐 수 있으니, 괜히 섣부른 짓 하지 마라.

[최신] **설면하다**
① 자주 만나지 못하여 낯이 좀 설다.
예 그녀는 오랜만에 만난 친구가 좀 설면했다.
② 사이가 정답지 아니하다.
예 그는 워낙 붙임성이 없는 사람이라 만나면 항상 설면설면하다.

설피다
① 짜거나 엮은 것이 거칠고 성기다.
예 모시옷이 설피긴 해도 한여름엔 시원하고 좋다.
② 솜씨가 거칠고 서투르다.
예 장작 패는 솜씨가 설피니까 힘만 들고 속도는 느리지.

섬돌 집채의 앞뒤에 오르내릴 수 있게 놓은 돌층계
예 섬돌 위에 놓인 크고 작은 고무신 세 켤레

[최신] **성기다** ≒ **성글다**
① 물건의 사이가 뜨다.
예 곡식은 일부러라도 성기게 심어야 한다.
② 반복되는 횟수나 도수(度數)가 뜨다.
예 그렇게 붙어 다니더니 요즘 둘 만남이 성긴 것 같다.

성엣장 물 위에 떠내려가는 얼음덩이
예 바다에 성엣장이 떠내려간다.

소담하다01
① 생김새가 탐스럽다.
예 마당의 라일락이 소담하게 피었다.
② 음식이 풍족하여 먹음직하다.
예 음식을 소담하게 담는구나.

소소리바람 이른 봄에 살 속으로 스며드는 듯한 차고 매서운 바람
예 이렇게 매서운 찬바람이 이름은 안 어울리게 소소리바람이래.

솎다 촘촘히 있는 것을 군데군데 골라 뽑아 성기게 하다.
예 나무들은 적당히 솎아 주어야 볕을 잘 받아 더 잘 자란다.

손씻이 남의 수고에 보답하는 마음으로 적은 물건을 주는 일. 또는 그 물건
예 이번 논문 연구에 수고한 조교들에게 손씻이로 상품권이라도 돌리는 게 어떨까요?

솔다01
① 물기가 있던 것이나 상처 따위가 말라서 굳어지다.
예 상처가 솔아 진물이 나지 않는다.
② 흐르는 물이 세차게 굽이쳐 용솟음치다.

송아리
① 꽃이나 열매 따위가 잘게 모여 달려 있는 덩어리
예 포도 송아리/꽃 송아리
② 꽃이나 열매 따위가 잘게 모여 달려 있는 덩어리를 세는 단위
예 포도 한 송아리/꽃 세 송아리

수굿하다 고개를 조금 숙이다.
예 영철이는 수굿하여 있던 고개를 들더니, 자신의 의견을 말하였다.

숫사람 거짓이 없고 순진하여 어수룩한 사람
예 그녀의 맑은 얼굴엔 '숫사람'이라고 씌어 있는 것 같다.

숫제
① 순박하고 진실하게
예 그도 이제는 숫제 착실한 생활을 한다.
② 처음부터 차라리. 또는 아예 전적으로
예 하다 말 것이라면 숫제 안 하는 것이 낫다.

[최신] **숭굴숭굴01**
① 얼굴 생김새가 귀염성이 있고 너그럽게 생긴 듯한 모양
② 성질이 까다롭지 않고 수더분하며 원만한 모양

예 그의 마음은 숭굴숭굴 너그럽다.

숱하다 아주 많다.
예 숱한 고난을 이겨낸 그는 칭찬받아 마땅하다.

스산하다
① 몹시 어수선하고 쓸쓸하다.
예 가랑비가 내리고 산바람도 불어와 스산하였다.
② 마음이 가라앉지 아니하고 뒤숭숭하다.
예 그가 스산하게 느껴지는 웃음을 지으며 말했다.

슴벅이다 눈꺼풀이 움직이며 눈이 감겼다 떠졌다 하다. 또는 그렇게 되게 하다.
예 은혜는 자꾸 눈을 슴벅여 졸음을 깨려고 노력했다.

[최신] **습습하다01** 마음이나 하는 짓이 활발하고 너그럽다.
예 하는 짓이 얼마나 습습한지 영락없이 사내아이였다.

승겁들다 힘을 들이지 않고 저절로 이루다.
예 겉보기에 그녀는 하는 일마다 승겁드는 것 같아, 사람들로부터 질투를 받았다.

시루 떡이나 쌀 따위를 찌는 데 쓰는 둥근 질그릇. 모양이 자배기 같고 바닥에 구멍이 여러 개 뚫려 있다.
예 어머니는 시루에 보자기를 깔고 떡을 찌셨다.
[속담] **시루에 물 퍼 붓기** 구멍 난 시루에 물을 붓는다는 뜻으로, 아무리 수고를 하고 공을 들여도 효과가 나타나지 않는 일을 비유적으로 이르는 말

시르죽다
① 기운을 차리지 못하다.
예 약 기운이 퍼져서인지 아이는 시르죽은 고양이처럼 웅크리고 잠이 들었다.
② 기를 펴지 못하다.

시름없다
① 근심과 걱정으로 맥이 없다.
예 그는 시름없는 얼굴로 힘겹게 터벅터벅 걷는다.
② 아무 생각이 없다.

[최신] **시망스럽다** 몹시 짓궂은 데가 있다.
예 그는 예의없이 말을 시망스럽게 해 다른 사람을 당황스럽게 한다.

시쁘다
① 마음에 차지 아니하여 시들하다.
예 달라는 대로 주었는데도 시쁜 표정이다.
② 껄렁하여 대수롭지 않다.
예 그런 시쁜 일에는 끼어들지 않겠어.

시적거리다 힘들이지 아니하고 느릿느릿 행동하거나 말하다.
≒ **시적대다**
예 그렇게 시적거리지 말고, 성의껏 좀 해라.

실랑이
① 이러니저러니, 옳으니 그르니 하며 남을 못살게 굴거나 괴롭히는 일
예 오늘도 빚쟁이들이 찾아와 실랑이를 하고 돌아갔다.
② 서로 자기주장을 고집하며 옥신각신하는 일 = **승강이**
예 옆집 사람들은 층간 소음 문제로 매일같이 아래층 사람들과 실랑이를 벌였다.

[최신] **실팍지다**
사람이나 물건 따위가 보기에 매우 실한 데가 있다.
예 어머니는 암탉 중에서도 실팍져 보이는 놈으로 골라 할아버지께 대접하셨다.

심드렁하다
① 마음에 탐탁하지 아니하여서 관심이 거의 없다.
예 속으로는 기뻤지만 일부러 심드렁한 표정을 지어 보였다.
② 병이 중하지 않고 오래 끌면서 그만저만하다.
예 어머님 병환은 악화되지는 않지만, 그렇다고 나아질 기미가 보이지도 않고 심드렁하다.

싱겁다
① 음식의 간이 보통 정도에 이르지 못하고 약하다.
예 물을 많이 넣어 국이 싱겁다.
② 사람의 말이나 행동이 상황에 어울리지 않고 다소 엉뚱한 느낌을 주다.
예 그는 괜히 싱겁게 잘 웃는다.
③ 어떤 행동이나 말, 글 따위가 흥미를 끌지 못하고 흐지부지하다.
예 무슨 소설이 이렇게 싱겁게 끝나니?
④ 물건이나 그림의 배치에 빈 곳이 많아 야물지 못하고 엉성하다.
예 집 안 분위기가 싱거운 것 같으니 화초라도 좀 키우자.

쌩이질 한창 바쁠 때에 쓸데없는 일로 남을 귀찮게 구는 짓
[본말] **씨양이질**
예 남 일하는데 왜 쌩이질을 놓는지, 저 심보를 모르겠어.

[최신] **써레** 갈아 놓은 논의 바닥을 고르는 데 쓰는 농기구
예 예전에는 소에 써레를 지우곤 했다.

쏘개질 있는 일 없는 일을 얽어서 일러바치는 짓
예 이웃들 간에 쏘개질을 해 가며 싸움을 붙이지 말아라.

쓰렁쓰렁01
① 남이 모르게 비밀리 행동하는 모양

② 일을 건성으로 하는 모양
예 청소를 시키면 그는 늘 쓰렁쓰렁 눈에 보이는 곳만 치우고 만다.

ㅇ

아귀차다
① 휘어잡기 어려울 만큼 벅차다.
② 마음이 굳세어 남에게 잘 꺾이지 아니하다. = 아귀세다
예 승원이는 얌전하면서도 아귀차서 일 처리를 야무지게 한다.

아등바등 무엇을 이루려고 애를 쓰거나 우겨 대는 모양
예 그는 멀어져 가는 그녀의 발소리를 두 귀를 곤두세워 아등바등 쫓아갔다.

아름드리 둘레가 한 아름이 넘는 것을 나타내는 말
예 마을 한가운데에는 아름드리 느티나무가 당당한 모습으로 서 있었다.

아우르다 여럿을 모아 한 덩어리나 한 판이 되게 하다.
예 이번 문제는 팀원들의 의견을 아울러서 해결해야 한다.

아퀴01
① 일을 마무르는 끝매듭
② 일이나 정황 따위가 빈틈없이 들어맞음을 이르는 말
관용구 **아퀴(를) 짓다** 일이나 말을 끝마무리하다.

안갚음 자식이 커서 부모를 봉양하는 일 ≒ 반포01(反哺)
예 내리사랑에 대한 자식의 도리를 안갚음이라 한다.

알겨먹다 남의 재물 따위를 좀스러운 말과 행위로 꾀어 빼앗아 가지다.
예 겉으로는 위하는 척하면서 속으로는 알겨먹으려는 표리부동(表裏不同)한 사람이야.

최신 **알랑알랑** 남의 비위를 맞추거나 환심을 사려고 다랍게 자꾸 아첨을 떠는 모양
예 자기보다 좀 나은 사람한테는 강아지 새끼처럼 알랑알랑 꼬리나 흔들더라.

최신 **알록알록** '알로록알로록'의 준말. 여러 가지 밝은 빛깔의 점이나 줄 따위가 고르게 무늬를 이룬 모양
예 알록알록한 점무늬 치마를 입었다.

알심
① 은근히 동정하는 마음
예 그녀는 태연한 체하는 동생을 보니 알심이 생겨 더 잘해 주려고 하였다.

② 보기보다 야무진 힘
예 철수는 알심이 있어 수박도 맨손으로 쪼갰다.

알음 사람끼리 서로 아는 일
예 그와는 서로 알음이 있는 사이다.

알음장 눈치로 은밀히 알려 줌.
예 무턱대고 왜냐고 묻는 그녀에게 알음장을 주었지만, 그녀는 알아차리지 못했다.

알짬 여럿 가운데에 가장 중요한 내용
예 참고서의 알짬만 뽑아서 따로 갈무리했다.

알찐대다 남의 비위를 맞추려고 가까이 붙어서 계속 아첨하다.
예 그는 김 대표 어깨 밑에서 알찐댔고 성격이 소심해서 김 대표가 시키는 일에는 무조건 순종했다.

앙금01
① 녹말 따위의 아주 잘고 부드러운 가루가 물에 가라앉아 생긴 층
예 앙금이 가라앉다.
② 마음속에 남아 있는 개운치 아니한 감정을 비유적으로 이르는 말
예 그녀는 아직도 앙금이 가시지 않았는지 여전히 뾰로통해 있다.

애면글면 몹시 힘에 겨운 일을 이루려고 갖은 애를 쓰는 모양
예 그가 떠나고 나니 애면글면 모은 재산도 다 부질없어 보였다.

애잔하다
① 몹시 가냘프고 약하다.
예 맘고생 다이어트만 한 게 없다더니, 그녀는 애잔해 보일 만큼 살이 쏙 빠졌다.
② 애처롭고 애틋하다.
예 그는 꼬부라진 할머니 모습이 되어 버린 어머니를 애잔한 눈빛으로 보았다.

앵돌아지다
① 노여워서 토라지다.
예 남편이 외박한 것 때문에 희영이가 단단히 앵돌아졌다.
② 홱 틀려 돌아가다.
예 계획했던 일은 이미 앵돌아져 버린 것 같다.

야지랑스럽다 얄밉도록 능청맞고 천연스럽다.
예 누리꾼들은 야지랑스럽게도 근거 없는 추문(醜聞)을 만들어 내고 있다.
유의어 **이지렁스럽다** 능청맞고 천연스럽다.

기출 핵심개념

얌생이 남의 물건을 조금씩 슬쩍슬쩍 훔쳐 내는 짓을 속되게 이르는 말
예 다른 사람의 저작물을 제 것인 양 사용하다니, 너무 얌생이인데?

어름01
① 두 사물의 끝이 맞닿은 자리
예 눈두덩과 광대뼈 어름에 시커먼 멍이 들었다.
② 물건과 물건 사이의 한가운데
③ 구역과 구역의 경계점
예 지리산은 경상남도, 전라남도, 전라북도 어름에 있다.

어림01 대강 짐작으로 헤아림. 또는 그런 셈이나 짐작
예 어림으로 짐작해 보아도 큰돈을 벌은 셈이었다.

어엿하다 행동이 거리낌 없이 아주 당당하고 떳떳하다.
예 그로부터 20년이 지난 후 만난 내 첫사랑은 어엿한 두 아이의 아버지가 되어 있었다.

어정쩡하다
① 분명하지 아니하고 모호하거나 어중간하다.
예 찬성도 반대도 아닌 어정쩡한 입장
② 얼떨떨하고 난처하다.
예 그는 영문도 모른 채 경찰서 안에 어정쩡하게 앉아 있었다.

어줍다
① 말이나 행동이 익숙지 않아 서투르고 어설프다.
예 아이들은 고사리 같은 손을 모아 어줍은 몸짓으로 절을 했다.
② 몸의 일부가 자유롭지 못하여 움직임이 자연스럽지 않다.
예 입이 얼어 발음이 어줍다.

어지럽히다
① 몸을 제대로 가눌 수 없을 정도로 정신을 흐리게 하고 얼떨떨하게 하다. '어지럽다'의 사동사
예 거의 정신을 잃을 정도의 아픔이 머리를 어지럽혔다.
② 물건들을 제자리에 놓지 않고 여기저기 널어놓아 너저분하게 만들다. '어지럽다'의 사동사
예 아이들은 집 안을 온통 어지럽혔다.

언걸
① 다른 사람 때문에 당하는 피해나 고통
예 그는 보증을 잘못 서서 언걸을 당하게 되었다.
② 큰 고생

언구럭 교묘한 말로 떠벌리며 남을 농락하는 짓
예 그의 너스레는 음흉스러운 언구럭이 틀림없다.

언저리
① 둘레의 가 부분
예 그의 말이 귓바퀴 언저리에서 맴돌았다.
② 어떤 나이나 시간의 전후
예 그녀의 나이는 서른 언저리이다.
③ 어떤 수준이나 정도의 위아래
예 그 아이는 항상 반에서 10등 언저리에 있었다.

얼뜨다 다부지지 못하여 어수룩하고 얼빠진 데가 있다.
예 정신없이 얼뜬 사람처럼 왜 그러고 있는 거야?

얼맞다 일정한 기준, 조건 정도 따위에 지나치게 넘치거나 모자라지 아니한 데가 있다.
예 그 사람이 너에게 얼맞으니까 권하는 것 아니냐.

얼추
① 어지간한 정도로 대충
예 얼추 헤아려 보니 모인 사람이 100명은 넘어 보였다.
② 어떤 기준에 거의 가깝게
예 도착할 시간이 얼추 다 되었다.

엉겁결 미처 생각하지 못하거나 뜻하지 아니한 순간
예 하도 정신이 없어 엉겁결에 그 일을 허락해 버렸다.

엉너리 남의 환심을 사기 위하여 어벌쩡하게 서두르는 짓
예 분위기가 험악해지자 민경이가 우스갯소리를 하면서 엉너리를 부렸다.

에누리
① 물건값을 받을 값보다 더 많이 부르는 일. 또는 그 물건값
예 진짜 에누리 없이 원가에 파는 거예요.
② 값을 깎는 일
예 그래도 에누리를 좀 해 주셔야 다음에 또 오지요.

에다01
① 칼 따위로 도려내듯 베다.
예 밤바람이 살을 에어 내는 듯하다.
② 마음을 몹시 아프게 하다.
예 갑자기 가슴을 에는 듯한 슬픔이 몰아쳤다.

에두르다
① 에워서 둘러막다.
예 경찰이 집을 에두르고 범인에게 자수하기를 권했다.
② 바로 말하지 않고 짐작하여 알아듣도록 둘러대다.
예 너무 에둘러서 말하는 통에 무슨 말인지 알아듣기가 어렵다.

여북 '얼마나', '오죽', '작히나'의 뜻으로 정도가 매우 심하거나 상황이 좋지 않을 때 쓰는 말
예 남편이 쓰러졌으니 그 부인이 여북 놀랐겠어요?

여우볕 비나 눈이 오는 날 잠깐 났다가 숨어 버리는 볕
속담 **여우볕에 콩 볶아 먹는다** 행동이 매우 민첩함을 비유적으로 이르는 말

여울 강이나 바다 따위의 바닥이 얕거나 폭이 좁아 물살이 세게 흐르는 곳
예 오늘 오후에 여울에 몰린 은어 떼를 잡으러 가기로 했다.

역성 옳고 그름에는 관계없이 무조건 한쪽 편을 들어 주는 일
예 어머니께서는 항상 나의 역성을 들어 주신다.

열고나다
① 몹시 급하게 서두르다.
예 은미가 오늘따라 유독 열고나게 성화여서 다들 서두를 수밖에 없었다.
② 몹시 급한 일이 생기다.

최신 **열없다** 좀 겸연쩍고 부끄럽다.
예 나는 가만히 앉아 있기가 열없어서 잔심부름이라도 할까 싶어 서성거렸다.

영절스럽다 아주 그럴듯하다.
예 어찌나 꿈이 영절스럽던지, 사실로 믿고 싶어졌다.
참고 **영절하다01** 소식이나 관계 또는 생명이나 혈통 따위가 영원히 끊어져 아주 없어지다.

최신 **예제없다** 여기나 저기나 구별이 없다.
예 그 할아버지는 어디 갈 곳도 없이 예제없는 걸음을 옮겼다.

오달지다 허술한 데가 없이 알차다. ≒ 오지다, 올지다
예 그는 밤톨같이 오달진 사람이었다.

오롯이01 모자람이 없이 온전하게
예 이 책에는 옛 성인들의 가르침이 오롯이 담겨 있다.
오롯이02 고요하고 쓸쓸하게
예 작은 별 하나가 오롯이 빛나고 있다.

오종종하다
① 잘고 둥근 물건들이 한데 빽빽하게 모여 있다.
예 오종종한 글씨가 엽서에 빼곡히 찼다.
② 얼굴이 작고 옹졸한 데가 있다.
예 연예인들은 대부분 오종종한 이목구비이다.

올망졸망 작고 또렷한 것들이 고르지 않게 많이 벌여 있는 모양
예 예쁜 인형들이 올망졸망 진열되어 있다.

옷깃차례 일의 순서가 오른쪽으로 돌아가는 차례
예 요즘엔 시계 방향이라고 표현하지만, 예전엔 옷깃차례라고 했단다.
참고 한복 옷깃의 왼 자락이 오른 자락 위로 가게 입는 데서 유래된 말이다.

옹이
① 나무의 몸에 박힌 가지의 밑부분
예 옹이를 밟고 올라가면 나무 타기가 쉽다.
② '굳은살'을 비유적으로 이르는 말
예 손바닥에 옹이가 박히도록 일해도, 비룟값도 안 남는 농사야.

와들와들 춥거나 무서워서 몸을 잇따라 아주 심하게 떠는 모양
예 사람들은 두려움에 와들와들 떤다.

왜자하다
① 소문이 온 동네에 널리 퍼져 요란하다. ≒ 왁자하다
예 홀연히 나타난 그 사람에 대한 소문이 온 동네에 왜자하다.
② 왁자지껄하게 떠들썩하여 시끄럽다.

왠지 왜 그런지 모르게. 또는 뚜렷한 이유도 없이
예 그 이야기를 듣자 왠지 불길한 예감이 들었다.
관련 문법 '왠지'는 '왜인지'에서 줄어든 말이므로 '왠지'로 써야 한다. '웬지'는 잘못된 표현이다.

용심01 남을 시기하는 심술궂은 마음
예 혼기가 꽉 찬 친구들은 저보다 먼저 결혼하는 친구에게 괜히 용심을 부렸다.

우두망찰하다 정신이 얼떨떨하여 어찌할 바를 모르다. ≒ **우두망절하다**
예 순발력이 없는 그녀는 갑작스러운 그의 고백에 우두망찰해 버렸다.

우렁잇속 내용이 복잡하여 헤아리기 어려운 일을 비유적으로 이르는 말
예 지시가 하루에도 서너 번씩 바뀌니 도대체 일을 종잡을 수가 없어 우렁잇속이 되어 버렸어.

우련하다01 형태가 약간 나타나 보일 정도로 희미하다.
예 달빛 아래 벚꽃 나무의 고운 자태가 우련하게 드러났다.
참고 **아련하다** 똑똑히 분간하기 힘들게 아렴풋하다.
예 그의 노래는 아련한 향수를 느끼게 한다.

우리다01
① 더운 볕이 들다.
예 마루에 볕이 우린다.
② 달빛이나 햇빛 따위가 희미하게 비치다.
예 짙은 구름 속에서 햇빛이 우려 사물이 불분명하게 보였다.

우세스럽다 남에게 놀림과 비웃음을 받을 듯하다.
예 전날밤 만취했던 그는 몹시 우세스러워 밖으로 나가지도 못했다.

욱여넣다 주위에서 중심으로 함부로 밀어 넣다.
예 알밤을 주머니에 욱여넣다.

웅숭그리다 춥거나 두려워 몸을 궁상맞게 몹시 웅크리다.
예 열쇠를 잃어버린 아이는 미련스럽게도 문 앞에 몸을 잔뜩 웅숭그린 채 떨고 있었다.

웅숭깊다
① 생각이나 뜻이 크고 넓다.
② 사물이 되바라지지 아니하고 깊숙하다.
예 산의 계곡이 아주 웅숭깊다.

윤슬 햇빛이나 달빛에 비치어 반짝이는 잔물결
예 고향 땅의 봄 바다에 반짝이는 윤슬은 아름답다.

으늑하다 푸근하게 감싸인 듯 편안하고 조용한 느낌이 있다.
예 으늑한 분위기

으르다01 물에 불린 쌀 따위를 방망이로 으깨다.
예 요즘에는 힘들여 방망이로 으르는 대신 믹서기나 착즙기를 사용한다.

으르다02 상대편이 겁을 먹도록 무서운 말이나 행동으로 위협하다.
예 그를 을러도 보고 달래도 보았으나 소용이 없었다.
참고 **을러대다** 위협적인 언동으로 을러서 남을 억누르다.
≒ 을러메다
예 아버지의 을러대는 소리에 나는 항변조차 할 수 없었다.

의뭉하다 겉으로는 어리석은 것처럼 보이면서 속으로는 엉큼하다.
예 어린아이가 돈을 갖고 있으면 안 좋은 법이라고 말하면서, 그는 의뭉한 수법으로 아이들의 코 묻은 돈을 알겨먹었다.

이드거니 충분한 분량으로 만족스러운 모양
예 바쁜 일정 때문에 부족했던 저녁 식사를 모처럼 이드거니 먹었다.

이르집다
① 흙 따위를 파헤치다.
예 호미로 언제 그 넓은 밭을 이르집겠느냐?
② 오래전의 일을 들추어내다.
예 이미 몇 년 전 일인데, 이르집지 말고 눈감아 주렴.

이슥하다 밤이 꽤 깊다.
예 이슥해서는 화장실에 가는 걸 무서워하는 동생을 위해 화장실 앞에서 노래를 불러 주곤 했다.

이악하다
① 달라붙는 기세가 굳세고 끈덕지다.
예 그녀는 실연의 상처를 치유하기 위해 이악하게 일에 매달렸다.
② 이익을 위하여 지나치게 아득바득하는 태도가 있다.
예 조금도 손해 보지 않으려는 그의 이악한 태도는 사람들을 질리게 만든다.

이엉 초가집의 지붕이나 담을 이기 위하여 짚이나 새 따위로 엮은 물건
예 이엉을 얹다.

이울다
① 꽃이나 잎이 시들다.
예 이른 서리에 꽃들이 죄다 이울었다.
② 점점 쇠약해지다.
예 여러 사건으로 국운이 이우는 것이 아닌가 하는 우려 섞인 목소리가 커졌다.

이지러지다
① 한쪽 귀퉁이가 떨어져 없어지다.
예 이리저리 닳아서 이지러진 조약돌들이 보석처럼 반짝였다.
② 달 따위가 한쪽이 차지 않다.
예 좀 이지러지긴 했지만 제법 밝은 달이 비치고 있었다.

일껏 모처럼 애써서
예 그는 일껏 마련한 좋은 기회를 놓쳤다.

일렁일렁 자꾸 마음에 동요가 생기는 모양

ㅈ

자닝하다 애처롭고 불쌍하여 차마 보기 어렵다.
예 자식을 잃은 어미의 모습은 눈 뜨고 볼 수 없을 정도로 자닝했다.

자리끼 밤에 자다가 마시기 위하여 잠자리의 머리맡에 준비하여 두는 물
예 어머님께서는 항상 할머니 이부자리 위편에 자리끼를 놓으신다.

자못 생각보다 매우
예 그는 상사의 의견이 자못 불만이었던 모양이다.

자빡01 결정적인 거절
관용구 **자빡(을) 대다[치다]** 아주 딱 잘라 거절하다.
예 안 된다고 조심스레 얘기해도 될 것을 그렇게 무정스럽게 자빡을 치고 그래.

자취01 어떤 것이 남긴 표시나 자리
예 밤이 깊어 왕래하는 사람들의 자취가 뜸하다.

관용구 **자취를 감추다**
① 남이 모르게 어디로 가거나 숨다.
② 어떤 사물이나 현상 따위가 없어지거나 바뀌다.

잔달음 발걸음을 좁게 자주 떼면서 바삐 뛰어 달려가는 걸음
예 그녀는 길고 폭이 좁은 치마 때문에 잔달음 칠 수밖에 없었다.
유의어 **잰걸음** 보폭이 짧고 빠른 걸음

최신 **잔조롭다** 움직이는 모양새가 작아 잔잔한 느낌이 있다.

잔챙이 여럿 가운데 가장 작고 품이 낮은 것
예 잔챙이는 놓아두고 알이 굵고 잘 익은 사과만 골라서 따라.

잡도리
① 단단히 준비하거나 대책을 세움. 또는 그 대책
예 결심을 한 듯 그녀는 잡도리를 다 해 놓았던 것이다.
② 잘못되지 않도록 엄하게 단속하는 일
예 비밀이 새지 못하게 잡도리를 단단히 해라.
③ 아주 요란스럽게 닦달하거나 족치는 일
예 또 시작되는 잡도리가 지겹다.
참고 **단도리** '채비', '단속'을 속되게 이르는 일본어로, '채비' 또는 '단속(團束)'으로 순화해서 사용해야 한다.

잡을손 일을 다잡아 해내는 솜씨
관용구 **잡을손(이) 뜨다** 일을 다잡아 하지도 않고, 한다 해도 매우 굼뜨다.

재까닥거리다 작고 단단한 물건이 가볍게 빨리 맞부딪치거나 부러지는 소리가 자주 나다. 또는 그런 소리를 자주 내다.
≒ **재까닥대다**
예 창틀 사이에 끼운 쇠막대기가 바람에 재까닥거려 신경을 거슬리게 했다.
유의어 **바가닥거리다** 작고 단단한 물건이 맞닿아 문질리다가 그칠 때 나는 소리가 자주 나다. 또는 그런 소리를 자주 내다.

재우치다 빨리 몰아치거나 재촉하다.
예 비가 오자 여자는 발걸음을 더욱 재우쳤다.

쟁쟁하다01 조금 언짢거나 못마땅하여 자꾸 보채거나 짜증을 내다.
예 아이는 배가 고픈지 계속 쟁쟁한 소리를 냈다.

최신 **저미다**
① 여러 개의 작은 조각으로 얇게 베어 내다.
예 고기를 저미다.
② 칼로 도려내듯이 쓰리고 아프게 하다.
예 바람이 칼날처럼 뺨을 저민다.
③ 마음을 몹시 아프게 하다.
예 마음을 저미는 그 이야기에 모두 눈물을 흘렸다.

저어하다01 염려하거나 두려워하다.
예 그 사람은 남의 눈을 저어하기는커녕 도리어 당당하게 일을 저질렀다.

최신 **점직하다** 부끄럽고 미안하다.
예 나는 친구의 부탁을 들어주지 못하는 것이 친구에게 점직하였다.

제출물에 저 혼자서 절로
예 제출물에 그리 되었으니 누구를 탓할 수도 없다.

제치다01
① 거치적거리지 않게 처리하다.
예 그 선수는 양옆에서 달려드는 상대 선수들을 제치고 골을 넣었다.
② 일정한 대상이나 범위에서 빼다.
예 어떻게 나를 제쳐 두고 너희들끼리 놀러 갈 수 있니?
③ 경쟁 상대보다 우위에 서다.
예 우리 편이 상대편을 가볍게 제치고 3연승을 올렸다.
④ 일을 미루다.
예 그는 제집 일을 제쳐 두고 남의 집 일에 발 벗고 나선다.

조곤조곤 성질이나 태도가 조금 은근하고 끈덕진 모양
≒ **조곤조곤히**
예 처음부터 다시 조곤조곤 설명하였다.

조라떨다 일을 망치도록 경망스럽게 굴다.
예 작은아버지는 아버지의 성공이 배가 아픈지 일부러 조라떠는 것 같았다.

최신 **조잔거리다** 때를 가리지 않고 군음식을 점잖지 않게 자꾸 먹다.
예 그 강아지는 먹성이 좋아서 하루종일 조잔거리고 있다.

조리차하다 알뜰하게 아껴 쓰다.
예 그녀는 살림을 조리차해서 벌써 저축도 꽤 했다.

조촐하다
① 아담하고 깨끗하다.
예 반찬은 없지만 조촐한 밥상이다.
② 행동, 행실 따위가 깔끔하고 얌전하다.
예 그 사람은 미남은 아니지만, 조촐한 태도가 마음을 끈다.

족대기다
① 다른 사람을 견디지 못할 정도로 볶아치다.
예 그들이 어디에 숨어 있는지 대라고 족대기며 겁을 주었다.

기출 핵심개념

유의어 **족치다**
② 마구 두들겨 패다.
예 그는 부아가 났다 하면 세간을 모조리 족대겨 없애곤 했다.

졸가리
① 잎이 다 떨어진 나뭇가지
예 겨울이 되니 나무들이 졸가리만 앙상하게 드러내고 있다.
② 사물의 군더더기를 다 떼어 버린 나머지의 골자
예 우선 졸가리부터 처리하고 자잘한 일들을 정리하도록 하자.

좀체 (주로 부정적인 의미를 가진 단어와 호응하여) 여간 하여서는 = **좀처럼**
예 시장에 나간 어머니께서는 좀체 돌아오지 않으셨다.

최신 **종요롭다** 없어서는 안 될 정도로 매우 긴요하다.
예 이번 사안은 우리 회사를 키우는 데 종요로운 일이므로 모두 적극적으로 협조해 주시기를 바랍니다.

종종걸음 발을 가까이 자주 떼며 급히 걷는 걸음
예 추위 때문에 거리에 오고 가는 사람들은 목을 움츠리고 종종걸음을 하고 있다.

주전부리
① 때를 가리지 않고 군음식을 자주 먹음. 그런 입버릇
예 주전부리를 많이 해 입맛이 없다.
② 맛이나 재미, 심심풀이로 먹는 음식
예 최근에는 견과류를 주전부리로 많이 먹는다.

최신 **줄잡다**
① 어느 표준보다 줄여서 헤아려 보다.
② 대강 짐작으로 헤아려 보다.
예 이번 작업은 줄잡아 한 달은 걸릴 것 같다.

지다위
① 남에게 등을 대고 의지하거나 떼를 씀.
예 아이가 엄마에게 지다위를 하며 보챈다.
② 자기의 허물을 남에게 덮어씌움.
예 이게 지금 누구에게 지다위를 하려는 수작이야?

지르밟다 위에서 내리눌러 밟다.
예 철수는 영희가 그린 그림을 일부러 지르밟아 못된 복수를 했다.

지질하다01 보잘것없고 변변하지 못하다.
예 그의 지질한 행동들을 보니 같이 일하고 싶지가 않다.
지질하다02 싫증이 날 만큼 지루하다.
예 그 드라마는 지질하게 계속 이야기를 끌고 있다.

지피다01 사람에게 신이 내려서 모든 것을 알아맞히는 신통하고 묘한 힘이 생기다.

예 당신은 귀신이 지폈소이다.
지피다02 아궁이나 화덕 따위에 땔나무를 넣어 불을 붙이다.
예 군불을 지피다.
지피다03 한데 엉기어 붙다.
예 나는 살얼음이 지핀 강을 들여다보았다.

진득하다
① 성질이나 행동이 검질기게 끈기가 있다.
예 그렇게 조바심 내지 말고 진득하게 앉아서 기다려라.
② 잘 끊어지지 아니할 정도로 눅진하고 차지다.
예 진득한 반죽

짓밟다 함부로 마구 밟다.
예 담배꽁초를 구둣발로 짓밟다.

찌그렁이 남에게 무턱대고 떼를 쓰는 짓. 또는 그런 사람
예 안 된다고 하는데 왜 자꾸 찌그렁이냐?

찜부럭 몸이나 마음이 괴로울 때 걸핏하면 짜증을 내는 짓
예 아이는 잠투정으로 찜부럭을 부렸다.

ㅊ

최신 **차지다**
① 반죽이나 밥, 떡 따위가 끈기가 많다.
예 새로 한 인절미가 퍽 차지다.
② 성질이 야무지고 까다로우며 빈틈이 없다.
예 그는 맵고 차지고 단단한 사람이었다.

최신 **찬찬하다01** 성질이나 솜씨, 행동 따위가 꼼꼼하고 차분하다.
예 찬찬치 못하고 곰살궂지 못한 그는 제 몸치장에도 등한하였던 것이다.
찬찬하다02 동작이나 태도가 급하지 않고 느릿하다.
예 그는 늘 조심성이 많아 찬찬한 걸음으로 다가왔다.

천둥벌거숭이 철없이 두려운 줄 모르고 함부로 덤벙거리거나 날뛰는 사람을 비유적으로 이르는 말
예 이런 천둥벌거숭이를 어쩌면 좋지?

최신 **천둥지기** 빗물에 의하여서만 벼를 심어 재배할 수 있는 논
예 물꼬를 하늘에다 대고 있는 천둥지기라. 농사를 지어도 먹고 못 먹기는 하늘의 뜻인 것 같다.

천량01 개인 살림살이의 재산
예 천량이 제법 있어도 물려줄 일가붙이 하나 없는 그의 처지는 처량하기만 했다.

청승맞다 궁상스럽고 처량하여 보기에 몹시 언짢다.
예 어디선가 청승맞은 울음소리가 들렸다.

최신 **추레하다**
① 겉모양이 깨끗하지 못하고 생기가 없다.
예 추레한 몰골이며 태도를 보면 부잣집 아들처럼 보이지는 않는다.
② 태도 따위가 너절하고 고상하지 못하다.

추리다 섞여 있는 것에서 여럿을 뽑아내거나 골라내다.
예 버려진 것 중에서 쓸 만한 것을 추렸다.

추적추적
① 비나 진눈깨비가 자꾸 축축하게 내리는 모양
예 창밖에는 가을비가 추적추적 내렸다.
② 자꾸 물기가 축축하게 젖어 드는 모양
예 눈물은 추적추적 끝없이 베갯잇을 적셨다.

추지다 물기가 배어 눅눅하다.
예 비를 맞아 추진 몸이 금세 떨려 왔다.

치근덕거리다 성가실 정도로 끈덕지게 자꾸 귀찮게 굴다. '지근덕거리다'보다 거센 느낌을 준다. ≒ **치근덕대다**
예 싫다는데도 자꾸만 치근덕거리는 그가 너무 싫어서 자리를 피해 버렸다.

치레
① 잘 손질하여 모양을 냄. ≒ **광식**
예 치레만 신경쓰지 말고 내면을 가꾸어라.
② 무슨 일에 실속 이상으로 꾸미어 드러냄.
예 요즘 돌잔치는 의미 없이 치레로 흐르는 분위기라 달갑잖다.

치신없다 말이나 행동이 경솔하여 위엄이나 신망이 없다. = **채신없다, 처신없다**
예 어른들 앞에서 치신없게 굴지 않도록 조심하여라.
참고 **채신머리** '처신'을 속되게 이르는 말 ('체신머리'는 잘못된 표기)
예 채신머리가 없어 보이지 않도록 신경을 써라.

칠칠하다
① 나무, 풀, 머리털 따위가 잘 자라서 알차고 길다.
예 흔히들 말하는 '삼단 같은 머리'는 검고 칠칠한 머리를 말하는 것이다.
② 주접이 들지 아니하고 깨끗하고 단정하다.
예 호필이는 자신의 칠칠치 못한 차림에 대한 사람들의 시선을 느꼈는지 얼굴이 붉어졌다.
③ 성질이나 일 처리가 반듯하고 야무지다.
예 그 사람은 매사에 칠칠치 않았다.

ㅋ

카랑하다
① 목소리가 쇳소리처럼 맑고 높다.
예 아이의 카랑한 목소리가 멀리서도 들린다.
② 하늘이 맑고 밝으며 날씨가 차다.
예 구름 한 점 없이 카랑한 하늘

켕기다
① 단단하고 팽팽하게 되다.
예 그는 켕긴 연줄을 힘껏 당겼다가 다시 놓아주었다.
② 마음속으로 겁이 나고 탈이 날까 불안해하다.
예 큰소리치지만 속으로는 켕기는 것이 있는 모양이군.
③ 마주 버티다.
예 그들은 서로 켕기어 양보할 줄 모른다.

코숭이
① 산줄기의 끝 ≒ **산코숭이**
예 해가 떠오르는 것을 보려고 새벽같이 뒷산의 코숭이에 올랐다.
② 물체의 뾰족하게 내민 앞의 끝부분
예 신발 코숭이

콩켸팥켸 사물이 뒤섞여서 뒤죽박죽된 것을 이르는 말
예 정리되지 않은 이삿짐 때문에 집 안이 콩켸팥켸이다.

킷값 키에 알맞게 하는 행동을 낮잡아 이르는 말
예 야, 너는 킷값도 못하고, 도대체 어쩌자는 것이냐?

ㅌ

타끈하다 치사하고 인색하며 욕심이 많다.
예 놀부는 동생인 흥부에게조차 타끈하게 굴었다.

타울거리다 어떤 일을 이루려고 바득바득 애를 쓰다. ≒ **타울대다**
예 타울거리기만 한다고 해결되는 것이 아니다.

톡탁치다 옳고 그름을 가리지 아니하고 모두 쓸어 없애다.
예 그는 앞뒤 가리지 않고 톡탁칠 기세였다.

톳02 김을 묶어 세는 단위. 한 톳은 김 100장을 이른다.
예 김 한 톳이 40장인 줄 알았더니 100장이나 되더라.

톺다01 가파른 곳을 오르려고 매우 힘들여 더듬다.
예 눈이 반길이나 쌓인 산을 톺아 넘어갔기 때문에, 실제의 거리로는 천수백 리를 걸었던 것이다.

기출 핵심개념

투미하다 어리석고 둔하다.
예 지금은 똑 부러지지만, 예전에 그녀는 너무 투미해서 별명이 '돌부처'였대.

틀거지 듬직하고 위엄이 있는 겉모양
예 박 회장은 허우대며 틀거지가 괜찮은 편이다.

틀바느질 재봉틀로 하는 바느질
예 어머니께서 틀바느질을 하시는 모습이 신기했다.

티격나다 서로 뜻이 맞지 아니하여 사이가 벌어지다.
예 서로 절친이라더니 별거 아닌 일로 티격났다.
참고 **티격태격** 서로 뜻이 맞지 아니하여 이러니저러니 시비를 따지며 가리는 모양
예 그 둘은 그렇게 티격태격 싸우더니 미운 정이 들었나 보더라.
참고 **티격** 서로 뜻이 맞지 아니하여 사이가 벌어져 이러니저러니 따지는 일

ㅍ

최신 **팽패롭다** 성질이 까다롭고 별난 데가 있다.
예 은미는 성미가 팽패롭게 굴기로 유명해서 주변에 사람이 없다.

푼더분하다
① 생김새가 두툼하고 탐스럽다.
예 재영이는 얼굴이 복스럽고 푼더분하게 생겼다.
② 여유가 있고 넉넉하다.
예 아버님께서는 맞지도 않는 옷을 푼더분하게 입고 계셨다.
③ 사람의 성품 따위가 옹졸하지 아니하고 활달하다.
예 재형이는 걱실걱실하고 푼더분하다.

풀치다 맺혔던 생각을 돌려 너그럽게 용서하다.
예 그녀는 마음을 풀쳐 버리려고 애썼다.

ㅎ

하늬바람 서쪽에서 부는 바람. 주로 농촌이나 어촌에서 이르는 말이다.
예 샛바람의 반대말을 하늬바람이라고 한다.

하리놀다 남을 헐뜯어 윗사람에게 일러바치다.
예 혹시라도 속내를 이야기했다가 누가 하리노는 사람이 있다면 불이익을 당할까 싶었다.

한걸음 쉬지 아니하고 내처 걷는 걸음이나 움직임
예 한걸음에 달려가다.

한풀 기세나 기운이 어느 정도로
예 서릿발같이 호통을 치시던 어머님께서도 나이가 드셨는지 한풀 꺾이신 것 같아 마음이 아팠다.

최신 **함함하다01**
① 털이 보드랍고 반지르르하다.
예 털이 함함한 강아지
② 소담하고 탐스럽다.
예 포도가 함함하게 열렸다.
속담 **고슴도치도 제 새끼는 함함하다고 한다** 어버이 눈에는 제 자식이 다 잘나고 귀여워 보인다는 말

해거름 해가 서쪽으로 넘어가는 일. 또는 그런 때 ≒ **해름**
예 해거름이면 땅거미가 가득하다.
참고 **땅거미** 해가 진 뒤 어스레한 상태. 또는 그런 때
예 땅거미가 지다.

해쓱하다 얼굴에 핏기나 생기가 없어 파리하다.
예 오랜만에 만난 그는 부모님의 오랜 병구완에 지쳤는지 얼굴이 해쓱했다.
유의어 **떼꾼하다** 눈이 쑥 들어가고 생기가 없다. = **때꾼하다**

해읍스름하다 산뜻하지 못하게 조금 하얗다. ≒ **해읍스레하다.**
예 아직 공기가 찬 새벽녘이라서인지, 저 멀리 강줄기가 해읍스름하게 꾸물거리는 모습이 보였다.

행짜 심술을 부려 남을 해롭게 하는 행위
예 행짜를 부리다. / 행짜를 거두지 않을 작정인 듯했다.

허닥하다 모아 둔 물건이나 돈 따위를 헐어서 쓰기 시작하다.
예 열심히 일할 생각은 않고, 집안 재산을 허닥할 생각만 하는구나.

허릅숭이 일을 실답게 하지 못하는 사람을 낮잡아 이르는 말
예 그는 입이 너무 부지런한 것 같았으나, 그렇다고 허릅숭이는 아닌 것 같았다.

허발01 몹시 굶주려 있거나 궁하여 체면 없이 함부로 먹거나 덤빔.
예 배고픈 김에 허발을 하고 음식을 걷어 먹었다.

허방 땅바닥이 움푹 패어 빠지기 쉬운 구덩이
예 허방에 빠지다.
관용어 **허방(을) 치다** 바라던 일이 실패로 돌아가다.
예 그렇게 처리했다가는 모든 일을 허방 치고 말 것이다.
참고 **허방다리 = 함정01**
예 사기꾼의 허방다리에 걸려 재산을 다 날렸다.

허수하다01
① 마음이 허전하고 서운하다.
예 막내딸마저 시집가고 나니 허수한 마음을 감출 수 없었다.
② 짜임새나 단정함이 없이 느슨하다.
예 명품이라고 하기엔 영 허수해서 감정을 받아보니 역시 가품이었다.

허울 실속이 없는 겉모양
관용구 **허울 좋다** 실속은 없으면서 겉으로는 번지르르하다.
예 그깟 허울 좋은 사장 자리, 형님이나 하시구라!

허투루 아무렇게나 되는대로
예 그렇게 손님을 허투루 대접하면 안 되지.

헛물켜다 애쓴 보람 없이 헛일로 되다.
예 그는 여러 군데에 입사 원서를 내고 면접을 보러 다녔지만 번번이 헛물켰다.

헤식다
① 바탕이 단단하지 못하여 헤지기 쉽다. 또는 차진 기운이 없이 푸슬푸슬하다.
예 헤식은 보리밥이지만, 너와 함께 먹으면 찰밥보다 맛있게 느껴진다.
② 맺고 끊는 데가 없이 싱겁다.
예 그녀는 헤식은 데가 있어 오해를 많이 받는다.

최신 **헤실바실**
① 모르는 사이에 흐지부지 없어지는 모양
예 가방에서 액세서리 따위가 헤실바실 쏟아져 나와 바닥에 뒹굴었다.
② 일하는 것이 시원스럽지 못하고 흐지부지하게 되는 모양

호드기 봄철에 물오른 버드나무 가지의 껍질을 고루 비틀어 뽑은 껍질이나 짤막한 밀짚 토막 따위로 만든 피리
예 칠석날이라고 하니 견우가 호드기를 불며 소 먹이는 장면이 떠올랐다.

후줄근하다
① 옷이나 종이 따위가 약간 젖거나 풀기가 빠져 아주 보기 흉하게 축 늘어져 있다.
예 옷이 비에 젖어 후줄근하다.
② 몹시 지치고 고단하여 몸이 축 늘어질 정도로 아주 힘이 없다.
예 장마철에 계속되는 비로 기분이 후줄근했다.

훑다
① 붙어 있는 것을 떼기 위하여 다른 물건의 틈에 끼워 죽 잡아당기다.
예 벼를 훑다.
② 일정한 범위를 한쪽에서 시작하여 죽 더듬거나 살피다.
예 경찰은 범인을 찾기 위해 주변을 샅샅이 훑었다.

흐드러지다
① 매우 탐스럽거나 한창 성하다. ≒ **흐무러지다**
예 흐드러지게 핀 꽃을 보니 완연한 봄이라는 생각이 들었다.
② 매우 흐뭇하거나 푸지다.
예 그의 흐드러지는 익살에 웃음꽃이 피었다.

최신 **흐리마리하다**
① 말끝을 분명하지 않고 모호하게 하다.
예 그 사람은 말 뒤를 흐리마리하면서 눈살을 찌긋하였다.
② 생각이나 기억, 일 따위가 분명하지 아니하다.
예 그때 너무 당황해서 어찌 대처했는지 기억이 흐리마리하다.

희나리 채 마르지 아니한 장작
예 희나리가 타면서 내는 탁탁거리는 소리는 캠프파이어의 분위기를 무르익게 했다.

희떱다
① 실속은 없어도 마음이 넓고 손이 크다.
예 희떱게 구는 모습에 그녀를 다시 보게 되었다.
② 말이나 행동이 분에 넘치며 버릇이 없다. ≒ **희다**
예 희떠운 소리

개념 확인문제

[1~6] 다음 단어들의 뜻을 바르게 연결하고, 빈칸에 들어갈 적절한 단어를 고르시오.

> **1** 새사람이 들어와서 모처럼 (　　) 집안에 평지풍파 일으키지 말게.
> [뜻풀이] 서로 사귀거나 지내는 데 사이가 좋아 화목하다.

① 가붓한　　　　　　　　㉠ 서로 사귀거나 지내는 데 사이가 좋아 화목하다.
② 구순한　　　　　　　　㉡ 마음이 허전하고 서운하다.
③ 끌밋한　　　　　　　　㉢ 조금 가벼운 듯하다.
④ 푼푼한　　　　　　　　㉣ 모자람이 없이 넉넉하다.
⑤ 허수한　　　　　　　　㉤ 모양이나 차림새 따위가 매우 깨끗하고 훤칠하다.

> **2** 아이가 엄마에게 (　　)을/를 하며 보챈다.
> [뜻풀이] 남에게 등을 대고 의지하거나 떼를 씀.

① 게염　　　　　　　　　㉠ 일을 짓궂게 훼방함. 또는 그런 짓
② 구듭　　　　　　　　　㉡ 부러워하며 시샘하여 탐내는 마음
③ 지다위　　　　　　　　㉢ 귀찮고 힘든 남의 뒤치다꺼리
④ 허발　　　　　　　　　㉣ 남에게 등을 대고 의지하거나 떼를 씀.
⑤ 헤살　　　　　　　　　㉤ 몹시 굶주려 있거나 궁하여 체면 없이 함부로 먹거나 덤빔.

> **3** 일이 몹시 (　　) 체력이 달린다.
> [뜻풀이] 힘에 겨워 벅차다.

① 되알져　　　　　　　　㉠ 여기나 저기나 구별이 없다.
② 뒤스르고　　　　　　　㉡ 마음에 불길한 느낌이 들고 꺼림칙하다.
③ 사위스러워　　　　　　㉢ 몸을 이리저리 뒤척이다.
④ 예제없어　　　　　　　㉣ 힘에 겨워 벅차다.
⑤ 이지러져　　　　　　　㉤ 한쪽 귀퉁이가 떨어져 없어지다.

정답
1. 구순한. ①-㉢, ②-㉠, ③-㉤, ④-㉣, ⑤-㉡
2. 지다위. ①-㉡, ②-㉢, ③-㉣, ④-㉤, ⑤-㉠
3. 되알져. ①-㉣, ②-㉢, ③-㉡, ④-㉠, ⑤-㉤

4 일이 조금 (　　)해도 고향에 갈 수 있다는 생각에 마냥 즐거웠다.
[뜻풀이] 견디기가 어지간히 힘들고 만만하지 않다.

① 가멸다
② 깨단하다
③ 대근하다
④ 톡탁치다
⑤ 새퉁스럽다

㉠ 어처구니없이 새삼스러운 데가 있다.
㉡ 옳고 그름을 가리지 아니하고 모두 쓸어 없애다.
㉢ 견디기가 어지간히 힘들고 만만하지 않다.
㉣ 어떠한 실마리로 말미암아 깨닫거나 분명히 알다.
㉤ 재산이나 자원 따위가 넉넉하고 많다.

5 그는 남들이 말을 붙여 보아도 (　　) 답답하기 짝이 없다.
[뜻풀이] 어리석고 둔하다.

① 보깨어서
② 반지빨라서
③ 버성겨서
④ 으늑해서
⑤ 투미해서

㉠ 벌어져서 틈이 있다. 또는 두 사람의 사이가 탐탁하지 아니하다.
㉡ 푸근하게 감싸인 듯 편안하고 조용한 느낌이 있다.
㉢ 말이나 행동 따위가 얄미울 정도로 민첩하고 약삭빠르다.
㉣ 일이 뜻대로 되지 않아 마음이 번거롭거나 불쾌하게 되다.
㉤ 어리석고 둔하다.

6 그가 살아온 길지 않은 세월 중에서 가장 (　　) 걱정이 없었던 때는 ….
[뜻풀이] 허술한 데가 없이 알차다.

① 무람없고
② 실팍하고
③ 오달지고
④ 수수롭고
⑤ 끌끌하고

㉠ 허술한 데가 없이 알차다.
㉡ 예의를 지키지 않으며 삼가고 조심하는 것이 없다.
㉢ 사람이나 물건 따위가 보기에 매우 실하다.
㉣ 마음이 서글프고 산란한 데가 있다.
㉤ 마음이 맑고 바르고 깨끗하다.

정답
4. 대근하다. ①-㉤, ②-㉣, ③-㉢, ④-㉡, ⑤-㉠
5. 투미해서. ①-㉣, ②-㉢, ③-㉠, ④-㉡, ⑤-㉤
6. 오달지고. ①-㉡, ②-㉢, ③-㉠, ④-㉣, ⑤-㉤

개념 확인문제

[7~10] 다음 단어들의 뜻을 바르게 연결하시오.

7

① 가파르다 ㉠ 가파른 곳을 오르려고 힘들여 더듬다. 더듬어 뒤지면서 찾다.
② 톺다   ㉡ 일치한 의논을 나중에 다른 소리를 하여 그르치게 하다.
③ 철겹다   ㉢ 날씨가 찌는 듯이 더워지다.
④ 파임내다 ㉣ 맞서서 옳고 그름을 따지다.
⑤ 물쿠다   ㉤ 제철에 뒤져 맞지 아니하다.

8

① 뭉근하다   ㉠ 털이 보드랍고 반지르르하다.
② 납신하다   ㉡ 불이 옮아 붙다. 또는 그렇게 하다.
③ 댕기다   ㉢ 윗몸을 가볍고 빠르게 구부리다.
④ 생게망게하다 ㉣ 세지 않은 불기운이 끊이지 않고 꾸준하다.
⑤ 함함하다   ㉤ 하는 행동이나 말이 갑작스럽고 터무니없다.

9

① 드레   ㉠ 가게 문을 닫을 무렵
② 시나브로 ㉡ 모르는 사이에 조금씩 조금씩
③ 사위다   ㉢ 인격적으로 점잖은 무게
④ 듬마   ㉣ 불이 사그라져서 재가 되다.
⑤ 미쁘다   ㉤ 믿음성이 있다.

10

① 우링잇속 ㉠ 한 줌 안에 들어올 만한 분량의 길고 가느다란 물건
② 무녀리   ㉡ 매워서 입 안이 매우 알알한 느낌
③ 가탈   ㉢ 한 태에 낳은 여러 마리 새끼 가운데 가장 먼저 나온 새끼
④ 알근알근 ㉣ 일이 순조롭게 나아가는 것을 방해하는 조건
⑤ 모숨   ㉤ 내용이 복잡하여 헤아리기 어려운 일을 비유적으로 이르는 말

정답
7. ①-㉣, ②-㉠, ③-㉤, ④-㉡, ⑤-㉢
8. ①-㉣, ②-㉢, ③-㉡, ④-㉤, ⑤-㉠
9. ①-㉢, ②-㉡, ③-㉣, ④-㉠, ⑤-㉤
10. ①-㉤, ②-㉢, ③-㉣, ④-㉡, ⑤-㉠

개념 적용문제 01. 고유어

1 밑줄 친 말의 뜻풀이로 적절하지 <u>않은</u> 것은?

① 몸이 <u>흐슬부슬</u>하며 사지의 기력이 탁 풀렸다. → 부스러져 헤어질 듯하며
② 산길을 <u>도드밟아</u> 올라오니 거짓말같이 날이 개었다. → 발끝에 힘을 주어 밟아
③ 집으로 돌아가 보니 어머니께서는 <u>구년묵이</u>인 옷궤를 아직도 갖고 계셨다. → 9~10년 이상 묵은 물건
④ 아이가 미처 대답을 하지 못하고 어리둥절해하자 선생님은 <u>잼처</u> 물었다. → 어떤 일에 바로 뒤이어 거듭
⑤ 이유를 이제야 <u>깨단했다</u>. → 오랫동안 생각해 내지 못하던 일 따위를 어떠한 실마리로 말미암아 깨닫거나 분명히 알았다.

문제풀이 ▶ '구년묵이'의 사전적 의미는 '여러 해 묵은 물건'이다. 기간을 특정하는 의미로 쓰이는 것은 아니다.

정답 | ③

2 밑줄 친 고유어의 쓰임이 바르지 <u>않은</u> 것은?

① 그는 <u>걱세</u> 보이지만 매우 여린 사람이다.
② 그 순간 <u>모지락스러운</u> 그도 눈물이 날 듯했다.
③ 큰일을 앞두고 자꾸 <u>팽패롭게</u> 굴지 말아라.
④ 그토록 <u>가납사니</u>였던 사람이 그 일로 인해 말문을 닫아 버렸다.
⑤ 그는 뭐 하나 빠지는 것 없이 <u>반드레해서</u> 주변 사람들에게 인기가 좋다.

문제풀이 ▶ '반드레하다'는 '실속 없이 겉모양만 반드르르하다'라는 의미로, '뭐 하나 빠지는 것 없이'와 어울리지 않는다.
① '걱세다'는 '몸이 굳고 억세다', '성질이 굳고 무뚝뚝하다'라는 의미이다.
② '모지락스럽다'는 '보기에 억세고 모질다'라는 의미이다.
③ '팽패롭다'는 '성질이 까다롭고 별난 데가 있다'라는 의미이다.
④ '가납사니'는 '쓸데없는 말을 지껄이기 좋아하는 수다스러운 사람'을 의미한다.

정답 | ⑤

문제를 더 풀고 싶다면 [**기출동형 문제**]편 바로가기 ☞ p.18

02 한자어

기출유형 ❶ 한자어의 사전적 의미

밑줄 친 한자어의 사전적 뜻풀이로 옳지 <u>않은</u> 것은?

① 협회는 오랫동안 <u>내홍(內訌)</u>을 겪고 있었다. → 집단이나 조직의 내부에서 자기들끼리 일으킨 분쟁
② 처음 하는 기숙사 생활이 여간 <u>신산(辛酸)</u>한 것이 아니었다. → 새롭고 산뜻함.
③ 세밀한 관찰과 <u>천착(穿鑿)</u>을 계속했다. → 어떤 원인이나 내용 따위를 따지고 파고들어 알려고 연구함.
④ 그와 함께한 시간 동안 느낀 몇 가지를 적어 그를 <u>추념(追念)</u>하는 말을 갈음하려 한다. → 지나간 일을 돌이켜 생각함.
⑤ 종잡을 수 없던 일이 이제야 <u>현현(顯現)</u>한 실체가 보이기 시작했다. → 명백하게 나타나거나 나타내다

 일상생활에서 쓰이는 한자어의 정확한 의미를 알고 있는지를 묻는 문항이다. 한자어의 사전적 의미는 빠지지 않고 항상 출제되는 유형이다. 단어를 암기하는 것을 기초로 하되, 반드시 예문을 함께 살펴보고 정확한 뜻을 기억하여 문항에 접근하여야 한다.

'신산(辛酸)'은 '맛이 맵고 심' 또는 '세상살이가 힘들고 고생스러움을 비유적으로 이르는 말'이다. '새롭고 산뜻하다'는 '신선(新鮮)하다'의 의미이다.

정답 | ②

기출유형 ❷ 고유어와 한자어의 대응

밑줄 친 말의 의미에 대응하는 한자어로 적절하지 않은 것은?
① 이번 국경일에 국기를 단 집이 많았다. - 게양(揭揚)
② 차에 에어컨을 달고 싶지만 돈이 없다. - 설치(設置)
③ 오늘의 음식값은 장부에 달아 두세요. - 게재(揭載)
④ 그는 어디에 가든 친구를 달고 다닌다. - 대동(帶同)
⑤ 교칙에 따라 교복 상의에 이름표를 달아야 한다. - 부착(付着)

한자어가 문맥에 맞게 바르게 쓰였는지를 묻는 문항으로, 출제 비중이 매우 높은 유형이다. 평소 한자어를 학습할 때, 유의 관계에 있는 한자어를 유념해서 함께 봐 두어야 한다.

'게재(揭載)'는 '글이나 그림 따위를 신문이나 잡지 따위에 실음'을 의미한다. 문맥상 '주로 후일에 남길 목적으로 어떤 사실을 적음. 또는 그런 글'을 의미하는 '기록(記錄)'이 적절하다.
① '게양(揭揚)'은 '기(旗) 따위를 높이 걺'을 의미한다.
② '설치(設置)'는 '어떤 일을 하는 데 필요한 기관이나 설비 따위를 베풀어 둠'을 의미한다.
④ '대동(帶同)'은 '어떤 모임이나 행사에 거느려 함께함'을 의미한다.
⑤ '부착(付着)'은 '떨어지지 아니하게 붙음. 또는 그렇게 붙이거나 닮'을 의미한다.

정답 | ③

기출유형 ❸ 한자어의 문맥적 의미

문맥상 밑줄 친 부분의 쓰임이 올바른 것은?
① 이번 참사로 온 국민이 기탄(忌憚)을 금치 못했다.
② 이미 정해진 방침을 우리 마음대로 반복(反復)할 수는 없다.
③ 플라톤의 글을 읽어보면, 그가 얼마나 소크라테스를 사숙(私淑)했는지 알 수 있다.
④ 버스와 뒤따라오던 자동차 네 대가 부딪치는 오중 충돌(衝突)이 일어났다.
⑤ 군대를 제대한 그는 복학 이후의 학교생활에 대해 막역(莫逆)한 두려움을 느꼈다.

한자어의 활용과 관련된 문항이 특히 많이 출제된다. 문맥상 적절한 한자어를 고르는 문항과 더불어 올바른 한자 병기(독음)에 대한 문항도 출제되고 있으므로 이에 대비해야 한다. 그러나 한자 병기 문항의 난도는 높지 않은 편이므로, 평소 한자어를 공부할 때 예문을 눈여겨보며 문맥을 익혀 두는 습관을 갖는 것이 좋다.

'사숙(私淑)'은 '직접 가르침을 받지는 않았으나 마음속으로 그 사람을 본받아서 도나 학문을 닦다'라는 의미이다.
① '기탄(忌憚)'은 '어렵게 여겨 꺼림'을 의미한다./'개탄(慨嘆)'은 '분하거나 못마땅하게 여겨 한탄함'을 의미한다.
② '반복(反復)'은 '같은 일을 되풀이함'을 의미한다./'번복(飜覆)'은 '이리저리 뒤쳐 고침'을 의미한다.
④ '충돌(衝突)'은 '서로 맞부딪치거나 맞섬'을 의미한다./'추돌(追突)'은 '자동차나 기차 따위가 뒤에서 들이받음'을 의미한다.
⑤ '막역(莫逆)하다'는 '허물없이 아주 친하다'라는 의미이다./'막연(漠然)하다'는 '갈피를 잡을 수 없게 아득하다', '뚜렷하지 못하고 어렴풋하다'라는 의미이다.

정답 | ③

기출 핵심개념 — 02. 한자어

1. 빈출 한자어 사전

가공(架空)
① 어떤 시설물을 공중에 가설함.
② 이유나 근거가 없이 꾸며 냄. 또는 사실이 아니고 거짓이나 상상으로 꾸며 냄.
예 가공의 세계/가공의 인물

가관(可觀)
① 꼴이 볼만하다는 뜻으로, 남의 언행이나 어떤 상태를 비웃는 뜻으로 이르는 말
예 잘난 체하는 꼴이 정말 가관이다.
② 경치 따위가 꽤 볼만함.
예 내장산의 단풍은 참으로 가관이지.

최신 가령(假令)
① 가정하여 말하여
예 가령 너에게 그런 행운이 온다면 너는 어떻게 하겠니?
② 예를 들어. '이를테면'으로 순화
예 가령 다음과 같은 문장을 놓고 고찰해 보기로 하겠다.

가료(加療) 병이나 상처 따위를 잘 다스려 낫게 함. ≒ **치료**
예 그곳은 가료 개념의 보양 온천으로 유명하다.

가치(價値) 사물이 지니고 있는 쓸모
예 가치가 있다.

각박(刻薄)하다
① 인정이 없고 삭막하다.
예 세상인심이 각박하다.
② 땅이 거칠고 기름지지 아니하다. '메마르다'로 순화
예 자갈이 섞인 각박한 땅이라 농사를 지을 수가 없다.
③ 돈 따위를 지나치게 아껴 넉넉하지 않다.

각설(却說)
① 말이나 글 따위에서, 이제까지 다루던 내용을 그만두고 화제를 다른 쪽으로 돌림.
② 주로 글 따위에서, 화제를 돌려 다른 이야기를 꺼낼 때, 앞서 이야기하던 내용을 그만둔다는 뜻으로 다음 이야기의 첫머리에 쓰는 말 ≒ **차설(且說)**

각성(覺醒)
① 깨어 정신을 차림.
② 깨달아 앎.
예 어려움을 헤쳐 나가려는 지혜와 현실에 대한 각성이 필요하다.

최신 각축(角逐) 서로 이기려고 다투며 덤벼듦.
예 10여 개의 팀이 우승을 놓고 각축을 벌였다.

간과(看過)하다 큰 관심 없이 대강 보아 넘기다.
예 간과할 수 없는 문제

간구(干求) 바라고 구함.
간구(懇求) 간절히 바람.
예 평화의 날은 하느님에게 신자들이 평화를 특별히 간구하는 날이다.

간발(間髮) 아주 잠시 또는 아주 적음을 이르는 말
예 간발의 여유도 없이 결정을 내렸다.

최신 간여(干與) 어떤 일에 간섭하여 참여함.
예 그 일에 간여를 못 하게 돼서 마케팅부가 모두 물러나지 않았습니까?

간섭(干涉) 직접 관계가 없는 남의 일에 부당하게 참견함.
예 남의 일에 지나친 간섭을 하지 마라.

간주(看做) 상태, 모양, 성질 따위가 그와 같다고 봄. 또는 그렇다고 여김.

간파(看破)하다 속내를 꿰뚫어 알아차리다.
예 남의 속셈을 간파하다.

감응(感應)
① 어떤 느낌을 받아 마음이 따라 움직임.
예 그는 아무 감응도 없는 듯 무표정한 얼굴로 나를 바라보았다.
② 믿거나 비는 정성이 신령에게 통함.
예 축원이 신의 감응을 얻으면 신대가 떨리고 신이 내린다고 한다.

감퇴(減退)하다 기운이나 세력 따위가 줄어 쇠퇴하다.
예 기억력이 감퇴하다.

강고(强固)하다 굳세고 튼튼하다.
예 그 시절은 가부장적 질서가 강고한 사회였다.

강구(講究) 좋은 대책과 방법을 궁리하여 찾아내거나 좋은 대책을 세움.

예 기존 시설을 보수하는 것이 힘들어 새것으로 바꾸는 방안을 강구 중이다.

강단(剛斷)
① 굳세고 꿋꿋하게 견디어 내는 힘
예 우리 어머니들은 그 어려운 시절을 강단으로 버텨 오셨다.
② 어떤 일을 야무지게 결정하고 처리하는 힘

최신 강보(襁褓) 어린아이의 작은 이불. 덮고 깔거나 어린아이를 업을 때 쓴다. = 포대기

강토(疆土) 나라의 경계 안에 있는 땅
예 아름다운 우리 강토

개념(槪念)
① 어떤 사물이나 현상에 대한 일반적인 지식
② 〈사회 일반〉 사회 과학 분야에서, 구체적인 사회적 사실들에서 귀납하여 일반화한 추상적인 사람들의 생각
③ 〈철학〉 여러 관념 속에서 공통된 요소를 뽑아내어 종합하여서 얻은 하나의 보편적인 관념

최신 개선(改善) 잘못된 것이나 부족한 것, 나쁜 것 따위를 고쳐 더 좋게 만듦.
예 입시 제도 개선

개재(介在) 어떤 것들 사이에 끼여 있음. '끼어듦', '끼여 있음'으로 순화
예 사적 감정의 개재가 이 일의 변수이다.

개진(開陳)하다 주장이나 사실 따위를 밝히기 위하여 의견이나 내용을 드러내어 말하거나 글로 쓰다.
예 발표자에게 반대 의견을 개진하다.

개칠(改漆)
① 한 번 칠한 것을 다시 고쳐 칠함.
② 글씨를 쓰거나 그림을 그릴 때, 한 번 그은 곳에 다시 붓을 대서 칠함.

객관(客觀) 자기와의 관계에서 벗어나 제삼자의 입장에서 사물을 보거나 생각함.

갱신(更新)
① 이미 있던 것을 고쳐 새롭게 함. = 경신(更新)①
예 단체 협상 갱신이 무산되었다.
② 〈법률〉 법률관계의 존속 기간이 끝났을 때 그 기간을 연장하는 일
예 비자 갱신

거리(距離)
① 두 개의 물건이나 장소 따위가 공간적으로 떨어진 길이
예 거리가 가깝다.
② 일정한 시간 동안에 이동할 만한 공간적 간격
예 집에서 학교까지는 20분 거리이다.
③ 사람과 사람 사이에 느껴지는 간격. 보통 서로 마음을 트고 지낼 수 없다고 느끼는 감정을 이른다.
예 그 친구와는 왠지 거리가 느껴진다.

거소(居所)
① 살고 있는 곳
예 우리의 거소를 정하다.
② 〈법률〉 주소처럼 밀접한 관계를 가진 곳은 아니지만 일정한 기간 동안 계속하여 거주하는 장소
예 거소가 불명하다.

건토(乾土) 습기가 거의 없는 메마른 땅

검토(檢討) 어떤 사실이나 내용을 분석하여 따짐.
예 면밀한 검토 후에 결론을 내리자.

최신 게재(揭載) 글이나 그림 따위를 신문이나 잡지 따위에 실음.
예 그의 논문은 유명 학회지에 게재될 예정이다.

최신 격양(激揚) 기운이나 감정 따위가 세차게 일어나 들날림.
예 선거 유세장의 분위기가 한껏 격양이 되었다.

격의(隔意) 서로 터놓지 않는 속마음
예 지금은 격의 없이 서로 이야기를 나누는 시간이다.

결궤(決潰) 방죽이나 둑 따위가 물에 밀려 터져 무너짐. 또는 그런 것을 무너뜨림. ≒ 결괴

결렬(決裂)
① 갈래갈래 찢어짐.
② 교섭이나 회의 따위에서 의견이 합쳐지지 않아 각각 갈라서게 됨.
예 회담의 결렬

결부(結付) 일정한 사물이나 현상을 서로 연관시킴.
예 우리는 보통 칼을 무력에 결부하여 말한다.

결속(結束)
① 뜻이 같은 사람끼리 서로 단결함.
예 국민적 결속
② 하던 일이나 말을 수습하고 정리하여 끝맺음.
예 의견을 종합하여 결속을 지었다.

기출 핵심개념

결의(決意) 뜻을 정하여 굳게 마음을 먹음. 또는 그런 마음
예 필승의 결의를 다지다.

결재(決裁) 〈최신〉 결정할 권한이 있는 상관이 부하가 제출한 안건을 검토하여 허가하거나 승인함.
예 그 일은 아직 과장님의 결재를 기다리는 중이다.

결제(決濟)
① 일을 처리하여 끝을 냄.
② 〈경제〉 증권 또는 대금을 주고받아 매매 당사자 사이의 거래 관계를 끝맺는 일
예 물품 대금은 나중에 예치금에서 자동으로 결제된다.

결함(缺陷) 부족하거나 완전하지 못하여 흠이 되는 부분
예 성격상의 결함

경계(警戒)
① 뜻밖의 사고가 생기지 않도록 조심하여 단속함.
예 경계의 눈초리로 지켜보다.
② 옳지 않은 일이나 잘못된 일들을 하지 않도록 타일러서 주의하게 함.
예 실패한 사람의 이야기를 글로 적어 세상에 대한 경계를 삼다.
③ 〈군사〉 적의 기습이나 간첩 활동 따위와 같은 예기치 못한 침입을 막기 위하여 주변을 살피면서 지킴.
예 삼엄한 경계 근무를 서다.

경과(經過) 〈최신〉
① 시간이 지나감.
② 어떤 단계나 시기, 장소를 거침.
③ 일이 되어 가는 과정

경기(景氣) 〈경제〉 매매나 거래에 나타나는 호황·불황 따위의 경제 활동 상태
예 부동산 경기가 좋다.

경륜(經綸)
① 일정한 포부를 가지고 일을 조직적으로 계획함. 또는 그 계획이나 포부
예 경륜을 품다.
② 세상을 다스림. 또는 그런 능력
예 천하 경륜을 논할 때 그의 눈은 공명의 혜안처럼 빛났다.

경색(梗塞) 〈최신〉 소통되지 못하고 막힘.
예 이번 조치는 금융 시장의 경색을 초래했다.

경신(更新)
① 이미 있던 것을 고쳐 새롭게 함.
예 노사 간에 단체 협상 경신 문제를 놓고 협상을 벌였다.
② 기록경기 따위에서, 종전의 기록을 깨뜨림.
예 마라톤 세계 기록 경신
③ 어떤 분야의 종전 최고치나 최저치를 깨뜨림.
예 무더위로 최대 전력 수요 경신이 계속되고 있다.

경주(傾注)
① 물 따위를 기울여 붓거나 쏟음.
② 힘이나 정신을 한곳에만 기울임.
예 좋은 결과를 거둘 수 있도록 그 일에 최선의 노력이 경주되어야 한다.
③ 강물이 쏜살같이 바다로 흘러 들어감.
④ 비가 퍼붓듯 쏟아지는 것을 비유적으로 이르는 말

경질(更迭) 어떤 직위에 있는 사람을 다른 사람으로 바꿈.
예 감독의 경질 사유를 밝히다.
〈유의어〉 **교체(交替)** 사람이나 사물을 다른 사람이나 사물로 대신함.

계발(啓發) 〈최신〉 슬기나 재능, 사상 따위를 일깨워 줌.
예 평소에 자기 계발을 계속한 사람은 좋은 기회가 왔을 때에 그것을 잡을 수 있다.

계승(繼承) 〈최신〉
① 조상의 전통이나 문화유산, 업적 따위를 물려받아 이어 나감. ≒ **수계(受繼)**
예 전통문화의 계승과 발전
② 선임자의 뒤를 이어받음.
예 여러 외척 간에 왕위 계승을 둘러싼 권력 싸움이 벌어졌다.

계시(啓示)
① 깨우쳐 보여 줌.
② 〈종교 일반〉 사람의 지혜로써는 알 수 없는 진리를 신(神)이 가르쳐 알게 함.
예 그는 부처의 계시를 받은 듯했다.

계제(階梯)
① 사다리라는 뜻으로, 일이 되어 가는 순서나 절차를 비유적으로 이르는 말
예 깊이 알려고 할수록 공부에는 밟아야 되는 계제가 있음을 알게 되었다.
② 어떤 일을 할 수 있게 된 형편이나 기회
예 이것저것 가릴 계제가 아니다.

계측(計測) 시간이나 물건의 양 따위를 헤아리거나 잼.
예 일기 예보를 정확하게 하기 위해서는 각종 기상 정보에 대한 정확한 계측이 필요하다.

고도(古都) 옛 도읍
예 경주는 신라의 고도이다.

고도(高度)
① 평균 해수면 따위를 0으로 하여 측정한 대상 물체의 높이
예 고도가 점차 낮아지고 있다.
② 수준이나 정도 따위가 매우 높거나 뛰어남. 또는 그런 정도
예 고도의 훈련을 받다.
③ 〈천문〉 천체가 지평선이나 수평선과 이루는 각거리

고소(苦笑) = 쓴웃음
예 풋내기 검사 같은 내 어투에 내 스스로 고소를 지었다.

고사(固辭) [최신] 제의나 권유 따위를 굳이 사양함.

고시(告示) 글로 써서 게시하여 널리 알림. 주로 행정 기관에서 일반 국민들을 대상으로 어떤 내용을 알리는 경우를 이른다.
예 경무청과 한성부에서 각 방곡에 부상 혁파하였다는 고시를 못 붙였으니 민심이 더욱 의혹하였는지라….

고안(考案) 연구하여 새로운 안을 생각해 냄. 또는 그 안
예 그녀는 그들의 옷을 모두 고쳐 줄 것을 고안 중이다.

고적(孤寂) 외롭고 쓸쓸함.
예 이국땅에서 고적을 느끼며 살아온 동포들은 고향 땅을 밟는 순간 눈물을 터뜨렸다.

고전(苦戰) 전쟁이나 운동 경기 따위에서, 몹시 힘들고 어렵게 싸움. 또는 그 싸움
예 이번 경기는 선수들의 부상으로 고전을 면치 못했다.

고착(固着)
① 물건 같은 것이 굳게 들러붙어 있음.
② 어떤 상황이나 현상이 굳어져 변하지 않음.

곡진(曲盡)하다 [최신]
① 매우 정성스럽다.
예 곡진한 사랑
② 매우 자세하고 간곡하다.
예 그만큼 곡진한 말로 타일렀는데도 말을 듣지 않으니 이제 포기하게.

곤욕(困辱) 심한 모욕. 또는 참기 힘든 일
예 곤욕을 치르다.

곤혹(困惑) 곤란한 일을 당하여 어찌할 바를 모름.
예 예기치 못한 질문에 곤혹을 느끼다.

골몰(汨沒) [최신] 다른 생각을 할 여유도 없이 한 가지 일에만 파묻힘.
예 서장은 시위 주동자 색출에만 골몰 중이다.

공격(攻擊)
① 나아가 적을 침.
예 공격을 퍼붓다.
② 남을 비난하거나 반대하여 나섬.
예 동료들에게 집중 공격을 받다.
③ 운동 경기나 오락 따위에서 상대편을 이기기 위한 적극적인 행동
예 우리 팀은 계속적인 공격 끝에 결국 한 점을 얻었다.

공상(空想) 현실적이지 못하거나 실현될 가망이 없는 것을 막연히 그리어 봄. 또는 그런 생각
예 난 지금 그런 쓸데없는 공상이나 하고 있을 만큼 한가하지 않다.

공연(空然)히 아무 까닭이나 실속이 없게
예 공연히 고집을 부리다.

공정(公正) 공평하고 올바름.
예 법관은 법과 양심에 따라 자신의 판결에 최대한 공정을 기해야 한다.

공표(公表) [최신] 여러 사람에게 널리 드러내어 알림.
예 칙령이 공표되다.

공활(空豁)하다 텅 비고 매우 넓다.
예 공활한 가을 하늘

과문(寡聞) [최신] 보고 들은 것이 적음.
예 그는 과문의 탓으로 면접에서 답을 하지 못했다.

과정(課程)
① 해야 할 일의 정도
② 〈교육〉 일정한 기간에 교육하거나 학습하여야 할 과목의 내용과 분량
예 오늘로 1학년 1학기 과정을 마치고 여름 방학에 들어간다.
③ 〈교육〉 대학에서, 일정한 분야의 교수·연구를 위한 전문적인 절차
예 정규 과정 이수 / 과정을 거치다.

관건(關鍵)
① 문빗장과 자물쇠를 아울러 이르는 말
예 그는 아무 관건 장치도 없는 방문을 벌컥 열었다.
② 어떤 사물이나 문제 해결의 가장 중요한 부분
예 문제 해결의 관건을 쥐다.

관측(觀測)
① 육안이나 기계로 자연 현상 특히 천체나 기상의 상태, 추이, 변화 따위를 관찰하여 측정하는 일
예 별의 움직임에 대한 관측 자료

② 어떤 사정이나 형편 따위를 잘 살펴보고 그 장래를 헤아림.
예 올해를 고비로 내년부터는 경기가 회복기에 접어들 것이라는 희망적인 관측이 나오고 있다.

관통(貫通)
① 꿰뚫어서 통함.
예 흉부 관통/동서 관통 도로
② 처음부터 끝까지 일관함.

관혼상제(冠婚喪祭) 관례, 혼례, 상례, 제례를 아울러 이르는 말
예 관혼상제의 간소화

괘념(掛念) 마음에 두고 걱정하거나 잊지 않음.
예 대수로운 일도 아니니 너무 괘념 마시고 마음 편히 가지십시오.

교두보(橋頭堡)
① 〈군사〉 다리를 엄호하기 위하여 쌓은 보루(堡壘)
예 그들은 교두보 어딘가에 숨어 있었다.
② 어떤 일을 하기 위해 마련한 발판을 비유적으로 이르는 말
예 일제는 한반도를 중국 침략의 교두보로 삼았다.

교사(校舍) 학교의 건물
예 교사가 신축되었다.

교역(交易) 주로 나라와 나라 사이에서 물건을 사고팔고 하여 서로 바꿈.
예 최근 들어 우리나라와 공산 국가들과의 교역 및 외교 관계가 확대되고 있다.

교착(膠着)
① 아주 단단히 달라붙음.
② 어떤 상태가 굳어 조금도 변동이나 진전이 없이 머묾.
예 회담이 교착 상태에 빠지다.

[최신] 구명(究明) 사물의 본질, 원인 따위를 깊이 연구하여 밝힘.
예 수사 팀은 사건의 원인 구명을 위해 노력했다.
[최신] [참고] 규명(糾明) 어떤 사실을 자세히 따져서 바로 밝힘.
예 사건의 진상 규명을 촉구하다.

구분(區分) 일정한 기준에 따라 전체를 몇 개로 갈라 나눔.
예 서정시와 서사시의 구분은 상대적일 뿐이다.

구조(構造)
① 부분이나 요소가 어떤 전체를 짜 이룸. 또는 그렇게 이루어진 얼개
예 권력 구조

② 〈수학〉 집합과 거기에서 정하여진 연산이나 집합과 거기에서 정하여진 관계 등 집합과 그것이 가지고 있는 집합론적 대상으로써 얽어진 것

구축(構築)
① 어떤 시설물을 쌓아 올려 만듦.
예 방공호 구축
② 체제, 체계 따위의 기초를 닦아 세움.
예 새로운 무역 체제 구축

구호(救護)하다
① 재해나 재난 따위로 어려움에 처한 사람을 도와 보호하다.
예 이재민을 구호하다.
② 병자나 부상자를 간호하거나 치료하다.
예 부상병들을 구호하다.

군무(群舞) 여러 사람이 무리를 지어 춤을 춤. 또는 그 춤
예 그들이 무대에서 군무를 추고 있다.

궁핍(窮乏) 몹시 가난함.
예 궁핍에 시달리다.

금번(今番) 곧 돌아오거나 이제 막 지나간 차례
예 그는 금번에도 같은 숙소를 예약했다.

금자탑(金字塔)
① '金' 자 모양의 탑이라는 뜻으로, 피라미드를 이르던 말
② 길이 후세에 남을 뛰어난 업적을 비유적으로 이르는 말
예 역사에 길이 남을 금자탑을 이룩하다.

기거(起居)
① 일정한 곳에서 먹고 자고 하는 따위의 일상적인 생활을 함. 또는 그 생활
예 나는 대학 시절에 자취방에서 그와 기거를 같이 했다.
② 앉아 있다가 손님을 영접하려고 일어섬.
③ 몸을 뜻대로 움직이며 생활함.
예 그는 아직 기거를 못해서 밖에 나갈 수 없다.

기고(起稿) 원고를 쓰기 시작함.

기량(技倆) 기술상의 재주
예 기량을 마음껏 발휘하다.

기반(基盤) 기초가 되는 바탕. 또는 사물의 토대
예 판소리는 전승되는 설화에 기반을 두고 형성되었다.

기부(寄附) 자선 사업이나 공공사업을 돕기 위하여 돈이나 물건 따위를 대가 없이 내놓음.

예 구두쇠가 장학금 기부를 약속하다니 믿을 수 없는 일이다.

기염(氣焰) 불꽃처럼 대단한 기세
예 도전자는 통쾌한 케이오 승을 거두겠다고 기염을 토하고 있다.

기원(起源) 사물이 처음으로 생김. 또는 그런 근원
예 민주 정치의 기원은 고대 그리스에서 출발한다.

기탁(寄託)하다 어떤 일을 부탁하여 맡겨 두다.
예 모교에 장학금을 기탁하다.

기탄(忌憚) 어렵게 여겨 꺼림.
예 그녀는 아무런 기탄이 없이 말을 이었다.

기한(期限)
① 미리 한정하여 놓은 시기
예 기한을 넘기다.
② 어느 때까지를 기약함.
③ 〈법률〉 법률 행위의 효력의 발생 및 소멸, 채무 이행을 장래에 발생할 것이 확실한 사실에 의존시키는 일

긴장감(緊張感) 긴장한 느낌
예 팽팽한 긴장감이 돌다.

ㄴ

낙승(樂勝) 힘들이지 아니하고 쉽게 이김.
예 그 경기는 우리 편의 낙승으로 끝났다.

난무(亂舞)
① 엉킨 듯이 어지럽게 추는 춤. 또는 그렇게 춤을 춤.
예 무희들의 난무에 눈이 어지럽다.
② 함부로 나서서 마구 날뜀을 비유적으로 이르는 말
예 무책임한 보도 난무

난삽(難澁)하다 글이나 말이 매끄럽지 못하면서 어렵고 까다롭다.
예 한 문장 안에 동사가 여러 개이거나 수식어가 필요 이상으로 많으면 난삽한 글이 된다.

난색(難色)
① 꺼리거나 어려워하는 기색
예 난색을 보이다.
② 비난하려는 낯빛
예 그 아이는 이 말에도 난색을 하고 대들었다.

납량(納凉) 여름철에 더위를 피하여 서늘한 기운을 느낌.

예 납량 특집극

낭보(朗報) 기쁜 기별이나 소식
예 세계 선수권 대회에서 우리나라 농구 팀이 우승했다는 낭보가 전해졌다.

낭패(狼狽) 계획한 일이 실패로 돌아가거나 기대에 어긋나 매우 딱하게 됨.
예 벌써 기차가 떠났다니, 이것 참 낭패로군.

냉소(冷笑) 쌀쌀한 태도로 비웃음. 또는 그런 웃음
예 냉소에 찬 목소리

노(怒)하다 '화내다' 또는 '화나다'를 점잖게 이르는 말
예 할아버지께서 크게 노하셨다.

누적(累積) 포개어 여러 번 쌓음. 또는 포개져 여러 번 쌓임.
예 누적된 피로

눌변(訥辯) 더듬거리는 서툰 말솜씨
예 우리 선생님은 비록 눌변이시지만 열성적인 강의로 우리를 감동시키곤 하셨다.
　반의어　**달변(達辯)** 능숙하여 막힘이 없는 말

ㄷ

다반사(茶飯事) 차를 마시고 밥을 먹는 일이라는 뜻으로, 보통 있는 예사로운 일을 이르는 말
예 결산을 하는 월말엔 일이 밀려 며칠씩 집에 안 들어오는 일이 다반사였다.

단결(團結) 많은 사람이 마음과 힘을 한데 뭉침.
예 온 국민의 단결로 국난을 극복하자.

단번(單番) 단 한 번
예 그들의 도전은 단번으로 끝나지 않고 계속되었다.

단순(單純)하다 복잡하지 않고 간단하다.
예 세상일이란 그렇게 단순하지가 않다.

단연(斷然) 확실히 단정할 만하게
예 식구들 가운데 노래 실력은 오빠가 단연 으뜸이었다.

단장(斷腸) 몹시 슬퍼서 창자가 끊어지는 듯함.
예 단장의 비애

기출 핵심개념

담백(淡白)하다
① 욕심이 없고 마음이 깨끗하다.
예 솔직하고 담백한 성격
② 아무 맛이 없이 싱겁다.
예 이 집의 반찬 맛은 담백하다.
③ 빛깔이 진하지 않고 산뜻하다.
예 담백한 색의 옷

담(淡)하다
① 빛이 엷다.
② 욕심이 없고 마음이 깨끗하다. = 담백하다

담합(談合)하다
① 서로 의논하여 합의하다.
예 그들이 이미 담합한 것이 아닌가 생각될 정도였다.
② 〈법률〉 경쟁 입찰을 할 때에 입찰 참가자가 서로 의논하여 미리 입찰 가격이나 낙찰자 따위를 정하다.

답보(踏步) = 제자리걸음
예 우리나라의 현재 교육 여건은 10년 전의 상태를 답보하고 있다.

[최신] 답습(踏襲) 예로부터 해 오던 방식이나 수법을 좇아 그대로 행함.
예 전통의 계승과 답습을 혼동해서는 안 된다.

당황(唐慌/唐惶) 놀라거나 다급하여 어찌할 바를 모름.
예 사고 소식을 듣고 어머니는 당황과 불안에 떨고 계셨다.

[최신] 대미(大尾) 어떤 일의 맨 마지막
예 불꽃놀이가 축제의 대미를 장식했다.

대응(對應)
① 어떤 일이나 사태에 맞추어 태도나 행동을 취함.
② 어떤 두 대상이 주어진 어떤 관계에 의하여 서로 짝이 되는 일

대책(對策)
① 어떤 일에 대처할 계획이나 수단
예 근본적인 대책
② 예전에, 벼슬이 높은 사람이 임금의 물음에 대답하여 쓴 글
③ 〈역사〉 조선 시대에, 시정(時政)의 문제를 제시하고 그 대책을 논의하게 한 과거 시험 과목

대처(對處) 어떤 정세나 사건에 대하여 알맞은 조치를 취함.
예 강력한 대처를 촉구하다.

대체(大體)
① 일이나 내용의 기본적인 큰 줄거리
예 그 현상을 학문의 여러 부문의 도움을 얻어 많은 노력을 한 후 오늘날처럼 대체를 알 수 있게 되었다.
② = 도대체
예 대체 어찌 된 일이냐?

덕담(德談) 남이 잘되기를 비는 말. 주로 새해에 많이 나누는 말
예 직원들은 서로 새해 복 많이 받으시라고 덕담을 주고받았다.

덕분(德分) 베풀어 준 은혜나 도움
예 선생님 덕분에 대학 생활을 무사히 마칠 수 있었습니다.

도래(到來) 어떤 시기나 기회가 닥쳐옴.
예 새 시대의 도래를 알리는 우렁찬 함성이 퍼진다.

도로(道路) 사람, 차 따위가 잘 다닐 수 있도록 만들어 놓은 비교적 넓은 길
예 교통사고로 시내로 통하는 도로가 막혔다.

도모(圖謀) 어떤 일을 이루기 위하여 대책과 방법을 세움.
예 부원들 간의 친목 도모를 위해 주말에 야유회를 가기로 했다.

도발(挑發) 남을 집적거려 일이 일어나게 함.
예 도발 위협이 고조되다.

도탄(塗炭) 진구렁에 빠지고 숯불에 탄다는 뜻으로, 몹시 곤궁하여 고통스러운 지경을 이르는 말
예 나라에서 심하게 세금을 수탈해 백성이 도탄에 빠졌다.

독무(獨舞) 〈무용〉 혼자서 추는 춤

독언(獨言) = 혼잣말

독존(獨存) 홀로 존재함.

돌연(突然) 예기치 못한 사이에 급히
예 그때 나는 예상 못했던 일과 돌연 마주치게 되었다.

돌출(突出)
① 예기치 못하게 갑자기 쑥 나오거나 불거짐.
예 돌출 발언
② 쑥 내밀거나 불거져 있음.
예 이번에 발견된 화석은 광대뼈의 돌출이 없었다.

동기(同氣) 형제와 자매, 남매를 통틀어 이르는 말
예 동기끼리 사이좋게 지내다.

동기(同期)
① 같은 시기. 또는 같은 기간
예 6월 중 수출 실적은 전년 동기 대비 32.5%가 증가했다.

② 학교나 훈련소 따위에서의 같은 기(期)
③ = 동기생
예 대학 동기인 그와 나는 노년에 접어든 지금까지도 절친한 사이이다.
동기(動機) 어떤 일이나 행동을 일으키게 하는 계기
예 범행의 동기

동량(棟梁) [최신]
① 마룻대와 들보를 아울러 이르는 말
예 동량을 잘 세워야 집의 균형이 바로잡힌다.
② = 동량지재(棟梁之材)
예 장차 나라의 동량이 될 어린이들

동요(動搖)
① 물체 따위가 흔들리고 움직임.
예 지진으로 인한 건물의 동요
② 생각이나 처지가 확고하지 못하고 흔들림.
예 격렬한 반대에 부딪치자 내 마음은 약간의 동요가 이는 듯했다.
③ 어떤 체제나 상황 따위가 혼란스럽고 술렁임.
예 객석의 동요는 쉽게 가라앉지 않았다.

동토(凍土)
① 얼어붙은 땅
예 꽁꽁 얼어붙은 동토에는 삽도 들어가지 않는다.
② 인간의 자유를 극도로 억압하여 사상이나 행동이 부자유스러운 곳을 비유적으로 이르는 말
예 이 동토에 언제나 민주의 봄은 찾아오려는가?

동향(動向)
① 사람들의 사고, 사상, 활동이나 일의 형세 따위가 움직여 가는 방향
예 여론의 동향
② 어떤 특정한 사람이나 사물의 낱낱의 움직임
예 그 사람의 동향을 낱낱이 파악하여 수시로 보고하도록 하라.

동화(同化)
① 성질, 양식(樣式), 사상 따위가 다르던 것이 서로 같게 됨.
예 자연과의 동화
② 밖으로부터 얻어 들인 지식 따위를 완전히 자기 것으로 만듦.
동화(同和) 같이 화합함.
예 부부는 동화하면서 닮아간다.
동화(童畫) 아동이 그린 그림
동화(童話) 어린이를 위하여 동심(童心)을 바탕으로 지은 이야기. 또는 그런 문예 작품
예 엄마가 아이에게 동화를 읽어 주었다.

두각(頭角) [최신]
① 짐승의 머리에 있는 뿔

② 뛰어난 학식이나 재능을 비유적으로 이르는 말
예 두각을 드러내다.

두서(頭緖) 일의 차례나 갈피
예 일의 두서를 가리다.

ㅁ

막간(幕間)
① 어떤 일의 한 단락이 끝나고 다음 단락이 시작될 동안
예 막간을 이용해서 안내 말씀을 드리겠습니다.
② 〈연기〉 연극에서, 한 막이 끝났을 때부터 다음 막이 시작될 때까지의 시간
예 극단에서는 연극이 한 편 끝났는지 막간에 부르는 노랫소리가 들려왔다.

만반(滿盤)하다 음식 따위가 상 위에 가득하다.
예 만반한 진수성찬

말년(末年)
① 일생의 마지막 무렵
예 말년을 편안히 보내다.
② 어떤 시기의 마지막 몇 해 동안
예 제대 말년

망라(網羅) 물고기나 새를 잡는 그물이라는 뜻으로, 널리 받아들여 모두 포함함을 이르는 말

매진(邁進)하다 어떤 일을 전심전력을 다하여 해 나가다.
예 그는 오로지 목표 달성을 위해 매진하고 있었다.
유의어 **맥진(驀進)하다** 좌우를 돌아볼 겨를이 없이 힘차게 나아가다.

면모(面貌)
① 얼굴의 모양
② 사람이나 사물의 겉모습. 또는 그 됨됨이
예 회의 석상에서 그는 정곡을 찌르는 말로 원로 정치인의 면모를 과시하였다.

모골(毛骨) 털과 뼈를 아울러 이르는 말
예 무서운 얘기를 듣고 나는 모골이 오싹해졌다.
관용어 **모골이 송연하다** 끔찍스러워서 몸이 으쓱하고 털 끝이 쭈뼛해지다.

모략(謀略)
① 계책이나 책략
예 이 두 분의 모략이 아니었더라면 진압이 어려웠을 겁니다.

② 사실을 왜곡하거나 속임수를 써 남을 해롭게 함. 또는 그런 일
예 모략을 꾸미다.

모방(模倣)
① 다른 것을 본뜨거나 본받음.
예 외국 문물에 대한 분별없는 모방
② 〈사회 일반〉 사회 집단의 구성원들 사이에 나타나는 의식적·무의식적 반복 행위
예 아이들은 모방을 통해 사회 규범을 익혀 나간다.

모색(摸索) 일이나 사건 따위를 해결할 수 있는 방법이나 실마리를 더듬어 찾음.
예 해결 방안의 모색

몰각(沒却)
① 아주 없애 버림.
예 옛날 생활의 흔적들이 모두 몰각되고 말았다.
② 무시해 버림.
예 개성이 몰각된 사회

무리(無理) 도리나 이치에 맞지 않거나 정도에서 지나치게 벗어남.
예 아무래도 내가 한 부탁이 무리인가 보다.

무위(無爲) 아무것도 하는 일이 없음. 또는 이룬 것이 없음.
예 그는 자신의 노력이 무위로 끝난 데 대한 절망감을 느꼈다.

무지(拇指) 다섯 손가락 가운데 첫째 손가락 = 엄지손가락
무지(無知)
① 아는 것이 없음.
② 미련하고 우악스러움.

묵인(默認) 모르는 체하고 하려는 대로 내버려 둠으로써 슬며시 인정함.
예 상급자의 묵인 아래 부정을 저지르다.

ㅂ

박토(薄土) 메마른 땅
예 풀 한 포기 자라지 않는 이런 박토를 누가 그 많은 돈을 주고 사겠습니까?

최신 반박(反駁) 어떤 의견, 주장, 논설 따위에 반대하여 말함.
예 반박의 여지가 없는 완벽한 논리

반복(反復) 같은 일을 되풀이함.
예 성공과 실패의 반복

반증(反證)
① 어떤 사실이나 주장이 옳지 아니함을 그에 반대되는 근거를 들어 증명함. 또는 그런 증거
예 우리에겐 그 사실을 뒤집을 만한 반증이 없다.
② 어떤 사실과 모순되는 것 같지만, 거꾸로 그 사실을 증명하는 것
예 암호까지 하달했다는 것은 당성을 의심하기는커녕 당성을 얼마나 신뢰하고 있는가 하는 좋은 반증이었던 것이다.

최신 반추(反芻)
① 한번 삼킨 먹이를 다시 게워 내어 씹음. 또는 그런 일. 소나 염소 따위와 같이 소화가 힘든 섬유소가 많이 들어 있는 식물을 먹는 포유류에서 볼 수 있음.
② 어떤 일을 되풀이하여 음미하거나 생각함. 또는 그런 일
예 그들은 그 시절의 영광을 반추했다.

발견(發見) 미처 찾아내지 못하였거나 아직 알려지지 아니한 사물이나 현상, 사실 따위를 찾아냄.
예 신대륙의 발견

발군(拔群) 여럿 가운데에서 특별히 뛰어남.
예 발군의 실력

발굴(發掘)
① 땅속이나 큰 덩치의 흙, 돌 더미 따위에 묻혀 있는 것을 찾아서 파냄.
예 유적 발굴/폭격으로 큰 건물이 산산이 부서져서 매몰자의 발굴에만도 열흘이 걸렸다.
② 세상에 널리 알려지지 않거나 뛰어난 것을 찾아 밝혀냄.
예 신인 발굴/모범 사례 발굴

발달(發達)
① 신체, 정서, 지능 따위가 성장하거나 성숙함.
예 음악은 아이의 정서적 발달에 좋다.
② 학문, 기술, 문명, 사회 따위의 현상이 보다 높은 수준에 이름.
예 과학 기술의 발달
③ 지리상의 어떤 지역이나 대상이 제법 크게 형성됨. 또는 기압, 태풍 따위의 규모가 점차 커짐.
예 고기압의 발달

발인(發靷) 장례를 지내러 가기 위하여 상여 따위가 집에서 떠남. 또는 그런 절차
예 발인이 끝나다.

발전(發展)
① 더 낫고 좋은 상태나 더 높은 단계로 나아감.
예 자기 발전을 위해 노력하다.
② 일이 어떤 방향으로 전개됨.
예 이야기가 이제 발전 단계에 접어들었다.

발현(發顯/發現) 속에 있거나 숨은 것이 밖으로 나타나거나 그렇게 나타나게 함. 또는 그런 결과
예 예술은 자의식의 발현이다.

발효(發效) 조약, 법, 공문서 따위의 효력이 나타남. 또는 그 효력을 나타냄.
예 이 나라는 지금 총동원령이 발효 중이라 젊은이들이 마을에 거의 없습니다.

방관(傍觀) 어떤 일에 직접 나서서 관여하지 않고 곁에서 보기만 함.
참고 **수수방관(袖手傍觀)** 팔짱을 끼고 보고만 있다는 뜻으로, 간섭하거나 거들지 아니하고 그대로 버려둠을 이르는 말

방만(放漫)하다 맺고 끊는 데가 없이 제멋대로 풀어져 있다.
예 조직이 지나치게 방만하다.

방안(方案) 일을 처리하거나 해결하여 나갈 방법이나 계획
예 해결 방안이 좀처럼 떠오르지 않는다.

방증(傍證) 사실을 직접 증명할 수 있는 증거가 되지는 않지만, 주변의 상황을 밝힘으로써 간접적으로 증명에 도움을 줌. 또는 그 증거
예 제 주장에 대한 근거는 이 책에 방증되어 있습니다.
참고 **반증(反證)** 어떤 사실이나 주장이 옳지 아니함을 그에 반대되는 근거를 들어 증명함. 또는 그런 증거

방책(方策) 방법과 꾀를 아울러 이르는 말

방출(放出)
① 비축하여 놓은 것을 내놓음.
예 은행의 자금 방출로 기업의 숨통이 조금 트였다.
② 〈물리〉 입자나 전자기파의 형태로 에너지를 내보냄.
예 자연 상태에서도 미량의 방사능이 외부에 방출된다.

배상(賠償) 〈법률〉 남의 권리를 침해한 사람이 그 손해를 물어 주는 일
예 피해자 쪽에서 배상을 금전으로 요구해 왔다.

배임(背任) 주어진 임무를 저버림.
예 그는 자신에게 주어진 책무를 배임하였으니 처벌받음이 당연하다.

배제(排除) 받아들이지 아니하고 물리쳐 제외함.
예 폭력의 배제

백미(白眉) 흰 눈썹이라는 뜻으로, 여럿 가운데에서 가장 뛰어난 사람이나 훌륭한 물건을 비유적으로 이르는 말
예 이번 연주회의 백미는 단연 바이올린 독주였다.

벽두(劈頭)
① 글의 첫머리
② 맨 처음. 또는 일이 시작된 머리
예 새해 벽두부터 우울한 소식이 들려왔다.

변동(變動) 바뀌어 달라짐.
예 올해는 과일값의 변동이 특히 심했다.

변별(辨別)
① 사물의 옳고 그름이나 좋고 나쁨을 가림.
예 진짜는 가짜와 반드시 변별되기 마련이다.
② 세상에 대한 경험이나 식견에서 나오는 생각이나 판단

변질(變質) 성질이 달라지거나 물질의 질이 변함. 또는 그런 성질이나 물질
예 식료품의 변질을 막기 위해서는 개봉 즉시 섭취하시고, 재냉동하지 마십시오.

최신 **변형(變形)** 모양이나 형태가 달라지거나 달라지게 함. 또는 그 달라진 형태
예 그 물건은 심하게 변형을 겪어서 원래 형태를 찾아볼 수 없었다.

별세(別世) 윗사람이 세상을 떠남.
예 조부모님의 별세를 알리는 전보가 왔다.

병폐(病弊) 병통과 폐단을 아울러 이르는 말
예 이 사회의 모든 부조리와 병폐를 고발하고 널리 알려야 한다.

보강(補強) 보태거나 채워서 본디보다 더 튼튼하게 함.
예 그녀는 체력 보강에 힘썼다.

보결(補缺)
① 결원이 생겼을 때에 그 빈자리를 채움.
예 그는 학교에 보결로 들어갔다.
② 결점을 고쳐서 보충함.

보관(保管) 물건을 맡아서 간직하고 관리함.
예 이 물건은 보관이 간편하다.

보무(步武) 위엄 있고 활기 있게 걷는 걸음

보상(報償)
① 남에게 진 빚 또는 받은 물건을 갚음.
예 그는 보상을 약속하고 그녀에게 사업 자금을 빌려 갔다.
② 어떤 것에 대한 대가로 갚음.
예 노고에 대해 보상을 받다.

보완(補完) 모자라거나 부족한 것을 보충하여 완전하게 함.
예 문제점 보완을 위하여 최선을 다하였다.

보우(保佑) 보호하고 도와줌.
예 천지신명이시여, 저희를 길이 보우해 주심을 바라나이다.

보유(保有) 가지고 있거나 간직하고 있음.
예 국가 기밀로 우리나라의 잠수함 보유 여부는 알 길이 없다.

[최신] 보전(保全) 온전하게 보호하여 유지함.
예 생태계 보전

보전(補塡) 부족한 부분을 보태어 채움.
예 투자 손실을 부동산을 매각함으로써 보전하였다.

[최신] 보정(補正) 부족한 부분을 보태어 바르게 함.

보조(補助)
① 보태어 도움.
예 국가에서 보조를 받다.
② 주되는 것에 상대하여 거들거나 도움. 또는 그런 사람
예 주방에 보조를 두 명 두고 일했다.

보좌(補佐)하다 상관을 도와 일을 처리하다.
예 김 대리는 사장을 보좌하는 비서실로 발령이 났다.

보충(補充) 부족한 것을 보태어 채움.
예 학교 공부의 보충으로 학원에 다닌다.

보호(保護)
① 위험이나 곤란 따위가 미치지 아니하도록 잘 보살펴 돌봄.
예 중소기업의 보호가 시급하다.
② 잘 지켜 원래대로 보존되게 함.
예 민족 유산의 보호

복기(復棋) 〈체육〉 바둑에서, 한 번 두고 난 바둑의 판국을 비평하기 위하여 두었던 대로 다시 처음부터 놓아 봄.
예 이번에 둔 바둑을 복기해 보니 내가 끝내기에서 실수한 것을 깨달았다.

부득이(不得已)하다 마지못하여 할 수 없다.
예 부득이한 사정으로 약속을 취소하다.

부신(符信) 〈역사〉 나뭇조각이나 두꺼운 종이에 글자를 기록하고 증인(證印)을 찍은 뒤에, 두 조각으로 쪼개어 한 조각은 상대자에게 주고 다른 한 조각은 자기가 가지고 있다가 나중에 서로 맞추어서 증거로 삼던 물건

부심(腐心)
① 근심, 걱정으로 마음이 썩음.
② 어떤 문제를 해결하기 위한 방안을 생각해 내느라고 몹시 애씀.
예 성민이의 계획서에는 여러 군데 부심의 흔적이 엿보인다.

부양(扶養)하다 생활 능력이 없는 사람의 생활을 돌보다.
예 부모님이 일찍 돌아가셔서 장남인 그가 동생들을 부양했다.

부여(附與) 사람에게 권리·명예·임무 따위를 지니도록 해 주거나, 사물이나 일에 가치·의의 따위를 붙여 줌.
예 우리 팀에 중요한 업무가 부여되었다.

부연(敷衍)
① 이해하기 쉽도록 설명을 덧붙여 자세히 말함.
예 부연 설명
② 늘려서 널리 폄.

부조리(不條理)하다 이치에 맞지 아니하거나 도리에 어긋나다.
예 부조리한 사회

부합(符合)
① 대(對)가 되는 물건을 서로 맞출 수 있게 만든 표
② 부신(符信)이 꼭 들어맞듯 사물이나 현상이 서로 꼭 들어맞음.
예 실제에 부합되는 이론

분수(分數)
① 사물을 분별하는 지혜
예 미천한 제가 무슨 분수를 알겠습니까.
② 자기 신분에 맞는 한도
예 사치스러운 생활을 하지 말고 분수에 맞는 생활을 해야 한다.
③ 사람으로서 일정하게 이를 수 있는 한계
예 농담도 분수가 있다.

분수(噴水) 압력으로 좁은 구멍을 통하여 물을 위로 세차게 내뿜거나 뿌리도록 만든 설비. 또는 그 물
예 시원스럽게 내뿜는 분수를 보니 더위가 한결 가신다.

분수령(分水嶺)
① 〈지리〉 분수계가 되는 산마루나 산맥
예 분수령을 이루다.

② 어떤 사실이나 사태가 발전하는 전환점 또는 어떤 일이 한 단계에서 전혀 다른 단계로 넘어가는 전환점을 비유적으로 이르는 말
예 외국에서 지낸 5년이 그의 인생에 있어 중요한 분수령이 되었다.

분열(分裂)
① 찢어져 나뉨.
② 집단이나 단체, 사상 따위가 갈라져 나뉨.
예 귀족 사회의 분열과 대립

불가해(不可解)하다   이해할 수 없다.
예 불가해한 사건

불과(不過)   그 수량에 지나지 아니한 상태임을 이르는 말
예 그 사실을 아는 사람은 불과 몇 명뿐이었다.

불굴(不屈)   온갖 어려움에도 굽히지 아니함.
예 불굴의 정신

불의(不義)   의리, 도의, 정의 따위에 어긋남.
예 불의에 항거하다.

불하(拂下)   국가 또는 공공 단체의 재산을 개인에게 팔아넘기는 일
예 부모님은 국가로부터 불하를 받은 땅에 농사를 지었다.

불후(不朽)   썩지 아니함이라는 뜻으로, 영원토록 변하거나 없어지지 아니함을 비유적으로 이르는 말
예 요즘 K본부의 〈불후의 명곡〉이라는 프로그램이 인기이다.

비견(比肩)   서로 비슷한 위치에서 견줌. 또는 견주어짐.
예 그는 톨스토이에 비견할 만한 소설가이다./흔히 설악산과 금강산을 비견한다./김 부장의 역할은 사실상 회장의 역할에 비견된다.

비위(脾胃)
① 어떤 음식물을 먹고 싶은 마음
예 비위를 돋우는 음식이 많다.
② 어떤 것을 좋아하거나 싫어하는 성미. 또는 그러한 기분
예 그 사람 비위를 맞추기란 쉬운 일이 아니다.

비호(庇護)   편들어서 감싸 주고 보호함.
예 그와 같은 엄청난 사건은 권력의 비호를 받지 않고서는 일어날 수 없다.

ㅅ

사건(事件)   사회적으로 문제를 일으키거나 주목을 받을 만한 뜻밖의 일
예 역사적인 사건

사고(事故)
① 뜻밖에 일어난 불행한 일
예 자동차 사고를 당하다.
② 사람에게 해를 입혔거나 말썽을 일으킨 나쁜 짓
예 사고를 치다.
③ 어떤 일이 일어난 까닭
예 그가 결근한 사고를 알아보아라.

사고(思考)   생각하고 궁리함.
예 사고의 영역을 넓히다.

사기(士氣)
① 의욕이나 자신감 따위로 충만하여 굽힐 줄 모르는 기세
예 사기가 높다.
② 선비의 꿋꿋한 기개

사기(史記)   역사적 사실을 기록한 책

사기(邪氣)   요사스럽고 나쁜 기운
예 이 부적은 사기를 쫓아 준다.

사단(事端)   사건의 단서. 또는 일의 실마리
예 그에게는 행사의 주제나 종류 등을 윤곽 지어 놓는 일과 그 사단을 구하는 작업이 중요했다.

사료(史料)   역사 연구에 필요한 문헌이나 유물
예 이번 발굴 작업에서 새로운 사료가 발견되었다.

사료(思料)   깊이 생각하여 헤아림.
예 그 문제를 사료하여 보았지만 해결 방법이 없다.

사료(飼料)   가축에게 주는 먹을거리
예 사료를 먹이다.

사살(射殺)   활이나 총 따위로 쏘아 죽임.
예 적군에게 사살을 당하다.

사상(思想)   어떠한 사물에 대하여 가지고 있는 구체적인 사고나 생각
예 그의 작품은 우리나라 사람의 생활과 사상과 감정을 담고 있다.

사족(四足)   짐승의 네발. 또는 네발 가진 짐승

최신 **사족(蛇足)**   뱀을 다 그리고 나서 있지도 아니한 발을 덧붙여 그려 넣는다는 뜻으로, 쓸데없는 군짓을 하여 도리어 잘못되게 함을 이르는 말 = **화사첨족(畫蛇添足)**
예 쓸데없이 사족을 달지 말라.

기출 핵심개념

산개(刪改) 잘못된 글귀를 지우고 고쳐서 바로잡음.
산개(散開)
① 여럿으로 흩어져 벌림.
② 〈군사〉 밀집된 군대나 병력을 적당한 간격으로 넓게 벌리거나 해산하는 일

산실(産室)
① 해산하는 방
예 이 병원에는 산실이 모자란다.
② 어떤 일을 꾸미거나 이루어 내는 곳. 또는 그런 바탕
예 우리 연구부를 기술 개발의 산실로 키우겠다.

산적(山積) 물건이나 일이 산더미같이 쌓임.
예 문 앞에 쓰레기가 산적되어 있다.

산화(散華)
① 어떤 대상이나 목적을 위하여 목숨을 바침.
예 조국을 위해 장렬히 산화하다.
② 〈불교〉 꽃을 뿌리며 부처를 공양하는 일

상념(想念) 마음속에 품고 있는 여러 가지 생각
예 그녀는 온갖 상념을 떨쳐 버리려는 듯이 머리를 세차게 흔들고는 자리에서 일어섰다.

상위(相違) 서로 달라서 어긋남. ≒ 상좌(相左)
예 두 사람의 주장이 상위하다.

상이(相異)하다 서로 다르다.
예 언니는 나와 성격 면에서 매우 상이하다.

[최신] 상정(上程) 토의할 안건을 회의 석상에 내어놓음.
예 대다수 국민의 바람과 달리, 개정 법안조차 상정이 안 되고 있는 형편이었다.

상주(常住) 늘 일정하게 살고 있음.
예 그 섬에 상주하는 사람은 100명 정도밖에 안 된다.

서광(曙光)
① 새벽에 동이 틀 무렵의 빛
② 기대하는 일에 대하여 나타난 희망의 징조를 비유적으로 이르는 말
예 문제 해결의 서광이 비치기 시작했다.

서두(序頭)
① 일이나 말의 첫머리
예 서두가 너무 길다.
② 어떤 차례나 순서의 맨 앞
예 내가 서두로 나서겠다.

서행(徐行) 사람이나 차가 천천히 감.
예 서행 운전

석권(席卷/席捲) 돗자리를 만다는 뜻으로, 빠른 기세로 영토를 휩쓸거나 세력 범위를 넓힘을 이르는 말
예 이번 대회에는 기량이 월등한 선수들만 참가하므로 전 종목 석권이 가능하다.

선두(先頭) 대열이나 행렬. 활동 따위에서 맨 앞
예 우리나라 선수가 결승 지점이 가까워지자 선두로 나섰다.

선망(羨望)하다 부러워하여 바라다.
예 요즘 청소년들 사이에는 연예인을 선망하는 경향이 많아지고 있다.

선임(先任) 어떤 임무나 직무 따위를 먼저 맡음.
선임(選任) 여러 사람 가운데서 어떤 직무나 임무를 맡을 사람을 골라냄.

선정(選定) 여럿 가운데서 어떤 것을 뽑아 정함.
예 작품 선정/사업자 선정

선풍(旋風)
① = 회오리바람
② 돌발적으로 일어나 세상을 뒤흔드는 사건을 비유적으로 이르는 말
예 그의 대하소설이 일대 선풍을 일으켰다.

설명(說明) 어떤 일이나 대상의 내용을 상대편이 잘 알 수 있도록 밝혀 말함. 또는 그런 말
예 새 기획안에 대한 설명이 끝나자 질문이 쏟아졌다.

설정(設定)
① 새로 만들어 정해 둠.
예 목표 설정이 잘못되다.
② 〈법률〉 제한 물권을 새로이 발생시키는 행위
예 담보 설정이 되어 있다.

성공(成功) 목적하는 바를 이룸.
예 실패는 성공의 어머니이다.

성장(成長)
① 사람이나 동식물 따위가 자라서 점점 커짐.
예 청소년기는 성장이 매우 빠른 시기이다.
② 사물의 규모나 세력 따위가 점점 커짐.
예 시민 계급의 성장

세설(細說)
① = 잔말
예 세설은 그만하고 요점만 말해 보시오.

② 자세히 설명함. 또는 그런 설명

소방수(消防手)
① 소방에 종사하는 사람
② 〈체육〉 야구에서, 구원 투수를 비유적으로 이르는 말
예 감독은 역전당할 위기에 처하자 곧바로 소방수를 투입했다.

소인(消印)
① 지우는 표시로 인장을 찍음. 또는 그 인장
② 우체국에서 접수된 우편물의 우표 따위에 도장을 찍음. 또는 그 도장. 접수 날짜, 국명(局名) 따위가 새겨져 있다.
예 나는 우체국의 소인이 없는 한 통의 편지를 받았다.

소정(所定) 정해진 바
예 소정의 양식 / 소정의 금액

소환(召還)
① 〈법률〉 국제법에서, 본국에서 외국에 파견한 외교 사절이나 영사를 불러들이는 일
예 본국으로 소환되다.
② 〈법률〉 헌법에서, 국가나 지방 자치 단체의 공직에 있는 사람을 임기가 끝나기 전에 국민의 투표로 파면하는 일. 또는 그런 제도

속행(續行) 계속하여 행함.
예 지난번에 연기된 경기는 이번 주 일요일에 속행될 것입니다.

최신▶ 송영(送迎)하다 가는 사람을 보내고 오는 사람을 맞다.
예 그날따라 송영하는 손님이 많았다.

쇠퇴(衰退) 기세나 상태가 쇠하여 전보다 못하여 감.
예 나이가 들면 기억력의 쇠퇴가 오기 마련이다.
유의어 이울다 점점 쇠약하여지다.

수권(授權) 〈법률〉 일정한 자격, 권한, 권리 따위를 특정인에게 부여하는 일

수려(秀麗)하다 빼어나게 아름답다.
예 김 군은 이목구비가 수려하여 보는 이에게 호감을 준다.

최신▶ 수렴(收斂)
① 돈이나 물건 따위를 거두어들임.
예 모 군 군수 강 모의 수렴이 심하여 민심이 동요되고 있습니다.
② 의견이나 사상 따위가 여럿으로 나뉘어 있는 것을 하나로 모아 정리함.
예 여론 수렴 / 의견 수렴에 들어가다.
③ 방탕한 사람이 몸과 마음을 단속함.

수료(修了)하다 일정한 학과를 다 배워 끝내다.
예 그녀는 석사 과정을 수료한 후 학위 논문을 준비 중이다.

최신▶ 수리(修理)하다 고장 나거나 허름한 데를 손보아 고치다.
예 자전거를 수리하다.

수모(受侮) 모욕을 받음.
예 온갖 수모를 겪다.

수탁(受託)
① 다른 사람의 의뢰나 부탁을 받음. 또는 그런 일
예 이 연구소는 중소기업의 수탁을 받아 연구 개발 사업을 수행한다.
② 남의 물건 따위를 맡음.
예 화물의 수탁

숙환(宿患)
① 오래 묵은 병
예 아버님께서는 숙환으로 고생하시다가 별세하셨다.
② 오래된 걱정거리

슬하(膝下) 무릎의 아래라는 뜻으로, 어버이나 조부모의 보살핌 아래. 주로 부모의 보호를 받는 테두리 안을 이른다.
예 슬하에 자녀는 몇이나 두었소?

습작(習作) 시, 소설, 그림 따위의 작법이나 기법을 익히기 위하여 연습 삼아 짓거나 그려 봄. 또는 그런 작품
예 등단하기 전에 충분한 습작 기간을 가지다.

승복(承服)하다
① 납득하여 따르다.
예 그 선수는 심판의 판정에 끝내 승복하지 않았다.
② 죄를 스스로 고백하다.

시금석(試金石) 가치, 능력, 역량 따위를 알아볼 수 있는 기준이 되는 기회나 사물을 비유적으로 이르는 말
예 이번 총선은 민주주의의 발전 정도를 한 단계 높이거나 떨어뜨릴 수 있는 중요한 시금석이다.

시선(視線)
① 눈이 가는 길. 또는 눈의 방향
예 시선을 돌리다.
② 주의 또는 관심을 비유적으로 이르는 말
예 최근 환경 문제에 세인의 시선이 집중되고 있다.

시여(施與) 남에게 물건을 거저 줌.
예 그동안 남모르게 해 오던 불우 이웃에 대한 그의 시여 행위가 알려지면서 모범 시민 표창을 받게 되었다.

시정(是正) 잘못된 것을 바로잡음.
예 그 회사는 불공정 행위로 시정 명령을 받았다.

식언(食言) 한번 입 밖에 낸 말을 도로 입 속에 넣는다는 뜻으로, 약속한 말대로 지키지 아니함을 이르는 말
예 식언을 밥 먹듯 하다.

신념(信念) 굳게 믿는 마음
예 그는 굳은 신념을 지닌 사람이다.

신병(身柄) 보호나 구금의 대상이 되는 사람의 몸
예 범죄 용의자의 신병을 확보하다.

신봉(信奉) 사상이나 학설, 교리 따위를 옳다고 믿고 받듦.
예 그의 그 이론에 대한 신봉은 신앙과도 같았다.

신산(辛酸)
① 맛이 맵고 심.
② 세상살이가 힘들고 고생스러움을 비유적으로 이르는 말
예 그녀는 어려서 온갖 신산을 겪으며 살아왔다.

신수(身手) 용모와 풍채를 통틀어 이르는 말
예 신수가 멀끔하다./신수가 번듯하다.

신승(辛勝) 경기 따위에서 힘들게 겨우 이김.
예 어제 열린 축구 경기에서는 우리 편이 3대 2로 한 점 차의 신승을 거두었다.

실각(失脚)
① 발을 헛디딤.
② 세력을 잃고 지위에서 물러남.
예 김 부장의 실각으로 회사는 심각한 위기를 맞게 되었다.

실(實)없다 말이나 하는 짓이 실답지 못하다.
예 실없는 농담

실재(實在) 실제로 존재함.
예 실재의 인물

실제(實際) 사실의 경우나 형편
예 친구는 실제 나이보다 젊게 보인다.

실존(實存) 실제로 존재함. 또는 그런 존재
예 그 영화의 주인공은 실존 인물을 바탕으로 만들어졌다.

실체(實體) 실제의 물체. 또는 외형에 대한 실상(實相)
예 사건의 실체를 파악하다.

실패(失敗) 일을 잘못하여 뜻한 대로 되지 아니하거나 그르침.
예 결과는 참담한 실패로 끝났다.

심금(心琴) 외부의 자극에 따라 미묘하게 움직이는 마음을 비유적으로 이르는 말 ≒ 흉금(胸琴)
예 구슬을 굴리듯이 맑고 고운 목소리가 나의 심금을 휘저었다.

심안(心眼) 사물을 살펴 분별하는 능력. 또는 그런 작용
예 나는 심안으로 고른다 싶게 그 일에 몰입해 있었다.

ㅇ

아량(雅量) 너그럽고 속이 깊은 마음씨
예 그는 넓은 아량으로 부하 직원의 잘못을 용서했다.

[최신] 아성(牙城)
① 아기(牙旗)를 세운 성이라는 뜻으로, 주장(主將)이 거처하는 성을 이르던 말
② 아주 중요한 근거지를 비유적으로 이르는 말
예 수십 년 쌓아 온 그의 아성을 무너뜨릴 수는 없었다.

안광(眼光)
① 눈의 정기
예 안광이 번뜩이다.
② 사물을 보는 힘
예 그녀는 사물의 본질을 꿰뚫어 보는 안광을 지니고 있다.

안목(眼目) 사물을 보고 분별하는 견식
예 안목이 높다.

암시(暗示)
① 넌지시 알림. 또는 그 내용
예 암시를 주다.
② 〈문학〉 뜻하는 바를 간접적으로 나타내는 표현법

압축(壓縮)
① 물질 따위에 압력을 가하여 그 부피를 줄임.
예 공기 압축
② 문장 따위를 줄여 짧게 함.
예 시의 표현이 지닌 특징은 생략과 압축이다.
③ 일정한 범위나 테두리를 줄임.

애당초(-當初) 일의 맨 처음이라는 뜻으로, '당초'를 강조하여 이르는 말
예 그는 애당초부터 장사에는 뜻이 없었다.

양심(良心) 자신의 행위에 대하여 옳음과 그름, 선함과 악함을 분별하여 도덕적으로 올바른 행동을 하려는 의식

예 양심의 가책을 받다.

어용(御用)
① 임금이 쓰는 것을 이르던 말
② 정부에서 쓰는 일
③ 자신의 이익을 위하여 권력자나 권력 기관에 영합하여 줏대 없이 행동하는 것을 낮잡아 이르는 말
예 어용으로 몰리다.

억장(億丈) 썩 높은 것. 또는 그런 높이
예 억장 같은 근심도 다 잊은 듯하다.

언급(言及) 어떤 문제에 대하여 말함.
예 그들은 이번 사태에 대하여 아무런 언급이 없다.

여부(與否)
① 그러함과 그러하지 아니함.
예 생사 여부를 묻다.
② 틀리거나 의심할 여지
예 암, 그렇고말고. 당연하지. 여부가 있나.

여유(餘裕)
① 물질적·공간적·시간적으로 넉넉하여 남음이 있는 상태
예 생활에 여유가 없다.
② 느긋하고 차분하게 생각하거나 행동하는 마음의 상태. 또는 대범하고 너그럽게 일을 처리하는 마음의 상태
예 여유 있는 태도

역기능(逆機能) 본래 의도한 것과 반대로 작용하는 기능
예 우리의 조사 작업이 장래의 일에 미칠 영향을 경고하고자 기획한 것인데 되레 역기능이 우려된다.

연발(連發)
① 연이어 일어남.
예 실수 연발.
② 총이나 대포, 화살 따위를 잇따라 쏨.
예 그의 뒤에서 연발 총성이 들려왔다.

염원(念願) 마음에 간절히 생각하고 기원함. 또는 그런 것
예 오랜 염원이 이루어지다.

염치(廉恥) 체면을 차릴 줄 알며 부끄러움을 아는 마음 ≒ **염우(廉隅)**
예 너는 애가 염치도 없이 어른 앞에서 왜 그 모양이니?

영고(榮枯) 번성함과 쇠퇴함. ≒ **영락(榮落)**
예 그 문제는 국가의 영고에까지 영향을 줄 것이 자명하다.

예방(豫防) 질병이나 재해 따위가 일어나기 전에 미리 대처하여 막는 일
예 병은 치료보다 예방이 중요하다.

오염(汚染) 더럽게 물듦. 또는 더럽게 물들게 함.
예 이 지역은 지하수 오염이 심각한 상태이다.

옥토(沃土) 농작물이 잘 자랄 수 있는 영양분이 풍부한 좋은 땅
예 오곡이 무르익는 옥토

[최신] 와중(渦中)
① 흐르는 물이 소용돌이치는 가운데
② 일이나 사건 따위가 시끄럽고 복잡하게 벌어지는 가운데
예 많은 사람이 전란의 와중에 가족을 잃었다.

완벽(完璧) 흠이 없는 구슬이라는 뜻으로, 결함이 없이 완전함을 이르는 말
예 완벽에 가까운 묘기

외삼촌(外三寸) 어머니의 남자 형제를 이르거나 부르는 말
예 외가에 가니 외할머니는 물론 외삼촌과 이모가 반갑게 맞아 주셨다.

용납(容納)
① 너그러운 마음으로 남의 말이나 행동을 받아들임.
예 너의 그런 무례한 행동은 도저히 용납을 할 수 없다.
② 어떤 물건이나 상황을 받아들임.

용렬(庸劣)하다 사람이 변변하지 못하고 졸렬하다.
예 그는 매사에 하는 행동이 용렬하기 짝이 없다.

우골탑(牛骨塔) 가난한 농가에서 소를 팔아 마련한 학생의 등록금으로 세운 건물이라는 뜻으로, '대학'을 속되게 이르는 말

우롱(愚弄)하다 사람을 어리석게 보고 함부로 대하거나 웃음거리로 만들다.
예 소비자를 우롱하는 태도

우수(憂愁) 근심과 걱정을 아울러 이르는 말
예 우수에 찬 얼굴

운명(運命) 인간을 포함한 모든 것을 지배하는 초인간적인 힘. 또는 그것에 의하여 이미 정하여져 있는 목숨이나 처지
예 피할 수 없는 운명에 부딪히다.

운치(韻致) 고상하고 우아한 멋 ≒ **운격(韻格)**
예 그 집의 정원은 운치가 있어 보인다.

기출 핵심개념

위상(位相) 어떤 사물이 다른 사물과의 관계 속에서 가지는 위치나 상태
예 위상을 높이다.

위임(委任)하다
① 어떤 일을 책임 지워 맡기다.
예 선생님께서는 반 임원회에 체육 행사 계획을 위임하셨다.
② 〈법률〉 당사자 중 한쪽이 상대편에게 사무 처리를 맡기고 상대편은 이를 승낙하다.

위탁(委託)하다
① 남에게 사물이나 사람의 책임을 맡기다.
예 그들 부부는 친정 부모님께 아이들을 위탁하였다.
② 〈법률〉 법률 행위나 사무의 처리를 다른 사람에게 맡겨 부탁하다.
예 전문가에게 회사의 운영을 위탁하였다.

최신 유감(遺憾) 마음에 차지 아니하여 섭섭하거나 불만스럽게 남아 있는 느낌 ≒ **여감(餘憾)**
예 유감을 품다./우리는 불미스러운 일이 생긴 데 대해 유감으로 생각합니다.

유기(遺棄)
① 내다 버림.
예 유기 동물이 해마다 늘고 있다.
② 〈법률〉 어떤 사람이 종래의 보호를 거부하여, 그를 보호 받지 못하는 상태에 두는 일

최신 유례(類例)
① 같거나 비슷한 예
예 그들의 잔혹한 통치 정책은 세계에서 유례를 찾기 힘든 것이다.
② = 전례
예 역사상 유례가 없는 이변

최신 유세(遊說) 자기 의견 또는 자기 소속 정당의 주장을 선전하며 돌아다님.
예 운동장에서 국회 의원 후보의 유세가 열렸다.

유수(有數)
① 손꼽을 만큼 두드러지거나 훌륭함.
예 국내 유수의 대기업
② 정하여진 운수나 순서가 있음.

유예(猶豫)하다
① 망설여 일을 결행하지 아니하다.
예 지금 사태가 너무나 위급해서 잠시도 일을 유예할 수 없다.
② 일을 결행하는 데 날짜나 시간을 미루다.
예 원금 상환을 유예하다.

최신 유치(誘致)
① 꾀어서 데려옴.
② 행사나 사업 따위를 이끌어 들임.
예 지점장은 직원들에게 예금 유치에 적극적인 노력을 기울일 것을 당부하였다.

은둔(隱遁) 세상일을 피하여 숨음.
예 노 교수는 모든 명예를 버리고 은둔의 생활을 택했다.

응수(應酬) 상대편이 한 말이나 행동을 받아서 마주 응함.
예 그의 거친 소리에 나의 앙칼진 응수가 있었다.

이론(理論)
① 사물의 이치나 지식 따위를 해명하기 위하여 논리적으로 정연하게 일반화한 명제의 체계
예 이론을 세우다.
② 〈철학〉 실증성이 희박한, 순 관념적으로 조직된 논리
예 칸트의 철학 이론

이문(利文) 이익이 남는 돈
예 조금의 이문도 없이 장사를 하는 사람은 없다.

이첩(移牒) 받은 공문이나 통첩을 다른 부서로 다시 보내어 알림. 또는 그 공문이나 통첩 ≒ **이관(移關)**
예 접수된 민원을 관계 부처로 이첩했다.

인내(忍耐) 괴로움이나 어려움을 참고 견딤.
예 인내로 역경을 극복하다.

인수(引受)
① 물건이나 권리를 건네받음.
예 물품 인수
② 〈경제〉 환어음의 지급인이 어음 금액을 지급할 의무를 진다는 내용을 어음에 적고 서명함.

인식(認識) 사물을 분별하고 판단하여 앎.
예 역사에 대한 인식이 없다.

일상사(日常事) 날마다 또는 늘 있는 일
예 그가 떠난 후의 허무감은 그녀의 일상사가 되어 버렸다.

최신 일체(一切)
① 모든 것
예 도난에 대한 일체의 책임을 지다.
② 모든 것을 다
예 걱정 근심일랑 일체 털어 버리고 자, 즐겁게 술이나 마시자.

임대(賃貸) 돈을 받고 자기의 물건을 남에게 빌려줌.

예 임대 조건이 좋다.

임박(臨迫) 어떤 때가 가까이 닥쳐옴.
예 거의 숨져 갈 임박에 네 이름을 자주 부르더군.

임종(臨終)
① 죽음을 맞이함. ≒ 임명(臨命)
예 할머니는 편안하게 임종을 하셨다.
② 부모가 돌아가실 때 그 곁에 지키고 있음. ≒ 종신(終身)
예 아들은 어머님의 임종을 못한 것이 못내 한이 되었다.

임차(賃借)하다 돈을 내고 남의 물건을 빌려 쓰다.
예 은행 돈을 빌려 사무실을 임차하였다.

임치(任置)하다
① 남에게 돈이나 물건을 맡겨 두다.
예 일부는 은행에 정기 예금으로 임치하였다.
② 〈법률〉 당사자 중 한쪽이 금전이나 물건을 맡기고 상대편이 이를 보관하기로 약속하다.

ㅈ

자웅(雌雄)
① = 암수
예 누나에게 남녀 관계란, 단순히 자웅의 뜻으로만 통하는지도 모른다.
② 승부, 우열, 강약 따위를 비유적으로 이르는 말
예 자웅을 다투다.

자율(自律) 남의 지배나 구속을 받지 아니하고 자기 스스로의 원칙에 따라 어떤 일을 하는 일. 또는 자기 스스로 자신을 통제하여 절제하는 일
예 자율 학습

최신 ▶ 자처(自處)
① 자기를 어떤 사람으로 여겨 그렇게 처신함.
예 그는 스스로를 신(神)으로 믿고 행동하니 자처의 정도가 지나치다.
② 자기 일을 스스로 처리함.
예 너는 자처의 방도도 없으면서 큰소리만 치는구나!

자청(自請) 어떤 일에 나서기를 스스로 청함.
예 그는 그 일을 맡겠다고 자청을 하고 나섰다.

작고(作故)하다 사람이 죽다. 고인이 되었다는 뜻에서 나온 말
예 그분은 51세의 나이로 옥중에서 작고하셨다.

잠적(潛跡)하다 종적을 아주 숨기다.
예 회사가 부도가 나자 사장은 잠적해 버렸다.

장래(將來)
① 다가올 앞날
예 졸업생들은 장래를 걱정하느라 삼삼오오 모여 있다.
② 앞으로의 가능성이나 전망
예 기왕이면 장래가 보장되는 직업을 선택해라.
③ 앞으로 닥쳐옴.

장리(掌理) 일을 맡아서 처리함.
예 우리 동네일이라면 삼촌이 나서서 장리를 하고는 했다.

장사진(長蛇陣)
① 많은 사람이 줄을 지어 길게 늘어선 모양을 이르는 말
예 결승전 입장권을 구입하려는 사람들이 새벽부터 장사진을 치고 있다.
② 예전의 병법에서, 한 줄로 길게 벌인 군진(軍陣)의 하나
예 왜적들이 장사진을 쳐서 결진을 하고 있었다.

장족(長足)
① 기다랗게 생긴 다리
② 사물의 발전이나 진행이 매우 빠름.
예 장족의 발전

재기(才氣) 재주가 있는 기질
예 사람들은 그의 넘치는 재기에 혀를 내둘렀다.

재연(再演)
① 연극이나 영화 따위를 다시 상연하거나 상영함.
② 한 번 하였던 행위나 일을 다시 되풀이함.
예 불행한 사태의 재연을 막으려면 모두가 노력해야 한다.

최신 ▶ 재원(才媛) 재주가 뛰어난 젊은 여자
예 그녀는 미모와 폭넓은 교양을 갖춘 재원이다.

재질(才質) 재주와 기질을 아울러 이르는 말
예 그의 재질은 남달랐다.

재현(再現) 다시 나타남. 또는 다시 나타냄.
예 20세기 미술은 재현, 즉 모방을 버리고 표현을 주장하고 있다.

쟁쟁(琤琤)하다
① 옥이 맞부딪쳐 울리는 소리가 맑다.
② 전에 들었던 말이나 소리가 귀에 울리는 듯하다.
③ 목소리가 매우 또렷하고 맑다.

쟁쟁(錚錚)하다 여러 사람 가운데서 매우 뛰어나다.
예 세계의 쟁쟁한 과학자들

최신 ▶ 저간(這間) = 요즈음
예 저간의 소식

> 기출 핵심개념

최신 **적폐(積弊)**   오랫동안 쌓이고 쌓인 폐단
예 관민이 함께 협심하여 적폐를 일소했다.

최신 **전가(轉嫁)**   잘못이나 책임을 다른 사람에게 넘겨씌움.
예 그는 책임을 면피하기 위해 대리에게 전가했다.

최신 **전거(典據)**
① 말이나 문장의 근거가 되는 문헌상의 출처
예 우리 고대사에 대한 기록이 많지 않아 내 주장을 뒷받침할 만한 전거를 찾기가 힘들다.
② 규칙이나 법칙으로 삼는 근거
예 국가 원수의 공식 연설은 국제 협약에서 전거가 될 수 있다.

전도(前途)
① 앞으로 나아갈 길
예 아무리 여성 해방이 되었다 하더라도 명실공히 실질적인 남녀평등이 실현되기는 전도가 요원할 것 같다.
② 앞으로의 가능성이나 전망
예 전도가 밝다.

전도(顚倒)
① 엎어져 넘어지거나 넘어뜨림.
② 차례, 위치, 이치, 가치관 따위가 뒤바뀌어 원래와 달리 거꾸로 됨. 또는 그렇게 만듦.
예 주객(主客)이 전도되다.

전모(全貌)   전체의 모습. 또는 전체의 내용
예 공범이 검거되었으니 이번 사건의 전모가 세상에 밝혀질 것이다.

전유(專有)   한 사람이나 특정한 부류만 소유하거나 누림.

전제(前提)
① 어떠한 사물이나 현상을 이루기 위하여 먼저 내세우는 것
예 그들은 결혼을 전제로 사귀고 있다.
② 〈철학〉 추리를 할 때, 결론의 기초가 되는 판단

최신 **전횡(專橫)**   권세를 혼자 쥐고 제 마음대로 함.
예 권력의 사냥개가 된 그는 전횡을 일삼았다.

절호(絕好)   무엇을 하기에 기회나 시기 따위가 더할 수 없이 좋음.
예 절호의 기회

점멸(漸滅)   점점 멸망하여 감.
예 찬란한 문화를 꽃피웠던 나라도 점멸의 길로 접어든 경우가 많다.

점유(占有)하다   물건이나 영역, 지위 따위를 차지하다.
예 불법으로 토지를 점유하다.

점철(點綴)
① 흐트러진 여러 점이 서로 이어짐. 또는 그것들을 서로 이음.
예 나는 고개를 숙여 바닥에 널려 있는 핏빛 점철을 내려보았다.
② 관련이 있는 상황이나 사실 따위가 서로 이어짐. 또는 그것들을 서로 이음.
예 나의 인생은 숱한 도전과 좌절로 점철해 왔다.

접수(接受)
① 신청이나 신고 따위를 구두(口頭)나 문서로 받음.
예 접수 번호
② 돈이나 물건 따위를 받음.
예 은행 접수 마감 시간이 다 됐다.

접전(接戰)
① 경기나 전투에서 서로 맞붙어 싸움. 또는 그런 경기나 전투
예 도처에서 접전이 벌어지고 있었다.
② 서로 힘이 비슷하여 승부가 쉽게 나지 아니하는 경기나 전투
예 양 팀의 접전이 예상된다.

정곡(正鵠)
① 과녁의 한가운데가 되는 점
예 화살이 정곡에 꽂히다.
② 가장 중요한 요점 또는 핵심
예 정곡을 찌르다.
③ 조금도 틀림없이 바로
예 그는 심장에 정곡으로 칼을 맞고 죽었다.

정권(正權)   정당한 권리

최신 **정상(頂上)**
① 산 따위의 맨 꼭대기
예 산 정상에 자리 잡은 관측소
② 그 이상 더는 없는 최고의 상태
예 인기 정상의 가수
③ 한 나라의 최고 수뇌
예 정상들이 회담을 갖기로 하였다.

정진(精進)
① 힘써 나아감.
예 학문에 정진하다.
② 몸을 깨끗이 하고 마음을 가다듬음.
③ 고기를 삼가고 채식함.

정체(停滯)   사물이 발전하거나 나아가지 못하고 한자리에 머물러 그침.
예 경제의 정체로 불황이 지속된다.

참고 **지체(遲滯)**
① 때를 늦추거나 질질 끎.
예 잠시도 지체 말고 바로 집으로 돌아가시오.
② 〈법률〉의무 이행을 정당한 이유 없이 지연하는 일

정체성(停滯性) 사물이 발전하거나 앞으로 나아가지 못하고 한곳에 머물러 있는 특성
예 소위 아시아의 정체성 속에서 살아왔다.

최신 **제고(提高)** 수준이나 정도 따위를 끌어올림.
예 생산성의 제고
참고 **재고(再考)** 어떤 일이나 문제 따위에 대하여 다시 생각함.

제시(提示)
① 어떠한 의사를 말이나 글로 나타내어 보임.
예 근본적인 해결책 제시가 없이 정책이 겉돌고 있다.
② 검사나 검열 따위를 위하여 물품을 내어 보임.
예 그들은 내게 신분증 제시를 요구했다.

제안(提案) 안이나 의견으로 내놓음. 또는 그 안이나 의견
예 시민의 제안을 받아들이다.

제청(提請) 어떤 안건을 제시하여 결정하여 달라고 청구함.
예 국무총리의 제청으로 장관이 임명된다.

조력(助力)하다 힘을 써 도와주다.
예 그 재단은 가정 형편이 어려운 학생들을 꾸준히 조력하고 있다.

조문(弔問)하다 남의 죽음에 대하여 슬퍼하는 뜻을 드러내어 상주(喪主)를 위문하다.
예 돌아가신 친구 아버님을 조문하러 동창이 모였다.

조사(弔辭) 죽은 사람을 슬퍼하여 조문(弔問)의 뜻을 표하는 글이나 말
예 안치된 영구 앞에서 애끓는 조사가 낭독되었다.

조사(調査) 사물의 내용을 명확히 알기 위하여 자세히 살펴보거나 찾아봄.
예 그가 공금을 횡령했다는 의혹이 제기되자 당국이 조사에 나섰다.

조신(操身) 몸가짐을 조심함.
예 이제 너도 곧 지아비가 될 것이니 조신을 잘하여라.

최신 **조우(遭遇)**
① 신하가 뜻에 맞는 임금을 만남.
② 우연히 서로 만남.
예 장군은 적들과의 조우를 피하여 적진을 멀리 돌아갔다.

최신 유의어 **조봉(遭逢)**

조율(調律)
① 악기의 음을 표준음에 맞추어 고름.
예 조율이 잘된 악기
② 문제를 어떤 대상에 알맞거나 마땅하도록 조절함을 비유적으로 이르는 말
예 두 집안의 갈등에 조율이 필요하다.

조장(助長) 바람직하지 않은 일을 더 심해지도록 부추김.
예 사행심 조장/과소비 조장

조절(調節)
① 균형이 맞게 바로잡음. 또는 적당하게 맞추어 나감.
예 너에게는 식사량 조절과 적절한 운동 등 체중 관리가 필요하다.
② 〈의학〉눈의 망막과 수정체의 거리를 알맞게 맞추거나 수정체의 모양을 바꾸어 외계(外界)의 상(像)을 망막 위에 맺도록 하는 작용

조정(調停)
① 분쟁을 중간에서 화해하게 하거나 서로 타협점을 찾아 합의하도록 함.
예 실무자 간의 이견 조정을 위한 회의가 열렸다.
② 〈법률〉분쟁을 해결하기 위하여 법원이 당사자 사이에 끼어들어 쌍방의 양보를 통한 합의를 이끌어 냄으로써 화해시키는 일

조정(調整) 어떤 기준이나 실정에 맞게 정돈함.
예 회사의 구조 조정으로 많은 부서가 재편되었다.

졸렬(拙劣)하다 옹졸하고 천하여 서투르다.
예 졸렬한 마음.

종국(終局) 일의 마지막
예 모든 생물은 종국에는 죽는다.

좌천(左遷) 낮은 관직이나 지위로 떨어지거나 외직으로 전근됨을 이르는 말
예 서기들에게 책임을 물어 시말서를 쓰게 하고 좌천을 시켰다.

주관(主管) 어떤 일을 책임을 지고 맡아 관리함.
예 프랑스 문화원 주관으로 청소년 영화제가 개최되었다.

주례(主禮) 결혼식 따위의 예식을 맡아 주장하여 진행하는 일. 또는 그런 사람
예 나는 대학 은사님께 주례를 부탁드렸다.

주재(駐在)하다
① 한곳에 머물러 있다.

② 직무상으로 파견되어 한곳에 머물러 있다.
예 정부는 세계 각국에 주재하고 있는 외교관들에게 긴급 훈령을 보냈다.

주제(主題)
① 대화나 연구 따위에서 중심이 되는 문제
예 주제와 관련이 없는 내용
② 주된 제목

주지(周知)하다 여러 사람이 두루 알다.
예 다음의 사실을 주지해 주시기 바랍니다.

주최(主催) 행사나 모임을 주장하고 기획하여 엶.
예 이 행사는 장애인을 돕기 위해 복지회 주최로 열린다.

주축(主軸) 전체 가운데서 중심이 되어 영향을 미치는 존재나 세력
예 팀의 주축인 그의 부상으로 전력에 차질이 생겼다.

준동(準同)하다 어떤 표준과 같다. [최신]
준동(蠢動)하다 불순한 세력이나 보잘것없는 무리가 법석을 부리다. 벌레 따위가 꿈적거린다는 뜻에서 나온 말이다. [최신]
예 일부 지역 내에 준동하는 폭력배들을 소탕하기 위해 계엄령을 선포했다.

중개(仲介) 제삼자로서 두 당사자 사이에 서서 일을 주선함.
예 부동산 중개 수수료

중계(中繼)
① 중간에서 이어 줌.
예 산간 지대에서는 사단과 대대, 대대와 중대 사이의 교신이 잘 안 되니까 중계 역할을 하는 곳이 필요하다.
② = 중계방송

중매(仲媒) 결혼이 이루어지도록 중간에서 소개하는 일. 또는 그런 사람
예 중매가 들어오다.

중매(仲買) 생산자와 판매상, 또는 도매상과 소매상의 중간에서 물건이나 권리의 매매를 중개하고 이익을 얻는 일

중재(仲裁)
① 분쟁에 끼어들어 쌍방을 화해시킴.
예 중재를 요청하다.
② 〈법률〉제삼자가 분쟁 당사자 사이에 들어 분쟁을 조정하고 해결하는 일. 제삼자의 결정은 구속력을 가진다.

지연(遲延)
① 무슨 일을 더디게 끌어 시간을 늦춤. 또는 시간이 늦추어짐.

예 기술 개발의 지연으로 산업 발전에 많은 차질을 빚고 있다.
② 〈의학〉병이나 증상이 늦게 나타나는 일

지정(指定)
① 가리키어 확실하게 정함.
예 지정 좌석에 앉으시오.
② 관공서, 학교, 회사, 개인 등이 어떤 것에 특정한 자격을 줌.
예 국가 유공자 지정

지지(支持)하다
① 어떤 사람이나 단체 따위의 주의·정책·의견 따위에 찬동하여 이를 위하여 힘을 쓰다.
예 정부의 정책을 지지하다.
② 무거운 물건을 받치거나 버티다.
예 허물어진 담을 버팀목으로 지지하다.

진갑(進甲) 환갑의 이듬해. 또는 그해의 생일
예 환갑, 진갑 다 지난 노인

진수(眞髓) 사물이나 현상의 가장 중요하고 본질적인 부분 ≒ 신수(神髓)
예 한국 팀은 전반에 다섯 골을 넣어 공격 축구의 진수를 보여 주었다.

질곡(桎梏) [최신]
① 옛 형구인 차꼬와 수갑을 아울러 이르는 말
② 몹시 속박하여 자유를 가질 수 없는 고통의 상태를 비유적으로 이르는 말
예 전쟁이 끝나자 그는 질곡에서 벗어나게 되었다.

질서(秩序) 혼란 없이 순조롭게 이루어지게 하는 사물의 순서나 차례
예 질서가 무너지다.

질책(叱責)하다 꾸짖어 나무라다.
예 아이의 잘못을 질책하다.

징구(徵求) 돈, 곡식 따위를 내놓으라고 요구함. ≒ 책징
예 나라에서 열을 징구하면 그 이상을 마련해야 하는 것이 진상물이었다.

ㅊ

차제(此際) 때마침 주어진 기회
예 미뤘던 문제는 차제에 꼭 짚고 넘어가자.

차출(差出)
① 예전에, 관원으로 임명하기 위하여 인재를 뽑던 일

② 어떤 일을 시키기 위하여 인원을 선발하여 냄.
예 병력 차출/대표 팀 차출

차치(且置)하다 내버려 두고 문제 삼지 아니하다.
예 그래 다른 건 차치하고, 이건 어떻겠소.

최신 착상(着想) 어떤 일이나 창작의 실마리가 되는 생각이나 구상 따위를 잡음. 또는 그 생각이나 구상
예 문제 해결을 위한 기발한 착상이 떠올랐다.

착수(着手)
① 어떤 일에 손을 댐. 또는 어떤 일을 시작함. ≒ 하수02①
예 계획한 일이 곧 착수될 것이다.
② 〈법률〉 형법에서, 범죄 실행의 개시를 이르는 말. 이것에 의하여 범죄의 법률적 구성 요건이 일부분 실현된다.

착안(着眼) 어떤 일을 주의하여 봄. 또는 어떤 문제를 해결하기 위한 실마리를 잡음. ≒ 착목(着目)
예 이 얼마나 기상천외한 착안을 해낸 것입니까.

착오(錯誤)
① 착각을 하여 잘못함. 또는 그런 잘못
예 담당자의 착오로 문제가 발생하였다.
② 〈법률〉 사람의 인식과 객관적 사실이 일치하지 않고 어긋나는 일

참가(參加)
① 모임이나 단체 또는 일에 관계하여 들어감.
예 참가에 의의가 있다.
② 〈법률〉 어떤 법률관계에 당사자 이외의 제삼자가 관여함.

참견(參見) 자기와 별로 관계없는 일이나 말 따위에 끼어들어 쓸데없이 아는 체하거나 이래라저래라 함.
예 쓸데없는 참견을 하지 말아라.

참관(參觀) 어떤 자리에 직접 나아가서 봄.
예 수업 참관

최신 참석(參席) 모임이나 회의 따위의 자리에 참여함.
예 선약이 있어서 그 모임에 참석이 어렵게 되었다.

참여(參與)
① 어떤 일에 끼어들어 관계함. ≒ 참예(參預)
예 홍보 부족인지 사람들의 참여가 너무 적었다.
② 〈법률〉 재판 따위가 벌어지는 현장에 나가 지켜봄.

창건(創建) 건물이나 조직체 따위를 처음으로 세우거나 만듦.
예 새 왕조 창건

창궐(猖獗) 못된 세력이나 전염병 따위가 세차게 일어나 걷잡을 수 없이 퍼짐.
예 바이러스의 창궐을 어찌할 도리가 없었다.

채근(採根)
① 식물의 뿌리를 캐냄.
② 어떤 일의 내용, 원인, 근원 따위를 캐어 알아냄.
예 지금까지 채근을 해 본 바로 그는 이 사건과 무관하다.
③ 어떻게 행동하기를 따지어 독촉함.
예 어서 하라고 채근했다.
④ 남에게 받을 것을 달라고 독촉함.
예 채권자의 빚 채근에 꽤 들볶였다.

책임(責任)
① 맡아서 해야 할 임무나 의무
예 가장으로서의 책임
② 어떤 일에 관련되어 그 결과에 대하여 지는 의무나 부담 또는 그 결과로 받는 제재(制裁)
예 이번 사고의 책임은 전적으로 나에게 있다.
③ 〈법률〉 위법한 행동을 한 사람에게 법률적 불이익이나 제재를 가하는 일
예 민사 책임/형사 책임

처방(處方)
① 병을 치료하기 위하여 증상에 따라 약을 짓는 방법
예 의사의 처방에 따라 약국에 가서 약을 지었다.
② 일정한 문제를 처리하는 방법
예 병아리가 다시 기운을 차릴 가망은 없는 것 같아 동네 아이들한테 보여 주었더니 기발한 처방을 내주었다.
③ = 처방서

처치(處置)
① 일을 감당하여 처리함.
예 공정하게 처치를 해야 한다.
② 처리하여 없애거나 죽여 버림.
예 쓰레기가 집 앞에 잔뜩 쌓여 있는데 처치 곤란이다.
③ 상처나 헌데 따위를 치료함.

최신 천명(闡明)하다 진리나 사실, 입장 따위를 드러내어 밝히다.
예 언론에 알림으로써 우리 국민의 굳은 의지를 세계에 천명하다.

천분(天分) 타고난 재질이나 직분
예 그녀는 남다른 예술적 천분과 지성을 가지고 여러 가지 일을 시도하였다.

최신 천착(穿鑿) 어떤 원인이나 내용 따위를 따지고 파고들어 알려고 하거나 연구함.

예 세밀한 관찰과 다양한 실험을 통해 우리가 세운 가설에 대한 천착을 계속하다.

철석(鐵石)
① 쇠와 돌을 아울러 이르는 말
② 매우 굳고 단단한 것을 비유적으로 이르는 말
예 그는 그녀의 말을 철석과 같이 믿었다.

체계(體系) 일정한 원리에 따라서 낱낱의 부분이 짜임새 있게 조직되어 통일된 전체
예 정보 통신 체계를 마련하다.

체불(滯拂) 마땅히 지급하여야 할 것을 지급하지 못하고 미룸.
예 체불 노임

체재(體裁) 생기거나 이루어진 틀. 또는 그런 됨됨이
예 체재를 갖추다.

초미(焦眉) 눈썹에 불이 붙었다는 뜻으로, 매우 급함을 이르는 말
예 반드시 해결하지 않으면 안 될 초미의 문제

초연(超然)하다 어떤 현실 속에서 벗어나 그 현실에 아랑곳하지 않고 의젓하다.
예 어느 누가 죽음 앞에 초연할 수 있을까?

촉진(促進) 다그쳐 빨리 나아가게 함.
예 수출 산업화의 촉진

촉탁(囑託)
① 일을 부탁하여 맡김.
예 촉탁 업무는 그때그때 넘겨지.
② 정부 기관이나 공공 단체에서 임시로 어떤 일을 맡아보는 사람
예 우리 사무실에는 촉탁이 한 분 계신다.

최고(催告)
① 재촉하는 뜻을 알림.
② 〈법률〉 상대편에게 일정한 행위를 하도록 독촉하는 통지를 하는 일

추대(推戴) 윗사람으로 떠받듦.
예 임원들의 추대로 그는 회장이 되었다.
참고 **추앙(推仰)** 높이 받들어 우러러봄.
예 그 사람은 인품이 훌륭해서 만인의 추앙을 받는 사람이다.

추돌(追突) 자동차나 기차 따위가 뒤에서 들이받음.
예 버스 한 대와 승용차 두 대가 부딪치는 삼중 추돌이 일어났다.

참고 **충돌(衝突)** 서로 맞부딪치거나 맞섬.
예 양국은 무력 충돌만큼은 피하기 위해 노력했다.

추락(墜落)하다
① 높은 곳에서 떨어지다.
예 그는 암벽 등반을 하다 추락하는 바람에 허리를 크게 다쳤다.
② 위신이나 가치 따위가 떨어지다.
예 기성세대의 권위가 추락하는 시대
③ 할아버지나 아버지의 공덕에 미치지 못하고 떨어지다.

추서(追敍)하다 죽은 뒤에 관등을 올리거나 훈장 따위를 주다.
예 정부는 순직한 경찰관에게 훈장을 추서했다.

추천(推薦) 어떤 조건에 적합한 대상을 책임지고 소개함.
예 추천을 의뢰하다.

추출(抽出) 전체 속에서 어떤 물건, 생각, 요소 따위를 뽑아냄.
예 자료에서 정보를 추출하다.

최신 추호(秋毫)
① 가을철에 털갈이하여 새로 돋아난 짐승의 가는 털
② 매우 적거나 조금인 것을 비유적으로 이르는 말
예 내가 결혼할 생각이 추호라도 있었다면, 10년 전에 했을 거다.

축적(蓄積) 지식, 경험, 자금 따위를 모아서 쌓음. 또는 모아서 쌓은 것
예 자본의 축적

축출(逐出) 쫓아내거나 몰아냄.
예 지도부는 사법 처리를 당한 간부들의 축출을 결정하였다.

춘장(椿丈) 남의 아버지를 높여 이르는 말

취임사(就任辭) 취임할 때 인사로 하는 말
예 신임 장관의 취임사를 듣다.

취지(趣旨) 어떤 일의 근본이 되는 목적이나 긴요한 뜻
예 당국의 취지에 어긋나다.

측은(惻隱)하다 가엾고 불쌍하다.
예 딱한 사정을 듣고 보니 문득 측은한 생각이 들었다.

치료(治療) 병이나 상처 따위를 잘 다스려 낫게 함. ≒ **가료(加療)**
예 이 병은 치료 기간이 길기 때문에 예방이 중요하다.

치부(恥部) 남에게 드러내고 싶지 아니한 부끄러운 부분
예 그는 자신의 치부까지 솔직히 말할 만큼 나를 신뢰했다.

치성(致誠)
① 있는 정성을 다함. 또는 그 정성 ≒ **진관(盡款)**
예 병자를 치성으로 간호하다.
② 신이나 부처에게 지성으로 빎. 또는 그런 일
예 부녀자들이 치성을 드리려고 절을 들락거린다.

치욕(恥辱) 수치와 욕됨.
예 일제 치하에 있던 그 세월은 우리나라 역사의 치욕이다.

친교(親交) 친밀하게 사귐. 또는 그런 교분
예 다른 나라와 친교를 맺다.

칩거(蟄居) 나가서 활동하지 아니하고 집 안에만 틀어박혀 있음.
예 친구는 낙향하여 시골집에서 칩거 생활을 하였다.

ㅋ

쾌유(快癒) 병이나 상처가 깨끗이 나음. ≒ **전유(全癒)**
예 빠른 쾌유를 기원하다.
유의어 **쾌차(快差)** 병이 깨끗이 나음.

쾌척(快擲) 금품을 마땅히 쓸 자리에 시원스럽게 내놓음.
예 평소 구두쇠로 소문난 그가 남몰래 고아원에 거금을 쾌척했다.

ㅌ

타계(他界)
① 다른 세계
예 경치가 참으로 아름다워 마치 타계에 온 듯하다.
② 인간계를 떠나서 다른 세계로 간다는 뜻으로, 사람의 죽음 특히 귀인(貴人)의 죽음을 이르는 말
예 정정하시던 선생님의 갑작스러운 타계로 우리들은 큰 충격을 받았다.

탁견(卓見) 두드러진 의견이나 견해
예 그녀는 환경 문제에 대해 탁견을 가지고 있다.

탐구(探究) 진리, 학문 따위를 파고들어 깊이 연구함.
예 언어에 대한 철학적 탐구

토로(吐露) 마음에 있는 것을 죄다 드러내어서 말함.
예 현실적인 생활 사실의 적나라한 토로에 속한다.

투영(投影)
① 물체의 그림자를 어떤 물체 위에 비추는 일. 또는 그 비친 그림자
② 어떤 일을 다른 일에 반영하여 나타냄을 비유적으로 이르는 말

특기(特記) 특별히 다루어 기록함. 또는 그런 기록
예 특기 사항

특장(特長) 특별히 뛰어난 장점
예 이것을 좀 보시오. 이것이 고려 예술의 특장이오.

ㅍ

파천황(破天荒) 이전에 아무도 하지 못한 일을 처음으로 해냄을 이르는 말
예 그것은 아무도 예측하지 못한 파천황의 사태였다.

판단(判斷)
① 사물을 인식하여 논리나 기준 등에 따라 판정을 내림.
예 정확한 판단을 내리다.
② 〈철학〉 어떤 대상에 대하여 무슨 일인가를 판정하는 인간의 사유 작용

패배(敗北) 겨루어서 짐.
예 찬란한 승리와 참담한 패배

편입(編入)
① 얽거나 짜 넣음.
② 이미 짜인 한 동아리나 대열 따위에 끼어 들어감.
예 그는 이제 밝고 떳떳한 삶으로의 편입이 불가능하다고 생각하였다.
③ = 편입학

폄하(貶下)하다
① 가치를 깎아내리다.
예 그 화가의 나이가 어리다고 해서 그의 작품까지 함부로 폄하할 수는 없다.
② 〈역사〉 치적이 좋지 못한 수령을 하등으로 깎아내리다.

폭등(暴騰) 물건의 값이나 주가 따위가 갑자기 큰 폭으로 오름.
예 물가 폭등으로 살기가 매우 어려워졌다.

표지(標識) 표시나 특징으로 어떤 사물을 다른 것과 구별하게 함. 또는 그 표시나 특징
예 사람이 붐비는 곳은 화장실 표지를 눈에 띄게 해야 한다.

품의(稟議) 웃어른이나 상사에게 말이나 글로 여쭈어 의논함.
예 그 거사는 당연히 선생께 사전 품의를 해 왔어야 하는데 그러질 않았소.

풍운(風雲)
① 바람과 구름을 아울러 이르는 말
예 풍운의 조화를 부릴 줄 아는 신선의 경지에 이르다.
② 용이 바람과 구름을 타고 하늘로 오르는 것처럼 영웅호걸들이 세상에 두각을 나타내는 좋은 기운
예 풍운과 비운으로 점철된 생애
③ 사회적·정치적으로 세상이 크게 변하려는 기운을 비유적으로 이르는 말
예 당시 사회는 매우 혼란스러웠으며 풍운이 감돌았다.

피력(披瀝) 생각하는 것을 털어놓고 말함.
예 수상 소감의 피력

피폐(疲弊) 지치고 쇠약하여짐.
예 고도의 발전으로 인해 오히려 피폐해지는 사회

피해(被害) 생명이나 신체, 재산, 명예 따위에 손해를 입음. 또는 그 손해
예 홍수로 인해 재산 피해를 입다.

핍진(逼眞)하다
① 실물과 아주 비슷하다.
예 그 작가의 필치는 생동하고 표현은 핍진하다.
② 사정이나 표현이 진실하여 거짓이 없다.
예 남을 탓하기 전에 자신에게는 잘못이 없는지 핍진하게 자문해 보아야 한다.

ㅎ

하필(何必) 다른 방도를 취하지 아니하고 어찌하여 꼭
예 하필 오늘같이 더운 날 대청소를 할 게 뭐야.

학문(學問) 어떤 분야를 체계적으로 배워서 익힘. 또는 그런 지식
예 학문에 힘쓰다.

한담(閑談) 심심하거나 한가할 때 나누는 이야기. 또는 별로 중요하지 아니한 이야기
예 어르신들이 그늘 밑에서 한담을 나누고 계셨다.

함락(陷落)하다
① 땅이 무너져 내려앉다.
② 적의 성, 요새, 진지 따위를 공격하여 무너뜨리다.
예 일본군이 싱가포르를 함락했다는 소식이 들려왔다.

[최신] 함의(含意) 말이나 글 속에 어떠한 뜻이 들어 있음. 또는 그 뜻
유의어 **내포(內包)** 어떤 성질이나 뜻 따위를 속에 품음.

[최신] 항간(巷間) 일반 사람들 사이
예 이 노래가 요즘 항간에서 유행하는 것이다.

해태(懈怠)하다 행동이 느리고 움직이거나 일하기를 싫어하는 데가 있다. = **해타(懈惰)하다**
예 안 그래도 해태한 사람이 오늘은 더 심한 걸 보니, 쳐다보기도 싫다.

[최신] 해후(邂逅) 오랫동안 헤어졌다가 뜻밖에 다시 만남.
예 십 년 만의 해후를 기뻐하는 그들의 모습이 보인다.

행각(行脚)
① 어떤 목적으로 여기저기 돌아다님.
예 그의 범죄 행각이 백일하에 드러났다.
② 〈불교〉 여기저기 돌아다니며 수행함.

[최신] 행간(行間)
① 쓰거나 인쇄한 글의 줄과 줄 사이. 또는 행과 행 사이
예 행간에 밑줄을 긋다.
② 글에 직접적으로 나타나 있지 아니하나 그 글을 통하여 나타내려고 하는 숨은 뜻을 비유적으로 이르는 말
예 행간의 뜻을 파악하다.

허영(虛榮) 자기 분수에 넘치고 실속이 없이 겉모습뿐인 영화(榮華). 또는 필요 이상의 겉치레
예 허영에 빠지지 않도록 검손한 태도를 가져야 한다.

현상(現象)
① 인간이 지각할 수 있는, 사물의 모양과 상태
예 피부 노화 현상
② 〈철학〉 본질이나 객체의 외면에 나타나는 상

협동(協同) 서로 마음과 힘을 하나로 합함.
예 협동 정신이 강한 주민

협로(夾路) 큰길에서 갈리진 좁은 길
예 이 고개는 워낙 협로가 많기 때문에 마차에서 내려 걸어가는 것이 더 안전하다.

형식(形式)
① 사물이 외부로 나타나 보이는 모양
예 이번 행사는 형식에 신경을 많이 쓴 듯했지만 내용이 별로 없었다.
② 일을 할 때의 일정한 절차나 양식 또는 한 무리의 사물을 특징짓는 데에 공통적으로 갖춘 모양
예 자유로운 형식으로 표현된 글

형안(炯眼)
① 빛나는 눈. 또는 날카로운 눈매
② 사물에 대한 뛰어난 관찰력을 비유적으로 이르는 말

혜안(慧眼) 사물을 꿰뚫어 보는 안목과 식견
예 아마도 형은 앞날을 내다볼 줄 아는 혜안을 갖고 있었던 것 같았다.

혼돈(混沌)
① 마구 뒤섞여 있어 갈피를 잡을 수 없음. 또는 그런 상태
예 외래문화의 무분별한 수입은 가치관의 혼돈을 초래하였다.
② 하늘과 땅이 아직 나누어지기 전의 상태

혼동(混同)
① 구별하지 못하고 뒤섞어서 생각함.
예 잠이 다 깨지 않았는지 그는 현실과 꿈 사이에서 혼동을 일으켰다.
② 서로 뒤섞이어 하나가 됨.
③ 〈법률〉 서로 대립하는 두 개의 법률적 지위가 동일인에게 귀속하는 일. 주로 물권과 채권이 소멸되는 원인이 된다.

혼선(混線)
① 전신·전화·무선 통신 따위에서, 선이 서로 닿거나 전파가 뒤섞여 통신이 엉클어지는 일
예 전화에 갑자기 혼선이 생겨 통화를 중단했다.
② 말이나 일 따위를 서로 다르게 파악하여 혼란이 생김.
예 혼선을 빚다.
③ 줄이 갈피를 잡을 수 없게 뒤섞임. 또는 그 줄

혼잡(混雜) 여럿이 한데 뒤섞이어 어수선함.
예 갑자기 내린 눈 때문에 출퇴근 시간에 큰 혼잡이 일어났다.

화두(話頭) 이야기의 첫머리
예 영철이는 또 이데올로기 문제를 가지고 화두를 꺼냈다.

최신 화제(話題) 이야기할 만한 재료나 소재 = **이야깃거리**
예 화제를 다른 곳으로 돌리다.

환갑(還甲) 육십갑자의 '갑(甲)'으로 되돌아온다는 뜻으로, 태어난 지 60돌이 되는 해. 또는 그 나이
= 회갑(回甲), 주갑(周甲)

환기(換氣) 탁한 공기를 맑은 공기로 바꿈.
예 그녀는 매일 아침 일어나자마자 환기를 위해 창문을 활짝 연다.

환희(歡喜) 매우 기뻐함. 또는 큰 기쁨
예 환희에 차다.

황망(慌忙)히 마음이 몹시 급하여 당황하고 허둥지둥하는 면이 있게
예 그는 약속 시간에 늦어 황망히 밖으로 나갔다.

회의(懷疑)
① 의심을 품음. 또는 마음속에 품고 있는 의심
예 인생에 회의를 느끼다.
② 〈철학〉 충분한 근거가 없기 때문에 판단을 보류하거나 중지하고 있는 상태

회자(膾炙) 회와 구운 고기라는 뜻으로, 칭찬을 받으며 사람의 입에 자주 오르내림을 이르는 말
예 그 노래는 오늘날까지 많은 사람 사이에 널리 회자되고 있다.

횡사(橫死) 뜻밖의 재앙으로 죽음.
예 비명에 횡사를 당하다.

최신 흠결(欠缺) 일정한 수효에서 부족함이 생김. 또는 그런 부족
예 청구인은 청구가 각하되면 부적법의 원인이 된 흠결을 고쳐 다시 소송 신청을 할 수 있다.

희사(喜捨)
① 어떤 목적을 위하여 기꺼이 돈이나 물건을 내놓음.
예 한 독지가의 희사로 고아원이 운영되어 왔다.
② 신불(神佛)의 일로 돈이나 물건을 기부함.
예 친일파가 짓는 절에는 잘만 희사를 하면서 독립군을 위한 군자금 몇 푼 못 주겠느냐?

최신 힐난(詰難) 트집을 잡아 거북할 만큼 따지고 듦.

2. 중요 한자어 사전

ㄱ

가량(假量) 어떤 일에 대하여 확실한 계산은 아니나 얼마쯤이나 정도가 되리라고 짐작하여 봄.
예 밑천에서 몇 배의 이익을 남길 가량으로 가게를 샀다.

가산(加算) 더하여 셈함.
예 가산 금리

가산(家産) 한집안의 재산
예 가산을 탕진하다.

각주(脚注) 논문 따위의 글을 쓸 때, 본문의 어떤 부분의 뜻을 보충하거나 풀이한 글을 본문의 아래쪽에 따로 단 것
예 꼼꼼한 그 선생님의 논문에는 각주가 많이 붙는다.

간극(間隙)
① 사물 사이의 틈
예 벽에 간극이 생기다.
② 두 가지 사건, 두 가지 현상 사이의 틈
예 말하기와 글쓰기의 간극을 좁히기란 쉽지 않은 일이다.

간헐적(間歇的) 얼마 동안의 시간 간격을 두고 되풀이하여 일어나는 것
예 간헐적인 발작 증세를 보이기도 합니다.

갈급(渴急) 몹시 조급하게 바람.
예 전쟁에서 승리한 그들은 갈급이 들린 듯이 술을 들이마셨다.

갈취(喝取) 남의 것을 강제로 빼앗음.
예 갈취를 당하다.

강등(降等) 등급이나 계급 따위가 낮아짐. 또는 등급이나 계급 따위를 낮춤.
예 사고에 대한 징계로 두 계급 강등을 당하였다.

강횡(強橫) 세력이 강하고 횡포함.
예 모든 것을 잃은 그들은 분노로 가득해 강횡하게 적진에 뛰어들었다.

개량(改良) 나쁜 점을 보완하여 더 좋게 고침.
예 농사 방법의 개량에 힘쓰다.

갹출(醵出) 같은 목적을 위하여 여러 사람이 돈을 나누어 냄.
예 행사 비용 갹출.

거반(居半) 거의 절반. 거의 절반 가까이.

예 그의 말은 거반이 거짓이다.

거치(据置)
① 그대로 둠.
② 〈경제〉 공채(公債), 사채(社債) 따위의 상환 또는 지급을 일정 기간 하지 않는 일
예 3년 거치 5년 상환 조건으로 돈을 융자하다.

검수(檢收) 물건의 규격, 수량, 품질 따위를 검사한 후 물건을 받음.
예 검수 기간/검수 절차/검수를 받다.

검진(檢診) 건강 상태와 질병의 유무를 알아보기 위하여 증상이나 상태를 살피는 일
예 병원에서 검진을 받다.

검침(檢針) 전기, 수도, 가스 따위의 사용량을 알기 위하여 계량기의 숫자를 검사함.

견적(見積) 어떤 일을 하는 데 필요한 비용 따위를 미리 어림잡아 계산함. 또는 그런 계산. '어림셈'으로 순화
예 아파트 내부 수리를 하는 데 견적이 얼마나 나올 것 같습니까?

견지(見地) 어떤 사물을 판단하거나 관찰하는 입장
예 예술가의 견지로 보면 하찮은 돌멩이도 훌륭한 작품 소재가 된다.

견지(堅持)하다
① 어떤 견해나 입장 따위를 굳게 지니거나 지키다.
예 그 안건에 대해 반대 입장을 견지하다.
② 굳게 지지하다.

결연(決然)하다 마음가짐이나 행동에 있어 태도가 움직일 수 없을 만큼 획고하다.
예 그의 결연한 의지를 꺾을 수 없어 보였다.

경감(輕減) 부담이나 고통 따위를 덜어서 가볍게 함.
예 세금의 경감/사무 자동화로 인건비의 경감을 꾀한다.

경선(競選) 둘 이상의 후보가 경쟁하는 선거
예 대통령 후보 경선에 나서다.

경원(敬遠)하다
① 공경하되 가까이하지는 아니하다.
예 그들은 상대편들을 너무 경원하거나 어려워 여기는 듯하였다.
② 겉으로는 공경하는 체하면서 실제로는 꺼리어 멀리하다.

경지(境地)
① 일정한 경계 안의 땅
② 학문, 예술, 인품 따위에서 일정한 특성과 체계를 갖춘 독자적인 범주나 부분
예 새로운 경지를 개척하다./그녀는 수필 문학의 새로운 경지를 연 작가이다.
③ 몸이나 마음, 기술 따위가 어떤 단계에 도달해 있는 상태
예 무아의 경지/달관의 경지/성인(聖人)의 경지에 도달하다.

고견(高見)
① 뛰어난 의견이나 생각
② 남의 의견을 높여 이르는 말
예 이번 안건에 대한 선생님의 고견을 듣고 싶습니다.

고답적(高踏的) 속세에 초연하며 현실과 동떨어진 것을 고상하게 여기는. 또는 그런 것
예 나는 그의 고답적인 자세에 거부감이 들었다.

고무(鼓舞)하다 힘을 내도록 격려하여 용기를 북돋우다.
예 박수로 선수들을 고무하다. ≒ **고취(鼓吹)하다**

고수(固守) 차지한 물건이나 형세 따위를 굳게 지킴.
예 태극 전사들은 선두권 고수를 목표로 하고 있다.

고양(高揚)
① 높이 쳐들어 올림.
② 정신이나 기분 따위를 북돋워서 높임.
예 풍부한 어휘력은 인간 정신의 고양과 정서 함양에 크게 기여한다.

고조(高調)되다 사상이나 감정, 세력 따위가 한창 무르익거나 높아지다.
예 전쟁 위기감이 고조되다./고조된 분위기

고찰(考察) 어떤 것을 깊이 생각하고 연구함.
예 문화에 대한 고찰 없이 인간의 삶을 이해하는 것은 불가능하다.

[최신] 고취(鼓吹)
① 북을 치고 피리를 붊.
② 힘을 내도록 격려하여 용기를 북돋움. = **고무(鼓舞)**
예 사장은 사원들의 사기 고취 차원에서 거하게 회식을 준비했다.
③ 의견이나 사상 따위를 열렬히 주장하여 불어넣음.
예 강연자의 설교는 거의가 민족 사상, 독립사상의 고취였다.

[최신] 공박(攻駁) 남의 잘못을 몹시 따지고 공격함.
예 공박을 당하다. / 지난번에도 동생은 내게 이만저만 호된 공박이 아니었다.

[최신] 공방(攻防) 서로 공격하고 방어함.

예 공방이 치열했지만, 결국 승부는 나지 않았다.

공생(共生) 서로 도우며 함께 삶.

[최신] 공전(空前) 비교할 만한 것이 이전에는 없음.
예 티켓 발매가 시작되자마자 매진되는 공전의 대성공을 거두었다.

공지(公知) 세상에 널리 알림.
예 게시판에 공지 사항을 올렸다.

[최신] 공포(公布) 일반 대중에게 널리 알림.
예 시급한 문제인 만큼 하루빨리 공포해야 한다.

공포(空砲) 실탄을 넣지 않고 소리만 나게 하는 총질
예 십중팔구(十中八九) 화약만 터뜨리는 공포일 테지만 자못 긴장되었다.

공포(恐怖) 두렵고 무서움.
예 죽음의 공포가 찾아오지 않기를 기도했다.

과대(過大) 정도가 지나치게 큼.
예 요구가 과대하다.

과대(誇大) 작은 것을 큰 것처럼 과장함.
예 그 광고는 실제와 다른 과대 광고로 밝혀졌다.

관조(觀照)하다 고요한 마음으로 사물이나 현상을 관찰하거나 비추어 보다.
예 세상을 관조하다.

광의(廣義) 어떤 말의 개념을 정의할 때에, 넓은 의미
예 광의의 언어에는 동물의 의사 전달 수단도 포함된다.

괘념(掛念) 마음에 두고 걱정하거나 잊지 않음.
예 대수로운 일도 아니니, 괘념 마시고 마음 편히 가지십시오.

괴리(乖離) 서로 어그러져 동떨어짐.
예 현실과 이상은 언제나 괴리가 있기 마련이다.

교사(敎唆) 남을 꾀거나 부추겨서 나쁜 짓을 하게 함.

교정(校正) 〈매체〉 교정쇄와 원고를 대조하여 오자, 오식, 배열, 색 따위를 바르게 고침.

교정(校定) 〈매체〉 출판물의 글자나 글귀를 검토하여 바르게 정하는 일

[최신] 교정(敎正) 가르쳐서 바르게 함.
예 톨스토이는 문학을 도덕적 교정의 수단이라고 생각했다.

구금(拘禁) 〈법률〉 피고인 또는 피의자를 구치소나 교도소 따위에 가두어 신체의 자유를 구속하는 강제 처분. 형이 확정되지 않은 사람에 대하여 집행하며, 형이 확정되면 구금

일수를 계산하여 형을 집행한 것과 동일하게 취급한다.
≒ **구류(拘留)**
예 그녀는 지금 그리 명예스럽지 못한 일로 구금이 되어 있다.

구미(口味) = 입맛
관용구 **구미가 당기다[돌다]** 욕심이나 관심이 생기다.
구미가 동하다 무엇을 차지하고 싶은 마음이 생기다.

구비(具備) 있어야 할 것을 빠짐없이 다 갖춤.
예 구비 서류
유의어 **완비(完備)** 빠짐없이 완전히 갖춤.

구제(救濟) 자연적인 재해나 사회적인 피해를 당하여 어려운 처지에 있는 사람을 도와줌.
예 소비자보호원에 문의를 한 덕분에 피해 구제를 받았다.

구현(具現) 어떤 내용이 구체적인 사실로 나타나게 함.
예 민주주의의 구현

국한(局限) 범위를 일정한 부분에 한정함.
예 오염 문제는 이제는 도시에만 국한된 것이 아니다.

궁리(窮理)
① 사물의 이치를 깊이 연구함.
② 마음속으로 이리저리 따져 깊이 생각함. 또는 그런 생각
≒ **궁량(窮量)**
예 궁리 끝에 생각해 낸 묘안이었다.

궐위(闕位) 어떤 직위나 관직 따위가 빔. 또는 그런 자리
예 대통령의 궐위 시에는 국무총리가 그 직을 대행한다.

귀착(歸着)
① 다른 곳에서 어떤 곳으로 돌아오거나 돌아가 닿음.
예 다섯 시에 귀착이면 적어도 네 시에는 집을 나서야 시간에 맞게 마중을 할 수 있을 것이다.
② 의논이나 의견 따위가 여러 경로(經路)를 거쳐 어떤 결론에 다다름.
예 우리의 논의는 결국 한곳으로 귀착이 될 것이다.

규탄(糾彈) 잘못이나 옳지 못한 일을 잡아내어 따지고 나무람.
예 시민들은 광장에 모여 관계 당국이 약속을 어겼음을 규탄하였다.

극구 (極口) 온갖 말을 다하여
예 극구 부인하고, 쩔쩔 매는 시늉까지 해야 했다.

금도(襟度) 다른 사람을 포용할 만한 도량
예 병사들은 장군의 장수다운 배포와 금도에 감격하였다.

기별(奇別) 다른 곳에 있는 사람에게 소식을 전함. 또는 소식을 적은 종이
예 추석에 내려가겠다고 집에 기별을 보냈다.

기색(氣色)
① 마음의 작용으로 얼굴에 드러나는 빛 ≒ **기상(氣相)**
예 어머니는 놀란 기색이 역력했다.
② 어떠한 행동이나 현상 따위가 일어나는 것을 짐작할 수 있게 하여 주는 눈치나 낌새
예 해가 중천에 떴는데도 형은 일어날 기색을 보이지 않는다.
기색(起色) 어떠한 일이 일어날 동정(動靜)
예 무력 충돌의 기색이 현저하므로 미리 대비해야 한다.

기술(記述) 대상이나 과정의 내용과 특징을 있는 그대로 열거하거나 기록하여 서술함. 또는 그런 기록
예 사회학자는 그 사회의 현상, 구조, 변동 따위에 대하여 적합한 기술을 할 수 있어야 한다.

기실(其實)
① 실제의 사정
예 언뜻 보기에는 쉬워 보이지만 기실은 여간 어렵지 않다.
② 실제에 있어서
예 기실 알고 보면 그 사람도 나쁜 사람은 아니다.

기여(寄與) 도움이 되도록 이바지함.
예 그는 팀 승리에 결정적인 기여를 한 선수이다.

기착지(寄着地) 목적지로 가는 도중에 잠깐 들르는 곳
예 부산에 도착하기 전 마지막 기착지는 구미였다.

기피(忌避)하다 꺼리거나 싫어하여 피하다.
예 그 가수는 병역을 기피하다가 국민들로부터 질타를 받았다.

ㄴ

나포(拿捕)하다
① 죄인을 붙잡다.
② 사람이나 배, 비행기 등을 사로잡다.
예 우리나라 영해를 침범한 선박을 나포했다가 본국으로 송환했다.

낙상(落傷) 떨어지거나 넘어져서 다침. 또는 그런 상처
예 할아버지께서 빙판길에 낙상을 당하셨다.

난파(難破) 배가 항해 중에 폭풍우 따위를 만나 부서지거나 뒤집힘.
예 난파를 당하다.

내홍(內訌) 집단이나 조직의 내부에서 자기들끼리 일으킨 분쟁
예 역사적으로 나라들이 패망한 가장 큰 이유는 다른 나라의 침략이 아닌 내홍 때문이었다.

노략(擄掠) 떼를 지어 돌아다니며 사람을 해치거나 재물을 강제로 빼앗음.
예 그들은 툭하면 노략을 일삼았다.

노련(老鍊)하다 많은 경험으로 익숙하고 능란하다.
예 그 감독은 노련한 경기 운영으로 팀을 승리로 이끌었다.

노정(露呈) 겉으로 다 드러내어 보임.
예 그의 주장은 여러 가지 논리적 모순을 노정하고 있다.

노정(勞政) 노동 문제와 관련된 정책이나 행정

노후(老朽) 제구실을 하지 못할 정도로 낡고 오래됨.
예 노후 교실을 개축하기 위한 예산을 마련하다.

노후(老後) 늙어진 뒤
예 노후를 편안히 보내다./노후 대책

논고(論告) 자기의 주장이나 믿는 바를 논술하여 알림.
예 그녀의 논고는 타당하나 몇 가지 오류가 있다.

논박(論駁) 어떤 주장이나 의견에 대하여 그 잘못된 점을 조리 있게 공격하여 말함.
예 당시 그들의 주장은 기존 학계에서 논박의 대상이 되었다.

농단(隴斷/壟斷)
① 깎아 세운 듯한 높은 언덕
② 이익이나 권리를 독차지함을 이르는 말. 어떤 사람이 시장에서 높은 곳에 올라가 사방을 둘러보고 물건을 사 모아 비싸게 팔아 상업상의 이익을 독점하였다는 데서 유래한다.
예 검찰은 이번 기회에 권력에 기생하는 악덕 상인의 농단을 뿌리 뽑겠다고 다짐하였다.

누기(漏氣) 눅눅하고 축축한 기운
예 장마철을 앞두고, 누기를 없애 준다는 제습기의 판매량이 치솟고 있다고 한다.

누설(漏泄)
① 기체나 액체 따위가 밖으로 새어 나감. 또는 그렇게 함.
예 방사능의 누설로 일대가 크게 오염되었다.
② 비밀이 새어 나감. 또는 그렇게 함. ≒ 노설, 설루
예 기밀 누설

누출(漏出)
① 액체나 기체 따위가 밖으로 새어 나옴. 또는 그렇게 함.
② 비밀이나 정보 따위가 밖으로 새어 나감.

ㄷ

단속(團束)
① 주의를 기울여 다잡거나 보살핌.
예 아이들 단속을 어떻게 했기에 이렇게 버릇들이 없지?
② 규칙이나 법령, 명령 따위를 지키도록 통제함.
예 속도위반 단속

당돌(唐突)
① 꺼리거나 어려워하는 마음이 조금도 없이 올차고 다부지다.
② 윗사람에게 대하는 것이 버릇이 없고 주제넘다.
예 혜진이는 당돌해 보일 정도로 솔직해서 오해를 받기도 한다.

대담(大膽) 담력이 크고 용감함.
대담(對談) 마주 대하고 말함. 또는 그런 말

대비(對備) 앞으로 일어날지도 모르는 어떠한 일에 대응하기 위하여 미리 준비함. 또는 그런 준비

대항(對抗) 굽히거나 지지 않으려고 맞서서 버티거나 항거함.
예 그들은 송전탑 공사를 진행하려는 정부와 한전에 거세게 대항도 해 보았다.

도야(陶冶) 훌륭한 사람이 되도록 몸과 마음을 닦아 기름을 비유적으로 이르는 말
예 많은 정진과 도야와 노력을 거쳐야 너그러운 성품을 갖게 된다.

도외시(度外視)하다 상관하지 아니하거나 무시하다.
예 이번 일을 도외시하여 문제로 삼지 않다.
반의어 **문제시(問題視)하다** 논의하거나 해결해야 할 문제의 대상으로 삼다.

도저(到底)하다 학식이나 생각, 기술 따위가 아주 깊다.

도전(挑戰)
① 정면으로 맞서 싸움을 걺.
예 도전에 응하다.
② 어려운 사업이나 기록 경신 따위에 맞섬을 비유적으로 이르는 말
예 그는 이번 히말라야 등반을 새로운 도전의 계기로 삼았다.

도출(挑出) 시비나 싸움을 걺.
도출(導出) 판단이나 결론 따위를 이끌어 냄.

도태(淘汰)
① 물건을 물에 넣고 일어서 좋은 것만 골라내고 불필요한 것을 가려서 버림.
② 여럿 중에서 불필요하거나 무능한 것을 줄여 없앰.

예 도태가 일어나다.

도포(塗布)하다 약 따위를 겉에 바르다.
예 상처 부위에 연고를 도포하다.

도피(逃避)
① 도망하여 몸을 피함.
② 적극적으로 나서야 할 일에서 몸을 사려 빠져나감.

독려(督勵) 감독하며 격려함.
예 아내의 독려 덕분에 작업을 마칠 수 있었다.

돈독(敦篤)하다 도탑고 성실하다.
예 그들은 우애가 돈독하다.

동경(憧憬) 어떤 것을 간절히 그리워하여 그것만을 생각함.
예 연희에게 선생님은 늘 동경의 대상이었다.

동정(同情)
① 남의 어려운 처지를 자기 일처럼 딱하고 가엾게 여김.
예 동정이 가다./동정을 느끼다.
② 남의 어려운 사정을 이해하고 정신적으로나 물질적으로 도움을 베풂.
예 따뜻한 동정의 손길이 아쉽다.

두둔(斗頓) 편들어 감싸 주거나 역성을 들어 줌.
예 잘못해도 두둔만 하니 아이가 버릇이 없어진다.

최신 **두찬(杜撰)** 전거나 출처가 확실하지 못한 저술

둔화(鈍化) 느리고 무디어짐.
예 인구 증가율의 둔화

ㅁ

마각(馬脚)
① 말의 다리
② 가식하여 숨긴 본성이나 진상(眞相)
관용구 **마각을 드러내다** 숨기고 있던 일이나 정체를 드러냄을 이르는 말

마멸(磨滅) 갈려서 닳아 없어짐.
예 기계 부속이 마멸되어 새로 갈았다.

막후(幕後)
① 막의 뒤
② 겉으로 드러나지 않은 뒷면
예 그는 막후에서 실질적인 영향력을 행사하는 사람이었다.

유의어 **배후(背後)** 등의 뒤. 어떤 일의 드러나지 않은 이면
참고 **흑막(黑幕)** 겉으로 드러나지 아니한 음흉한 내막을 비유적으로 이르는 말

만끽(滿喫)
① 마음껏 먹고 마심.
② 욕망을 마음껏 충족함.

만류(挽留) 붙들고 못 하게 말림.
예 만류를 뿌리치다.

최신 **망념(妄念)** 이치에 맞지 아니한 망령된 생각을 함. 또는 그 생각
예 공연한 망념으로 일엔 별 소출 없이 시간을 너무 흘려보낸 것 같았다.

면피(免避)하다 면하여 피하다.
예 그는 책임에서 면피하기 위해 모른 척 시치미를 떼고 있었다.

멸시(蔑視) 업신여기거나 하찮게 여겨 깔봄.
유의어 **괄시(恝視)** 업신여겨 하찮게 대함.

최신 **모사(模寫)** 사물을 형체 그대로 그림. 또는 그런 그림
예 그녀는 초상화를 모사에 불과하다며 한사코 그리지 않았다.

최신 **목하(目下)**
① 눈앞의 형편 아래
② 바로 지금
예 영희는 목하 열애 중이다.

몽매(蒙昧) 어리석고 사리에 어두움.
유의어 **암우(暗愚), 이매(夷昧), 무지몽매(無知蒙昧)**

묘령(妙齡) 스무 살 안팎의 여자 나이
예 묘령의 여인이 다녀갔다고 했다.

최신 **무마(撫摩)**
① 손으로 두루 어루만짐.
② 타이르고 얼러서 마음을 달램.
예 그들은 워낙 우수한 사람들이기 때문에 언론사에선 계속 무마 공작을 했던 것이다.
③ 분쟁이나 사건 따위를 어물어물 덮어 버림.
예 그들은 사건의 무마를 위해 고위층에 손을 썼다.

무상(無相)
① 〈불교〉 모든 사물은 공(空)이어서 일정한 형상이 없음.
② 〈불교〉 차별과 대립을 초월하여 무한하고 절대적인 상태
반의어 **유상(有相)**

묵과(默過) 잘못을 알고도 모르는 체하고 그대로 넘김.
예 부정 행위를 보고 묵과할 수는 없다.

최신 **묵계(默契)** 말 없는 가운데 뜻이 서로 맞음. 또는 그렇게 하여 성립된 약속
예 우리 사이에는, 나눈 이야기는 서로 발설하지 않는다는 묵계가 이미 성립되어 있었다.

문외한(門外漢)
① 어떤 일에 직접 관계가 없는 사람
② 어떤 일에 전문적인 지식이 없는 사람

최신 **물경(勿驚)** '놀라지 마라' 또는 '놀랍게도'의 뜻으로 엄청난 것을 말할 때에 미리 내세우는 말
예 그는 하룻밤에 물경 수천만 원이나 도박으로 날렸다.

물의(物議) (대개 부정적인 뜻으로 쓰여) 어떤 사람 또는 단체의 처사에 대하여 많은 사람이 이러쿵저러쿵 논평하는 상태 ≒ **물론(物論)**
예 물의를 빚다.

미답(未踏) 아직 아무도 밟지 않음.
예 이 분야는 아직 우리나라에서도 개척되지 않은 미답의 땅이다.

미동(微動) 약간 움직임.
예 두 아이의 커다란 눈동자 네 개가 미동도 않고 나를 쳐다본다.

미봉책(彌縫策) 눈가림만 하는 일시적인 계책(計策)

미시(微示) 분명히 말하지 않고 슬쩍 그 뜻을 비침.
미시(微視) 작게 보임. 또는 작게 봄.
참고 **미시적(微視的)** 사물이나 현상을 전체적인 면에서가 아니라 개별적으로 포착하여 분석하는 것
예 미시적 관점을 갖고 있다.
반의어 **거시적(巨視的)** 사물이나 현상을 전체적으로 분석·파악하는 것

미온적(微溫的) 태도가 미적지근한 것
예 상대측의 반응이 미온적이다.

최신 **미증유(未曾有)** 지금까지 한 번도 있어 본 적이 없음.
예 역사 이래 미증유의 사건
유의어 **초유(初有)** 처음으로 있음.

ㅂ

박약(薄弱) 의지나 체력 따위가 굳세지 못하고 여림.

박탈(剝脫) 벗겨져 떨어짐. 또는 그렇게 함.
박탈(剝奪) 남의 재물이나 권리, 자격 따위를 빼앗음.

반려(反戾/叛戾)
① 배반하여 돌아섬.
② 도리에 어긋남.
반려(伴侶) 짝이 되는 동무
예 부부란 일생을 동고동락할 반려이다.
반려(返戾) 주로 윗사람이나 상급 기관에 제출한 문서를 처리하지 않고 되돌려줌.
예 신고서 반려/사업 계획서를 제출자에게 반려하다.

반발(反撥)
① 탄력이 있는 물체가 퉁겨져 일어남.
② 어떤 상태나 행동 따위에 대하여 거스르고 반항함.
예 정부에서 발표한 정책에 대하여 국민들의 반발이 심하다.

반영(反映) 다른 것에 영향을 받아 어떤 현상이 나타남. 또는 어떤 현상을 나타냄.
예 대학 입시에서 내신의 반영 비율이 높아졌다.

반의(反意) 일정한 뜻을 반대하거나 어김.
반의(叛意) 배반하려고 하는 마음

반포(頒布) 세상에 널리 퍼뜨려 모두 알게 함.
예 경국대전의 반포로 법제적 기틀이 확립되었다.
유의어 **공포(公布), 공고(公告)**

최신 **반향(反響)** 어떤 사건이나 발표 따위가 세상에 영향을 미치어 일어나는 반응
예 그의 입장 발표는 대단한 반향을 불러일으켰다.

발령(發令)
① 명령을 내림. 또는 그 명령. 흔히 직책이나 직위와 관계된 경우를 이른다.
예 승진 발령/인사 발령
② 긴급한 상황에 대한 경보(警報)를 발표함.
예 훈련 경계경보 발령

최신 **발발(勃發)하다** 전쟁이나 큰 사건 따위가 갑자기 일어나다.
예 전쟁이 발발하다.

발부(發付) 증명서 따위를 발행하여 줌. = **발급(發給)**
예 사전 구속 영장 발부/압수 수색 영장의 발부를 요청하다.

기출 핵심개념

발산(發散)
① 감정 따위를 밖으로 드러내어 해소함. 또는 분위기 따위를 한껏 드러냄.
예 감정의 발산 / 젊음의 발산
② 냄새, 빛, 열 따위가 사방으로 퍼져 나감.
예 향기의 발산

방비(防備) 적의 침입이나 피해를 막기 위하여 미리 지키고 대비함. 또는 그런 설비

방심(放心) 마음을 다잡지 아니하고 풀어 놓아 버림.
유의어 **안심(安心)** 모든 걱정을 떨쳐 버리고 마음을 편히 가짐.

방어(防禦) 상대편의 공격을 막음.
예 순간적인 기습에 대비한 방어 태세를 갖추다.

방역(防疫) 전염병이 발생하거나 유행하는 것을 미리 막는 일
예 방역 대책을 세우다.

방지(防止) 어떤 일이나 현상이 일어나지 못하게 막음.
예 병충해 방지

배격(排擊) 어떤 사상, 의견, 물건 따위를 물리침.
예 자기 생각과 다르다고 해서 무조건 배격을 하는 건 옳지 않다.

배알(拜謁) 지위가 높거나 존경하는 사람을 찾아가 뵘.
예 황제께 배알을 청하다.

배치(背馳) 서로 반대로 되어 어그러지거나 어긋남.
예 이론과 실제가 배치되다.

배치(配置) 사람이나 물자 따위를 일정한 자리에 나누어 둠.
배치(排置) 일정한 차례나 간격에 따라 벌여 놓음.

백안시(白眼視) 남을 업신여기거나 무시하는 태도로 흘겨봄.
예 그는 고향에 돌아와 사람들로부터 받은 백안시를 잊지 않고 있었다.

최신 **범람(氾濫)**
① 큰물이 흘러넘침.
예 하천의 범람을 막기 위해 제방을 쌓다.
② 바람직하지 못한 것들이 마구 쏟아져 돌아다님.
예 증명되지 않은 건강 보조 식품의 범람으로 국민의 건강이 크게 위협받고 있다.

변경(變更) 다르게 바꾸어 새롭게 고침. ≒ **변개(變改)**
예 계획의 변경이 필요하다.

변조(變造) 이미 이루어진 물체 따위를 다른 모양이나 다른 물건으로 바꾸어 만듦.
참고 **위조(僞造)** 어떤 물건을 속일 목적으로 꾸며 진짜처럼 만듦.

변천(變遷) 세월의 흐름에 따라 바뀌고 변함. ≒ **변이(變移)**
예 그녀는 우리나라 의복의 변천 과정에 대해 발표했다.

병마(病魔) '병(病)'을 악마에 비유하여 이르는 말
예 그는 평생을 병마와 싸우다 숨을 거두었다.

병행(竝行)
① 둘 이상의 사물이 나란히 감.
② 둘 이상의 일을 한꺼번에 행함.
예 투약과 식이 요법의 병행

보도(報道) 대중 전달 매체를 통하여 일반 사람들에게 새로운 소식을 알림. 또는 그 소식 ≒ **보(報)**
예 그 신문은 항상 보도의 내용이 정확하다.

보루(堡壘)
① 〈군사〉 적의 침입을 막기 위하여 돌이나 콘크리트 따위로 튼튼하게 쌓은 구축물
예 최후의 보루 / 보루를 지키다.
② 지켜야 할 대상을 비유적으로 이르는 말
예 그에게는 그의 가정이 인생의 마지막 보루였다.

보류(保留) 어떤 일을 당장 처리하지 아니하고 나중으로 미루어 둠. ≒ **유보(留保)**
예 보류 결정을 내리다.

봉변(逢變) 뜻밖의 변이나 망신스러운 일을 당함. 또는 그 변 ≒ **당변(當變)**
예 가까스로 봉변을 면하다.

최신 **봉우(逢遇)** 우연히 만남. 또는 마주침.

봉착(逢着) 어떤 처지나 상태에 부닥침.
예 새로운 국면에 봉착하다.

부각(浮刻)되다
① 어떤 사물이 특징지어져 두드러지게 되다.
예 그 색깔은 주위의 모든 다른 색깔에 비해 단연 부각된다.
② 주목받는 사람, 사물, 문제 따위로 나타나게 되다.

부의(賻儀) 상가(喪家)에 부조로 보내는 돈이나 물품. 또는 그런 일

부재(不在) 그곳에 있지 아니함.
例 치안 부재/정책 부재와 경험 부족으로 곤란을 겪다.

최신 **부조(扶助)**
① 잔칫집이나 상가(喪家) 따위에 돈이나 물건을 보내어 도와줌. 또는 돈이나 물건
例 요즘 사람들은 결혼식이나 장례식에 부조를 얼마나 하는지 모르겠다.
② 남을 거들어서 도와주는 일
例 그가 집에 와 있으면 그만큼 살림에 부조가 되고 의지가 된다.

부침(浮沈)
① 물 위에 떠올랐다 물속에 잠겼다 함.
例 가로등 불빛에 모습을 드러냈다 사라졌다 하는 것이 마치 익사자의 마지막 부침을 보고 있는 것 같았다.
② 세력 따위가 성하고 쇠함을 비유적으로 이르는 말
例 당쟁으로 인한 세력의 부침

분란(紛亂) 어수선하고 소란스러움.

불세출(不世出) 좀처럼 세상에 나타나지 아니할 만큼 뛰어남.
例 그보다 더 불세출한 사람을 역사에서 찾아내기도 어렵다.

최신 **불식(拂拭)** 먼지를 떨고 훔친다는 뜻으로, 의심이나 부조리한 점 따위를 말끔히 떨어 없앰을 이르는 말 ≒ **식불(拭拂)**
例 논란 불식

불원간(不遠間) 앞으로 오래지 아니한 동안
例 월세가 오랫동안 밀려서 불원간 쫓겨날 것 같다.

불찰(不察) 조심해서 잘 살피지 아니한 탓으로 생긴 잘못

붕괴(崩壞) 무너지고 깨어짐.
例 이곳은 붕괴 위험이 있으니 즉시 이동하시기 바랍니다.

비결(祕訣) 세상에 알려져 있지 않은 자기만의 뛰어난 방법
例 그렇게 좋은 피부를 유지하는 비결이 뭔가요?
유의어 **비법(祕法)** 공개하지 않고 비밀리에 하는 방법

비난(非難) 남의 잘못이나 결점을 책잡아서 나쁘게 말함.

비등(比等)하다 비교하여 볼 때 서로 비슷하다.
例 나는 내 동생과 체격이 비등하여 서로 옷을 바꿔 입기도 한다.

비루(鄙陋)하다 행동이나 성질이 너절하고 더럽다.
例 비루하게 굴다.

비상(非常)하다 예사롭지 아니하다.

例 각 정당은 그 사건에 비상한 관심을 가지고 사건의 추이를 지켜보고 있었다.

비소(卑小)하다 보잘것없이 작다.
例 우리 사람은 이러한 나무 옆에 서면 참말 비소하고 보잘것없는 존재다.

비판(批判) 현상이나 사물의 옳고 그름을 판단하여 밝히거나 잘못된 점을 지적함.
참고 **힐책(詰責)** 잘못된 점을 따져 나무람.

빈사(瀕死) = 반죽음
例 빈사 상태에 빠지다.

최신 **빈축(嚬蹙)**
① 눈살을 찌푸리고 얼굴을 찡그림.
② 남을 비난하거나 미워함.
例 그런 짓은 남의 빈축을 사기 알맞은 짓이었다.

빙부(聘父) 다른 사람의 장인(丈人)을 이르는 말 = **빙장(聘丈)**
例 내 친구는 작년에 빙부 상을 당하였다.

빙자(憑藉)
① 남의 힘을 빌려서 의지함.
② 말막음을 위하여 핑계로 내세움.
例 범인은 장학금 모금을 빙자하여 금품을 수수하였다.

ㅅ

사경(死境) 죽을 지경. 또는 죽음에 임박한 경지
例 사경을 헤매다.

사사(私事) 개인의 사사로운 일 = **사삿일(私私-)**
例 제가 여기에 온 것은 사사로 온 것이 아닙니다.

최신 **사사(師事)** 스승으로 섬김. 또는 스승으로 삼고 가르침을 받음.
例 그녀는 김 선생에게서 창을 사사하였다.

최신 **사숙(私淑)** 직접 가르침을 받지는 않았으나 마음속으로 그 사람을 본받아서 도나 학문을 닦음.
例 플라톤이 소크라테스를 얼마나 사숙하고 앙모하였는지는, 플라톤의 책만 보아도 알 수 있다.

사의(辭意)
① 맡아보던 일자리를 그만두고 물러날 뜻
例 장관은 일신상의 이유로 사의를 밝혔다.
② 글이나 말로 이야기되는 뜻

기출 핵심개념

사장(死藏)하다 사물 따위를 필요한 곳에 활용하지 않고 썩혀 두다.
예 쓸 만한 물건들을 집에 두고 사장하는 것도 아깝고 해서 죄다 기부를 했다.

사주(使嗾) 남을 부추겨 좋지 않은 일을 시킴. ≒ 사촉(唆囑)
예 그는 적의 사주를 받아 내부의 기밀을 염탐했다.

산재(散在) 여기저기 흩어져 있음.
참고 **편재(偏在)** 한곳에 치우쳐 있음.

상고(相考) 서로 견주어 고찰함.
상고(詳考) 꼼꼼하게 따져서 검토하거나 참고함.
예 면밀히 상고한 후에 결론을 내리도록 하자.

상기(上氣) 흥분이나 부끄러움으로 얼굴이 붉어짐.

상당(相當) 일정한 액수나 수치 따위에 해당함.
예 세관원이 십억 원 상당의 밀수품을 적발하였다.

상도(常道)
① 항상 변하지 않는 떳떳한 도리
② 항상 지켜야 할 도리
예 그 아이는 학생으로서 지켜야 할 상도를 어겼다.

상쇄(相殺) 상반되는 것이 서로 영향을 주어 효과가 없어지는 일

상충(相衝) 맞지 아니하고 서로 어긋남.
예 두 나라 간의 이해관계의 상충으로 전쟁이 일어났다.

생경(生硬)하다
① 세상 물정에 어둡고 완고하다.
예 생경한 그 이데올로기로썬 지금의 상황에 대응하기 어렵다.
② 글의 표현이 세련되지 못하고 어설프다.
예 이 글은 생경한 구호의 나열에 불과하다.
③ 익숙하지 않아 어색하다.
예 전혀 낯선 풍경을 보고 있자니, 생경한 느낌이 들었다.

선동(煽動) 남을 부추겨 어떤 일이나 행동에 나서도록 함. ≒ 유동(誘動)
예 누가 봐도 정치적 선동으로 보이니, 행실을 조심하도록 해라.

선처(善處) 형편에 따라 잘 처리함.
예 선처를 부탁하다.

섭렵(涉獵) 물을 건너 찾아다닌다는 뜻으로, 많은 책을 널리 읽거나 여기저기 찾아다니며 경험함을 이르는 말
예 나는 이미 고대사 문헌을 섭렵했다.

성원(聲援)
① 소리를 질러 응원함.
예 연설이 끝날 때마다 여기저기서 지지와 성원의 고함 소리가 터져 나왔다.
② 하는 일이 잘되도록 격려하거나 도와줌.
예 여러분의 많은 관심과 성원을 바랍니다.

세태(世態) 사람들의 일상생활, 풍습 따위에서 보이는 세상의 상태나 형편 ≒ 세상(世上)

소거(消去) 글자나 그림 따위가 지워짐. 또는 그것을 지워 없앰.
예 책상에 있는 낙서를 소거하였다.

소고(小考)
① 체계를 세우지 아니한 단편적 고찰
예 그녀는 에세이집인 '예절에 관한 소고'라는 책을 출간했다.
② 조금 생각함.
③ 자기의 생각을 낮추어 이르는 말

소급(遡及)하다 과거에까지 거슬러 올라가서 미치게 하다.
예 인류의 기원은 200만 년 전으로 소급해 올라간다.

소지(所持) 물건을 지니고 있는 일. 또는 그런 물건
예 이 공원은 경로 우대증 소지 노인은 무료로 입장할 수 있다.

소진(消盡) 점점 줄어들어 다 없어짐. 또는 다 써서 없앰.
예 기운이 소진되어 손에 힘조차 들어가지 않았다.

소청(所請) 남에게 청하거나 바라는 일
예 서로의 입장을 벗어나서 꼭 나의 소청에 응해 주시기 바랍니다.

소홀(疏忽) 대수롭지 아니하고 예사로움. 또는 탐탁지 아니하고 데면데면함.
예 범인이 감시 소홀을 틈타 도주했다.

손상(損傷)
① 물체가 깨지거나 상함.
예 도자기에 손상이 가다.
② 병이 들거나 다침.
예 뇌에 손상을 입다.
③ 품질이 변하여 나빠짐.
예 이 세탁기는 세탁물의 손상이 적다.
④ 명예나 체면, 가치 따위가 떨어짐.
예 공주의 행동은 왕의 위엄에 상당한 손상을 가져왔다.

송고(送稿) 원고를 편집 담당자에게 보냄.
예 작가의 송고가 늦어 마감이 미루어졌다.

송부(送付) 편지나 물품 따위를 부치어 보냄.
예 그는 휴직을 위해 필요한 서류의 송부를 동료 직원에게 부탁하였다.

쇄신(刷新) 그릇된 것이나 묵은 것을 버리고 새롭게 함.
예 국민들의 의식이 쇄신될 필요도 있다.

수납(收納) 돈이나 물품 따위를 받아 거두어들임.
예 경기 침체로 조세 수납에 차질을 빚고 있다.

수납(受納) 받아서 넣어 둠.
예 잡동사니들을 수납할 공간이 부족하다.

최신 **수령(受領)** 돈이나 물품을 받아들임.
예 반품 및 교환은 물품 수령 후 3일 안에만 가능합니다.

수뢰(受賂) 뇌물을 받음.
예 수뢰 혐의로 거명되는 인사들 중에는 고위 공무원과 국회 의원도 있었다.

수반(隨伴)
① 붙좇아서 따름.
② 어떤 일과 더불어 생김.
예 투기는 손해를 볼 수 있는 위험 부담을 수반하기도 한다./아무리 좋은 제도라 하더라도 그것의 실행에는 여러 문제점이 수반된다.

수발(秀拔)하다 뛰어나게 훌륭하다.
예 그 작은 머리의 어디에 그런 수발한 재능이 간직되어 있는지 놀람을 금할 수 없었다.

수색(搜索) 구석구석 뒤지어 찾음.
예 실종자 수색에 나서다.

수여(授與) 증서, 상장, 훈장 따위를 줌.
예 상장 수여/졸업장 수여/박사 학위 수여

수정(水晶) 〈광업〉 무색투명한 석영의 하나. 육방주상(六方柱狀)의 결정체이며, 주성분은 이산화규소이다.
예 얼음이 수정처럼 맑다.

수정(受精) 〈생명〉 암수의 생식 세포가 하나로 합쳐져 접합자가 됨. 또는 그런 현상
예 수정된 수정란들에서 DNA를 추출하였다.

수정(修正) 바로잡아 고침.
예 궤도의 수정/향후 목표에 근본적인 수정이 필요하다.

수정(修訂) 글이나 글자의 잘못된 점을 고침.
예 대본 수정/초고 수정

수주(受注) 주문을 받음. 주로 물건을 생산하는 업자가 제품의 주문을 받는 것을 이르는 말이다.
예 국내 건설업체들의 건설 공사 수주가 활기를 띠고 있다.

순리(順理) 순한 이치나 도리. 또는 도리나 이치에 순종함.
예 순리를 따르다.

순연(順延) 차례로 기일을 늦춤.
예 오늘 경기는 경기장 사정으로 순연되어 내일 오전에 열린다.

승전(勝戰) 싸움에서 이김.
유의어 승첩(勝捷), 전승(戰勝), 전첩(戰捷)
예 고국에 승전 소식을 전하다.

시국(時局) 현재 당면한 국내 및 국제 정세나 대세
예 미국 대통령이 새로이 당선되면서 시국이 불안정해졌다.

시류(時流) 그 시대의 풍조나 경향
예 시류에 편승하여 외국어 공부에만 열을 올리는 것은 바람직하지 않다.

시사(示唆)하다 어떤 것을 미리 간접적으로 표현해 주다.
예 그 사건이 시사하는 바가 크다.

시야(視野)
① 시력이 미치는 범위
예 시야가 탁 트이다.
② 사물에 대한 식견이나 사려가 미치는 범위
예 그는 시야가 너무 좁아서 독선적이다.

시의(時宜) 그 당시의 사정에 알맞음. 또는 그런 요구
예 시의에 맞다.

식견(識見) 학식과 견문이라는 뜻으로, 사물을 분별할 수 있는 능력을 이르는 말
예 그분은 식견이 높고, 고매한 정신세계를 갖고 있다.

신망(信望) 믿고 기대함. 또는 그런 믿음과 덕망
예 그는 조용한 성품에 솔선수범하여 주변 사람들로부터 신망이 높다.

실력(實力)
① 실제로 갖추고 있는 힘이나 능력
예 수학 실력/실력을 기르다.
② 강제력이나 무력
예 실력을 행사하다.

실토(實吐) 거짓 없이 사실대로 다 말함.
예 범인의 실토를 받아 냈다.

기출 핵심개념

심의(審議) 심사하고 토의함.
예 예산안 심의를 통과했다.

심혈(心血)
① 심장의 피
② 마음과 힘을 아울러 이르는 말
예 심혈을 기울인 사업이 시류에 휩쓸려 실패하고 말았다.

[최신] **쌍벽(雙璧)** 여럿 가운데 특별히 뛰어난, 우열을 가리기 어려운 둘을 비유적으로 이르는 말
예 이황과 이이는 조선시대의 쌍벽을 이루는 성리학자들이다.

ㅇ

아집(我執) 자기중심의 좁은 생각에 집착하여 다른 사람의 의견이나 입장을 고려하지 아니하고 자기만을 내세우는 것
예 아집이 세다./아집을 버리지 못하다.

애증(愛憎) 사랑과 미움을 아울러 이르는 말
유의어 애오(愛惡), 증애(憎愛)

야기(惹起)하다 일이나 사건 따위를 끌어 일으키다.
예 그의 발언은 혼란을 야기했다.

[최신] **약진(躍進)**
① 힘차게 앞으로 뛰어 나아감.
예 넘어져서 한참을 누워있던 그가 드디어 몸을 일으켜 약진 동작으로 달리기 시작했다.
② 빠르게 발전하거나 진보함.
예 전 국민이 한마음으로 단결하여 어려운 시기를 약진의 발판으로 삼았다.

양도(讓渡) 재산이나 물건을 남에게 넘겨줌. 또는 그런 일
예 유상으로 남에게 양도했다면 조세법에 따라 세금을 내야 한다.
유의어 **양여(讓與)** 자기의 소유를 남에게 건네줌.

[최신] **양생(養生)** 병에 걸리지 아니하도록 건강 관리를 잘하여 오래 살기를 꾀함.
예 일찍이 그는 양생을 잘했던 덕에 병마와 싸워 이길 수 있었다.

양양(洋洋)하다 사람의 앞날이 한없이 넓어 발전할 여지가 많다.
예 전도가 양양한 청년들이 일자리를 찾지 못해 안타깝다.

양양(揚揚)하다 뜻한 바를 이룬 만족한 빛을 얼굴과 행동에 나타내는 면이 있다.
예 그녀의 의기는 매우 양양해 보였다.

참고 **득의양양(得意揚揚)** 뜻한 바를 이루어 우쭐거리며 뽐냄.

억압(抑壓) 자기의 뜻대로 자유로이 행동하지 못하도록 억지로 억누름.
예 언론의 자유가 억압을 당하다.

여담(餘談) 이야기하는 과정에서 본 줄거리와 관계없이 흥미로 하는 딴 이야기
예 그 교수님은 여담이 너무 많으시다.

역설(力說) 자기의 뜻을 힘주어 말함. 또는 그런 말
역설(逆說)
① 어떤 주의나 주장에 반대되는 이론이나 말
② 〈철학〉 일반적으로 모순을 야기하지 아니하나 특정한 경우에 논리적 모순을 일으키는 논증. 모순을 일으키기는 하지만 그 속에 중요한 진리가 함축되어 있는 것으로 간주함.
예 한문 공부를 하면 할수록 역설적으로 우리말과 우리글을 연구해야겠다는 생각이 더 든다.

역임(歷任) 여러 직위를 두루 거쳐 지냄. '거침', '지냄'으로 순화
예 그녀는 다양한 정부 요직에 역임을 하면서 경력을 쌓았다./일찍 금배지를 단 그는 고위직을 두루 역임하였다.

[최신] **염두(念頭)**
① 생각의 시초
예 그런 생각은 염두에도 없다.
② 마음의 속
예 그날의 광경이 너무 인상적이어서 염두를 떠나지 않는다.

염세적(厭世的) 세상을 싫어하고 모든 일을 어둡고 부정적인 것으로 보는 것
예 전쟁 이후 예술은 염세적인 경향을 강하게 드러냈다.

[최신] **영락(零落)** 세력이나 살림이 줄어들어 보잘것없이 됨.
예 영락과 부패/영락을 거듭하다.

[최신] **영락없다(零落없다)** 조금도 틀리지 아니하고 꼭 들어맞다.
예 이렇게 공부했으니, 시험을 치기만 하면 합격은 영락없다.

[최신] **영수(領袖)** 여러 사람 가운데 우두머리
예 그는 일을 가장 잘하기에 우리 모임에서 영수가 될 만하다.
영수(領收) 돈이나 물품 따위를 받아들임.
예 그 직원은 각종 세금의 영수를 담당하고 있다.

영유(領有) 자기의 것으로 차지하여 가짐.
예 이 섬의 영유를 위하여 여러 나라가 각축하고 있다.

예속(隷屬) 남의 지배나 지휘 아래 매임.
예 드디어 박 부장의 예속에서 벗어나다.

오만(傲慢) 태도나 행동이 건방지거나 거만함. 또는 그 태도나 행동
예 그 사람은 평소 오만하여 사람들은 그의 언행을 신뢰하지 않는다.

오인(誤認)하다 잘못 보거나 잘못 생각하다.
예 사람들은 동생을 형으로 오인하는 경우가 많다.

최신 **오찬(午餐)** 손님을 초대하여 함께 먹는 점심 식사
예 대통령 수행원 및 청와대 근무자들을 위해 그 호텔에서는 오찬을 베풀었다.

옥석(玉石)
① 옥이 들어 있는 돌. 또는 가공하지 아니한 천연의 옥
② 옥과 돌이라는 뜻으로, 좋은 것과 나쁜 것을 아울러 이르는 말
예 많은 사람 중에서 옥석을 가리려면, 세밀히 관찰해야 한다.

최신 **온상(溫床)**
① 인공적으로 따뜻하게 하여 식물을 기르는 설비. 온실보다는 간단하며 일시적인 설비
② 어떤 현상이나 사상, 세력 따위가 자라나는 바탕을 비유적으로 이르는 말
예 심야 영업을 하는 업소들은 청소년 범죄의 온상이 되기도 한다.

와전(訛傳) 사실과 다르게 전함.
예 말이라는 건 입을 건너갈수록 와전되기 십상이다.

왜곡(歪曲) 사실과 다르게 해석하거나 그릇되게 함.
예 왜곡된 보도를 자제해 주세요.

외경(畏敬) 공경하면서 두려워함. ≒ 경외(敬畏)

최신 **위시(爲始)** 여럿 중에서 어떤 대상을 첫자리 또는 대표로 삼음.
예 그를 위시하여 여러 사람이 그 일에 참여했다.

요람(搖籃)
① 젖먹이를 태우고 흔들어 놀게 하거나 잠재우는 물건. 주로 작은 채롱처럼 된 것을 이름.
② 사물의 발생지나 근원지를 비유적으로 이르는 말
예 유럽 문명의 요람.

용훼(容喙) 간섭하여 말참견을 함.
예 그는 자세히 알지도 못하면서 용훼하기를 잘한다.

우매(愚昧) 어리석고 사리에 어두움.
예 한 사람의 우매로 많은 사람이 고통을 겪었다.

유리(遊離) 따로 떨어짐.
예 대중으로부터 유리된 문학은 설 자리를 잃어 가고 있다.

유추(類推) 같은 종류의 것 또는 비슷한 것에 기초하여 다른 사물을 미루어 추측하는 일

윤색(潤色)
① 윤이 나도록 매만져 곱게 함. ≒ 윤식(潤飾)
② 사실을 과장하거나 미화함을 비유적으로 이르는 말
예 번역극을 다루다 보면 우리 실정에 맞는 내용의 윤색도 필요하다.

최신 **융간(戎間)** 전쟁을 하고 있는 동안
유의어 **융마지간(戎馬之間)**
예 양국의 군사들이 치열하게 융간하는 중에 황제들은 제 살길만 찾느라 바빴다.

융성(隆盛) 기운차게 일어나거나 대단히 번성함.
≒ 융창(隆昌), 흥성(興盛)
예 역사학의 융성/국가의 융성과 멸망

응전(應戰) 상대편의 공격에 맞서서 싸움. 또는 상대편의 도전에 응하여 싸움.
예 응전 태세를 갖추다.

의결(議決) 의논하여 결정함. 또는 그런 결정
유의어 **결의(決議)**
예 이사회의 의결이 나오는 대로 조치가 취해질 것이다.

의장(意匠) 시각을 통하여 미감(美感)을 일으키는 것. 물품의 형상, 모양, 색채 또는 이들을 결합한 것으로서, 의장권의 대상이 된다.
예 기상천외한 의장이 여기 있는 조각품들을 돋보이게 한다.

인멸(湮滅/埋滅) 자취도 없이 모두 없어짐. 또는 그렇게 없앰.
유의어 **인륜(湮淪), 인몰(湮沒), 인침(湮沈)**
예 왜 유리한 증거품을 제 손으로 인멸했는지 알 수가 없다.

인용(引用) 남의 말이나 글을 자신의 말이나 글 속에 끌어 씀.
예 적절한 인용/대부분이 인용으로 이루어진 글

인접(鄰接) 이웃하여 있음. 또는 옆에 닿아 있음.
예 이곳에는 기숙사, 식당, 오락 시설 따위가 인접해 있다.

인지(認知)하다 어떠한 사실을 인정하여 알다.

예 실태를 인지하다.

일가견(一家見) 어떤 문제에 대하여 독자적인 경지나 체계를 이룬 견해
예 일가견을 피력하다.

[최신] 일별(一瞥) 한번 흘깃 봄.
예 그들은 내게 일별도 던지지 않고 빠른 걸음으로 내 곁을 지나갈 뿐이었다.

[최신] 일축(一蹴)
① 제안이나 부탁 따위를 단번에 거절하거나 물리침.
예 말을 꺼냈다가 어머니에게 일축을 당하였다.
② 소문이나 의혹, 주장 따위를 단호하게 부인하거나 더 이상 거론하지 않음.
③ 운동 경기 따위에서 상대를 손쉽게 물리침.

임대(賃貸) 돈을 받고 자기의 물건을 남에게 빌려줌.
예 임대 아파트 / 임대 가격이 싸다. / 임대 조건이 좋다.

입선(入選) 출품한 작품이 심사에 합격하여 뽑힘.
예 이번 공모전에서 입선된 작품들이 한 달 동안 전시된다.

ㅈ

[최신] 자자(自恣) 자기 마음대로 함.
예 그는 원체 제멋대로라 자자한 사람이다.

[최신] 작량(酌量) 짐작하여 헤아림.
예 일이 잘 안될 때를 생각해서 미리 작량을 해 두는 것이 좋겠다.

작렬(炸裂)
① 포탄 따위가 터져서 쫙 퍼짐.
② 박수 소리나 운동 경기에서의 공격 따위가 포탄이 터지듯 극렬하게 터져 나오는 것을 비유적으로 이르는 말
예 폭죽 같은 홈런의 작렬

작태(作態)
① 의도적으로 어떠한 태도나 표정을 지음. 또는 그 태도나 표정
예 가게 주인은 손님에게 친절한 작태를 해 보였다.
② 하는 짓거리
예 비열한 작태를 되풀이하다.

[최신] 작파(作破) 어떤 계획이나 일을 중도에서 그만두어 버림.
예 건설 자재가 부족하여 공사를 중도에서 작파를 하였다.

잔존(殘存) 없어지지 않고 남아 있음.
예 잔존 병력

잠재(潛在) 겉으로 드러나지 않고 속에 잠겨 있거나 숨어 있음.
예 스태그플레이션(stagflation)은 이미 20년 전부터 전 세계적으로 잠재되어 있던 문제이다.

장계(狀啓) 〈역사〉왕명을 받고 지방에 나가 있는 신하가 자기 관하(管下)의 중요한 일을 왕에게 보고하던 일. 또는 그런 문서
예 책을 만들어서 장계와 함께 올리오니. 비옵건대, 중앙과 지방에 반포하여 영구히 성법(成法)으로 삼게 하소서.

장고(長考) 오랫동안 깊이 생각함.
예 신중을 기하는 그는 장고에 장고를 거듭했다.

장착(裝着) 의복, 기구, 장비 따위에 장치를 부착함.
≒ 착장(着裝)
예 안전띠 장착을 의무화하다.

재고(再考) 어떤 일이나 문제 따위에 대하여 다시 생각함.
유의어 갱고(更考)
예 그 일의 결과는 너무나 뻔하므로 재고의 여지도 없다.

재기(才氣) 재주가 있는 기질
예 재기 발랄한 젊은이 / 재기가 넘치다.

재기(再記) 다시 기록함.
예 나중에 계약된 내용이 장부에 재기가 안 되어 있었다.

재기(再起) 역량이나 능력 따위를 모아서 다시 일어섬.
예 그 선수는 부상의 아픔을 딛고 재기에 성공하였다.

저돌적(豬突的) 앞뒤를 생각하지 않고 내닫거나 덤비는. 또는 그런 것
예 그 사람은 대담하고 저돌적인 추진력을 지니고 있었다.

적령(適齡) 어떤 표준이나 규정에 알맞은 나이
예 딸아이는 올해에 취학 적령이 되어 입학 통지서를 받았다.

전교(轉交) 다른 사람의 손을 거쳐 편지나 서류 따위를 교부함.

전락(轉落)
① 아래로 굴러떨어짐.
② 나쁜 상태나 타락한 상태에 빠짐.
예 천덕꾸러기로 전락을 하고 보니 그 사람이 싫고 다시 보였다.

전망(展望)
① 넓고 먼 곳을 멀리 바라봄. 또는 멀리 내다보이는 경치
예 탁 트인 전망 때문에 이 집으로 이사를 왔다.
② 앞날을 헤아려 내다봄. 또는 내다보이는 장래의 상황
예 도시 교통 문제의 현황과 전망에 대해 알아보겠습니다.

전복(顚覆)
① 차나 배 따위가 뒤집힘.
예 열차 전복 사고
② 사회 체제가 무너지거나 정권 따위를 뒤집어엎음.
예 그들의 주장은 체제 비판의 차원을 넘어 체제 전복을 지향했다.

전소(全燒) 남김없이 다 타 버림.
예 발 빠른 신고 덕에 건물 전소는 면했다.

[최신] 전수(傳受) 기술이나 지식 따위를 전하여 받음.
예 그는 아들에게 기술을 전수하였다.

[최신] 전철(前轍) 앞에 지나간 수레바퀴의 자국이라는 뜻으로, 이전 사람의 그릇된 일이나 행동의 자취를 이르는 말
예 이일을 전철 삼아 대비를 취함으로써 오히려 불행을 행으로 돌릴 수 있겠다.

전치(全治) 병을 완전히 고침.
예 전치 4주의 중상을 입다.

[최신] 전향(轉向)
① 방향을 바꾸다.
② 종래의 사상이나 이념을 바꾸어서 그와 배치되는 사상이나 이념으로 돌리다.
예 말이 좋아 전향이지, 실상은 변절이라고 모두들 쑥덕거렸다.

절창(絕唱)
① 뛰어나게 잘 지은 시
② 뛰어나게 잘 부름. 또는 그런 노래
③ 아주 뛰어난 명창

정비(整備)
① 흐트러진 체계를 정리하여 제대로 갖춤.
예 교육 제도 정비/축구 대표 팀의 정비
② 기계나 설비가 제대로 작동하도록 보살피고 손질함.
예 전동차 정비/정비 공장
③ 도로나 시설 따위가 제 기능을 하도록 정리함.
예 가로수 정비

정정(正正)하다 바르고 가지런하다.
정정(訂正)하다 글자나 글 따위의 잘못을 고쳐서 바로잡다.
예 나는 서류상의 문구를 정정해 달라고 요청했다.

제반(諸般) 어떤 것과 관련된 모든 것
예 서울은 대도시의 제반 면모를 갖춘 국제적 도시다.

제재(制裁) 일정한 규칙이나 관습의 위반에 대하여 제한하거나 금지함. 또는 그런 조치
예 여론(輿論)의 제재를 받다.

제정(制定) 제도나 법률 따위를 만들어서 정함.
예 특별법을 제정하였다.

조망(眺望)
먼 곳을 바라봄. 또는 그런 경치
예 조망이 탁 트이다.

조성(造成) 무엇을 만들어서 이룸.
예 시장은 대규모 유원지 조성을 추진하고 있다.

조소(嘲笑) = 비웃음
예 조소의 대상이 되다.

조응(照應)
① 둘 이상의 사물이나 현상 또는 말과 글의 앞뒤 따위가 서로 일치하게 대응함.
예 이 작품은 여러 가지 구성 요소가 균형 있게 잘 조응되어 있다.
② 원인에 따라서 결과가 생김.

조인(調印) 서로 약속하여 만든 문서에 도장을 찍음.
예 이 협정의 내용은 조인된 지 24시간 후부터 유효합니다.

조짐(兆朕) 좋거나 나쁜 일이 생길 기미가 보이는 현상
예 심상찮은 조짐이 보인다.

[최신] 졸연(猝然/卒然)
① 갑작스럽게
예 건강하던 누이가 졸연 큰 병에 들었다.
② 까다롭거나 힘들지 않고 쉽게
예 그 친구는 그토록 복잡한 이론도 졸연 해설하고는 했다.

종식(終熄) 한때 매우 성하던 현상이나 일이 끝나거나 없어짐.
예 냉전의 종식/누구나 이 전쟁의 종식을 바란다.

종전(從前) 지금보다 이전 ≒ **자전(自前), 전차(前此)**
예 종전의 방식을 그대로 고수하다.

좌시(坐視)하다 참견하지 아니하고 앉아서 보기만 하다.
예 민재의 태도를 더 이상 좌시할 수는 없다.

주말(朱抹)하다 붉은 먹을 묻힌 붓으로 글자 따위를 지우다.
예 그녀는 내용이 잘못되었다며 서신의 한 구절을 주말하였다.

주창(主唱)
① 주의나 사상을 앞장서서 주장함.
예 사람들은 그의 주창을 보수적이라고 비판했다.
② 노래나 시 따위를 앞장서서 부름.
예 음악 수업은 한 학생이 노래를 주창하면 다른 학생들이 따라 부르는 식으로 진행되었다.

준거(遵據) 전례나 명령 따위에 의거하여 따름.
예 법 조항에 준거하여 판결을 내리다.

준수(遵守) 전례나 규칙, 명령 따위를 그대로 좇아서 지킴.
예 안전 수칙 준수

중건(重建) 절이나 왕궁 따위를 보수하거나 고쳐 지음.
예 소실된 왕궁의 중건이 이루어졌다.

증여(贈與) 〈법률〉당사자의 일방이 자기의 재산을 무상으로 상대편에게 줄 의사를 표시하고 상대편이 이를 승낙함으로써 성립하는 계약
예 자녀에 대한 증여도 일정한 제한이 있다.

증진(增進) 기운이나 세력 따위가 점점 더 늘어 가고 나아감.
예 그녀는 열심히 운동을 한 덕분에 체력이 증진되었다.

증편(增便) 정기적인 교통편의 횟수를 늘림.
예 증편 운행/지금 추세로 보아 이 구간의 항공기 증편은 불가피하다.

지득(知得)하다 깨달아 알다.
예 그는 이제야 스승님의 말씀을 지득했다.

지수(止水)
① 흐르지 않고 괴어 있는 물
② 마음이 고요하고 움직임이 없음을 비유적으로 이르는 말
③ 물이 새거나 흘러드는 것을 막음.

지양(止揚)하다 더 높은 단계로 오르기 위하여 어떠한 것을 하지 아니하다.
예 이러한 방식은 지양하고 새로운 방식을 살려 보도록 합시다.
참고 **지향(指向)** 작정하거나 지정한 방향으로 나아감. 또는 그 방향

지엽(枝葉) 본질적이거나 중요하지 아니하고 부차적인 부분
예 지엽적인 문제에만 매달려 본질적인 문제들은 망각하고 있었다.

지탄(指彈)
① 손끝으로 튀김.
② 잘못을 지적하여 비난함.
예 국민으로부터 지탄을 받다.

지탱(支撑)하다 오래 버티거나 배겨 내다.
예 문지방에 걸려서 휘청하다가 벽을 짚고서야 겨우 몸을 지탱하였다.

직시(直視)하다
① 정신을 집중하여 어떤 대상을 똑바로 보다.
② 사물의 진실을 바로 보다.
예 현실을 직시하도록 하여라.

진상(眞相) 사물이나 현상의 거짓 없는 모습이나 내용. '참된 모습'으로 순화
예 진상을 규명하다.

진척(進陟)
① 일이 목적한 방향대로 진행되어 감.
예 빠른 진척을 보이다.
② 벼슬이 높아짐.

질박(質朴)하다 꾸민 데가 없이 수수하다.
예 뚝배기는 세련되지는 않지만 질박한 아름다움이 있다.

질시(嫉視)하다 시기하여 보다.
예 사촌이 땅을 사면 배가 아프다더니, 타인의 행복을 질시하는 사람들이 많다.

질욕(叱辱) 꾸짖으며 욕함.
관련어 **징분질욕(懲忿窒慾)** 분한 생각을 경계하고 욕심을 막음.

질의(質疑) 의심나거나 모르는 점을 물음.
예 학생들의 질의에 선생님은 친절하게 대답해 주셨다./간단하게 질의를 해 주십시오.

질의(質議) 사리의 옳고 그름을 물어서 의논함.
예 본 사안에 대해 모두 함께 질의를 해 보는 시간이 필요하다.

집체(集體)
① 물체가 한곳에 모여 이루어진 것
② 힘, 지혜, 동작, 개념 따위를 하나로 뭉친 것
예 집체 훈련/집체 교육

징집(徵集)
① 물건을 거두어 모음.
예 시국이 시국인지라 수저 한 벌조차도 징집 대상이 되었다.
② 병역 의무자를 현역에 복무할 의무를 부과하여 불러 모음.
예 징집을 기피하는 젊은이들이 늘고 있다.

ㅊ

착복(着服)
① 옷을 입음.
② 남의 금품을 부당하게 자기 것으로 함.
예) 그는 공금을 착복하여 달아났다.

착종(錯綜) 이것저것이 뒤섞여 엉클어짐.
예) 젊은 날엔 대개 현실과 이성의 착종 속에서 갈등을 겪는다.
유의어 규착(糾錯) 서로 얽히고 뒤섞임.

찬동(贊同) 어떤 행동이나 견해 따위가 옳거나 좋다고 판단하여 그에 뜻을 같이함.
예) 팀원들은 내 계획에 찬동의 뜻을 표시했다.

참척(潛着) 한 가지 일에만 정신을 골똘하게 씀.
예) 멀리서 들리는 피아노 소리에 참척해서 그가 가까이 다가오는 줄도 몰랐다.

창달(暢達)
① 의견, 주장, 견해 따위를 거리낌이나 막힘이 없이 자유롭게 표현하고 전달함.
예) 시청자 게시판은 시청자의 의견 창달이 보장되어야 한다.
② 거침없이 쑥쑥 뻗어 나감. 또는 그렇게 되게 함.
예) 지역 문화를 창달하다.

책동(策動)
① 좋지 아니한 일을 몰래 꾸미어 시행함.
예) 검찰은 사회 불안을 야기하는 불순한 세력들의 책동을 엄단하겠다고 공표했다.
② 남을 부추기어 일정한 방향으로 행동하게 함.
예) 배후의 책동에 부화뇌동해서는 안된다.

책망(責望) 잘못을 꾸짖거나 나무라며 못마땅하게 여김.
유의어 힐책(詰責) 잘못된 점을 따져 나무람.

척결(剔抉)
① 살을 도려내고 뼈를 발라냄.
② 나쁜 부분이나 요소들을 깨끗이 없애 버림.
예) 비리의 척결

천착(穿鑿)
① 구멍을 뚫음.
② 어떤 원인이나 내용 따위를 따지고 파고들어 알려고 하거나 연구함.
예) 세밀한 관찰과 천착을 거듭한 끝에 드디어 연구의 결실을 맺었다.

천품(天稟) 타고난 기품
예) 조정에서 별택하여 보낸 인물인 만큼 천품이 관후하다.

첨부(添附) 안건이나 문서 따위를 덧붙임.
예) 이 단체에서는 가입할 때 자격증 사본의 첨부를 요구한다.

청산(淸算)
① 서로 간에 채무·채권 관계를 셈하여 깨끗이 해결함.
예) 10년 만에 학자금 대출을 청산해서 속이 시원하다.
② 과거의 부정적 요소를 깨끗이 씻어 버림.
예) 봉건 잔재의 청산은 사회발전을 위해 꼭 필요하다.

체류(滯留) 객지에 가서 머물러 있음.
예) 삼촌은 뉴욕에 체류 중이다.

초래(招來) 일의 결과로서 어떤 현상을 생겨나게 함.
예) 교육의 양적 팽창이 질적인 저하를 초래했다.

초록(抄錄) 필요한 부분만을 뽑아서 적음. 또는 그런 기록
유의어 초(抄), 초기(抄記)
예) 논문의 초록을 영문으로 작성하다.

촉망(囑望) 잘되기를 바라고 기대함. 또는 그런 대상
예) 그 분야에서 그녀는 가장 촉망을 받는 인재이다.

총체(總體) 있는 것들을 모두 하나로 합친 전부 또는 전체
예) 작품은 작가의 신념과 가치관의 총체라 할 수 있다.

추념(追念) 지나간 일을 돌이켜 생각함.
예) 각종 단체에서는 그날을 회고 추념하는 각종 행사를 열었다.

추모(追慕) 죽은 사람을 그리며 생각함.
예) 그이에게 대한 추모와 애정 때문에 인화는 잠을 못 이루고 오도카니 앉아 있었다.

추방(追放) 일정한 지역이나 조직 밖으로 쫓아냄.
예) 결백을 주장하던 그녀는 재판 결과에 따라 결국 국외로 추방당했다.

추세(趨勢) 어떤 현상이 일정한 방향으로 나아가는 경향
예) 요즘 엔화가 지속적으로 하락하는 추세이다.

추이(推移) 일이나 형편이 시간의 경과에 따라 변하여 나감. 또는 그런 경향
예) 사태의 추이가 주목된다.
유의어 귀추(歸趨) 일이 되어 가는 형편

추인(追認) 지나간 사실을 소급하여 추후에 인정함.
예) 이 안건은 어쨌든 형식적이지만 국무 회의의 추인을 받아야 한다.

기출 핵심개념

추종(追從)
① 남의 뒤를 따라서 좇음.
예 그는 컴퓨터 분야에서는 타의 추종을 불허한다.
② 권력이나 권세를 가진 사람이나 자신이 동의하는 학설 따위를 별 판단 없이 믿고 따름.
예 그 사람은 권력자의 말은 무조건 추종한다.

추징(追徵)
① 부족한 것을 뒤에 추가하여 징수함.
② 〈법률〉 형법상 몰수하여야 할 물건을 몰수할 수 없을 때에 몰수할 수 없는 부분에 해당하는 값의 금전을 징수하는 일. '추가 징수'로 순화
예 탈루 세금 추징

취득(取得) 자기 것으로 만들어 가짐.
예 부동산·자동차·중기(重機)·입목(立木)·선박·광업권·어업권 따위를 취득할 때 매긴다.

취재(取才) 재주를 시험하여 사람을 뽑음.
예 몇 사람이 서울에 올라와 취재에 응하여 직을 받았다.

친소(親疏) 친함과 친하지 아니함.
예 그들은 자기와의 친소 관계를 따져 무리를 지어 앉았다.

친전(親展)
① 몸소 펴 봄.
② 편지를 받을 사람이 직접 펴 보라고 편지 겉봉에 적는 말
예 그의 손에 '유재석 님 친전'이라고 쓰인 편지 봉투가 있었다.

ㅌ

타개(打開) 매우 어렵거나 막힌 일을 잘 처리하여 해결의 길을 엶.
예 경제 불황 타개를 위한 각종 대안이 제시되고 있다.

타결(妥結) 의견이 대립된 양편에서 서로 양보하여 일을 마무름.
예 이미 많은 부분이 합의되었기 때문에 협상 타결은 시간문제이다.

타진(打盡) [최신] 모조리 잡음.
예 이번 집중단속으로 범죄 조직을 타진할 예정이다.

타파(打破) 부정적인 규정, 관습, 제도 따위를 깨뜨려 버림.
예 악습(惡習)의 타파

탐색(探索) 사라지거나 드러나지 않은 사물이나 현상 따위를 자세히 살펴 찾음.
예 탐색 작전

탑재(搭載) 배, 비행기, 차 따위에 물건을 실음.
예 화물 탑재

통감(痛感) [최신] 마음에 사무치게 느낌.
예 이번 사태의 심각성에 대해 우리 모두 책임을 통감해야 한다.

통달(通達)
① 막힘없이 환히 통함.
② 말이나 문서로써 기별하여 알림. '알림, 통첩'으로 순화
③ 사물의 이치나 지식, 기술 따위를 훤히 알거나 아주 능란하게 함.

통회(痛悔) 몹시 뉘우침.
예 나는 술이 깨어 작일의 만행을 생각하니 통회의 염을 누를 길이 없었다.

투쟁(鬪爭)
① 어떤 대상을 이기거나 극복하기 위한 싸움
예 인류는 자연과의 투쟁에서 승리할 수 없다.
② 사회 운동, 노동 운동 따위에서 무엇인가를 쟁취하고자 견해가 다른 사람이나 집단 간에 싸우는 일
예 반정부 투쟁을 주도하던 이들이 경찰에 붙잡혔다.

투항(投降) 적에게 항복함.
예 그들은 투항의 표시로 머리에 손을 얹었다.

ㅍ

파겁(破怯) 익숙하여 두려움이나 부끄러움이 없어짐.
예 그녀도 이제는 파겁이 되었는지 아무 거리낌 없이 밀림 속으로 걸어갔다.

파견(派遣) 일정한 임무를 주어 사람을 보냄.
예 국방부는 우리 군 의료진의 소말리아 파견을 결정했다고 발표하였다.

파급(波及) 어떤 일의 여파나 영향이 차차 다른 데로 미침.
예 불매운동이 전국적으로 파급되었다.

파기(破棄)
① 깨뜨리거나 찢어서 내버림.
예 문서를 파기할 때는 반드시 문서 파기 규정에 따라야 한다.
② 계약, 조약, 약속 따위를 깨뜨려 버림.
예 계약 파기로 계약금을 잃다.

파장(波長)
① 〈물리〉 파동에서, 같은 위상을 가진 서로 이웃한 두 점 사이의 거리 ≒ **결너비**
② 충격적인 일이 끼치는 영향 또는 그 영향이 미치는 정도나 동안을 비유적으로 이르는 말
예 그 기사의 파장은 매우 컸다.

패기(霸氣) 어떤 어려운 일이라도 해내려는 굳센 기상이나 정신
예 이제 막 사회생활을 시작한 그는 패기가 넘치는 멋진 청년이었다.

패륜(悖倫) 인간으로서 마땅히 하여야 할 도리에 어그러짐. 또는 그런 현상
예 최근에 패륜 사건이 급증하는 등 사회 윤리가 땅에 떨어졌다고 개탄하는 목소리가 높다.

팽배(澎湃)
① 큰 물결이 맞부딪쳐 솟구침.
② 어떤 기세나 사조 따위가 매우 거세게 일어남.
예 기대 심리의 팽배

편년(編年) 연대순으로 역사를 편찬함.
예 출토된 토기는 서해안의 신석기 시대 토기 형식 연구와 편년 설정에 기준이 되는 중요한 자료이다.

편람(便覽) 보기에 편리하도록 간추린 책
예 학교생활에 도움이 될 수 있도록 신입생들에게 학교 편람을 나누어 주었다.

편력(遍歷)
① 이곳저곳을 널리 돌아다님. ≒ **편답(遍踏)**
② 여러 가지 경험을 함.
예 이런 시기에 여러 곳의 직장을 편력하는 것은 도움이 되지 않을 수 있다.

편법(便法) 정상적인 절차를 따르지 않은 간편하고 손쉬운 방법
예 편법을 동원하다.

편승(便乘)
① 남이 타고 가는 차편을 얻어 탐.
② 세태나 남의 세력을 이용하여 자신의 이익을 거둠을 비유적으로 이르는 말
예 소외된 하층 계급의 정치적 불만에 편승하여, 이를 통해 정치권력을 장악하려는 세력들이 있다.

편재(偏在)하다 한곳에 치우쳐 있다.
예 문화 시설 대부분이 서울에 편재해 있다.

유의어 **치우치다** 균형을 잃고 한쪽으로 쏠리다.

편철(編綴) 통신·문건·신문 따위를 정리하여 짜서 철하거나 겹음.
예 사무실 한쪽에는 편철된 각종 서류들이 놓여 있었다.

폐부(肺腑) 마음의 깊은 속
예 그녀의 송곳 같은 말은 그의 폐부를 뚫은 듯했다.

폐지(廢止) 실시하여 오던 제도나 법규, 일 따위를 그만두거나 없앰.
예 각종 관세를 폐지하면 무역이 활성화될 것이다.

표백(表白) 생각이나 태도 따위를 드러내어 밝힘.
예 아무리 감추려 해도 우리들의 얼굴에서 들떠 있는 감정의 표백을 감출 순 없었다.

표백(漂白) 종이나 피륙 따위를 바래거나 화학 약품으로 탈색하여 희게 함.

품평(品評) 물건이나 작품의 좋고 나쁨을 평함.
예 이 작품에 대한 품평은 그다지 좋지 않다.

최신 **풍미(風靡)** 바람에 초목이 쓰러진다는 뜻으로, 어떤 사회적 현상이나 사조 따위가 널리 사회에 퍼짐을 이르는 말
예 서구의 문학이 흘러들어오면서 사실주의 기법이 풍미했다.

풍조(風潮) 시대에 따라 변하는 세태
예 사회 전반의 불신 풍조에 대해 걱정하는 목소리가 높다.

ㅎ

한계(限界) 사물이나 능력, 책임 따위가 실제 작용할 수 있는 범위. 또는 그런 범위를 나타내는 선

할거(割去) 베어 버림.

최신 **할당(割當)** 몫을 갈라 나눔. 또는 그 몫
예 회사에서 각 대리점에 판매량을 할당했다.

함양(涵養) 능력이나 품성 따위를 길러 쌓거나 갖춤.
예 독서는 학생들의 지식과 정서 함양에 크게 이바지한다.

항진(亢進)
① 위세 좋게 뽐내고 나아감.
예 우리는 신한국 창조를 향한 항진을 시작했다.
② 병세 따위가 심하여짐.
예 타액 분비의 항진으로 구역질과 함께 침을 흘리거나 심하면 토하는 사람도 있다.

③ 기세나 기능 따위가 높아짐.

해갈(解渴) 목마름을 해소함.
예 한강 물 통째로 마셔도 해갈이 될 것 같지 않은 갈증이었다.

해량(海量)하다 [최신] 바다처럼 넓은 도량으로 잘 헤아리다. 주로 상대편에게 용서를 구할 때 쓴다.
예 선생님의 넓은 해량이 있으시기를 바랍니다.

해촉(解囑) 위촉했던 직책이나 자리에서 물러나게 함.
예 규정을 어겨, 해촉 통보를 받았다.

향수(鄕愁) 고향을 그리워하는 마음이나 시름
예 어린 시절에 대한 향수

허용(許容) 허락하여 너그럽게 받아들임.
유의어 용허(容許)

형언(形言) 형용하여 말함.

혜서(惠書) 상대편의 편지를 높여 이르는 말
유의어 귀함(貴函)

호가(呼價) 팔거나 사려는 물건의 값을 부름.

호기(呼氣) 기운을 내뿜음.
예 통로 가운데를 막아 호기가 혀의 양쪽으로 통하게 하여 내는 소리를 측면음이라 한다.

호도(糊塗) 풀을 바른다는 뜻으로, 명확하게 결말을 내지 않고 일시적으로 감추거나 흐지부지 덮어 버림을 비유적으로 이르는 말
예 어떤 외압에 의해서건 사건의 진상을 호도하는 것은 옳지 못하다.

호령(號令)
① 부하나 동물 따위를 지휘하여 명령함. 또는 그 명령
예 장관의 호령이 떨어지자 모두들 재빠르게 회의장을 빠져나갔다.
② 큰 소리로 꾸짖음.
예 그의 꾸짖는 호령 소리가 떨어진다.
③ 여러 사람이 일정한 동작을 일제히 취하도록 하기 위하여 지휘자가 말로 내리는 간단한 명령. 주로 단체 행동에서 사용한다.
예 사내의 호령이 다시 시작되었다. "쉬어, 차렷!"

호소(呼訴) 억울하거나 딱한 사정을 남에게 간곡히 알림.

호행(護行) 보호하며 따라감.
예 행렬을 호행하려다가 급한 기별을 받고, 자리를 떠났다.

혼신(渾身) [최신] 몸 전체
예 혼신의 힘을 쏟다.

혼신(魂神) [최신]
① 영혼과 정신을 아울러 이르는 말
② 죽은 사람의 넋
예 억울하게 죽은 그 혼신이나마 혼인식을 올리도록 온 마을이 준비했다.

확진(確診) 확실하게 진단을 함. 또는 그 진단
예 확진을 위한 검사를 하다.

확충(擴充) 늘리고 넓혀 충실하게 함. '넓혀 보충함'으로 순화
예 교육 시설의 확충으로 대학의 교육 여건을 개선해야 한다.

환담(歡談) 정답고 즐겁게 서로 이야기함. 또는 그런 이야기
예 정상 회담에 앞서 잠시 환담이 오고 갔다.

환원(還元) 본디의 상태로 다시 돌아감. 또는 그렇게 되게 함.
예 누구도 인간이 원시의 상태로 환원하기를 원하지는 않을 것이다.

활보(闊步) [최신]
① 큰 걸음으로 힘차고 당당하게 걸음. 또는 그런 걸음
예 그녀는 일부러라도 코를 높이 들고 활보로 걷는다.
② 힘차고 당당하게 행동하거나 제멋대로 마구 행동함. 또는 그런 행동
예 인터넷의 개방성은 악성 프로그램들이 마음껏 활보할 수 있는 공간을 만든다는 문제점이 있다.

회동(會同) 일정한 목적으로 여러 사람이 한데 모임.
예 상대측으로부터 회동 요청을 받았다.

회의(會議) 여럿이 모여 의논함. 또는 그런 모임
회의(懷疑) 의심을 품음. 또는 마음속에 품고 있는 의심
예 지금까지 해 온 일이 과연 옳은 일인지 회의가 느껴진다.

회포(懷抱) 마음속에 품은 생각이나 정(情)
예 타국에 머물며 그는, 그리운 사람들과 지나간 나날에 대한 회포로 밤을 지새워야 했다.

회합(會合) 토론이나 상담을 위하여 여럿이 모이는 일. 또는 그런 모임
예 부장님은 부하 직원들과 정기적으로 회합하여 의견을 교환하신다.

횡행(橫行) 아무 거리낌 없이 제멋대로 행동함.
예 사회 기강이 해이해진 탓인지 각지에서 도적이 횡행하였다.

효험(效驗) 일의 좋은 보람. 또는 어떤 작용의 결과
예 약을 먹은 지 꽤 되었는데도 효험은 나타날 기미조차 보이지 않았다.

훼방(毀謗)하다 남을 헐뜯어 비방하다.
예 질투심에 눈이 먼 그는 회장을 훼방하는 대자보를 붙인 것이다.

최신 흉금(胸襟) 마음속 깊이 품은 생각
예 오랜만에 셋이서 만나 흉금을 털어놓고 세상 돌아가는 이야기를 하니 마음이 후련하다.

최신 흔연(欣然)하다 기쁘거나 반가워 기분이 좋다.
예 기다리던 소식을 접하니 너무나 흔연하다.

흠모(欽慕) 기쁜 마음으로 공경하며 사모함.
예 늘 웃는 얼굴로 인사성이 밝은 그는 흠모의 대상이었다.

3. 구별이 필요한 한자어

불찰(不察) 조심해서 잘 살피지 아니한 탓으로 생긴 잘못
실패(失敗) 일을 잘못하여 뜻한 대로 되지 아니하거나 그르침.
실수(失手) 조심하지 아니하여 잘못함. 또는 그런 행위
망신(亡身) 말이나 행동을 잘못하여 자기의 지위, 명예, 체면 따위를 손상함.

혼동(混同)
① 구별하지 못하고 뒤섞어서 생각함.
② 서로 뒤섞이어 하나가 됨.
혼돈(混沌)
① 마구 뒤섞여 있어 갈피를 잡을 수 없음. 또는 그런 상태
② 하늘과 땅이 아직 나누어지기 전의 상태

막연(漠然)
① 갈피를 잡을 수 없게 아득함.
② 뚜렷하지 못하고 어렴풋함.
막역(莫逆) 허물이 없이 아주 친함.

부의(賻儀) 상가(喪家)에 부조로 보내는 돈이나 물품. 또는 그런 일
명복(冥福) 죽은 뒤 저승에서 받는 복

산재(散在) 여기저기 흩어져 있음.
개재(介在) 어떤 것들 사이에 끼여 있음. '끼어듦', '끼여 있음'으로 순화
실재(實在) 실제로 존재함.
잠재(潛在) 겉으로 드러나지 않고 속에 잠겨 있거나 숨어 있음.
편재(偏在) 한곳에 치우쳐 있음.

교환(交換)
① 서로 바꿈.
② 서로 주고받고 함.
변경(變更) 다르게 바꾸어 새롭게 고침.
보충(補充) 부족한 것을 보태어 채움.
변조(變造) 이미 이루어진 물체 따위를 다른 모양이나 다른 물건으로 바꾸어 만듦.

교정(校訂) 남의 문장 또는 출판물의 잘못된 글자나 글귀 따위를 바르게 고침.

고찰(考察) 어떤 것을 깊이 생각하고 연구함.
탐색(探索) 사라지거나 드러나지 않은 사물이나 현상 따위를 자세히 살펴 찾음.
간파(看破) 속내를 꿰뚫어 알아차림.

논박(論駁) 어떤 주장이나 의견에 대하여 그 잘못된 점을 조리 있게 공격하여 말함.
해석(解釋) 문장이나 사물 따위로 표현된 내용을 이해하고 설명함. 또는 그 내용

한계(限界) 사물이나 능력, 책임 따위가 실제 작용할 수 있는 범위. 또는 그런 범위를 나타내는 선
장벽(障壁) 둘 사이의 관계를 순조롭지 못하게 가로막는 장애물

절정(絶頂) 사물의 진행이나 발전이 최고의 경지에 달한 상태
종말(終末) 계속된 일이나 현상의 맨 끝

폐지(廢止) 실시하여 오던 제도나 법규, 일 따위를 그만두거나 없앰.
정비(整備) 흐트러진 체계를 정리하여 제대로 갖춤.
완비(完備) 빠짐없이 완전히 갖춤.
파기(破棄) 깨뜨리거나 찢어서 내버림.
구비(具備) 있어야 할 것을 빠짐없이 다 갖춤.
대비(對備) 앞으로 일어날지도 모르는 어떠한 일에 대응하기 위하여 미리 준비함. 또는 그런 준비

훼손(毀損) 헐거나 깨뜨려 못 쓰게 만듦.
손상(損傷)
① 물체가 깨지거나 상함.
② 병이 들거나 다침.
③ 품질이 변하여 나빠짐.
④ 명예나 체면, 가치 따위가 떨어짐.

구속(拘束) 행동이나 의사의 자유를 제한하거나 속박함.

기출 핵심개념

억압(抑壓) 자기의 뜻대로 자유로이 행동하지 못하도록 억지로 억누름.

비난(非難) 남의 잘못이나 결점을 책잡아서 나쁘게 말함.
격려(激勵) 용기나 의욕이 솟아나도록 북돋워 줌.

권태(倦怠) 어떤 일이나 상태에 시들해져서 생기는 게으름이나 싫증
우수(憂愁) 근심과 걱정을 아울러 이르는 말

시류(時流) 그 시대의 풍조나 경향. '시대 흐름'으로 순화
세태(世態) 사람들의 일상생활, 풍습 따위에서 보이는 세상의 상태나 형편
풍조(風潮) 시대에 따라 변하는 세태
시국(時局) 현재 당면한 국내 및 국제 정세나 대세
사조(思潮) 한 시대의 일반적인 사상의 흐름

구금(拘禁) 〈법률〉피고인 또는 피의자를 구치소나 교도소 따위에 가두어 신체의 자유를 구속하는 강제 처분
체포(逮捕) 〈법률〉형사 소송법에서, 검찰 수사관이나 사법 경찰관이 법관이 발부하는 영장에 따라 피의자를 잡아서 일정 기간 유치하는 일. 또는 그런 강제 처분
나포(拿捕) 사람이나 배, 비행기 등을 사로잡음.
연금(軟禁) 외부와의 접촉을 제한·감시하고 외출을 허락하지 아니하나 일정한 장소 내에서는 신체의 자유를 허락하는, 정도가 비교적 가벼운 감금

증식(增殖) 늘어서 많아짐. 또는 늘려서 많게 함.
번식(繁殖) 붇고 늘어서 많이 퍼짐.

방어(防禦) 상대편의 공격을 막음.
경계(警戒) 뜻밖의 사고가 생기지 않도록 조심하여 단속함.
기피(忌避) 꺼리거나 싫어하여 피함.
도피(逃避) 도망하여 몸을 피함.

변장(變裝) 본래의 모습을 알아볼 수 없게 하기 위하여 옷차림이나 얼굴, 머리 모양 따위를 다르게 바꿈.
위장(僞裝) 본래의 정체나 모습이 드러나지 않도록 거짓으로 꾸밈.

비법(祕法) 공개하지 않고 비밀리에 하는 방법
비결(祕訣) 세상에 알려져 있지 않은 자기만의 뛰어난 방법

변천(變遷) 세월의 흐름에 따라 바뀌고 변함.
변화(變化) 사물의 성질, 모양, 상태 따위가 바뀌어 달라짐.

방심(放心) 마음을 다잡지 아니하고 풀어 놓아 버림.
방만(放漫) 맺고 끊는 데가 없이 제멋대로 풀어져 있음.

허약(虛弱) 힘이나 기운이 없고 약함.
취약(脆弱) 무르고 약함.

정립(定立) 정하여 세움.
확립(確立) 체계나 견해, 조직 따위가 굳게 섬. 또는 그렇게 함.

능률(能率) 일정한 시간에 할 수 있는 일의 비율
효율(效率) 들인 노력과 얻은 결과의 비율

실언(失言) 실수로 잘못 말함. 또는 그렇게 한 말. '말실수'로 순화
식언(食言) 약속한 말대로 지키지 아니함.

촉망(屬望) 잘되기를 바라고 기대함. 또는 그런 대상
신망(信望) 믿고 기대함. 또는 그런 믿음과 덕망

정복(征服) 남의 나라나 이민족 따위를 정벌하여 복종시킴.
극복(克服) 악조건이나 고생 따위를 이겨 냄.

반발(反撥) 어떤 상태나 행동 따위에 대하여 거스르고 반항함.
대항(對抗) 굽히거나 지지 않으려고 맞서서 버티거나 항거함. '맞서 싸움'으로 순화

왜곡(歪曲) 사실과 다르게 해석하거나 그릇되게 함.
오인(誤認) 잘못 보거나 잘못 생각함.

가장(家長) 한 가정을 이끌어 나가는 사람
예 아버지가 돌아가셨으니 이제 네가 가장이다.
가장(假葬) 임시로 장사 지냄. 또는 그 장사
가장(假裝) 태도를 거짓으로 꾸밈.

감사(感謝) 고마움을 나타내는 인사
예 이 자리를 빛내주신 하객 여러분들께 감사 인사를 올립니다.
감사(監事) 단체의 서무를 맡아보는 직책. 또는 그 직책에 있는 사람
감사(監査) 감독하고 검사함.
예 감사가 나오다.

교정(校訂) 남의 문장 또는 출판물의 잘못된 글자나 글귀 따위를 바르게 고침.
교정(校庭) 학교의 마당이나 운동장
예 개학을 사흘 앞두고 있는 방학 중이라 교정은 쓸쓸히 비어 있었다.
교정(矯正) 틀어지거나 잘못된 것을 바로잡음.
예 척추 교정

낙관적(樂觀的) 인생이나 사물을 밝고 희망적인 것으로 보는 것
예 세상을 낙관적으로 살다.

낙천적(樂天的) 세상과 인생을 즐겁고 좋은 것으로 여기는 것
📝 세상을 낙천적으로 보다.

매수(枚數) 종이나 유리 따위의 장으로 셀 수 있는 물건의 수효
📝 원고 매수를 세어 보아라.
매수(買收) 물건을 사들임.
📝 매수 가격
매수(買受) 물건을 사서 넘겨받음.

개정(改正) 주로 문서의 내용 따위를 고쳐 바르게 함.
📝 헌법 개정
개정(改定) 이미 정하였던 것을 고쳐 다시 정함.
📝 대회 날짜 개정
개정(改訂) 글자나 글의 틀린 곳을 고쳐 바로잡음.
📝 초판본을 개정 보완하다.
개정(開廷) 〈법률〉 법정을 열어 재판을 시작하는 일
📝 재판장이 개정을 선포하다.

고전(古傳) 예로부터 전하여 내려옴.
📝 고전 민담(民譚)
고전(古典)
① 옛날의 의식(儀式)이나 법식(法式)
② 오랫동안 많은 사람에게 널리 읽히고 모범이 될 만한 문학이나 예술 작품
📝 문학 고전 100선
③ 고대 그리스와 로마의 대표적 저술
④ 옛날의 서적이나 작품

이상(以上)
① 수량이나 정도가 일정한 기준보다 더 많거나 나음. 기준이 수량으로 제시될 경우에는, 그 수량이 범위에 포함되면서 그 위인 경우를 가리킨다.
📝 키 158cm 이상
② 순서나 위치가 일정한 기준보다 앞이나 위
📝 이상에서 살핀 바를 간단히 요약하면 다음과 같다.
③ 이미 그렇게 된 바에는
📝 시작한 이상 끝까지 해야 한다.
④ 서류나 강연 등의 마지막에 써서 '끝'의 뜻을 나타내는 말
📝 이것으로 훈시를 마친다. 이상.
이상(理想)
① 생각할 수 있는 범위 안에서 가장 완전하다고 여겨지는 상태
📝 높은 이상을 품다.
② 〈철학〉 생각할 수 있는 가장 완전한 상태

🆕 **결재(決裁)** 결정할 권한이 있는 상관이 부하가 제출한 안건을 검토하여 허가하거나 승인함.
📝 결재 서류를 들고 사장실로 들어갔다.
결제(決濟) 〈경제〉 증권 또는 대금을 주고받아 매매 당사자 사이의 거래 관계를 끝맺는 일
📝 신용 카드로 결제하겠습니다. / 어음 결제일이 곧 돌아온다.

🆕 **단신(單身)** 배우자나 형제가 없는 사람
📝 전쟁 중에 가족을 잃은 그는 지금껏 단신으로 살고 있다.
단신(短身) 작은 키의 몸
📝 그는 단신이지만 장신 선수들을 제치고 최우수 선수로 뽑혔다.
단신(端身) 몸을 단정히 함.

🆕 **부정(不定)** 일정하지 아니함.
📝 주거 부정
부정(不正) 올바르지 아니하거나 옳지 못함.
📝 입시 부정을 방지하다.
부정(不淨) 깨끗하지 못함. 또는 더러운 것
📝 제사를 지내기 전까지 마을 사람들은 부정을 멀리했다.
부정(否定) 그렇지 아니하다고 단정하거나 옳지 아니하다고 반대함.
📝 그녀는 긍정도 부정도 하지 않고 미소만 지었다.

고수(固守) 차지한 물건이나 형세 따위를 굳게 지킴.
📝 올해 우리 팀은 선두권 고수를 목표로 삼고 있다.
고수(高手)
① 바둑이나 장기 따위에서 수가 높음. 또는 그런 사람
② 어떤 분야나 집단에서 기술이나 능력이 매우 뛰어난 사람
📝 정석대로 배워서 진정한 고수가 되도록 하자.
고수(鼓手) 〈음악〉 북이나 장구 따위를 치는 사람
📝 고수의 북소리에 맞추어 행진하는 군대

붕어(崩御) 임금이 세상을 떠남.
승천(昇天) 하늘에 오름.
타계(他界) 인간계를 떠나서 다른 세계로 간다는 뜻으로, 사람의 죽음 특히 귀인(貴人)의 죽음을 이르는 말
사망(死亡)
① 사람이 죽음.
② 〈법률〉 자연인이 생명을 잃음.

개념 확인문제

[1~6] 다음 ( ) 안에 들어갈 한자어를 〈보기〉에서 고르시오.

보기	① 저촉(抵觸) ② 유착(癒着) ③ 입안(立案) ④ 포폄(褒貶) ⑤ 해량(海量) ⑥ 갈급(渴急)

1 오랜 전쟁에 (　　　)이 난 병사들이 수시로 농가를 급습하기로 했다.

2 국회에서는 특별법의 (　　　)을 담당할 소위원회를 새로이 구성했다.

3 선생님의 넓은 (　　　)을 간절히 부탁드립니다.

4 직원들을 무작정 쫓아내는 것은 노동법에 (　　　)되는 행위이다.

5 그 사건은 정치권과 밀접하게 (　　　)되었다.

6 민생의 휴척은 수령의 장부에 달려 있으며, 수령의 장부는 감사의 (　　　)에 달려 있다.

[7~16] 다음 한자어와 대응하는 고유어를 〈보기〉에서 고르시오.

보기	① 만들다　② 잡다　③ 머무르다　④ 말하다　⑤ 버리다 ⑥ 맞추다　⑦ 모으다　⑧ 무겁다　⑨ 떨어지다　⑩ 맞다

7 논평(論評)하다 (　　　)　　12 조성(造成)하다 (　　　)

8 유숙(留宿)하다 (　　　)　　13 채집(採集)하다 (　　　)

9 만류(挽留)하다 (　　　)　　14 막중(莫重)하다 (　　　)

10 근절(根絕)하다 (　　　)　　15 적중(的中)하다 (　　　)

11 조립(組立)하다 (　　　)　　16 실추(失墜)되다 (　　　)

정답 1. ⑥ 2. ③ 3. ⑤ 4. ① 5. ② 6. ④ 7. ④ 8. ③ 9. ② 10. ⑤ 11. ⑥ 12. ① 13. ⑦ 14. ⑧ 15. ⑩ 16. ⑨

[17~21] 밑줄 친 부분의 문맥적 의미에 해당하는 한자어를 〈보기〉에서 고르시오.

| 보기 | ① 평정(平定)하다 ② 희생(犧牲)하다 ③ 저해(沮害)하다 ④ 공제(控除)하다 ⑤ 결성(結成)하다 |

17 그는 가차 없이 반란을 <u>다스렸다</u>. (   )

18 등산 동호회를 <u>만들기</u>로 했다. (   )

19 나는 목숨을 <u>내놓고</u> 싸웠다. (   )

20 발전을 <u>막는</u> 사람들이 있다. (   )

21 식대를 <u>떼고</u> 월급을 줬다. (   )

[22~23] 한자어와 뜻풀이를 바르게 연결하고, 다음 (   ) 안에 들어갈 한자어를 고르시오.

22 양측의 실무자들은 대표 (   )을/를 서둘러 추진했다.

① 대면(對面) ㉠ 신하가 뜻에 맞는 임금을 만남. 우연히 서로 만남.
② 상봉(相逢) ㉡ 좋지 아니한 일을 몰래 꾸미어 시행함.
③ 조우(遭遇) ㉢ 서로 얼굴을 마주 보고 대함.
④ 회동(會同) ㉣ 일정한 목적으로 여러 사람이 한데 모임.
⑤ 책동(策動) ㉤ 서로 만남.

23 그는 대다수 국민의 (   )(으)로 대통령에 당선되었다.

① 부지(扶持) ㉠ 어떤 상태나 상황을 그대로 보존하거나 변함없이 계속하여 지탱함.
② 유지(維持) ㉡ 어떤 사람이나 단체 따위의 주의·정책·의견 따위에 찬동하여 이를 위하여 힘을 씀. 또는 그 원조
③ 의지(依支) ㉢ 다른 것에 몸을 기댐. 또는 그렇게 하는 대상
④ 지지(支持) ㉣ 오래 버티거나 배겨 냄.
⑤ 지탱(支撐) ㉤ 상당히 어렵게 보존하거나 유지하여 나감.

정답
17. ① 18. ⑤ 19. ② 20. ③ 21. ④ 22. ④ / ①-㉢, ②-㉤, ③-㉠, ④-㉣, ⑤-㉡
23. ④ / ①-㉤, ②-㉠, ③-㉢, ④-㉡, ⑤-㉣

개념 확인문제

[24~39] 다음 예문의 □□에 들어갈 적절한 한자어를 고르시오.

24 어려움을 헤쳐 나가려는 지혜와 현실에 대한 □□이 필요하다.
[뜻풀이] 깨달아 앎.

㉠ 覺醒   ㉡ 知覺   ㉢ 自醒

25 올해 한국시리즈에 진출한 쌍둥이팀과 사자팀은 우승을 놓고 □□을 벌였다.
[뜻풀이] 서로 이기려고 다투며 덤벼듦.

㉠ 角逐   ㉡ 競爭   ㉢ 競合

26 사적 감정의 □□가 이 일의 변수이다.
[뜻풀이] 어떤 것들 사이에 끼여 있음.

㉠ 介立   ㉡ 介入   ㉢ 介在

27 방학 중인 □□은 쓸쓸히 비어 있었다.
[뜻풀이] 학교의 마당이나 운동장

㉠ 校正   ㉡ 校庭   ㉢ 矯正

28 그 책은 올해 □□될 예정이다.
[뜻풀이] 글자나 글의 틀린 곳을 고쳐 바로잡음.

㉠ 개정(改訂)   ㉡ 개정(改定)   ㉢ 개정(改正)

정답

24. ㉠ 각성(覺醒)/㉡ 지각(知覺)-알아서 깨달음. 또는 그런 능력 ㉢ 자성(自醒)-스스로 깨달아 앎.
25. ㉠ 각축(角逐)/㉡ 경쟁(競爭)-같은 목적에 대하여 이기거나 앞서려고 서로 겨룸. ㉢ 경합(競合)-서로 맞서 겨룸. ('겨룸', '견줌', '경쟁', '다툼'으로 순화)
26. ㉢ 개재(介在)/㉠ 개립(介立)-둘 사이에 끼어 섬. ㉡ 개입(介入)-자신과 직접적인 관계가 없는 일에 끼어듦.
27. ㉡ 교정(校庭)/㉠ 교정(校正)-교정쇄와 원고를 대조하여 오자, 오식, 배열, 색 따위를 바르게 고침. ㉢ 교정(矯正)-틀어지거나 잘못된 것을 바로잡음.
28. ㉠ 개정(改訂)/㉡ 개정(改定)-이미 정하였던 것을 고쳐 다시 정함. ㉢ 개정(改正)-주로 문서의 내용 따위를 고쳐 바르게 함.

29 휴전을 반대한다는 우리의 확고한 결의를 반복해서 ☐☐했다.
[뜻풀이] 진리나 사실, 입장 따위를 드러내어 밝힘.

㉠ 闡明   ㉡ 採根   ㉢ 糾明

30 새로운 농법이 ☐☐되다.
[뜻풀이] 연구하여 새로운 안을 생각해 냄. 또는 그 안

㉠ 考案   ㉡ 發見   ㉢ 窮理

31 국세청에서 ☐☐가 나오다.
[뜻풀이] 감독하고 검사함.

㉠ 感謝   ㉡ 監事   ㉢ 監査

32 지난번 사고 이후 책임자는 대령에서 중령으로 ☐☐되었다.
[뜻풀이] 등급이나 계급 따위가 낮아짐. 또는 등급이나 계급 따위를 낮춤.

㉠ 左降   ㉡ 降等   ㉢ 登進

33 경제의 ☐☐로 불황이 지속된다.
[뜻풀이] 사물이 발전하거나 나아가지 못하고 한자리에 머물러 그침.

㉠ 정체(停滯)   ㉡ 정체(政體)   ㉢ 정체(正體)

정답

29. ㉠ 천명(闡明)/㉡ 채근(採根)-어떤 일의 내용, 원인, 근원 따위를 캐어 알아냄. ㉢ 규명(糾明)-어떤 사실을 자세히 따져서 바로 밝힘.
30. ㉠ 고안(考案)/㉡ 발견(發見)-미처 찾아내지 못하였거나 아직 알려지지 아니한 사물이나 현상, 사실 따위를 찾아냄. ㉢ 궁리(窮理)-사물의 이치를 깊이 연구함.
31. ㉢ 감사(監査)/㉠ 감사(感謝)-고마움을 나타내는 인사 ㉡ 감사(監事)-단체의 서무를 맡아보는 직책. 또는 그 직책에 있는 사람
32. ㉡ 강등(降等)/㉠ 좌강(左降)-관등을 낮춤. ㉢ 등진(登進)-관직이나 지위 따위가 올라감.
33. ㉠ 정체(停滯)/㉡ 정체(政體)-국가의 통치 형태 ㉢ 정체(正體)-참된 본디의 형체

개념 확인문제

34 은행 돈을 빌려 사무실을 □□하였다.
 [뜻풀이] 돈을 내고 남의 물건을 빌려 씀.

㉠ 賃貸 ㉡ 任置 ㉢ 賃借

35 국제 정세 변화에 능동적으로 □□하다.
 [뜻풀이] 어떤 정세나 사건에 대하여 알맞은 조치를 취함.

㉠ 對處 ㉡ 代替 ㉢ 對備

36 원자핵 속에는 막대한 에너지가 □□되어 있다.
 [뜻풀이] 지식, 경험, 자금 따위를 모아서 쌓음. 또는 모아서 쌓은 것

㉠ 累積 ㉡ 貯蓄 ㉢ 蓄積

37 지방 수령들의 수탈이 □□되면서 백성들의 생활고는 더 심해졌다.
 [뜻풀이] 모르는 체하고 하려는 대로 내버려둠으로써 슬며시 인정함.

㉠ 容認 ㉡ 默殺 ㉢ 默認

38 진짜는 가짜와 반드시 □□되기 마련이다.
 [뜻풀이] 사물의 옳고 그름이나 좋고 나쁨을 가림.

㉠ 辨別 ㉡ 區別 ㉢ 識別

39 이번 발굴 작업에서 새로운 □□가 발견되었다.
 [뜻풀이] 역사 연구에 필요한 문헌이나 유물. 문서, 기록, 건축, 조각 따위를 이른다.

㉠ 사료(史料) ㉡ 사료(思料) ㉢ 사료(飼料)

정답
34. ㉢ 임차(賃借)/㉠ 임대(賃貸)-돈을 받고 자기의 물건을 남에게 빌려줌. ㉡ 임치(任置)-남에게 돈이나 물건을 맡겨 둠.
35. ㉠ 대처(對處)/㉡ 대체(代替)-다른 것으로 대신함. ㉢ 대비(對備)-앞으로 일어날지도 모르는 어떠한 일에 대응하기 위하여 미리 준비함. 또는 그런 준비
36. ㉢ 축적(蓄積)/㉠ 누적(累積)-포개어 여러 번 쌓음. 또는 포개져 여러 번 쌓임. ㉡ 저축(貯蓄)-절약하여 모아 둠.
37. ㉢ 묵인(默認)/㉠ 용인(容認)-용납하여 인정함. ㉡ 묵살(默殺)-의견이나 제안 따위를 듣고도 못 들은 척함.
38. ㉠ 변별(辨別)/㉡ 구별(區別)-성질이나 종류에 따라 차이가 남. 또는 성질이나 종류에 따라 갈라놓음. ㉢ 식별(識別)-분별하여 알아봄.
39. ㉠ 사료(史料)/㉡ 사료(思料)-깊이 생각하여 헤아림. ㉢ 사료(飼料)-가축에게 주는 먹을거리

개념 적용문제 — 02. 한자어

1 밑줄 친 한자어를 다른 표현으로 바꾼 것 중 적절하지 않은 것은?

① 그녀는 재산을 은행에 위탁(委託)하여 관리한다. → 보내어
② 나는 열 권의 잡지를 정기적으로 구독(購讀)한다. → 사서 읽는다.
③ 현실과 이상의 착종(錯綜) 속에서 갈등했다. → 뒤섞여 엉클어짐.
④ 자료를 검토한 결과, 사건을 검찰로 이첩(移牒)하기로 하였다. → 다시 보내어 알리기로
⑤ 그의 눈물겨운 노력은 그의 잘못을 상쇄(相殺)하고도 남았다. → 소멸하게 하고도

문제풀이 ▶ '위탁(委託)하다'는 '남에게 사물이나 사람의 책임을 맡기다'라는 의미이다. 선지에서 제시한 표현인 '보내다'보다는 '어떤 일에 대한 책임을 지고 담당하게 하다'라는 의미인 '맡기다'가 적절하므로, 문맥상 '맡겨'로 바꿀 수 있다.
② '구독(購讀)하다'는 '책이나 신문, 잡지 따위를 구입하여 읽다'라는 의미이다. '사 읽음', '사서 읽음'으로 순화할 수 있다.
③ '착종(錯綜)'은 '이것저것 뒤섞여 엉클어짐. 이것저것을 섞어 모음'을 의미한다.
④ '이첩(移牒)하다'는 '받은 공문이나 통첩을 다른 부서로 다시 보내어 알리다'라는 의미이다.
⑤ '상쇄(相殺)하다'는 '상반되는 것에 서로 영향을 주어 효과가 없어지게 하다'라는 의미이다.

정답 | ①

2 밑줄 친 한자어의 쓰임이 바르지 않은 것은?

① 제 천품(賤品)이 고작 그렇습니다.
② 이번 탈주범 사건은 교화의 중요성을 방증(傍證)한다.
③ 우리나라의 교육 여건은 10년 전의 상태를 답보(踏步)하고 있다.
④ 숨소리 하나 들리지 않는 와중(渦中)에 개구리가 펄쩍 뛰어올랐다.
⑤ 그는 눈앞에 닥친 상황을 해결하기도 급급해서 이것저것 가릴 계제(階梯)가 아니다.

문제풀이 ▶ '와중(渦中)'은 '일이나 사건 따위가 시끄럽고 복잡하게 벌어지는 가운데'라는 의미이다. ④의 경우, 문맥상 '고요하여 괴괴함'을 의미하는 '정적(靜寂)'이 적절한 표현이다.
① '천품(賤品)'은 '남에게 자기의 품성이나 자질을 낮추어 이르는 말'이다.
② '방증(傍證)'은 '사실을 직접 증명할 수 있는 증거가 되지는 않지만, 주변의 상황을 밝힘으로써 간접적으로 증명에 도움을 줌. 또는 그 증거'를 의미한다.
③ '답보(踏步)'는 '상태가 나아지지 못하고 한자리에 머무는 일'을 의미한다.
⑤ '계제(階梯)'는 '사다리라는 뜻으로, 일이 되어 가는 순서나 절차를 비유적으로 이르는 말'이다.

정답 | ④

개념 적용문제

3 〈보기〉의 ㉠~㉢에 들어갈 한자가 올바르게 묶인 것은?

> 보기
> - 우리 동아리가 디자인 현상(㉠) 공모에서 대상을 수상했다.
> - 지구 온난화로 인한 열대야 현상(㉡)이 빈번하게 일어나고 있다.
> - 요즘에는 디지털카메라를 많이 사용해서 필름을 현상(㉢)하는 경우가 거의 없다.

	㉠	㉡	㉢
①	懸賞	現象	現像
②	懸賞	現像	現象
③	現象	現像	懸賞
④	現象	懸賞	現像
⑤	現像	現象	懸賞

문제풀이 ▶ 문맥상 ㉠에는 '무엇을 모집하거나 구하거나 사람을 찾는 일 따위에 현금이나 물품 따위를 내걺'을 의미하는 '현상(懸賞)'이 들어가야 한다. ㉡의 '현상'은 문맥상 '인간이 지각할 수 있는, 사물의 모양과 상태'를 의미하므로, '현상(現象)'이 적절하며, ㉢은 '노출된 필름이나 인화지를 약품으로 처리하여 상이 나타나도록 함'을 의미하므로 '현상(現像)'이 들어가야 한다.

정답 | ①

4 밑줄 친 말의 한자가 잘못된 것은?

① 그는 가정 파탄(破綻)의 위기에서 벗어났다.
② 춘향전은 한국 고전 문학의 백미(白眉)이다.
③ 모르는 척해도 될 일이지만, 그녀는 자신의 표백(漂白)을 감추지 않았다.
④ 신속한 구조 활동으로 침몰한 배의 선원 모두가 무사히 구명(救命)되었다.
⑤ 법관은 법과 양심에 따라 자신의 판결에 최대한 공정(公正)을 기해야 한다.

문제풀이 ▶ 문맥상 '표백'은 '생각이나 태도 따위를 드러내어 밝힘'을 의미하므로, '表白'이 쓰여야 한다. ③의 '표백(漂白)'은 '종이나 피륙 따위를 바래거나 화학 약품으로 탈색하여 희게 함'을 의미한다.
① '파탄(破綻)'은 '찢어져 터짐. 일이나 계획 따위가 원만하게 진행되지 못하고 중도에서 어긋나 깨짐'을 의미한다.
② '백미(白眉)'는 '흰 눈썹이라는 뜻으로, 여럿 가운데에서 가장 뛰어난 사람이나 훌륭한 물건을 비유적으로 이르는 말'이다.
④ '구명(救命)'은 '사람의 목숨을 구함'을 의미한다.
  참고 '구명(究明)'은 '사물의 본질, 원인 따위를 깊이 연구하여 밝힘'을 의미한다.
⑤ '공정(公正)'은 '공평하고 올바름'을 의미한다.

정답 | ③

문제를 더 풀고 싶다면 [기출동형 문제]편 바로가기 ☞ p.21

03 어휘 간의 의미 관계

기출유형 ❶ 단어의 의미 관계

단어 간의 관계가 다른 것과 이질적인 것은?

① 강 : 하천
② 밥 : 반식
③ 종이 : 갱지
④ 잔치 : 연회
⑤ 잘못 : 불찰

유형 익히기

어휘 간의 유의 관계, 반의 관계, 상하 관계 등을 이해하고 있는지를 평가하는 유형이다. 문맥상의 유의어나 반의어를 골라내는 능력은 해당 어휘의 사전적 의미나 문맥적 의미를 찾아내는 능력과 크게 다르지 않다. 그러나 최근의 기출 경향을 보면, 문맥적 의미와 무관하게 제시된 단어들의 짝 중 단어의 의미 관계가 이질적인 것을 고르는 문제도 출제되고 있다.

문제풀이

'종이'는 '식물성 섬유를 원료로 하여 만든 얇은 물건'을 말하며, '갱지'는 '지면이 좀 거칠고 품질이 낮은 종이'를 의미한다. '종이'라는 큰 범위 안에 '갱지'가 한 종류로 포함되므로 이 두 단어는 상하 관계에 있다고 볼 수 있다.
나머지는 모두 유의 관계에 있는 단어들이다.
① '강(江)'은 '넓고 길게 흐르는 큰 물줄기'를 의미한다.
　'하천(河川)'은 '강과 시내를 아울러 이르는 말'이다.
② '반식(飯食)'은 '쌀, 보리 따위의 곡식을 씻어서 솥 따위의 용기에 넣고 물을 알맞게 부어, 낟알이 풀어지지 않고 물기가 잦아들게 끓여 익힌 음식'을 의미한다.
④ '연회(宴會)'는 '축하, 위로, 환영, 석별 따위를 위하여 여러 사람이 모여 베푸는 잔치'를 의미한다.
⑤ '불찰(不察)'은 '조심해서 잘 살피지 아니한 탓으로 생긴 잘못'을 의미한다.

정답 ③

기출유형 ❷ 한자어와 고유어의 대응

다음은 한자어와 고유어의 대응이다. 단어 간의 관계가 유의 관계가 아닌 것은?

① 낭어(浪語) : 말재주
② 배(倍) : 갑절
③ 산미(酸味) : 신맛
④ 기우(杞憂) : 군걱정
⑤ 구역(嘔逆) : 욕지기

유형 익히기

한자어를 동일한 의미의 고유어로 표현한 짝들 가운데 적절하게 대응하지 않은 선지를 찾는 유형의 문제이다. 이 유형에서는 평균 정답률이 80% 이상인, 난도가 높지 않은 문제들이 대부분이므로 어려운 한자어보다는 기초적인 한자어 공부에 주력할 필요가 있다.

문제풀이

'낭어(浪語)'는 '함부로 지껄이는 말'로, 같은 말로는 '허튼소리'가 있다. '말재주'는 '말을 잘하는 슬기와 능력'이라는 뜻으로, '언변(言辯)' 또는 '언재(言才)', '화술(話術)' 등의 한자어와 대응된다.

정답 ①

기출유형 ❸ 문맥적 의미 관계

〈보기〉의 밑줄 친 단어의 문맥적 의미와 가장 유사한 것은?

> **보기**
> 뇌와 척수 <u>같은</u> 중추 신경을 구성하는 신경 세포는 일단 만들어져 솎아지고 나면 더 이상 분열하지 않기 때문에 중간에 사고로 다치거나 없어지면 원래대로 재생되는 것이 불가능하다.

① 비가 올 것 <u>같은</u> 날씨다.
② 말 <u>같은</u> 말을 해야 내가 믿지.
③ 나와 키가 <u>같은</u> 영수가 짝이 되었다.
④ 이 화장품을 바르면 백옥 <u>같은</u> 피부가 됩니다.
⑤ 국수나 냉면 <u>같은</u> 음식을 먹을 때는 무를 곁들여야 한다.

유형 익히기

대표적인 단어의 문맥적 의미 유형으로, KBS한국어능력검정시험에서도 출제되고 있습니다. 같은 단어여도 문맥에 따라 다양한 의미가 있음을 알고, 제시문에서 어떤 의미로 사용되었는지, 어떤 대상들에 쓰이는지 고려하며 풀어야 합니다. 필요시 대체할 수 있는 한자어도 어떤 것이 있는지 생각해보는 것도 정답을 고르는 데 도움이 됩니다.

문제풀이

〈보기〉의 '같다'는 '그런 부류에 속한다'라는 뜻을 나타내는 말로, 문맥적 의미가 가장 유사한 것은 ⑤이다.
① '추측, 불확실한 단정을 나타내는 말'이다.
② '기준에 합당하다는 뜻을 나타내는 말'이다.
③ '서로 다르지 않고 하나이다'라는 의미이다.
④ '다른 것과 비교하여 그것과 다르지 않다'라는 의미이다.

정답 | ⑤

기출 핵심개념   03. 어휘 간의 의미 관계

1. 어휘의 의미 관계

어휘들의 의미 사이에 서로 밀접한 연관성을 갖는 관계를 '의미 관계'라 한다. 이러한 어휘의 의미 관계에는 일반적으로 소리는 다르지만 비슷한 의미를 가진 유의 관계, 의미가 서로 반대되는 반의 관계, 단어의 의미 영역이 다른 단어의 의미 영역에 포함되는 상하 관계 등이 있다. 이 외에도 구체적인 문맥 속에서 다양한 의미 관계가 형성되므로, 전후 문맥을 살펴 단어들 사이의 연관성을 따져 그 관계를 파악할 수 있어야 한다.

(1) 유의(類義) 관계

둘 이상의 단어가 서로 소리는 다르지만 의미가 같거나 비슷한 관계를 유의 관계라 하고, 이러한 관계에 해당하는 어휘를 '유의어(類義語)'라 한다. '동의어(同義語)'라고 부르기도 하지만, 의미가 똑같은 단어의 쌍은 존재하지 않는다고 보기 때문에 '소리는 다르지만 의미가 비슷한 단어'로 보아 유의어라고 부르는 경우가 더 많다. 이러한 관계의 단어들은 단어마다 그 의미가 서로 비슷하기는 하지만, 상황에 따라 쓰임이 다르거나 가리키는 대상의 범위가 다른 경우가 있고, 미묘한 느낌의 차이를 보이기도 한다.

예) 물고기 : 생선(生鮮)   치밀(緻密) : 세밀(細密)   아버지 : 부친(父親) : 선친(先親)

(2) 반의(反義) 관계

둘 이상의 단어에서 의미가 서로 대립되는 관계를 반의 관계라 하며, 이러한 관계에 놓인 어휘들을 '반의어(反義語)'라 한다. 한 쌍의 단어가 반의어가 되려면, 그 둘 사이에 공통적인 의미 요소가 있으면서 한 개의 요소만 달라야 한다. 예를 들어, '할머니'와 '할아버지'는 성별 하나만 다르므로 반의어가 되지만 '청년'과 '할머니'는 성별 이외에 나이까지 다르므로 '청년'과 '할머니'는 반의어가 될 수 없다. 이처럼 의미 요소에 따라 반의 관계가 형성되므로, 하나의 단어에 대해 여러 개의 단어들이 대립되는 경우도 있다.

예) 열다 : 닫다, 막다, 잠그다   벗다 : 신다(신발), 입다(옷), 끼다(장갑), 쓰다(모자)

(3) 상하(上下) 관계

둘 이상의 단어의 관계에서 한 단어의 의미가 다른 단어에 포함될 때의 관계를 상하 관계라 하며, 이를 포함 관계라고 하기도 한다. 상하 관계에 있는 단어들은 계층적 구조 속에 있는데, 계층적으로 상위에 있는 단어, 즉 다른 단어의 의미를 포함하는 단어를 '상의어(上義語)'라 한다. 반대로 계층적으로 하위에 있는 단어, 즉 다른 단어의 의미에 포함되는 단어를 '하의어(下義語)'라고 한다. 상하 관계를 형성하는 단어들은 상의어일수록 일반적이고 포괄적인 의미를 지니며, 하의어일수록 구체적이고 한정적인 의미를 지닌다.

예) 나무 : 소나무, 오동나무, 잣나무   예술 : 문학, 미술, 음악

(4) 동음이의(同音異義) 관계

한자어를 많이 사용하는 우리말의 특징 때문에 쉽게 찾아 볼 수 있는 의미 관계이다. 단어의 소리는 같으나 의미가 전혀 다른 관계로, 단어들 간의 의미 사이에는 상호 연관성이 없다. 즉, 서로 다른 두 개 이상의 단어가 단지 우연히 소리만 같은 것이다. 따라서 문장이나 이야기의 맥락과 상황을 통해 의미를 구별할 수 있으며, 경우에 따라서는 발음의 장단(長短)으로 의미를 구별하기도 한다. 또한 사전을 찾아보았을 때, 각기 다른 의미의 단어이므로 각각의 표제어를 갖는다.

예
- 굴(窟)[굴ː]: 자연적으로 땅이나 바위가 안으로 깊숙이 패어 들어간 곳
- 굴[굴]: 굴과의 연체동물을 통틀어 이르는 말

예
- 할머니가 손자의 손에 용돈을 쥐여 주었다. ⇨ 손01: 사람의 팔목 끝에 달린 부분
- 우리 집에는 늘 자고 가는 손이 많다. ⇨ 손02: 다른 곳에서 찾아온 사람(손님)

(5) 다의(多義) 관계

하나의 어휘에 두 가지 이상의 다른 뜻이 대응하는 복합적인 의미 관계를 다의 관계라 하고, 다의 관계를 이루는 단어들을 '다의어(多義語)'라고 한다. 일반적으로 사전을 찾아보았을 때, 단어의 의미 풀이가 두 가지 이상 실려 있는 단어이다. 이러한 단어의 의미 사이에는 상호 연관성이 있으며, 하나의 중심 의미(가장 기본적 의미)와 여러 개의 주변 의미(중심적 의미가 확장된 의미)로 이루어진다.

예
- 두 손 모아 기도하다. ⇨ '사람의 팔목 끝에 달린 부분'(중심 의미)을 뜻하는 '손'
- 요즘이 제일 바쁠 때라 손이 부족하다. ⇨ '일손'(주변 의미)을 뜻하는 '손'
- 할머니의 손에서 자랐다. ⇨ '어떤 일을 하는 데 드는 사람의 힘이나 노력, 기술'(주변 의미)을 뜻하는 '손'
- 일의 성패는 네 손에 달려 있다. ⇨ '어떤 사람의 영향력이나 권한이 미치는 범위'(주변 의미)를 뜻하는 '손'

2. 기출 동음이의어와 다의어

ㄱ

가다01
① 한곳에서 다른 곳으로 장소를 이동하다.
예 학교에 가다.
② 어떤 대상이 다른 곳으로 이동하여 사라지다.
예 나 보기가 역겨워 가실 때에는 말없이 고이 보내 드리오리다.
③ 직업·학업·복무 따위로 해서 다른 곳으로 옮기다.
예 군대에 가다.
④ 말이나 소식 따위가 알려지거나 전하여지다.
예 기별이 가다.
⑤ 어떤 상태나 상황을 향하여 나아가다.
예 복지 국가로 가는 길은 아직 멀고 험하다.
⑥ 물건이나 권리 따위가 누구에게 옮겨지다.
예 나한테는 세 개가 왔는데, 너에게는 다섯 개가 갔구나.
⑦ 시간 따위가 지나거나 흐르다.
예 가을이 가고 봄이 오다.
⑧ 어떤 현상이나 상태가 유지되다.
예 이 구두라면 3년은 가겠지.
⑨ 금, 줄, 주름살, 흠집 따위가 생기다.
예 금이 간 유리
⑩ 원래의 상태를 잃고 상하거나 변질되다.
예 김치의 맛이 갔다.
⑪ 관심이나 눈길 따위가 쏠리다.
예 자꾸 눈길이 가다.
⑫ 가치나 값, 순위 따위가 어느 정도까지 이르다.
예 둘째 가라면 서러워하는 실력자라네.
⑬ 앞말이 뜻하는 행동이나 상태가 계속 진행됨을 나타내는 말
예 사과가 붉게 익어 가다.

가리다03
① 여럿 가운데서 하나를 구별하여 고르다.
예 불량품을 가리다.
② 낯선 사람을 대하기 싫어하다.
예 낯을 가리다.
③ 잘잘못이나 좋은 것과 나쁜 것 따위를 따져서 분간하다.
예 시비를 가리다./사건의 진상을 가리다.
④ 똥오줌을 눌 곳에 누다.
예 그 집 딸은 아직 대소변을 못 가린다.
⑤ 치러야 할 셈을 따져서 갚아 주다.
예 셈을 가리다.
⑥ 음식을 골라서 먹다.
예 음식을 가리다.
⑦ 자기 일을 알아서 스스로 처리하다.
예 그는 자기 앞도 못 가리는 처지라 결혼은 꿈도 못 꾼다.

갈다01
① 이미 있는 사물을 다른 것으로 바꾸다.
② 어떤 직책에 있는 사람을 다른 사람으로 바꾸다.

갈다02
① 날카롭게 날을 세우거나 표면을 매끄럽게 하기 위하여 다른 물건에 대고 문지르다.
예 칼을 갈다./옥도 갈아야 보배다.
② 잘게 부수기 위하여 단단한 물건에 대고 문지르거나 단단한 물건 사이에 넣어 으깨다.
예 녹두를 갈다.
③ 먹을 풀기 위하여 벼루에 대고 문지르다.
예 벼루에 먹을 갈다.
④ 윗니와 아랫니를 맞대고 문질러 소리를 내다.
예 자면서 이를 갈았다.

갈다03
① 쟁기나 트랙터 따위의 농기구나 농기계로 땅을 파서 뒤집다.
② 주로 밭작물의 씨앗을 심어 가꾸다.
예 밭에 보리를 갈았다.

같다
① 서로 다르지 않고 하나이다.
예 그와 나는 고향이 같다.
② 추측, 불확실한 단정을 나타내는 말
예 내일이면 다 마칠 것 같다.
③ 다른 것과 비교하여 그것과 다르지 않다.
예 성인 같은 인품
④ '기준에 합당한'의 뜻을 나타내는 말
예 어디, 사람 같은 사람이라야 상대를 하지.
⑤ '-라면'의 뜻을 나타내는 말
예 그런 상황에서 너 같으면 어떻게 하겠니?
⑥ 혼잣말로 남을 욕할 때, 그 말과 다름없다는 뜻을 나타내는 말
예 철없는 사람 같으니라고!
⑦ 그런 부류에 속한다는 뜻을 나타내는 말
예 여행을 할 때엔 반드시 신분증 같은 것을 가지고 다녀야 한다.

거두다01 〔최신〕
① 벌여 놓은 것이나 차려 놓은 것을 정리하다.
예 모든 살림을 거두어 고향으로 떠났다.
② 하던 일을 멈추거나 끝내다.
예 무얼 찾겠다는 생각을 거두고 말았다.
③ 말, 웃음 따위를 그치거나 그만두다.
예 그만 눈물을 거두고 자초지종을 얘기해 주세요.

거두다02
① 익은 곡식이나 열매 따위를 따서, 담거나 한데 모으다.
예 곡식을 거두다.

② 흩어져 있는 물건 따위를 한데 모으다.
예 빨래를 거둬라.
③ 좋은 결과나 성과 따위를 얻다.
예 좋은 성적을 거두다.
④ 고아, 식구 따위를 보살피다.
예 남의 자식을 친자식처럼 거두어 주다.
⑤ 여러 사람에게서 돈이나 물건 따위를 받아들이다.
예 세금을 거두었다.

걸다01
① 흙이나 거름 따위가 기름지고 양분이 많다.
예 밭이 걸어서 곡식이 잘 된다.
② 음식 따위의 가짓수가 많고 푸짐하다.
예 잔칫상이 걸다.
③ 말씨가 거칠고 험하다.
예 그의 말은 언제나 걸다.

걸다02
① 벽이나 못 따위에 어떤 물체를 떨어지지 않도록 매달아 올려놓다.
예 벽에 그림을 걸다.
② 자물쇠, 문고리를 채우거나 빗장을 지르다.
예 자물쇠를 걸다.
③ 솥이나 냄비 따위를 이용할 수 있도록 준비하여 놓다.
예 냄비를 걸다.
④ 기계 장치가 작동되도록 하다.
예 자동차의 시동을 걸다.
⑤ 기계 따위가 작동하도록 준비하여 놓다.
예 인쇄물을 윤전기에 걸다.
⑥ 돈 따위를 계약이나 내기의 담보로 삼다.
예 승부에 금품을 걸다.
⑦ 의논이나 토의의 대상으로 삼다.
예 문제를 전체 토의에 걸다.
⑧ 앞으로의 일에 대한 희망 따위를 품거나 기대하다.
예 국가의 장래를 청소년에게 걸다.
⑨ 다른 사람을 향해 먼저 어떤 행동을 하다.
예 싸움을 걸다.

고치다
① 고장 나거나 못 쓰게 된 물건을 손질하여 제대로 되게 하다.
예 고장 난 시계를 고치다.
② 병 따위를 낫게 하다.
예 이 병원은 병을 잘 고친다고 소문이 자자하다.
③ 잘못되거나 틀린 것을 바로잡다.
예 답안을 고치다.
④ 모양이나 내용 따위를 바꾸다.
예 글의 내용을 조금 고쳤더니 훨씬 재미있었다.
⑤ 처지를 바꾸다.
예 복권에 당첨되어 신세를 고치다.

길01
① 사람이나 동물 또는 자동차 따위가 지나갈 수 있게 땅 위에 낸 일정한 너비의 공간
예 길이 시원하게 뚫리다.
② 물 위나 공중에서 일정하게 다니는 곳
예 배가 다니는 길
③ 어떠한 일을 하는 도중이나 기회
예 퇴근하는 길에 가게에 들렀다.
④ 시간의 흐름에 따라 개인의 삶이나 사회적·역사적 발전 따위가 전개되는 과정
예 우리 민족이 걸어온 길
⑤ 방법이나 수단
예 타협할 길이 없다.
⑥ 어떤 자격이나 신분으로서 주어진 도리나 임무
예 자식으로서의 길
⑦ 걷거나 탈것을 타고 어느 곳으로 가는 노정(路程)
예 고향으로 가는 길
⑧ 사람이 삶을 살아가거나 사회가 발전해 가는 데에 지향하는 방향, 지침, 목적이나 전문 분야
예 그 길의 전문가

길02
① 물건에 손질을 잘하여 생기는 윤기
예 그 집 장독은 길이 잘 나 있다.
② 짐승 따위를 잘 가르쳐서 부리기 좋게 된 버릇
예 야생마는 길을 들이기가 어렵다.
③ 어떤 일에 익숙하게 된 솜씨

ㄴ

나가다
① 일정한 지역이나 공간의 범위과 관련하여 그 안에서 밖으로 이동하다.
② 일정한 지역이나 공간에서 벗어나거나 집이나 직장 따위를 떠나다.
③ 옷이나 신, 양말 따위가 해지거나 찢어지다.
예 구두창이 나가다.
④ 값이나 무게 따위가 어느 정도에 이르다.
⑤ 월급이나 비용 따위가 지급되거나 지출되다.
예 집세가 나가다.
⑥ 물건이 잘 팔리거나 유행하다.
⑦ 전기 공급이 끊어지거나 전깃불이 꺼지다.
⑧ 의식이나 정신이 없어지다.

나누다
① 하나를 둘 이상으로 가르다.
예 사과를 세 조각으로 나누다.
② 여러 가지가 섞인 것을 구분하여 분류하다.

예 토론을 하다 보면 자기편과 상대편을 나눌 수 있다.
③ 〈수학〉 나눗셈을 하다.
예 20을 5로 나누면 4가 된다.
④ 몫을 분배하다.
예 이익금을 모두에게 공정하게 나누어야 불만이 생기지 않는다.
⑤ 음식 따위를 함께 먹거나 갈라 먹다.
예 우리 차도 한잔 나누면서 이야기를 합시다.
⑥ 말이나 이야기, 인사 따위를 주고받다.
예 고향 친구와 이야기를 나누는 일은 언제나 즐겁다.
⑦ 즐거움이나 고통, 고생 따위를 함께하다.
예 그들은 슬픔과 기쁨을 함께 나누며 산다.
⑧ 같은 핏줄을 타고나다.
예 나는 그와 피를 나눈 형제이다.

나다01
① 신체 표면이나 땅 위에 솟아나다.
예 새싹이 나다./여드름이 나다.
② 신문, 잡지 따위에 어떤 내용이 실리다.
예 신문에 이름이 나다.
③ 농산물이나 광물 따위가 산출되다.
예 이 지방에서는 고추가 많이 난다.
④ 어떤 현상이나 사건이 일어나다.
예 화재가 나다./야단이 났다.
⑤ 인물이 배출되다.
예 우리 고장에서 학자가 많이 났다.
⑥ 이름이나 소문 따위가 알려지다.
예 이름이 나다./소문이 나다.
⑦ 구하던 대상이 나타나다.
예 취직자리가 나다.
⑧ 생명체가 태어나다.
예 이 세상에 나서 처음 보는 광경
⑨ 어떤 나이에 이르다.
예 세 살 난 아이
⑩ 생각, 기억 따위가 일다.
예 생각이 나다.
⑪ 어떤 작용에 따른 효과, 결과 따위의 현상이 이루어져 나타나다.
예 능률이 나다./신바람이 나다.
⑫ 철이나 기간을 보내다.
예 겨울을 나다.

남다
① 다 쓰지 않거나 정해진 수준에 이르지 않아 나머지가 있게 되다.
예 시험 문제가 쉬워서 시간이 남는다.
② 들인 밑천이나 제 값어치보다 더 얻다. 또는 이익을 보다.
예 장사는 이익이 남아야 한다.
③ 나눗셈에서, 나누어떨어지지 않고 나머지가 얼마 있게 되다.

예 5를 2로 나누면 1이 남는다.
④ 다른 사람과 함께 떠나지 않고 있던 그대로 있다.
예 우리는 이곳에 남아서 뒷정리를 하고 가자.
⑤ 잊히지 않거나 뒤에까지 전하다.
예 그의 첫인상이 나에게 오래도록 남았다.
⑥ 어떤 상황의 결과로 생긴 사물이나 상태 따위가 다른 사람이나 장소에 있다.
예 그 문제는 아직도 우리들에게는 수수께끼로 남아 있다.

놓다
① 잡거나 쥐고 있던 물체를 일정한 곳에 두다.
예 가방은 책상 위에 놓아라.
② 걱정이나 근심, 긴장 따위를 잊거나 풀어 없애다.
예 한시름 놓다.
③ 논의의 대상으로 삼다.
예 이 문제를 놓고 토론을 하였다.
④ 무늬나 수를 새기다.
⑤ 불을 지르거나 피우다.
⑥ 치료를 위하여 주사나 침을 찌르다.
⑦ 상대방에게 어떤 행동을 하다.
예 엄포를 놓다./훼방을 놓다.
⑧ 집이나 돈, 쌀 따위를 세나 이자를 받고 빌려주다.
예 전세를 놓다.
⑨ 말을 존대하지 않고 맞상대하거나 낮춰서 말하다.
예 말씀을 놓다.

최신 눈01
① 빛의 자극을 받아 물체를 볼 수 있는 감각 기관
예 눈이 초롱초롱하다./눈을 부라리다.
② = 시력(視力)
예 눈이 좋다./눈이 나빠 안경을 쓴다.
③ 사물을 보고 판단하는 힘
예 그는 보는 눈이 정확하다.
④ 무엇을 보는 표정이나 태도
예 의심하는 눈으로 보다.
⑤ 사람들의 눈길
예 다른 사람의 눈을 의식하다./사람들의 눈이 무서운 줄 알아라.
⑥ 태풍에서, 중심을 이루는 부분
예 태풍의 눈

눈02 자·저울·온도계 따위에 표시하여 길이·양·도수 따위를 나타내는 금 = **눈금**
예 저울의 무게를 가리키는 눈이 얼마인지 보아라.

눈03
① 그물 따위에서 코와 코를 이어 이룬 구멍
② 바둑판에서 가로줄과 세로줄이 만나는 점

눈04 대기 중의 수증기가 찬 기운을 만나 얼어서 땅 위로 떨어지는 얼음의 결정체
예 눈 쌓인 겨울 산이 하얗다.

기출 핵심개념

눈05 〈식물〉 새로 막 터져 돋아나려는 초목의 싹. 꽃눈, 잎눈 따위이다.
예 눈이 트다.

ㄷ

다루다
① 일거리를 처리하다.
예 무역 업무를 다루다./이 병원은 피부병만을 다루고 있다.
② 어떤 물건을 사고파는 일을 하다.
예 이 상점은 주로 전자 제품만을 다룬다.
③ 기계나 기구 따위를 사용하다.
예 악기를 다루다./그는 공장에서 기계를 다룬다.
④ 가죽 따위를 매만져서 부드럽게 하다.
예 짐승의 가죽을 다루어서 옷 따위를 만드는 일은 주로 여자들이 맡아 하였다.
⑤ 어떤 물건이나 일거리 따위를 어떤 성격을 가진 대상 혹은 어떤 방법으로 취급하다.
예 농부들은 농산물을 자식처럼 다룬다./요즘 아이들은 학용품을 소홀히 다루는 경향이 있다.
⑥ 사람이나 짐승 따위를 부리거나 상대하다.
예 아이들을 너무 엄격하게 다루면 오히려 역효과가 날 수 있다.
⑦ 어떤 것을 소재나 대상으로 삼다.
예 그는 다음 소설에서 이념 문제를 주제로 다룰 예정이다.

닦다
① 때, 먼지, 녹 따위의 더러운 것을 없애거나 윤기를 내려고 거죽을 문지르다.
예 방바닥을 걸레로 닦다.
② 거죽의 물기를 훔치다.
예 눈물을 닦다.
③ 길 따위를 내다.
예 고속도로를 닦다.
④ 건물 따위를 지을 터전을 평평하게 다지다.
예 터를 닦다.
⑤ 학문이나 기술을 배우고 익히다.
예 학업을 닦다.
⑥ 품행이나 도덕을 바르게 다스려 기르다.
예 효행을 닦다.
⑦ 어떤 일을 하기 위한 기초를 마련하다.
예 회사의 기반을 닦은 뒤에 다른 활동도 모색해 볼 것이다.
⑧ 치밀하게 따져 자세히 밝히다.
예 타다 남은 문부를 거둬들여 새로이 호적을 닦았다.

대다01
① 정해진 시간에 닿거나 맞추다.
예 간신히 기차 시간에 대다.
② 어떤 것을 목표로 삼거나 향하다.
예 아이들이 나무에 대고 돌을 던지고 있다.
③ 무엇을 어디에 닿게 하다.
예 귀에 수화기를 대다.
④ 서로 견주어 비교하다.
예 키를 대어 보다.
⑤ 잇닿게 하거나 관계를 맺다.
예 연줄을 대어 주다.
⑥ 사람을 구해서 소개해 주다.
예 그 사람을 대어 주오.
⑦ 다른 사람과 신체의 일부분을 닿게 하다.
예 벽에 등을 대다.
⑧ 차, 배 따위의 탈것을 멈추어 서게 하다.
예 차를 현관에 대라.
⑨ 어떤 곳에 물을 끌어 들이다.
예 논에 물을 대다.
⑩ 돈이나 물건 따위를 마련하여 주다.
예 가게에 물건을 대다.
⑪ 어떤 사실을 드러내어 말하다.
예 증거를 대다.
⑫ 이유나 구실을 들어 보이다.
예 핑계를 대다.

돌다
① 물체가 일정한 축을 중심으로 원을 그리면서 움직이다.
예 선풍기가 돈다.
② 일정한 범위 안에서 차례로 거쳐 가며 전전하다.
예 술잔이 한 바퀴 돌다.
③ 기능이나 체제가 제대로 작용하다.
예 공장이 무리 없이 잘 돌고 있다.
④ 돈이나 물자 따위가 유통되다.
예 불경기라 돈이 잘 돌지 않는다.
⑤ 기억이나 생각이 얼른 떠오르지 아니하다.
예 그 사람의 이름이 혀끝에서 뱅뱅 돌 뿐 얼른 생각나지 않았다.
⑥ 눈이나 머리 따위가 정신을 차릴 수 없도록 아찔하여지다.
예 술을 과하게 마셨는지 머리가 핑 돌았다.
⑦ 정신에 이상이 생기다.
예 김씨는 자식이 행방불명된 지 한 달 만에 시체로 돌아오자 끝내는 돌아 버렸다.
⑧ 어떤 기운이나 빛이 겉으로 나타나다.
예 푸른빛이 도는 검은색 옷감
⑨ 술이나 약의 기운이 몸속에 퍼지다.
예 약 기운이 도는지 속이 메스껍다.
⑩ 방향을 바꾸다.
예 뒤로 돌아 10m 이동하시오.
⑪ 가까운 길을 두고 멀리 비켜 가다.
예 이 길로 가면 먼 길을 돌게 된다.

되다01
① 어떤 사물이 모습을 갖추어 만들어지다.
◉ 다 된 밥에 재 뿌리기
② 새로운 신분이나 지위를 가지다.
◉ 부자가 되다.
③ 어떤 때나 시기, 상태에 이르다.
◉ 가을이 되다.
④ 사람으로서의 품격과 덕을 갖추다.
◉ 그 사람은 됐어.
⑤ 다른 것으로 바뀌거나 변하다.
◉ 물이 얼음으로 되다.
⑥ 어떤 일이 가능하거나 받아들여지다.
◉ 이 물을 마셔도 된다.
⑦ (보조 동사) 어떤 행동이나 상태가 이루어짐을 나타내는 말
◉ 오늘부터 한국어를 가르치게 되었어요.

되다02 말, 되, 홉 따위로 가루, 곡식, 액체 따위의 분량을 헤아리다.
◉ 쌀을 말로 되어 팔다.

되다04
① 반죽이나 밥 따위가 물기가 적어 빡빡하다.
② 줄 따위가 단단하고 팽팽하다.
◉ 줄을 너무 되게 맸다.
③ 일이 힘에 벅차다.
◉ 일이 되거든 쉬어 가며 해라.

들다01
① 과일, 음식의 맛 따위가 익어서 알맞게 되다.
② 수면을 취하기 위한 장소에 가거나 오다.
◉ 잠자리에 들다.
③ 물감, 색깔, 물기, 소금기가 스미거나 배다.
◉ 붉은 물이 곱게 들다.
④ 어떤 일에 돈, 시간, 노력, 물자 따위가 쓰이다.
◉ 경비가 많이 들다.
⑤ 의식이 회복되거나 어떤 생각이나 느낌이 일다.
◉ 자꾸 잡념이 들다./나는 그 사람에게 친근감이 든다.
⑥ 어떤 물건이나 사람이 좋게 받아들여지다.
◉ 마음에 들다.
⑦ 몸에 병이나 증상이 생기다.
⑧ 밖에서 속이나 안으로 향해 가거나 오거나 하다.
⑨ 남을 위하여 어떤 일을 하다.
◉ 역성을 들다.
⑩ 빛, 볕, 물 따위가 안으로 들어오다.
◉ 처마 밑에 해가 들다.

들다02 비나 눈이 그치고 날이 좋아지다.
◉ 날이 들면 출발하자.

들다03 날이 날카로워 물건이 잘 베어지다.
◉ 칼이 잘 들다.

들다04
① 손에 가지다.
◉ 가방을 들다.
② 아래에 있는 것을 위로 올리다.
◉ 손을 들다.
③ 설명하거나 증명하기 위하여 사실을 가져다 대다.
◉ 예를 들다.
④ '(음식 따위를) 먹다02'의 높임말
◉ 점심을 들다.

떼다01
① 붙어 있거나 잇닿은 것을 떨어지게 하다.
② 봉한 것을 뜯어서 열다.
③ 전체에서 한 부분을 덜어 내다.
◉ 월급에서 1%를 떼다.
④ 버릇이나 병 따위를 고치다.
◉ 볼거리를 떼다.
⑤ 배우던 것을 끝내다.
◉ 천자문을 떼다.
⑥ 말문을 열다.
◉ 입을 떼다.
⑦ 걸음을 옮기어 놓다.

떼다02 남에게서 빌려 온 돈 따위를 돌려주지 않다.
◉ 그는 내가 꾸어 준 돈을 떼었다.

뜨다01
① 물속이나 지면 따위에서 가라앉거나 내려앉지 않고 물 위나 공중에 있거나 위쪽으로 솟아오르다.
② 착 달라붙지 않아 틈이 생기다.
◉ 장판이 뜨다.

뜨다02
① 물기 있는 물건이 제 훈김으로 썩기 시작하다.
◉ 퇴비가 뜨다.
② 누룩이나 메주 따위가 발효하다.
◉ 메주가 뜨다.

뜨다03
① 다른 곳으로 가기 위하여 있던 곳에서 다른 곳으로 떠나다.
◉ 고향을 뜨다.
② 몰래 달아나다.
◉ 그 가족은 밤중에 몰래 이 마을을 떴다.

뜨다04
① 큰 것에서 일부를 떼어 내다.
◉ 얼음장을 뜨다.
② 어떤 곳에 담겨 있는 물건을 퍼내거나 덜어 내다.
③ 고기 따위를 얇게 저미다.
④ 피륙에서 옷감이 될 만큼 끊어 내다.
◉ 한복 한 벌 감을 뜨다.
⑤ 수저 따위로 음식을 조금 먹다.
◉ 죽을 한두 술 뜨다 말았다.

기출 핵심개념

뜨다05
① 감았던 눈을 벌리다.
② 무엇을 들으려고 청각의 신경을 긴장시키다.
예 바스락거리는 소리에 귀를 번쩍 뜨다.

뜨다06
① 실 따위로 코를 얽어서 무엇을 만들다.
② 한 땀 한 땀 바느질하다.
예 터진 데를 한두 바늘 뜨다.

ㅁ

마르다01 [최신]
① 물기가 다 날아가서 없어지다.
예 날씨가 맑아 빨래가 잘 마른다.
② 입이나 목구멍에 물기가 적어져 갈증이 나다.
예 뜨거운 태양 아래서 달리기를 했더니 목이 몹시 마르다.
③ 살이 빠져 야위다.
예 공부를 하느라 몸이 많이 말랐다.
④ 강이나 우물 따위의 물이 줄어 없어지다.
예 가뭄에도 우물은 마르지 않는다.
⑤ 돈이나 물건 따위가 다 쓰여 없어지다.
예 돈이 마르다./씨가 마르다.
⑥ 감정이나 열정 따위가 없어지다.
예 애정이 마르다.

마음
① 사람이 본래부터 지닌 성격이나 품성
예 많이 아는 사람보다는 마음이 어진 사람을 사귀어야 한다.
② 사람이 다른 사람이나 사물에 대하여 감정이나 의지, 생각 따위를 느끼거나 일으키는 작용이나 태도
예 몸은 늙었지만 마음은 청춘이다.
③ 사람의 생각, 감정, 기억 따위가 생기거나 자리 잡는 공간이나 위치
예 안 좋은 일을 마음에 담아 두면 병이 된다.
④ 사람이 어떤 일에 대하여 가지는 관심
예 오늘은 날이 추워 도서관에 갈 마음이 없다.
⑤ 사람이 사물의 옳고 그름이나 좋고 나쁨을 판단하는 심리나 심성의 바탕
예 그는 자신의 마음에 비추어 한 치의 부끄러움도 없는 삶을 살았다.
⑥ 이성이나 타인에 대한 사랑이나 호의(好意)의 감정
예 너 저 사람에게 마음이 있는 모양이구나.
⑦ 사람이 어떤 일을 생각하는 힘
예 마음을 집중해서 공부해라.

만들다
① 노력이나 기술 따위를 들여 목적하는 사물을 이루다.
예 오랜 공사를 벌인 끝에 마침내 터널을 만들었다.
② 책을 저술하거나 편찬하다.
예 교과서를 만들다.
③ 새로운 상태를 이루어 내다.
예 새 분위기를 만들다.
④ 글이나 노래를 짓거나 문서 같은 것을 짜다.
예 노래를 만들다./다음 줄거리를 만들어 보자.
⑤ 규칙이나 법, 제도 따위를 정하다.
예 회칙을 만들다./경기 규칙을 새로이 만들다.
⑥ 기관이나 단체 따위를 결성하다.
예 동아리를 만들다./협동조합을 만들어 운영하다.
⑦ 돈이나 일 따위를 마련하다.
예 여행 경비를 만들다./일거리를 만들어 주다.
⑧ 틈, 시간 따위를 짜내다.
예 짬을 만들다.
⑨ 허물이나 상처 따위를 생기게 하다.
예 그는 유리를 돌로 긁어 흠집을 만들었다.
⑩ 말썽이나 일 따위를 일으키거나 꾸며 내다.
예 공연한 일거리를 만들다.
⑪ 영화나 프로그램 따위를 제작하다.
예 돈 없이 영화를 만들려니까 무척 힘이 든다.

말01 [최신]
① 사람의 생각이나 느낌 따위를 표현하고 전달하는 데 쓰는 음성 기호. 곧 사람이 생각이나 느낌 따위를 목구멍을 통하여 조직적으로 나타내는 소리를 가리킨다.
예 멀리 떨어져 있어서 말이 제대로 안 들린다.
② 음성 기호로 생각이나 느낌을 표현하고 전달하는 행위 또는 그런 결과물
예 고운 말과 바른 말
③ 일정한 주제나 줄거리를 가진 이야기
예 말을 건네다.
④ 단어, 구, 문장 따위를 통틀어 이르는 말
예 내 사전에 불가능이란 말은 없다.
⑤ 소문이나 풍문 따위를 이르는 말
예 널 두고 말이 많으니 조심해라.
⑥ 다시 강조하거나 확인하는 뜻을 나타내는 말
예 나보고 이런 것을 먹으란 말이냐?
⑦ '망정이지'의 뜻을 나타내는 말
예 집에서 조금 일찍 나왔으니 말이지 하마터면 차를 놓칠 뻔했다.
⑧ '-을 것 같으면'의 뜻을 나타내는 말
예 자네가 장가들 말이면 내게 미리 귀띔을 했어야지.
⑨ 어떤 행위가 잘 이루어지지 않음을 탄식하는 말
예 차를 사고 싶은데 돈이 있어야 말이지.
⑩ 앞에서 언급한 사실을 강조하여 말하는 뜻을 나타내는 말
예 돈이라니, 며칠 전에 네가 내게 준 돈 말이냐?
⑪ 어감을 고르게 할 때 쓰는 군말. 상대편의 주의를 끌거나 말을 다짐하는 뜻을 나타낸다.
예 그런데 말이야./하지만 말이죠.

말03
① 곡식, 액체, 가루 따위의 분량을 되는 데 쓰는 그릇
예 쌀을 말로 되다.
② 부피의 단위. 곡식, 액체, 가루 따위의 부피를 잴 때 쓴다.
예 쌀 한 말

말04 〈동물〉 말과의 포유류
예 말을 타고 들판을 달리다.

말05 〈민속〉 십이지에서 '오(午)'를 상징적으로 나타내는 말

말07
① 〈식물〉 물속에 나는 은화식물을 통틀어 이르는 말
② 〈식물〉 가랫과의 여러해살이 수초(水草)

맞다01
① 문제에 대한 답이 틀리지 아니하다.
② 말이나 생각 따위가 틀리지 아니하다.
③ 모습, 분위기, 취향 따위가 다른 것에 잘 어울리다.
예 분에 맞는 생활
④ 어떤 행위나 내용이 일정한 기준이나 정도에 어긋나거나 벗어나지 아니하다. 혹은 그런 상태
⑤ 크기, 규격 따위가 다른 것의 크기, 규격 따위와 어울리다.
예 반지가 손가락에 맞다.
⑥ 어떤 행동, 의견, 상황 따위가 다른 것과 서로 어긋나지 아니하고 어울리다.
예 그 두 나라는 이해관계가 잘 맞는다.

맞다02
① 오는 사람이나 물건을 예의로 받아들이다.
예 손님을 맞다.
② 시간이 흐름에 따라 오는 어떤 때를 대하다.
예 생일을 맞다.
③ 가족의 일원으로 예를 갖추어 데려오다.
④ 자연 현상에 따라 내리는 눈, 비 따위의 닿음을 받다.
⑤ 점수를 받다.
예 100점을 맞다.

맞다03
① 외부로부터 어떤 힘이 가해져 몸에 해를 입다.
예 어머니께 매를 맞았다.
② 침, 주사 따위로 치료를 받다.
예 팔에 예방 주사를 맞다.

맵다
① 고추나 겨자와 같이 맛이 알알하다.
예 빨간 고추를 먹으면 매우 맵다.
② 날씨가 몹시 춥다.
예 겨울이 되면 매운 바람이 불어온다.
③ 연기 따위가 눈이나 코를 아리게 하다.
예 주인댁이 불을 때느라고 매운 연기가 난다.
④ 성미가 사납고 독하다.
예 어머니는 매운 시집살이를 하셨다.
⑤ 결기가 있고 야무지다.
예 저 녀석은 하는 일마다 맵게 잘 처리해서 마음에 든다.

맺다
① 끄나풀, 실, 노끈 따위를 얽어 매듭을 만들다.
② 하던 일을 끝내다.
③ 관계나 인연 따위를 이루거나 만들다.
예 사돈 관계를 맺다.
④ 열매나 꽃망울 따위가 생겨나거나 그것을 이루다.
⑤ 물방울이나 땀방울 따위가 생겨나 매달리다.
예 풀잎에 이슬이 맺다.

최신 머리01
① 사람이나 동물의 목 위의 부분. 눈, 코, 입 따위가 있는 얼굴을 포함하여 머리털이 있는 부분을 이른다.
예 그는 아무 말 없이 머리를 아래로 숙였다.
② = 머리털
예 봄이 되면 어쩐지 머리가 잘 빠진다.
③ 생각하고 판단하는 능력
예 그는 머리가 영리하고 우수한 소년이었다.
④ 사물의 앞이나 위를 비유적으로 이르는 말
예 그는 달려오는 차 머리에 치었다.
⑤ 일의 시작이나 처음을 비유적으로 이르는 말
예 이 노래의 머리 부분은 좀 우울하다.
⑥ 단체의 우두머리
예 구성원의 머리가 되려면 용기와 지혜가 필요하다.

최신 먹다02
① 날이 있는 도구가 소재를 깎거나 자르거나 갈거나 하는 작용을 하다.
예 대패가 잘 먹다.
② 벌레, 균 따위가 파 들어가거나 퍼지다.
예 벌레가 먹은 과일
③ 바르는 물질이 배어들거나 고루 퍼지다.
예 물감(기름)이 잘 먹다.
④ 돈이나 물자 따위가 들거나 쓰이다.
예 재료를 많이 먹다.
⑤ 음식 따위를 입을 통하여 배 속에 들여보내다.
예 밥을 먹다.
⑥ 연기나 가스 따위를 들이마시다.
예 연탄가스를 먹다.
⑦ 어떤 등급을 차지하거나 점수를 따다.
예 달리기에서 일 등을 먹다.
⑧ 어떤 마음이나 감정을 품다.
예 그렇게 할 마음을 먹다.
⑨ 일정한 나이에 이르거나 나이를 더하다.
예 아홉 살 먹은 아이
⑩ 욕, 핀잔 따위를 듣거나 당하다.

기출 핵심개념

예 욕을 먹다.
⑪ 남의 재물을 다루거나 맡은 사람이 그 재물을 부당하게 자기의 것으로 만들다.
예 공금을 먹다.
⑫ 구기 경기에서, 점수를 잃다.
예 우리 편이 두 골을 먹었다.
⑬ 물이나 습기 따위를 빨아들이다.
예 종이가 물을 먹다.

무르다01 굳은 것이 물렁거리게 되다.
예 감이 무르다.

무르다02
① 사거나 바꾼 물건을 원래 임자에게 도로 주고 돈이나 물건을 되찾다.
예 시계를 샀다가 도로 무르다.
② 이미 행한 일을 그 전의 상태로 돌리다.

무르다03
① 여리고 단단하지 않다.
예 무른 땅에 말뚝 박는 일만큼 쉽다.
② 마음이 여리거나 힘이 약하다.
예 그는 마음이 물러서 남에게 모진 소리를 못한다.

ㅂ

최신 바람01
① 기압의 변화 또는 사람이나 기계에 의하여 일어나는 공기의 움직임
예 바람이 불다./선풍기의 바람이 너무 세다.
② 공이나 튜브 따위와 같이 속이 빈 곳에 넣는 공기
예 바람이 빠진 축구공
③ 몰래 다른 이성과 관계를 가짐.
예 바람이 나다./바람을 피우다.
④ 남을 부추기거나 얼을 빼는 일
예 제발 바람 좀 작작 불어라.
⑤ 사회적으로 일어나는 일시적인 유행이나 분위기 또는 사상적인 경향
예 투기 바람이 불다./교육계에 새 바람이 불다.
⑥ 뒷말의 근거나 원인을 나타내는 말
예 급히 서두른 바람에 서류를 놓고 왔다.
⑦ 그 옷차림의 뜻을 나타내는 말. 몸에 차려야 할 것을 차리지 않고 나서는 차림을 이를 때 쓴다.
예 셔츠 바람으로 손님을 맞다.

바람02 어떤 일이 이루어지기를 기다리는 간절한 마음
예 남북 통일은 우리 겨레 모두의 바람이다.

바람03 길이의 단위. 한 바람은 실이나 새끼 따위의 한 발 정도의 길이이다.
예 한 바람의 노끈

바르다01
① 풀칠한 종이나 헝겊 따위를 다른 물건의 표면에 고루 붙이다.
예 아이들 방에 벽지를 발랐다.
② 차지게 이긴 흙 따위를 다른 물체의 표면에 고르게 덧붙이다.
예 흙을 벽에 바르다.
③ 물이나 풀, 약, 화장품 따위를 물체의 표면에 문질러 묻히다.
예 도자기에 유약을 바르다.

바르다02
① 껍질을 벗기어 속에 들어 있는 알맹이를 집어내다.
예 밤을 바르다./씨를 바르다.
② 뼈다귀에 붙은 살을 걷거나 가시 따위를 추려 내다.
예 생선 가시를 발라서 버리다.

바르다03
① 겉으로 보기에 비뚤어지거나 굽은 데가 없다.
예 선을 바르게 긋다./길이 바르다.
② 말이나 행동 따위가 사회적인 규범이나 사리에 어긋나지 아니하고 들어맞다.
예 예의가 바르다.
③ 사실과 어긋남이 없다.
예 숨기지 말고 바르게 대답하시오.
④ 그늘이 지지 아니하고 햇볕이 잘 들다.
예 기르던 병아리가 죽자 아이들은 양지가 바른 곳에 묻어 주었다.

발01
① 사람이나 동물의 다리 맨 끝부분
예 발에 꼭 맞는 신
② 가구 따위의 밑을 받쳐 균형을 잡고 있는, 짧게 도드라진 부분
예 장롱의 발
③ '걸음'을 비유적으로 이르는 말
예 발이 빠른 선수
④ 한시(漢詩)의 시구 끝에 다는 운자(韻字)
예 발을 달다.
⑤ 걸음을 세는 단위
예 서너 발을 물러서다.

발03 가늘고 긴 대를 줄로 엮거나, 줄 따위를 여러 개 나란히 늘어뜨려 만든 물건. 주로 무엇을 가리는 데 쓴다.
예 문에 발을 걸다.

발07 길이의 단위. 한 발은 두 팔을 양옆으로 펴서 벌렸을 때 한쪽 손끝에서 다른 쪽 손끝까지의 길이이다.
예 두 발 둘레의 고목

밟다
① 발을 들었다 놓으며 어떤 대상 위에 대고 누르다.
예 발을 밟다.

② 어떤 대상을 디디거나 디디면서 걷다.
예 층계를 밟고 오르다.
③ 어떤 일을 위하여 순서나 절차를 거쳐 나가다.
예 법적 절차를 밟다.
④ 어떤 이의 움직임을 살피면서 몰래 뒤를 따라가다.
예 혐의자의 뒤를 밟다.

버리다
① 가지거나 지니고 있을 필요가 없는 물건을 내던지거나 쏟거나 하다.
예 쓰레기를 버리다.
② 못된 성격이나 버릇 따위를 떼어 없애다.
예 욕심을 버리다.
③ 직접 깊은 관계가 있는 사람과의 사이를 끊고 돌보지 아니하다.
예 늙고 병든 부모를 버린 못된 자식 기사가 신문에 나왔다.

벌어지다01
① 갈라져서 사이가 뜨다.
예 벽의 틈이 벌어지다.
② 사람과 사람 사이에 틈이 생기다.
예 둘의 사이가 벌어지다.
③ 막힌 데가 없이 넓게 탁 트이다.
예 눈앞에 벌어진 초원
④ 가슴이나 어깨, 등 따위가 옆으로 퍼지다.
예 남자의 키는 작달막하나 가슴은 딱 벌어졌다.

보다01
① 눈으로 대상의 존재나 형태적 특징을 알다.
예 날아가는 새를 보다.
② 눈으로 대상을 즐기거나 감상하다.
예 영화를 보다.
③ 대상의 내용이나 상태를 알기 위하여 살피다.
예 현미경을 보다.
④ 어떤 일을 맡아 하다.
예 친목회의 일을 보다.
⑤ 맡아서 보살피거나 지키다.
예 아이를 보다./집을 보다.
⑥ 어떤 관계의 사람을 얻거나 맞다.
예 손자를 보다.
⑦ 어떤 결과나 관계를 맺기에 이르다.
예 결과를 보다.
⑧ 대상을 평가하다.
예 좋지 않게 보다./만만히 볼 상대가 아니다.
⑨ 물건을 팔거나 사다.
예 시장을 보다.
⑩ 음식상이나 잠자리 따위를 채비하다.
예 손님이 오셨으니 상을 좀 보아라./손님 주무실 자리를 봐 드려라.

⑪ 사람을 만나다.
예 자네를 보러 왔지.
⑫ (보조 동사) 어떤 행동을 시험 삼아 함을 나타내는 말
예 돌다리도 두드려 보고 건너라.
⑬ (보조 형용사) 앞말이 뜻하는 행동이나 상태를 추측하거나 어렴풋이 인식하고 있음을 나타내는 말
예 아마 해낼 자신이 있는가 보다.

부치다01 모자라거나 미치지 못하다.
예 힘에 부치는 일
부치다02
① 편지나 물건 따위를 일정한 수단이나 방법을 써서 상대에게로 보내다.
예 짐을 부치다.
② 어떤 문제를 다른 곳이나 다른 기회로 넘기어 맡기다.
예 공판(公判)에 부치다.
③ 어떤 일을 거론하거나 문제 삼지 아니하는 상태에 있게 하다.
예 불문(不問)에 부치다.
④ 마음이나 정 따위를 다른 것에 의지하여 대신 나타내다.
예 기러기에 부쳐 외로움을 노래하다.
⑤ 먹고 자는 일을 제집이 아닌 다른 곳에서 하다.
예 고모 댁에서 몸을 부치고 있다.
부치다03 논밭을 이용하여 농사를 짓다.
부치다04 번철이나 프라이팬 따위에 기름을 바르고 빈대떡, 저냐, 전병 따위의 음식을 익혀서 만들다.

붓다01
① 살가죽이나 어떤 기관이 부풀어 오르다.
예 벌에 쏘인 자리가 붓다.
② (속되게) 성이 나서 뾰로통해지다.
예 왜 잔뜩 부어 있나?
붓다02
① 액체나 가루 따위를 다른 곳에 담다.
예 어머니는 냄비에 물을 붓고 끓였다.
② 모종을 내기 위하여 씨앗을 많이 뿌리다.
예 모판에 배추씨를 붓다.
③ 불입금, 이자, 곗돈 따위를 일정한 기간마다 내다.
예 은행에 적금을 붓다.
④ 시선을 한곳에 모으면서 바라보다.
예 소년은 수평선에 눈을 부은 채 움직이지 않았다.

빠지다01
① 박힌 물건이 제자리에서 나오다.
예 앞니가 빠진 아이의 모습이 귀여워 보였다.
② 어느 정도 이익이 남다.
예 이번 장사에서는 이잣돈 정도는 빠질 것 같다.
③ 원래 있어야 할 것에서 모자라다.

예 이상하게도 어제 은행에서 찾은 돈에서 조금 빠지는 것 같다.
④ 속에 있는 액체나 기체 또는 냄새 따위가 밖으로 새어 나가거나 흘러 나가다.
예 공에 바람이 빠지면 찰 수가 없다.
⑤ 때, 빛깔 따위가 씻기거나 없어지다.
예 과일 물은 잘 빠지지 않는다.
⑥ 차례를 거르거나 일정하게 들어 있어야 할 곳에 들어 있지 아니하다.
예 이 책에는 중요한 내용이 빠져 있다.
⑦ 정신이나 기운이 줄거나 없어지다.
예 그 말을 들으니 다리에 기운이 빠져서 서 있을 수가 없었다.
⑧ 어떤 일이나 모임에 참여하지 아니하다.
예 여기 일은 우리가 알아서 할 테니 당신은 이 일에서 빠지시오.
⑨ 그릇이나 신발 따위의 밑바닥이 떨어져 나가다.
예 그릇의 이가 빠지다.
⑩ 살이 여위다.
예 며칠 밤을 새웠더니 눈이 쏙 들어가고 얼굴의 살이 쭉 빠졌다.
⑪ 일정한 곳에서 다른 데로 벗어나다.
예 그놈은 쥐도 새도 모르게 뒷길로 빠져 달아났다.
⑫ 생김새가 미끈하게 균형이 잡히다.
예 너는 옷을 쏙 빠지게 차려입고 누구를 만나러 가니?
⑬ 남이나 다른 것에 비해 뒤떨어지거나 모자라다.
예 그의 실력은 절대로 다른 경쟁자들에게 빠지지 않는다.

ㅅ

살다01
① 생명을 지니고 있다.
예 그는 백 살까지 살았다.
② 불 따위가 타거나 비치고 있는 상태에 있다.
예 잿더미에 불씨가 아직 살아 있다.
③ 본래 가지고 있던 색깔이나 특징 따위가 그대로 있거나 뚜렷이 나타나다.
예 그 시는 한 구절로 전체가 살았다.
④ 성질이나 기운 따위가 뚜렷이 나타나다.
예 칭찬 몇 마디 해 주었더니 기운이 살아서 잘난 척이다.
⑤ 마음이나 의식 속에 남아 있거나 생생하게 일어나다.
예 어렸을 때 배운 노래 한 구절이 머릿속에 아직도 살아 있다.
⑥ 움직이던 물체가 멈추지 않고 제 기능을 하다.
예 그렇게 세게 부딪혔는데도 시계가 살아 있다.
⑦ 경기나 놀이 따위에서, 상대편에게 잡히지 않고 제 기능을 하다.
예 바둑에서 간신히 두 집 내고 살았다.
⑧ 글이나 말, 또는 어떤 현상의 효력 따위가 현실과 관련되어 생동성이 있다.
예 산 역사/산 교훈/살아 있는 규범

새기다01
① 글씨나 형상을 파다.
예 도장을 새기다.
② 잊지 아니하도록 마음속에 깊이 기억하다.
예 약속을 마음에 꼭 새기다.

새기다02
① 글이나 말의 뜻을 알기 쉽게 풀이하다.
예 논어의 뜻을 새기다.
② 다른 나라의 말이나 글을 우리말로 번역하여 옮기다.
예 영어를 우리말로 새기다.

새기다03 소나 양 따위의 반추 동물(한번 삼킨 먹이를 게워 내어 씹어 다시 먹는 동물)이 먹었던 것을 되내어서 다시 씹다.

생각01
① 사물을 헤아리고 판단하는 작용
예 그는 오랜 생각 끝에 답했다.
② 어떤 사람이나 일 따위에 대한 기억
예 고향 생각/어머니 생각에 잠기다.
③ 어떤 일을 하고 싶어 하거나 관심을 가짐. 또는 그런 일
예 술 생각이 간절하다.
④ 어떤 일을 하려고 마음을 먹음. 또는 그런 마음
예 그만둘 생각이다.
⑤ 앞으로 일어날 일에 대하여 상상해 봄. 또는 그런 상상
예 생각도 못해 본 나의 미래
⑥ 어떤 일에 대한 의견이나 느낌을 가짐. 또는 그 의견이나 느낌
예 부끄러운 생각
⑦ 어떤 사람이나 일에 대하여 성의를 보이거나 정성을 기울임. 또는 그런 일
예 우리 아들 생각도 해 주게.

서다01
① 사람이나 동물이 발을 땅에 대고 다리를 쭉 뻗으며 몸을 곧게 하다.
예 담 밖에 서서 안을 넘어다보다.
② 어떤 곳에서 다른 곳으로 가던 대상이 어느 한 곳에서 멈추다.
예 완행 열차는 역마다 선다.
③ 처져 있던 것이 똑바로 위를 향하여 곧게 되다.
예 머리털이 쭈뼛 서다.
④ 무딘 것이 날이 날카롭게 되다.
예 칼날이 서다.
⑤ 사람이 어떤 위치나 처지에 있게 되거나 놓이다.
예 우위에 서다./대표자 자리에 서다.
⑥ 어떤 모양이나 현상이 이루어져 나타나다.
예 비 갠 하늘에 무지개가 서다.
⑦ 장이나 씨름판 따위가 열리다.

예 5일마다 장이 서다.
⑧ 아이가 배 속에 생기다.
예 아이가 서나 보다.
⑨ 나라나 기관 따위가 처음으로 이루어지다.
예 산골에도 학교가 서다.
⑩ 질서나 체계, 규율 따위가 올바르게 되거나 짜이다.
예 교통 질서가 서다.
⑪ 계획, 결심, 자신감 따위가 마음속에 이루어지다.
예 계획이 서다./결심이 서다.

속01
① 일정하게 둘러싸인 것의 안쪽으로 들어간 부분
예 주머니 속에 손을 넣고 걷지 마라.
② 사람의 몸에서 배의 안 또는 위장
예 속이 매스껍다.
③ 품고 있는 마음이나 생각
예 속이 검다./속이 꽉 찬 사람
④ 감추어진 일의 내용
예 속을 들여다보면 힘든 일이 많다.

최신 손01
① 사람의 팔목 끝에 달린 부분. 손등, 손바닥, 손목으로 나뉘며 그 끝에 다섯 개의 손가락이 있어, 무엇을 만지거나 잡거나 한다.
예 물건을 손에 쥐다.
② = 손가락
예 손에 반지를 끼다.
③ = 일손
예 손이 부족하다.
④ 어떤 일을 하는 데 드는 사람의 힘이나 노력, 기술
예 많은 손이 필요한 토목 공사
⑤ 어떤 사람의 영향력이나 권한이 미치는 범위
예 일의 성패는 네 손에 달려 있다.
⑥ 사람의 수완이나 꾀
예 그의 손에 놀아나다.

싸다01
① 물건을 안에 넣고 보이지 않게 씌워 가리거나 둘러 말다.
② 어떤 물체의 주위를 가리거나 막다.
예 경호원들이 겹겹이 싸고 있다.

싸다04
① 걸음이 재빠르다.
예 싸게 걷다.
② 들은 말 따위를 진중하게 간직하지 아니하고 잘 떠벌리다.
③ 불기운이 세다.
예 싼 불에 국을 끓이다.
④ 성질이 곧고 굳세다.
⑤ 비탈진 정도가 급하다.

싸다05
① 물건값이나 사람 또는 물건을 쓰는 데 드는 비용이 보통보다 낮다.
② 저지른 일 따위에 비추어서 받는 벌이 마땅하거나 오히려 적다.
예 그 사람은 욕을 먹어도 싸다.

쓰다01
① 붓, 펜, 연필과 같이 선을 그을 수 있는 도구로 종이 따위에 획을 그어서 일정한 글자의 모양이 이루어지게 하다.
② 머릿속의 생각을 종이 혹은 이와 유사한 대상 따위에 글로 나타내다.

쓰다02
① 모자 따위를 머리에 얹어 덮다.
② 우산이나 양산 따위를 머리 위에 펴 들다.

쓰다03
① 사람에게 어떤 일을 하게 하다.
예 일꾼을 쓰다.
② 어떤 일을 하는 데 시간이나 돈을 들이다.
예 돈을 흥청망청 쓰다.
③ 힘이나 노력 따위를 들이다.
④ 어떤 말이나 언어를 사용하다.

쓰다04 시체를 묻고 무덤을 만들다.
예 명당 자리에 묘를 쓰다.

쓰다06
① 혀로 느끼는 맛이 한약이나 소태, 씀바귀의 맛과 같다.
② 달갑지 않고 싫거나 괴롭다.
③ 몸이 좋지 않아서 입맛이 없다.

ㅇ

안다
① 두 팔을 벌려 가슴 쪽으로 끌어당기거나 그렇게 하여 품 안에 있게 하다.
예 아기를 품에 안다.
② 바람이나 비, 눈, 햇빛 따위를 정면으로 받다.
예 바람을 안고 달리다.
③ 손해나 빚 또는 책임을 맡다.
예 친구의 은행 빚을 안다.
④ 생각이나 감정 따위를 마음속에 가지다.
예 기쁨을 안고 돌아오다.
⑤ 새가 알을 까기 위하여 가슴이나 배 부분으로 알을 덮고 있다.
예 둥우리에는 암탉이 알을 안고 있다.

최신 오르다
① 사람이나 동물 따위가 아래에서 위쪽으로 움직여 가다.
예 계단을 오르다.

② 지위나 신분 따위를 얻게 되다.
예 장관 자리에 오르다.
③ 탈것에 타다.
예 가마에 오르다.
④ 어떤 정도에 달하다.
예 사업이 비로소 정상 궤도에 올랐다.
⑤ 길을 떠나다.
예 여행길에 오르다.
⑥ 식탁, 도마 따위에 놓이다.
예 저녁상에 갈비가 올랐다./고등어가 도마 위에 올라 칼질을 기다리고 있다.
⑦ 기록에 적히다.
예 호적에 오르다.
⑧ 값이나 수치, 온도, 성적 따위가 이전보다 많아지거나 높아지다.
예 등록금이 오르다. / 혈압이 오르다. / 체온이 오르다.
⑨ 기운이나 세력이 왕성하여지다.
예 인기가 오르니까 사람이 달라졌다.
⑩ 어떤 감정이나 기운이 퍼지다.
예 부아가 치밀어 오르다.
⑪ 때가 거죽에 묻다.
예 까맣게 때가 오르다.

옮기다
① 어떤 곳에서 다른 곳으로 자리를 바꾸게 하다.
예 의사가 환자를 응급실로 옮겼다.
② 정해져 있던 자리, 소속 따위를 다른 것으로 바꾸다.
예 그는 전공을 법학에서 정치학으로 옮겼다.
③ 발걸음을 한 걸음 한 걸음 떼어 놓다.
예 발걸음을 집 쪽으로 옮기다.
④ 관심이나 시선 따위를 하나의 대상에서 다른 대상으로 돌리다.
예 다른 사업으로 관심을 옮기다.
⑤ 한 나라의 말이나 글을 다른 나라의 말이나 글로 바꾸다.
예 그는 외국 소설을 우리글로 옮기고 있다.
⑥ 어떠한 일을 다음 단계로 진행시키다.
예 그들은 계획을 곧 실행에 옮겼다.
⑦ 한 곳에 자라던 식물을 다른 곳에다 심다.
예 나무를 양지바른 데로 옮겼다.
⑧ 불길이나 소문 따위를 한 곳에서 다른 곳으로 번져 가게 하다.
예 남의 말을 함부로 이곳저곳에 옮기지 마라.
⑨ 병 따위를 다른 사람에게 전염시키다.
예 주위 사람들에게 감기를 옮긴 것이 조금 미안하였다.

이르다01
① 어떤 장소나 시간에 닿다.
예 그 문제가 오늘에 이르러서야 해결되었다.
② 어떤 정도나 범위에 미치다.
예 죽을 지경에 이르다.

이르다02
① = 타이르다
예 내가 알아듣도록 이를 테니 걱정 말게.
② 미리 알려 주다.
③ 어떤 사람의 잘못을 윗사람에게 말하여 알게 하다.

이르다03 대중이나 기준을 잡은 때보다 앞서거나 빠르다.
예 이른 아침

일다01
① 없던 현상이 생기다.
예 유행이 일다.
② 희미하거나 약하던 것이 왕성하여지다.
예 불이 일다.
③ 겉으로 부풀거나 위로 솟아오르다.
예 거품이 일다.

일다02
① 곡식이나 사금 따위를 그릇에 담아 물을 붓고 이리저리 흔들어서 쓸 것과 못 쓸 것을 가려내다.
예 그는 조리로 쌀을 일어 밥을 지었다.
② 곡식 따위를 키나 체에 올려놓고 흔들거나 까불러서 쓸 것과 못 쓸 것을 가려내다.
예 어머니는 종일 키로 참깨를 일고 계셨다.

입다
① 옷을 몸에 꿰거나 두르다.
예 옷을 입다.
② 받거나 당하다.
예 선생님께 은혜를 입다./피해를 입다.

있다(동사)
① 사람이나 동물이 어느 곳에서 떠나거나 벗어나지 아니하고 머물다.
예 내가 갈 테니 너는 학교에 있어라.
② 사람이 어떤 직장에 계속 다니다.
예 딴 데 한눈팔지 말고 그 직장에 그냥 있어라.
③ 사람이나 동물이 어떤 상태를 계속 유지하다.
예 떠들지 말고 얌전하게 있어라.
④ 얼마의 시간이 경과하다.
예 앞으로 사흘만 있으면 추석이다.

있다(형용사)
① 사람, 동물, 물체 따위가 실제로 존재하는 상태이다.
예 날지 못하는 새도 있다.
② 어떤 사실이나 현상이 현실로 존재하는 상태이다.
예 나는 그와 만난 적이 있다.
③ 어떤 일이 이루어지거나 벌어질 계획이다.
예 오늘 모임이 있으니 모두 참석하세요.

④ (주로 '있는' 꼴로 쓰여) 재물이 넉넉하거나 많다.
예 그는 아무것도 없으면서 있는 체한다.
⑤ ('-ㄹ 수 있다' 꼴로 쓰여) 어떤 일을 이루거나 어떤 일이 발생하는 것이 가능함을 나타내는 말
예 네게도 그런 일이 일어날 수 있으니 조심해라.
⑥ (구어체에서, '있잖아', '있지' 꼴로 쓰여) 어떤 대상이나 사실을 강조·확인하는 뜻을 나타내는 말
예 그 소문 있지 사실이래.
⑦ 사람이나 사물 또는 어떤 사실이나 현상 따위가 어떤 곳에 자리나 공간을 차지하고 존재하는 상태이다.
예 방 안에 사람이 있다./책상 위에 책이 있다.
⑧ 사람이나 동물이 어느 곳에 머무르거나 사는 상태이다.
예 그는 서울에 있다./그는 한동안 이 집에 있었다.
⑨ 사람이 어떤 직장에 다니는 상태이다.
예 그는 철도청에 있다.
⑩ 어떤 처지나 상황, 수준, 단계에 놓이거나 처한 상태이다.
예 난처한 처지에 있다./그 일은 현재 진행 중에 있다.
⑪ 개인이나 물체의 일부분이 일정한 범위나 전체에 포함된 상태이다.
예 합격자 명단에는 내 이름도 있었다.
⑫ 어떤 물체를 소유하거나 자격이나 능력 따위를 가진 상태이다.
예 그녀에게 선택권이 있다.
⑬ 일정한 관계를 가진 사람이 존재하는 상태이다.
예 나에게는 아내와 자식들이 있다.
⑭ 어떤 사람에게 무슨 일이 생긴 상태이다.
예 너에게 무슨 일이 있게 되면 바로 연락해라.
⑮ (주로 '…에/에게 있어서' 구성으로 쓰여) 앞에 오는 명사를 화제나 논의의 대상으로 삼은 상태를 나타내는 말. 문어적 표현으로, '에', '에게', '에서'의 뜻을 나타낸다.
예 인간에게 있어서 가장 중요한 것은 사랑이다.
⑯ 사람이 어떤 지위나 역할로 존재하는 상태이다.
예 그는 지금 대기업의 과장으로 있다.
⑰ (이유, 근거, 구실, 가능성 따위와 같은 단어와 함께 쓰여) 이유나 가능성 따위로 성립된 상태이다.
예 아이의 투정은 이유가 있었다.

있다(보조 동사)
① (주로 동사 뒤에서 '-어 있다' 구성으로 쓰여) 앞말이 뜻하는 행동이나 변화가 끝난 상태가 지속됨을 나타내는 말
예 깨어 있다./앉아 있다./꽃이 피어 있다.
② (주로 동사 뒤에서 '-고 있다' 구성으로 쓰여) 앞말이 뜻하는 행동이 계속 진행되고 있거나 그 행동의 결과가 지속됨을 나타내는 말
예 듣고 있다./먹고 있다./자고 있다./아이를 안고 있다.

ㅈ

잡다01
① 손으로 움키고 놓지 않다.
② 짐승을 죽이다.
예 잔치에 쓸 돼지를 잡다.
③ 실마리, 요점, 단점 따위를 찾아내거나 알아내다.
예 실마리를 잡다.
④ 말 따위를 문제로 삼다.
예 말꼬리를 잡다.
⑤ 사람을 떠나지 못하게 말리다.
예 그는 떠나려는 손님을 잡았다.
⑥ 흥분되거나 들뜬 마음을 가라앉히다.
예 마음을 잡고 결혼하기로 하다.
⑦ 남을 모해하여 곤경에 빠뜨리다.
예 사람 잡는 소리 하지 마세요.
⑧ 어림하거나 짐작하여 헤아리다.
예 시간이 얼마나 걸릴지 잡아 보아라./대충 천만 원으로 잡다.
⑨ 주름 따위를 만들다.
예 치마의 주름을 잡다.

재다02
① 자, 저울 따위의 계기를 이용하여 길이, 너비, 높이, 깊이, 무게, 온도, 속도 따위의 정도를 알아보다.
② 여러모로 따져 보고 헤아리다.
예 그는 일의 앞뒤를 재기만 하고 실행으로 옮기지를 않는다.

재다05
① 동작이 재빠르다.
예 걸음이 정말 재다.
② 참을성이 모자라 입을 가볍게 놀리다.
예 그녀는 입이 너무 재다.
③ 온도에 대한 물건의 반응이 빠르다.
예 그릇이 재서 물이 금방 끓는다.

주다01
① 물건 따위를 남에게 건네어 가지거나 누리게 하다.
예 먹을거리를 주다.
② 실이나 줄 따위를 풀리는 쪽으로 더 풀어 내다.
예 닻을 주다.
③ 시선이나 관심 따위를 어떤 곳으로 향하다.
예 시선을 주다.
④ 주사나 침 따위를 놓다.
예 손등에 침을 주다.
⑤ 다른 사람에게 정이나 마음을 베풀거나 터놓다.
예 마음을 주다.
⑥ (보조 동사) 앞 동사의 행위가 다른 사람에게 영향을 미치거나 다른 사람을 위한 행동임을 나타내는 말
예 물건을 팔아 주다./책을 읽어 주다.

지키다
① 재산, 이익, 안전 따위를 잃거나 침해당하지 아니하도록 보호하거나 감시하여 막다.
예 부모님의 유산을 지키다.
② 길목이나 통과 지점 따위를 주의를 기울여 살피다.
예 국경을 지키다.
③ 규정, 약속, 법, 예의 따위를 어기지 아니하고 그대로 실행하다.
예 약속을 지키다.
④ 지조, 절개, 정조 따위를 굽히지 아니하고 굳게 지니다.
예 정조를 지키다.
⑤ 어떠한 상태나 태도 따위를 그대로 계속 유지하다.
예 중립을 지키다.

ㅊ

차리다
① 음식 따위를 장만하여 먹을 수 있게 상 위에 벌이다.
예 저녁을 차리다./음식을 차리다.
② 기운이나 정신 따위를 가다듬어 되찾다.
예 기운을 차리다./기력을 차리다.
③ 마땅히 해야 할 도리, 법식 따위를 갖추다.
예 예의를 차리다./격식을 차리다.
④ 어떤 조짐을 보고 짐작하여 알다.
예 낌새를 차리다.
⑤ 해야 할 일을 준비하거나 그 일의 방법을 찾다.
예 이제 그만 떠날 준비를 차려라.
⑥ 살림, 가게 따위를 벌이다.
예 살림을 차리다.
⑦ 자기의 이익을 따져 챙기다.
예 제 욕심만 차리다.

찾다
① 현재 주변에 없는 것을 얻거나 사람을 만나려고 여기저기 뒤지거나 살피다. 또는 그것을 얻거나 그 사람을 만나다.
예 고아가 가족을 찾다.
② 모르는 것을 알아내고 밝혀내려고 애쓰다. 또는 그것을 알아내고 밝혀내다.
예 말의 핵심을 찾다.
③ 잃거나 빼앗기거나 맡기거나 빌려주었던 것을 돌려받아 가지게 되다.
예 잃었던 책을 찾다./빌려주었던 돈을 찾다.
④ 어떤 사람을 만나거나 어떤 곳을 보러 그와 관련된 장소로 옮겨 가다.
예 친구를 찾아 사정을 이야기하다.
⑤ 어떤 것을 구하다.
예 술을 찾다.

치다01
① 바람이 세차게 불거나 비, 눈 따위가 세차게 뿌리다.
예 눈보라가 치다.
② 천둥이나 번개 따위가 큰 소리나 빛을 내면서 일어나다.
예 갑자기 벼락이 치다.
③ 서리가 몹시 차갑게 내리다.
예 된서리가 치는 바람에 작물이 몽땅 얼어 버렸다.
④ 물결이나 파도 따위가 일어 움직이다.
예 파도가 높게 치다.

치다02
① 손이나 손에 든 물건으로 세게 부딪게 하다.
예 날아오는 공을 치다.
② 손이나 물건 따위를 부딪쳐 소리 나게 하다.
예 피아노를 치다.
③ 떡을 차지게 하기 위하여 떡메로 반죽을 두들기다.
④ 카드나 화투 따위의 패를 고루 섞다. 또는 카드나 화투를 즐기다.
⑤ 상대편에게 피해를 주기 위하여 공격을 하다.
예 적군의 뒤에서 치다.
⑥ 날개나 꼬리 따위를 세차게 흔들다.
예 새들이 날개를 치며 하늘로 갔다.
⑦ 날이 있는 물체를 이용하여 물체를 자르다.
예 망나니가 죄인의 목을 치다./농부가 낫으로 잔가지를 쳐 냈다.
⑧ 점괘로 길흉을 알아보다.
⑨ 시험을 보다.
예 입학 시험을 치다.

치다03 붓이나 연필 따위로 점을 찍거나 선이나 그림을 그리다.

치다05
① 막이나 그물, 발 따위를 펴서 벌이거나 늘어뜨리다.
예 강에 그물을 치다.
② 벽 따위를 둘러서 세우거나 쌓다.
예 나무로 담을 치다.
③ 붕대나 대님 따위를 감아 매거나 두르다.
예 대충 붕대를 쳐 주었다.

ㅌ

타다01
① 불씨나 높은 열로 불이 붙어 번지거나 불꽃이 일어나다.
예 아궁이에서 장작이 활활 타고 있었다.
② 피부가 햇볕을 오래 쬐어 검은색으로 변하다.
예 땡볕에 팔이 새까맣게 탔다.
③ 뜨거운 열을 받아 검은색으로 변할 정도로 지나치게 익다.
예 다른 일을 하는 사이에 냄비가 타 버렸다.
④ 마음이 몹시 달다.
예 걱정으로 속이 타다.

⑤ 물기가 없어 바싹 마르다.
예 오랜 가뭄으로 농작물이 다 타 버렸다.

타다02
① 탈것이나 짐승의 등 따위에 몸을 얹다.
예 비행기에 타다.
② 도로, 줄, 산, 나무, 바위 따위를 밟고 오르거나 그것을 따라 지나가다.
예 원숭이는 나무를 잘 탄다.
③ 어떤 조건이나, 시간, 기회 등을 이용하다.
예 아이들은 틈을 타 수박 서리를 하였다.
④ 바람이나 물결, 전파 따위에 실려 퍼지다.
예 연이 바람을 타고 하늘로 올라간다.
⑤ 바닥이 미끄러운 곳에서 어떤 기구를 이용하여 달리다.
예 썰매를 타려면 꼭 장갑을 끼어야 한다.
⑥ 그네나 시소 따위의 놀이기구에 몸을 싣고 앞뒤로, 위아래로 또는 원을 그리며 움직이다.
예 구경은 그만하고 이제 놀이기구를 타러 가자.

타다03 다량의 액체에 소량의 액체나 가루 따위를 넣어 섞다.
예 커피를 타다.

타다04
① 몫으로 주는 돈이나 물건 따위를 받다.
예 회사에서 상여금을 타다.
② 복이나 재주, 운명 따위를 선천적으로 지니다.
예 운명을 잘 타고 태어나야 한다.

타다05
① 박 따위를 톱 같은 기구를 써서 밀었다 당겼다 하여 갈라지게 하다.
예 긴 톱으로 박을 타다.
② 줄이나 골을 내어 두 쪽으로 나누다.
예 흙을 파서 골을 탄 다음 씨를 뿌렸다.
③ 콩, 팥 따위를 맷돌에 갈아서 알알이 쪼개다.
예 맷돌에 콩을 타서 만든 두부라 맛있다.

타다06 악기의 줄을 퉁기거나 건반을 눌러 소리를 내다.
예 비파를 타다.

타다07
① 먼지나 때 따위가 쉽게 달라붙는 성질을 가지다.
예 이 가죽 가방은 때를 잘 탄다.
② 몸에 독한 기운 따위의 자극을 쉽게 받다.
예 옻을 타다.
③ 부끄럼이나 노여움 따위의 감정이나 간지럼 따위의 육체적 느낌을 쉽게 느끼다.
예 노여움을 타다./간지럼을 타다.
④ 계절이나 기후의 영향을 쉽게 받다.
예 지후는 가을을 탄다.

ㅍ

펴다
① 접거나 개킨 것을 젖히어 벌리다.
예 우산을 펴다.
② 구김이나 주름 따위를 없애어 반반하게 하다.
예 이마의 주름살을 펴다.
③ 굽은 것을 곧게 하다. 또는 움츠리거나 구부리거나 오므라든 것을 벌리다.
예 허리를 펴다./다리를 펴고 앉으세요./어깨를 펴고 걷다.
④ 생각, 감정, 기세 따위를 얽매임 없이 자유롭게 표현하거나 주장하다.
예 뜻을 펴다.
⑤ 어떤 것을 널리 공포하여 실시하거나 베풀다.
예 법령을 펴다./선정(善政)을 펴다.
⑥ 세력이나 작전, 정책 따위를 벌이거나 그 범위를 넓히다.
예 세력을 북방으로 펴다.

최신 풀다
① 묶이거나 감기거나 얽히거나 합쳐진 것 따위를 그렇지 아니한 상태로 되게 하다.
예 보따리를 풀다.
② 일어난 감정 따위를 누그러뜨리다.
예 그가 사과해서 화를 풀기로 했다.
③ 마음에 맺혀 있는 것을 해결하여 없애거나 품고 있는 것을 이루다.
예 소원을 풀다.
④ 모르거나 복잡한 문제 따위를 알아내거나 해결하다.
예 궁금증을 풀다.
⑤ 금지되거나 제한된 것을 할 수 있도록 터놓다.
예 구금을 풀다.
⑥ 피로나 독기 따위를 없어지게 하다.
예 푹 쉬면서 피로를 풀도록 하여라.
⑦ 사람을 동원하다.
예 사람을 풀어 정보를 수집하다.
⑧ 콧물을 밖으로 나오게 하다.
예 코를 풀다.
⑨ 꿈, 이름, 점괘 따위를 판단하여 내다.
예 꿈을 풀어 주다.
⑩ 어려운 것을 알기 쉽게 바꾸다.
예 어려운 말은 알아들을 수 있게 풀어서 이야기하겠습니다.
⑪ 긴장된 상태를 부드럽게 하다.
예 경계심을 풀다.

ㅎ

험하다
① 땅의 형세가 발을 디디기 어려울 만큼 사납고 가파르다.
예 험한 고산 지대
② 생김새나 나타난 모양이 보기 싫게 험상스럽다.
예 험한 인상
③ 어떠한 상태나 움직이는 형세가 위태롭다.
예 날씨가 험하다.
④ 말이나 행동 따위가 막되다.
예 험한 말은 쓰지 않는 것이 좋겠습니다.
⑤ 먹는 것이나 입는 것이 거칠고 너절하다.
예 그가 신은 농구화는 닳을 대로 닳아 걸레쪽처럼 험했다.

후리다
① 휘몰아 채거나 쫓다.
예 수리가 병아리를 후리려 한다.
② 휘둘러서 깎거나 베다.
예 대 마디를 후리어 다듬다.
③ 휘둘러서 때리거나 치다.
예 따귀를 세차게 후리다.
④ 남의 것을 갑자기 빼앗거나 슬쩍 가지다.
예 그 지주는 남의 재물을 후려 먹었다.
⑤ 매력으로 남을 유혹하여 정신을 매우 흐리게 하다.
예 남을 후려서 사기를 치다.
⑥ 그럴듯한 말로 속여 넘기다.
예 그는 어수룩한 사람을 후리고 다닌다.

흐르다01
① 시간이나 세월이 지나가다.
예 그와 만난 지 삼 년이 흘렀다.
② 액체 따위가 낮은 곳으로 내려가거나 넘쳐서 떨어지다.
예 물이 바다로 흐르다.
③ 어떤 한 방향으로 치우쳐 쏠리다.
예 이야기가 엉뚱한 방향으로 흐르고 있었다.
④ 공중이나 물 위에 떠서 미끄러지듯이 움직이다.
예 방 안에는 무거운 공기가 흐르고 있었다.
⑤ 기운이나 상태 따위가 겉으로 드러나다.
예 얼굴에 슬픔이 흐르다.
⑥ 윤기, 광택 따위가 번지르르하게 나다.
예 얼굴에 윤기가 흐른다.
⑦ 빛, 소리, 향기 따위가 부드럽게 퍼지다.
예 거실에는 붉은 조명이 흐르고 있다./강의실 안 가득히 흐르는 노랫소리
⑧ 피, 땀, 눈물 따위가 몸 밖으로 넘쳐서 떨어지다.
예 영화를 보고 눈물이 흐르다.
⑨ 전기나 가스 따위가 선이나 관을 통하여 지나가다.
예 이 아래로 도시가스가 흐르고 있어요.

3. 여러 가지 어휘

(1) 바람 이름

동풍(東風)	샛바람(뱃사람), 동부새(농촌)
서풍(西風)	하늬바람, 갈바람(뱃사람), 가수알바람(뱃사람)
남풍(南風)	마파람(뱃사람)
북풍(北風)	높바람, 된바람(뱃사람), 뒤바람
북동풍(北東風)	높새바람
봄	살바람(초봄에 부는 찬 바람), 소소리바람(이른 봄의 차고 매서운 바람), 꽃샘바람(이른 봄, 꽃이 필 무렵에 부는 쌀쌀한 바람)
가을	색바람(이른 가을에 부는 선선한 바람), 서늘바람(첫가을에 부는 서늘한 바람)
겨울	찬바람, 고추바람(살을 에는 듯이 매섭게 부는 차가운 바람)
기타	돌개바람(열대 지방에서 발생하는 강렬한 바람), 용숫바람(갑자기 생긴 저기압 주변으로 한꺼번에 모여든 공기가 나선 모양으로 일으키는 선회 운동 = 회오리바람)

(2) 자연의 현상

까치놀	먼바다의 수평선에서 석양을 받아 번득거리는 노을
된서리	늦가을에 아주 되게 내리는 서리
도둑눈	밤사이에 사람들이 모르게 내린 눈
마른눈	비가 섞이지 않고 내리는 눈
무서리	늦가을에 처음 내리는 묽은 서리

물안개	강, 호수, 바다 따위에서 피어오르는 안개
미리내	'은하수'의 방언
여우비	볕이 나 있는 날 잠깐 오다가 그치는 비

(3) 가족 관계

가시버시	'부부'를 낮잡아 이르는 말
고명딸	아들 많은 집의 외딸
넛할아버지	아버지의 외숙
넛할머니	아버지의 외숙모
시앗	남편의 첩
어이딸	어머니와 딸을 아울러 이르는 말
움누이	시집간 누이가 죽고 난 뒤 그 누이의 남편과 결혼한 여자 ㈜ 움딸: 죽은 딸의 남편과 결혼한 여자
핫아비	아내가 있는 남자 ↔ 홀아비, 핫어미 ↔ 홀어미

(4) 사람 모습과 관계된 말

갖바치	예전에, 가죽신 만드는 일을 직업으로 하던 사람
거위영장	여위고 키가 크며 목이 긴 사람을 놀림조로 이르는 말
검버섯	주로 노인의 살갗에 생기는 거무스름한 얼룩
고삭부리	① 음식을 많이 먹지 못하는 사람 ② 몸이 약하여서 늘 병치레를 하는 사람
그루되다	서너 살 안짝의 아이가 늦되다.
꺼벙이	성격이 야무지지 못하고 조금 모자란 듯한 사람을 낮잡아 이르는 말
꺼병이	옷차림 따위의 겉모습이 잘 어울리지 않고 거칠게 생긴 사람을 비유적으로 이르는 말
나이배기	겉보기보다 실제 나이가 많은 사람을 낮잡아 이르는 말
너스레	수다스럽게 떠벌려 늘어놓는 말이나 짓
늦깎이	① 나이가 많이 들어서 어떤 일을 시작한 사람 ② 남보다 늦게 사리를 깨치는 일, 또는 그런 사람
딱장대	성질이 온순한 맛이 없이 딱딱한 사람
동아리	같은 뜻을 가지고 모여서 한패를 이룬 무리
만무방	염치가 없이 막된 사람
모주	술을 늘 대중없이 많이 마시는 사람을 놀림조로 이르는 말 = 모주망태
반거들충이	무엇을 배우다가 중도에 그만두어 다 이루지 못한 사람
보름보기	눈이 하나밖에 없는 '애꾸눈이'를 놀림조로 이르는 말
뱁새눈	작고 가늘게 째진 눈
반실이	신체 기능이 온전치 못하거나 변변치 못한 사람
뻗정다리	다리를 구부렸다 폈다 하지 못하고 늘 뻗어 있는 다리 또는 그런 다리를 가진 사람
샘바리	샘이 많아서 안달하는 사람
시시덕이	시시덕거리기를 잘하는 사람
실미지근하다	① 더운 기운이 조금 있는 듯 없는 듯하다. ② 철저하지 못하고 열기나 열성이 없다.
심마니	산삼을 캐는 것을 직업으로 하는 사람
얼금뱅이	얼굴이 얼금얼금 얽은 사람을 낮잡아 이르는 말
여리꾼	상점 앞에 서서 손님을 끌어들여 물건을 사게 하고 주인에게 삯을 받는 사람
천둥벌거숭이	철없이 두려운 줄 모르고 함부로 덤벙거리거나 날뛰는 사람을 비유적으로 이르는 말
청맹과니	겉으로 보기에는 눈이 멀쩡하나 앞을 볼 수 없는 사람
황아장수	집집을 찾아다니며 일용 잡화를 파는 사람

(5) 신체에 관계된 말

가래톳	넓다리 윗부분의 림프샘이 부어서 생긴 멍울
간니	젖니가 빠진 뒤에 나는 이
고뿔	감기
귀젖	귀나 그 언저리에 젖꼭지 모양으로 불룩 나온 군살
최신 귓불	귓바퀴의 아래쪽에 붙어 있는 살 ㈌ 귓밥
나룻	수염
눈자위	눈알의 언저리
눈두덩	눈언저리의 두두룩한 곳
눈시울	눈언저리의 속눈썹이 난 곳
덜미	몸과 아주 가까운 뒤쪽
멱살	사람의 멱 부분의 살. 또는 그 부분
민낯	화장을 하지 않은 얼굴
사레	음식을 잘못 삼켜 기관 쪽으로 들어가게 되었을 때 갑자기 기침처럼 뿜어져 나오는 기운
최신 오금	무릎의 구부러지는 오목한 안쪽 부분
옥니	안으로 옥게 난 이(이가 안으로 조금 오그라져 난 모양) ↔ 버드렁니
정수리	머리 위의 숫구멍이 있는 자리

(6) 성품과 관계된 말

감사납다	생김새나 성질이 억세고 사납다.
게저분하다	너절하고 지저분하다.
최신 곰살궂다	태도나 성질이 부드럽고 친절하다.
곰상스럽다	성질이나 행동이 싹싹하고 부드러운 데가 있다.
당차다	나이나 몸집에 비하여 마음가짐이나 하는 짓이 야무지고 올차다.
든직하다	사람됨이 경솔하지 않고 무게가 있다. ㈏ 붓날다
미쁘다	믿음성이 있다.
미욱하다	하는 짓이나 됨됨이가 매우 어리석고 미련하다.
사분사분하다	성질이나 마음씨 따위가 부드럽고 너그럽다.
숫되다	순진하고 어수룩하다.
숫접다	순박하고 진실하다.
최신 스스럽다	서로 사귀는 정분이 그리 두텁지 않아 조심스럽다.
실실	소리 없이 실없게 슬며시 웃는 모양
악지(가) 세다	무리한 고집이 대단하다.
애면글면	몹시 힘에 겨운 일을 이루려고 갖은 애를 쓰는 모양
얄개	야살스러운 짓을 하는 아이
얄망궂다	성질이나 태도가 괴상하고 까다로워 얄미운 데가 있다.
어깃장	짐짓 어기대는 행동
의뭉하다	겉으로는 어리석은 것처럼 보이면서 속으로는 엉큼하다.
주변	일을 주선하거나 변통함. 또는 그런 재주
주접	여러 가지 이유로 잘 자라지 못하고 쇠하여지는 일 또는 그런 상태
중절대다	수다스럽게 중얼거리다.
추레하다	겉모양이 깨끗하지 못하고 생기가 없다.
튼실하다	튼튼하고 실하다.

푼더분하다	① 생김새가 두툼하고 탐스럽다. ② 여유가 있고 넉넉하다. ③ 성품이 옹졸하지 않고 활달하다.
푼푼하다	모자람이 없이 넉넉하다.
호도깝스럽다	말이나 행동이 조급하고 경망스러운 데가 있다.

(7) 풍속에 관계된 말

고수레	① 산이나 들에서 음식을 먹을 때나 무당이 굿을 할 때, 귀신에게 먼저 바친다고 하여 음식을 조금 떼어 던지는 일 ② 흰떡을 만들 때에 쌀가루에 끓는 물을 훌훌 뿌려서 물이 골고루 퍼져 섞이게 하는 일
귀밝이술	음력 정월 대보름날 아침에 마시는 술
부럼	음력 정월 대보름날 새벽에 깨물어 먹는 밤, 잣, 호두, 땅콩 따위를 통틀어 이르는 말
집알이	이사한 집에 집 구경 겸 인사로 찾아보는 일
책씻이(册--)	학생이 책 한 권을 다 읽어 떼거나 다 베껴 쓰고 난 뒤에 선생과 동료들에게 한턱내는 일
푸념	마음속에 품은 불평을 늘어놓음. 또는 그런 말
품앗이	힘든 일을 서로 거들어 주면서 품을 지고 갚고 하는 일

(8) 일시와 순서를 나타내는 말

날포	하루가 조금 넘는 동안
달포	한 달이 조금 넘는 기간
해포	한 해가 조금 넘는 동안
말미	일정한 직업이나 일 따위에 매인 사람이 다른 일로 말미암아 얻는 겨를
물때	하루에 두 번씩 밀물과 썰물이 들어오고 나가고 하는 때
새때	끼니와 끼니의 중간 되는 때
해거름	해가 서쪽으로 넘어가는 때 ㈜해름
애벌	같은 일을 여러 차례 거듭하여야 할 때에 맨 처음 대강 하여 낸 차례
버금	으뜸의 바로 아래

(9) 장소를 나타내는 말

길섶	길의 가장자리 ㈜길가
고샅	시골 마을의 좁은 골목길
남새밭	채소를 심어 가꾸는 밭
노루막이	산의 막다른 꼭대기
물꼬	논에 물이 넘어 들어오거나 나가게 하기 위하여 만든 좁은 통로
물마루	바다와 하늘이 맞닿은 것처럼 멀리 보이는 수평선의 두두룩한 부분
변죽(邊-)	그릇이나 세간, 과녁 따위의 가장자리
보꾹	지붕의 안쪽
살피	① 땅과 땅 사이의 경계선을 간단히 나타낸 표 ② 물건과 물건 사이를 구별 지은 표
섬돌	집채의 앞뒤에 오르내릴 수 있게 놓은 돌층계
어귀	드나드는 목의 첫머리
에움길	굽은 길
여울	강이나 바다 따위의 바닥이 얕거나 폭이 좁아 물살이 세게 흐르는 곳
모래톱	강가나 바닷가에 있는 넓고 큰 모래벌판
한데	사방, 상하를 덮거나 가리지 아니한 곳. 바깥

⑩ 생활과 관계된 말

거멀장	가구나 나무 그릇의 사개를 맞춘 모서리에 걸쳐 대는 쇳조각	
골무	바느질할 때 바늘귀를 밀기 위하여 손가락에 끼는 도구	
공이	절구에 든 물건을 찧거나 빻는 기구 예 절굿공이, 방앗공이	
구들	고래를 켜고 구들장을 덮어 흙을 발라서 방바닥을 만들고 불을 때어 난방을 하는 구조물	
굴대	수레바퀴의 한가운데에 뚫린 구멍에 끼우는 긴 나무 막대나 쇠막대	
굴레	마소의 머리와 목에서 고삐에 걸쳐 얽어매는 줄	
노새	수나귀와 암말 사이에서 난 잡종	
맏배	짐승이 낳은 첫 새끼	
망석중	나무로 만든 인형의 하나. 팔다리에 줄을 매어 그 줄을 움직여 춤을 추게 한다.	
매화틀	궁중에서, 가지고 다닐 수 있게 만든 변기	
삭정이	살아 있는 나무에 붙어 있는, 말라 죽은 가지	
소댕	솥을 덮는 쇠뚜껑	
시렁	물건을 얹어 놓기 위해 두 개의 긴 나무를 가로질러 선반처럼 만든 것	
최신 써레	갈아 놓은 논의 바닥을 고르는 데 쓰는 농기구	
보습	쟁기, 가래 따위 농기구의 술바닥에 끼우는 삽 모양의 쇳조각	
언치	말이나 소의 안장이나 길마 밑에 깔아 그 등을 덮어 주는 방석이나 담요	
옹이	나무의 몸에 박힌 가지의 밑부분	
이물	배의 앞부분 반 고물	
자투리	자로 재어 팔거나 재단하다가 남은 천의 조각	
주추	기둥 밑에 괴는 돌 따위의 물건	
잡살뱅이	여러 가지가 뒤섞인 허름한 물건	
호드기	물오른 버드나무 가지의 껍질을 고루 비틀어 뽑은 통껍질이나 밀짚 토막 따위로 만든 피리	
홰	새장이나 닭장 속에 새나 닭이 올라 앉게 가로질러 놓은 나무 막대	
희나리	채 마르지 아니한 장작	

⑪ 먹고 입는 것과 관계된 말

깃저고리	깃과 섶을 달지 않은, 갓난아이의 옷 유 배냇저고리
늦사리	제철보다 늦게 거두어 들이는 농작물
동난지이	게젓
미투리	삼이나 노 따위로 짚신처럼 삼은 신 유 마혜(麻鞋)
반기	잔치나 제사를 지낸 뒤에 몫몫이 담아 놓은 음식
사리	국수나 새끼 따위를 동그랗게 포개어 감은 뭉치
양지머리	소의 가슴에 붙은 뼈와 살을 통틀어 이르는 말
올무	제철보다 일찍 되는 무
오려	'올벼'의 옛말, 제철보다 일찍 여무는 벼
오소리감투	오소리의 털가죽으로 만든 벙거지
오조	'올조'의 준말, 제철보다 일찍 여무는 조
오지람	웃옷이나 윗도리에 입는 겉옷의 앞자락
올되다	① 열매나 곡식 따위가 제철보다 일찍 익다. ② 나이에 비하여 발육이 빠르거나 철이 빨리 들다.
외씨버선	오이씨처럼 볼이 조붓하고 갸름하여 맵시가 있는 버선
우렁쉥이	멍게
웃기	떡, 포, 과일 따위를 괸 위에 모양을 내기 위하여 얹는 재료

입쌀	멥쌀
자리끼	밤에 자다가 마시기 위하여 잠자리의 머리맡에 준비해 두는 물
적삼	윗도리에 입는 홑옷
처네	① 이불 밑에 덧덮는 얇고 작은 이불 ② 어린애를 업을 때 두르는 끈이 달린 작은 포대기
푸새	산과 들에 저절로 나서 자라는 풀

(12) 셈 수량과 관계된 말

-가웃	앞말이 가리키는 단위에 그 절반 정도를 더 보태는 뜻을 더하는 접미사
갑절	어떤 수나 양을 두 번 합한 만큼
곱절	① 어떤 수나 양을 두 번 합한 만큼 ② 일정한 수나 양이 앞의 수만큼 거듭됨을 이르는 말
꾸러미	① 꾸리어 싼 물건을 세는 단위 ② 달걀 10개를 묶어 세는 단위
단	짚, 땔나무, 채소 따위의 묶음
두름	① 조기 따위의 물고기 20마리 ② 산나물 10모숨
땀	실을 꿴 바늘로 한 번 뜬 자국을 세는 단위
마지기	논밭 넓이의 단위(논 약 150~300평, 밭 약 100평)
모금	액체나 기체를 입안에 한 번 머금는 분량을 세는 단위
모태	안반에 놓고 한 번에 칠 만한 떡 덩이
바리	마소의 등에 잔뜩 실은 짐을 세는 단위
벌	옷이나 그릇 따위가 두 개 또는 여러 개 모여 갖추는 덩어리
섬지기	논밭 넓이의 단위(논 약 2,000평, 밭 약 1,000평)
손	한 손에 잡을 만한 분량을 세는 단위. 조기, 고등어 따위 생선의 한 손은 큰 것 하나와 작은 것 하나를 합한 것을 이름.
쌈	바늘을 묶어 세는 단위. 바늘 24개
우리	기와를 세는 단위. 기와 2,000장
움큼	손으로 한 줌 움켜쥘 만한 분량을 세는 단위
접	채소나 과일을 묶어 세는 단위. 1접은 100개
죽	옷이나 그릇 등의 10벌을 한 단위로 말하는 것
첩	약봉지에 싼 약의 뭉치를 세는 단위, 한방약 1봉지
쾌	북어 20마리를 한 단위로 세는 말
타래	사리어 뭉쳐 놓은 실, 노끈 따위의 뭉치
톨	밤이나 곡식의 낱알을 세는 단위
톳	김을 묶어 세는 단위. 1톳은 김 100장

개념 확인문제

[1~2] 다음 밑줄 친 단어의 의미 풀이로 적절한 것을 연결하시오.

---

1 보다

① 그는 연극을 <u>보는</u> 재미로 극장에서 일한다.
② 소년은 집을 <u>보다가</u> 잠이 들었다.
③ 그의 사정을 <u>보니</u> 딱하게 되었다.
④ 오랜 회의 끝에 합의를 <u>보았다</u>.
⑤ 손해를 <u>보면서</u> 물건을 팔 사람은 없다.
⑥ <u>보던</u> 신문을 끊고 다른 신문으로 바꾸었다.
⑦ 기회를 <u>봐서</u> 부모님께 말씀드리는 게 좋겠다.
⑧ 사람을 <u>보고</u> 결혼해야지 재산을 <u>보고</u> 결혼해서야 되겠니?

㉠ 어떤 일을 당하거나 겪거나 얻어 가지다.
㉡ 어떤 결과나 관계를 맺기에 이르다.
㉢ 상대편의 형편 따위를 헤아리다.
㉣ 맡아서 보살피거나 지키다.
㉤ 눈으로 대상을 즐기거나 감상하다.
㉥ 무엇을 바라거나 의지하다.
㉦ 기회, 때, 시기 따위를 살피다.
㉧ 신문, 잡지 따위를 구독하다.

---

2 있다

① 그는 가진 것도 없으면서 <u>있는</u> 체한다.
② 합격자 명단에는 내 이름도 <u>있었다</u>.
③ 나에게는 아내와 자식들이 <u>있다</u>.
④ 그는 내일 집에 <u>있는다고</u> 했다.
⑤ 우리 모두 함께 <u>있자</u>.
⑥ 나는 그와 만난 적이 <u>있다</u>.
⑦ 오늘 회식이 <u>있으니</u> 모두 참석하세요.

㉠ 사람이나 동물이 어느 곳에서 떠나거나 벗어나지 아니하고 머물다.
㉡ 사람이나 동물이 어떤 상태를 계속 유지하다.
㉢ 어떤 사실이나 현상이 현실로 존재하는 상태이다.
㉣ 어떤 일이 이루어지거나 벌어질 계획이다.
㉤ 재물이 넉넉하거나 많다.
㉥ 개인이나 물체의 일부분이 일정한 범위나 전체에 포함된 상태이다.
㉦ 일정한 관계를 가진 사람이 존재하는 상태이다.

정답
1. ①-㉤, ②-㉣, ③-㉢, ④-㉡, ⑤-㉠, ⑥-㉧, ⑦-㉦, ⑧-㉥
2. ①-㉤, ②-㉥, ③-㉦, ④-㉠, ⑤-㉡, ⑥-㉢, ⑦-㉣

개념 적용문제 — 03. 어휘 간의 의미 관계

1 〈보기〉의 밑줄 친 '치밀(緻密) : 엄밀(嚴密)'의 의미 관계와 같지 않은 것은?

> **보기**
> 그리스 시대의 황금 분할은 최대의 미적 효과를 나타낼 수 있는 수학적 비례의 법칙을 <u>치밀(緻密)</u>하게 분석한 것이고, 아름다운 음악도 <u>엄밀(嚴密)</u>하게 계산된 소리의 배열과 공명 현상을 바탕으로 한 것이다.

① 인격(人格) : 인품(人品)
② 모순(矛盾) : 당착(撞着)
③ 납득(納得) : 수긍(首肯)
④ 오만(傲慢) : 거만(倨慢)
⑤ 분석(分析) : 분류(分類)

문제풀이 ▶ 문맥상 '치밀(緻密) : 엄밀(嚴密)'은 유의 관계에 해당한다. 그러나 ⑤의 '분석(分析) : 분류(分類)'는 그 의미상 유의 관계로 보기 어렵다.
• '분석(分析)'은 '얽혀 있거나 복잡한 것을 풀어서 개별적인 요소나 성질로 나눔'을 의미한다.
• '분류(分類)'는 '종류에 따라서 가름'을 의미한다.

정답 ⑤

2 우리말 '닦다'를 한자어로 바꾸었을 때, 그 쓰임이 적절하지 않은 것은?

① 옷에 끼어 있던 때들이 말끔히 세척(洗滌)되었다.
② 방바닥 청소(淸掃)를 할 때는 손걸레로 해야 깨끗하다.
③ 국토부에서 신규 고속 도로 건설(建設) 계획안을 발표했다.
④ 사장은 시설 사업권 유치(誘致)를 위해 밤낮없이 노력해 왔다.
⑤ 학문적으로 높은 경지에 이르려면 고된 수련(修練)의 과정이 필요하다.

문제풀이 ▶ '유치(誘致)'는 '행사나 사업 따위를 이끌어 들임'을 의미하는 말로, '이끌다'의 의미와 유사하다.
①, ② '세척(깨끗이 씻음.)'과 '청소(더럽거나 어지러운 것을 쓸고 닦아서 깨끗하게 함.)'는 '닦다'의 기본 의미인 '때, 먼지, 녹 따위의 더러운 것을 없애거나 윤기를 내려고 거죽을 문지르다'에 해당한다.
③ '건설(建設)'은 '건물, 설비, 시설 따위를 새로 만들어 세움'의 의미로, 문맥상 '도로나 길 따위를 내다'의 의미와 유사하므로 '닦다'로 쓸 수 있다.
⑤ '수련(修練)'의 사전적 의미는 '인격, 기술, 학문 따위를 닦아서 단련함'이다. 따라서 '학문이나 기술을 배우고 익히다'의 의미인 '닦다'로 쓸 수 있다.

정답 ④

개념 적용문제

3 밑줄 친 한자어를 문맥에 맞는 고유어로 바꾸었을 때, 적절하지 <u>않은</u> 것은?

① 그들은 서로 <u>경원(敬遠)</u>하는 듯했다. → 섬기는
② 명의 변경을 해서 타인에게 <u>매도(賣渡)</u>하면 안 된다. → 팔면
③ 수산 자원의 감소는 어업이 <u>쇠퇴(衰退)</u>하는 결과를 낳았다. → 이우는
④ 그 시에서는 따뜻한 감정으로 <u>발현(發現)</u>한 시인의 정서를 느낄 수 있다. → 나타난
⑤ 우리가 할 수 있는 일은, 그 일이 더 이상 진행될 수 없도록 <u>훼방(毀謗)</u>하는 것뿐이야. → 가로막는

문제풀이 ▶ '경원(敬遠)하다'는 '공경하되 가까이하지는 아니하다'라는 의미로, '신(神)이나 윗사람을 잘 모시어 받들다'라는 의미의 '섬기다'와는 어울리지 않는다. '섬기다'를 대체할 수 있는 한자어는 '공경(恭敬)하다'이다.

정답 | ①

4 우리말 '크다'를 한자어로 바꾸었을 때, 적절하지 <u>않은</u> 것은?

① 이번에 그가 정말 <u>큰</u> 결심을 했다. → 중대(重大)한
② 날씨가 건조하면 나무가 <u>크지</u> 못한다. → 성장(成長)하지
③ 그는 <u>큰</u> 업적을 세워 공을 인정받았다. → 위대(偉大)한
④ 한창 <u>크는</u> 분야라서 인재 양성에 힘써야 한다. → 발전(發展)하는
⑤ 행성을 <u>크게</u> 나누면 지질 행성과 가스 행성으로 나눌 수 있다. → 거대(巨大)하게

문제풀이 ▶ '거대(巨大)하다'는 '엄청나게 크다'라는 의미로, '건물이 거대하다, 그는 몸집이 더 거대해졌다'와 같이 쓰인다. 따라서 ⑤의 문장에서는 어울리지 않는다. ⑤의 '크다'는 맥락상 '자세하지 않게 기본적인 부분만 들어 보이는 정도로'라는 의미로 쓰이는 '대강(大綱)'으로 바꾸어 쓰는 것이 적절하다.
① '중대(重大)하다'는 '가볍게 여길 수 없을 만큼 매우 중요하고 크다'라는 의미이다.
② '성장(成長)하다'는 '사람이나 동식물 따위가 자라서 점점 커지다'라는 의미로, 맥락상 적절하다.
③ 문맥상 '크다'는 '뛰어나다, 훌륭하다'라는 의미로, '도량이나 능력, 업적 따위가 뛰어나고 훌륭하다'라는 의미인 '위대(偉大)하다'로 바꾸어 쓸 수 있다.
④ 문맥상 '크다'는 '수준이나 능력 따위가 높은 상태가 되다'라는 의미로, '더 낫고 좋은 상태나 더 높은 단계로 나아가다'라는 의미인 '발전(發展)하다'와 바꾸어 쓸 수 있다.

정답 | ⑤

문제를 더 풀고 싶다면 [**기출동형 문제**]편 바로가기 ☞ p.25

04 관용 표현 – 속담/한자 성어/관용구

기출유형 ❶ 속담과 관용구의 쓰임

밑줄 친 표현의 쓰임이 자연스럽지 않은 것은?

① 선물이라고 들어온 게 영 간에 차지 않는다.
② 그는 웃는 얼굴로 남의 간을 빼 먹을 사람이다.
③ 큰 폭발음에 하도 놀라 간도 모르는 것 같았다.
④ 혹시나 전화벨이 울릴까 봐 간장을 태우고 있었다.
⑤ 간장을 녹이는 그의 말솜씨에 긴장을 늦춘 것이 화근이었다.

유형 익히기 KBS한국어능력시험에서 관용 표현은 일상생활에서 많이 쓰는 속담이나 관용구의 의미를 직접적으로 묻거나, 선지에서 관용 표현을 문맥이나 상황에 맞게 사용했는지 판단하는 유형으로 출제된다. 특히, 속담의 경우 흔히 아는 속담과 유사한 의미로 쓰이는 다른 표현의 속담이 제시되는 경우가 많아 폭넓게 공부하는 것이 좋다.

문제풀이 '간도 모르다'는 '일의 내막을 짐작도 하지 못하다'라는 의미로, 문맥상 적절하지 않다. 이보다는 '몹시 겁이 나서 기를 펴지 못하다'라는 의미의 '간이 콩알만 하다' 또는 '몹시 놀라다'라는 의미로 쓰이는 '간이 떨어지다'가 적절하다.

정답 | ③

기출유형 ❷ 한자 성어의 쓰임

다음 중 문맥상 한자 성어의 쓰임이 적절하지 않은 것은?

① 수어지교(水魚之交)하던 벗이 떠나 마음이 쓸쓸하다.
② 힘이 있다고 해서 약자에게 함부로 무소불위(無所不爲)하던 시대는 지나갔다.
③ 새싹은 연약할 것 같아도 욕속부달(欲速不達)하듯 힘차게 뻗어나고 알차게 여문다.
④ 어린 시절 뛰놀던 고향은 상전벽해(桑田碧海)라는 비유가 어울릴 만큼 큰 변화가 있었다.
⑤ 난공불락(難攻不落)의 요새라던 평양성은 순식간에 왜군에게 함락되어 청은 참패를 당하였다.

유형 익히기 관용 표현 중 한자 성어와 관련된 유형이다. 주로 일상생활에서 많이 쓰는 한자 성어가 출제되지만 가끔은 일상생활에서는 흔히 쓰지 않는 한자 성어가 출제되기도 하므로, 까다롭게 출제될 경우에 대비하여 별도의 학습이 반드시 필요하다.

문제풀이 '욕속부달(欲速不達)'은 '일을 빨리하려고 하면 도리어 이루지 못함'을 의미하므로 문맥상 적절하지 않다. '어떤 일이 한 때에 많이 생겨남'을 비유적으로 이르는 말인 '우후죽순(雨後竹筍)'을 쓰는 것이 적절하다.

정답 | ③

기출 핵심개념

04. 관용 표현 – 속담 / 한자 성어 / 관용구

1. 빈출 속담 사전

ㄱ

최신 가게 기둥에 입춘이라 보잘것없는 가겟집 기둥에 '입춘대길(立春大吉)'이라는 거창한 글귀를 써 붙인다는 뜻으로, 제격에 맞지 않음을 비유적으로 이르는 말

가난한 집 제사 돌아오듯 살아가기도 어려운 집에 제삿날이 자꾸 돌아와서 그것을 치르느라 어려움을 겪는다는 뜻으로, 힘든 일이 자꾸 닥쳐옴을 비유적으로 이르는 말

가는[가던] 날이 장날 어떤 일을 하려고 하는데 뜻하지 않은 일을 공교롭게 당함을 비유적으로 이르는 말

가는 말에 채찍질
① 열심히 하고 있는데도 더 빨리하라고 독촉함을 비유적으로 이르는 말
② 형편이나 힘이 한창 좋을 때라도 더욱 마음을 써서 힘써야 함을 비유적으로 이르는 말
유의어 주마가편(走馬加鞭)

가는 말이 고와야 오는 말이 곱다 자기가 먼저 남에게 말이나 행동을 좋게 하여야 남도 자기에게 좋게 한다는 말

가는 방망이 오는 홍두깨 이쪽에서 방망이로 저쪽을 때리면 저쪽에서는 홍두깨로 이쪽을 때린다는 뜻으로, 자기가 한 일보다 더 가혹한 갚음을 받게 되는 경우를 비유적으로 이르는 말

가랑비에 옷 젖는 줄 모른다 가늘게 내리는 비는 조금씩 젖어 들기 때문에 여간해서도 옷이 젖는 줄을 깨닫지 못한다는 뜻으로, 아무리 사소한 것이라도 그것이 거듭되면 무시하지 못할 정도로 크게 됨을 비유적으로 이르는 말

가랑잎에 불붙듯 한다 성미가 조급하고 도량이 좁아 걸핏하면 발끈하고 화를 잘 내는 것을 비유적으로 이르는 말

감기 고뿔도 남을 안 준다 감기까지도 남을 안 줄 정도로 몹시 인색하다는 말

감나무 밑에 누워서 홍시 (입안에) 떨어지기를 기다린다 아무런 노력도 하지 않고 좋은 결과가 이루어지기만 바람을 비유적으로 이르는 말

갓 사러 갔다가 망건 산다
① 사려고 하던 물건이 없어 그와 비슷하거나 전혀 쓰임이 다른 것을 사는 경우를 비유적으로 이르는 말
② 제 목적을 바꾸어 남의 권고에 따름을 비유적으로 이르는 말

개 꼬리 삼 년 묵어도[묻어도/두어도] 황모 되지 않는다 본바탕이 좋지 아니한 것은 어떻게 하여도 그 본질이 좋아지지 아니함을 비유적으로 이르는 말

개똥도 약에 쓰려면 없다 평소에 흔하던 것도 막상 긴하게 쓰려고 구하면 없다는 말

개 발에 주석 편자 옷차림이나 지닌 물건 따위가 제격에 맞지 아니하여 어울리지 않음을 비유적으로 이르는 말

최신 개밥에 도토리 개는 도토리를 먹지 아니하기 때문에 밥 속에 있어도 먹지 아니하고 남긴다는 뜻에서, 따돌림을 받아서 여럿의 축에 끼지 못하는 사람을 비유적으로 이르는 말

고양이 목에 방울 달기[단다] 실행하기 어려운 것을 공연히 의논함을 이르는 말

곧은 나무가 먼저 꺾인다 휘어진 나무보다 쓸모 있는 곧은 나무가 먼저 찍힌다는 말로, 겉으로는 강직한 듯한 사람이 의외로 약하여 잘 굴복함을 비유적으로 이르는 말

최신 곧은 나무는 가운데 선다 곧고 좋은 나무는 한가운데 세우게 된다는 뜻으로, 재간 있고 훌륭한 사람을 기둥으로 내세우게 됨을 이르는 말

구슬이 서 말이라도 꿰어야 보배 아무리 좋은 것이라도 쓸모 있는 물건으로 만들지 않으면 그 가치가 나타나지 않는다는 말

최신 굳은 땅에 물이 괸다 헤프게 쓰지 않고 아끼는 사람이 재산을 모으게 됨을 비유적으로 이르는 말

굴러온 돌이 박힌 돌 뺀다 외부에서 들어온 지 얼마 안 되는 사람이 오래전부터 있던 사람을 내쫓거나 해치려 함을 비유적으로 이르는 말

굼벵이도 구르는 재주가 있다
① 아무 능력이 없는 사람이 남의 관심을 끌 만한 행동을 함

을 놀림조로 이르는 말
② 무능한 사람도 한 가지 재주는 있음을 비유하여 이르는 말

굿이나 보고 떡이나 먹지 남의 일에 쓸데없이 간섭하지 말고 되어 가는 형편을 보고 이익이나 얻도록 하라는 말

기둥보다 서까래가 더 굵다 주(主)가 되는 것과 그에 따르는 것이 뒤바뀌어 사리에 어긋남을 비유적으로 이르는 말

까마귀 날자 배 떨어진다 아무 관계없이 한 일이 공교롭게도 어떤 다른 일과 때를 같이하여 둘 사이에 무슨 관계라도 있는 듯한 의심을 받게 됨을 비유적으로 이르는 말
유의어 오비이락(烏飛梨落)

꾸어다 놓은 보릿자루 여럿이 모여 이야기하는 자리에서 아무 말도 하지 않고 한옆에 가만히 있는 사람을 비유적으로 이르는 말 = **전당 잡은 촛대**

꿀 먹은 벙어리 속에 있는 생각을 나타내지 못하는 사람을 비유적으로 이르는 말

꿩 대신 닭 꼭 적당한 것이 없을 때 그와 비슷한 것으로 대신하는 경우를 비유적으로 이르는 말

끈 떨어진 뒤웅박 의지할 데가 없어 꼼짝을 못하게 됨을 비유적으로 이르는 말

ㄴ

나는 바담 풍(風) 해도 너는 바람 풍(風) 해라 자기는 잘못된 행동을 하면서 남에게 잘하라고 요구하는 사람을 풍자하는 말

남의 다리 긁는다
① 기껏 한 일이 결국 남 좋은 일이 됨을 비유적으로 이르는 말
② 자기가 해야 할 일을 모른 채 엉뚱하게 다른 일을 함을 비유적으로 이르는 말

남의 염병이 내 고뿔만 못하다 남의 괴로움이 아무리 크다고 해도 자기의 작은 괴로움보다는 마음이 쓰이지 아니함을 비유적으로 이르는 말

남의 잔치[장/제사]에 감 놓아라 배 놓아라 한다 쓸데없이 남의 일에 참견함을 이르는 말

남이 장 간다고 하니 거름 지고 나선다 남이 무슨 일을 한다고 하면 주견 없이 덩달아 따라서 행동함을 이르는 말

낮말은 새가 듣고 밤말은 쥐가 듣는다
① 아무도 안 듣는 데서라도 말조심해야 한다는 말
② 아무리 비밀리에 한 말이라도 반드시 남의 귀에 들어가게 된다는 말

넘어지기 전에 지팡이 짚다 어떤 일에 실패하거나 화를 입기 전에 대비함을 비유적으로 이르는 말

놓친 고기가 더 크다[커 보인다] 사람은 흔히 잃어버린 것을 애석하게 여기고 현재 가지고 있는 것보다 이전의 것이 더 좋았다고 생각한다는 뜻

누울 자리 봐 가며 발을 뻗어라
① 어떤 일을 할 때 그 결과가 어떻게 되리라는 것을 생각하여 미리 살피고 일을 시작하라는 말
② 시간과 장소를 가려 행동하라는 말

[최신] **누워서 떡 먹기** 하기가 매우 쉬운 것을 비유적으로 이르는 말 = **누운 소 타기**

누이 좋고 매부 좋다 어떤 일에 있어 서로에게 다 이롭고 좋다는 말

눈 가리고 아웅 한다 얕은 수로 남을 속이려 한다는 말

눈 감고 따라간다 아무 생각 없이 맹목적으로 뒤따르는 것을 비유적으로 이르는 말

ㄷ

다 된 죽에 코 풀기 거의 다 된 일을 망쳐 버리는 주책없는 행동을 비유적으로 이르는 말

[최신] **달도 차면 기운다**
① 세상의 온갖 것이 한번 번성하면 다시 쇠하기 마련이라는 말
② 행운이 언제까지나 계속되는 것은 아님을 비유적으로 이르는 말

닭 쫓던 개 지붕 쳐다보듯 한참 하려고 애쓰던 일이 실패로 돌아가거나, 남보다 뒤떨어져 어찌할 도리가 없이 됨을 비유적으로 이르는 말

대들보 썩는 줄 모르고 기왓장 아끼는 격 장차 크게 손해 볼 것은 모르고 당장 돈이 좀 든다고 사소한 것을 아끼는 어리석은 행동을 비유적으로 이르는 말

기출 핵심개념

더벅머리 댕기 치레하듯 바탕이 좋지 않은 것에 어울리지 않게 지나친 겉치레를 하여 오히려 더 흉하게 된 것을 비유적으로 이르는 말

도둑이 제 발 저리다 지은 죄가 있으면 자연히 마음이 조마조마하여짐을 비유적으로 이르는 말

도둑질은 내가 하고 오라는 네가 져라 나쁜 짓을 해서 이익은 자기가 차지하고 그것에 대한 벌은 남보고 받으라는 경우를 비유적으로 이르는 말

도랑 치고 가재 잡는다
① 한 가지 일로 두 가지 이득을 봄을 비유적으로 이르는 말
② 일의 순서가 바뀌었기 때문에 애쓴 보람이 나타나지 않음을 비유적으로 이르는 말

돌다리도 두들겨 보고 건너라 잘 아는 일이라도 세심하게 주의를 하라는 말

되로 주고 말로 받는다 조금 주고 그 대가로 받는 것이 훨씬 크거나 많음을 비유적으로 이르는 말

될성부른 나무는 떡잎부터 알아본다 장래성이 있는 사람은 어릴 때부터 남다른 데가 있다는 말

두부 먹다 이 빠진다 마음을 놓으면 생각지 아니하던 실수가 생길 수 있으니 항상 조심하라는 말

등잔 밑이 어둡다 대상에서 가까이 있는 사람이 도리어 대상에 대하여 잘 알기 어렵다는 말

땅내가 고소하다 머지않아 죽게 될 것 같다는 말

땅 넓은 줄을 모르고 하늘 높은 줄만 안다 키만 홀쭉하게 크고 마른 사람을 놀림조로 이르는 말

땅을 팔 노릇 사정이 불가능하여 할 수 없는 것을 억지로 우기며 고집을 피울 때 하는 말

[최신] **땅 짚고 헤엄치기** 일이 매우 쉽다는 말

[최신] **떡 본 김에 제사 지낸다** 우연히 운 좋은 기회에, 하려던 일을 해치운다는 말

떡 줄 사람은 꿈도 안 꾸는데 김칫국부터 마신다 해 줄 사람은 생각지도 않는데 미리부터 다 된 일로 알고 행동한다는 말

똥 묻은 개가 겨 묻은 개 나무란다 자기는 더 큰 흉이 있으면서 도리어 남의 작은 흉을 본다는 말

뛰는 놈 위에 나는 놈 있다 아무리 재주가 뛰어나다 하더라도 그보다 더 뛰어난 사람이 있다는 뜻으로, 스스로 뽐내는 사람을 경계하여 이르는 말

ㅁ

마른논에 물 대기 일이 매우 힘들거나 힘들여 해 놓아도 성과가 없는 경우를 이르는 말

마파람에 게 눈 감추듯 음식을 매우 빨리 먹어 버리는 모습을 비유적으로 이르는 말

말로 온 동네 다 겪는다
① 음식이나 물건으로는 힘이 벅차서 많은 사람을 다 대접하지 못하므로 언변으로나마 잘 대접한다는 말
② 말로만 남을 대접하는 체한다는 말

[최신] **말 많은 집은 장맛도 쓰다**
① 집안에 잔말이 많으면 살림이 잘 안된다는 말
② 입으로는 그럴듯하게 말하지만 실상은 좋지 못하다는 말

[최신] **말 안 하면 귀신도 모른다** 마음속으로만 애태울 것이 아니라 시원스럽게 말을 하여야 한다는 뜻

말은 해야 맛이고 고기는 씹어야 맛이다 마땅히 할 말은 해야 한다는 말

말이 고마우면 비지 사러 갔다 두부 사 온다 상대방이 말을 고맙게 하면 제가 생각했던 것보다 훨씬 후하게 해 준다는 말

말이 씨가 된다 늘 말하던 것이 마침내 사실대로 되었을 때를 이르는 말

말 한 마디에 천 냥 빚도 갚는다 말만 잘하면 어려운 일이나 불가능해 보이는 일도 해결할 수 있다는 말

맑은 물에 고기 안 논다 사람이 지나치게 결백하면 남이 따르지 않음을 비유적으로 이르는 말

[최신] **망건 쓰자 파장** 준비를 하다가 그만 때를 놓쳐 처음에 마음먹었던 목적을 이루지 못하게 됨을 이르는 말

망둥이가 뛰면 꼴뚜기도 뛴다 남이 한다고 하니까 분별없이 덩달아 나섬을 비유적으로 이르는 말

메뚜기도 유월이 한철이다 제때를 만난 듯이 한창 날뜀을 이르는 말

모난 돌이 정 맞는다
① 두각을 나타내는 사람이 남에게 미움을 받게 된다는 말
② 강직한 사람은 남의 공박을 받는다는 말

모로 가도 서울만 가면 된다 수단이나 방법은 어찌 되었든 간에 목적만 이루면 된다는 말

못된 송아지 엉덩이에 뿔 난다 되지못한 것이 엇나가는 짓만 한다는 말

무른 땅에 말뚝 박기
① 몹시 하기 쉬운 일을 비유적으로 이르는 말
② 세도 있는 사람이 힘없고 연약한 사람을 업신여기고 학대함을 비유적으로 이르는 말

묵은장 쓰듯 조금도 아끼지 않고 헤프게 쓰는 모양을 비유적으로 이르는 말

〔최신〕 **물도 가다 구비를 친다** 사람의 한평생에는 전환기가 있기 마련이라는 말
예 나이도 곧 서른인데 이제 구비 좀 쳤으면 좋겠다.

물 밖에 난 고기
① 제 능력을 발휘할 수 없는 처지에 몰린 사람을 이르는 말
② 운명이 이미 결정 나 벗어날 수 없음을 비유적으로 이르는 말

물은 흘러도 여울은 여울대로 있다 세상의 모든 것이 변하여도 변하지 않는 것이 있다는 말

물이 깊을수록 소리가 없다 덕이 높고 생각이 깊은 사람은 겉으로 떠벌리고 잘난 체하거나 뽐내지 않는다는 말

미운 사람에게는 쫓아가 인사한다 미운 사람일수록 잘해 주고 감정을 쌓지 않아야 한다는 말

믿는 도끼에 발등 찍힌다 잘되리라고 믿고 있던 일이 어긋나거나 믿고 있던 사람이 배반하여 오히려 해를 입음을 비유적으로 이르는 말

밑 빠진 독[가마/항아리]에 물 붓기 아무리 애써 하더라도 아무 보람이 없는 헛된 일이 되는 경우를 이르는 말

ㅂ

바늘구멍으로 황소바람 들어온다 추울 때에는 바늘구멍 같은 작은 구멍에도 엄청나게 센 찬 바람이 들어온다는 뜻으로, 작은 것이라도 때에 따라서는 소홀히 하여서는 안 됨을 비유적으로 이르는 말

바늘 도둑이 소도둑 된다
① 처음에는 하찮은 것을 손댔으나 차차 큰 것까지 도둑질하게 된다는 말
② 작은 나쁜 짓도 자꾸 하게 되면 큰 죄를 저지르게 됨을 비유적으로 이르는 말

바지랑대로 하늘 재기 도저히 불가능한 일을 하려는 것을 비유적으로 이르는 말

반풍수 집안 망친다 못난 것이 도리어 잘난 체하다가 일을 그르치는 경우를 비유적으로 이르는 말

발 없는 말이 천 리 간다 말은 비록 발이 없지만 천 리 밖까지도 순식간에 퍼진다는 뜻으로, 말을 삼가야 함을 비유적으로 이르는 말

백지장도 맞들면 낫다 쉬운 일이라도 서로 힘을 합쳐서 하면 훨씬 쉽다는 뜻

뱁새가 황새를 따라가면 다리가 찢어진다 남이 한다고 덩달아 제힘에 겨운 일을 하게 되면 도리어 해만 입는다는 말

번개가 잦으면 천둥이 친다
① 어떤 일의 징조가 잦으면 반드시 그 일이 생기기 마련임을 비유적으로 이르는 말
② 나쁜 일이 잦으면 결국에는 큰 봉변을 보게 됨을 비유적으로 이르는 말

범 없는 골에 토끼가 스승이라 뛰어난 사람이 없는 곳에서 보잘것없는 사람이 득세함을 비유적으로 이르는 말

벙어리 냉가슴 앓듯 답답한 사정이 있어도 남에게 말하지 못하고 혼자 애태우는 경우를 비유적으로 이르는 말

벼룩도 낯짝이 있다 매우 작은 벼룩조차도 낯짝이 있는데 하물며 사람이 체면이 없어서야 되겠느냐는 말

보기 좋은 떡이 먹기도 좋다 내용이 좋으면 겉모양도 반반함을 비유적으로 이르는 말

부뚜막의 소금도 집어넣어야 짜다 가까운 부뚜막에 있는 소금도 넣지 아니하면 음식이 짠맛이 날 수 없다는 뜻으로, 아무리 좋은 조건이 마련되었거나 손쉬운 일이라도 힘을 들이어 이용하거나 하지 아니하면 안 됨을 비유적으로 이르는 말

불난 데 풀무질한다 남의 재앙을 점점 더 커지도록 만들거나 성난 사람을 더욱 성나게 함을 비유적으로 이르는 말

비단 옷 입고 밤길 가기 생색나지 않을 공연한 일에 애쓰고도 보람이 없을 때 이르는 말

비 온 뒤에 땅이 굳어진다 어떤 시련을 겪은 뒤에 더 강해짐을 비유적으로 이르는 말

빈대 잡으려고 초가삼간 다 태운다 손해를 크게 볼 것을 생각지 않고 자기에게 마땅치 않은 것을 없애려고 그저 덤비기만 하는 경우를 비유적으로 이르는 말

빈 수레가 요란하다 실속 없는 사람이 겉으로 더 떠들어 댐을 비유적으로 이르는 말

빛 좋은 개살구 겉보기에는 그럴듯하나 실속이 없는 것을 비유적으로 이르는 말

ㅅ

사공이 많으면 배가 산으로 간다[올라간다] 여러 사람이 저마다 제 주장대로 배를 몰려고 하면 결국에는 배가 물로 못 가고 산으로 올라간다는 뜻으로, 주관하는 사람 없이 여러 사람이 자기주장만 내세우면 일이 제대로 되기 어려움을 비유적으로 이르는 말

사촌이 땅을 사면 배가 아프다 남이 잘되는 것을 질투하고 시기하는 경우를 비유적으로 이르는 말

산보다 골이 더 크다 무슨 일이 사리에 맞지 않게 됨을 비유적으로 이르는 말

산이 높아야 골이 깊다 산이 높고 커야 골짜기가 깊다는 뜻으로, 품은 뜻이 높고 커야 품은 포부나 생각도 크고 깊음을 비유적으로 이르는 말
　유의어　배보다 배꼽이 더 크다

산 진 거북이요 돌 진 가재[자라]라 등이 납작하여 넘어질 위험이 없는 거북이와 가재, 또는 자라가 산과 돌을 각각 지었다는 뜻으로, 의지하고 있는 세력이 든든함을 비유적으로 이르는 말

서당 개 삼 년이면 풍월을 읊는다 어떤 분야에 아는 것이 없는 사람도 그 방면에 오래 있으면 어느 정도 익히게 된다는 말

서 발 막대 거칠 것 없다
① 가난한 집안이라 아무 세간이 없음을 이르는 말
② 아무것도 거리낄 것 없고 두려워할 사람이 없음을 이르는 말

서투른 무당이 장구만 나무란다 자신의 능력이 부족한 것은 모르고 도구나 조건만 탓한다는 말

석새짚신에 구슬 감기 거칠게 만든 하찮은 물건에 고급스러운 물건을 사용한다는 뜻으로, 격에 어울리지 않는 모양이나 차림새를 비유적으로 이르는 말

선무당이 사람 잡는다 능력이 없어서 제구실을 못하면서 함부로 하다가 큰일을 저지르게 됨을 비유적으로 이르는 말

섶을 지고 불로 들어가려 한다 앞뒤 가리지 못하고 미련하게 행동함을 놀림조로 이르는 말

소 가는 데 말도 간다 남이 할 수 있는 일이면 나도 할 수 있다는 말 = 말 갈 데 소 간다

소금 먹은 놈이 물켠다 무슨 일이든 거기에는 반드시 그렇게 된 까닭이 있음을 비유적으로 이르는 말

소 닭 보듯 (닭 소 보듯) 서로 무심하게 보는 모양을 비유적으로 이르는 말

소도 언덕이 있어야 비빈다 누구나 의지할 데가 있어야 무슨 일이든 시작하거나 이룰 수 있다는 말

소문난 잔치에 먹을 것 없다 떠들썩한 소문이나 큰 기대에 비하여 실속이 없거나 소문이 실제와 일치하지 아니하는 경우를 비유적으로 이르는 말

소 잃고 외양간 고친다 소를 도둑맞은 다음에서야 빈 외양간의 허물어진 데를 고치느라 수선을 떤다는 뜻으로, 일이 이미 잘못된 뒤에는 손을 써도 소용이 없음을 비꼬는 말
　유의어　도둑맞고 사립 고친다, 망우보뢰(亡牛補牢)

소 죽은 귀신 같다 소가 고집이 세고 힘줄이 질기다는 데서, 몹시 고집 세고 질긴 사람의 성격을 비유적으로 이르는 말 = 쇠 멱미레 같다

속 빈 강정 겉만 그럴듯하고 아무 실속이 없다는 뜻

최신 **손 안 대고 코 풀기** 손조차 사용하지 아니하고 코를 푼다는 뜻으로, 일을 힘 안 들이고 아주 쉽게 해치움을 비유적으로 이르는 말

손톱 밑에 가시 드는 줄은 알아도 염통 밑에 쉬스는 줄은 모른다 눈앞에 보이는 사소한 이해관계에는 예민해도 드러나지 않은 큰 문제는 잘 깨닫지 못한다는 말

최신 **송충이는 솔잎을 먹어야 한다** 자기 분수에 맞게 처신해야 함을 이르는 말
> 유의어   송충이가 갈잎을 먹으면 죽는다

쇠귀에 경(經) 읽기 아무리 가르치고 일러 주어도 알아듣지 못하거나 효과가 없는 경우를 이르는 말

술 익자 체 장수 간다 일이 공교롭게 때를 맞추어 잘 맞아 감을 이르는 말

식은 죽도 불어[쉬어] 가며 먹어라 아무리 쉬운 일이라도 한 번 더 확인한 다음에 하는 것이 안전함을 비유적으로 이르는 말

싸전에 가서 밥 달라고 한다 모든 일에는 질서와 차례가 있는 법인데 일의 순서도 모르고 성급하게 덤빔을 비유적으로 이르는 말

싼 것이 비지떡 값이 싼 물건은 품질도 그만큼 나쁘다는 말

쌀독에서 인심 난다 살림에 여유가 있어야 인정도 베풀 수 있다는 말

ㅇ

아는 것이 병[탈] 정확하지 못하거나 분명하지 않은 지식은 오히려 걱정거리가 될 수 있음을 이르는 말 = **모르면 약이요 아는 게 병**

아닌 밤중에 홍두깨 (내밀 듯) 뜻하지 않은 말을 불쑥 꺼내거나 별안간 엉뚱한 행동을 함을 비유적으로 이르는 말

아랫돌 빼서 윗돌 괴고 윗돌 빼서 아랫돌 괴기 일이 몹시 급하여 임시변통으로 이리저리 둘러맞추어 일함을 비유적으로 이르는 말

앉아 주고 서서 받는다 빌려주기는 쉬우나 돌려받기는 어려움을 비유적으로 이르는 말

앉은 자리에 풀도 안 나겠다 사람이 몹시 쌀쌀맞고 냉정한 경우를 비유적으로 이르는 말

최신 **양반은 얼어 죽어도 겻불[짚불]은 안 쬔다** 아무리 다급한 때에라도 체면을 지키기에 애쓴다는 뜻

언 손 불기 부질없는 짓을 비유적으로 이르는 말

언 발에 오줌 누기 언 발을 녹이려고 오줌을 누어 봤자 효력이 별로 없다는 뜻으로, 임시변통은 될지 모르나 그 효력이 오래가지 못할 뿐만 아니라 결국에는 사태가 더 나빠짐을 비유적으로 이르는 말
> 유의어   고식지계(姑息之計)

열 길 물속은 알아도 한 길 사람의 속은 모른다 사람의 속마음은 알아내기가 매우 어렵다는 말

최신 **열 번 갈아서 안 드는 도끼가 없다** 무슨 일이나 꾸준히 공을 들이면 소기의 성과를 거두게 됨을 이르는 말 = **걸음새 뜬 소가 천 리를 간다**

오르지 못할 나무는 쳐다보지도 마라 자기 능력 밖의 일에 대해서는 처음부터 욕심을 내지 않는 것이 좋다는 말

외손뼉이 울랴
① 상대 없는 분쟁은 없다는 뜻
② 일은 혼자서만 해서 잘되는 것이 아님을 이르는 말

우는 아이 젖 준다 무슨 일에 있어서나 자기가 요구해야 쉽게 구할 수 있다는 말

우물에 가 숭늉 찾는다 일의 순서도 모르고 성급히 덤빈다는 뜻

우선 먹기는 곶감이 달다 앞일은 생각해 보지도 아니하고 당장 좋은 것만 취하는 경우를 비유적으로 이르는 말

최신 **울며 겨자 먹기** 하기 싫은 일을 억지로 마지못하여 함을 이르는 말

원숭이도 나무에서 떨어진다 아무리 익숙하고 잘하는 사람이라도 간혹 실수하는 경우가 있다는 말 = **먹던 술도 떨어진다**

최신 **이도 아니 나서 콩밥을 씹는다** 아직 준비가 안 되고 능력도 없으면서 또는 절차를 넘어서 어려운 일을 하려고 달려듦을 비유적으로 이르는 말

이불 속[안]에서 활개 친다   남 앞에서는 제대로 기도 못 펴면서 남이 없는 곳에서만 잘난 체하고 호기를 부리는 경우를 비유적으로 이르는 말

ㅈ

자는 범 코침 주기   가만히 두었으면 아무 탈이 없을 것을 공연히 건드려 문제를 일으킴을 비유적으로 이르는 말

자라 보고 놀란 가슴 소댕[솥뚜껑] 보고 놀란다   어떤 사물에 몹시 놀란 사람은 그와 비슷한 것만 보아도 겁이 난다는 말

잘되면 제 탓, 못되면 조상 탓   무엇이든 잘되면 제 공으로 돌리고, 잘못되면 남의 탓으로 돌리는 태도를 이르는 말

장독보다 장맛이 좋다   겉모양은 보잘것없으나 내용은 훨씬 훌륭함을 이르는 말

재주는 곰이 넘고 돈은 되놈[주인/호인]이 받는다   정작 수고한 사람은 따로 있고, 그 일에 대한 보수를 엉뚱한 사람이 가로챈다는 뜻

[최신] **제 논에 물 대기**   자기에게만 이롭도록 일을 하는 경우를 비유적으로 이르는 말
  유의어   아전인수(我田引水)

종로에서 뺨 맞고 한강에 가서 눈 흘긴다   욕을 당한 데서는 감히 말을 못하고 엉뚱한 데 가서 화풀이를 한다는 말

[최신] **주머니에 들어간 송곳이라**   선하거나 악한 일은 숨겨지지 아니하고 자연히 드러남을 이르는 말
  유의어   낭중지추(囊中之錐)   주머니 속의 송곳이라는 뜻으로, 재능이 뛰어난 사람은 숨어 있어도 저절로 사람들에게 알려짐을 이르는 말

죽 쑤어 개 좋은 일 하였다   애써 한 일을 남에게 빼앗기거나, 엉뚱한 사람에게 이로운 일을 한 결과가 되었음을 이르는 말

죽은 자식 나이 세기   이왕 그릇된 일은 더 이상 생각하여 보아야 소용없다는 말

쥐구멍에도 볕들 날 있다   몹시 고생하는 사람도 좋은 때를 만나 운(運)이 트일 날이 있다는 말

집에서 새는 바가지는 들에 가도 샌다   본바탕이 좋지 아니한 사람은 어디를 가나 그 본색을 드러내고야 만다는 말

ㅊ

찬밥 두고 잠 아니 온다   대수롭지 않은 일에 미련을 두고 단념하지 못한다는 말

찬밥에 국 적은 줄만 안다   가난한 살림에는 없는 것이 당연한 것인 줄 모르고 무언가 부족하다고 하여 마음을 씀.

책력(册曆) 보아 가며 밥 먹는다   밥을 매일 먹을 수 없어 길일(吉日)을 택하여 밥을 먹는다는 뜻으로, 가난하여 끼니를 자주 거른다는 말

[최신] **처삼촌 뫼에 벌초하듯**   일을 정성 들여 하지 않고 건성으로 함을 이르는 말

천 리 길도 한 걸음부터   무슨 일이나 그 일의 시작이 중요하다는 말

첫술에 배부르랴   무슨 일이든지 단번에 만족할 수 없다는 말

ㅋ

콩 심어라 팥 심어라 한다   대수롭지 않은 일을 가지고 세세한 구별을 짓거나, 시비를 가려 지나친 간섭을 한다는 뜻

콩 심은 데 콩 나고 팥 심은 데 팥 난다   모든 일은 근본에 따라 거기에 걸맞은 결과가 나타난다는 말

콩으로 메주를 쑨다 하여도 곧이듣지 않는다   아무리 사실대로 말하여도 믿지 아니함을 비유적으로 이르는 말

큰 고기는 깊은 물속에 있다   훌륭한 인물은 많은 사람들 속에 섞여 있어 잘 드러나지 않는다는 말

큰 둑[방죽]도 개미구멍으로 무너진다   작은 결함이라 하여 등한히 하면 그것이 점점 더 커져서 나중에는 큰 결함을 가져오게 됨을 비유적으로 이르는 말

ㅌ

태산을 넘으면 평지를 본다   고생을 이겨 내면 반드시 즐거운 일이 생긴다는 말

태산이 평지 된다
① 자연이나 사회의 변화가 몹시 심함을 비유적으로 이르는 말
② 세상의 모든 것이 덧없이 변함을 이르는 말

틈 난 돌이 터지고 태 먹은 독이 깨진다 앞서 무슨 조짐이 보인 일은 반드시 후에 그대로 나타나고야 만다는 뜻으로, 어떤 탈이 있는 것은 반드시 결과적으로 실패를 가져온다는 말

티끌 모아 태산 아무리 작은 것이라도 모이면 큰 것이 될 수 있다는 말

ㅍ

팔이 들이굽지[안으로 굽지] 내굽나[밖으로 굽나] 자기 혹은 자기와 가까운 사람에게 정이 더 쏠리거나 유리하게 일을 처리함은 인지상정이라는 말

평안 감사도 저 싫으면 그만이다 아무리 좋은 일이라도 제 마음에 들지 않으면 억지로 시키기 힘들다는 말

ㅎ

최신 **하늘도 끝 갈 날이 있다** 무엇이나 끝이 있다는 말

하늘로 호랑이 잡기 하늘의 힘을 빌려 호랑이를 잡는다는 뜻으로, 온갖 권력을 다 가지고 있어 못하는 일이 없음을 비유적으로 이르는 말

하늘 보고 침 뱉기 자기에게 해가 돌아올 짓을 함을 비유적으로 이르는 말

하늘의 별 따기 무엇을 얻거나 성취하기가 매우 어려운 경우를 비유적으로 이르는 말

하루가 여삼추(如三秋) 하루가 삼 년과 같다는 뜻으로, 짧은 시간이 매우 길게 느껴짐을 비유적으로 이르는 말

하루 굶은 것은 몰라도 헐벗은 것은 안다 가난하더라도 옷차림이나마 남에게 궁하게 보이지 말라는 말

하루 물림이 열흘 간다 한번 뒤로 미루기 시작하면 자꾸 더 미루게 된다는 뜻으로, 무슨 일이나 뒤로 미루지 말라고 경계하여 이르는 말

하루 세끼 밥 먹듯 아주 예사로운 일로 생각함을 이르는 말

하루 죽을 줄은 모르고 열흘 살 줄만 안다 언제 죽을지 모르는 덧없는 세상에서 자기만은 얼마든지 오래 살 것처럼 행동하는 사람을 보고 이르는 말

하늘도 끝 갈 날이 있다 무엇이나 끝이 있다는 말

최신 **하룻강아지 범 무서운 줄 모른다** 철없이 함부로 덤비는 경우를 비유적으로 이르는 말
유의어 당랑거철(螳螂拒轍)

하품에 딸꾹질
① 어려운 일이 공교롭게 계속됨을 비유적으로 이르는 말
② 일마다 공교롭게도 방해가 끼어 낭패를 보게 됨을 비유적으로 이르는 말

한번 엎지른 물은 다시 주워 담지 못한다 이미 해 버린 말은 아무리 예전대로 하려고 해도 회복할 수 없다는 뜻

최신 **행차 뒤에 나팔** 제때 안 하다가 뒤늦게 대책을 세우며 서두름을 핀잔하는 말

호랑이 굴에 가야 호랑이 새끼를 잡는다 뜻하는 성과를 얻으려면 반드시 그에 마땅한 일을 하고 기다려야 한다는 뜻

호랑이도 제 말 하면 온다
① 깊은 산에 있는 호랑이조차도 저에 대하여 이야기하면 찾아온다는 뜻으로, 어느 곳에서나 그 자리에 없다고 남을 흉보아서는 안 된다는 말
② 다른 사람에 관한 이야기를 하는데 공교롭게 그 사람이 나타나는 경우를 이르는 말

호미로 막을 것을 가래로 막는다
① 적은 힘으로 충분히 처리할 수 있는 일에 쓸데없이 많은 힘을 들이는 경우를 비유적으로 이르는 말
② 커지기 전에 처리하였으면 쉽게 해결되었을 일을 방치하여 두었다가 나중에 큰 힘을 들이게 된 경우를 비유적으로 이르는 말

호박에 말뚝 박기 심술궂고 가혹한 짓을 함을 가리키는 말

황소 뒷걸음치다가 쥐 잡는다 어쩌다 우연히 이루거나 알아맞힘을 비유적으로 이르는 말

황소 제 이불 뜯어 먹기 어떤 일을 한 결과가 결국 제 손해가 되었다는 말

2. 그 외 기출 속담 사전

ㄱ

가갸 뒷다리[뒤 자]도 모른다 반절본문의 첫 글자인 '가'와 '갸'의 세로획조차도 쓸 줄 모른다는 뜻으로, 글자를 전혀 깨치지 못하여 무식하거나, 사리에 몹시 어두운 사람을 놀림조로 이르는 말

가난이 소 아들이라 소처럼 죽도록 일해도 가난에서 벗어날 수 없음을 이르는 말

가는 손님은 뒤꼭지가 예쁘다 대접하기가 어려운 터에 손님이 속을 알아주어 빨리 돌아가니 고맙게 여긴다는 것을 비유적으로 이르는 말

가마 타고 옷고름 단다 미리 준비를 해 놓지 않아서 임박해서야 허둥지둥하게 되는 경우를 비유적으로 이르는 말 = 말 태우고 버선 깁는다

최신 **가문 논에 물 대기**
① 어떤 일이 매우 힘들다는 말
② 일을 힘들여 해 놓아도 별 성과가 없는 경우를 이르는 말

가뭄에 콩 나듯 한다 어떤 일이나 물건이 드문드문 있음을 비유적으로 이르는 말

가을 들판에는 송장도 덤빈다 가을걷이 때에는 일이 많아서 누구나 바빠 나서서 거들게 됨을 비유적으로 이르는 말

가을 들판이 어설픈 친정보다 낫다
일손이 모자라는 가을엔 손만 조금 거들면 먹을거리가 생겨 배가 두둑하게 된다는 뜻 = 가을에 밭에 가면 가난한 친정 가는 것보다 낫다

가을 머슴군 비질듯 가을걷이를 하고 낟알을 털어도 머슴에게는 별로 잇속이 없으므로 쓰레질도 흥 없이 된다는 뜻으로, 일을 성의 없이 대강 해치움을 비유적으로 이르는 말

가을바람의 새털 가을바람에 이리저리 날리는 새털처럼 매우 가볍고 꿋꿋하지 못한 것을 비유적으로 이르는 말

가을 식은 밥이 봄 양식이다 먹을 것이 흔한 가을에는 먹지 않고 내놓은 식은 밥이 봄에 가서는 귀중한 양식이 된다는 뜻으로, 풍족할 때 함부로 낭비하지 않고 절약하면 뒷날의 궁함을 면할 수 있음을 비유적으로 이르는 말

가을에는 부지깽이도 덤빈다 가을걷이 때에는 일이 많아서 누구나 바빠 나서서 거들게 됨을 비유적으로 이르는 말

= 가을에는 대부인 마누라도 나무 신짝 가지고 나온다

가을 중의 시주 바가지 같다 무엇이 가득 담긴 것을 비유적으로 이르는 말

가을 중 싸대듯 수확이 많은 가을철에 조금이라도 더 시주를 얻기 위하여 중이 바쁘게 돌아다닌다는 뜻으로, 여기저기 분주히 돌아다님을 비유적으로 이르는 말

가재는 게 편이요 초록은 한 빛이라 모양이나 형편이 서로 비슷하고 인연이 있는 것끼리 서로 잘 어울리고, 사정을 보아주며 감싸 주기 쉬움을 비유적으로 이르는 말 = **가재는 게 편**

가지 많은 나무에 바람 잘 날 없다 가지가 많고 잎이 무성한 나무는 살랑거리는 바람에도 잎이 흔들려서 잠시도 조용한 날이 없다는 뜻으로, 자식을 많이 둔 어버이에게는 근심, 걱정이 끊일 날이 없음을 비유적으로 이르는 말

간에 붙었다 쓸개[염통]에 붙었다 한다 자기에게 조금이라도 이익이 되면 지조 없이 이편에 붙었다 저편에 붙었다 함을 비유적으로 이르는 말

갈매기도 제집이 있다 하찮은 갈매기도 다 제집이 있는 법이라는 뜻으로, 집 없는 사람의 서러운 처지를 한탄하여 이르는 말 = 까막까치도 집이 있다

최신 **갈수록 태산** 점점 힘들고 어려운 지경에 처함을 이르는 말
유의어 산 넘어 산이다 / 재는 넘을수록 험하고[높고] 내는 건널수록 깊다, 거익태산(去益泰山)

개구리 낯짝에 물 붓기 물에 사는 개구리의 낯에 물을 끼얹어 보았자 개구리가 놀랄 일이 아니라는 뜻으로, 어떤 자극을 주어도 그 자극이 조금도 먹혀들지 아니하거나 어떤 처사를 당하여도 태연함을 이르는 말

개똥밭에 이슬 내릴 때가 있다 몹시 고생을 하는 삶도 좋은 운수가 터질 날이 있다는 말 = 쥐구멍에도 볕 들 날 있다

개 머루 먹듯
① 참맛도 모르면서 바삐 먹어 치우는 것을 이르는 말
② 내용이 틀리거나 말거나 일을 건성건성 날려서 함을 비유적으로 이르는 말

거미줄에 목을 맨다 칼도 아닌 송편으로 목을 딸 노릇이라는 뜻으로, 어처구니없는 일로 몹시 억울하고 원통함을 이르는 말 = 송편으로 목을 따 죽지

걱정이 많으면 빨리 늙는다 쓸데없는 잔걱정을 하지 말라는 말

고양이는 발톱을 감춘다 재주 있는 사람은 그것을 깊이 감추고서 함부로 드러내지 아니한다는 말

고양이보고 반찬 가게 지키라는 격 고양이한테 반찬 가게를 맡기면 고양이가 음식을 먹을 것이 뻔한 일이란 뜻으로, 어떤 일이나 사물을 믿지 못할 사람에게 맡겨 놓고 마음이 놓이지 않아 걱정함을 비유적으로 이르는 말 = 고양이한테 생선을 맡기다

고양이 쥐 어르듯
① 상대편을 제 마음대로 가지고 노는 모양을 비유적으로 이르는 말
② 당장에라도 잡아먹을 듯이 덤비는 모양을 이르는 말

(최신) **구르는 돌은 이끼가 안 낀다** 부지런하고 꾸준히 노력하는 사람은 침체되지 않고 계속 발전한다는 말

구멍 보아 가며 말뚝[쐐기] 깎는다 무슨 일이고 간에 조건과 사정을 보아 가며 거기에 알맞게 일을 하여야 함을 비유적으로 이르는 말

국수 먹은 배
① 국수를 먹으면 그때는 배가 잔뜩 부르지만 얼마 안 가서 쉽게 꺼지고 만다는 뜻으로, 먹은 음식이 쉽게 꺼지는 경우를 비유적으로 이르는 말
② 실속 없고 헤픈 경우를 비유적으로 이르는 말

(최신) **긁어 부스럼** 아무렇지도 않은 일을 공연히 건드려서 걱정을 일으킨 경우를 비유적으로 이르는 말

까치집에 비둘기 들어 있다 남의 집에 들어가서 주인 행세를 함을 비유적으로 이르는 말

ㄴ

나중 난 뿔이 우뚝하다
① 나중에 생긴 것이 먼저 것보다 훨씬 나음을 비유적으로 이르는 말
② 후배가 선배보다 훌륭하게 되었음을 비유적으로 이르는 말

남의 말도 석 달이다 소문은 시일이 지나면 흐지부지 없어지고 만다는 말

낫 놓고 기역 자도 모른다 기역 자 모양으로 생긴 낫을 보면서도 기역 자를 모른다는 뜻으로, 아주 무식함을 비유적으로 이르는 말

(최신) **내 건너 배 타기** 무슨 일에나 순서가 있어 건너뛰어서는 할 수 없음을 비유적으로 이르는 말

(최신) **냉수 먹고 갈비 트림 한다** 시시한 일을 해 놓고 큰일을 한 것처럼 으스대는 것을 비유적으로 이르는 말
〈유의어〉 미꾸라짓국 먹고 용트림한다, 냉수 먹고 이 쑤시듯

노인네 망령은 고기로 고치고 젊은이 망령은 몽둥이로 고친다 노인들은 그저 잘 위해 드려야 하고, 아이들이 잘못했을 경우에는 엄하게 다스려 교육해야 한다는 말

눈을 떠도 코 베어 간다 뻔히 알면서도 피해를 당하는 험악한 세상이라는 말

눈먼 놈이 앞장선다 못난이가 남보다 먼저 나댐을 비유적으로 이르는 말

늦게 배운 도둑이 날 새는 줄 모른다 어떤 일에 남보다 늦게 재미를 붙인 사람이 그 일에 더 열중하게 됨을 비유적으로 이르는 말

ㄷ

다 가도 문턱 못 넘기 애써 일을 하였으나 끝맺음을 못하여 보람이 없게 됨을 비유적으로 이르는 말

다 된 농사에 낫 들고 덤빈다 일이 다 끝난 뒤에 쓸데없이 참견하고 나섬을 비유적으로 이르는 말

다 된 죽에 코 풀기
① 거의 다 된 일을 망쳐 버리는 주책없는 행동을 비유적으로 이르는 말
② 남의 다 된 일을 악랄한 방법으로 방해하는 것을 비유적으로 이르는 말

단김에 소뿔 빼듯 든든히 박힌 소의 뿔을 뽑으려면 불로 달구어 놓은 김에 해치워야 한다는 뜻으로, 어떤 일이든지 하려고 생각했으면 한창 열이 올랐을 때 망설이지 말고 곧 행동으로 옮겨야 함을 비유적으로 이르는 말
〈유의어〉 쇠뿔도 단김에 빼랬다[빼라]

단솥에 물 붓기
① 형편이 이미 기울어 아무리 도와주어도 보람이 없음을 비유적으로 이르는 말

기출 핵심개념

② 조금의 여유도 없이 버쩍버쩍 없어짐을 비유적으로 이르는 말

당나귀 귀 치레 당나귀의 큰 귀에다 여러 가지 치레를 잔뜩 한다는 뜻으로, 당치도 않은 곳에 어울리지 않게 쓸데없는 치레를 하여 오히려 겉모양을 흉하게 만듦을 비유적으로 이르는 말

대장장이 집에 식칼이 놀다 칼을 만드는 대장장이의 집에 오히려 식칼이 없다는 뜻으로, 어떠한 물건이 흔하게 있을 듯한 곳에 의외로 많지 않거나 없음을 비유적으로 이르는 말

대추나무에 연 걸리듯 여기저기에 빚을 많이 진 것을 비유적으로 이르는 말

독 틈에도 용소가 있다 독 틈에도 깊은 웅덩이가 있다는 뜻으로, 무슨 일에든지 남을 속이려 하는 수작이 있으니 조심해야 한다는 말

동냥은 못 줘도 쪽박은 깨지 마라 남을 도와주지는 못할망정 방해는 하지 말라는 말

두 소경 한 막대 짚고 걷는다 어리석은 두 사람이 같은 잘못을 저지르는 경우를 비유적으로 이르는 말

떼어 놓은 당상 떼어 놓은 당상이 변하거나 다른 데로 갈 리 없다는 데서, 일이 확실하여 조금도 틀림이 없음을 이르는 말

ㅁ

마른나무를 태우면 생나무도 탄다 안되는 일도 대세를 타면 잘될 수 있음을 비유적으로 이르는 말

말 타면 종 두고 싶다 사람의 욕심이란 끝이 없다는 말
= 말 타면 경마 잡히고 싶다

망건 쓰고 세수한다 세수를 하고 머리를 빗고 그다음에 망건을 쓰는 법인데 망건을 먼저 쓰고 세수를 한다는 뜻으로, 일의 순서를 바꾸어 함을 놀림조로 이르는 말

물 건너온 범 한풀 꺾인 사람을 비유적으로 이르는 말

ㅂ

바늘구멍으로 코끼리를 몰라 한다 작은 바늘구멍으로 엄청나게 큰 코끼리를 몰라고 한다는 뜻으로, 전혀 가능성이 없는 일을 하라고 강요하는 경우를 비유적으로 이르는 말

바늘구멍으로 하늘 보기 조그만 바늘구멍으로 넓디넓은 하늘을 본다는 뜻으로, 전체를 포괄적으로 보지 못하는 매우 좁은 소견이나 관찰을 비꼬는 말

바늘뼈에 두부살 바늘처럼 가는 뼈에 두부같이 힘없는 살이란 뜻으로, 몸이 아주 연약한 사람을 비유적으로 이르는 말 = 두부살에 바늘뼈

바람 따라 돛을 단다 바람이 부는 형세를 보아 가며 돛을 단다는 뜻으로, 때를 잘 맞추어서 일을 벌여 나가야 성과를 거둘 수 있음을 비유적으로 이르는 말

바지저고리만 다닌다[앉았다] 사람의 몸뚱이는 없고 바지저고리만 걸어 다닌다는 뜻으로, 사람이 아무 속이 없고 맺힌 데가 없이 행동하는 경우를 비유적으로 이르는 말

받아 놓은 밥상
① 일이 확실하여 조금도 틀림이 없는 경우를 비유적으로 이르는 말
② 밥상을 받아 놓고 그냥 물리지도 못하고 그렇다고 먹을 수도 없다는 뜻으로, 이러지도 못하고 저러지도 못하는 경우나 처지를 비유적으로 이르는 말

밤눈 어두운 말이 워낭소리 듣고 따라간다 밤눈이 어두운 말이 자기 턱 밑에 달린 쇠고리의 소리를 듣고 따라간다는 뜻으로, 맹목적으로 남이 하는 대로 따라 함을 비유적으로 이르는 말

밥 위에 떡 좋은 일에 더욱 좋은 일이 겹침을 비유적으로 이르는 말
유의어 금상첨화(錦上添花) 비단 위에 꽃을 더한다는 뜻으로, 좋은 일 위에 또 좋은 일이 더하여짐을 비유적으로 이르는 말

배 먹고 이 닦기 배를 먹으면 이까지 하얗게 닦아진다는 뜻으로, 한 가지 일에 두 가지 이로움이 있음을 비유적으로 이르는 말

벌도 덤이 있다 벌을 받을 때도 덤으로 더 받게 되는 법인데, 하물며 물건을 받을 때에야 더 받지 않겠느냐는 말

범 모르는 하룻강아지 철없이 함부로 덤비는 경우를 비유적으로 이르는 말 = 하룻강아지 범 무서운 줄 모른다

붉고 쓴 장 빛이 좋아서 맛있을 듯한 간장이 쓰다는 뜻으로, 겉모양은 그럴듯하게 좋으나 실속은 흉악하여 안팎이 서로 다름을 비유적으로 이르는 말

비 오기 전에 집이다 비 오기 전에 집에 와 있다는 뜻으로, 미리 마련하거나 갖추었음을 비유적으로 이르는 말

비 오는 것은 밥 짓는 부엌에서 먼저 안다 비가 오려고 기압이 낮아지면 아궁이에 불이 잘 안 붙으므로 부엌의 아낙네들이 비 오는 것을 먼저 알게 된다는 말

비 오는 날 소꼬리 같다 몹시 귀찮게 구는 것을 비유적으로 이르는 말

비 오는 날 장독 덮었다
① 비 오는 날 먼저 해야 할 일 중에 하나는 장독을 덮는 일인데 그것을 했다고 자랑한다는 뜻으로, 당연히 할 일을 하고 유세하는 경우를 비꼬는 말
② 잘된 일은 다 자기의 공로로 돌리는 경우를 비꼬는 말

비 틈으로 빠져나가겠다 행동이나 동작이 매우 민첩함을 비유적으로 이르는 말

빈대 미워 집에 불 놓는다 손해를 크게 볼 것을 생각지 아니하고 자기에게 마땅치 아니한 것을 없애려고 그저 덤비기만 하는 경우를 비유적으로 이르는 말

ㅅ

사람과 산은 멀리서 보는 게 낫다 사람을 가까이 사귀면 멀리서 볼 때 안 보이던 결점이 다 드러나 실망하게 됨을 비유적으로 이르는 말

[최신] **산 까마귀 염불한다** 산에 있는 까마귀가 산에 있는 절에서 염불하는 것을 하도 많이 보고 들어서 염불하는 흉내를 낸다는 뜻으로, 무엇을 전혀 모르던 사람도 오랫동안 보고 듣노라면 제법 따라 할 수 있게 됨을 비유적으로 이르는 말

삼밭에 쑥대 쑥이 삼밭에 섞여 자라면 삼대처럼 곧아진다는 뜻으로, 좋은 환경에서 자라면 좋은 영향을 받게 됨을 비유적으로 이르는 말

새 발의 피 새의 가느다란 발에서 나오는 피라는 뜻으로, 아주 하찮은 일이나 극히 적은 분량임을 비유적으로 이르는 말

세 살 적 버릇이 여든까지 간다 어릴 때 몸에 밴 버릇은 늙어 죽을 때까지 고치기 힘들다는 뜻으로, 어릴 때부터 나쁜 버릇이 들지 않도록 잘 가르쳐야 함을 비유적으로 이르는 말

[최신] **소 갈 데 말 갈 데 가리지 않는다** 어떤 목적을 위하여서는 그 어떤 궂은 데나 험한 데라도 가리지 아니하고 어디나 다 돌아다님을 비유적으로 이르는 말

[최신] **속저고리 벗고 은반지** 격에 맞지 아니하게 겉치레만 하여 보기 흉하고 웃음거리가 됨을 비유적으로 이르는 말

수박 겉 핥기 맛있는 수박을 먹는다는 것이 딱딱한 겉만 핥고 있다는 뜻으로, 사물의 속 내용은 모르고 겉만 건드리는 일을 비유적으로 이르는 말

시루에 물 퍼 붓기 구멍 난 시루에 물을 붓는다는 뜻으로, 아무리 수고를 하고 공을 들여도 효과가 나타나지 않는 일을 비유적으로 이르는 말

[최신] **신 벗고 따라도 못 따른다** 어떤 사람의 재주나 능력이 뛰어나서 아무리 힘을 써도 그에 미치지 못하는 경우를 비유적으로 이르는 말

썩어도 준치 본래 좋고 훌륭한 것은 비록 상해도 그 본질에는 변함이 없음을 비유적으로 이르는 말 = 물어도 준치 썩어도 생치

썩은 생선에 쉬파리 끓듯 먹을 것이나 이익이 생기는 곳에 어중이떠중이가 자꾸 모여드는 모양을 비유적으로 이르는 말

ㅇ

아랫길도 못 가고 윗길도 못 가겠다 이것도 저것도 다 믿을 수 없고 어찌하여야 할지 모름을 비유적으로 이르는 말

[최신] **야윈 말이 짐 탐한다** 제격에 어울리지 않게 욕심을 냄을 비유적으로 이르는 말

오뉴월에도 남의 일은 손이 시리다 남의 일은 힘들지 아니한 일도 하기 싫고 고되다는 말

옥에 티 나무랄 데 없이 훌륭하거나 좋은 것에 있는 사소한 흠을 이르는 말

우물에 든 고기 빠져나올 수 없는 곤경에 처하여서 마지막 운명만을 기다리고 있는 처지를 비유적으로 이르는 말
= 함정에 든 범

[최신] **원님 덕에 나팔 분다** 사또와 동행한 덕분에 나팔 불고 요란히 맞아 주는 호화로운 대접을 받는다는 뜻으로, 남의 덕으로 당치도 아니한 행세를 하게 되거나 그런 대접을 받고 우쭐대는 모양을 비유적으로 이르는 말 = 사또 덕분에 나팔 분다

입추의 여지가 없다 송곳 끝도 세울 수 없을 정도라는 뜻으로, 발 들여놓을 데가 없을 정도로 많은 사람들이 꽉 들어찬 경우를 비유적으로 이르는 말 유의어 **입추지지(立錐之地)**

기출 핵심개념

ㅈ

최신 자루 베는 칼 없다 아무리 잘 드는 칼이라도 제 자루를 베지는 못한다는 뜻으로, 자기 일을 자기가 처리할 수 없음을 이르는 말

자기 얼굴[낯]에 침 뱉기 남을 해치려고 하다가 도리어 자기가 해를 입게 된다는 것을 비유적으로 이르는 말
유의어 누워서 침 뱉기

절에 간 색시
① 남이 시키는 대로 따라 하는 사람을 이르는 말
② 아무리 싫어도 남이 시키는 대로 따라 하지 아니할 수 없는 처지에 있는 사람을 이르는 말

최신 조자룡이 헌 창 쓰듯 돈이나 물건을 헤프게 쓰는 경우를 비유적으로 이르는 말

중의 빗 몹시 구하기 어려운 물건을 비유적으로 이르는 말

중이 제 머리를 못 깎는다 자기가 자신에 관한 일을 좋게 해결하기는 어려운 일이어서 남의 손을 빌려야만 이루기 쉬움을 비유적으로 이르는 말

쥐 죽은 날 고양이 눈물 쥐가 죽었다고 고양이가 눈물을 흘릴 리 없다는 데서, 아주 없거나 있어도 매우 적을 때를 이르는 말
유의어 고양이 죽는 데 쥐 눈물만큼

ㅊ

차돌에 바람 들면 석돌보다 못하다 오달진 사람일수록 한번 타락하면 걷잡을 수 없게 된다는 말

추우면 다가들고 더우면 물러선다 옳고 그름이나 신의를 돌보지 않고 자기의 이익만 꾀함을 비유적으로 이르는 말
유의어 달면 삼키고 쓰면 뱉는다, 감탄고토(甘呑苦吐)

ㅌ

토끼 둘을 잡으려다가 하나도 못 잡는다 욕심을 부려 한꺼번에 여러 가지 일을 하려 하면 그 가운데 하나도 이루지 못한다는 말

ㅎ

하나는 열을 꾸려도 열은 하나를 못 꾸린다 한 사람이 잘되면 여러 사람을 돌보아 줄 수 있으나 여러 사람이 힘을 합하여 한 사람을 돌보아 주기는 힘들다는 말

하늘 아래 첫 동네 매우 높은 지대에 있는 동네를 비유적으로 이르는 말

최신 한 데 앉아서 음지 걱정한다 자기 일도 못 꾸려 가면서 남의 걱정을 하는 경우를 비유적으로 이르는 말

한 손으로는 손뼉을 못 친다 상대가 없이 혼자서는 싸움이 되지 아니한다는 말

3. 빈출 한자 성어 사전

ㄱ

가담항설(街談巷說) 거리나 항간에 떠도는 소문

최신 가렴주구(苛斂誅求) 세금을 가혹하게 거두어들이고, 무리하게 재물을 빼앗음.

최신 각골난망(刻骨難忘) 남에게 입은 은혜가 뼈에 새길 만큼 커서 잊지지 아니함.

각주구검(刻舟求劍) 융통성 없이 현실에 맞지 않는 낡은 생각을 고집하는 어리석음을 이르는 말

최신 간담상조(肝膽相照) 서로 속마음을 털어놓고 친하게 사귐.

감언이설(甘言利說) 귀가 솔깃하도록 남의 비위를 맞추거나 이로운 조건을 내세워 꾀는 말

감탄고토(甘呑苦吐) 자신의 비위에 따라서 사리의 옳고 그름을 판단함을 이르는 말 = 달면 삼키고 쓰면 뱉는다.

강호지락(江湖之樂) 자연을 벗 삼아 누리는 즐거움
예 그는 세상의 모든 영욕을 물리치고 강호지락을 즐기며 한가하게 말년을 보냈다.

객반위주(客反爲主) 손이 도리어 주인 행세를 한다는 뜻으로 부차적인 것을 주된 것보다 더 중요하게 여김.

건곤일척(乾坤一擲) 운명을 걸고 단판걸이로 승부를 겨룸을 이르는 말

[최신] 격물치지(格物致知) 실제 사물의 이치를 연구하여 지식을 완전하게 함.

격세지감(隔世之感) 오래지 않은 동안에 몰라보게 변함.

견강부회(牽強附會) 이치에 맞지 않는 말을 억지로 끌어 붙여 자기에게 유리하게 함.

[최신] 견물생심(見物生心) 어떠한 실물을 보면 그것을 가지고 싶은 욕심이 생김.

결자해지(結者解之) 맺은 사람이 풀어야 한다는 뜻으로, 자기가 저지른 일은 자기가 해결하여야 함을 이르는 말

결초보은(結草報恩) 죽은 뒤에라도 은혜를 잊지 않고 갚음을 이르는 말
예 영감의 은혜는 백골난망이외다. 죽어 저승에 가서라도 결초보은을 하오리다.

[최신] 계란유골(鷄卵有骨) 달걀에도 뼈가 있다는 뜻으로, 운수가 나쁜 사람은 모처럼 좋은 기회를 만나도 역시 일이 잘 안됨을 이르는 말 ≒ 속담 계란에도 뼈가 있다

고식지계(姑息之計) 우선 당장 편한 것만을 택하는 꾀나 방법. 한때의 안정을 얻기 위하여 임시로 둘러맞추어 처리하거나 이리저리 주선하여 꾸며 내는 계책을 이르는 말
예 내 나라 팔아 가며 내 권리 주어 가며 고식지계 도모하여 인군에게 득죄하고….

[최신] 고육지책(苦肉之策) 자기 몸을 상해 가면서까지 꾸며 내는 계책이라는 뜻으로, 어려운 상태를 벗어나기 위해 어쩔 수 없이 꾸며 내는 계책을 이르는 말 = 고육지계(苦肉之計)
예 정부는 가만히 놔뒀다가는 배춧값의 폭락이 뻔하기 때문에 농민들의 피해가 더 커지기 전에 공급량을 줄인다는 고육지책을 쓴 것이다.

고장난명(孤掌難鳴)
① 외손뼉만으로는 소리가 울리지 아니한다는 뜻으로, 혼자의 힘만으로 어떤 일을 이루기 어려움을 이르는 말
예 누구 한 사람 도와주는 사람이 없으니 실로 고장난명이라, 일을 하기가 너무 어려웠다.
② 맞서는 사람이 없으면 싸움이 일어나지 아니함을 이르는 말

곡학아세(曲學阿世) 바른길에서 벗어난 학문으로 세상 사람에게 아첨함.

괄목상대(刮目相對) 눈을 비비고 상대편을 본다는 뜻으로, 남의 학식이나 재주가 놀랄 만큼 부쩍 늚을 이르는 말

교각살우(矯角殺牛) 소의 뿔을 바로잡으려다가 소를 죽인다는 뜻으로, 잘못된 점을 고치려다가 그 방법이나 정도가 지나쳐 오히려 일을 그르침을 이르는 말
예 잘못 손댔다가는 교각살우의 실수를 저지를 수 있어.

구사일생(九死一生) 죽을 고비를 여러 차례 넘기고 겨우 살아남.

군계일학(群鷄一鶴) 닭의 무리 가운데에서 한 마리의 학이란 뜻으로, 많은 사람 가운데서 뛰어난 인물을 이르는 말
예 많은 사람 틈에 섞이면 군계일학 격으로 그의 품격은 더욱 두드러져 보였다.

궁여지책(窮餘之策) 궁한 나머지 생각다 못하여 짜낸 계책
예 궁여지책으로 위기를 모면했다.

권토중래(捲土重來) 한 번 실패하였으나 힘을 회복하여 다시 쳐들어옴을 이르는 말

근묵자흑(近墨者黑) 나쁜 사람과 가까이 지내면 나쁜 버릇에 물들기 쉬움을 비유적으로 이르는 말

금의환향(錦衣還鄉) 출세를 하여 고향에 돌아가거나 돌아옴을 비유적으로 이르는 말

ㄴ

낙담상혼(落膽喪魂) 몹시 놀라거나 마음이 상해서 넋을 잃음.

남가일몽(南柯一夢) 꿈과 같이 헛된 한때의 부귀영화를 이르는 말

[최신] 낭중지추(囊中之錐) 주머니 속의 송곳이라는 뜻으로, 재능이 뛰어난 사람은 숨어 있어도 저절로 사람들에게 알려짐을 이르는 말
예 그는 낭중지추 같은 사람이니 곧 인정받을 거야.

노승발검(怒蠅拔劍) 성가시게 구는 파리를 보고 화가 나서 칼을 뺀다는 뜻으로, 사소한 일에 화를 내거나 또는 작은 일에 어울리지 않게 커다란 대책을 세움을 비유적으로 이르는 말

기출 핵심개념

노심초사(勞心焦思) 몹시 마음을 쓰며 애를 태움.

녹빈홍안(綠鬢紅顔) 젊고 아름다운 여자의 얼굴

[최신] 누란지세(累卵之勢) 층층이 쌓아 놓은 알의 형세라는 뜻으로, 몹시 위태로운 형세를 비유적으로 이르는 말
  - 유의어 누란지위(累卵之危), 풍전등화(風前燈火)

ㄷ

다기망양(多岐亡羊) 갈림길이 많아 잃어버린 양을 찾지 못한다는 뜻으로, 두루 섭렵하기만 하고 전공하는 바가 없어 끝내 성취하지 못함을 이르는 말

다다익선(多多益善) 많으면 많을수록 더욱 좋음.

단금지교(斷金之交) 쇠라도 자를 만큼 강한 교분이라는 뜻으로, 매우 친밀한 우정이나 교제를 이르는 말

단기지계(斷機之戒) 학문을 중도에서 그만두면 짜던 베의 날을 끊는 것처럼 아무 쓸모없음을 경계한 말

당랑거철(螳螂拒轍) 제 역량을 생각하지 않고, 강한 상대나 되지 않을 일에 덤벼드는 무모한 행동거지를 비유적으로 이르는 말
  예 당랑거철도 유분수지 그런 일에 덤벼들다니.

[최신] 대기만성(大器晚成) 크게 될 사람은 늦게 이루어짐을 이르는 말

동가홍상(同價紅裳) 같은 값이면 다홍치마라는 뜻으로, 같은 값이면 좋은 물건을 가짐.

동량지재(棟梁之材) 기둥과 들보로 쓸 만한 재목이라는 뜻으로, 집안이나 나라를 떠받치는 중대한 일을 맡을 만한 인재를 이르는 말

동상이몽(同牀異夢) 같은 자리에 자면서 다른 꿈을 꾼다는 뜻으로, 겉으로는 같이 행동하면서도 속으로는 각각 딴생각을 하고 있음을 이르는 말

두문불출(杜門不出) 집에만 있고 바깥출입을 아니함.

득의지추(得意之秋) 일이 뜻대로 이루어졌거나 이루어질 좋은 기회
  예 상제께서 생령들을 구제코자 일조일석간이라도 비를 많이 주시면 만물 소생될 터이니 득의지추가 아닌가.

등하불명(燈下不明) 등잔 밑이 어둡다는 뜻으로, 가까이에 있는 물건이나 사람을 잘 찾지 못함을 이르는 말

등화가친(燈火可親) 등불을 가까이할 만하다는 뜻으로, 서늘한 가을밤은 등불을 가까이 하여 글 읽기에 좋음을 이르는 말

ㅁ

[최신] 마이동풍(馬耳東風) '동풍(東風)이 말의 귀를 스쳐 간다.'는 뜻으로, 남의 말을 귀담아듣지 아니하고 지나쳐 흘려버림을 이르는 말
  예 그에게는 나의 충고가 마이동풍이었다.

만경창파(萬頃蒼波) 한없이 넓고 넓은 바다

만고풍상(萬古風霜) 아주 오랜 세월 동안 겪어 온 많은 고생

만면수색(滿面愁色) 얼굴에 가득 찬 근심의 빛

[최신] 만시지탄(晩時之歎) 시기에 늦어 기회를 놓쳤음을 안타까워하는 탄식
  예 오래 길들인 생활의 터전을 내준 걸 후회했다. 후회해 봤자 만시지탄이었다.

망극지은(罔極之恩) 끝없이 베풀어 주는 혜택이나 고마움

망양보뢰(亡羊補牢) 양을 잃고 우리를 고친다는 뜻으로, 이미 어떤 일을 실패한 뒤에 뉘우쳐도 아무 소용이 없음을 이르는 말
  예 다 끝났는데 이제 뭘 하겠다고, 망양보뢰일 뿐이야.
  - 유의어 소 잃고 외양간 고친다.

[최신] 망양지탄(望洋之歎) 큰 바다를 바라보며 하는 한탄이란 뜻으로, 어떤 일에 자기 자신의 힘이 미치지 못할 때에 하는 탄식을 이르는 말

[최신] 면종복배(面從腹背) 겉으로는 복종하는 체하면서 내심으로는 배반함.

명경지수(明鏡止水) 헛된 욕심 없이 맑고 깨끗한 마음

[최신] 명약관화(明若觀火) 불을 보듯 분명하고 뻔함.

명재경각(命在頃刻) 거의 죽게 되어 곧 숨이 끊어질 지경에 이름.

목불식정(目不識丁) 아주 간단한 글자인 '丁' 자를 보고도 그것이 '고무래'인 줄을 알지 못한다는 뜻으로, 아주 까막눈

임을 이르는 말

목불인견(目不忍見) 눈앞에 벌어진 상황 따위를 눈 뜨고는 차마 볼 수 없음.

무아도취(無我陶醉) 자신의 존재를 완전히 잊고 흠뻑 취함.

무위도식(無爲徒食) 하는 일 없이 놀고먹음.

[최신] **문경지교(刎頸之交)** 서로를 위해서라면 목이 잘린다 해도 후회하지 않을 정도의 사이라는 뜻으로, 생사를 같이할 수 있는 아주 가까운 사이, 또는 그런 친구를 이르는 말

문일지십(聞一知十) 하나를 듣고 열 가지를 미루어 안다는 뜻으로, 지극히 총명함을 이르는 말

[최신] **문전성시(門前成市)** 찾아오는 사람이 많아 집 문 앞이 시장을 이루다시피 함을 이르는 말

물아일체(物我一體) 외물(外物)과 자아가 어울려 하나가 됨.

미봉지책(彌縫之策) 눈가림만 하는 일시적인 계책(計策)
예 이번 조치는 일시적인 미봉지책에 불과하다.

ㅂ

박리다매(薄利多賣) 이익을 적게 보고 많이 파는 것

박장대소(拍掌大笑) 손뼉을 치며 크게 웃음.
[참고] **포복절도(抱腹絕倒)** 배를 그러안고 넘어질 정도로 몹시 웃음.

[최신] **반면교사(反面敎師)** 사람이나 사물 따위의 부정적인 면에서 얻는 깨달음이나 가르침을 주는 대상을 이르는 말

반신불수(半身不隨) 병이나 사고로 반신이 마비되는 일. 또는 그런 사람

발본색원(拔本塞源) 좋지 않은 일의 근본 원인이 되는 요소를 완전히 없애 버려서 다시는 그러한 일이 생길 수 없도록 함.

[최신] **방약무인(傍若無人)** 곁에 사람이 없는 것처럼 아무 거리낌 없이 함부로 말하고 행동하는 태도가 있음.
예 남이 싫어하는 줄도 모르고 방약무인으로 떠들어 댄다.

배은망덕(背恩忘德) 남에게 입은 은덕을 저버리고 배신하는 태도가 있음.

백가쟁명(百家爭鳴) 많은 학자나 문화인 등이 자기의 학설이나 주장을 자유롭게 발표하여, 논쟁하고 토론하는 일

백년대계(百年大計) 먼 앞날까지 미리 내다보고 세우는 크고 중요한 계획

백년해로(百年偕老) 부부가 즐겁게 함께 늙음.

백면서생(白面書生) 글만 읽고 세상일에 경험이 없는 사람

백미(白眉) 흰 눈썹이라는 뜻으로, 여럿 가운데에서 가장 뛰어난 사람이나 훌륭한 물건을 비유적으로 이르는 말
예 그 중에서도 백미로 꼽다.

백척간두(百尺竿頭) 백 자나 되는 장대 위에 올라섰다는 뜻으로, 몹시 어렵고 위태로운 지경을 이르는 말

부전자전(父傳子傳) 아들의 성격이나 생활 습관 따위가 아버지로부터 대물림된 것처럼 같거나 비슷함.

부지불각(不知不覺) 자신도 모르는 결

부지불식(不知不識) 생각하지도 못하고 알지도 못함.

[최신] **부화뇌동(附和雷同)** 줏대 없이 남의 의견에 따라 움직임.

불가항력(不可抗力) 사람의 힘으로는 저항할 수 없는 힘

불문곡직(不問曲直) 옳고 그름을 따지지 아니함.

불치하문(不恥下問) 손아랫사람이나 지위나 학식이 자기만 못한 사람에게 모르는 것을 묻는 일을 부끄러워하지 아니함.

비분강개(悲憤慷慨) 슬프고 분하여 마음이 북받침.

ㅅ

사상누각(沙上樓閣) 모래 위에 세운 누각이라는 뜻으로, 기초가 튼튼하지 못하여 오래 견디지 못할 일이나 물건을 이르는 말

사색불변(辭色不變) 너무 태연하여 말과 얼굴빛이 조금도 변하지 아니함.

사생결단(死生決斷) 죽고 사는 것을 돌보지 않고 끝장을 내려고 함.

기출 핵심개념

사필귀정(事必歸正) 모든 일은 반드시 바른길로 돌아감.

살신성인(殺身成仁) 자기의 몸을 희생하여 인(仁)을 이룸.

삼고초려(三顧草廬) 인재를 맞아들이기 위하여 참을성 있게 노력함.

삼순구식(三旬九食) 삼십 일 동안 아홉 끼니밖에 먹지 못한다는 뜻으로, 몹시 가난함을 이르는 말

[최신] 상전벽해(桑田碧海) 뽕나무밭이 푸른 바다가 된다는 뜻으로, 세상일의 변천이 심함을 비유적으로 이르는 말

생구불망(生口不網) 산 입에 거미줄을 치지는 아니한다는 뜻으로, 아무리 곤궁하여도 그럭저럭 먹고살 수 있음을 이르는 말

선견지명(先見之明) 어떤 일이 일어나기 전에 미리 앞을 내다보고 아는 지혜

선입지견(先入之見) 어떤 대상에 대하여 이미 마음속에 가지고 있는 고정적인 관념이나 관점

설상가상(雪上加霜) 눈 위에 서리가 덮인다는 뜻으로, 난처한 일이나 불행한 일이 잇따라 일어남을 이르는 말
예 시간도 없는데 설상가상으로 길까지 막혔다.

속수무책(束手無策) 어찌할 도리가 없어 꼼짝 못 함.

수문수답(隨問隨答) 묻는 대로 거침없이 대답함.

수미상응(首尾相應) 양쪽 끝이 서로 통함.

[최신] 수불석권(手不釋卷) 손에서 책을 놓지 않고 늘 글을 읽음.

수주대토(守株待兔) 한 가지 일에만 얽매여 발전을 모르는 어리석은 사람을 비유적으로 이르는 말

순망치한(脣亡齒寒) 입술이 없으면 이가 시리다는 뜻으로, 서로 밀접한 사이에 어느 한쪽이 망하면 다른 한쪽도 그 영향을 받아 온전하기 어려움을 이르는 말

승승장구(乘勝長驅) 싸움에 이긴 형세를 타고 계속 몰아침.

시비곡직(是非曲直) 옳고 그르고 굽고 곧음.

시종일관(始終一貫) 일 따위를 처음부터 끝까지 한결같이 함.

식자우환(識字憂患) 학식이 있는 것이 오히려 근심을 사게 됨.

실사구시(實事求是) 사실에 토대를 두어 진리를 탐구하는 일

심기일전(心機一轉) 어떤 동기가 있어 이제까지 가졌던 마음가짐을 버리고 아주 달라짐.

심사숙고(深思熟考) 깊이 잘 생각함.

십상팔구(十常八九) 열에 여덟이나 아홉 정도로 거의 예외가 없음.

십시일반(十匙一飯) 여럿이 한 사람 도와주기는 쉽다는 말

ㅇ

아비규환(阿鼻叫喚) 여러 사람이 비참한 지경에 빠져 울부짖는 참상을 비유적으로 이르는 말

아전인수(我田引水) 자기에게만 이롭게 되도록 생각하거나 행동함을 이르는 말

안면부지(顔面不知) 얼굴을 모름.

안빈낙도(安貧樂道) 가난한 생활을 하면서도 편안한 마음으로 도를 즐겨 지킴.

안하무인(眼下無人) 눈 아래에 사람이 없다는 뜻으로, 방자하고 교만하여 다른 사람을 업신여김을 이르는 말

암중모색(暗中摸索)
① 물건 따위를 어둠 속에서 더듬어 찾음.
② 어림으로 무엇을 알아내거나 찾아내려 함.
③ 은밀한 가운데 일의 실마리나 해결책을 찾아내려 함.

약육강식(弱肉強食) 약한 자가 강한 자에게 먹힘.

[최신] 양두구육(羊頭狗肉) 양의 머리를 걸어 놓고 개고기를 판다는 뜻으로, 겉보기만 그럴듯하게 보이고 속은 변변하지 아니함을 이르는 말

어부지리(漁夫之利) 두 사람이 이해관계로 서로 싸우는 사이에 엉뚱한 사람이 애쓰지 않고 가로챈 이익을 이르는 말

어불성설(語不成說) 말이 조금도 사리에 맞지 아니함.

언중유골(言中有骨) 말 속에 뼈가 있다는 뜻으로, 예사로운 말 속에 속뜻이 들어 있음을 이르는 말

언행상반(言行相反) 말과 행실이 서로 반대됨.

여리박빙(如履薄氷)　살얼음을 밟는 것과 같다는 뜻으로, 아슬아슬하고 위험한 일을 비유적으로 이르는 말

영고성쇠(榮枯盛衰)　인생이나 사물의 번성함과 쇠락함이 서로 바뀜.

오리무중(五里霧中)　오 리나 되는 안개 속에 있다는 뜻으로, 무슨 일에 대해 방향이나 갈피를 잡을 수 없음을 이르는 말

최신 오매불망(寤寐不忘)　자나 깨나 잊지 못함.

오비삼척(吾鼻三尺)　내 코가 석 자라는 뜻으로, 자기 사정이 급하여 남을 돌볼 겨를이 없음을 이르는 말

최신 오비이락(烏飛梨落)　까마귀 날자 배 떨어진다는 뜻으로, 아무 관계도 없이 한 일이 공교롭게도 때가 같아 억울하게 의심을 받거나 난처한 위치에 서게 됨을 이르는 말
예 오비이락으로 하필 조카아이가 집을 나간 것이 어제여서 혐의를 둔 모양일세.

온고지신(溫故知新)　옛것을 익히고 그것을 미루어서 새것을 앎.

욕속부달(欲速不達)　일을 빨리 하려고 하면 도리어 이루지 못함.

용두사미(龍頭蛇尾)　용의 머리와 뱀의 꼬리. 처음은 왕성하나 끝이 부진한 현상을 이르는 말

용호상박(龍虎相搏)　용과 범이 서로 싸움. 강자끼리 서로 싸움을 이르는 말

우후죽순(雨後竹筍)　비 온 뒤에 여기저기 솟는 죽순. 어떤 일이 한때에 많이 생겨남을 비유한 말

최신 위편삼절(韋編三絶)　공자가 주역을 즐겨 읽어 책의 가죽끈이 세 번이나 끊어졌다는 뜻으로, 책을 열심히 읽음을 이르는 말

유구무언(有口無言)　변명할 말이 없거나 변명을 못함.

유명무실(有名無實)　이름만 그럴듯하고 실속은 없음.

유방백세(流芳百世)　꽃다운 이름이 후세에 길이 전함.

유비무환(有備無患)　준비가 되어 있으면 걱정이 없음.

유종지미(有終之美)　한번 시작한 일을 끝까지 잘하여 끝맺음이 좋음.

은인자중(隱忍自重)　마음속에 감추어 참고 견디며 몸가짐을 신중하게 행동함.

최신 읍참마속(泣斬馬謖)　큰 목적을 위하여 자기가 아끼는 사람을 버림을 이르는 말

의기양양(意氣揚揚)　뜻한 바를 이루어 만족한 마음이 얼굴에 나타난 모양

이구동성(異口同聲)　입은 다르나 목소리는 같다는 뜻으로, 여러 사람의 말이 한결같음을 이르는 말

이심전심(以心傳心)　마음과 마음으로 서로 뜻이 통함.

이율배반(二律背反)　서로 모순되어 양립할 수 없는 두 개의 명제

이전투구(泥田鬪狗)　자기의 이익을 위하여 비열하게 다툼을 비유적으로 이르는 말

이해득실(利害得失)　이로움과 해로움과 얻음과 잃음

인과응보(因果應報)　전생에 지은 선악에 따라 현재의 행과 불행이 있고, 현세에서의 선악의 결과에 따라 내세에서 행과 불행이 있는 일

인면수심(人面獸心)　사람의 얼굴을 하고 있으나 마음은 짐승과 같음. 마음이나 행동이 몹시 흉악함을 이르는 말

인명재천(人命在天)　사람의 목숨은 하늘에 달려 있음.

인의예지(仁義禮智)　유학에서, 사람이 마땅히 갖추어야 할 네 가지 성품. 곧 어질고, 의롭고, 예의 바르고, 지혜로움을 이른다.

인지상정(人之常情)　사람이면 누구나 가지는 보통의 마음

일각삼추(一刻三秋)　매우 짧은 시간이 삼 년 같다는 뜻으로, 몹시 기다려지거나 지루한 느낌을 이르는 말

일거양득(一擧兩得)　한 가지 일을 하여 두 가지 이익을 얻음.

일망타진(一網打盡)　어떤 무리를 한꺼번에 모조리 다 잡음.

일목요연(一目瞭然)　한번 보고 대번에 알 수 있을 만큼 분명하고 뚜렷함.

기출 핵심개념

일사불란(一絲不亂) 질서가 정연하여 조금도 흐트러지지 아니함.

일사천리(一瀉千里) 강물이 빨리 흘러 천 리를 간다는 뜻으로, 어떤 일이 거침없이 빨리 진행됨.

일석이조(一石二鳥) 동시에 두 가지 이득을 봄을 이르는 말

일어탁수(一魚濁水) 한 마리의 물고기가 물을 흐린다는 뜻으로, 한 사람의 잘못으로 여러 사람이 피해를 입게 됨을 이르는 말

일자무식(一字無識)
① 글자를 한 자도 모를 정도로 무식함. 또는 그런 사람
② 어떤 분야에 대하여 아는 바가 하나도 없음을 비유적으로 이르는 말

일장일단(一長一短) 일면의 장점과 다른 일면의 단점을 통틀어 이르는 말

일장춘몽(一場春夢) 한바탕의 봄꿈이라는 뜻으로, 헛된 영화나 덧없는 일을 비유적으로 이르는 말

[최신] **일촉즉발(一觸卽發)** 한 번 건드리기만 해도 폭발할 것같이 몹시 위급한 상태

일취월장(日就月將) 나날이 다달이 자라거나 발전함.

일편단심(一片丹心) 진심에서 우러나오는 변치 아니하는 마음을 이르는 말

일희일구(一喜一懼) 한편으로는 기뻐하고 다른 한편으로는 두려워함.

입추지지(立錐之地) 송곳 하나 세울 만한 땅이란 뜻으로, 매우 좁아 조금의 여유도 없음을 이르는 말

ㅈ

자가당착(自家撞着) 같은 사람의 말이나 행동이 앞뒤가 서로 맞지 아니하고 모순됨.

자격지심(自激之心) 자기가 한 일에 대하여 자기 스스로 미흡하게 여기는 마음

자문자답(自問自答) 스스로 묻는 말에 스스로 대답함.

자신지책(資身之策) 자기 한 몸의 생활을 꾀하는 계책

자업자득(自業自得) 자기가 저지른 일의 결과를 자기가 받음.

[최신] **자중지란(自中之亂)** 같은 편끼리 하는 싸움

자화자찬(自畵自讚) 자기가 한 일을 스스로 자랑함을 이르는 말

작심삼일(作心三日) 단단히 먹은 마음이 사흘을 가지 못함.

적반하장(賊反荷杖) 도둑이 도리어 매를 든다는 뜻으로, 잘못한 사람이 아무 잘못도 없는 사람을 나무람을 이르는 말

적자생존(適者生存) 환경에 적응하는 생물만이 살아남고, 그렇지 못한 것은 도태되어 멸망하는 현상

적재적소(適材適所) 알맞은 인재를 알맞은 자리에 씀.

전화위복(轉禍爲福) 재앙과 근심, 걱정이 바뀌어 오히려 복이 됨.

[최신] **절차탁마(切磋琢磨)** 옥이나 돌 따위를 갈고 닦아서 빛을 낸다는 뜻으로, 부지런히 학문과 덕행을 닦음을 이르는 말

[최신] **점입가경(漸入佳境)**
① 들어갈수록 점점 재미가 있음.
② 시간이 지날수록 하는 짓이나 몰골이 더욱 꼴불견임을 비유적으로 이르는 말

정문일침(頂門一鍼) 정수리에 침을 놓는다는 뜻으로, 따끔한 충고나 교훈을 이르는 말

조변석개(朝變夕改) 아침저녁으로 뜯어고침.

조삼모사(朝三暮四) 간사한 꾀로 남을 속여 희롱함.

[최신] **조족지혈(鳥足之血)** 새 발의 피라는 뜻으로, 매우 적은 분량을 비유적으로 이르는 말

종횡무진(縱橫無盡) 자유자재로 활동하여 거침이 없는 상태

좌불안석(坐不安席) 마음이 불안하거나 걱정스러워서 한 군데에 가만히 앉아 있지 못하고 안절부절못하는 모양
유의어 침불안석(寢不安席)

좌정관천(坐井觀天) 우물 속에 앉아서 하늘을 본다는 뜻으로, 사람의 견문(見聞)이 매우 좁음을 이르는 말

주객전도(主客顚倒) 사물의 경중·선후·완급 따위가 서로 뒤바뀜.

주마간산(走馬看山) 말을 타고 달리며 산천을 구경한다는 뜻으로, 자세히 살피지 아니하고 대충대충 보고 지나감을 이르는 말
예 주마간산으로 구경했으니 뭘 제대로 봤겠어요.

주야장천(晝夜長川) 밤낮으로 쉬지 아니하고 연달아

중구난방(衆口難防) 뭇사람의 말을 막기가 어렵다는 뜻으로, 막기 어려울 정도로 여럿이 마구 지껄임을 이르는 말

진퇴양난(進退兩難) 이러지도 저러지도 못하는 어려운 처지

진퇴유곡(進退維谷) 이러지도 저러지도 못하고 꼼짝할 수 없는 궁지

진합태산(塵合泰山) 작은 물건도 많이 모이면 큰 것이 됨.

ㅊ

차일피일(此日彼日) 이날 저 날 하고 자꾸 기한을 미루는 모양

천고마비(天高馬肥) 하늘이 높고 말이 살찐다는 뜻으로, 하늘이 맑아 높푸르게 보이고 온갖 곡식이 익는 가을철을 이르는 말

천경지위(天經地緯) 하늘이 정하고 땅이 받드는 길이라는 뜻으로, 영원히 변하지 않는 진리나 법칙을 이르는 말

천기누설(天機漏洩) 중대한 기밀이 새어 나감을 이르는 말

천라지망(天羅地網) 하늘에 새 그물, 땅에 고기 그물이라는 뜻으로, 아무리 하여도 벗어나기 어려운 경계망이나 피할 수 없는 재액을 이르는 말
예 저희가 아무리 기고 난들 그 천라지망을 벗어날 수가 있느냐 말이야.

천려일득(千慮一得) 천 번을 생각하여 하나를 얻는다는 뜻으로, 어리석은 사람이라도 많은 생각을 하면 그 과정에서 한 가지쯤은 좋은 것이 나올 수 있음을 이르는 말

천신만고(千辛萬苦) 온갖 어려운 고비를 다 겪으며 심하게 고생함.

천양지차(天壤之差) 하늘과 땅 사이와 같이 엄청난 차이

천우신조(天佑神助) 하늘이 돕고 신령이 도움.

천의무봉(天衣無縫) 천사의 옷은 꿰맨 흔적이 없다는 뜻으로, 일부러 꾸민 데 없이 자연스럽고 아름다우면서 완전함을 이르는 말
예 아무리 뛰어난 작가의 시라 하여도 모두 천의무봉의 비단결만은 아니다.

천인공노(天人共怒) 하늘과 사람이 함께 노함.

천재일우(千載一遇) 천 년 동안 단 한 번 만남. 좀처럼 만나기 어려운 좋은 기회를 이르는 말

천편일률(千篇一律) 여러 시문의 격조가 모두 비슷하여 개별적 특성이 없음.

청산유수(靑山流水) 막힘없이 썩 잘하는 말을 비유적으로 이르는 말

청약불문(聽若不聞) 듣고도 못 들은 체함.

청천벽력(靑天霹靂) 맑게 갠 하늘에서 치는 날벼락이라는 뜻으로, 뜻밖에 일어난 큰 변고나 사건을 비유적으로 이르는 말

청출어람(靑出於藍) 쪽에서 뽑아낸 푸른 물감이 쪽보다 더 푸르다는 뜻으로, 제자나 후배가 스승이나 선배보다 나음을 비유적으로 이르는 말
예 청출어람이라더니 이제 선생님이 오히려 네게 배워야겠구나!

초지일관(初志一貫) 처음에 세운 뜻을 끝까지 밀고 나감.

[최신] 촌철살인(寸鐵殺人) 한 치의 쇠붙이로도 사람을 죽일 수 있다는 뜻으로, 간단한 말로도 남을 감동하게 하거나 남의 약점을 찌를 수 있음을 이르는 말

추월춘풍(秋月春風) 가을 달과 봄바람이라는 뜻으로, 흘러가는 세월을 이르는 말

추풍낙엽(秋風落葉) 가을바람에 떨어지는 나뭇잎. 어떤 형세나 세력이 갑자기 기울어지거나 헤어져 흩어지는 모양을 비유적으로 이르는 말

칠전팔기(七顚八起) 일곱 번 넘어져도 여덟 번 일어남. 여러 번 실패해도 굴하지 않고 꾸준히 노력함을 이르는 말

ㅌ

타산지석(他山之石) 다른 산의 나쁜 돌이라도 자신의 산의 옥돌을 가는 데에 쓸모가 있다는 뜻으로, 본이 되지 않은 남

의 말이나 행동도 자신의 지식과 인격을 수양하는 데에 도움이 될 수 있음을 비유적으로 이르는 말

탁상공론(卓上空論) 현실이 없는 허황한 이론이나 논의

태산북두(泰山北斗) 태산과 북두칠성. 사람들로부터 존경받는 사람을 비유적으로 이르는 말

태평세계(太平世界) 잘 다스려서 평안한 세상

토사구팽(兔死拘烹) 토끼를 다 잡으면 그 사냥개도 삶아 먹음. 필요할 때는 쓰고 필요 없을 때는 야박하게 버리는 경우를 이르는 말

ㅍ

파안대소(破顔大笑) 매우 즐거운 표정으로 활짝 웃음.

파죽지세(破竹之勢) 대쪽을 쪼개는 기세. 적을 거침없이 물리치고 쳐들어가는 기세를 이르는 말

팔면부지(八面不知) 어느 면으로 보나 전혀 모름.

평지풍파(平地風波) 평온한 자리에서 일어나는 풍파라는 뜻으로, 뜻밖에 분쟁이 일어남을 비유적으로 이르는 말

표리부동(表裏不同) 겉으로는 드러나는 언행과 속으로 가지는 생각이 다름.

풍전등화(風前燈火) 바람 앞의 등불. 매우 위태로운 처지

ㅎ

하대명년(何待明年) 어떻게 명년을 기다리냐는 뜻으로, 기다리기가 몹시 지루함을 이르는 말

학수고대(鶴首苦待) 학의 목처럼 목을 길게 빼고 간절히 기다림.

한강투석(漢江投石) 한강에 돌 던지기라는 뜻으로, 지나치게 미미하여 아무런 효과를 미치지 못함을 이르는 말

함구무언(緘口無言) 입을 다물고 아무 말도 하지 않음.

함흥차사(咸興差使) 심부름을 가서 오지 않거나 늦게 온 사람을 이르는 말

허장성세(虛張聲勢) 실력은 없으면서 큰소리치거나 허세를 부림.

형설지공(螢雪之功) 고생하면서 부지런하고 꾸준하게 공부하는 자세

호구지책(糊口之策) 가난한 살림에서 그저 겨우 먹고살아 가는 방책

⚡**호사다마(好事多魔)** 좋은 일에는 흔히 방해되는 일이 많음.

호사유피(虎死留皮) 호랑이는 죽어서 가죽을 남긴다는 뜻으로, 사람은 죽어서 명예를 남겨야 함을 이르는 말

호언장담(豪言壯談) 호기롭고 자신 있게 말함.

호연지기(浩然之氣)
① 하늘과 땅 사이에 가득 찬 넓고 큰 원기
② 거침없이 넓고 큰 기개

혼정신성(昏定晨省) 밤에는 부모의 잠자리를 보아 드리고 이른 아침에는 부모의 밤새 안부를 여쭈어 봄.

화룡점정(畫龍點睛) 무슨 일을 하는 데 가장 중요한 부분을 완성함을 비유적으로 이르는 말

화무십일홍(花無十日紅) 열흘 동안 붉은 꽃은 없다는 뜻으로, 한 번 성한 것이 얼마 못 가서 반드시 쇠하여짐을 비유적으로 이르는 말

⚡**화사첨족(畫蛇添足)** 뱀을 다 그리고 나서 있지도 아니한 발을 덧붙여 그려 넣는다는 뜻으로, 쓸데없는 군짓을 하여 도리어 잘못되게 함을 이르는 말

⚡**화중지병(畫中之餠)** 그림의 떡. 바라만 보았자 소용(所用)이 닿지 않음을 비유적으로 이르는 말

환골탈태(換骨奪胎) 사람이 보다 나은 방향으로 변하여 전혀 딴사람처럼 됨.

후생가외(後生可畏) 젊은 후학들을 두려워할 만함.

후안무치(厚顔無恥) 뻔뻔스러워 부끄러움이 없음.

후회막급(後悔莫及) 이미 잘못된 뒤에 아무리 후회해도 다시 어찌할 수가 없음.

흥진비래(興盡悲來) 즐거운 일이 다하면 슬픈 일이 옴.

4. 기출 한자 성어 사전

ㄱ

감지덕지(感之德之) 분에 넘치는 듯싶어 매우 고맙게 여기는 모양
예 그는 그녀의 조그만 친절에도 감지덕지했다.

거두절미(去頭截尾)
① 머리와 꼬리를 잘라 버림.
② 어떤 일의 요점만 간단히 말함.
예 거두절미하고 용건만 말씀드리겠습니다.

거안사위(居安思危) 평안할 때에도 위험과 곤란이 닥칠 것을 생각하며 잊지 말고 미리 대비해야 함.
예 공든 탑도 한순간에 무너지는 법이니 거안사위하는 마음으로 늘 주변을 경계해야 한다.

최신 견리사의(見利思義) 눈앞의 이익을 보면 의리를 먼저 생각하라는 말
≒ 견리망의(見利忘義) 이익을 보면 의리를 저버림.

최신 견마지로(犬馬之勞) 개나 말 정도의 하찮은 힘이라는 뜻으로, 윗사람에게 충성을 다하는 자신의 노력을 낮추어 이르는 말
예 민족을 위해서 어떤 일이든 견마지로를 다하겠습니다.

견마지심(犬馬之心) 개나 말이 주인을 위하는 마음이라는 뜻으로, 신하나 백성이 임금이나 나라에 충성하는 마음을 낮추어 이르는 말
예 나라를 생각하는 견마지심이 참 감동적이었다.

견문발검(見蚊拔劍) 모기를 보고 칼을 뺀다는 뜻으로, 사소한 일에 크게 성내어 덤빔을 이르는 말

경천동지(驚天動地) 하늘을 놀라게 하고 땅을 뒤흔든다는 뜻으로, 세상을 몹시 놀라게 함을 비유적으로 이르는 말

고진감래(苦盡甘來) 쓴 것이 다하면 단 것이 온다는 뜻으로, 고생 끝에 즐거움이 옴을 이르는 말
예 고진감래라더니 이렇게 좋은 일도 있구나.

최신 공평무사(公平無私) 공평하여 사사로움이 없음.
예 관원들의 거동은 매우 친절하고 공평무사했으며 달리 이상한 눈치도 보이지 않았습니다.

최신 관포지교(管鮑之交) 관중과 포숙의 사귐이란 뜻으로, 우정이 아주 돈독한 친구 관계를 이르는 말
예 관포지교라 할 만큼 절친하던 두 친구는 여자 문제로 하루아침에 멀어지고 말았다.

최신 구우일모(九牛一毛) 아홉 마리의 소 가운데 박힌 하나의 털이란 뜻으로, 매우 많은 것 가운데 극히 적은 수를 이르는 말

구중심처(九重深處) 밖으로 잘 드러나지 않는 깊숙한 곳
예 그러니 자연 행세하는 가문에서는 수절하는 과부를 구중심처 깊은 곳에 겹겹이 가두어 두고 바깥사람은 일절 만나지 못하게 하여….

최신 극기복례(克己復禮) 자기의 욕심을 누르고 예의범절을 따름.
예 그들은 오랫동안 극기복례를 위한 엄격한 수행을 해 왔다.

금란지의(金蘭之誼) = 금란지계(金蘭之契)
친구 사이의 매우 두터운 정을 이르는 말

금지옥엽(金枝玉葉)
① 금으로 된 가지와 옥으로 된 잎이라는 뜻으로, 임금의 가족을 높여 이르는 말
예 하긴 원나라 여자들이 흔히 말을 타고 사냥까지 하는 것을 보았으나 금지옥엽인 노국 공주까지 말을 탈 줄 안다는 것은 고려의 공자로는 생각도 못 한 일이었다.
② 귀한 자손을 이르는 말
예 자손이 귀한 집안이라 그 외아들을 금지옥엽으로 귀하게 키웠다.
③ 구름의 아름다운 모양을 이르는 말

기고만장(氣高萬丈)
① 펄펄 뛸 만큼 대단히 성이 남.
② 일이 뜻대로 잘될 때, 우쭐하여 뽐내는 기세가 대단함.

ㄴ

난공불락(難攻不落) 공격하기가 어려워 쉽사리 함락되지 아니함.

난형난제(難兄難弟) 누구를 형이라 하고 누구를 아우라 하기 어렵다는 뜻으로, 두 사물이 비슷하여 낫고 못함을 정하기 어려움을 이르는 말

남부여대(男負女戴) 남자는 지고 여자는 인다는 뜻으로, 가난한 사람들이 살 곳을 찾아 이리저리 떠돌아다님을 비유적으로 이르는 말

ㄷ

다정다감(多情多感) 정이 많고 감정이 풍부함.
예 그는 무엇보다도 그녀의 다정다감한 성격이 마음에 들었다.

기출 핵심개념

대경실색(大驚失色) 몹시 놀라 얼굴빛이 하얗게 질림.
예 노파는 어머니의 부어오른 손목을 보더니 대경실색을 하면서 당장 장안의 용한 침쟁이들을 줄줄이 엮어 댔지만….

독수공방(獨守空房)
① 혼자서 지내는 것
예 함께 자취하던 친구가 시골집에 가서 요즈음은 나 혼자 독수공방이다.
② 아내가 남편 없이 혼자 지내는 것
예 독수공방의 서러움

동고동락(同苦同樂) 괴로움도 즐거움도 함께함.
예 삼십 년 동안 동고동락해 온 부인과 사별하다.

동병상련(同病相憐) 같은 병을 앓는 사람끼리 서로 가엾게 여긴다는 뜻으로, 어려운 처지에 있는 사람끼리 서로 가엾게 여김을 이르는 말
예 동병상련이라고 어려운 처지를 당해 보아야 남을 생각할 줄도 알게 되는 법이다.

동온하정(冬溫夏凊) 겨울에는 따뜻하게, 여름에는 서늘하게 한다는 뜻으로, 부모를 잘 섬기어 효도함을 이르는 말

동족방뇨(凍足放尿) 언 발에 오줌 누기라는 뜻으로, 잠시 동안만 효력이 있을 뿐 효력이 바로 사라짐을 비유적으로 이르는 말

ㅁ

만고절색(萬古絶色) 세상에 비길 데 없이 뛰어난 미인

만원사례(滿員謝禮) 만원을 이루게 해 주어서 고맙다는 뜻으로, 극장 같은 흥행장에서 만원이 되어 관객을 더 받지 못하겠다는 것을 완곡하게 이르는 말

망년지교(忘年之交) 나이에 거리끼지 않고 허물없이 사귄 벗

망양지탄(亡羊之歎) 갈림길이 매우 많아 잃어버린 양을 찾을 길이 없음을 탄식한다는 뜻으로, 학문의 길이 여러 갈래여서 한 갈래의 진리도 얻기 어려움을 이르는 말
예 청년 실업자들이 이것저것 실패하다가 결국 망양지탄하는 꼴이 되었다.

망운지정(望雲之情) 자식이 객지에서 고향에 계신 어버이를 생각하는 마음
예 살림살이가 어려워 올 설에도 귀향하지 못하고 망운지정에 젖어 있는 못난 자식

맥수지탄(麥秀之嘆) 고국의 멸망을 한탄함을 이르는 말
예 조지훈의 〈봉황수〉는 몰락한 조선 왕조에 대해 다룬 작품으로, 맥수지탄이 잘 드러난다.

무소불위(無所不爲) 하지 못하는 일이 없음.

문과수비(文過遂非) 잘못된 허물을 잘못이 아닌 것처럼 꾸미어 고치지 아니함.

문정약시(門庭若市) 대문 안 뜰이 시장 같다는 뜻으로, 집에 드나드는 사람이 많음을 이르는 말

ㅂ

반포보은(反哺報恩) 자식이 자란 후에 어버이의 은혜를 갚는 효성을 이르는 말

반포지효(反哺之孝) 까마귀 새끼가 자라서 늙은 어미에게 먹이를 물어다 주는 효(孝)라는 뜻으로, 자식이 자란 후에 어버이의 은혜를 갚는 효성을 이르는 말
예 부모를 반포지효로 모시는 것은 자식의 마땅한 도리이다.

백아절현(伯牙絶絃) 자기를 알아주는 참다운 벗의 죽음을 슬퍼함.

부창부수(夫唱婦隨) 남편이 주장하고 아내가 이에 잘 따름. 또는 부부 사이의 그런 도리
예 부창부수라더니, 나한테 그리 대하자고 둘이서 약조했는가?

불철주야(不撤晝夜) 어떤 일에 몰두하여 조금도 쉴 사이 없이 밤낮을 가리지 아니함.
예 불철주야 학업에 정진하다.

ㅅ

사고무친(四顧無親) 의지할 만한 사람이 아무도 없음.
예 사고무친의 외로운 신세

사면초가(四面楚歌) 아무에게도 도움을 받지 못하는, 외롭고 곤란한 지경에 빠진 형편을 이르는 말
예 성 밖에도 적, 성 안에도 적, 그야말로 사면초가였다.

상명지통(喪明之痛) 눈이 멀 정도로 슬프다는 뜻으로, 아들이 죽은 슬픔을 비유적으로 이르는 말

새옹지마(塞翁之馬) 인생의 길흉화복은 변화가 많아서 예측하기가 어렵다는 말

예 새옹지마라고 볕 들 날도 오겠지.

성동격서(聲東擊西) 동쪽에서 소리를 내고 서쪽에서 적을 친다는 뜻으로, 적을 유인하여 이쪽을 공격하는 체하다가 그 반대쪽을 치는 전술을 이르는 말

최신 **소탐대실(小貪大失)** 작은 것을 탐하다가 큰 것을 잃음.

수구초심(首丘初心) 여우가 죽을 때에 머리를 자기가 살던 굴 쪽으로 둔다는 뜻으로, 고향을 그리워하는 마음을 이르는 말

수어지교(水魚之交) 물이 없으면 살 수 없는 물고기와 물의 관계라는 뜻으로, 아주 친밀하여 떨어질 수 없는 사이를 비유적으로 이르는 말

ㅇ

악전고투(惡戰苦鬪) 매우 어려운 조건을 무릅쓰고 힘을 다하여 고생스럽게 싸움.

어로불변(魚魯不辨) 어(魚) 자와 노(魯) 자를 구별하지 못한다는 뜻으로, 아주 무식함을 비유적으로 이르는 말

역지사지(易地思之) 처지를 바꾸어서 생각하여 봄.
예 자유를 등지고까지 당신의 아내가 될 수 있을 만큼 자기를 버리고 나설 용기도 없습니다. 역지사지하시더라도 나만 틀리다고는 않으시리라고 믿습니다.

최신 **연목구어(緣木求魚)** 나무에 올라가서 물고기를 구한다는 뜻으로, 도저히 불가능한 일을 굳이 하려 함을 비유적으로 이르는 말
예 실업자가 늘고 있는 상황에서 소비 심리가 개선되기를 바라는 것은 연목구어나 마찬가지다.

연하고질(煙霞痼疾) = 천석고황(泉石膏肓)
자연의 아름다운 경치를 몹시 사랑하고 즐기는 성벽

염화미소(拈華微笑) 말로 통하지 아니하고 마음에서 마음으로 전하는 일
유의어 이심전심(以心傳心)

오곡백과(五穀百果) 온갖 곡식과 과실
예 가을에는 오곡백과가 풍성하다.

오월동주(吳越同舟) 서로 적의를 품은 사람들이 한자리에 있게 된 경우나 서로 협력하여야 하는 상황을 비유적으로 이르는 말

예 오월동주라더니, 내가 제일 싫어하는 사람과 일하게 되었어.

최신 **와신상담(臥薪嘗膽)** 불편한 섶에 몸을 눕히고 쓸개를 맛본다는 뜻으로, 원수를 갚거나 마음먹은 일을 이루기 위하여 온갖 어려움과 괴로움을 참고 견딤을 비유적으로 이르는 말
예 지난해 꼴찌 팀이 와신상담하더니, 올해 드디어 우승을 차지했더군.

최신 **우공이산(愚公移山)** 우공이 산을 옮긴다는 뜻으로, 어떤 일이든 끊임없이 노력하면 반드시 이루어짐을 이르는 말

유만부동(類萬不同)
① 비슷한 것이 많으나 서로 같지는 아니함.
예 형제간이라도 유만부동이라 그는 막내를 유달리 사랑한다.
② 정도에 넘침. 또는 분수에 맞지 아니함.
예 배은망덕도 유만부동이지, 어이가 없어 기가 막힌다.

유유상종(類類相從) 같은 무리끼리 서로 사귐.
예 유유상종이라고 하더니 고만고만한 녀석들끼리 모여 다니는구먼.

이합집산(離合集散) 헤어졌다가 만나고 모였다가 흩어짐.

익자삼우(益者三友) 사귀어서 자기에게 도움이 되는 세 가지의 벗. 심성이 곧은 사람과 믿음직한 사람, 문견이 많은 사람을 이른다.

일면지교(一面之交) 한 번 만나 본 정도의 친분

일문불통(一文不通)
① 한 글자도 읽을 수 없음.
예 나는 히브리어는 일문불통이다.
② 서로 한 통의 편지 왕래가 없음.
예 그 친구와는 일문불통이라 소식을 알 수가 없다.

임시방편(臨時方便) = 임시변통(臨時變通)
갑자기 터진 일을 우선 간단하게 둘러맞추어 처리함.
예 위기를 그때그때 임시방편으로 모면하다.

ㅈ

최신 **자강불식(自強不息)** 스스로 힘써 몸과 마음을 가다듬어 쉬지 아니함.
예 자강불식의 기상

최신 **자승자박(自繩自縛)**
① 자기의 줄로 자기 몸을 옭아 묶는다는 뜻으로, 자기가 한 말과 행동에 자기 자신이 옭혀 곤란하게 됨을 비유적으로 이르는 말
예 왜 무사히 넘어가는 사건에 대해 자승자박하는가?

기출 핵심개념

② 제 마음으로 번뇌를 일으켜 괴로움을 만듦을 비유적으로 이르는 말

적수공권(赤手空拳) 맨손과 맨주먹이라는 뜻으로, 아무것도 가진 것이 없음을 이르는 말

전대미문(前代未聞) 이제까지 들어 본 적이 없음.
예 전대미문의 대기록을 세우다.

전도요원(前途遙遠)
① 가야 할 길이 아득히 멂.
② 장래가 창창하게 멂.
예 전도요원한 젊은이들

전무후무(前無後無) 이전에도 없었고 앞으로도 없음.
예 그는 올림픽 5연패라는 전무후무의 대기록을 세웠다.

전인미답(前人未踏)
① 이제까지 그 누구도 가 보지 못함.
예 전인미답의 비경(祕境)
② 이제까지 그 누구도 손을 대어 본 일이 없음.
예 전인미답의 연구 분야

전전반측(輾轉反側) 누워서 몸을 이리저리 뒤척이며 잠을 이루지 못함.
유의어 전전불매(輾轉不寐)
예 밤새도록 잠을 못 이루고 전전반측하다.

절체절명(絕體絕命) 몸도 목숨도 다 되었다는 뜻으로, 어찌할 수 없는 절박한 경우를 비유적으로 이르는 말
예 절체절명의 위기

주경야독(晝耕夜讀) 낮에는 농사짓고, 밤에는 글을 읽는다는 뜻으로, 어려운 여건 속에서도 꿋꿋이 공부함을 이르는 말
예 주경야독으로 합격의 기쁨을 맛보다.

주마가편(走馬加鞭) 달리는 말에 채찍질한다는 뜻으로, 잘하는 사람을 더욱 장려함을 이르는 말
예 엄마는 내가 잘하고 있는데도 주마가편으로 더 잘하라고 성화셔.

중구삭금(衆口鑠金) 뭇사람의 말은 쇠도 녹인다는 뜻으로, 여론의 힘이 큼을 이르는 말

진두지휘(陣頭指揮) 전투나 사업 따위를 직접 앞장서서 지휘함.

진언부지(眞諺不知) 진서(眞書)나 언문(諺文)을 다 알지 못한다는 뜻으로, 무식하여 잘 모름을 이르는 말

ㅊ

천하무쌍(天下無雙) 세상에서 그에 비길 만한 것이 없음.

철중쟁쟁(鐵中錚錚) 여러 쇠붙이 가운데서도 유난히 맑게 쟁그랑거리는 소리가 난다는 뜻으로, 같은 무리 가운데서도 가장 뛰어남. 또는 그런 사람을 이르는 말

추풍선(秋風扇)
① 가을철의 부채라는 뜻으로, 철이 지나서 쓸모없이 된 물건을 비유적으로 이르는 말
② 이성의 사랑을 잃은 사람을 비유적으로 이르는 말

침소봉대(針小棒大) 작은 일을 크게 불리어 떠벌림.
예 별일도 아닌 것을 침소봉대하지 마라.

ㅍ

포의지교(布衣之交) 베옷을 입고 다닐 때의 사귐이라는 뜻으로, 벼슬을 하기 전 선비 시절에 사귐. 또는 그렇게 사귄 벗을 이르는 말

풍비박산(風飛雹散) 사방으로 날아 흩어짐.
예 사업의 실패로 풍비박산이 된 집안을 수습하다.

풍수지탄(風樹之嘆) 효도를 다하지 못한 채 어버이를 여읜 자식의 슬픔을 이르는 말
예 울음바다·눈물바다의 와중에도 여기저기에서 파도 소리보다 높게 울리는 것은 부모에게 효도할 기회를 잃은 사람들이 토해 내는 풍수지탄이었다.

ㅎ

하석상대(下石上臺) 아랫돌 빼서 윗돌 괴고 윗돌 빼서 아랫돌 괸다는 뜻으로, 임시변통으로 이리저리 둘러맞춤을 이르는 말

한우충동(汗牛充棟) 짐으로 실으면 소가 땀을 흘리고, 쌓으면 들보에까지 찬다는 뜻으로, 가지고 있는 책이 매우 많음을 이르는 말

허허실실(虛虛實實) 허를 찌르고 실을 꾀하는 계책

혈혈단신(孑孑單身) 의지할 곳이 없는 외로운 홀몸
예 그는 달리 갈 곳도, 가족도 없는 혈혈단신이다.

호가호위(狐假虎威) 남의 권세를 빌려 위세를 부림.

후래삼배(後來三杯) 술자리에 뒤늦게 온 사람에게 권하는 석 잔의 술

5. 중요 관용구 사전

ㄱ

가늠(을) 보다
① 목표를 겨누어 보다.
② 형편이나 시세 따위를 살피다.

가닥을 잡다 분위기, 상황, 생각 따위를 이치나 논리에 따라 바로 잡다.

가리(를) 틀다
① 잘되어 가는 일을 안되도록 방해하다.
② 남의 횡재에 대하여 무리하게 한몫을 청하다.

가방끈(이) 길다 많이 배워 학력이 높다.

가슴(을) 펴다 굽힐 것 없이 당당하다.

가슴이 미어지다
① 마음이 슬픔이나 고통으로 가득 차 견디기 힘들게 되다.
② 큰 기쁨이나 감격으로 마음속이 꽉 차다.

간도 쓸개도 없다 용기나 줏대 없이 남에게 굽히다.

간(에) 불붙다
① 당한 일이 몹시 다급하여 간장이 타는 것 같다.
② 몹시 울화가 나다.

간을 꺼내어 주다 비위를 맞추기 위해 중요한 것을 아낌없이 주다.

간을 태우다 너무 근심스럽고 안타까워 걱정을 심하게 하다.

간이라도 빼어 줄 듯 무엇이라도 아낌없이 내줄 듯한 태도

[최신] 간담이 서늘하다 몹시 놀라서 섬뜩하다.

간장을 녹이다
① 감언이설, 아양 따위로 상대편의 환심을 사다.
② 몹시 애타게 하다.

경을 치다 아주 혼쭐이 나다.

[최신] 경종을 울리다 잘못이나 위험을 미리 경계하여 주의를 환기시키다.

고갯방아를 찧다 서거나 앉은 채로 잠이 와서 조느라고 무의식중에 고개를 끄덕끄덕하다.

고택골(로) 가다 '죽다'를 속되게 이르는 말
예 나한테 한 대 맞으면 고택골로 가니까 조심하라고 해.

골(이) 틀리다 마음에 언짢아 부아가 나다.

공기가 팽팽하다 분위기가 몹시 긴장되어 있다.

[최신] 교편(을) 잡다 학교에서 교사 생활을 하다.
예 그는 한 고등학교에서 교편을 잡고 있다.

구름(을) 잡다 막연하거나 허황된 것을 좇다. ≒ **뜬구름(을) 잡다**

구미가 당기다[돌다] 욕심이나 관심이 생기다.
예 내가 대장이 될 생각을 하니 그 계획에 구미가 당긴다.

국물도 없다 돌아오는 몫이나 이득이 아무것도 없다.

국수(를) 먹다 결혼식 피로연에서 흔히 국수를 대접하는 데서, 결혼식을 올리는 일을 비유적으로 이르는 말

군침(을) 삼키다 이익, 재물을 보고 몹시 탐을 내다.

굴레 벗은 말
① 거칠게 행동하는 사람을 이르는 말
② 구속이나 통제에서 벗어나 몸이 자유로움을 이르는 말
유의어 고삐 풀린 말

귀가 가렵다 남이 제 말을 한다고 느끼다.

귀(가) 따갑다 너무 여러 번 들어서 듣기가 싫다.
유의어 귀(가) 아프다

[최신] 귀(가) 여리다 속는 줄도 모르고 남의 말을 그대로 잘 믿는다. = 귀가 얇다

[최신] 귀가 열리다 세상 물정을 알게 되다.

[최신] 귀(가) 질기다
① 둔하여 남의 말을 잘 이해하지 못하다.
② 말을 싹싹하게 잘 듣지 않고 끈덕지다.

귀에 못이 박히다 같은 말을 여러 번 듣다.
유의어 귀에 딱지가 앉다

귓등으로 듣다 듣고도 들은 체 만 체하다.

기출 핵심개념

근처도 못 가다 비교가 안 되다.
예) 철수는 우등생인 영희의 근처도 못 가는 성적을 받았다.

기(가) 차다 하도 어이가 없어 말이 나오지 않다.

기름을 끼얹다 감정이나 행동을 부추겨 정도를 심하게 만들다.

길을 열다 방도를 찾아내거나 마련하다.

김이 식다 재미나 의욕이 없어지다.

깨가 쏟아지다 몹시 아기자기하고 재미가 나다.

꼬리를 빼다 달아나거나 도망치다.
예) 내가 강하게 나가자 그는 꼬리를 빼고 말았다.

꽁무니를 따라다니다 이익을 바라고 부지런히 바짝 따라다니다.

꽁무니(를) 빼다 눈을 슬그머니 피하여 물러나다.

끗발(이) 좋다 노름 따위에서, 좋은 끗수가 잇따라 나오다.
예) 끗발이 좋아야 돈을 따지.

ㄴ

나발(을) 불다 (속되게) 당치 않은 말을 함부로 하다.

나사가 풀리다 정신 상태가 해이하다.

나사(를) 죄다 해이해진 마음을 가다듬고 정신을 다잡다.

난장을 치다 함부로 마구 떠들다.

날(을) 받다
① 결혼식 날짜를 정하다.
② 어떤 일에 대비하여 미리 날을 정하다.

낯을 못 들다 창피하여 남을 떳떳이 대하지 못하다.

낯이 넓다 아는 사람이 많다.

낯짝이 소가죽보다 더 두껍다 부끄러움이나 염치가 전혀 없다.

노린내(가) 나다 매우 인색하고 이해타산이 많은 사람의 태도가 나타나다.

녹초가 되다 맥이 풀어져 힘을 못 쓰는 상태가 되다.

눈 뜨고 볼 수 없다 눈앞의 광경이 참혹하거나 민망할 정도로 아니꼬워 차마 볼 수 없다.

눈먼 돈 임자 없는 돈. 우연히 생긴 공돈

눈물이 앞서다 말을 하지 못하고 눈물을 먼저 흘리다.

눈 밖에 나다 신임을 잃고 미움을 받게 되다.

눈썹도 까딱하지 않다 아주 태연하다.

눈에 넣어도 아프지 않다 매우 귀엽다.

눈에 모가 서다[모를 세우다] 성난 눈매로 노려보다.

눈에 밟히다 잊히지 않고 자꾸 눈에 떠오르다. = 눈에 어리다

눈에 보이는 것이 없다 사리 분별을 못하다.

눈에 불을 켜다
① 몹시 욕심을 내거나 관심을 기울이다.
② 화가 나서 눈을 부릅뜨다.

눈에서 황이 나다 몹시 억울하거나 질투가 날 때 이르는 말

눈에 쌍심지를 켜다 몹시 화가 나서 눈을 부릅뜨다.

눈에 아른거리다 어떤 사람이나 일 따위에 관한 기억이 떠오르다.

눈에 흙이 들어가다[덮이다] 죽어 땅에 묻히다.

최신 눈을 거치다 글 따위를 검토하거나 분별하다.

눈(을) 뒤집다 주로 좋지 않은 일에 열중하여 제정신을 잃다.

눈(을) 돌리다 관심을 돌리다.

눈을 딱[꼭] 감다
① 더 이상 다른 것을 생각하지 않다.
② 남의 허물 따위를 보고도 못 본 체하다.

눈을 크게 뜨다 정신을 바짝 차리고 주의를 기울이다.

눈이 가매지게 몹시 기다리는 모양을 비유적으로 이르는 말

눈이 곤두서다 화가 나서 눈에 독기가 오르다.

최신 눈(이) 나오다 몹시 놀라다.

최신 눈(이) 높다
① 정도 이상의 좋은 것만 찾는 버릇이 있다.
② 안목이 높다.

눈(이) 맞다 두 사람의 마음이나 눈치가 서로 통하다.

눈치(가) 다르다 태도나 하는 짓이 이상스럽다.

눈치코치도 모르다 도무지 남의 생각이나 태도를 알아차리지 못하다.

눈코 뜰 사이[새] 없다 정신 못 차리게 몹시 바쁘다.

눈 하나 깜짝 안 하다 태도나 기색이 아무렇지도 않은 듯이 예사롭게 굴다.

느루 가다 양식이 일정한 예정보다 더 오래가다.
예 죽을 쑤었으면 좀 느루 가겠지만 우리는 더럽게 그런 짓은 안 한다.

느루 잡다
① 손에 잡은 것을 느슨하게 가지다.
② 시일이나 날짜를 느직하게 예정하다.

ㄷ

다리가 길다 음식 먹는 자리에 우연히 가게 되어 먹을 복이 있다.

다리가 짧다 흠이 있거나 지체가 낮다.

다리(를) 건너다 말이나 물건 따위가 어떤 한 사람을 거쳐 다른 사람에게 넘어가다.

다리(를) 놓다 일이 잘되게 하기 위하여 둘 또는 여럿을 연결하다.

다리를 잇다 끊어진 관계를 다시 맺어 통하게 되다.

닭 물 먹듯 무슨 일이든 그 내용도 모르고 건성으로 넘기는 모양

닭이 헤집어 놓은 것 같다 몹시 어지럽고 무질서하게 널려 있다.

최신 덜미를 잡히다 못된 일 따위를 꾸미다가 발각되다.

돈더미에 올라앉다 갑자기 많은 돈을 벌어 부자가 되다.

돈(을) 굴리다 돈을 여기저기 빌려주어 이익을 늘리다.

돌(을) 던지다
① 남의 잘못을 비난하다.
② 바둑을 두는 도중에 자기가 졌음을 인정하고 그만두다.

뒷짐(을) 지다 어떤 일에 자신은 전혀 상관없는 것처럼 구경만 하고 있다.

떡(이) 되다 크게 곤욕을 당하거나 매를 많이 맞다.

떡이 생기다 뜻밖에 이익이 생기다.

떡 주무르듯 하다 저 하고 싶은 대로 마음대로 다루다.

똥줄(이) 타다 몹시 힘이 들거나 마음을 졸이다.

ㅁ

마각이 드러나다 숨기고 있던 일이나 정체가 드러나다.

마른 침을 삼키다 몹시 긴장하거나 초조해하다.

막을[막이] 내리다 무대의 공연이나 어떤 행사를 마치다.
반의어 막이 오르다 무대의 공연이나 어떤 행사가 시작되다.

막차를 타다 끝나 갈 무렵에 뒤늦게 뛰어들다.

말꼬리(를) 잡다 남의 말 가운데서 잘못 표현된 부분의 약점을 잡다.

말끝(을) 잡다 남의 말 가운데서 잘못 표현된 부분의 약점을 잡다.
예 그는 사사건건 말끝을 잡는 못된 버릇이 있다.

말을 내다
① 어떤 이야기로 말을 시작하다.
② 비밀스러운 일을 다른 사람에게 말하다.

말이 물 흐르듯 하다 말이 거침없이 술술 잘 나오다.

말(이) 아니다
① 말이 이치에 맞지 아니하다.

예 말이 아닌 소리는 하지도 마라.
② 사정·형편 따위가 몹시 어렵거나 딱하다.
예 그도 사는 형편이 말이 아니지 뭐야.

머리(가) 굳다
① 사고방식이나 사상 따위가 완고하다.
② 기억력 따위가 무디다.

[최신] 머리(가) 굵다 어른처럼 생각하거나 판단하게 되다.
= 머리가 크다

머리가 수그러지다 존경하는 마음이 일어나다.

머리가 (잘) 돌아가다 임기응변으로 생각이 잘 떠오르거나 미치다.

[최신] 머리가 깨다 뒤떨어진 생각에서 벗어나다.

머리(를) 굴리다 머리를 써서 해결 방안을 생각해 내다.

[최신] 머리(를) 들다 눌려 있거나 숨겨 온 생각·세력 따위가 겉으로 나타나다.

머리(를) 맞대다 어떤 일을 의논하거나 결정하기 위하여 서로 마주 대하다.

머리(를) 싸매다 있는 힘을 다하여 노력하다.

머리(를) 쓰다 어떤 일에 대하여 이모저모 깊게 생각하거나 아이디어를 찾아내다.

[최신] 머리를 쥐어짜다 몹시 애를 써서 궁리하다.

머리에 서리가 앉다 머리가 희끗희끗하게 세다. 또는 늙다.

머리에 피도 안 마르다
① 아직 어른이 되려면 멀었다.
② 나이가 어리다.

머리 위에[꼭대기에] 앉다
① 상대방의 생각이나 행동을 꿰뚫다.
② 잘난 체하며 남을 업신여기다.

머리칼이 곤두서다 무섭거나 놀라서 날카롭게 신경이 긴장되다.

목구멍에 풀칠하다 굶지 않고 겨우 살아가다.

목에 힘을 주다 거드름을 피우거나 남을 깔보는 듯한 태도를 취하다.

목(을) 놓아 주로 울거나 부르짖을 때에 참거나 삼가지 않고 소리를 크게 내어

목이 빠지게 기다리다 몹시 안타깝게 기다린다.

물 끓듯 하다 여러 사람이 몹시 술렁거리다.

물로 보다 사람을 하찮게 보거나 쉽게 생각하다.

물 만난 고기 어려운 지경에서 벗어나 크게 활약할 판을 만나다.

물 쏟듯 총 쏘듯 말이 되건 안 되건 입에서 나오는 대로 마구 떠들어 대는 것을 비유적으로 이르는 말

물에 물 탄 것 같다 아무 맛도 없고 싱겁다.

물에 빠진 생쥐 물에 흠뻑 젖어 몰골이 초췌한 모양을 비유적으로 이르는 말

물 위의 기름 서로 어울리지 못하여 겉도는 사이

물인지 불인지 모르다 사리를 분간하지 못하거나 따져 보지 않고 함부로 행동하다.

미역국(을) 먹다 시험에 떨어지다.

ㅂ

바가지(를) 긁다 주로 아내가 남편에게 생활의 어려움에서 오는 불평과 잔소리를 심하게 하다.

바가지(를) 쓰다 요금이나 물건값을 실제 가격보다 비싸게 지불하여 억울한 손해를 보다.

바닥을 기다 정도나 수준이 형편없다.

바람(을) 넣다 남을 부추겨서 무슨 행동을 하려는 마음이 생기게 만들다.
[유의어] **바람(을) 잡다** 허황된 짓을 꾀하거나 그것을 부추기다.
예 옆에서 자꾸 바람을 잡았어도 나는 그것을 무시하고 집으로 돌아왔다.

바람을 일으키다
① 사회적으로 많은 사람에게 영향을 미치다.
② 사회적 문제를 만들거나 소란을 일으키다.

[최신] **발길에 채다[차이다]**
① 천대받고 짓밟히다.
② 여기저기 흔하게 널려 있다.

발꿈치를 물리다　은혜를 베풀어 준 상대로부터 뜻밖에 해를 입다.
[유의어] 발뒤축을 물리다

발(을) 디딜 틈이 없다　사람이 많이 모여서 혼잡스럽다.

발목(을) 잡다　어떤 일에 꽉 잡혀서 벗어나지 못하게 하다.

발 벗고 나서다　적극적으로 나서다.

발(을) 구르다　매우 안타까워하거나 다급해하다.

[최신] **발(을) 빼다**　어떤 일에서 관계를 완전히 끊고 물러나다.

발(을) 뻗다[펴다]　걱정되거나 애쓰던 일이 끝나 마음을 놓다.

발(이) 길다　음식 먹는 자리에 우연히 가게 되어 먹을 복이 있다.

발(이) 넓다　사귀어 아는 사람이 많아 활동하는 범위가 넓다.

발이 닳다　매우 분주하게 많이 다니다.

발이 떨어지지 않다　애착, 미련, 근심, 걱정 따위로 마음이 놓이지 아니하여 선뜻 떠날 수가 없다.

[최신] **발(이) 묶이다**　움직일 수 없는 상황이 되다.

발이 손이 되도록 빌다　손만으로는 부족하여 발까지 동원할 정도로 간절히 빌다.

발이 잦다　어떤 곳에 자주 다니다.

발(이) 짧다　먹는 자리에 남들이 다 먹은 뒤에 나타나다.

밥술[밥숟가락]이나 뜨다[먹다]　사는 형편이 쏠쏠하여 어지간히 산다.

배에 기름이 오르다　살림이 넉넉하여지다.

배가 등에 붙다　먹은 것이 없어서 배가 홀쭉하고 몹시 허기지다. = 뱃가죽이 등에 붙다

[최신] **배알이 꼴리다[뒤틀리다]**　비위에 거슬려 아니꼽다.

뱃가죽이 두껍다　염치가 없어 뻔뻔스럽거나 배짱이 세다.

뱃심(이) 좋다　염치나 두려움이 없이 제 고집대로 하는 비위가 좋다.
예 저 뱃심 좋은 청년은 뭘 해도 할 놈이여.

베개를 높이 베다　안심하고 편안하게 푹 자거나 태평스럽게 지내다.

벽(을) 쌓다　서로 사귀던 관계를 끊다.
예 그는 친척들과 벽을 쌓고 지낸 지가 꽤 오래되었다.

변덕이 죽 끓듯 하다　말이나 행동을 몹시 이랬다저랬다 하다.

변죽(을) 울리다　바로 집어 말을 하지 않고 둘러서 말을 하다.

별이 보이다　충격을 받아서 갑자기 정신이 아득하고 어지럽다.
예 집안이 망했다는 소식을 듣고 별이 보이더니 정신이 없었다.

[최신] **복장(이) 터지다**　마음에 몹시 답답함을 느끼다.

볼꼴 좋다　(놀림조로) 꼴이 보기에 흉하다.
예 선을 안 보겠다고 징징 우는 딸을 억지로 화장을 시키니 볼꼴 좋을 수밖에 없었다.

빈손 털다
① 들인 재물이나 노력이 허사로 되어 아무것도 얻은 것이 없이 되다.
② 가지고 있던 것을 몽땅 털어 내다.

뼈도 못 추리다　상대와 싸움의 적수가 안 되어 손실만 보고 전혀 남는 것이 없다.

뼈에 사무치다　원한이나 고통 따위가 뼛속에 파고들 정도로 깊고 강하다.

ㅅ

사람 죽이다
① 너무 힘겨운 경우를 당하여 매우 힘들고 고달프다.
② 사람을 어이없게 만들다.
③ 사람의 마음을 황홀하게 하거나 녹이다.

산통(을) 깨다 다 잘되어 가던 일을 이루지 못하게 뒤틀다.

살을 깎고 뼈를 갈다 몸이 야윌 만큼 몹시 고생하며 애쓰다.

살(을) 붙이다 바탕에 여러 가지를 덧붙여 보태다.

살이 끼다
① 사람이나 물건 따위를 해치는 불길한 기운이 들러붙다.
② 띠앗 없게 하는 기운이 들러붙다.
  참고 띠앗 형제나 자매 사이의 우애심

상투(를) 잡다 (속되게) 가장 높은 시세에 주식을 매입하다.

상투(를) 틀다 총각이 장가들어 어른이 되다.

새가 뜨다 사람 사이의 관계가 벌어져 소원해지다.

생사람(을) 잡다 아무 잘못이나 관계가 없는 사람을 헐뜯거나 죄인으로 몰다.

서리(를) 맞다 권력 따위에 의하여 피해를 입다.

서릿발(을) 이다 머리카락이 하얗게 세다.

최신 **서릿발이 서다**
① 땅거죽에 가늘고 긴 얼음 줄기의 묶음이 생기다.
② 서릿발처럼 준엄하고 매서운 기운이 있다.
  유의어 서릿발(이) 치다

서막을 올리다 어떤 일이 시작되다.
  예 그 집회는 전국적인 환경 운동의 서막을 올린 사건이었다

성(에) 차다 흡족하게 여기다.

소 먹듯 하다 엄청나게 많이 먹다. = 소같이 먹다

속(을) 긁다 남의 속이 뒤집히게 비위를 살살 건드리다.
  예 아침부터 속 긁는 소리를 하는 친구가 미웠다.

최신 **속(을) 차리다**
① 지각 있게 처신하다.
  예 속을 차릴 나이가 되다.
② 자기의 실속을 꾸리다.
  예 남 좋은 일만 하지 말고 이제는 속 좀 차려라.

최신 **속이 마르다**
① 성격이 꼬장꼬장하다.
② 생각하는 것이 답답하고 너그럽지 못하다.

손바닥(을) 뒤집듯
① 태도를 갑자기 또는 노골적으로 바꾸기를 아주 쉽게
② 일하기를 매우 쉽게

손사래(를) 치다 거절이나 부인을 하며 손을 펴서 마구 휘젓다.

손에 걸리다
① 어떤 사람의 손아귀에 잡혀 들다.
② 너무 흔하여 어디나 다 있다.

손에 땀을 쥐다 아슬아슬하여 마음이 조마조마하도록 몹시 애달다.

손(을) 거치다
① 어떤 사람을 경유하다.
② 어떤 사람의 노력으로 손질되다.
  예 무너져 내릴 것같이 허름하던 지붕이 아버지의 손을 거치자 아주 말끔해졌다.

손(을) 끊다 교제나 거래 따위를 중단하다.

최신 **손(을) 맺다** 할 일이 있는데도 아무 일도 안 하고 그냥 있다.

손(을) 벌리다 무엇을 달라고 요구하거나 구걸하다.

손(을) 뻗치다
① 이제까지 하지 아니하던 일까지 활동 범위를 넓히다.
② 적극적인 도움, 요구, 침략, 간섭 따위의 행위가 멀리까지 미치게 하나.

최신 **손이 거칠다**
① 일을 다루는 솜씨가 세밀하지 못하다.
② 도둑질같은 나쁜 손버릇이 있다.

최신 **손이 나다** 어떤 일에서 조금 쉬거나 다른 것을 할 틈이 생기다.

손이 닿다
① 힘이나 능력이 미치다.
② 연결이 되거나 관계가 맺어지다.

최신 **손(이) 뜨다** 일하는 동작이 매우 굼뜨다.

손(이) 맵다
① 손으로 슬쩍 때려도 몹시 아프다.
② 일하는 것이 빈틈없고 매우 야무지다.

손(이) 크다
① 씀씀이가 후하고 크다.

② 수단이 좋고 많다.

수(가) 좋다 수단이 매우 뛰어나다.
예 그는 수가 좋아서 무슨 일이든지 잘한다.

숨(을) 넘기다 숨을 더 이상 쉬지 못하고 죽다.

숨(이) 가쁘다
① 어떤 일이 몹시 힘에 겹거나 급박하다.
② 짓눌리어 매우 답답하다.

숨(이) 막히다
① 숨을 쉴 수 없을 정도로 답답함을 느끼다.
② 어떤 상황이 심한 긴장감이나 압박감을 주다.

쉬파리 끓듯 무질서하고 복잡하게 모여 있는 경우를 비유적으로 이르는 말

시색(이) 좋다 당대에 행세하는 것이 버젓하다.
예 그는 시색이 좋은 선비이다.

시치미(를) 떼다 알고 있으면서도 모르는 척하다.

심장이 크다 겁이 없고 대담하며 통이 크다.

ㅇ

아귀(가) 맞다
① 앞뒤가 빈틈없이 들어맞다.
② 일정한 수량 따위가 들어맞다.

어깨가 올라가다 칭찬을 받거나 하여 기분이 으쓱해지다.

어깨가 움츠러들다 떳떳하지 못하거나 창피하고 부끄러운 기분을 느끼다.

어깨를 겨누다[겨루다/견주다] 서로 비슷한 지위나 힘을 가지다. = 어깨를 나란히 하다

어깨를 들이밀다 어떤 일에 몸을 아끼지 아니하고 뛰어들다.

어깨를 짓누르다 의무나 책임, 제약 따위가 중압감을 주다.

어깨에 힘이 들어가다 거만한 태도를 취하게 되다.

어안이 벙벙하다 뜻밖에 놀랍거나 기막힌 일을 당하여 어리둥절하다.

[최신] **얼굴이 넓다** 사귀어 아는 사람이 많다.

얼굴이 뜨겁다 부끄러운 일을 당하여 남을 대할 면목이 없다.

얼굴이 피다 얼굴에 살이 오르고 화색이 돌다.

연막(을) 치다 어떤 수단을 써서 교묘하게 진의를 숨기다.
예 그는 나를 안심시키려고 연막을 치고 있는 것이 분명했다.

[최신] **오금이 저리다** 공포감 따위에 맥이 풀리고 마음이 졸아들다.

[최신] **오지랖(이) 넓다**
① 쓸데없이 지나치게 아무 일에나 참견하는 면이 있다.
② 염치없이 행동하는 면이 있다.

옹이(가) 지다 마음에 언짢은 감정이 있다.

입에 담다 무엇에 대해 말하다.

입에 대다 음식을 먹거나 마시다.

입에 발리다 남의 비위를 맞추기 위해 아부하다.

입에 침이 마르다 다른 사람이나 물건에 대하여 거듭해서 말하다.

입에 풀칠하다 근근이 살아가다.

입을 덜다 음식을 먹는 사람의 수가 줄다.

입(을) 막다 시끄러운 소리나 자기에게 불리한 말을 하지 못하게 하다.

입(을) 맞추다 서로의 말이 일치하도록 하다.

입(을) 모으다 여러 사람이 같은 의견을 말하다.

입(을) 씻다[닦다] 이익 따위를 혼자 차지하거나 가로채고서는 시치미를 떼다.

입이 귀밑까지 찢어지다[이르다] 기쁘거나 즐거워 입이 크게 벌어지다.

입이 달다 입맛이 당기어 음식이 맛있다.

입이 도끼날 같다 바른말을 매우 날카롭게 거침없이 하다.

입이 떨어지다 입에서 말이 나오다.

기출 핵심개념

[최신] 입이 무겁다 다른 사람의 비밀을 함부로 말하지 않는다.
[유의어] 입이 천 근 같다, 입이 매우 무겁다

입이 (딱) 벌어지다 매우 놀라거나 좋아하다.

입이 짧다 음식을 심하게 가리거나 적게 먹다.

ㅈ

자라목(이) 되다 사물이나 기세 따위가 움츠러들다.

자리를 걷고[털고] 일어나다 아파서 누워 있던 사람이 일어나서 활동하다.

잠귀(가) 엷다[옅다] 웬만한 소리에 잠이 깰 정도로 신경이 예민하다.

장단(이) 맞다 같이 일하는 데에 있어 서로 잘 조화되다.
[예] 그 둘은 근래 들어 장단이 맞아 함께 다니고 있다.

젖비린내가 나다 정신적으로나 육체적으로 성숙하지 못한 태도나 기색을 보이다.

제 눈에 안경 보잘것없는 물건이라도 제 마음에 들면 좋게 보인다는 말

좀이 쑤시다 마음이 들뜨거나 초조하여 가만히 있지 못하다.

주머니(를) 털다
① 가지고 있는 돈을 모두 내놓다.
② 강도질을 하다.

[최신] 주먹으로 물 찧기 일이 매우 쉽다는 말

죽이 맞다 서로 뜻이 맞다.

죽 끓듯 하다 화나 분통 따위의 감정을 참지 못하여 마음속이 부글부글 끓어오르다.

죽도 밥도 안 되다 어중간하여 이것도 저것도 안 되다.

죽을 쑤다 어떤 일을 망치거나 실패하다.

[최신] 죽지가 처지다 기세가 꺾이거나 의기가 없어지다.

줄(을) 대다
① 끊임없이 계속하여 잇대다.
[예] 자욱한 안개 속으로 줄을 대고 선 등불들이 어둠을 밝혔다.

② 자신에게 이익이 될 만한 사람과 관계를 맺다.
[예] 윗사람에게 줄을 댄 사람이 성공하는 사회는 희망이 없다.

지휘봉을 잡다 어떤 무리나 조직의 우두머리가 되다.

쪽박(을) 차다 거지가 되다.

ㅊ

찬물을 끼얹다 잘되어 가고 있는 일에 뛰어들어 분위기를 흐리거나 공연히 트집을 잡아 헤살을 놓다.

찬바람을 일으키다 차갑고 냉담한 태도를 드러내다.

찬밥 더운밥 가리다 어려운 형편에 있으면서 배부른 행동을 하다.

철판을 깔다 체면이나 염치를 돌보지 아니하다.

초로(와) 같다 인생 따위가 덧없다.

치마폭이 넓다 (비꼬는 뜻으로) 남의 일에 쓸데없이 간섭하고 참견하다.

침 발라 놓다 자기 소유임을 표시하다.
[예] 내가 침 발라 놓은 일에 손 댈 생각은 하지 마라.

침(을) 놓다 강하게 알리거나 요구를 나타내면서 꼼짝 못하게 하다.
[예] 선생님은 다시 떠들면 벌을 주겠다고 아이들에게 침을 놓았다.

침(을) 삼키다
① 음식 따위를 몹시 먹고 싶어 하다.
② 자기 소유로 하고자 몹시 탐내다.

ㅋ

[최신] 코가 꿰이다 약점이 잡히다.

[최신] 코가 납작해지다 몹시 무안을 당하거나 기가 죽어 위신이 뚝 떨어지다.

코가 높다 잘난 체하고 뽐내는 기세가 있다.

코(가) 빠지다 근심에 싸여 기가 죽고 활기가 없다.

[최신] 코(가) 세다 남의 말을 잘 듣지 않고 고집이 세다.

코가 솟다 뽐낼 일이 있어 우쭐해지다.

코를 떼다 무안을 당하거나 핀잔을 맞다.

[최신] **코(를) 빠뜨리다** 못 쓰게 만들거나 일을 망치다.

코 묻은 돈 어린아이가 가진 적은 돈

코 아래 입 매우 가까운 것

코 큰 소리 잘난 체하는 소리

콧대를 꺾다 상대방이 세우는 자존심 또는 기를 꺾다.

큰물이 가다 큰비가 내려 강이나 개울의 물이 넘쳐 논밭을 휩쓸고 지나가다.
예 정월 대보름의 망월을 보고 늙은이들은 올해는 큰물이 갈까 보다고 염려하였다.

ㅌ

탈(을) 벗다 거짓으로 꾸민 모습을 버리고 본래의 모습을 드러내다.

탈(을) 쓰다
① 본색이 드러나지 않게 가장하다.
② 생김새나 하는 짓이 누구를 꼭 닮다.

태깔(이) 나다 맵시 있는 태도가 보이다.

토(를) 달다 어떤 말 끝에 그 말에 대하여 덧붙여 말하다.

ㅍ

파김치(가) 되다 몹시 지쳐서 기운이 아주 느른하게 되다.

파리(를) 날리다 영업이나 사업 따위가 잘 안되어 한가하다.

[최신] **팔소매를 걷다** 어떤 일에 뛰어들어 적극적으로 일할 태세를 갖추다.
〔유의어〕 팔을 걷어붙이다

피가 거꾸로 솟다 피가 머리로 모인다는 뜻으로, 매우 흥분한 상태를 비유적으로 이르는 말

피(가) 끓다
① 기분이나 감정 따위가 북받쳐 오르다.
② 젊고 혈기가 왕성하다.

피가 되고 살이 되다 큰 도움이 되다.

피가 마르다 몹시 괴롭거나 애가 타다.

피도 눈물도 없다 조금도 인정이 없다.

피(를) 토하다 격렬한 의분을 터뜨리다.

핏대(를) 세우다[내다 / 돋우다 / 올리다] 목의 핏대에 피가 몰려 얼굴이 붉어지도록 화를 내거나 흥분하다.

ㅎ

하늘 높은 줄 모르다
① 자기의 분수를 모르다.
② 출세 가도를 치달리다.

하늘에 맡기다 운명에 따르다.

하늘을 지붕 삼다
① 한데서 기거하다.
② 정처 없이 떠돌아다니다.

하늘이 노랗다 = 하늘이 캄캄하다
① 지나친 과로나 상심으로 기력이 몹시 쇠하다.
② 큰 충격을 받아 정신이 아찔하다.

하늘이 두 쪽(이) 나도 아무리 큰 어려움이 있더라도

하품만 하고 있다 경기(景氣)가 없거나 할 일이 없다.

학을 떼다 괴롭거나 어려운 상황을 벗어나느라고 진땀을 빼거나, 그것에 거의 질려 버리다.

한 팔을 잃다 도움이 되는 가장 중요한 사람을 잃다.

허리띠를 졸라매다
① 검소한 생활을 하다.
② 마음먹은 일을 이루려고 새로운 결의와 단단한 각오로 일에 임하다.

허리를 잡다 웃음을 참을 수 없어 고꾸라질 듯이 마구 웃다.
예 소녀들은 무엇이 그리 재미있는지 허리를 잡고 웃어 댔다.

허파에 바람 들다 실없이 행동하거나 지나치게 웃어 대다.

혀(가) 굳다 놀라거나 당황하여 말을 잘하지 못하다.
예 그는 무슨 말을 하려 하였지만, 혀가 굳어서 말이 나오지 않을 만큼 놀란 모양이었다.

6. 의미가 통하는 한자 성어와 속담 엮어 외우기

한자 성어	속담	한자 성어	속담
감탄고토(甘呑苦吐)	달면 삼키고 쓰면 뱉는다	최신 순망치한(脣亡齒寒)	입술이 없으면 이가 시리다
고식지계(姑息之計)	언 발에 오줌 누기	십시일반(十匙一飯)	열에 한 술 밥이 한 그릇 푼푼하다 = 열이 어울려 밥 한 그릇
최신 고장난명(孤掌難鳴)	손뼉도 마주쳐야 소리가 난다	아전인수(我田引水)	제 논에 물 대기
교각살우(矯角殺牛)	빈대 잡으려고 초가삼간 태운다 = 뿔을 바로잡으려다가 소를 죽인다	오비삼척(吾鼻三尺)	내 코가 석 자
권불십년(權不十年)	달도 차면 기운다	오비이락(烏飛梨落)	까마귀 날자 배 떨어진다
낭중지추(囊中之錐)	주머니에 들어간 송곳이라	욕속부달(欲速不達)	우물에 가서 숭늉 찾는다
최신 당구풍월(堂狗風月)	서당개 삼 년에 풍월을 읊는다	정저지와(井底之蛙)	우물 안 개구리
최신 당랑거철(螳螂拒轍)	하룻강아지 범 무서운 줄 모른다	조족지혈(鳥足之血)	새 발의 피
동가홍상(同價紅裳)	같은 값이면 다홍치마	최신 종과득과(種瓜得瓜) = 종두득두(種豆得豆)	콩 심은 데 콩 나고 팥 심은 데 팥 난다
득롱망촉(得隴望蜀)	말 타면 경마 잡히고 싶다	주마가편(走馬加鞭)	달리는 말에 채찍질 가는 말에 채찍질
등고자비(登高自卑)	천 리 길도 한 걸음부터	주마간산(走馬看山)	수박 겉핥기
망양보뢰(亡羊補牢)	소 잃고 외양간 고친다	토사구팽(兎死狗烹)	토끼를 다 잡으면 사냥개를 잡아먹는다
목불식정(目不識丁)	가갸 뒷다리도 모른다	표리부동(表裏不同)	겉 다르고 속 다르다
백문불여일견(百聞不如一見)	백 번 듣는 것이 한 번 보는 것만 못하다	최신 풍전등화(風前燈火)	바람 앞의 등불
부화뇌동(附和雷同)	숭어가 뛰니까 망둥이도 뛴다	하석상대(下石上臺)	아랫돌 빼서 윗돌 괴기
사면초가(四面楚歌)	아랫길도 못 가고 윗길도 못 가겠다	호가호위(狐假虎威)	원님 덕에 나팔 분다
삼순구식(三旬九食)	책력 보아 가며 밥 먹는다	최신 화무십일홍(花無十日紅)	열흘 동안 붉은 꽃은 없다
설상가상(雪上加霜)	엎친 데 덮친다(엎친 데 덮치기)	화중지병(畫中之餠)	그림의 떡

개념 확인문제

1 다음 뜻풀이에 해당하는 속담을 〈보기〉에서 고르시오.

보기	
㉠ 마파람에 게 눈 감추듯	㉡ 바람따라 돛을 단다
㉢ 우선 먹기는 곶감이 달다	㉣ 절에 간 색시
㉤ 가지 많은 나무에 바람 잘 날이 없다	㉥ 산이 높아야 골이 깊다
㉦ 끈 떨어진 뒤웅박	㉧ 소 갈 데 말 갈 데 가리지 않는다
㉨ 썩어도 준치	㉩ 밥 위에 떡
㉪ 앉아 주고 서서 받는다	㉫ 처삼촌 뫼에 벌초하듯
㉬ 치장 차리다가 신주 개 물려 보낸다	㉭ 가는 손님은 뒤꼭지가 예쁘다

① 자식을 많이 둔 어버이에게는 근심, 걱정이 끊일 날이 없음을 비유적으로 이르는 말 (   )

② 어떤 목적을 위해서 궂은 데나 험한 데라도 가리지 아니함을 비유적으로 이르는 말 (   )

③ 음식을 매우 빨리 먹어 버리는 모습을 비유적으로 이르는 말 (   )

④ 앞일은 생각해 보지도 아니하고 당장 좋은 것만 취하는 경우를 비유적으로 이르는 말 (   )

⑤ 좋은 일에 더욱 좋은 일이 겹침을 비유적으로 이르는 말 (   )

⑥ 때를 잘 맞추어서 일을 벌여 나가야 성과를 거둘 수 있음을 비유적으로 이르는 말 (   )

⑦ 남이 시키는 대로 따라 하는 사람을 이르는 말 (   )

⑧ 품은 뜻이 높고 커야 품은 포부나 생각도 크고 깊음을 비유적으로 이르는 말 (   )

⑨ 본래 좋고 훌륭한 것은 비록 상해도 그 본질에는 변함이 없음을 비유적으로 이르는 말 (   )

⑩ 의지할 데가 없어 꼼짝을 못 하게 됨을 비유적으로 이르는 말 (   )

⑪ 겉치레만 지나치게 하다가 그만 중요한 것을 잃어버림을 이르는 말 (   )

⑫ 일에 정성을 들이지 아니하고 마지못하여 건성으로 함을 비유적으로 이르는 말 (   )

⑬ 손님 대접하기가 어려운 터에 손님이 속을 알아주어 빨리 돌아가니 고맙게 여긴다는 것을 비유적으로 이르는 말 (   )

⑭ 빌려주기는 쉬우나 돌려받기는 어려움을 비유적으로 이르는 말 (   )

정답 1. ①-㉤, ②-㉧, ③-㉠, ④-㉢, ⑤-㉩, ⑥-㉡, ⑦-㉣, ⑧-㉥, ⑨-㉨, ⑩-㉦, ⑪-㉬, ⑫-㉫, ⑬-㉭, ⑭-㉪

개념 확인문제

2 다음 뜻풀이에 해당하는 한자 성어를 〈보기〉에서 고르시오.

> 보기
> ㉠ 각골난망(刻骨難忘) ㉡ 양두구육(羊頭狗肉) ㉢ 견마지로(犬馬之勞) ㉣ 각주구검(刻舟求劍)
> ㉤ 교각살우(矯角殺牛) ㉥ 한우충동(汗牛充棟) ㉦ 낭중지추(囊中之錐) ㉧ 당랑거철(螳螂拒轍)

① 남에게 입은 은혜가 뼈에 새길 만큼 커서 잊히지 아니함을 이르는 말 (　　　)
② 겉보기만 그럴듯하게 보이고 속은 변변하지 아니함을 이르는 말 (　　　)
③ 제 역량을 생각하지 않고, 강한 상대나 되지 않을 일에 덤벼드는 무모한 행동거지를 비유적으로 이르는 말 (　　　)
④ 재능이 뛰어난 사람은 숨어 있어도 저절로 사람들에게 알려짐을 이르는 말 (　　　)
⑤ 융통성 없이 현실에 맞지 않는 낡은 생각을 고집하는 어리석음을 이르는 말 (　　　)
⑥ 짐으로 실으면 소가 땀을 흘릴 정도로 가지고 있는 책이 매우 많음을 이르는 말 (　　　)
⑦ 윗사람에게 충성을 다하는 자신의 노력을 낮추어 이르는 말 (　　　)
⑧ 잘못된 점을 고치려다가 그 방법이나 정도가 지나쳐 오히려 일을 그르침을 이르는 말 (　　　)

3 다음 (　)에 들어갈 한자 성어를 〈보기〉에서 고르시오.

> 보기
> ㉠ 견강부회(牽強附會)　　　㉡ 전대미문(前代未聞)
> ㉢ 일취월장(日就月將)　　　㉣ 방약무인(傍若無人)
> ㉤ 칠전팔기(七顚八起)　　　㉥ 발본색원(拔本塞源)
> ㉦ 면종복배(面從腹背)　　　㉧ 사필귀정(事必歸正)

① 듣는 사람의 입장은 생각도 하지 않고, (　　　)으로 떠들어 대는구나.
② 그녀는 이 일에서 (　　　)하여 결국 성공했다.
③ 우리 회사에서 이번에 새로 계획한 사업은 (　　　)의 새로운 도전이라 할 만하다.
④ 유흥가에 기생하는 폭력 조직을 (　　　)하기 위해서 수많은 경찰이 투입되었다.
⑤ 그는 자신에게 유리하게 하기 위해 (　　　)하는 것으로 악명이 높다.
⑥ 그가 한번 마음을 먹고 공부에 전념하니 (　　　)이었다.
⑦ 저이는 본성이 교활해서 겉으로만 따르는 척하며 (　　　)를 잘하는 사람이다.
⑧ 세상일이 아무리 엉망이라 해도 참고 기다리면 필연코 (　　　)이 될 거야.

정답
2. ①-㉠, ②-㉡, ③-㉧, ④-㉦, ⑤-㉣, ⑥-㉥, ⑦-㉢, ⑧-㉤
3. ①-㉣, ②-㉤, ③-㉡, ④-㉥, ⑤-㉠, ⑥-㉢, ⑦-㉦, ⑧-㉧

4 다음 뜻풀이에 해당하는 관용구를 〈보기〉에서 고르시오.

보기
㉠ 귀에 못이 박히다 ㉡ 눈 밖에 나다
㉢ 눈이 가매지다 ㉣ 마른 침을 삼키다
㉤ 목에 힘을 주다 ㉥ 발이 길다
㉦ 코를 떼다 ㉧ 탈을 쓰다

① 신임을 잃고 미움을 받게 되다. (   )
② 먹을 복이 있다. (   )
③ 거드름을 피우거나 남을 깔보는 듯한 태도를 취하다. (   )
④ 몹시 기다리다. (   )
⑤ 무안을 당하거나 핀잔을 맞다. (   )
⑥ 같은 말을 여러 번 듣다. (   )
⑦ 몹시 긴장하거나 초조해하다. (   )
⑧ 본색이 드러나지 않게 가장하다. (   )

5 다음 한자 성어와 의미가 비슷한 속담을 연결하시오.

㉠ 고장난명(孤掌難鳴)   ① 겉 다르고 속 다르다
㉡ 낭중지추(囊中之錐)   ② 달리는 말에 채찍질
㉢ 망양보뢰(亡羊補牢)   ③ 소 잃고 외양간 고친다
㉣ 설상가상(雪上加霜)   ④ 손뼉도 마주쳐야 소리가 난다
㉤ 순망치한(脣亡齒寒)   ⑤ 갈수록 태산
㉥ 정저지와(井底之蛙)   ⑥ 우물 안 개구리
㉦ 종두득두(種豆得豆)   ⑦ 콩 심은 데 콩 나고 팥 심은 데 팥 난다
㉧ 주마가편(走馬加鞭)   ⑧ 원님 덕에 나팔 분다
㉨ 표리부동(表裏不同)   ⑨ 입술이 없으면 이가 시리다
㉩ 호가호위(狐假虎威)   ⑩ 주머니에 들어간 송곳이라

정답
4. ①-㉡, ②-㉥, ③-㉤, ④-㉣, ⑤-㉦, ⑥-㉠, ⑦-㉢, ⑧-㉧
5. ㉠-④, ㉡-⑩, ㉢-③, ㉣-⑤, ㉤-⑨, ㉥-⑥, ㉦-⑦, ㉧-②, ㉨-①, ㉩-⑧

개념 적용문제

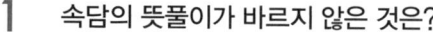
04. 관용 표현 – 속담 / 한자 성어 / 관용구

1 속담의 뜻풀이가 바르지 않은 것은?

① 말 타면 경마 잡히고 싶다 – 사람의 욕심이란 한이 없다는 말
② 자는 범 코침 주기 – 기회가 왔을 때 일을 강행해야 함을 이르는 말
③ 혀 아래 도끼 들었다 – 말을 잘못하면 재앙을 받게 되니 말조심을 하라는 말
④ 개 머루 먹듯 – 내용이 틀리거나 말거나 일을 건성건성 날려서 함을 비유적으로 이르는 말
⑤ 우선 먹기는 곶감이 달다 – 앞일은 생각해 보지도 아니하고 당장 좋은 것만 취하는 경우를 비유적으로 이르는 말

> 문제풀이 ▶ '자는 범 코침 주기'는 '가만히 두었으면 아무 탈이 없을 것을 공연히 건드려 문제를 일으킴을 비유적으로 이르는 말'로, 비슷한 표현으로는 '자는 벌집 건드린다', '자는 호랑이 불침 놓기' 등이 있다.
>
> 정답 | ②

2 다음 중 밑줄 친 한자 성어의 사용이 적절하지 않은 것은?

① 그는 지난번 실패를 거울삼아 권토중래(捲土重來)의 각오를 하였다.
② 운항 정지 처분은 사필귀정(事必歸正)의 결과라고 입을 모으고 있다.
③ 이번 일은 지난 시간 동안 그들이 저지른 일들의 구우일모(九牛一毛)에 지나지 않는다.
④ 정부는 서민들의 고통을 해결해 주는 시늉만 냈을 뿐 실효성 없는 견문발검(見蚊拔劍)의 대책만 내놓았다.
⑤ 그는 자존심이 아주 강한 사람이었지만 모르는 것이 있을 때에는 불치하문(不恥下問)할 줄 아는 사람이었다.

> 문제풀이 ▶ '견문발검(見蚊拔劍)'은 '모기를 보고 칼을 뺀다는 뜻으로, 사소한 일에 크게 성내어 덤빔을 이르는 말'이다. 따라서 문맥상 적절하지 않다. ④의 문맥상 적절한 표현은 '우선 당장 편한 것만을 택하는 꾀나 방법, 한때의 안정을 얻기 위하여 임시로 둘러맞추어 처리하거나 이리저리 주선하여 꾸며 내는 계책'을 이르는 '고식지계(姑息之計)'이다.
> ① '권토중래(捲土重來)'는 '땅을 말아 일으킬 것 같은 기세로 다시 온다는 뜻으로, 한 번 실패하였으나 힘을 회복하여 다시 쳐들어옴을 이르는 말'이다.
> ② '사필귀정(事必歸正)'은 '모든 일은 반드시 바른길로 돌아감'을 의미한다.
> ③ '구우일모(九牛一毛)'는 '아홉 마리의 소 가운데 박힌 하나의 털이란 뜻으로, 매우 많은 것 가운데 극히 적은 수를 이르는 말'이다.
> ⑤ '불치하문(不恥下問)'은 '손아랫사람이나 지위나 학식이 자기만 못한 사람에게 모르는 것을 묻는 일을 부끄러워하지 아니함'을 의미한다.
>
> 정답 | ④

3 밑줄 친 한자 성어와 속담의 연결이 바르지 <u>않은</u> 것은?

① 어차피 하지도 못할 거면서 <u>묘두현령(猫頭懸鈴)</u>하지 마라. − 하룻강아지 범 무서운 줄 모른다.
② 이럴 때 <u>유비무환(有備無患)</u>의 정신이 꼭 필요하다. − 감나무 밑에 누워도 삿갓 미사리를 대어라.
③ 그 사람은 내가 아는 사람 중에 손꼽히는 <u>허장성세(虛張聲勢)</u>하는 사람이다. − 냉수 먹고 이 쑤시기
④ 재난 극복을 위해 국민 모두가 <u>십시일반(十匙一飯)</u>의 마음으로 성금을 내었다. − 울력걸음에 봉충다리
⑤ <u>오비이락(烏飛梨落)</u>으로 하필 그가 어제 외출을 했는데, 그 사달이 난 것이었다. − 까마귀 날자 배 떨어진다.

문제풀이 ▶ '하룻강아지 범 무서운 줄 모른다'는 '당랑거철(螳螂拒轍)'과 통하는 표현이다. '묘두현령(猫頭懸鈴)'은 '고양이 목에 방울 단다는 뜻으로, 실행할 수 없는 헛된 논의를 이르는 말'이다.
② '유비무환(有備無患)'은 '미리 준비가 되어 있으면 걱정할 것이 없음'을 의미한다.
 '감나무 밑에 누워도 삿갓 미사리를 대어라'는 '의당 자기에게 올 기회나 이익이라도 그것을 놓치지 않으려는 노력이 필요함을 이르는 말'이다.
③ '허장성세(虛張聲勢)'는 '실속은 없으면서 큰소리치거나 허세를 부림'을 의미한다.
 '냉수 먹고 이 쑤시기'는 '잘 먹은 체하며 이를 쑤신다는 뜻으로, 실속은 없으면서 무엇이 있는 체함을 이르는 말'이다.
④ '십시일반(十匙一飯)'은 '밥 열 술이 한 그릇이 된다는 뜻으로, 여러 사람이 조금씩 힘을 합하면 한 사람을 돕기 쉬움을 이르는 말'이다.
 '울력걸음에 봉충다리'는 '여러 사람이 함께 걷는 경우에 절름발이도 덩달아 걸을 수 있다는 뜻으로, 여럿이 공동으로 하는 바람에 평소에 못하던 사람도 할 수 있게 됨을 비유적으로 이르는 말'이다.
⑤ '오비이락(烏飛梨落)'은 '까마귀 날자 배 떨어진다는 뜻으로, 아무 관계도 없이 한 일이 공교롭게도 때가 같아 억울하게 의심을 받거나 난처한 위치에 서게 됨을 이르는 말'이다.
 '까마귀 날자 배 떨어진다'는 '아무 관계 없이 한 일이 공교롭게도 때가 같아 어떤 관계가 있는 것처럼 의심을 받게 됨을 비유적으로 이르는 말'이다.

정답 | ①

05 순화어

기출유형 ❶

> 밑줄 친 단어를 순화한 표현으로 적절하지 못한 것은?
> ① 혼자 산다고 홀대(忽待)(→ 푸대접)를 하는 것이냐.
> ② 오빠의 말은 거개(擧皆)(→ 대개)가 과장이었다.
> ③ 식후 가벼운 운동도 혈당 스파이크(血糖 spike)(→혈당 급상승)를 막을 수 있다.
> ④ 우리 회사의 로고송(→ 알림노래)이 여기저기 울려 퍼지고 있다.
> ⑤ 이번 사고는 단순히 시말서(始末書)(→ 경위서) 한 장으로 끝날 일이 아니다.

유형 익히기

순화어에 대한 이해를 평가하는 문항이다. 순화어란 지나치게 어려운 말이나 비규범적인 말, 외래어 따위를 알기 쉽고 규범적인 말 또는 고유어로 순화한 말을 이른다. 순화 대상은 영어·외래어·행정 용어·한자어·일본어 등이다. 따라서 실생활에 주로 쓰이는 순화 대상 어휘와 이에 대한 올바른 순화어를 익히도록 노력해야 한다.

문제풀이

'로고송(logo song)'은 특정 상품, 회사, 개인을 널리 알리는 데 쓰는 노래를 의미하며, '홍보 노래'로 순화한다.
① '홀대(忽待)'는 '소홀히 대접함'이라는 의미로, '푸대접'으로 순화한다.
② '거개(擧皆)'는 '거의 대부분, 대체로 모두'라는 의미로, '거의, 대개'로 순화한다.
③ '혈당 스파이크(血糖 spike)'는 '혈당 급상승'으로 순화한다.
⑤ '시말서(始末書)'는 '잘못을 저지른 사람이 사건의 경위를 자세히 적은 문서'를 의미하며, '경위서'로 순화한다.

정답 | ④

기출 핵심개념   05. 순화어

1. 빈출 순화어

순화 대상어	어원	순화어	의미
가불	假拂	임시 지급	봉급을 정한 날짜 전에 지불함.
가스라이팅	gaslighting	심리(적) 지배	타인의 심리나 상황을 교묘하게 조작해 판단력을 잃게 만들고, 타인에 대한 통제력이나 지배력을 강화하는 행위
갈라쇼	gala show	뒤풀이공연	큰 경기나 공연이 끝나고 나서 축하하여 벌이는 큰 규모의 오락 행사
갭	gap	틈, 차이, 간격	사람과 사람, 집단과 집단, 현상과 현상 사이에 존재하는 의견, 능력, 속성 따위의 차이
갤러리	gallery	그림방, 화랑(畫廊)	미술품을 진열·전시하고 판매하는 장소
~게이트	~gate	~의혹 사건	정치가·정부 관리와 관련된, 비리 의혹에 싸여 있는 사건
계리하다	計理하다	계산하여 정리하다	계산하여 정리하다.
고로케	croquette	크로켓	서양 요리의 하나. 쪄서 으깬 감자와 다져서 기름에 볶은 고기를 섞어 둥글게 모양을 낸 뒤 빵가루를 묻혀서 기름에 튀겨 만듦.
고수부지	高水敷地	둔치	큰물이 날 때만 물에 잠기는 하천 언저리의 터
고참	古參	선임(先任), 선임자	오래전부터 한 직위나 직장 따위에 머물러 있는 사람
구루마	kuruma	수레	수레(바퀴를 달아서 굴러가게 만든 기구)
그라피티	graffiti	길거리그림	길거리 여기저기 벽면에 낙서처럼 그리거나 페인트를 분무기로 내뿜어서 그리는 그림
납득	納得	이해	다른 사람의 말이나 행동, 형편 따위를 잘 알아서 긍정하고 이해함.
내비게이션	navigation	길 도우미, 길 안내기	지도를 보이거나 지름길을 찾아 주어 자동차 운전을 도와주는 장치나 프로그램
네임 밸류	name value	지명도, 명성, 이름값	이름이나 지명도의 가치. 또는 그것을 높게 평가하는 일
노견	路肩	갓길	길의 가장자리
노미네이트	nominate	후보 지명	흔히 '노미네이트되다'라고 표현하는데, 이는 '시상식 따위에서, 어떤 상을 받을 자격이나 가능성이 있는 대상으로 지정되다'라는 뜻을 지님.
노블레스 오블리주	noblesse oblige	지도층 의무	사회 고위층 인사에게 요구되는 높은 수준의 도덕적 의무
노하우	knowhow	비법, 기술, 비결	어떤 일을 오래 함에 따라 자연스럽게 터득한 방법이나 요령
니즈	needs	수요, 바람	필요의 인식으로부터 유발되는 소비자의 욕구
다대기	たたき	다진 양념, 다짐	양념의 하나. 끓는 간장이나 소금물에 마늘, 생강 따위를 다져 넣고 고춧가루를 뿌려 끓인 다음, 기름을 쳐서 볶은 것으로, 얼큰한 맛을 내는 데 쓴다.
다크서클	dark circle	눈그늘	눈 아랫부분이 거무스름하게 그늘져 보이는 현상
더치페이	Dutch pay	각자 내기	비용을 각자 부담하는 일
데뷔	début	등장, 등단	일정한 활동 분야에 처음으로 등장함.

기출 핵심개념

순화 대상어	어원	순화어	의미
데생	dessin	소묘	주로 선에 의하여 어떤 이미지를 그려 내는 기술. 또는 그런 작품
도비라	とびら	속표지	책의 안 겉장. 속표지
드레싱	dressing	상처치료, 상처치료약	상처를 치료하는 일. 또는 그런 약품
디스카운트	discount	에누리, 할인	물건값의 얼마 또는 몇 퍼센트를 낮추는 일
디엠(DM)	DM(Direct Mail)	우편 광고물	상품을 효과적으로 선전하기 위하여 편지나 광고 전단 따위의 인쇄물을 특정인들에게 우편으로 보내는 일. 또는 그런 인쇄물을 가리킴.
라운지	lounge	휴게실	호텔이나 극장, 공항 따위에서 잠시 쉬어 갈 수 있는 곳이나 만남의 장소
랜드마크	landmark	마루지, 상징물	어떤 지역을 대표하거나 구별하게 하는 표지
러브 라인	love line	사랑 구도	영화, 드라마, 소설 따위에서 등장인물 사이에 사랑이 싹트거나 진행되는 과정. 또는 그런 분위기
최신 레시피	recipe	조리법	조리 용어의 하나. '음식 만드는 방법'을 이른다.
레자	レザー	인조 가죽	인공적으로 만든 가죽
레트로	retro	복고풍	과거의 모양, 정치, 사상, 제도, 풍습 따위로 돌아가거나 그것을 본보기로 삼아 그대로 좇아 하려는 것을 통틀어 이르는 말
렌트 푸어	rent poor	세입 빈곤층	소득의 대부분을 전세나 월세를 치르는 데 쓰느라 경제적인 여유 없이 사는 사람들
로고송	logo song	홍보 노래	특정 상품, 회사, 개인의 상징적 이미지를 심어 주고 널리 알리기 위하여 사용하는 노래
최신 로드킬	road kill	동물 찻길 사고	야생 동물이 주로 도로에 뛰어들어 자동차 따위에 치여 목숨을 잃는 일
로하스(LOHAS)	Lifestyle Of Health And Sustainability	친환경살이	건강과 환경의 지속 가능성을 생각하고 실천하는 생활 방식
론칭쇼	launching show	신제품 발표회	신제품을 만들어 시장에 내놓기 전에 대중에게 선보이는 행사
롤 모델	role model	본보기상	존경하며 본받고 싶도록 모범이 될 만한 사람 또는 자기의 직업, 업무, 임무, 역할 따위의 본보기가 되는 대상을 이르는 말
리메이크	remake	(원작) 재구성	예전에 있던 영화, 음악, 드라마 따위를 새롭게 다시 만드는 것
리얼 버라이어티	real variety	생생 예능	짜인 각본대로만 하지 않고 출연자들을 다양한 상황 속에 놓이게 하여 아주 자연스러운 대사나 행동이 진행되는 연예 오락 프로그램의 한 장르
최신 리콜	recall	결함 보상(제)	어떤 상품에 결함이 있을 때 생산 기업에서 그 상품을 회수하여 점검·교환·수리하여 주는 제도
최신 리퍼브	refurbished	손질 상품	불량 제품, 매장에서 전시되었던 제품, 소비자의 변심으로 반품된 제품 등을 다시 손질하여 소비자에게 정품보다 싸게 파는 것을 가리킴.
마일리지	mileage	이용 실적 점수	회원의 이용 실적을 적립하기 위한 방법으로 손님의 이용 실적을 적립하여 돌려주는 여러 가지 혜택
마스터 플랜	master plan	종합 계획, 기본 계획	기본이 되는 계획. 또는 그런 설계
만전을 기하다	萬全-	빈틈없이 하다, 틀림없이 하다	만전(萬全): 조금도 허술함이 없이 아주 완전함.
망년회	忘年會	송년 모임, 송년회	연말에 한 해를 보내며 그해의 온갖 괴로움을 잊자는 뜻으로 베푸는 모임
매점	買占	사재기	물건값이 오를 것을 예상하고 폭리를 얻기 위하여 물건을 몰아서 사들임.

순화 대상어	어원	순화어	의미
머스트 해브	must have	필수품	'머스트 해브'는 필수로 가져야 할 물건이나 제품을 가리키는 외래어 '머스트 해브 아이템'의 줄인 말. 반드시 필요한 물건을 의미함.
멀티탭	multi-tap	모둠전원꽂이	여러 개의 플러그를 꽂을 수 있게 만든 이동식 콘센트
메세나	Mecenat	문예 후원	특별한 대가를 바라지 않고 문화 예술 활동을 지원하는 기업이나 개인, 또는 그러한 활동을 이르는 말로 기본적으로 문화 예술 활동을 뒤에서 도와주는 일을 가리킴.
메신저	messenger	쪽지창	인터넷에서 실시간으로 문자와 자료를 주고받을 수 있는 프로그램
멘토	mentor	(인생) 길잡이, (담당) 지도자	풍부한 경험과 지식으로 지도나 조언을 하여 도움을 주는 사람
무데뽀	muteppô [無鐵砲/無手法]	막무가내	일의 앞뒤를 잘 헤아려 깊이 생각하는 신중함이 없음을 속되게 이르는 말
무빙워크	moving side walk	자동길	사람이나 화물이 자동적으로 이동되도록 만든 길 모양의 장치
미션	mission	(중요) 임무	보통 '목표/목적', '임무/과업/의무', '중요한 일' 따위의 뜻으로 쓰임.
최신 밀키트	meal kit	바로 요리 세트	요리에 필요한 손질된 식재료와 딱 맞는 양의 양념, 조리법을 묶음으로 구성해 제공하는 제품
바께쓰	バケツ	양동이, 들통	한 손으로 들 수 있도록 손잡이를 단 통
바리스타	barista	커피 전문가	커피에 대한 높은 수준의 지식과 다양한 경험을 지니고 즉석에서 커피를 만드는 전문가
바우처 제도	voucher 제도(制度)	상품권 제도 (이용권 제도)	일반 국민의 복지 증진을 위하여 주로 하위 계층의 소비자(수요자)에게 정부가 보증하는 증표나 서비스 이용권을 지급하여 어떤 특정한 재화나 서비스 등을 좀 더 싸고 편리하게 소비하거나 이용할 수 있게 하는 제도
바이어	buyer	구매자, 구매상	다른 나라의 물품을 사들여 오는 장사. 또는 그런 상인
최신 발레파킹	valet parking	대리 주차	백화점, 음식점, 호텔 따위의 주차장에서 주차 요원이 손님의 차를 대신 주차하여 줌. 또는 그러한 일
베테랑	vétéran	숙련자, 노련자	어떤 분야에 오랫동안 종사하여 기술이 뛰어나거나 노련한 사람
벤치마킹	bench-marking	본따르기	경쟁업체의 경영 방식을 면밀히 분석하여 경쟁업체를 따라잡음. 또는 그런 전략
벤치 클리어링	bench-clearing	몸싸움, 집단 몸싸움, 선수단 몸싸움	야구나 아이스하키 등의 스포츠 경기 도중 선수들 사이에 싸움이 벌어졌을 때, 양 팀 선수들이 모두 벤치를 비우고 싸움에 동참하는 행동
별첨	別添	따로 붙임	서류 따위를 따로 덧붙임.
보이스피싱	voice phishing	(음성) 사기 전화	음성(voice)과 개인 정보(private data), 낚시(fishing)를 합성한 용어로, '전화를 통해 불법적으로 개인 정보를 빼내서 범죄에 사용하는 범죄'를 가리켜 이르는 말
북 마스터	book master	책 길잡이	사람들에게 좋은 책을 골라 주는 것과 같이 도서나 독서와 관련된 정보를 알려 주는 일을 전문으로 하는 사람
북카페	book café	책 카페	서점 카페
최신 뷰파인더	viewfinder	보기창	카메라에서 눈을 대고 피사체를 보는 부분. 촬영할 사진의 구도나 초점 상태를 미리 볼 수 있도록 한 창을 가리켜 이르는 말
브랜드 파워	brand power	상표 경쟁력	기업체의 상표가 가지는 힘을 뜻함.
블랙컨슈머	black consumer	악덕 소비자	'구매한 상품을 문제 삼아 피해를 본 것처럼 꾸며 악의적 민원을 제기하거나 보상을 요구하는 소비자'를 이르는 말

기출 핵심개념

순화 대상어	어원	순화어	의미
블루오션	blue ocean	대안 시장	경쟁이 치열한 기존의 시장을 대체하는 새로운 시장을 가리키는 말
사시미	sashimi[刺身]	생선회	싱싱한 생선 살을 얇게 저며서 간장이나 초고추장에 찍어 먹는 음식
샘플러	sampler	맛보기묶음	미리 경험할 수 있도록 대표적인 것 몇몇을 따로 골라서 모아 놓은 것
선루프	sunroof	지붕창	바깥의 빛이나 공기가 차 안으로 들어오도록 조절할 수 있는 승용차의 지붕
선팅	sunting	빛가림	햇빛이 들어오지 못하도록 유리창 겉면에 수지 따위의 얇은 막을 입히는 일
성수기	盛需期	한창 쓰이는 철, 한철	상품이나 서비스의 수요가 많은 시기
세꼬시	せごし	뼈째회	작은 생선을 손질하여 통째로 잘게 썰어낸 생선회
소셜 네트워크 서비스(SNS)	Social Network Service	누리 소통망 (서비스)	온라인에서 인적 관계망 형성과 소통을 도와주는 서비스
소셜 커머스	social commerce	공동 할인 구매	누리소통망서비스(소셜 네트워크 서비스, SNS)를 이용한 전자 상거래의 일종
소정 양식	所定樣式	규정 서식, 정해진 양식	정해진 양식 또는 서식
수순	手順	순서, 절차, 차례	정하여진 기준에서 말하는 전후, 좌우, 상하 따위의 차례 관계
수하물	手荷物	손짐	손에 간편하게 들고 다닐 수 있는 짐
스크린 도어 〔최신〕	screen door	안전문	승강장과 전동차가 다니는 선로 사이를 차단하는 문. 승객이 선로에 떨어지는 사고를 방지하고 승강장 환경을 개선하고 에너지를 절감하기 위한 시설
스토리텔링	storytelling	이야기하기	'스토리(story)+텔링(telling)'의 합성어
스펙	spec	공인자격	직장을 구하는 사람들 사이에서, 학력·학점·토익 점수 따위를 합한 것을 이르는 말
시건장치	施鍵裝置	잠금장치	문 따위를 잠그는 장치
시말서	始末書	경위서	잘못을 저지른 사람이 사건의 경위를 자세히 적은 문서
아나고	穴子	붕장어	붕장어과의 바닷물고기
아카이브 〔최신〕	archive	자료 보관소, 자료 전산화	파일 전송을 위한 백업, 보관 등의 목적으로 한곳에 모아 둔 파일의 집합
언택트	untact	비대면	사람을 직접 만나지 않고 물품을 구매하거나 서비스 따위를 받는 일
에티켓	étiquette	예의, 예절, 품위	사교상의 마음가짐이나 몸가짐
역할	役割	구실, 소임, 할 일	자기가 마땅히 하여야 할 맡은 바 직책이나 임무
오픈 마켓 〔최신〕	open market	열린 장터	인터넷에서 판매자와 구매자를 직접 연결하여 자유롭게 물건을 사고팔 수 있는 곳
옵서버	observer	참관인	회의 따위에서 특별히 출석이 허용된 사람. 발언권은 있으나 의결권이나 발의권이 없어 정식 구성원으로는 인정되지 않음.
원샷	one shot	한입털이	술이나 음료 따위의 한 잔을 한 번에 모두 마셔서 비움.
웰에이징	well-aging	건강 노년맞이	노후를 자연스러운 과정으로 받아들이고 몸과 마음의 건강을 추구하며 나이 드는 것
웹서핑	web surfing	누리 검색	인터넷을 통해 여러 웹 사이트를 둘러보는 일을 서핑에 비유하여 이르는 말

순화 대상어	어원	순화어	의미
익월	翌月	다음 달	일정한 달을 기준으로 하여 그달 뒤에 돌아오는 달. 이달의 바로 다음 달
익일	翌日	이튿날, 다음날	어느 날 뒤에 오는 날
인센티브	incentive	성과급, 유인책, 특전	어떤 행동을 하도록 사람을 부추기는 것을 목적으로 하는 자극
인프라	infrastructure	기반 구조	생산이나 생활의 기반을 형성하는 중요한 구조물
잉꼬부부 (최신)	鸚哥夫婦	원앙 부부	다정하고 금실이 좋은 부부를 비유적으로 이르는 말
장르	genre	분야, 갈래	문예 양식의 갈래. 특히 문학에서는 서정, 서사, 극 또는 시, 소설, 희곡, 수필, 평론 따위로 나눈 기본형을 이른다.
저널	journal	언론	정기적으로 간행되는 신문이나 잡지
제로 베이스	zero base	백지상태, 원점	어떠한 대상에 대하여 아무것도 모르는 상태. 시작이 되는 출발점
지라시(찌라시)	散, ちらし	선전지, 낱장 광고	선전을 위해 만든 종이 쪽지
칼럼	column	기고란, 시사 평론	신문, 잡지 따위의 특별 기고. 또는 그 기고란. 주로 시사, 사회, 풍속 따위에 관하여 짧게 평을 함.
캐스팅 보트	casting vote	결정권, 결정표	가부(可否)가 동수(同數)일 때 행하는 의장의 결정 투표. 의회에서 두 정당의 세력이 비슷할 때 그 승패를 결정하는 제3당의 투표
커뮤니티 맵	community map	마을지도	도시 지도
커플룩	couple look	짝 차림	커플이 되었음을 기념하거나 이를 남들에게 보이기 위하여, 비슷한 디자인으로 맞추어 입는 옷으로, '커플'을 순화하여 '짝'으로 표현함.
컨트롤 타워	control tower	통제탑, 지휘 본부	일의 전체 과정에서 중심적인 역할을 하는 사람이나 조직
콤비(네이션)	combination	짝	어떤 일을 하기 위하여 두 사람이 짝을 이루는 일. 또는 그 두 사람
콤플렉스	complex	열등감, 욕구 불만, 강박 관념	현실적인 행동이나 지각에 영향을 미치는 무의식의 감정적 관념
트레이드마크	trademark	등록 상표, 상표	자기가 만든 상품의 특징이나 특성을 타인의 재화와 구별되도록 나타낸 표시나 상징적 그림
패셔니스타	fashionista	맵시꾼	뛰어난 패션 감각과 심미안으로 대중의 선망을 받으며 유행을 선도하는 사람
패키지 상품	package 상품	꾸러미 상품	여러 연관성 있는 상품들을 하나의 꾸러미로 묶어서 판매하는 상품
풀옵션	full option	모두갖춤	승용차, 주택, 여행 상품, 장비 따위에 추가될 수 있는 장치를 모두 갖춘 것
플래카드	placard	현수막	긴 천에 표어 따위를 적어 양쪽을 장대에 매어 높이 들거나 길 위에 달아 놓은 표지물
피처링	featuring	돋움 연주	다른 가수의 노래나 연주가의 연주에 참여하여 일부분을 맡아 도와주는 일. 주로 대중음악 분야에서, '어떤 악기를 중심으로 한 노래나 음악에서 특별한 인상을 주도록 노래하거나 연주하는 일'을 가리키는 말
핫이슈	hot issue	주요 쟁점	주된 논점이나 관심사
호창	呼唱	부름	큰 소리로 부름.
히든카드	hidden card	숨긴 패, 비책	남에게 보여 주지 아니하는 카드라는 뜻으로, 상대가 예측하지 못하도록 숨겨 둔 비장의 수
힐링	healing	치유	육체의 피로·고민·괴로움 등을 푸는 것

2. 예문으로 보는 기출 순화어

가두(街頭) ➡ **길거리**
예 경찰은 시위대가 길거리로 진출하는 것을 막았다.

가드레일(guardrail) ➡ **보호 난간**
① 열차 운행 때 바퀴의 탈선 따위를 막기 위하여 본선 레일의 안쪽 또는 바깥쪽에 깔아 놓은 보조 레일
② 도로에서, 차의 사고 방지를 위하여 차도와 인도 사이에 쳐 놓은 철책이나 시설물
예 오늘 낮 고속 도로 상행선에서 승용차가 보호 난간을 들이받아 두 명이 중상을 입는 사고가 있었다.

최신 가료(加療) ➡ **치료, 고침, 병 고침**
예 병을 고치는 치료 개념의 보양 온천

가오(かお) ➡ **체면**
예 후배들 앞에서 체면 구기는 일은 하지 않는다.

가탁(假託)하다 ➡ **거짓 핑계를 대다**
예 그는 국내에서 열리는 회의 출석으로 거짓 핑계를 대고 국내에 들어왔다.

간선 도로(幹線 道路) ➡ **주요 도로, 중심 도로**
원줄기가 되는 주요한 도로
예 말하자면 지도 속에서나 볼 수 있는 길을 따라 서해안과 남해안의 가장 큰 중심 도로를 따라 줄곧 달려온 것이었다.

최신 간헐적(間歇的) ➡ **이따금**
예 심심할 때면 이따금 산에 올라간다.

감안(勘案) ➡ **고려, 생각, 참작**
여러 사정을 참고하여 생각함.
예 대인 관계와 업무 능력이 참작된다면 이번 승진에서 그가 빠질 리가 없다.

견양(見樣) ➡ **본보기, 서식**
예 한국은 어려움을 딛고 선진국에 진입했다는 점에서 아프리카 국가에 본보기가 된다.

계류하다(繫留하다) ➡ **매어 두다, 붙들어 매다**
예 회의에서 그 안건은 다음 주까지 붙잡아 두기로 했다.

고참(古參) ➡ **선임, 선참**
오래전부터 한 직위나 직장 따위에 머물러 있는 사람
예 그는 나이는 어리지만 입사 연도로 따지면 우리 부서에서 가장 선임이다.

곤조(根性, こんじょう) ➡ **근성(根性)**
예 박씨의 아부하는 행동은 마치 마지막 근성이라도 발휘하는 듯했다.

공지(空地) ➡ **빈터, 빈 땅**
도시에서 시민의 보건이나 안녕을 위하여 일부러 남겨 놓은 일정한 터
예 농업이 위축되면서 많은 경작지가 빈터로 변하고 있는 것이 오늘의 농촌 현실이다.

글로벌 스탠더드(global standard) ➡ **국제 기준**
예 국제 기준에 맞는 정책 수립이 필요하다.

최신 나대지(裸垈地) ➡ **빈 집터**
지상에 건축물이나 구축물이 없는 대지
예 시에서는 주택가 근처의 빈 집터를 공원으로 조성하기로 했다.

납득(納得) ➡ **이해**
다른 사람의 말이나 행동, 형편 따위를 잘 알아서 긍정하고 이해함.
예 그는 간혹 이해가 안 가는 행동을 한다.

노가다(土方, どかた) ➡ **막일꾼, 노동자, 일꾼**
① 행동과 성질이 거칠고 불량한 사람을 속되게 이르는 말
② 막일을 하는 것을 직업으로 하는 사람
예 그는 한동안 막일꾼으로 생활하며 생계를 이어 나갔다.

노견(路肩) ➡ **갓길**
고속 도로나 자동차 전용 도로 따위에서 자동차가 달리는 도로 폭 밖의 가장자리 길
예 고장이 난 차 한 대가 갓길에 서서 견인차를 기다리고 있다.

노변(路邊) ➡ **길가**
길의 양쪽 가장자리
예 사람들이 길가에 서 있다.

뉘앙스(nuance) ➡ **어감, 느낌, 말맛**
주로 말투나 표현의 차이에 의해 달라지는 섬세한 느낌이나 분위기
예 시에서 시어의 선택은 어감의 차이까지 고려하여 신중하게 이루어진다.

다대기(たたき) ➡ **다진 양념, 다짐**
양념의 하나. 끓는 간장이나 소금물에 마늘, 생강 따위를 다져 넣고 고춧가루를 뿌려 끓인 다음, 기름을 쳐서 볶은 것으로, 얼큰한 맛을 내는 데 씀.

예 감자탕에 다진 양념 좀 많이 넣어 주세요.

다라이(たらい) ➡ 대야, 큰 대야, 함지박
예 우리 집 빨간 대야에는 늘 비상시에 쓸 쌀이 담겨 있었다.

다마네기(たまねぎ) ➡ 양파

답신(答申) ➡ 대답
예 자문한 행정 기관장에게 대답을 하였다.

데드라인(deadline) ➡ 마감
신문, 잡지 따위에서 원고를 마감하는 시간
예 이 달 마감을 넘기다.

데뷔(début) ➡ 등단, 등장, 첫등장, 첫무대, 첫등단
일정한 활동 분야에 처음으로 등장함.
예 등단 후 첫 번째 독주회를 열다.

도합(都合) ➡ 합계, 모두
모두 합한 셈
예 운동장에 있던 아이들은 모두 일곱 명이다.

[최신] 디지털 디톡스(digital detox) ➡ 디지털 거리 두기
예 과도한 스마트폰 사용을 줄이기 위해 디지털 거리 두기를 실천하는 사람들이 늘고 있다.

[최신] 로드 맵(road map) ➡ (단계별) 이행안
어떤 일을 추진하기 위해 필요한 목표, 기준 등을 담아 만든 종합적인 계획
예 정부는 신공항 개발 (단계별) 이행안을 발표하였다.

로케(location) ➡ 현지 촬영
촬영소 밖의 실제 경치를 배경으로 하는 촬영
예 이번 드라마는 캐나다 현지 촬영이 주를 이루었다.

르포(reportage) ➡ 현장 보고, 현장 보고서, 보고 기사
방송·신문·잡지 따위에서, 현지 보고나 보고 기사를 이르는 말
예 요즘 현장 보고 방송들을 보면 너무 사실적으로 묘사를 해서 모방 범죄가 우려된다.

리스크(risk) ➡ 위험
해로움이나 손실이 생길 우려가 있음. 또는 그런 상태
예 그들은 위험을 무릅쓰고 물에 빠진 아이를 구했다.

[최신] 리클라이너(recliner) ➡ 각도 조절 의자
등받이나 발받침의 각도를 자유롭게 조절할 수 있는 안락의자
예 나는 각도 조절 의자를 자주 이용한다.

맞트레이드(맞-trade) ➡ 맞교환
두 프로 팀이 서로 선수를 맞교환하는 일
예 그는 맞교환을 해서 우리 구단으로 온 선수이다.

머니 론더링(money laundering) ➡ 돈세탁
기업의 비자금이나 범죄, 탈세, 뇌물 따위와 관련된 정당하지 못한 돈을 여러 가지 방법으로 정당한 돈처럼 탈바꿈하여 자금 출처의 추적을 어렵게 하는 일
예 기업의 비자금은 돈세탁을 거쳐 정치 자금으로 흘러 들어갔다.

[최신] 메디컬 푸어(medical poor) ➡ 의료 빈곤층
예 의료 빈곤층이 늘어나면서 치료를 미루는 사람들이 많아지고 있다.

무데뽀(muteppô) ➡ 막무가내
일의 앞뒤를 잘 헤아려 깊이 생각하는 신중함이 없음.
예 아무리 말려도 막무가내로 덤벼든다.

무주(無主)의 ➡ 주인 없는
예 주인 없는 땅은 으레 마을 사람들의 공지로 사용하고 있었다.

발레파킹(valet parking) ➡ 대리주차
백화점, 음식점, 호텔 따위의 주차장에서 주차 요원이 손님의 차를 대신 주차하여 줌. 또는 그러한 일
예 이들 주차 도우미는 영업시간 내내 주차장에 상주하면서 차를 몰고 오는 고객들에게 대리주차 서비스를 제공하고 있다.

버킷 리스트(bucket list) ➡ 소망 목록
죽기 전에 꼭 해야 할 일이나 꼭 하고 싶은 일을 적은 목록을 이르는 말
예 새해가 되면 많은 사람이 소망 목록을 만들고 실천하려고 한다.

보합세(保合勢) ➡ 멈춤세, 주춤세
거의 변동 없이 그대로 유지되는 시세
예 수출이 올해 들어 거의 멈춤세로 돌아섰다.

부락(部落) ➡ 마을
시골에서 여러 민가(民家)가 모여 이룬 마을. 또는 그 마을을 이룬 곳
예 그들은 어릴 적부터 한 마을에 살아 잘 아는 사이다.

[최신] 불입(佛入)하다 ➡ 내다, 납입하다
예 월부금을 판매 회사에 내다.

붐(boom) ➡ (대)성황, 대유행
어떤 사회 현상이 갑작스레 유행하거나 번성하는 일
예 공연은 대성황으로 발 디딜 틈조차 없었다.

기출 핵심개념

사보타주(sabotage) ➡ **태업**
① 일이나 공부 따위를 게을리함.
예 우리는 그동안의 태업을 반성하고 일에 박차를 가했다.
② 노동 쟁의 행위의 하나. 겉으로는 일을 하지만 의도적으로 일을 게을리함으로써 사용자에게 손해를 주는 방법이다.
예 노동자들이 태업을 중단하고 조업을 재개하였다.

사술(詐術) ➡ **속임수**
예 이런 얄팍한 속임수를 곧이곧대로 신용할 사람은 아무도 없었다.

산입(算入)하다 ➡ **포함하다**
예 산전 산후 휴가는 연가에 포함되지 않는다.

샘플(sample) ➡ **본보기, 표본**
예 그는 새로 개발한 상품의 표본을 사장에게 제출하였다.

센티하다(sentimental) ➡ **감상적이다**
예 추억은 감상적인 기분을 불러일으킨다.

소보로빵(そぼろ) ➡ **곰보빵**
예 우리 아들은 곰보빵을 유독 좋아한다.

쇼부(しょうぶ) ➡ **승부, 흥정**
예 김 사장과 이번 납품 대금 할인 폭을 흥정하기로 했다.

수순(手順) ➡ **순서, 절차, 차례**
① 정하여진 기준에서 말하는 전후, 좌우, 상하 따위의 차례 관계
예 키 순서로 줄을 서다.
② 순서 있게 구분하여 벌여 나가는 관계. 또는 그 구분에 따라 각각에게 돌아오는 기회
예 차례대로 차에 오르다.

수피(樹皮) ➡ **나무 껍질**
예 그의 손은 나무 껍질처럼 거칠었다.

스캔들(scandal) ➡ **좋지 못한 소문, 추문**
매우 충격적이고 부도덕한 사건. 또는 불명예스러운 평판이나 소문
예 항간에 떠돌던 모 의원에 대한 추문이 사실로 밝혀졌다.

슬로건(slogan) ➡ **표어, 강령, 구호**
예 학교에서는 '친절한 말 한마디'라는 표어 아래 인성교육을 진행하고 있다.

최신 시건장치(施鍵裝置) ➡ **잠금장치**
예 사무실에 새로 설치한 잠금장치

신드롬(syndrome) ➡ **증후군**
어떤 것을 좋아하는 현상이 전염병과 같이 전체를 휩쓸게 되는 현상
예 증후군을 몰고 오다.

아웃소싱(outsourcing) ➡ **외부 용역, 외주, 위탁**
기업이나 조직에서 업무의 일부분을 외부 전문 기관에 위탁하는 일
예 이번 디자인 도안은 외주를 맡겨야겠다.

최신 앙꼬(あんこ) ➡ **팥소**
떡이나 빵의 안에 든 팥
예 이번 추석에는 어머니께서 팥소를 넣어서 송편을 만드셨다.

최신 어젠다(agenda) ➡ **의제**
모여서 서로 의논하거나 연구할 사항이나 주제
예 환경부의 의제가 국무 회의에 상정되었다.

최신 언론 플레이(言論 play) ➡ **여론몰이**
예 요즘 신문사들의 여론몰이는 너무 이상해 보여.

최신 오티티(OTT) ➡ **인터넷 동영상 서비스**
개방된 인터넷을 통하여 방송 프로그램, 영화 등 미디어 콘텐츠를 제공하는 서비스
예 요즘 인기 있는 '영광'이라는 드라마는 인터넷 동영상 서비스를 통해 시청할 수 있다.

옵서버(observer) ➡ **참관인**
회의 따위에서 특별히 출석이 허용된 사람
예 회의에 참관인의 자격으로는 들어올 수 있지만 토론에 참여할 수는 없다.

요추(腰椎) ➡ **허리등뼈**
예 허리등뼈 윗부분이 아파서 병원에 가려 한다.

유도리(ゆとり) ➡ **융통성, 여유**
그때그때의 사정과 형편을 보아 일을 처리하는 재주. 또는 일의 형편에 따라 적절하게 처리하는 재주
예 융통성이 없는 사람

최신 은닉(隱匿)하다 ➡ **감추다, 숨기다**
남의 물건이나 범죄인을 감춤.
예 수배자를 숨겨 준 사람은 처벌 대상이 된다.

인저리 타임(injury time) ➡ **추가시간**
예 그는 후반전이 끝나기 직전에 교체 선수로 투입돼 추가시간에 골을 터뜨렸다.

인터체인지(interchange) ➡ **나들목**
예 도심으로 들어오는 나들목의 정체가 심하다.

일부인(日附印) ➡ **날짜 도장**
예 서류 제출일을 확인하기 위해 날짜 도장을 꼭 찍어야 합니다.

최신 잔반(殘飯) ➡ **남은 밥, 음식 찌꺼기**
예 식당에서 나오는 음식 찌꺼기를 돼지 사료로 이용했다.

제로 베이스(zero base) ➡ **백지상태, 원점**
어떠한 대상에 대하여 아무것도 모르는 상태. 시작이 되는 출발점
예 그는 타원형 트랙을 돌아 다시 출발의 원점에 서게 되었다.

진의(眞意) ➡ **참뜻**
속에 품고 있는 참뜻. 또는 진짜 의도
예 선생님의 참뜻을 이제야 알겠습니다.

착수(着手)하다 ➡ **시작하다**
어떤 일에 손을 대다. 또는 어떤 일을 시작하다.
예 검찰이 사실 확인을 시작하였다.

최신 취부하다(取付하다) ➡ **부착하다**
예 차도변 전주에는 위험표지판을 부착해야 한다.

캐릭터(character) ➡ **개성, 특성**
다른 사람이나 개체와 구별되는 고유의 특성
예 현대사회에서는 개개인의 개성이 중시된다.

커버(cover) ➡ **덮개**
예 자동차 덮개를 씌우다.

쿠사리(腐[kusa]ri) ➡ **면박, 핀잔**
맞대어 놓고 언짢게 꾸짖거나 비꼬아 꾸짖는 일
예 엄마에게 투정 부리다가 핀잔을 들었다.

크레인(crane) ➡ **기중기**
무거운 물건을 들어 올려 아래위나 수평으로 이동시키는 기계
예 대형 기중기가 컨테이너 화물을 옮기고 있다.

최신 케어 푸드(care food) ➡ **돌봄 음식**
예 병원에서는 환자의 상태에 맞춘 맞춤형 돌봄 음식을 준비하고 있다.

최신 쿠키 영상(cookie-映像) ➡ **부록 영상**
예 영화가 끝난 뒤, 부록 영상에서 등장인물의 뒷이야기가 이어졌다.

타입(type) ➡ **모양, 유형**
어떤 부류의 형식이나 형태
예 그는 말수는 적지만 성실한 유형의 사람이다.

탈거(脫去) ➡ **벗김**
껍데기나 껍질 따위를 벗기거나 벗음.
예 호랑이의 가죽을 벗김.

트렌드(trend) ➡ **경향, 유행**
① 현상이나 사상, 행동 따위가 어떤 방향으로 기울어짐.
예 새로운 패션 사업에서의 경향을 잘 파악해야 한다.
② 특정한 행동 양식이나 사상 따위가 일시적으로 많은 사람의 추종을 받아서 널리 퍼짐.
예 짧은 교복 치마가 여고생들 사이에서 유행으로 퍼지고 있다.

팁(tip) ➡ **도움말, 봉사료**
① 말로 거들거나 깨우쳐 주어서 도움을 주는 말
예 그 시험을 치르는 데 꼭 필요한 도움말이 이 책에 있다.
② 남을 위하여 일하거나 애쓴 수고로 받거나 주는 대가
예 하루 종일 시중 든 대가로 5만 원의 봉사료를 받았다.

팝업 창(pop-up 窓) ➡ **알림창**
특정 웹사이트에서 어떠한 내용을 표시하기 위해 새롭게 생성되는 창
예 알림창을 통해 이번 행사에 관한 소식을 알 수 있었다.

플랫 슈즈(flat shoes) ➡ **납작구두**
굽이 매우 낮아 뒤축이 평평한 신발
예 이 납작구두는 착화감이 좋다.

필터(filter) ➡ **여과지, 여과기, 거르개**
액체나 기체 속의 이물질을 걸러 내는 장치
예 여과지로 불순물을 걸러 내다.

하명(下命) ➡ **명령, 지시**
① 윗사람이나 상위 조직이 아랫사람이나 하위 조직에 무엇을 하게 함. 또는 그런 내용
예 늦잠을 자고 일어나니 큰집으로 건너오라는 큰아버지의 명령이 기다리고 있었다.
② 군(軍)에서 상급자나 상위 조직이 하급자나 하위 조직에 군사적 행위를 하게 함. 또는 그런 내용
예 오 중위는 전화기를 입에 댄 채 그 명령을 되받았다.

하시(何時)라도 ➡ **언제라도, 언제든지**
예 언제라도 너에게 달려갈 준비가 되어 있어.

최신 하우스 푸어(house poor) ➡ **내집빈곤층**
예 내집빈곤층 문제는 여러 방면에 걸쳐 우리 경제 전반에 심각한 위협이 되고 있다.

> 기출 핵심개념

최신 헤드 헌터(head hunter) ➡ **취업 관리자, 인재 중개인**
예 인재 중개인은 경력직 인력을 적합한 기업에 연결해주는 역할을 한다.

화목(火木) ➡ **땔나무**
땔감으로 쓸 나무
예 땔나무를 미리 구해 놓아서 따뜻하게 지낼 수 있을 것 같다.

최신 회람(回覽) ➡ **돌려 보기**
예 공지문은 부서 내 전원이 돌려 본 후 보관해 주시기 바랍니다.

최신 휘보(彙報) ➡ **여러 소식**
예 연말에는 부서별 여러 소식을 정리한 안내문이 발행된다.

흑태(黑太) ➡ **검정콩**
검은빛의 콩
예 수수랑 조랑 검정콩을 넣은 밥을 해 먹자.

개념 확인문제

[1~15] 다음 낱말을 바르게 순화한 단어를 고르시오.

1 가료(加療) ➡ (㉠ 치료, ㉡ 진단)

2 구실(口實) ➡ (㉠ 이유, ㉡ 핑계)

3 납득(納得) ➡ (㉠ 이해, ㉡ 수긍)

4 아카이브(archive) ➡ (㉠ 자료 저장소, ㉡ 기록 저장소)

5 사술(詐術) ➡ (㉠ 거짓말, ㉡ 속임수)

6 샘플(sample) ➡ (㉠ 견본, ㉡ 표본)

7 미연(未然)에(*미연에 방지하다) ➡ (㉠ 미리, ㉡ 사전에)

8 별첨(別添) ➡ (㉠ 따로 붙임, ㉡ 첨부)

9 수순(手順) ➡ (㉠ 새싹, ㉡ 순서)

10 익월(翌月) ➡ (㉠ 다음 달, ㉡ 이달)

11 장르(genre) ➡ (㉠ 갈래, ㉡ 종류)

12 지라시(散, ちらし) ➡ (㉠ 낱장 광고, ㉡ 광고지)

13 불출하다(拂出)하다 ➡ (㉠ 내보내다, ㉡ 내주다)

14 케이스 바이 케이스(case by case) ➡ (㉠ 경우별, ㉡ 사례별)

15 이북(e-book) ➡ (㉠ 전자책, ㉡ 디지털책)

정답 1. ㉠ 2. ㉡ 3. ㉠ 4. ㉠ 5. ㉡ 6. ㉠ 7. ㉠ 8. ㉠ 9. ㉡ 10. ㉠ 11. ㉠ 12. ㉠ 13. ㉡ 14. ㉡ 15. ㉠

개념 적용문제 — 05. 순화어

1 다음 밑줄 친 외래어를 바르게 순화하지 <u>못한</u> 것은?

① <u>가탁(假託)</u>하지 말아라. → 거짓 핑계를 댐.
② 그 사람이 <u>데뷔(début)</u>를 언제 했는지는 모른다. → 등단(登壇)
③ 작은 사고로 <u>간선 도로(幹線道路)</u>까지 정체되고 있다. → 주변 도로
④ 여름철 <u>성수기(盛需期)</u>를 맞아 해변으로 피서객들이 몰리고 있다. → 한철
⑤ 그는 <u>맞트레이드(맞-trade)</u>를 해서 우리 구단으로 온 선수이다. → 맞교환

문제풀이 ▶ '간선 도로'는 '주요 도로'로 순화한다.

정답 | ③

2 다음 밑줄 친 외래어를 바르게 순화하지 <u>못한</u> 것은?

① 그는 <u>제너럴리스트(generalist)</u>이다. → 다방면 인재
② <u>시건장치(施鍵裝置)</u>를 철저히 해야 한다. → 안전장치
③ 업무 후 수입을 <u>계리(計理)</u>했다 → 계산하여 정리함.
④ 아직도 그 <u>콤플렉스(complex)</u>에서 벗어나지 못했구나 → 강박 관념
⑤ 그는 이름이 <u>호창(呼唱)</u>되자, 자리에서 벌떡 일어섰다. → 큰 소리로 불림.

문제풀이 ▶ '시건장치'는 '잠금장치'로 순화한다.

정답 | ②

문제를 더 풀고 싶다면 [기출동형 문제]편 바로가기 ☞ p.34

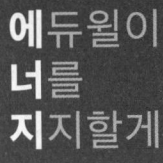

바람이 돕지 않는다면 노를 저어라.

– 윈스턴 처칠(Winston Churchill)

최신 6회분 기출 분석 [31~45] 어법

문항번호	A회 유형/분류	A회 자료/개념	B회 유형/분류	B회 자료/개념	C회 유형/분류	C회 자료/개념
31	맞춤법	풋잠, 풋내, 풋고추, 풋소, 풋솜	맞춤법	냉랭하다, 낭랑하다, 녹록하다, 늠름하다, 낙낙하다	맞춤법	대단찮다, 오죽잖다, 어쭙잖다, 마뜩잖다, 꼴같잖다
32	맞춤법	뚝배기(뚝빼기×), 곱빼기, 얼룩빼기, 구석빼기, 밥빼기	맞춤법	떠버리, 귀띔(귀뜸×), 코빼기, 며칠날, 밭떼기	맞춤법	갚, 베풂, 내걺(내걺음×), 긺, 불음
33	맞춤법	넉넉지, 서슴지, 허송치, 섭섭지, 깨끗지	맞춤법	질러, 무르니(물르니×), 발라, 말라, 울러서는	맞춤법	온대, 가냬, 저러신대(저러신데×), 차가운데, 있겠대
34	띄어쓰기	몇 분밖에, 천 원밖에, "맘마"밖에, 너 밖에, 수밖에	띄어쓰기	가는 듯, 적을지라도, 따를밖에, 좋을뿐더러, 않을망정	띄어쓰기	도와주다, 보내 드리다/보내드리다, 만족할 만하다/만족할만하다, 찢어 버리다/찢어버리다, 웃어 대다/웃어대다
35	맞춤법	막냇동생, 얄쌍하다, 메다, 땅기다, 무릎쓰다	맞춤법	안치다, 늘리다, 지긋이, 받쳐, 오뚝이	맞춤법	끔직이, 그득히, 묵직이, 굵직이, 나직이
36	문장 부호	작은 따옴표	문장 부호	소괄호	문장 부호	마침표
37	표준어	가리키다, 단출하다, 버무리다, 내리깔다, 다디달다	표준어	여태, 총각무, 심심하다, 넝쿨, 버러지/벌레	표준어	아서라, 당기다, 흥겹다, 겁쟁이, 삐치다/삐지다
38	표준어	방언–표준어 장–항상 무류하다–무안하다 대구–자꾸 흡뜨다–치뜨다 민주스럽다–면구스럽다	표준어	방언–표준어 객광시럽다–객쩍다 구질털털하다–구질구질하다 각놀다–겉놀다 기구망칙허다–기구하다 끕치다–숨기다	표준어	방언–표준어 씨서리–설거지 항꾼에–한꺼번에 아슴찮다–고맙다 굴풋하다–배고프다 발쿠다–바루다
39	표준 발음법	맨입[맨닙] 첫여름[천녀름] 눈인사[누닌사] 늑막염[능망념] 우편엽서[우편녑써]	표준 발음법	삶기다[삼기다], 낮추다[낟추다], 묶숙하다[묵쑤카다], 넓동글다[넙똥글다], 읊조리다[읍쪼리다]	표준 발음법	굵다[극따], 앉다[안따], 읊다[읍따], 짧다[짤따], 핥다[할따]
40	외래어 표기법	심볼(symbol) 코미디(comedy) 미라(mirra) 몽타주(montage) 리넨(linen)	외래어 표기법	로켓(rocket) 카펫(carpet) 팀워크(teamwork) 트럼펫(trumpet) 스카우트(scout)	외래어 표기법	새시(sash) 애드리브(ad lib) 스태프(staff) 로열티(royalty) 레크리에이션(recreation)
41	로마자 표기법	칠곡–Chilgok 하회탈–Hahoetal 광희문–Gwanghuimun 대관령–Daegwallyeong	로마자 표기법	선릉–Seolleung 속리산–Songnisan 불국사–Bulguksa 광한루–Gwanghallu 대관령–Daegwallyeong	로마자 표기법	씨름–ssireum 별산대놀이–byeolsandaenori 살풀이춤–salpurichum 사물놀이–samullori 강령 탈춤–gangnyeong talchum
42	문장 표현 (비문)	항성에 대해서는 프롤레마이오스 천문학이 오늘날까지도 공학의 근사법으로 널리 쓰이며(쓰며×)	문장 표현 (비문)	따라서 우리는 나의 개인적인 선택이 얼마나 바람직한지 생각하고,(나의 개인적인 선택에) 책임과 의무도 따른다는 것을 명심해야 한다.	문장 표현 (비문)	일반적인 선글라스로는 눈을 충분히 보호할 수 없기 때문에 태양필터가 장착된 망원경이나 일식 관측용 안경을 착용해야 한다. (→ 망원경을 사용하거나 일식 관측용 안경을 착용해야 한다)
43	문장 표현 (높임 표현)	주체높임	문장 표현 (높임 표현)	하십시오체	문장 표현 (높임 표현)	하게체
44	문장 표현 (중의성)	형은 나보다 내 동생을 더 사랑한다.(중의성이 있는 문장)	문장 표현 (중의성)	철수는 백화점에 가서 따뜻하면서 예쁜 옷을 샀다.(중의성이 없는 문장)	문장 표현 (중의성)	나는 웃으며 들어오는 친구에게 인사했다.(중의성이 있는 문장)
45	문장 표현 (번역 투)	위치해 있다–있다 갖고 있는 장점이 많다–장점이 많다 작가에 의해 창조된–작가가 창조한 아무리 강조해도 지나치지 않다–매우 중요하다 학습자의 성장에 있어–학습자가 성장하는 과정에서	문장 표현 (번역 투)	배달 중에 있다–배달 중이다 위치하고 있다–있다 벌목으로 인해–벌목으로 중요성을 가진다–중요하다	문장 표현 (번역 투)	감기로 인하여–감기로 한 잔의 물–물 한 잔 동생을 하나 가지고 있다–동생이 한 명 있다 수사하는 중에 있다–수사하고 있다 중요한 것 중의 하나는–중요한 것은

문항번호	D회 유형/분류	D회 자료/개념	E회 유형/분류	E회 자료/개념	F회 유형/분류	F회 자료/개념
31	맞춤법	널따랗다, 널찍하다, 넓둥글다, 넓죽하다, 넓적하다	맞춤법	건넛마을, 십상, 높이다, 객쩍다, 들입다	맞춤법	얻다, 닦달하다, 움큼, 얽히고설키다, 뒤치다꺼리
32	맞춤법	눈곱, 농군, 눈살, 법석, 깜빡이	맞춤법	앞엣것, 개수, 피자집, 나라님, 위층	맞춤법	배앓이, 살림살이, 두루마리(두루말이×), 미닫이, 물받이
33	맞춤법	있느냐, 많으냐, 좋으니, 좋네요(좋으네요×), 노랗네요	맞춤법	괘, 시답잖게, 띄었다, 넉넉지, 되냈다(되뇄다×)	맞춤법	눈지(놓지×), 길어, 불었다, 발라서, 살라
34	띄어쓰기	지고 살다, 안고 살다, 먹고살다, 속고 살다, 믿고 살다	띄어쓰기	그간, 며칠간, 지역 간, 얼마간, 삼주간	띄어쓰기	얼마 만, 십 년 만에, 몇 초 만에, 힘들 만도, 오랜만
35	맞춤법	속엣말, 한솥엣밥, 눈엣가시, 앞엣것, 옆의 것(옆엣것×)	맞춤법	다함으로써, 즐므로, 부칠, 하노라고(하느라고×), 받치고	맞춤법	국내든 해외든, 뻗쳐, 맞추다, 부쳐, 달여
36	문장 부호	물결표	문장 부호	소괄호	문장 부호	중괄호
37	표준어	털어먹다, 짐북데기, 밀뜨리다, 거짓부리/거짓불, 뻗정다리	표준어	나무라다, 널브러지다, 감쪽같다, 먼지떨이, 적이	표준어	통째, 하마터면, 혼잣말, 널브러지다, 핼쑥하다
38	표준어	방언—표준어 건거루—재미로 깜뭇—깜빡 뎁세—도리어 질래—끝내 해톨—양식	표준어	방언—표준어 내동—여태껏 하영—많이 따가리—뚜껑 달브다—다르다 고닥새—바로, 금방	표준어	방언—표준어 나차막하다—나지막하다 갱기찮다—괜찮다 꼼꼼하다—꼼꼼하다 고수우하다—고소하다 꼬아먹다—속이다
39	표준 발음법	개폐[개폐/개폐] 무늬[무니] 설의[서릐/서리] 지혜[지혜/지혜] 협의[혀븨/혀비]	표준 발음법	담요[담ː뇨] 맨입[맨닙] 절약[저략] 색연필[생년필] 설익다[설릭따]	표준 발음법	금융[금늉/그융] 되다[되다/뒈다] 공권력[공꿘녁] 고갯짓[고개찓/고갣찓] 야금야금[야금냐금/야그먀금]
40	외래어 표기법	주스(juice) 워크숍(workshop) 슈퍼마켓(supermarket) 로봇(robot) 리소토(risotto)	외래어 표기법	리포트(report) 블라인드(blind) 비스킷(biscuit) 프레젠테이션(presentation) 카운슬러(counselor)	외래어 표기법	캐럴(carol) 라이선스(license) 타깃(target) 컨소시엄(consortium) 배지(badge)
41	로마자 표기법	잡곡밥—japgokbap 계란말이—gyeranmari 낙지전골—nakjijeongol 순대볶음—sundaebokkeum 시금치나물—sigeumchinamul	로마자 표기법	설렁탕—seolleongtang 청국장—cheonggukjang 호박엿—hobaknyeot 고등어구이—godeungeogui 동태찌개—dongtaejjigae	로마자 표기법	장구—janggu 편종—pyeonjong 가야금—gayageum 거문고—geomungo 꽹과리—kkwaenggwari
42	문장 표현(비문)	김치찌개에는(→ 김치찌개는) 알뜰한 살림을 하는 한국 어머니들의 삶의 지혜가 들어 있어서 더욱 의미가 있는 음식이다.	문장 표현(비문)	욕심 많은 개에게(→ 욕심 많은 개는) 자신보다 못해 보이는 개가 크고 맛있는 고깃덩어리를 물고 있는 것은 참을 수 없었다.	문장 표현(비문)	통나무의 흔들림 없는 자리는(→ 통나무는 흔들림 없는 자리로) 개구리들에게 쉴 곳이 되어 주며 왕으로서 품위를 잃지 않았지만 개구리들은 멋지게 헤엄치는 다른 왕으로 바꿔 달라고 불평했다.
43	문장 표현(높임 표현)	하오체	문장 표현(높임 표현)	하게체	문장 표현(높임 표현)	주체 높임, 상대 높임
44	문장 표현(중의성)	마음씨가 예쁜 아이는 1층 할머니의 손녀이다. (중의성이 없는 문장)	문장 표현(중의성)	간식을 모두 먹지 못했다. (중의성이 있는 문장)	문장 표현(중의성)	동작상의 중의성
45	문장 표현(번역 투)	필요로 한다—필요하다 아무리 강조해도 지나치지 않다—중요하다 모든 경기에 있어—모든 경기에 가장 필요한 것 중 하나—무엇보다 필요하다	문장 표현(번역 투)	태풍으로 인해—태풍으로 것에 다름 아니다—것과 다름없다 회의를 가졌다—회의를 했다 인내심을 필요로 한다—인내심이 필요하다 세웠음에도 불구하고—세웠는데도	문장 표현(번역 투)	리더에게 있어서—리더에게 것에 다름 아니다—것과 다름없다 소음으로 인해—소음으로 많은 관심 있으시기 바랍니다—많이 관심 가져 주십시오 아무리 강조해도 지나치지 않다—매우 중요하다

01 주요 한글 맞춤법 규정

기출유형 ❶ 주요 규정 제시형

〈보기〉의 (가)를 바탕으로 (나)의 ㉠~㉤을 설명한 것으로 적절하지 않은 것은?

> (가) 한글 맞춤법 규정
> [제39항] 어미 '-지' 뒤에 '않-'이 어울려 '-잖-'이 될 적과 '-하지' 뒤에 '않-'이 어울려 '-찮-'이 될 적에는 준 대로 적는다.
> [제40항] 어간의 끝음절 '하'의 'ㅏ'가 줄고 'ㅎ'이 다음 음절의 첫소리와 어울려 거센소리로 될 적에는 거센소리로 적는다.
> [붙임 1] 'ㅎ'이 어간의 끝소리로 굳어진 것은 받침으로 적는다.
> [붙임 2] 어간의 끝음절 '하'가 아주 줄 적에는 준 대로 적는다.
>
> (나) • 혼자 가겠다는 ㉠당찮은 소리 말아라.
> • 이 제품은 ㉡간편케 사용하도록 만들어졌다.
> • 겉모습이 ㉢이렇다고 해서 무시하면 안 된다.
> • 귀한 손님이니 ㉣섭섭지 않게 대접해야 한다.
> • 차편을 기다린다는 핑계로 시간을 ㉤허송치 마라.

① ㉠의 '당찮은'은 제39항과 같이 '당하지 않은'의 '-하지' 뒤에 '않-'이 어울려 '-찮-'으로 줄어든 경우로 볼 수 있겠군.
② ㉡의 '간편케'는 제40항과 같이 '간편하게'에서 '하'의 'ㅏ'가 줄면서 다음 음절의 첫소리와 어울려 거센소리가 된 경우로 볼 수 있겠군.
③ ㉢의 '이렇다고'는 제40항의 [붙임 1]과 같이 '이러하다고'가 줄면서 'ㅎ'이 어간의 끝소리로 굳어진 경우로 볼 수 있겠군.
④ ㉣의 '섭섭지'는 제40항의 [붙임 2]와 같이 '섭섭하지 않게'에서 '섭섭하지'의 '하'가 아주 줄어든 경우로 볼 수 있겠군.
⑤ ㉤의 '허송치'는 제40항의 [붙임2]와 같이 '허송하지'에서 어간의 끝음절 '하'가 아주 줄어든 후 제39항의 규정이 적용된 경우로 볼 수 있겠군.

유형 익히기
한글 맞춤법 빈출 규정인 제39항~40항을 통해, 준말에 대한 조항을 이해할 수 있는지 묻는 문항이다.

문제풀이
'허송치'는 제40항에 따라 '-하지'의 'ㅏ'가 줄고 'ㅎ'이 다음 음절의 첫소리와 어울려 '치'가 된 경우에 해당한다.
① '당찮은'은 '당하지 않은'의 '-하지' 뒤에 '않-'이 어울려 '-찮-'으로 줄어든 경우이다.
② '간편케'는 '간편하게'에서 '하'의 'ㅏ'가 줄면서 다음 음절의 첫소리와 어울려 거센소리가 된 경우이다.
③ '이렇다고'는 '이러하다고'에서 '하'의 'ㅏ'가 줄면서 'ㅎ'이 앞 음절의 끝소리로 굳어진 경우이다.
④ '섭섭지'는 '섭섭하지'의 어간 '섭섭하-'에서 끝음절인 '하'가 아주 줄어든 경우이다.

정답 | ⑤

기출유형 ❷ 단어의 활용

밑줄 친 부분이 어법에 맞는 것은?

① 그 자리에서 조용히 그 말을 되뇄다.
② 모처럼 이렇게 쉬니까 정말 좋으네요.
③ 잇달은 범죄 사건 때문에 동네가 어수선하다.
④ 푸른 하늘을 날으는 새들은 참 자유로울 것 같았다.
⑤ 드디어 학교에서 친구들을 만날 수 있다고 하니 마음이 설레여요.

유형 익히기

'준말'에 관한 문제 유형 역시 규정을 이해하는 능력과 실제 문장에 사용하는 능력을 평가한다. 규정을 이해하는 것도 중요하지만, 헷갈리는 단어를 계속 소리 내어 발음하면서 단어와 문장에 익숙해지도록 하는 것이 도움이 된다.

문제풀이

① '같은 말을 되풀이하여 말하다.'를 의미하는 표준어인 '되뇌다'는 과거형으로 '되뇌었다'로 사용하므로, 준말은 '되뇄다'로 쓸 수 있다.
② '감정 따위가 기쁘고 만족스럽다.'를 의미하는 '좋다'는 해요체로 쓰일 때 종결어미로 '-네요'를 사용하므로, '좋네요'로 써야한다. 마찬가지로, '싫다'의 경우에도 '싫네요'로 쓴다.
③ '어떤 사건이나 행동 따위가 이어 발생하다'라는 의미를 지닌 표현은 '잇달다' 또는 '잇따르다' 등이다. '잇달다'의 관형형은 '잇단'으로 적고, '잇따르다'의 관형형은 '잇따른'으로 적는다.
④ '날다'는 한글 맞춤법 제18항의 ㄹ 불규칙 용언에 해당하므로, '나는'으로 활용해야 한다.
⑤ 단어의 기본형이 '설레다'이므로 '설레요'로 표현하는 것이 올바르다.

정답 | ①

기출유형 ❸ 그 외 단어의 올바른 표기

밑줄 친 말의 표기가 올바르지 않은 것은?

① 너는 앞엣것만 조심하면 된다.
② 풋내 나는 풀밭에 푿소가 누워있다.
③ 시장이 반찬이라고 이렇게 밥이 다디달다.
④ 할머니께서는 특히 낙지젓과 창란젓을 좋아하셨다.
⑤ 그녀는 요즘 유행한다는 얼루기 포플린 치마를 입고 나타났다.

유형 익히기

한글 맞춤법과 표준어 규정 등을 바탕으로 일상생활에서 틀리기 쉬운 단어의 올바른 표기를 알고 있는지를 평가하는 문항이다. 이 책에 실린 주요 규정들을 공부해서 익힌다면 쉽게 점수를 얻을 수 있을 것이다.

문제풀이

명태의 창자에 소금, 고춧가루 따위의 양념을 쳐서 담근 젓을 '창난젓'이라고 한다. 알이 아니므로, '알 란(卵)'으로 인식하지 않는다. '명란젓'은 명태의 알이므로 '명난'이 아닌 '명란'으로 적는다.
① '앞엣것'는 '앞에 오는 것. 또는 앞에 있는 것.'을 의미하는 단어로 굳어져 2015년 표준어로 등재되었다.
② '푿소'의 경우는 '여름에 생풀만 먹고 사는 소'를 뜻하므로 이때의 '푿-'은 '풀[草]'에서 왔다. 이 '풀'과 '소[牛]'가 결합하여 'ㄹ'이 'ㄷ' 소리로 발음되는 단어로 굳어지면서, 한글맞춤법 제29항('ㄹ'인 말과 딴 말이 어울릴 적에 'ㄹ' 소리가 'ㄷ' 소리로 나는 경우, 'ㄷ'으로 적는다.)에 따라 '푿소'로 써야한다.
③ '매우 달다'를 의미하는 형용사는 '다디달다'가 맞는 표기이다.
⑤ '얼룩얼룩한 점이나 무늬. 또는 그런 점이나 무늬가 있는 짐승이나 물건'을 의미하는 '얼루기'는 한글 맞춤법 제23항의 [붙임]에 따라 '얼루기'로 적는다.

정답 | ④

기출 핵심개념 | 01. 주요 한글 맞춤법 규정

한글 맞춤법은 한글로써 우리말을 표기하는 규칙으로, 한국어를 한국 언어 사회의 규범에 부합하도록 어법에 맞게 표기하는 방법을 의미한다.

1. 총칙

> 제1항 | 한글 맞춤법은 표준어를 소리대로 적되, 어법에 맞도록 함을 원칙으로 한다.

'표준어를 소리대로 적는다'라는 근본 원칙에 '어법에 맞도록 한다'라는 조건이 붙은 것이다. 이는 표준어를 소리 나는 대로 적었을 때에 그 뜻이 능률적으로 전달되지 못하는 경우가 있어 뜻을 파악하기 쉽도록 하기 위하여 각 형태소의 본 모양을 밝히어 적는다는 의미로, 규정에서는 '원형을 밝히어 적는다'라고 표현하고 있다.

예 구름[구름]: 구름에[구르메]　　구름을[구르믈]　　구름이[구르미]

2. 자모

> 제4항 | 한글 자모의 수는 스물넉 자로 하고, 그 순서와 이름은 다음과 같이 정한다.

- 자음
  ㄱ(기역)　ㄴ(니은)　ㄷ(디귿)　ㄹ(리을)　ㅁ(미음)　ㅂ(비읍)　ㅅ(시옷)
  ㅇ(이응)　ㅈ(지읒)　ㅊ(치읓)　ㅋ(키읔)　ㅌ(티읕)　ㅍ(피읖)　ㅎ(히읗)
- 모음
  ㅏ(아)　ㅑ(야)　ㅓ(어)　ㅕ(여)　ㅗ(오)　ㅛ(요)　ㅜ(우)　ㅠ(유)　ㅡ(으)　ㅣ(이)

> 붙임 1 | 위의 자모로써 적을 수 없는 소리는 두 개 이상의 자모를 어울러서 적되, 그 순서와 이름은 다음과 같이 정한다.

ㄲ(쌍기역)　ㄸ(쌍디귿)　ㅃ(쌍비읍)　ㅆ(쌍시옷)　ㅉ(쌍지읒)
ㅐ(애)　ㅒ(얘)　ㅔ(에)　ㅖ(예)　ㅘ(와)　ㅙ(왜)　ㅚ(외)　ㅝ(워)　ㅞ(웨)　ㅟ(위)　ㅢ(의)

3. 소리에 관한 것

제1절　된소리

> 제5항 | 한 단어 안에서 뚜렷한 까닭 없이 나는 된소리는 다음 음절의 첫소리를 된소리로 적는다.

1. 두 모음 사이에서 나는 된소리

　　예 가끔　기쁘다　소쩍새　어깨　으뜸　재깍　해쓱하다

2. 'ㄴ, ㄹ, ㅁ, ㅇ' 받침 뒤에서 나는 된소리

예) 듬뿍 몽땅 산뜻하다 살짝 움찔 잔뜩 훨씬

다만, 'ㄱ, ㅂ' 받침 뒤에서 나는 된소리는, 같은 음절이나 비슷한 음절이 겹쳐 나는 경우가 아니면 된소리로 적지 아니한다.

예) 갑자기 국수 깍두기 딱지 뚝배기(최신) 색시 싹둑 몹시 법석

제2절 구개음화

> 제6항 | 'ㄷ, ㅌ' 받침 뒤에 종속적 관계를 가진 '-이(-)'나 '-히-'가 올 적에는, 그 'ㄷ, ㅌ'이 'ㅈ, ㅊ'으로 소리 나더라도 'ㄷ, ㅌ'으로 적는다.

예) 같이[가치] 굳이[구지] 닫히다[다치다] 맏이[마지] 벼훑이[벼훌치] 샅샅이[삳싸치] 핥이다[할치다] 해돋이[해도지]

제3절 'ㄷ' 소리 받침

> 제7항 | 'ㄷ' 소리로 나는 받침 중에서 'ㄷ'으로 적을 근거가 없는 것은 'ㅅ'으로 적는다.

예) 덧저고리 돗자리 무릇 사뭇 얼핏 자칫하면

'ㄷ'으로 적을 근거가 없는 것
'ㄷ'으로 적을 근거가 없는 것은, 본래의 형태소가 'ㄷ' 받침을 가지지 않은 것을 말한다. 즉, '걷-잡다(거두어 붙잡다), 돋-보다(← 도두 보다)' 등과 같이 본디 'ㄷ' 받침을 가지고 있는 것과 달리, '자칫, 덧저고리, 돗자리' 따위는 본래의 형태소가 'ㄷ' 받침을 가지지 않은 것이다. 이것에 '표준어를 소리대로 적는다.'는 원칙을 적용하면 '자칟, 덛저고리, 돋자리'처럼 적어야 할 것이지만, 관습에 따라 'ㅅ'으로 적기로 한 것이다.

제4절 모음

> 제8항 | '계, 례, 메, 폐, 혜'의 'ㅖ'는 'ㅔ'로 소리 나는 경우가 있더라도 'ㅖ'로 적는다.

예) 계수(桂樹) 사례(謝禮) 핑계 폐품(廢品) 혜택(惠澤)

다만, 다음 말은 본음대로 적는다.
예) 게송(偈頌) 게시판(揭示板) 휴게실(休憩室)

제5절 두음 법칙

> 제10항 | 한자음 '녀, 뇨, 뉴, 니'가 단어 첫머리에 올 적에는, 두음 법칙에 따라 '여, 요, 유, 이'로 적는다.

예) 녀자 → 여자(女子) 뉴대 → 유대(紐帶) 닉명 → 익명(匿名)

붙임 1 | 단어의 첫머리 이외의 경우에는 본음대로 적는다.
예 남녀(男女) 당뇨(糖尿) 만년(晚年) 은닉(隱匿)

붙임 2 | 접두사처럼 쓰이는 한자가 붙어서 된 말이나 합성어에서, 뒷말의 첫소리가 'ㄴ' 소리로 나더라도 두음 법칙에 따라 적는다.
예 공염불(空念佛) 남존여비(男尊女卑) 신여성(新女性)

> **제11항** | 한자음 '랴, 려, 례, 료, 류, 리'가 단어의 첫머리에 올 적에는, 두음 법칙에 따라 '야, 여, 예, 요, 유, 이'로 적는다.

예 량심 → 양심(良心)   례의 → 예의(禮儀)   류행 → 유행(流行)

붙임 1 | 단어의 첫머리 이외의 경우에는 본음대로 적는다.
예 개량(改良) 급류(急流) 사례(謝禮) 수력(水力)

결정적 힌트!

한자어 '렬, 률'의 표기
예 결렬(決裂), 법률(法律), 병렬(竝列), 용적률(容積率), 정렬(整列), 직렬(職列), 출석률(出席率), 취업률(就業率), 합격률(合格率)

다만, 모음이나 'ㄴ' 받침 뒤에 이어지는 '렬, 률'은 '열, 율'로 적는다.
예 건폐율(建蔽率), 규율(規律), 나열(羅列), 백분율(百分率), 분열(分列), 비율(比率), 실패율(失敗率), 치사율(致死率)

붙임 4 | 접두사처럼 쓰이는 한자가 붙어서 된 말이나 합성어에서, 뒷말의 첫소리가 'ㄴ' 또는 'ㄹ' 소리로 나더라도 두음 법칙에 따라 적는다.
예 역이용(逆利用) 연이율(年利率) 열역학(熱力學) 해외여행(海外旅行)

붙임 5 | 둘 이상의 단어로 이루어진 고유 명사를 붙여 쓰는 경우나 십진법에 따라 쓰는 수(數)도 **붙임 4**에 준하여 적는다.
예 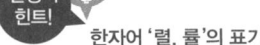 육천육백육십육(六千六百六十六) 한국여자대학

결정적 힌트!

'량(量), 양(量)'과 '란(欄), 난(欄)'의 표기 – 고유어나 외래어 뒤에서 두음 법칙 적용

(1) 량(量) 또는 란(欄)
한자어 뒤에 붙어 분량이나 수량, 구분된 지면을 나타낼 때
예 감소량, 강수량, 노동량, 독자란, 답란, 투고란

(2) 양(量) 또는 난(欄)
고유어나 외래어 뒤에 붙어 분량이나 수량, 구분된 지면을 나타낼 때(두음 법칙 적용)
예 가십(gossip)난, 어린이난, 구름양, 벡터양, 알칼리양

제6절 겹쳐 나는 소리

> **제13항 |** 한 단어 안에서 같은 음절이나 비슷한 음절이 겹쳐 나는 부분은 같은 글자로 적는다.

예) 꼿꼿하다 낙낙하다 눅눅하다 똑딱똑딱 싹싹하다 쓱싹쓱싹 씁쓸하다 짭짤하다
    노노갈등(勞勞葛藤)   연연불망(戀戀不忘)   유유상종(類類相從)

그러나 그 밖의 경우는 (제2 음절 이하에서) 본음대로 적는 것이 원칙이다.

예) 낭랑(朗朗)하다   냉랭(冷冷)하다   녹록(錄錄)하다   연년생(年年生)   역력(歷歷)하다

4. 형태에 관한 것

제2절 어간과 어미

> **제15항 |** 용언의 어간과 어미는 구별하여 적는다.

예) 먹다 – 먹고 – 먹어 – 먹으니   읊다 – 읊고 – 읊어 – 읊으니   좋다 – 좋고 – 좋아 – 좋으니

붙임 1 | 두 개의 용언이 어울려 한 개의 용언이 될 적에, 앞말의 본뜻이 유지되고 있는 것은 그 원형을 밝히어 적고, 그 본뜻에서 멀어진 것은 밝히어 적지 아니한다.

(1) 앞말의 본뜻이 유지되고 있는 것
예) 넘어지다 늘어나다 돌아가다 되짚어가다 들어가다 엎어지다 틀어지다 흩어지다

(2) 본뜻에서 멀어진 것
예) 드러나다 사라지다 쓰러지다

붙임 2 | 종결형에서 사용되는 어미 '-오'는 '요'로 소리 나는 경우가 있더라도 그 원형을 밝혀 '오'로 적는다.

예) 이것은 책이오.   이리로 오시오.   사과하십시오.

붙임 3 | 연결형에서 사용되는 '이요'는 '이요'로 적는다.

예) 이것은 책이요, 저것은 붓이요, 또 저것은 먹이다.

> **제17항 |** 어미 뒤에 덧붙는 조사 '요'는 '요'로 적는다.

예) 읽어 – 읽어요   좋지 – 좋지요

> **제18항 |** 다음과 같은 용언들은 어미가 바뀔 경우, 그 어간이나 어미가 원칙에 벗어나면 벗어나는 대로 적는다.

1. 어간의 끝 'ㄹ'이 줄어질 적

   예 **갈다**: 가니 간 갑니다 가오   **놀다**: 노니 논 놉니다 노오

   불다: 부니 분 붑니다 부오   **둥글다**: 둥그니 둥근 둥급니다 둥그오

   어질다: 어지니 어진 어집니다 어지오   **날다**: 나니 난 납니다 나오

2. 어간의 끝 'ㅅ'이 줄어질 적

   예 **긋다**: 그어 그으니 그었다   **낫다**: 나아 나으니 나았다

   잇다: 이어 이으니 이었다   **짓다**: 지어 지으니 지었다

3. 어간의 끝 'ㅎ'이 줄어질 적

   예 **그렇다**: 그러니 그럴 그러면 그러오   **동그랗다**: 동그라니 동그랄 동그라면 동그라오

   퍼렇다: 퍼러니 퍼럴 퍼러면 퍼러오   **하얗다**: 하야니 하얄 하야면 하야오

4. 어간의 끝 'ㅜ, ㅡ'가 줄어질 적

   예 **담그다**: 담가 담갔다   **뜨다**: 떠 떴다

   잠그다: 잠가 잠갔다   **푸다**: 퍼 펐다

5. 어간의 끝 'ㄷ'이 'ㄹ'로 바뀔 적

   예 **걷다[步]**: 걸어 걸으니 걸었다   **묻다[問]**: 물어 물으니 물었다

6. 어간의 끝 'ㅂ'이 'ㅜ'로 바뀔 적

   예 **깁다**: 기워 기우니 기웠다   **괴롭다**: 괴로워 괴로우니 괴로웠다

   무겁다: 무거워 무거우니 무거웠다   **쉽다**: 쉬워 쉬우니 쉬웠다

   다만, '돕-, 곱-'과 같은 단음절 어간에 어미 '-아'가 결합되어 '와'로 소리 나는 것은 '-와'로 적는다.

   예 **곱다[麗]**: 고와 고와서 고와도 고왔다   **돕다[助]**: 도와 도와서 도와도 도왔다

7. '하다'의 활용에서 어미 '-아'가 '-여'로 바뀔 적

   예 **하다**: 하여 하여서 하여도 하여라 하였다

8. 어간의 끝음절 '르' 뒤에 오는 어미 '-어'가 '-러'로 바뀔 적

   예 **이르다[至]**: 이르러 이르렀다   **푸르다**: 푸르러 푸르렀다

9. 어간의 끝음절 '르'의 'ㅡ'가 줄고, 그 뒤에 오는 어미 '-아/-어'가 '-라/-러'로 바뀔 적

   예 **가르다**: 갈라 갈랐다   **부르다**: 불러 불렀다

   벼르다: 별러 별렀다   **이르다**: 일러 일렀다

   오르다: 올라 올랐다   **지르다**: 질러 질렀다

기출 핵심개념

> **참고**
>
> 활용이란 '다듬다, 다듬고, 다듬어, 다듬으니'와 같이 용언(형용사, 동사)의 어간에 여러 가지 어미가 붙어서 모양이 바뀌는 것을 말한다. 이러한 용언의 활용 가운데 용언이 불규칙하게 바뀌는 것을 '불규칙 활용'이라고 한다.
> - 규칙 활용: 용언을 활용할 때, 용언의 어간이나 어미가 기본 형태를 유지하거나, 변화하더라도 일정하게 규칙적으로 변화하는 경우를 용언의 '규칙 활용'이라고 한다.
>   예 솟다: 솟고 솟아 솟으니
> - 불규칙 활용: 용언을 활용할 때, 용언의 어간이나 어미가 기본 형태를 유지하지 않고, 그 변화하는 현상이 불규칙하여 일정한 규칙으로 설명할 수 없을 때 용언의 '불규칙 활용'이라고 한다.
>   예 낫다: 낫고 나아 나으니
>
> 〈불규칙 활용의 대표적인 예〉
> - 아기가 아장아장 걷는다. ('ㄷ' 불규칙 - 걷다, 걷는, 걸어, 걸으니)
> - 하늘이 푸르다는 걸 이제야 알았다. ('러' 불규칙 - 푸르다, 푸르니, 푸르러)
> - 지혜는 민수를 돕기로 했다. ('ㅂ' 불규칙 - 돕다, 돕는, 도와, 도우니)
> - 연필로 길게 선을 긋는 게 재미있었다. ('ㅅ' 불규칙 - 긋다, 긋는, 그어, 그으니)
> - 하율이는 축구 연습을 열심히 하기로 유명하다. ('여' 불규칙 - 하다, 하는, 하여, 하여서)
> - 가을이 되니 단풍잎이 빨갛다. ('ㅎ' 불규칙 - 빨갛다, 빨갛소, 빨개, 빨가니)

제3절 접미사가 붙어서 된 말

빈출

> 제19항 | 어간에 '-이'나 '-음/-ㅁ'이 붙어서 명사로 된 것과 '-이'나 '-히'가 붙어서 부사로 된 것은 그 어간의 원형을 밝히어 적는다.

1. '-이'가 붙어서 명사로 된 것

   예 길이 깊이 다듬이 땀받이 미닫이(최신) 살림살이(최신)

2. '-음/-ㅁ'이 붙어서 명사로 된 것

   예 걸음 묶음 믿음 앎(최신) 얼음 엮음 울음 웃음 졸음 죽음

3. '-이'가 붙어서 부사로 된 것

   예 같이 굳이 길이 높이 많이 실없이 짓궂이

4. '-히'가 붙어서 부사로 된 것

   예 밝히 익히 작히

다만, 어간에 '-이'나 '-음'이 붙어서 명사로 바뀐 것이라도 그 어간의 뜻과 멀어진 것은 원형을 밝히어 적지 아니한다.

예 거름(비료) 고름[膿] 굽도리 노름(도박) 다리[髢] 목거리(목병) 무녀리

붙임 | 어간에 '-이'나 '-음' 이외의 모음으로 시작된 접미사가 붙어서 다른 품사로 바뀐 것은 그 어간의 원형을 밝히어 적지 아니한다.

(1) 명사로 바뀐 것
   예) 귀머거리 까마귀 너머 마개 무덤 올가미 주검 쓰레기

(2) 부사로 바뀐 것
   예) 거뭇거뭇 너무 도로 자주 바투 불긋불긋 비로소 차마

(3) 조사로 바뀌어 뜻이 달라진 것
   예) 나마 부터 조차

제20항 | 명사 뒤에 '-이'가 붙어서 된 말은 그 명사의 원형을 밝히어 적는다.

1. **부사로 된 것**
   예) 곳곳이 낱낱이 몫몫이 샅샅이 앞앞이 집집이

2. **명사로 된 것**
   예) 곰배팔이 삼발이 애꾸눈이 육손이 절뚝발이 / 절름발이

붙임 | '-이' 이외의 모음으로 시작된 접미사가 붙어서 된 말은 그 명사의 원형을 밝히어 적지 아니한다.
   예) 꼬락서니 끄트머리 모가치 바가지 사타구니 싸라기 지붕 지푸라기 짜개

제23항 | '-하다'나 '-거리다'가 붙는 어근에 '-이'가 붙어서 명사가 된 것은 그 원형을 밝히어 적는다.

예) 깔쭉이 꿀꿀이 더펄이 배불뚝이 삐죽이 살살이 쌕쌕이 오뚝이(최신) 홀쭉이

붙임 | '-하다'나 '-거리다'가 붙을 수 없는 어근에 '-이'나 다른 모음으로 시작되는 접미사가 붙어서 명사가 된 것은 그 원형을 밝히어 적지 아니한다.
   예) 개구리 귀뚜라미 기러기 동그라미 두드러기 매미 부스러기 뻐꾸기 얼루기

제25항 | '-하다'가 붙는 어근에 '-히'나 '-이'가 붙어서 부사가 되거나, 부사에 '-이'가 붙어서 뜻을 더하는 경우에는 그 어근이나 부사의 원형을 밝히어 적는다.

예) 곰곰이 그득히(최신) 급히 깨끗이 끔찍이(최신) 꾸준히 나직이(최신) 더욱이
    도저히 딱히 어렴풋이 일찍이 생긋이 말끔히 해죽이

붙임 | '-하다'가 붙지 않는 경우에는 소리대로 적는다.
   예) 갑작하다(X) → 갑자기   슬몃하다(X) → 슬며시

제4절 합성어 및 접두사가 붙은 말

■ **음운의 변동:** 'ㄹ' 탈락과 'ㄷ' 받침

> 제28항 | 끝소리가 'ㄹ'인 말과 딴 말이 어울릴 적에 'ㄹ' 소리가 나지 아니하는 것은 아니 나는 대로 적는다.

예 다달이(달-달-이)   따님(딸-님)   마소(말-소)   무자위(물-자위)   바느질(바늘-질)
부삽(불-삽)   부손(불-손)   싸전(쌀-전)   우짖다(울-짖다)   화살(활-살)

[빈출]
> 제29항 | 끝소리가 'ㄹ'인 말과 딴 말이 어울릴 적에 'ㄹ' 소리가 'ㄷ' 소리로 나는 것은 'ㄷ'으로 적는다.

예 [최신]며칠날   반짇고리(바느질~)   사흗날(사흘~)   섣달(설~)   숟가락(술~)
섣부르다(설~)   [최신]이튿날(이틀~)   [최신]잗다랗다(잘~)   [최신]푿소

■ **음운의 첨가:** 사이시옷 규정

[빈출]
> 제30항 | 사이시옷은 다음과 같은 경우에 받치어 적는다.

1. 순우리말로 된 합성어로서 앞말이 모음으로 끝난 경우
   (1) 뒷말의 첫소리가 된소리로 나는 것
      예 귓밥   나뭇가지   냇가   맷돌   머릿기름   바닷가
         부싯돌   선짓국   쇳조각   조갯살   핏대   혓바늘
   (2) 뒷말의 첫소리 'ㄴ, ㅁ' 앞에서 'ㄴ' 소리가 덧나는 것
      예 깻묵   냇물   뒷머리   빗물   멧나물   아랫니   아랫마을   잇몸   텃마당
   (3) 뒷말의 첫소리 모음 앞에서 'ㄴㄴ' 소리가 덧나는 것
      예 깻잎   나뭇잎   댓잎   뒷일   뒷입맛   베갯잇

2. 순우리말과 한자어로 된 합성어로서 앞말이 모음으로 끝난 경우
   (1) 뒷말의 첫소리가 된소리로 나는 것
      예 뱃병   귓병   아랫방   자릿세   전셋집   찻잔
         콧병   탯줄   텃세   핏기   햇수
   (2) 뒷말의 첫소리 'ㄴ, ㅁ' 앞에서 'ㄴ' 소리가 덧나는 것
      예 곗날   양칫물   제삿날   툇마루   훗날
   (3) 뒷말의 첫소리 모음 앞에서 'ㄴㄴ' 소리가 덧나는 것
      예 가욋일   사삿일   예삿일   훗일

3. 두 음절로 된 다음 한자어

예) 곳간(庫間)   셋방(貰房)   숫자(數字)   찻간(車間)   툇간(退間)   횟수(回數)

표준 발음법 제30항
사이시옷이 붙은 단어는 다음과 같이 발음한다.
1. 'ㄱ, ㄷ, ㅂ, ㅅ, ㅈ'으로 시작하는 단어 앞에 사이시옷이 올 때는 이들 자음만을 된소리로 발음하는 것을 원칙으로 하되, 사이시옷을 [ㄷ]으로 발음하는 것도 허용한다.
   예) 냇가[내ː까/낻ː까]   빨랫돌[빨래똘/빨랟똘]   콧등[코뜽/콛뜽]
2. 사이시옷 뒤에 'ㄴ, ㅁ'이 결합되는 경우에는 [ㄴ]으로 발음한다.
   예) 아랫니[아랟니 → 아랜니]   콧날[콛날 → 콘날]   툇마루[퇻ː마루 → 퇸ː마루]
3. 사이시옷 뒤에 '이' 음이 결합되는 경우에는 [ㄴㄴ]으로 발음한다.
   예) 깻잎[깯닙 → 깬닙]   나뭇잎[나묻닙 → 나문닙]   베갯잇[베갣닏 → 베갠닏]

제5절 준말

■ **모음의 탈락과 축약**

> **제32항** | 단어의 끝모음이 줄어지고 자음만 남은 것은 그 앞의 음절에 받침으로 적는다.

예) 기러기야 – 기럭아   어제저녁 – 엊저녁   어제그저께 – 엊그저께
   디디고 – 딛고   가지지 – 갖지

> **제37항** | 'ㅏ, ㅕ, ㅗ, ㅜ, ㅡ'로 끝난 어간에 '-이-'가 와서 각각 'ㅐ, ㅖ, ㅚ, ㅟ, ㅢ'로 줄 적에는 준 대로 적는다.

예) 누이다 – 뉘다   뜨이다 – 띄다   보이다 – 뵈다
   펴이다 – 폐다   싸이다 – 쌔다   쓰이다 – 씌다

> **제38항** | 'ㅏ, ㅗ, ㅜ, ㅡ' 뒤에 '-이어'가 어울려 줄어질 적에는 준 대로 적는다.

예) 누이어 – 뉘어 / 누여   뜨이어 – 띄어
   쏘이어 – 쐬어 / 쏘여   트이어 – 틔어 / 트여

> **제39항** | 어미 '-지' 뒤에 '않-'이 어울려 '-잖-'이 될 적과 '-하지' 뒤에 '않-'이 어울려 '-찮-'이 될 적에는 준 대로 적는다.

예) 그렇지 않다 – 그렇잖다   당하지 않다 – 당찮다   대단하지 않다 – 대단찮다
   만만치 않다 – 만만찮다   변변하지 않다 – 변변찮다   어쭙지 않다 – 어쭙잖다

> **제39항의 핵심**
> '-지 않-', '-치 않-'이 줄어지면 '잖', '찮'이 된다. 일반적으로는 본래 단어가 '-다'인지, '-하다'인지만 판단하면 쉽게 해결할 수 있다. 단, '깨끗하지 않다'가 '깨끗잖다'에서 '깨끗잖다'로 줄어지는 것과 같은 경우도 있으니 주의하자(제40항 결정적 힌트 참고).
> 예) 두렵다 – 두렵지 않다 → 두렵잖다 / 성실하다 – 성실하지 않다 → 성실찮다

제40항 | 어간의 끝음절 '하'의 'ㅏ'가 줄고 'ㅎ'이 다음 음절의 첫소리와 어울려 거센소리로 될 적에는 거센소리로 적는다.

예) 간편하게 – 간편케   단언하건대 – 단언컨대   수월하지 – 수월치
   연구하도록 – 연구토록   정결하다 – 정결타   흔하다 – 흔타

붙임 2 | 어간의 끝음절 '하'가 아주 줄 적에는 준 대로 적는다.

예) 깨끗하지 않다 – 깨끗지 않다   넉넉하지 않다 – 넉넉지 않다   마뜩하지 않다 – 마뜩지 않다 – 마뜩잖다   못하지 않다 – 못지않다
   생각하건대 – 생각건대   생각하다 못해 – 생각다 못해   익숙하지 않다 – 익숙지 않다

붙임 3 | 다음과 같은 부사는 소리대로 적는다.

예) 결코   기필코   무심코   아무튼   요컨대   정녕코   필연코   하마터면   하여튼   한사코

> **제40항의 핵심**
> 어간의 끝음절 '하'의 줄임인데, 본항과 붙임 2의 내용을 참고했을 때, '하'의 'ㅏ'만 줄일 것인가, '하'를 통째로 줄일 것인가 하는 것이 핵심이다. 규정에는 드러나 있지 않지만, 예를 통해 정리해 보면, '-하다'의 '하' 앞의 음절의 끝소리가 울림소리이면 'ㅏ'만 줄고, '하' 앞의 음절의 끝소리가 안울림소리이면 '하'가 완전히 줄어드는 것을 확인할 수 있다.

5. 그 밖의 것

■ 부사의 끝음절 '이'와 '히'

제51항 | 부사의 끝음절이 분명히 '이'로만 나는 것은 '-이'로 적고, '히'로만 나거나 '이'나 '히'로 나는 것은 '-히'로 적는다.

1. '이'로만 나는 것

예) 가붓이   겹겹이   깊숙이   깨끗이   나붓이   날카로이   느긋이   대수로이
   두둑이   둥긋이   따뜻이   뚜렷이   반듯이   버젓이   번거로이   번번이
   산뜻이   살살이   일일이   적이   지긋이   집집이   틈틈이   헛되이

2. '히'로만 나는 것

예) 극히 급히 딱히 속히 엄격히 작히 정확히 족히 특히

3. '이, 히'로 나는 것

예) 가만히 각별히 간소히 간편히 과감히 급급히 꼼꼼히 능히 당당히 답답히
　　도저히 분명히 상당히 소홀히 솔직히 심히 쓸쓸히 열심히 정결히 조용히

제51항 보충

제51항 규정의 내용을 보면 학습의 기준이 적절하게 마련되어 있지 않다. 실제 음성 환경은 사람마다 다를 수 있기 때문이다. 따라서 '이'로 적는 경우에는 다음과 같은 규칙성이 있다는 것을 참고하도록 하자.

- '이'로 적는 경우
  ① 첩어, 준첩어인 명사 뒤 예) 겹겹이, 번번이, 다달이
  ② 'ㅅ' 받침 뒤 예) 깨끗이, 나긋이, 지긋이
  ③ 'ㅂ' 불규칙 용언의 어간 뒤 예) 가벼이, 번거로이, 새로이
  ④ 부사 뒤 예) 곰곰이, 더욱이, 일찍이
  ⑤ 'ㄱ' 받침으로 끝나는 고유어 뒤 예) 깊숙이, 멀찍이

■ 어미의 표기

제53항 | 다음과 같은 어미는 예사소리로 적는다.

예) -(으)ㄹ걸 -(으)ㄹ게 -(으)ㄹ수록 -(으)ㄹ지라도 -(으)ㄹ진대 -올시다

다만, 의문을 나타내는 다음 어미들은 된소리로 적는다.

예) -(으)ㄹ까? -(으)ㄹ꼬? -(스)ㅂ니까? -(으)리까? -(으)ㄹ쏘냐?

■ 된소리 접미사

〔빈출〕
제54항 | 다음과 같은 접미사는 된소리로 적는다.

예) 겸연쩍다 객쩍다〔최신〕 귀때기 뒤꿈치 때깔 볼때기 빛깔 성깔 심부름꾼
　　이마빼기 익살꾼 일꾼 장꾼 지게꾼 코빼기〔최신〕 판자때기 팔꿈치

제54항 보충

① -꾼: 농사꾼, 사기꾼, 구경꾼, 사냥꾼
② -깔: 때깔, 빛깔, 성깔, 맛깔
③ -때기: 귀때기, 볼때기, 판자때기, 거적때기
④ -꿈치: 발꿈치, 팔꿈치
⑤ -빼기: 코빼기, 이마빼기, 대갈빼기, 곱빼기〔최신〕, 고들빼기
　　([배기]로 발음되는 것은 '배기'로 적고, [빼기]로 발음되는 것은 '빼기'로 적는다. 다만, 한 형태소 안에서 'ㄱ, ㅂ' 받침 뒤에서 [빼기]로 발음되는 것은 '배기'로 적는다.)

⑥ -쩍다: 객쩍다, 겸연쩍다, 맥쩍다, 멋쩍다
([적따]로 발음되는 것은 '적다'로 적고, [쩍따]로 발음되더라도 '적다(少)'의 의미가 유지되는 것은 '적다'로 적는다. 그러나 '적다(少)'의 의미가 없이 [쩍따]로 발음되는 것은 '쩍다'로 적는다.)

■ '-던'과 '-든'의 표기

> 제56항 | '-더라, -던'과 '-든지'는 다음과 같이 적는다.

1. 지난 일을 나타내는 어미는 '-더라, -던'으로 적는다.
   예 지난겨울은 몹시 춥더라.   그 사람 말 잘하던데!   그때는 얼마나 놀랐던지.

2. 물건이나 일의 내용을 가리지 아니하는 뜻을 나타내는 조사와 어미는 '(-)든지'로 적는다.
   예 배든지 사과든지 마음대로 먹어라.   펜이든 연필이든 뭐든지 줘 봐.   오든지 말든지 상관없다.

6. 주의해야 할 표기(한글 맞춤법 제57항과 그 외)

올바른 표기(○)	잘못된 표기(×)	올바른 표기(○)	잘못된 표기(×)
가르마	가리마	비계	비개
(날씨)개다	개이다	비비다	부비다
객쩍다	객적다	삼가다	삼가하다
거친	거칠은	서슴지(~ 않다)	서슴치(~ 않다)
겨레	겨례	설레다	설레이다
게시판	계시판	셋째	세째
겸연쩍다	겸연적다	(김치)소박이	소배기
고깔	꼬깔	소싯적	소실적
고이	고히	승낙	승락
-고자 함	-고저 함	십상이다	쉽상이다
곱빼기	곱배기	썩힌 거름	썩인 거름
괴로워	괴로와	아무튼	아뭏든
구레나룻	구렛나루	안절부절못하다	안절부절하다
구태여	구태어	애꿎은	애궂은
굽이굽이	구비구비	애초에	애저녁에
금세(금시에)	금새	어떡해	어떻해
급랭	급냉	어쨌든	어쨋든, 어쨋던
깔때기	깔대기	얼루기	얼룩이
껍질째	껍질채	역할	역활
꼬챙이	꼬창이	예부터	옛부터
끔찍이	끔찍히	예삿일	예사일
나무라다	나무래다	오랜만	오랫만
널따랗다	넓다랗다	오랫동안	오랜동안
널빤지	널판지	왠지	웬지
널찍하다	넓직하다	외곬으로	외골수로
눈살	눈쌀	요컨대, 예컨대	요컨데, 예컨데
닦달하다	닥달하다	움큼	웅큼

올바른 표기(○)	잘못된 표기(×)	올바른 표기(○)	잘못된 표기(×)
-더라도	-드라도	육개장	육계장
덤터기	덤테기	웬일이니	왠일이니
데우다	뎁히다	일찍이	일찌기
딱따구리	딱다구리	잠갔다	잠궜다
뚜렷이	뚜렷히	재떨이	재털이
뜨개질	뜨게질	절체절명	절대절명
-(으)ㄹ걸	-(으)ㄹ껄	조그마하다	조그만하다
-(으)ㄹ게	-(으)ㄹ께	짜깁기	짜집기
-(으)ㄹ는지	-(으)ㄹ런지	초승달	초생달
머리말	머릿말	치르다	치루다
머지않아	멀지않아	통째로 (최신)	통채로
멋쩍다	멋적다	하려고	할려고
메밀	모밀	하마터면 (최신)	하마트면
며칠 동안	몇일 동안	한갓	한갓
목돈	몫돈	해코지	해꼬지
미숫가루	미싯가루	허구한 날	허구헌 날
발자국	발자욱	헤매다	헤메다
번번이(매 때마다)	번번히	휴게실	휴계실
부조금	부주금		

참고

한글 맞춤법 규정에는 없지만 자주 출제되는 종결 어미 '-데/-대'의 구별

1. -데: 지난 일을 돌이켜 말할 때 쓰는 회상을 나타내는 종결 어미 ('-더라'의 의미로 쓰임.)
   예 그가 그런 말을 하데.
   직접 가 보니 경치가 과연 좋데.

2. (최신) -대: ① 다른 사람으로부터 들은 이야기를 간접적으로 전달하는 의미를 지닌 종결 어미
   ② '-다고 해'의 준말
   예 진주가 그 영화 재미있대.
   그 사람은 요즘 책만 읽는대.

개념 확인문제

다음 괄호 안의 표기 중 맞는 것을 고르세요(맞는 것에 ○하시오).

1 (건너마을, 건넛마을)에서 잔치를 벌였다.

2 (거친, 거칠은) 벌판으로 달려가자.

3 홍수로 온 동네가 (결단났다, 결딴났다).

4 지난주부터 마라톤을 시작했더니 매일 종아리가 (당긴다, 땅긴다, 땡긴다).

5 손바닥만한 (밭떼기, 밭뙈기)에 농사를 겨우 짓기 시작했다.

6 그 가수는 (구레나룻, 구렛나루)로/으로 유명해졌다.

7 소문은 (금새, 금세) 퍼져나갔다.

8 기가 막혀 (까무라칠, 까무러칠) 뻔했다.

9 이 방은 제법 (넓다랗다, 널따랗다).

10 이 자리에는 (내노라, 내로라)하는 사람들이 다 모였다.

11 (넉넉지, 넉넉치) 않은 형편이지만, 우리 가족은 행복하다.

12 썩은 (널빤지, 널판지)를 떼어 내야 합니다.

13 할아버지께서는 그릇을 물로 깨끗이 (부수고, 부시고) 계셨다.

14 그 (떠버리, 떠벌이)는 다시는 보고 싶지 않다.

15 그는 매일 근무시간에 (졸므로, 조므로) 업무 파악을 못했을 것이다.

16 그만 (닥달해, 닦달해).

17 장가가라는 엄마 (등살, 등쌀)에 못살겠다.

18 이 (뚝빼기, 뚝배기)는 (눈지, 눌지) 않아서 좋다.

19 그저 당신을 (만나러, 만나려) 왔을 뿐입니다.

20 저 꽃의 이름이 (무엇일고, 무엇일꼬)?

21 희재는 요즘 너무 피곤해서인지 얼굴이 (핼쓱하다, 핼쑥하다).

22 오스트발트가 주장한 (희석률, 희석율)에 따른 해석이다.

정답
1. 건넛마을 2. 거친 3. 결딴났다 4. 땅긴다 5. 밭뙈기 6. 구레나룻 7. 금세 8. 까무러칠
9. 널따랗다 10. 내로라 11. 넉넉지 12. 널빤지 13. 부시고 14. 떠버리 15. 졸므로 16. 닦달해
17. 등쌀 18. 뚝배기, 눌지 19. 만나러 20. 무엇일꼬 21. 핼쑥하다 22. 희석률

개념 적용문제 01. 주요 한글 맞춤법 규정

1 밑줄 친 부분의 맞춤법이 옳지 <u>않은</u> 것은?

① <u>에계</u>, 이건 너무 적어요!
② 벽에 곰팡이가 <u>슬어서</u> 벽지를 바꿔야겠어.
③ 미리 <u>귀띔</u>이라도 해주시지, 너무하셨어요.
④ 그는 고생에 <u>찌들린</u> 나의 얼굴을 안쓰러운 듯 쳐다보았다.
⑤ 꾸벅꾸벅 조는 그의 얼굴은 무척이나 <u>넙데데해</u> 보여서 낯설게 느껴질 지경이었다.

> 문제풀이 ▶ '찌들다'는 '물건이나 공기 따위에 때나 기름이 들러붙어 몹시 더러워지다', '좋지 못한 상황에 오랫동안 처하여 그 상황에 몹시 익숙해지다'라는 뜻으로, 흔히 '찌들리다'로 잘못 쓴다. 그러나 '찌들다'가 기본형이므로 '찌들다'의 활용형은 '찌든'이다.
> ① '에계' 또는 '에계'를 잇따라 내는 소리인 '에계계'는 '어떤 것이 작고 하찮거나 기대 따위에 훨씬 못 미쳐 업신여길 때 내는 소리'이다.
> ② '곰팡이나 곤충의 알 따위가 생기다'라는 의미로 '슬다'를 쓴다.
> ③ '상대편이 눈치로 알아차릴 수 있도록 미리 슬그머니 일깨워 줌'을 의미하는 단어는 '귀띔'이다. '뜨이다'의 준말 명사형은 '띔'이므로, '귀뜸'이 아닌 '귀띔'으로 써야한다.
> ⑤ '넙데데하다'는 '얼굴이 둥그스름하고 너부죽하다'라는 의미를 지닌 '너부데데하다'의 준말로, 바른 표기이다. '넙대대하다'는 잘못된 표기이다.

정답 | ④

2 밑줄 친 단어의 사이시옷 표기가 옳지 <u>않은</u> 것은?

① 그들은 <u>한솥엣밥</u>을 먹고 지낸 사이이다.
② 책의 첫 부분인 <u>머릿말</u>은 간략히 적는 것이 좋다.
③ 경우에 따라서는 떠날 때에 <u>노잣돈</u>도 쥐어 주어야 한다.
④ 상처에서는 아직도 굳지 않은 피가 <u>시뻘겋게</u> 흘러내리고 있었다.
⑤ 그 저자들은 고향의 <u>저잣거리</u>와는 댈 것도 아니게 크고 활기가 넘쳤다.

> 문제풀이 ▶ '책이나 논문 따위의 첫머리에 내용이나 목적 따위를 간략하게 적은 글'인 '머리말'은 [머리말]로 발음되므로 한글 맞춤법 제4장 30항에 따른 사이시옷을 받쳐 적는 경우에 해당하지 않는다.
> ① '같은 솥에서 푼 밥'은 '한솥밥'을 많이 사용하지만, 같은 말로 '한솥엣밥'으로도 쓴다.
> ③ 한자어와 고유어로 이루어진 합성어인 '노잣돈'은 [노:자똔] 또는 [노:잗똔]으로 발음하므로, 한글 맞춤법 제4장 30항에 따라 사이시옷을 받치어 적는다. '노잣돈'은 '먼 길을 오가는 데 드는 돈'을 의미한다.
> ④ 접두사 '샛-, 싯-'이 결합한 말이지만, 어간의 첫소리가 된소리인 'ㅃ'이므로, 'ㅅ'을 받치어 적지 않는다.
> ⑤ '가게가 죽 늘어서 있는 거리'를 의미하는 '저잣거리'는 고유어와 고유어의 결합으로 이루어진 합성어로 [저자꺼리] 또는 [저잗꺼리]로 발음한다. 따라서 한글 맞춤법 제4장 30항에 따라 사이시옷을 받치어 적는다.

정답 | ②

문제를 더 풀고 싶다면 [**기출동형 문제**]편 바로가기 ☞ p.37

02 한글 맞춤법 – 띄어쓰기

기출유형 ❶

다음 중 밑줄 친 말의 띄어쓰기가 올바른 것은?
① 당신은 <u>김세호씨</u> 언제 만났습니까?
② 그는 그 이야기를 예사롭게 <u>흘려 버렸다</u>.
③ 너무 많이 먹지 말고 <u>먹을 만큼만</u> 먹어.
④ 지금부터 <u>얼마 간</u>이 가장 바쁜 시기이다.
⑤ 그녀는 <u>감성적이라기 보다는</u> 이성적이다.

유형 익히기

국어 어문 규정 가운데 하나인 띄어쓰기를 정확히 알고 있으며, 이를 바르게 구사할 수 있는지를 평가하는 문항이 출제된다.

문제풀이

'만큼'은 체언 뒤에 올 때에는 조사이므로 앞말에 붙여 쓰고, 용언의 관형사형 뒤에 올 때에는 의존 명사이므로 앞말과 띄어 쓴다. 따라서 '먹을 만큼'으로 띄어 쓴다.
① '씨(氏)'가 성씨 그 자체를 가리킬 때는 접미사로 보아 붙여 쓰나, 상대방을 대접하여 이르거나 부를 때는 의존 명사로 보아 띄어 쓴다. 따라서 '김세호 씨'로 써야 한다.
② '주의 깊게 듣지 아니하고 넘겨 버리다'를 의미하는 '흘려버리다'는 한 단어이므로, 붙여 쓴다.
④ '한 대상에서 다른 대상까지의 사이'를 나타내는 의존명사 '간'은 '지역 간', '국가 간'과 같이 보통 앞말 명사와 띄어 쓰는 것이 원칙이나, '그리 많지 아니한 수량이나 정도'를 의미하는 '얼마간'은 한 단어로 인정된 합성어('부부간', '부자간', '그간' 등)이므로 붙여 쓴다.
⑤ 여기서 '-보다'는 비교격 조사이므로 붙여 쓰는 것이 맞다. 따라서 '감성적이라기보다는'으로 써야 한다.

정답 | ③

기출 핵심개념

02. 한글 맞춤법 – 띄어쓰기

1. 총칙

> **제2항** | 문장의 각 단어는 띄어 씀을 원칙으로 한다.

단어(單語)는 제 홀로 의미를 갖고 독립적으로 쓰이는 말의 단위이므로 단어, 즉 품사(品詞)별로 띄어 쓰는 것은 문장의 의미 전달 기능과 가독성을 고려할 때 매우 합리적인 방식이다. 다만, 우리말의 조사는 예외적으로 앞말에 붙여 쓴다. 조사는 접미사의 범주에 포함시키기 어려운 것이어서 하나의 단어로 다루어지고 있다. 이는 형식 형태소이며 의존 형태소이므로, 그 앞의 단어에 붙여 씀으로써 문장에서 각 단어의 관계를 정리하는 역할을 하는 것이다.

참고

국어의 품사

품사란 '낱말을 공통된 성질을 가진 것끼리 분류해 놓은 갈래'를 뜻하는 것으로, 국어의 품사에는 9가지가 있다.
① 명사(이름씨): 사람이나 사물의 이름을 나타내는 말   예 사과, 책상
② 대명사(대이름씨): 이름을 대신하여 사람, 사물, 장소 등을 가리키는 말   예 그녀, 이것, 저기
③ 수사(셈씨): 수량이나 차례를 나타내는 말   예 하나, 첫째
④ 조사(토씨): 명사, 대명사, 수사 뒤에 붙어 다른 말과의 관계를 표시해 주는 말   예 영수는 학생이다.
⑤ 동사(움직씨): 동작을 나타내는 말   예 먹다, 가다
⑥ 형용사(그림씨): 상태나 성질을 나타내는 말   예 느리다, 예쁘다
⑦ 관형사(매김씨): 명사, 대명사, 수사를 꾸며 주는 말   예 새 옷, 순 살코기
⑧ 부사(어찌씨): 동사, 형용사를 꾸며 주는 말   예 활짝 피었다.
⑨ 감탄사(느낌씨): 놀람, 느낌, 부름, 응답 등을 나타내는 말   예 아이코, 어머나!

2. 띄어쓰기

제1절   조사

> **제41항** | 조사는 그 앞말에 붙여 쓴다.

예 꽃이   꽃밖에   꽃마저   꽃입니다   꽃에서부터

조사가 둘 이상 연속되거나, 조사가 어미 뒤에 붙는 경우에도 붙여 쓴다.
예 학교에서만이라도   여기서부터입니다.   고마워하기는커녕

제2절 의존 명사, 단위를 나타내는 명사 및 열거하는 말 등

■ **의존 명사**

> **[빈출]**
> 제42항 | 의존 명사는 띄어 쓴다.

예 그가 떠난 지가 오래다. 나도 할 수 있다. 네가 뜻한 바를 알겠다. 먹을 만큼 먹어라.
  바라는 대로 아는 것이 힘이다. 아는 이를 만났다. 어쩔 줄을 몰랐다.

[해설] 의존 명사는 의미적 독립성이 없기 때문에 겉보기에는 조사와 비슷해 보이지만, 다른 단어 뒤에 의존하여 명사적 기능을 담당하므로 하나의 단어로 다루어진다. 따라서 앞말과 띄어 쓴다.
  예 것, 내, 대로, 데, 바, 수, 줄, 터 등

■ **단위성 의존 명사**

> 제43항 | 단위를 나타내는 명사는 띄어 쓴다.

예 소 한 마리 연필 한 자루 옷 한 벌 북어 반 쾌 집 한 채 차 한 대

• 순서를 나타내는 경우나 숫자와 어울리어 쓰이는 경우에는 붙여 쓸 수 있다.
 예 삼학년 오백 원 16동 502호 1446년 10월 9일 80초

• 수효를 나타내는 '개년, 개월, 일(간), 시간' 등은 붙여 쓰지 않는다.
 예 삼 (개)년 육 개월 이십 일(간) 체류하였다.

• 아라비아 숫자 뒤에 붙는 의존 명사는 모두 붙여 쓸 수 있다.
 예 26그램 3년 6개월 20일간 8시간

■ **숫자**

> 제44항 | 수를 적을 적에는 '만(萬)' 단위로 띄어 쓴다.

예 십이억 삼천사백오십육만 칠천팔백구십팔(1,234,567,898) 12억 3456만 7898

■ **열거하는 말**

> 제45항 | 두 말을 이어 주거나 열거할 적에 쓰이는 말들은 띄어 쓴다.

예 국장 겸 과장 열 내지 스물 청군 대 백군 책상, 걸상 등

> 제46항 | 단음절로 된 단어가 연이어 나타날 적에는 붙여 쓸 수 있다.

예 그때 그때 좀더 큰것 이말 저말 한잎 두잎

[해설] 이 규정은 '좀 더 큰 이 새 집'처럼 띄어 쓰면 기록하기에도 불편할 뿐 아니라, 의미를 이해하는 데에도 비효율적이기 때문에 '좀더 큰 이 새집'처럼 붙여 쓸 수 있도록 한 것이다.
단음절어인 관형사와 명사, 부사와 부사가 연결되는 경우와 같이, 자연스럽게 의미적으로 한 덩이를 이룰 수 있는 구조에 적용된다.
  예 훨씬 더 큰 새 집(○) → 훨씬 더큰 새집(×)
   더 큰 이 새 책상(○) → 더큰 이새 책상(×)

위의 예와 같이, 한 개 음절로 된 단어를 무조건 붙여 쓸 수 있는 것은 아니다.
단음절어이면서 관형어나 부사인 경우라도, 관형어와 관형어, 부사와 관형어는 원칙적으로 띄어 쓴다.

예 더 못 간다(○) → 더못 간다(×)
　 꽤 안 온다(○) → 꽤안 온다(×)
　 늘 더 먹는다(○) → 늘더 먹는다(×)

또 부사와 부사가 연결되는 경우에도 위의 예와 같이, 의미적 유형이 다른 단어끼리는 붙여 쓰지 않는 것이 원칙이다.

제3절 보조 용언

빈출

| 제47항 | 보조 용언은 띄어 씀을 원칙으로 하되, 경우에 따라 붙여 씀도 허용한다. |

원칙	허용
그릇을 깨뜨려 버렸다.	그릇을 깨뜨려버렸다.
그 일은 할 만하다. [최신]	그 일은 할만하다.
내 힘으로 막아 낸다.	내 힘으로 막아낸다.
불이 꺼져 간다. [최신]	불이 꺼져간다.
비가 올 듯하다.	비가 올듯하다.
비가 올 성싶다.	비가 올성싶다.
어머니를 도와 드린다.	어머니를 도와드린다.
일이 될 법하다.	일이 될법하다.
잘 아는 척하다. [최신]	잘 아는척하다.

참고 '도와 드리다'는 표준국어대사전에 따르면 '도와드리다'로 붙여 써야 한다. 이는 '도와주다'를 한 단어로 처리한 것에 맞추어 동일하게 처리하고자 함이다.

다만, 앞말에 조사가 붙거나 앞말이 합성 용언인 경우, 그리고 중간에 조사가 들어갈 적에는 그 뒤에 오는 보조 용언은 띄어 쓴다.

예 그가 올 듯도 하다.　　네가 덤벼들어 보아라.　　이런 기회는 다시없을 듯하다.
　 잘도 놀아만 나는구나!　　잘난 체를 한다.　　책을 읽어도 보고…….

[해설] 여기서 말하는 보조 용언은, (1) '-아/-어' 뒤에 연결되는 보조 용언, (2) 의존 명사에 '-하다'나 '-싶다'가 붙어서 된 보조 용언을 가리킨다.

다만, '만하다'의 경우, '만'과 '하다' 사이에 조사가 삽입되면 붙이지 못하고, 띄어 써야 한다.

예 그럴 만도 하다.　　힘들 만도 하다. [최신]

제4절 고유 명사 및 전문 용어

■ 이름의 표기

| [최신] 제48항 | 성과 이름, 성과 호 등은 붙여 쓰고, 이에 덧붙는 호칭어, 관직명 등은 띄어 쓴다. |

예 서화담(徐花潭)　　채영신 씨　　최치원 선생　　충무공 이순신 장군

기출 핵심개념

| 제49항 | 성명 이외의 고유 명사는 단어별로 띄어 씀을 원칙으로 하되, 단위별로 띄어 쓸 수 있다. |

원칙	허용
대한 중학교	대한중학교
한국 대학교 사범 대학	한국대학교 사범대학

■ 전문 용어

| 제50항 | 전문 용어는 단어별로 띄어 씀을 원칙으로 하되, 붙여 쓸 수 있다. |

원칙	허용
만성 골수성 백혈병	만성골수성백혈병
중거리 탄도 미사일	중거리탄도미사일

[해설] 다만, 한자로 된 고전 책명은 띄어 쓰지 않는다. 그러나 서양의 고전 또는 현대 책명이나 작품명은 구와 문장 형식인 경우 단어별로 띄어 쓴다.
　　예 고용, 이자 및 화폐의 일반 이론　　분류두공부시언해　　베니스의 상인
　　관형사형이 체언을 꾸며 주는 구조, 두 개 이상의 체언이 조사로 연결되는 구조의 전문 용어도 붙여 쓸 수 있다.
　　예 강조의 허위(강조의허위)　　따뜻한 구름(따뜻한구름)
　　두 개 이상의 전문 용어가 접속 조사로 이어지는 경우는 전문 용어 단위로 붙여 쓸 수 있다.
　　예 자음 동화와 모음 동화(자음동화와 모음동화)

참고

주의해야 할 띄어쓰기

1. 한 단어로 굳어진 단어는 띄어 쓰지 않는다.
① 관형사 '첫' – 본래 '첫'은 띄어 쓰지만, 일부 '첫아들, 첫인상, 첫사랑, 첫인사'는 한 단어로 보아 붙여 쓴다. 그 외에도 '남매간, 고부간, 모녀간, 부부간, 부자간' 등이 한 단어로 인정된다.
② 먹음직하다 – 본래 '직하다'는 '앞말이 뜻하는 내용이 발생할 가능성이 많음을 나타내는 말'로 앞말과 띄어 쓰지만, '먹음직하다'는 한 단어로 표기한다.
③ 보잘것없다 – '볼만한 가치가 없을 정도로 하찮다'라는 의미의 '보잘것없다'는 한 단어이다.
④ 알은체하다 – '어떤 일에 관심을 가지는 듯한 태도를 보이다.'라는 의미의 '알은체하다'는 '알은척하다'와 더불어 한 단어로 표기한다.
　　참고 '아는체하다'는 잘못된 표기

2. 의존 명사와 조사 구분하여 띄어쓰기
① '-대로, -뿐, -만큼'은 체언 뒤에 올 때는 조사이므로 붙여 쓰고, 용언(정확히는 관형어) 뒤에서는 의존 명사이므로 띄어 쓴다.　　예 법대로(조사) / 시키는 대로 해.(의존 명사) / 실력뿐(조사) / 사라질 뿐(의존 명사) / 나쁠뿐더러('-ㄹ뿐더러'는 연결 어미)
② '-만'은 '의미의 한정'이나 '앞말이 나타내는 대상에 달함.'을 뜻할 때에는 조사이므로 붙여 쓰고, '앞말이 가리키는 동안이나 거리'를 의미할 때에는 의존 명사이므로 띄어 쓴다.　　예 나만 봐.(조사) / 1년 만에 만나다.(의존 명사)
③ 의존 명사 '데, 바', 어미 '-ㄴ데, -ㄴ바'는 뒤에 조사 '에'를 붙였을 때 자연스럽게 이어지면 의존 명사이므로 앞말과 띄어 쓰고, 그렇지 않으면 어미 '-ㄴ바, -ㄴ데'이므로 앞말과 붙여 쓴다.　　예 그런 데는 가지 마.(의존 명사) / 몸도 아픈데 어딜 가니?(어미)
④ 용언의 어간 뒤에 올 때는 어미이므로 붙여 써야 한다.　　예 구름에 달 가듯이

개념 확인문제

다음 괄호 안의 표기 중 맞는 것을 고르세요(맞는 것에 ○하시오).

1. 한바탕 (대 거리, 대거리)를 벌였다.
2. 잠이 막 (들려던 차에, 들려던차에) 전화가 와서 깼다.
3. 방 안은 숨소리가 (들릴 만큼, 들릴만큼) 조용했다.
4. (십이억 삼천사백만 원, 십이억 삼천 사백만 원)짜리 복권에 당첨되었다.
5. 소문으로만 (들었을뿐, 들었을 뿐) 실제로 본 것이 아니니 아직 믿기지 않는다.
6. 아버지가 겪은 고통에 비하면 내 (괴로움 따위, 괴로움따위)는 아무것도 아니었다.
7. 임신한 지 (만 3주, 만3주)가 지났다.
8. (속도위반, 속도 위반)으로 딱지를 떼다.
9. 귤 (만 원어치, 만원어치) 주세요.
10. (만 원 남짓, 만 원남짓)한 돈에 자존심이 상했다.
11. 평생 내 곁을 떠나지 않는 사람은 결국 (나밖에, 나 밖에) 없는 것이다.
12. 나와 얘기를 나누던 사람이 전화가 와서 급히 (나간 지도, 나간지도) 30분이 넘었다.
13. 그 아이는 고구마를 (먹을만큼만, 먹을 만큼만) 바구니에 나누어 담았다.
14. 앞으로 재학생들을 만나 원하는 직업을 얻기 위한 (진학지도, 진학 지도)를 할 예정이다.
15. 그 회사는 근무환경이 (좋을 뿐더러, 좋을뿐더러) 복지도 굉장히 좋다.
16. 사업이 망하고 나서 나는 (닥치는 대로, 닥치는대로) 아르바이트를 해서 돈을 모았다.
17. 찌개가 좀 짜지 않아야 밥을 (먹을만하지, 먹을 만하지).
18. 별거 아닌 일에 너무 (과민반응, 과민 반응) 보이는 거 아니니?
19. 그 서류에는 중요한 개인정보들이 있으니, 잘게 (찢어 버려야, 찢어버려야) 한다.
20. 고위 공직자들에게는 더욱 엄격한 (윤리의식, 윤리 의식)이 요구된다.

정답

1. 대거리 2. 들려던 차에 3. 들릴 만큼 4. 십이억 삼천사백만 원 5. 들었을 뿐
6. 괴로움 따위 7. 만 3주 8. 속도위반 9. 만 원어치 10. 만 원 남짓 11. 나밖에 12. 나간 지도
13. 먹을 만큼만 14. 진학 지도 15. 좋을뿐더러 16. 닥치는 대로 17. 먹을만하지, 먹을 만하지
18. 과민 반응 19. 찢어 버려야, 찢어버려야 20. 윤리의식

개념 확인문제

21 과유불급(過猶不及)이라고, 무엇이든 지나치면 (못쓴다, 못 쓴다).

22 내가 너에게 (못했던만큼, 못했던 만큼) 딱 그만큼 후회가 된다.

23 (부모님에게 만큼은, 부모님에게만큼은) 걱정을 끼치지 말아야지.

24 그의 이마에 땀이 (비오듯, 비 오듯) 흘러내린다.

25 (비행시, 비행 시)에는 반드시 안전벨트를 매 주시기 바랍니다.

26 그가 일을 빨리 처리해 줄 줄 알았는데, (빨리는 커녕, 빨리는커녕) 늦지만 않아도 다행이다.

27 선배들이 (시키는 대로, 시키는대로) 했을 뿐이다.

28 시험이 (시작된지, 시작된 지) 10분이 지나면 입실할 수 없다.

29 (실력 면에서는, 실력면에서는) 한국이 일본을 앞지르지만, 변수가 있을 수 있으니 주의해야 한다.

30 돈과 백이 없는 내가 가진 것은 (실력뿐, 실력 뿐)이다.

31 예외를 두지 말고 (원칙 대로, 원칙대로) 해결하시지요.

32 (팀장 겸 과장, 팀장겸 과장)을 맡고 있는 홍두깨라고 합니다.

33 (일주일 간의, 일주일간의) 회의를 거쳐서 대안이 발표될 것이다.

34 이 신발은 조금 작아서 (좀 더 큰 것, 좀 더큰 것)으로 바꾸어주세요.

35 그렇게 공부만 하던 (철수 조차, 철수조차) 시험에 떨어졌다.

36 우리 조카는 아직 ("맘마"밖에, "맘마" 밖에) 할 줄 모른다.

37 (비는커녕, 비는 커녕) 구름조차 끼지 않는다.

38 딱 (한 번 보고, 한번보고)도 그대로 따라 하니 참으로 신통방통한 녀석이다.

39 날이 참 (맑군그래, 맑군 그래).

40 동생과 나는 (한이불, 한 이불)을 덮고 잔다.

정답
21. 못쓴다 22. 못했던 만큼 23. 부모님에게만큼은 24. 비 오듯 25. 비행 시 26. 빨리는커녕
27. 시키는 대로 28. 시작된 지 29. 실력 면에서는 30. 실력뿐 31. 원칙대로 32. 팀장 겸 과장
33. 일주일간의 34. 좀 더 큰 것 35. 철수조차 36. "맘마"밖에 37. 비는커녕 38. 한 번 보고
39. 맑군그래 40. 한 이불

개념 적용문제
02. 한글 맞춤법 – 띄어쓰기

1 다음 중 띄어쓰기가 바르지 <u>못한</u> 것은?

① 평소에 <u>느낀 바</u>를 말해 봐라.
② 어디로 <u>갈지</u> 몰라서 시간만 보냈어.
③ 회사는 <u>마을에서 부터</u> 멀리 떨어져 있다.
④ 나는 친구와 <u>4월 29일</u>에 만나기로 약속했다.
⑤ 그 과일은 <u>한 입 거리</u>밖에 안 된다.

문제풀이 ▶ 조사는 그 앞말에 붙여 써야 하므로, 두 개의 조사가 결합된 '–에서부터'는 모두 그 앞말인 '마을'에 붙여 써야 맞다. 따라서 '마을에서부터'로 써야 한다.
① 앞에서 말한 내용 그 자체나 일 따위를 나타내는 의존 명사 '바'는 앞말과 띄어 쓴다.
② '지'는 '어떤 일이 있었던 때로부터 지금까지의 동안을 나타내는 말'일 때에는 의존 명사로 쓰인 것이므로 띄어 써야겠지만, 그 외의 경우에는 주로 어미로 쓰이므로 앞말과 붙여 쓴다. ②의 문장에서도 '추측에 대한 막연한 의문이 있는 채로 그것을 뒤 절의 사실이나 판단과 관련시키는 데 쓰는 연결 어미'인 '–ㄹ지'로 쓰인 것이다.
④ 단위를 나타내는 명사라도 숫자와 어울리어 쓰이는 경우에는 붙여 쓸 수 있다.
⑤ '거리'는 '제시한 수가 처리할 만한 것'을 의미하는 의존 명사이다. 따라서 앞말과 띄어 써야 한다.

정답 | ③

2 다음 중 띄어쓰기가 올바른 것은?

① 며칠을 굶어 <u>배고플텐데</u> 어서 먹어라.
② 그 회사는 작은 <u>회사일 망정</u> 역사는 오래되었다.
③ 서류를 검토한 <u>바</u> 몇 가지 미비한 사항이 발견되었다.
④ 기말고사 기간 <u>중</u>에는 도서관을 12시까지 개방합니다.
⑤ 그는 정치, 경제 등 <u>여러면</u>에 걸친 개혁을 주장하고 있다.

문제풀이 ▶ '중'은 '무엇을 하는 동안'을 의미하는 의존 명사이므로 띄어 써야 맞다.
① '–텐데'는 '터인데', '테다'는 '터이다', '테야'는 '터이야'의 축약형으로, '터'가 의존 명사이므로 용언의 관형형과 띄어 써야 한다. 따라서 '배고플 텐데'로 써야 한다.
② '–ㄹ망정'은 연결 어미이므로 붙여 쓰는 것이 맞다. 따라서 '회사일망정'으로 써야 한다. 이와 달리, '괜찮거나 잘된 일'이라는 뜻을 나타내는 의존명사 '망정'은 '마침 네 눈에 띄었기 망정이다'와 같이 앞말과 띄어 쓴다.
③ '–ㄴ바'는 앞절의 상황이 이미 이루어졌음을 나타내는 어미로, 앞말에 붙여 써야 맞다. 따라서 '검토한바'로 써야 한다.
⑤ '등'은 열거한 대상이 복수임을 나타내는 의존 명사이므로 띄어 쓰는 것이 맞고, '면' 역시 어떤 측면이나 방면을 나타내는 명사이므로 띄어 써야 한다. 따라서 '여러 면'으로 써야 한다.

정답 | ④

문제를 더 풀고 싶다면 [**기출동형 문제**]편 바로가기 ☞ p.42

03 표준어 규정/표준 발음법

기출유형 ❶ 표준어 규정의 적용

> 다음 중 밑줄 친 단어가 표준어인 것은?
>
> ① 내일 깜장 보따리를 챙겨 오너라.
> ② 낟알도 얼마 없어 짚북더기만 남은 농사였다.
> ③ 옆구리를 간지르는 통에, 웃음을 참을 수 없었다.
> ④ 죄다 숫평아리로 고르시는 이유라도 있으십니까?
> ⑤ 우리는 여름 보양식으로 소꼬리를 울궈먹기로 했다.

유형 익히기 문장의 특정 어휘에 밑줄을 긋고, 해당 어휘가 표준어 규정에 부합하는지를 판단하는 유형이다. 올바른 표준어를 잘 익혀 놓으면 시간을 벌 수 있는 비교적 간단한 문제이다.

문제풀이 '깜장'은 '깜은 빛깔이나 물감'을 의미하는 표준어이다.
② '짚북데기'가 표준어이다. ③ '간질이는'이 표준어이다.
④ '수평아리'가 표준어이다. ⑤ '우려먹다'가 표준어이다.

정답 | ①

기출유형 ❷ 표준 발음법의 적용

> 밑줄 친 부분의 발음이 적절하지 않은 것은?
>
> ① 호박으로 묽숙하게[묵쑤카게] 죽을 끓였다
> ② 아름다운 시구(詩句)[시꾸]를 하나 알고 있어.
> ③ 매주 월요일[월료일]마다 다 같이 체조를 합시다.
> ④ 어린 눈으로 바라본 세상은 참 넓다[널따]는 기억뿐이다.
> ⑤ 그는 독감 합병증으로 늑막염[능망념]에 걸렸다.

유형 익히기 기존의 표준 발음법 관련 문제 유형에서 학생들이 가장 어려워한 부분은 말의 '장단음 구별'이었다. 그러나 근래 들어 출제되지 않는 경우가 많아, '장단음 구별'과 관련된 표준 발음법 제6~7항보다는 일상생활에서 많이 틀리는 발음을 집중해서 학습해야 한다. 오답률이 높은 대표적인 유형은 'ㄴ 첨가'와 '겹받침의 발음'이다.

문제풀이 '월요일'은 '월-요일'의 합성어로, 'ㄴ 첨가' 현상을 적용할 만한 조건을 갖추고 있다. 하지만 '표준 발음법'의 제1의 근본 원칙은 표준어의 실제 발음을 따른다는 것이다. 따라서 실제 발음에서 소리의 첨가가 없을 경우에는 자연히 앞의 자음을 연음하여 발음해야 하므로, [워료일]로 발음하는 것이 올바르다.

정답 | ③

기출 핵심개념

03. 표준어 규정 / 표준 발음법

❖ 표준어 규정

1. 총칙

표준어는 한 나라에서 공용어로 쓰는 규범으로서의 언어로, 의사소통의 불편을 덜기 위해 전 국민이 공통으로 쓸 공용어의 자격을 부여받은 말이다. 우리나라의 언어는 지역에 따라 차이를 보이는데 이처럼 지역에 따라 다르게 쓰이는 말을 방언이라 하고, 방언 가운데 널리 쓰이는 서울말을 표준어로 인정하였다. 즉, 표준어는 국민들의 효율적인 의사소통을 위해 국가가 인위적으로 정한 말로, 공용어의 기능을 갖고 있는 것이다.

제1항	표준어는 <u>교양 있는 사람들</u>이 두루 쓰는 <u>현대 서울말</u>로 정함을 원칙으로 한다.
	계급적 조건 시대적 지역적 조건

[해설] 표준어 사정(査定)의 원칙이다. '교양 있는 사람들'이라 정한 것은 국민 누구나가 공통적으로 쓸 수 있게 마련한 공용어이므로, 공적(公的) 활동을 하는 이들이 표준어를 익혀 올바르게 사용하는 것은 너무나 당연한 필수적 교양임을 나타낸 것이다. 또한 이렇게 정함으로써 앞으로는 표준어를 못하면 교양 없는 사람이 된다는 점을 강조하고 있다. 아울러 역사의 흐름과 실생활에서의 효용을 고려하여 '현대'라는 시대적 조건이 고려되었으며, '서울말'은 '서울에서 쓰이는 말'로서 서울 지역에서 가장 보편적으로 쓰이는 말을 의미한다.

2. 발음 변화에 따른 표준어 규정

제1절 자음

제3항	다음 단어들은 거센소리를 가진 형태를 표준어로 삼는다.

예) 끄나풀 나팔꽃 부엌 살쾡이 **털어먹다**[최신] 칸 동녘, 들녘, 새벽녘, 동틀 녘

제5항	어원에서 멀어진 형태로 굳어져서 널리 쓰이는 것은, 그것을 표준어로 삼는다.

예) 강낭콩 고삿 사글세(월세)

제6항	다음 단어들은 의미를 구별함이 없이, 한 가지 형태만을 표준어로 삼는다.

예) 돌(생일, 주기) 둘째('제2, 두 개째'의 뜻) 셋째 빌리다('빌려주다'의 의미, '용서를 빌다'는 '빌다'임.)

다만, '둘째'는 십 단위 이상의 서수사에 쓰일 때에 '두째'로 한다.

예) 열두째(열두 번째) 스물두째(스물두 번째)

기 / 출 / 유 / 형

> **빈출**
> **제7항 |** 수컷을 이르는 접두사는 '수-'로 통일한다.

예) 수꿩 수놈 수소 수은행나무

다만 1. 다음 단어에서는 접두사 다음에서 나는 거센소리를 인정한다. 접두사 '암-'이 결합되는 경우에도 이에 준한다.
예) 수캉아지 수캐 수컷 수키와 수탉 수탕나귀 수톨쩌귀 수퇘지 수평아리

다만 2. 다음 단어의 접두사는 '숫-'으로 한다.
예) 숫양 숫염소 숫쥐

제2절 모음

> **제8항 |** 양성 모음이 음성 모음으로 바뀌어 굳어진 다음 단어는 음성 모음 형태를 표준어로 삼는다.

예) 깡총깡총 → 깡충깡충 -동이 → -둥이 발가송이 → 발가숭이 **최신** 뻗장다리 → 뻗정다리
앗아/앗아라 → 아서/아서라 오똑이 → 오뚝이 주초 → 주추(기둥 밑에 괴는 돌 따위의 물건)

다만, 어원 의식이 강하게 작용하는 다음 단어에서는 양성 모음 형태를 그대로 표준어로 삼는다.
예) 부조(扶助) 사돈(査頓) 삼촌(三寸)

> **빈출**
> **제9항 |** 'ㅣ' 역행 동화 현상에 의한 발음은 원칙적으로 표준 발음으로 인정하지 아니하되, 다음 단어들은 그러한 동화가 적용된 형태를 표준어로 삼는다.

예) -내기(시골내기, 풋내기) 냄비 동댕이치다

붙임1 | 다음 단어는 'ㅣ' 역행 동화가 일어나지 아니한 형태를 표준어로 삼는다.
예) 아지랑이(아지랭이×)

붙임2 | 기술자에게는 '-장이', 그 외에는 '-쟁이'가 붙는 형태를 표준어로 삼는다.
최신
예) 겁쟁이 미장이 유기장이 개구쟁이 담쟁이덩굴 멋쟁이 소금쟁이

[해설] 'ㅣ' 역행 동화 현상은 앞의 모음이 뒤 모음 'ㅣ'의 영향을 받아 이중 모음으로 변화되어 발음되는 현상으로, 위의 제9항에서 정한 3개의 단어를 제외하고는 모두 비표준어이다.
  예) 가재미 → 가자미 애기 → 아기 채이다 → 차이다 핵교 → 학교

> **빈출**
> **제10항 |** 다음 단어는 모음이 단순화한 형태를 표준어로 삼는다.

예) 괴팍하다 → 괴팍하다 미류나무 → 미루나무 여늬 → 여느 으례 → 으레
케케묵다 → 케케묵다 허위대 → 허우대 허위적허위적 → 허우적허우적

| 제11항 | 다음 단어에서는 모음의 발음 변화를 인정하여, 발음이 바뀌어 굳어진 형태를 표준어로 삼는다. |

예) -구료 → -구려   나무래다 → 나무라다   바래다 → 바라다   상치 → 상추
    주착 → 주책   지리하다 → 지루하다   허드래 → 허드레   호루루기 → 호루라기

| 제12항 | '웃-' 및 '윗-'은 명사 '위'에 맞추어 '윗-'으로 통일한다. |

예) 윗넓이   윗눈썹   윗니   윗도리   윗배   윗몸   윗입술   윗잇몸   윗변   윗자리

다만 1. 된소리나 거센소리 앞에서는 '위-'로 한다.
예) 위쪽   위채   위층   위턱

다만 2. '아래, 위'의 대립이 없는 단어는 '웃-'으로 발음되는 형태를 표준어로 삼는다.
예) 웃돈   웃어른   웃국   웃옷(맨 겉에 입는 옷. '윗옷'은 '아래옷'의 반대임.)

| 제13항 | 한자 '구(句)'가 붙어서 이루어진 단어는 '귀'로 읽는 것을 인정하지 아니하고, '구'로 통일한다. |

예) 귀법 → 구법(句法)   귀절 → 구절(句節)   귀점 → 구점(句點)   결귀 → 결구(結句)

다만, 다음 단어는 '귀'로 발음되는 형태를 표준어로 삼는다.
예) 구글 → 귀글   글구 → 글귀

제3절 준말

| 제14항 | 준말이 널리 쓰이고 본말이 잘 쓰이지 않는 경우에는, 준말만을 표준어로 삼는다. |

예) 또아리 → 똬리   무우 → 무   새앙쥐 → 생쥐   소리개 → 솔개   온가지 → 온갖

| 제15항 | 준말이 쓰이고 있더라도, 본말이 널리 쓰이고 있으면 본말을 표준어로 삼는다. |

예) 귀개 → 귀이개   낌 → 낌새   뒴박 → 뒤웅박   부럼 → 부스럼   막잡이 → 마구잡이

빈출

| 제16항 | 준말과 본말이 다 같이 널리 쓰이면서 준말의 효용이 뚜렷이 인정되는 것은, 두 가지를 다 표준어로 삼는다. |

최신
예) 거짓부리 – 거짓불   노을 – 놀   막대기 – 막대   망태기 – 망태   머무르다 – 머물다
    서두르다 – 서둘다   오누이 – 오뉘 / 오누   외우다 – 외다   이기죽거리다 – 이죽거리다   찌꺼기 – 찌끼

제4절 단수 표준어

> **제17항** | 비슷한 발음의 몇 형태가 쓰일 경우, 그 의미에 아무런 차이가 없고, 그중 하나가 더 널리 쓰이면, 그 한 형태만을 표준어로 삼는다.

예) 구워박다 → 구어박다   꼭둑각시 → 꼭두각시   널부러지다 → 널브러지다   단촐하다 → 단출하다
    대싸리 → 댑싸리   뒤치닥거리 → 뒤치다꺼리   봉숭화 → 봉숭아   얌냠거리다 → 냠냠거리다
    육계장, 육개장 → 육개장   짓물다 → 짓무르다   천정 → 천장   푸르락붉으락 → 붉으락푸르락

[해설] 단위를 세는 '돈, 말, 발, 푼' 앞에서는 '서[三], 너[四]'를 쓰고, '냥, 되, 섬, 자' 앞에서는 '석[三], 넉[四]'을 쓴다.

제5절 복수 표준어

빈출

> **제18항** | 다음 단어는 왼쪽을 원칙으로 하고, 오른쪽도 허용한다.

예) 네 - 예   쇠고기 - 소고기   쐬다 - 쏘이다   죄다 - 조이다

> **제19항** | 어감의 차이를 나타내는 단어 또는 발음이 비슷한 단어들이 다 같이 널리 쓰이는 경우에는, 그 모두를 표준어로 삼는다.

예) 거슴츠레하다 - 게슴츠레하다   고까 - 꼬까   고린내 - 코린내(구린내 - 쿠린내)   꺼림하다 - 께름하다   나부랭이 - 너부렁이

3. 어휘 선택의 변화에 따른 표준어 규정

제1절 고어

빈출

> **제20항** | 사어(死語)가 되어 쓰이지 않게 된 단어는 고어로 처리하고, 현재 널리 사용되는 단어를 표준어로 삼는다.

예) 설겆다 → 설거지하다   머귀나무 → 오동나무   애닲다 → 애달프다

제2절 한자어

빈출

> **제21항** | 고유어 계열의 단어가 널리 쓰이고 그에 대응되는 한자어 계열의 단어가 용도를 잃게 된 것은, 고유어 계열의 단어만을 표준어로 삼는다.

예) 노닥다리 → 늙다리   말약 → 가루약   맹눈 → 까막눈   방돌 → 구들장   백말 → 흰말
    사래답 → 사래논   잎초 → 잎담배   죌선 → 쥘부채   화곽 → 성냥

> 제22항 | 고유어 계열의 단어가 생명력을 잃고 그에 대응되는 한자어 계열의 단어가 널리 쓰이면, 한자어 계열의 단어를 표준어로 삼는다.

예) 개다리밥상 → 개다리소반　　높은밥 → 고봉밥　　둥근파 → 양파　　뜸단지 → 부항단지　　[최신] 민주스럽다 → 민망스럽다 / 연구스럽다
　　맞상 → 겸상　　[최신] 알타리무 / 알무 → 총각무　　잇솔 → 칫솔　　홑벌 → 단벌

제3절 방언

> 제23항 | 방언이던 단어가 표준어보다 더 널리 쓰이게 된 것은, 그것을 표준어로 삼는다. 이 경우, 원래의 표준어는 그대로 표준어로 남겨 두는 것을 원칙으로 한다.(왼쪽을 표준어로 삼고 오른쪽도 남겨 둠.)

예) 멍게 – 우렁쉥이　　물방개 – 선두리　　애순 – 어린순

> 제24항 | 방언이던 단어가 널리 쓰이게 됨에 따라 표준어이던 단어가 안 쓰이게 된 것은, 방언이던 단어를 표준어로 삼는다.

예) 귓머리 → 귀밑머리　　까무느다 → 까뭉개다　　빈자떡 → 빈대떡　　역스럽다 → 역겹다　　코보 → 코주부

제4절 단수 표준어

> 제25항 | 의미가 똑같은 형태가 몇 가지 있을 경우, 그중 어느 하나가 압도적으로 널리 쓰이면, 그 단어만을 표준어로 삼는다.

예) 구슬사탕 → 알사탕　　　　광우리 → 광주리　　　　곁땀내 → 암내
　　길앞잡이 → 길라잡이 / 길잡이　　늙정뱅이 → 늙정이　　뒤꼭지치다 → 뒤통수치다
　　뒷발톱 → 며느리발톱　　부끄리다 → 부끄러워하다　　부스럭지 → 부스러기
　　새벽별 → 샛별　　　　신기스럽다 → 신기롭다 / 신기하다　　안절부절하다 → 안절부절못하다
　　어린벌레 → 애벌레　　열심으로 → 열심히　　영판 → 아주
　　말국 → 국물　　　　우미다 → 매만지다　　전선대 → 전봇대
　　쪽밤 → 쌍동밤　　팔목시계 → 손목시계

제5절 복수 표준어

[빈출]
> 제26항 | 한 가지 의미를 나타내는 형태 몇 가지가 널리 쓰이며 표준어 규정에 맞으면, 그 모두를 표준어로 삼는다.

예) 가뭄 / 가물　　　　고깃간 / 푸줏간　　　넉 / 쪽
　　뒷갈망 / 뒷감당　　딴전 / 딴청　　　　마파람 / 앞바람
　　[최신] 벌레 / 버러지　　보조개 / 볼우물　　살쾡이 / 삵
　　성글다 / 성기다　　신 / 신발　　　　옥수수 / 강냉이
　　연달다 / 잇달다　　자리옷 / 잠옷　　자물쇠 / 자물통
　　좀처럼 / 좀체　　한턱내다 / 한턱하다　　만큼 / 만치

기 / 출 / 유 / 형

여쭈다 / 여쭙다
깃저고리 / 배내옷 / 배냇저고리
되우 / 된통 / 되게
〔최신〕여태껏 / 이제껏 / 입때껏(여직껏×)
풀무 / 풍구
서럽다 / 섧다
우레 / 천둥
언덕바지 / 언덕배기
보통내기 / 여간내기 / 예사내기

역성들다 / 역성하다
-뜨리다 / -트리다(깨-, 쏟-, 떨어-)
아무튼 / 어떻든 / 어쨌든 / 하여튼 / 여하튼
어금버금하다 / 어금지금하다
멀찌감치 / 멀찌가니 / 멀찍이
의심스럽다 / 의심쩍다
관계없다 / 상관없다
쪽 / 편(오른~, 왼~)
복숭아뼈 / 복사뼈

가락엿 / 가래엿
가엾다 / 가엽다
〔최신〕넝쿨 / 덩굴
모쪼록 / 아무쪼록
게을러빠지다 / 게을러터지다
-(으)세요 / -(으)셔요
-이에요 / -이어요
척 / 체(모르는 ~, 잘난 ~)

❖ 복수 표준어 목록 〔빈출〕

추가 표준어	현재 표준어	의미 차이
걸판지다	거방지다	• 걸판지다 ① 매우 푸지다. 예 술상이 걸판지다./마침 눈먼 돈이 생긴 것도 있으니 오늘 저녁은 내가 걸판지게 사지. ② 동작이나 모양이 크고 어수선하다. 예 싸움판은 자못 걸판져서 구경거리였다. / 소리판은 옛날이 걸판지고 소리할 맛이 났었지. • 거방지다 ① 몸집이 크다. ② 하는 짓이 점잖고 무게가 있다. ③ 매우 푸지다. = 걸판지다 ①
겉울음	건울음	• 겉울음 ① 드러내 놓고 우는 울음 예 꼭꼭 참고만 있다 보면 간혹 속울음이 겉울음으로 터질 때가 있다. ② 마음에 없이 겉으로만 우는 울음 예 눈물도 안 나면서 슬픈 척 겉울음 울지 마. • 건울음 = 강울음 참고 강울음: 눈물 없이 우는 울음. 또는 억지로 우는 울음
까탈스럽다	까다롭다	• 까탈스럽다 ① 조건, 규정 따위가 복잡하고 엄격하여 적응하거나 적용하기에 어려운 데가 있다. '가탈스럽다 ①'보다 센 느낌을 준다. 예 까탈스러운 공정을 거치다./규정을 까탈스럽게 정하다./가스레인지에 길들여진 현대인들에게 까탈스러운 숯 굽기 작업은 시간 낭비로 비칠 수도 있겠다. ② 성미나 취향 따위가 원만하지 않고 별스러워 맞춰 주기에 어려운 데가 있다. '가탈스럽다 ②'보다 센 느낌을 준다. 예 까탈스러운 입맛/성격이 까탈스럽다./딸아이는 사 준 옷이 맘에 안 든다고 까탈스럽게 굴었다. 참고 같은 계열의 '가탈스럽다'도 표준어로 인정함. • 까다롭다 ① 조건 따위가 복잡하거나 엄격하여 다루기에 순탄하지 않다. ② 성미나 취향 따위가 원만하지 않고 별스럽게 까탈이 많다.
실뭉치	실몽당이	• 실뭉치: 실을 한데 뭉치거나 감은 덩이 예 뒤엉킨 실뭉치/실뭉치를 풀다./그의 머릿속은 엉클어진 실뭉치같이 갈피를 못 잡고 있었다. • 실몽당이: 실을 풀기 좋게 공 모양으로 감은 뭉치
마실	마을	의미 차이 없음.	• '이웃에 놀러 다니는 일'의 의미에 한하여 표준어로 인정함. '여러 집이 모여 사는 곳'의 의미로 쓰인 '마실'은 비표준어임. 참고 '마실꾼, 마실방, 마실돌이, 밤마실'도 표준어로 인정함. 예 나는 아들의 방문을 열고 이모네 마실 갔다 오라고 말했다.

추가 표준어	현재 표준어	의미 차이
이쁘다	예쁘다	의미 차이 없음. • '이쁘장스럽다, 이쁘장스레, 이쁘장하다, 이쁘디이쁘다'도 표준어로 인정함. 예 어이구, 내 새끼 이쁘기도 하지.
찰지다	차지다	• 사전에서 《'차지다'의 원말》로 풀이함. 예 화단의 찰진 흙에 하얀 꽃잎이 화사하게 떨어져 날리곤 했다.
-고프다	-고 싶다	• 사전에서 《'-고 싶다'가 줄어든 말》로 풀이함. 예 그 아이는 엄마가 보고파 앙앙 울었다.
꼬리연	가오리연	• 꼬리연: 긴 꼬리를 단 연 예 행사가 끝날 때까지 하늘을 수놓았던 대형 꼬리연도 비상을 꿈꾸듯 끊임없이 창공을 향해 날아올랐다. • 가오리연: 가오리 모양으로 만들어 꼬리를 길게 단 연. 띄우면 오르면서 머리가 아래위로 흔들린다.
의론	의논	• 의론(議論): 어떤 사안에 대하여 각자의 의견을 제기함. 또는 그런 의견 참고 '의론되다, 의론하다'도 표준어로 인정함. 예 이러니저러니 의론이 분분하다. • 의논(議論): 어떤 일에 대하여 서로 의견을 주고받음.
이크	이키	• 이크: 당황하거나 놀랐을 때 내는 소리. '이키'보다 큰 느낌을 준다. 예 이크, 이거 큰일 났구나 싶어 허겁지겁 뛰어갔다. • 이키: 당황하거나 놀랐을 때 내는 소리. '이끼'보다 거센 느낌을 준다.
잎새	잎사귀	• 잎새: 나무의 잎사귀. 주로 문학적 표현에 쓰인다. 예 잎새가 몇 개 남지 않은 나무들이 창문 위로 뻗어 올라 있었다. • 잎사귀: 낱낱의 잎. 주로 넓적한 잎을 이른다.
푸르르다	푸르다	• 푸르르다: '푸르다'를 강조하여 이르는 말 참고 '푸르르다'는 '으' 불규칙 용언으로 분류함. 예 겨우내 찌푸리고 있던 잿빛 하늘이 푸르르게 맑아 오고 어디선지도 모르게 흙냄새가 뭉클하니 풍겨 오는 듯한 순간 벌써 봄이 온 것을 느낀다. • 푸르다: 맑은 가을 하늘이나 깊은 바다, 풀의 빛깔과 같이 밝고 선명하다.
말아 말아라 말아요	마 마라 마요	• '말다'에 명령형 어미 '-아', '-아라', '-아요' 등이 결합할 때는 어간 끝의 'ㄹ'이 탈락하기도 하고 탈락하지 않기도 함. 예 내가 하는 말 농담으로 듣지 마/말아. 얘야, 아무리 바빠도 제사는 잊지 마라/말아라. 아유, 말도 마요/말아요.
노랗네 동그랗네 조그맣네 …	노라네 동그라네 조그마네 …	• 'ㅎ' 불규칙 용언이 어미 '-네'와 결합할 때는 어간 끝의 'ㅎ'이 탈락하기도 하고 탈락하지 않기도 함. • '그렇다, 노랗다, 동그랗다, 뿌옇다, 어떻다, 조그맣다, 커다랗다' 등등 모든 'ㅎ' 불규칙 용언의 활용형에 적용됨. 예 생각보다 훨씬 노랗네/노라네. 이 빵은 동그랗네/동그라네. 건물이 아주 조그맣네/조그마네.
구안와사	구안괘사	의미 차이 없음. (현재 표준어와 같은 뜻으로, 추가로 표준어로 인정한 것) 참고 '굽신'이 표준어로 인정됨에 따라 '굽신거리다, 굽신대다, 굽신하다, 굽신굽신, 굽신굽신하다' 등도 표준어로 함께 인정됨.
굽신	굽실	
눈두덩이	눈두덩	
최신 삐지다	삐치다	
초장초	작장초	
개기다	개개다	• 개기다: (속되게) 명령이나 지시를 따르지 않고 버티거나 반항하다. • 개개다: 성가시게 달라붙어 손해를 끼치다.
꼬시다	꾀다	• 꼬시다: '꾀다'를 속되게 이르는 말 • 꾀다: 그럴듯한 말이나 행동으로 남을 속이거나 부추겨서 자기 생각대로 끌다.

기출 핵심개념

추가 표준어	현재 표준어	의미 차이
놀잇감	장난감	• 놀잇감: 놀이 또는 아동 교육 현장 따위에서 활용되는 물건이나 재료 • 장난감: 아이들이 가지고 노는 여러 가지 물건
딴지	딴죽	• 딴지: 일이 순순히 진행되지 못하도록 훼방을 놓거나 어기대는 것 • 딴죽: 이미 동의하거나 약속한 일에 대하여 딴전을 부림을 비유적으로 이르는 말
사그라들다	사그라지다	• 사그라들다: 삭아서 없어져 가다. • 사그라지다: 기운이나 현상 따위가 가라앉거나 없어지다.
섬찟	섬뜩	• 섬찟: 갑자기 소름이 끼치도록 무시무시하고 끔찍한 느낌이 드는 모양 참고 '섬찟'이 표준어로 인정됨에 따라, '섬찟하다. 섬찟섬찟, 섬찟섬찟하다' 등도 표준어로 함께 인정됨.
속앓이	속병	• 속앓이 ① 속이 아픈 병. 또는 속에 병이 생겨 아파하는 일 ② 겉으로 드러내지 못하고 속으로 걱정하거나 괴로워하는 일 • 속병 ① 몸속의 병을 통틀어 이르는 말 ② 위장병을 일상적으로 이르는 말 ③ 화가 나거나 속이 상하여 생긴 마음의 심한 아픔
허접하다	허접스럽다	• 허접하다: 허름하고 잡스럽다. • 허접스럽다: 허름하고 잡스러운 느낌이 있다.
꺼림직이	꺼림칙이	의미 차이 없음.	마음에 걸려서 언짢고 싫은 느낌이 있게
꺼림직하다	꺼림칙하다		마음에 걸려서 언짢고 싫은 느낌이 있다.
께름직하다	께름칙하다		마음에 걸려서 언짢고 싫은 느낌이 꽤 있다.
추켜세우다	치켜세우다① 치켜세우다②		• 치켜세우다①: 옷깃이나 신체 일부 따위를 위로 가뜬하게 올려 세우다. • 치켜세우다②: 정도 이상으로 크게 칭찬하다.
추켜올리다	추어올리다① 추어올리다②		• 추어올리다①: 옷이나 물건, 신체 일부 따위를 위로 가뜬하게 올리다. • 추어올리다②: 실제보다 과장되게 칭찬하다.
치켜올리다	추어올리다① 추어올리다②		

❖ **2021년 1분기~2023년 1분기 표준국어대사전 개정 내용 요약**

1. 표제어 추가

구분	내용
난	'나는'이 줄어든 말 예 난 네가 좋아.
가사 도우미	일정한 보수를 받고 다른 사람의 집안일을 도와주는 사람
기어다니다	① 기어서 이리저리 다니다. ② 자동차 따위가 매우 천천히 다니다.
까치놀	먼바다의 수평선에서 흰빛을 띠며 이는 큰 물결
시간차	시간을 두고 벌어지는 상황이나 행동이 있을 때, 그 시간의 간격
섣달그믐날	음력으로 한 해의 마지막 날=섣달그믐

2. 뜻풀이 수정 및 추가

구분	내용
내후년	기존 후년의 바로 다음해 ≒ 명후년, 후후년 수정 ① 내년의 다음다음 해 ≒ 명후년, 후후년 ② 올해의 다음다음 해 ≒ 후년
-더라	기존 ① 해라할 자리에 쓰여, 화자가 과거에 직접 경험하여 새로이 알게 된 사실을 그대로 옮겨 와 전달한다는 뜻을 나타내는 종결 어미. 어미 '-더-'와 어미 '-라'가 결합한 말이다. 예 그 사람은 말수가 없더라. 추가 ② 해라할 자리에 쓰여, 화자가 과거에 경험한 일을 회상하며 자문하거나, 공유했던 과거 경험에 대해 상대편에게 물어보는 뜻을 나타내는 종결 어미 예 그걸 어디다 뒀더라?
만큼	기존 조사 ① (체언의 뒤에 붙어) 앞말과 비슷한 정도나 한도임을 나타내는 격 조사 추가 ② (체언의 뒤, 어미 '-어서' 따위에 붙어) 앞말에 한정됨을 나타내는 보조사 예 배 아픈 데만큼은 이 약이 잘 듣는다.
빌빌거리다	기존 ① 느릿느릿하게 자꾸 움직이다. ② 기운 없이 자꾸 행동하다. 추가 ③ 일정한 직업이 없거나 하는 일 없이 계속 지내다.
사그라지다	기존 삭아서 없어지다. 수정 기운이나 현상 따위가 가라앉거나 없어지다.
연달다	기존 ① 움직이는 물체가 다른 물체의 뒤를 이어 따르다. 수정 ① 어떤 물체가 다른 물체의 뒤를 이어 따르다. 또는 다른 물체에 이어지다. 예 차가 연달아 온다.
유작02	기존 죽은 사람이 생전에 남긴 작품 수정 죽은 사람이 생전에 남긴 작품. 주로 사후에 발표되거나 알려진 작품을 이른다.
제고02	기존 쳐들어 높임. 수정 수준이나 정도 따위를 끌어올림.
낙낙하다	기존 ① 크기, 수효, 부피 따위가 조금 크거나 남음이 있다. 추가 ② 살림살이가 모자라지 않고 조금 여유가 있다.
혼주	기존 혼사를 주재하는 사람. 보통 신랑 신부의 아버지이다. 수정 혼사를 주재하는 사람. 보통 신랑 신부의 부모가 맡는다.
표상	기존 대표로 삼을 만큼 상징적인 것 수정 추상적이거나 드러나지 아니한 것을 구체적인 형상으로 드러내어 나타냄.
한몫	기존 한 사람 앞에 돌아가는 배분 수정 한 사람 앞에 돌아가는 큰 이득
우직하다	기존 ① 어리석고 고지식하다. 추가 ② 꾀부리지 않고 묵묵히 맡은 일을 하는 태도가 있다.
뒤로하다	기존 뒤에 남겨 놓고 떠나다. 수정 남겨 놓거나 접어 두다. 또는 그렇게 한 채로 떠나다.

❖ 표준 발음법

1. 총칙

> 제1항 | 표준 발음법은 표준어의 실제 발음을 따르되, 국어의 전통성과 합리성을 고려하여 정함을 원칙으로 한다.

[해설] 표준 발음법은 표준어의 발음에 관한 규칙으로, '표준어의 실제 발음'을 '교양 있는 사람들이 두루 쓰는 현대 서울말의 발음'으로 여기고서 일단 이를 따르도록 원칙을 정한 것이다. 또한 현대 서울말에서조차 실제의 발음에서는 여러 형태로 발음하는 경우가 있어서 그러한 경우에는 '국어의 전통성과 합리성을 고려하여 표준 발음을 정한다'라는 조건을 제시한 것이다. 이것은 한글 맞춤법의 규정에서 어법에 맞도록 한다는 것과 비슷한 조건이다. 국어의 규칙 내지는 법칙에 따라서 표준 발음을 합리적으로 정한다는 뜻으로, 실제 발음을 따르면서 어법상의 합리성을 고려하자는 의미이다.

표준 발음법의 내용은 자음과 모음의 각각의 발음과 소리의 길이, 받침의 발음, 소리의 동화, 된소리되기, 소리의 첨가 등에 관한 것이다.

2. 자음과 모음

> 제2항 | 표준어의 자음은 다음 19개로 한다.

ㄱ ㄲ ㄴ ㄷ ㄸ ㄹ ㅁ ㅂ ㅃ ㅅ ㅆ ㅇ ㅈ ㅉ ㅊ ㅋ ㅌ ㅍ ㅎ

> 제3항 | 표준어의 모음은 다음 21개로 한다.

ㅏ ㅐ ㅑ ㅒ ㅓ ㅔ ㅕ ㅖ ㅗ ㅘ ㅙ ㅚ ㅛ ㅜ ㅝ ㅞ ㅟ ㅠ ㅡ ㅢ ㅣ

> 제4항 | 'ㅏ ㅐ ㅓ ㅔ ㅗ ㅚ ㅜ ㅟ ㅡ ㅣ'는 단모음(單母音)으로 발음한다.

붙임 | 'ㅚ, ㅟ'는 이중 모음으로 발음할 수 있다.

> 제5항 | 'ㅑ ㅒ ㅕ ㅖ ㅘ ㅙ ㅛ ㅝ ㅞ ㅠ ㅢ'는 이중 모음으로 발음한다.

다만 1. 용언의 활용형에 나타나는 '져, 쪄, 쳐'는 [저, 쩌, 처]로 발음한다.
 예 가지어 → 가져[가저]   다치어 → 다쳐[다처]   찌어 → 쪄[쩌]

다만 2. '예, 례' 이외의 'ㅖ'는 [ㅔ]로도 발음한다.
 예 계시다[계:시다/게:시다]   개폐[개폐/개페](開閉)
    지혜[지혜/지헤](智慧)   혜택[혜:택/헤:택](惠澤)

참고 실례[실례], 예시[예:시], 예문[예:문]

다만 3. 자음을 첫소리로 가지고 있는 음절의 '의'는 [ㅣ]로 발음한다.
예 **최신** 무늬[무니]   띄어쓰기[띠어쓰기]   희망[히망]   유희[유히]   하늬바람[하니바람]

다만 4. 단어의 첫음절 이외의 '의'는 [ㅣ]로, 조사 '의'는 [ㅔ]로 발음함도 허용한다.
예 강의의[강ː의의/강ː이에]   **최신** 본의[보ː늬/보ː니]   우리의[우리의/우리에]   주의[주의/주이]   **최신** 협의[혀븨/혀비]

3. 음의 길이

> **빈출**
> 제6항 | 모음의 장단을 구별하여 발음하되, 단어의 첫음절에서만 긴소리가 나타나는 것을 원칙으로 한다.

예 눈멀다[눈멀다]   눈보라[눈ː보라]   떠벌리다[떠벌리다]   말씨[말ː씨]   많다[만ː타]   멀리[멀ː리]
   밤나무[밤ː나무]   벌리다[벌ː리다]   수많이[수ː마니]   쌍동밤[쌍동밤]   첫눈[천눈]   참말[참말]

다만, 합성어의 경우에는 둘째 음절 이하에서도 분명한 긴소리를 인정한다.
예 반신반의[반ː신바ː늬 / 반ː신바ː니]   선남선녀[선ː남선ː녀]   재삼재사[재ː삼재ː사]

붙임 | 용언의 단음절 어간에 어미 '-아/-어'가 결합되어 한 음절로 축약되는 경우에도 긴소리로 발음한다.
예 기어 → 겨[겨ː]   되어 → 돼[돼ː]   보아 → 봐[봐ː]   하여 → 해[해ː]

다만, '오아 → 와, 지어 → 져, 찌어 → 쪄, 치어 → 쳐' 등은 긴소리로 발음하지 않는다.

또, '가+아 → 가, 서+어 → 서, 켜+어 → 켜'처럼 같은 모음끼리 만나 모음 하나가 빠진 경우에도 긴소리로 발음하지 않는다.

> **빈출**
> 제7항 | 긴소리를 가진 음절이라도, 다음과 같은 경우에는 짧게 발음한다.

1. 단음절인 용언 어간에 모음으로 시작된 어미가 결합되는 경우
예 감다[감ː따] – 감으니[가므니]   밟다[밥ː따] – 밟으면[발브면]   신다[신ː따] – 신어[시너]   알다[알ː다] – 알아[아라]

다만, 다음과 같은 경우에는 예외적이다.
예 끌다[끌ː다] – 끌어[끄ː러]   떫다[떨ː따] – 떫은[떨ː븐]
   벌다[벌ː다] – 벌어[버ː러]   썰다[썰ː다] – 썰어[써ː러]
   없다[업ː따] – 없으니[업ː쓰니]

2. 용언 어간에 피동, 사동의 접미사가 결합되는 경우
예 감다[감ː따] – 감기대[감기다]   꼬다[꼬ː다] – 꼬이다[꼬이다]   밟다[밥ː따] – 밟히다[발피다]

다만, 다음과 같은 경우에는 예외적이다.
예 끌리다[끌:리다]   벌리다[벌:리다]   없애다[업:쌔다]

붙임 | 다음과 같은 복합어(합성어)에서는 본디의 길이에 관계없이 짧게 발음한다.
예 밀-물   썰-물   쏜-살-같이   작은-아버지

4. 받침의 발음(음절의 끝소리 규칙)

제8항 | 받침소리로는 'ㄱ, ㄴ, ㄷ, ㄹ, ㅁ, ㅂ, ㅇ'의 7개 자음만 발음한다.

예 간[간]   놀다[놀:다]   돋다[돋따]   망상[망:상]   박[박]   솜[솜:]   집[집]

제9항 | 받침 'ㄲ, ㅋ', 'ㅅ, ㅆ, ㅈ, ㅊ, ㅌ', 'ㅍ'은 어말 또는 자음 앞에서 각각 대표음 [ㄱ, ㄷ, ㅂ]으로 발음한다.

예 꽃[꼳]   닦다[닥따]   부엌[부억]   뱉다[밷:따]   솥[솓]   앞[압]   옷[옫]   젖[젇]

빈출
제10항 | 겹받침 'ㄳ', 'ㄵ', 'ㄼ, ㄽ, ㄾ', 'ㅄ'은 어말 또는 자음 앞에서 각각 [ㄱ, ㄴ, ㄹ, ㅂ]으로 발음한다.

예 값[갑]   넋[넉]   넓다[널따]   **최신** 앉다[안따]   **최신** 여덟[여덜]   없다[업:따]   외곬[외골]   **최신** 핥다[할따]

다만, '밟-'은 자음 앞에서 [밥]으로 발음하고, '넓-'은 다음의 경우에 [넙]으로 발음한다.
예 넓-죽하다[넙쭈카다]   **최신** 넓-둥글다[넙뚱글다]   밟고[밥:꼬]   밟다[밥:따]

빈출
제11항 | 겹받침 'ㄺ, ㄻ, ㄿ'은 어말 또는 자음 앞에서 [ㄱ, ㅁ, ㅂ]으로 발음한다.

예 닭[닥]   맑다[막따]   삶[삼:]   읊고[읍꼬]   **최신** 읊다[읍따]   젊다[점:따]

다만, 용언의 어간 말음 'ㄺ'은 'ㄱ' 앞에서 [ㄹ]로 발음한다.
예 맑게[말께]   **최신** 묽고[물꼬]   얽거나[얼꺼나]

빈출
제12항 | 받침 'ㅎ'의 발음은 다음과 같다.

1. 'ㅎ(ㄶ, ㅀ)' 뒤에 'ㄱ, ㄷ, ㅈ'이 결합되는 경우에는, 뒤 음절 첫소리와 합쳐서 [ㅋ, ㅌ, ㅊ]으로 발음한다.
   예 놓고[노코]   닳지[달치]   많고[만:코]   쌓지[싸치]   좋던[조:턴]

2. 'ㅎ(ㄶ, ㅀ)' 뒤에 'ㅅ'이 결합되는 경우에는, 'ㅅ'을 [ㅆ]으로 발음한다.
   예 닿소[다:쏘]   많소[만:쏘]   싫소[실쏘]

3. 'ㅎ' 뒤에 'ㄴ'이 결합되는 경우에는 [ㄴ]으로 발음한다.
   예) 놓는[논는]   닿는[단:는]   쌓네[싼네]

붙임 | 'ㄶ, ㅀ' 뒤에 'ㄴ'이 결합되는 경우에는, 'ㅎ'을 발음하지 않는다.
예) 뚫네[뚤네 → 뚤레]   뚫는[뚤는 → 뚤른]   않는[안는]

4. 'ㅎ(ㄶ, ㅀ)' 뒤에 모음으로 시작된 어미나 접미사가 결합되는 경우에는, 'ㅎ'을 발음하지 않는다.
   예) 낳은[나은]   놓아[노아]   싫어도[시러도]   쌓이다[싸이다]   많아[마:나]   않은[아는]   닳아[다라]

> **제13항** | 홑받침이나 쌍받침이 모음으로 시작된 조사나 어미, 접미사와 결합되는 경우에는, 제 음가대로 뒤 음절 첫소리로 옮겨 발음한다.

예) 깎아[까까]   꽃을[꼬츨]   낮이[나지]   밭에[바테]   앞으로[아프로]   있어[이써]

> **제14항** | 겹받침이 모음으로 시작된 조사나 어미, 접미사와 결합되는 경우에는, 뒤엣것만을 뒤 음절 첫소리로 옮겨 발음한다.(이 경우, 'ㅅ'은 된소리로 발음함.)

예) 굵이[골씨]   넋이[넉씨]   닭을[달글]   읊어[을퍼]   젊어[절머]   핥아[할타]

> **제15항** | 받침 뒤에 모음 'ㅏ, ㅓ, ㅗ, ㅜ, ㅟ' 들로 시작되는 실질 형태소가 연결되는 경우에는, 대표음으로 바꾸어서 뒤 음절 첫소리로 옮겨 발음한다.

예) 밭 아래[바다래]   늪 앞[느밥]   맛없다[마덥따]   겉옷[거돋]   헛웃음[허두슴]   꽃 위[꼬뒤]

다만, '맛있다, 멋있다'는 [마싣따], [머싣따]로도 발음할 수 있다.

5. 음의 동화

> **제17항** | 받침 'ㄷ, ㅌ(ㄾ)'이 조사나 접미사의 모음 'ㅣ'와 결합되는 경우에는, [ㅈ, ㅊ]으로 바꾸어서 뒤 음절 첫소리로 옮겨 발음한다.

예) 곧이듣다[고지듣따]   굳이[구지]   땀받이[땀바지]   밭이[바치]

붙임 | 'ㄷ' 뒤에 접미사 '-히-'가 결합되어 '티'를 이루는 것은 [치]로 발음한다.
예) 굳히다[구치다]   닫히다[다치다]   묻히다[무치다]

> **제18항** | 받침 'ㄱ(ㄲ, ㅋ, ㄳ, ㄺ), ㄷ(ㅅ, ㅆ, ㅈ, ㅊ, ㅌ, ㅎ), ㅂ(ㅍ, ㄼ, ㄿ, ㅄ)'은 'ㄴ, ㅁ' 앞에서 [ㅇ, ㄴ, ㅁ]으로 발음한다.

예) 국물[궁물]   굵는[궁는]   꽃망울[꼰망울]   붙는[분는]   밥물[밤물]   밟는[밤:는]   읊는[음는]

붙임 | 두 단어를 이어서 한 마디로 발음하는 경우에도 이와 같다.

예 밥 먹는다[밤멍는다]   옷 맞추다[온맏추다]   책 넣는다[챙넌는다]

> **제19항 |** 받침 'ㅁ, ㅇ' 뒤에 연결되는 'ㄹ'은 [ㄴ]으로 발음한다.

예 강릉[강능]   담력[담ː녁]   침략[침ː냑]   항로[항ː노]

붙임 | 받침 'ㄱ, ㅂ' 뒤에 연결되는 'ㄹ'도 [ㄴ]으로 발음한다.

예 막론[막논 → 망논]   법리[법니 → 범니]   석류[석뉴 → 성뉴]   협력[협녁 → 혐녁]

빈출
> **제20항 |** 'ㄴ'은 'ㄹ('ㅀ', 'ㄾ')'의 앞이나 뒤에서 [ㄹ]로 발음한다.

예 광한루[광ː할루]   닳는[달른]   대관령[대ː괄령]   신라[실라]   줄넘기[줄럼끼]   핥네[할레]

빈출
다만, 다음과 같은 단어들은 'ㄹ'을 [ㄴ]으로 발음한다.

예 결단력[결딴녁]   **최신** 공권력[공꿘녁]   동원령[동ː원녕]   상견례[상견녜]   생산량[생산냥]
   의견란[의ː견난]   이원론[이ː원논]   임진란[임ː진난]   입원료[이붠뇨]   횡단로[횡단노]

표준 발음법 제20항
음운의 변동 중 '유음화'와 관련된 규정이다. 그런데 예외적으로 'ㄹ'을 [ㄴ]으로 발음하는 단어들이 있는데, 이 단어들의 규칙성은 다음과 같다.(ㄹ의 비음화)
→ '2음절 한자어+1음절 한자어'인 합성어이며, 단어의 사이에서 앞 단어의 끝소리가 'ㄴ', 뒤 단어의 첫소리가 'ㄹ'인 경우

> **제22항 |** 다음과 같은 용언의 어미는 [어]로 발음함을 원칙으로 하되, [여]로 발음함도 허용한다.

예 되어[되어/되여]   피어[피어/피여]

6. 경음화(된소리되기)

> **제23항 |** 받침 'ㄱ(ㄲ, ㅋ, ㄳ, ㄺ), ㄷ(ㅅ, ㅆ, ㅈ, ㅊ, ㅌ), ㅂ(ㅍ, ㄼ, ㄿ, ㅄ)' 뒤에 연결되는 'ㄱ, ㄷ, ㅂ, ㅅ, ㅈ'은 된소리로 발음한다.

예 값지다[갑찌다]   국밥[국빱]   낯설다[낟썰다]   넋받이[넉빠지]   닭장[닥짱]   덮개[덥깨]   있던[읻떤]

> **제24~25항 |** 어간 받침 'ㄴ(ㄵ), ㅁ(ㄻ)', 'ㄼ, ㄾ' 뒤에 결합되는 어미의 첫소리 'ㄱ, ㄷ, ㅅ, ㅈ'은 된소리로 발음한다.

예 더듬지[더듬찌]   떫지[떨ː찌]   신고[신ː꼬]   얹다[언따]   젊지[점ː찌]   훑소[훌쏘]

다만, 피동, 사동의 접미사 '-기-'는 된소리로 발음하지 않는다.
예 감기다[감기다]   굶기다[굼기다]   안기다[안기다]   옮기다[옴기다]

> 제26항 | 한자어에서, 'ㄹ' 받침 뒤에 연결되는 'ㄷ, ㅅ, ㅈ'은 된소리로 발음한다.

예 갈등[갈뜽]   갈증[갈쯩]   말살[말쌀]   물질[물찔]   몰상식[몰쌍식]
   발동[발똥]   발전[발쩐]   불소[불쏘](弗素)   불세출[불쎄출]   일시[일씨]   절도[절또]

다만, 같은 한자가 겹쳐진 단어의 경우에는 된소리로 발음하지 않는다.
예 허허실실[허허실실](虛虛實實)   절절-하다[절절하다](切切-)

> 제27항 | 관형사형 '-(으)ㄹ' 뒤에 연결되는 'ㄱ, ㄷ, ㅂ, ㅅ, ㅈ'은 된소리로 발음한다.

예 할 것을[할꺼슬]   갈 곳[갈꼳]   만날 사람[만날싸람]

다만, 끊어서 말할 적에는 예사소리로 발음한다.

붙임 | '-(으)ㄹ'로 시작되는 어미의 경우에도 이에 준한다.
예 할걸[할껄]   할세라[할쎄라]   할수록[할쑤록]   할밖에[할빠께]
   할지라도[할찌라도]   할지언정[할찌언정]   할진대[할찐대]

> 제28항 | 표기상으로는 사이시옷이 없더라도, 관형격 기능을 지니는 사이시옷이 있어야 할(휴지가 성립되는) 합성어의 경우에는, 뒤 단어의 첫소리 'ㄱ, ㄷ, ㅂ, ㅅ, ㅈ'을 된소리로 발음한다.

예 강-가[강까]   강-줄기[강쭐기]   굴-속[굴ː쏙]   그믐-달[그믐딸]   길-가[길까]
   눈-동자[눈똥자]   등-불[등뿔]   문-고리[문꼬리]   물-동이[물똥이]   바람-결[바람껼]
   발-바닥[발빠닥]   산-새[산쌔]   술-잔[술짠]   손-재주[손째주]   신-바람[신빠람]
   아침-밥[아침빱]   잠-자리[잠짜리]   창-살[창쌀]   초승-달[초승딸]

7. 음의 첨가

> 제29항 | 합성어 및 파생어에서, 앞 단어나 접두사의 끝이 자음이고 뒤 단어나 접미사의 첫음절이 '이, 야, 여, 요, 유'인 경우에는, 'ㄴ' 음을 첨가하여 [니, 냐, 녀, 뇨, 뉴]로 발음한다.

예 꽃-잎[꼰닙]   내복-약[내ː봉냑]^{최신}   늑막-염[능망념]^{최신}   늦-여름[는녀름]^{최신}   막-일[망닐]
   백분-율[백뿐뉼]   삯-일[상닐]   색-연필[생년필]^{최신}   식용-유[시굥뉴]

다만, 다음과 같은 말들은 'ㄴ' 음을 첨가하여 발음하되, 표기대로 발음할 수 있다.
예 검열[검ː녈/거ː멸] 금융[금늉/그뮹] 야금야금[야금냐금/야그먀금] 이죽―이죽[이중니죽/이주기죽]
  이글이글[이글리글/이그리글]

붙임 1 | 'ㄹ' 받침 뒤에 첨가되는 'ㄴ' 음은 [ㄹ]로 발음한다.
예 물―약[물략]   서울―역[서울력]   설―익다[설릭따]   솔―잎[솔립]

다만, 다음과 같은 단어에서는 'ㄴ(ㄹ)' 음을 첨가하여 발음하지 않는다.
예 6.25[유기오]   3.1절[사밀쩔]   송별―연[송ː벼련]   등―용문[등용문]

8. 2017 표준 발음법 개정 내용 요약

표제어	개정 내용
관건	[관건] / [관껀] 참고 기존에는 [관건]만 표준 발음
교과	[교ː과] / [교ː꽈] 참고 기존에는 [교ː과]만 표준 발음
불법	[불법] / [불뻡] 참고 기존에는 [불법]만 표준 발음 참고 단 불교의 법도를 뜻하는 '불법(佛法)'은 [불법]만 표준 발음
반값	[반ː갑] / [반ː깝] 참고 기존에는 [반ː갑]만 표준 발음
분수(수학 용어)	[분쑤] / [분수] 참고 기존에는 [분쑤]만 표준 발음
안간힘	[안깐힘] / [안간힘] 참고 기존에는 [안깐힘]만 표준 발음
인기척	[인끼척] / [인기척] 참고 기존에는 [인끼척]만 표준 발음
점수(point의 의미)	[점쑤] / [점수] 참고 기존에는 [점쑤]만 표준 발음
함수(수학 용어)	[함ː쑤] / [함ː수] 참고 기존에는 [함ː쑤]만 표준 발음
효과	[효ː과] / [효ː꽈] 참고 기존에는 [효ː과]만 표준 발음
감언이설	[가먼니설] / [가머니설] 참고 기존에는 [가먼니설]만 표준 발음
강약	[강약] / [강냑] 참고 기존에는 [강약]만 표준 발음
괴담이설	[괴ː담니설] / [궤ː다미설] 참고 기존에는 [괴ː담니설]만 표준 발음
밤이슬	[밤니슬] / [바미슬] 참고 기존에는 [밤니슬]만 표준 발음
연이율	[연니율] / [여니율] 참고 기존에는 [연니율]만 표준 발음
영영	[영ː영] / [영ː녕] 참고 기존에는 [영ː영]만 표준 발음
의기양양	[의ː기양양] / [의ː기양냥] 참고 기존에는 [의ː기양양]만 표준 발음
순이익	[순니익] / [수니익] 참고 기존에는 [순니익]만 표준 발음

개념 확인문제

※ 표준어

[1~8] 다음 중 표준어인 것에 ○표 하시오.(중복 선택 가능)

1 끄나불/끄나풀   살괭이/살쾡이   간막이/칸막이
   갈치/칼치   나발꽃/나팔꽃   동틀 녁/동틀 녘

2 강남콩/강낭콩   사글세/삯월세   열둘째/열두째

3 수펑/숫펑   수나사/숫나사   수소/숫소
   수퇘지/수퇘지   수쥐/숫쥐   수강아지/수캉아지/숫캉아지

4 깡총깡총/깡충깡충   오똑이/오뚝이/오뚜기   부조/부주
   사돈/사둔   오손도손/오순도순

5 괴팍하다/괴퍅하다   미루나무/미류나무   으레/으레/의레

6 케케묵다/켸켸묵다   상추/상치   시골나기/시골내기

7 웃니/윗니   웃도리/윗도리   웃몸/윗몸
   윗층/위층   위턱/윗턱   웃돈/윗돈
   웃어른/윗어른   겉옷 → 웃옷/윗옷   귀절/구절

8 울그락불그락/붉으락푸르락   강냉이/옥수수   연달다/잇달다
   게을러빠지다/게을러터지다   짓물다/짓무르다   거의/거진

[9~12] 표준어인 것에 모두 ○표 하시오.(복수 표준어, 개정 표준어 포함)

9   남부 지방은 한두 차례 비가 온 뒤 오후 늦게부터 점차 (개이겠습니다/개겠습니다).

10 마음 같아서는 당장 순철이의 (뺨따귀/따귀)를 사정없이 때리고 싶었다.

11 그는 (까다롭다/까탈스럽다)는 말을 많이 듣는다.

12 내 (입때/여직) 그런 소리는 처음 듣는다.

정답

※ 표준어
1. 끄나풀, 살쾡이, 칸막이, 갈치, 나팔꽃, 동틀 녘 2. 강낭콩, 사글세, 열둘째/열두째 3. 수펑, 수나사, 수소, 수퇘지, 숫쥐, 수캉아지 4. 깡충깡충, 오뚝이, 부조, 사돈, 오손도손/오순도순 5. 괴팍하다, 미루나무, 으레 6. 케케묵다, 상추, 시골내기 7. 윗니, 윗도리, 윗몸, 윗층, 위턱, 웃돈, 웃어른, 웃옷, 구절 8. 붉으락푸르락, 강냉이/옥수수, 연달다/잇달다, 게을러빠지다/게을러터지다, 짓무르다, 거의 9. 개겠습니다 10. 뺨따귀/따귀 11. 까다롭다/까탈스럽다 12. 입때

※ 표준 발음법

[1~5] 다음 단어의 표준 발음에 모두 ○표 하시오.(중복 선택 가능)

1 [밤:나무 / 밤나무] 아래에서 기다린다고 밤이 떨어지지는 않는다.
[삼: / 삼]을 즐기기 위해서는 충분한 여가를 확보해야 한다.
우리 가족은 서울과 [멀:리 / 멀리] 떨어진 시골로 이사를 했다.
자신의 이력을 [떠벌:리다 / 떠벌리다]
[눈:보라 / 눈보라]가 치는 겨울 들판에서 나는 그녀를 보았다.

2 실례 [실례]/[실레]   가져 [가져]/[가저]
희망 [희망]/[히망]   예문 [예:문]/[에:문]
개폐 [개:폐]/[개:페]   되다 [되다]/[뒈다]

3 닦다 [닥다]/[닥따]   여덟 [여덜]/[여덥]
핥다 [할따]/[합따]   밟다 [발:따]/[밥:따]
넓죽하다 [넙쭈카다]/[널쭈카다] 맑다 [막따]/[말따]
묽고 [물꼬]/[묵꼬]   닳지 [달찌]/[달치]
밭에 [바테]/[바데]   곬이 [골씨]/[골시]
헛웃음 [헏우슴]/[허두슴]   맛있다 [마딛따]/[마싣따]

4 신라 [신나]/[실라]   광한루 [광:할루]/[광:한누]
뚫는 [뚤는]/[뚤른]   생산량 [생산냥]/[생산량]
공권력 [공꿘력]/[공꿘녁]   상견례 [상견녜]/[상견레]

5 맨입 [맨닙]/[매닙]   설익다 [서릭따]/[설릭따]
식용유 [시굥유]/[시굥뉴]   검열 [검:녈]/[거:멸]
6.25 [유기오]/[융니오]   등용문 [등뇽문]/[등용문]
밤이슬 [밤니슬]/[바미슬]   욜랑욜랑 [욜랑욜랑]/[욜랑뇰랑]

정답

※ 표준 발음법
1. 밤:나무, 삼:, 멀:리, 떠벌리다, 눈:보라 **2.** 실례, 가져, 희망, 예:문, 개:폐/개:페, 되다/뒈다
3. 닥따, 여덜, 할따, 밥:따, 넙쭈카다, 막따, 물꼬, 달치, 바테, 골씨, 허두슴, 마딛따/마싣따
4. 실라, 광:할루, 뚤른, 생산냥, 공꿘녁, 상견녜
5. 맨닙, 설릭따, 시굥뉴, 검:녈/거:멸, 유기오, 등용문, 밤니슬/바미슬, 욜랑욜랑/욜랑뇰랑

개념 적용문제
03. 표준어 규정 / 표준 발음법

1 다음 중 밑줄 친 단어가 표준어가 아닌 것은?

① 내가 책을 거저 줄 테니, 열심히 해라.
② 근래에 하루 종일 집에만 있으려니 깝깝하다.
③ 나무 위의 까치가 꼬랑지를 까딱거리고 있다.
④ 사랑이의 냠냠거리는 모습을 보면 식욕이 절로 생긴다.
⑤ 아서라, 그러다 사람이 다칠 수 있으니 절대 해서는 안 된다.

문제풀이 ▶ '깝깝하다'는 '옷 따위가 여유 없이 달라붙거나 압박하여 유쾌하지 못한 상태에 있다', '좁고 닫힌 공간 속에 있어 꽉 막힌 느낌이 있다' 등의 의미를 지닌 '갑갑하다'의 비표준어이다.
① '아무런 노력이나 대가 없이'를 나타낼 때에는 '거저'를 쓰는 것이 올바르다. 발음상 혼동하기 쉬운 표현인 '그저'는 '변함없이 이제까지' 또는 '어쨌든지 무조건'의 의미로 쓰인다.
③ '꼬랑지'는 '꽁지'를 낮잡아 이르는 말'로 쓰이는 표준어이다.
④ '어린아이 등이 음식을 맛있게 먹는 소리를 자꾸 내다'라는 의미로 '냠냠거리다'를 쓴다. 두음 법칙을 고려하여 '얌냠거리다'로 쓰는 경우가 있으나, 같은 음절이 겹쳐 나는 첩어이므로 같은 형태로 표기한 '냠냠거리다'가 바른 표현이다. ㉠ 냠냠대다
⑤ '아서라'는 '그렇게 하지 말라고 금지할 때 하는 말'로, 해라할 자리에 쓰는 표준어이다.

정답 | ②

2 다음 중 밑줄 친 단어의 발음이 바르지 않은 것은?

① 필요시 공권력[공꿜력]이 투입되어야 한다.
② 봄이 되니 눈이 간지러워서 눈에 눈약[눈냑]을 넣었다.
③ 그는 이번 일을 이루기 위해 안간힘[안깐힘]을 다했다.
④ 마을버스가 돌다리[돌:다리]를 건너 우리 마을로 들어섰다.
⑤ 예의 없는 그는 묻는 말에 그저 고갯짓[고개찓]만 했다.

문제풀이 ▶ '공권력(公權力)'은 표준 발음법 제20항 ['ㄴ'은 'ㄹ('ㅀ', 'ㄾ')'의 앞이나 뒤에서 [ㄹ]로 발음한다.]의 예외 규정에 해당하는 대표적인 단어로, [공꿘녁]으로 발음하는 것이 올바르다. 그 외, '의견란[의:견난], 상견례[상견녜], 입원료[이붠뇨]' 등이 있다.
② '눈약'은 '눈'과 '약'의 합성어로 'ㄴ'을 첨가하여 [눈냑]으로 발음한다.
③ '안간힘'은 본래 [안깐힘]만 표준 발음이었으나, 2017년 표준 발음 개정에 의해 [안간힘]도 복수 표준 발음이 되었으므로 주의해야 한다.
④ '돌다리'의 경우 [돌:따리]로 발음하는 경우가 많으나, 표준 발음은 경음화가 일어나지 않는 [돌:다리]이다.
⑤ 뒷소리를 된소리로 바꾸는 '사이시옷'은 발음하지 않는 것을 원칙으로 하되, 사이시옷을 [ㄷ]으로 발음하는 것도 허용하므로, '고갯짓'의 경우 [고개찓/고갣찓] 둘다 표준발음이다.

정답 | ①

문제를 더 풀고 싶다면 [**기출동형 문제**]편 바로가기 ☞ p.44

04 외래어 / 로마자 표기법

기출유형 ❶ 외래어 표기법

다음 중 외래어 표기가 바르지 않은 것은?

① 규슈   ② 푸켓   ③ 호찌민
④ 싱가포르   ⑤ 에티오피아

유형 익히기 외래어 표기법은 외래어로 된 일상 어휘, 지명, 사람 이름 등을 우리말로 올바르게 표기할 수 있는지를 묻는 문항이 주로 출제되고 있다. 외래어 표기법 규정을 숙지하고, 외래어로 표기된 우리말 단어를 구분할 수 있어야 한다.

문제풀이 외래어 표기법에서는 원칙적으로 파열음 표기에는 된소리를 표기하지 않도록 하지만(외래어 표기법 제1장 제4항), '푸껫(Phuket)'은 타이어 표기법에 따라 '푸껫'으로 적는다.

정답 | ②

기출유형 ❷ 로마자 표기법

다음 중 로마자 표기가 적절하지 않은 것은?

① 위례성길 – Wiryeseong-gil   ② 신창읍 – Sinchang-eup
③ 합정동 – Hapjeong-dong   ④ 을지로 2가 – Euljjiro 2(i)-ga
⑤ 광안리 – Gwangalli

유형 익히기 로마자 표기법은 사람 이름이나 지명 등 고유 명사를 로마자로 표기할 수 있는지를 묻는 유형이 출제된다. 로마자 표기법의 기본 원리인 전음법(소리 나는 대로 적는 방식)에 대한 이해를 바탕으로 문제를 푼다.

문제풀이 로마자 표기법은 국어의 표준 발음대로 적는다는 원칙에 따라 대부분의 음운 변화를 반영하지만, 된소리되기는 반영하지 않는다(로마자 표기법 제3장 제1항 [붙임]). 따라서 '을지로'는 [을찌로]로 발음 나더라도 'Euljiro'로 적는다. 그리고 '도, 시, 군, 구, 읍, 면, 리, 동'의 행정 구역 단위와 '가'는 각각 'do, si, gun, gu, eup, myeon, ri, dong, ga'로 적고, 그 앞에는 붙임표(-)를 넣는다. 붙임표(-) 앞뒤에서 일어나는 음운 변화는 표기에 반영하지 않는다(로마자 표기법 제3장 제5항). 따라서 'Euljiro 2(i)-ga'로 적는다. 다만, ⑤의 '광안리'의 경우 행정 구역 단위의 리(ri)가 아니므로, 음운 변화를 적용하여 'Gwangalli'로 적는다.

정답 | ④

기출 핵심개념

04. 외래어 / 로마자 표기법

❖ 외래어 표기법

제1장 표기의 기본 원칙

제1항 | 외래어는 국어의 현용 24자모만으로 적는다.

[해설] 한국어에 없는 외래어의 소리를 표현하기 위해 한글 맞춤법에서 정한 국어의 현용 24자모 이외의 특수 문자나 기호는 사용하지 않는다는 것이다. 왜냐하면 외래어 표기법은 우리나라 사람들이 한국어로 일상적인 의사소통을 하는 데 필요한 표준 표기법을 제공하기 위한 것이지, 외국어를 말할 때에도 그대로 발음하라는 것은 아니기 때문이다. 다만, 원어의 발음을 존중하면서도 최대한 국어의 현용 한글 자모 안에서 실현될 수 있도록 노력하고 있다.

제2항 | 외래어의 1음운은 원칙적으로 1기호로 적는다.

[해설] 외국어에서 하나의 소리는 우리말에서도 같은 하나의 소리로 대응시켜, 사용하는 데 편리하게 하고자 한다.
  예 [ɔ]– concert(콘서트)   contents(콘텐츠)
  그러나 국어에 들어와 음성 환경에 따라 다르게 실현될 경우에는 다르게 적는 경우를 인정한다.
  예 [p]– sharp(샤프)   shop(숍)

제3항 | 받침에는 'ㄱ, ㄴ, ㄹ, ㅁ, ㅂ, ㅅ, ㅇ'만을 쓴다.

[해설] 외래어를 받침으로 적을 때에는 'ㄱ, ㄴ, ㄹ, ㅁ, ㅂ, ㅅ, ㅇ'의 7개 자음 이외의 다른 자음은 쓸 수 없다.
  예 cap[kæp] (캪 → 캡)   최신 robot [roʊbɑt] (로보트 → 로봇)

제4항 | 파열음 표기에는 된소리를 쓰지 않는 것을 원칙으로 한다.

[해설] 국어의 파열음은 같은 위치에서 평음(ㅂ, ㄷ, ㄱ), 경음(ㅃ, ㄸ, ㄲ), 격음(ㅍ, ㅌ, ㅋ)의 세 가지로 구분된다. 그러나 영어, 독일어, 프랑스어, 이탈리아어 등 대부분의 외국어는 파열음이 무성음(p, t, k), 유성음(b, d, g) 두 가지로만 구분된다. 외국어의 유성 파열음을 가장 가깝게 나타낼 수 있는 표기는 평음이므로 [g]는 'ㄱ'으로, [d]는 'ㄷ'으로, [b]는 'ㅂ'으로 표기한다. 그리고 무성 파열음은 거센소리로 표기할 수밖에 없다.
즉, 유성 파열음(b, d, g)은 평음(ㅂ, ㄷ, ㄱ)으로, 무성 파열음(p, t, k)는 거센소리(ㅍ, ㅌ, ㅋ)로 적는다.
  예 까페 → 카페   아뜰리에 → 아틀리에   삐에로 → 피에로   빠리 → 파리
  단, 된소리로 적는 것이 굳어진 것은 된소리를 표기하는 것을 예외적으로 인정한다.
  예 gum(껌)   partizan(빨치산)   pão(빵)

제5항 | 이미 굳어진 외래어는 관용을 존중하되, 그 범위와 용례는 따로 정한다.

[해설] 'radio'는 [reidioʊ]로 발음되지만 '레이디오'가 아니라, '라디오'로, 'camera[kæmərə]'는 '캐머러'가 아니라 '카메라'로 적는다.

> 참고

외래어 표기법 정리

제1항 – 무성 파열음([p], [t], [k])
  ① 짧은 모음 다음의 어말 무성 파열음([p], [t], [k])은 받침으로 적는다.
  ② 짧은 모음과 유음·비음([l], [r], [m], [n]) 이외의 자음 사이에 오는 무성 파열음([p], [t], [k])은 받침으로 적는다.
  ③ 위 경우 이외의 어말과 자음 앞의 [p], [t], [k]는 '으'를 붙여 적는다.

제2항 – 유성 파열음([b], [d], [g])
  어말과 모든 자음 앞에 오는 유성 파열음은 '으'를 붙여 적는다.

제3항 – 마찰음([s], [z], [f], [v], [θ], [ð], [ʃ], [ʒ])
  ① 어말 또는 자음 앞의 [s], [z], [f], [v], [θ], [ð]는 '으'를 붙여 적는다.
  ② 어말의 [ʃ]는 '시'로 적고, 자음 앞의 [ʃ]는 '슈'로, 모음 앞의 [ʃ]는 뒤따르는 모음에 따라 '샤', '섀', '셔', '셰', '쇼', '슈', '시'로 적는다.
  ③ 어말 또는 자음 앞의 [ʒ]는 '지'로 적고, 모음 앞의 [ʒ]는 'ㅈ'으로 적는다.

제4항 – 파찰음([ts], [dz], [tʃ], [dʒ])
  ① 어말 또는 자음 앞의 [ts], [dz]는 '츠', '즈'로 적고, [tʃ], [dʒ]는 '치', '지'로 적는다.
  ② 모음 앞의 [tʃ], [dʒ]는 'ㅊ', 'ㅈ'으로 적는다.

제5항 – 비음([m], [n], [ŋ])
  ① 어말 또는 자음 앞의 비음은 모두 받침으로 적는다.
  ② 모음과 모음 사이의 [ŋ]은 앞 음절의 받침 'ㅇ'으로 적는다.

제6항 – 유음([l])
  ① 어말 또는 자음 앞의 [l]은 받침으로 적는다.
  ② 어중의 [l]이 모음 앞에 오거나, 모음이 따르지 않는 비음([m], [n]) 앞에 올 때에는 'ㄹㄹ'로 적는다. 다만, 비음([m], [n]) 뒤의 [l]은 모음 앞에 오더라도 'ㄹ'로 적는다.

제7항 – 장모음
  장모음의 장음은 따로 표기하지 않는다.

제8항 – 중모음([ai], [au], [ei], [ɔi], [ou], [auə])
  중모음은 각 단모음의 음가를 살려서 적되, [ou]는 '오'로, [auə]는 '아워'로 적는다.

제9항 – 반모음([w], [j])
  ① [w]는 뒤따르는 모음에 따라 [wə], [wɔ], [wou]는 '워', [wɑ]는 '와', [wæ]는 '왜', [we]는 '웨', [wi]는 '위', [wu]는 '우'로 적는다.
  ② 자음 뒤에 [w]가 올 때에는 두 음절로 갈라 적되, [gw], [hw], [kw]는 한 음절로 붙여 적는다.
  ③ 반모음 [j]는 뒤따르는 모음과 합쳐 '야', '얘', '여', '예', '요', '유', '이'로 적는다. 다만, [d], [l], [n] 다음에 [jə]가 올 때에는 각각 '디어', '리어', '니어'로 적는다.

제10항 – 복합어
  ① 따로 설 수 있는 말의 합성으로 이루어진 복합어는 그것을 구성하고 있는 말이 단독으로 쓰일 때의 표기대로 적는다.
  ② 원어에서 띄어 쓴 말은 띄어 쓴 대로 한글 표기를 하되, 붙여 쓸 수도 있다.

❖ 주의해야 할 외래어 표기

외래어	올바른 표기(○)	잘못된 표기(×)	외래어	올바른 표기(○)	잘못된 표기(×)
gips	깁스	기브스	analogue	아날로그	아나로그
nylon	나일론	나이론	outlet	아웃렛	아울렛
nonsense	난센스	넌센스	accent	악센트	액센트
Netherlands	네덜란드	네델란드	enquête	앙케트	앙케이트
data	데이터	데이타	encore	앙코르	앵콜
digital	디지털	디지탈	ad lib	최신 애드리브	애드립
Las Vegas	라스베이거스	라스베가스	accessory	액세서리	악세사리
license	최신 라이선스	라이센스	ambulance	앰뷸런스	앰브런스
repertory	레퍼토리	레파토리	air conditioner	에어컨	에어콘
royal	최신 로열	로얄	elevator	엘리베이터	엘레베이터
rheumatism	최신 류머티즘	류마티스	workshop	최신 워크숍	워크샵
mania	마니아	매니아	giant	자이언트	자이안트, 쟈이언트
massage	마사지	맛사지	cardigan	카디건	가디건
Malaysia	말레이시아	말레이지아	castela	카스텔라	카스테라
barbecue	바비큐	바베큐	counseling	최신 카운슬링	카운셀링
badge	최신 배지	뱃지	catalog	카탈로그	카다로그
battery	배터리	빠떼리, 빳데리, 밧데리	carpet	최신 카펫	카페트
body	보디	바디	caramel	캐러멜	카라멜
body language	보디랭귀지	바디랭기지	curtain	커튼	커텐
buffet	뷔페	부페	color	컬러	칼라
block	블록	블럭	compass	컴퍼스	콤파스
biscuit	최신 비스킷	비스켓	contents	콘텐츠	컨텐츠
vision	비전	비젼	compact	콤팩트	컴팩트
business	비즈니스	비지니스	talent	탤런트	탈렌트
sash	최신 새시	샤시, 샷시	total	토털	토탈
service	서비스	써비스	fiber	파이버	화이바, 화이버
sunglasses	선글라스	썬그라스	panda	판다	팬더
set	세트	셋트, 셑	family	패밀리	패미리, 훼미리
shutter	셔터	샷다, 샷타	pamphlet	팸플릿	팜플렛
sausage	소시지	소세지	Portugal	포르투갈	포르투칼
sofa	소파	쇼파	frypan	프라이팬	후라이팬
soup	수프	스프	freesia	프리지어	후리지아, 프리지아
supermarket	최신 슈퍼마켓	수퍼마켓, 수퍼마켙	plastic	플라스틱	프라스틱
staff	최신 스태프	스탭, 스탶	flash	플래시	후레시, 후레쉬
special	스페셜	스페샬	placard	플래카드	프래카드, 플랭카드
symbol	최신 심벌	심볼	flute	플루트	플룻
Singapore	싱가포르	싱가폴	Hollywood	할리우드	헐리우드, 헐리웃

> **참고**
>
> **자주 출제되는 나라, 도시 이름**
>
> - 규슈(Kyûsyû[九州])
> - 베네수엘라(Venezuela)
> - 아랍 에미리트(Arab Emirates)
> - 우즈베키스탄(Uzbekistan)
> - 쿠알라룸푸르(Kuala Lumpur)
> - 푸껫(Phuket)
>
> - 도쿄(Tôkyô[東京])
> - 라스베이거스(Las Vegas)
> - 아이티(Haïti)
> - 조지아(Georgia)
> - 타이베이(Taibei[臺北])
> - 후쿠오카(Fukuoka[福岡])
>
> - 말레이시아(Malaysia)
> - 싱가포르(Singapore)
> - 에티오피아(Ethiopia)
> - 콜롬비아(Colombia)
> - 포르투갈(Portugal)

❖ 로마자 표기법

로마자 표기법은 우리말을 로마자의 형태로 표기하는 것으로, 국어의 표준 발음법에 따라 옮겨 적는 것을 기본 원칙으로 한다. 즉, 우리말의 표준 발음에 따라 소리 나는 대로 표기하는 것이다. 이는 한국어를 모국어로 사용하는 사람들보다는 한국에 있는 외국인들이 우리나라 사람들과의 소통에 용이하도록 배려한 것이다. 또한 종전에 사용되었던 반달점(˘)이나 어깻점(') 등은 사용하지 않고, 새로운 표기 방식에 따라 로마자로만 적는다.

제1장 표기의 기본 원칙

| 제1항 | 국어의 로마자 표기는 국어의 표준 발음법에 따라 적는 것을 원칙으로 한다. |

예 독립문[동님문] Dongnimmun   종로[종노] Jongno

| 제2항 | 로마자 이외의 부호는 되도록 사용하지 않는다. |

예 서울(Seoul)

제2장 표기 일람

| 제1항 | 모음은 다음 각호와 같이 적는다. |

〈단모음과 이중 모음〉

ㅏ	ㅓ	ㅗ	ㅜ	ㅡ	ㅣ	ㅐ	ㅔ	ㅚ	ㅟ	
a	eo	o	u	eu	i	ae	e	oe	wi	
ㅑ	ㅕ	ㅛ	ㅠ	ㅒ	ㅖ	ㅘ	ㅙ	ㅝ	ㅞ	ㅢ
ya	yeo	yo	yu	yae	ye	wa	wae	wo	we	ui

붙임 1 | 'ㅢ'는 'ㅣ'로 소리 나더라도 'ui'로 적는다.

예 광희문 Gwanghuimun   의상대 Uisangdae

붙임 2 | 장모음의 표기는 따로 하지 않는다.

제2항 | 자음은 다음 각호와 같이 적는다.

ㄱ	ㄲ	ㅋ	ㄷ	ㄸ	ㅌ	ㅂ	ㅃ	ㅍ
g, k	kk	k	d, t	tt	t	b, p	pp	p

ㅅ	ㅆ	ㅈ	ㅉ	ㅊ	ㅎ	ㄴ	ㅁ	ㅇ	ㄹ
s	ss	j	jj	ch	h	n	m	ng	r, l

붙임 1 | 'ㄱ, ㄷ, ㅂ'은 모음 앞에서는 'g, d, b'로, 자음 앞이나 어말에서는 'k, t, p'로 적는다.
예) 백암 Baegam   옥천 Okcheon   월곶[월곧] Wolgot   호법 Hobeop

붙임 2 | 'ㄹ'은 모음 앞에서는 'r'로, 자음 앞이나 어말에서는 'l'로 적는다. 단, 'ㄹㄹ'은 'll'로 적는다.
예) 대관령[대괄령] Daegwallyeong   설악 Seorak   칠곡 Chilgok   임실 Imsil   울릉 Ulleung

제3장 표기상의 유의점

제1항 | 음운 변화가 일어날 때에는 변화의 결과에 따라 다음 각호와 같이 적는다.

1. 자음 사이에서 동화 작용이 일어나는 경우
예) 백마[뱅마] Baengma   별내[별래] Byeollae   종로[종노] Jongno

2. 'ㄴ, ㄹ'이 덧나는 경우
예) 알약[알략] allyak   학여울[항녀울] Hangnyeoul

3. 구개음화가 되는 경우
예) 같이[가치] gachi   맞히다[마치다] machida   해돋이[해도지] haedoji

4. 'ㄱ, ㄷ, ㅂ, ㅈ'이 'ㅎ'과 합하여 거센소리로 소리 나는 경우
예) 놓다[노타] nota   좋고[조코] joko

다만, 체언에서 'ㄱ, ㄷ, ㅂ' 뒤에 'ㅎ'이 따를 때에는 'ㅎ'을 밝혀 적는다.
예) 묵호 Mukho   집현전 Jiphyeonjeon

붙임 | 된소리되기는 표기에 반영하지 않는다.
예) 뚝섬 Ttukseom   샛별 saetbyeol   압구정 Apgujeong   죽변 Jukbyeon   팔당 Paldang

제2항 | 발음상 혼동의 우려가 있을 때에는 음절 사이에 붙임표(-)를 쓸 수 있다.
예) 반구대 Ban-gudae   중앙 Jung-ang   해운대 Hae-undae

> 기출 핵심개념

제3항 | 고유 명사는 첫 글자를 대문자로 적는다.

예) 부산 Busan   세종 Sejong

제4항 | 인명은 성과 이름의 순서로 띄어 쓴다. 이름은 붙여 쓰는 것을 원칙으로 하되 음절 사이에 붙임표(-)를 쓰는 것을 허용한다. (( ) 안의 표기를 허용함.)

예) 민용하 Min Yongha(Min Yong-ha)   송나리 Song Nari(Song Na-ri)

단, 이름에서 일어나는 음운 변화는 표기에 반영하지 않는다.

예) 한복남 Han Boknam(Han Bok-nam)   홍빛나 Hong Bitna(Hong Bit-na)

제5항 | '도, 시, 군, 구, 읍, 면, 리, 동'의 행정 구역 단위와 '가'는 각각 'do, si, gun, gu, eup, myeon, ri, dong, ga'로 적고, 그 앞에 붙임표(-)를 넣는다. 붙임표(-) 앞뒤에서 일어나는 음운 변화는 표기에 반영하지 않는다.

예) 삼죽면 Samjuk-myeon   의정부시 Uijeongbu-si   제주도 Jeju-do   종로 3가 Jongno 3(sam)-ga

붙임 | '시, 군, 읍'의 행정 구역 단위는 생략할 수 있다.

예) 청주시 Cheongju   함평군 Hampyeong   순창읍 Sunchang

제6항 | 자연 지물명, 문화재명, 인공 축조물명은 붙임표(-) 없이 붙여 쓴다.

예) 경복궁 Gyeongbokgung   금강 Geumgang   남산 Namsan   독도 Dokdo
독립문 Dongnimmun   속리산 Songnisan   안압지 Anapji   촉석루 Chokseongnu

---

제7항 | 인명, 회사명, 단체명 등은 그동안 써 온 표기를 쓸 수 있다.

예) 김진주 Kim Jinjoo   방만수 Pang Mansoo

제8항 | 학술 연구 논문 등 특수 분야에서 한글 복원을 전제로 표기할 경우에는 한글 표기를 대상으로 적는다. 이때 글자 대응은 제2장을 따르되 'ㄱ, ㄷ, ㅂ, ㄹ'은 'g, d, b, l'로만 적는다. 음가 없는 'ㅇ'은 붙임표(-)로 표기하되 어두에서는 생략하는 것을 원칙으로 한다. 기타 분절의 필요가 있을 때에도 붙임표(-)를 쓴다.

예) 가곡 gagog   값 gabs   굳이 gud-i   독립 doglib   먹는 meogneun
문리 munl   물엿 mul-yeos   밖 bakk   붓꽃 buskkoch   없었습니다. eobs-eoss-seubnida
좋다 johda   조랑말 jolangmal   집 jib   짚 jip

> **참고**

도로명의 로마자 표기 원칙

제1항 로마자 표기 원칙

1. 도로명의 로마자 표기는 '국어의 로마자 표기법'에 따라 소리 나는 대로 표기하되, 로마자 표기법의 취지를 벗어나지 않는 범위 안에서 행정안전부장관이 필요한 사항을 따로 정할 수 있다.
2. 첫 글자는 대문자로 나머지는 소문자로 표기하며, 도로명 전체는 붙여 쓴다.
3. 도로명의 주된 명사와 도로별 구분 기준(대로, 로, 길을 말한다.) 사이에 붙임표(-)를 넣어 '-daero, -ro, -gil'로 표기한다.
   예 가곡로 Gagok-ro   강남대로 Gangnam-daero   발산길 Balsan-gil

개념 확인문제

다음 괄호 안의 표기 중 맞는 것을 고르시오(맞는 것에 ○하시오).

※ 외래어 표기법

1. (가스레인지, 가스렌지) 위에 올려놓은 주전자에서 물이 끓고 있다. (Gas range)

2. 나는 성당을 다니지만 (카톨릭, 가톨릭)의 역사에 대해서는 잘 알지 못한다. (Catholic)

3. 그녀는 나의 (엔젤, 에인절)이다. (Angel)

4. 그는 고급 (린넨, 리넨) 셔츠를 입고 있었다. (Linen)

5. 심판이 (옐로우, 옐로)카드를 들자, 모두가 환호했다. (Yellow)

6. 그는 이번에도 (카달로그, 카탈로그)를 들고 찾아왔다. (Catalog)

7. 광고 업계에서는 새로운 구매 세력인 그들을 새로운 (타깃, 타겟)으로 삼았다. (Target)

8. 영화에서 본 (미라, 미이라)가 너무 무서워서 꿈에 나올 것 같다. (Mirra)

※ 로마자 표기법

9. 떡볶이(Tteok-bokki, Tteok-ppokki)

10. 멧나물 (Mennamul, Metnamul)

11. 식혜 (Sikye, Sikhye)

12. 호박엿(Hobakyeot, Hobaknyeot)

13. 가야금(Gayageum, Gayageom)

14. 경희궁 (Gyeonghuigung, Kyounghuikung)

15. 곡성읍 (Gokseong-eup, Koksung-eup)

16. 첨성대(Cheomseongdae, Chumsungdae)

정답

※ 외래어 표기법
1. 가스레인지 2. 가톨릭 3. 에인절 4. 리넨 5. 옐로 6. 카탈로그 7. 타깃 8. 미라

※ 로마자 표기법
9. Tteok-bokki 10. Mennamul 11. Sikhye 12. Hobaknyeot 13. Gayageum
14. Gyeonghuigung 15. Gokseong-eup 16. Cheomseongdae

개념 적용문제   04. 외래어 / 로마자 표기법

1 다음 중 외래어 표기가 올바르지 <u>않은</u> 것은?

① 팩(pack) / 프레젠테이션(presentation)
② 로케트(rocket) / 컨소시엄(consortium)
③ 컷백(cutback) / 레크리에이션(recreation)
④ 콘플레이크(cornflakes) / 리소토(risotto)
⑤ 액셀러레이터(accelerator) / 캐럴(carol)

문제풀이 ▶ 제시된 규정에 따르면 rocket['rɑkɪt]은 짧은 모음 다음의 어말에 무성파열음이 오기 때문에 '로켓'으로 써야한다.

정답| ②

2 다음 중 로마자 표기가 적절하지 <u>않은</u> 것은?

① 윷놀이 Yunnori
② 해운대 Hae-undae
③ 축령산 Chungnyeongsan
④ 집현전 Jipyeonjeon
⑤ 여의도 Yeouido

문제풀이 ▶ '집현전'의 경우, [지편전]으로 소리 나더라도 체언이기 때문에 로마자 표기법 제3장 제1항의 4. '체언에서 'ㄱ, ㄷ, ㅂ' 뒤에 'ㅎ'이 따를 때에는 'ㅎ'을 밝혀 적는다'라는 규정에 따라 'Jiphyeonjeon'으로 적는다.
① '윷놀이'의 표준 발음은 [윤ː노리]로 비음화 현상이 적용되어 있다. 로마자 표기 시 이를 반영하여 표기하므로, 'Yunnori'는 올바른 표기이다.
② '해운대'의 경우 본래 표기인 'Haeundae'로 표기하면 '하운대'로 읽힐 가능성이 있으므로, 제3장 제2항 '발음상 혼동의 우려가 있을 때에는 음절 사이에 붙임표(-)를 쓸 수 있다'라는 규정에 따라 붙임표를 표기할 수 있다.
③ '축령산'은 [충녕산]이므로 바른 표기이다.
⑤ [여의도/여이도]로 발음 나지만, 'ㅢ'는 항상 'ui'로 적는다. 또한, '여의도'의 '도(島)'는 행정구역이 아니므로 붙임표를 쓰지 않는다.

정답| ④

05 문장 부호

기출유형 ❶

〈보기〉의 문장 부호 규정을 참고할 때, 문장 부호의 쓰임이 적절하지 <u>않은</u> 것은?

보기

쉼표 (,)	같은 자격의 어구가 열거될 때에 쓴다. 그 외에 부르는 말, 제시어, 도치된 말, 가벼운 감탄을 나타내는 말 등의 뒤에 쓴다.
가운뎃점 (·)	쉼표로 열거된 어구가 다시 여러 단위로 나누어질 때, 특정한 의미를 가지는 날을 나타내는 숫자에, 같은 계열의 단어 사이에 쓴다.
쌍점 (:)	내포되는 종류를 들거나 소표제 뒤에 간단한 설명이 붙을 때 쓰며, 시(時)와 분(分), 장(章)과 절(節) 따위를 구별할 때에 쓴다.
빗금 (/)	대응, 대립되거나 대등한 것을 함께 보이는 단어, 구, 절 사이에 쓰며, 분수를 나타낼 때에도 쓴다.

① 3·1 운동
② 터트리다 / 터뜨리다
③ 문방사우: 붓, 먹, 벼루, 종이
④ 제목: 맞춤법 오용 사례 조사 / 연구
⑤ 시장에서 사과·배, 고추·마늘, 조기·명태를 샀다.

어문 규정의 하나인, 문장 부호 규정을 정확하게 이해하고 적용할 수 있는지를 평가하는 문항이다.

같은 계열의 단어 사이에는 빗금이 아닌 가운뎃점을 사용해야 한다.
① 특정한 의미를 가지는 날을 나타내는 숫자이므로 가운뎃점을 사용하였다.
② 대응한 것을 함께 보이는 단어이므로 빗금을 사용하였다.
③ 내포되는 종류를 들고 있으므로 쌍점을 사용하였고, 같은 자격의 어구가 열거됐으므로 쉼표를 사용하였다.
⑤ 같은 자격의 어구가 열거됐으므로 쉼표를 사용하였고, 쉼표로 열거된 어구가 다시 여러 단위로 나누어졌으므로 가운뎃점을 사용하였다.

정답 ④

기출 핵심개념

05. 문장 부호

❖ 문장 부호

1. 문장 부호(2015년 1월 1일 시행)

주요 변경 사항	이전 규정	개정된 규정
가로쓰기로 통합	세로쓰기 부호 별도 규정	• 세로쓰기 부호인 '고리점(。)'과 '모점(、)'은 개정안에서 제외 • '낫표(「」, 『』)'는 가로쓰기 부호로 용법을 수정하여 유지
문장 부호 명칭 정리	'.'는 '온점' ','는 '반점'	부호 '.'와 ','를 각각 '마침표'와 '쉼표'라 하고 기존의 '온점'과 '반점'이라는 용어도 쓸 수 있도록 함.
	'< >, ≪ ≫' 명칭 및 용법 불분명	부호 '< >, ≪ ≫'를 각각 '홑화살괄호, 겹화살괄호'로 명명하고 각각의 용법 규정
부호 선택의 폭 확대	줄임표는 '……'만 사용	컴퓨터 입력을 고려하여 아래에 여섯 점(……)을 찍거나 세 점(…, ...)만 찍는 것도 가능하도록 함.
	가운뎃점, 낫표, 화살괄호 사용 불편	• 가운뎃점 대신 마침표(.)나 쉼표(,)도 쓸 수 있는 경우 확대 • 낫표(「」, 『』)나 화살괄호(< >, ≪ ≫) 대신 따옴표(' ', " ")도 쓸 수 있도록 함.
조항 수 증가 (66개 → 94개)	조항 수 66개	소괄호 관련 조항은 3개에서 6개로, 줄임표 관련 조항은 2개에서 7개로 늘어나는 등 전체적으로 이전 규정에 비해 28개가 늘어남. 참고 (조항 수): [붙임], [다만] 조항을 포함함.

2. 문장 부호의 주요 용법

(1) 마침표(.) [최신]

① 서술, 명령, 청유 등을 나타내는 문장의 끝에 쓴다.

예 젊은이는 나라의 기둥입니다.
   제 손을 꼭 잡으세요.

붙임 1 | 직접 인용한 문장의 끝에는 쓰는 것을 원칙으로 하되, 쓰지 않는 것을 허용한다.(ㄱ을 원칙으로 하고, ㄴ을 허용함.)

예 ㄱ. 그는 "지금 바로 떠나자."라고 말하며 서둘러 짐을 챙겼다.
   ㄴ. 그는 "지금 바로 떠나자"라고 말하며 서둘러 짐을 챙겼다.

붙임 2 | 용언의 명사형이나 명사로 끝나는 문장에는 쓰는 것을 원칙으로 하되, 쓰지 않는 것을 허용한다.(ㄱ을 원칙으로 하고, ㄴ을 허용함.)

예 ㄱ. 목적을 이루기 위하여 몸과 마음을 다하여 애를 씀.
   ㄴ. 목적을 이루기 위하여 몸과 마음을 다하여 애를 씀
   ㄱ. 결과에 연연하지 않고 끝까지 최선을 다하기.
   ㄴ. 결과에 연연하지 않고 끝까지 최선을 다하기

다만, 제목이나 표어에는 쓰지 않음을 원칙으로 한다.

예 압록강은 흐른다/꺼진 불도 다시 보자

> 기출 핵심개념

② 아라비아 숫자만으로 연월일을 표시할 때 쓴다.
> 예 1919. 3. 1./10. 1.~10. 12.

③ 특정한 의미가 있는 날을 표시할 때 월과 일을 나타내는 아라비아 숫자 사이에 쓴다.
> 예 3.1 운동/8.15 광복

붙임 | 이때는 마침표 대신 가운뎃점을 쓸 수 있다.
> 예 3·1 운동/8·15 광복

④ 장, 절, 항 등을 표시하는 문자나 숫자 다음에 쓴다.
> 예 가. 인명/ㄱ. 머리말/Ⅰ. 서론/1. 연구 목적

붙임 | '마침표' 대신 '온점'이라는 용어를 쓸 수 있다.

(2) 물음표(?)

① 의문문이나 의문을 나타내는 어구의 끝에 쓴다.
> 예 점심 먹었어?/이번에 가시면 언제 돌아오세요?/뭐라고?/네?

붙임 1 | 한 문장 안에 몇 개의 선택적인 물음이 이어질 때는 맨 끝의 물음에만 쓰고, 각 물음이 독립적일 때는 각 물음의 뒤에 쓴다.
> 예 너는 중학생이냐, 고등학생이냐?
> 너는 여기에 언제 왔니? 어디서 왔니? 무엇 하러 왔니?

붙임 2 | 의문의 정도가 약할 때는 물음표 대신 마침표를 쓸 수 있다.
> 예 도대체 이 일을 어쩐단 말이냐./이것이 과연 내가 찾던 행복일까.

다만, 제목이나 표어에는 쓰지 않음을 원칙으로 한다.
> 예 역사란 무엇인가/아직도 담배를 피우십니까

② 특정한 어구의 내용에 대하여 의심, 빈정거림 등을 표시할 때, 또는 적절한 말을 쓰기 어려울 때 소괄호 안에 쓴다.
> 예 우리와 의견을 같이할 사람은 최 선생(?) 정도인 것 같다.
> 30점이라. 거참 훌륭한(?) 성적이군.

③ 모르거나 불확실한 내용임을 나타낼 때 쓴다.
> 예 최치원(857~?)은 통일 신라 말기에 이름을 떨쳤던 학자이자 문장가이다.
> 조선 시대의 시인 강백(1690?~1777?)의 자는 자청이고, 호는 우곡이다.

(3) 느낌표(!)

① 감탄문이나 감탄사의 끝에 쓴다.
> 예 이거 정말 큰일이 났구나!/어머!

붙임 | 감탄의 정도가 약할 때는 느낌표 대신 쉼표나 마침표를 쓸 수 있다.
> 예 어, 벌써 끝났네./날씨가 참 좋군.

② 특별히 강한 느낌을 나타내는 어구, 평서문, 명령문, 청유문에 쓴다.
> 예 청춘! 이는 듣기만 하여도 가슴이 설레는 말이다./이야, 정말 재밌다!/지금 즉시 대답해!/앞만 보고 달리자!

③ 물음의 말로 놀람이나 항의의 뜻을 나타내는 경우에 쓴다.
> 예 이게 누구야!/내가 왜 나빠!

④ 감정을 넣어 대답하거나 다른 사람을 부를 때 쓴다.
  예 네!/네, 선생님!/흥부야!/언니!

(4) 쉼표(,)

① 같은 자격의 어구를 열거할 때 그 사이에 쓴다.
  예 충청도의 계룡산, 전라도의 내장산, 강원도의 설악산은 모두 국립 공원이다.
    5보다 작은 자연수는 1, 2, 3, 4이다.

  다만, 쉼표 없이도 열거되는 사항임이 쉽게 드러날 때는 쓰지 않을 수 있다.
  예 아버지 어머니께서 함께 오셨어요.
    네 돈 내 돈 다 합쳐 보아야 만 원도 안 되겠다.

  다만, 열거할 어구들을 생략할 때 사용하는 줄임표 앞에는 쉼표를 쓰지 않는다.
  예 광역시: 광주, 대구, 대전……

② 짝을 지어 구별할 때 쓴다.
  예 닭과 지네, 개와 고양이는 상극이다.

③ 이웃하는 수를 개략적으로 나타낼 때 쓴다.
  예 5, 6세기/6, 7, 8개

④ 열거의 순서를 나타내는 어구 다음에 쓴다.
  예 첫째, 몸이 튼튼해야 한다.
    마지막으로, 무엇보다 마음이 편해야 한다.

⑤ 문장의 연결 관계를 분명히 하고자 할 때 절과 절 사이에 쓴다.
  예 콩 심은 데 콩 나고, 팥 심은 데 팥 난다.
    떡국은 설날의 대표적인 음식인데, 이걸 먹어야 비로소 나이도 한 살 더 먹는다고 한다.

⑥ 같은 말이 되풀이되는 것을 피하기 위하여 일정한 부분을 줄여서 열거할 때 쓴다.
  예 여름에는 바다에서, 겨울에는 산에서 휴가를 즐겼다.

⑦ 부르거나 대답하는 말 뒤에 쓴다.
  예 박정현, 이리 좀 와 봐./네, 지금 가겠습니다.

⑧ 한 문장 안에서 앞말을 '곧', '다시 말해' 등과 같은 어구로 다시 설명할 때 앞말 다음에 쓴다.
  예 책의 서문, 곧 머리말에는 책을 지은 목적이 드러나 있다.
    원만한 인간관계는 말과 관련한 예의, 즉 언어 예절을 갖추는 것에서 시작된다.

⑨ 문장 앞부분에서 조사 없이 쓰인 제시어나 주제어의 뒤에 쓴다.
  예 돈, 돈이 인생의 전부이더냐?
    지금 네가 여기 있다는 것, 그것만으로도 나는 충분히 행복해.

⑩ 한 문장에 같은 의미의 어구가 반복될 때 앞에 오는 어구 다음에 쓴다.
  예 그의 애국심, 몸을 사리지 않고 국가를 위해 헌신한 정신을 우리는 본받아야 한다.

⑪ 도치문에서 도치된 어구들 사이에 쓴다.
  예 이리 오세요, 어머님./다시 보자, 한강수야.

⑫ 바로 다음 말과 직접적인 관계에 있지 않음을 나타낼 때 쓴다.
  예 갑돌이는, 울면서 떠나는 갑순이를 배웅했다.
    철원과, 대관령을 중심으로 한 강원도 산간 지대에 예년보다 일찍 첫눈이 내렸습니다.

⑬ 문장 중간에 끼어든 어구의 앞뒤에 쓴다.
　예 나는, 솔직히 말하면, 그 말이 별로 탐탁지 않아.
　　　영호는 미소를 띠고, 속으로는 화가 치밀어 올라 잠시라도 견딜 수 없을 만큼 괴로웠지만, 그들을 맞았다.

붙임 1 | 이때는 쉼표 대신 줄표를 쓸 수 있다.
　예 나는 ─ 솔직히 말하면 ─ 그 말이 별로 탐탁지 않아.
　　　영호는 미소를 띠고 ─ 속으로는 화가 치밀어 올라 잠시라도 견딜 수 없을 만큼 괴로웠지만 ─ 그들을 맞았다.

붙임 2 | 끼어든 어구 안에 다른 쉼표가 들어 있을 때는 쉼표 대신 줄표를 쓴다.
　예 이건 내 것이니까 ─ 아니, 내가 처음 발견한 것이니까 ─ 절대로 양보할 수 없다.

⑭ 특별한 효과를 위해 끊어 읽는 곳을 나타낼 때 쓴다.
　예 내가, 정말 그 일을 오늘 안에 해낼 수 있을까?
　　　이 전투는 바로 우리가, 우리만이, 승리로 이끌 수 있다.

⑮ 짧게 더듬는 말을 표시할 때 쓴다.
　예 선생님, 부, 부정행위라니요? 그런 건 새, 생각조차 하지 않았습니다.

붙임 | '쉼표' 대신 '반점'이라는 용어를 쓸 수 있다.

(5) 가운뎃점(·)

① 열거할 어구들을 일정한 기준으로 묶어서 나타낼 때 쓴다.
　예 민수·영희, 선미·준호가 서로 짝이 되어 윷놀이를 하였다.
　　　지금의 경상남도·경상북도, 전라남도·전라북도, 충청남도·충청북도 지역을 예부터 삼남이라 일러 왔다.

② 짝을 이루는 어구들 사이에 쓴다.
　예 한(韓)·이(伊) 양국 간의 무역량이 늘고 있다./빨강·초록·파랑이 빛의 삼원색이다.

　다만, 이때는 가운뎃점을 쓰지 않거나 쉼표를 쓸 수도 있다.
　예 한(韓), 이(伊) 양국 간의 무역량이 늘고 있다./빨강, 초록, 파랑이 빛의 삼원색이다.

③ 공통 성분을 줄여서 하나의 어구로 묶을 때 쓴다.
　예 상·중·하위권/금·은·동메달/통권 제54·55·56호

붙임 | 이때는 가운뎃점 대신 쉼표를 쓸 수 있다.
　예 상, 중, 하위권/금, 은, 동메달/통권 제54, 55, 56호

(6) 쌍점(:)

① 표제 다음에 해당 항목을 들거나 설명을 붙일 때 쓴다.
　예 문방사우: 종이, 붓, 먹, 벼루/일시: 2014년 10월 9일 10시
　　　흔하진 않지만 두 자로 된 성씨도 있다.(예: 남궁, 선우, 황보)/올림표(#): 음의 높이를 반음 올릴 것을 지시한다.

② 희곡 등에서 대화 내용을 제시할 때 말하는 이와 말한 내용 사이에 쓴다.
　예 김 과장: 난 못 참겠다.
　　　아들: 아버지, 제발 제 말씀 좀 들어 보세요.

③ 시와 분, 장과 절 등을 구별할 때 쓴다.
　예 오전 10:20(오전 10시 20분) / 두시언해 6:15(두시언해 제6권 제15장)

④ 의존 명사 '대'가 쓰일 자리에 쓴다.
　　예) 65:60(65 대 60)
　　　　청군:백군(청군 대 백군)

붙임 | 쌍점의 앞은 붙여 쓰고 뒤는 띄어 쓴다. 다만, ③과 ④에서는 쌍점의 앞뒤를 붙여 쓴다.

(7) 빗금(/)

① 대비되는 두 개 이상의 어구를 묶어 나타낼 때 그 사이에 쓴다.
　　예) 먹이다/먹히다
　　　　남반구/북반구
　　　　금메달/은메달/동메달
　　　　(　　)이/가 우리나라의 보물 제1호이다.

② 기준 단위당 수량을 표시할 때 해당 수량과 기준 단위 사이에 쓴다.
　　예) 100미터/초
　　　　1,000원/개

③ 시의 행이 바뀌는 부분임을 나타낼 때 쓴다.
　　예) 산에 / 산에 / 피는 꽃은 / 저만치 혼자서 피어 있네

　　다만, 연이 바뀜을 나타낼 때는 두 번 겹쳐 쓴다.
　　예) 산에는 꽃 피네 / 꽃이 피네 / 갈 봄 여름 없이 / 꽃이 피네 // 산에 / 산에 / 피는 꽃은 / 저만치 혼자서 피어 있네

붙임 | 빗금의 앞뒤는 ①과 ②에서는 붙여 쓰며, ③에서는 띄어 쓰는 것을 원칙으로 하되 붙여 쓰는 것을 허용한다. 단, ①에서 대비되는 어구가 두 어절 이상인 경우에는 빗금의 앞뒤를 띄어 쓸 수 있다.

(8) 큰따옴표(" ")

① 글 가운데에서 직접 대화를 표시할 때 쓴다.
　　예) "어머니, 제가 가겠어요."
　　　　"아니다. 내가 다녀오마."

② 말이나 글을 직접 인용할 때 쓴다.
　　예) 나는 "어, 광훈이 아니냐?" 하는 소리에 깜짝 놀랐다.
　　　　밤하늘에 반짝이는 별들을 보면서 "나는 아무 걱정도 없이 가을 속의 별들을 다 헬 듯합니다."라는 시구를 떠올렸다.
　　　　편지의 끝머리에는 이렇게 적혀 있었다. "할머니, 편지에 사진을 동봉했다고 하셨지만 봉투 안에는 아무것도 없었어요."

(9) 작은따옴표(' ') ^{최신}

① 인용한 말 안에 있는 인용한 말을 나타낼 때 쓴다.
　　예) 그는 "여러분! '시작이 반이다.'라는 말 들어 보셨죠?"라고 말하며 강연을 시작했다.

② 마음속으로 한 말을 적을 때 쓴다.
　　예) 나는 '일이 다 틀렸나 보군.' 하고 생각하였다.
　　　　'이번에는 꼭 이기고야 말겠어.' 찬영이는 마음속으로 몇 번이나 그렇게 다짐하며 주먹을 불끈 쥐었다.

(10) 소괄호(( )) ^{최신}

① 주석이나 보충적인 내용을 덧붙일 때 쓴다.
　　예) 니체(독일의 철학자)의 말을 빌리면 다음과 같다.
　　　　2014. 12. 19.(금)
　　　　문인화의 대표적인 소재인 사군자(매화, 난초, 국화, 대나무)는 고결한 선비 정신을 상징한다.

② 우리말 표기와 원어 표기를 아울러 보일 때 쓴다.
> 예 기호(嗜好), 자세(姿勢)
> 커피(coffee), 에티켓(étiquette)

③ 생략할 수 있는 요소임을 나타낼 때 쓴다.
> 예 학교에서 동료 교사를 부를 때는 이름 뒤에 '선생(님)'이라는 말을 덧붙인다.
> 광개토(대)왕은 고구려의 전성기를 이끌었던 임금이다.

④ 희곡 등 대화를 적은 글에서 동작이나 분위기, 상태를 드러낼 때 쓴다.
> 예 현우: (가쁜 숨을 내쉬며) 왜 이렇게 빨리 뛰어?
> "관찰한 것을 쓰는 것이 습관이 되었죠. 그러다 보니, 상상력이 생겼나 봐요." (웃음)

⑤ 내용이 들어갈 자리임을 나타낼 때 쓴다.
> 예 우리나라의 수도는 ( )이다.

⑥ 항목의 순서나 종류를 나타내는 숫자나 문자 등에 쓴다.
> 예 사람의 인격은 (1) 용모, (2) 언어, (3) 행동, (4) 덕성 등으로 표현된다.
> (가) 동해, (나) 서해, (다) 남해

⑾ 중괄호({ }) [최신]

① 같은 범주에 속하는 여러 요소를 세로로 묶어서 보일 때 쓴다.
> 예 주격 조사 {이/가}
> 국가의 성립 요소 {영토/국민/주권}

② 열거된 항목 중 어느 하나가 자유롭게 선택될 수 있음을 보일 때 쓴다.
> 예 아이들이 모두 학교{에, 로, 까지} 갔어요.

⑿ 대괄호([ ])

① 괄호 안에 또 괄호를 쓸 필요가 있을 때 바깥쪽의 괄호로 쓴다.
> 예 어린이날이 새로 제정되었을 당시에는 어린이들에게 경어를 쓰라고 하였다.[윤석중 전집(1988), 70쪽 참조]
> 이번 회의에는 두 명[이혜정(실장), 박철용(과장)]만 빼고 모두 참석했습니다.

② 고유어에 대응하는 한자어를 함께 보일 때 쓴다.
> 예 나이[年歲]/낱말[單語]/손발[手足]

③ 원문에 대한 이해를 돕기 위해 설명이나 논평 등을 덧붙일 때 쓴다.
> 예 그것[한글]은 이처럼 정보화 시대에 알맞은 과학적인 문자이다.
> 그런 일은 결코 있을 수 없다.[원문에는 '업다'임.]

⒀ 겹낫표(『 』)와 겹화살괄호(≪ ≫)

책의 제목이나 신문 이름 등을 나타낼 때 쓴다.
> 예 우리나라 최초의 민간 신문은 1896년에 창간된 『독립신문』이다.
> 윤동주의 유고 시집인 ≪하늘과 바람과 별과 시≫에는 31편의 시가 실려 있다.

붙임 | 겹낫표나 겹화살괄호 대신 큰따옴표를 쓸 수 있다.
> 예 우리나라 최초의 민간 신문은 1896년에 창간된 "독립신문"이다.
> 윤동주의 유고 시집인 "하늘과 바람과 별과 시"에는 31편의 시가 실려 있다.

⑭ **홑낫표(「 」)와 홑화살괄호(〈 〉)**

소제목, 그림이나 노래와 같은 예술 작품의 제목, 상호, 법률, 규정 등을 나타낼 때 쓴다.

예 이 곡은 베르디가 작곡한 「축배의 노래」이다.
사무실 밖에 「해와 달」이라고 쓴 간판을 달았다.
〈한강〉은 사진집 ≪아름다운 땅≫에 실린 작품이다.

붙임ㅣ 홑낫표나 홑화살괄호 대신 작은따옴표를 쓸 수 있다.

예 사무실 밖에 '해와 달'이라고 쓴 간판을 달았다.
'한강'은 사진집 "아름다운 땅"에 실린 작품이다.

⑮ **줄표(—)**

제목 다음에 표시하는 부제의 앞뒤에 쓴다.

예 이번 토론회의 제목은 '역사 바로잡기 — 근대의 설정 —'이다.
'환경 보호 — 숲 가꾸기 —'라는 제목으로 글짓기를 했다.

다만, 뒤에 오는 줄표는 생략할 수 있다.

예 이번 토론회의 제목은 '역사 바로잡기 — 근대의 설정'이다.
'환경 보호 — 숲 가꾸기'라는 제목으로 글짓기를 했다.

붙임ㅣ 줄표의 앞뒤는 띄어 쓰는 것을 원칙으로 하되, 붙여 쓰는 것을 허용한다.

⑯ **붙임표(-)**

① 차례대로 이어지는 내용을 하나로 묶어 열거할 때 각 어구 사이에 쓴다.

예 멀리뛰기는 도움닫기-도약-공중 자세-착지의 순서로 이루어진다.
김 과장은 기획-실무-홍보까지 직접 발로 뛰었다.

② 두 개 이상의 어구가 밀접한 관련이 있음을 나타내고자 할 때 쓴다.

예 드디어 서울-북경의 항로가 열렸다.
원-달러 환율 / 남한-북한-일본 삼자 관계

⑰ **물결표(~)** 〔최신〕

기간이나 거리 또는 범위를 나타낼 때 쓴다.

예 9월 15일~9월 25일　　　　　김정희(1786~1856)
서울~천안 정도는 출퇴근이 가능하다.　　이번 시험의 범위는 3~78쪽입니다.

붙임ㅣ 물결표 대신 붙임표를 쓸 수 있다.

예 9월 15일-9월 25일　　　　　김정희(1786-1856)
서울-천안 정도는 출퇴근이 가능하다.　　이번 시험의 범위는 3-78쪽입니다.

⑱ **드러냄표(˙)와 밑줄(＿)**

문장 내용 중에서 주의가 미쳐야 할 곳이나 중요한 부분을 특별히 드러내 보일 때 쓴다.

예 한글의 본디 이름은 훈민정음이다.
중요한 것은 왜 사느냐가 아니라 어떻게 사느냐이다.
지금 필요한 것은 지식이 아니라 실천입니다.
다음 보기에서 명사가 아닌 것은?

붙임 | 드러냄표나 밑줄 대신 작은따옴표를 쓸 수 있다.

> 예 한글의 본디 이름은 '훈민정음'이다.
> 중요한 것은 '왜 사느냐'가 아니라 '어떻게 사느냐'이다.
> 지금 필요한 것은 '지식'이 아니라 '실천'입니다.
> 다음 보기에서 명사가 '아닌' 것은?

(19) 숨김표(○, ×)

① 금기어나 공공연히 쓰기 어려운 비속어임을 나타낼 때, 그 글자의 수효만큼 쓴다.

> 예 배운 사람 입에서 어찌 ○○○란 말이 나올 수 있느냐?
> 그 말을 듣는 순간 ×××란 말이 목구멍까지 치밀었다.

② 비밀을 유지해야 하거나 밝힐 수 없는 사항임을 나타낼 때 쓴다.

> 예 1차 시험 합격자는 김○영, 이○준, 박○순 등 모두 3명이다.
> 육군 ○○ 부대 ○○○ 명이 작전에 참가하였다.
> 그 모임의 참석자는 김×× 씨, 정×× 씨 등 5명이었다.

(20) 빠짐표(□)

① 옛 비문이나 문헌 등에서 글자가 분명하지 않을 때 그 글자의 수효만큼 쓴다.

> 예 大師爲法主□□賴之大□薦

② 글자가 들어가야 할 자리를 나타낼 때 쓴다.

> 예 훈민정음의 초성 중에서 아음(牙音)은 □□□의 석 자다.

(21) 줄임표(……)

① 할 말을 줄였을 때 쓴다.

> 예 "어디 나하고 한번……." 하고 민수가 나섰다.

② 말이 없음을 나타낼 때 쓴다.

> 예 "빨리 말해!"/"……."

③ 문장이나 글의 일부를 생략할 때 쓴다.

> 예 '고유'라는 말은 문자 그대로 본디부터 있었다는 뜻은 아닙니다. …… 같은 역사적 환경에서 공동의 집단생활을 영위해 오는 동안 공동으로 발견된, 사물에 대한 공동의 사고방식을 우리는 한국의 고유 사상이라 부를 수 있다는 것입니다.

④ 머뭇거림을 보일 때 쓴다.

> 예 "우리는 모두…… 그러니까…… 예외 없이 눈물만…… 흘렸다."

붙임 1 | 점은 가운데에 찍는 대신 아래쪽에 찍을 수도 있다.

> 예 "어디 나하고 한번.......' 하고 민수가 나섰다.
> "실은...... 저 사람...... 우리 아저씨일지 몰라."

붙임 2 | 점은 여섯 점을 찍는 대신 세 점을 찍을 수도 있다.

> 예 "어디 나하고 한번…." 하고 민수가 나섰다.
> "실은... 저 사람... 우리 아저씨일지 몰라."

붙임 3 | 줄임표는 앞말에 붙여 쓴다. 다만, ③에서는 줄임표의 앞뒤를 띄어 쓴다.

3. 문장 부호 일람표

부호	이름	용법
.	최신 마침표	• 서술, 명령, 청유 등을 나타내는 문장의 끝에 씀. • 연월일을 표시하거나 특정한 의미가 있는 날을 나타낼 때 씀.
?	물음표	• 의문문이나 의문을 나타내는 어구의 끝에 씀. • 적절한 말을 쓰기 어렵거나 모르는 내용임을 나타낼 때 씀.
!	느낌표	감탄문이나 강한 느낌을 나타내는 어구의 끝에 씀.
,	쉼표	• 어구를 나열하거나 문장의 연결 관계를 나타낼 때 씀. • 문장에서 끊어 읽을 부분임을 나타낼 때 씀.
·	가운뎃점	둘 이상의 어구를 하나로 묶어서 나타낼 때 씀.
:	쌍점	• 표제나 주제에 대하여 구체적인 사례나 설명을 붙일 때 씀. • 시와 분, 장과 절 등을 구별할 때 씀.
/	빗금	대비되는 둘 이상의 어구를 묶어서 나타낼 때 씀.
" "	큰따옴표	대화를 표시하거나 직접 인용한 문장임을 나타낼 때 씀.
' '	최신 작은따옴표	• 마음속으로 한 말이거나 인용문 속의 인용문임을 나타낼 때 씀. • 문장 내용 중에서 특정한 부분을 특별히 드러내 보일 때 씀.
( )	최신 소괄호	• 주석이나 보충적인 내용을 덧붙일 때 씀. • 항목의 순서나 종류를 나타낼 때 씀.
{ }	최신 중괄호	같은 범주에 속하는 여러 요소들을 묶어서 보일 때 씀.
[ ]	대괄호	• 괄호 안에 또 괄호를 쓸 필요가 있을 때 바깥쪽의 괄호로 씀. • 원문에 대한 설명이나 논평 등을 덧붙일 때 씀.
『 』	겹낫표	책의 제목이나 신문 이름 등을 나타낼 때 씀.
「 」	홑낫표	소제목, 예술 작품의 제목, 상호, 법률 등을 나타낼 때 씀.
≪ ≫	겹화살괄호	책의 제목이나 신문 이름 등을 나타낼 때 씀.
< >	홑화살괄호	소제목, 예술 작품의 제목, 상호, 법률 등을 나타낼 때 씀.
—	줄표	• 제목 다음에 표시하는 부제를 나타낼 때 씀. • 문장 중간에 끼어든 어구를 나타낼 때 씀.
-	붙임표	차례대로 이어지거나 밀접한 관련이 있는 어구를 묶어서 나타낼 때 씀.
~	최신 물결표	기간이나 거리 또는 범위를 나타낼 때 씀.
·	드러냄표	문장 내용 중에서 특정한 부분을 특별히 드러내 보일 때 씀.
＿	밑줄	문장 내용 중에서 특정한 부분을 특별히 드러내 보일 때 씀.
○, ×	숨김표	금기어나 비속어 또는 비밀임을 나타낼 때 씀.
□	빠짐표	글자가 들어갈 자리임을 나타낼 때 씀.
……	줄임표	할 말을 줄이거나 말이 없음을 나타낼 때 씀.

개념 적용문제 — 05. 문장 부호

1 다음 중 문장 부호와 그에 대한 설명이 옳지 않은 것은?

① 대괄호([ ])는 묶음표 안의 말이 바깥 말과 음이 다를 때 쓴다.
② 줄표(—)는 이미 말한 내용을 다른 말로 부연하거나 보충할 때 쓴다.
③ 소괄호(( ))는 묶음표 안에 원어, 연대, 주석, 설명 등을 넣을 때 쓴다.
④ 가운뎃점(·)은 열거된 여러 단위가 대등하거나 밀접한 관계임을 나타낸다.
⑤ 쌍점(;)은 마침표의 일종으로 작은 제목 뒤에 간단한 설명을 붙일 때 쓴다.

문제풀이 ▶ 쌍점(:)과 쌍반점(;)은 다르다. 쌍반점은 '한글 맞춤법' 문장 부호 규정에서는 정하고 있지 않으나, '표준국어대사전'에서는 ' ; '의 이름이라고 규정한다. 문장을 일단 끊었다가 이어서 설명을 계속할 경우에 쓴다. 주로 예를 들어 설명하거나 설명을 추가하여 덧붙이는 경우에 쓴다.

정답 | ⑤

2 〈보기〉를 바탕으로 문장 부호에 대해 이해한 내용으로 적절하지 않은 것은?

> 보기
> ㄱ. 나이[年歲], 손발[手足]
> ㄴ. 동사·형용사를 합하여 용언이라고 한다.
> ㄷ. 깨트리다/깨뜨리다, 착한 사람/악한 사람
> ㄹ. '만약 내가 이런 얼굴을 하고 들어가면, 모두들 깜짝 놀라겠지.'
> ㅁ. 그는 네 살에—보통 아이들이 한글도 모를 때—천자문을 떼었다.

① 가운뎃점(·)은 같은 계열의 단어들 사이에 사용하는군.
② 대괄호([ ])는 안의 말이 바깥 말과 음이 다를 때 쓰는군.
③ 작은따옴표(' ')는 마음속으로 한 말을 적을 때 사용하는군.
④ 빗금(/)은 대응되거나 대립되는 것을 함께 보여 줄 때 쓰는군.
⑤ 줄표(—)는 문장 안에서 정상적인 어순이 뒤바뀐 경우에 쓰는군.

문제풀이 ▶ 줄표는 〈보기〉의 ㅁ처럼 문장 중간에 앞의 내용을 부연하는 말을 넣을 때 사용하거나, 앞의 말을 정정 또는 변명하는 말이 이어질 때 쓰이기도 한다. 도치된 문장에서는 '이리 오세요, 어머님.'과 같이 쉼표(,)를 사용한다. 따라서 ⑤의 설명은 적절하지 않다.
① 가운뎃점은 '철수·영희', '조사·연구'처럼 대등하거나 밀접한 관계의 단어 사이에 쓰거나, '3·1운동'처럼 특정한 의미를 가지는 날을 나타내는 숫자에 쓴다.
② 대괄호는 '나이[年歲]', '손발[手足]'처럼 묶음표 안의 말이 바깥 말과 음이 다를 때 쓴다.
③ 작은따옴표는 따온 말 안에 다시 따온 말이 들어 있을 때 쓰거나, 〈보기〉의 ㄹ처럼 마음속으로 한 말을 적을 때 쓴다.
④ 빗금은 대응 또는 대립되거나 대등한 것을 함께 보일 때 단어와 구, 절 사이에 쓰며, '3/4분기'처럼 분수를 나타낼 때에도 쓴다.

정답 | ⑤

문제를 더 풀고 싶다면 [기출동형 문제]편 바로가기 ☞ p.52

06 문장 표현/문법 요소

기출유형 ❶ 문장 표현 – 문장 성분 간의 호응 외

다음 중 문장 표현이 가장 자연스러운 것은?

① 오늘은 같은 색의 신발과 옷을 입었다.
② 사람은 모름지기 욕심을 다스릴 줄 안다.
③ 이번 연극에서 영희는 주인공 역할을 맡았다.
④ 그녀는 초보치고는 운전을 썩 잘하지는 못한다.
⑤ 유명 아이돌이 나온다는 그 드라마의 시청률이 1위를 차지했다.

유형 익히기
이 유형에서는 문장 성분 간의 호응에 관한 문제, 문장을 구성하는 데 반드시 필요한 성분을 생략해 그 의미가 불명확한 문장을 찾는 문제, 번역 투, 관형화·명사화의 남용 등 다양한 문장의 오류를 묻는 문제가 출제된다.

문제풀이
① 목적어와 서술어의 호응이 어색하다. 서술어 '입다'는 옷에는 어울리지만, 신발에는 어울리지 않는다.
② 부사어 '모름지기'는 '~해야 한다'와 같은 당위적 서술어와 호응한다.
④ 조사 '-치고(는)'는 앞말과 대립되는 의미를 가진 서술어와 호응한다. 따라서 '그녀는 초보치고는 운전을 썩 잘한다.' 또는 '그녀는 초보라서 운전을 썩 잘하지는 못한다.'로 고쳐야 한다.
⑤ 주어와 서술어의 호응이 어색하다. '그 드라마가 시청률 1위를 차지했다.'로 고쳐야 한다.

정답 | ③

기출유형 ❷ 문장 표현 – 중의성/중복 표현

다음 중 문장의 의미가 두 가지 이상으로 해석되지 <u>않는</u> 것은?

① 우리는 간식을 다 먹지 못했다.
② 그녀는 긍정도 부정도 아닌 표정을 지었다.
③ 공부를 무척 좋아하는 친구의 동생을 만났다.
④ 불행하게 직장을 잃고 평생을 힘들게 보냈다.
⑤ 나는 형과 누나가 추천한 교육방송 프로그램을 시청하였다.

유형 익히기
문장이 두 가지 이상의 의미로 해석될 수 있는 중의성을 해소하는 능력이 있는지 평가하는 유형과 문장 안에서 똑같은 의미가 다른 표현으로 중복되어 나타나는 비문을 판단하고 고칠 수 있는지 묻는 유형이 출제된다.

문제풀이
① 간식을 구성원 모두가 먹지 못했다는 것인지, 간식을 다 먹지는 못하고 일부만 먹었다는 것인지가 명확하지 않은 표현이다.
③ 공부를 좋아하는 주체가 '친구'인지, '친구의 동생'인지 모호하다.
④ 직장을 잃은 것이 불행하다는 뜻인지, 평생을 힘들게 보낸 것이 불행하다는 뜻인지 명확하게 알 수 없다.
⑤ 교육방송 프로그램을 추천한 사람이 '형과 누나'인지, '누나'인지 명확하지 않다.

정답 | ②

기 / 출 / 유 / 형

기출유형 ❸ 문법 요소(단어) – 조사/어미/용언의 활용/합성어와 파생어

다음 중 〈보기〉의 설명에 해당되지 않는 것은?

> **보기**
> '해돋이'는 '명사+동사/어간+접미사'로 이루어진 복합어이다. 그런데 형태상으로 분석하면 '해+돋이'라는 합성어가 되지만, 내용상으로 분석하면 '해돋+이'라는 파생어가 된다.

① 고기잡이   ② 감옥살이   ③ 싹쓸이
④ 가로닫이   ⑤ 갓난아이

유형 익히기
단어 및 품사와 관련된 문제는 문장 속에서 기능이나 의미가 같은 것을 찾는 형태로 많이 출제된다. 단어는 그 범위가 매우 넓으므로, 단어 자체의 문법적 특징과 의미를 평소에 정확하게 알아 두는 것이 유리하다.

문제풀이
〈보기〉는 합성어와 파생어에 대한 설명이다. '해돋이'는 '해 + 돋이'라고 하여 합성어로 볼 수도 있고, '해돋 + 이'로 보아 파생어로 볼 수도 있다고 했다. 즉 형태상의 분석과 내용상의 분석에 따라 합성어가 될 수도 있고 파생어가 될 수도 있는 단어이다. 그런데 ⑤의 '갓난아이'는 '갓난'이라는 어근과 '아이'라는 어근으로 이루어진 합성어로만 볼 수 있으므로 〈보기〉에 해당되지 않는 단어이다.
① '고기+잡이'의 합성어로 볼 수도 있고, '고기잡+이'의 파생어로 볼 수도 있다.
② '감옥+살이'의 합성어로 볼 수도 있고, '감옥살+이'의 파생어로 볼 수도 있다.
③ '싹+쓸이'의 합성어로 볼 수도 있고, '싹쓸+이'의 파생어로 볼 수도 있다.
④ '가로+닫이'의 합성어로 볼 수도 있고, '가로닫+이'의 파생어로 볼 수도 있다.

정답| ⑤

기출유형 ❹ 문법 요소(문장) – 높임 표현/피동·사동 표현/문장 성분 및 짜임

다음 중 〈보기〉의 밑줄 친 부분과 같은 오류가 드러나 있는 것은?

> **보기**
> 나는 내 행동이 어떻게 <u>보여질지</u> 항상 걱정을 한다.

① 준수는 너무 힘이 세기 때문에 아무도 이길 수가 없어요.
② 할머니, 어제 고모님께서 전화를 해서 안부를 물으셨어요.
③ 그는 세간의 평가에 우쭐해지지 않고 계속해서 기술을 연마하였다.
④ 네 주머니 속의 구슬을 꺼내 봐라. 이것이 바로 희망의 구슬이다.
⑤ 사람들은 쌀을 화폐 대신 사용했고, 다양한 음식을 만들기도 했습니다.

유형 익히기
문장의 종결 표현과 높임 표현, 피동 표현과 사동 표현, 문장 성분과 문장의 짜임 등 문장 차원에서의 문법 요소의 기능과 의미를 묻는 유형이다.

문제풀이
〈보기〉에 사용된 '보이다'는 '보다'의 피동사로, 그 자체가 피동의 의미를 지닌다. 따라서 '보여질지'가 아니라, '보일지'로 쓰는 것이 적절하다. ③의 '우쭐해지지'는 능동 표현 '우쭐하다'를 활용한 것으로, '그'가 '우쭐해하는' 주체이므로 '우쭐하지'로 쓰는 것이 올바르다.

정답| ③

기출 핵심개념
06. 문장 표현 / 문법 요소

❖ 문장 표현

1. 문장의 호응

문장에서 서로 밀접한 관계로 쓰이는 두 말의 관계를 문장의 호응 관계라 한다. 말을 하고 글을 쓸 때는 의도한 대로 의미를 정확하게 전달하기 위해 문장을 바르게 구성해야 한다. 따라서 문장을 이루는 문장 성분들은 서로 조건에 따라 호응되어야 한다.

(1) 주어와 서술어의 호응
- 명심해야 할 것은 약속 장소가 시계탑이다.
  → 명심해야 할 것은 약속 장소가 시계탑이라는 점이다.
- 이 식품은 저 식품에 비해 맛과 영양이 훨씬 많다.
  → 이 식품은 저 식품에 비해 맛이 좋고, 영양도 훨씬 많다.

(2) 목적어와 서술어의 호응
- 그들은 날마다 적당한 운동과 체육 이론을 연구하였다.
  → 그들은 날마다 적당한 운동을 하고 체육 이론을 연구하였다.
- 이 배는 매일 오전 9시에 사람이나 짐을 싣고 운행한다.
  → 이 배는 매일 오전 9시에 사람을 태우거나 짐을 싣고 운행한다.
- 이번 연주회에서 나는 가야금과 피리를 분다.
  → 이번 연주회에서 나는 가야금을 뜯고, 피리를 분다.

(3) 부사어와 서술어의 호응
- 내일 만약 비가 올지라도 나가지 말고 집에 있어야지.
  → 내일 만약 비가 온다면 나가지 말고 집에 있어야지.
- 자연 현상의 연구는 모름지기 실험에 의할 따름이다.
  → 자연 현상의 연구는 모름지기 실험에 의하여 이루어져야 한다.
- 그는 자기 분야에서 바야흐로 달인의 경지에 오를 것이다.
  → 그는 자기 분야에서 바야흐로 달인의 경지에 올라 있다. (※ 바야흐로: 이제 한창)

> **참고**
>
> **부사어의 호응**
> ① 부정어와 호응하는 부사어: 결코, 구태여, 별로, 절대로, 도무지, 여간, 차마, 좀처럼, 전혀
>   예 이 둘은 결코 융합할 수 없다.
> ② 긍정어와 호응하는 부사어: 기필코, 꼭, 반드시, 제법, 마땅히, 당연히, 필히
>   예 반드시 손으로 쓴 작품을 제출해야 합니다.
> ③ 가정과 추측의 부사어('~라면, 다면'과 호응): 만일, 만약, 가령
>   예 만일 그가 범인이라면 어떡하지?

2. 문장 성분의 지나친 생략

우리말은 다른 말에 비해 생략이 자유롭다. 그러나 문장을 형성하는 데 있어 필수적인 성분이 생략될 경우, 문장의 의미가 모호해지거나 그 의미를 제대로 전달할 수 없다.

- 목표를 이루고 말겠다는 의지와 그 의지를 뒷받침할 수 있는 체력이다.
  → 나에게 지금 필요한 것은 목표를 이루고 말겠다는 의지와 그 의지를 뒷받침할 수 있는 체력이다.
- 그 사건은 때로는 엄청난 고통 속으로 몰아넣기도 하였다.
  → 그 사건은 때로는 그를 엄청난 고통 속으로 몰아넣기도 하였다.
- 내가 행사장에 도착했을 때는 이미 끝난 뒤였다.
  → 내가 행사장에 도착했을 때는 행사가 이미 끝난 뒤였다.
- 철수가 시험에 합격한 것은 기쁨이 되었다.
  → 철수가 시험에 합격한 것은 어머니의 기쁨이 되었다.
- **[최신]** 인간은 법을 지키기도 하고 구속을 받기도 하면서 살아간다.
  → 인간은 법을 지키기도 하고 법에 구속을 받기도 하면서 살아간다.
- 나는 어머니의 심부름으로 서류를 가져다드리기 위해 회사로 향했다.
  → 나는 어머니의 심부름으로 아버지께 서류를 가져다드리기 위해 회사로 향했다.

> **참고**
>
> **문장 성분**
>
> | | | |
> |---|---|---|
> | 주성분 | 문장을 이루는 데 꼭 필요한 성분 | 주어, 서술어, 목적어, 보어 |
> | 부속 성분 | 주성분을 수식하여 뜻을 자세하게 설명해 주는 성분 | 관형어, 부사어 |
> | 독립 성분 | 다른 성분과 직접적인 관계없이 독립적으로 쓰이는 성분 | 독립어 |

3. 중의적 표현

중의적 표현이란, 하나의 문장이 두 가지 이상의 의미로 해석되어 그 의미가 명확하지 않은 것으로, 어법에 어긋나는 잘못된 문장 표현이다.

❖ **중의적 표현의 유형**

① **어휘적 중의성**: 한 낱말이 여러 가지 의미를 나타내어 중의적 표현이 된 것
  예 할머니께서 돌아가셨다.
  → '돌아가시다'가 '원래 있던 곳으로 다시 가거나 다시 그 상태가 되다'의 의미인지, '죽다'의 높임 표현인지 알 수 없다.

[최신] ② **구조적 중의성**: 문장 구조의 특성 때문에 여러 가지 의미로 해석되는 것

- **[최신]** **수식에 의한 중의성**: 수식어의 범위가 명확하지 않은 경우
  예 착한 경수와 민지가 봉사 활동을 가기로 했다.
  → '착한'이 '경수'를 꾸미는지 '경수와 민지'를 꾸미는지 분명하지 않다.
- **[빈출]** **문장의 연결 관계에 의한 중의성**: 병렬 구문의 의미가 명확하지 않은 경우
  예 어머니께서는 환하게 웃으며 달려오는 아이를 안아 주셨다.
  → '환하게 웃으며'의 행위 주체가 '어머니'인지 '아이'인지 분명하지 않다.

- **[최신] 부정 구문에 따른 중의성**: 부정 의미의 범위 때문에 생기는 중의성
  - 예 손님이 다 오지 않았다.
    → 손님이 '모두 안 왔다'는 의미인지, '다 온 것은 아니다'라는 의미인지 분명하지 않다.
- **조사 '의'의 쓰임에 따른 중의성**: 조사 '의' 의미의 모호성
  - 예 어제 서재에 가서 아버지의 책을 보았다.
    → 조사 '의'로 인해 '아버지에 대해 기술한 책'인지, '아버지께서 집필한 책'인지, '아버지 소유의 책'인지 그 의미가 분명하지 않다.
- **[최신] 비교 구문에 의한 중의성**: 비교 구문 '~보다'의 모호성
  - 예 내 동생은 나보다 잠자는 것을 더 좋아한다.
    → '나'와 '잠자는 것'을 비교하는지, '내가 잠자는 것을 좋아하는 정도'와 '동생이 잠자는 것을 좋아하는 정도'를 비교하는 것인지 그 의미가 분명하지 않다.
- **지시어에 의한 중의성**: 지시하는 대상의 모호성
  - 예 그는 값비싼 보석을 가지고 왔지만 그것을 숨기었다.
    → '그것'이 지시하는 대상이 '값비싼 보석'인지, '보석을 가지고 왔다는 사실'인지 분명하지 않다.

③ **비유적 중의성**: 비유적 표현에 의해 두 가지 이상의 의미로 해석되는 것
  - 예 그 애는 약간 여우 같아서 인기가 많다.
    → '여우 같아'에 대한 구체적인 비유 대상이 제시되지 않아 의미가 분명하지 않다. 외모가 '여우와 비슷하다'는 것인지, 성격이 '여우처럼 하는 짓이 깜찍하고 영악하다'는 것인지 알 수 없다.

4. 의미상 중복 표현

우리말에는 한자어가 많은데 그 의미를 정확하게 이해하지 못해서 중복된 표현을 사용하는 경우가 많다. 이를 '잉여 표현'이라고도 하며, 문장의 간결성이나 경제성을 떨어뜨리므로 어법에 맞지 않는 부자연스러운 문장으로 본다.

- 야, 너 좀 이따가 옥상 위에서 보자.
  → 야, 너 좀 이따가 옥상(屋上)에서 보자.
- 요즘은 터널이 있기 때문에 굳이 대관령 고개를 넘을 필요가 없다.
  → 요즘은 터널이 있기 때문에 굳이 대관령(嶺)을 넘을 필요가 없다.
- 자신의 감정을 아무런 여과 없이 밖으로 표출하는 것은 바람직하지 않다.
  → 자신의 감정을 아무런 여과 없이 표출(表出)하는 것은 바람직하지 않다.
- 그들은 오래전 불미스러운 사건으로 형극의 가시밭길을 걸어왔다.
  → 그들은 오래전 불미스러운 사건으로 형극(荊棘)의 길을 걸어왔다.

참고
자주 출제되는 의미상 중복 표현

계약(契約)을 맺다	담임(擔任)을 맡다	탈(脫)꼴찌에서 벗어나	푸른 창공(蒼空)
기간(其間) 동안	겪은 경험(經驗)	모두 다	남은 여생(餘生)
간단히 요약(要約)하다	앞으로 전진(前進)	완전히 전멸(全滅)	새 신랑(新郞)
가까운 근방(近傍)	축구(蹴球)를 차다	긴 장대(長-)	허연 백발(白髮)
높은 고온(高溫)	계속 속출(續出)	투고(投稿)한 원고	서로 상충(相衝)
넓은 광장(廣場)	어린 소녀(少女)	미리 예비(豫備)	죽은 시체(屍體)
동해(東海)바다	뜨거운 열기(熱氣)	이름난 명산(名山)	같은 동포(同胞)

다시 복습(復習)	시끄러운 소음(騷音)	시범(示範)을 보이다	곧바로 직행(直行)하다
쓰이는 용도(用途)	따뜻한 온정(溫情)	날조(捏造)된 조작극	잘못 오도(誤導)하다
그릇되게 와전(訛傳)되다	여성 자매(姉妹)	개인적인 사견(私見)	좋은 호사(好事)
그때 당시(當時)	필요한 필수품(必需品)	완전히 근절(根絕)하다	대관령(大關嶺) 고개
어려운 난관(難關)	역전(驛前) 앞	사람 없는 무인도(無人島)	다리를 놓는 중매(仲媒)
더러운 누명(陋名)	음모(陰謀)를 꾸미다	옥상(屋上) 위에	

5. 조사의 잘못된 쓰임

문장에서 각 성분의 의미와 기능에 따라 적절한 조사를 사용해야 하는데, 이를 지나치게 생략하거나 적절하지 못한 조사를 사용하면 어법에 어긋난 표현이 된다.

- 한국은 일본 정부<u>에게</u> 책임을 물어야 한다.
  → '에게'는 유정(有情) 명사에 사용하고, 무정(無情) 명사에는 '에'를 쓴다. 국가나 정부는 무정 명사이므로 '에'를 써야 올바른 표현이다.
- 사람들은 아름다운 여자를 여신<u>과</u> 비유한다.
  → 조사와 서술어의 호응에 따라 '~을 … 에 비유하다'가 올바른 표현이다. 따라서 '아름다운 여자를 여신에 비유한다'라고 써야 한다.
- 원서 접수는 20일<u>까지</u> 마감한다.
  → 조사와 서술어의 호응 관계에 따라 '~에 마감한다'가 올바른 표현이다. 따라서 문맥상 '20일까지이다' 또는 '20일에 마감한다'로 써야 한다.
- 그 일은 담당자<u>에게</u> 상의하세요.
  → '상의'는 '서로 의논하다'라는 의미로 '~와 상의하다'가 올바른 표현이며, '에게'는 '문의하다'와 어울려 쓰인다.
- 회원 각자<u>의</u> 현재의 상황에 최선을 다하는 것은 매우 중요한 일이다.
  → 조사 '의'의 쓰임이 어색한 문장이다. 문맥상 '회원 각자가'로 고쳐야 한다.

6. 번역투 문장

근래에 외국어에 대한 관심이 많아지면서 우리말 어법에 어긋나는 표현이 자주 쓰이는 것을 볼 수 있다. 이러한 '번역투 문장'은 일상 대화에서 자주 사용되어 어법에 어긋나는 것처럼 느껴지지 않을 수 있지만, 우리말에서는 쓰이지 않는 생소한 표현이므로 사용하지 않도록 해야 한다.

① 일본어식 표현
- 그 소식을 동생<u>으로부터</u> 들었다. → 그 소식을 동생에게 들었다.
- [최신] 그는 선각자에 <u>다름</u> 아니다. → 그는 선각자나 다름없다. / 그는 선각자라 할 만하다.
- 장애인들의 어려움에 관심을 <u>기울여야</u> 한다. → 장애인들의 어려움에 관심을 두어야 한다.
- [최신] 나에게 <u>있어서</u> 실패는 고배가 아니라 축배다. → 나에게(나의) 실패는 고배가 아니라 축배다.

② 영어식 표현

- 최신 • 불조심은 아무리 강조해도 지나치지 않다. ('It is not too much to say that'의 직역)
  → 불조심은 매우 강조할 만하다. / 불조심은 매우 중요하다.
- 최신 • 청소년 권장 과학 도서 목록 선정을 위한 모임을 가졌다. ('have'의 직역)
  → 청소년 권장 과학 도서 목록을 선정하는 모임이 있었다.
- 그는 내일 출국할 예정으로 있다. ('be going to'의 직역)
  → 그는 내일 출국할 예정이다. / 내일 출국할 것이다.
- 최신 • 학문은 사색을 필요로 한다. ('be in need of'의 직역) → 학문은 사색이 필요하다.
- 이 자료가 그 사실을 잘 말해 주고 있다. ('it says~'의 직역)
  → 이 자료에서 그 사실을 잘 알 수 있다.
- 최신 • 이 약은 A사에 의해 개발되었다. ('by'의 직역)
  → A사가 이 약을 개발하였다.
- 이번 기회를 통하여 그는 회장직에 오르기로 마음먹었다. ('through'의 직역)
  → 이번 기회에 그는 회장직에 오르기로 마음먹었다.
- 우리 대학은 명동에 위치하고 있습니다. ('located at'의 직역)
  → 우리 대학은 명동에 있습니다.
- 최신 • 삶에서 가장 중요한 것 중의 하나는 신의이다. ('one of the most'의 직역)
  → 삶에서 가장 중요한 것은 신의이다.
- 그는 유학을 가기 위해 중국어 공부를 열심히 했다. ('for'의 직역)
  → 그는 유학을 가려고 중국어 공부를 열심히 했다.

❖ 문법 요소

1. 음운의 변동

한 형태소가 다른 형태소와 결합할 때 그 환경에 따라 음운이 다른 음운으로 바뀌는 현상을 '음운의 변동'이라고 한다. 음운의 변동은 발음을 편하게 하기 위해 나타나는 현상으로, 표준 발음법과도 밀접한 관련이 있으니 반드시 숙지해야 한다.

음절의 끝소리 규칙	1. 음절의 끝소리로 발음될 수 있는 자음은 'ㄱ, ㄴ, ㄷ, ㄹ, ㅁ, ㅂ, ㅇ'이므로, 이 7개 자음 이외의 자음이 음절 끝에 오면 7자음 중 하나로 바뀌는 현상 예 밖[박]/옷[옫]/값[갑]/젊대[점ː따] 2. 자음을 가진 형태소가 모음으로 시작되는 형식 형태소(조사, 어미, 접미사)와 만나면, 그 끝 자음은 다음 음절의 첫소리로 발음함. 예 옷이[오시]/옷을[오슬] 3. 단, 실질 형태소가 뒤에 올 경우 대표음으로 바뀐 뒤 연음됨. 예 옷 안[온안 → 오단]/옷 아래[온아래 → 오다래]
자음 동화	1. 비음화: 'ㄱ, ㄷ, ㅂ'이 비음(ㄴ, ㅁ, ㅇ) 앞에서 비음으로 바뀌는 현상 예 곡물[공물]/걷는다[건는다]/밥물[밤물] 2. 유음화: 'ㄴ'이 앞이나 뒤에 오는 유음 'ㄹ'의 영향으로 'ㄹ'로 바뀌는 현상 예 설날[설ː랄]/권력[궐ː력]

기출 핵심개념

모음 동화	앞 음절의 모음 'ㅏ, ㅓ, ㅗ, ㅜ'가 뒤 음절에 'ㅣ'모음이 오면 이에 이끌려 'ㅐ, ㅔ, ㅚ, ㅟ'로 바뀌는 현상
된소리되기(경음화)	예사소리(ㄱ, ㄷ, ㅂ, ㅅ, ㅈ)가 된소리로 바뀌는 현상 예 닫다[닫따]/잡고[잡꼬]
구개음화	1. 끝소리가 'ㄷ, ㅌ'인 형태소가 모음 'ㅣ'나 반모음 'ĭ'로 시작되는 형식 형태소와 만나 'ㅈ, ㅊ'이 되는 현상 예 굳이[구지]/같이[가치] 2. 'ㄷ' 뒤에 형식 형태소 '히'가 올 경우 축약 이후 구개음화됨. 예 닫히다[다티다 → 다치다]
모음 조화	1. 국어의 중요한 특징 중 하나로, 양성 모음(대표적으로 'ㅏ, ㅗ')은 양성 모음끼리, 음성 모음(대표적으로 'ㅓ, ㅜ')은 음성 모음끼리 모이려는 현상 2. 보통 음성 상징어(의성어, 의태어)와 용언의 어간과 어미 사이에서 나타남. 예 졸졸/줄줄/깎아/꺾어

축약과 탈락	1. 축약: 두 소리가 이어질 때 두 소리의 성질을 모두 가진 소리로 줄어드는 현상
	• 자음 축약: ㄱ, ㄷ, ㅂ, ㅈ + ㅎ → ㅋ, ㅌ, ㅍ, ㅊ
	  예 좋다[조:타]/많다[만:타]
	• 모음 축약: 두 형태소가 만날 때 앞뒤 형태소의 두 음절이 한 음절로 줄어듦.
	  예 뜨-+-이다→ 띄다/되-+-어→ 돼
	2. 탈락: 두 음운이 이어질 때, 한 음운이 탈락하는 현상
	예 울-+-는 → 우는/날-+-니→ 나니

결정적 힌트!

모음 조화가 지켜지지 않는 경우
깡총깡총(×), 깡충깡충(○) (표준어 규정 제8항)
아름답-+-아 → 아름다워 ('ㅂ' 불규칙 활용)

2. 조사

격 조사	앞에 오는 체언이 문장 안에서 가지는 자격을 나타내는 조사 • 주격 조사: 이, 가 • 목적격 조사: 을, 를 • 부사격 조사: 에게, 에, 로 • 서술격 조사: 이다 • 관형격 조사: 의 • 보격 조사: 이, 가 • 호격 조사: 아, 야
접속 조사	두 단어를 같은 자격으로 이어 주는 구실을 하는 조사
보조사	격 조사가 올 자리에 놓이거나 격 조사와 결합되어 특별한 뜻을 더해 주는 조사 • 대조: 은, 는 • 강조, 허용: 도 • 단독: 만, 뿐 • 극단: 까지, 마저, 조차 • 시작: 부터 • 균일: 마다

❖ 기출 조사

에

① 앞말이 처소의 부사어임을 나타내는 격 조사
  예 옷에 먼지가 묻다./언덕 위에 집을 짓다./나는 시골에 산다./부모님은 집에 계신다.

② 앞말이 시간의 부사어임을 나타내는 격 조사
  예 나는 아침에 운동을 한다./우리, 오후에 만나자./그 시간에 뭐 할 거니?

③ 앞말이 진행 방향의 부사어임을 나타내는 격 조사
  예 학교에 가다./동생은 방금 집에 갔다./지금 산에 간다.

④ 앞말이 원인의 부사어임을 나타내는 격 조사
  예 바람에 꽃이 지다./그는 요란한 소리에 잠을 깼다./그까짓 일에 너무 마음 상하지 마라.

⑤ 앞말이 어떤 움직임을 일으키게 하는 대상의 부사어임을 나타내는 격 조사
  예 나는 그의 의견에 찬성한다./그의 거짓말에 속지 마시오.

⑥ 앞말이 어떤 움직임이나 작용이 미치는 대상의 부사어임을 나타내는 격 조사
  예 나는 화분에 물을 주었다./그는 자기의 일에 열의가 대단하다./나는 생각에 잠겼다.

⑦ 앞말이 목표나 목적의 대상이 되는 부사어임을 나타내는 격 조사
  예 몸에 좋은 보약/이 약은 감기에 잘 듣는다./이걸 어디에 쓸 것인가?

⑧ 앞말이 수단, 방법 따위가 되는 부사어임을 나타내는 격 조사
  예 우리는 햇볕에 옷을 말렸다./예전에는 등잔불에 글을 읽었다.

⑨ 앞말이 조건, 환경, 상태 따위의 부사어임을 나타내는 격 조사
  예 이 무더위에 어떻게 지냈니?/모든 것은 생각하기에 달려 있다./기쁨에 넘치는 나날이었다.

⑩ 앞말이 기준이 되는 대상이나 단위의 부사어임을 나타내는 격 조사
  예 그것은 예의에 어긋나는 행동이다./시대에 뒤떨어지는 생각은 하지 마라./나는 하루에 두 번씩 세수를 한다./쌀 한 말에 얼마지요?/두 사람에 하나씩 나눠 가져라.

⑪ 앞말이 비교의 대상이 되는 부사어임을 나타내는 격 조사
  예 그 아버지에 그 아들

⑫ 앞말이 맡아보는 자리나 노릇의 부사어임을 나타내는 격 조사
  예 반장에 그가 뽑혔다./춘향에 성희, 이 도령에 춘수였다.

⑬ 앞말이 제한된 범위의 부사어임을 나타내는 격 조사
  예 포유류에 무엇이 있지?/이곳에서 생산되는 것에 좋은 것이 있다고 들었소.

⑭ '관하여(관한)', '대하여(대한)', '의하여(의한)', '있어서' 따위와 함께 쓰여, 앞말이 지정하여 말하고자 하는 대상의 부사어임을 나타내는 격 조사
  예 이 문제에 관한 보고서를 작성해 오시오./이 점이 시장을 선출하는 데에 있어서 가장 중시되어야 할 사항이다.

⑮ 앞말이 무엇이 더하여지는 뜻의 부사어임을 나타내는 격 조사
  예 국에 밥을 말아 먹다./커피에 설탕을 타다./3에 4를 더하다.

의

① 앞 체언이 관형어 구실을 하게 하며, 뒤 체언이 나타내는 대상이 앞 체언에 소유되거나 소속됨을 나타내는 격 조사
　예 나의 옷/그의 가방/영이의 얼굴/우리의 학교/사람의 자식/한강의 근원/어머니의 성경책

② 앞 체언이 관형어 구실을 하게 하며, 앞 체언이 뒤 체언이 나타내는 행동이나 작용의 주체임을 나타내는 격 조사
　예 우리의 각오/국민의 단결/너의 부탁/나라의 발전

③ 앞 체언이 관형어 구실을 하게 하며, 앞 체언이 뒤 체언이 나타내는 대상을 만들거나 이룬 형성자임을 나타내는 격 조사
　예 다윈의 진화론/나의 작품/거문고의 가락

④ 앞 체언이 관형어 구실을 하게 하며, 앞 체언이 뒤 체언의 과정이나 목표 따위의 대상임을 나타내는 격 조사
　예 승리의 길

⑤ 앞 체언이 관형어 구실을 하게 하며, 앞 체언이 뒤 체언이 나타내는 행동의 대상임을 나타내는 격 조사
　예 질서의 확립/자연의 관찰/인권의 존중/학문의 연구

⑥ 앞 체언이 관형어 구실을 하게 하며, 뒤 체언이 나타내는 사실이나 상태가 앞의 체언에 관한 것임을 나타내는 말
　예 서울의 찬가/한국의 지도

⑦ 앞 체언이 관형어 구실을 하게 하며, 뒤 체언에 오는 인물의 행동이나 행위가 앞 체언이 나타내는 사건이나 사물을 대상으로 하고 있음을 나타내는 격 조사
　예 책의 저자/아파트의 주인/올림픽의 창시자

⑧ 앞 체언이 관형어 구실을 하게 하며, 뒤 체언이 지니고 있는 정보가 앞 체언의 속성 따위임을 나타내는 격 조사
　예 금의 무게/물의 온도/국토의 면적

⑨ 앞 체언이 관형어 구실을 하게 하며, 앞 체언이 뒤 체언이 나타내는 속성의 보유자임을 나타내는 격 조사
　예 꽃의 향기/예술의 아름다움

⑩ 앞 체언이 관형어 구실을 하게 하며, 뒤 체언이 앞 체언이 나타내는 어떤 동작을 주된 목적이나 기능으로 하는 것임을 나타내는 말
　예 축하의 잔치/가을은 독서의 계절이다.

⑪ 앞 체언이 관형어 구실을 하게 하며, 앞 체언과 뒤 체언이 의미적으로 동격임을 나타내는 말
　예 각하의 칭호/조국 통일의 위업

⑫ 앞 체언이 관형어 구실을 하게 하며, 관계를 나타내는 뒤의 체언이 앞 체언과 사회적·친족적 관계에 있음을 나타내는 말
　예 나의 친구/선생님의 아들

⑬ 앞 체언이 관형어 구실을 하게 하며, 앞 체언이 뒤 체언이 나타내는 사물이 일어나거나 위치한 곳임을 나타내는 격 조사
　예 몸의 병/시골의 인심/옷의 때/하늘의 별/제주의 말

⑭ 앞 체언이 관형어 구실을 하게 하며, 앞 체언이 뒤 체언이 나타내는 사물이 일어나거나 위치한 때임을 나타내는 격 조사
　예 여름의 바다/고대의 문화/정오의 뉴스

⑮ 앞 체언이 관형어 구실을 하게 하며, 앞 체언이 뒤 체언의 정도나 수량을 한정함을 나타내는 격 조사
　예 100℃의 끓는 물/45kg의 몸무게/10년의 세월/한 잔의 술/10여 명의 사람이 몰려오다.

⑯ 앞 체언이 관형어 구실을 하게 하며, 전체와 부분의 관계를 나타내는 격 조사
　예 국민의 대다수/가진 돈의 얼마를 내놓다.

⑰ 앞 체언이 관형어 구실을 하게 하며, 앞 체언이 뒤 체언이 나타내는 사물의 특성을 나타내는 격 조사
　예 불굴의 투쟁/불후의 명작

⑱ 앞 체언이 관형어 구실을 하게 하며, 앞 체언이 뒤 체언에 대하여 비유의 대상임을 나타내는 말
　예 철의 여인/무쇠의 주먹

⑲ 앞 체언이 관형어 구실을 하게 하며, 앞 체언이 뒤 체언의 재료임을 나타내는 말
　예 순금의 보석

⑳ 앞 체언이 관형어 구실을 하게 하며, 앞 체언이 어떤 결과를 낳는 행동임을 나타내는 격 조사
　예 투쟁의 열매/건설의 역사

㉑ 앞 체언이 관형어 구실을 하게 하며, 앞 체언이 뒤에 연결되는 조사의 의미 특성을 가지고 뒤 체언을 꾸미는 기능을 가짐을 나타내는 격 조사
　예 구속에서의 탈출/저자와의 대화

까지

① 어떤 일이나 상태 따위에 관련되는 범위의 끝임을 나타내는 보조사. 흔히 앞에는 시작을 나타내는 '부터'나 출발을 나타내는 '에서'가 와서 짝을 이룬다.
　예 오늘은 1번부터 10번까지가 청소를 한다.

② 이미 어떤 것이 포함되고 그 위에 더함의 뜻을 나타내는 보조사
　예 밤도 늦었고 비까지 내리니 하루 더 묵고 가거라.

③ 그것이 극단적인 경우임을 나타내는 보조사
　예 우리가 할 수 있는 데까지 해 봅시다.

만

① 다른 것으로부터 제한하여 어느 것을 한정함을 나타내는 보조사
　예 아내는 웃기만 할 뿐 아무 말이 없다./하루 종일 잠만 잤더니 머리가 띵했다.

② 무엇을 강조하는 뜻을 나타내는 보조사
　예 그를 만나야만 모든 문제가 해결될 수 있다.

③ 화자가 기대하는 마지막 선을 나타내는 보조사
　　예 열 장의 복권 중에서 하나만 당첨되어도 바랄 것이 없다.

④ 앞말이 나타내는 대상이나 내용 정도에 달함을 나타내는 보조사
　　예 집채만 한 파도가 몰려온다./청군이 백군만 못하다./안 가느니만 못하다.

⑤ 어떤 것이 이루어지거나 어떤 상태가 되기 위한 조건을 나타내는 보조사
　　예 너무 피곤해서 눈만 감아도 잠이 올 것 같다./할아버지는 나만 보면 못마땅한 듯 얼굴을 찌푸리셨다.

에서

① 앞말이 행동이 이루어지고 있는 처소의 부사어임을 나타내는 격 조사
　　예 우리는 아침에 도서관에서 만나기로 하였다./가게 앞에서 사람들이 싸우고 있었다.

② 앞말이 출발점의 뜻을 갖는 부사어임을 나타내는 격 조사
　　예 서울에서 몇 시에 출발할 예정이냐?

③ 앞말이 어떤 일의 출처임을 나타내는 격 조사
　　예 그는 모 기업에서 돈을 받은 혐의로 현재 조사 중에 있다.

④ 앞말이 근거의 뜻을 갖는 부사어임을 나타내는 격 조사
　　예 고마운 마음에서 드리는 말씀입니다./그저 조그마한 보탬이라도 되고자 하는 뜻에서 행한 일이다.

⑤ 앞말이 비교의 기준이 되는 점의 뜻을 갖는 부사어임을 나타내는 격 조사
　　예 이에서 어찌 더 나쁠 수가 있겠어요?/죽은 부모가 살아 돌아온들 이에서 더 기쁘지는 않을 것이다.

⑥ 앞말이 주어임을 나타내는 격 조사
　　예 이번 대회는 우리 학교에서 우승을 차지했다./정부에서 실시한 조사 결과가 발표되었다.

3. 어미

(1) 어말 어미

활용 어미 중 맨 뒤에 오는 어미

① **종결 어미**: 한 문장을 끝맺는 기능을 하는 어미

평서형 종결 어미	단순한 설명으로 끝맺음.	-다, -네, -오, -느니라
감탄형 종결 어미	감탄의 뜻으로 끝맺음.	-(는)구나, -군, -로구나
의문형 종결 어미	물음의 뜻으로 끝맺음.	-느냐, -는가, -니, -ㅂ니까
명령형 종결 어미	명령의 뜻으로 끝맺음.	-어라/-아라, -게, -오, -ㅂ시오
청유형 종결 어미	권유의 뜻으로 끝맺음.	-자, -세, -(으)ㅂ시다

② **연결 어미**: 문장이나 단어를 연결해 주는 어미

대등적 연결 어미	문장을 대등하게 이어 줌.	-고, -며, -면서
종속적 연결 어미	문장을 종속적으로 이어 줌.	-으면, -려고, -어도, -ㄹ수록
보조적 연결 어미	본용언과 보조 용언을 이어 줌.	-아/-어, -게, -지, -고

③ **전성 어미**: 용언의 어간에 붙어 다른 품사의 기능을 수행하게 하는 어미

관형사형 전성 어미	관형사처럼 만들어서 관형어로 쓰이게 함.	-ㄴ, -는, -(으)ㄹ, -던
명사형 전성 어미	명사처럼 만들어서 체언과 같은 성분으로 쓰이게 함.	-(으)ㅁ, -기
부사형 전성 어미	부사처럼 만들어서 부사어로 쓰이게 함.	-게

명사형 전성 어미 '-(으)ㅁ, -기'는 문장에서 명사처럼 쓰이나 품사는 변하지 않는다. 하지만 '-(으)ㅁ, -기'가 파생 접미사로 쓰일 때에는 품사가 명사로 바뀐다.

예 꿈을 꿈은 청소년의 특권이다.
　　① ②
① 꾸다 + -ㅁ(명사 파생 접미사)
② 꾸다 + -ㅁ(명사형 전성 어미)

(2) 선어말 어미

어말 어미 앞에 오는 어미

시제 선어말 어미	행위가 이루어진 때를 표시	-는-, -았-/-었-, -겠-
높임 선어말 어미	주체를 높임.	-시-
공손 선어말 어미	공손한 뜻을 나타냄.	-옵-

❖ 기출 어미

-겠-

① 미래의 일이나 추측을 나타내는 어미
　예 지금 떠나면 새벽에 도착하겠구나.

② 주체의 의지를 나타내는 어미
　예 나는 시인이 되겠다. / 이번 달까지 목표치를 달성하겠다. / 동생은 낚시하러 가겠다고 한다.

③ 가능성이나 능력을 나타내는 어미
　예 그런 것은 삼척동자도 알겠다. / 이걸 어떻게 혼자 다 하겠니?

④ 완곡하게 말하는 태도를 나타내는 어미
　예 들어가도 좋겠습니까? / 내가 말해도 되겠니? / 이제 그만 돌아가 주시겠어요?

⑤ 헤아리거나 따져 보면 그렇게 된다는 뜻을 나타내는 어미
　예 별사람을 다 보겠다.

-었-

① 이야기하는 시점에서 볼 때 사건이나 행위가 이미 일어났음을 나타내는 어미
　예 예전에는 명절에 선물로 설탕을 주었다. / 철수는 이미 밥을 먹었다. / 작년 소풍날은 날씨가 궂었다.

② 이야기하는 시점에서 볼 때 완료되어 현재까지 지속되거나 현재에도 영향을 미치는 상황을 나타내는 어미
　예 코스모스가 활짝 피었구나. / 간밤의 비로 강물이 많이 불었다.

③ 이야기하는 시점에서 볼 때 미래의 사건이나 일을 이미 정해진 사실인 양 말할 때 쓰이는 어미
예 야, 이대로만 공부하면 틀림없이 대학에 붙었다.

4. 규칙 활용과 불규칙 활용

참고
- 활용: 용언의 끝이 문법 기능에 따라 여러 가지 모습으로 바뀌는 것
- 어간: 활용할 때 변하지 않는 부분
  예 먹다 – 먹고 – 먹네 – 먹자
- 어미: 여러 형태로 활용하면서 문법적 기능을 하는 부분

(1) 규칙 활용

① 활용할 때 어간과 어미의 모습이 일정한 것
  예 읽다 – 읽고/읽어/읽는/읽어라

② 특정 조건에서 예외 없이 음운이 탈락하는 것

종류	조건	용례
'ㄹ' 탈락	어간 끝 받침 'ㄹ'이 어미의 첫소리 'ㄴ, ㅂ, ㅅ' 및 '-오, -ㄹ' 앞에서 예외 없이 탈락	노는/우는/나는
최신 'ㅡ' 탈락	모음 'ㅡ'로 끝나는 어간은 모음 어미 앞에서 'ㅡ'가 예외 없이 탈락	쓰- + -어 → 써/담그- + -아 → 담가

(2) 불규칙 활용

① 어간이 바뀌는 경우(특정 조건에서 예외가 있음.)

종류	조건	용례	예외
최신 'ㅅ' 불규칙	'ㅅ'이 모음 어미 앞에서 탈락	잇- + -어 → 이어 짓- + -어 → 지어	씻- + -어 → 씻어
'ㄷ' 불규칙	'ㄷ'이 모음 어미 앞에서 'ㄹ'로 변함.	듣- + -어 → 들어 묻(問)- + -어 → 물어	(빨래를) 걷- + -어 → 걷어
'ㅂ' 불규칙	'ㅂ'이 모음 어미 앞에서 '오/우'로 변함.	눕- + -어 → 누워 줍- + -어 → 주워	(허리가) 굽- + -어 → 굽어
'르' 불규칙	'르'가 모음 어미 앞에서 'ㄹㄹ' 형태로 변함.	흐르- + -어 → 흘러 빠르- + -아 → 빨라	치르- + -어 → 치러
최신 '우' 불규칙	'우'가 모음 어미 앞에서 탈락	푸- + -어 → 퍼	꾸- + -어 → 꾸어

② 어미가 바뀌는 경우(어미가 바뀌는 경우 모두 불규칙 활용)

종류	조건	용례
'여' 불규칙	'하-' 뒤에 오는 어미 '-아/-어'가 '-여'로 변함.	공부하- + -어 → 공부하여 '-하다'가 붙는 모든 용언
'러' 불규칙	어간이 '르'로 끝나는 일부 용언에서, 어미 '-어'가 '-러'로 변함.	이르(至)- + -어 → 이르러 푸르- + -어 → 푸르러 누르(黃)- + -어 → 누르러
'오' 불규칙	'달' 뒤에 오는 명령형 어미 '-아라'가 '오'로 변함.(어간 끝소리 'ㄹ'은 어미 '-오' 앞에서 탈락함.)	달- + -아라 → 다오

③ 어간과 어미가 모두 바뀌는 경우

종류	조건	용례
최신 'ㅎ' 불규칙	'ㅎ'으로 끝나는 어간에 '-아/-어'가 오면 어간과 어미가 모두 변함.	하얗-+-아서 → 하얘서 파랗-+-아 → 파래

5. 합성어와 파생어

(1) 단어의 구조

① 단어의 구성 요소: 어근과 접사

> - **어근**: 단어의 실질적인 의미를 표시하는 부분. 실질 형태소가 담당함.
>   예 '헛고생'의 '고생' / '군말'의 '말'
> - **접사**: 어근과 결합하여 그 뜻을 제한하는 부분. 접두사와 접미사가 있음.
>   예 '풋사랑'의 '풋-' / '날고기'의 '날-' / '덮개'의 '-개' / '사장님'의 '-님'

② 단어의 유형: 단어는 하나 이상의 형태소가 결합한 단위. 단일어, 합성어, 파생어로 구분된다.

단일어		하나의 어근으로만 이루어진 단어 예 산, 강, 하늘
복합어	합성어	단어를 둘로 쪼개었을 때 둘 다 어근인 단어 예 돌다리(돌+다리 → 둘 다 어근), 새해(새+해 → 둘 다 어근)
	파생어	단어를 둘로 쪼개었을 때 그중 하나가 접사인 단어 예 덧나다(덧-+나다 → '덧-'은 접사, '나다'는 어근), 구경꾼(구경+-꾼 → '구경'은 어근, '-꾼'은 접사)

합성어
복합어를 둘로 쪼갠 것을 직접 구성 성분(어떤 언어 단위를 층위를 두고 분석할 때 일차적으로 분석되어 나오는 성분)이라고 부른다. 예를 들어 '금목걸이'의 직접 구성 성분은 '금'과 '목걸이'이다. '금목걸이'에는 접미사 '-이'가 있지만, 이것은 직접 구성 성분이 아니기 때문에 '금목걸이'는 합성어이다.

(2) 합성어의 형성

① 기준: 어근과 어근의 의미적 결합 방식

대등 합성어	어근과 어근이 대등한 의미 관계로 결합되는 합성어 예 논밭(논+밭 → '논'과 '밭'이 대등한 의미 관계로 결합)
종속 합성어	한 어근이 다른 어근에 의미적으로 매서 결합되는 합성어 예 돌다리 / 갈아입다(앞의 어근 '돌'과 '갈-'이 뒤의 어근 '다리'와 '입-'에 의미적으로 매서 결합)
융합 합성어	어근과 어근이 결합하여 전혀 다른 의미의 합성어를 만들 경우 예 입방아(입+방아 → '수다'의 의미) 돌아가(시)다(돌다+가다 → '죽다'의 의미)

② **기준**: 어근과 어근의 형식적 결합 방식

통사적 합성어	어근의 배열 방식이 국어 문장의 구성 방식과 동일한 합성어 유형 • 어간 + 어미 + 어간 / 체언 　예 돌아가다(돌– + –아 + 가다 → 어간 + 어미 + 어간) 　　건널목(건너– + –ㄹ + 목 → 어간 + 어미 + 체언) • 관형어 + 체언　예 새해(새 + 해) • 부사어 + 용언　예 잘되다(잘 + 되다) • 명사 + 명사　예 논밭(논 + 밭) • 부사 + 부사　예 곧잘(곧 + 잘) • 주어 + 서술어　예 힘들다(힘(이) + 들다) • 목적어 + 서술어　예 본받다(본(을) + 받다)
비통사적 합성어	어근의 배열 방식이 국어 문장의 구성 방식과 동일하지 않은 합성어 유형 • 어간 + 어간 / 체언 　예 굳세다(굳 + 세다 → 어간 + 어간: 어미 없이 결합) 　　늦더위(늦 + 더위 → 어간 + 체언: 어미 없이 결합) • 부사어 + 명사　예 부슬비(부슬 + 비)

(3) **파생어의 형성**

접두 파생어	어근 앞에 접두사가 결합하여 파생어가 만들어지는 경우 예 **군–**: 군말 / 군불 / 군소리 　**날–**: 날고기 / 날가죽 / 날것 　**풋–**: 풋나물 / 풋사랑 　**짓–**: 짓누르다 / 짓밟다
접미 파생어	• 어근 뒤에 접미사가 결합하여 파생어가 만들어지는 경우 • 접미사는 접두사와 달리 그 수가 많으며, 다양한 어근에 결합할 수 있고, 어근의 품사를 바꾸는 경우도 있음. 예 **–꾼**: 구경꾼 / 나무꾼 / 살림꾼 　**–음**: 웃음 / 걸음 / 울음 　　　참고　웃음: 웃('웃다'의 어간 '웃–' → 어근) + –음 　　　　　어근의 품사는 동사이나 파생어의 품사는 명사임. 　**–이**: 먹이 / 놀이 　　　참고　먹이: 먹('먹다'의 어간 '먹–' → 어근) + –이 　　　　　어근의 품사는 동사이나 파생어의 품사는 명사임. 　**–하–**: 공부하다 / 가난하다 　　　참고　공부하다: 공부(명사 → 어근) + –하– 　　　　　어근의 품사는 명사이나 파생어의 품사는 동사임.

6. 높임 표현

높임 표현은 문장의 주체나 대화의 상대를 높이는 것으로, 문장의 주체나 상대에 따라 그 표현 방법이 달라진다.

최신 (1) 주체 높임법

문장의 주체가 말하는 사람보다 높을 경우, 주격 조사 '께서'와 용언의 어간에 높임 선어말 어미 '-시-'를 사용하여 주체를 높인다. 주체와 관련된 신체나 사물 등을 높여 문장의 주체를 간접적으로 높일 수도 있다.

  예 아버지, 할아버지<u>께서</u> 내일 시골로 내려오라<u>십</u>니다.(내려오라고 하<u>십</u>니다.)
    할아버지<u>께서</u>는 요즘 걱정거리가 있으<u>시</u>다.

> **참고**
>
> **최신 압존법**
>
> 주어가 화자보다 높고, 듣는 이가 주어보다 높을 경우에는 주어를 높이지 않는다.
>   예 할머니, 어머니가 20분 후에 도착한대요. ('께서', '~하신대요.'는 잘못된 표현)

(2) 객체 높임법

문장의 객체를 높이는 방법으로, 주로 동사에 의해 실현되며 부사격 조사 '께'와 높임을 뜻하는 특정 어휘로 표현된다.

  예 나는 아버지를 <u>모시고</u> 병원으로 갔다. ('데리다'의 높임 표현)
    주희가 어머니<u>께</u> 편지를 <u>드렸</u>다. ('주다'의 높임 표현)

(3) 상대 높임법

말을 듣는 상대방을 높이는 방법으로, 선어말 어미 '-시-', '-오-', 종결 어미 '-시오', '-요' 등에 의해 실현된다.

① **격식체**: 격식을 차리는 자리에서 사용하며, 객관적이고 단정한 느낌을 준다.
② **비격식체**: 격식을 덜 차리는 자리에서 사용하며, 주관적이고 친밀한 느낌을 준다.

최신 격식체	하십시오체	-ㅂ니다, -ㅂ니까, -십시오	어서 오십시오. 이제 오십니까?
	하오체	-하오, -하시오	어서 오시오. 이제 오시오?
	하게체	-하게, -ㄴ가	어서 오게. 이제 오는가?
	해라체	-아(어)라, -자, -느(으)냐	어서 와라. 이제 오느냐?
비격식체	해요체	-아요/어요, -지요, -군요	어서 와요. 이제 오는군요.
	해체	-아/어, -군	어서 와. 이제 오는군.

(4) 주의해야 할 높임 표현의 예

- 할머니, 올해에도 건강하세요. → 할머니, 올해에도 건강하게 지내세요.(건강하게 지내시길 바라요.)
  ⇨ '-세요'는 명령을 뜻하는 표현이다. 아울러 '건강하다'는 형용사이므로 명령형으로 활용할 수 없다.
- 저희 나라에는 자랑스러운 문화 유적이 많습니다.
  → 우리나라에는 자랑스러운 문화 유적이 많습니다.
  ⇨ 우리나라 사람들끼리 '저희 나라'로 표현해 우리나라 사람 전체를 낮출 필요가 없고, 겸양 문화가 없는 외국인 앞에서 '저희 나라'로 자신을 겸양할 필요가 없다.
- 고모님, 이빨은 괜찮으세요? → 고모님, 치아는 괜찮으세요?
  ⇨ '고모님'을 높이기 위해 간접 높임의 표현으로 '치아'로 사용해야 한다.
- 할머니, 식사하십시오. → 할머니, 진지 잡수십시오.
  ⇨ '식사하다'는 '음식을 먹다'의 의미로, 높임을 뜻하지 않는다.
- (수업 후에 선생님께) 수고하셨습니다. → (수업 후에 선생님께) 감사합니다.
  어머니께 야단맞았어. → 어머니께 꾸중 들었어.
  ⇨ '수고'나 '야단', '당부', '평안' 등의 표현은 윗사람에게는 쓰지 않는다.
- 제 말씀 좀 들어 보세요.
  ⇨ '말씀'은 '말'의 존대어이자 자신을 낮추는 겸양어이므로, 바른 사용이다.

7. 표준 언어 예절(2011년 개정, 국립국어원의 표준 언어 예절 일부)

(1) 변경된 표준 언어 예절

기존에 제정되었던 표준 언어 예절은 2011년 11월에 개정이 되었는데, 기존의 '표준 화법 해설(1992)'과 비교했을 때 달라진 주요 내용 중 KBS한국어능력시험과 유관한 것을 아래에 제시하였다. 특히 직장 내의 경어법 사용 면에서 달라진 부분이 있어 이를 유념해 두어야 한다.

- 부모 호칭으로 어릴 때에만 '엄마', '아빠'를 쓰도록 하였던 것을 장성한 후에도 격식을 갖추지 않는 상황에서는 '엄마', '아빠'를 쓸 수 있도록 하였다.
- 남자가 여동생의 남편을 호칭하거나 지칭할 때 '매제'를 쓸 수 있도록 하였다.
- 여자가 여동생의 남편을 호칭하거나 지칭할 때 '제부'를 쓸 수 있도록 하였다.
- 남편의 형을 지칭하는 말로 '시숙(媤叔)'을 추가하였다.
- 남편 누나의 남편을 호칭하거나 지칭할 때 '아주버님', '서방님'을 쓸 수 있다고 했던 것을 '아주버님'만 쓰도록 하였다.
- 아내 오빠의 아내를 지칭하는 말, 아내 남동생의 아내를 호칭, 지칭하는 말로 '처남의 댁'만 있었던 것을 '처남댁'도 가능하다고 보아 추가하였다.
- 직장에서 윗사람에게는 '-시-'를 넣어 말하고 동료나 아래 직원에게는 '-시-'를 넣지 않고 말하도록 했던 것을 직급에 관계없이 '-시-'를 넣어 존대하는 것을 원칙으로 하였다.
- '축하드리다'가 불필요한 공대라 하여 '축하하다'로만 쓰도록 하였던 것을, '축하합니다'와 함께 높임을 더욱 분명히 드러낸 '축하드립니다'도 쓸 수 있는 표현으로 인정하였다.

(2) 경어 사용의 예
① 가정

부모를 조부모께	할머니/할아버지, 어머니/아버지가 진지 잡수시라고 하였습니다. 할머니/할아버지, 어머니/아버지가 진지 잡수시라고 하셨습니다.
부모를 선생님께	저희 어머니/아버지가 이렇게 말씀하셨습니다. 저희 어머니/아버지께서 이렇게 말씀하셨습니다. 우리 어머니/아버지가 이렇게 말씀하셨습니다. 우리 어머니/아버지께서 이렇게 말씀하셨습니다.
남편을 시부모나 손윗사람에게	아범이 아직 안 들어왔습니다. 아비가 아직 안 들어왔습니다. 그이가 어머님/아버님께 말씀드린다고 했습니다.
남편을 시동생이나 손아랫사람에게	형님은 아직 안 들어오셨어요. ○○[자녀] 아버지는 아직 안 들어오셨어요. ○○[자녀] 아버지는 아직 안 들어왔어요.
배우자를 그 밖의 사람에게	그이는/집사람은 아직 안 들어왔습니다. ○○[자녀] 어머니/○○[자녀] 아버지는 아직 안 들어왔습니다.
자녀를 손주에게	○○[손주]야, 어머니/아버지 좀 오라고 해라. ○○[손주]야, 어머니/아버지 좀 오시라고 해라.

② 직장, 사회(공손의 표현)

공식적인 상황이거나 덜 친밀한 관계에서	거래처에 전화하셨습니까? 거래처에 전화했습니까? 거래처에 전화하십시오. 거래처에 전화하시지요.
비공식적인 상황이거나 친밀한 관계에서	거래처에 전화하셨어요? 거래처에 전화했어요? 거래처에 전화하세요. 거래처에 전화해요.

- 직급이 높은 사람은 물론이고 직급이 같거나 낮은 사람에게도 직장 사람들에 관해 말할 때에는 높임 선어말 어미 '-시-'를 사용하여 '김 대리 거래처에 가셨습니까?'처럼 존대하는 것이 바람직하다.
- 직장에서 윗사람을 그보다 윗사람에게 지칭하는 경우, '총무 과장님께서'는 곤란하더라도, '총무 과장님이'라고 하고 주체를 높이는 '-시-'를 넣어 '총무 과장님이 이 일을 하셨습니다'처럼 높여 말하는 것이 바람직하다.

8. 사동과 피동 표현

(1) 불필요한 사동 표현

주동 표현은 일반적으로 문장의 주체가 직접 어떤 동작을 하는 것이며, 이와 대립되는 의미인 사동 표현은 주어가 남에게 어떤 동작을 행하도록 시키는 것이다. 어법 영역에서 사동 표현이 문제가 되는 것은 불필요하게 사동 표현을 사용하기 때문인데, 대표적으로 '-시키다'라는 표현을 남용하는 경우이다.

- 내가 좋은 친구 한 명 소개시켜 줄게. → 내가 좋은 친구 한 명 소개해 줄게.
  ➡ 직접 친구를 소개해 주겠다는 의미로 '소개시키다'는 불필요한 사동 표현이다.
- 너 자꾸 거짓말시킬래? → 너 자꾸 거짓말할래?
- 컴퓨터를 구매하시면 저희 회사가 직접 교육시켜 드립니다. → 컴퓨터를 구매하시면 저희 회사가 직접 교육해 드립니다.

참고

사동 표현

① 주동 표현에 사동 접사 '-이-, -히-, -리-, -기-, -우-, -구-, -추-'를 사용
  예 깨다 → 깨우다, 낮다 → 낮추다, 넓다 → 넓히다, 녹다 → 녹이다, 달다 → 달구다, 울다 → 울리다, 웃다 → 웃기다

② 주동 표현에 '-게 하다, -시키다'를 사용
  예 먹다 → 먹게 하다, 조퇴하다 → 조퇴시키다

(2) 지나친 피동 표현

능동 표현은 주어가 제힘으로 어떤 행동을 하는 것을, 피동 표현은 주어가 남의 행동을 입어서 행하게 되는 것을 의미한다. 필요에 따라 피동 표현을 사용할 수 있으나, 피동 표현을 중복해서 사용하는 이중 피동, 즉 지나친 피동 표현은 어법에 어긋나는 표현이므로 주의해야 한다.

- 이 수익금은 불우한 이웃을 위해 쓰여집니다. → 이 수익금은 불우한 이웃을 위해 쓰입니다.
  ➡ '쓰다'의 피동 표현은 '쓰이다'로, '쓰여지다(쓰-+-이+-어지다)'는 피동 표현이 중복해서 쓰인 지나친 피동 표현이다.
- 전보다 학생 수가 많이 줄어, 입시 경쟁도 점차 약화되어질 것이다. → 전보다 학생 수가 많이 줄어, 입시 경쟁도 점차 약화될 것이다.
- 앞으로 이런 환경에서 생활해야 한다는 것이 믿겨지지 않는다. → 앞으로 이런 환경에서 생활해야 한다는 것이 믿기지 않는다.

참고

피동 표현

① 주동 표현에 피동 접사 '-이-, -히-, -리-, -기-'를 사용
  예 긁다 → 긁히다/듣다 → 들리다/보다 → 보이다/쫓다 → 쫓기다

② 주동 표현에 '-어지다, -(게) 되다'를 사용
  예 드러나다 → 드러나게 되다/멀다 → 멀어지다

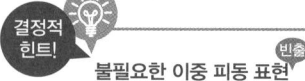

불필요한 이중 피동 표현

예 탐사단에 의해서 발견되어진 유물은 박물관에 전시되었다. (발견되어진 → 발견된)
  ➡ 밑줄 친 '발견되어진'은 '-되다 + -어지다'의 이중 피동이 나타나므로 문법에 어긋난 문장임.

예 이 교재는 선생님에 의해서 쓰여졌다. (쓰여졌다 → 쓰였다)
  ➡ 밑줄 친 '쓰여졌다'는 피동 접사 '-이-'와 '-어지다'의 이중 피동이 나타나므로 문법에 어긋난 문장임.

9. 부정 표현

그렇지 않다고 단정하거나 옳지 않음을 나타내는 문장 표현으로, 주체의 의지에 의한 부정일 경우 쓰이는 '안' 부정문과 주체의 능력 부족이나 외부 원인에 의한 부정일 경우 쓰이는 '못' 부정문으로 나눌 수 있다. 그리고 명령문이나 청유문과 같이 '안' 부정문이나 '못' 부정문이 쓰이지 못하는 경우에는 '말다' 부정문을 사용한다.

긍정문	은지는 학교에 갔다.	
부정문	긴 부정문	짧은 부정문
'안' 부정문	은지는 학교에 가지 않았다.	은지는 학교에 안 갔다.
'못' 부정문	은지는 학교에 가지 못했다.	은지는 학교에 못 갔다.
'말다' 부정문	은지야, 학교에 가지 말자. (청유문) 은지야, 학교에 가지 마라. (명령문)	

(1) '안' 부정문의 특징

문장의 주체의 의지에 의한 부정이나 단순 부정일 때 쓰인다. 청유문이나 명령문, 주체의 의지를 나타낼 수 없는 동사에는 쓸 수 없다.

예 상수는 그것을 깨닫지 않는다.(×) → 상수는 그것을 깨닫지 못한다.

(2) '못' 부정문의 특징

문장의 주체의 능력 부족이나 외부의 원인에 의한 불가능을 나타낼 때 쓰인다. 청유문이나 명령문, 형용사에는 쓸 수 없다.

예 그 구두는 굽이 높지 못하다.(×) → 그 구두는 굽이 높지 않다.

개념 적용문제 — 06. 문장 표현 / 문법 요소

1 다음 중 문장이 자연스러운 것은?

① 그가 신뢰할 만한 사람이라면 약속을 지킬 사람이다.
② 그녀의 장점은 환한 표정으로 상대방의 기분을 좋게 한다.
③ 우리나라는 아르헨티나에게 2:0으로 이겨 결승에 진출했다.
④ 비록 선생님의 의견이 옳다고 해서 무조건 의견에 따르지는 않겠다.
⑤ 일의 진행 상태를 보니 우리가 의도했던 결과가 나오기는 어려울 듯하다.

문제풀이 ▶ ⑤의 문장은 자연스럽다.
① 주어인 '그가'와 서술어인 '사람이다'가 호응하지 않는다.
② 주어인 '장점은'에 해당하는 서술어가 없다.
③ 조사의 선택이 잘못되었으므로 '~을 이기다', '~에 지다'와 같이 바꾸어야 한다.
④ '비록'은 '~라 하더라도', '~일지라도'와 호응한다.

정답 | ⑤

2 다음 중 〈보기〉의 설명에 적용될 수 있는 예로 가장 적절한 것은?

우리말 표현 중 일부는 문장의 의미가 두 가지 이상으로 해석될 수 있어 의사소통에 어려움을 초래하는 경우가 많다. 그중 하나가 비교 구문에서 나타나는 중의성(重義性)인데, 이는 비교 대상을 분명하게 하지 않아 발생하는 현상이다.

① 나는 내일 철수와 선생님을 만난다.
② 결혼식장에 손님들이 다 들어오지 않았다.
③ 글쎄, 남편은 나보다 축구 중계를 더 좋아한다니까.
④ 그녀는 눈물을 흘리며 아버지의 그림을 어루만졌다.
⑤ 사람들이 많은 도시를 다녀 보면 재미있는 일을 많이 볼 수 있다.

문제풀이 ▶ ③은 비교 구문의 중의성을 보여 주는 예로, 남편이, '내가 축구 중계를 좋아하는 것'보다 더 '축구 중계를 좋아하는 것'인지, '나'를 좋아하는 것보다 '축구 중계'를 더 좋아하는 것인지가 분명하지 않다.
① 공동 부사격 조사 '와'로 연결된 병렬 구문에 의한 중의성을 보여 주는 예이다.
② 부정문에 의한 중의성을 보여 주는 예이다.
④ 조사 '의'의 쓰임에 따른 중의성을 보여 주는 예이다.
⑤ 수식하는 범위('많은'이 수식하는 말)의 모호성 때문에 두 가지 이상의 의미로 해석되는 문장이다.

정답 | ③

3 다음 중 〈보기〉에서 제시하고 있는 개념에 대한 설명으로 적절하지 <u>않은</u> 것은?

>
> 단어를 만들 때 어근에다가 접사를 붙여서 만들어진 단어를 파생어라고 한다. 접사는 품사를 변화시키는 통사적 접사와 의미만을 덧붙이는 기능을 하는 어휘적 접사로 나뉜다. 통사적 접사에는 사동 접미사 '-이-'나 피동 접사 '-히-'와 같이 문장의 통사 구조에 변화를 줄 수 있는 것들도 모두 포함된다.

① '잎사귀'의 '-사귀'는 단어의 품사를 변화시키고 있으므로 통사적 접사입니다.
② '치솟다'의 '치-'는 의미만 덧붙이고 있으므로 어휘적 접사라고 할 수 있습니다.
③ '안기다'의 '-기-'는 문장의 통사 구조에 영향을 줄 수 있으니 통사적 접사입니다.
④ '물음'에서 '-음'은 동사를 명사로 바꾸고 있으므로 통사적 접사라고 할 수 있습니다.
⑤ '멀리'에서 '-이'는 어근에 붙기 전과 붙은 후의 단어의 품사가 다르므로 통사적 접사입니다.

문제풀이 ▶ '잎사귀'는 '잎'에 접미사 '-사귀'가 붙은 말로, 품사가 그대로 명사로 유지되므로 '-사귀'는 어휘적 접사이다. 따라서 ①의 설명은 적절하지 않다.
② '치솟다'의 '치-'는 위로 향한다는 의미만 덧붙이고 있으므로 어휘적 접사이다.
③ '안기다'의 '-기-'는 문장을 피동문, 또는 사동문으로 바꾸어 통사 구조에 영향을 주므로 통사적 접사이다.
④ '물음'은 '묻다'라는 동사에 접미사 '-음'이 결합하여 명사로 바꾸었으므로 '-음'은 품사를 바꾸는 통사적 접사이다.
⑤ '멀리'는 동사 '멀다'에 접미사 '-이'가 결합하여 형성된 파생어, 품사가 부사로 바뀌었다. 따라서 '-이'는 통사적 접사이다.

정답 | ①

4 밑줄 친 단어의 쓰임이 〈보기〉의 ㉠에 해당하는 것은?

>
> 명사는 보통 대부분의 조사와 결합할 수 있다. 그러나 '일련'은 ㉠<u>일반적으로 '의' 외의 조사와는 결합하지 않는</u> 명사로, '일련의 사건', '일련의 문제'처럼 사용되고, '일련에', '일련을', '일련이', '일련으로', '일련하다'처럼 사용되지 않는다.

① 우리나라 <u>굴지</u>의 재벌들이 한자리에 모였다.
② 그는 도난에 대한 <u>일체</u>의 책임을 지기로 했다.
③ 아이의 영어 실력은 짧은 시간에 <u>장족</u>의 발전을 보였다.
④ 노사 양측의 견해차를 어떻게 좁히느냐가 <u>초미</u>의 관심사이다.
⑤ <u>외곬</u>의 노력으로 엄청난 역경을 딛고 승리한 예는 역사상 허다하다.

문제풀이 ▶ '초미'는 '(주로 '초미의' 꼴로 쓰여) 눈썹에 불이 붙었다는 뜻으로, 매우 급함을 이르는 말'이다. 따라서 결합되는 조사의 종류라는 측면에서 볼 때 '일련'과 유사하게 쓰인다.
① '굴지(매우 뛰어나 수많은 가운데서 손꼽힘.)'는 '그곳은 국내에서 굴지에 드는 건설 회사이다'와 같이 쓰일 수 있다.
② '일체(모든 것)'는 '그녀는 재산 일체를 사회에 기부했다'와 같이 쓰일 수 있다.
③ '장족(사물의 발전이나 진행이 매우 빠름)'은 '아들의 노래 실력은 장족으로 진보했다'와 같이 쓰일 수 있다.
⑤ '외곬(단 하나의 방법이나 방향)'은 '그는 너무 외곬으로 고지식하기만 해서 문제다'와 같이 쓰일 수 있다.

정답 | ④

개념 적용문제

5 다음 중 잘못된 표현을 바르게 고치지 못한 것은?

① 진도가 너무 뒤떨어져서 수업 시간을 늘이는 게 좋겠다.
→ '늘이는'은 의미상 문맥에 맞지 않으므로 '늘리는'으로 고친다.
② 나는 너무 놀라서 동생의 모습도, 엄마가 나를 부르는 소리도 듣지 못했다.
→ '동생의 모습도'와 호응하는 서술어가 생략되어 있으므로 '동생의 모습도 보지 못했고'로 고친다.
③ 선미가 우리 반 대표로 뽑혀져서 교내 음악제에 나가게 되었다.
→ '뽑혀져서'는 잘못된 피동 표현이므로 '뽑히게 되어서'로 고친다.
④ 민수는 작년까지 해변가 마을에서 살았다.
→ '해변가'는 의미가 중복된 표현이므로 '바닷가'나 '해변'으로 고친다.
⑤ 시험에서 좋은 결과를 얻기 위해서는 집중력과 침착함을 필요로 합니다.
→ '침착함을 필요로 합니다'는 외국어 번역 투 표현이므로 '침착함이 필요합니다'로 고친다.

문제풀이 ▶ '뽑히게 되어서'는 피동 접사 '-히-'와 '~되다'가 함께 사용된 지나친 이중 피동 표현이므로, '뽑혀서'로 고쳐야 한다.

정답 ③

6 다음 중 문장 표현이 가장 자연스러운 것은?

① 초등학교 앞은 천천히 서행해야 한다.
② 조그만 일에도 이해타산을 계산하는 그였다.
③ 그들은 우리들이 갖는 일방적인 편견의 피해자였다.
④ 지난주에 계단에서 넘어져 약 십여 군데가량 꿰맸다.
⑤ 지금은 터널이 생겼지만, 예전에는 대관령을 올라 넘어가야 했다.

문제풀이 ▶ '대관령(大關嶺)'의 '령(嶺)'은 '재, 고개'를 의미하므로, '대관령 고개'는 중복된 표현이다. '대관령'은 적절한 표현이다.
① '서행(徐行)'은 '사람이나 차가 천천히 감'을 의미하므로, '천천히'와 중복된다.
② '이해타산(利害打算)'은 '이해관계를 이모저모 모두 따져 봄. 또는 그런 일'을 의미하므로, '계산하다'와 중복된다.
③ '편견(偏見)'은 '공정하지 못하고 한쪽으로 치우친 생각'을 의미하므로, '일방적인'의 의미가 포함되어 있다.
④ '약, 여, 가량'은 모두 '확실한 계산은 아니나 얼마쯤이나 정도가 되리라고 짐작하여 봄'을 의미한다. 즉 정확한 값이 아닌 대강의 수량을 의미하는 중복된 표현이다.

정답 ⑤

문제를 더 풀고 싶다면 **[기출동형 문제]편** 바로가기 ☞ p.54

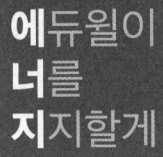

ENERGY

포기하고 싶어질 때
왜 시작했는지를 기억하라.

PART III

쓰기

01 글쓰기 계획
02 자료 활용 방안
03 개요 수정 및 상세화 방안
04 퇴고

쓰기 5%

📝 최근 13개년 기출 전 문항 분석 결과

영역	출제 유형	출제 문항 수
[46~50] 쓰기	글쓰기 계획	1
	자료 활용 방안	1
	개요 수정 및 상세화 방안	1
	퇴고	2

- ☑ 평균 70% 내외의 정답률을 보인다.
- ☑ 최근에는 '5문항 1주제'의 구성으로 출제되고 있다.
- ☑ 해석해야 할 텍스트 자료의 양은 많으나 난도는 낮은 편이다.
- ☑ 개요 수정 및 상세화 방안, 자료 활용 방안의 정답률이 상대적으로 낮은 편이다.
- ☑ 최근 기출에서 텍스트가 가장 먼저 제시되는 문제 구성이 나타나고 있으나, 접근 방법과 풀이법은 기존과 같다.

최신 6회분 기출 분석　[46~50] 쓰기

문항 번호	A회 유형/분류	A회 자료/개념	B회 유형/분류	B회 자료/개념
46	글쓰기 계획	주제: 수면부족의 문제점과 대처방안	글쓰기 계획	주제: 청소년 우울증
47	자료 활용 방안		자료 활용 방안	
48	개요 수정 및 상세화 방안		개요 수정 및 상세화 방안	
49	퇴고		퇴고	
50	퇴고		퇴고	

문항 번호	C회 유형/분류	C회 자료/개념	D회 유형/분류	D회 자료/개념
46	글쓰기 계획	주제: 독도의 날	글쓰기 계획	주제: 1인 미디어 확산에 따른 문제와 해결방안
47	자료 활용 방안		자료 활용 방안	
48	개요 수정 및 상세화 방안		개요 수정 및 상세화 방안	
49	퇴고		퇴고	
50	퇴고		퇴고	

문항 번호	E회 유형/분류	E회 자료/개념	F회 유형/분류	F회 자료/개념
46	글쓰기 계획	주제: 헌혈	글쓰기 계획	주제: 일회용 플라스틱 용기 사용의 문제와 해결방안
47	자료 활용 방안		자료 활용 방안	
48	개요 수정 및 상세화 방안		개요 수정 및 상세화 방안	
49	퇴고		퇴고	
50	퇴고		퇴고	

쓰기 학습 전략

　　KBS한국어능력시험의 쓰기 영역으로 출제되는 총 5문제는 한 세트로 구성되어 하나의 주제를 다루고 있다. 글쓰기 전략 수립과 개요 작성 등은 전체적인 맥락만 파악하면 어렵지 않다. 그래프와 표, 전문가의 인터뷰에 대한 정확한 분석과 활용 능력이 요구되며, 정답률이 다소 낮은 편이므로 집중하여 문항을 풀어야 한다.
　　최근 공식화된 사회나 환경 문제와 관련된 주제가 자주 출제되었다. 특히 미세 먼지와 방역(코로나19) 등 최근 이슈가 된 환경 및 질병과 관련된 주제가 출제될 가능성이 매우 높다.

'쓰기' 영역 최신 기출 경향

1. 66회 이전 회차의 기출 경향
글쓰기 계획 문항, 개요와 자료 활용 문항이 나온 후, 마지막으로 텍스트가 제시되며 글의 퇴고를 묻는 문항 순으로 진행된다.

66회 이전 구성 예시
[46~48] 'ㅇㅇㅇㅇㅇ'을 주제로 글을 작성하려고 한다. 제시된 물음에 답하시오. 46. 글을 작성하기 위하여 계획한 내용으로 적절하지 않은 것은? 47. 〈글쓰기 자료〉에 제시된 자료의 활용 방안으로 적절하지 않은 것은? 48. 위의 계획과 자료를 바탕으로 〈개요〉를 작성하였다. 〈개요〉의 수정 및 상세화 방안으로 적절하지 않은 것은?
텍스트 제시
[49~50] 위의 내용을 토대로 작성한 글의 일부이다. 물음에 답하시오. 49. ㉠~㉤을 수정하려고 할 때, 그 방안으로 적절하지 않은 것은? 50. 윗글을 보완할 수 있는 방안으로 가장 적절한 것은?

2. 66회 이후 회차의 기출 경향
텍스트가 가장 먼저 제시되고, 텍스트가 어떤 과정으로 작성된 것인지를 귀납적으로 짚어나가는 과정으로 진행된다.

66회 이후 구성 예시 1
[46~50] 다음은 'ㅇㅇㅇㅇㅇ'을 주제로 작성한 초고이다. 제시된 물음에 답하시오.
텍스트 제시
46. 다음은 윗글을 작성하기 전에 떠올린 계획이다. 윗글에 반영된 것만을 있는 대로 고른 것은? 47. 다음은 윗글을 보완하기 위해 추가로 수집한 자료이다. 자료의 활용 방안으로 적절하지 않은 것은? 48. 다음은 윗글을 쓰기 전에 세웠던 글쓰기 개요이다. 윗글을 쓰는 과정에서 필자가 점검하여 반영한 내용으로 적절하지 않은 것은? 49. 윗글의 ㉠~㉤을 고쳐쓰기 위한 방안으로 적절하지 않은 것은? 50. 윗글의 ⓐ를 〈보기〉와 같이 고쳐 썼다고 할 때, 고쳐 쓰기 과정에서 계획한 내용으로 가장 적절한 것은?

66회 이후 구성 예시 2
[46~50] 'ㅇㅇㅇㅇㅇ'를 소재로 글을 쓰려고 한다. 제시된 물음에 답하시오.
텍스트 제시
46. 다음은 윗글을 작성하기 전에 떠올린 계획이다. 윗글에 반영되지 않은 것은? 47. 다음은 초고를 보완하기 위해 추가로 수집한 자료이다. 자료의 활용 방안으로 적절하지 않은 것은? 48. 윗글에 사용된 글쓰기 방법으로 가장 적절한 것은? 49. 윗글의 ㉠~㉤을 수정하기 위한 방안으로 적절하지 않은 것은? 50. 윗글을 보완할 수 있는 방안으로 가장 적절한 것은?

⇨ 계획을 기반으로 텍스트를 작성한 후 점검하는 것과 작성된 텍스트를 기반으로 글이 만들어진 과정을 되짚는 것은 방향성만 반대이며, 문항을 풀기 위해 알아야 할 글쓰기 단계와 문항 풀이법은 같다.

01 글쓰기 계획

기출유형 ❶

글을 작성하기 위하여 계획한 내용으로 적절하지 <u>않은</u> 것은?

〈글쓰기 계획〉

- **주제**: 비타민 과다 섭취의 문제점과 적절한 섭취 방안 제시
- **목적**: 비타민 과다 섭취와 관련된 건강 정보 전달
- **예상 독자**: 일반인
- **글의 내용**
  - 비타민이 인체에 미치는 기능과 작용을 설명한다. ①
  - 비타민과 다른 영양소의 장단점을 비교하여 제시한다. ②
  - 비타민의 지나친 섭취가 인체에 미치는 부정적인 영향을 소개한다. ③
  - 비타민을 과도하게 섭취하는 일상생활 속의 사례 등을 제시한다. ④
  - 생활 속에서 비타민 과다 섭취를 개선할 수 있는 방안을 소개한다. ⑤

유형 익히기

글쓰기의 첫 번째 단계인 '글쓰기 계획 및 전략 수립'의 수행 능력을 평가하기 위한 유형의 문항이다. 글을 작성하기 위해 수립한 계획의 전체적인 흐름과 어울리지 않아 삭제, 조정이 필요한 항목을 선택하면 된다. 이를 구체화하여 글을 작성하는 것은 '개요 수정 및 상세화 방안'을 묻는 문항에서 다루며, 이 문항에서는 글의 구성력만을 평가한다. 주어진 주제와 목적으로 자신이 글을 쓸 경우 어떤 항목이 제외되거나 바뀌는 것이 좋을지 생각하며 푼다면 어렵지 않게 답을 택할 수 있다.

문제풀이

글쓰기의 주제인 비타민 과다 섭취에 초점을 맞추고, 그 부분의 문제점과 개선 방향을 제안해야 하므로 비타민과 다른 영양소의 장점이나 단점을 비교하여 제시할 이유는 없다.

정답 ②

기출 핵심개념   01. 글쓰기 계획

❖ 글쓰기의 과정

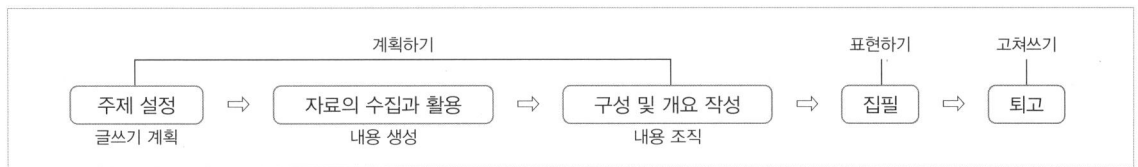

1. 주제의 설정

(1) 주제
글의 중심적인 내용이나 중심 생각, 혹은 글쓴이가 표현하고자 하는 의도나 세계관, 글에 나타난 중심 사상을 뜻한다.

> **참고**
>
> 관련 개념
> ① 화제: 말하려는 내용, 이야깃거리, 글의 소재
> ② 중심 화제: 말이나 글에서 다루는 여러 화제들 중에서 주제와 직접 관련이 있는 화제
> ③ 요지: 말이나 글 따위에서 핵심이 되는 중요한 내용

(2) 주제 설정의 요건
① 새롭고 신선한 내용이어야 한다.
② 전달하고자 하는 개념이 단일해야 한다.
③ 가치와 의의가 있는 것을 선택해야 한다.
④ 독자들이 그 주제에 공감할 수 있어야 한다.
⑤ 글쓴이가 관심을 가지고 있는 내용이어야 한다.
⑥ 구체적이며 다루는 범위가 좁고 명확해야 한다.

(3) 주제문 작성 시 유의점
① 글쓴이의 관점이 드러나야 한다.
② 가급적 평서문으로 진술해야 한다.
③ 표현이 구체적이며 정확해야 한다.
④ 일관성을 가진 표현을 사용해야 한다.
⑤ 하나의 주제만 명료하게 표현해야 한다.
⑥ 간결하면서도 맥락이 자연스러워야 한다.
⑦ 주제의 범위가 너무 넓은 것은 피해야 한다.
⑧ 주어와 서술어를 갖춘 완벽한 문장이어야 한다.
⑨ 일반적인 상식이나 자명한 이치여서는 안 된다.
⑩ 감정에 의해서가 아니라 근거에 의해서 증명될 수 있는 것이어야 한다.

잘못된 주제문	적절한 주제문
패스트푸드는 건강에 해로우며, 특히 어린이는 패스트푸드를 먹지 말아야 한다.	패스트푸드는 건강에 해롭다.
현대 사회에서 가정은 어떤 의미를 지니는가?	현대 사회에서 가정은 특별한 의미를 지닌다.
사춘기는 인생의 과도기 중 가장 파란만장한 시기이다.	사춘기는 인생에서 중요한 시기이다.
학문 목적은 진리의 탐구	학문의 목적은 진리의 탐구이다.
현대 사회의 문제는 무엇인가?	현대 사회의 문제는 타인에 대한 무관심이다.
환경 오염 방지에 앞장서야 한다.	수질 오염 방지를 위해 노력해야 한다.
중동 지역은 세계적인 화약고이다.	중동 지역은 전쟁이 발발할 가능성이 높다.
황사 문제는 많은 나라가 함께 해결해야 한다고 생각한다.	황사 문제는 많은 나라가 함께 해결해야 한다.
정치는 이해를 필요로 하지만 독선도 필요하다.	정치는 이해를 바탕으로 해야 한다.

⇨ 주제문은 참주제(범위가 넓고 막연한 범주에서 구체적으로 그 범위를 한정한 주제)를 보다 구체적으로 진술한 문장이며, 대개 문단의 처음 혹은 끝에 위치하게 된다. '그러므로, 따라서, 요컨대, 결국' 이후의 문장이 주제문이 된다.

2. 최신 기출 주제

(1) 정치·사회 제도 및 정책
- 국회의원 증원
- 인터넷 개인 방송 규제
- 자연재해 예방 정책에 대한 투자 확대
- 탈원전 정책
- 혐오 표현 규제 방안
- 1인 미디어 확산에 따른 문제와 해결 방안

(2) 사회 문제와 안전
- 보행 중 스마트폰 사용으로 인한 안전사고 발생의 문제점과 개선 방안
- 사이버 폭력
- 소음 공해
- 자전거 교통사고 대책 방안
- 집중 호우 피해를 줄이기 위한 노력 촉구
- 청소년 범죄의 심각성과 청소년 강력 범죄 발생 예방책
- 층간 소음
- 학교 폭력

(3) 환경과 자원
- 일회용품 사용 실태의 심각성과 해결 방안
- 일회용 플라스틱 용기 사용의 문제와 해결 방안
- 중고 의류 재활용

(4) **건강과 복지**
- 나트륨 과다 섭취의 문제점과 개선 방안
- 만성 피로의 극복 방안
- 수면 부족의 문제점과 대처방안
- 안정적인 혈액 수급 방안
- 청소년 우울증
- 한국의 노인 자살률 완화
- 헌혈

(5) **경제와 소비 문화**
- 과시 소비
- 청소년들의 소비문화

(6) **동물과 관련된 이슈**
- 동물 실험
- 반려동물 입양

(7) **교육과 문화**
- 우리나라 국민의 독서 활성화
- 체육계 병역 혜택

(8) **인구 문제**
저출산 실태와 대책

(9) **역사와 문화유산**
- 거북선의 내부 구조
- 독도의 날

> **예상 출제 주제**
> - 미디어/디지털 문제 관련: 가짜 뉴스 확산과 정보 검증의 중요성, 청소년 사이버 중독 문제와 예방 대책, 디지털 리터러시 교육의 필요성과 실행 방안
> - 건강/사회 복지 관련: 장기 기증 인식 개선을 위한 방안, 청소년 수면 습관 개선을 위한 사회적 지원, 청년 세대 정신 건강 지원 정책 제안
> - 환경 문제 관련: 친환경 포장재 개발과 상용화 방안, 미세먼지 저감을 위한 개인과 사회의 노력, 탄소 중립 실현을 위한 일상생활 실천 방안
> - 국가 정체성/지역사회 관련: 독도 인식 강화

결정적 힌트! **키워드로 미리 아는 글의 목적과 내용**
→ '~ 필요'와 같은 형식으로 주제가 제시된 경우에는 글의 목적이 '설득'이 되며, 특정 내용을 주장하기 위해 현황과 그와 관련된 문제점들이 나열되는 경우가 많다.
→ '방안, 대책, 마련'과 같은 형식으로 주제가 제시된 경우에는 글의 목적이 '보고서 작성'이 되며, 보고서 작성을 위해 필요한 객관적인 조사 결과, 통계 자료 등이 제시되는 경우가 많다.

3. 최근 기출 선지를 통해 본 글쓰기 계획

① 구체적 수치를 활용하여 독도의 위치와 면적을 설명해야겠어.
② 전문가의 인터뷰를 직접 인용하여 독도의 가치를 강조해야겠어.
③ 독도와 울릉도를 대조하여 독도 생태계의 특징을 잘 드러내야겠어.
④ 묻고 답하는 방식으로 독도의 생태계에 관한 내용을 제시해야겠어.
⑤ 분류의 방식을 활용하여 독도에 서식하는 식물의 유형을 설명해야겠어.

① 비유의 방식을 활용하여 독자에게 깊은 인상을 남겨야겠어.
② 시민 대상 인터뷰 내용을 인용하여 문제 상황의 심각성을 알려야겠어.
③ 중심 소재의 개념을 정의하여 문제에 대한 독자의 이해를 도와야겠어.
④ 묻고 답하는 방식을 활용하여 청소년기 우울증의 위험성을 강조해야겠어.

① 비유의 방식을 활용하여 독자에게 중심 소재의 의미를 강조해야겠어.
② 서로 대비되는 견해를 절충하여 종합적인 결론을 도출해야겠어.
③ 전문가의 견해를 인용하여 문제 상황의 심각성을 전달해야겠어.
④ 질문의 방식을 활용하여 독자들에게 특정 행동을 판단해야겠어.

개념 적용문제 — 01. 글쓰기 계획

1 '요양 보호사 노동 실태 개선 방안'이라는 주제로 보고서를 작성하려고 한다. 보고서를 작성하기 위하여 계획한 내용으로 적절하지 <u>않은</u> 것은?

〈글쓰기 계획〉
- **주제:** 요양 보호사 노동 실태 개선 방안
- **목적:** 요양 보호사 노동 실태 확인과 그에 따른 개선
- **글의 내용:**
  – 간병사와 요양 보호사의 차이점에 대해 사례를 들어 제시하기 ·········· ①
  – 노인 돌봄을 직접적으로 수행하는 요양 보호사의 노동 조건과 서비스의 질 문제 제기 ·········· ②
  – 요양 보호사의 열악한 근로 조건이 돌봄의 질 저하 요인으로 작용하는 것을 지적하기 ·········· ③
  – 지자체 차원의 운영 실태와 정책 대안에 대한 논의가 필요함을 주장하기 ·········· ④
  – 요양 보호사의 노동 조건을 개선할 수 있는 실천적 방안을 모색하기 ·········· ⑤

문제풀이 ▶ 간병사와 요양 보호사의 차이점을 비교하여 문제를 해결하는 것이 글의 목적이 아니므로, 간병사와 관련된 내용은 삭제하는 것이 좋다.

정답 | ①

2 '도시의 소음 공해 문제의 심각성과 개선 방안'이라는 주제로 글을 작성하려고 한다. 글을 작성하기 위해 계획한 내용으로 적절하지 <u>않은</u> 것은?

〈글쓰기 계획〉
- **주제:** 도시의 소음 공해 문제의 심각성과 개선 방안
- **목적:** 도시의 소음 공해와 관련된 정보 전달
- **예상 독자:** 일반인
- **글의 내용:**
  – 도시의 소음 공해를 개선할 수 있는 방안을 구체적으로 소개한다. ·········· ①
  – 도시의 소음 공해가 무엇인지 개념과 의미를 자세하게 소개한다. ·········· ②
  – 도시의 소음 공해가 유발하는 문제점을 예를 들어 구체적으로 설명한다. ·········· ③
  – 도시의 소음 공해에 효율적으로 대처하고 있는 다른 나라의 사례를 제시한다. ·········· ④
  – 도시의 소음 공해와 대기 오염, 수질 오염으로 인한 공해의 차이점을 설명한다. ·········· ⑤

문제풀이 ▶ 전체적인 맥락이 '도시의 소음 공해'에 맞춰져 있으므로, 도시의 소음 공해와 다른 오염을 비교하는 항목은 어울리지 않는다. '도시의 소음 공해가 인간의 심리에 미치는 영향' 등을 제시하는 것이 적절할 것이다.

정답 | ⑤

문제를 더 풀고 싶다면 [**기출동형 문제**]편 바로가기 ☞ p.62

02 자료 활용 방안

기출유형 ❶

〈글쓰기 자료〉에 제시된 자료의 활용 방안으로 적절하지 <u>않은</u> 것은?

〈글쓰기 자료〉

㉠ 고용률은 생산 가능 인구 중에서 특정 시점에 취업해 있는 인구의 비율이다.
㉡ 여성과 남성 모두 일을 중시하지만 여성은 가정 생활을 더 중시한다.
㉢ 근로 여건에 만족하는 사람보다 불만족하는 사람의 비중이 높게 나타난다.
㉣ 직장인의 절반 이상인 65.5%의 직장인이 평소 실직이나 이직에 불안감을 느낀다.
㉤ 신규 채용이 줄고 단기 계약직, 프리랜서 등을 섭외하는 고용 형태가 커지고 있다.

① ㉠을 근거로 고용률 통계의 분석 대상을 명확하게 설정하여 글을 쓴다.
② ㉡을 근거로 근무 조건을 명시하고 근로 계약서를 작성하는 방안을 모색하는 글을 쓴다.
③ ㉢을 근거로 근로자들이 불만족하는 근로 여건과 이를 개선하는 방안에 대한 글을 쓴다.
④ ㉣을 근거로 직장인들이 느끼는 고용 불안의 원인을 구체적으로 분석한 전문가의 의견을 포함하는 글을 쓴다.
⑤ ㉤을 근거로 하여 고용 불안을 느끼지 않도록 고용의 변화에 대처하며 삶의 안정성을 유지할 수 있는 방안에 대한 글을 쓴다.

유형 익히기 글을 쓸 때는 주제와 관련한 자료를 적절히 모아 활용하는 과정이 필수적이다. 최근 기출에서는 관련 자료의 항목을 1줄로 간략하게 제시하여 기존 문항에 비해 내용이 간결해졌다. 각 내용이 해당 주제를 표현할 때 어떻게 활용되는 것이 좋은지를 빠르게 판단할 수 있어야 하며, 글의 주제와 관련이 없는 항목을 찾는 연습도 병행해야 한다.

문제풀이 ㉡은 가정과 일의 중요도에 대한 남녀의 차이를 언급한 것으로, 근로 계약서와는 관련이 없다.

정답 | ②

기출 핵심개념

02. 자료 활용 방안

1. 자료의 활용 방안

'자료의 활용 방안' 유형에서는 주어진 자료를 개요 중 어느 부분에, 어떻게 적용할 것인지를 고민해 보아야 한다. 보통 3~4개 정도 주어지는 자료들을 다음과 같이 활용한다.
① 보고서나 글을 작성하게 된 목적을 밝힘. → 현황 제시, 문제점 부각
② 보고서나 글에서 주장하고자 하는 내용을 강조하거나 구체화함. → 자료의 연관성 부각
③ 보고서나 글에서 주장하고자 하는 내용의 근거를 뚜렷하게 함. → 신뢰성 있는 자료 제시
④ 보고서나 글에서 특정 내용을 주장하기 위해 반대되는 상황을 제시함. → 논증, 사례 제시
⑤ 보고서나 글에서 제시된 문제점을 해결하기 위한 방안을 제시함. → 대책 마련, 개선 방안

2. 최근 기출 선지를 통해 본 자료 활용 방안

① (가)를 활용하여 인터넷 개인 방송 창작자들이 수익을 창출하기 위해 부적절한 행위를 하는 사례가 있음을 제시한다.
② (나)를 활용하여 인터넷 개인 방송의 10대 시청자가 방송에 영향을 크게 받게 되는 심리적 원인을 제시해 내용을 보완한다.
③ (다)를 활용하여 다른 나라에서는 이미 인터넷 개인 방송에 대한 법률적 규제가 시행되는 선례가 있다는 내용을 추가한다.
④ (가)와 (다)를 활용하여 법률적 규제를 통해 현재 각 인터넷 개인 방송 사이트에서 시행하는 자율 규제의 한계를 극복할 수 있음을 보여 주는 내용을 추가한다.
⑤ (나)와 (다)를 활용하여 구독자에 대한 이해가 부족한 10대 인터넷 개인 방송 창작자를 대상으로 한 교육이 필요함을 해결책으로 제시한다.

① (가)를 활용하여 혐오 표현 규제에 반대하는 의견의 반박 근거로 삼아 혐오 표현 규제의 타당성을 보강한다.
② (나)를 활용하여 혐오 표현의 사용 실태를 제시하여 혐오 표현 규제에 관한 논의의 필요성을 드러낸다.
③ (다)를 활용하여 상대에 대한 존중의 의무가 있다는 견해의 근거로 개인의 존엄성은 타인과의 관계에서 확보된다는 내용을 보완한다.
④ (라)를 활용하여 온라인 소통 규제의 근거로 청소년기 욕설 사용이 정서에 미치는 영향에 대한 설명을 보강한다.
⑤ (나)와 (라)를 활용하여 온라인상에서의 혐오 표현 규제 강화의 근거로 혐오 표현 확산 현황과 피해의 심각성을 부각한다.

기출 핵심개념

① (가)를 활용하여 많은 사람들이 치매라는 용어가 편견을 담고 있음에 공감함을 근거로 삼아 용어 변경 주장을 강화한다.
② (가)를 활용하여 사람들이 용어의 의미를 명확히 알지 못함을 제시하여 병명의 의미를 교육해야 할 필요성에 대한 내용을 보완한다.
③ (나)를 활용하여 치매 환자 수 현황을 제시하여 우리나라의 치매 환자 수가 늘어나고 있다는 내용을 구체화한다.
④ (다)를 활용하여 우리나라에서도 병명을 바꾼 사례가 있음을 제시하여 부정적 인식으로 인해 용어를 변경해야 한다는 근거를 보완한다.
⑤ (다)를 활용하여 차별과 편견이 담긴 용어를 변경하면 병에 대한 환자들의 거부감이 완화될 수 있다는 내용을 보완한다.

① ㉠을 활용하여 학교 폭력 문제를 해결하는 것이 매우 시급한 문제임을 주장한다.
② ㉡을 활용하여 특정 유형의 폭력이 증가하는 원인을 파악하는 것이 중요함을 주장한다.
③ ㉢을 활용하여 학교 폭력 피해자가 받는 고통에 대한 공감이나 죄책감 없이 폭력이 행해짐을 밝힌다.
④ ㉡과 ㉣을 활용하여 학생 개개인에 대한 학교의 맞춤별 교육이나, 가해자 성향에 따른 대처가 미비하여 폭력 유형이 변화하고 있음을 제시한다.
⑤ ㉣과 ㉤을 활용하여 학생 개인이나 학교의 노력뿐만 아니라 다양한 사회 주체들의 관심이나 협조가 더해질 때 학교 폭력 문제를 해결할 수 있음을 주장한다.

① ㉠을 활용하여 층간 소음으로 인한 문제를 해결하는 것이 시급한 문제임을 밝힌다.
② ㉡을 활용하여 층간 소음과 관련된 건축 기준이 층간 소음 민원을 해결하는 데에 부족함이 있음을 드러낸다.
③ ㉢을 활용하여 제도의 미비한 부분으로 인해 층간 소음을 저감할 수 있는 시공이 이뤄지지 않는 경우가 있음을 밝힌다.
④ ㉡과 ㉢을 활용하여 소음에 대비한 건설사의 설계에 문제가 있어 층간 소음이 발생하게 됨을 제시한다.
⑤ ㉣과 ㉤을 활용하여 우리나라 아파트에 주로 사용되는 건축 구조가 층간 소음 민원에 영향을 끼치고 있음을 드러낸다.

① (가)를 활용하여 독도의 역사와 관련된 내용을 구체화한다.
② (나)를 활용하여 독도가 옛날에 '우산도'라고 불리게 된 이유를 추가한다.
③ (다)를 활용하여 독도의 날이 10월 25일로 지정된 이유를 추가한다.
④ (라)를 활용하여 독도에 다양한 해양 생물이 서식하는 이유를 추가한다.
⑤ (마)를 활용하여 독도 연안에서 서식하는 어류의 종류를 구체화한다.

---

① (가)를 활용하여 최근 청소년 우울증으로 진료받는 인원이 증가하고 있다는 내용을 구체적인 수치로 뒷받침한다.
② (나)를 활용하여 가정에서는 청소년의 입장을 이해하고, 전문 기관의 상담과 치료를 받을 수 있도록 연계하는 것이 중요함을 강조한다.
③ (다)를 활용하여 청소년 우울증은 조기에 발견하고 개입하여 해결하는 것이 중요하다는 내용을 뒷받침한다.
④ (라)를 활용하여 청소년 우울증의 증상이 성인 우울증과 다르지 않으므로 동일한 관점으로 접근해야 한다는 내용을 보강한다.
⑤ (마)를 활용하여 청소년 우울증을 유발하는 정신·사회적 요인이 청소년들에게 극단적 선택의 원인으로 이어질 수 있다는 내용을 추가한다.

---

① (가)를 활용하여 충분한 수면 시간 확보에 어려움을 겪는 사람이 해마다 늘어나고 있다는 내용을 추구한다.
② (나)를 활용하여 수면 부족에 의해 기억력에 문제가 생길 수 있다는 내용을 뒷받침한다.
③ (다)를 활용하여 꿈을 꿀 수 있도록 충분한 수면 시간 확보가 필요한 이유를 추가한다.
④ (라)를 활용하여 낮과 밤의 멜라토닌 분비량에 대한 내용을 구체화한다.
⑤ (마)를 활용하여 충분한 수면 시간을 확보하고 수면의 질을 높이기 위한 방안을 추가한다.

개념 적용문제 — 02. 자료 활용 방안

1 〈글쓰기 자료〉에 제시된 자료의 활용 방안으로 적절하지 않은 것은?

〈글쓰기 자료〉

㉠ 2016년과 2021년에 가족 관계 만족도가 다른 해에 비해 높은 편이다.
㉡ 정부에서 운영하는 일과 가정 양립 제도를 알지 못하는 국민이 많은 것으로 나타났다.
㉢ 한국의 고용률은 60% 내외인 것에 비해 OECD 일부 국가의 고용률은 70%를 상회한다.
㉣ 최근 가족이 떨어져 사는 주된 이유에 대해 조사한 결과 직장과 학업 때문인 것으로 나타났다.
㉤ 한국의 가족은 예전에 정서적 유대감이 높았으나 최근 개인화 경향이 뚜렷해지고 있다.

① ㉠을 근거로 가족 관계 만족도를 높아지게 하는 사회적 원인을 분석하여 글을 쓴다.
② ㉡을 근거로 일과 가정 양립 제도를 홍보하는 구체적 방안이 무엇일지에 대해 글을 쓴다.
③ ㉢을 근거로 우리나라보다 높은 고용률을 기록하는 국가들의 정책에 대해 글을 쓴다.
④ ㉣을 근거로 직장과 학업의 환경을 개선하여 일과 가정이 양립할 수 있는 방안을 글로 쓴다.
⑤ ㉤을 근거로 부모에게 지나치게 의존하는 세대가 이를 극복하는 방안이 무엇일지 글로 쓴다.

문제풀이 ▶ ㉤에서는 개인화 경향이 뚜렷해지고 있는 현상을 지적하고 있으므로, 부모에게 의존한다는 특성을 글로 쓰는 것은 적절하지 않다.

정답 | ⑤

03 개요 수정 및 상세화 방안

기출유형 ❶

다음 〈개요〉의 수정 및 상세화 방안으로 적절하지 <u>않은</u> 것은?

〈개요〉

Ⅰ. 서론 ·· ㉠

Ⅱ. 기초 연금 제도 도입을 논하게 된 배경 ································· ㉡
   1. 기초 연금 제도 도입의 의의
   2. 기초 연금 제도 도입의 필요성과 외국의 사례 ····················· ㉢
   3. 기초 연금 제도 도입의 필요성에 대한 재강조 ····················· ㉣

Ⅲ. 기초 연금 제도 도입의 긍정적 효과
   1. 경제적 측면의 효과 ·· ㉤
   2. 사회적 측면의 효과

Ⅳ. 결론

① ㉠에서는 고령화 사회에 들어선 우리나라의 현실을 설명하고 노인을 위한 복지가 필요하다는 내용을 제시한다.
② ㉡에서는 주장의 타당성을 확보하기 위하여 '기초 연금 제도 도입의 문제점'을 하위 내용으로 추가한다.
③ ㉢은 Ⅱ-1에서 제시한 내용과 일부 중복된 내용이 있으므로 이를 Ⅱ-1에 통합하도록 수정한다.
④ ㉣은 Ⅱ-1, 2와 겹치므로 삭제하거나 결론에서 언급하도록 수정한다.
⑤ ㉤은 Ⅲ-2와 일부 겹칠 수 있으므로 Ⅲ-2에 포함하고, '개인적 측면의 효과'의 내용을 추가한다.

유형 익히기

앞의 문항에서 세운 글쓰기 계획을 바탕으로 체계적인 개요를 작성하는 능력을 평가하는 유형의 문항이다. 현재까지의 기출에서는 주로 '서론 – 본론(1, 2) – 결론'의 3단 구조를 지닌 개요가 고정으로 출제되고 있다. 개요의 내용이 전체 주제와 맞지 않는 부분을 적절하게 수정하거나, 항목의 위치를 바꾸거나, 주장한 내용을 구체적으로 활용하는 방안에 대해서 묻는다. 중복되는 정보를 삭제하거나 주어진 내용의 상·하위 관계의 적절성을 파악하는 것이 관건이므로, 주제를 기억하며 전체 개요를 2~3번 훑어 읽고 선지를 택해야 한다.

문제풀이

㉡은 '기초 연금 제도의 도입을 논하게 된 배경'에 대해서 다루고 있는 본론의 시작 부분으로, 현재의 문제점이나 개선해야 할 노인 복지의 어려움 등을 강조하는 것이 바람직하다. '기초 연금 제도 도입의 문제점'을 추가하는 것은 오히려 주장하고자 하는 내용의 설득력을 약화시키므로 적절하지 않다.

정답 | ②

기출 핵심개념

03. 개요 수정 및 상세화 방안

1. 개요와 구성의 정의

(1) 개요
글의 전체적 윤곽을 이르는 말로, 글을 쓰기 전에 주제와 목적에 맞게 글감을 배치하여 글의 줄거리를 항목화한 것이다.

(2) 구성
글의 짜임(설계도)을 이르는 말로, 주제가 드러나도록 제재에 질서를 부여하는 과정이며 제재를 배치하여 줄거리를 짜는 것을 말한다.

2. 개요의 종류와 예

(1) 종류
① 화제(話題) 개요: 줄거리의 각 항목을 핵심적인 어구로 간결하게 표현한 개요로서 글의 소재나 주제를 간단히 드러낸다. 작성이 용이하지만 구체적인 내용 파악이 어렵다.
② 문장(文章) 개요: 줄거리의 각 항목을 구체적인 문장으로 표현한 개요로서 소재를 다루는 구체적 의도나 주제문을 밝힌 것이다. 구체적인 내용 파악이 쉽지만 작성하는 데 많은 시간이 소요된다.

(2) 예
① 화제 개요의 예

> **주제문:** 현대 사회에서는 환경 보호를 위해 일회용품 사용을 줄이고 지속 가능한 대안을 마련해야 한다.
> **서론:** 환경 문제와 인간 생활
> **본론 1:** 일회용품 사용의 실태와 문제점
>   사용 증가의 원인
>   환경 오염과 자원 낭비 문제
> **본론 2:** 해결 방안과 실천 과제
>   재사용 가능한 제품 활성화
>   정부와 시민의 협력 방안
> **결론:** 지속 가능한 사회를 위한 실천의 중요성

② 문장 개요의 예

> **주제문:** 현대 사회에서는 환경 보호를 위해 일회용품 사용을 줄이고 지속 가능한 대안을 마련해야 한다.
> **서론:** 인간은 깨끗한 환경 속에서 건강하고 지속 가능한 삶을 살아야 한다.

> **본론 1**: 일회용품 사용의 실태와 문제점
> 　　　　　일회용품은 편리함을 추구하는 생활 방식의 산물이다.
> 　　　　　과도한 일회용품 사용은 환경 오염과 자원 낭비를 초래한다.
> **본론 2**: 일회용품 사용의 대안과 실천
> 　　　　　재사용 가능한 제품의 활용은 환경 보호에 기여한다.
> 　　　　　정부와 개인의 공동 실천이 일회용품 문제 해결에 필수적이다.
> **결론**: 일회용품 사용을 줄이고 대체할 수 있는 노력을 통해 지속 가능한 환경을 조성해야
> 　　　　한다. 따라서 모두가 일상 속에서 적극적으로 실천해야 한다.

3. 개요의 필요성

① 글의 전체적인 흐름과 논지의 전개 과정을 정리할 수 있다.
② 글의 앞뒤 순서를 지켜 논리적이고 질서 있는 글이 되게 한다.
③ 글의 일관성을 유지하여 논점에서 벗어나는 것을 막을 수 있다.
④ 글의 전체와 부분, 그리고 부분 상호 간의 균형을 유지할 수 있다.

4. 개요 작성 방법

① 글의 전개 방식을 선택한다.
② 주제를 바탕으로 주제문을 작성한다.
③ 항목을 둘 이상의 종속 논점으로 나누어 세분한다.
④ 각 상위 항목과 하위 항목에 일관성 있는 번호를 부여한다.
⑤ 주제의 내용을 둘 이상의 주요 논점으로 나누어 항목을 정한다.
⑥ 가능한 한 범위를 좁혀 개요를 작성하되, 주제에서 벗어나지 않게 한다.

5. 개요 작성의 절차

(1) 제목 붙이기

① 간단하게 써야 한다.
② 참신하고 인상적이어야 한다.
③ 글의 내용과 성격을 암시해야 한다.
④ 과장을 하거나 감정적인 제목은 피해야 한다.

(2) 주제와 제목

① 설명, 논증의 글: 주제와 제목이 일치해야 한다.
② 기타 글의 제목: 제재 또는 주제를 암시하는 어구를 사용해야 한다.

6. 최신 기출 선지를 통해 본 '개요 수정 및 상세화 방안'

① Ⅰ-1을 다루기 전에 혐오 표현 사용 실태를 먼저 제시해야겠다.
② Ⅱ-2는 Ⅲ의 내용과 중첩되므로 Ⅲ의 하위 항목으로 이동하여 서술해야겠다.
③ Ⅱ-3은 Ⅱ의 하위 항목으로 어울리지 않는 내용이므로 삭제해야겠다.
④ Ⅲ-1과 Ⅲ-2는 모두 Ⅱ-1을 반박하는 방식으로 서술해야겠다.
⑤ Ⅲ-3은 상위 항목에 포함되지 않으므로 Ⅳ의 하위 항목으로 이동하여 서술해야겠다.

① Ⅰ-1과 Ⅰ-2의 순서를 바꾸어 치매의 정의를 먼저 제시해야겠다.
② Ⅰ-3은 이 글의 주제와 어울리지 않는 내용이므로 삭제해야겠다.
③ Ⅱ-3은 Ⅱ의 하위 항목으로 어울리지 않는 내용이므로 Ⅲ-1의 하위 항목으로 이동해야겠다.
④ Ⅲ-2는 Ⅲ-1에 제시된 내용을 반박하는 방식으로 구성해야겠다.
⑤ Ⅲ-3은 Ⅳ의 구체적인 내용이므로 Ⅳ의 하위 항목으로 이동해야겠다.

① ㉠은 하위 항목을 포괄하지 못하므로 '한국의 자살 문제의 실태'로 고친다.
② ㉡은 상위 항목을 고려하여 '부모 부양으로 인한 경제적 문제'로 수정한다.
③ ㉢은 상위 항목과 직접적인 관련성이 부족하므로 삭제한다.
④ ㉣은 Ⅳ와의 논리적 관계를 고려하여 '자살 예방을 위한 맞춤형 인프라 부족'을 Ⅲ-3으로 추가한다.
⑤ ㉤은 Ⅲ의 하위 항목들과의 논리적 관계를 고려하여 Ⅳ-1과 순서를 바꾼다.

① ㉠은 하위 항목의 내용을 고려하여 '학교 폭력 문제의 실태'로 수정한다.
② ㉡은 상위 항목과의 연관성을 고려하여 Ⅱ의 하위 항목으로 옮긴다.
③ ㉢은 다른 하위 항목과 중첩되므로 Ⅲ-2에 통합하여 제시한다.
④ ㉣에는 Ⅲ과의 논리적 관계를 고려하여 '매체의 부정적 영향을 줄이기 위한 정부의 지원'을 하위 항목으로 추가한다.
⑤ ㉤은 상위 항목과 직접적인 관련성이 부족하므로 삭제한다.

① ㉠은 하위 항목을 포괄하지 못하므로 '층간 소음 문제의 실태'로 수정한다.
② ㉡은 상위 항목과의 연관성을 고려하여 Ⅱ의 하위 항목으로 옮긴다.
③ ㉢은 상위 항목과 직접적인 관련성이 부족하므로 삭제한다.
④ ㉣에는 Ⅲ-1과 대응되는 내용인 '소음 저감과 관련된 건축 구조 연구 촉구'를 하위 항목으로 추가한다.
⑤ ㉤은 다른 하위 항목과 중첩되는 내용이 있으므로 Ⅳ-2에 통합하여 제시한다.

---

① 글의 맥락을 고려하여 Ⅰ-2의 순서를 바꾸어 서술한다.
② Ⅰ-3은 Ⅱ의 구체적인 내용이므로 Ⅱ의 하위 내용으로 이동한다.
③ Ⅱ-1은 내용의 흐름을 고려하여 Ⅱ-2와 순서를 교체한다.
④ Ⅲ-1은 상위 항목을 고려하여 삭제한다.
⑤ Ⅳ-1은 글의 주제와 어울리지 않는 내용이므로 삭제한다.

---

① Ⅰ-1은 내용의 흐름을 고려하여 Ⅰ-2와 순서를 교체한다.
② Ⅱ는 하위 항목의 내용을 포괄하지 못하므로 '청소년 우울증의 주요 원인'으로 수정한다.
③ Ⅲ-2는 글의 주제와 관련성이 없으므로 삭제한다.
④ Ⅳ의 하위 항목으로 '가정 차원의 해결 방안'을 추가한다.
⑤ Ⅳ-1은 상위 항목을 고려하여 Ⅰ의 하위 항목으로 이동한다.

---

① Ⅰ-2는 주제와 관련이 없는 내용이므로 삭제한다.
② Ⅱ-2는 상위 항목과의 연관성을 고려하여 Ⅲ의 하위 항목으로 이동한다.
③ Ⅲ은 주제를 고려하여 '수면의 원리를 고려한 숙면 방안'으로 수정한다.
④ Ⅲ은 글의 맥락을 고려하여 Ⅳ와 순서를 교체한다.
⑤ Ⅳ-1은 의미를 명료화하기 위해 '질병 유발'로 수정한다.

개념 적용문제

03. 개요 수정 및 상세화 방안

1 다음 〈개요〉의 수정 및 상세화 방안으로 적절하지 <u>않은</u> 것은?

〈개요〉

Ⅰ. 서론 ········· ㉠
 1. 대기 오염의 개념 및 원인에 대한 고찰
 2. 대기 오염 물질에 따른 분류 ········· ㉡

Ⅱ. 대기 오염도 현황
 1. 대기 오염 물질 발생원 종류 및 인체 피해 ········· ㉢
 2. 대기 오염 물질별 배출량 및 오염도 현황 ········· ㉣
 3. 대기 오염 측정 장치의 배치 현황 ········· ㉤

Ⅲ. 대기 오염 정책 개선 방안
 1. 아황산가스 저감 정책
 2. 자동차 배출 가스 저감 정책
 3. 먼지 저감 정책

Ⅳ. 결론

① ㉠에서는 대기 오염의 심각성과 피해 사례를 제시하여 이 연구의 목적을 뚜렷하게 보여 준다.
② ㉡은 서론의 하위 항목으로 적절하지 않으므로, '대기 오염의 유형' 등에 대해 이론적인 부분을 요약하여 제시한다.
③ ㉢에서는 대기 오염 물질의 다양한 발생원 중 대표적인 항목들을 제시하고, 그에 따른 인체의 피해가 어떠한 양상으로 드러나는지 설명한다.
④ ㉣은 Ⅱ-1과 중복되므로 '대기 오염 물질의 특성과 배출량'으로 수정하도록 한다.
⑤ ㉤은 '대기 오염도 현황'의 하위 항목으로는 적합하지 않으므로, 개요에서 삭제하도록 한다.

문제풀이 ▶ ㉣의 내용은 ㉢과 겹치는 것이 없으므로 수정을 하지 않고, 해당 항목에서 다룰 내용을 객관적 자료를 활용하여 설명하는 것이 적절하다.
① 주제를 제시하는 방법으로 적절하다.
② 서론에 포함되는 내용으로 적절히 바꾸었다.
③ 대기 오염 물질의 발생원과 인체의 피해를 제시하여 대기 오염도 현황을 설명할 수 있다.
⑤ ㉤은 '대기 오염도 현황'과는 관계가 없으므로 삭제하고, '대기 오염 측정 장치를 통해 확인한 대기 오염 수치' 등을 추가하는 것이 적절하다.

정답 | ④

문제를 더 풀고 싶다면 [**기출동형 문제**] 편 바로가기 ☞ p.71

04 퇴고

기출유형 ❶

[1~2] 다음은 작성한 글의 일부이다. 제시된 물음에 답하시오.

> 이번에 개정될 예정인 도서 정가제는 희망 소비자 가격처럼 책의 가격을 제도적으로 정해서 제 가격을 받아 덤핑이나 불공정 거래가 일어나지 ㉠않도록 해야 한다. 현행 도서 정가제는 실용서와 초등 학습 참고서를 제외한 분야에 적용이 되었으나, 개정된 후에는 모든 분야의 도서에 이 기준이 적용된다고 한다.
>
> 도서 정가제 개정 사항 중 주요한 할인율과 관련된 사항을 살펴보면 기존에는 정가 할인이 가능했고 다양한 간접 할인을 포함하여 총 19%까지의 할인이 가능했으나, 이제는 직간접적인 할인을 포함하여 총 15%의 할인까지만 ㉡가능한 것으로 여겨진다.
>
> ㉢그러나 개정된 도서 정가제를 도입하면 다수의 공급자로 인한 경쟁에 따른 출판물 가격 경쟁이 줄어들어 글쓴이들은 고정적인 인세를 ㉣확충할 수 있다는 장점이 있다. 또한 오프라인 서점과 온라인 서점의 가격 격차를 줄이면서 오프라인 서점 규모의 축소를 방지, 폐업 직전인 동네 서점이 살아나는 망거목수(網擧目隨)의 효과도 있을 것이다. 더불어 비인기 도서도 최소한의 가격대를 유지하게 되어 다양한 분야의 책이 지속적으로 출판되는 ㉤다양성을 훼손해서는 안 된다.

1 윗글의 ㉠~㉤을 고쳐 쓰기 위한 방안으로 적절하지 <u>않은</u> 것은?

① ㉠: 호응을 고려하여 '않도록 하는 것이다'로 수정한다.
② ㉡: 외국어 번역 투의 문장이므로 '가능하다'로 수정한다.
③ ㉢: 내용의 흐름에 어울리지 않으므로 '게다가'로 수정한다.
④ ㉣: 문맥에 적합한 단어가 아니므로 '확보'로 수정한다.
⑤ ㉤: 자연스러운 문장의 흐름을 위해 '다양성을 보장할 수 있게 될 것이다'로 수정한다.

유형 익히기 '퇴고' 관련 문항은 제시된 글을 수정한 내용이 적절한지 확인하는 능력을 평가하는 유형의 문항이다. 내용의 흐름에 어울리지 않는 내용 삭제, 조사나 문법의 수정, 접속 부사의 수정, 사용된 어휘의 수정 등을 보고 적합하지 않은 것을 택해야 한다. 어휘의 적절한 사용 능력과 함께 문장 성분의 호응에 대한 이해도가 높아야 빠른 시간 안에 답을 찾을 수 있다. 특히 문장 성분의 호응에 대한 내용은 매우 높은 빈도로 출제되므로 반드시 숙지해야 한다.

문제풀이 ㉢의 앞에서는 '도서 정가제의 주요 개정 사항'에 대해 말하고 있고, 뒤에서는 '도서 정가제의 장점'을 제시하고 있으므로 '게다가'를 사용하는 것은 적절하지 않으며, 삭제하는 것이 바람직하다.

정답 | ③

기 / 출 / 유 / 형

2 윗글을 보완할 수 있는 방안으로 가장 적절한 것은?

① 글의 신뢰성을 높이기 위해 도서를 집필하는 작가들의 인터뷰 내용을 제시한다.
② 동네 서점이 살아남기 위해 활용할 수 있는 다양한 방안을 사진 자료와 함께 제시한다.
③ 글의 완결성을 높이기 위해 오프라인 서점과 온라인 서점의 특성을 비교하여 설명한다.
④ 체계적인 내용 전개를 위해 도서 정가제의 할인율이 줄어든 계산의 원리를 구체적으로 밝혀 소개한다.
⑤ 새로운 도서 정가제의 적용 이후에 줄어들 오프라인 서점과 온라인 서점 간 가격 차이의 분석 자료를 제시한다.

유형 익히기
'퇴고'의 두 번째 문항으로, 작성된 글을 보완하는 가장 적절한 방안을 찾는 능력을 평가하는 유형의 문항이다. '글의 완결성, 글의 신뢰성, 글의 타당성' 등을 높일 수 있는 방안을 물어보는 형태로 출제되고 있으며, 글에 어떤 내용을 추가하면 좋을지를 글의 맥락과 주제를 고려하여 판단하면 된다. 글에서 주제에 대해 어떤 주장을 펼치고 있는지 확인하고 그 주장을 강화하는 방법을 찾아야 한다. 많이 어렵지는 않으나, 정답률이 높지 않아 선지 선택에 유의해야 하는 문항이다.

문제풀이
현재의 글에 오프라인 서점과 온라인 서점의 가격 격차를 줄이는 것이 동네 서점이 살아나는 방법이라는 언급이 있다. 이때 개정될 도서 정가제의 시행 이후 오프라인 서점과 온라인 서점 간 가격 차이가 줄어든다는 것을 예상할 수 있는 자료를 제시한다면 새로운 도서 정가제 도입의 타당성을 보완할 수 있다.

정답 | ⑤

기출 핵심개념   04. 퇴고

1. 퇴고 1: 문장 올바르게 고쳐 쓰기

(1) 퇴고의 정의
퇴고란 시 또는 글의 잘못을 고르고 고치는 일이다. 당나라 시인 가도(賈島)가 '승고월하문(僧敲月下門)'이라는 시구를 지을 때 '밀 퇴(推)'로 바꿀까 '두드릴 고(敲)'로 바꿀까 망설이다가 때마침 행차하던 한유(韓愈)를 만나 그의 권유로 고(敲) 자를 썼다고 한다. 이로 인해 '퇴고'라는 말이 생겼다고 하는데, 작문의 기술이 끝나고 재차 읽어 가며 고치는 작업을 말한다.

(2) 퇴고의 원칙
① **부가의 원칙**: 쓰고자 하는 바를 만족하게 썼는가를 살피며 필요한 부분, 빠뜨린 부분을 첨가, 보충하면서 표현을 상세하게 하는 것을 말한다.
② **삭제의 원칙**: 가식이나 허식이 없는지 살피면서 불필요한 부분, 지나친 부분, 조잡하고 과장이 지나친 부분 등을 삭제하면서 표현을 긴장시키는 것을 말한다.
③ **구성의 원칙**: 문장의 구성을 변경하여 주제 전개의 부분적 양상을 고쳐 나가는 것을 말한다.

(3) 퇴고의 요령
① 퇴고할 때는 개요가 기준이 된다.
② 퇴고할 때는 교정 부호를 이용한다.
③ 퇴고를 할 때에는 독자의 입장에서 하도록 한다.
④ 개요가 잘못되었다면 개요를 수정한 뒤 다시 글을 써야 한다.
⑤ 퇴고는 글을 다 쓴 후, 시간이 어느 정도 지난 후에 하는 것이 좋다.
⑥ 퇴고의 가장 좋은 방법은 그 글에 대한 다른 사람의 의견을 참고하는 것이다.
⑦ 퇴고할 때에는 글의 각 구성 요소에서 지켜야 할 원칙 등을 철저히 고려한다.

(4) 퇴고 시 고려할 사항
퇴고와 관련하여 다음 사항들이 적절하게 반영되었는지를 묻는 유형이 출제되고 있다. 특히 '주어와 서술어의 호응', '접속 표현의 사용', '번역 투 문장의 사용' 등에 유의해야 한다.
① 글 전체
- 어휘의 선택이 적당한가?
- 문법에 맞도록 쓰였는가?
- 표현의 기교는 적절한가?
- 글의 흐름에 일관성이 있는가?
- 내용이 주제에 따라 통일성을 갖는가?
- 강조하는 부분과 보조하는 부분이 조화를 이루고 있는가?

② 글 부분
- 수식어가 적절한가?
- 시간의 흐름이 적합한가?
- 문장이 지나치게 길지 않은가?
- 조사가 정확하게 사용되었는가?
- 피동사가 함부로 쓰인 곳은 없는가?
- 경어체와 평어체가 섞여 있지 않은가?
- 같은 말이 반복되어 쓰인 곳은 없는가?
- 접속사가 너무 많이 들어 있지 않은가?
- 외국어 번역 투 표현이 있는 곳은 없는가?
- 대명사가 무엇을 가리키고 있는지 분명한가?
- 자동사와 타동사를 혼동해서 쓴 곳은 없는가?
- 한자어가 너무 많이 쓰여 이해에 지장을 주고 있는 부분은 없는가?

③ 주제
- 주제에 초점을 맞추어 썼는가?
- 주제가 논리적으로 전개되었는가?
- 주제가 적절하게 응축되어 있는가?
- 주제가 세부적으로 잘 표현되었는가?
- 주제와 관계없는 내용들이 포함되어 있지 않은가?

④ 제재
- 주제와 제재의 연관성이 뚜렷한가?
- 제재가 주제를 전개시키는 데 유효한 역할을 하였는가?
- 중심적 제재와 보조적 제재가 적절하게 조화를 이루었는가?

⑤ 구성
- 글의 제목이나 소제목은 적절한가?
- 내용을 일관성 있게 구성하였는가?
- 내용을 이해하기 쉽게 글이 구성되었는가?
- 구성을 이룬 항목들의 관계가 유기적인가?
- 문장의 배분이 중요도에 맞게 작성되었는가?
- 더 보완해야 할 내용이나 삭제해야 할 내용은 없는가?

⑥ 문단
- 각 문단은 논리적으로 전개되었는가?
- 문단과 문단 간의 연결이 자연스러운가?
- 각 문단의 길이는 적절하게 작성되었는가?
- 각 문단은 하나의 소주제를 지니고 있는가?
- 각 문단은 구성에 맞는 역할을 담당하고 있는가?

- 문단 간의 관계는 유기적이며 주제를 잘 드러내는가?
- 각 문단은 글의 통일성과 일관성의 원리를 지키고 있는가?
- 문단 내에서 문장의 상호 관계는 적절하게 정리되어 있는가?

⑦ 문장
- 접속사의 사용은 적절한가?
- 주어와 서술어의 호응이 적절한가?
- 문법적으로 정확하게 작성되었는가?
- 수식어와 피수식어가 잘 어울리는가?
- 자동사와 타동사가 적절하게 사용되었는가?
- 하나의 문장에 하나의 내용이 명확하게 담겨 있는가?
- 사실을 드러내는지 의견을 드러내는지 명확하게 파악할 수 있는가?
- 문장의 길이가 지나치게 길거나 복잡하여 의미가 애매하지 않은가?
- 중심적인 생각과 종속적인 생각들이 문법적으로 적절하게 연결되었는가?

⑧ 어구
- 외래어를 남용하지는 않았는가?
- 비유는 적절하게 사용되었는가?
- 한 문장 안에서 같은 어구를 반복하여 사용하지는 않았는가?
- 속어나 은어 등 적절하지 않은 용어가 사용되지는 않았는가?
- 글의 성격에 맞지 않는 신조어, 유행어 등을 사용하지는 않았는가?

⑨ 표기
- 한자의 사용은 적절한가?
- 문장 부호는 적절하게 사용되었는가?
- 외래어 표기법, 한글 맞춤법 등에 위배되는 표기는 없는가?

(5) 문장 성분의 보충

① 주어의 보충
- 본격적인 공사가 언제 시작되고, 언제 개통될지 모른다.
  → 본격적인 공사가 언제 시작되고, <u>도로가</u> 언제 개통될지 모른다.
- 자기가 세운 목표는 반드시 이루겠다는 의지와 그 의지를 뒷받침할 수 있는 체력이다.
  → <u>지금 그에게 필요한 것은</u> 자기가 세운 목표는 반드시 이루겠다는 의지와 그 의지를 뒷받침할 수 있는 체력이다.

② 필수 부사어의 보충
- 친구가 취업한 것은 기쁨이 되었다. → 친구가 취업한 것은 <u>나에게</u> 기쁨이 되었다.
- 채은이는 비슷하다. → 채은이는 <u>엄마와</u> 비슷하다.

③ 목적어의 보충
- 나는 근래에 계속 컴퓨터로만 글을 써 왔는데, 오랜만에 손으로 써 보려니 쉽지 않다.
  → 나는 근래에 계속 컴퓨터로만 글을 써 왔는데, 오랜만에 손으로 <u>글씨를</u> 써 보려니 쉽지 않다.

(6) 문장 성분의 삭제

① 잉여적 표현

- 휴가 기간 동안 운동을 실컷 했다.
  → 휴가 기간에 운동을 실컷 했다.
- 이번 안건은 과반수 이상이 찬성하여야 통과됩니다.
  → 이번 안건은 반수 이상이 찬성하여야 통과됩니다.
- 요즘 같은 때에는 공기를 자주 환기시켜야 감기에 안 걸리는 거야.
  → 요즘 같은 때에는 자주 환기시켜야 감기에 안 걸리는 거야.

② 불필요한 성분

- 그의 사상이 밖으로 표출되어 있는 것이 바로 이 책이다.
  → 그의 사상이 표출되어 있는 것이 바로 이 책이다.

(7) 문장 성분의 호응

1) 주성분 간의 호응

① 주어와 서술어의 호응

- 현재의 복지 정책은 앞으로 손질이 불가피할 전망입니다.
  → 전문가들은 현재의 복지 정책은 앞으로 손질이 불가피할 것으로 전망하고 있습니다.
  → 현재의 복지 정책은 앞으로 손질이 불가피할 것으로 전망되고 있습니다.
- 기름값이 또다시 내렸다.
  → 정부는 기름값을 또다시 내렸다.

② 목적어와 서술어의 호응

- 이 배는 사람이나 짐을 싣고 하루에 다섯 번씩 운행한다.
  → 이 배는 사람을 태우거나 짐을 싣고 하루에 다섯 번씩 운행한다.
- 저희 지하철 공사는 사후 사태 수습에 최선을 다함과 동시에 사고 원인 파악과 재발 방지 대책을 조속히 마련하겠습니다.
  → 저희 지하철 공사는 사후 사태 수습에 최선을 다함과 동시에 사고 원인을 파악하고 재발 방지 대책을 조속히 마련하겠습니다.

2) 주성분과 부속 성분 간의 호응

① 부사어와 서술어의 호응

- 이번 과제에서 좋은 점수를 받기 위해서는 절대로 직접 손으로 쓴 작품을 제출해야 한다.
  → 이번 과제에서 좋은 점수를 받기 위해서는 반드시 직접 손으로 쓴 작품을 제출해야 한다.
- 학생은 모름지기 공부를 한다.
  → 학생은 모름지기 공부를 해야 한다.

결정적 힌트!

적절한 부사어와 서술어의 호응
- 과연 ~하다
- 여간 ~지 않다. 전혀 ~이/가(~은/는 것이) 아니다. 차마 ~ 수 없다. 거의 ~지 않다
- 아마 ~(으)ㄹ 것이다
- 설마 ~(으)랴?
- 비록 ~지라도(~지만, ~더라도, ~어도)
- 당연히(모름지기) ~해야 한다
- 마치 ~처럼(~같이)

② 조사와 서술어의 호응

- 영수는 가수치고 노래를 잘 한다.
  → 영수는 가수치고 노래를 잘 못한다.
- 그녀는 대학교 재학 중에 '우리'라는 수화 동아리를 가입하였다.
  → 그녀는 대학교 재학 중에 '우리'라는 수화 동아리에 가입하였다.

(8) **문장의 중의성**

① 수식의 모호성

- 한결같이 어려운 이웃을 돕는 사람들이 많습니다.
  → 어려운 이웃을 한결같이 돕는 사람들이 많습니다.
- 용감한 그의 아버지는 적군을 향해 돌진하였다.
  → 그의 용감한 아버지는 적군을 향해 돌진하였다.

② 비교 구문의 모호성

- 아내는 나보다 드라마 보는 것을 더 좋아한다.
  → 아내는 내가 드라마 보는 것을 좋아하는 것보다 더 드라마 보는 것을 좋아한다.
    (아내와 나를 비교)
  → 아내는 나를 좋아하기보다는 드라마 보는 것을 더 좋아한다. (나와 드라마 보기를 비교)

③ 병렬 구문의 모호성

- 어머니께서 사과와 배 두 개를 주셨다.
  → 어머니께서 사과와 배를 각각 두 개씩 주셨다.
  → 어머니께서 사과와 배를 합쳐서 두 개를 주셨다.

④ 의존 명사 구문의 모호성

- 그가 공을 차는 것이 이상하다.
  → 그가 공을 찬다는 사실이 이상하다.
  → 그가 공을 차는 방법이 이상하다.

⑤ 부정 구문의 모호성

- 아이들이 다 오지 않았다.
  → 아이들이 모두 오지는 않았다. (부분 부정)
  → 아이들이 아무도 오지 않았다. (전체 부정)

(9) 조사의 정확한 사용

① 주격 조사 '이/가'와 보조사 '은/는'
- 원시 시대부터 인간<u>은</u> (→ 인간<u>이</u>) 삶의 문제를 해결하기 위해 고민하면서 창의적인 사고를 하게 된 것은 분명한 사실이다.

② '에게'와 '에'
- 정부는 이 문제를 미국<u>에게</u> (→ 미국<u>에</u>) 여러 번 건의하였다.
- 아버지는 날마다 아들<u>에</u> (→ 아들<u>에게</u>) 고기를 구워 주었다.

③ 목적격 조사
- 우리 대학이 이웃 대학<u>에</u> (→ 대학<u>을</u>) 크게 이겼다.

(10) 잘못된 사동 표현
- 나는 여전히 남편을 보면 가슴이 <u>설레인다</u> (→ <u>설렌다</u>).

(11) 잘못된 피동 표현

① '-되어지다', '-지게 되다' 등의 이중 피동 표현
- 그는 바른 사람이라고 생각<u>되어진다</u> (→ 생각<u>된다</u>).
- 지수는 결혼을 앞두고 더욱 <u>아름다워지게 되었다</u> (→ <u>아름다워졌다</u>).

② '피동사'에 '-어지다'를 결합한 경우
- 그 영화의 내용이 실화라는 사실이 <u>믿겨지지 않았다</u> (→ <u>믿어지지 않았다</u>).

(12) 우리말답지 않은 표현

① 일본어식 표현
- ~에 다름 아니다 → ~이나 다름없다, ~라 할 만하다, ~일 뿐이다
- ~ 주목에 값하다 → ~할 가치가 있다
- ~에 대하여 관심을 갖다 → ~에 관심을 갖다
- ~로서의 책임 → ~의 책임
- ~에 있어서 → ~에서/~에

② 영어식 표현
- 아무리 ~해도 지나치지 않다 → 매우 ~하다
- 동생으로부터 → 동생에게서
- ~할 필요가 있다, ~을 필요로 하다 → ~이/~가 필요하다
- ~할 예정으로 있다 → ~할 예정이다, ~할 것이다, ~할 참이다
- 한 잔의 커피 → 커피 한 잔

2. 최신 기출 선지를 통해 본 '퇴고 1'

① ㉠: 의미상 맞지 않으므로 '늘리고자'로 바꾼다.
② ㉡: '자정'과 의미상 유사한 부분이 있으므로 삭제한다.
③ ㉢: 문맥상 흐름을 고려해 '또한'으로 바꾼다.
④ ㉣: 주어와 서술어의 호응이 맞도록 '있다는 점이다'를 '있다'로 수정한다.
⑤ ㉤: 문맥상 목적어를 보충하기 위해서는 '발전을'을 추가한다.

① ㉠은 어떤 정황을 가정적으로 생각하여 단정하는 의미를 나타내기 위해 단어를 수정해야겠다. ('상정'으로 수정)
② ㉡은 앞뒤 맥락을 고려할 때 적절하지 않으므로 수정해야겠다. ('게다가'로 수정)
③ ㉢은 문장 내 부사어와 호응이 맞지 않으므로 수정해야겠다. ('위협한다'로 수정)
④ ㉣은 통일성을 해치는 문장이므로 수정해야겠다. (앞 문장과 순서 교체)
⑤ ㉤은 사동 표현이 중복되어 사용되었으므로 수정해야겠다. ('강화되어야'로 수정)

① ㉠은 통일성을 해치는 문장이므로 삭제해야겠다.
② ㉡은 문맥에 어울리지 않는 단어이므로 '내포하고'로 수정해야겠다.
③ ㉢은 문장의 주어와 호응하지 않으므로 '갖게 한다'로 수정해야겠다.
④ ㉣은 불필요한 피동 표현이므로 '진행했다'로 수정해야겠다.
⑤ ㉤은 앞뒤 맥락을 고려할 때 적절하지 않으므로 '또한'으로 수정해야겠다.

① ㉠: 앞 문장과의 의미 흐름을 고려하여 '그리고'로 대체한다.
② ㉡: 문장의 논리적 연결을 고려하여 '않기에'로 수정한다.
③ ㉢: 의미상 부적절한 단어이므로 '심각한'으로 바꾼다.
④ ㉣: 글의 통일성을 고려하여 삭제한다.
⑤ ㉤: 불필요한 사동 표현이 사용되었으므로 '제한하기'로 바꾼다.

① ㉠: 의미상 중복되는 부분이 있으므로 '과반수이며'로 수정한다.
② ㉡: 이전 문단과의 유기적인 흐름을 고려하여 '그러나'로 고친다.
③ ㉢: 글의 전체적인 내용상 통일성을 헤치는 문장이므로 삭제한다.
④ ㉣: 문장 간의 유기적인 연결이 이루어지도록 앞 문장과 위치를 바꾼다.
⑤ ㉤: 연결된 문장 간의 호응 관계를 고려하여 '개선해야 한다'로 수정한다.

> ① ㉠ 문장의 의미를 고려하여 '생성된'으로 수정한다.
> ② ㉡ 피동 표현이 적절하므로, '정복된'으로 수정한다.
> ③ ㉢ 앞뒤 맥락을 고려할 때 적절하지 않으므로 '하지만'으로 수정한다.
> ④ ㉣ 문장의 호응이 적절하지 않으므로 '지닌다.'로 수정한다.
> ⑤ ㉤ 문맥을 고려할 때 부사어가 적절하지 않으므로 '만약'으로 수정한다.

> ① ㉠ 문장의 의미를 고려하여 '방치하는'으로 수정한다.
> ② ㉡ 피동 표현이 적절하지 않으므로 '발생할 수 있다'로 수정한다.
> ③ ㉢ 문장의 호응이 적절하지 않으므로 '특성 때문이다'로 수정한다.
> ④ ㉣ 앞뒤 맥락을 고려할 때 '그러므로'로 수정한다.
> ⑤ ㉤ 단어의 쓰임이 적절하지 않으므로 '선발할'로 수정한다.

> ① ㉠ 불필요하게 의미가 중복되었으므로 '신약'으로 수정한다.
> ② ㉡ 피동 표현이 쓰여야 하므로 '적발될'로 수정한다.
> ③ ㉢ 수식어와 피수식어의 의미 관계를 고려하여 '잠에 들기 전과 자는 중'으로 수정한다.
> ④ ㉣ 앞뒤 맥락을 고려할 때 쓰임이 적절하지 않으므로 '부득이한'으로 수정한다.
> ⑤ ㉤ 문장의 의미를 고려할 때 쓰임이 적절하지 않으므로 '부득이한'으로 수정한다.

3. 퇴고 2: 매체의 이해 및 글의 완성도 높이기

(1) 매체의 이해

① 매체의 개념과 종류

개념	• 어떤 대상을 전달하는 도구 • 인간이 지닌 생각이나 감정, 지식 등을 전달하고 공유하는 매개물
종류	• 그림이나 사진: 전달하고자 하는 내용을 시각적으로 드러낼 수 있음. • 표: 각 항목과 수치를 정확하게 드러낼 수 있음. • 그래프: 수치의 증가·감소 추세나 두 가지 수치의 관계를 한눈에 파악하기 쉽게 드러낼 수 있음. 표에 비해 통계적인 사실을 더 쉽게 제시할 수 있고, 항목을 비교하기 쉬움. ⇨ 매체를 비판적으로 읽기 위해서는 매체에 드러난 표현 방법과 의도를 파악해야 함.

② 매체 자료의 비판적 수용

비판적 읽기	글쓴이가 전달하는 내용을 비판적으로 분석하여 이해하는 것
매체 자료의 비판적 수용	매체 자료를 통해 전달되는 뜻을 그대로 받아들이는 것이 아니라 의미, 효과, 적절성, 윤리성 등을 고려하여 비판적으로 이해하는 것

③ 매체 자료의 적절성 판단 방법
- **신뢰성**: 자료의 출처가 분명하고, 그 내용이 믿을 만하며 확실한지 파악한다.
- **효과성**: 말하는 이의 의도를 잘 살려 주는 자료인지 판단한다.
- **정보성**: 자료가 내용을 전달하는 데 도움이 되는지 살펴본다.
- **관련성**: 자료가 내용과 밀접한 관련이 있는지 따져 본다.
- **가독성**: 자료의 내용이 독자에게 쉽게 이해되는지, 제시되는 방법과 순서가 적절한지 판단한다.

(2) 글의 완성도 높이기

신뢰성	• 전달하는 정보나 자료가 정확한가? • 정보나 자료의 출처를 밝히고 있으며 믿을 수 있는가?
타당성	• 주장과 근거가 실천이 가능한 것인가? • 주장의 바탕이 되는 근거가 신뢰성이 있는가? • 주장하는 내용과 관련된 적절한 근거를 들고 있는가? • 근거를 바탕으로 주장을 이끌어 내는 방식이 논리적 추론 형식에 맞는가?
공정성	• 화자의 주장은 보편적 진리에 비추어 볼 때 정의로운 것인가? • 화자는 어느 한쪽으로 치우치지 않고 공평하게 주장을 펴고 있는가?

4. 최신 기출 선지를 통해 본 '퇴고 2'

① 글의 신뢰성을 높이기 위해 활용한 정보의 출처를 밝힌다.
② 글의 타당성을 높이기 위해 인터넷 개인 방송이 주목받는 이유를 삽입한다.
③ 글의 일관성을 높이기 위해 인터넷 개인 방송 10대 시청자들의 인터뷰를 삽입한다.
④ 글의 공정성을 높이기 위해 구독자 증가에 따른 수익의 증가를 수치로 구체화한다.
⑤ 글의 효용성을 높이기 위해 법률적으로 규제해야 할 콘텐츠 유형을 분류하여 제시한다.

① 글의 목적을 고려하여 예상 독자의 관심을 촉구하는 표현으로 글을 마무리해야겠다.
② 글의 주제를 고려하여 문제 해결을 위한 개인 스스로의 노력을 강조하며 마무리해야겠다.
③ 글의 유형을 고려하여 글을 쓴 필자의 소감을 밝히며 여운을 남기는 방식으로 마무리해야겠다.
④ 예상 독자의 수준을 고려하여 주제와 관련된 법률 용어를 쉽게 풀어 설명하며 글을 마무리해야겠다.
⑤ 글의 주제를 고려하여 사회적 차원에서 필요한 규제 방안을 구체적으로 제시하면서 마무리해야겠다.

① 글의 주제를 고려하여 문제를 해결하기 위한 실질적인 방안을 제시하며 글을 마무리해야겠다.
② 예상 독자의 수준을 고려하여 어려운 한자어를 고유어로 바꾸어 설명하며 글을 마무리해야겠다.
③ 예상 독자를 고려하여 개인적 차원에서 실행할 수 있는 해결책을 제시하며 글을 마무리해야겠다.
④ 글의 목적을 고려하여 문제를 해결하면 어떤 효과가 나타날 수 있는지 설명하며 글을 마무리해야겠다.
⑤ 글의 목적을 고려하여 주장과 관련된 또 다른 사안에도 관심을 가질 것을 촉구하며 글을 마무리해야겠다.

> ① 독도의 생태계를 살리기 위해서는 성게 제거를 위한 개인적·사회적 노력이 필요하다.
> ② 독도의 수온 온난화를 예방하기 위해서는 환경 보호를 위한 개인적 노력이 필요하다.
> ③ 독도를 보호하기 위해서는 '바다 사막화' 현상을 막기 위한 노력이 최우선으로 요구된다.
> ④ 독도의 상징인 괭이갈매기가 알맞은 시기에 알을 낳을 수 있도록 지역 공동체의 노력이 요구된다.
> ⑤ 독도를 지키기 위해서는 독도 생태계 변화의 심각성을 인지하고 환경을 보호하기 위한 공동체적 방안을 마련해야 한다.

> ① 생물학적 요인보다 정신적·사회적 요인을 우선적으로 제거해야 한다.
> ② 청소년 개인이 자신의 증상을 스스로 진단하고 도움을 요청해야 한다.
> ③ 가족 구성원들이 효과적인 상담 기법을 배우고 생활 속에서 활용해야 한다.
> ④ 어느 한 차원만의 노력으로는 부족하므로 지역사회, 학교, 가정이 모두 협력해야 한다.
> ⑤ 지역사회 차원에서 청소년들의 인터넷 및 스마트폰 중독을 예방하기 위해 노력해야 한다.

> ① 과거의 기억을 일깨우는 역사서로 인식한다.
> ② 삶의 이유를 깨닫게 하는 나침판으로 인식한다.
> ③ 활동할 수 있는 시간을 빼앗는 적으로 인식한다.
> ④ 건강의 이상 유무를 알려 주는 의사로 인식한다.
> ⑤ 지친 몸과 마음을 회복시키는 보약으로 인식한다.

5. 논지 전개

(1) 논지 전개 방식

근본 목적이나 의도에 부합하도록 이야기나 문장을 전개해 나가는 방식으로, 경우에 따라 '논리 전개 방식'이라는 용어를 사용하기도 한다.

① **분석**: 어떤 복잡한 것을 단순한 요소나 부분들로 나누어 설명하는 방법으로, 서로 연관된 여러 부분들로 이루어진 대상을 설명하는 데 효과적이다. 예를 들어, 컴퓨터의 구조를 설명할 때 본체와 주변 장치로 나누어 설명하는 것이다.

② **묘사**: 어떤 대상을 눈앞에 보여 주듯이 글로 그려 내는, 즉 대상의 감각적 인상을 재현하는 진술 방식이다. 묘사도 서사와 마찬가지로 정서 표현, 정보 전달을 목적으로 하는 글에 두루 쓰인다. 묘사는 대상을 객관적으로 정확하게 재현하는 객관적(설명적) 묘사와 주관적 인상이나 느낌을 제시하는 주관적(문학적) 묘사가 있다. 대상의 형태, 색채, 감촉, 향기, 소리 등을 있는 그대로 그려 내는 것으로, 그림에 가까우며 그 특징은 구체성 또는 감각성이라 할 수 있다. 눈에 보이지 않는 관념이 아니라 눈에 보이는 구체적 대상의 생김새나 행동을 스케치하듯이 설명하는 방식이다.

③ **구분/분류**: 어떤 대상들을 비슷한 특성에 근거하여 나누는 방법이다. 대상들이 가지고 있는 보편적인 특성은 무엇인가, 무엇이 분류의 기준이 되는가를 잘 알아야 한다. 이때 '일반 → 구체'의 방향으로 나누는 것을 구분이라고 하며, '구체 → 일반'의 방향으로 나누는 것을 분류라고 한다.

④ **정의**: 어떤 대상 또는 사물의 범위를 규정짓거나 그 사물의 본질을 진술하는 것으로, 대상의 속성을 해명하거나 설명하는 데 사용된다. 정의는 정의되는 항(피정의항, 종개념)과 정의하는 항(정의항, 유개념)으로 이루어진다. '사람은(피정의항, 종개념) 언어적 동물이다(정의항, 유개념).'가 그 예이다.

⑤ **비교/대조**: 둘 또는 그 이상의 사물들 사이의 비슷한 점을 밝혀 내는 것을 '비교'라고 하고, 차이점을 밝혀 내는 것을 '대조'라고 한다. 어떤 모르는 사항을 이미 알려진 사항과 견주어서 설명할 때 사용한다.

⑥ **유추**: 유비 추론(類比推論)의 준말. 두 대상을 비교하여 결론을 이끌어 내는 추론 방식으로 귀납법의 일종이다. 글에서 유사한 상황을 근거로 새로운 사실이나 주장을 내세우는 경우가 이에 해당한다. 어렵고 복잡한 개념을 설명하고자 할 경우에 보다 친숙하고 단순한 개념 혹은 사물과 비교함으로써 쉽게 이해할 수 있도록 하는 방법이다.

⑦ **서사**: 사건의 전개나 사물의 변화, 인물의 행동을 시간의 흐름에 따라 서술하는 전개 방식이다.

⑧ **과정**: 어떤 특정한 결말이나 결과를 가져오게 하는 일련의 행동, 변화, 작용 등에 초점을 두는 전개 방식이다. 서사가 대상의 '변천'에 관심을 둔다면, 과정은 대상의 '진행'에 관심을 둔다. 예를 들어, 물이 끓게 되는 과정이나 어떤 음식을 만드는 과정을 설명하는 것이다.

⑨ **인과**: 어떤 결과를 가져오게 한 영향 내지 힘, 또는 그러한 힘에 의해 결과적으로 초래된 현상을 중심으로 내용을 전개하는 방식이다.

⑩ **논증**: 전제나 근거를 바탕으로 주장을 논리적으로 이끌어 내는 전개 방식이며, 입증이라고도 한다. 증명해야 할 판단을 가증명제(可證命題)라 하고 그 이유로서 선택되는 판단을 논거(論據)라고 한다. 가증명제 및 논거는 논증의 구성 요소이며 추론의 갖가지 형식으로 구성된다. 이것을 논증의 형식이라 한다. 즉, 논증은 논거를 전제, 가증명제를 결론으로 하는 추론 형식을 취하나 결론이 이미 주어진다는 점에서 추론과 다르다. 예를 들어, 독도가 왜 우리 땅인가를 문헌의 고증으로 증명해 내는 것이다.

⑪ **부연**: 앞의 내용을 다시 한번 설명하는 것을 말한다. 앞에서의 설명보다는 좀 더 자세하지만, 상술(상세화)보다는 상대적으로 보편적인 설명이라 할 수 있다. 문단(혹은 단락)의 기능이나 문단 간의 관계를 묻는 문제에서 제시된다.

⑫ **예시**: 구체적인 사례나 실제 사물 등을 들어서 소주제 또는 그와 관련된 사항을 설명하는 것이다. 즉, 추상적인 말로 풀이하는 대신에 관련된 실제 사례를 직접 보여 주는 것이다.

⑬ **상술(상세화)**: 앞에서 다룬 내용을 좀 더 상세하게 설명하는 방식이다. 비문학 제재에서 문단의 서술상 특징을 묻는 문제와 관련하여 선지로 제시되거나 〈보기〉에서 용어의 개념을 풀어서 제시된다. 따라서 용어 자체보다 문단 간의 맥락을 정확하게 이해해야 한다.

(2) 거시 구조에 사용되는 담화 표지

거시 구조는 문장 이상의 단위, 즉 문단에 제시된 복잡한 문장들과 주제들이 어떻게 연결되는지 그 흐름을 보여 주는 것으로 텍스트 전체의 의미를 표시하는 역할을 한다.

담화 표지	담화 표지의 예
열거	이 외에, 이 밖에, 앞, 뒤, ~하면 다음과 같다, 다음과 같이 이야기/소개할 수 있다, 계속해서, 그리고, 또, 또한, 그뿐만 아니라
순서	첫째, 둘째, 셋째, 또 하나, 다른 하나, 우선, 먼저, 다음으로, 끝으로, 마지막으로
원인	원인, 이유, 때문, 덕분, (원인은) ~이다, (이유는) ~이다, ~ 때문에, ~ 덕분에, ~으로 인해, 왜냐하면, ~에 의하여, ~(하기)에
결과	결과, 결론, (결과는) ~이다, 결론부터 말하면, ~라서, 그러므로, 그러면, 결국, 마침내
비교	~와/~과 비교하면, ~에 비하여
공통	공통, 공유, 동일, 유사, 마찬가지, 같다, 닮다, 비슷하다, ~와 ~는 공통점이 있다, ~도 동일하다, ~와 ~는 유사하다, ~도 마찬가지이다, ~와 ~는 같다, ~같이, ~처럼
대조	차이, 구별, 예외, 다르다, 반하다, ~와 ~은 차이가 있다, ~와 ~은 서로 구별된다, 예외도 있다, ~은 ~과 다르다, ~와 반대로, ~ 대신에, ~에 반하여, ~이 아니라, 그러나, 하지만, 반면(에), 그럼에도 불구하고, ~와 달리, ~보다
문제	(해결이) 필요하다, ~해야 한다, 문제는 ~이다, ~에 대한 해결이 필요하다, ~에 대한 해결이 있어야 한다, ~한 목적으로, ~ 위하여, ~도록, ~에 대하여
해결	방법, (대안이) 필요하다, (대안을) 마련해야 한다, ~한 (대안이) 필요하다, 해결 방법으로
예시	예컨대, 기록에 의하면
정의	~라고 한다, 이라는 뜻이다, 정의할 수 있다

개념 적용문제

04. 퇴고

[1~2] 다음은 작성한 글의 일부이다. 제시된 물음에 답하시오.

> 　본론에서 살펴본 정보 사회의 문제점을 ㉠해결한 결과, 정보 사회의 긍정적인 면은 살리고 부정적인 면은 최소화하려는 노력을 해야 한다.
> 　첫째로, 정보 사회를 앞당기거나 정보 사회에서 성공적으로 살기 위하여 가장 먼저 해야 할 과제는 막연한 기대나 우려를 버리는 것이다. 또한, 무엇이 정보 사회의 중심이 되는 기술이며 가치인지, 사회 관계와 조직은 ㉡어떻게 해야 할지 모를 때는, 예견되는 문제나 부작용은 무엇인지를 정확하게 알고 대처하려는 의지가 중요하다. 둘째로, 정보 사회의 핵심적인 기술을 개발하고 익힐 수 있도록 국가적인 투자와 제도 확립이 필요하다. ㉢그럼에도 불구하고, 컴퓨터와 디지털 기술뿐만 아니라, 그 바탕이 되는 창의적인 사고를 가질 수 있도록 하는 것이 매우 중요하다. 셋째로, 정보 방어 체제의 ㉣구성이 필요하다. 지식과 정보의 유출과 파괴는 사생활 침해를 넘어서 국방 등 전 생활 영역에서 치명적인 피해를 입힐 수 있다. 넷째로, 정보 독점과 통제 그리고 격차 등과 같은 부작용 해소도 중요하다. 정보 기술은 독점이 될 수도 있고 타인을 통제하거나 지배하는 데 이용되기도 하고 사회적인 불평등을 심화시킬 수도 있다. 다섯째로, 건강한 사이버 문화의 정착이 ㉤요구되어야 함을 확인할 수 있었다. 정보 기술은 인간의 존엄성을 해치기도 하고, 정확하지 않은 지식과 정보는 사회 혼란을 야기할 수 있다.

1 윗글의 ㉠~㉤을 고쳐 쓰기 위한 방안으로 적절하지 <u>않은</u> 것은?

① ㉠: 내용의 흐름을 고려하여 '해결하였으므로'로 수정한다.
② ㉡: 호응을 고려하여 '어떻게 달라지는지'로 수정한다.
③ ㉢: 문장과 문장의 자연스러운 연결을 위해 '특히'로 수정한다.
④ ㉣: 문맥에 적합한 단어가 아니므로 '구축(構築)'으로 수정한다.
⑤ ㉤: 문장의 자연스러움을 위하여 '필요하다'로 수정한다.

문제풀이 ▶ ㉠은 '해결하기 위해서는', '해결하려면' 등으로 수정하는 것이 바람직하다.

정답 | ①

2 윗글을 보완할 수 있는 방안으로 가장 적절한 것은?

① 글의 신뢰성을 높이기 위해 정보 사회의 다양한 특징을 정리해 제시한다.
② 지식과 정보의 유출과 파괴로 인한 피해 사례를 전문가의 인터뷰를 인용해 소개한다.
③ 글의 타당성을 높이기 위해 정보 사회의 기술 개발에 필요한 제도의 문제점을 설명한다.
④ 체계적인 내용 전개를 위해 잘못된 사이버 문화의 정착을 위한 캠페인 진행을 제시한다.
⑤ 글의 중립성을 높이기 위해 정보 사회의 부정적인 면을 보여 주는 사례를 추가로 제시한다.

문제풀이 ▶ 지식과 정보의 유출과 파괴로 인한 피해의 정도가 얼마나 치명적인지 보여 주는 사례를 전문가의 의견을 인용하여 제시하면 '셋째' 항목의 신뢰성을 높여 내용을 체계적으로 보완할 수 있다.

정답 | ②

개념 적용문제

[3~4] 다음은 보고서의 일부이다. 제시된 물음에 답하시오.

> 본 연구의 조사 결과, 대부분의 국민들은 정치적 참여에 무관심한 것을 확인할 수 있었다.
> 국민이 정치 문제에 무관심하게 된 이유를 차례로 살펴보면, 우선 국민에 의해 선출된 정치인들이 국민을 위한 정책을 ㉠실현하고자 하였기 때문에 정치인들 자신들의 이해관계에 따라 혹은 정당의 이해관계에 따라 당리당략으로 정치를 운용하는 것이 가장 큰 원인으로 꼽히는 것을 알 수 있다. 게다가 이들은 "중이 제 머리는 깎지 못한다."고, 자신들의 허물을 보지 못하니 국민들이 여기에서 정치에 대한 실망을 느끼게 되고, 이것이 거듭되어 정치에 대한 회의적 시각을 가지게 된 것이 가장 큰 ㉡원인이 나타난다.
> 둘째, 정치인들의 능력과 자질 문제로부터 정치적 무관심이 발생하기도 하는데, 정치인들 중 인격과 소양이 부족한 사람이 정치인이 되고, 이들의 행동이 국민들에게 보이게 됨으로써, 국민들은 이런 점에 대해서 실망을 느끼게 된다. ㉢또한 정치인 중에 파렴치한 범죄를 저지른 범죄자가 있어 국민들의 눈살을 찌푸리게 하는 경우도 있다. 또 정치인들이 자기의 이익을 우선시하는 부패를 저지르고 치부를 드러냄으로써 국민들에게 ㉣실망을 주면 안 됩니다. 셋째, 현대 정치 과정이 거대화되고 전문화된 현상을 원인으로 꼽을 수 있다. 현대 사회는 복잡하고 전문화되어 시민들은 정치의 영역에 쉽게 접근할 수 없게 되었다. 시민이 정책의 결정 과정에 접근하는 것이 곤란하기 때문에 정책 산출에 의존하는 ㉤존재로 전락되어서, 정책에 적극적으로 참여하기보다는 소극적으로 산출을 기대하는 존재가 되고 말았다.

3 윗글의 ㉠~㉤을 고쳐 쓰기 위한 방안으로 적절하지 <u>않은</u> 것은?

① ㉠: 자연스러운 문장의 흐름을 위해 '실현하고자 하는 것이 아니라'로 수정한다.
② ㉡: 문장의 호응을 고려하여 '원인이었던 것이다'로 수정한다.
③ ㉢: 연결이 적절하지 않으므로 '특히나'로 수정한다.
④ ㉣: 문맥이 적절해지도록 '실망을 주기도 한다'로 수정한다.
⑤ ㉤: 내용의 흐름에 어울리지 않으므로 '존재로 전락하지 않기 위해'로 수정한다.

문제풀이 ▶ 해당 문장은 인과 관계로 설명하기에 적절하지 않으며, 이어지는 문장을 고려할 때 목적을 나타내는 '위해'를 쓰는 것 또한 어색하다. ㉤은 '존재로 전락하고'로 수정하는 것이 적절하다.

정답 | ⑤

4 윗글을 보완할 수 있는 방안으로 가장 적절한 것은?

① 국민들의 정치 참여에 대한 무관심 정도를 조사한 통계 자료를 제시한다.
② 글의 완결성을 높이기 위해 국민들이 정치 참여에 무관심한 원인을 분석하여 제시한다.
③ 정치인과 일반인의 범죄 기소율을 조사하여 법적 처벌에 대한 불공정 문제를 제기한다.
④ 글의 통일성을 높이기 위해 정치 참여에 적극적인 시민들을 인터뷰한 내용을 제시한다.
⑤ 글의 타당성을 높이기 위해 현대 사회가 과거에 비해 전문화된 배경을 조사하여 설명한다.

문제풀이 ▶ 대부분의 국민들이 정치적 참여에 무관심한 것을 확인했다고 하였는데, 어느 정도의 비중으로 그러한 결과가 나온 것인지를 확인할 수 있는 통계 자료와 그 출처를 제시하면 글의 신뢰성이 향상된다.

정답 | ①

문제를 더 풀고 싶다면 [**기출동형 문제**]편 바로가기 ☞ p.78

PART

IV

창안

01 시각 자료를 통한 내용 생성
02 조건에 따른 내용 생성

창안

📝 최근 13개년 기출 전 문항 분석 결과

영역	출제 유형	출제 문항 수
[51~60] 창안	시각 자료를 통한 내용 생성	2~5
	조건에 따른 내용 생성	7~8

- ☑ '창안'은 '유비추리'의 대상이 되는 근거 자료의 형태에 따라 '시각 자료(그림)를 통한 내용 생성'과 '조건(텍스트)에 따른 내용 생성'으로 분류된다. 그러나 '유비추리'를 통해 도출해야 하는 결과물은 크게 차이가 나지 않으므로, 같은 유형으로 보고 공부하면 된다.
- ☑ ① 특정 상황을 '인간의 행동'에 유비할 때 이끌어낼 수 있는 주제(교훈, 속담, 고사성어)를 도출하거나, ② 특정 내용을 새로운 영역이나 상황에 비유할 때 적절한 것을 찾아내고, ③ 자료들 사이의 공통점과 차이점(표현, 핵심, 주제 등)을 분석하고, ④ 해당 상황에 어울리는 표어나 문구를 창작하거나 그림을 고른다.
- ☑ 최근 시험에서는 상황에 적절하거나 그렇지 않은 광고 그림과 문구를 1:1로 대응하여 고르는 문제가 출제되었다. '광고'라는 영역이 다를 뿐, 공통점에 근거하여 다른 맥락에 있는 자료를 고른다는 흐름은 변하지 않았다.

최신 6회분 기출 분석 [51~60] 창안

문항 번호	A회		B회		C회	
	유형/분류	자료/개념	유형/분류	자료/개념	유형/분류	자료/개념
51	조건에 따른 내용 생성	유비	조건에 따른 내용 생성	유비	조건에 따른 내용 생성	이끌어 낼 수 있는 내용
52	조건에 따른 내용 생성	유비	조건에 따른 내용 생성	유추	조건에 따른 내용 생성	유추
53	조건에 따른 내용 생성	은유	조건에 따른 내용 생성	사례	조건에 따른 내용 생성	이끌어 낼 수 있는 교훈
54	시각 자료에 따른 내용 생성	유비	시각 자료에 따른 내용 생성	표 분석	시각 자료에 따른 내용 생성	표 분석
55	시각 자료에 따른 내용 생성	사례	시각 자료에 따른 내용 생성	사례	시각 자료에 따른 내용 생성	사례
56	시각 자료에 따른 내용 생성	사례	시각 자료에 따른 내용 생성	유추	시각 자료에 따른 내용 생성	유추
57	조건에 따른 내용 생성	광고 사례	조건에 따른 내용 생성	광고 사례	조건에 따른 내용 생성	광고 사례
58	조건에 따른 내용 생성	문구	조건에 따른 내용 생성	광고 문구	조건에 따른 내용 생성	광고 문구
59	조건에 따른 내용 생성	유추할 수 있는 교훈	조건에 따른 내용 생성	유추할 수 있는 교훈	조건에 따른 내용 생성	유추
60	조건에 따른 내용 생성	관용 표현	조건에 따른 내용 생성	주제	조건에 따른 내용 생성	이끌어 낼 수 있는 내용

창안 학습 전략

'창안'은 '글(조건)' 또는 '그림'을 보고 실생활에 어떻게 적용할 수 있는지를 묻는 영역이다. 대부분은 '유비추리(類比推理)', 즉 특정 원리와 현실 사이의 유사성을 근거로 새로운 내용을 도출하는 형식이며 10문항 가운데 2~3문항 정도의 정답률이 매우 낮다. 글이든 그림이든 유사성을 바탕으로 다른 상황에 적용할 때 비약이 없는지를 잘 확인해야 답을 맞힐 수 있다.

문항번호	D회 유형/분류	D회 자료/개념	E회 유형/분류	E회 자료/개념	F회 유형/분류	F회 자료/개념
51	조건에 따른 내용 생성	이끌어낼 수 있는 내용	조건에 따른 내용 생성	유비	조건에 따른 내용 생성	이끌어 낼 수 있는 내용
52	조건에 따른 내용 생성	사례	조건에 따른 내용 생성	이끌어낼 수 있는 교훈	조건에 따른 내용 생성	사례
53	조건에 따른 내용 생성	문구	조건에 따른 내용 생성	문구	조건에 따른 내용 생성	문구
54	시각 자료에 따른 내용 생성	표 분석	시각 자료에 따른 내용 생성	표 분석	시각 자료에 따른 내용 생성	표 분석
55	시각 자료에 따른 내용 생성	유추	시각 자료에 따른 내용 생성	사례	시각 자료에 따른 내용 생성	유추
56	시각 자료에 따른 내용 생성	유비	시각 자료에 따른 내용 생성	시사점	시각 자료에 따른 내용 생성	착안
57	시각 자료에 따른 내용 생성	유비	시각 자료에 따른 내용 생성	유비	조건에 따른 내용 생성	사례
58	시각 자료에 따른 내용 생성	유비	시각 자료에 따른 내용 생성	문구	조건에 따른 내용 생성	공익 광고 문구
59	조건에 따른 내용 생성	사례	조건에 따른 내용 생성	사례	조건에 따른 내용 생성	사례
60	조건에 따른 내용 생성	반응	조건에 따른 내용 생성	이끌어낼 수 있는 내용	조건에 따른 내용 생성	이끌어낼 수 있는 내용

수험생이 묻고, 전문가가 답하다

외워야 할 내용이 없어서 오히려 어떻게 공부해야 할지 모르겠어요.

'창안'은 어렵다기보다 낯선 유형이어서 문제 해결에 시간이 오래 걸립니다. 그래서 유형에 익숙해지는 것이 가장 중요합니다. 비슷한 유형의 문제를 여러 번 풀다 보면 지문을 보고 대강 문제의 유형을 예측할 수 있는데, 그럼 문제 푸는 시간을 단축할 수 있을 것입니다.

01 시각 자료를 통한 내용 생성

기출유형 ❶ 시각 자료를 통한 내용 생성

[1~4] '사격'을 '평가'에 유비(類比)하고자 한다. 다음 글을 읽고 물음에 답하시오.

평가의 공정성을 판단하는 기준으로는 신뢰도와 타당도가 있다. ㉠신뢰도를 높이기 위해서는 반복된 측정에서 유사한 결과가 나와야 한다. 평가의 타당도를 높이기 위해서는 측정하려는 것만을 측정할 수 있어야 한다. 따라서 평가자에 따라 그 결과가 큰 차이를 보이는 경우는 신뢰도가 낮은 것이며, 평가자는 측정하려는 것만을 제대로 측정할 수 있어야 한다. 타당도를 높이기는 쉽지 않으므로 일단 높은 신뢰도부터 확보하는 것이 중요하다. 평가의 신뢰도와 타당도 문제는 사격을 통해 비유적으로 설명할 수 있다. 여섯 번 사격하여 네 개의 원으로 구성된 표적지 영역 안에 총알을 맞히는 과제를 수행한 결과는 다음과 같이 비유할 수 있다.

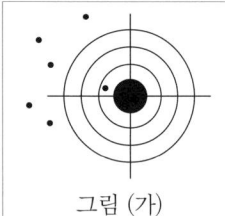
그림 (가)

일관성이 없고(신뢰도가 낮고), 5발이 빗나가 목표를 달성하지 못한 경우(타당도가 낮음.)

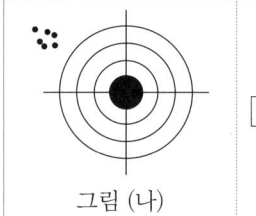
그림 (나)

㉡

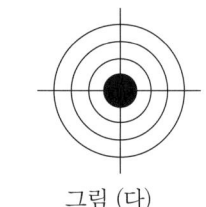
그림 (다)

일관성이 있고(신뢰도가 매우 높고), 6발 모두 목표를 달성한 경우(타당도가 높음.)

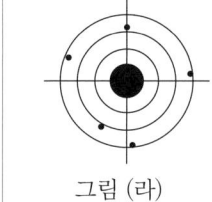
그림 (라)

일관성이 없고(신뢰도가 낮고), 정해진 목표를 달성하기는 함(타당도가 높지도 낮지도 않음.)

1 ㉠을 '인재 채용 방법'과 연결하여 주장할 수 있는 내용으로 가장 적절한 것은?

① 한 면접관이 들어가서 응시자를 다방면에서 평가해야 한다.
② 여러 면접관이 들어가서 응시자를 다방면에서 평가해야 한다.
③ 면접관이 몇 명이 들어가든 응시자의 말을 끝까지 들어 주어야 한다.
④ 한 면접관이 들어가서 응시자가 회사에 적합한지 심층 면접을 해야 한다.
⑤ 여러 면접관이 들어가서 응시자를 체크 리스트로 평가한 값이 유사해야 한다.

2 윗글을 바탕으로 ⓒ에 들어갈 내용으로 가장 적절한 것은?

① 일관성이 있었고 운도 좋아 목표를 달성한 경우
② 일관성이 낮아서 목표에 근접할 가능성도 낮은 경우
③ 일관성은 있었으나 결국 정해진 목표를 달성하지 못한 경우
④ 목표를 정확하게 설정하였으나 일관성 있게 실천하지 못한 경우
⑤ 목표를 정확하게 설정하였으나 운이 나빠 목표를 달성하지 못한 경우

3 사격의 기회를 다시 준다고 할 때, 그림 (가)와 (나)를 동시에 활용하여 이끌어 낼 수 있는 논지로 가장 적절한 것은?

① 타당도가 낮으면 신뢰도를 조정하기 쉽다. 그림 (가)와 (나)는 모두 타당도가 낮아서 다시 사격하더라도 비슷한 정도의 더 좋은 결과를 얻을 수 없다.
② 신뢰도가 낮으면 타당도를 조정하기 어렵다. 그림 (나)에 비해 그림 (가)의 사격점이 목표점에 보다 가깝다고 하더라도 두 경우 모두 다시 사격해도 비슷한 결과가 나올 것이다.
③ 신뢰도를 조정하여 목표를 달성해야 한다. 그림 (가)와 같이 타당도가 아무리 높아도 목표 달성에 실패하는 경우도 있고, 그림 (나)와 같이 타당도가 아무리 낮아도 목표를 달성할 수 있다.
④ 신뢰도가 높으면 타당도를 조정하기 쉽다. 신뢰도가 낮은 그림 (가)의 경우 다시 사격해도 비슷한 결과가 나오지만, 신뢰도가 높은 그림 (나)의 경우 4시 방향으로 조준하면 만점을 얻을 수 있다.
⑤ 타당도가 높으면 신뢰도를 조정하기 쉽다. 타당도가 높은 그림 (가)의 경우 4시 방향으로 조준하면 만점을 얻을 수 있지만, 타당도가 낮은 그림 (나)의 경우 다시 사격해도 비슷한 결과가 나올 것이다.

기 / 출 / 유 / 형

4 윗글을 토대로 '해결 방법'의 신뢰도를 비판한 내용으로 가장 적절한 것은?

◎ 과제: 빵을 쪼개지 않고 팥소의 양을 측정하시오.

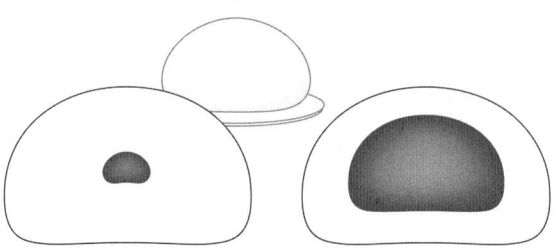

◎ 해결 방법: 팥소의 양은 빵의 무게와 비례하므로 양손에 빵을 들고 무게를 한 번 잰다.

① 신뢰도를 높이기 위해서는 빵의 크기를 측정해야 한다.
② 신뢰도를 높이기 위해서는 빵의 부피를 측정해야 한다.
③ 신뢰도를 높이기 위해서는 무게를 여러 번 측정해야 한다.
④ 신뢰도를 높이기 위해서는 손을 깨끗이 씻고 무게를 측정해야 한다.
⑤ 신뢰도를 높이기 위해서는 빵의 무게가 아니라 크기를 측정해야 한다.

유형 익히기

시각 자료를 해석하는 근거가 되는 글을 주고, 시각 자료를 특정 상황에 비유하여 추리하는 문제이다. 한 지문당 적게는 3문제에서 많게는 5문제가 묶여 나오는데, 물어보는 중심 아이디어는 같으므로 지문을 읽을 때 주제를 잘 파악해야 한다.

문제풀이

제59회 KBS한국어능력시험 문제를 변형하여 재출제한 것이다.
1. ㉠은 같은 테스트지로 반복하여 측정할 때 같은 값이 나와야 신뢰성이 높다는 내용이다. 이는 여러 명의 면접관이 같은 사람을 평가했을 때 비슷한 평가 결과가 나와야 한다는 것과 같다.
2. 그림 (나)는 6발이 모두 표적지 영역 바깥에 있으므로 목표를 달성하지 못해 타당도가 낮다고 할 수 있다. 하지만 총알의 위치에 일관성은 있다. 따라서 신뢰성(일관성)은 높지만 목표를 달성하지 못했다고 볼 수 있다.
3. (가)는 신뢰도와 타당도가 모두 낮고, (나)는 신뢰도는 높지만 타당도는 매우 낮다. 사격의 기회를 다시 준다고 가정할 때, 이를 활용하여 이끌어 낼 수 있는 논지로 가장 적절한 것은 신뢰도가 높으면 타당도를 조정하기 쉽다는 것이다. 즉, 신뢰도가 높은 그림 (나)는 4시 방향으로 조준하면 만점을 얻기 쉽다. 반면 (가)는 (나)보다 1발 더 타당도가 높을지라도 신뢰도가 낮기 때문에 다시 사격해도 비슷한 결과가 나올 것이다.
4. 해결 방법의 신뢰도를 비판하는 문제이다. 신뢰도를 높이기 위해서는 반복 측정에서 같은 값이 나와야 한다. 따라서 무게를 여러 번 측정하여 어느 값이 더 큰지 확인해야 한다.

정답 1. ⑤ / 2. ③ / 3. ④ / 4. ③

기출유형 ❷ 두 가지 시각 자료 비교 분석하기

[1~3] 다음 공익 광고 포스터를 보고 물음에 답하시오.

(가)

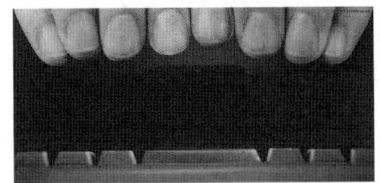

인터넷 언어, 교정이 필요하시군요.
잘못된 인터넷 언어 사용,
이제 바로잡아야 합니다.
잘못된 네티켓,
이제 바로잡아야 합니다.

(나)

당신에겐 어떤 글자가 보이십니까?
당신이 모르는 사이,
가정에서 학대받는 아이들에게
집은 겁나는 존재가 되었습니다.
매년 4,000여 명의 피해 아동에게는
많은 관심과 도움이 필요합니다.

1 (가)에 대한 설명으로 가장 적절한 것은?

① 대화체를 활용하여 친근감을 주고 있다.
② 중의적인 단어를 사용하여 주제를 강조하고 있다.
③ 구체적인 예시를 활용하여 주제를 구체화하고 있다.
④ 유사한 문장 구조를 반복하여 심각성을 낮추고 있다.
⑤ 의미가 대립적인 단어를 병치함으로써 운율감을 얻고 있다.

기 / 출 / 유 / 형

2 (가)와 (나)를 분석한 표의 내용으로 적절하지 <u>않은</u> 것은?

	(가)	(나)
핵심	① 습관을 바꾸기 위해서는 외부의 힘이 필요하다.	② 사소한 차이라도 주의 깊게 보지 않으면 아동이 방치된다.
주제	③ 인터넷 언어를 올바로 사용하여 네티켓을 잘 지키자.	④ 아동 학대 문제에 관심을 갖고 도움이 필요한 아동에게 도움을 주자.
표현	⑤ 자판을 두드리는 손을 치아에 대응함.	같은 대상이라도 사람마다 다르게 인식할 수 있음을 표현함.

3 (나)를 활용하여 발표할 때, 제시할 수 있는 보충 자료로 적절하지 <u>않은</u> 것은?

① 최근 3년간 가정 폭력 신고 건수 추이를 도표로 제시한다.
② 가정에서 아동을 학대한 사람들의 성장 배경을 보여 준다.
③ 가정 폭력 피해 아동의 심리 검사 결과를 데이터로 제시한다.
④ 가정 폭력에 대한 대중의 인식 수준을 조사한 인터뷰를 제시한다.
⑤ 가정 폭력 피해 아동을 지원해 줄 수 있는 다양한 시민 단체를 소개한다.

유형 익히기

시각 자료(광고 포스터 혹은 유의미한 그림 2개)를 바탕으로 (가)의 내용과 표현법을 분석하는 문제, (나)를 다른 상황에 적용하는 문제, (가)와 (나)의 핵심, 주제, 표현의 3가지를 분석하는 문제가 출제되고 있다. (가)와 (나)를 동시에 분석한 표를 보면 두 자료를 어떤 관점에서 파악해야 문제에 접근할 수 있는지가 보인다. 이를 바탕으로 다른 두 문제를 해결해 보길 바란다.

문제풀이

제53회 KBS한국어능력시험 문제를 변형하여 재출제한 것이다.
(그림 출처: 제26회 대한민국 공익광고제 대상 〈인터넷 언어, 교정이 필요합니다〉 편, 제26회 대한민국 공익광고제 장려상 〈당신에게는 어떤 글자가 보이십니까〉 편)

1. '교정'이라는 단어의 중의성을 활용하여 언어도 치아처럼 교정의 대상이 될 수 있음을 보여 주고 있다.
   언어 교정(校訂): 글자나 글귀를 검토하여 바르게 정하는 일, 치아 교정(矯正): 어긋난 뼈를 본디로 돌리는 일
2. (가)에서는 잘못된 네티켓과 언어 사용을 바로잡아야 한다고 말하고 있는데, 그 말을 보고 노력해야 할 대상은 바로 광고 포스터를 보고 있는 자신이다. 외부의 힘을 빌려 잘못된 언어 습관을 고쳐야 한다는 내용은 찾기 어렵다.
3. (나)는 가정 폭력 피해 아동에 대한 관심과 지원을 이야기하는 공익 광고 포스터로, 가정 폭력 가해자를 이해하는 데 필요한 자료는 보충 자료로 적절하지 않다.

정답 1. ② / 2. ① / 3. ②

기출 핵심개념

01. 시각 자료를 통한 내용 생성

  최근 창안 영역의 문항 유형이 바뀌면서 특별히 알아야 할 이론적 용어가 없어졌다. '시각 자료를 통한 내용 생성' 유형을 풀 때는 2개 이상의 그림 사이의 관련성을 잘 파악하여 공통적으로 이끌어 낼 수 있는 논지가 무엇인지 파악할 수 있는 감각이 중요하다. 그림만 제시되던 예전과는 달리 바뀐 유형에서는 그림과 관련된 글이 함께 제시되므로, 자의적으로 해석하지 말고 글을 통해 그림을 해석해야 한다.

❖ **세부 유형별 발문**

세부 유형 구분	발문
이끌어 낼 수 있는 논지(주제) 찾기	• 그림 (가)와 (나)를 모두 활용하여 이끌어 낼 수 있는 논지로 가장 적절한 것은? • 그림 (가)와 (나)를 동시에 활용하여 이끌어 낼 수 있는 교훈으로 가장 적절한 것은?
다음 그림 예측하기	그림 (가), (나), (다)가 동일한 주제를 나타낸다고 할 때, (다)의 빈칸에 들어갈 그림으로 적절하지 <u>않은</u> 것은?
표를 보고 내용(표현, 상황, 핵심, 주제 등) 판단하기	그림 (가)와 (나)를 바탕으로 다음과 같이 분석할 때 적절하지 <u>않은</u> 것은?
특정 상황과 관련지어 설명하거나 사례 들기	• ~에 착안하여 어떤 문제의 해결 방법을 떠올리려고 할 때, 해결 방법이 유사한 사례로 가장 적절한 것은? • A와 B의 관계와 유사한 것으로 가장 적절한 것은?
한자 성어 및 속담 찾기	그림 (가)와 (나)의 관계에 빗대어 표현할 수 있는 속담의 짝이 <u>아닌</u> 것은?

  위의 세부 유형 중 일부는 '02. 조건에 따른 내용 생성'에서도 동일하게 적용되어 출제된다. 다만, '시각 자료를 통한 내용 생성'은 2개 이상의 그림이 제시되고, 문제에서도 이 그림에 대하여 중점적으로 묻는 문제가 출제된다.

개념 적용문제

01. 시각 자료를 통한 내용 생성

[1~3] 다음 그림 (가)와 (나)를 보고 물음에 답하시오.

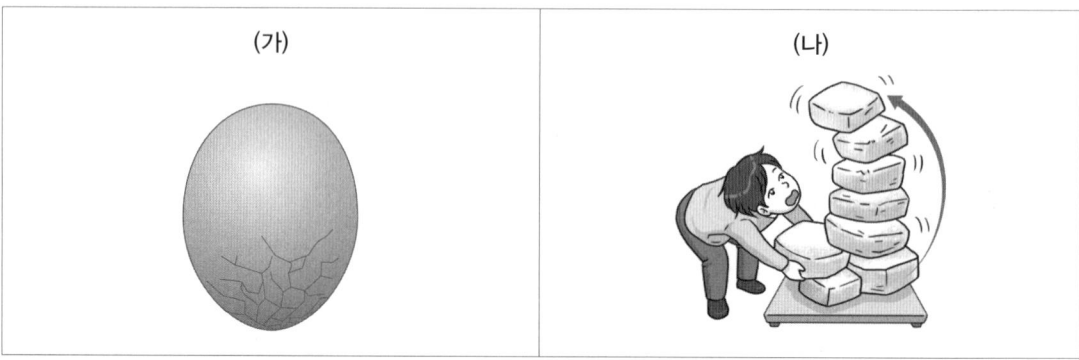

1 그림 (가)를 활용하여 다음 <보기>의 상황을 비판할 수 있는 논리로 가장 적절한 것은?

> **보기**
> 일부 지역 수돗물에서 붉은 물이 나오는 상황이 자주 접수되어 정수장의 시스템을 점검한 결과 큰 이상이 없어, 구청에서는 각 아파트의 물탱크를 청소하도록 지시하였다. 물탱크를 청소하자 얼마간은 붉은 물이 나오지 않았지만 곧 다시 붉은 물이 나오는 지역이 늘어났다. 이에 다시 종합적으로 검사한 결과 정수장 시스템이나 정수장 물에는 이상이 없었지만, 정수장에서 각 지역으로 연결된 배관이 노후되어 배관에서 발생한 녹물이 나온 것이었다.

① 노후된 배관을 모두 교체하더라도 정수장 시스템 자체에 문제가 생겨 붉은 물이 나올 수 있다는 문제를 예측하지 못한 것이다.
② 하루 종일 물을 정수하며 시스템을 관리하는 사람들도 이런 일에 대처하지 못한 것을 보니 기존의 정수 방법에 한계가 있는 것이다.
③ 다시 종합적으로 검사한 결과, 붉은 물의 원인이 노후한 배관임을 알게 된 것처럼 때로는 상황을 새롭게 인식해야 문제를 해결할 수 있다.
④ 정수된 물이 녹슨 배관을 거치며 오염되는 문제를 아파트 물탱크 청소로 해결하려 했던 것은 당장 쉽게 해결할 수 있는 문제에만 집중한 결과이다.
⑤ 수돗물에서 붉은 물이 나올 때부터 시간이 들더라도 종합적인 검사를 했어야 했는데 겉으로 드러난 상황만 빨리 해결하고자 했기 때문에 문제가 커진 것이다.

문제풀이 ▶ 제56회 KBS한국어능력시험 문제를 변형하여 재출제한 것이다.
(가)는 인식의 전환을 나타내는 콜럼버스 달걀 이야기를 표현한 그림이다. 따라서 수돗물에서 붉은 물이 나오는 문제를 해결할 때에 상황을 새롭게 인식하는 것의 중요성에 대해 언급한 것이 정답이다.

정답 ③

2 (가)와 (나)를 분석한 표의 내용으로 적절하지 않은 것은?

	(가)	(나)
핵심	① 오랫동안 그렇다고 믿어 왔던 것을 과감하게 깨는 것이 중요하다.	② 하석상대(下石上臺)는 본질적인 해결책이 아니다.
주제	③ 관행을 성실하게 익혀서 앞으로에 대비하자.	④ 문제의 본질을 파악하고 해결책을 찾자.
표현	콜럼버스와 달걀 이야기를 시각적으로 표현함.	⑤ 고식지계(姑息之計)의 교훈이 담긴 이야기를 그림으로 표현함.

문제풀이 ▶ 제56회 KBS한국어능력시험 문제를 변형하여 재출제한 것이다.
지금까지의 것을 열심히 반복한다고 하여 문제가 해결되지 않으며, 발상을 전환하는 것이 문제 해결에 도움이 된다는 것이 (가)의 주제이다.

정답 ③

3 (나)에 대한 설명으로 가장 적절한 것은?

① 자기 능력에 맞는 일을 선택해야 한다.
② 정보를 쌓아서 문제 상황을 해결해야 한다.
③ 눈앞의 과제만 해결하려다가는 문제를 더 키운다.
④ 위태로운 상황을 모면하기 위해서는 행동이 민첩해야 한다.
⑤ 무거운 책임을 지기 위해서는 드러난 것부터 면밀하게 관찰해야 한다.

문제풀이 ▶ 제56회 KBS한국어능력시험 문제를 변형하여 재출제한 것이다.
하석상대(下石上臺)를 그림으로 표현한 것으로, 임시방편으로 일을 해결하다가는 전체를 망가뜨릴 수 있음을 뜻한다.

정답 ③

문제를 더 풀고 싶다면 [기출동형 문제]편 바로가기 ☞ p.84

02 조건에 따른 내용 생성

기출유형 ❶ 유비하기(1) 논지, 주장, 조건

[1~4] '활을 만드는 기술'과 '인간 사회'를 유비(類比)하고자 한다. 다음 글을 읽고 물음에 답하시오.

복원력이란 탄성이 있는 물체가 힘을 받아 휘어졌을 때 원래대로 돌아오는 힘으로, 물체의 재질과 변형 정도에 따라 힘의 크기가 다르다. 활은 이러한 복원력을 이용한 무기이다.
㉠활의 시위를 당기면 당긴 거리만큼의 복원력이 발생한다. 복원력은 물리학적인 에너지의 전환 과정이기도 하다. 사람이 시위를 당기면 당길수록 더 큰 위치 에너지가 발생하게 된다. 이때 시위를 놓으면 화살은 날아가게 된다. 바로 이 과정에서 위치 에너지가 운동 에너지로 전환된다. 즉 시위를 당긴 거리만큼 발생한 위치 에너지가 운동 에너지로 바뀌어 화살을 날아가게 하는 것이다. 한편 복원력은 활대가 휘는 정도와 관련이 있다. 일반적으로 활대가 휘면 휠수록 복원력은 더 커지게 된다.
따라서 좋은 활을 만들기 위해서는 더 큰 위치 에너지를 만들어 낼 수 있는, 탄성이 좋은 활대가 필요하다. ㉡각궁은 동물의 뿔이나 뼈, 힘줄, 탄성 좋은 나무 등 다양한 재료를 조합해서 만든 활이기 때문에 복원력이 뛰어나다. 바로 이러한 특성으로 인해 각궁은 뛰어난 사거리와 관통력을 갖게 되었다. 사회 경제 현상도 마찬가지이다. ㉢

1 윗글의 '복원력'에 빗대어 설명할 수 있는 논리로 가장 적절한 것은?
① 복원력은 사회·경제적 위기로 인해 느끼는 고통에 해당한다.
② 복원력은 사회·경제적 위기로부터 회복하는 능력에 해당한다.
③ 복원력은 사회·경제적 위기 상황을 회피하기 위한 노력에 해당한다.
④ 복원력은 사회·경제적 위기로 인해 발생하는 피해를 막기 위한 예방책에 해당한다.
⑤ 복원력은 사회·경제적 위기를 발생시키는 외부 요인을 제거하기 위한 방안에 해당한다.

2 ㉠을 '갈등이 발생한 상황'이라고 착안했을 때, '물리학적 에너지의 전환 과정'에 빗대어 설명할 수 있는 논지로 가장 적절한 것은?
① 갈등 상황이 사회 구성원들에게 활력을 불어넣을 수 있음을 주장한다.
② 갈등을 초래하는 외부적 요인이 위기 자체보다 더 위험함을 주장한다.
③ 갈등 상황은 구성원들 간의 연대감을 확인하게 해 주는 계기가 됨을 주장한다.
④ 갈등을 무조건 회피하기보다 갈등의 근본 원인을 분석할 필요가 있음을 주장한다.
⑤ 어렵지만 풀 수 있는 갈등은 공동체가 건강하게 성장하는 데 도움이 됨을 주장한다.

3 ⓒ을 활용하여 주장할 수 있는 내용으로 가장 적절한 것은?

① 사회 갈등을 줄이려면 다양한 오락거리가 필요하다.
② 갈등 발생 빈도를 낮추기 위한 다양한 복지 정책을 개발해야 한다.
③ 유대감이 강한 사회는 그렇지 못한 사회에 비해 갈등 대처력이 낮다.
④ 다양한 사회 구성원을 포용할 수 있어야 갈등에 유연하게 대처할 수 있다.
⑤ 훌륭한 엘리트들을 많이 키워 내야 예상치 못한 사회 갈등을 해결할 수 있다.

4 〈조건〉을 반영하여 윗글의 ⓒ에 들어갈 내용을 작성할 때 가장 적절한 것은?

| 조건 | • 화살을 국가 경제에, 활대와 활의 시위를 개인과 개인 소득에 빗대어 표현할 것
• 복원력의 특징과 관련지어 설명할 것 |

① 성장 중심 경제 정책은 소득 불평등을 야기할 수 있다.
② 국가 경제 활성화를 위해서는 민간 주도의 경제가 필수적이다.
③ 선제적인 위험 관리를 통해 국가 경제 복원력을 강화해야 한다.
④ 경제 안정을 위해 너무 많은 규제를 가하면 자칫 역효과가 날 수 있다.
⑤ 경제 위기일수록 개인의 탄탄한 경제 기반이 뒷받침되어야 경기가 빠르게 회복될 수 있다.

유형 익히기

한 지문에 문제가 4개나 달려 있지만, 지문의 난도가 높은 것은 아니니 4문제 가운데 '핵심어'를 어떤 것에 비유하고 있는지를 바탕으로 나머지 요소들을 하나씩 유추해 나가면 된다.

문제풀이

1. 지문에서 다룬 활의 작동 원리인 '복원력'을 '위기'라는 인간 사회의 요소에 대응해 보는 것이 문제의 핵심이므로 위기가 있더라도 결국 회복하는 힘에 대해 설명할 수 있다.
2. 활 시위를 당기는 것이 '위기가 발생한 상황'이라면, 멀리 활을 날려 보내기 위해서(목표를 최대한 달성하기 위해서)는 많은 힘(갈등)을 감당할 수밖에 없을 것이다. 따라서 ⑤가 정답이다.
3. 복원력이 뛰어난 활을 만들기 위해 다양한 재료를 조합하듯 회복력이 큰 사회를 만들기 위해서는 생각과 능력이 서로 다른 다양한 구성원들을 포용해야 한다고 주장할 수 있다.
4. 탄성이 좋은 활대가 복원력이 크고 화살을 멀리 날아가게 할 수 있으므로, 개인의 경제 기반(소득)이 탄탄해야 경기가 빠르게 회복될 수 있다는 논지를 이끌어 낼 수 있다.

정답 1. ② / 2. ⑤ / 3. ④ / 4. ⑤

기출유형 ❷ 유비하기(2) 사례·상황 적용, 한자 성어·속담

[1~4] '피드백'을 '인생'에 유비(類比)하고자 한다. 다음 글을 읽고 물음에 답하시오.

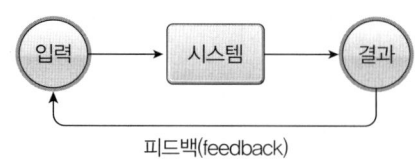

피드백(feedback)이란 ㉠시스템에 입력되어 처리된 결과가 다시 입력에 작용하여 그 결과를 줄이거나 늘리는 자동 조절 원리를 말한다. 피드백은 한 번만 작용하는 것이 아니라, 계속 순환해야 시스템이 일정한 수준을 유지하게 된다.

㉡피드백 순환은 다양한 분야에서 적용할 수 있는 융합적인 개념이다. ㉢점차 오차를 줄이는 방향으로 순환하는 피드백을 음성 피드백 순환이라고 한다. 예를 들어 정부가 정책을 통해 시장 가격을 조절하는 것을 시스템으로 본다면, 정책은 입력에 해당하고 가격의 수준은 출력에 해당한다. 여기서 피드백이란 환율, 유가, 전쟁 등의 상황에 의해 물가가 바뀌면, 정책을 수정하는 과정을 반복하면서 지나치게 높은 가격은 낮추고, 낮은 가격은 끌어올림으로써 실제 물가와 적정 가격과의 오차를 줄여 가는 것이다.

반대로 ㉣양성 피드백 순환은 시스템의 출력이 입력을 증폭하는 방향으로 순환하는 것이다. 마이크를 스피커에 가져가면 엄청난 소음이 발생하는 현상이 대표적이다. 마이크로 인해 소음이 스피커로 증폭되고, 증폭된 소음이 다시 마이크로 들어가 더욱 증폭되는 과정을 반복하면서 결국 스피커 최대 소리까지 증폭되고 마는 것이다.

1 윗글의 ㉠과 연결 지어 설명할 수 있는 말하기의 방법으로 적절하지 <u>않은</u> 것은?

① 청중의 집중도에 따라 목소리의 크기를 조절한다.
② 너무 상이한 피드백은 발표자에게 도움이 되지 않는다.
③ 대중 앞에 여러 번 서 보아야 반복적인 실수를 발견할 수 있다.
④ 화자가 말하는 시간이 너무 길면, 청중들이 중요한 메시지를 놓칠 수 있다.
⑤ 청중의 이해도를 살펴 너무 어려워하는 것 같으면 쉬운 말로 바꿔서 설명하였다.

2 윗글의 ㉡에 해당하는 사례로 가장 적절한 것은?

① 소비자들이 원하는 바를 반영하여 제품을 만들어서 출시한다.
② 개선의 여지가 있다고 생각한 부분에 대해서만 따끔하게 충고한다.
③ 첫인상을 바탕으로 타인을 평가하고 나서, 이후 그것이 맞는지 천천히 검증한다.
④ 2주간 식이 요법을 실시하고, 결과를 바탕으로 식단에서 무엇을 더하고 뺄지 조정한다.
⑤ 상대방과 의견이 너무 다른 부분은 유보하고, 일단 일치하는 부분부터 이야기를 시작한다.

3 윗글에서 설명한 ⓒ과 관련지어 설명할 수 있는 사례로 적절하지 않은 것은?

① 평소 상대가 좋아하는 소재를 기억해 두었다가 대화할 때에 그것에 비유하여 말하는 것
② 기업이 재고가 많으면 생산량을 줄이고, 수요가 많으면 생산량을 늘려 이윤을 추구하는 것
③ 선박의 자동 주행 장치가 물의 저항에 의해 배가 궤도를 벗어날 것 같으면 자동 조정을 통해 원래 가려던 선로로 다시 배를 돌려놓는 것
④ 생물체가 체온이 올라가면 땀 분비를 촉진하여 체온을 낮추고, 체온이 낮아지면 근육을 떨게 하는 신호를 보내 체온을 높임으로써 일정한 체온을 유지하는 것
⑤ 양궁 선수가 바람의 세기와 방향에 따라 활을 쏜 결과가 달라지면, 그 값을 반영하여 활을 조준하는 방법을 바꾸기를 반복하며 10점에 가까운 점수를 쏘려고 하는 것

4 ⓔ과 관련지어 활용할 수 있는 표현으로 가장 적절한 것은?

① 점입가경(漸入佳境)   ② 시종여일(始終如一)   ③ 여리박빙(如履薄氷)
④ 심기일전(心機一轉)   ⑤ 안분지족(安分知足)

유형 익히기

지문에서 설명하고 있는 특정 개념이나 원리 등을 구체적인 사례 또는 상황에 적용하는 유형이다. 말하기 방법과 연결 지었을 때 적절한 설명을 묻거나, 인간 사회·생활과 직접적으로 연관된 상황에 적용하는 문제 유형이 출제된다. 나아가 밑줄 친 부분과 관련지어 활용할 수 있는 한자 성어, 속담, 격언 등을 묻는 문제 유형도 출제되고 있다.

문제풀이

제61회 KBS한국어능력시험 문제를 변형하여 재출제한 것이다.
1. ㉠은 결과를 다시 입력에 작용하게 하여 그 결과에 반영하는 자동 조절 원리를 설명한다. 그런데 '화자가 말하는 시간'과 '청중들이 중요한 메시지를 놓친다'는 순환이 아니라 일방향인 결과이므로 답이 될 수 없다.
  ① 청중의 집중도(결과)를 반영하여 목소리의 크기(결과)를 조절한다.
  ② 너무 상이한 피드백(결과)은 발표자에게 도움(결과)이 되지 않는다.
  ③ 대중 앞에 여러 번 서 보아야(반복된 결과) 반복적인 실수를 발견할 수 있다(입력에 반영).
  ⑤ 청중의 이해도를 살펴 너무 어려워하는 것 같으면(결과) 쉬운 말로 바꿔서 설명하였다(결과).
2. 피드백 순환은 수정하는 과정을 반복하는 것이다. 따라서 식이 요법을 실시한 후 그것을 다시 조정하는 과정에 관련된 내용인 ④가 정답이다.
  ① 소비자의 의견을 반영하는 것이 '피드백'은 맞지만, '순환'과 '반복'의 개념이 들어가 있지 않다.
  ② 효과가 있는 특정한 부분에만 피드백을 주어야 한다는 이야기가 아니다.
  ③ 이미 결론을 내린 것을 확인하는 작업은 피드백으로 볼 수 없다.
  ⑤ 상대의 반응, 즉 어떠한 결과가 생기기 전에 준비하는 과정에 해당하므로 피드백과 관련이 없다.
3. 음성 피드백은 오차를 줄이는 방식으로 순환하는 것으로, ①에서는 '오차'에 해당하는 것을 찾기 어렵다.
4. 양성 피드백은 시스템의 출력이 입력을 증폭하는 방향으로 순환하는 것이다. 아름다운 경치에 이끌려서(출력) 점점 더 들어가고(입력) 그러면 다시 아름다운 경치가 펼쳐지는 과정을 '점입가경(漸入佳境)'으로 설명할 수 있다.
  ② 시종여일(始終如一): 처음부터 끝까지 변함없이 한결같음.
  ③ 여리박빙(如履薄氷): 살얼음을 밟는 것과 같다는 뜻으로, 아슬아슬하고 위험한 일을 비유적으로 이르는 말.
  ④ 심기일전(心機一轉): 어떤 동기가 있어 이제까지 가졌던 마음가짐을 버리고 완전히 달라짐.
  ⑤ 안분지족(安分知足): 편안한 마음으로 제 분수를 지키며 만족할 줄 앎.

정답 1. ④ / 2. ④ / 3. ① / 4. ①

개념 적용문제 — 02. 조건에 따른 내용 생성

[1~3] '구심력과 원심력'을 '인생'에 유비(類比)하고자 한다. 다음 글을 읽고 물음에 답하시오.

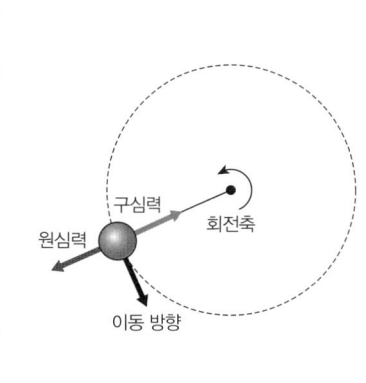

원의 중심 방향으로 작용하여 원운동을 유지하게 만드는 힘을 구심력이라 하고, 원운동을 하고 있는 물체에 작용하여 원운동에서 벗어나려는 가상의 힘을 원심력이라고 한다. 원심력은 구심력과 힘의 크기는 같지만 방향은 반대이기 때문에, ㉠구심력을 크게 하면, 원심력도 함께 커지는 딜레마 상황에 빠지게 된다.

지구는 인공위성을 중력으로 잡아당기고, 인공위성은 지구를 회전하면서 원심력을 얻는다. ㉡지구가 인공위성을 잡아당기는 구심력과 인공위성이 지구에서 벗어나려는 원심력이 균형을 이루면서 지구 주위를 일정한 거리를 두고 회전한다. '육아'도 마찬가지이다.

㉢

1 윗글의 ㉠과 관련지어 설명할 수 있는 상황으로 가장 적절한 것은?

① 체중 감량을 위해서 덜 먹었더니 오히려 식욕이 늘어난 상황
② 한 달 수입을 늘리려고 초과 근무를 했더니 운동량이 줄어든 상황
③ 회사에서 인정받고자 일에 집중했더니 가족과의 시간이 줄어든 상황
④ 재산의 총량을 늘리려고 주식에 투자했더니 현재 잔고가 줄어든 상황
⑤ 건강한 몸을 위해서 지방량을 줄이려고 굶었더니 근육량도 같이 줄어든 상황

문제풀이 ▶ 제62회 KBS한국어능력시험 문제를 변형하여 재출제한 것이다.
'구심력'과 '원심력'이 '딜레마 상황'과 관련이 있다는 것을 이해하고, 이를 다른 상황과 연관 지어 파악해야 한다. 구심력을 늘렸더니 원심력이 함께 늘어난 것은 다른 말로 하면 구심력이 작아지면 원심력도 함께 작아지는 것이 문제가 된다는 것이다. 따라서 건강한 몸을 위하여 지방량을 줄였더니 근육량도 함께 줄어든 것이 문제라는 내용의 ⑤가 정답이다.
①, ②, ③, ④ 전부 하나가 늘어났더니 하나는 작아진다는 점에서 적절하지 않다.

정답 | ⑤

2 윗글에 제시된 '구심력'과 '원심력'을 활용하여 설명할 수 있는 대화의 원리로 가장 적절한 것은?

① 자신의 말을 너무 길게 하거나 대화를 독점해서는 안 된다.
② 주고받는 대화의 목적에 필요한 만큼만 정보를 제공해야 한다.
③ 모호한 표현, 중의성을 피하고 간결하고 조리 있게 말해야 한다.
④ 상대방에게 선택권을 주어서, 상대방으로 하여금 의견을 말하도록 유도해야 한다.
⑤ 대화를 이어 나가기 위해, 연대감과 독립성이라는 두 가지 욕구를 모두 충족해야 한다.

문제풀이 ▶ '구심력'과 '원심력'의 특성을 대화의 원리에 유비하는 문제로, 구심력과 원심력이 적절한 균형을 이루어 거리를 지킨다는 내용을 대화의 원리에 적용해야 한다. 인간에게는 두 가지의 서로 상반된 욕구가 있는데, 그 하나는 다른 사람과 관계를 맺고자 하는 연대감의 욕구이고 또 다른 하나는 누구에게도 자신의 개인적 영역을 침해받고 싶어 하지 않는 독립성의 욕구이다. 의사소통 과정에서 인간은 연대감과 독립성이라는 서로 상반되는 두 가지 욕구 사이에서 균형을 유지하기 위해 '나와 너'의 최적의 거리를 유지할 수 있도록 노력해야 한다. 그러므로 ⑤가 답이다. 참고로 ①~⑤는 모두 고등학교 〈화법과 작문〉에서 대표적으로 언급되는 대화의 원리이며, 같은 선지가 반복적으로 출제되고 있으므로 알아 두도록 한다.
① 균형감과는 관련이 있어 보이지만, 두 가지 요소를 지적한 것이 아니라 한쪽이 조심해야 한다는 내용이다.
②, ③, ④ 균형감과 특별한 관련이 없다.

정답 | ⑤

3 〈조건〉을 반영하여 윗글의 ㉢에 들어갈 내용을 작성할 때 가장 적절한 것은?

| 조건 | • 양육자는 지구에, 아이는 인공위성에 빗대어 표현할 것
• 구심력과 원심력의 특징과 관련지어 설명할 것 |

① 양육자가 원하는 대로만 통제하면 아이는 무기력해진다.
② 양육자는 전적으로 아이의 수준에 맞추어서 설명해야 한다.
③ 양육자의 태도가 일관되어야 아이가 행동의 기준을 알 수 있다.
④ 양육자가 도와주지 않고 기다려야 아이가 스스로 밥을 먹을 수 있다.
⑤ 양육자가 아이를 지켜 주는 만큼 아이도 독립하고자 하는 마음을 기른다.

문제풀이 ▶ 이질적인 두 대상 사이의 유사점을 활용하여 내용을 생성하는 능력을 평가하는 문항이다. '구심력'과 '원심력'의 특성을 '육아'에 적용해야 한다. 따라서 두 힘(양육자의 보호와 아이의 독립성)의 균형을 설명하고 있는 ⑤가 답이다.

정답 | ⑤

개념 적용문제

[4~6] '숲에 내리는 비'를 '인간 사회'에 유비(類比)하고자 한다. 다음 글을 읽고 물음에 답하시오.

나무는 뿌리를 통해 토양의 수분을 흡수하며 자란다. 토양에는 원래 내재된 수분이 있지만 그 양은 나무가 정상적으로 성장하기에 부족하다. ㉠비에 의해 새롭게 공급된 수분이 토양의 수분과 잘 섞일 때, 비로소 수분은 나무가 숲을 이룰 만큼의 충분한 양이 되는 것이다.

그런데 토양에 공급된 비의 질과 양에 따라 숲의 성장 결과가 달라진다. 오염된 비는 약한 나무에는 치명적이며 지속되면 숲 전체가 병에 걸릴 수 있다. 또한 폭우는 토양을 침식할 수도 있다. 한편 ㉡비가 적절하게 오더라도 토양이 딱딱하게 굳어 있으면, 빗물을 잘 흡수하지 못하기도 한다.

4 윗글에서 설명한 '숲에 내리는 비'에 착안하여 '정보의 수용'에 대해 글을 쓰고자 한다. 이끌어 낼 수 있는 내용으로 적절하지 않은 것은?

① 개인은 본인이 접한 정보를 바탕으로 살아간다.
② 그릇된 정보가 유입되면 개인과 사회에 해를 끼칠 수 있다.
③ 새로운 정보가 너무 많이 유입되면 개인 간 갈등이 유발된다.
④ 좋은 정보를 받아들여야 사회가 건강하게 발전해 나갈 수 있다.
⑤ 폐쇄된 사회의 정보량만으로는 개인이 올바로 성장하기 어렵다.

문제풀이 ▶ 비가 많이 내리면 토양을 침식할 수도 있다고 하였는데, 이는 숲 전체에 끼치는 영향이므로 개인 간의 갈등(나무와 나무 사이에 벌어지는 일)과는 거리가 멀다.

정답 ③

5 '토양'을 '사회의 지적 기반'에 착안했을 때, ㉠에 빗대어 설명할 수 있는 논지로 가장 적절한 것은?

① 새로운 정보는 사회의 기존 정보와 합쳐져 유용한 정보가 된다.
② 사회에 부족한 것이 무엇인지 살펴 보완할 점을 받아들여야 한다.
③ 새 지식을 받아들이는 것만큼 잘못된 지식을 없애는 것도 중요하다.
④ 사회적으로 부족한 지식이 무엇인지 살펴 이를 자체적으로 생산해야 한다.
⑤ 지식이 발전할 수 있도록 학생을 교육하는 데에 아낌없이 투자를 해야 한다.

문제풀이 ▶ 비에 의해 새롭게 공급된 수분이 토양의 수분과 잘 섞일 때, 이를 나무가 흡수하여 숲을 이룰 수 있다고 하였다. 이를 통해 새로운 정보와 기존 정보가 합쳐져서 쓸모 있는 정보가 되는 것을 설명할 수 있다.

정답 ①

6 ⓒ을 활용하여 주장할 수 있는 내용으로 가장 적절한 것은?

① 너무 이질적인 지식은 구성원들에게 부담이 되기도 한다.
② 지적으로 경직된 사회에서는 새로운 정보의 수용이 쉽지 않다.
③ 지식이 올바른 경로로 들어올 수 있도록 플랫폼을 마련해야 한다.
④ 감당할 수 있을 만큼의 지식을 받아들이기 위한 안전장치가 필요하다.
⑤ 새로운 지식이 들어왔을 때 그 질(Quality)을 따질 수 있는 토론의 장이 필요하다.

문제풀이 ▶ 비가 적당하게 내리더라도 토양의 상태에 따라 빗물을 잘 흡수하지 못할 수도 있다는 점을 근거로, 아무리 좋은 정보가 있더라도 지적(사상, 문화 등)으로 경직된 사회는 새로운 정보를 수용하기 어려움을 주장할 수 있다.

정답 ②

[7~9] '최소율의 법칙'을 '인간 사회'에 유비(類比)하고자 한다. 다음 글을 읽고 물음에 답하시오.

'비료의 아버지'로 불리는 독일의 식물 학자 리비히는 '최소율의 법칙'을 제시하였다. 이 법칙의 핵심은 ㉠필수 영양소 중 식물의 성장을 좌우하는 것은 넘치는 요소가 아니라 가장 부족한 요소라는 것이다. 가령 탄소, 수소, 질소, 인산, 유황, 칼륨, 칼슘, 마그네슘, 철 중 딱 한 가지가 부족하면 다른 것이 제아무리 많이 들어 있어도 식물은 제대로 자랄 수 없다. 이 법칙은 이른바 '리비히의 물통'에 비유하여 설명하는 경우가 많다. ⓒ나무판자들을 덧대 만든 물통 중 가장 높이가 낮은 판자에 의해 담을 수 있는 물의 양이 결정된다는 것이다.

7 윗글의 ㉠을 활용하여 주장할 수 있는 내용으로 적절하지 <u>않은</u> 것은?

① 개미구멍이 둑을 무너뜨린다.
② 몸에서 가장 약한 부분부터 강화해야 건강을 지킬 수 있다.
③ 총점이 합격권 이상이지만 한 과목이라도 60점 미만이면 불합격 처리한다.
④ 이어달리기를 할 때 가장 느린 선수를 상대편의 가장 빠른 선수와 짝을 지어야 한다.
⑤ 재정 자립도가 높은 지방 정부가 많아도 부채가 많은 지방 정부가 국가 재정 수준을 결정한다.

문제풀이 ▶ 제58회 KBS한국어능력시험 문제를 변형하여 재출제한 것이다.
㉠은 식물의 성장을 좌우하는 것은 가장 부족한 요소라는 '최소율의 법칙'의 핵심을 설명하고 있다. 따라서 '가장 부족한 요소'로 인해 성장이 좌우된다는 내용을 답으로 골라야 한다. ④는 가장 부족한 선수를 전략적으로 상대편의 가장 강한 선수와 붙여야 한다는 내용이므로 ㉠의 내용과 관련이 없다.

정답 ④

개념 적용문제

8 윗글의 ⓒ을 '국가 대표 팀의 수준'이라고 착안했을 때 '최소율의 법칙'에 빗대어 주장할 수 있는 논리로 가장 적절한 것은?

① 국가 대표 팀의 수준은 실력이 가장 낮은 선수로 알 수 있다.
② 실력이 낮은 선수는 실력이 높은 선수에게 기술을 배워야 한다.
③ 국가 대표 팀의 수준은 개별 선수의 평균 실력과 큰 관련이 없다.
④ 실력이 낮은 선수는 실력이 비슷한 선수와 함께 훈련하게 해야 한다.
⑤ 팀 전체 협력을 위해 다양한 실력의 선수가 서로 상호 작용을 해야 한다.

문제풀이 ▶ 제58회 KBS한국어능력시험 문제를 변형하여 재출제한 것이다.
전체에 해당하는 '국가 대표 팀의 수준'이 결국 가장 높이가 낮은 판자, 즉 '실력이 가장 낮은 선수'에 의해 판단됨을 이야기하고 있다.

정답 ①

9 〈조건〉을 반영하여 공익 광고 문구를 창안할 때 가장 적절한 것은?

| 조건 | '조직의 개선'이 필요한 상황에서 발휘할 수 있는 지혜를 '최소율의 법칙'에 빗대어 표현할 것 |

① 조직의 성과는 리더의 목표로 결정됩니다.
② 적절한 제재가 조직의 안정성을 보장합니다.
③ 성과를 내기 위해서는 조직을 재편해야 합니다.
④ 능력 있는 사람에게 충분히 보상해야 분위기가 좋아집니다.
⑤ 적응하지 못한 구성원을 평균 수준으로 끌어올려야 조직이 성장합니다.

문제풀이 ▶ 제58회 KBS한국어능력시험 문제를 변형하여 재출제한 것이다.
전체에 해당하는 '조직'의 수준을 끌어올리기 위하여 다른 무엇보다 가장 적응하지 못한 구성원부터 고려해야 함을 이야기하고 있다.

정답 ⑤

문제를 더 풀고 싶다면 [**기출동형 문제**]편 바로가기 ☞ p.89

에듀윌이
너를
지지할게

ENERGY

내를 건너서 숲으로
고개를 넘어서 마을로

어제도 가고 오늘도 갈
나의 길 새로운 길

– 윤동주, '새로운 길'

PART V

읽기

01 문학 – 현대시/현대소설
02 학술문 – 인문/예술/과학/사회
03 실용문

읽기 30%

📝 최근 13개년 기출 전 문항 분석 결과

영역	출제 유형		출제 문항 수
[61~90] **읽기**	현대시	시에 내포된 의미	2~3
		표현상의 특징 및 효과	
		화자의 심리 상태	
		시어의 의미와 역할	
	현대소설	서술상의 특징 및 효과	2~3
		작품의 이해와 감상	
		추론적 이해	
		비판적 이해	
	학술문	사실적 이해	7~10
		추론적 이해	
	실용문	사실적 이해	10~19
		추론적 이해	
		비판적 이해	

- ☑ 현대시, 현대소설은 대개 어려울 것으로 생각하나, 정답률이 70~90%일 정도로 쉽다. 출제 비중도 적으므로, 문학 이론 및 작품 공부에 시간을 많이 할애할 필요가 없다. 특히 현대소설은 정답률이 80~90%에 이른다.
- ☑ 학술문은 정답률 50% 내외의 문제가 1문항일 정도로 정답률이 높다.
- ☑ 실용문에서는 자료, 보도 자료 문제의 정답률이 낮은 편이다.
- ☑ 출제 비중은 '실용문 〉 학술문 〉 문학' 순으로 높은 편이다.

최신 6회분 기출 분석 [61~90] 읽기

문항 번호	A회 유형/분류	A회 지문	B회 유형/분류	B회 지문	C회 유형/분류	C회 지문
61	표현상의 특징 및 효과	오장환, 〈성탄제〉	표현상의 특징 및 효과	진은영, 〈그 머나먼〉	표현상의 특징 및 효과	이육사, 〈노정기〉
62	시어의 의미와 역할		시어와 구절의 의미		시어의 의미와 역할	
63	서술상의 특징 및 효과	윤대녕, 〈그를 만나는 깊은 봄날 저녁〉	작품의 이해와 감상	이문구, 〈장곡리 고욤나무〉	서술상의 특징 및 효과	황정은, 〈초코맨의 사회〉
64	작품의 이해와 감상		추론적 이해		추론적 이해	
65	작품의 이해와 감상		작품의 이해와 감상		비판적 이해	
66	사실적 이해-정보 확인	인문-문지영, 〈자유〉	사실적 이해-정보 확인	사회-김민철, 〈프랑스 혁명에 대한 결산으로서의 19세기 정치사상〉	사실적 이해-정보 확인	사회-데니스 뇌르마르크 외, 〈가짜노동〉
67	추론적 이해-의미 추론		추론적 이해-생략된 내용 추리		추론적 이해-생략된 내용 추리	
68	비판적 이해		비판적 이해		비판적 이해	
69	사실적 이해-정보 확인	사회-권재문, 〈민법강의: 친족상속법〉	사실적 이해-정보 확인	사회-〈공문서의 종류와 법적 효력〉	사실적 이해-정보 확인	사회-정종휴, 〈역사 속의 민법〉
70	사실적 이해-정보 확인		추론적 이해		추론적 이해	
71	추론적 이해-의미 추론		추론적 이해		추론적 이해	
72	사실적 이해-정보 확인		비판적 이해		비판적 이해	
73	사실적 이해-정보 확인	과학-〈융합과학으로 이어주는 대학 물리학 제 2판〉	사실적 이해-정보 확인	과학-〈Chemical Engineering Journal〉	사실적 이해-정보 확인	과학-〈Influence of Weber Number on Crown Morphology during an Oblique Droplet Impact on a Thin Walll Film〉
74	추론적 이해		추론적 이해		추론적 이해	
75	비판적 이해		비판적 이해		비판적 이해	

읽기 학습 전략

KBS한국어능력시험의 읽기 영역 중 문학의 경우 출제되는 작품은 인지도가 높은 작가의, 다소 인지도가 낮은 작품으로 출제되어 작품에 대한 배경지식만으로는 문항을 풀 수 없도록 하는 경향이 있다. 문학의 여러 영역에 걸쳐 텍스트의 정보 확인하기, 텍스트를 바탕으로 내용 추론하기, 적절한 표현이나 어휘 택하기 등의 문항이 출제되나, 난도는 낮다.

학술문의 경우 인문 / 예술 / 과학 / 사회 영역에서 다양한 내용의 텍스트가 출제되고 있는데 수능의 국어 독서 영역과 문항의 형태는 유사하나, 텍스트의 내용이 좀 더 깊이 있고 난도가 높은 편이다. 각 장르별로 출제되는 문항의 유형이 고정되어 있으나, 텍스트의 주제가 매 회마다 달라지고 글의 길이도 만만치 않기 때문에 텍스트를 빠르게 분석하는 능력이 요구된다.

문항번호	A회 유형/분류	A회 지문	B회 유형/분류	B회 지문	C회 유형/분류	C회 지문
76	사실적 이해-정보 확인	과학-M.Castellanos, A.Somoza, 〈Emerging Clinically Tested Detection Methods for Covid-19〉	사실적 이해-정보 확인	과학-이일수, 〈첨단기술의 기초〉	사실적 이해-정보 확인	과학-이일수, 〈첨단기술의 기초〉
77	추론적 이해		추론적 이해		추론적 이해	
78	비판적 이해		비판적 이해		비판적 이해	
79	사실적 이해-문제의식	과학- 피터케이브, 〈로봇이 인간이 될 수 있을까?〉	사실적 이해-정보 확인	인문-최훈, 〈1페이지 철학〉	사실적 이해-정보 확인	예술-데이비드 잉글리스 외, 〈예술사회학〉
80	추론적 이해		추론적 이해		추론적 이해	
81	추론적 이해		사실적 이해		추론적 이해	
82	비판적 이해		비판적 이해		비판적 이해	
83	사실적 이해-정보 확인	실용문-안내	사실적 이해-정보 확인	실용문-안내	사실적 이해-정보 확인	실용문-안내
84	추론적 이해		추론적 이해		추론적 이해	
85	사실적 이해-정보제시전략	실용문-보도자료	사실적 이해-정보 제시 전략	실용문-보도자료	사실적 이해-정보 제시 전략	실용문-보도자료
86	비판적 이해-반응 및 수용		비판적 이해-반응 및 수용		비판적 이해-반응 및 수용	
87	추론적 이해		추론적 이해		추론적 이해	
88	사실적 이해-정보 확인	실용문-공문	사실적 이해-정보 확인	실용문-공문	사실적 이해-정보 확인	실용문-공문
89	비판적 이해-반응 및 수용		비판적 이해-반응 및 수용		비판적 이해	
90	추론적 이해		추론적 이해		추론적 이해	

수험생이 묻고, 전문가가 답하다

Q 문학 작품을 미리 다 읽어 봐야 하나요?
출제되는 다른 학술문이나 실용문 등의 글은 도대체 어디에서 나오는 건가요?

A 문학 작품 영역에서 역사적인 배경을 바탕으로 해석해야 하는 작품이나 과도한 수사법이 사용된 작품이 출제되지 않으므로, 배경지식 없이도 풀 수 있습니다. 학술문이나 실용문 등은 출제의 큰 주제 영역인 인문, 예술, 과학, 사회 등의 분야에서 다양한 작가의 글이 출제되므로, 글의 전개 방식과 중심 내용을 먼저 파악하는 것이 중요합니다.

최신 6회분 기출 분석 [61~90] 읽기

문항번호	D회 유형/분류	D회 자료/개념	E회 유형/분류	E회 자료/개념	F회 유형/분류	F회 자료/개념
61	표현상의 특징 및 효과	백석, 〈나와 나타샤와 흰 당나귀〉	표현상의 특징 및 효과	장석남, 〈배를 밀며〉	표현상의 특징 및 효과	손택수, 〈귀의 가난〉
62	시어의 의미와 역할		시어와 구절의 의미		시어의 의미와 역할	
63	서술상의 특징 및 효과	김금희, 〈너무 한낮의 연애〉	서술상의 특징 및 효과	김애란, 〈도도한 생활〉	서술상의 특징 및 효과	김혜진, 〈9번의 일〉
64	작품의 이해와 감상		추론적 이해		추론적 이해	
65	작품의 이해와 감상		비판적 이해		비판적 이해	
66	사실적 이해-정보 확인	인문-백종현, 〈철학의 주요개념〉	사실적 이해-정보 확인	예술-임효성, 〈인공지능을 활용한 음악창작과 저작물성〉	사실적 이해-정보 확인	예술-최연희·정준영, 〈문화비평과 미학〉
67	추론적 이해-의미 추론		추론적 이해-필자의 입장		추론적 이해-생략된 내용 추리	
68	비판적 이해		비판적 이해		비판적 이해	
69	사실적 이해-정보 확인	사회-〈포스트모더니즘의 이해: 모더니즘과의 관계 및 주요 특징〉	사실적 이해-설명 방식	사회-〈법전의 체계와 의미〉	사실적 이해-정보 확인	사회-〈재판 방식의 변천: 신판(神判)과 배심제〉
70	사실적 이해-정보 확인		추론적 이해		추론적 이해	
71	추론적 이해-의미 추론		추론적 이해-생략된 내용 추리		추론적 이해	
72	추론적 이해-생략된 내용 추리		비판적 이해		비판적 이해	
73	사실적 이해-정보 확인	과학-P. Atkins 외, 〈앳킨슨의 물리화학 제12판〉	사실적 이해-정보 확인	과학-E.BRUCE GOLDSTEIN, 〈감각과 지각〉	사실적 이해-설명방식	과학-〈라그랑주점〉, 〈Origin of the Moon in a Giant Impact Near the End of the Earth's Formation〉
74	추론적 이해		추론적 이해		추론적 이해	
75	비판적 이해		비판적 이해		비판적 이해	

문항번호	D회 유형/분류	D회 자료/개념	E회 유형/분류	E회 자료/개념	F회 유형/분류	F회 자료/개념
76	사실적 이해－정보 확인	과학－Raymond외, 〈최신 대학 물리학〉	사실적 이해－정보 확인	과학－〈한옥 구조의 이해〉	사실적 이해－정보 확인	과학－〈맥머리의 유기화학〉
77	추론적 이해		추론적 이해		추론적 이해	
78	비판적 이해		비판적 이해		비판적 이해	
79	사실적 이해－정보 확인	인문－최훈, 〈라플라스의 악마, 철학을 묻는다〉	사실적 이해－내용전개방식	인문－마리타 스터르큰·리사 카트라이트, 〈영상문화의 이해〉	사실적 이해－보 확인	인문－최훈, 〈1페이지 철학〉
80	추론적 이해		추론적 이해		추론적 이해	
81	추론적 이해		추론적 이해		추론적 이해	
82	비판적 이해		비판적 이해		비판적 이해	
83	사실적 이해－정보 확인	실용문－안내	사실적 이해－정보 확인	실용문－안내	사실적 이해－정보 확인	실용문－안내
84	추론적 이해		추론적 이해		추론적 이해	
85	사실적 이해	실용문－보도자료	사실적 이해	실용문－보도자료	사실적 이해－정보 제시 전략	실용문－보도자료
86	비판적 이해－반응 및 수용		비판적 이해－반응 및 수용		비판적 이해－반응 및 수용	
87	추론적 이해		추론적 이해		추론적 이해	
88	사실적 이해－정보 확인	실용문－공문	사실적 이해－정보 확인	실용문－공문	사실적 이해－정보 확인	실용문－공문
89	비판적 이해－반응 및 수용		비판적 이해－반응 및 수용		비판적 이해－반응 및 수용	
90	추론적 이해		추론적 이해		추론적 이해	

01 문학 – 현대시/현대소설

기출유형 ❶ 현대시 – 시에 대한 종합적 이해

[1~2] 다음 시를 읽고 물음에 답하시오.

㉠징이 울린다. 막이 내렸다.
오동나무에 전등이 매어 달린 가설무대
구경꾼이 돌아가고 난 텅 빈 운동장
우리는 분이 얼룩진 얼굴로
학교 앞 소줏집에 몰려 술을 마신다.
㉡답답하고 고달프게 사는 것이 원통하다.
꽹과리를 앞장세워 장거리로 나서면
㉢따라붙어 악을 쓰는 건 쪼무래기들뿐
처녀 애들은 기름집 담벽에 붙어 서서
철없이 킬킬대는구나.
보름달은 밝아 어떤 녀석은
꺽정이처럼 울부짖고 또 어떤 녀석은
서림이처럼 해해대지만 이까짓
㉣산 구석에 처박혀 발버둥 친들 무엇하랴.
비룟값도 안 나오는 농사 따위야
아예 여편네에게나 맡겨 두고
㉤쇠전을 거쳐 도수장 앞에 와 돌 때
우리는 점점 신명이 난다.
한 다리를 들고 날라리를 불거나.
고갯짓을 하고 어깨를 흔들거나.

– 신경림, 〈농무(農舞)〉

1 위 시의 표현상 특징으로 가장 적절한 것은?

① 역설적인 상황을 통해 현실의 모습을 비판하고 있다.
② 역순행적 구성을 통해 사건의 인과 관계를 드러내고 있다.
③ 구체적인 이미지를 지닌 사물로부터 깨달음을 이끌어 내고 있다.
④ 영탄적인 어조를 사용하여 시적 대상의 긍정적인 면을 예찬하고 있다.
⑤ 계절을 나타내는 소재들을 제시하며 애상적인 분위기를 형성하고 있다.

공부한 날   월   일

2 ㉠~㉤에 대한 설명으로 적절하지 <u>않은</u> 것은?

① ㉠: 농민들의 슬픔으로 쓸쓸한 하강의 분위기로 시가 시작되었다.
② ㉡: 농민들이 현실을 어떻게 인식하고 있는지 직설적으로 표현하였다.
③ ㉢: 초라한 농무의 모습과 농무에 무관심한 이들의 모습을 그려내었다.
④ ㉣: 바뀌지 않는 현실에 대해 체념하는 정서를 반어법으로 제시하였다.
⑤ ㉤: 농민들의 분노가 고조된 상황과 그것을 상징하는 공간을 느낄 수 있다.

유형 익히기

시를 종합적으로 이해하는 능력을 평가하는 유형이다. 화자의 심리 변화, 시상의 전개 방식 등 시의 표현상 특징을 묻는 문항이 자주 출제되고 있다. 현대시 영역에서는 이 유형 외에도 시적 화자에 대한 설명으로 적절한 것을 찾는 능력을 평가하는 유형, 시어의 의미를 올바르게 이해하는 능력을 평가하는 유형 등이 출제된다. 낯설지만 어렵지 않은 수준의 현대시가 출제되어 어렵지 않게 정답을 고를 수 있다. 주제나 중심 내용을 묻는 경우가 많지 않으므로, 낯선 주제와 낯선 내용의 시라고 해도 표현 기법에 주목하여 문제를 풀어 나가면 된다.

문제풀이

1. 농민의 좌절감과 울분을 '신명이 난다'는 역설적 상황으로 표현하고 있다.
   ② 시간의 흐름이 역순행하는 구성이 시에서 드러나지 않았다.
   ③ 구체적인 이미지를 지닌 사물로부터 깨달음을 얻는 내용이 제시되지 않았다.
   ④ 감탄사 등의 영탄적 어조가 나타나지 않았으며, 대상의 긍정적 면에 대한 예찬도 나타나 있지 않다.
   ⑤ 계절을 나타내는 소재들이 제시되지 않았다.
2. ㉣은 누구나 다 아는 사실을 의문 형식으로 제시하여 독자가 스스로 결론을 내리게 하는 표현법인 설의법을 사용하였다.

정답 | 1. ① / 2. ④

기출유형 ❷ 현대소설 – 작품의 서술상 특징 파악

다음 글의 서술상 특징으로 가장 적절한 것은?

[앞부분 줄거리] 주 대위, 김 일등병, 현 중위 이 세 사람은 전쟁 중에 낙오하여 인적이 없는 깊은 산속에서 며칠째 헤매고 있다. 주 대위는 허벅다리에 관통상을 입고 있어, 다른 두 사람이 교대로 업고 무작정 남으로 향하고 있다. 현 중위는 무언(無言) 중에 주 대위에게 스스로 알아서 자살하여 다른 사람의 짐을 덜어 달라고 압박하지만 주 대위는 이를 모른 체한다. 저녁때, 현 중위는 혼자 떠나고 김 일등병이 주 대위를 업고 길을 떠난다. 그러나 김 일등병은 혼자 업고 걷는 길이라 거의 앞으로 나아가지 못한다.

그는 문득 누구에게랄 것 없이 한번 대들어 따지고 싶은 심정이었다.

그러나 지금 그를 둘러싸고 있는 것은 한없이 두꺼운 어둠뿐이었다.

이윽고 그도 잠 속에 빠져들어 가고 말았다.

날이 밝자 또 걸었다. 어제보다도 쉬는 도수가 잦아 갔다.

김 일등병도 군복 바지와 군화마저 벗어 버렸다. 맨발로 산길을 걷기가 힘들다는 걸 모르는 바 아니었다. 하지만 우선 신발이 천근만근 무겁게 여겨져 견딜 수가 없는 것이었다.

여기저기 발바닥이 터져 피가 내배었다. 그렇다고 돌부리 아닌 고운 땅만 골라 밟을 수만도 없었다.

한결같이 눈에 뵈는 것은 인가 아닌 산봉우리와 계곡의 움직임 없는 굴곡뿐이요, 귀에는 그처럼 갈망하고 있는 아군의 폿소리 대신 한없이 먼 데까지 펴져 나간 고즈넉함과 김 일등병의 몰아쉬는 거친 숨소리뿐이었다.

그래도 주 대위는 온 신경을 귀로 모으고 있었다. 어떤 색다른 소리나마 놓치지 않으려는 것이다.

한번은 주 대위가 저리 가 물을 마시고 가자고 했다. 김 일등병은 어디 물이 있는가 싶었다. 그러나 주 대위가 말하는 데로 가 보니, 바위틈에서 샘물이 흐르고 있었다.

하루 종일 걸은 것이 겨우 십 리 길도 못 되었다. 그동안 두 사람은 산개구리 몇 마리를 잡아 날로 먹었을 뿐이었다.

김 일등병의 무릎은 굽어지고 허리는 앞으로 숙여져 거의 기는 시늉이었다.

주 대위는 김 일등병의 허리가 앞으로 숙여지는 각도에 따라 그만큼 자기의 생에 대한 희망도 꺾여 들어감을 느껴야만 했다.

저녁때쯤 어느 능선을 돌아가노라니까 앞에서 까마귀 한 마리가 펄럭하고 날아올랐다. 깎은 듯한 낭떠러지가 가로놓여 있는 것이었다.

발길을 돌리며 김 일등병은 무심코 아래를 내려다보았다. 거기에 까마귀 두세 마리가 앉아 무엇인가 열심히 쪼고 있었다.

사람의 시체였다. 그리고 첫눈에 그것은 현 중위의 시체라는 걸 알 수 있었다. 어제저녁 두 사람을 버리고 떠났을 때와 똑같이 위는 셔츠 바람이요, 아래는 군복 바지에 군화를 신고 있었다.

까마귀란 놈이 시체 얼굴에 붙어서 무엇인가 쪼고 있는 것이었다. 그러다가 이쪽을 보고는 날아갈 기미를 보이다가도 그저 까욱까욱 몇 번 울 뿐, 다시 쪼기를 계속하는 것이었다.

시체 얼굴에는 이미 눈알은 없어져 떼꾼하니 검은 구멍이 나 있었다.

– 황순원, 〈너와 나만의 시간〉

① 반어와 희화화 수법을 통해 인물들을 풍자하고 있다.
② 간결한 문체를 사용하여 전체적인 인상을 단적으로 부각시키고 있다.
③ 구체적인 사건은 드러나지 않으며 인물의 내면 의식 탐구에 주력하고 있다.
④ 주로 대화를 통해 사건이 전개되며, 상징을 사용하여 함축적 의미를 강조하였다.
⑤ 장면의 빠른 전환으로 인물 간의 극적 긴장감을 형성하고 상황에 현장감을 더하고 있다.

유형 익히기

작품에 나타난 서술상 특징을 파악할 수 있는지를 평가하는 문항이다. 여러 형태의 유사한 발문으로 제시되는데, 선지의 내용은 '서술상 특징이 어떠한가?'와 관련된 것들이다. 소설의 어조, 소재의 활용, 인물의 묘사 방법, 인물의 태도 등을 파악해야 한다. 서술 방식을 묻는 문항이 가장 대표적으로 출제되며, 소설의 일부 내용에 대해 묻는 문항이나 적절한 어휘 및 표현을 찾는 문항 등이 출제되고 있다. '현대시' 영역과 마찬가지로 표현의 기법에 집중하는 것이 중요하다.

문제풀이

이 작품은 우화적인 삽화(挿話)를 통해 전쟁의 비극을 상징적으로 표현하며, 극한적 상황 속에서 인물들이 겪는 사건을 통해 삶의 단면을 제시하고 있다. 특히 간결하고 절제미 있는 문체로 감각적인 인상을 제시하고 있다.
① 반어와 희화화가 사용되지 않았다.
③ 인물의 내면 의식 탐구보다는 상황에 대한 간결한 전달에 주력하고 있다.
④ 대화는 거의 사용되지 않았다.
⑤ 현재 사건이 일어나고 있는 곳과 인물이 머무른 곳에 따라서 장면이 멈춰 있으므로 장면이 빠르게 전환된다고 볼 수 없다.

정답 | ②

기출 핵심개념

01. 문학-현대시/현대소설

❖ 현대시

1. 기출 현대시 작품 목록

회차	작가 명	작품 명
15회	이문재	마흔 살
16회	정지용	백록담
	신석정	지리산
17회	고정희	지리산의 봄
18회	김영랑	오월
	조창환	피보다 붉은 오후
19회	염창권	거미줄
20회	정호승	사랑
21회	이문재	푸른 곰팡이
22회	이호우	달밤
	유치환	귀고(歸故)
23회	천양희	마음의 달
24회	곽재구	구두 한 켤레의 시
25회	박재삼	추억에서
26회	김종길	바다에서
27회	문정희	성에꽃
28회	김기택	다리 저는 사람
29회	하종오	동승(同乘)
30회	최영미	선운사에서
31회	유치환	행복
32회	김선우	단단한 고요
33회	문정희	찬밥
34회	박재삼	울음이 타는 가을 강
35회	정호승	맹인 부부 가수
36회	김수영	눈
37회	김광규	대장간의 유혹
38회	서정주	춘향유문-춘향의 말 3
39회	고은	선제리 아낙네들
40회	김기림	유리창
41회	문정희	한계령을 위한 연가
42회	서정주	견우의 노래
43회	이육사	광야
44회	김춘수	꽃
45회	박재삼	흥부 부부상
46회	복효근	잔디에게 덜 미안한 날
47회	김춘수	강우
48회	이장욱	절규
49회	유안진	춘천은 가을도 봄이지
50회	백석	수라

① 주로 자연, 계절, 추억 등을 소재로 한 작품들이 출제되었다.

② 현대소설에 비해 문항의 난도가 낮으며 작가의 대표작보다는 인지도가 낮은 시가 출제되는 경향을 보인다.

③ 유치환의 작품이 4번, 이문재의 작품이 2번 출제되었으며 기존에 출제된 다른 작가의 작품이 출제될 가능성이 높다.

④ 2015년 시험에서 출제된 작품의 작가는 모두 기존에 출제되었던 작가들이었다. 기존에 출제된 작가의 다른 작품이 출제될 가능성은 여전히 높다.

51회	이수익	결빙의 아버지
52회	기형도	질투는 나의 힘
53회	백석	수라
54회	유치환	깃발
55회	이육사	광야
56회	김선우	감자 먹는 사람들
57회	정지용	고향
58회	김광균	노신(魯迅)
59회	함민복	긍정적인 밥
60회	최승호	북어
61회	이상	거울
62회	함민복	눈물은 왜 짠가
63회	김수영	폭포
64회	김광섭	저녁에
65회	김춘수	강우
66회	문태준	평상이 있는 국숫집
67회	윤동주	아우의 인상화
68회	김기림	연륜
69회	이수익	결빙의 아버지
70회	유하	자동문 앞에서
71회	최승호	아마존 수족관
72회	신경림	동해바다
73회	강은교	우리가 물이 되어
74회	황지우	겨울-나무로부터 봄-나무에로
75회	박재삼	흥부 부부상
76회	박소란	배가 고파요
77회	손택수	귀의 가난
78회	장석남	배를 밀며
79회	백석	나와 나타샤와 흰 당나귀
80회	이육사	노정기
81회	진은영	그 머나먼
82회	오장환	성탄제

⑤ 1930~1960년대의 작가와 작품이 주로 출제되는 경향을 보였으나, 그 이후를 넘어 2000년대의 작가 작품들이 출제되기 시작했다. 특히 복효근, 이장욱 등의 작품은 교과서 및 수능에서 볼 수 있었던 작품이다. 수능의 기억을 되살리는 것이 수험에 도움이 될 수 있다.

⑥ 1930년대부터 8.15 광복 이후의 시와 더불어 1980년대에서 2000년대 초반에 발표된 시들이 출제되었다. 이육사의 〈광야〉가 다시 출제되었다.

2. 빈출 순으로 살펴보는 현대시 문제 유형

(1) 시에 내포된 의미

시에서 다양하게 활용하는 수사법을 이해하고 있어야 그 의미를 파악할 수 있다.

- 〈보기〉를 참고하여, 위 시를 이해한 내용으로 적절하지 않은 것은?
  ① 시인이 목격한 아름다운 동백꽃은 화자가 경험한 아름다운 사랑을 의미한다.
  ② 떨어진 동백꽃의 붉은 꽃송이는 화자가 사랑하는 임과 이별하였음을 의미한다.
  ③ 동백꽃의 꽃송이가 지닌 붉은 이미지는 이별한 화자의 슬픔과 안타까움을 의미한다.
  ④ 임과의 이별을 순간적이라고 표현한 것은 동백꽃의 꽃잎이 떨어지는 습성과 관련이 있다.
  ⑤ 떨어진 동백꽃이 오랫동안 아름다움을 잃지 않는다는 것은 이별한 임을 잊지 못하는 화자의 심리와 관련이 있다.

기출 핵심개념

(2) **표현상의 특징 및 효과**

시인이 어떠한 시상 전개 방식을 사용하고 있는지 파악해야 한다. 또한 시인이 어떠한 표현 방식을 통해 화자의 감정, 혹은 주제를 드러내고자 하는지에 집중해야 하는 문항이다.

- 위 시에 대한 설명으로 적절하지 <u>않은</u> 것은?
  ① 동일한 종결 어미의 반복을 통해 운율을 형성하고 있다.
  ② 자연물에 인격을 부여하여 화자의 감정을 이입하고 있다.
  ③ 유사한 어구의 반복을 통해 화자의 정서를 드러내고 있다.
  ④ 특정한 자연 현상을 인간사에 대응시켜 시상을 전개하고 있다.
  ⑤ 화자가 자신의 경험 속에서 깨닫게 된 삶의 진리를 제시하고 있다.

- 위 시에 대한 설명으로 가장 적절한 것은?
  ① 공간의 이동에 따라 시상을 전개하고 있다.
  ② 시적 대상의 양면적 속성이 부각되어 있다.
  ③ 시적 화자의 심리가 변화하는 양상이 제시되어 있다.
  ④ 역순행적인 시간의 흐름을 통해 화자의 심리가 제시되어 있다.
  ⑤ 함축적이고 상징적인 시어를 활용하여 다양한 주제 의식을 전달하고 있다.

(3) **시에 나타난 화자의 심리 상태**

화자의 감정을 대변하는 시어와 어조의 분위기를 파악하며 문항을 풀어야 한다.

- 위 시에 나타난 화자의 심리로 가장 적절한 것은?
  ① 고향에 살고 있는 옛 연인을 원망하고 있다.
  ② 어머니를 잊고 지낸 자신의 둔감함을 자책하고 있다.
  ③ 흘러가 버린 지난 세월에 대한 무상함으로 허전해하고 있다.
  ④ 가난 속에서 어렵게 살아가던 어머니의 모습을 그리워하고 있다.
  ⑤ 어린 시절 추억이 남아 있지 않은 고향의 변화에 대해 안타까워하고 있다.

(4) **시어의 의미와 역할**

시의 문맥을 살펴보고, 수사법이 사용된 시어나 시구가 있다면 그 부분에 내포된 의미를 파악해야 한다.

- ㉠~㉤에 대한 설명으로 적절하지 <u>않은</u> 것은?
  ① ㉠: 화자와 아시안 남녀 간의 거리감을 보여 주는 부분이다.
  ② ㉡: 대부분의 사람들이 휴식을 취하는 시간이다.
  ③ ㉢: 아시안 남녀에 대한 화자의 우월감이 드러난 부분이다.
  ④ ㉣: 화자가 자신의 태도를 성찰한 후 보인 행동이다.
  ⑤ ㉤: 화자가 아시안 남녀와의 동질감을 확인하는 부분이다.

3. 현대시 필수이론

(1) 시적 화자
시 속에서 말하는 사람을 의미하는데, 화자가 시의 전면에 드러나는 경우도 있고, 화자가 시의 전면에 드러나지 않고 다른 대상으로 대체되어 표현되는 경우도 있다.

(2) 시적 대상에 대한 시적 화자의 정서 및 태도
시적 정서는 시에서 느낄 수 있는 특정한 분위기를 말하며, 시적 화자의 태도는 시적 화자가 시의 소재, 독자, 사회에 대해 이야기하는 방식을 뜻한다. 희망적, 절망적, 격정적, 관조적, 애상적, 비판적, 우호적 정서와 태도 등이 시에서 드러날 수 있다.

(3) 시적 상황
시적 상황은 시에 제시되어 있는 시간적, 공간적, 시대적 상황을 의미한다. 시의 중심에 있는 것은 바로 시적 화자이므로, 시적 화자가 처해 있는 상황이 어떠한지를 묻고 있는 것이다. 시적 상황을 이해하고 있어야 시적 화자의 정서와 태도를 파악할 수 있다. 화자의 시대 의식을 관찰해야 하는 시가 있는 반면, 삶의 다양한 순간이나 특정 개념을 새롭게 바라보는 화자의 정서를 파악해야 하는 시가 있다.

(4) 시상 전개 방식
① **기승전결**: '기'에서 시상을 불러일으키고, '승'에서 시상을 반복적으로 심화시킨 다음, '전'에서 시상을 전환하고, '결'에서 시상을 마무리하는 시상 전개 방식이다. 이 방식의 묘미는 '전'에 있는데, 그것은 말 그대로 시상 전개에 변화를 주는 동시에 '결'에서 주제를 제시할 수 있는 기반을 마련해 주기 때문이다.
② **선경후정**: 시조나 한시 등 전통적인 시가에서 흔히 사용되는데, 먼저 사물이나 풍경을 그림을 그리듯 보여 주고 난 다음에 화자의 정서를 표출하는 방식이다. 자연의 경치를 묘사하는 '서경(敍景)'은 '서정(敍情)'을 간접적으로 환기하며, 서정의 표출에 개연성을 부여하는 역할을 담당한다.
③ **공간(시선)의 이동**: 화자의 움직임에 따른 공간의 변화에 따라 시상이 전개되거나 화자의 시선의 이동에 따라 시상이 전개되는 방법이다. 위에서 아래, 혹은 가까운 곳에서 먼 곳으로 시선을 옮기면서 대상을 묘사하기도 한다.
④ **시간의 흐름**: '과거 → 현재 → 미래' 혹은 '봄 → 여름 → 가을 → 겨울'과 같이 시간적 변화에 따라 시상이 전개되는 방법이다. 참고로 역순행적 시상 전개 방법도 있다.
⑤ **점층적 전개**: 시상이 전개될수록 감정이나 의지가 고조되고 강해지는 방식으로 시상이 전개되는 방식이다.

(5) 수사법의 종류

수사법	개념	하위 수사법
비유법	원관념을 그것과 유사한 다른 보조 관념으로 표현하여 선명한 인상을 주거나 함축적인 의미를 드러내는 표현 방법	은유법, 직유법, 활유법, 의인법, 의성법, 의태법, 대유법, 풍유법, 제유법, 환유법, 중의법 등
강조법	어떤 부분을 특별히 강하게 주장하거나 두드러지게 나타내는 표현 방법	과장법, 반복법, 열거법, 점층법, 점강법, 비교법, 대조법, 억양법, 미화법, 연쇄법, 영탄법 등
변화법	문장에 변화를 주는 표현 방법	도치법, 대구법, 설의법, 인용법, 반어법, 역설법, 생략법, 문답법, 명령법, 경구법, 돈호법 등

기출 핵심개념

⇨ 이 중 KBS한국어능력시험에 가장 주요하게 등장하는 수사법은 '은유법, 직유법, 의인법, 설의법, 반어법, 역설법'이며, 이 수사법은 '창안' 영역에서도 자주 활용되므로 반드시 개념을 숙지해 두어야 한다.

① **은유법**: 원관념과 보조 관념을 직접적으로 연결하지 않고 간접적으로 빗대어 제시하는 표현 방법이다.

- 'A는 B이다.'
  - 예 • 내 마음은 호수요.
    • 수필은 난이요, 학이요, 청초하고 몸맵시 날렵한 여인이다.
    • 낙엽은 폴란드 망명 정부의 지폐
- 'A의 B'
  - 예 • 삶은 언제나 은총의 돌층계의 어디쯤이다.
    • 내 생명의 바다는 밀물이 되기도 하고 썰물이 되기도 한다.

② **직유법**: 원관념을 보조 관념에 직접적으로 연결하는 수사법을 말한다. '마치', '흡사', '~같이', '~처럼', '~양', '~듯' 등의 연결어를 사용하여 표현하는 비유법이다.

- 예 • 어린 날개가 물결에 절어서 공주처럼 지쳐서 돌아온다.
  • 사과 같은 내 얼굴
  • 돌담에 속삭이는 햇발같이
  • 번개와 같이 떨어지는 물방울
  • 병든 나무처럼 생명이 부대낄 때

③ **의인법**: 사람이 아닌 무생물이나 동식물에 인격적 요소를 부여하는 기법으로, 객관적 상관물이 사람의 의지, 감정, 생각 등을 지니도록 하는 방법이다.

- 예 • 소복한 백화는 한결같이 슬프게 서 있고 눈물 머금은 초저녁 달이 중천에 서럽다.
  • 지리산이 저문 강물에 얼굴을 씻고 일어서서 껄껄 웃으며 무등산을 보며 그렇지 않느냐고 물어보면
  • 하늘도 그만 지쳐 끝난 고원 / 서릿발 칼날진 그 위에 서다.
  • 네 이름을 쓴다 민주주의여 내 머리는 너를 잊은 지 오래

④ **설의법**: 처음에는 일반적인 서술문으로 표현하다가 결론이나 마지막 부분에서 의문 형식으로 강조하는 수사법으로, 누구나 알 수 있는 사실을 의문의 형식으로 표현하여 상대편이 스스로 판단하게 하는 표현 기법이다. 내용상으로는 일반적인 사실을 확인하는 정도가 되며, 정말로 몰라서 묻는 것은 설의법으로 볼 수 없다.

- 예 • 님 향한 일편단심이야 가실 줄이 있으랴.
  • 고요히 떨어지는 오동잎은 누구의 발자취입니까?
  • 네가 우리 반에서 가장 예쁘다고?
  • 어디 닭 우는 소리 들렸으랴.
  • 그렇지 않아도 구슬픈 내 가슴이어든 심란한 이 정경에 어찌 견디랴?

⑤ **반어법**: 겉으로 표현한 내용과 속에 숨어 있는 내용을 서로 반대되게 표현하는 방법이다.

- 예 • 나 보기가 역겨워 / 가실 때에는 / 죽어도 아니 눈물 흘리오리다.
  • 굶주리는 마을 위에 놀이 떴다. / 화안히 곱기만 한 저녁놀이 떴다.
  • 먼 훗날 당신이 찾으시면 / 그때에 내 말이 잊었노라

⑥ **역설법(모순 형용)**: 표면적으로는 이치에 맞지 않는 듯하나, 실은 그 속에 진실한 뜻을 포함하는 수사법이다.

- 예
  - 소리 없는 아우성
  - 아아, 님은 갔지마는 나는 님을 보내지 아니하였습니다.
  - 찬란한 슬픔의 봄
  - 타고 남은 재가 다시 기름이 됩니다.
  - 용서한다는 것은 최대의 악덕이다.
  - 어린이는 어른의 아버지다.
  - 시(詩)를 쓰면 이미 시(詩)가 아니다.
  - 다시 가만히 귀 모으면 가까이 들리는 머언 발자취
  - 밤에 홀로 유리를 닦는 것은 / 외로운 황홀한 심사이어니
  - 결별(訣別)이 이룩하는 축복에 싸여 / 지금은 가야 할 때
  - 뵈오려 안 뵈는 님 눈 감으니 보이시네.
  - 두 볼에 흐르는 빛이 / 정작으로 고와서 서러워라.
  - 괴로웠던 사나이 / 행복한 예수 그리스도에게 / 처럼
  - 사형은 오히려 그에게 내릴 수 있는 최대의 자비였다.
  - 나는 향기로운 님의 말소리에 귀먹고 꽃다운 님의 얼굴에 눈멀었습니다.

⑦ **심상(이미지)**: 심상은 마음에 그려지는 상을 말하며, 실제로 어떤 대상을 보지 않지만 직접 보고 경험하는 느낌을 받게 만드는 것을 말한다.

- **시각적 심상**
  - 예
    - 어두운 방 안엔 바알간 숯불이 피고
    - 잠 이루지 못하는 밤 고향집 추녀 밑 달빛은 쌓이리.

- **청각적 심상**
  - 예 • 두 점을 치는 소리 // 방범대원의 호각 소리 메밀묵 사려 소리에 // 눈을 뜨면 멀리 육중한 기계 굴러가는 소리

- **미각적 심상**
  - 예 • 물새알은 간간하고 짭조름한 미역 냄새

- **후각적 심상**
  - 예
    - 쌍바라지 열어제치면 // 썩달나무 썩는 냄새 유달리 향그러웠다.
    - 술 익는 마을마다

- **촉각적 심상**
  - 예
    - 발목이 시리도록 밟아도 보고
    - 나는 한 마리 어린 짐승 // 젊은 아버지의 서느런 옷자락에 // 열로 상기한 볼을 말없이 부비는 것이었다.

- **공감각적 심상**
  - 예
    - 분수처럼 흩어지는 푸른 종소리 → 청각(종소리)의 시각화(분수처럼, 푸른)
    - 해설피 금빛 게으른 울음을 우는 곳 → 청각(울음)의 시각화(금빛)
    - 엄마 안 오시네, 배춧잎 같은 발소리 타박타박 → 청각(발소리 타박타박)의 시각화(배춧잎)

> **결정적 힌트!**
>
> **반어와 역설의 차이점**
> 반어는 표면적 의미와 문맥적 의미(내포적 의미)가 다른 것을 의미하고, 역설은 문장 구조상의 논리적 모순을 통하여 어느 한 의미를 강하게 드러내고자 하거나, 겉으로는 모순되는 것 같지만 사실 그 속에 일종의 진리를 담고 있는 관념, 말, 이미지 또는 태도를 말한다.

4. 기출 경향에 따른 현대시 출제 예상 작품

(1) 출제 예상 작품 선정 기준 3단계

'회(回)'라는 공통 코드(회상·순환·여정·귀환 감각)를 참고
⬇
시대별 균형, 작품성, 최근 출제 흐름 고려
⬇
아직 출제 비율이 낮지만 주요한 시인도 포함

(2) 출제 예상 작품

'현대시' 영역의 문항에서 주로 출제되는 주제, 표현의 특징 정도만 간략하게 파악해도 좋다.

① 김소월, 〈먼 후일〉　　　　　　② 정지용, 〈향수〉
③ 박목월, 〈나그네〉　　　　　　④ 김광균, 〈와사등〉
⑤ 김춘수, 〈꽃〉　　　　　　　　⑥ 고은, 〈문의 마을에 가서〉
⑦ 황지우, 〈새들도 세상을 뜨는구나〉　⑧ 신경림, 〈농무〉
⑨ 최승자, 〈빈 배처럼 텅 비어〉　⑩ 이성복, 〈그 날〉

(3) 출제 예상 작가 특징

- **김소월, 정지용:** 회상과 향수 정조, 전통 강세
- **박목월, 김광균:** 여행·풍경·서정성, 여정 감각 반영
- **김춘수:** 존재 의미, 사색적 접근 가능성
- **고은, 황지우:** 시대성·정신적 방황 코드 강조 예상
- **신경림, 최승자, 이성복:** 현대 감각의 고독, 소외, 귀환 의식 부각

❖ 현대소설

1. 기출 현대소설 작품 목록

회차	작가 명	작품 명
15회	문순태	말하는 돌
16회	이범선	고장난 문
17회	강석경	물속의 방
18회	오정희	꿈꾸는 새
19회	최일남	노새 두 마리
20회	한수산	날개와 사슬
21회	구효서	이발소 거울
22회	김훈	남한산성
23회	박태원	소설가 구보 씨의 일일
24회	이순원	그 여름의 꽃게
25회	최일남	쑥 이야기
26회	김소진	눈사람 속의 검은 항아리
27회	최서해	탈출기
28회	문순태	징소리
29회	현기영	지상에 숟가락 하나
30회	김훈	현의 노래
31회	현진건	할머니의 죽음
32회	임치균	검은 바람
33회	신경숙	엄마를 부탁해
34회	최일남	서울 사람들
35회	박범신	나마스테
36회	은희경	빈처
37회	박완서	해산 바가지
38회	이청준	축제
39회	조선작	고압선
40회	계용묵	별을 헨다
41회	전상국	우리들의 날개
42회	박완서	아저씨의 훈장
43회	송기원	월문리에서 4-김매기
44회	김영하	엘리베이터에 낀 그 남자는 어떻게 되었나
45회	정이현	아무것도 아닌 것
46회	정지아	목욕 가는 날
47회	손홍규	투명 인간
48회	윤지완	당신의 아름다운 세탁소
49회	김동인	태형
50회	양귀자	비 오는 날이면 가리봉동에 가야 한다
51회	최일남	쑥 이야기
52회	박영준	모범 경작생
53회	윤흥길	완장
54회	채만식	미스터 방
55회	임철우	사평역
56회	성석제	황만근은 이렇게 말했다

① 일제 강점기부터 2000년대까지 다양한 시기의 작품이 출제되었다.

② 현대시보다 문항의 난도가 높으며, 작품의 주제 의식과 인물의 정서 등을 이해하고 문항 풀이에 접근해야 한다.

③ 문순태, 김훈의 작품이 2번 이상 출제되었고, 채만식과 최일남의 작품은 3번 이상 출제된 바 있어 이들을 제외한 작가의 다른 작품이 출제될 가능성이 높고, 새로운 작가의 작품이 출제될 가능성이 있다.

④ 기존에 출제된 작품에 비해 점점 더 최근의 작품이 출제되는 경향을 보이고 있으니 참고하도록 하자.

57회	윤흥길	아홉 켤레의 구두로 남은 사내
58회	황순원	독 짓는 늙은이
59회	양귀자	일용할 양식
60회	현진건	빈처
61회	현진건	할머니의 죽음
62회	김훈	칼의 노래
63회	이문구	암소
64회	윤흥길	날개 또는 수갑
65회	채만식	태평천하
66회	채만식	탁류
67회	이문구	해벽
68회	김훈	칼의 노래
69회	이동하	폭력 연구
70회	구병모	어디까지를 묻다
71회	김사량	빛 속으로
72회	현기영	순이 삼촌
73회	조수경	유리
74회	윤후명	모든 별들은 음악 소리를 낸다
75회	오상원	유예
76회	김금희	모리와 무라
77회	김혜진	9번의 일
78회	김애란	도도한 생활
79회	김금희	너무 한낮의 연애
80회	황정은	초코맨의 사회
81회	이문구	장곡리 고욤나무
82회	윤대녕	그를 만나는 깊은 봄날 저녁

2. 빈출 순으로 살펴보는 현대소설 문제 유형

(1) 서술상의 특징 및 효과

풍자, 비유, 회상 등 어떠한 방법이 사용되는지와 서술자를 파악하는 것, 그리고 시점의 관계를 이해하고 있어야 한다.

> • 윗글에 대한 설명으로 가장 적절한 것은?
> ① 소설 속 주변 인물이 주인공의 행동과 심리를 전달하고 있다.
> ② 장면을 빈번하게 전환하여 사건 전개에 입체감을 부여하고 있다.
> ③ 인물의 과장된 행동을 통해 비극적 분위기에 반전을 꾀하고 있다.
> ④ 동시에 벌어진 사건들을 나란히 배치해 서사 진행을 지연시키고 있다.
> ⑤ 인물의 말과 행동을 구분하지 않고 서술하며 갈등 상황을 드러내고 있다.

(2) 작품의 이해와 감상

전체 줄거리와 인물의 성격, 대화의 내용 등을 바탕으로 문항을 풀어야 한다.

- 윗글의 내용을 통해 알 수 있는 사실이 아닌 것은?
  ① 우륵은 소리에는 주인이 없음을 주장하였다.
  ② 이사부는 소리는 병장기와 같은 것이라 인식하였다.
  ③ 야로는 이사부에게 신라에 귀부할 뜻을 밝힌 바 있다.
  ④ 이사부는 가야의 금을 튕겨 보고 그 소리를 귀 기울여 들었다.
  ⑤ 우륵은 가야의 금으로 다른 나라의 소리는 연주할 수 없음을 피력하였다.

소설의 주인공, 혹은 등장인물에 대한 정보를 파악하여야 한다.

- 윗글에 등장하는 '나'에 대한 설명으로 적절하지 않은 것은?
  ① 생애 처음으로 읽게 된 패설은 〈만복사저포기〉였다.
  ② 패설을 읽는 것에 대해 부정적인 생각을 가지고 있었다.
  ③ 외로움을 노래한 양생의 시가 떠올라 잠을 이루지 못했다.
  ④ 〈만복사저포기〉를 읽고 김시습은 외로운 사람일 것이라 추측했다.
  ⑤ 〈만복사저포기〉가 상투적인 글이라 생각해 책 읽기를 그만두었다.

(3) 추론적 이해

어휘, 구절을 통해 유추하여 작품을 해석한다. 현대시에 비해 텍스트의 길이가 매우 길게 제시되고, 소설의 일부만 읽고 세부 내용을 파악해야 하므로 난도가 조금은 높은 편이라고 할 수 있다. 또한 수사법에 유의해야 한다.

- 윗글의 흐름에 비추어 볼 때, ㉠~㉤에 대한 이해로 적절하지 않은 것은?
  ① ㉠: 할머니의 병환이 호전되었다고 믿는 중모의 생각을 반영하고 있다.
  ② ㉡: 할머니가 자신의 삶에 대해 반성하고 있는 모습을 표현하고 있다.
  ③ ㉢: 할머니에 대한 나의 감정을 행동 묘사를 통해 드러내고 있다.
  ④ ㉣: 할머니의 죽음을 알게 된 봄날의 모습을 표현하고 있다.
  ⑤ ㉤: 전보의 내용을 직접 제시하며 작품을 마무리하고 있다.

상황이나 인물의 심리 상태에 적절한 한자 성어나 속담을 알아야 한다. 제시되는 한자 성어의 난도는 무난한 편이다.

- 문맥에 비추어 볼 때, ㉠의 상황을 나타내는 한자 성어로 가장 적절한 것은?
  ① 호가호위(狐假虎威)　　② 파란만장(波瀾萬丈)
  ③ 조족지혈(鳥足之血)　　④ 수주대토(守株待兔)
  ⑤ 독수공방(獨守空房)

(4) 비판적 이해

글의 내용에 대한 평가로 가장 적절한 내용을 찾거나, 특정한 사례의 내용을 기반으로 글의 내용을 평가한 것으로 적절한 내용을 찾아야 한다.

> - 〈A〉 부분에 대한 평가로 가장 적절한 것은?
>   ① 주인공의 조수가 주인공을 떠난 이유를 비유적으로 그리고 있다.
>   ② 주인공이 도망간 조수와의 실력 경쟁에서 패배하였음을 보여 주고 있다.
>   ③ 주인공의 장인으로서의 실력이 지속적으로 향상되는 과정을 제시하고 있다.
>   ④ 주인공의 욕심이 다른 사람들에게 피해를 주는 결과를 초래했음을 드러내고 있다.
>   ⑤ 주인공이 예측하고 기대한 대로의 결과가 나와서 안도하는 모습을 나타내고 있다.

3. 현대소설 필수이론

(1) 소설의 인물 제시 방법

① **직접적 제시**: 작가가 직접 서술자가 되어 인물의 성격을 설명하거나, 작품 속의 한 인물이 다른 인물의 성격이나 심리 상태 등을 직접 설명 또는 논평하는 방법이다. 사건의 빠른 전개에 용이하며 작가가 자신의 견해를 효과적으로 표현할 수 있다.

② **간접적 제시**: 등장인물의 객관적인 상황(외양, 행동, 대화 등)을 묘사하여 인물의 성격이나 심리 상태를 암시하고 간접적으로 인물의 성격을 제시하는 방식이다. 장면을 생생하게 묘사하여 현장감을 높일 수 있으며, 인물을 입체적으로 표현할 수 있다. 독자의 추측과 상상을 유도한다는 점에서 흥미로울 수 있는 제시 방법이지만, 한편으로는 작가의 견해가 명확하게 드러나지 않는다는 단점을 지니고 있다.

(2) 소설의 인물 유형

① **주동 인물**: 작품의 주인공으로 작품 속에서 주동적, 능동적으로 자신의 의지에 따라 행동하는 인물이다.
② **반동 인물**: 주인공과 대립하는 인물이다.
③ **전형적 인물**: 집단, 계층과 같이 미리 규정된 범주의 속성을 가지고 있는 인물이다. 따라서 집단의 성격을 대표하며 성격의 보편성, 전형성을 띤다.
④ **개성적 인물**: 강렬한 개성을 지니고 독특함을 보여 주는 인물이다.
⑤ **평면적 인물**: 처음부터 끝까지 성격적 변화를 보이지 않으며, 상황 변화 등에도 영향을 받지 않는 정적인 인물 유형이다.
⑥ **입체적 인물**: 환경이나 상황 등의 변화에 따라 성격의 변화를 보이는 동적인 인물 유형이다.

(3) 서술자와 시점

	서술자	시점	시점의 특징	주인공과 서술자 사이의 거리
1인칭	작품 속에 '나'가 등장함.	주인공 시점	심리 묘사와 내면 의식을 표현하는 데 효과적이다.	없음.
		관찰자 시점	주인공의 내면을 숨김으로써 긴장감을 자아낸다.	멂.
3인칭	작품 속에 '나'가 등장하지 않음.	전지적 시점	주인공의 감정과 심리적 변화를 설명하는 데 가장 효과적이다.	유동적임.
		관찰자 시점	냉철한 묘사가 중심을 이루며, 독자의 상상을 통해 독특한 긴장감을 자아낸다.	가장 멂.

4. 기출 경향에 따른 현대소설 출제 예상 작품

(1) 출제 예상 작품 선정 기준 4단계

```
최근 트렌드(삶의 균열, 가족, 사회 구조, 소외)
        ↓
세대 교체 흐름(2000년대 이후 작가 포함)
        ↓
기출되지 않은 대표 작가나 작품 중심
        ↓
'회(回)'라는 순환·귀환 코드도 일부 고려
```

(2) 출제 예상 작품

① 편혜영, 〈몬순〉
② 김애란, 〈비행운〉
③ 정세랑, 〈옥상에서 만나요〉
④ 손보미, 〈임시 교사〉
⑤ 김연수, 〈세계의 끝 여자친구〉
⑥ 천명관, 〈고래〉
⑦ 윤이형, 〈큰 늑대 파랑〉
⑧ 한강, 〈채식주의자〉
⑨ 최은영, 〈쇼코의 미소〉

(3) 출제 예상 작가 특징

- 편혜영, 김애란, 손보미: 현대 도시인의 소외, 균열된 일상
- 정세랑, 윤이형: 세대 문제, 관계성에 대한 따뜻하면서도 아픈 접근
- 김연수, 천명관: 여정·회상 구조와 삶의 복합적 의미 반영
- 한강, 최은영: 관계의 폭력성, 인간 내면 탐구

개념 적용문제

01. 문학 – 현대시/현대소설

1 현대시 | 다음 시에 나타난 화자의 심리로 가장 적절한 것은?

> 내 몸이 소금을 필요로 하니, 날마다 소금에 절어가며
> 먹장 매연(煤煙) 세월 썩는 육체를 안고 가는 여행 힘에 겹네.
> 썩어서 부식토가 되는 나뭇잎이 자연을 이롭게 한다면
> 한 줌 낙엽의 사유라도 길바닥에 떨구면 따뜻하리라.
> 그러나 찌든 엽록의 세상 너덜토록
> 풍화시킨 쉰 살밖에 없어
> 후줄근한 퇴근길의 오늘 새삼 춥구나.
> 저기, 사람이 있네, 염전에는 등만 보이고
> 모습을 볼 수 없는 소금 굽는 사람이 있네.
> 짜디짠 땀방울로 온몸 적시며
> 저물도록 발틀 딛고 올라도 늘 자기 굴형에 떨어지므로
> 꺼지지 않으려고 수차(水車)를 돌리는 사람, 저 무료한 노동
> 진종일 빈 허벅만 퍼올린 듯 소금 보이지 않네.
> 하나, 구워진 소금 어느새 썩는 살마다 저며와 뿌옇게
> 흐린 눈으로 소금 바다 바라보게 하네.
> 그 눈물 다시 쓰린 소금으로 뭉치려고
> 드넓은 바다로 돌아서게 하네.
>
> – 김명인, 〈소금 바다로 가다〉

① 고된 일상의 삶 속에서 느끼는 자괴감으로 세상을 원망하고 있다.
② 하루하루 시간에 밀려 살아가는 세월의 무상함으로 좌절하고 있다.
③ 삶의 자세를 추스르고 삶의 의지를 회복하여 세상과 대면하려 하고 있다.
④ 혼신을 다한 삶의 의지와 바다에 대한 애정을 잃지 말자고 단호하게 말하고 있다.
⑤ 자연물을 통해 남을 위해 희생하는 삶이 참다운 것이라는 교훈을 이끌어 내고 있다.

문제풀이 ▶ 이 시에서 화자는 소금이 구워지는 과정, 소금을 굽는 사람의 모습을 보며 지치고 힘에 겨운 감정을 털어 버리고 바다로 돌아서고자 하는 의지를 드러내고 있다. 따라서 ③이 가장 적절하다.
① 세상을 원망하는 내용이 나타나지 않는다.
② 세월의 무상함에 머무르지 않고 '한 줌 낙엽의 ~ 따뜻하리라' 등에서 삶에 대한 긍정적인 마음을 드러내고 있다.
④ 시적 화자는 고통이 가득한 삶이지만 생활에 필요한 것을 얻고자 삶의 의지를 보이고 있다. 바다는 의지를 내세울 장소이지 애정의 대상이라고 보기는 어렵다.
⑤ 남을 위해 희생하는 것이 아니라 자신의 역할을 온전히 담당하는 삶의 모습, 활력을 이야기하고 있는 것이다.

정답 | ③

2 현대소설 | 다음 글에 대한 설명으로 가장 적절한 것은?

S회관 화랑은 3층이었다. 숨차게 계단을 오르자마자 화랑 입구였고 나는 미처 화랑을 들어서기도 전에 입구를 통해 한 그루의 커다란 나목(裸木)을 보았다.
나는 좌우에 걸린 그림들을 제쳐 놓고 빨려들 듯이 나무 앞으로 다가갔다.
나무 옆을 두 여인이, 아기를 업은 한 여인은 서성대고 짐을 인 여인은 총총히 지나가고 있었다.
내가 지난날, 어두운 단칸방에서 본 한발 속의 고목(枯木), 그러나 지금의 나에겐 웬일인지 그게 고목이 아니라 나목(裸木)이었다. 그것은 비슷하면서도 아주 달랐다. 김장철 소소리바람에 떠는 나목, 이제 막 마지막 낙엽을 끝낸 김장철 나목이기에 봄은 아직 멀건만 그의 수심엔 봄의 향기가 애달도록 절실하다.
그러나 보채지 않고 늠름하게, 여러 가지[枝]들이 빈틈없이 완전한 조화를 이룬 채 서 있는 나무, 그 옆을 지나는 춥디추운 김장철 여인들.
여인들의 눈앞엔 겨울이 있고, 나목에겐 아직 멀지만 봄에의 믿음이 있다.
봄에의 믿음 ─ 나목을 저리도 의연(毅然)하게 함이 바로 봄에의 믿음이리라.
나는 홀연히 옥희도 씨가 바로 저 나목이었음을 안다. 그가 불우했던 시절, 온 민족이 암담했던 시절, 그 시절을 그는 바로 저 김장철의 나목처럼 살았음을 나는 알고 있다.
나는 또한 내가 그 나목 곁을 잠깐 스쳐간 여인이었을 뿐임을, 부질없이 피곤한 심신을 달랠 녹음을 기대하며 그 옆을 서성댄 철없는 여인이었을 뿐임을 깨닫는다.
'나무와 두 여인'……그 그림은 벌써 한 외국인의 소장으로 돼 있었다.
나는 S회관을 나와 잠깐 망연했다. 오랜 여행 끝에 낯선 역에 내린 듯한 피곤인지 절망인지 모를 망연함, 그런 망연함에서 남편이 나를 구했다.
"어디서 차라도 한 잔 하고 쉬었다 갈까?"
"저기가 어때요?"
나는 턱으로 바로 눈앞에 보이는 덕수궁을 가리켰다.
덕수궁 속의 은행의 낙엽은 한층 더 찬란했다.
우리는 은행나무 밑 벤치에 앉아서 황금빛 세례에 몸을 맡겼다.
아이들이 뛰고, 연인들이 거닐고, 퇴색한 잔디에 쏟아지는 가을의 양광은 차라리 봄보다 따습다.
"아이들을 데려올걸."
남편이 다시 나를 상식적인 세계로 끌어들인다.
빨간 풍선을 놓친 계집아이가 자지러지게 운다. 구름 한 점 없는 하늘로 빠져들 듯이 풍선이 멀어져 간다.
드디어 빨간 점을 놓치고 만 나는 눈물이 솟도록 하늘의 푸르름이 눈부시다.
옆에 앉은 남편도 풍선을 좇았던가 고개를 젖힌 채 눈이 함빡 하늘을 담고 있다.
그러나 그뿐, 이미 그의 눈엔 십 년 전의 앳된 갈망은 없다. 그뿐이랴. 여자를 소유하고 가정을 갖고 싶다는 세속적인 소망 외에는 한번도 야망이나 고뇌가 깃들어 보지 않은 눈. 부스스한 머리가 늘어진 이마에 어느새 굵은 주름이 자리 잡기 시작한 중년의 그가 나는 또다시 낯설다.
저만치서 고등학생들이 배드민턴을 친다. 콕이 나비처럼 경쾌하게 날아와 라켓에 부딪치는 소리가 마치 젊은 연인들의 찰나적인 키스의 파열음처럼 감각적으로 들린다.
나는 충동적으로 그의 이마의 주름진 곳에 그런 키스를 퍼부었다.
그가 낯선 게 견딜 수 없어서였다. 그가 아주 타인처럼 낯선 게 견딜 수 없어서였다.
나무들의 그림자가 길어지고 우수수 바람이 온다.

개념 적용문제

> 이미 낙엽을 끝낸 분수 가의 어린 나무들이 벌거숭이 몸을 애처롭게 떨며 서로의 가지를 비빈다. 그러나 그뿐, 어린 나무들은 서로의 거리를 조금도 좁히지 못한 채 바람이 간 후에도 마냥 떨고 있었다.
>
> – 박완서, 〈나목〉

① 작품 밖의 서술자가 주인공의 심리를 묘사하고 있다.
② 논리적이고, 호흡이 긴 서술형 문체를 사용하고 있다.
③ 작품 속의 주인공이 다른 인물들의 심리를 추측하고 있다.
④ 주로 배경 묘사를 통해 인물의 심리 상태를 드러내고 있다.
⑤ 시대 상황을 구체적으로 서술하여 사건의 의미를 부각하고 있다.

문제풀이 ▶ 이 작품은 미군 매점 초상화 가게에서 일하는 '나'와 가난하고 불우한 화가인 옥희도를 통해 황폐화된 삶 속에서 진정한 예술을 추구하는 예술가의 내면을 다룬 소설이다. 논리적이고, 호흡이 긴 서술형 문체로 실제 인물을 작품으로 허구화했고, 평범한 사람의 눈을 통해 시대의 아픔을 통찰한 예술가의 혜안이 드러나 있다.
① 작품 밖의 서술자가 심리를 묘사하는 것이 아니라, 작품 안에 서술자가 존재한다.
③ 작품 속의 주인공은 다른 사람의 심리를 추측하지 않고 있으며, 자신의 감정을 그림 속 인물들의 상황과 견주어 서술하고 있다.
④ 배경 묘사는 거의 드러나지 않고 있으며, 주로 '나'의 직접적인 서술로 심리가 드러나고 있다.
⑤ 시대 상황을 구체적으로 서술하고 있지 않다.

정답 ②

문제를 더 풀고 싶다면 [**기출동형 문제**]편 바로가기 ☞ p.94

02 학술문 – 인문 / 예술 / 과학 / 사회

기출유형 ❶

[1~2] 다음 글을 읽고 질문에 답하시오.

현대 유전자 가위 기술인 CRISPR/Cas9은 질병 치료와 생명공학 분야에 혁신을 불러왔지만, 이식 부위 외(off-target) DNA를 예기치 않게 절단해 돌연변이를 유발할 가능성이 지적되어 왔다. 최근 한 연구팀은 Cas9 효소 단백질의 DNA 결합 부위를 변형한 'High-Fidelity Cas9(HiFi-Cas9)' 변이체를 개발하여, 인간 세포 실험에서 off-target 절단 빈도를 95% 이상 감소시키는 데 성공하였다.

이 변이체는 원리적으로 Cas9의 인식 서열(PAM: Protospacer Adjacent Motif)에 대한 친화도를 높이는 동시에 비정형 염기서열과의 결합력을 약화시킨다. 실험 결과, 표적 유전자 교정 효율은 기존 Cas9과 거의 동일한 수준을 유지하면서도 비표적 부위 절단이 현저히 줄어들었다.

더 나아가 연구팀은 HiFi-Cas9을 이용한 유전자 교정 기술을 희귀 유전병 모델 동물에 적용하여, 돌연변이를 효과적으로 교정함으로써 후속 동물실험에서 증상 완화와 생존율 향상 효과를 확인하였다. 또한, 오프타겟 예측 알고리즘과 생체정보학적 분석을 결합해 예상치 못한 비표적 절단을 최소화하였고, iPSC(유도만능줄기세포)를 이용한 세포 분화 실험에서도 교정 세포의 정상적인 분화 능력과 유전자 안정성이 보장됨을 검증하였다. 이로써 CRISPR 기술의 임상 적용 가능성이 한층 더 높아졌으나, 여전히 유전체 전체를 아우르는 장기 안전성 검증 및 국제 규제 기준에 따른 추가 데이터 확보가 과제로 남아 있다.

1 윗글의 내용 전개 방식으로 가장 적절한 것은?

① 문제점만 나열한 뒤 해결 방안 없이 결론을 맺고 있다.
② 사례 중심으로 기술 적용 과정을 단계별로 보여 주고 있다.
③ CRISPR 기술의 역사적 배경을 시기 순으로 설명하고 있다.
④ 다양한 연구팀의 견해를 비교·대조하며 논의를 전개하고 있다.
⑤ 연구 결과를 제시하고 그 기전(원인)을 논리적으로 해설하고 있다.

2 윗글에 나타난 HiFi-Cas9 변이체의 특징으로 가장 적절한 것은?

① 표적 유전자 교정 효율을 크게 낮춘다.
② 돌연변이 교정 실험에서 증상 악화를 보였다.
③ 단백질-염기 결합력을 전반적으로 강화한다.
④ 전체 유전체를 대상으로 절단 빈도를 측정한다.
⑤ PAM 인식 친화도를 높여 비표적 결합을 줄인다.

기 / 출 / 유 / 형

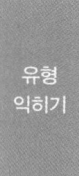

1. 글이 연구 성과를 먼저 제시한 뒤 그 결과가 발생한 기전이나 원인을 논리적으로 설명하는 구조인지 확인해야 한다. 이를 위해 첫 문단에서 연구 결과를 파악하고, 다음 문단에 이어지는 "이는 ~ 때문이다"나 "원리적으로 ~한다"와 같은 표현을 찾아 연구 성과와 원인 설명이 유기적으로 연결되어 있는지를 살펴보는 연습이 필요하다.
2. 지문에 제시된 핵심 용어와 수치, 결과를 정확하게 찾아내는 능력을 평가한다. 문제에서 요구하는 키워드(예 PAM 인식 친화도, 결합력 약화 등)를 먼저 파악한 뒤, 지문 속에서 해당 문장을 찾아 일치하는 표현을 매칭함으로써 정답을 도출하는 전략을 사용한다.

1. 본문은 "off-target 절단 빈도를 95% 이상 감소시키는 데 성공했다"라는 연구 결과를 먼저 제시한 뒤, "이 변이체는 ~ 결합력을 약화시킨다"로 기전 설명을 덧붙이고 있다.
2. 본문에서 "Cas9의 인식 서열(PAM)에 대한 친화도를 높이는 동시에 비정형 염기서열과의 결합력을 약화시킨다"고 명시한다.

정답 | 1. ⑤ / 2. ⑤

기출 핵심개념 — 02. 학술문 – 인문 / 예술 / 과학 / 사회

학술문은 대부분 정답률이 높은 편이다. 그러나 '사실적 이해 – 전개 방식'을 묻는 문항의 경우 매회 학술문 영역에서만 2~3개 이상이 출제되면서도 평균 정답률이 65% 내외로 변별도가 높고 어려운 문항에 속한다. 게다가 정답 외 4개 선지의 오답 중 하나를 택하는 수험생들의 분포가 비슷하다는 사실을 통해 오답을 두고 혼란스러워하는 학습자들이 많음을 알 수 있다. 그러나 기출에서 제시되는 선지들을 정리해 보면, 표현이 조금씩 상이할 뿐 주요한 선지의 개수는 그리 많지 않은 편이다. 따라서 학술문의 '사실적 이해 – 전개 방식' 유형의 선지 종류를 미리 파악하여 두는 것이 도움이 된다.

1. 빈출 순으로 살펴보는 학술문 문제 유형

(1) 사실적 이해

① **정보 확인**: 주로 '위의 내용과 일치하지 <u>않는</u> 것은?'의 유형으로 출제된다. 다만 여러 대상이 등장하고 역사, 정치 등의 주제를 다루는 학술문에서는 서로 다른 입장을 비교 혹은 대조하여 서술하는 경우가 많다는 것을 기억해야 한다.

> • '역사주의'를 강조하는 역사학자들에 대한 설명으로 가장 적절한 것은?
> ① 사료에 반영된 인물의 행동이나 의식에 근거하여 역사적 사실을 설명한다.
> ② '역사주의'와 상반된 관점을 지닌 역사학자들과 합의점을 찾기 위해 노력한다.
> ③ 잠정적인 가설을 세우고 충분한 사료를 활용해 그것을 검증해야 한다고 생각한다.
> ④ 한 집단이나 시대의 일반적 동향을 파악하고 이를 지침으로 삼아 사실을 설명한다.
> ⑤ 자연 세계와 인간 사회에 공통적으로 적용할 수 있는 법칙이 있어야 한다고 생각한다.

참고

빈출 '정보 확인' 관련 선지
- 묻고 답하는 방식을 활용하여 생명체의 특성을 소개하고 있다.
- 생리 현상에 대한 상반된 견해를 제시한 후 이를 절충하고 있다.
- 구체적인 생리 현상을 열거한 후 핵심적인 원리를 도출하고 있다.
- 인체에서 발생하는 질병과 그에 대한 치료 방안을 제시하고 있다.
- 과학적 원리를 활용하여 인체에서 나타나는 생리 현상을 설명하고 있다.

② **내용 전개 방식**: 내용 전개 방식에 대해 묻는 유형은 크게 두 가지로 나눌 수 있다. 첫 번째 유형은 글의 주제가 직접 선지에 등장하고, 주제와 관련된 사항들을 어떻게 다루고 있는지 묻는 유형이다. 두 번째 유형은 글의 주제는 배제하고 서술 방식만을 묻는 유형이다. 글의 화제가 무엇인지, 문단의 소주제문은 무엇인지, 몇 가지의 화제로 글이나 보고서가 전개되는지를 파악할 수 있어야 한다. 주제나 내용을 완벽하게 이해하지 못하더라도 '전개 방식'에만 초점을 맞추어 문항을 풀면 된다. 특정 대상, 개념, 이론, 현상에 대해 접근하는 방법을 묻는 선지들이 큰 비중을 차지하고 있다. 연계되어 있는 '글쓰기 계획하기', '글의 구성' 관련 내용을 참고해 보자.

- 윗글의 내용 전개 방식에 대한 설명으로 가장 적절한 것은?
  ① 민주주의의 발전 과정을 특정 공간을 중심으로 설명하고 있다.
  ② 민주주의의 발전 과정을 역사적 사건을 중심으로 서술하고 있다.
  ③ 민주주의가 발생하게 된 원인과 결과를 다각도로 분석하고 있다.
  ④ 민주주의가 가져온 긍정적 성과와 장점만을 부각시켜 설명하고 있다.
  ⑤ 민주주의에 대한 객관적 사실을 바탕으로 주관적 견해를 드러내고 있다.

- 윗글에 사용된 내용 전개 방식이 <u>아닌</u> 것은?
  ① 구체적인 예를 제시하여 이해를 돕는다.
  ② 어떤 현상에 대한 인과 관계가 나타난다.
  ③ 서로 대비되는 두 대상의 차이점을 부각한다.
  ④ 화제에 대한 질문을 제기하며 내용을 이어 간다.
  ⑤ 대상의 뜻을 명백히 밝혀 논의의 범위를 규정한다.

참고

빈출 '내용 전개 방식 파악' 관련 선지

- 대상을 관찰하면서 느낀 점을 서술하고 있다.
- 사회 현상에 대한 일반적인 통념을 비판하고 있다.
- 중심 소재와 관련한 다양한 이론을 소개하고 있다.
- 구체적 사례를 통해 일반적인 원리를 도출하고 있다.
- 대상의 변화 과정을 단계별로 나누어 설명하고 있다.
- 대립적인 견해를 가진 이론의 장단점을 비교하고 있다.
- 기존의 통념을 반박하며 자신의 주장을 강조하고 있다.
- 예시를 통해 대상의 특징을 구체적으로 설명하고 있다.
- 특정한 결과에 대한 논리적 원인을 규명하여 제시하고 있다.
- 시간의 흐름에 따라 사건이 발생하는 과정을 서술하고 있다.
- 비유적인 방식으로 대상의 의의를 효과적으로 설명하고 있다.
- 두 대상을 비교하여 공통점을 도출한 후 이를 일반화하고 있다.
- 대상에 대한 상반된 견해를 제시한 후, 절충안을 제시하고 있다.
- 예상되는 반론을 미리 논박함으로써 자신의 주장을 강화하고 있다.
- 질문을 제기하고 그에 대해 답하면서 내용을 자연스럽게 전개한다.
- 대립적 견해를 대비시켜 설명하려는 대상의 의미를 부각시키고 있다.
- 중심 화제의 장점과 단점을 병렬적으로 제시하여 글의 객관성을 높이고 있다.
- 글쓴이의 주장을 부각시키기 위해 대조적 속성을 지닌 대상을 제시하고 있다.
- 중심 화제에 대한 글쓴이의 주장과 근거를 제시하여 글의 설득력을 높이고 있다.

③ **자료의 활용 방법**: 어떠한 자료를 무엇을 위해 활용하는가를 묻는 선지가 해당 유형 선지 중 35~40% 정도를 차지하고 있다. 글쓴이가 어떤 내용을 주장하거나 개념을 소개할 때 이를 뒷받침해 주는 것이 무엇인지를 확인해 보면 된다.

> **참고**
>
> 빈출 '자료의 활용 방법 파악' 관련 선지
> - 역사적 기록을 근거로 주장의 타당성을 입증하고 있다.
> - 가설을 설정한 후 다양한 실험을 통해 이를 검증하고 있다.
> - 권위 있는 사람의 말을 인용하여 글쓴이의 생각을 뒷받침하고 있다.
> - 생활 속의 사례를 제시하여 설명하려는 대상의 의미를 부각시키고 있다.
> - 글의 내용에 대한 독자의 이해를 돕기 위해 다양한 사례를 제시하고 있다.
> - 권위 있는 전문가의 의견을 비판적으로 수용하면서 논지를 전개하고 있다.
> - 글의 제재에 대한 독자의 궁금증을 유발하기 위해 묻고 답하는 형식을 사용하고 있다.

④ **서술상 특징**: 학술문을 서술할 때에는 각 학술문의 유형에 적합한 내용 서술의 방법을 사용한다. 역사와 사회의 현상에 대한 내용을 다루는 경우 '수치 활용하기, 전문가의 말 인용하기' 등의 서술 방법을 주로 활용하며, 예술 분야에 관한 글일 경우에는 '비유적인 표현 사용, 대상에 인격 부여하기' 등의 서술 방법을 주로 활용하여 내용을 전개한다. 그 밖에 '중심 화제의 장점과 단점 파악하기, 대상의 구성 요소 분류하기, 대상이 지니는 특성 소개하기' 등은 어떤 주제를 다루든 광범위하게 활용하는 서술 방법이다. 선지의 내용 자체가 어렵게 출제되지는 않으므로, 단락과 단락의 관계를 살피고 담화 표지를 적절히 이해하며 주제를 전달하는 방식이 무엇인지를 파악하여 적절한 선지를 선택해야 한다.

> **참고**
>
> 빈출 '서술상 특징' 관련 선지
> - 묻고 답하는 방식으로 글의 내용을 전개하고 있다.
> - 상반된 견해들을 절충하여 결론을 이끌어 내고 있다.
> - 중심 화제의 장점과 단점을 비교하며 제시하고 있다.
> - 대상이 지닌 장점과 단점을 병렬적으로 나열하고 있다.
> - 문제 상황의 발생 원인을 여러 각도에서 분석하고 있다.
> - 유사한 대상에 빗대어 중심 화제의 개념을 밝히고 있다.
> - 중심 화제를 몇 가지로 하위 범주화하여 설명하고 있다.
> - 특정한 기준을 바탕으로 대상의 구성 요소를 분류하고 있다.
> - 비유적인 표현을 사용하여 ○○의 모양에 대해 설명하고 있다.
> - 비유적 표현을 활용하여 대상이 지닌 장단점을 소개하고 있다.
> - 여러 인물들의 견해를 통해 대상의 발전 과정을 설명하고 있다.
> - 대상에 인격을 부여하여 글쓴이의 주관적 정서를 드러내고 있다.
> - 공간의 이동을 중심으로 대상에 대한 인식 변화를 드러내고 있다.
> - 구체적인 수치를 활용하여 ○○에 대한 독자의 이해를 돕고 있다.

- 대립적인 소재를 통해 대상이 지닌 양면적 속성을 대비하고 있다.
- 구체적인 생활 속 사례를 통해 대상이 지닌 특성을 소개하고 있다.
- 전문가의 말을 인용하여 대상이 지닌 역사적 의미를 드러내고 있다.
- ○○의 종류를 구분한 후 ○○○의 구체적인 방법을 열거하고 있다.
- ○○○과 ○○○의 개념을 설명한 후 각각의 장단점을 비교하고 있다.
- 다양한 신체 부위의 작용으로 ○○○이 일어나는 과정을 제시하고 있다.

(2) 추론적 이해

① **빈칸에 들어갈 표현이나 어휘 추리**: 유의, 반의 등 의미 관계가 있는 어휘들을 찾는 유형이 자주 출제되고 있다. 선지 내용의 난도는 높지 않으나 글의 맥락을 제대로 파악해야 풀 수 있는 문항이므로 유의하여야 한다.

- ㉠, ㉡에 들어갈 말로 가장 적절한 것은?

	㉠	㉡		㉠	㉡
①	달성	매개	②	실현	반영
③	입증	시도	④	추구	발단
⑤	회피	증거			

② **글쓴이의 의도 추리**: 글에서 글쓴이가 목적을 드러내기 위해 사용한 서술 방식과 그 내용을 파악하는 능력을 평가하는 유형으로, 글쓴이의 의도를 유추하는 능력이 필요하다. 글의 주제를 명확하게 이해하고, 이를 바탕으로 추론을 해야 하므로 학술문 중에서 가장 난도가 높은 문항이다.

- 〈보기〉를 바탕으로 할 때 윗글을 쓴 의도를 바르게 추론한 것은?

  현대 문명은 근대 서구의 합리론에 기반하고 있다. 근대의 합리론은 중세 기독교 시대처럼 계시와 전승을 권위의 원천으로 삼기를 거부하고 인간의 이성을 신뢰하였다. 그 결과 현대 문명사회에서는 이성이란 진실에 가깝고 합리적인 것이며, 신앙이란 주관적이고 주술적인 존재라는 대립적 인식이 자리 잡게 되었다.

① 대상에 대한 유익한 정보와 관점을 제공하기 위해서
② 사회의 문제적 현상과 갈등을 분석하고 이를 해결하기 위해서
③ 사회적 갈등을 일으키는 대립적 입장의 화해를 도모하기 위해서
④ 대립적인 가치관과 사상이 무분별하게 혼용되는 것을 막기 위해서
⑤ 사회의 일반적 통념과는 다른 새로운 시각과 견해를 제시하기 위해서

2. 학술문 주제

(1) 인문

- 과거와의 새로운 만남
- 그때 알았더라면 좋았을 것들
- 내리막길의 어려움
- 누가 민주주의를 두려워하는가
- 똑똑한 선택을 이끄는 힘 '넛지'
- 문학의 질서
- 베블런 다시 읽기
- 서양 중세 상징사
- 시와 언어
- 역사에 대해 생각하기
- 역사학 너머의 역사
- 영상 예술의 이해
- 음식물류 폐기물 처리 실태 조사 및 관리 방안
- 읽기만 하면 내 것이 되는 1페이지 철학 365
- 철학의 주요개념
- 파놉티콘-정보사회 정보감옥
- 한눈에 읽는 현대 철학
- 흥행의 천재 '바넘'
- 교육의 개념
- 나답게 살기
- 논증 기본서
- 동물의 도덕적 지위와 종 차별주의
- 라플라스의 악마, 철학을 묻다
- 번역과 문화 연구
- 생각을 발견하는 토론학교 철학
- 성찰이란 무엇인가
- 아름다운 흉터
- 역사의 기억
- 영상문화의 이해
- 운명처럼 다가온 글쓰기라는 미로
- 인터넷 뉴스는 영영 공짜일까
- 철학 풀이
- 철학 VS 철학
- 피셔의 비판적 사고
- 화법과 작문(2번 이상 출제)
- 1페이지 철학

(2) 예술

- 그림 속으로 난 길
- 기호학과 철학 그리고 예술
- 대중문화의 기만 혹은 해방
- 문화비평과 미학
- 바우하우스 연극공방과 연극의상에 관하여
- 사마리 부인의 초상
- 서양 미술사
- 안전한 환경을 만드는 범죄 예방 디자인
- 연극연출: 원리와 기술
- 인공지능을 활용한 음악창작과 저작물성
- 절대음악과 표제음악 감상을 위한 수업지도
- 키덜트 문화
- 판소리 길라잡이
- 한 장의 사진 미학
- 현대 미술의 시작
- 20세기 추상 미술의 역사
- 금난새와 떠나는 클래식 여행
- 난독증을 위한 서체 디자인
- 라이프 스타일에 맞게 진화하는 디자인
- 뮤지컬 장르의 성공적 확장(2번 이상 출제)
- 베토벤의 월광 소나타(영상 콘텐츠)
- 사진 예술 개론
- 소유의 매체로서의 유화(2번 이상 출제)
- 연극개론: 그 이론과 실제
- 영화는 우리를 어떻게 속이나
- 재즈의 래그타임
- 청소년을 위한 한국 음악사
- 테마 현대 미술 노트
- 한국 미술 산책, 테마로 보는 미술
- 행복으로 보는 서양 철학
- 현대 미술의 시작은 언제일까

(3) 과학

- 각운동량
- 감자재배 표준영농교본
- 곤충의 비밀
- 권오길 교수의 구석구석 우리 몸 산책
- 단위조작
- 뒷간은 한국의 전통 생태학 연구실
- 로봇이 인간이 될 수 있을까?
- 맥머리의 유기화학
- 별, 빛의 과학
- 비타민 D의 기능과 역할
- 산림과 임업기술
- 생명과학 개념과 현상의 이해
- 아인슈타인
- 앳킨슨의 물리화학
- 엔트로피는 항상 늘지 않는다
- 우리 몸
- 일반 물리학
- 재미있는 통계 이야기
- 최신 대학 물리학
- 하이브리드 자동차
- DNA 분석과 과학 수사
- Influence of Weber Number on Crown Morphology during on Oblique Droplet Impact on a Thin Wall Film
- 4차 산업혁명, 가상현실과 증강현실이란
- 감각과 지각
- 거북선의 구조
- 교양으로 읽는 과학의 모든 것
- 단당류의 구조식
- 대학물리학 II
- 라그랑주 점
- 리디노미네이션
- 머릿속까지 들여다보는 MRI
- 보일-홉스 논쟁: 과학 밖의 정치, 과학이라는 정치
- 빙판길은 왜 그렇게 미끄러울까
- 상대성 이론 그후 100년
- 시각
- 액체 반용매 공정을 이용한 제약 성분의 재결정화
- 양봉
- 여성시대에는 남자도 화장을 한다
- 융합과학으로 이어주는 대학 물리학 제2판
- 재료과학과 공학
- 첨단기술의 기초
- 케플러의 법칙
- Chemical Engineering Journal
- Emerging Clinically Tested Detection Methods for Covid-19
- Origin of the Moon in a Giant Impact Tear the End of the Earth's Formation

과학 관련 예상 출제 주제

- 인공지능을 활용한 신약 개발 기술
- 양자 컴퓨팅과 고전적 컴퓨팅의 차이점
- 지구 외 생명체 탐사를 위한 최신 우주 탐사 기술
- 뇌-기계 인터페이스(BMI)의 현재와 미래
- 고분자 기반 바이오센서 개발 동향
- 다중 감각 통합(multi-sensory integration) 연구 현황
- 초임계 유체(supercritical fluid)를 이용한 신소재 합성
- 극초단 레이저 기술의 산업 응용
- 고에너지 물리학에서 힉스 보손 발견의 의미
- 3D 프린팅 기술을 이용한 인공 장기 개발 연구

과학-물리 관련 주요 개념

1. 라그랑주 점(Lagrange Point)
라그랑주 점은 두 천체의 중력과 공전 운동에 의해 형성되는 평형점이다. 이곳에서는 작은 물체가 상대적으로 안정된 위치를 유지할 수 있다. 태양-지구 시스템에는 5개의 라그랑주 점(L1~L5)이 존재한다. L1은 지구와 태양 사이에 위치하여 태양 관측에 이상적이며, 태양과 지구 환경 모니터링 위성(SOHO)이 이곳에 배치되어 있다. L2는 지구 반대편에 있어 우주 배경을 관측하는 데 적합하며, 제임스 웹 우주 망원경이 이 지점에 위치해 있다. L3는 태양 반대편에, L4와 L5는 지구 궤도를 따라 60° 앞뒤에 위치한다. L4와 L5는 안정적이어서 소행성들이 모이는 경향이 있으며, 미래 우주 정거장이나 자원 채취 기지로 활용될 가능성이 있다.

1) 관련 주제
- 다체계(多體系) 역학 문제
- 우주역학과 중력장의 평형점
- 우주 관측 시설의 위치 선정 원리

2) 나올 만한 문제
- 라그랑주 점을 활용한 미래 우주 개발 가능성
- 특정 라그랑주 점에 위치한 우주 망원경의 장점 설명
- 라그랑주 점의 안정성 비교(L1, L2, L3와 L4, L5의 안정성 차이)
- 달-지구 시스템의 라그랑주 점 특성과 태양-지구 시스템의 라그랑주 점 비교

2. 초임계 유체(Supercritical Fluid)
초임계 유체는 물질이 임계점(임계 온도와 압력) 이상의 조건에서 보이는 특별한 상태로, 기체와 액체의 경계가 사라진다. 이 상태에서는 기체의 확산성과 액체의 용해력을 동시에 가진다. 초임계 이산화탄소(CO_2)는 31.1°C, 73.8 bar 이상에서 형성되며, 커피에서 카페인 추출, 화장품 원료 정제, 반도체 세정 등에 활용된다. 물(H_2O)의 경우 374°C, 218 기압에서 초임계 상태가 되어 지질 연소 등 특수 산화 반응에 이용된다. 초임계 유체 기술은 화학 공정의 친환경적 대안으로 주목받고 있으며, 나노 입자 합성과 같은 첨단 재료 분야에서도 응용되고 있다.

1) 관련 주제
- 친환경 공정 기술
- 물질의 상태와 상변화
- 물질의 임계점과 특성 변화

2) 나올 만한 문제
- 초임계 유체가 가지는 환경적 이점 분석
- 나노입자 합성 과정에서 초임계 유체의 역할
- 초임계 이산화탄소와 초임계 물의 특성 비교
- 초임계 유체의 산업적 활용 사례와 원리 설명

3. 힉스 보손(Higgs Boson)
힉스 보손은 표준 모형에서 기본 입자들에 질량을 부여하는 입자이다. 1964년 피터 힉스와 여러 물리학자들에 의해 이론적으로 예측되었으며, 2012년 7월 유럽 입자물리연구소(CERN)의 대형 하드론 충돌기(LHC) 실험을 통해 발견되었다. 이 입자는 힉스 장(Higgs Field)의 양자화된 형태로, 우주를 채우고 있는 이 장과의 상호작용 정도에 따라 입자들이 각기 다른 질량을 갖게 된다. 힉스 보손의 발견은 표준 모형의 마지막 퍼즐을 완성한 것으로 평가되며, 피터 힉스와 프랑수아 앙글레르는 이 업적으로 2013년 노벨 물리학상을 수상했다. 힉스 보손의 연구는 암흑 물질, 암흑 에너지와 같은 현대 물리학의 미해결 문제에 대한 단서를 제공할 것으로 기대된다.

1) 관련 주제
- 입자물리학의 표준 모형
- 현대 물리학의 실험적 검증
- 질량의 기원과 힉스 메커니즘

2) 나올 만한 문제
- 힉스 보손 발견의 물리학적 의의
- 힉스 장(Higgs Field)과 입자의 질량 획득 과정 설명
- 힉스 보손 연구가 암흑 물질 이해에 기여할 수 있는 가능성
- 대형 하드론 충돌기(LHC)의 작동 원리와 힉스 보손 검출 방법

4. 극초단 레이저 기술 (Ultrafast Laser Technology)

극초단 레이저는 펨토초(10^{-15}초) 또는 애토초(10^{-18}초) 단위의 매우 짧은 펄스를 생성하는 레이저 기술이다. 이런 초고속 펄스는 원자 내 전자의 움직임이나 화학 반응의 전이 상태와 같은 초고속 현상을 실시간으로 관찰할 수 있게 한다. 티타늄-사파이어 레이저는 가장 널리 사용되는 극초단 레이저 시스템 중 하나이며, 최근에는 파이버 기반 시스템도 발전하고 있다. 이 기술은 비선형 광학, 의료용 정밀 수술, 미세 가공, 분광학 등 다양한 분야에 응용된다. 특히 펨토초 레이저를 이용한 안과 수술은 기존 방법보다 정밀도와 안전성이 높다. 또한 극초단 레이저를 이용한 펌프-프로브 분광법은 광합성과 같은 생물학적 과정의 초기 단계를 연구하는 데 중요한 도구가 되고 있다.

1) 관련 주제
- 초고속 현상의 관측과 제어
- 레이저 기술의 의학적 응용
- 시간 분해능과 측정 기술의 발전

2) 나올 만한 문제
- 광합성 초기 과정 연구에 극초단 레이저가 기여한 내용
- 펨토초와 애토초 레이저의 시간 분해능이 갖는 과학적 의의
- 극초단 레이저를 이용한 펌프-프로브 분광법의 원리와 응용
- 의학 분야에서 극초단 레이저의 활용과 기존 방식 대비 장점

(4) 사회

- 가짜 노동
- 권력의 해부
- 다문화 사회, 한국
- 도덕 이론을 현실 문제에 적용시켜 보면
- 문화의 의미와 특징
- 민법강의
- 민법 입문
- 법률행위
- 부패 방지 백서
- 사회복지개론
- 시장과 기술에 따른 기업 조직 구조의 변화
- 역사 속의 민법
- 음식의 유래와 역사
- 자유
- 정의란 무엇인가
- 죽은 경제학자의 살아 있는 아이디어
- 지자체 다문화 복지
- 프랑스 혁명에 대한 결산으로서의 19세기 정치사상
- 경제의 99%는 환율이다
- 넛지
- 다수결의 원리
- 듀이&로티: 미국의 철학적 유산 프래그머티즘
- 미디어 리터러시 교육의 이해
- 민법강의: 친족상속법
- 민주주의와 그 비판자들(2번 이상 출제)
- 법전
- 사르트르, 지라르 그리고 폭력
- 살아 있는 지리 교과서
- 역사란 무엇인가
- 유네스코 세계 보고서
- 인간은 왜 외로움을 느끼는가
- 저작권보호심의 제도와 동향
- 정의론
- 지식의 공유
- 타인에 대한 부정
- 한국에서의 교육 투자

개념 적용문제

02. 학술문 - 인문 / 예술 / 과학 / 사회

[1~2] 다음 글을 읽고 물음에 답하시오.

> 사람들은 흔히 자기네들의 관습적인 행동과 태도가 가장 옳은 것이고, 다른 나라의 관습은 비도덕적인 것 또는 비윤리적인 것이라고 간주하는 경향이 있다. 이런 식이라면 다른 나라 사람들이 우리의 관습을 볼 때 똑같은 식으로 부정적 평가를 내릴지도 모른다.
>
> 특정의 음식물을 먹을 수 있는지 없는지는 영양학적인 칼로리 함유량에 의해서 결정되는 것이 아니고, 의복도 인체를 보호하려는 목적 이상의 것이다. 거의 모든 인간 사회에서 특정의 음식물을 꼭 사용해야만 하고 또 어떤 것을 금지해야만 하는 규정, 즉 음식에 대한 금기 또는 터부(Taboo) 현상이 나타나고 있다. 힌두교도들은 쇠고기를 먹지 않으며, 회교도들은 돼지고기 먹기를 금지하고, 미국 사람들은 개고기와 말고기를 터부로 규정하고 있다. 유대인들은 물고기 중에서도 비늘을 가진 것만을 먹지만, 오스트레일리아의 원주민 태즈메이니안(Tasmanian)족은 비늘을 가진 물고기를 먹는 것을 금하고 있다.
>
> 이런 식으로 사실상 인간이 소화시킬 수 있는 모든 음식물은 어디에선가 사람들에 의하여 식량으로 소모되고 있다. 그러나 다른 한편으로 모든 먹을 수 있는 음식물은 어디에선가 누구에게는 터부로 규정되어 먹는 것이 금지될 수 있다. 의복의 경우에도 마찬가지이다. 사람들은 착용한 의복에 의하여 다른 사람 또는 다른 계급이나 계층의 사람과 구별되고 있다. 추운 지방에서 거의 벌거벗고 사는 민족이 있는가 하면, 뜨거운 열대 지방에서 옷을 많이 걸쳐 입고 사는 민족도 있다.
>
> 이와 같이 다양한 문화들 간에는 그 어느 것이 더 좋고 옳은 것이며, 또 어떤 것이 더 나쁘다거나 틀린 것이란 평가를 내릴 수 없다. 단순한 예로 우리나라의 부인들이 치마저고리를 입고, 일본의 부인들이 기모노를 입지만, 그중 어느 것도 옳다거나 틀렸다는 평가를 내릴 수는 없는 일이다. 사촌 간의 혼인을 금하는 관습을 가진 우리가 사촌 간에 혼인하는 것을 용인하는 어떤 다른 나라 사람보다 더 선진적인 것도, 더 개화된 것도 아니다. 그 나라에서는 그럴 만한 이유가 있고, 이에 관련된 다른 문화 요소들이 특정 관습을 허용하게 짜여 있다. ⃞ ㉠ ⃞ 그 사회의 문화는 그 사회의 성원들에게는 가치가 있지만 다른 형식의 문화를 가진 사람들에게는 기이한 것으로 보일지 모른다. 문화 간의 비교 연구에 많은 관심을 두고 있는 인류학자들에게는 반드시 이런 문화의 상대성(Cultural Relativity)을 인정할 것이 요구되고 있다.

1 윗글의 제목으로 가장 적절한 것은?

① 아시아의 전통 문화 비교
② 지역에 따른 의복 착용의 차이
③ 계급과 계층에 따른 의복 착용
④ 전통과 현대의 금기 대상 차이
⑤ 문화 비교 연구와 문화의 상대성

> **문제풀이 ▶** 윗글에서는 각 나라마다 금기하는 음식이 다르고, 문화적 차이에 따라 입는 옷이 다르다는 점을 언급하고 있다. 그리고 문화 간의 비교 연구에서 이러한 문화의 상대성을 인정할 것이 요구된다는 점을 말하고 있다. 따라서 '문화 비교 연구와 문화의 상대성'이 윗글의 제목으로 가장 적절하다.
>
> **정답** ⑤

2 윗글의 ㉠에 들어갈 말로 가장 적절한 것은?

① 문화의 우열을 논하는 학자들이 있다.
② 인류학자들은 그 관습의 원인을 찾고자 한다.
③ 이와 같이 각 사회의 문화 간 차이는 상대적이다.
④ 그러므로 금지와 용인의 대상은 시대별로 변화하는 것이 당연하다.
⑤ 다른 나라에 그럴 만한 이유가 무엇이었는지 관심을 가질 필요는 없다.

문제풀이 ▶ ㉠의 앞에 나라의 문화마다 '그럴 만한 이유'가 있다고 언급하고 있다. 따라서 문화 간의 차이는 상대적이라고 판단하는 것이 적절하며, 그 흐름을 이어 문화 간의 비교 연구에 대한 내용이 오는 것이 자연스럽다.

정답 ③

03 실용문

기출유형 ❶

다음 글의 내용으로 볼 때 ⊙에 해당하지 않는 것은?

보도 자료

비대면 업무시스템 구축, 비대면 서비스 이용권으로 해결하세요!
– ⊙23년도 비대면 서비스 이용권 수요기업 모집 공고(3.14) –

□ 중소기업의 비대면 업무시스템 구축을 위해 1만 5천 개 중소기업에 화상 회의·재택근무(협업 Tool) 등 비대면 서비스 이용권 지원(기업당 최대 400만원)
□ 이용권 지원 대상은 중소기업기본법 제2조에 따른 중소기업이며, 23년부터는 서비스 활용 계획 평가를 통해 평가점수가 높은 순으로 이용권을 지급
  ○ 또한, 대리 신청·결제, 환급 등 부정행위 원천 차단을 위해 청렴서약서 제출 의무가 부여 되고, 접속 기록을 활용한 서비스 사용 점검도 강화할 계획
□ 참여 희망 기업은 '케이(K)-비대면 이용권 플랫폼'(www.k-voucher.kr)에서 비대면·온라인 신청(4월 1일(금) 09시부터 4월 14일(목) 16시까지)

□ 중소벤처기업부(장관 권칠승, 이하 중기부)는 3월 14일(월)에 중소기업의 원격·재택근무 등 비대면 업무시스템 구축을 위한 '23년 비대면 서비스 이용권 사업' 수요기업 모집 계획을 공고했다.

□ 올해 410억 원 예산을 투입해 1.5만여 개 중소기업에 화상 회의, 재택근무(협업 Tool) 등의 비대면 서비스를 이용할 수 있는 이용권이 지급될 계획이며, 기업당 최대 400만 원(자부담 30% 포함) 까지 지원된다.

□ 이용권 지원 대상은 중소기업기본법 제2조에 따른 중소기업이며, 비대면 서비스 활용 의지가 높은 기업에 이용권이 지원될 수 있도록 올해부터 자부담률이 상향(10 → 30%)되고, 상대적으로 비대면 서비스의 수요가 낮은 사업자는 신청 대상에서 제외된다.

□ 사업 신청·접수는 4월 1일(금) 09시부터 4월 14일(목) 16시까지 '케이(K)-비대면 이용권 플랫폼' (www.k-voucher.kr, 이하 플랫폼)을 통해 진행되며, 신청 기업을 대상으로 서비스 활용계획 평가를 통해 평가점수가 높은 순으로 이용권이 지급되고, 평가점수가 낮은 사업장은 지원 대상에서 제외된다.

〈서비스 활용계획 평가(안)〉

서비스 활용계획 항목
• 업무 환경 및 서비스 필요성 (400자 내외로 작성)
• 서비스 활용계획 (600자 내외로 작성)

⇨

평가 항목 및 점수
• 지원 필요성 (40점)
• 활용계획의 구체성·적절성 (60점)

* 가점: 고용원 수(2~10점), 정책 우대(3~10점)

□ 이용권을 지급받은 수요기업은 400만 원 이용권 한도 내에서 희망 서비스 분야와 공급기업(서비스 제공기관)을 선택해 이용권 서비스를 지원받을 수 있다. 공급기업에서 제공하는 서비스 상품은 3월 30일(수)부터 체제를 통해 공개될 예정이다.

〈제공 서비스 분야〉

비대면 서비스 분야	내용
화상 회의	기업 내·외부 간 회의, 영상 면접 등 온라인을 활용한 화상 회의 서비스
재택근무(협업 Tool)	기업 내 임·직원의 재택근무 등에서 활용이 가능한 업무 파일 및 화면 공유 등 온라인 협업 클라우드 서비스
네트워크·보안 솔루션	해킹 방지 및 정보 보안 등을 위한 온라인 보안 서비스

□ 사업 공고의 구체적인 내용은 중기부 누리집(www.mss.go.kr) 또는 '케이(K)-비대면 이용권 플랫폼'(www.k-voucher.kr)을 통해 확인이 가능하다.

① 비대면 제도 도입 컨설팅 서비스는 이 비대면 서비스 분야에 포함되지 않는다.
② 비대면 서비스 이용권을 받고자 하는 중소기업은 서비스 활용계획을 제출해야 한다.
③ 비대면 서비스 이용권을 지급받은 기업은 서비스 분야와 공급기업을 선택할 수 있다.
④ 비대면 서비스의 수요가 낮은 사업자가 이용권 서비스를 우선적으로 지원받을 수 있다.
⑤ 청렴서약서를 제출하여야 부정행위의 차단 의지가 있다고 판단되어 서비스를 받을 수 있다.

유형 익히기
글의 내용에 대한 세부적 이해 능력을 평가하는 유형의 문항이다. '적절한 것은?, 적절하지 않은 것은?'의 발문이 제시되며 글 전체에 대한 이해를 묻는 문항, 글 내용 중 일부의 적용에 대한 이해를 묻는 문항 등의 유형이 출제되고 있다. '자료, 보도 자료, 전자 문서' 등의 텍스트에서 대부분 현재의 사회적 이슈를 다룬다는 점을 주목하여 문제 풀이를 대비하면 좋다.

문제풀이
비대면 서비스 이용권 지원은 비대면 서비스 활용 의지가 높은 기업에 지원될 수 있도록 하는 것이 정책의 방향이며, 상대적으로 비대면 서비스의 수요가 낮은 사업자는 신청 대상에서 제외된다고 하였다.

정답 | ④

기출 핵심개념   03. 실용문

1. 빈출 순으로 살펴보는 실용문 문제 유형

(1) 사실적 이해

① 글, 자료의 내용에 대한 이해: 제시되는 글의 길이가 긴 편이므로 글의 전체적인 내용을 빠르게 파악하고 이를 선지의 내용과 비교하여 답을 찾아내야 한다. 본문과 일정 부분 일치하는 내용을 포함하고 있는 선지가 아니라, 본문의 내용과 100% 일치하는 선지를 택해야 하는 것이 관건인 유형이다.

실용문의 자료에서 주로 출제되는 '자료'는 안내문, 공고문, 약의 설명서 등이며 인터넷 홈페이지에서 볼 수 있는 다양한 주의 사항과 구입 안내 등도 출제되고 있다. 일시, 특징, 금액, 장소, 대상, 내용 등 다양한 항목이 포함된 자료를 정확하게 이해하고 선지를 택해야 한다.

• 윗글의 내용을 통해 알 수 있는 내용이 아닌 것은?
  ① 조선 사람들은 단발령이 외세의 유입과 관련이 있다고 생각하였다.
  ② 남성은 상투를 트는 행위를 통해 사회적, 가족적 권위를 인정받았다.
  ③ 조선 사람들에게 상투를 트는 관습은 오랜 세월 동안 토착화된 것이었다.
  ④ 단발령은 백성들의 정서와는 상관없이 공권력에 의해 강제로 집행되었다.
  ⑤ 선교사들은 단발령으로 인해 상투를 잘린 조선 사람들을 보호하기도 하였다.

• 〈보기〉는 어떤 약에 대한 설명서이다. 이 약의 취급 방법으로 적절하지 않은 것은?
  ① 이 약을 기밀 용기에 담겨 있는 채로 25℃에서 보관하였다.
  ② 이 약을 사용하니 혈압 저하 증상이 나타나 투여를 중지하였다.
  ③ 이 약을 점안할 때 약이 담긴 용기가 눈에 닿지 않도록 조심하였다.
  ④ 이 약을 3일 점안했는데도 각막염이 호전되지 않자 10일을 더 점안하였다.
  ⑤ 이 약이 담긴 용기 입구가 지저분해져 약물을 다른 기밀 용기에 옮겨 넣었다.

참고

'자료 이해'에 관한 기타 기출 발문
• 위 공고문의 내용을 바르게 이해한 것은?
• 이 사진전에서 확인할 수 있는 내용이 아닌 것은?
• 다음 '지원 내용 및 유의 사항'을 참고할 때, 공고문을 잘못 이해한 것은?
• 다음 안내문의 내용을 바탕으로 할 때, 이 시설의 이용 원칙과 일치하지 않는 것은?

---

② 도표, 그래프 등에 대한 이해: '실용문' 영역의 문항 중에서 가장 무난하게 풀 수 있는 유형으로, 도표나 그래프상의 수치를 정확하게 확인하면 된다.

- 〈보기〉의 자료를 이해한 내용으로 적절하지 않은 것은?
  ① 2009년에서 2011년 사이에 돌봄 교실을 설치한 학교의 수가 급격히 증가하였군.
  ② 설문에 응답한 학부모들은 돌봄 교실 프로그램의 개선이 가장 필요하다고 여기는군.
  ③ 돌봄 교실을 이용하는 학생 수는 2012년에서 2013년 사이에 가장 많이 증가하였군.
  ④ 2008년과 비교해 2013년 현재 돌봄 교실을 설치한 학교의 비율은 두 배 이상 증가하였군.
  ⑤ 설문에 응답한 학부모들은 보조 강사의 증원보다 강사의 자질 향상이 더욱 필요하다고 여기는군.

③ **전개 방식, 서술 방식, 자료의 활용 방안에 대한 이해**: 실용문의 여러 제재 중 '교술, 평론'의 영역과 관련하여 다수 출제되는 유형으로, 텍스트의 장르에 따라 정답률에 편차가 있는 편이다. '예술, 과학, 사회'와 관련한 새로운 주제들이 출제될 수 있음에 유의하여 전개 방식이나 서술 방식, 자료의 활용 방안에 답해야 한다.

- 윗글의 서술 방식에 대한 설명으로 가장 적절한 것은?
  ① 인상적인 장면을 간추려 전체 줄거리를 설명하고 있다.
  ② 영화 속 등장인물들을 실제 세계와 연결하여 소개하고 있다.
  ③ 사건이 일어나게 된 원인을 밝히고 그에 따른 결과를 제시하고 있다.
  ④ 서술자가 등장인물의 내면 심리의 흐름을 설명하듯이 진술하고 있다.
  ⑤ 영화의 주인공에 대해 비판적 시각을 유지하며 삶의 각성을 촉구하고 있다.

2개 이상의 시각 자료(통계 자료)와 인터뷰 자료가 결합된 문항의 경우 자료의 활용 방안에 대해 질문하는 문항이 고정적으로 출제되고 있으며, 자료의 활용과 전개 및 서술 방식에 대해 종합적으로 묻는 형태로 출제되고 있다.

> **참고**

'서술 방식에 대한 이해'에 관한 기타 기출 선지

- 권위 있는 사람의 말을 인용하고 있다.
- 유사한 속성을 지닌 사례를 열거하고 있다.
- 설명하고자 하는 대상의 속성을 분류하고 있다.
- 문장 부호를 사용하여 추가적인 정보를 제공하고 있다.
- 주요 용어의 개념을 정리하여 독자의 이해를 돕고 있다.
- 생활 주변의 사례를 들어 독자의 흥미를 유발하고 있다.
- 정의의 방식을 사용하여 특정 대상의 개념을 밝히고 있다.
- 특정한 결과에 대한 논리적 원인을 규명하여 제시하고 있다.
- 서술자가 경험하게 된 내적 갈등을 점층적으로 제시하고 있다.
- 공간의 이동에 따라 느끼게 되는 감정의 변화를 제시하고 있다.
- 구체적인 사례를 열거하고 이로부터 도출되는 원리를 제시하고 있다.
- 시간의 흐름에 따라 서술자가 직접 경험한 사실과 심리를 제시하고 있다.
- 글의 내용에 대한 독자의 이해를 돕기 위해 다양한 사례를 제시하고 있다.
- 글쓴이의 주장을 부각시키기 위해 대조적 속성을 지닌 대상을 제시하고 있다.

기출 핵심개념

④ **글의 제목 설정(교술·평론)**: '교술' 혹은 '평론'과 관련하여 출제되는 유형으로, '내용과 일치하지 않는 것' 등의 세부 사항을 묻는 유형보다 선지를 고르기 쉽지 않은 유형이기도 하다. 글의 일부가 아닌 전체의 맥락을 분명하게 파악해야 하기 때문이다.

> - 윗글의 제목으로 가장 적절한 것은?
>   ① 잃으면서 자란다
>   ② 아이는 부모의 스승이다
>   ③ 누구에게나 시련은 있다
>   ④ 아이들에게 아픔 없는 세상을
>   ⑤ 부모가 되어야 느낄 수 있는 것들

> - 윗글의 제목으로 가장 적절한 것은?
>   ① 불평 대신 감사하자
>   ② 진실한 행복을 찾아서
>   ③ 노력과 열정으로 얻는 결과
>   ④ 누구에게나 행복할 권리가 있다
>   ⑤ 우리 삶의 진정한 목표를 찾아서

⑤ **글의 주제 선택(교술)**: '교술'의 영역 중 특히 감상문과 관련된 유형이다. 글쓴이가 글의 제재에 대해 어떠한 생각을 가지고 있는지 파악하고 이를 적용한 선지를 택해야 한다.

> - '이솝 우화'에 대한 글쓴이의 생각과 가장 유사한 것은?
>   ① 이솝 우화는 삶의 지혜를 담고 있다.
>   ② 이솝 우화는 도덕적인 교훈을 담고 있다.
>   ③ 이솝 우화는 신에 대한 신앙심에서 비롯되었다.
>   ④ 이솝 우화는 동물들의 습성을 온전히 담고 있다.
>   ⑤ 이솝 우화는 사랑의 의미에 대한 성찰을 담고 있다.

(2) **추론적 이해**

① **구체적 사례에 적용**: 실용문의 제시 글 중 설명서 등의 '자료' 혹은 '보도 자료'와 관련이 있는 문항 유형이다.

> - 다음 인터넷 게시 글을 읽고 난 반응으로 가장 적절한 것은?
>   ① 나는 직불 카드밖에 없으니, 각종 이체를 하려면 신용 카드부터 발급받아야 하겠군.
>   ② 자동 이체일과 신용 카드 결제일이 같으니, 한꺼번에 많은 돈이 인출되어 부담이 되겠군.
>   ③ 취업도 하고 해서 부모님의 이용 요금을 내가 지불하려고 했는데, 내 신용 카드로는 자동 이체 신청이 불가능하군.
>   ④ 신용 카드로 자동 이체를 한다고 해서 실질적으로 도움이 되는 것이 없잖아. 차라리 할인을 받을 수 있는 다른 방법을 찾아보아야겠어.

⑤ 집 근처에 대리점이 3군데나 있는데, 굳이 전화를 하거나 인터넷을 이용해야 하다니, 대리점에서 직접 신청하는 것도 가능했으면 좋겠어.

- 다음 글을 읽고 보인 반응으로 가장 적절한 것은?
  ① 상품을 교환하려면 반드시 게시판에 신청을 해야 하겠군.
  ② 서비스 홈페이지를 이용해 제품을 반품하려면 보름 안에는 연락해야겠군.
  ③ 제품에 문제가 있어 교환을 할 때도 다른 제품으로 바꾸기는 어려운 것이군.
  ④ 교환이나 반품의 처리 여부는 회사에 제품을 보내면 즉시 확인할 수 있겠군.
  ⑤ 내가 착불로 산 물건에 이상이 없지만 바꾸고 싶을 때는 배송비 2,500원을 내면 되겠군.

> **참고**
> '구체적 사례 적용'에 관한 기출 발문
> - 비행기 탑승 예정자가 위 안내문을 읽은 후에 보일 수 있는 반응으로 적절하지 <u>않은</u> 것은?
> - 중국을 여행하고 귀국하는 사람이 위 안내문을 읽고 제기할 수 있는 질문으로 가장 적절한 것은?

② **빈칸에 들어갈 내용, 어휘 추리**: 난도가 매우 낮은 유형이다. 빈칸의 앞뒤 내용을 파악한 후 고민 없이 바로 답을 선택할 수 있어야 한다.

- 문맥상 (㉠)에 들어갈 수 있는 말로 가장 적절한 것은?
  ① 냉혹한   ② 답답한   ③ 복잡한
  ④ 우울한   ⑤ 심각한

③ **적절한 한자 성어, 속담, 관용 표현 찾기**: 선지로 제시되는 한자 성어의 난도가 높지 않으므로 글에 제시된 상황만 명확하게 이해하면 어렵지 않게 풀 수 있는 문제 유형이다.

- [A]의 상황에 어울리는 한자 성어로 가장 적절한 것은?
  ① 다다익선(多多益善)   ② 금상첨화(錦上添花)   ③ 점입가경(漸入佳境)
  ④ 설상가상(雪上加霜)   ⑤ 당랑거철(螳螂拒轍)

(3) 비판적 이해

① **글에서 설명·주장한 내용에 대한 비판(교술)**: '교술'과 관련된 유형으로, 글의 화제와 주제를 파악하고 이에 대해 적절한 비판을 하고 있는 선지를 택해야 한다. 난도가 높은 편이나, 매회 출제되는 유형은 아니다.

- 윗글의 내용을 비판적으로 이해한 내용으로 가장 적절한 것은?
  ① 아이가 겪는 고통을 외면한 채, 사회적 효용만을 강조하는군.
  ② 기성세대의 낡은 생각과 견해를 무비판적으로 수용하고 있군.
  ③ 사회적 사건과 혼란에 대해 지나치게 낙관적인 생각을 가지고 있군.
  ④ 사물의 다양한 측면을 고려하지 못하고 자신의 관점만을 강요하는군.
  ⑤ 인생의 밝은 측면들을 외면하고 어두운 현실 인식으로 일관하고 있군.

2. 실용문 주제

(1) 자료(그래프, 설문 조사, 통계 자료 등 포함)

- 가을철 야외 활동 시 안전 수칙
- 경제 활동 인구 조사
- 교육정책네트워크 정보 센터
- 국산 승용차 시장 내 비중
- 노인 일자리 창출 및 제공 건수
- 배의 월별 도매 가격
- 사법 시험 대체 자격 시험들의 응시 인원 추이
- 성별, 학업 성취별, 학교급별 준법 의식 분포
- 식품 장보기
- 심폐소생술 가이드라인
- 약품 사용 관련
- 어린이 인구 및 교통사고 사망자 실태
- 자동차 교통사고 통계
- 종이책과 전자책 독서량 변화 추이
- 청소년 백서 및 청소년 상담복지개발원 상담 통계
- 초등학생 하굣길 교통사고, 등교 때의 3배
- 친환경 농산물 생산량 추이
- 회사별 유류 판매 가격
- 2017년 심장 정지 환자 생존율, 2006년 대비 4배 증가
- 가축 동향 조사 결과
- 고령층 인구, 취업자 및 고용률 추이
- 교육청 정규 및 기간제 교원 수
- 기상청 주요 분야별 예산 비교
- 대중 매체에서 모르는 말을 접하는 빈도
- 분뇨 발생량 및 처리 시설 용량
- 서울 시민 비만율 4년째 상승
- 소비자 물가 동향
- 실업률과 청년 실업률 변화 추이
- 아파트 전세 가격 추이
- 양성평등 실태 조사
- 입영 희망 인원수와 입대 가능 인원수
- 저출산으로 사라진 초·중·고등학교
- 지진 발생 시 행동 요령
- 초등 돌봄 교실 운영 현황
- 초·중·고등학교 전교생 수 현황
- 현재 통화별 환율
- 1차 체력 검사 결과

(2) 안내문

- 건강 보험료 연체금
- 경복궁 야간 특별 관람
- 교복 나눔 행사
- 국민건강보험 본인 부담 상한제 안내
- 경찰청 유실물 통합 포털 유실물 종합 안내
- 대설 특보 시 행동 요령
- 모세포 기증 등록자
- 미세 먼지 발생 시 조치 안내
- 스프레이 사용 안내문
- 열차 지연에 따른 보상 안내
- 자동차 보험 약관 안내
- 잠실 종합 운동장 대관
- 주정차 위반 과태료 안내
- 지진 방재 개선 대책 안내
- 창덕궁 관람 시간 및 요금
- 겨울철 실내 신체 활동 방법
- 고궁 관람 예약 안내
- 국기 게양 방법 안내
- 국민건강보험 직장가입자의 피부양자 등록 조건
- 노인 일자리 사업
- 도서관 이용 안내
- 뮤지컬 〈맨 오브 라만차〉
- 박물관 이용 안내
- 시설 이용 안내
- 인물 사진의 거장 카쉬전
- 자전거 도로의 통행 방법
- 종합 소득세 신고 대상
- 주차장 이용 안내
- 차량의 차대 번호 형성 방법
- 청소년 박물관 탐구반 교육 안내

- 청소년 자원봉사 우수 사례 공모
- 항공 수하물 안내
- 폭염 재난 예방 대책설비 보조 사업 안내
- 현역 복무 지원서 작성 시 유의 사항 안내

(3) 보도 자료

- 경찰, 생활 적폐 특별 단속 실시
- 공문서 작성 방법, 쉽고 편하게 바꾼다
- 금융 사기 예방, 호우 특보 시 주민 행동 요령
- 다문화 학생 지원 계획 발표
- 뜨거운 여름, 휴가철 야외 활동 시 '일광 화상' 주의
- 문화누리카드 지원금 인상으로 선택의 폭 확대
- 빈 병 보증금 제도
- 사교육비 조사 결과 주요 특징 및 대응 방안
- 산림 내 무단 방치 폐기물 처리 수거 추진
- 인플루엔자 감염 예방 방법
- '일본뇌염 주의보' 발령
- 자전거 등록 정보 종합 안내
- 전국 지자체 배출 가스 5등급 차량 운행 제한 실시
- 징병 신체검사 등 검사 규칙
- 항공사 안전 정보 확인
- 1마을 1기업 육성으로 새로운 지역 경제 기반 만든다
- 1분기 자동차세, 7월 1일까지 꼭 납부하세요!

(4) 전자 문서

- 교통사고 예방 협조 서한문
- 국민신청실명제
- 숲길 조성 계획 공고
- 코로나19 백신 접종 재개에 따른 협조 요청
- 통계 데이터 분석 센터 이용료 안내
- 혐오 차별 예방 교육 및 홍보 자료 활용 배포 요청
- R&D 분야 지원을 위한 기업 수요 설문 조사 협조 요청
- 20○○년 1차 학교 폭력 실태 조사 결과 발표

⇨ 실용문 관련 출제 문항의 난도는 '보도 자료 〉 안내문 〉 자료 = 전자 문서'이다. 특히 통계 자료가 제시되는 문항과 전자 문서가 제시되는 문항은 중등 국어 이하의 수준이다. 사실적 이해를 요구하는 문항이 많으며, 비판적 이해와 추론적 이해는 난도가 비교적 낮게 출제된다.

(5) 기타

① 교술 및 실용

- 개정 7차 중학교 국어
- 그리움으로 걷는 옛길
- 릴리어스 호튼 언더우드
- 사실적 이해
- 아름다운 세상, 아름다운 사람
- 임동헌, 〈강원도 고갯길 여행〉
- 계용묵, 〈구두〉
- 김준태, 〈아들에게 보내는 편지〉
- 박정하, 〈실존주의 – 나답게 살기 위하여〉
- 성석제, 〈천국에는 사다리가 없다〉
- 여수 사계절 관광 사진 공모
- 정항균 등, 〈스무 살, 인문학을 만나다〉

② 평론

- 사랑을 카피하다
- '시를 담다' 대중문화 비평
- 예술과 경제를 움직이는 다섯 가지 힘
- 유종호, 〈냉혹한 생존 법칙, 이솝 우화집〉
- 혼자 놀기 문화와 소비 문화
- 스토리문학관
- 아리스토텔레스의 정치학
- 욕망하는 영화 기계
- 자유로운 몸으로 영화를 철학하다

⇨ 창안 영역에서 자주 출제되었던 '공익 광고'에 관한 문항이 1개 내외로 출제되는 경향이 있다. 난도는 낮은 문항이므로 공익 광고를 보고 적절한 내용을 택하면 된다. '공익 광고 협의회' 홈페이지의 내용을 참고하면 유용하다.

개념 적용문제 03. 실용문

1 다음 글에 대한 평가로 적절하지 <u>않은</u> 것은?

○○시

수신: ○○렌터카
(경유)
제목: 자동차 대여 사업 변경 등록(신차 구입) 신청 수리 알림

1. 귀사의 무궁한 발전을 기원합니다.
2. 귀사에서 신청하신 자동차 대여 사업 변경 등록(신차 구입) 신청에 대하여 여객 자동차 운수사업법 제14조, 제35조 및 같은 법 시행 규칙 제35조, 제71조의 규정에 의거 다음과 같이 수리하오니 택시 형태의 불법 영업 행위 금지, 등록 차량의 종합 보험 가입, 사무실 내 대여 약관 게시 등 제반 법규를 준수하여 주시기 바랍니다.

[등록 조건 및 준수 사항]
1) 자동차 대여 사업의 등록 기준을 계속 준수하여야 하며 직영으로 경영하여야 합니다.
2) 대여 사업용 자동차는 자동차 책임 보험 및 자동차 종합 보험(대인 무한, 대물, 자손)에 가입하여야 하며, 사업용 자동차의 차령을 계속적으로 유지하여야 합니다.
3) 신규 증차 차량은 30일 이내에 자동차 등록을 이행하시고, 감차 차량은 30일 이내에 변경 등록(이전 또는 말소)하여 주시고, 이관 차량은 15일 이내에 이관 등록하여야 합니다.
4) 증차된 차량은 여객 자동차 운수 사업법 시행 규칙 제40조의 규정에 의거 30일 이내에 붙임 서식에 따라 여객 자동차 운송 사업 개시 신고를 이행하시기 바랍니다.
5) 사무실 및 차고는 임대 기간 또는 사용 계약 기간의 만료일 1개월 전에 자동차 대여 사업 변경 등록 신청하여야 합니다.
6) 제출된 서류가 허위이거나 관련 법령 및 행정 명령, 등록 조건 등을 위반하거나 불이행할 경우에는 등록 취소 등의 불이익 처분을 받게 됩니다.

3. 관련 기관에서는 업무에 참고하시기 바랍니다.

① 법적인 근거를 들어 관련한 내용을 전달하고 있다.
② 수신자가 수행해야 할 내용을 구체적으로 안내하고 있다.
③ 수신자의 요청에 대한 처리 결과를 공식적으로 알리고 있다.
④ 등록 조건을 준수하지 않을 때의 결과에 대해 설명하고 있다.
⑤ 수신자의 사업적 성과에 대해 긍정적인 결과가 있을 것임을 기대하고 있다.

문제풀이 ▶ 수신자인 렌터카 회사에 형식적인 인사를 하였을 뿐, 수신자의 사업적 성과에 대해 평가하거나 언급한 내용은 없다.

정답 | ⑤

개념 적용문제

2 다음 〈보기〉의 자료를 해석한 내용으로 적절하지 <u>않은</u> 것은?

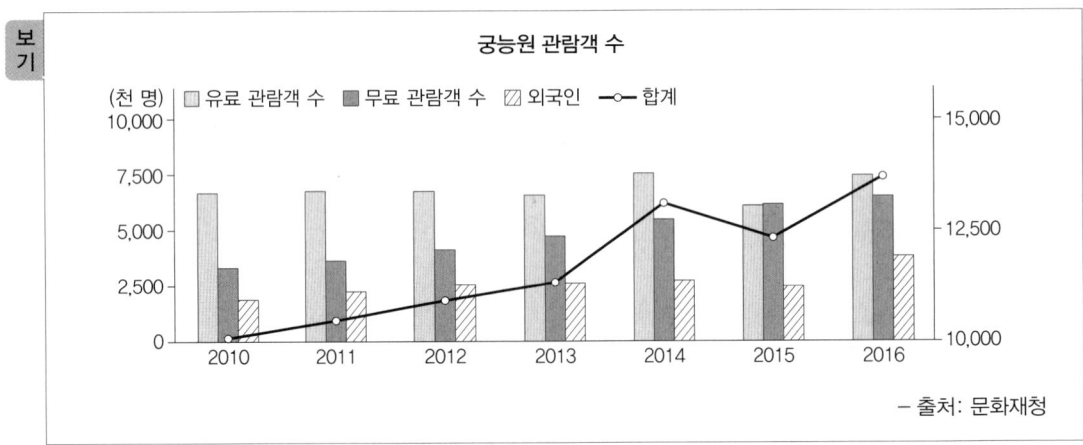

― 출처: 문화재청

① 2016년 외국인 관람객 수는 전년 대비 다소 증가하는 추세이다.
② 외국인 관람객 수와 무료 관람객 수의 차이가 가장 컸던 해는 2014년인 것으로 나타났다.
③ 유료 관람객 수와 무료 관람객 수의 차이가 가장 적었던 해는 2015년인 것으로 나타났다.
④ 총 관람객은 2010년부터 2013년까지 완만히 증가하다가 2014년에 큰 폭으로 증가하였다.
⑤ 무료 관람객 수는 지속적으로 증가하고 있으나, 유료 관람객 수는 증가와 감소가 거듭되고 있다.

문제풀이 ▶ 외국인 관람객 수와 무료 관람객 수의 차이가 가장 컸던 해는 2015년이다.

정답 ②

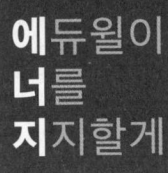

할 수 없는 이유는 수없이 많지만 할 수 있는 이유는
단 한 가지입니다.
당신이 하기로 결정했기 때문입니다.

당신이 결정하면 온 세상이 그 결정을 따라 움직입니다.

– 조정민, 『사람이 선물이다』, 두란노

PART VI

국어문화

01 국어학
02 국문학

국어문화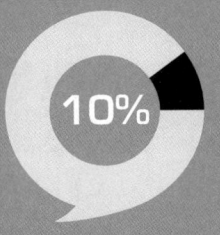

📋 최근 13개년 기출 전 문항 분석 결과

영역	출제 유형	출제 문항 수
[91~100] 국어문화	국문학–작품/작가	3
	국어학–국어사/내용 파악	3
	국어학–수어/점자	2
	국어학–매체	2

- ☑ '국문학'은 정답률이 매우 낮다. 최대한 많은 작가의 성향과 작품 정보를 살펴 눈에 익히는 것이 중요하다. 고전시가의 경우 갈래(향가, 고려가요, 가사 등)를 나누어 익히고, 고전소설은 작품 제목과 내용을 연결 지으며 공부한다. 현대시와 현대소설은 해당 작가의 성향과 대표작을 함께 익혀두어야 작품을 보고 작가를 찾거나 작가를 보고 작품을 찾는 문제를 모두 맞힐 수 있다.
- ☑ 국어학에서 '국어사'는 '훈민정음 해례본'을 중심으로 출제된다. 처음 익히기는 어려우나 한번 외우면 문제 유형이 바뀌어도 언제든 적응할 수 있으니 충실히 공부한다.
- ☑ 국어학에서 개화기(근대)의 '신문 기사 내용'을 파악하는 문제는 해당 표기를 발음하면 어떻게 소리가 날지 생각하면 의미가 쉽게 이해된다.
- ☑ 수어, 점자, 북한어는 반복해서 출제되지 않으니 〈보기〉의 자료를 보고 유추해서 푼다. 어법 파트에서 익힌 로마자 표기법과 문장 부호까지도 북한어 공부에 활용된다.
- ☑ 법령문은 내용 정리 파트를 충분히 공부하고, 한자어 뜻과 맥락을 살펴서 풀도록 한다.

최신 6회분 기출 분석 [91~100] 국어문화

문항번호	A회 유형/분류	A회 지문	A회 자료/개념	B회 지문	B회 지문	B회 자료/개념	C회 유형/분류	C회 지문	C회 자료/개념
91	국문학-고전문학		속미인곡	국문학-고전문학		누항사	국문학-고전문학		오우가
92	국문학-현대문학		표본실의 청개구리	국문학-현대문학		난장이가 쏘아 올린 작은 공	국문학-현대문학		꺼삐딴 리
93	국문학-작가		박목월	국문학-작가		박경리	국문학-작가		이용악
94	국어학		동아일보	국어학		동아일보	국어학		매일신보
95	국어학	심청전	하릴없소, 대명천지, 후사, 불초녀, 천명	국어학	조웅전	반반, 고금, 사고무친, 천병만마, 시석	국어학	백학선전	화설, 쇠진하다, 점막, 수간모옥, 서생
96	국어학		〈훈민정음〉 언해본	국어학		〈훈민정음〉 서문	국어학		〈훈민정음〉 서문
97	국어학-북한어		남북 사전 배열 순서	국어학-북한어		남북의 표기	국어학-북한어		남북한 띄어쓰기
98	국어학		수어	국어학		점자	국어학		수어
99	국어학		매체 언어-법률	국어학		매체 언어-법률	국어학		매체 언어-법률
100	국어학		매체 언어	국어학		매체 언어	국어학		매체 언어

국어문화 학습 전략

KBS한국어능력시험의 국어문화 영역은 국어국문학의 여러 영역에 해당하는 교양 지식을 평가하는 문항이 출제된다. 지식을 전부 암기해야 하므로, 3~4문항 빼고는 정답률이 낮다. 자주 출제되는 개념을 외우고, 최신 기출 문제의 정답과 나머지 선지들을 여러 번 보고 눈에 익히는 것이 좋다.

남북한의 문법을 비교하는 문항은 선지가 반복적으로 출제되는 경향이 있음을 참고하여 현대 국어의 주요 문법 개념을 공부해야 한다. 수어 문항은 국립국어원의 한국 수어 사전에 실린 자료가 어떤 단어를 의미하는지를 묻는 유형이 출제되고, 점자 문항은 점자 자체에 대한 이해 유형과 〈보기〉에 제시된 자음과 모음을 바탕으로 새로운 단어를 표기하는 문항이 출제된다. 그리고 국문학은 〈보기〉에서 설명하는 문학 작품이나 작가, 문학 이론을 고르는 문항이 출제된다.

문항번호	D회 유형/분류	D회 지문	D회 자료/개념	E회 유형/분류	E회 지문	E회 자료/개념	F회 유형/분류	F회 지문	F회 자료/개념
91	국문학-고전문학		양반전	국문학-고전문학		구운몽	국문학-고전문학		한중록
92	국문학-현대문학		동백꽃	국문학-현대문학		쉽게 쓰여진 시	국문학-현대문학		독 짓는 늙은이
93	국문학-작가		기형도	국문학-작가		하근찬	국문학-작가		박재삼
94	국어학		시대일보	국어학		조선일보	국어학		동아일보
95	국어학	화의 혈	넉이고, 기엄기엄, 불근, 닐은, 양화	국어학	춘향전	다담, 예방, 차일, 녹의홍상, 백수나삼	국어학	심청전	징험, 족자, 시비, 삼경, 편주
96	국어학		〈훈민정음〉 서문	국어학		〈훈민정음〉 서문	국어학		〈훈민정음〉 언해본
97	국어학-북한어		남북한 어문규정	국어학-북한어		남북한 맞춤법	국어학-북한어		남북한 맞춤법
98	국어학		점자	국어학		수어	국어학		점자
99	국어학		매체 언어-법률	국어학		매체 언어-법률	국어학		매체 언어-법률
100	국어학		매체 언어	국어학		매체 언어	국어학		매체 언어

수험생이 묻고, 전문가가 답하다

 국어학, 문학, 수어와 점자, 문화적인 요소까지 너무 외울 게 많은데 어떻게 해야 할까요?

 국어문화는 출제되는 문항 수는 가장 적지만 공부하기가 제일 까다로운 영역입니다. 어떠한 개념이 출제될지 예측하기가 어렵고, 외우지 않으면 문제를 풀기 어렵기 때문입니다. 하지만 수어 문항은 동작을 보고 직관적으로 답을 고르고, 점자 문항은 보기의 정보로 충분히 답을 고를 수 있습니다. 그 외의 유형은 기출 유형을 중심으로 반복 학습하는 것이 도움이 될 것입니다.

01 국어학

기출유형 ❶ 수어

> 다음은 국립국어원의 '한국 수어 사전'에 실린 자료이다. 제시된 수어가 나타내는 의미는?
>
>
>
> ① 감다
> ② 뜨다
> ③ 접다
> ④ 웃다
> ⑤ 깨물다

유형 익히기 국립국어원의 '한국 수어 사전'에 나와 있는 그림이 어떤 의미를 나타내는지를 묻는 유형이다. 대부분은 직관적으로 이해할 수 있는 그림이다. 손가락의 위치와 움직이는 방향을 나타내는 화살표를 잘 보고 정답을 고르도록 한다.

문제풀이 양쪽 주먹의 검지와 엄지를 펴서 눈앞에서 끝을 맞대는 동작으로, '(눈을) 감다'를 의미한다. 손가락을 눈앞에서 모으니, 눈을 감는다는 의미가 된 것이다.

정답 | ①

기출유형 ❷ 점자

> 다음은 한글 '솜'의 점자 표기를 나타낸 것이다. 이에 대한 이해로 가장 적절한 것은?
>
>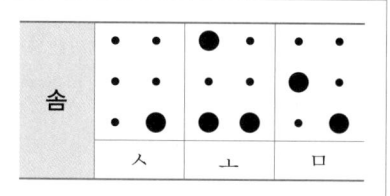
>
> ① 풀어쓰기 방식으로 적는다.
> ② 읽을 때에는 오른쪽에서 왼쪽 방향으로 읽는다.
> ③ 초성의 자음은 왼쪽 열의 점을 반드시 포함하고 있다.
> ④ 종성의 자음은 오른쪽 열의 점을 반드시 포함하고 있다.
> ⑤ 점자는 한 칸을 구성하는 점 일곱 개를 조합하여 적는다.

유형 익히기 제시된 점자 표기에서는 '솜'이라는 글자를 음소 단위인 'ㅅ', 'ㅗ', 'ㅁ'으로 풀어 썼다.

문제풀이
② 읽을 때에는 왼쪽에서 오른쪽 방향으로 읽는다.
③ 초성의 자음은 오른쪽 열의 점을 반드시 포함하고 있다.
④ 종성의 자음은 왼쪽 열의 점을 반드시 포함하고 있다.
⑤ 점자는 한 칸을 구성하는 점 여섯 개를 조합하여 적는다.

정답 | ①

기출유형 ❸ 매체 언어

> 밑줄 친 부분을 방송 언어와 관련하여 수정한 내용으로 잘못된 것은?
>
> ① 해당 고깃집은 <u>수입산</u> 쇠고기를 판매하면서 유통기한을 속여 왔습니다.
>   → '외국산'이 더 적절한 표현이다.
> ② 소위 명품 가방이라면 몇 천 <u>불</u>도 가리지 않는 소비가 잇따르고 있습니다.
>   → '불'보다는 '달러'가 더 보편적인 표현이다.
> ③ 올겨울 제설에 필요한 장비까지 <u>완료돼</u> 차량의 이동이 원활할 것으로 보입니다.
>   → 완전한 형태인 '완료되어'가 적절하다.
> ④ 앞으로 일본 정부와 시민 단체들이 어떤 반응을 보일지 <u>관심이 모아지고 있습니다</u>.
>   → '관심을 모으고 있습니다.'가 더 자연스럽다.
> ⑤ 여러 산업 부문에서 성장 지체가 반복되고 있습니다. 관광 분야는 <u>답답함이 심합니다</u>.
>   → '더 답답합니다.'가 더욱 세련된 표현이다.

유형 익히기 매체에 쓰이는 언어 가운데 올바르지 않은 표현을 바로잡는 문제 유형이다.

문제풀이
① 접미사 '-산(産)'은 '지역'과 함께 쓰이므로 '수입산'보다 '외국산'으로 표현하는 것이 적절하다.
② '달러'와 '불(弗)' 모두 미국의 화폐 단위를 일컫는 말이나, 방송 매체에서는 통상적으로 '달러'라는 표현을 많이 사용한다.
④ 불필요한 피동 표현은 되도록 삼가는 것이 좋다.(관심이 모아지고 → 관심을 모으고)
⑤ '답답함이 심합니다'는 불필요한 서술어가 쓰인 복문 형태로, '더 답답합니다'로 표현하는 것이 좋다.

정답 | ③

기출유형 ❹ 문법

> 〈보기〉의 ㉠과 ㉡에 들어갈 문법 용어를 바르게 짝 지은 것은?
>
> **보기**
> ㉠ 은(는) 용언이 활용할 때 변하지 않는 부분으로, '자다', '자고', '자니', '자서'에서 '자-'에 해당하는 부분이다. 이와 달리 ㉡ 은(는) 단어가 형성될 때에 실질적인 의미를 담당하고 있는 부분(형태소)이다. '자다'에서 '자-'는 ㉠ 와(과) ㉡ 모두에 해당된다.
>
> | | ㉠ | ㉡ | | ㉠ | ㉡ |
> |---|---|---|---|---|---|
> | ① | 어근(語根) | 어간(語幹) | ② | 어미(語尾) | 어근(語根) |
> | ③ | 어절(語節) | 어간(語幹) | ④ | 어절(語節) | 어미(語尾) |
> | ⑤ | 어간(語幹) | 어근(語根) | | | |

유형 익히기 '어근'과 '어간', '음소'와 '음절', '관형사'와 '관형어'처럼 헷갈리는 문법 용어나, 사람들이 자주 잘못 써서 눈에 익어 있는 이중 피동 표현, 중의적 표현들을 알아두는 것이 좋다.

문제풀이 형태소 가운데 단어의 중심 의미를 맡고 있는 것을 어근(語根)이라 하며, 그 외의 것을 접사(接辭)라 한다. 이때 변하지 않는 부분을 어간(語幹), 교체되는 부분을 어미(語尾)라고 한다.

정답 | ⑤

기 / 출 / 유 / 형

기출유형 ❺ 북한어

〈보기〉의 규정을 참고할 때, 제시된 단어의 표기와 발음이 모두 옳은 것은?

보기

남한어(표준어)에서 단어가 합성될 때 표기하는 '사이시옷'을 북한에서는 일절 표기하지 않는다. 단, 표기에서 'ㅅ'이 나타나지 않을 뿐, 발음은 남한과 똑같다. 단 '웃-', '옛-'은 'ㅅ'을 유지한다. 이것은 이를 단어가 아니라 접두사로 삼기 때문이다.

	남한어(표준어)		북한어	
	표기	발음	표기	발음
①	나뭇가지	나묻까지	나무가지	나무가지
②	이사짐	이사찜	이삿짐	이사찜
③	바닷가	바다가	바다가	바다까
④	웃어른	우더른	우어른	우더른
⑤	옛이야기	옌니야기	옛이야기	옌니야기

유형 익히기
남북한 언어의 공통점과 차이점을 중심으로 북한어를 이해할 수 있는지를 평가하는 문항이다. 주로 북한어의 띄어쓰기와 발음에 대한 규정이 출제된다. 때로 북한어의 어휘가 출제되기도 하지만 〈보기〉에 해당 내용이 충분히 제시되므로 특별히 이론을 외울 필요는 없다.

문제풀이
북한에서도 남한과 같이 '옛-'으로 표기하고 있으며, 발음도 남한과 동일하다.

정답 | ⑤

기출유형 ❻ 훈민정음에 대한 지식

〈보기〉에서 밑줄 친 '이체자'에 해당하는 것은?

보기

훈민정음 창제 당시 자음 글자 17자는 5개의 기본자, 9개의 가획자, 3개의 이체자로 구분되었다. 우선 기본자는 발음 기관을 본떠서 만들었다. 이렇게 만들어진 기본자에 획을 더하여 가획자를 만들었는데, 이는 획이 하나씩 덧붙으면서 소리가 한 단계씩 더 거세지는 원리를 이용한 것이다. 또한 예외적으로 근본 원리가 다른 자음 글자인 이체자도 만들어 한글 자음 글자의 체계를 완성하였다.

① ㄱ   ② ㅋ   ③ ㆁ   ④ ㅅ   ⑤ ㅍ

유형 익히기
훈민정음에 대한 지식을 묻는 유형이다. 자주 출제되는 유형은 아니지만, 내용을 모르면 정답을 맞힐 수 없으므로 미리 학습해 두어야 한다. 대체로 기본적인 수준의 내용을 물으므로 기본 지식을 미리 학습해 두자.

문제풀이
'ㄱ'과 'ㅅ'은 기본자이고, 'ㅋ'은 'ㄱ'의 가획자이며, 'ㅍ'은 'ㅂ'의 가획자이다. 'ㄱ'에 가획되어 'ㅋ'이 되면 소리가 거세지는 것과 달리, 'ㆁ'은 옛이응으로, 기본자 'ㅇ'에 가획되어도 소리가 더 거세지지 않으므로 가획자가 아니라 이체자이다.

정답 | ③

기출유형 ❼ 근대 국어

〈보기〉의 근대 신문 광고에 대한 설명으로 적절하지 않은 것은?

보기

강텰은부서질지언정!! 고무신이질기다함도 별표고무를말함이오 고무신의모양조키도 별표고무가표준이오 고무신의갑(價)만키도 고등품인, 별표고무 그렇다면…… 부채표는? 별표고무다음이오 동양의둘재니 비교적, (중략), 조흔고무 별표고무는씨여지지아니한다

① 띄어쓰기가 현대 국어와 다르게 된 예를 확인할 수 있다.
② 구개음화를 표기하는 것은 현대 국어와 같음을 확인할 수 있다.
③ 초성에 올 수 있는 자음이 현대 국어와 다르게 된 예를 확인할 수 있다.
④ 순서의 의미를 더하는 접미사가 현대 국어와 다르게 된 예를 확인할 수 있다.
⑤ 세로쓰기와 가로쓰기 모두 글을 쓰는 방향이 현대 국어와 다름을 알 수 있다.

유형 익히기

근대 국어는 현대 국어를 충분히 이해하고 있으면 현대 국어와 다른 점을 찾아 쉽게 이해할 수 있다. 근대 국어의 특징을 별도로 공부하기보다는 현대 국어와 다른 점을 찾으며 문제를 풀어 나가는 것이 도움이 된다.

문제풀이

현대 국어에서 구개음화란 두 형태소가 만날 때 실질 형태소의 받침인 'ㄷ, ㅌ'이 형식 형태소 'ㅣ'나 '반모음 ĭ'를 만나 'ㅈ, ㅊ'으로 발음되는 현상이다. '굳이[구지]'나 '같이[가치]'가 그 예이다. 그러나 근대 국어에서는 한 형태소 안에서도 구개음화가 일어나지 않았다. 〈보기〉의 '강텰'에서 'ㅌ'은 'ㅕ(ĭ+ㅓ)'를 만나서 [강철]로 발음되고 표기되었어야 하나 근대 국어에서는 그렇지 못한 사례를 발견할 수 있다.
③ '찢어지지 아니한다'를 '씨여지지아니한다'고 표기한 것에서 현대 국어와 달리 초성에 어두 자음군이 사용되었음을 알 수 있다.
④ 순서를 나타내는 '둘째'가 '둘재'로 표기되었다.

정답 | ②

기출 핵심개념　01. 국어학

국어학 영역에서는 기존 국어 시험에서 배제되어 온 국어와 관련된 상식에 대한 이해 능력이 요구된다. 현대 국어 문법과 중세 국어 문법, 근대(개화기) 문법, 북한어와의 비교 유형과 더불어, 수어와 점자 유형이 새로 출제되기 시작하였다. 최근 출제된 수어와 점자 문항은 〈보기〉를 통해 충분히 답을 유추할 수 있었으므로, 예시와 함께 공부하도록 한다. 수어와 점자에 대한 소개는 '국립국어원'의 설명을 따른다.

1. 수어

① 청각 장애인들은 소리로 말을 배울 수 없어서 '보이는 언어'를 사용한다. 이 '보이는 언어'가 바로 '수어(手語, Sign language)'다. 한국 수어는 한국어와는 문법 체계가 다른, 대한민국 농인의 고유한 언어이다.

② 국립국어원의 '한국 수어 사전'에 나와 있는 그림을 그대로 인용하여 그 동작이 어떤 의미인지를 묻는 문항이 출제된다. 대부분은 직관적으로 이해할 수 있는 그림이다. 손가락의 위치와 움직이는 방향을 나타내는 화살표를 잘 보고 정답을 고르도록 한다.

2. 점자

점자는 지면이 볼록 튀어나오게 점을 찍어 손가락 끝의 촉각으로 읽도록 만들어진 특수 문자이다.

(1) 한국 점자 표기의 기본 원칙(한국 점자 규정)

① 한국 점자는 한 칸을 구성하는 점 6개(세로 3개×가로 2개)를 조합하여 만드는 63가지의 점형으로 적는다. 총 64개(26)의 점형 중에서 점이 하나도 찍히지 않은 경우를 제외하고 63개의 점형을 이용한다.

② 한 칸을 구성하는 점의 번호는 왼쪽 위에서 아래로 1점, 2점, 3점, 오른쪽 위에서 아래로 4점, 5점, 6점으로 한다. 1점과 4점을 상단, 2점과 5점을 중단, 3점과 6점을 하단으로 구분한다.

1	●●	4	← 상단
2	●●	5	← 중단
3	●●	6	← 하단

③ 한국 점자는 풀어쓰기 방식으로 적는다. 한 음소는 점자 한 칸을 차지하며, 왼쪽에서 오른쪽으로 써 나간다. 그런데 풀어쓰기 방식은 모아쓰기 방식에 비해 음절 단위의 구별이 쉽지 않다는 단점이 있다. 그래서 한글 점자는 음절의 중심인 **모음 표기에 상단의 점과 하단의 점, 왼쪽 열(123점)과 오른쪽 열(456점)의 점 중에서 한 개 이상은 반드시 포함**한다. 그리고 첫소리 글자는 오른쪽 열의 점, 받침 글자는 왼쪽 열의 점 중에서 한 개 이상을 반드시 포함한다. 따라서 한 음절은 가운데 칸인 모음을 중심으로 첫소리 글자와 받침 글자가 서로 결합하게 된다. 이와 같이 한글 점자는 풀어쓰기 방식에서 모아쓰기 방식을 구현한다.

(2) 주요 규정

| 제1항 | 기본 자음자 14개가 **첫소리 자리**에 쓰일 때에는 다음과 같이 적는다. |

자음자	ㄱ	ㄴ	ㄷ	ㄹ	ㅁ	ㅂ	ㅅ	ㅇ	ㅈ	ㅊ	ㅋ	ㅌ	ㅍ	ㅎ
첫소리 글자	●· ·· ··	·● ·· ·●	●● ·· ··	●· ·● ··	●● ·· ·●	●· ·● ··	·· ●· ·●	(●● ·· ··)	·● ●· ··	·● ●· ·●	●· ·· ·●	●● ·· ·●	●· ·● ·●	●· ·· ·●

| 제3항 | 기본 자음자 14개가 **받침**으로 쓰일 때에는 다음과 같이 적는다. |

자음자	ㄱ	ㄴ	ㄷ	ㄹ	ㅁ	ㅂ	ㅅ	ㅇ	ㅈ	ㅊ	ㅋ	ㅌ	ㅍ	ㅎ
받침 글자	·· ●· ··	·· ·● ·●	·· ●· ··	·· ●· ●·	·● ·● ··	·· ·● ●·	·· ·● ·●	·· ●· ·●	·· ·● ●·	·· ·● ·●	·· ●· ●·	·· ●· ●●	·· ·● ●●	·· ●● ·●

| 제6항 | 기본 **모음자** 'ㅏ, ㅑ, ㅓ, ㅕ, ㅗ, ㅛ, ㅜ, ㅠ, ㅡ, ㅣ'는 다음과 같이 적는다. |

ㅏ	ㅑ	ㅓ	ㅕ	ㅗ	ㅛ	ㅜ	ㅠ	ㅡ	ㅣ
●· ·· ·●	·· ·● ●●	·● ·● ··	●● ●· ··	●· ·● ··	●● ·· ··	·· ●● ··	·● ·● ·●	·· ●· ·●	·● ●· ·●

3. 북한어

(1) 남북한의 총칙

양측 모두 표음주의와 형태주의를 절충한다.

남한	북한
제1항. 한글 맞춤법은 표준어를 소리대로 적되, 어법에 맞도록 함을 원칙으로 한다. 제2항. 문장의 각 단어는 띄어 씀을 원칙으로 한다. 제3항. 외래어는 '외래어 표기법'에 따라 적는다.	조선말 맞춤법은 단어에서 뜻을 가지는 매개 부분을 언제나 같게 적는 원칙을 기본으로 하면서 일부 경우 소리 나는 대로 적거나 관습을 따르는 것을 허용한다.

(2) 남북한의 주요 어문 규정

① 남북의 자모와 순서

구분	남한	북한
자음	ㄱ(기역), ㄴ(니은), ㄷ(디귿), ㄹ(리을), ㅁ(미음), ㅂ(비읍), ㅅ(시옷), ㅇ(이응), ㅈ(지읒), ㅊ(치읓), ㅋ(키읔), ㅌ(티읕), ㅍ(피읖), ㅎ(히읗) ㄲ(쌍기역), ㄸ(쌍디귿), ㅃ(쌍비읍), ㅆ(쌍시옷), ㅉ(쌍지읒)	ㄱ(기윽), ㄴ(니은), ㄷ(디읃), ㄹ(리을), ㅁ(미음), ㅂ(비읍), ㅅ(시읏), ㅈ(지읒), ㅊ(치읓), ㅋ(키읔), ㅌ(티읕), ㅍ(피읖), ㅎ(히읗) ㄲ(된기윽), ㄸ(된디읃), ㅃ(된비읍), ㅆ(된시읏), ㅉ(된지읒) / (ㅇ)응* * 북한에서는 'ㅇ'이 받침일 때만 자음으로 인정함.
모음	ㅏ(아), ㅑ(야), ㅓ(어), ㅕ(여), ㅗ(오), ㅛ(요), ㅜ(우), ㅠ(유), ㅡ(으), ㅣ(이) ㅐ(애), ㅒ(얘), ㅔ(에), ㅖ(예), ㅘ(와), ㅙ(왜), ㅚ(외), ㅝ(워), ㅞ(웨), ㅟ(위), ㅢ(의)	

② **'ㅚ, ㅟ'의 발음**: 남북한은 동일한 10개의 모음을 단모음으로 규정하고 있다. 그런데 남한에서는 'ㅚ, ㅟ'를 단모음으로 발음하는 것을 원칙으로 하나 붙임 규정을 두어 이중 모음으로 발음하는 것도 함께 허용하고 있다. 그러나 북한의 표준 발음 규정에서는 단모음으로 발음하는 것만을 허용하고 있다.

③ **두음 법칙**: 북한은 남한과 달리 두음 법칙을 인정하지 않고 원래의 말소리를 그대로 밝혀서 적는 형태주의 표기를 채택하고 있다.

　예 녀자　년세　노소　량심　리발　류행

④ **합성어와 사이시옷 표기**: 남한의 현행 한글 맞춤법에서는 고유어와 고유어, 고유어와 한자어, 그리고 일부 제한된 한자어의 결합에서 사이시옷을 표기하고 있다. 이와 달리 북한에서는 사이시옷을 대부분 표기하지 않는다(뜻이 분화된 '빗바람, 샛별'만 허용). 'ㅂ'이 첨가되는 경우는 남북한이 거의 유사하지만 남한에서는 '햅쌀, 볍씨'로 적고, 북한에서는 'ㅂ'을 적지 않고 '햇쌀, 벼씨'로 적는다.

■ 사이시옷 표기

구분	남한	북한
고유어 + 고유어	고랫재, 귓밥, 나룻배, 나뭇가지, 냇가, 댓가지, 못자리, 아랫마을, 뒷머리, 잇몸, 뒷일, 베갯잇, 깻잎, 나뭇잎, 댓잎	고래재, 귀밥, 나루배, 나무가지, 내가, 대가지, 모자리, 아래마을, 뒤머리, 이몸, 뒤일, 베개잇, 깨잎, 나무잎, 대잎
한자어 + 고유어 / 고유어 + 한자어	훗일, 귓병, 깃발, 뱃병, 샛강, 아랫방, 전셋집, 제삿날, 햇수	후일, 귀병, 기발, 배병, 새강, 아래방, 전세집, 제사날, 해수
한자어 + 한자어	곳간, 셋방, 숫자, 찻간, 툇간, 횟수	고간, 세방, 수자, 차간, 퇴간, 회수

＊남북한 동일: 내과, 대가, 호수, 감사장

■ 'ㅂ' 첨가

남한	북한
댑싸리, 멥쌀, 볍씨, 입쌀, 접때, 좁쌀, 햅쌀	댑싸리, 멥쌀, 벼씨, 입쌀, 접때, 좁쌀, 햇쌀

■ 'ㅎ' 첨가

남한	북한
살코기, 수캐, 수컷, 수탉, 암캐, 암컷, 암탉	살고기, 수개, 수것, 수닭, 암개, 암것, 암닭

⑤ **의존 명사의 띄어쓰기**: 남한에서는 단위 명사를 포함한 의존 명사를 앞 단어와 띄어 쓰는 것을 원칙으로 하는 반면, 북한에서는 의존 명사를 앞 단어에 붙여 쓰는 것을 원칙으로 하고 있다.

⑥ **보조 용언의 띄어쓰기**: 남한의 경우에는 보조 용언을 띄어 쓰는 것을 원칙으로 하나 붙여 쓰는 것도 허용하고 있다. 그러나 '-고 있다'나 '-어 있다'의 경우에는 띄어 써야 한다. 반면에 북한에서는 붙여 쓰도록 하던 보조 용언을 2000년의 『조선말띄여쓰기규범』에서 띄어 쓰도록 바꾸었다.

⑦ **받침 'ㄼ'의 발음**: 받침 'ㄼ'은 남한과 북한에서 그 발음이 다르다. 남한에서는 받침 'ㄼ'이 어말이나 자음 앞에 올 때 [ㄹ]로 발음하는 것을 원칙으로 하고, '밟-'의 경우와 '넓-'의 일부 활용의 경우에만 [ㅂ]으로 발음하도록 규정하고 있다. 반면, 북한에서는 받침 'ㄼ'을 어말이나 자음 앞에서는 [ㅂ]으로 발음하는 것이 원칙이며, 받침 'ㄼ' 다음에 'ㄱ'으로 시작하는 어미가 오는 경우와 '여덟'의 경우에만 [ㄹ]로 발음하도록 규정하고 있다.

남한	북한
여덟[여덜], 넓다[널따], 넓지[널찌]	여덟[여덜], 넓다[넙따], 넓지[넙찌]
밟다[밥ː따], 밟고[밥ː꼬], 밟지[밥ː찌]	밟다[밥따], 밟고[발꼬], 밟지[밥찌]
넓죽하다[넙쭈카다], 넓둥글다[넙뚱글다]	넓죽하다[넙쭈카다], 넓둥글다[넙뚱글다]

⑧ **사잇소리와 사이시옷 표기, 그리고 'ㅎ' 소리 덧남**: 전반적으로 남한이 사이시옷 표기를 인정하는 반면, 북한은 인정하지 않는 경우가 많다(북한은 표기는 물론 사잇소리 자체가 없는 경우도 많다). 또한 중세 국어에서 'ㅎ 종성 체언'이었던 명사들의 발음이 실현되는 방법에도 차이가 있다.

구분	남한	북한
공통	아랫니[아랜니], 수소[수소], 수나비[수나비]	
사잇소리 표기 및 사잇소리 현상 (소리와 표기가 모두 다름)	사잇소리[사이쏘리/사읻쏘리] 나랏일[나랄닐] 바닷일[바단닐] 베갯잇[베갠닏] 뒷문[뒨ː문]	사이소리[사이소리] 나라일[나라일] 바다일[바다일] 베개잇[베개읻] 뒤문[뒨문]
사이시옷 표기 (발음만 같음)	바닷가[바다까] 수돗가[수도까]	바다가[바다까] 수도가[수도까]
'수/숫'의 표기 (발음만 같음)	숫양[순냥]	수양[순냥]
'ㅎ 종성 체언'의 표기	표기 = 발음 수캉아지[수캉아지] 수평아리[수평아리] 암키와[암키와]	표기 ≠ 발음 수강아지[수캉아지] 수병아리[수평아리] 암기와[암키와]

⑨ **문장 부호**: 문장 부호는 문장과 문장 내의 구성 성분의 관계를 구별하여 글을 이해하기 쉽게 하기 위한 장치이다. 현재 남북한의 문장 부호는 그 명칭과 부호의 대응 관계 등에서 상당한 차이를 보이고 있다.

문장 부호	남한	북한
.	마침표(온점)	온점
?	물음표	물음표
!	느낌표	느낌표
,	쉼표(반점)	반점
·	가운뎃점	부호 없음.
:	쌍점	두점

/	빗금	부호 없음.
" "(남), 《 》(북)	큰따옴표(" ")	인용표(《 》)
' '(남), 〈 〉(북)	작은따옴표(' ')	거듭인용표(〈 〉)
( )	소괄호	쌍괄호
{ }	중괄호	부호 없음.
[ ]	대괄호	꺾쇠괄호
─	줄표	풀이표
-	붙임표	이음표
~	물결표	물결표
▫	빠짐표	부호 없음.
…	줄임표	줄임표

4. 중세 국어와 근대 국어

(1) 중세 국어에는 있지만 지금은 사라진 음운

① 순경음 비읍(ㅸ): '오/우'로 변하거나 'ㅂ'으로 변하였다.
- 오/우(예 더버 > 더워)
- ㅂ(예 더버 > 더버 → 일부 방언에서)

② 반치음(ㅿ): 탈락하거나 'ㅅ'으로 변하였다.
- 탈락(예 ᄆᆞᅀᆞᆷ > 마음)
- ㅅ(예 손ᅀᅩ > 손수)

③ 옛이응(ㆁ): 오늘날 'ㅇ'은 초성에서는 음가가 없고 종성(받침)에서는 음가가 있는데, 'ㆁ'은 현대 국어의 받침 소리를 말하는 것이다.

④ 아래아(ㆍ)와 모음 조화: 'ㆍ'가 없어진 오늘날, 맨 첫음절의 'ㆍ'는 대부분의 경우 'ㅏ'로 바뀌었다. 중세 국어에서는 모음 조화가 지켜졌다. 예 ᄀᆞ울 > 가을

> **참고**
> 모음 조화란 양성 모음은 양성 모음끼리, 음성 모음은 음성 모음끼리 어울리는 현상이다.
> - 양성 모음: ㆍ, ㅗ, ㅛ, ㅏ, ㅑ 예 손+(ᄋᆞ로), 손+(올), 잡+(아)
> - 음성 모음: ㅡ, ㅜ, ㅠ, ㅓ, ㅕ 예 눈+(으로), 먹+(어)

⑤ 병서(竝書)와 어두 자음군
- 병서란 초성이나 종성을 쓸 때 글자를 나란히 쓰는 것이다.
  - 각자 병서: 같은 자음을 나란히 쓰는 것 예 ㄲ, ㄸ, ㅃ, ㅆ, ㅉ…
  - 합용 병서: 서로 다른 자음을 나란히 쓰는 것 예 ㅅㄱ, ㅅㄷ, ㅂㅅ, ㅂㅼ…
- 어두 자음군이란 단어의 첫머리에 오는 둘 또는 그 이상의 자음의 연속체로, 현대 국어에서는 나타나지 않는다. 예 ᄠᅳᆮ > 뜻, ᄡᆞᆯ > 쌀, ᄢᅢ > 때

(2) 중세 국어의 의문문

① **판정 의문문**: '-아/-어' 계열의 의문형 종결 어미(-가, -녀, -려), 의문 보조사 '가/아'가 쓰인다.

> 예 이 ᄯᆞ리 너희 죵가 (이 여자가 너희 종인가?)
> 이 이리 쉬우녀 (이 일이 쉽냐?)
> 어마니ᄆᆞᆯ 아라보리로소니잇가 (어머님을 알아보겠습니까?)

② **설명 의문문**: '-오' 계열의 의문형 종결 어미(-고, -뇨, -료), 의문 보조사 '고/오'가 쓰인다.

> 예 이 엇던 사ᄅᆞᆷ고 (이 어떤 사람인가?)
> 태자ㅣ 어듸 잇ᄂᆞ뇨 (태자가 어디 있느냐?)

(3) 지금과 다른 조사의 모습

① **주격 조사**: 문장에서 앞말(선행 체언)이 주어임을 알려 주는 조사이다. '고양이가 밥을 먹는다'와 '학생이 학교에 간다'에서 볼 수 있듯 현대 국어에서는 앞말이 자음인지 모음인지에 따라 '이'나 '가' 중 하나를 골라서 쓴다. 그런데 중세 국어에는 '가'가 없었고 '이'를 상황에 따라 다르게 썼다.

> **참고**
> 기능은 같지만 음운 환경에 따라 모양이 달라지는 형태소를 '음운론적 이형태'라고 한다.

> 예 내 와 너를 맛노라(내가 와서 너를 맞이하노라)
> → '내'는 '나'와 'ㅣ'가 합쳐진 말이다. 모음 뒤에는 'ㅣ'가 온다.
> 불휘 기픈 남ᄀᆞᆫ (뿌리가 깊은 나무는)
> → '불휘'는 '뿌리'의 옛말이다. '불휘'는 원래 'ㅣ'로 끝나서 주격 조사를 붙이지 않아도 된다.

② **목적격 조사**: 앞말(선행 체언)이 목적어임을 알려 주는 조사이다. '고양이가 밥을 먹는다'와 '얘는 콩 먹기를 싫어한다'에서 볼 수 있듯 현대 국어에서 목적격 조사는 앞말에 받침이 있으면 '을'을, 없으면 '를'을 쓴다. 하지만 중세 국어에서는 여기에 모음 조화의 기준이 하나 더 붙어서 아래와 같이 쓰였다.

> 예 소ᄂᆞᆯ(손 + ᄋᆞᆯ) → 앞말에 받침이 있으면서 양성 모음이면 'ᄋᆞᆯ'
> 누늘(눈 + 을) → 앞말에 받침이 있으면서 음성 모음이면 '을'
> 학교ᄅᆞᆯ(학교 + ᄅᆞᆯ) → 앞말에 받침이 없으면서 양성 모음이면 'ᄅᆞᆯ'
> 축구를(축구 + 를) → 앞말에 받침이 없으면서 음성 모음이면 '를'

③ **부사격 조사**: 앞말(선행 체언)이 부사어임을 알려 주는 조사로, 부사어의 의미에 따라 조사가 모두 다르다.

- **(으)로**: 앞말이 방향, 경로, 도구, 원료 등임을 나타내는 조사로, '학생이 학교로 간다', '아가씨는 학당으로 가셨다'에서 볼 수 있듯 현대 국어의 부사격 조사 가운데 장소(목적지)를 나타내는 조사는 앞말(선행 체언)이 모음으로 끝나면 '로'를, 자음으로 끝나면 '으로'를 쓴다. 중세 국어에서는 모음 조화 기준이 추가되어 아래와 같이 쓰였다.

> 예 소ᄂᆞ로(손 + ᄋᆞ로) → 앞말이 자음으로 끝나면서 양성 모음이면 'ᄋᆞ로'
> 누느로(눈 + 으로) → 앞말이 자음으로 끝나면서 음성 모음이면 '으로'

- **에:** 앞말이 장소, 시간, 원인 등임을 나타내는 조사로, 현대 국어에서는 '바다에 가다', '강에 갔다'처럼 단일 형태로 쓰이지만 중세 국어에서는 모음 조화에 따라 '애'와 '에', 그리고 체언이 모음 'ㅣ' 또는 반모음 'ㅣ'로 끝났을 때 '예'로 쓰였다.

애	江南애(강남 + 애), ᄀᆞᄅᆞ매(ᄀᆞᄅᆞᆷ + 애)
에	九泉에(구천 + 에)
예	ᄇᆡ예(ᄇᆡ + 예) → 'ᄇᆡ(배)'가 'ㅣ'로 끝나서 '에'에 반모음 'ㅣ'가 추가된 '예'와 결합하였다.

④ **관형격 조사:** 현대 국어는 체언에 관형격 조사 '의'를 결합하여 관형어를 만드는데, 중세 국어는 관형격 조사의 종류가 좀 더 다양하였다.

- 높임의 자질이 부여되지 않은 유정 체언(감정이 있는 명사)과 결합

의	체언이 음성 모음인 경우	• 예시: 迦葉의 能히 信受ᄒᆞ몰 讚歎ᄒᆞ시니라. • 해석: 가섭이 능히 믿음 받음을 찬탄하시니라. • 설명: '가섭'은 부처의 제자이므로 높임의 대상이 아니며, 'ㅓ'는 음성 모음이어서 '의'와 결합하였음을 알 수 있다.
이	체언이 양성 모음인 경우	• 예시: 사ᄅᆞ미 몸 ᄃᆞ외요미 어렵고 • 해석: 사람의 몸 되기가 어렵고 • 설명: '사람'은 감정이 있지만 높임의 대상은 아니며, '사ᄅᆞᆷ'의 'ㆍ'가 양성 모음이므로 '이'와 결합하였음을 알 수 있다.

- 높임의 자질이 부여된 유정 체언 또는 무정 체언(감정이 없는 대상을 가리키는 명사)과 결합

ㅅ	높임의 자질이 부여된 유정 체언	• 예시: 一切 如來ㅅ 몸과 말씀 • 해석: 일체 여래의 몸과 말씀 • 설명: '여래'는 '부처'이므로 높임의 자질이 있는 유정 체언이다.
ㅅ	무정 체언	• 예시: 나랏 말ᄊᆞ미 듕귁에 달아 • 해석: 나라의 말이 중국과 달라 • 설명: '나라'는 감정이 없는 무정 체언이다.

❖ 훈민정음 해례본

> 世·솅宗·종 御·엉製·졩 訓·훈民·민正·졍音·흠
> 세종 임금이 몸소 지은, 백성을 가르치는 바른 소리

- '세종(世宗)'이라는 이름은 시호(諡號)로, 왕들이 죽은 뒤에 그들의 공덕을 칭송하기 위해 붙인 이름이다. 따라서 이 글은 세종의 사후에 기록된 글임을 알 수 있다.
- 어제(御製) 임금이 몸소 짓거나 만드는 것 또는 그런 글이나 물건
- 동국정운식 한자음 표기 ① 중국 원음에 가깝게 표기함
  ② 초성, 중성, 종성을 모두 갖추어 표기하기 위하여 종성이 없는 경우 'ㅇ'을 사용함
  예 세종 '솅종' 어제 '엉졩'
- 현재는 사용되지 않는 소실 문자 옛이응 (ㆁ 예 종), 여린 히읗(ㆆ 예 흠)이 사용되었다.

> 나·랏 :말쏘·미 中듕國·귁·에 달·아
> 우리나라의 말이 중국과는 달라 → 자주 정신: 중국과 다른 고유 언어의 필요성 인식

- 나랏 = 나라 + (ㅅ) = 나라의
  └→ 관형격 조사
- 말쏘미 ① 이어적기(연철) 표기 방식(현대국어에서 '말씀이')을 따름
  ② 현재는 사용되지 않는 소실 문자[아래아(·)]가 사용됨
- 듕귁에 = 듕귁 + (에) = 중국과
  └→ '비교'의 의미를 갖는 부사격 조사

> 文문字·쫑·와·로 서르 스뭇·디 아·니홀·씨
> 한자와는 서로 통하지 아니하여서

- 스뭇디 ① 스뭇다(스몿다): 멀리까지 이르거나 깊이 꿰뚫다.
  ② 구개음화가 아직 적용되지 않았음('-지'가 아니라 '-디'가 사용됨)
- ㄹ씨 이유를 나타내는 연결어미이며, '~하기 때문에'라는 뜻이다.

> ·이런 젼·ᄎ·로 어·린 百·빅姓·셩·이 니르·고·져 ·홇 ·배 이셔·도
> 이런 까닭으로 어리석은 백성이 말하고자 하는 바가 있어도

- 젼ᄎ '까닭'의 옛말
- 어린 의미의 이동을 보여주는 예(어리석다 → 나이가 어리다)
- 니르고져 ① 이르고자. 말하고자. ② 두음법칙이 아직 적용되지 않았음
- 홇배 = 해석하면 '할 바가'로 형태소를 분석하면 '하-' + '-오-' + '-ㄹ' + '바' + 'ㅣ'이며, 이때 가장 끝에 온 'ㅣ'는 주격조사이다.

> ᄆᆞ·ᄎᆞᆷ:내 제 ·ᄠᅳ·들 시·러 펴·디 :몯홇 ·노·미 하·니·라.
> 마침내 제(자기의) 뜻을 능히 펴지 못하는 사람이 많다.

- ᄠᅳ들 ① 이어적기(연철) 표기 방식 ② 어두자음군 ③ 합용 병서
- 펴디 구개음화가 아직 적용되지 않았음.
- 노미 ① 이어적기(연철) 표기 방식
  ② 의미의 축소를 보여주는 예이다. 놈은 과거에 '사람'이라는 뜻이었지만 지금은 '사람의 비속어'로 쓰인다.
- 하니라 = 하+니라. 의미의 이동을 보여주는 예이며, '하다'는 '많다'는 뜻이었다.

> ·내 ·이·룰 爲·윙ㅎ ·야 :어엿·비 너·겨
> 내가 이것을 가엾게 생각하여 → 애민 정신: 백성들의 자유로운 언어생활을 위해 창제

- 내 = 나 + (1) = 내가
  　　　　└→ 주격 조사
- 윙ㅎ야 > 위하여 : 모음조화가 철저하게 지켜진 것을 보여주는 사례
- 어엿비 의미의 이동을 보여주는 예이다. '어엿브다'는 '가엾다, 불쌍하다'는 뜻이었는데 현대에 '어여쁘다'는 '예쁘다'는 뜻으로 쓰인다.

> ·새·로 ·스·믈 여·듧 字·쫑·룰 밍·ㄱ 노·니
> 새로 스물 여덟 글자를 만드니 → 창조 정신: 창제자와 창제 시기가 명확한 독창적 문자

> :사룸:마·다 :히·ㆅ여 :수·ᄫᅵ 니·겨
> 모든 사람들로 하여금 쉽게 익혀서

- 수ᄫᅵ > 수이 > 쉬이 (쉽게)

> ·날·로 ·ᄡᅮ·메 便뼌安한·킈 ᄒᆞ·고·져 홇 ᄯᆞᄅ·미니·라
> 날마다 쓰는 데 편하게 하고자 할 따름이다. → 실용 정신: 쉽게 사용할 수 있도록 창제

- ᄡᅮ메 = 해석하면 '씀에'로, 형태소를 분석하면 'ᄡᅳ–' + '–움' + '에'이다. 이때 '–움'은 '~하는 것'이라고 해석하게 해주는 명사형 전성어미이다. 현대국어의 '–음' 또는 '–ㅁ'에 해당한다.

개념 적용문제　　01. 국어학

1　다음은 국립국어원의 '한국 수어 사전'에 실린 자료이다. 제시된 수어가 나타내는 의미는?

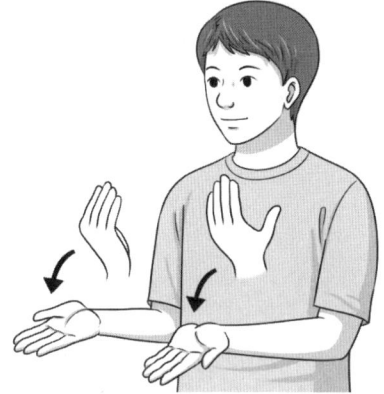

① 오다
② 쉬다
③ 넣다
④ 버리다
⑤ 담그다

문제풀이 ▶ 두 손을 펴서 손끝이 위로 향하게 하여 가슴 앞에서 밖으로 내려 손바닥이 위로 향하게 하는 동작으로, '쉬다, 휴가, 휴게, 휴식, 휴양'을 의미한다.

정답 | ②

2　〈보기〉를 바탕으로 할 때 점자 표기가 올바르지 <u>않은</u> 것은?

보기

구분	[자음]				[모음]		
	ㄱ	ㅁ	ㅂ	ㅅ	ㅓ	ㅗ	ㅜ
초성	⠈	⠑	⠘	⠠	⠎	⠥	⠍
종성	⠁	⠢	⠃	⠄			

① 겁
② 곰
③ 멋
④ 벗
⑤ 숨

문제풀이 ▶ 〈보기〉에 제시된 자음과 모음에 따라 '겁'을 표기하면 아래와 같다.

정답 | ①

개념 적용문제

3 〈보기〉는 일제 강점기 신문에 게재된 연극 광고이다. 이에 대한 설명으로 적절하지 <u>않은</u> 것은?

> **보기**
>
> 재만 동포 구제 음악 연극 대회
>
> 　　경남 김해군에서는 재만 동포 옹호(擁護) 문제에 대하야 누누이 대책을 강구하고저 하얏스나 당지 경찰의 금지로 아모것도 하지 못하고 잇든 바 금번에는 김해 청년 동맹 김해 농민 연맹의 합동 주최와 본보 김해 지국, 재외 김해 학생 학우회 후원으로 음악 연극 대연주회를 개최하야 그 수업으로 경성 재만 동포 옹호 동맹으로 보내여 만주 동포 구제(救濟)에 보태 쓰도록 한다는데 재만 동포 구제 음악 연극 대연주회 개최시일 급(及) 장소는 여좌(如左)하다더라.

① 해외에 있는 김해 사람들도 음악회를 후원한다.
② 음악 연극 대연주회 장소는 왼쪽에 적은 것과 같다.
③ 음악 연극 대연주회 수입은 경성을 통해 만주로 전달한다.
④ 재만 동포를 돕는 일은 청년, 농민, 학생이 함께 주최한다.
⑤ 김해군에서는 만주에 사는 동포들을 지키기 위해 방법을 마련하고자 하였다.

문제풀이 ▶ 주최는 청년 동맹과 농민 연맹이 합동으로 하고, 학생 학우회는 후원한다.

정답 | ④

4 〈보기〉의 ㉠~㉤을 통해 알 수 있는 내용으로 적절하지 <u>않은</u> 것은?

> **보기**
>
> 나랏 ㉠<u>말ᄊᆞ미</u> 中듕國귁에 달아 文문字ᄍᆞ와로 서르 ㉡<u>ᄉᆞᄆᆞᆺ디</u> 아니ᄒᆞᆯᄊᆡ ·이런 젼ᄎᆞ로 어린 百ᄇᆡᆨ姓셩이 ㉢<u>니르고져</u> ·홇배 이셔도 ᄆᆞᄎᆞᆷ:내 제 ㉣<u>ᄠᅳ</u>들 시러 펴디 :몯홇 ·노미 하니·라 ·내 ·이·를 爲윙·ᄒᆞ·야 :어엿·비 너·겨 ·새로 ·스·믈 여듧 字ᄍᆞᆼ·를 ᄆᆡᇰᄀᆞ노니 :사ᄅᆞᆷ:마·다 ㉤<u>:ᄒᆡ·ᅇᅧ</u> :수·ᄫᅵ 니·겨 ·날·로 ·ᄡᅮ·메 便뼌安한·킈 ᄒᆞ고져 홇 ᄯᆞᄅᆞ·미니·라

① ㉠: 소리나는 대로 적는 표음주의 표기를 보여준다.
② ㉡: 어미 '–지'가 '–디'로 쓰인 것으로 보아 구개음화가 일어나지 않았다.
③ ㉢: 초성에 'ㄴ'이 온 것으로 보아 두음법칙이 적용되지 않았다.
④ ㉣: 'ᄠᅳ'(뜻)으로 보아 초성에서 자음은 한 개만 발음남을 알 수 있다.
⑤ ㉤: 'ᅇᅧ'으로 보아 오늘날보다 쌍으로 적을 수 있는 자음이 많았음을 알 수 있다.

문제풀이 ▶ 현대국어 '뜻'의 초성 'ㄸ'은 된소리로 하나의 소리이다. 그러나 중세국어는 표음주의 표기 원리에 따라 소리 나는 대로 적고 있기 때문에 'ᄠᅳ'에 쓰인 'ㅂ'과 'ㄷ'은 둘 모두 소리가 나는 어두자음군으로 추정할 수 있다.

정답 | ④

5 〈보기〉는 남북한의 복합어 표기와 발음에 대한 자료이다. 이에 대한 반응으로 적절하지 <u>않은</u> 것은?

사잇소리 현상	남한(표준어)	북한(문화어)
㉠	아랫니[아랜니], 수소[수소], 수나비[수나비]	
㉡	사잇소리[사이쏘리], 나랏일[나란닐], 바닷일[바단닐], 베갯잇[베갠닏], 뒷문[뒨:문]	사이소리[사이소리], 나라일[나라일], 바다일[바다일], 베개잇[베개읻], 뒤문[뒨문]
㉢	바닷가[바다까], 수돗가[수도까]	바다가[바다까], 수도가[수도까]
㉣	숫양[순냥]	수양[순냥]
㉤	암키와[암키와], 수캉아지[수캉아지], 수평아리[수평아리]	암기와[암키와], 수강아지[수캉아지], 수병아리[수평아리]

① ㉠으로 보아 복합어를 만들 때 남북의 표기와 발음이 같은 것도 있군.
② ㉠과 ㉣로 보아, 접두사 '수-'를 이용하여 파생어를 만들 때 북한은 남한과 달리 접두사의 형태가 일정하군.
③ ㉡으로 보아 남한은 복합어를 발음할 때 사잇소리 현상이 나타나는 반면, 북한은 그렇지 않은 경우가 있군.
④ ㉢으로 보아 남한은 복합어를 발음할 때 뒷말을 된소리로 발음하는 반면, 북한은 어근을 살려 발음하는군.
⑤ ㉤으로 보아 복합어를 만들 때 'ㅎ' 소리가 덧나더라도 남한과 북한 모두 'ㅎ'을 표기에 반영하지 않는군.

문제풀이 ▶ ㉢을 보면 남북한 모두 복합어를 발음할 때에 뒷말이 된소리로 나는 경우가 있음을 알 수 있다. 다만 남한은 사이시옷을 표기하는 반면, 북한은 사이시옷을 쓰지 않을 뿐이다.

정답 | ④

개념 적용문제

6 〈보기〉는 근대 신문에 실린 광고이다. 이에 대한 설명으로 적절하지 <u>않은</u> 것은?

> 보기
>
>
>
> "어려뿜과매력을 늘보존하실여러분! 깁뿐소식이있읍니다. 가정에서 손쉽게 삼사분치료로살결이 근본적으로곱고 히게되는 신가정미백료법이발명되엇습니다. 죡분당장을않고라도 늘어여뿐 자태를 보존하실수잇으며 더위에거칠기쉬운 살결을보호하고 얼굴에생긴잡티와여드름잔주름을 업새고 맛 자—지 료법의대응이되는미안료법입니다."
>
> — 동아일보, '레온세안크림' 광고, 1938년 7월 28일

① 근대 시기는 현대 국어와 띄어쓰기 양상이 달랐다.
② 근대 시기는 현대 국어처럼 거듭 적기를 적용하였다.
③ 근대 시기는 현대 국어와 달리 명사형 어미로 '움'을 사용하였다.
④ 근대 시기는 현대 국어처럼 의존 명사를 관형어와 띄어 적지 않았다.
⑤ 근대 시기는 현대 국어와 달리 두음 법칙을 적용하지 않은 표기가 사용되었다.

문제풀이 ▶ 〈보기〉에서 '깁뿐'은 '기쁜'을 발음할 때 'ㅂ' 발음이 받침에 덧나는 것을 거듭 적기한 것이다. 현대 국어에서는 이를 허용하지 않는다.

정답 ②

7 〈보기〉에서 밑줄 친 법률 용어를 이해하기 쉬운 용어로 가장 적절하게 수정한 것은?

> 보기
>
> 군용통신사무에 종사하는 자가 군용통신에 의한 전보를 정당한 사유없이 <u>개피(開披)</u>하거나, 훼손, 은닉 또는 방기하거나 고의로 수취인이 아닌 자에게 교부한 자는 3년 이하의 징역 또는 300만 원 이하의 벌금에 처한다.

① 개봉하거나 ② 손상하거나 ③ 선택하거나
④ 개장하거나 ⑤ 처분하거나

문제풀이 ▶ '개피하다'는 국어사전에는 없고 군용전기통신법에서만 사용하는 단어이다. 개(開)는 '열다', 피(披)는 '나누다, 쪼개다'는 뜻으로 자료를 뜯어서 열어본다는 의미이다. 그러므로 사람들이 두루 사용하는 '개봉하다'로 바꿔쓰는 것이 좋다.

정답 ①

8 〈보기〉에서 드러나는 스포츠 중계 방송 언어의 특성으로 올바르지 <u>않은</u> 것은?

> **보기**
> 진행자: 여기는 호주 시드니입니다. 올리 슈틸리케 감독이 이끄는 대한민국 축구 대표팀. 이라크와의 2015 아시안컵 준결승입니다. 후반전 5분, 한국 이라크의 골라인 아웃으로 ○○○ 선수 코너킥! 이야, ○○○ 찼습니다.
> 해설자: 이라크 문전, △△△ 선수 후방에서 올라온 볼, 몸으로 밉니다. 페널티 아크 부근에서 떨어진 볼, △△△ 왼발 슛! 골!!!!!! 아, 아쉽게 안 들어가네요.
> 진행자: 요새 △△△ 선수 골 결정력 아주 정말 좋아요. 다른 선수들이 이 슈팅으로 탄력을 받았으면 좋겠습니다.

① 외국어 전문 용어를 사용하고 있다.
② 구어적인 감탄사와 어미가 사용되고 있다.
③ 상황에 대한 즉각적인 발화들이 이어지고 있다.
④ 정확한 상황 전달을 위해 격조사를 모두 사용하고 있다.
⑤ 중계의 생동감을 높이기 위해 현재형 어미를 사용하고 있다.

문제풀이 ▶ '올라온 볼, 몸으로 밉니다.'에서처럼 목적격 조사를 생략하거나, '결정력 아주 정말 좋아요'에서처럼 주격 조사를 생략하고 있다. 중계는 구어체이고 현재 상황을 빠르게 전달하는 것이 중요하기 때문에 많은 요소들이 생략되고, 반대로 생동감을 위해 부사나 감탄사가 많이 사용된다.

정답 | ④

9 〈보기〉를 참고할 때, 밑줄 친 부분에 해당하는 예로 가장 적절한 것은?

> **보기**
> 중세 국어에서 'ᄫ(순경음 비읍)'은 15세기 후반에 'ᄫ'이 놓인 환경에 따라 다른 말로 바뀌거나 탈락하였다. 즉 'ᄫ' 뒤에 'ㅏ/ㅓ/ㅣ'가 오는 경우에는 'ᄫ'이 반모음 'ㅗ/ㅜ'로 바뀌었으며, '·'나 'ㅡ'가 오는 경우에는 'ᄫ'이 '·'와 합쳐져 'ㅗ'로 바뀌거나 'ㅡ'와 합쳐져 'ㅗ/ㅜ'로 바뀌었다. 또한 'ᄫ' 뒤에 파생 접미사 '-이'가 오는 경우에는 'ᄫ'이 탈락하였다.

① 수비 > 수이
② 누버 > 누워
③ 고바 > 고와
④ 글발 > 글왈
⑤ 사오나ᄫ > 사오나온

문제풀이 ▶ '사오날-'에 '-ᄋᆞᆫ'이 결합한 것으로, 'ᄫ'과 '·'가 만나 'ㅗ'가 된 경우이다. '사오납다'는 오늘날 '사납다'라는 의미의 단어이다. 그 밖에 '수비'는 'ᄫ'이 탈락한 경우(오늘날 '쉬이, 쉽게'), '누버', '고바', '글발'은 'ᄫ'이 반모음 'ㅗ/ㅜ'로 바뀐 경우이다.

정답 | ⑤

02 국문학

기출유형 ❶ 작가

〈보기〉에서 설명하는 작가는?

> 1908년에 강원도 춘천에서 태어났다고 알려져 있으며, 이 작가의 이름을 딴 경춘선 역이 존재한다. 단편 소설 〈소낙비〉로 1935년《조선일보》에 당선되었으며, 등단한 해에 자신의 생의 대표작이라 불릴 작품인 〈금 따는 콩밭〉, 〈만무방〉, 〈산골〉, 〈봄봄〉 등을 발표하였다. 그의 소설은 인간에 대한 훈훈한 사랑을 예술적이고 재미있게 다루고 있다는 데 묘미가 있다.

① 현진건　　② 김유정　　③ 박태원　　④ 이상　　⑤ 이태준

유형 익히기 작가에 대한 간략한 정보(대표작과 성향, 출생 시대 또는 작품의 배경)를 알면 쉽게 풀 수 있는 유형이다. 초기에는 작가의 고향이나 작품 이론에 대해 묻는 문항이 출제되기도 했으나 최근에는 이러한 유형의 문항은 출제되지 않고 있으며, 주로 현대 문학가에 대해 묻는 문항이 출제된다.

문제풀이 〈보기〉는 김유정에 대한 설명으로, 실제로 경춘선에 '김유정역'이 존재한다. 김유정은 인간에 대한 사랑을 다루면서도 일제 강점기라는 시대 현실에서 비롯된 슬픔을 웃음기 있게 녹여 낸 소설로 사랑받는 작가이다.

정답 | ②

기출유형 ❷ 작품

〈보기〉에서 설명하는 갈래에 해당하지 <u>않는</u> 작품은?

> 조선 초기에 나타난, 시가와 산문 중간 형태의 문학으로, 형식은 주로 4음보의 율문(律文)이며, 3·4조 또는 4·4조를 기조로 하고, 행수(行數)에는 제한이 없다. 마지막 행이 시조의 종장과 같은 형식인 것을 정격(正格), 그렇지 않은 것을 변격(變格)이라고 한다.

① 관동별곡　　② 누항사　　③ 사미인곡　　④ 규원가　　⑤ 한림별곡

유형 익히기 작품 이름을 통해 갈래를 유추하는 것은 좋으나, 경계해야 할 작품들이 있음을 유의하자. 최근에는 문학 작품이나 문집에 관한 문항이 고전 문학에서 출제되고 있다.

문제풀이 〈한림별곡〉은 제목이 가사 작품과 유사하나, 고려 중기에 발생하여 조선 초기까지 계속되었던 갈래인 '경기체가'에 속하는 작품이다.
①, ③ 〈관동별곡〉, 〈사미인곡〉은 조선 전기 정철의 가사 작품이다.
② 〈누항사〉는 조선 후기 박인로의 가사 작품이다.
④ 〈규원가〉는 조선 중기 허난설헌의 가사 작품이다.

정답 | ⑤

기출 핵심개념 02. 국문학

1. 현대 문학 작가 - 키워드와 작품

(1) 개화기~1910년대

최남선(시)	〈해에게서 소년에게〉: 신체시(가사, 창가에서 벗어난 새로운 형태의 시)
이인직(소설)	〈혈의 누〉: 정치적 성격이 강함. 청일 전쟁을 배경으로 자주독립, 신교육, 자유연애 등을 내세운 신소설
안국선(소설)	〈금수회의록〉: 우화(동물들의 입을 빌려 인간 사회, 정치 세태 비판), 연설
이해조(소설)	• 〈자유종〉: 자주독립, 여성 해방, 신교육 사상 등을 그린 정치 소설로, 처음부터 끝까지 여성들만의 토론 형식으로 구성. • 판소리계 소설을 신소설로 개작[〈옥중화(← 춘향전)〉, 〈강상련(← 심청전)〉, 〈연의 각(← 흥부전)〉, 〈토의 간(← 토끼전)〉]
이광수(소설)	〈무정〉: 처음으로 소설 속 주인공을 '그'라는 3인칭으로 표현함. 근대 소설의 시작점. 계몽적 성격. 개인보다 공동체를 중시함. 구어체 문장을 사용. '-다'라는 종결 표현(이전까지는 '토끼가 죽었더라'처럼 '-라'를 사용함), 현재형·과거형 등 정확한 시제를 사용함

(2) 1920년대

김소월(시)	• 〈진달래꽃〉, 〈산유화〉, 〈접동새〉 등 • 전통적·민요적 율조, 토착 한국어의 감각이 나타남. 평범한 일상어, 관서 지방 사투리 사용.
한용운(시)	〈님의 침묵〉: 일상어로 생활 감정을 노래함. 비극적 현실이지만 의지가 드러남. '님'이라는 연애 대상의 비유
김동인(소설)	• 〈감자〉: 단편 소설에 관심. '-했었다'와 같은 과거 종결 표현을 도입하여 상황을 객관적으로 인식하고 묘사, '그녀'라는 3인칭 대명사를 소설적으로 활용함(인물과 세계를 엄격하게 분리함). "예술은 작가 자신이 완전히 지배할 수 있고, 자유자재로 '인형 조종'하듯 할 수 있는 공간이다." • 〈배따라기〉: 운명 앞에 선 인간의 무력감과 회한을 낭만적으로 형상화함. 아름다움만을 최고의 가치로 생각한다 하여 '유미주의'라는 평을 들음.
현진건(소설)	• 〈빈처〉, 〈고향〉, 〈운수 좋은 날〉, 〈술 권하는 사회〉 등 • 《백조》의 동인으로 체험 소설, 현실 고발 소설, 역사 소설의 세 가지 창작 과정을 보여 줌. • '나'라는 1인칭 화자를 등장시켜 인물의 내면을 분석하는 소설을 씀. • 식민지 한국 사회가 처한 경제적 빈곤 상황을 그림. • 상황적 아이러니, 반어적 표현, 인물의 성격 묘사가 치밀함(예를 들어, 〈운수 좋은 날〉에서 김 첨지의 내면 심리 변화와 외부 행동 방식을 대조하여 표현).
전영택(소설)	• 기독교적 신앙을 바탕으로 함. 작위적인 허구성을 배제하고 인도주의와 인간애를 지향함. • 〈화수분〉: 궁핍한 현실 속에 굶어 죽은 어느 부부의 참혹한 실상을 그림.
염상섭(소설)	• 〈만세전〉, 〈삼대〉, 〈표본실의 청개구리〉, 〈임종〉, 〈두 파산〉 등 • 생활 표현을 통해 삶의 전체적인 모습을 구현하는 리얼리즘에 관심이 있었음. • 식민지 조선의 상황에 사회적 억압과 경제적 착취가 발생하고 있는 모습을 잘 그려 냄. • 〈만세전〉은 원점 회귀 구조, 〈삼대〉는 조씨 일가 삼대를 통해 시대 변화를 보여 줌.
주요한(시)	〈불놀이〉: 최초의 현대 자유시. 이전 시대 작품들이 지닌 교훈성과 계몽성을 배제하고, 임을 잃은 젊은이의 슬픔과 고뇌를 상징적으로 표현함.
김억(시)	《태서문예신보》를 통해 서구 상징시를 우리 문단에 최초로 번역하여 소개함. 대표작으로 〈봄은 간다〉가 있음.
나도향(소설)	• 〈물레방아〉, 〈뽕〉, 〈벙어리 삼룡이〉 등 • 《백조》의 동인으로, 감상적이고 낭만주의적인 소설을 주로 씀.

참고 계급 문학: 최서해의 〈탈출기〉와 〈홍염〉, 조명희의 〈낙동강〉, 이기영의 〈고향〉, 임화의 〈우리 오빠와 화로〉 등 KAPF(조선 프롤레타리아 예술가 동맹) 소속 작가들의 작품. 계급 의식에 입각하여 정치적 성격의 글을 썼음.

(3) 1930년대

김기림(시)	• 〈바다와 나비〉, 〈태양의 풍속〉, 〈기상도〉 • 시의 주지성(主知性)을 중시하여 감성보다 이성적인 주제가 있는 시를 씀.
이상(시, 소설)	• 시 〈거울〉, 〈오감도〉 등 • 소설 〈날개〉와 〈종생기〉 등. 무기력한 지식인의 고뇌와 자의식 세계를 다룸. 의식의 흐름 기법을 사용함. '구인회(九人會)'의 일원으로 활동함. • 작가를 설명할 때 '초현실주의, 자동기술법, 심리주의 소설' 등의 표현이 자주 등장함.
김영랑(시)	• 〈모란이 피기까지는〉, 〈돌담에 속삭이는 햇발〉, 〈오월〉 등 • 박용철, 정지용과 함께 잡지 ≪시문학≫을 간행, 순수 서정시 운동을 주도함. • 잘 다듬어진 언어로 우리말의 아름다움을 발견하여 창조하는 데에 힘씀.
유치환(시)	• 〈생명의 서〉, 〈바위〉, 〈깃발〉 등. 생명에 대한 열정을 강렬한 어조로 노래하였음. • '이것은 소리 없는 아우성'이라는 〈깃발〉의 구절은 '역설법'의 가장 대표적인 예시로 언급됨.
정지용(시)	• 〈향수〉, 〈고향〉, 〈춘설〉, 〈인동차〉 등 • 김영랑, 박용철과 함께 잡지 ≪시문학≫을 간행, 청록파, 윤동주 등 후배 시인을 발굴하여 키움.
서정주(시)	• 〈귀촉도〉, 〈자화상〉, 〈추천사〉, 〈견우의 노래〉, 〈동천〉, 〈외할머니의 뒤안 툇마루〉 등 • 1936년 ≪동아일보≫에 데뷔하여 2000년에 타계하기까지 다양한 주제와 표현법의 작품을 다수 남겼음. 초기에는 인간의 원죄나 감정 등을 다룬 작품을 썼고, 〈추천사 - 춘향의 말 1〉이나 〈견우의 노래〉처럼 옛 이야기를 활용한 작품도 있으며, 후기에는 불교 사상이나 샤머니즘을 다루기도 함.
백석(시)	• 〈나와 나타샤와 흰 당나귀〉, 〈여승〉, 〈남신의주 유동 박시봉방〉, 〈수라〉 등 • 평안북도 정주 출생으로 토속적인 시어에 표준어 말투로 된 새로운 이야기 시를 씀. • 우리 민족 공동체의 정서를 드러내면서도 모더니즘 기법(이미지화)을 잘 활용함.
윤동주(시)	• ≪하늘과 바람과 별과 시≫라는 유고 시집에 〈별 헤는 밤〉, 〈아우의 인상화〉, 〈자화상〉, 〈서시〉, 〈쉽게 씌어진 시〉 등 시 31편이 수록되어 있음. • 자아를 성찰하고, 시대의 아픔을 내면화하는 내용의 시가 많음.
이육사(시)	• 〈광야〉, 〈꽃〉, 〈교목〉, 〈절정〉 등 • 상징적인 시어를 이용하여 일제 강점기 화자의 저항 의지를 노래하였고, 한시의 영향으로 전통적인 요소(1연에 4행 등)를 취하고 있음.
조지훈(시)	• 〈승무〉, 〈고풍 의상〉, 〈완화삼〉 등 • 민속적인 제재를 통해 민족적 정서와 전통에 대한 향수를 주로 노래함.
박두진(시)	• 〈해〉, 〈어서 너는 오너라〉 등 • 자연과의 친화를 노래하였으며 인간과 사회에 대한 윤리 의식을 밑바탕으로 한 감상을 보여 줌.
박목월(시)	• 〈나그네〉, 〈청노루〉, 〈산도화〉 등 • 향토성이 짙은 토속적 언어와 정형적이고 민요적인 율격을 바탕으로 자연과의 친화를 노래함.
박태원(소설)	• 〈소설가 구보 씨의 일일〉, 〈천변풍경〉 등 • 세태 소설을 주로 씀. 도시적 삶과 현대 문명 속의 병리를 지식인의 관점에서 조명하고 섬세하게 묘사하거나 비판함. '구인회(九人會)'의 일원으로 활동함.
이효석(소설)	〈메밀꽃 필 무렵〉, 〈수탉〉 등 순수한 자연을 배경으로 한 향토색 짙은 작품을 주로 씀.
김유정(소설)	• 〈만무방〉, 〈동백꽃〉, 〈봄봄〉, 〈금 따는 콩밭〉 등 • 농촌을 배경으로 한 이야기를 해학적으로 담아냄. '사춘기 남녀의 사랑'을 주제로 할 때는 어수룩하고 우직한 시골 청년의 모습, 향토적 분위기와 토속적 어휘 사용이 돋보이고, 비참한 농촌 현실을 보여 줄 때는 일확천금하여 가난한 현실을 타개해 보고 싶은 모습, 성실하게 살던 사람이 반사회적 행위를 저지르게 되는 과정이 돋보임.
채만식(소설)	• 〈탁류〉, 〈치숙〉, 〈태평천하〉, 〈레디메이드 인생〉, 〈미스터 방〉 등 • 지식인의 고민과 약점을 풍자하고, 사회 모순을 사실적으로 묘사함. 〈치숙〉은 '신뢰할 수 없는 화자'를 통해 부조리한 현실을 풍자하고, 〈미스터 방〉은 광복 직후의 혼란스러운 세태에 발빠르게 적응해 가는 삶을 희화화함. • '신뢰할 수 없는 화자'는 미성숙, 무교양, 무지로 인해 자기가 서술하는 일을 제대로 인지하거나 해석, 평가하지 못하는 화자를 말함. 보통 순진한 사람이나 어린아이가 화자로 설정되며, 화자의 내면과 외부 세계의 차이를 드러내는 데 효과적임.
이태준(소설)	• 〈돌다리〉, 〈달밤〉, 〈복덕방〉 등 • 단편 소설에서도 서정성을 보여 줌. 완결성 있는 소설을 보여 주었고, 변화하는 가치관과 시대 현실을 잘 담아냄.

(4) 1950년대

황순원(소설)	• 〈소나기〉, 〈학〉, 〈목넘이 마을의 개〉, 〈별〉, 〈카인의 후예〉, 〈나무들 비탈에 서다〉 등 • 한국 소설의 전형성을 장편과 단편을 넘나들며 모든 방법과 모든 주제로 다 보여 줌. 간결한 문장을 사용하여 한국의 전통적인 정서를 표현하고, 격동기 속 인간성을 짓밟는 맹목적 이데올로기의 횡포를 재인식하고 비판하였으며, 사람다움에 대한 다양한 모습을 보여 줌.
오상원(소설)	• 극한 현실에서 인간 실존을 직접적으로 그린 작가 • 〈유예〉: 전쟁 중 처형당하게 된 국군 소대장의 복잡한 내면세계를 의식의 흐름 기법을 이용하여 그린 작품. 전쟁의 비극성을 고발하고, 특히 흰 눈과 붉은 피를 대비하여 전쟁의 비정함을 선명한 이미지로 보여 줌.
손창섭(소설)	• 〈비 오는 날〉, 〈잉여인간〉 등 • 전쟁 이후 현실에 등장한 왜곡된 인간상을 신체적 장애를 가진 인물로 제시하였으며, 음울한 분위기, 인간 존재에 대한 모멸감, 상황의 중압감, 정상처럼 생각되는 사람들에 대한 비정상성의 고찰(성실하게 살아가지만 쓸모없게 여겨지는 사람들 등)을 다룸.
전광용(소설)	• 〈꺼삐딴 리〉, 〈사수〉 등 • 인간의 본능적이고 어리석은 경쟁의식이 전쟁으로 극에 달하면서 파탄에 이르는 비극적 과정을 보여 줌.
박경리(소설)	• 〈김약국의 딸들〉, 〈시장과 전장〉, 〈불신시대〉, 〈토지〉 등 • 초반에는 전쟁 과부인 주인공이 고통스럽게 살아가는 삶을 그림으로써 가치 체계가 훼손된 한국 사회를 보여 줌. 후반에는 자기 체험에서 벗어나 객관적 시점을 확보하여 제재나 기법도 다양해짐.
김동리(소설)	• 〈역마〉, 〈무녀도〉, 〈황토기〉, 〈화랑의 후예〉 등 • 광복 전에는 토속적인 것에 바탕을 두고 신비적, 허무적 작품을 썼다면, 광복 후에는 인간성을 옹호하는 작품을 주로 창작하였음.
김수영(시)	• 〈폭포〉, 〈눈〉, 〈풀〉 등 • 4·19 혁명 이후의 강렬한 현실 의식과 저항 정신을 바탕으로 참여파 시인의 전위적 역할을 담당함.

(5) 1960~1980년대

최인훈(소설)	• 〈광장〉, 〈회색인〉, 〈그레이 구락부 전말기〉 등 • 소설 속 주인공들은 거의 모두가 현실에 뿌리내리지 못하고 방황하는 모습을 보여 줌. • 다채로운 기교를 사용하면서도 구성을 중시함. 특히 〈광장〉은 남북한 체제 선택에서 중립국행을 선택한 '이명준'이 결국 푸른 광장(바다로 투신)을 선택하는 모습을 통해 남북한의 모습을 객관적으로 비판한 작품임.
김승옥(소설)	• 〈무진기행〉, 〈서울, 1964년 겨울〉, 〈누이를 이해하기 위하여〉 등 • 개인의 삶과 존재의 양상을 풍부한 감수성과 세련된 문장으로 형상화함. 평범한 일상적 삶에서 인간 소외 문제나 정신적 황폐함을 보여 줌. 인간의 소통 문제를 중요한 주제로 다룸.
김정한(소설)	〈모래톱 이야기〉, 〈사하촌〉 등 부당한 권력에 맞서 싸우는 민중의 건강한 저항을 그림.
황석영(소설)	〈삼포 가는 길〉: 실향민, 도시 노동자 등을 주인공으로 삼아 근대 산업화 과정에서 소외된 사람들의 아픔을 형상화함.
윤흥길(소설)	• 〈장마〉: 6·25 전쟁을 배경으로 한 집안에서 발생한 이념의 대립과 화해의 과정을 그림. • 〈아홉 켤레의 구두로 남은 사내〉: 현실의 부조리를 고발하는 성격이 짙은 작품 안에 평범한 사람들의 이야기를 잘 녹여 냄.
조세희(소설)	• 〈난쟁이가 쏘아 올린 작은 공〉, 〈뫼비우스의 띠〉 등 연작 소설 • 〈난쟁이가 쏘아 올린 작은 공〉: 사회의 소외된 계층(도시 빈민층)을 애정 어린 시선으로 바라보며 낙원구 행복동에 사는 난쟁이 일가의 모습을 통해 가진 자와 못 가진 자의 대립, 이분법적 사고의 위험성 등을 보여 줌.
이문열(소설)	〈우리들의 일그러진 영웅〉: 민주주의가 자리 잡지 못한 시기의 한국 사회 권력의 행태를 비판하고, 나약한 지식인의 모습을 보여 줌.
박완서(소설)	• 〈나목〉, 〈그해 겨울은 따뜻했네〉, 〈엄마의 말뚝〉 등 • 일상적인 삶에 대한 중년 여성 특유의 섬세하고도 현실적인 감각을 보여 주며, 6·25 전쟁으로부터 비롯된 고뇌와 인간성에 대한 탐구를 주로 다룸.

2. 고전 문학의 갈래

갈래	내용
고대 시가	• 집단적이고 서사적인 문학에서 개인적이고 서정적인 시가(詩歌)로 분리되면서 생성·발전하게 된 시가로, 신라 향가 이전의 시가를 뜻함. • 구전되다가 한역시(漢譯詩) 형태로 후대에 기록되었으며, 대개 배경 설화와 함께 전해짐. • 〈공무도하가〉, 〈구지가〉, 〈황조가〉, 〈해가〉, 〈정읍사〉 등이 현전하며, 〈도솔가〉, 〈회소곡〉, 〈치술령곡〉 등은 현재 전해지지 않고 있음. • 현전 최고(最古) 한시: 을지문덕, 〈여수장우중문시〉 • 현전 최초 개인 문집: 최치원, 〈계원필경〉
향가	• 신라 시대에 향찰로 쓰인 노래 • 신라의 고유한 문화적 성격이 잘 드러남. • 해독된 내용의 줄 수에 따라 4구체, 8구체, 10구체로 분류함. • 〈서동요〉, 〈헌화가〉, 〈제망매가〉, 〈찬기파랑가〉, 〈모죽지랑가〉 등
경기체가	• 고려 말에 정계에 진출한 신진 사대부 계층이 짓고 부른 노래로, 〈한림별곡〉이 최초의 작품임. • 여러 연이 포개어져 한 편의 작품을 이룸. • '경긔 엇더하니잇고', '경기하여'라는 후렴구가 있어서 '경기체가'로 불림.
고려 가요	• 속요. 평민층이 향유했던 고려 시대의 시가 • 고려 후기~조선 시대에는 궁중에 유입되어 무악으로도 사용되었음. • 단연으로 된 것과 여러 연으로 된 것, 남녀 간의 사랑, 이별의 아쉬움, 불합리한 현실에 대한 체념 등 여러 사람이 짓고 불러서 형식과 내용이 일정하지 않음. • 〈청산별곡〉, 〈가시리〉, 〈서경별곡〉, 〈동동〉, 〈사모곡〉, 〈쌍화점〉, 〈정석가〉 등
가전체	• 사물이나 동물을 역사적 인물처럼 의인화하여 그 일대기를 구성하는 방식 • 사회의 모순을 비판하고 윤리적인 교훈을 주장하는 내용이 대부분임. • 임춘의 〈국순전〉, 〈공방전〉, 이규보의 〈국선생전〉, 〈청강사자현부전〉, 이곡의 〈죽부인전〉, 이첨의 〈저생전〉, 석식영암의 〈정시자전〉 등
악장	• 종묘 제향 등에 사용된 노래 • 조선의 건국과 문물 제도 찬양, 임금의 만수무강 기원, 후대 왕들에 대한 권계를 내용으로 함. • 정도전의 〈신도가〉, 〈납씨가〉, 〈정동방곡〉, 권근의 〈상대별곡〉, 변계량의 〈화산별곡〉 등
시조	• 고려 말 성리학을 신봉한 신진 사대부 계층에 의해 발생하였음. • 조선 시대 내내 유행한 정형시, 3·4조 기본 음수율을 바탕으로 4음보, 3장 6구의 간결한 형식으로 이루어졌음. • 정몽주의 〈단심가〉, 이방원의 〈하여가〉, 우탁의 〈탄로가〉, 맹사성의 〈강호사시가〉, 이황의 〈도산십이곡〉, 정철의 〈훈민가〉 등의 작품이 잘 알려져 있음.
가사	• 3·4조, 4·4조를 기본 음수율로 한 4음보 연속체의 작품 • 안빈낙도하는 군자의 미덕, 군신 간의 충의, 남녀 간의 애정 등 주제가 매우 다양함. • 송순의 〈면앙정가〉, 정극인의 〈상춘곡〉, 특히 정철의 여러 작품들(〈사미인곡〉, 〈속미인곡〉, 〈관동별곡〉 등)이 유명함. • 후기에는 박인로의 〈태평사〉, 〈선상탄〉, 〈누항사〉와 같이 전란과 그 사회상을 표현한 작품들도 있음.

3. 고전소설 대표작

작품	저자	내용
구운몽	김만중	• 몽자류 소설의 효시로, 양반 소설의 대표작 • 인간의 부귀, 영화, 공명 등이 모두 일장춘몽임을 그린 작품 • 육관대사의 제자인 '성진'이 '양소유'로 환생하여 여덟 선녀의 환신인 여덟 여인과 인연을 맺고 입신양명하여 부귀영화를 누리지만 깨어 보니 꿈이었다는 내용으로, 불교적 인생관을 주제로 함.
사씨남정기		• 조선 숙종 때 지어진 한글 소설 • 우리나라 최초의 가정 소설로, 임금 숙종의 잘못을 양반 가문의 처첩 간 갈등에 빗대어 풍자한 작품
박씨전	작자 미상	• 병자호란을 배경으로 한 국문본 여성 영웅, 군담 소설 • 실존 인물인 이시백과 가공의 인물인 아내 박 씨를 주인공으로 하여 병자호란의 패배(치욕)를 심리적으로 보상하고, 민족적인 긍지와 자부심을 일깨우고자 한 작품 • 추한 외모의 박 씨 부인이 뛰어난 학식과 재주로 남편 이시백을 평안 감사가 되게 한 후, 자신도 허물을 벗고 미인이 되어 외적을 물리친다는 내용
인현왕후전	작자 미상	• 조선 후기 역사 전기 소설 • 숙종 당시의 궁중을 배경으로 왕이 인현왕후를 폐위하고 장희빈을 맞아들인 궁중 비극을 생생하게 그려 낸 작품으로, 인현왕후의 생애를 소설체로 엮은 작품
설공찬전	채수	• 〈금오신화〉에 이어 두 번째로 나온 고전소설이자 최초의 국문 번역 소설로, 국문학사적 가치가 높음. • 주인공 설공찬이 저승에서 들은 이야기와 원한을 적은 내용이 담긴 고전소설 • 당시 독자들에게 광범위한 영향을 끼쳤으며, 소설의 대중화를 이룬 첫 작품으로 평가됨.
최척전	조위한	주인공 최척과 옥영의 사랑 이야기를 바탕으로, 전란으로 인한 가족의 이산과 기적적인 재회를 그림.
조웅전	작자 미상	• 조선 시대의 대표적 군담 소설 • 간신 이두병의 간계로 죽은 조 승상의 아들 조웅이 태자와 더불어 후일을 기약하고 헤어져 방랑하다가 장 소저와 백년가약을 맺고 위기에 처한 태자를 구출하여 수십만 대군으로 송나라를 구해 낸다는 내용
운영전	작자 미상	안평대군의 수성궁을 배경으로 서술자 유영이 수성궁터에서 놀다가 꿈을 매개로 하여 궁녀 운영과 김 진사를 만나 그들의 이야기를 듣고 기록한다는 액자식 구성을 취하고 있음.
심생전	이옥	• 조선 정조 때 지어진 소설 • 사족의 집안에서 태어난 심생과 중인의 딸의 만남과 애정을 그림.
서동지전	작자 미상	쥐들의 소송 사건을 소재로 한 의인 소설로, 풍자 소설의 성격을 띰.
예덕선생전	박지원	• 한문 단편 소설 • 분수를 알고 직분에 충실하며 그 속에서 즐거움을 찾는 엄행수(예덕선생)의 삶을 통해 바람직한 교우의 도를 제시하고 양반의 허위의식을 풍자함.
양반전		• 《연암집》〈방경각외전〉에 실림. • 부농이 경제력으로 양반 신분을 획득할 수 있고 양반은 오히려 몰락하여 비참하게 사는 모습 등으로 관료 사회의 부정이 깊어지는 조선 후기의 상황이 잘 드러나는 작품
허생전		• 실학사상이 잘 나타난 풍자 소설로, 《열하일기》〈옥갑야화〉에 실림. • 당대 위정자의 무능과 허위를 꼬집고, 사회의 병리에 대한 개혁안을 제시함.
열하일기		• 박지원이 청나라에 다녀온 후 작성한 견문록 • 북학을 주장하는 내용, 여러 방면에 걸쳐 당시 사회 문제를 신랄하게 풍자함.
호질		• 한문 단편 소설로, 유학자의 위선과 아첨, 이중인격 등에 대해 비판함. • 북곽선생이라는 선비가 젊은 과부 동리자와 정을 통하다 도망쳐 달아나는 과정에서 분뇨 구덩이에 빠지는데, 청렴한 선비를 잡아먹으려던 범이 이를 보고 더러운 선비라 탄식하는 이야기

개념 적용문제

02. 국문학

1 〈보기〉에서 설명하는 문학 작품은?

> **보기**
> 중국(명나라)을 배경으로 주인공이 일시적인 고난을 극복하고 가문과 국가의 위기를 구한다는 영웅소설이다. 충신과 간신(정한담)의 대립을 통하여 조선 중세 질서 속에서 충신상을 표현하고 있다. 동시에 무능한 왕권에 대한 규탄과 역경에 처한 왕가의 비굴함도 드러난다. 두 번에 걸쳐 호국을 정벌하고 호왕을 살육한다는 점에서, 병자호란 이후 호국 청나라에 대한 강한 민족적 적개심을 표현한 작품이기도 하다.

① 박씨전   ② 심청전   ③ 유충렬전   ④ 홍길동전   ⑤ 설공찬전

문제풀이 ▶ 〈보기〉에서 설명하는 문학 작품은 〈유충렬전〉이다. 주인공 유충렬의 신이한 출생, 성장 과정에서의 시련과 극복, 영웅적 투쟁과 화려한 승리로 이야기가 전개되는 작품이다.
① 〈박씨전〉은 미모와 도술을 겸비한 박 씨 부인의 활약상을 그린 작품으로 비현실적 서술을 통해 소설 속에서나마 병자호란의 설욕을 극복하고 민족적 자부심을 일깨우고자 하였다.
② 〈심청전〉은 심청의 효행으로 아버지 심봉사가 눈을 떠가는 과정을 그린 판소리계 소설이다.
④ 〈홍길동전〉은 국문 소설로 봉건 제도와 적서 차별에 대한 사회적 비판 의식이 반영되어 있다.
⑤ 〈설공찬전〉은 국문 번역 소설로 주인공 설공찬이 저승에서 들은 이야기와 원한을 담고 있다.

정답 | ③

2 〈보기〉에서 설명하는 작가는?

> **보기**
> 1935년 창간된 《시원(詩苑)》에 〈망향(望鄕)〉을 발표하여 등단하였고, 주로 우수(憂愁)와 동양적 체험이 깃든 관조적 경향의 서정시를 발표하였다. 영문학자이자 교육자로도 활동하였으며, 작품으로는 〈남으로 창을 내겠소〉 등이 있다.

① 김상용   ② 백석   ③ 이용악   ④ 장만영   ⑤ 정지용

문제풀이 ▶ 〈보기〉에서 설명하는 작가는 '김상용'이다.
② 백석은 같은 문장 구조를 반복하여 의미를 생성하고, 이야기에 서정성을 불어넣는 등 새로운 시의 문법을 세워 시의 영역을 넓혔다. 평안 방언을 비롯하여 여러 지역의 언어를 시어로 끌어들였고, 고어와 토착어를 사용함으로써 모국어를 확장시켰다. 〈수라〉, 〈여승〉, 〈남신의주 유동 박시봉방〉 등의 대표작이 있다.
③ 이용악은 특정한 유파나 동인에 가담하여 활동하지는 않았으나 《분수령(分水嶺)》(1937), 《낡은 집》(1938) 등 2권의 시집을 연이어 출간하면서 시단의 주목을 끌게 되었다. 〈풀벌레 소리 가득 차 있었다〉, 〈낡은 집〉, 〈오랑캐꽃〉 등 그의 시는 식민치하의 우리 민족, 특히 간도 유이민(流移民)들이 겪었던 비참한 생활실상 등의 절박한 시대적 상황의식을 형상화하고 있다.
④ 장만영은 전원적, 서정적인 소재를 현대적인 감성으로 노래한 이미지스트의 경향을 지닌다. 농촌의 감수성을 바탕으로 하면서 동심과 감상적 서정성을 지닌 면에서는 신석정과 통하고, 대상을 이미지화한 점에서는 김광균 등 모더니스트의 면이 보인다. 〈달 포도 잎사귀〉와 같이 신선한 감각을 풍기는 작품을 발표하였다.
⑤ 정지용은 섬세하고 독특한 언어로 대상을 청신하게 묘사함으로써 현대시의 새로운 국면을 개척하였고, 윤동주, 청록파(박두진, 박목월, 조지훈) 등의 신인 시인을 발굴하였다.

정답 | ①

3 〈보기〉에 제시된 문학 작품을 쓴 작가는?

- 박제가 되어버린 천재를 아시오? 나는 유쾌하오. 이런 때 연애까지가 유쾌하오. – 〈날개〉
- 거울속에는소리가없소저렇게까지조용한세상은참없을것이오 – 〈거울〉
- 십삼인의아해가도로로질주하오(길은막다른골목이적당하오) – 〈오감도〉

① 김억   ② 백석   ③ 이상   ④ 이육사   ⑤ 김수영

문제풀이 ▶ 〈보기〉의 작품에는 소설가이자 수필가이고, 시인이었던 '이상'의 면모가 드러난다. 이상의 시는 대부분 띄어쓰기가 되어 있지 않아 '자동기술법', '의식의 흐름 기법' 등 문학 용어를 알지 못해도 쉽게 알아볼 수 있다. 1920년대에 근대 문물이 들어온 상황을 인지하고 있으면서 그 사회를 살아가는 사람들의 불안감과 외로움 등을 잘 포착하고 있는 작품이 많다.

정답 ③

4 〈보기〉에 제시된 문학 작품을 쓴 작가는?

- 아버님 날 낳으시고 어머님 날 기르시니 / 두 분이 곧 아니시면 이 몸이 살아있으랴 / 하늘 같은 은덕을 어디에다 갚사올꼬
- 임금과 백성 사이 하늘과 땅이로되 / (임금께서) 나의 서러운 일을 다 알려 하시는데 / 우린들 살진 미나리를 혼자서 어찌 먹으리
- 재 넘어 성권농의 집에 술 익었단 말 어제 듣고 / 누운 소 발로 박차 안장 놓아 눌러 타고 / 아이야, 네 권롱 계시냐 정 좌수 왔다고 하여라

① 송순   ② 정철   ③ 박인로   ④ 윤선도   ⑤ 정약용

문제풀이 ▶ 위의 두 시조는 정철의 연시조 〈훈민가(백성을 가르치는 노래)〉 16수 중 두 작품이다. 맨 아래 시조는 '성혼'[권농(勸農)은 농사를 권한다는 말로 성혼의 호]의 집에 술이 익었다는 말을 듣고 '정철'(정 좌수는 시인 본인이다)이 그를 찾아가는 내용을 담은 작품이다. 정철의 시조는 유교 사상과 밀접한 관련을 맺고 있거나 '술'과 관련되어 있다.

정답 ②

문제를 더 풀고 싶다면 [기출동형 문제]편 바로가기 ☞ p.147

에듀윌이
너를
지지할게

ENERGY

말로 갈 수도,
차로 갈 수도,
둘이서 갈 수도,
셋이서 갈 수도 있다.
하지만 맨 마지막 한 걸음은
자기 혼자서 걷지 않으면 안 된다.

– 헤르만 헤세(Hermann Hesse)

업계 최초 대통령상 3관왕, 정부기관상 19관왕 달성!

2010 대통령상   2019 대통령상   2019 대통령상

대한민국 브랜드대상 국무총리상   국무총리상   문화체육관광부 장관상   농림축산식품부 장관상   과학기술정보통신부 장관상   여성가족부장관상

서울특별시장상   과학기술부장관상   정보통신부장관상   산업자원부장관상   고용노동부장관상   미래창조과학부장관상   법무부장관상

- **2004**
  서울특별시장상 우수벤처기업 대상
- **2006**
  부총리 겸 과학기술부장관 표창 국가 과학 기술 발전 유공
- **2007**
  정보통신부장관상 디지털콘텐츠 대상
  산업자원부장관 표창 대한민국 e비즈니스대상
- **2010**
  대통령 표창 대한민국 IT 이노베이션 대상
- **2013**
  고용노동부장관 표창 일자리 창출 공로
- **2014**
  미래창조과학부장관 표창 ICT Innovation 대상
- **2015**
  법무부장관 표창 사회공헌 유공
- **2017**
  여성가족부장관상 사회공헌 유공
  2016 합격자 수 최고 기록 KRI 한국기록원 공식 인증
- **2018**
  2017 합격자 수 최고 기록 KRI 한국기록원 공식 인증
- **2019**
  대통령 표창 범죄예방대상
  대통령 표창 일자리 창출 유공
  과학기술정보통신부장관상 대한민국 ICT 대상
- **2020**
  국무총리상 대한민국 브랜드대상
  2019 합격자 수 최고 기록 KRI 한국기록원 공식 인증
- **2021**
  고용노동부장관상 일·생활 균형 우수 기업 공모전 대상
  문화체육관광부장관 표창 근로자휴가지원사업 우수 참여 기업
  농림축산식품부장관상 대한민국 사회공헌 대상
  문화체육관광부장관 표창 여가친화기업 인증 우수 기업
- **2022**
  국무총리 표창 일자리 창출 유공
  농림축산식품부장관상 대한민국 ESG 대상

YES24 국어 외국어 사전 한국어 능력시험 베스트셀러 1위
(2018년 1월, 2019년 1월, 12월, 2020년 1월, 3월, 12월, 2021년 1월~2월, 9월~12월, 2022년 1월~2월, 4월~6월, 8월~12월,
2023년 1월~2월, 4월, 6월, 8월~11월, 2024년 1월, 3월~11월, 2025년 1월, 3월~5월 월별 베스트)
2023, 2022, 2021 대한민국 브랜드만족도 KBS한국어능력시험 교육 1위 (한경 비즈니스)
2020, 2019 한국브랜드만족지수 KBS한국어능력시험 교육 1위 (주간동아, G밸리뉴스)

2026 에듀윌 KBS한국어능력시험
한권끝장 +무료특강

1 어휘·어법 끝장노트
　　이용경로　교재 내 수록

2 기출문제 해설 특강 18회분 (최신 6회분 8월부터 제공 예정)
　　수강경로　에듀윌 도서몰(book.eduwill.net) ▶ 동영상강의실 ▶ 검색창에 'KBS' 검색

3 어휘·어법 기초 특강 & 어휘·어법 BEST 기출 특강 (각 7일간)
　　수강경로　에듀윌(eduwill.net) ▶ 자격증 ▶ KBS한국어/실용글쓰기 ▶ 상단의 학습자료 탭

4 최빈출 어휘·어법 문장 완성하기 100선 (PDF)
　　이용경로　에듀윌 도서몰 ▶ 도서자료실 ▶ 부가학습자료 ▶ 검색창에 'KBS' 검색

고객의 꿈, 직원의 꿈, 지역사회의 꿈을 실현한다

에듀윌 도서몰
book.eduwill.net
· 부가학습자료 및 정오표: 에듀윌 도서몰 > 도서자료실
· 교재 문의: 에듀윌 도서몰 > 문의하기 > 교재(내용, 출간) / 주문 및 배송

합격자 수가 선택의 기준!

2026 최신판

에듀윌 KBS한국어 능력시험 한권끝장 +무료특강

YES24 25년 5월
월별 베스트셀러 기준
베스트셀러 1위

YES24 국어 외국어 사전
한국어 능력시험 베스트셀러 1위

❷ 기출동형 문제편+실전 모의고사

송주연, 김지학, 황혜림 저

특별제공
어휘·어법 끝장노트

45개월 베스트셀러 1위 산출근거 후면표기

최근 13개년 기출분석 자료로 목표등급 달성

- 기출문제 해설 특강 (18회분)
- 어휘·어법 기초 특강 & 어휘·어법 BEST 기출 특강 (각 7일간)
- 최빈출 어휘·어법 문장 완성하기 100선 (PDF)

에듀윌이 너를 지지할게

ENERGY

한 글자로는 '꿈'

두 글자로는 '희망'

세 글자로는 '가능성'

네 글자로는 '할 수 있어'

– 정철, 『머리를 구하라』, 리더스북

에듀윌
KBS한국어능력시험
한권끝장 + 무료특강
기출동형 문제편

한권끝장 100% 활용법

기본부터 제대로 학습하고 싶다면?

통합개념 + 기출동형 문제를 한 권에!
한 번에 확실한 **목표등급 달성!**

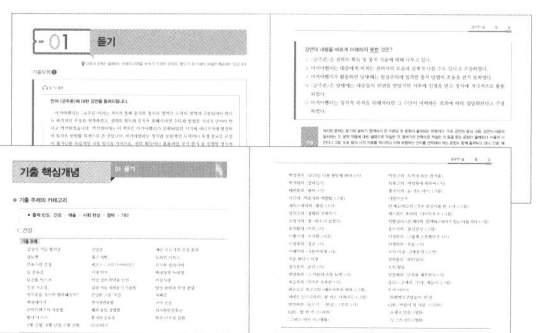

통합개념편

- 기출유형 → 기출 핵심개념
  꼼꼼한 기출분석! 기출유형 및 핵심개념 정리
- 개념 적용문제
  학습한 개념 점검! 기출동형 문제편 학습 전 필수문제 풀이

기출동형 문제편

- 기출동형 문제
  핵심은 기출! 기출을 반영한 영역별 문제풀이
- 실전모의고사
  실제시험처럼 실전 감각 끌어올리기! 모의 답안지로 마킹 연습까지!

효율적인 학습을 원한다면?

어휘·어법 + 읽기 = 출제비중 60%!
영역별 특성에 적합한 **맞춤학습!**

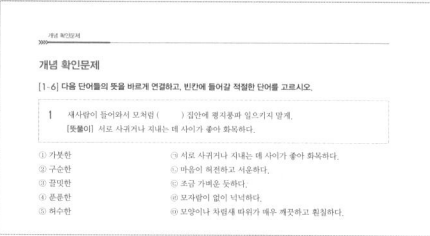

어휘·어법

'기출 핵심개념 → 개념 확인문제 → 개념 적용문제 → 기출동형 문제편 + [특별부록] 어휘·어법 끝장노트'의 반복 훈련

읽기

'제한시간 장치'로 풀이 시간 단축 훈련

기본부터 제대로, 한권이면 충분하다!

기출 경향을 파악하고 싶다면?

전 문항 기출 분석자료로 정확히 목표등급 공략!

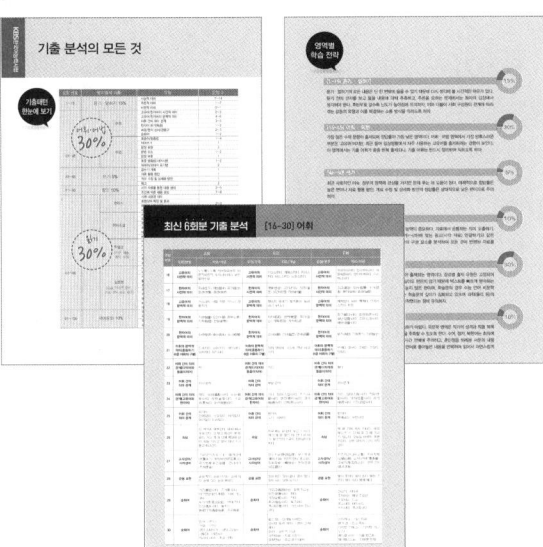

기출 분석의 모든 것

- 기출패턴 한눈에 보기
  최근 13개년 기출 전 문항 분석을 통한 기출패턴 및 기출유형 파악
- 영역별 학습 전략
  영역별 접근 방법 파악으로 목표 등급 공략
- 최신 6회분 기출 분석
  최신 기출 전 문항의 유형과 개념을 분석한 자료로 영역별 기출 완벽 파악

18회분 기출해설·어휘·어법 특강 & 최빈출 어휘·어법 문장 완성하기 100선(PDF)

- 18회분 기출문제 해설과 초고난도 영역의 어휘·어법 특강 제공
- 수강경로
  - 18회분 기출문제 해설 특강: 에듀윌 도서몰(book.eduwill.net) > 동영상강의실 > 검색창에 'KBS' 검색 > KBS한국어능력시험 기출해설특강 강좌 수강하기(최신 6회분 8월부터 제공 예정)
  - 어휘·어법 기초 특강 + 어휘·어법 BEST 기출 특강: 에듀윌 (eduwill.net) > 자격증 > KBS한국어/실용글쓰기 > 상단의 학습자료 탭
- 최빈출 어휘·어법을 담은 어휘·어법 문장 완성하기 100선 PDF 제공
- 다운로드 경로
  - 에듀윌 도서몰(book.eduwill.net) > 도서자료실 > 부가학습자료 > 검색창에 'KBS' 검색

어휘·어법 끝장노트

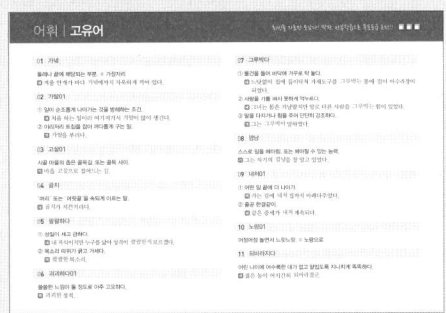

- 어휘·어법의 빈출 이론과 바로확인 문제를 한 권에 담은 암기노트
- 언제 어디서나 볼 수 있도록 휴대성을 높임

차례

- 한권끝장 100% 활용법

PART Ⅰ [1~15] 듣기 · 말하기	개념편	문제편
최신 6회분 기출 분석	18	
01 듣기	20	10
02 듣기+말하기(통합 문제)	32	13

PART Ⅱ [16~45] 어휘 · 어법	개념편	문제편
[어휘] 최신 6회분 기출 분석	48	
01 고유어	50	18
02 한자어	98	21
03 어휘 간의 의미 관계	155	25
04 관용 표현 – 속담/한자 성어/관용구	183	29
05 순화어	224	34
[어법] 최신 6회분 기출 분석	238	
01 주요 한글 맞춤법 규정	240	37
02 한글 맞춤법 – 띄어쓰기	258	42
03 표준어 규정/표준 발음법	266	44
04 외래어/로마자 표기법	286	49
05 문장 부호	296	52
06 문장 표현/문법 요소	307	54

5%	**PART Ⅲ [46~50] 쓰기**	개념편	문제편
	최신 6회분 기출 분석	334	
	01 글쓰기 계획	336	62
	02 자료 활용 방안	342	66
	03 개요 수정 및 상세화 방안	347	71
	04 퇴고	353	78

10%	**PART Ⅳ [51~60] 창안**	개념편	문제편
	최신 6회분 기출 분석	372	
	01 시각 자료를 통한 내용 생성	374	84
	02 조건에 따른 내용 생성	382	89

30%	**PART Ⅴ [61~90] 읽기**	개념편	문제편
	최신 6회분 기출 분석	394	
	01 문학 – 현대시/현대소설	398	94
	02 학술문 – 인문/예술/과학/사회	417	104
	03 실용문	430	118

10%	**PART Ⅵ [91~100] 국어문화**	개념편	문제편
	최신 6회분 기출 분석	444	
	01 국어학	446	138
	02 국문학	464	147

- 실전모의고사
- OMR카드

PART I

듣기·말하기

01 듣기
02 듣기+말하기(통합 문제)

듣기·말하기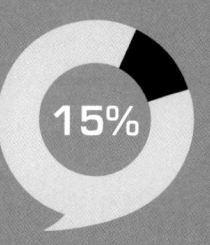

최근 13개년 기출 전 문항 분석 결과

영역	출제 유형	출제 문항 수
[1~15] 듣기·말하기	사실적 이해	7~14
	추론적 이해	1~7
	비판적 이해	0~1

- ☑ 최근 시험에서 추론적 이해의 출제 문항 수가 증가하는 편이다.
- ☑ 담화를 듣고, 이어질 내용을 추론하는 문항의 난도가 높고 정답률이 낮은 편이다.
- ☑ 사진이나 그림을 보고 푸는 문항, 시나 수필을 듣고 푸는 문항은 난도가 낮은 편이다.
- ☑ 듣기·말하기 영역에서는 대부분 80~90% 이상의 정답률을 보인다.

01. 듣기

기출동형 문제

🎧 에듀윌 도서몰(book.eduwill.net)에서 듣기 MP3 파일을 무료로 내려받으세요.
정답 P 2

1 강연에서 설명하고 있는 그림으로 가장 적절한 것은?

①
②
③
④
⑤

2 그림에 대한 설명으로 적절하지 <u>않은</u> 것은?

① 값비싼 수입물인 오렌지가 있는 것을 통해 이들이 부유함을 알 수 있다.
② 창문과 천장의 샹들리에가 세밀하고 사실적으로 정확하게 표현되었다.
③ 그림 중앙에 있는 거울을 통해 그림 속에 있는 배경들을 뚜렷하게 드러내고 있다.
④ 공간의 원근법과 명암법이 불완전하여 인물과 사물들의 양감이 정밀하게 보이지 않는다.
⑤ 불이 켜진 초, 벽면에 걸린 묵주, 옷솔 등을 통해 가톨릭의 혼인 성사 장면임을 알 수 있다.

3 강연에서 언급한 내용으로 볼 수 없는 것은?

① 니체는 당대의 사회 체제를 쌀쌀한 시선으로 바라본 것으로 추측되고 있다.
② 최근에는 냉소주의가 치매와 상호 연관 관계를 이룬다고 보는 견해도 있다.
③ 철학이나 이념, 사람의 성격 등은 뇌 건강에 영향을 미치는 요인이 될 수 있다.
④ 극단적인 냉소주의자들은 생활 방식 등의 차이로 인하여 치매에 걸려 일찍 죽게 된다.
⑤ 과학자들은 상대방을 비웃음으로 대하는 태도와 정신 기능 사이에 연관성이 있다고 생각하였다.

4 뉴스에 대한 설명으로 가장 적절한 것은?

① 권위 있는 연구를 인용하여 중심 내용을 강조하고 있다.
② 가설을 설정한 후 다양한 실험을 통해 이를 검증하고 있다.
③ 전문가의 의견을 비판적으로 수용하면서 논지를 전개하고 있다.
④ 대상의 뜻을 명백히 밝혀 논의의 범위를 좁혀 나가면서 말하고 있다.
⑤ 대상을 관찰하며 느낀 점에 대해 논리적 원인을 규명하며 의견을 제시하고 있다.

5 시의 제목으로 가장 적절한 것은?

① 봄은
② 눈짓은
③ 몸짓은
④ 겨울은
⑤ 미움은

기출동형 문제

6 강연의 주제로 가장 적절한 것은?

① 평범한 사람들도 누구나 몰입할 수 있는 능력을 지니고 있다.
② 중력의 법칙은 수십 번의 실수 끝에 맞는 답을 찾아낸 결과이다.
③ 모든 시간과 마음을 다해 주어진 문제 하나만을 생각하는 것은 복잡하다.
④ 주어진 문제에 대하여 극한의 몰입을 지속함으로써 해결점을 찾아낼 수 있다.
⑤ 극한 위기에 처하게 되면 사람은 자기가 할 수 있는 최대 능력을 발휘하게 된다.

7 뉴스의 내용을 잘못 이해한 것은?

① 겨울철에도 식중독이 발생하는 경우가 있다.
② 숟가락을 식초로 소독하면 살균 효과를 볼 수 있다.
③ 싱크대 안 배수구는 세균 번식이 많이 일어나는 곳이다.
④ 식초, 굵은 소금, 레몬 등으로 주방의 위생을 관리할 수 있다.
⑤ 전자레인지는 평소에 문을 잘 닫아 놓아야 세균이 번식하지 않는다.

8 강연자의 말하기 습관과 관련이 없는 것은?

① 의견을 겸손하게 내놓는 것
② 고정된 의견을 주장하는 것
③ 말하려는 요지를 잘 전하는 것
④ 감정을 직접적으로 주장하지 않는 것
⑤ 상대에게 '이번 경우는 달라 보이는 것 같다'고 말하는 것

9 시의 제목으로 가장 적절한 것은?

① 번개
② 폭포
③ 기색
④ 추락
⑤ 절개

02. 듣기 + 말하기(통합 문제) 기출동형 문제

🎧 에듀윌 도서몰(book.eduwill.net)에서 듣기 MP3 파일을 무료로 내려받으세요.
정답 ❶ 6

1 강연의 내용을 잘못 이해한 것은?

① 금연 보조제는 금연에 별로 효과적이지 않다.
② 담배를 눈에 띄는 곳에 두고 참아 보아야 한다.
③ 금연에 실패하더라도 계속 도전을 거듭해야 한다.
④ 흡연의 불쾌감을 떠올리는 것도 금연의 방법이다.
⑤ 재흡연을 피하기 위해서는 본인의 의지가 중요하다.

2 강연에 사용된 말하기 전략으로 적절하지 않은 것은?

① 통계 조사 결과를 제시하여 신뢰성을 높였다.
② 비유의 방식을 사용하여 대상의 개념을 전했다.
③ 문제점에 대한 적절한 해결책을 제시하고 있다.
④ 청중에게 질문을 던져 궁금증을 유발하고 있다.
⑤ 전문가들의 의견을 인용하여 주장을 강화하고 있다.

3 등장인물의 생각으로 적절하지 않은 것은?

① 김 선생: 의무적 봉사 활동은 참여하는 사람 모두에게 시간 낭비일 뿐이다.
② 이 선생: 의무적인 봉사 활동이 형식적이더라도 학생들에게 의미가 있을 것이다.
③ 김 선생: 학생들은 입시를 위한 것이 아니면 봉사 활동을 할 의지가 없는 것이 현실이다.
④ 이 선생: 학생들이 입시를 위해 봉사 활동을 하는 것은 자발적 봉사 활동으로 이어질 수 없다.
⑤ 김 선생: 시간을 채우려는 생각만으로 봉사 활동을 하는 것은 아무 의미가 없다고 보아야 한다.

4 두 사람이 대립하게 된 근본적인 원인으로 가장 적절한 것은?

① 학생의 진로에 대한 시각 차이
② 의무적 봉사 활동에 대한 시각 차이
③ 사회의 복지 제도에 대한 시각 차이
④ 인생의 보람과 즐거움에 대한 시각 차이
⑤ 봉사 활동 동아리 기획에 대한 시각 차이

5 위원이 설명한 내용과 일치하지 <u>않는</u> 것은?

① 직장 내 괴롭힘 금지법 시행 이후 괴롭힘 신고의 비중이 높아졌다.
② 어떤 것이 직장 내 괴롭힘인지 애매한 문제들은 법을 기준으로 판단한다.
③ 직장 내 괴롭힘에 대해 직장 갑질 119에 신고하는 경로는 다원화되어 있다.
④ 직원들의 성과를 향상시키기 위한 업무는 직장 내 괴롭힘에 해당하지 않는다.
⑤ 특정인을 대상으로 지속적으로 업무 환경을 악화시키면 직장 내 괴롭힘에 해당한다.

6 기자의 말하기 전략에 대한 설명으로 적절하지 <u>않은</u> 것은?

① 신고된 사례 건수를 인용하여 질문하고 있다.
② 위원이 설명한 내용과 연관된 것을 묻고 있다.
③ 위원의 의견에 반대하는 입장에서 질문하고 있다.
④ 위원이 답변한 내용에 대한 세부적 사항을 질문하고 있다.
⑤ 위원과 진행한 인터뷰의 주제를 확인하며 인터뷰를 마무리하고 있다.

7 이 발표에서 제시한 정보로 옳지 <u>않은</u> 것은?

① 단수 가격의 예로는 990원, 9,900원 등을 들 수 있다.
② 단수 가격의 효과는 미국의 의류 회사 실험으로 증명되었다.
③ 준거 가격은 소비자가 가격을 평가할 때 비교하는 기준점이 된다.
④ 준거 가격을 이용해 판매할 때 정가와 할인가를 함께 표시할 때가 있다.
⑤ 준거 가격은 소비자가 물건을 구입할 때 실제로 지출 가능한 가격을 뜻한다.

8 다음 자료 중에서, '준거 가격'과 관련이 없는 것은?

①
②
③
④
⑤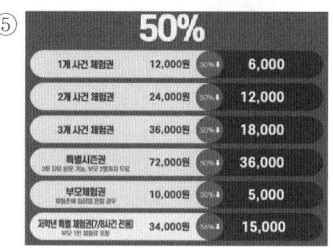

9 두 사람의 입장을 가장 바르게 이해한 것은?

① 김 대리는 일의 양이 많아 부담이 크다고 생각한다.
② 박 부장은 김 대리가 소심한 것이 문제라고 생각한다.
③ 김 대리는 박 부장이 이유 없이 자신을 괴롭힌다고 생각한다.
④ 박 부장은 김 대리의 업무 태도가 적절하지 않다고 생각한다.
⑤ 박 부장은 김 대리가 일의 기한을 지키지 않는 것이 문제라고 생각한다.

10 두 사람의 갈등을 조정하기 위해 팀장이 취할 행동으로 적절하지 않은 것은?

① 박 부장에게, 디자인 작업을 할 때 구체적인 지시가 필요한 이유를 설명한다.
② 박 부장에게, 부하 직원과 긍정적으로 소통하며 업무를 지시하는 방법을 설명한다.
③ 김 대리에게, 박 부장이 디자인과 관련한 전문적인 용어를 잘 모르고 있음을 설명한다.
④ 김 대리에게, 상사에게 구체적인 업무 지시를 요청하는 대화의 방법을 설명한다.
⑤ 김 대리에게, 업무 처리 기간이 예상보다 늦어질 때 상사에게 양해를 구하는 방법을 설명한다.

PART II

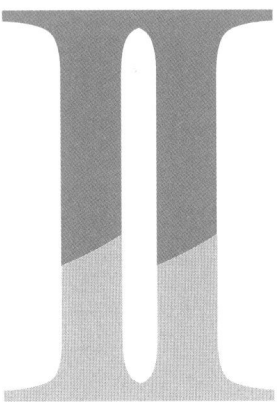

어휘

01 고유어
02 한자어
03 어휘 간의 의미 관계
04 관용 표현-속담/한자 성어/관용구
05 순화어

어법

01 주요 한글 맞춤법 규정
02 한글 맞춤법-띄어쓰기
03 표준어 규정/표준 발음법
04 외래어/로마자 표기법
05 문장 부호
06 문장 표현/문법 요소

어휘·어법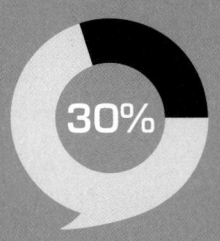

📋 최근 13개년 기출 전 문항 분석 결과

영역	출제 유형	출제 문항 수
[16~30] 어휘	고유어/한자어의 사전적 의미	2~3
	고유어/한자어의 문맥적 의미	4~6
	어휘 간의 의미 관계	3~5
	한자어 표기(독음)	1~2
	속담/한자 성어/관용구	2~3
	순화어	1~2
[31~45] 어법	표준어/맞춤법	1~4
	띄어쓰기	1
	문장 표현	3
	문법 요소	1~2
	문장 부호	1
	표준 발음법/사이시옷	1~2
	외래어/로마자 표기법	2

- ✅ 고유어와 한자어는 사전적 의미와 문맥적 의미가 비슷한 비중으로 다루어지며, 기출 단어만 제대로 익히면 70% 이상 풀 수 있다.
- ✅ 최근 어휘 간의 의미 관계를 파악하는 문항 수가 늘었다.
- ✅ 순화어는 정답률이 낮은 영역이고 쓰임이 익숙하지 않지만, 문제 유형이 고정되어 있으므로 접근성이 높다.
- ✅ 어법은 정답률 50% 이하 문항이 가장 많은 영역으로 수험생들이 가장 어려워한다.
- ✅ 표준어와 외래어 표기법의 정답률이 가장 낮고, 다음으로 문법 요소, 띄어쓰기, 표준 발음법, 문장 표현의 정답률이 낮다.

01. 고유어

기출동형 문제

1 다음 중 〈보기〉의 밑줄 친 말의 의미를 잘못 이해한 것은?

> 보기
> ㉠ 땅은 해마다 돈을 낳으니까 그야말로 <u>화수분</u>이지.
> ㉡ 밖에는 <u>땅거미</u>가 묽은 안개 퍼지듯 내리고 있었다.
> ㉢ <u>우수리</u>는 받지 않을 테니 물건이나 좋은 것으로 주세요.
> ㉣ 나뭇결에 따라 이따금 박혀 있는 <u>옹이</u>는 그 나무의 역사이기도 했다.
> ㉤ 그는 너무 바빠서 잠시도 쉴 <u>틈</u>이 없다고 투덜댔다.

① ㉠은 '재물이 계속 나오는 보물단지'를 의미하는 것이다.
② ㉡은 한자어 '황혼(黃昏)'으로 바꾸어 쓸 수 있다.
③ ㉢은 한자어 '월가(越價)'로 대체할 수 있다.
④ ㉣은 '손바닥에 옹이가 박혔다'와 같이 '굳은살'을 비유하는 표현으로도 쓰인다.
⑤ ㉤은 문맥에 따라 '어떤 일을 하다가 생각 따위를 다른 데로 돌릴 수 있는 시간적인 여유'인 '겨를'로 바꾸어 쓸 수 있다.

2 다음 중 밑줄 친 고유어의 뜻풀이로 바르지 않은 것은?

① 뒤꼍은 <u>다붓하니</u> 평화로웠다. → 조용하고 호젓하다.
② 왜 그리 <u>어깃장</u>을 놓는 게야? → 짐짓 어기대는 행동
③ 사장은 <u>마뜩지</u> 않다는 듯 잔뜩 인상을 썼다. → 제법 마음에 들 만하다.
④ 서로에 대한 그들의 열정은 아주 <u>헤식게</u> 풀어졌다. → 자신도 모르는 사이에 조금씩
⑤ 아내가 부엌에 내려와 있고 이 방 저 방에는 옆집 세간이 <u>늘비하게</u> 널려 있다. → 질서 없이 여기저기 많이 늘어서 있거나 놓여 있다.

3 다음 중 밑줄 친 고유어의 뜻풀이로 바르지 않은 것은?

① 혼자서 집을 나와 <u>서릿바람</u>을 맞으며 길을 나섰다. → 서리가 내리면서 부는 따뜻한 바람
② <u>남실바람</u>이 가볍게 불어왔다. → 풍력 계급 2의 바람. 나뭇잎이 흔들리고 풍향계도 움직이기 시작한다.
③ <u>산들바람</u>이 불어, 이마에 맺힌 땀을 씻어 갔다. → 풍력 계급 3의 바람. 나뭇잎과 잔가지가 일정한 운동을 하고 깃발이 가볍게 흔들린다.
④ 한낮의 더위를 몰아내려는 듯 <u>흔들바람</u>이 불어온다. → 풍력 계급 5의 바람. 잎이 무성한 작은 나무가 흔들리고, 바다에서는 작은 물결이 인다.
⑤ 바람의 세기가 아주 강한 <u>싹쓸바람</u>이 부는구나. → 풍력 계급 12의 몹시 강한 바람. 육지에서는 보기 드문 엄청난 피해를 일으키고 바다에서는 산더미 같은 파도를 일으킨다.

4 밑줄 친 부분을 같은 의미의 다른 단어로 바꾼 것 중 바르지 않은 것은?

① 책을 읽다가 설핏 잠이 들었다. → 얼핏
② 그렇게 해 주시면 작히나 좋겠습니까? → 여북
③ 내 친구는 자못 심각한 목소리로 내게 물었다. → 매우
④ 손님이 더 올지 모르니 음식을 낫잡아 준비해라. → 넉넉하게
⑤ 낯선 곳이었지만 방바닥이 밍근해서 편안하게 잠이 들었다. → 약간 미지근해서

5 밑줄 친 부분을 같은 의미의 다른 단어로 바꾼 것 중 바르지 않은 것은?

① 그는 늘 주변 사람들을 푼푼히 챙겼다. → 넉넉히
② 우리는 처음 만난 사이라 서름한 느낌이 들었다. → 조금 서먹한
③ 밤새도록 어둠을 살라 먹고, 고운 해야 솟아라. → 모두 없애고
④ 그는 사람들에게 괜히 능청을 떨며 심술스레 말하곤 했다. → 일부러
⑤ 그 사람 엉너리에 얼굴이 달아오르는 당신을 보니 가엾습니다. → 입발림

6 밑줄 친 고유어의 쓰임이 바르지 않은 것은?

① 재영이는 똑바로 누워 팔다리를 허공에 휘저으며 나비잠을 잔다.
② 얼마나 피곤했는지 동생이 멍석잠을 자려 하는 걸, 내가 업고 왔다.
③ 좁은 방 한 칸에 열두 명이 자려니 어쩔 수 없이 모두 갈치잠을 잘 도리밖에 없었다.
④ 천막 안이 비좁아 제대로 눕지도 못하고 몸을 잔뜩 구부리고 새우잠으로 밤을 지샜다.
⑤ 잠을 자도 설핏설핏 노루잠만 자던 유은이가 오랜만에 잠을 달게 자는 걸 보니 마음이 놓였다.

7 다음 중 밑줄 친 고유어의 쓰임이 문맥상 바르지 않은 것은?

① 날이 흐려서인지 몸이 까라진다.
② 그 집은 돌기를 섞어서 비싼 값에 판다.
③ 그 사람은 해망쩍게도 또 사기를 당했다.
④ 날씨가 더워서 모시로 만든 핫옷을 꺼내 입었다.
⑤ 할머니는 꼼꼼하게 도토리의 보늬를 벗겨 내셨다.

8 〈보기〉의 ㉠~㉢에 들어갈 단어의 기본형이 올바르게 묶인 것은?

> 보기
> - 한참을 웃었더니 수술한 자리가 (㉠).
> - 나는 그 얘기를 듣고 호기심이 (㉡).
> - 그의 마음에 불이 (㉢).

	㉠	㉡	㉢		㉠	㉡	㉢
①	당기다	댕기다	땅기다	②	당기다	땅기다	댕기다
③	댕기다	당기다	땅기다	④	땅기다	댕기다	당기다
⑤	땅기다	당기다	댕기다				

9 문맥상 〈보기〉의 빈칸에 공통으로 들어갈 말의 기본형으로 가장 적절한 것은?

> 보기
> - 재석이는 키만 (   ) 크다는 말을 많이 듣는다.
> - 그는 나의 핀잔이 좀 (   ) 머리를 긁적거렸다.
> - 그녀는 자신의 마음을 들킨 것이 (   ) 웃고 말았다.

① 머쓱하다
② 사박스럽다
③ 생게망게하다
④ 설명하다
⑤ 무지근하다

10 다음 단위를 나타내는 명사의 쓰임이 적절하지 <u>않은</u> 것은?

① 삼촌이 시장에서 굴비 열 <u>축</u>을 사오셨다.
② 상점에 가서 김 세 <u>톳</u>을 사 오너라. 300장이란다.
③ 이번 명절에는 명절 선물로 조기 두 <u>두름</u>이 들어왔다.
④ 그녀는 간을 맞추기 위해 소금을 한 <u>자밤</u> 더 넣기로 했다.
⑤ 곳간 한쪽에는 얼핏 봐도 100섬쯤 되어 보이는 벼 한 <u>담불</u>이 쌓여 있었다.

02. 한자어 기출동형 문제

1. 다음 중 밑줄 친 말에 대응하는 한자어를 연결한 것으로 적절하지 <u>않은</u> 것은?
   ① 그는 사건의 자초지종을 아는 대로 <u>말하였다</u>. - 진술(陳述)
   ② 두 정상은 회담의 결과를 국민들에게 <u>말하였다</u>. - 토로(吐露)
   ③ 그녀는 자신이 저지른 죄를 경찰관에게 <u>말하였다</u>. - 자백(自白)
   ④ 이사들은 이사회에서 회장의 발언에 이견을 <u>말하였다</u>. - 개진(開陳)
   ⑤ 그는 자신에게 책임을 전가하는 동료의 주장이 모두 거짓말이라고 <u>말하였다</u>. - 항변(抗辯)

2. <보기>의 '생각'이라는 말을 한자어로 바꾸어 쓰고자 할 때, 활용할 수 <u>없는</u> 것은?

   - 그는 깊은 <u>생각</u>에 잠겨 있었다.
   - 이번 작업의 결과물에 대한 그의 <u>생각</u>이 어떤지 궁금하다.
   - 지난 일은 다시 <u>생각</u>하고 싶지 않다.
   - 그 사람은 새로운 발명품을 <u>생각</u>해 냈다.

   ① 고찰(考察)   ② 기억(記憶)   ③ 상념(想念)   ④ 의견(意見)   ⑤ 창안(創案)

3. 다음 밑줄 친 한자어와 공통적으로 뜻이 통하는 고유어로 옳은 것은?

   - 이것은 기존의 인체용 CT보다 정밀하게 생체 <u>내부(內部)</u>를 살펴볼 수 있는 장치다.
   - 면발이 거칠고 조리 방법이 투박한 것이 순박한 강원도민의 <u>심성(心性)</u>을 닮았다.
   - 고요하고 순수하던 시절로 돌아가고 싶은 그의 <u>심중(心中)</u>이 작품에 반영되어 있다.

   ① 뜻   ② 마음   ③ 생각   ④ 속   ⑤ 안

4. 밑줄 친 한자어를 다른 표현으로 바꾼 것 중 적절하지 <u>않은</u> 것은?
   ① 간밤에 <u>묘령(妙齡)</u>의 여인이 찾아왔다. → 규정하기 어려운
   ② 자신의 견해를 <u>피력(披瀝)</u>하다. → 털어놓고 말하다
   ③ 현대 사회는 부익부 빈익빈 현상이 <u>고착(固着)</u>되는 듯하다. → 굳어지는
   ④ 그 사람은 천문, 지리에 관해서는 모든 것을 <u>통달(通達)</u>했다. → 훤히 알다
   ⑤ 기자는 일본에서 4일간 <u>체류(滯留)</u>한 뒤 미국으로 향할 예정이다. → 머무른

5. <보기>의 밑줄 친 낱말과 바꾸어 쓰기에 가장 적절한 것은?

> 보기
> 그들은 박 위원을 공동의 통치자로 <u>추대(推戴)</u>하였다.

① 선정(選定) ② 선출(選出) ③ 천거(薦擧) ④ 추앙(推仰) ⑤ 추거(推擧)

6. 밑줄 친 부분에 대응하는 한자어로 적절하지 않은 것은?

① 수출에 총력을 기울이라는 지시가 <u>떨어졌다</u>. → 하달(下達)
② 그는 이번 입사 시험에서 안타깝게 <u>떨어졌다</u>. → 낙방(落榜)
③ 그들은 사이가 매우 좋아, 서로 <u>떨어질</u> 줄 몰랐다. → 이별(離別)
④ 그녀는 이번 사건으로 가문의 명예를 땅에 <u>떨어뜨렸다</u>. → 실추(失墜)
⑤ 식사 중에 그런 얘기를 들으면 누구든 식욕(食慾)이 <u>떨어지지</u> 않겠니? → 쇠퇴(衰退)

7. 밑줄 친 부분에 대응하는 한자어로 적절하지 않은 것은?

① 의사가 환자를 <u>보고</u> 있다. → 진료(診療)
② 주가가 더 떨어질 것으로 <u>본다</u>. → 간주(看做)
③ 점수를 <u>보고</u> 판단하는 게 좋겠다. → 고려(考慮)
④ 나는 그녀와 연극을 <u>보러</u> 갈 것이다. → 관람(觀覽)
⑤ 그녀는 쌍둥이를 <u>봐</u> 줄 사람을 구하였다. → 보호(保護)

8. 밑줄 친 한자어의 뜻풀이로 옳지 않은 것은?

① 공사가 순조롭게 <u>진척(進陟)</u>되고 있다. → 일이 목적한 방향대로 진행되어 감.
② 그는 도시를 떠나 전원생활을 <u>만끽(滿喫)</u>하고 있다. → 욕망을 마음껏 충족함.
③ 이번 국회에서는 뇌물죄로 사법 처리를 당한 의원들의 <u>축출(逐出)</u>을 결의하였다. → 쫓아내거나 몰아냄.
④ 당시 그들 사이에는 독립에 대한 열망이 <u>팽배(澎湃)</u>해 있었다. → 전염병이나 바람직하지 않은 현상이 널리 퍼져 있는 것
⑤ 그들은 불법 영업을 <u>묵인(默認)</u>해 주는 대가로 뇌물을 받고 있었다. → 모르는 체하고 하려는 대로 내버려둠으로써 슬며시 인정함.

9 밑줄 친 한자어를 다른 표현의 기본형으로 바꾼 것 중 적절하지 않은 것은?

① 그녀는 재산을 은행에 위탁(委託)하여 관리한다. → 보내다
② 이렇게 비싼 시계를 착용(着用)하려니 조금 부담스럽다. → 차다
③ 아이는 언제부터인가 자신의 방을 단정(端整)하게 정리했다. → 깨끗하다
④ 안팎식구가 법석을 떨며 새 사위를 영접(迎接)하기에 분주하였다. → 맞이하다
⑤ 지나간 50년을 곰곰 반추(反芻)하여 보니 후회되는 일이 허다하다. → 되새기다

10 밑줄 친 한자어의 뜻풀이로 적절하지 않은 것은?

① 꽃이 난만(爛漫)한 모습이 참 보기 좋다. → 활짝 많이 핀
② 한 명의 손님이라도 곡진(曲盡)히 대접한다. → 매우 정성스럽게
③ 이 학교는 인재를 배출하는 요람(搖籃)으로 유명하다. → 근원지로
④ 말이 여러 단계를 거치면 와전(訛傳)되기 마련이다. → 사실과 달라지기
⑤ 그 작품에는 전통과 현대가 혼효(混淆)되어 있었다. → 효과적으로 전달되어

11 밑줄 친 한자어의 쓰임이 바르지 않은 것은?

① 그는 김 선생님에게서 판소리를 사사(師事)하였다.
② 그는 자신의 치부(恥部)까지 솔직히 말할 만큼 나를 신뢰했다.
③ 철이 형은 어느덧 본시 모습으로 회복되어 신수(身手)가 좋았다.
④ 그 사람은 또다시 도박으로 처벌을 받아, 많은 사람들에게 회자(膾炙)되고 있다.
⑤ 자매는 부모님의 화혼(華婚) 30주년을 맞아 두 분만 해외여행을 보내 드리기로 하였다.

12 <보기>의 ㉠~㉢에 들어갈 단어가 올바르게 묶인 것은?

> 보기
> - 그는 이사진들의 반대에도 불구하고 아들을 사장에 (㉠)하였다.
> - 요즘은 정식 교사 (㉡)이 줄어드는 추세이다.
> - 폐수 정화 문제를 대학 연구소에 (㉢)해 해결하도록 하였다.

	㉠	㉡	㉢
①	위촉(委囑)	임용(任用)	임명(任命)
②	임용(任用)	임명(任命)	위촉(委囑)
③	임용(任用)	위촉(委囑)	임명(任命)
④	임명(任命)	임용(任用)	위촉(委囑)
⑤	임명(任命)	위촉(委囑)	임용(任用)

13 <보기>의 ㉠~㉢에 들어갈 한자가 올바르게 묶인 것은?

> 보기
> - 그는 모든 비리 의혹에 대해 부정(㉠)으로 일관했다.
> - 정의감이 강한 그는 사소한 부정(㉡)이나 불의를 보고도 참지 못한다.
> - 제사를 지내는 날까지 제사를 지내는 사람과 마을 사람들은 부정(㉢)을 멀리하며 근신했다.

	㉠	㉡	㉢
①	否定	不淨	不正
②	否定	不正	不淨
③	不正	否定	不淨
④	不正	不淨	否定
⑤	不淨	不正	否定

14 밑줄 친 말의 한자 병기가 잘못된 것은?

① 수출의 둔화(鈍化)로 경제가 악화되었다.
② 더 이상 고집부리지 말고 순리(順理)대로 해야 한다.
③ 그는 무엇이든 깊게 파고들어 구명(究明)하는 성격이다.
④ 아내의 독려(督慮) 덕분에 무사히 작업을 마칠 수 있었다.
⑤ 이번 작전의 개념에 수정이 가해질 필요가 있다고 사료(思料)된다.

03. 어휘 간의 의미 관계 — 기출동형 문제

1. 단어 간의 관계가 나머지와 <u>다른</u> 것은?
   ① 첩경(捷徑) : 지름길
   ② 저간(這間) : 요즈음
   ③ 반추(反芻) : 새김질
   ④ 기우(杞憂) : 노파심
   ⑤ 졸가(拙家) : 우리 집

2. 단어 간의 관계가 나머지와 <u>다른</u> 것은?
   ① 견지(見地) : 관점(觀點)
   ② 구명(究明) : 천착(穿鑿)
   ③ 납득(納得) : 수긍(首肯)
   ④ 당착(撞着) : 모순(矛盾)
   ⑤ 피로(疲勞) : 질병(疾病)

3. 단어 간의 관계가 나머지와 <u>다른</u> 것은?
   ① 이면(裏面) : 표면(表面)
   ② 가옥(家屋) : 초가(草家)
   ③ 급격(急激) : 완만(緩慢)
   ④ 침식(侵蝕) : 퇴적(堆積)
   ⑤ 할인(割引) : 할증(割增)

4 밑줄 친 단어의 관계가 〈보기〉의 설명에 해당하는 것은?

> 보기
>
> 두 개 이상의 낱말이 우연히 소리만 같을 뿐 전혀 다른 뜻으로 사용되는 경우에 이 낱말들을 동음이의어(同音異義語)라 한다. 단어의 의미상 서로 관련성이 없어, 사전에서 각각의 표제어로 쓰이며, 각기 다른 단어로 인식한다.

① 이 세상에 나서 처음 느껴 보는 감정이었다.
   그 가난한 이웃집 사람들은 곡식이 떨어져 간신히 겨울을 났다.
② 기차 시간에 대도록 서두르자.
   나는 굳이 친구에게 핑계를 대고 싶지 않다.
③ 우리의 간절한 바람은 그가 무사히 돌아오는 것이다.
   그녀만 생각하면 마음에 바람이 든다.
④ 그는 막대기로 차오르는 물의 깊이를 재 가며 그녀를 인도했다.
   그는 상대가 어떤 사람인지 잘 재어 보고 결혼하기로 결정을 했다.
⑤ 지난날의 허물을 다 잊어버리자.
   아이가 할아버지께 버릇없이 굴어도 큰 허물이 되지는 않아요.

5 〈보기〉의 ㉠~㉤ 중, 다른 것과 의미 사이의 관련이 없는 것은?

>
>
> ㉠ 다 쓴 전등을 빼고 새것으로 갈아 끼웠다.
> ㉡ 저희 수영장은 수시로 물을 갈고 있습니다.
> ㉢ 사장은 이번 정기 인사 때 임원진을 모두 갈았다.
> ㉣ 생선 장수는 새벽이면 제일 먼저 숫돌에다 칼부터 갈았다.
> ㉤ 그 애는 촌스러운 이름을 갈기 위해 법원에 개명 신청을 했다.

① ㉠   ② ㉡   ③ ㉢   ④ ㉣   ⑤ ㉤

6 〈보기〉의 ㉠~㉢에 공통적으로 들어갈 수 있는 단어의 기본형은?

> 보기
> - 풀칠이 잘못되어 도배지가 (㉠).
> - 그 자리에서 (㉡) 말고 기다리시오.
> - 그 돈 이미 (㉢) 거야. 받을 생각하지 마.

① 날다　　　　② 떠나다　　　　③ 떼다
④ 뜨다　　　　⑤ 비다

7 〈보기〉의 ㉠~㉢에 공통적으로 들어갈 수 있는 단어의 기본형은?

> 보기
> - 그녀는 리본을 예쁘게 (㉠).
> - 그는 성공을 위하여 그 일에 목을 (㉡) 있다.
> - 없는 살림이지만 그는 암소 한 마리와 송아지 두 마리를 정성껏 (㉢).

① 그리다　　　　② 매다　　　　③ 먹다
④ 메다　　　　⑤ 옭다

8 〈보기〉의 밑줄 친 단어의 문맥적 의미와 유사한 의미로 사용된 것은?

> 보기
> 그는 목청을 길게 **빼면서** 구성진 노래를 했다.

① 아들은 목소리까지 제 아버지를 쏙 **뺐다**.
② 온몸에 힘을 **빼야** 부드러운 동작을 할 수 있다.
③ 손가락에 고름이 들면 얼른 고름을 **빼야만** 한다.
④ 그는 귀찮은 듯한 표정을 지으면서 대답을 길게 **뺐다**.
⑤ 그는 하루도 **빼지** 않고 한결같이 책을 읽고 글을 썼다.

9 〈보기〉의 밑줄 친 말과 문맥적 의미가 가장 유사한 것은?

> **보기** 검찰은 사건의 진상을 가리기 위하여 용의자들을 심문하였다.

① 내 앞도 못 가리는 처지라 결혼은 꿈도 못 꾼다네.
② 인재를 뽑을 때는 옥석을 가리는 일이 가장 중요합니다.
③ 낯을 심하게 가리는 아이라서 남을 보면 울기부터 해요.
④ 음식을 가리지 않고 골고루 먹어야 튼튼해질 수 있단다.
⑤ 그는 돈을 버는 일이라면 수단과 방법을 가리지 않았다.

10 〈보기〉의 밑줄 친 말과 문맥적 의미가 가장 유사한 것은?

> **보기** 농사일이라는 것이 피땀으로 뼈를 저미는 일이라는 것은 잘 아실 것입니다.

① 매서운 바람이 칼날처럼 뺨을 저민다.
② 이가 성치 않은 할머니께 사과를 저며 드렸다.
③ 마음을 저미는 그의 사연에 모두 눈물을 흘렸다.
④ 너는 어째서 이토록 어미의 애간장을 저미게 하느냐.
⑤ 전은 쇠고기와 생선들을 얇게 저미거나 곱게 다져서 계란물을 입혀 부치는 것이다.

04. 관용 표현 – 속담/한자 성어/관용구 기출동형 문제

1 다음 속담 중 의미가 <u>다른</u> 하나는?

① 공든 탑이 무너지랴
② 우물에 가 숭늉 찾는다
③ 낙숫물이 댓돌을 뚫는다
④ 구르는 돌은 이끼가 안 낀다
⑤ 감나무 밑에 누워도 삿갓 미사리를 대어라

2 속담과 그 뜻이 <u>잘못</u> 연결된 것은?

① 올가미 없는 개장사 – 밑천 없이 하는 장사를 낮잡는 말
② 소경 문고리 잡듯 – 능력이 없는 사람이 요행수로 어떤 일을 이룬 경우를 비유함.
③ 동냥은 못 줘도 쪽박은 깨지 마라 – 남을 도와주지는 못할망정 방해는 하지 말라는 말
④ 호박씨 까서 한입에 털어 넣는다 – 애써 조금씩 모았다가 한꺼번에 털어 없애는 경우를 비유함.
⑤ 나는 바담 풍(風) 해도 너는 바람 풍(風) 해라 – 자신보다 상대가 잘하기를 바라는 마음을 비유함.

3 다음 밑줄 친 속담과 의미가 유사한 것은?

> 디스플레이 업종의 목표는 극한의 리얼리티다. 또렷함을 넘어 현장에 있는 듯한 착각을 만들고자 통신·가전 업계는 해상도를 높이고 화면의 폭을 넓힌다. 그런데 일부에선 "현재 디스플레이 기술은 이미 인간이 눈으로 확인할 수 있는 한계를 넘었다."라는 탄식도 나온다. '사람 눈으로는 더 나은 것을 구분할 수 없는' 고화질 제품이 쏟아지고 있는 것이다. 써 봐야 사람 눈이 구분할 수 없으니 '<u>개 발에 편자</u>'인 셈이다.

① 썩어도 준치
② 하품에 딸꾹질
③ 끈 떨어진 뒤웅박
④ 가게 기둥에 입춘
⑤ 바지랑대로 하늘 재기

4 〈보기〉의 질문에 대한 답으로 적절한 것은?

> 보기
> 강연자가 '빈대 잡으려고 초가삼간 태운다'라는 속담을 인용하여 자신의 주장을 펼쳤다. 그런데 그 주장과 반대되는 의견을 내세우고자 할 때, 어떤 속담을 인용해야 적절하게 자신의 주장을 뒷받침할 수 있을까?

① 한강에 돌 던지기
② 망건 쓰고 세수한다
③ 말 단 집 장맛이 쓰다
④ 쥐 잡으려다가 쌀독 깬다
⑤ 장마가 무서워 호박을 못 심겠다

5 다음 중 속담을 상황에 맞게 사용하지 <u>않은</u> 것은?
① 굳은 땅에 물이 괸다고, 여유가 있을 때에도 헤프게 쓰지 말고 아껴야 해.
② 말로 온 동네를 다 겪는다고, 너는 정말 척하니 알아듣고 모든 일을 다 해결하는구나.
③ 30만 원 주고 산 휴대 전화의 수리비가 32만 원이라니, 기둥보다 서까래가 더 굵은 형국이구나.
④ 하은이는 충치 치료를 제때에 받지 않아서 아예 이를 뽑게 되었으니, 호미로 막을 것을 가래로 막은 격이다.
⑤ 신입이라 혼자서는 서툴지만, 손발이 척척 맞는 동료들 덕분에 울력걸음에 봉충다리 걷듯 일을 잘 마무리할 수 있었다.

6 제시된 문장에 어울리는 관용구로 적절하지 <u>않은</u> 것은?
① 경쟁사 사장님의 제안에 마음이 흔들렸다. – 귀가 번쩍 뜨이다.
② 도저히 네가 1등을 했다는 말을 믿을 수 없구나! – 귀를 의심하다.
③ 그녀는 친구가 옆에서 하는 말에는 관심이 없는 듯 보였다. – 귓등으로 듣다.
④ 영화관에서 옆자리에 앉은 어린 학생들이 대화하는 것이 매우 신경 쓰였다. – 귀가 따갑다.
⑤ 어머니께서는 내게 운전 조심하라는 말씀을 하루도 거르지 않고 하셨다. – 귀에 딱지가 앉다.

7 제시된 문장에 어울리는 속담이나 관용구로 적절하지 않은 것은?

① 이동하는 차 안에서 잠시 잠을 잤다. – 눈을 붙이다.
② 그는 김 부장의 말이라면 맹목적으로 뒤따른다. – 눈 감고 따라간다.
③ 이번 면접에서 여러 사람을 봤지만 마지막의 그 사람이 가장 마음에 들더라. – 눈에 차다.
④ 그는 갖은 방법으로 그녀를 위협했지만 그녀는 태연하게 대처했다. – 눈도 거들떠보지 않다.
⑤ 여러 번 주의를 주어도 말을 듣지 않아서 그 학생은 선생님의 신임을 잃었다. – 눈 밖에 나다.

8 다음 중 관용구의 사전적 의미가 바르지 않은 것은?

① 나발을 불다. – 당치 않은 말을 함부로 하다.
② 된서리를 맞다. – 모진 재앙이나 억압을 당하다.
③ 서릿발이 치다. – 기세가 매우 매섭고 준엄하다.
④ 변죽을 울리다. – 바로 집어 말을 하지 않고 둘러서 말을 하다.
⑤ 눈에 밟히다. – 어떤 사람이나 일 따위에 관한 기억이 떠오르다.

9 밑줄 친 관용 표현의 뜻풀이가 바르지 않은 것은?

① 한나절을 하여도 도무지 일이 자리가 나지 않는다. – 일한 성과가 확연히 나타나다.
② 하나 있는 자식 놈을 위해 속을 쓰는 것도 이제는 지쳤다. – 걱정하거나 염려하다.
③ 그 사건은 우리의 도덕적 해이에 경종을 울렸다. – 잘못을 미리 경계하여 주의를 환기시키다.
④ 아들은 머리가 컸다고 이제 모든 일을 혼자 결정하려고 한다. – 뒤떨어진 생각에서 벗어나다.
⑤ 사람들을 괴롭히고 있다는 죄책감이 어깨를 짓눌러 왔다. – 의무나 책임, 제약 따위가 중압감을 주다.

10 ㉠~㉢의 ( )에 들어갈 단어를 바르게 연결한 것은?

> ㉠ 그 정도의 물건은 (   )에 채일 정도이다.
> ㉡ 그녀는 꼼꼼한 데다가 (   )이 여물어 함께 일하기에 편하다.
> ㉢ 발령 받은 지 얼마 안 되어서인지 아직도 (   )이 돌지 않았다.

	㉠	㉡	㉢
①	손	발	목
②	발	손	입
③	몸	입	목
④	손	발	몸
⑤	발	입	손

11 밑줄 친 한자 성어와 같은 의미의 속담 연결이 바르지 않은 것은?

① 생구불망(生口不網)이라고, 다 방편이 있을 것이다. – 산 입에 거미줄을 치랴.
② 그는 방약무인(傍若無人)해서 주변 사람들마저 힘들게 한다. – 낫 놓고 기역 자도 모른다.
③ 설마 아버지의 권세에 기대어 호가호위(狐假虎威)할 생각은 아니지? – 원님 덕에 나팔 분다.
④ 그곳을 다 구경하려면 너무 오래 걸려서 대부분의 관광객은 주마간산(走馬看山)으로 지나친다. – 수박 겉 핥기
⑤ 아무리 도도하다지만, 마부위침(磨斧爲針)이라고 언젠가는 내게 마음을 열어 줄 거야. – 열 번 찍어 아니 넘어가는 나무 없다.

12 다음 중 한자 성어와 그 의미가 바르게 연결되지 않은 것은?

① 사상누각(沙上樓閣): 기초가 약해 오래가지 못함.
② 포복절도(抱腹絶倒): 배를 잡고 구를 정도로 심하게 웃음.
③ 진퇴양난(進退兩難): 이러기도 어렵고 저러기도 어려운 상황
④ 일면지교(一面之交): 오래 보아 왔지만 처음 만난 것같이 데면데면한 사이
⑤ 철중쟁쟁(鐵中錚錚): 같은 무리 중 가장 뛰어난 사람

13 ⟨보기⟩의 빈칸에 들어가기에 가장 적절한 말은?

> **보기**
> 스승님께서는 잠깐 마음을 편하게 하는 따뜻한 위로의 말보다는, 내가 그 상황에서 깨달아야 할 회초리와 같은 (　　　　)의 말들을 해 주셨다.

① 각주구검(刻舟求劍)　② 수주대토(守株待兎)　③ 이전투구(泥田鬪狗)
④ 정문일침(頂門一鍼)　⑤ 지록위마(指鹿爲馬)

14 다음 중 ⟨보기⟩의 빈칸에 들어갈 한자 성어로 옳은 것은?

> **보기**
> 중국인의 끈기와 집요함을 설명하는 말로 (　　　　)을/를 들기도 한다. 중국 사람들은 건물을 지어도 오랜 시간을 들여 제대로 짓고, 외교 협상을 해도 몇 년씩 끌면서 유리함을 얻기 때문이다.

① 위편삼절(韋編三絕)　② 불치하문(不恥下問)　③ 우공이산(愚公移山)
④ 면종복배(面從腹背)　⑤ 형설지공(螢雪之功)

15 다음 빈칸에 들어갈 한자 성어로 적절한 것은?

> 고객이 가급적 더 많은 용량의 제품을 구매할 것을 바라는 게 기업의 입장인 요즘, 오히려 일부 화장품 업체를 중심으로 '(　　　　) 마케팅' 바람이 불고 있다. 그에 따라 많은 성분, 다양한 제품이 아닌 필요한 용량과 성분만을 쓰고 불필요한 성분은 줄인 화장품이 잇따라 출시되고 있다.

① 과유불급(過猶不及)　② 군계일학(群鷄一鶴)　③ 익자삼우(益者三友)
④ 화룡점정(畫龍點睛)　⑤ 화사첨족(畫蛇添足)

16 다음 중 밑줄 친 한자 성어의 쓰임이 바르지 않은 것은?

① 오늘 회의도 탁상공론(卓上空論)으로 끝나고 말았다.
② 아무리 일이 잘되기로서니 기고만장(氣高萬丈)이 지나치군.
③ 그의 병사가 독화살을 대신 맞고 명약관화(明若觀火)에 이르렀다.
④ 뛰어난 시인의 작품도 모두 천의무봉(天衣無縫)의 비단결만은 아니다.
⑤ 이 은혜는 꼭 잊지 않고 있다가 언젠가 반드시 결초보은(結草報恩)하겠습니다.

05. 순화어

기출동형 문제

1 밑줄 친 표현을 순화한 것으로 적절하지 않은 것은?

① 그는 가자미눈으로 내게 쿠사리(→ 핀잔)를 놓았다.
② 그는 자신이 원하는 것을 얻기 위해 립서비스(→ 입발림)를 잘한다.
③ 요즈음 경찰은 토지 브로커(→ 중개인)에 대한 단속을 한창 하고 있다.
④ 우리는 내일 그 호텔 라운지(→ 휴게실)에서 만나기로 약속하고 헤어졌다.
⑤ 그 사람은 그 부탁을 들어주는 조건으로 많은 커미션(→ 성과급)을 요구했다.

2 밑줄 친 표현을 순화한 표현으로 적절하지 않은 것은?

① 외모에 대한 콤플렉스(→ 열등감)가 이번 사건의 쟁점이다.
② 버스가 출발하기 전에, 차장(→ 운전사)이 승객들의 차표를 검사하고 있다.
③ 이번에 새로 지은 빌딩이 그 지역의 랜드마크(→ 상징물)로 거듭날 것이다.
④ 짙은 산과 들에서 자라는 대표적인 덩굴성 다년생(→ 여러해살이) 식물이다.
⑤ 건물 내에 있는 가스 마스크(→ 방독면)의 수는 위급 상황 시 사용하기에 턱없이 부족하다.

3 밑줄 친 표현을 순화한 것으로 적절한 것은?

① 준수는 말없이 타깃(→ 주인공)을 바라보았다.
② 무리한 다이어트(→ 체중 감량)는 건강을 해친다.
③ 날씨가 으슬으슬하니 우동(→ 가락국수)이 먹고 싶다.
④ 그에게 버킷 리스트(→ 희망 사항)는 이제 쓸쓸한 추억이 되었다.
⑤ 그것은 술만 마시면 시작되는 그의 레퍼토리(→ 되풀이 노래)이다.

4 밑줄 친 표현을 순화한 것으로 적절하지 않은 것은?

① 여기 사라(→ 접시) 하나만 주세요.
② 그는 항상 디테일(→ 부분)이 중요하다고 강조했다.
③ 그는 뭘 하는지 늘 추리닝(→ 운동복) 차림으로 돌아다녔다.
④ 그들은 아무리 말려도 무데뽀(→ 무식)로 덤벼들었다.
⑤ 저 낡은 미싱(→ 재봉틀)은 우리 어머니가 시집오실 때, 혼수로 해 오신 것이다.

5 밑줄 친 부분을 순화한 표현으로 바르지 <u>않은</u> 것은?

① 그는 업계 최고 <u>딜러</u>(→ 판매원)로 선정되었다.
② 그녀의 패션은 늘 <u>하모니</u>(→ 조화)를 잘 이룬다.
③ 석율이는 그녀와 <u>레벨</u>(→ 수준)을 맞추기 위해 노력했다.
④ 김 사장과 이번 연말까지 납품 대금 문제를 <u>쇼부</u>(→ 결단)하기로 했다.
⑤ 콘크리트는 잘 바르는 것도 중요하지만, <u>양생</u>(→ 굳히기) 과정이 중요하다.

6 밑줄 친 표현을 순화한 것으로 옳지 <u>않은</u> 것은?

① 그의 빛나는 <u>리더십</u>(→ 지도력) 덕분이었다.
② 신문 <u>대금</u>(→ 후불 요금)이 밀리자 독촉 전화가 오기 시작했다.
③ 상대가 어떤 비장의 <u>카드</u>(→ 방안)를 숨기고 있는지 두고 볼 일이다.
④ 주요 대기업 입사 시험의 토익 점수 <u>커트라인</u>(→ 합격선)은 700점 이상일 것으로 예상된다.
⑤ 조금이라도 비집고 들어갈 공간이 있으면 그곳은 어김없이 <u>노점</u>(→ 거리 가게)이 차지한다.

7 밑줄 친 부분을 순화한 것으로 적절하지 <u>않은</u> 것은?

① 자정이 넘어서 택시를 타게 되면 <u>할증료</u>(→ 웃돈)를 내야 한다.
② 요즘에는 <u>바코드</u>(→ 정보 줄무늬) 인식만으로 제품을 선별할 수 있다.
③ 리프트를 타실 때에는 안전 <u>로프</u>(→ 밧줄)를 허리에 매신 후 이용하시기 바랍니다.
④ 해당 부서에서는 <u>마스터플랜</u>(→ 기본 도면)을 이달 말까지 작성해 주시기 바랍니다.
⑤ 규정을 어기고 경비를 과다 지출한 것에 대한 <u>시말서</u>(→ 경위서)를 제출하시기 바랍니다.

8 밑줄 친 외래어를 순화한 것으로 적절하지 <u>않은</u> 것은?

① 그들은 선의의 경쟁을 하는 <u>라이벌</u>(→ 적수)이다.
② <u>볼륨</u>(→ 부피감) 있는 옷맵시는 모든 여성의 소망이다.
③ 스키를 탈 때에는 반드시 <u>고글</u>(→ 보안경)을 착용해야 한다.
④ 그는 쇼윈도 속에서 화려하게 정장한 <u>마네킹</u>(→ 광고 인형)들을 유심히 들여다보고 있다.
⑤ '아 해 다르고 어 해 다르다'라는 말이 있듯 한 끗 차이로 말의 <u>뉘앙스</u>(→ 어감)가 달라질 수 있다.

9 밑줄 친 단어를 순화한 표현으로 적절하지 않은 것은?

① 전 납득(→ 이해)이 되지 않습니다.
② 설렁탕에 다대기(→ 다진 양념)를 넣어 드세요.
③ 부장님은 데드라인(→ 마감)을 지키라고 당부하셨다.
④ 우리는 전에 갔던 고수부지(→ 둔치)에서 만나기로 했다.
⑤ 동물 보호에 힘쓰는 그녀는 레자(→ 가짜 가죽)로 만든 옷을 입었다.

10 밑줄 친 부분을 순화한 표현으로 적절하지 않은 것은?

① 올여름 대세는 땡땡이(→ 물방울 무늬) 원피스이다.
② 훈이는 유도리(→ 융통성) 있게 일 잘하기로 유명하다.
③ 그녀의 의견은 토론의 핀트(→ 초점)에서 어긋나 있다.
④ 요즘 영화계에서는 인기 있었던 작품들의 리메이크(→ 재탄생)가 유행이다.
⑤ 업체들 간의 가격 경쟁이 심화되어 무리하게 디스카운트(→ 에누리)를 하고 있다.

11 밑줄 친 부분을 순화한 것으로 적절하지 않은 것은?

① 난 그의 말이 납득(→ 이해)이 되지 않는다.
② 흰머리 예방에는 흑태(→ 흑대두)가 좋다고 한다.
③ 이북(→ 전자책)의 발달은 자연스러운 시대의 흐름이다.
④ 이번에는 피고의 상황을 참작(→ 헤아림)하여 처리되었다.
⑤ 나는 물건을 구입하면서 쌓은 캐시백(→ 적립금)으로 주전자를 샀다.

12 밑줄 친 표현을 순화한 것으로 적절하지 않은 것은?

① 물품 인수(→ 넘겨받음)는 예정대로 진행될 것이다.
② 앞으로는 잔반(→ 음식물 쓰레기) 처리에 더욱 신경을 쓰세요.
③ 주차장에서 손님들의 차를 발레파킹(→ 대리 주차) 하는 일을 한다.
④ 친구들과 점심을 먹을 때 계산은 늘 더치페이(→ 각자 내기)로 한다.
⑤ 과학 기술 전체의 전략을 만들 컨트롤 타워(→ 지휘 본부)가 필요하다.

01. 주요 한글 맞춤법 규정

기출동형 문제

정답 P 16

1 〈보기〉에 제시된 규정을 바르게 적용한 것은?

> **보기**
>
> 준말은 단어의 일부분이 줄어든 것을 말한다. 즉, '사이'가 '새'로, '잘가닥'이 '잘각'이 된 것 따위이다. 이러한 준말은 '축약'과 '탈락'이라는 변화 과정을 거친다. '축약'이란 두 형태소가 서로 만날 때에 앞뒤 형태소의 두 음절이 한 음절로 줄어드는 현상을 말하고, '탈락'이란 앞뒤 형태소의 두 음절이 마주칠 때, 그중 한 음절이 없어지는 현상을 말한다.
>
> 예 • 축약: 오- + -아서 → 와서
> • 탈락: 가- + -아서 → 가서

① '놓아라'는 '축약'만 나타나서 그 준말이 '놔라'가 된다.
② '어제저녁'은 '탈락'만 나타나서 그 준말이 '엊저녁'이 된다.
③ '간편하게'는 '탈락'만 나타나서 그 준말이 '간편케'가 된다.
④ '쓰이어'는 '축약'만 나타나지만 그 준말이 '씌어'도 되고 '쓰여'도 된다.
⑤ '생각하건대'는 '축약'과 '탈락'이 모두 나타나서 그 준말이 '생각건대'가 된다.

2 〈보기〉의 규정을 잘못 적용한 것은?

> **보기**
>
> **한글 맞춤법 제51항**
> 부사의 끝음절이 분명히 '이'로만 나는 것은 '-이'로 적고, '히'로만 나거나 '이'나 '히'로 나는 것은 '-히'로 적는다.
> 이의 특징을 정리하면 다음과 같다.
> 1. '-이'로 적는 것 • 첩어인 명사 뒤
> • 'ㅂ' 불규칙 용언의 어간 뒤
> • '-하다'가 붙지 않는 용언 어간 뒤
> 2. '-히'로 적는 것 • '-하다'가 붙는 어근 뒤(단, 'ㅅ' 받침 제외)
> • '-하다'가 붙는 어근에 '-히'가 결합하여 된 부사에서 온 말

① 손수건을 고이 접었다.
② 물이 넘쳐 홍건히 젖었다.
③ 옷가지만 간소히 챙기면 된다.
④ 그는 무슨 일이든 꼼꼼이 처리한다.
⑤ 날씨가 추워서 옷을 겹겹이 껴입었다.

기출동형 문제

3 〈보기〉는 '한글 맞춤법 규정'의 내용 중 일부이다. 이를 참조할 때, 밑줄 친 부분이 맞춤법 규정에 어긋나는 것은?

> **보기**
> 한글 맞춤법 제18항
> 다음과 같은 용언들은 어미가 바뀔 경우, 그 어간이나 어미가 원칙에 벗어나면 벗어나는 대로 적는다.
> 1. 어간의 끝 'ㄹ'이 줄어질 적
>   갈다: 가니   간   갑니다   가시다   가오
>   놀다: 노니   논   놉니다   노시다   노오
>   불다: 부니   분   붑니다   부시다   부오
> 〈붙임〉 다음과 같은 말에서도 'ㄹ'이 준 대로 적는다.
>   마지못하다   마지않다   (하)다하다   (하)자마자   (하)지 마라

① 네가 다리를 거니까 내가 넘어지고 말았지.
② 어른으로서의 체면이 있는데, 제발 그러지 마오.
③ 아버지는 약주를 드신 날 코를 매우 심하게 곱니다.
④ 새는 하늘을 나니까 멀리 보고 멀리 갈 수 있는 거란다.
⑤ 여러분들도 아다시피 저는 평생 동안 이 일에만 전념해 왔어요.

4 다음 중 밑줄 친 단어의 표기가 옳은 것은?

① 많이 아프다더니 얼굴이 때끈하구나.
② 알려진 바와 달리, 치사률은 높지 않았다.
③ 그녀는 아무리 생각해도 이 상황이 탐탁치 않았다.
④ 그녀는 전셋방 신세에서 하루빨리 벗어나고 싶었다.
⑤ 그는 옷거리가 좋은 편이라서 모델로도 제의를 받았다.

5 다음 중 밑줄 친 부분의 표기가 옳지 않은 것은?

① 온몸에 식은땀이 축축이 배었다.
② 좋은 기회를 번번이 놓치는구나!
③ 곰곰이 생각해 보았지만, 달리 방법이 없었다.
④ 틈틈이 사들인 책이 어느새 삼천 권이 되었다.
⑤ 그는 아무리 술을 많이 마셔도 말짱이 집으로 돌아간다.

6 다음 밑줄 친 단어 중 한글 맞춤법에 따라 맞게 쓴 것은?

① 그 일에 익숙치 못하면 그만두어라.
② 강원도 평창은 고랭지 배추로 유명하다.
③ 사랑이가 아파서 아무래도 치과에 가서 빼야겠어.
④ 수업이 끝나면 친구들을 휴계실에서 만날 것이다.
⑤ 내일까지 이 책의 머릿말을 써서 메일로 보내 주세요.

7 다음 밑줄 친 단어 중 올바르게 쓰인 것은?

① 덩굴장미가 가지를 이웃집 담까지 뻐쳤다.
② 경수가 나서는 바람에 일이 얽히고설켜서 풀기가 어렵다.
③ 포장마차에서 어묵꼬지를 들고 있는 사진 한 장을 발견했다.
④ 준기는 성적표에서 백분률 환산 점수를 보고 충격을 받았다.
⑤ 이 길은 여기저기 웅덩이가 패여 있고 굴곡이 많아서 위험하다.

8 다음 밑줄 친 단어의 표기가 옳은 것은?

① 아무리 그래도 내가 너한테 질소냐?
② 그런 일은 일찌기 경험하지 못했던 일이다.
③ 사장의 퇴임 논의가 만만찮게 나오고 있다.
④ 조금 전에 오래비 되시는 분이 다녀가셨어요.
⑤ 많은 초등학생들이 티읕 받침을 디귿 받침으로 적는 실수를 한다.

9 〈보기 1〉은 '된소리 적기'에 관한 내용을 정리한 것이다. 이를 바탕으로 〈보기 2〉를 이해한 내용으로 적절하지 않은 것은?

> **보기 1**
>
> **한글 맞춤법 제5항**
> 한 단어 안에서 뚜렷한 까닭 없이 나는 된소리는 다음 음절의 첫소리를 된소리로 적는다.
> (1) 두 모음 사이에서 나는 된소리
> 예 부석(×) → 부썩(○), 소적새(×) → 소쩍새(○)
> (2) 'ㄴ, ㄹ, ㅁ, ㅇ' 받침 뒤에서 나는 된소리
> 예 담북(×) → 담뽁(○), 잔득(×) → 잔뜩(○)
> (3) 'ㄱ, ㅂ' 받침 뒤에서 나는 된소리는 같은 음절이나 비슷한 음절이 겹쳐 나는 경우가 아니면 된소리로 적지 아니한다.
> 예 딱찌(×) → 딱지(○), 색씨(×) → 색시(○)

> **보기 2**
>
> ㉠ 경제적인 면에서 자전거가 으뜸이라고 할 수 있다.
> ㉡ 머리털을 좀 시원하게 싹둑싹둑 잘랐으면 좋겠다.
> ㉢ 예고편은 영화를 살작 소개해 줘 매우 흥미를 돋운다.
> ㉣ 잘 익은 깍뚜기가 나와서 입에 침이 흥건하게 고였다.
> ㉤ 호랑이가 갑자기 나타나자 모두들 놀라면서 움질하였다.

① ㉠의 '으뜸'은 (1)을 살펴볼 때 적절한 표기라 할 수 있다.
② ㉡의 '싹둑싹둑'은 (3)에 따라서 '싹뚝싹뚝'으로 고쳐야 한다.
③ ㉢의 '살작'은 (2)에 따르면 '살짝'으로 바꿔야 적절하다.
④ ㉣의 '깍뚜기'는 (3)에 따르면 '깍두기'로 고쳐야 적절하다.
⑤ ㉤의 '움질'은 (2)에 따라서 '움찔'로 고쳐야 적절하다.

10 밑줄 친 단어의 표기가 바르지 않은 것은?

① 신랑이 어쩜 이렇게 잘생겼대?
② 윤희가 이번 주말에 결혼한다던데?
③ 내가 듣기로는 그 사람 실력이 보통이 아니래.
④ 꼭 그런 마음을 먹었대서 하는 말은 아닙니다.
⑤ 이럴 줄 알았으면 아까 말이라도 걸어 보는 거였는대.

11 밑줄 친 부분이 어문 규정에 어긋난 것은?

① 의자를 창 쪽으로 다가 두어라.
② 엄마를 닮아 머리가 약간 곱슬하다.
③ 여기에 들깨가루를 넣으면 훨씬 맛있겠다.
④ 군중들은 일제히 손나팔을 하고는 소리를 지르기 시작했다.
⑤ 아무리 구경 좀 했기로서니, 돈을 내라는 것이 말이 되는가?

12 밑줄 친 단어의 표기가 바르지 않은 것은?

① 어제저녁에 무얼 했니?
② 옷의 잗주름이 가지런하다.
③ 도와주려고 한 일이 되레 폐만 끼쳤다.
④ 강남을 돌아다니는 차들은 거지반이 외제차이다.
⑤ 그는 무슨 일이 있었는지 얼굴이 꺼매져서 돌아왔다.

13 밑줄 친 단어의 표기가 바른 것은?

① 햇님이 방끗 웃는 봄날입니다.
② 그는 고개를 뒤로 제쳐 그녀를 보았다.
③ 그녀는 미리 준비한 듯 명단을 줄줄 왰다.
④ 영호는 엉겹결에 아끼던 물건을 부셔버렸다.
⑤ 넓직한 마당에 화사하게 핀 해바라기가 가득했다.

14 밑줄 친 말의 표기가 올바른 것은?

① 잠시 후 끼여들기 단속 구간입니다.
② 웅덩이가 패였으니 주의하시기 바랍니다.
③ 이런 설레임은 오랜만에 느껴보는 것이었다.
④ 그는 성공을 위해서라면 어떤 일도 서슴지 않았다.
⑤ 그들의 바램은 그저 모두가 평등하게 대우받는 것이었다.

02. 한글 맞춤법 – 띄어쓰기 　기출동형 문제

1 밑줄 친 부분의 띄어쓰기가 올바른 것은?
　① 사람이 꽃 보다 아름다운 이유
　② 이 일을 하는데 며칠이 걸렸다.
　③ 팔천오백구십만 삼천삼백 년 전
　④ 학교가 끝나는대로 집으로 곧장 와라.
　⑤ 논설문은 독자를 설득 시키는 것을 목적으로 한다.

2 밑줄 친 말의 띄어쓰기가 옳지 않은 것은?
　① 너가 먹을 만큼 먹어라.
　② 그때 그곳에서 그를 우연히 만났다.
　③ 논의했던 지역은 여기서부터입니다.
　④ 고마워하기는 커녕 아는 체조차도 않더라.
　⑤ 충무공 이순신 장군을 기리기 위한 추모제가 한창이다.

3 밑줄 친 부분의 띄어쓰기가 올바른 것은?
　① 쓰레기를 길에 버리면 안된다.
　② 이 일을 하는 데에 열흘이 걸렸다.
　③ 부모 자식간에는 정이 있어야 한다.
　④ 그녀가 집을 나간지 일 년이 지났다.
　⑤ 세상에 하나 뿐인 사랑하는 사람이기 때문이다.

4 밑줄 친 부분의 띄어쓰기가 잘못된 것은?

① 나는 새 학교에 적응하는 데 힘이 들었다.
② 지금 돈이 필요한데 어디서 구할 수 있을까?
③ 이 체조는 눈의 피로를 푸는 데 도움이 된다.
④ 그는 먹기는 먹는데 음식 맛을 느낄 수 없었다.
⑤ 홍보하는 것도 중요하지만 연습하는데 신경을 써라.

5 밑줄 친 말 중 앞말에 붙여 써야 하는 것은?

① 한국 대 일본의 축구 경기가 곧 시작된다.
② 어머니께서는 과일과 식혜 등을 사 오셨다.
③ 그는 교육부 장관 겸 부총리로 임명되었다.
④ 일하느라 힘들 텐데, 너희 들 와서 점심 먹어라.
⑤ 십자수로 액자를 만드는 데는 열흘 내지 보름이 걸린다.

6 밑줄 친 부분의 띄어쓰기가 옳은 것은?

① 백화점에서 옷 한 벌을 사서 집에 왔다.
② 자칫하면 강제성이 정당화 될 수 있다.
③ 저 말하는 것 하고는. 버릇이 너무 없구나.
④ 그녀가 무엇을 하려는 것인 지를 모르겠다.
⑤ 오늘은 눈이 올 듯도한데, 우산은 가져왔어?

03. 표준어 규정/표준 발음법 기출동형 문제

정답 P 19

1 밑줄 친 단어 중 표준어인 것은?

① <u>여직</u> 못 만났다고?
② <u>에그머니</u>, 지갑을 두고 왔네.
③ 탄성이 좋으려면 조금 더 <u>성기게</u> 짜야 한다.
④ 유진의 눈썹이 <u>초생달</u>같이 예쁘게 생겼다.
⑤ 과제물을 이렇게 <u>짜집기</u> 해 오면 모를 줄 알았니?

2 밑줄 친 단어 중 표준어인 것은?

① 영감, 당신도 많이 늙었<u>구료</u>.
② 그런 <u>케케묵은</u> 소리 하지 마.
③ 동양의 미(美)의 기준에는 '<u>귓머리</u>'도 있다.
④ 참다못한 김 선생이 그 놈의 <u>뺨따구니</u>를 후려갈겼다.
⑤ 나도 나이가 드니 그저 그런 <u>늙정이</u>가 되어가는 것 같다.

3 밑줄 친 단어 중 표준어가 <u>아닌</u> 것은?

① <u>애먼</u> 사람에게 누명 씌우지 마라.
② 사진기를 들이대자 아이가 <u>방끗</u> 웃는다.
③ 숙모는 집 안팎일을 도맡을 정도로 <u>바지런하다</u>.
④ 그녀는 옷가지를 <u>주엄주엄</u> 챙기며 자리에서 일어섰다.
⑤ 수많은 사람들이 '희망'을 좇아 <u>아등바등</u> 살아가고 있다.

4 밑줄 친 단어 중 표준어가 <u>아닌</u> 것은?

① <u>얌체같이</u> 새치기하지 말고 줄을 서자.
② <u>묏자리</u>를 잘 써야 자손들이 잘된다더라.
③ 그는 재산을 둘로 <u>노나서</u> 자식들에게 주었다.
④ 박수 소리가 가득하고, 선수들은 감독을 <u>헹가래</u> 쳤다.
⑤ 그는 병원장까지 <u>쥐락펴락</u>할 정도로 끝발이 있는 사람이다.

5 밑줄 친 단어 중 표준어인 것은?

① 그 집 염소는 <u>수염소</u>이다.
② 금성의 또 다른 이름은 <u>새벽별</u>이다.
③ 네가 어떻게 합격했는지 <u>신기스럽다</u>.
④ 자꾸 얼굴에 <u>뽀두락지</u>가 나서 걱정이야.
⑤ 무슨 일이든 꼭 <u>딴지</u>를 놓는 사람들이 있다.

6 밑줄 친 단어의 표기가 어문 규정에 맞는 것은?

① 제발 사람들 앞에서 <u>체신</u> 없이 언동하지 말거라.
② 나는 <u>웬지</u> 불안감에 그의 제안을 거절하고 싶었다.
③ 도대체 무슨 <u>억화심정</u>으로 이렇게 훼살을 놓는 것이냐.
④ <u>생떼같은</u> 자식을 하루아침에 잃은 그 심정이야 오죽할까.
⑤ 그 일은 <u>당최</u> 이해되지 않지만, 그의 말이니 일단 믿어 보기로 했다.

7 다음은 표준어 규정의 일부이다. 이를 토대로 〈보기〉를 분석한 것으로 적절하지 <u>않은</u> 것은?

> [제12항] '옷-' 및 '윗-'은 명사 '위'에 맞추어 '윗-'으로 통일한다.
> 다만 1. 된소리나 거센소리 앞에서는 '위-'로 한다.
> 다만 2. '아래, 위'의 대립이 없는 단어는 '옷-'으로 발음되는 형태를 표준어로 삼는다.

> 보기
> ㄱ. (옷어른/윗어른) 앞에서는 모든 것이 조심스럽다.
> ㄴ. 구하기 힘든 약이라 (옷돈/윗돈)을 주고 특별히 주문해서 사 왔다.
> ㄷ. 그의 쭈그러진 왼쪽 소매는 (옷도리/윗도리) 주머니에 아무렇게나 꽂혀 있었다.
> ㄹ. (위층/윗층)으로 올라가는 계단은 더 어둡고 삭막했다.
> ㅁ. 산 (위쪽/윗쪽)으로 올라갈수록 사람의 숫자가 줄어들었다.

① ㄱ: '아래, 위'의 대립이 없으므로 '옷어른'이 표준어이다.
② ㄴ: '아래, 위'의 대립이 없으므로 '옷돈'이 표준어이다.
③ ㄷ: '아래, 위'의 대립이 있으므로 '윗도리'가 표준어이다.
④ ㄹ: 거센소리 앞이므로 '윗층'이 표준어이다.
⑤ ㅁ: 된소리 앞이므로 '위쪽'이 표준어이다.

8 〈보기〉의 표준어 규정에 대한 설명으로 적절하지 않은 것은?

> [제14항] 준말이 널리 쓰이고 본말이 잘 쓰이지 않는 경우에는, 준말만을 표준어로 삼는다.
> [제15항] 준말이 쓰이고 있더라도, 본말이 널리 쓰이고 있으면 본말을 표준어로 삼는다.
> [제16항] 준말과 본말이 다 같이 널리 쓰이면서 준말의 효용이 뚜렷이 인정되는 것은, 두 가지를 다 표준어로 삼는다.

① '살판'이 표준어가 되지 못한 것은 '살얼음판'보다 널리 쓰이지 못했기 때문이겠군.
② '무우'보다 '무'가 일상에서 더 많이 사용되어 '무'를 표준어로 삼았다고 볼 수 있겠군.
③ '귀개'는 '귀이개'에 비해 널리 쓰이지 않지만 준말의 효용이 뚜렷이 인정된다고 볼 수 있겠군.
④ '노을'과 '놀'이 모두 널리 쓰이고, '놀'의 효용이 뚜렷하다면 둘 다를 표준어로 삼을 수 있겠군.
⑤ 준말과 본말에서 표준어를 선정하는 데 가장 기본적인 기준은 '얼마나 널리 사용되느냐'이겠군.

9 다음 중 표준 발음만으로 묶인 것은?

① 협의[혀비], 뚫는[뚤는]
② 홑소[홀쏘], 떫지[떨:찌]
③ 밟지[밥:찌], 일시[일시]
④ 등용문[등농문], 깻잎[깬닙]
⑤ 멋있다[머딛따], 색연필[새견필]

10 밑줄 친 단어가 표준어가 아닌 것은?

① 나는 얼결에 그의 비밀을 말하고 말았다.
② 봄이 되니 벌판에 꽃들이 무진장으로 피었다.
③ 지원받은 옷들은 넝마여서 입을 수가 없었다.
④ 글도 모르는 그는 가는귀까지 먹어 대화가 어렵다.
⑤ 그는 목간을 할 수는 없으니 목물이라도 하자고 했다.

11 다음 발음 중 표준 발음법에 어긋나는 것은?

① 희망[히망] – 맛있다[마싣따] – 쌓네[싼네]
② 안간힘[안간힘] – 떫다[떱따] – 줄넘기[줄럼끼]
③ 문득[문득] – 그믐달[그믐딸] – 불세출[불쎄출]
④ 광한루[광:할루] – 활용[화룡] – 각막염[강망념]
⑤ 넓둥글다[넙뚱글다] – 치과[치꽈] – 홑이불[혼니불]

12 밑줄 친 단어의 발음이 표준 발음법에 맞지 않는 것은?

① 이 비밀은 무덤 속까지 가져[가져]가야 한다.
② 그는 협박죄[협빡쮀]로 현장에서 바로 검거되었다.
③ 웃자고 한 소리를 곧이듣고[고지듣꼬] 서운해하기는.
④ 검찰까지 나서서 쫓는[쫀는]데도 그는 유유히 사라졌다.
⑤ 이 일에 대해서는 더 이상의 뒷공론[뒫:꽁논]이 없도록 잘 처리하세요.

13 밑줄 친 발음이 표준 발음이 아닌 것은?

① 벌써 솜이불[솜:니불]을 꺼냈니?
② 그럼요[그럼뇨], 잘 해낼 겁니다.
③ 학여울역[항녀울력]에서 대규모 행사가 있대.
④ 그는 유들유들[유들류들] 웃으며 귀찮게 굴었다.
⑤ 무슨 송별연[송:벼련]을 두 번이나 하는지 모르겠다.

14 밑줄 친 단어의 발음이 표준 발음에 맞는 것은?

① 다음 정차할 역은 선릉[선능]입니다.
② 안팎으로[안파크로] 나라가 뒤숭숭하다.
③ 설익은[서리근] 과일을 먹고 배탈이 났다.
④ 염불도 몫몫이[몽목시]요, 쇠뿔도 각각이다.
⑤ 이번엔 진짜 효과[효:꽈]가 있기를 바랍니다.

15 밑줄 친 단어의 발음이 표준 발음이 아닌 것은?

① 꽃밭에 앉지 마세요. → [꼳빠테]
② 그 사람은 마음이 참 넓다. → [널따]
③ 먼지가 쌓이면 닦아 놨어야지. → [싸히면]
④ 맛있게 요리하는 방법을 생각 중이야. → [마딛께]
⑤ 그럼에도 불구하고 공권력이 무너져서는 안 된다. → [공꿘녁]

16 밑줄 친 단어의 발음이 표준 발음이 아닌 것은?

① 바지가 좀 짧네요. → [짤레요]
② 밭이랑에는 옥수수를 심기로 했다. → [바디랑]
③ 세균성 뇌수막염은 후유증이 남는다. → [뇌수망념]
④ 입학식에서 신입생과 재학생은 상견례를 하였다. → [상견녜]
⑤ 빠르게 가려면 용마산역 2번 출구로 나가야 한다. → [용마산녁]

17 밑줄 친 단어의 장단음 발음이 올바르지 않은 것은?

① 실[실:]로 옷감을 꿰매다.
② 멀리[멀:리] 구름이 흘러간다.
③ 지금 이 상황을 잘 봐[봐:] 두거라.
④ 살구가 아직 떫은[떨:븐] 맛이 난다.
⑤ 아직은 그의 말에 반신반의[반:신바늬]하고 있다.

18 밑줄 친 단어의 발음이 올바르지 않은 것은?

① 눈을 밟고[밥:꼬] 싶다.
② 감[감:]이 아직 덜 익었다.
③ 밤송이[밤:송이]가 벌어졌다.
④ 줄이 꼬이지[꼬:이지] 않도록 해.
⑤ 생일 선물로 새 신[새신]을 받았다.

04. 외래어/로마자 표기법

기출동형 문제

정답 P 22

1 다음 중 외래어 표기가 바르지 않은 것은?

① 불도그(bulldog)
② 그라탕(gratin)
③ 악센트(accent)
④ 카운슬링(counseling)
⑤ 레퍼토리(repertory)

2 다음 중 외래어 표기가 바르지 않은 것은?

① 파마(permanent)
② 매머드(mammoth)
③ 에인절(angel)
④ 아이섀도우(eye shadow)
⑤ 액셀러레이터(accelerator)

3 다음 중 외래어 표기법에 어긋나는 것은?

① 러닝(running)
② 몽타주(montage)
③ 크리스털(crystal)
④ 프런티어(frontier)
⑤ 프리젠테이션(presentation)

4 다음 중 외래어 표기법에 어긋나는 것은?

① 햄릿(Hamlet)
② 소파(sofa)
③ 앵콜(encore)
④ 카스텔라(castela)
⑤ 카페라테(caffè latte)

5 다음 중 외래어 지명 표기가 옳지 않은 것은?

① 상하이(Shanghai)
② 타이완(Taiwan)
③ 로스엔젤레스(Los Angeles)
④ 블라디보스토크(Vladivostok)
⑤ 라스베이거스(Las Vegas)

6 다음 중 외래어 표기법에 맞는 것끼리 묶인 것은?

① 패밀리(family), 컨닝(cunning)
② 플룻(flute), 캐러멜(caramel)
③ 쥐라기(Jura紀), 모차르트(Mozart)
④ 카탈로그(catalog), 카톨릭(Catholic)
⑤ 뎃생(dessin), 앙케이트(enquête)

7 다음 중 외래어 표기가 옳지 않은 것은?

① 심포지엄(symposium)을 열다.
② 라이센스(license)를 발급받았다.
③ 카탈로그(catalog)를 통해 주문을 받다.
④ 이번 공연의 콘셉트(concept)는 '평화'이다.
⑤ 네가 돈이 없다니, 그야말로 난센스(nonsense)이다.

8 다음 중 로마자 표기가 적절하지 않은 것은?

① 묵호 – Mukho
② 샛별 – Saetbyeol
③ 해운대 – Hae-undae
④ 대관령 – Daegwallyeong
⑤ 전목련 – Jeon mong-nyeon

9 다음 중 로마자 표기가 적절하지 <u>않은</u> 것은?

① 설악 – Seorak　　② 한밭 – Hanbat
③ 벚꽃 – Beotkkot　　④ 옥천 – Okcheon
⑤ 합덕 – Habdeok

10 다음 중 로마자 표기법에 따라 적었을 때 적절한 표기가 <u>아닌</u> 것은?

① 같이 – gachi　　② 맏형 – matyeong
③ 닫히다 – dachida　　④ 낙동강 – Nakdonggang
⑤ 촉석루 – Chokseongnu

11 다음 중 로마자 표기가 적절하지 <u>않은</u> 것은?

① 부산 – Busan　　② 알약 – allyak
③ 해돋이 – haedoji　　④ 압구정 – Apkkujeong
⑤ 압록강 – Amnokgang

12 다음 중 로마자 표기가 적절하지 <u>않은</u> 것은?

① 을지로 – Eulji-ro　　② 오륙도 – Oryukdo
③ 화랑대 – Hwarangdae　　④ 돈의문 – Donimun
⑤ 을왕리 – Eurwangni

05. 문장 부호

기출동형 문제

1 〈보기〉를 참고할 때, 문장 부호를 바르게 사용하지 못한 것은?

> 보기
> Ⅳ. 묶음표
> 1. 소괄호: ( )
>   (1) 원어, 연대, 주석, 설명 등을 넣을 적에 쓴다.
>   (2) 특히 기호 또는 기호적인 구실을 하는 문자, 단어, 구어에 쓴다.
>   (3) 빈 자리임을 나타낼 적에 쓴다.
> 2. 중괄호: { }
>   여러 단위를 동등하게 묶어서 보일 때 쓴다.
> 3. 대괄호: [ ]
>   (1) 묶음표 안의 말이 바깥 말과 음이 다를 때에 쓴다.
>   (2) 묶음표 안에 또 묶음표가 있을 때에 쓴다.

① 우리말 주격 조사에는 {이, 가, 께서}가 있다.
② 니체(독일의 시인이자 철학자)는 이렇게 말했다.
③ 낱말(單語)은 분리하여 자립적으로 쓸 수 있는 말이다.
④ 어근 뒤에 붙어 새로운 단어가 되게 하는 말은 ( )이다.
⑤ 불확실[단호(斷乎)하지 못함.]은 불확실[모호(模糊)함.]을 낳는다.

2 다음 중 문장 부호의 쓰임이 바르지 못한 것은?

① 지금 필요한 것은 '지식'이 아니라 '실천'입니다.
② "너 자신을 알라!"라고 말한 고대 그리스 철학자가 있다.
③ "그럼 너 이담부텀 안 그럴 테냐?" / "그래." 하고 무턱대고 대답하였다.
④ "옛말에 '천 리 길도 한 걸음부터'라는 말이 있듯이, 서둘지 말고 하나씩 해 나갑시다."
⑤ 그는 "들키지 않고 내 마음을 전달하려면, 어떻게 하면 좋을까?"라고 생각하며 걸었다.

3 문장 부호의 규정과 그 예가 적절하지 않은 것은?

	규정	예
①	글자가 들어가야 할 자리를 나타낼 때, 숨김표(○)를 쓴다.	훈민정음의 초성 중에서 아음(牙音)은 ○○○의 석 자다.
②	의존 대명사 '대'가 쓰일 자리에 쌍점(:)을 쓴다.	청군:백군(청군 대 백군)
③	책의 제목이나 신문 이름 등을 나타낼 때, 겹화살괄호(≪ ≫)를 쓴다.	≪한성순보≫는 우리나라 최초의 근대 신문이다.
④	짝을 이루는 어구들 사이에는 가운뎃점(·)을 쓴다.	하천 수질의 조사·분석
⑤	제목 다음에 표시하는 부제의 앞뒤에는 줄표를 쓰되, 뒤에 오는 줄표는 생략할 수 있다.	'환경 보호-숲 가꾸기-'라는 제목으로 글짓기를 했다.

4 다음 중 '물음표(?)'가 사용법에 맞게 쓰이지 않은 것은?

① 결제는 선불인가요, 후불인가요?
② 너는 여기에 언제 왔니, 어디서 왔니?
③ 우리와 의견을 같이할 사람은 최 선생(?) 정도인 것 같다.
④ 최치원(857~?)은 통일 신라 말기에 이름을 떨쳤던 학자이자 문장가이다.
⑤ 순자(기원전 298?~기원전 238?)는 예의로써 사람의 성질을 교정할 것을 주장하였다.

06. 문장 표현/문법 요소 기출동형 문제

정답 ⓟ 24

1 〈보기〉의 밑줄 친 부분에 해당하는 문장은?

올바른 문장이 되려면 문장 성분 간의 호응 관계가 적절히 성립되어야 한다. 만약 문맥을 고려하지 않고 성분을 지나치게 생략하면, 호응 관계가 깨져 비문법적인 문장이 된다.

① 이 문은 잘 열려지지 않는다.
② 다음은 회장님의 말씀이 계시겠습니다.
③ 어머니께서는 사과와 귤 두 개를 주셨다.
④ 이 과일은 저 과일에 비해 맛도 영양도 훨씬 많다.
⑤ 자료를 준비한 분은 별도의 자료를 따로 만들 필요가 없습니다.

2 문장 표현이 가장 자연스러운 것은?

① 아침에는 우유와 빵을 구워 먹었다.
② 이 배는 사람이나 짐을 싣고 하루에 다섯 번씩 운행한다.
③ 그의 연설이 장황하다 보니 사람들이 지루해하기 시작했다.
④ 아무래도 다시 집에 들어가 목도리나 모자를 쓰고 와야겠다.
⑤ 월드컵에서 보여 준 국민적 에너지로 국민 통합과 국가 경쟁력을 높여야 한다.

3 〈보기〉의 내용을 참고할 때, '압존법'에 해당하는 것은?

'압존법'은 문장의 주체가 화자보다는 높지만 청자보다는 낮아, 그 주체를 높이지 못하는 어법(語法)을 말한다.

① 아버님, 피곤하실 텐데 일찍 주무십시오.
② 할아버지, 아프시던 치아는 좀 어떠신지요?
③ 부장님은 제품 기획에 대한 아이디어가 있으십니까?
④ 선생님께 꼭 여쭐 말이 있어서 이렇게 찾아왔습니다.
⑤ 할아버지, 접니다. 출장 갔던 아버지가 돌아왔습니다.

4 필요한 성분을 모두 갖추어 어법에 어긋나지 <u>않는</u> 것은?

① 나는 늦잠을 자고 허겁지겁 나오느라 집에 두고 나왔다.
② 혼자서 어두운 건물 안에 갇힌 그는 골똘히 궁리하였다.
③ 최근 중등 교원 임용 시험의 합격선은 훨씬 상회하고 있다.
④ 경찰 조사 결과 절도범은 훔친 돈을 유흥비로 썼다고 한다.
⑤ 날 떠난 이에게 내가 할 수 있는 복수는 후회하게 하는 것이다.

5 문장 표현이 가장 자연스러운 것은?

① 코 고는 빈도나 세기가 더 커지기 전에 수술을 하자.
② 그녀의 장점은 환한 표정으로 상대방의 기분을 좋게 한다.
③ 젊은이에게는 진취적인 사고가 요구되어진다.
④ 우리나라는 아르헨티나에게 2 : 0으로 이겨 결승에 진출했다.
⑤ 일의 진행 상태를 보니 우리가 의도했던 결과가 나오기는 어려울 듯하다.

6 다음 중 중의적으로 해석될 가능성이 가장 <u>적은</u> 문장은?

① 그녀는 나보다 꽃을 더 좋아한다.
② 지난달에 윤정이와 성호가 결혼했대.
③ 마음이 급한 그는 벌써 신발을 신고 있다.
④ 내가 가고 싶은 곳은 산이 아닌 바다이다.
⑤ 어머니는 웃으면서 들어오는 할아버지께 인사를 드렸다.

기출동형 문제

7 다음 중 중의적으로 해석될 가능성이 가장 적은 문장은?

① 예약한 인원이 다 오지 않았다.
② 하루 종일 배가 고파서 잠만 잤다.
③ 그는 어려운 사람을 한결같이 돕는다.
④ 나는 철수네 집에서 숙제를 하지 않았다.
⑤ 외출을 하기 위해 그는 아이에게 옷을 입혔다.

8 밑줄 친 외국어 번역 투의 표현을 잘못 고친 것은?

① 조선은 태조 이성계<u>에 의해 건국되었다</u>.
   → 조선은 태조 이성계<u>가 건국했다</u>.
② 이번 선거<u>에서</u> 부정행위를 엄단합니다.
   → 이번 선거<u>에 있어서</u> 부정행위를 엄단합니다.
③ 임시 공휴일임<u>에도 불구하고</u> 출근한 회사원들이 많다.
   → 임시 공휴일<u>인데도</u> 출근한 회사원들이 많다.
④ <u>각 조사 대상 기관 주관 부서별로 소관 조사 대상</u> 기관에 공문을 넘기고
   → <u>조사를 주관하는 부서별로 조사 대상이 되는</u> 기관에 공문을 넘기고
⑤ <u>이 설문 조사 결과는</u> 청소년 언어 개선책을 시급히 마련해야 한다는 것을 <u>말하고 있다</u>.
   → <u>이 설문 조사에서</u> 청소년 언어 개선책을 시급히 마련해야 한다는 것을 <u>알 수 있다</u>.

9 다음 중 외국어 번역 투가 사용되지 않은 문장은?

① 그 사람은 너로부터 정보를 얻길 원했다.
② 선희는 3주간의 치료를 요한다는 진단을 받았다.
③ 국민 한 사람 한 사람이 맡은 일을 착실히 해야 한다.
④ 그것은 남북 간 경제 협력을 위해 무엇보다 중요한 과제임에 틀림없다.
⑤ 시중에 유통되고 있는 중국산 쌀에 대하여 전반적인 재검사가 이루어져야 할 것이다.

10 <보기>에 나타난 어법상의 오류와 유사한 것은?

> **보기**
> 사회학자인 그는 이 작품을 통하여 자신의 사상을 겉으로 표출하였다.

① 아버지의 사진들을 보고 있으면 나는 항상 그 시절의 기억이 떠올라 괴로웠다.
② 그 나무는 매우 단단한 껍질로 둘러싸여 있어서 대패로 문질러도 깎여지지 않았다.
③ 네가 땅값이 오를 것이라고 미리 예측한다고 해도 이젠 땅 투기로 돈을 벌 수는 없다.
④ 만약 그때 내가 충분한 시간을 가졌더라면 분명히 그 일에서 성공할 수 있었을 것이다.
⑤ 지금 내가 염려하는 것은 학교생활에 잘 적응하지 못해서 성적이 계속 나아지지 않는 것이었다.

11 <보기>의 내용을 참고할 때, 용언의 활용에 관한 설명으로 옳지 않은 것은?

> **보기**
> 어간에 어미가 붙어 활용할 때 일정한 환경에서 예외 없이 자동적으로 바뀌는 '규칙 활용'이 있는가 하면 부분적으로 바뀌는 '불규칙 활용'이 있다. 예외 없이 어간의 특정 음운이 탈락하는 경우와 어미가 자동적으로 교체되는 경우는 전자에 속한다. 후자는 첫째, 어간이 불규칙적으로 활용하는 경우, 둘째, 어미가 불규칙적으로 활용하는 경우, 셋째, 어간과 어미 모두 불규칙적으로 활용하는 경우가 있다.
> 묻다1(매장하다)-묻다2(질문하다), 흐르다-따르다, 웃다-잇다, 먹다-하다, 좋다-노랗다

① '묻다1'은 '묻어, 묻으니…'처럼 규칙적이지만, '묻다2'는 '물어, 물으니…'처럼 불규칙적이다.
② '흐르다'는 '흘러, 흘러서…'처럼 규칙적이지만, '따르다'는 '따라, 따라서…'처럼 불규칙적이다.
③ '웃다'는 '웃고, 웃으니…'처럼 규칙적이지만, '잇다'는 '이어서, 이으니…'처럼 어간이 불규칙적이다.
④ '먹다'에 어미 '-어, -어서, -어라'가 붙을 때와 달리, '하다'는 '하여, 하여서, 하여라…'처럼 어미가 '-여'로 불규칙 활용한다.
⑤ '좋다'는 '좋으니, 좋아서…'처럼 규칙적이지만, '노랗다'는 '노라니…'처럼 어간이 불규칙적이거나 '노래지다'처럼 어간과 어미가 모두 불규칙 활용하기도 한다.

12 밑줄 친 표현을 고친 내용으로 잘못된 것은?

① 진도가 너무 뒤떨어져서 수업 시간을 <u>늘이는</u> 게 좋겠다.
  → '늘이는'은 의미상 문맥에 맞지 않으므로 '늘리는'으로 고친다.
② 나는 너무 놀라서 <u>동생의 모습도</u>, 엄마가 나를 부르는 소리도 듣지 못했다.
  → '동생의 모습도'와 호응하는 서술어가 없으므로 '동생의 모습도 보지 못하고'로 고친다.
③ 선미가 우리 반 대표로 <u>뽑혀져서</u> 교내 음악제에 나가게 되었다.
  → '뽑혀져서'는 잘못된 피동 표현이므로 '뽑히게 되어서'로 고친다.
④ 민수는 작년까지 <u>해변가</u> 마을에서 살았다.
  → '해변가'는 의미가 중복된 표현이므로 '바닷가'나 '해변'으로 고친다.
⑤ 시험에서 좋은 결과를 얻기 위해서는 집중력과 <u>침착함을 필요로 합니다</u>.
  → '침착함을 필요로 합니다'는 번역 투 표현이므로 '침착함이 필요합니다'로 고친다.

13 〈보기〉의 밑줄 친 부분에 해당하는 것은?

> **보기**
> 사동사는 주동사의 어간에 사동 접미사 '-이-, -히-, -리-, -기-, -우-, -구-, -추-' 등이 붙어서 이루어진 타동사이다. 그런데 사동사에 의한 사동문에 대해 <u>그에 대응되는 주동문이 없는 경우</u>도 있다. 예를 들어, '그 집에서도 돼지를 먹이나요?'에서 '먹이다'는 '사육하다'라는 뜻으로 쓰였으며, 이에 대응되는 주동문이 없다.

① 그에게 짐을 <u>지울</u> 생각이다.
② 신도들은 교주를 뒷간에 <u>숨겼다</u>.
③ 어머니는 아이에게 옷을 <u>입혔다</u>.
④ 날씨가 더워지자 그들은 얼음을 <u>녹였다</u>.
⑤ 그는 한때 이름을 <u>날리던</u> 바람둥이였다.

14 〈보기〉의 밑줄 친 부분에 해당하는 예로 적절한 것은?

> **보기**
> 우리말의 합성어는 형성 방식이 국어의 정상적인 단어 배열법에 일치하는 <u>통사적 합성어</u>와 그렇지 않은 비통사적 합성어로 나눌 수 있다.

① 손발   ② 덮밥   ③ 부슬비
④ 뻐꾹새   ⑤ 우짖다

15 〈보기〉의 밑줄 친 부분에 해당하지 <u>않는</u> 것은?

> 보기
> '먹다'의 '먹-'과 같이 실질적인 뜻을 나타내는 부분을 어근이라고 하고, 어근과 어근이 결합한 단어를 합성어라고 한다.
> 합성어의 의미를 살펴보면 <u>각각의 어근이 지닌 원래 의미가 유지되는 경우</u>, 일부 어근의 의미만 유지되는 경우, 제3의 새로운 의미가 되는 경우가 있다.

① 점심으로 오징어 <u>덮밥</u>을 먹었다.
② 늦봄의 따가운 <u>햇볕</u>이 내리쪼였다.
③ 동생이 <u>돌다리</u>를 건너 집으로 왔다.
④ <u>안개비</u>가 연기가 깔리듯 자욱이 내리기 시작했다.
⑤ 대형 마트가 생기면서 <u>구멍가게</u>가 사라지고 있다.

16 〈보기〉의 ㉠에 해당하는 문장으로 옳은 것은?

> 보기
> 능동문과 비교할 때, 피동문은 일반적으로 피동작주에 초점이 가게 되어 탈동작성의 의미를 지니는 문장이 된다. 그런데 국어에는 탈동작성의 결과와 대응되는 능동문이 나타나지 않는 피동문들이 있다. ㉠이런 피동문들은 문장의 의미가 상황 의존성을 강하게 가져 동작성을 표현하기 어려운 경우에 쓰인다.

① 낙엽이 바람에 날린다.
② 그녀는 슬픔에 싸여 있다.
③ 호랑이가 사냥꾼에게 잡혔다.
④ 할아버지의 소원이 풀리려나 보다.
⑤ 요즘 무슨 책이 많이 읽히는지 아니?

PART III

쓰기

01 글쓰기 계획
02 자료 활용 방안
03 개요 수정 및 상세화 방안
04 퇴고

쓰기 5%

📝 최근 13개년 기출 전 문항 분석 결과

영역	출제 유형	출제 문항 수
[46~50] 쓰기	글쓰기 계획	1
	자료 활용 방안	1
	개요 수정 및 상세화 방안	1
	퇴고	2

- ☑ 평균 70% 내외의 정답률을 보인다.
- ☑ 최근에는 '5문항 1주제'의 구성으로 출제되고 있다.
- ☑ 해석해야 할 텍스트 자료의 양은 많으나 난도는 낮은 편이다.
- ☑ 개요 수정 및 상세화 방안, 자료 활용 방안의 정답률이 상대적으로 낮은 편이다.
- ☑ 최근 기출에서 텍스트가 가장 먼저 제시되는 문제 구성이 나타나고 있으나, 접근 방법과 풀이법은 기존과 같다.

01. 글쓰기 계획

기출동형 문제

정답 ❶ 26

1 '한국 영화 산업의 해외 진출 전략 수립'이라는 주제로 보고서를 작성하려고 한다. 보고서를 작성하기 위하여 계획한 내용으로 적절하지 <u>않은</u> 것은?

〈글쓰기 계획〉
- **주제**: 한국 영화 산업의 해외 진출 전략 수립
- **목적**: 한국 영화 산업의 해외 진출을 위한 구체적 전략 수립
- **글의 내용**
  - 영화 산업의 정의와 특성을 조사하고 시장 규모를 파악한다. ①
  - 한국 영화 산업의 해외 인지도가 어느 정도인지 현황을 제시한다. ②
  - 한국 영화 산업의 해외 자본 의존도의 변화 추이를 구체적으로 제시한다. ③
  - 국가별 영화 산업 시장의 특성과 해외 진출 성장 사례를 파악하고 분석한다. ④
  - 국가별 영화 산업 시장의 긍정적 사례를 적용한 한국 영화 산업의 해외 진출 방안을 모색한다. ⑤

2 '생활 악취 최소화를 위한 정책 연구'라는 주제로 보고서를 작성하려고 한다. 보고서를 작성하기 위하여 계획한 내용으로 적절하지 <u>않은</u> 것은?

〈글쓰기 계획〉
- **주제**: 생활 악취 최소화를 위한 정책 연구
- **목적**: 생활 악취 최소화를 위한 정책 수립 방안 모색
- **글의 내용**
  - 생활 악취 최소화 정책 마련을 위한 사회적 여론과 의의를 검토한다. ①
  - 생활 악취가 주로 발생되는 장소, 환경이 어떠한지를 조사한다. ②
  - 일상생활에서 생활 악취를 줄일 수 있는 방법을 소개한다. ③
  - 현재 도시형 생활 악취에 대한 실태 분석과 관련된 규정이 있는지 검토한다. ④
  - 비규제 대상인 사업장에서 발생하는 악취에 대한 법적 규제 사항이 없음을 지적한다. ⑤

3 '공원 녹지를 통한 생태 복지 도시 조성'이라는 주제로 보고서를 작성하려고 한다. 보고서를 작성하기 위하여 계획한 내용으로 적절하지 <u>않은</u> 것은?

〈글쓰기 계획〉
- **주제**: 공원 녹지를 통한 생태 복지 도시 조성
- **목적**: 공원 녹지를 통한 생태 복지 도시 조성 방안 모색
- **글의 내용**
  - 생태 복지, 산림 복지, 환경 복지의 개념과 특성을 설명한다. ①
  - 생태 서비스를 제대로 제공받지 못하는 소외 계층의 현황을 조사한다. ②
  - 공원 녹지 관리에 도입할 생태 복지 개념과 관련된 구체적 사례를 제시한다. ③
  - 공원 녹지 정책 수립 시 시민의 수요를 반영하기 위한 방안을 고안한다. ④
  - 생태 복지 개념을 도입하여 생태 복지 도시로 나아가기 위한 구체적 방안을 제시한다. ⑤

4 '서울 관광의 질적 내실화 방안'이라는 주제로 보고서를 작성하려고 한다. 보고서를 작성하기 위하여 계획한 내용으로 적절하지 <u>않은</u> 것은?

〈글쓰기 계획〉
- **주제**: 서울 관광의 질적 내실화 방안
- **목적**: 서울 관광의 질적 단점을 보완한 내실화 방안 모색
- **글의 내용**
  - 서울에서 그동안 추진한 서울 관광 산업의 다양한 정책과 사업을 파악한다. ①
  - 한국을 방문하는 외국인 관광객의 현황과 서울 방문 비중을 조사한다. ②
  - 한국 재방문율이나 관광 친밀도가 낮다는 결과의 원인이 무엇인지 조사한다. ③
  - 관광 산업이 경제에 미치는 영향력과 질적 내실화의 필요성을 연계하여 설명한다. ④
  - 엔화 강세 등 관광 환경의 변화가 일어나는 원인을 파악하여 관련 내용을 제시한다. ⑤

5 '노인 빈곤 실태의 다차원적 진단과 대응 방안'이라는 주제로 보고서를 작성하려고 한다. 보고서를 작성하기 위하여 계획한 내용으로 적절하지 <u>않은</u> 것은?

〈글쓰기 계획〉
- 주제: 노인 빈곤 실태의 다차원적 진단과 대응 방안
- 목적: 노인 빈곤 실태의 다차원적 진단과 대응 방안의 필요성 강조
- 글의 내용
  - 노인 빈곤율과 평생 교육 참여율 사이의 연관 관계를 조사한다. ①
  - 생활 영역의 노인 복지 수준 또는 복지 결핍 정도를 직접 측정한다. ②
  - 사회·문화적 영역을 포괄하여 노인 빈곤 실태를 구체적으로 측정하여 제시한다. ③
  - 정부 차원에서 노인 빈곤 문제에 대응하는 정책 과제를 도출하도록 한다. ④
  - 건강, 노동, 대인 관계, 사회 참여, 주거 등 다각적 차원에서 노인 빈곤 실태를 측정한다. ⑤

6 '독서의 효용성과 의미 제시'라는 주제로 글을 작성하려고 한다. 글을 작성하기 위하여 계획한 내용으로 적절하지 <u>않은</u> 것은?

〈글쓰기 계획〉
- 주제: 독서의 효용성과 의미 제시
- 목적: 사고력의 확장과 인격의 수양을 위한 독서 권장
- 예상 독자: 일반인
- 글의 내용
  - 인간의 사고력이 형성되는 기반에 어떠한 요소들이 있는지 설명한다. ①
  - 글이 사고를 정돈하여 기록한 것이며 사고력 형성과 연관성이 깊다는 것을 강조한다. ②
  - 서적이 사색의 결과이며, 지식의 원천이라는 점을 사례를 들어 제시한다. ③
  - 독서가 정신생활을 신장시키며 인격 수양에 도움이 된다는 것을 주장한다. ④
  - 우울증을 겪고 있는 환자들에게 긍정적인 영향을 미치는 독서 권장을 주장한다. ⑤

7 '도시 철도 환승 주차장 개선 방안'이라는 주제로 글을 작성하려고 하다. 글을 작성하기 위하여 계획한 내용으로 적절하지 않은 것은?

〈글쓰기 계획〉
- **주제**: 도시 철도 환승 주차장 개선 방안
- **목적**: 환승 주차장 이용 실태를 조사하여 문제점을 진단하고, 개선할 사항을 제안함.
- **예상 독자**: 일반인
- **글의 내용**
  - 현재 환승 주차장의 입지 및 설치 기준의 문제점을 파악한다. ①
  - 기존 환승 주차장이 환승 주차장으로서의 기능을 하지 못하는 현황을 파악한다. ②
  - 환승 주차장의 입지별 특성에 따라 차별적인 환승 기능을 수행할 수 있는 방안을 모색한다. ③
  - 교통 수단을 복합적으로 연계 정비하여 교통 수단 간의 환승을 용이하게 할 필요성이 있음을 강조한다. ④
  - 국책연구기관 이전 지역 및 공동 주택 입지 지역에 환승 주차장 등 주민 편의 시설을 확충하는 방안을 마련한다. ⑤

8 '예술 마케팅'이라는 주제로 글을 작성하려고 한다. 글을 작성하기 위하여 계획한 내용으로 적절하지 않은 것은?

〈글쓰기 계획〉
- **주제**: 예술 마케팅 기법을 통한 문화 향수 확대 방안
- **목적**: 마케팅 기법을 통하여 문화 향수 확대 방안을 제시하고자 함.
- **예상 독자**: 일반인
- **글의 내용**
  - 문화 예술을 고객 관리에 활용하여 수익 창출에 성공한 중소기업의 사례를 제시한다. ①
  - 지역 문화회관과 복지회관을 통해 시민을 대상으로 한 다양한 프로그램의 개발 방안을 모색한다. ②
  - 예술에 무관심한 시민들이 문화 예술에 대한 기호를 형성하도록 하는 것이 중요함을 서술한다. ③
  - 문화 예술 기관의 지리적 접근성을 제고하고 특정 계층을 대상으로 실질적 혜택을 제공하는 방안을 모색한다. ④
  - 성년기 예술 교육 기회를 증대시키고, 부모의 문화 예술 관람 기회를 증대시킬 수 있는 기반을 마련해야 함을 주장한다. ⑤

02. 자료 활용 방안

기출동형 문제

정답 ❷ 26

1 '신체 활동 실천 비율'이라는 주제로 보고서를 작성하려고 한다. 〈글쓰기 자료〉에 제시된 자료의 활용 방안으로 적절하지 <u>않은</u> 것은?

〈글쓰기 자료〉
- ㉠ 성인 남성이 성인 여성에 비해 신체 활동 지수가 낮고 흡연과 음주를 많이 한다.
- ㉡ 건강을 지키기 위해서는 자신의 몸 상태를 알고 항상 36.5℃를 유지하는 것이 적절하다.
- ㉢ 혈압, 흡연, 고혈당에 이어 신체 활동 부족이 사망의 위험 요인이며 겨울에 신체 활동 부족이 일어날 가능성이 높다.
- ㉣ 신체 활동 준수 비율을 높이기 위해서 신체 활동 실천율 추이를 조사하고 공유해야 한다.

① ㉠을 활용하여 남성이 여성보다 신체 활동이 부족한 현황을 설명한다.
② ㉡을 활용하여 적절한 체온을 유지할 수 있는 구체적인 방법을 제시한다.
③ ㉠과 ㉡을 활용하여 흡연이나 음주가 체온에 영향을 미치는 여부를 조사한다.
④ ㉢을 활용하여 추운 겨울철 실내에서 할 수 있는 신체 활동의 예를 제시한다.
⑤ ㉢과 ㉣을 활용하여 스트레스를 줄이고 심리적인 건강을 유지하는 방법을 제시한다.

2 '고령화 사회 대비 방안'이라는 주제로 보고서를 작성하려고 한다. 〈글쓰기 자료〉에 제시된 자료의 활용 방안으로 적절하지 <u>않은</u> 것은?

〈글쓰기 자료〉
- ㉠ 6개국을 대상으로 국가별 합계 출산율을 조사한 결과 한국의 출산율이 가장 낮았다.
- ㉡ 한국은 2026년에 초고령 사회를 맞이할 예정이며, 이때 경제 문제가 화두가 될 것이다.
- ㉢ 현대 사회에서 자녀들의 노인 부양 부담이 가중되고 있으며 이들을 위한 경제적 지원이 필요하다.
- ㉣ 저출산 현상으로 유소년층 인구가 감소하고 사망률이 감소하여 고령화가 빠른 속도로 진행되고 있다.

① ㉠을 활용하여 한국보다 출산율이 높은 나라가 저출산에 대처하는 방안에는 무엇이 있는지 조사한다.
② ㉡을 활용하여 고령 사회, 초고령화 사회에 직면하게 될 경우에 발생하는 경제 문제에는 어떤 것들이 있는지 구체적인 예를 제시한다.
③ ㉢을 활용하여 고령화 사회를 살아가는 노인 부양자를 지원할 재원 마련 방안을 모색한다.
④ ㉣을 활용하여 1~2인 가구의 생활 방식과 경제 활동을 고려한 사회적 여건과 시스템 개선 방안을 모색한다.
⑤ ㉢과 ㉣을 활용하여 출산율을 높여 초고령 사회로의 진입을 늦출 수 있는 방안을 모색한다.

3 '소비 지출 현황과 개선 방안'이라는 주제로 보고서를 작성하려고 한다. 〈글쓰기 자료〉에 제시된 자료의 활용 방안으로 적절하지 <u>않은</u> 것은?

〈글쓰기 자료〉
㉠ 2인 이상 가구의 월평균 소비 지출은 255만 원이며 교통, 교육, 음식 등의 항목에 소비를 하고 있다.
㉡ 2인 이상 가구의 소비 지출은 2012년부터 2021년까지 지속적으로 상승하고 있다.
㉢ 소비 지출 금액은 점점 증가하고 있지만 노동자들이 받는 시간당 임금은 감소하고 있다.
㉣ 상류층의 소비 행태를 맹목적으로 따라 하는 것은 소비 편승 효과의 결과라고 할 수 있는데, 이로 인해 과소비 문제가 발생한다.

① ㉠을 활용하여 소비 지출 항목을 살펴보고 이 비율이 적절한지 분석하여 서술한다.
② ㉡을 활용하여 소득에 대한 만족도가 감소하고 있는 이유를 파악하고 해결 방안을 제시한다.
③ ㉠과 ㉡을 활용하여 항목별 소비 지출의 비중과 소비 지출의 증가 추이를 파악하여 서술한다.
④ ㉠과 ㉢을 활용하여 소득이 감소하는 상황에서 지출 항목을 어떻게 조정하는 것이 좋은지 전문가의 의견을 첨가하여 서술한다.
⑤ ㉡과 ㉣을 활용하여 남의 소비 성향을 좇다가 소비 지출이 늘어나지 않도록 현명한 지출 방법을 모색하여 제시한다.

4. '여성과 취업'이라는 주제로 보고서를 작성하려고 한다. 〈글쓰기 자료〉에 제시된 자료의 활용 방안으로 적절하지 않은 것은?

〈글쓰기 자료〉
㉠ 여성이 가정일에 전념하는 것이 중요하다고 응답한 남성이 여성보다 2배 많은 것으로 나타났다.
㉡ '육아 부담'과 '여성에 대한 사회적 편견 및 관행'이 여성의 취업에 장애 요인이라는 설문 조사 결과가 있다.
㉢ 여성에 대한 전통적 역할과 기대의 영향으로 기혼 여성들의 채용이 거부되는 현상이 나타나고 있다.
㉣ 출산이나 아이 양육으로 인해 경력이 단절된 여성들의 재취업을 위한 프로그램을 정부에서 운영하고 있다.

① ㉠을 활용하여 '여성이 가정일에 전념하는 것이 중요하다'고 생각하는 것에 대해 여성과 남성의 견해 차이가 발생한 이유를 분석해 본다.
② ㉡을 활용하여 '육아 부담', '여성에 대한 사회적 편견 및 관행'과 여성의 취업과의 상관 관계를 분석하고 해결 방안을 제시한다.
③ ㉢과 ㉣을 활용하여 기혼 여성들이 취업을 준비할 수 있는 방법에 대해 구체적인 방안과 예를 제시한다.
④ ㉠과 ㉡을 활용하여 여성과 남성의 견해 차이가 가장 심한 '불평등한 근로 여건'의 개선을 위해 정부에서 마련해야 할 정책을 모색해 본다.
⑤ ㉡과 ㉣을 활용하여 정부에서 운영하는 센터에서 시행하고 있는 프로그램이 여성들의 취업 장애 요인을 얼마나 해결하고 있는지 추가 자료를 조사해 본다.

5 '해외 직구'라는 주제로 보고서를 작성하려고 한다. 〈글쓰기 자료〉에 제시된 자료의 활용 방안으로 적절하지 <u>않은</u> 것은?

〈글쓰기 자료〉
㉠ '반품 수수료 부당 청구, 사업자 연락 두절, 배송 지연' 등 해외 직구 불만 사례가 증가하고 있다.
㉡ 해외 직구로 건강 보조 식품이나 의류, 아동 용품을 구입하는 것이 국내에서 구입하는 것에 비해 저렴하다.
㉢ 대기업 독점 구조로 인해 국내 소비재는 가격이 비싼 반면, 해외 직구는 저렴한 가격에 물건을 살 수 있고, 상품의 종류도 더 다양하다.
㉣ 국내 기업이 어떤 물건을 수입해서 팔지 않아도 소비자는 자신의 필요를 충족시킬 제품을 해외 직구로 구매하고 있다.

① ㉠을 활용하여 해외 직구 소비자 피해 대책 방안을 모색한다.
② ㉡과 ㉢을 활용하여 해외 직구의 장점을 제시하고, 국내 유통 업계가 이에 대비할 수 있는 방법에 대해 고민할 것을 제안한다.
③ ㉠을 활용하여 해외 직구의 불만이 발생하는 항목과 이유를 구체적으로 파악하고 해결책을 제시한다.
④ ㉠과 ㉣을 활용하여 해외 직구의 문제점이 심각함을 강조하며 이를 해결할 방안을 모색해야 함을 주장한다.
⑤ ㉠과 ㉡을 활용하여 저렴한 가격과 해외 직구의 불만 사례가 연관된 부분이 있는지 확인해 본다.

6 '라면 섭취와 나트륨 섭취'라는 주제로 보고서를 작성하려고 한다. 〈글쓰기 자료〉에 제시된 자료의 활용 방안으로 적절하지 <u>않은</u> 것은?

〈글쓰기 자료〉
㉠ 한국의 국민 1인당 연간 라면 소비량은 세계 1위이며 국민의 30% 정도가 1주일에 2회 라면을 섭취한다.
㉡ 라면 수프 1개에 포함된 나트륨이 건강을 크게 위협하는 요소일 수 있다는 실험 결과가 있었다.
㉢ 자연 재료와 향료를 활용하거나 가급적 외식을 줄이는 것이 나트륨의 섭취량을 줄이는 방법이다.
㉣ 충분한 영양소를 섭취하기 위해서는 한 끼에 라면 2봉 이상을 섭취해야 하는데 그럴 경우 나트륨을 과다 섭취하게 되는 문제가 발생한다.

① ㉠을 활용하여 라면의 과다 섭취 현상을 문제로 제기한다.
② ㉠과 ㉡을 활용하여 잦은 라면 섭취가 나트륨의 섭취를 증가시키는 요인이 됨을 설명한다.
③ ㉡과 ㉣을 활용하여 지나친 라면 섭취가 건강을 위협하는 요소임을 강조한다.
④ ㉢을 활용하여 외식을 줄이면 지출이 절약된다는 장점이 있음을 강조한다.
⑤ ㉣을 활용하여 라면을 통해 충분한 영양소를 얻기 위해서는 결국 더 많은 나트륨 섭취로 이어질 수 있음을 설명한다.

7 '미디어의 활용'이라는 주제로 보고서를 작성하려고 한다. 〈글쓰기 자료〉에 제시된 자료의 활용 방안으로 적절하지 <u>않은</u> 것은?

〈글쓰기 자료〉
㉠ 시내 이동 전화 가입자 현황에서 유선 가입자는 감소하고 있고, 무선 가입자는 크게 증가하고 있다.
㉡ 인터넷 이용 실태 조사 결과에서 10세~59세의 99% 이상이 인터넷을 이용하는 것으로 나타났다.
㉢ 디지털 기술의 발전은 다양한 미디어 플랫폼을 등장시켰으며 이에 따라 새로운 미디어 소비의 양상이 나타나고 있다.
㉣ 변화된 미디어 환경에서 여러 매체를 동일한 시간과 장소에서 동시에 사용하는 '이용자'라는 표현이 '수용자'라는 표현을 대체하고 있다.

① ㉠을 활용하여 이동 전화의 보급이 미디어의 위기를 초래한 현상을 진단하고 새로운 방향을 모색해 본다.
② ㉡을 활용하여 연령대별로 인터넷 이용 시간에 주로 어떠한 정보를 접하는지 조사하고 미디어 활용이 적절히 이루어지는지 점검한다.
③ ㉢을 활용하여 미디어 발달 이전의 소비 방법과 미디어 발달 이후의 소비 방법의 변화를 보여 주는 구체적인 사례를 찾는다.
④ ㉡과 ㉣을 활용하여 인터넷을 이용하는 시간대와 장소, 함께 접속하는 사람들이 누구인지 조사하여 미디어 이용의 현황을 살펴본다.
⑤ ㉠과 ㉢을 활용하여 이동 전화 무선 가입자가 증가한 것이 미디어의 변화 양상에 어떠한 영향을 끼쳤는지 연구한 결과를 조사해 본다.

03. 개요 수정 및 상세화 방안 — 기출동형 문제

1. '테러 양상의 변화에 따른 대응 체제 개선 방안'이라는 주제로 글을 작성하기 위해 〈개요〉를 작성하였다. 〈개요〉의 수정 및 상세화 방안으로 적절하지 <u>않은</u> 것은?

〈개요〉

I. 서론 ··· ㉠

II. 각국의 테러 대응 체제와 시사점
   1. 한국의 대응 체제 ·· ㉡
   2. 미국의 대응 체제
   3. 영국의 대응 체제

III. 우리나라의 테러 대응 체제 개선 방안
   1. 대테러 관계법령 정비 ·· ㉢
   2. 대테러 업무 통합 및 생화학 테러 대비 조직 설치 ······································ ㉣
   3. 사이버 테러 대응 체제 보완
   4. 민·관 협력 체제 강화 ·· ㉤

IV. 결론

① ㉠: '테러의 새로운 양상과 변화'에 대해 설명하여 독자의 관심을 유발한다.
② ㉡: 상위 항목과의 논리적 관계를 고려하여 '한국의 대응 체제 관계법령 정비'로 수정한다.
③ ㉢: 글의 객관성을 높이기 위해 테러 관련 전문가의 연구 결과를 조사하여 첨가한다.
④ ㉣: 해당 업무의 통합 및 생화학 테러 대비 조직 설치에 필요한 제반 사항을 설명한다.
⑤ ㉤: 외국에서 테러 대응과 관련하여 민·관 협력 체제를 강화한 긍정적 사례를 제시한다.

2 '학교 안전 현황과 관리 방안'이라는 주제로 글을 작성하기 위해 〈개요〉를 작성하였다. 〈개요〉의 수정 및 상세화 방안으로 적절하지 <u>않은</u> 것은?

〈개요〉

I. 서론 ·· ㉠

II. 학교 안전 현황 분석
   1. 학교 안전 인력 배치 현황 ··· ㉡
   2. 초등학교 CCTV 설치 현황
   3. 학교 보안관 제도 ··· ㉢

III. 학교 안전 관리 방안
   1. 학교 안전 시설 출입 관리의 강화
   2. 학교 보안관 인력 부족 ··· ㉣
   3. 학교 안전을 위한 공적 기반 구축

IV. 결론 ·· ㉤

① ㉠: '학교 안전'의 개념을 구체적으로 설명하는 내용을 제시한다.
② ㉡: 학교 안전을 위해 필요한 인력이 얼마나 되는지 연구한 결과를 제시하고, 현황은 어떠한지 비교한다.
③ ㉢: '학교 보안관 제도'가 목적에 부합하여 실시되고 있는지와 해당 제도에 대해 학생과 학부모가 얼마나 인지하고 있는지를 설명한다.
④ ㉣: II-3의 하위 항목에서 다루는 내용과 중복되므로, II-3에서 통합하여 설명한다.
⑤ ㉤: 학교 안전사고 예방 및 보상에 관한 법률 시행령이 일부 개정된 사항을 추가로 첨가한다.

3 '가정 폭력 범죄 방지'라는 주제로 글을 작성하기 위해 〈개요〉를 작성하였다. 〈개요〉의 수정 및 상세화 방안으로 적절하지 않은 것은?

〈개요〉

Ⅰ. 서론
  1. 가정 폭력의 정의 및 연혁
  2. 가정 폭력의 특징 및 현황
  3. 지속적인 교육과 홍보 사업의 강화 ················ ㉠

Ⅱ. 가정 폭력 사범 처우의 문제점
  1. 가정 폭력 관련법의 내용과 문제점 ················ ㉡
  2. 검찰 단계에서의 문제점
  3. 법원 단계에서의 문제점

Ⅲ. 가정 폭력 근절을 위한 방안
  1. 가정 보호보다 피해자의 인권 및 안전 강조 ················ ㉢
  2. 형사 절차 속에서의 피해자의 권한 위축 ················ ㉣
  3. 의식 전환을 위한 지속적인 홍보 및 교육 ················ ㉤

Ⅳ. 결론

① ㉠: 서론의 내용에 적합하지 않은 항목이므로, Ⅲ의 하위 항목으로 옮겨 제시한다.
② ㉡: 주장의 타당성을 확보하기 위해 '가정 폭력 관련법'의 주요 항목을 제시하고 어떠한 점이 문제가 되는지를 구체적으로 설명한다.
③ ㉢: 가정 폭력 피해자의 인권 및 안전을 지킬 수 있는 구체적인 방안을 제시하고 이를 위한 정부의 노력을 촉구한다.
④ ㉣: 형사 절차 속에서 피해자의 권한이 침해를 받은 구체적 사례를 제시한다.
⑤ ㉤: 소셜 미디어, 방송 매체 등을 활용하여 가정 폭력에 대한 의식을 전환할 수 있게 홍보하고 교육하는 방안을 제시한다.

4 '청소년 인터넷 중독'이라는 주제로 보고서를 작성하기 위해 〈개요〉를 작성하였다. 〈개요〉의 수정 및 상세화 방안으로 적절하지 않은 것은?

〈개요〉

Ⅰ. 서론
  1. 인터넷 활용 현황 ········· ㉠
  2. 청소년과 인터넷

Ⅱ. 인터넷 중독의 현황
  1. 인터넷 중독의 정의
  2. 인터넷 중독의 유형과 단계 ········· ㉡
  3. 인터넷 중독 관련 선행 연구 ········· ㉢

Ⅲ. 인터넷 중독 예방과 치료
  1. 인터넷 예절의 교육과 네티켓의 원칙 교육 ········· ㉣
  2. 청소년 인터넷 중독 예방 프로그램 개발
  3. 학교의 상담 및 공공 기관의 상담 프로그램 참여

Ⅳ. 결론 ········· ㉤

① ㉠: 청소년들이 인터넷을 얼마나 장시간 이용하는지를 조사한 결과를 제시하여 독자의 흥미를 끈다.
② ㉡: 인터넷 중독의 유형과 단계를 체계적으로 설명하고, 인터넷 중독으로 인한 피해의 범주가 좁지 않다는 것을 강조한다.
③ ㉢: Ⅱ는 '인터넷 중독의 현황'에 대해 논하고 있어 내용의 논리적 관계가 적절하지 않으므로, Ⅰ-3의 항목으로 추가하여 활용한다.
④ ㉣: 주장의 타당성을 확보하기 위해 '악플로 인한 청소년 자살률 증가'에 대한 통계 자료를 제시한다.
⑤ ㉤: 인터넷 중독이 결코 단순한 문제가 아님을 다시 한번 강조하고, 인터넷 중독 예방과 치료를 위해 다양한 노력이 필요함을 주장한다.

5 '자살의 발생 원인과 대처 방안'이라는 주제로 보고서를 작성하기 위해 〈개요〉를 작성하였다. 〈개요〉의 수정 및 상세화 방안으로 적절하지 <u>않은</u> 것은?

〈개요〉

I. 서론
  1. 우리나라 자살 발생 현황

II. 자살의 발생 원인
  1. 자살의 사회 경제적 부담 ──────────── ㉠
  2. 자살의 심리적 요인
  3. 자살 감시 체계 강화 방안 ──────────── ㉡

III. 자살에 대한 대처 방안
  1. 자살률을 낮추기 위한 사회 안전망 강화 ──────────── ㉢
  2. 정신 건강 서비스에 대한 대국민 인식 제고 ──────────── ㉣
  3. 정신건강센터 요원들의 전문화 ──────────── ㉤

IV. 결론

① ㉠: 자살이 많이 일어나는 사회에서 발생할 수 있는 사회 경제적 비용을 구체적으로 제시한다.
② ㉡: 논리적 흐름에 적합하지 않으므로, III의 하위 항목으로 이동하도록 한다.
③ ㉢: '사회 안전망'의 개념을 간략하게 설명하고, 이를 활용하여 자살률을 낮춘 사례를 제시한다.
④ ㉣: '정신 건강 서비스'에 대한 부정적 인식을 개선하기 위해 인식을 전환하는 캠페인을 벌이는 방안을 제시한다.
⑤ ㉤: 전문화의 필요성을 강조하기 위해 해외의 정신건강센터 요원들의 자격 요건과 전문성은 어떠한지를 우리나라와 비교하여 설명한다.

6 '문화 예술 분야 재능기부 활성화 방안 연구'라는 제목으로 글을 작성하기 위해 〈개요〉를 작성하였다. 〈개요〉의 수정 및 상세화 방안으로 적절하지 <u>않은</u> 것은?

〈개요〉

Ⅰ. 서론
  1. 기부 문화의 등장 배경과 한국 기부 문화의 특징
  2. '기부'로서 재능기부의 정의 ··· ㉠

Ⅱ. 문화 예술 분야 재능기부의 유형
  1. 비전문 문화예술인의 육성 대책 마련 ································· ㉡
  2. 문화 예술 분야 사회적 기업의 지원을 통한 재능기부
  3. 지역 기반 생활예술 네트워크를 통한 재능 나눔의 일상화 ····· ㉢

Ⅲ. 문화 예술 분야 재능기부 활성화 방안
  1. 민간 영역의 문화 예술을 통한 재능기부의 현황
  2. 문화 예술 분야 사회적 기업 및 커뮤니티 비즈니스의 육성 ····· ㉣
  3. 문화 예술 분야 재능기부 캠페인 및 교육 지원 ·················· ㉤

Ⅳ. 결론

---

① ㉠: 기존의 '기부'와 '재능기부'의 공통점과 차이점을 견주어 설명한다.
② ㉡: '재능기부 활성화 방안'과 관련된 내용이므로, 논리적 흐름을 고려하여 Ⅲ-1과 위치를 서로 바꾸어 제시한다.
③ ㉢: '문화 예술 분야 재능기부의 유형'과 직접 관련이 없는 내용이므로 Ⅰ로 이동한다.
④ ㉣: 비즈니스 육성을 위한 다양한 방안을 구체적으로 제시하여 보고서의 타당성을 높인다.
⑤ ㉤: '재능기부'를 위한 교육 지원이 활발하게 이루어질 수 있도록 민·관이 협력할 것을 요청하는 내용을 첨가한다.

7 '군 인권 실태 조사'라는 주제로 보고서를 작성하기 위해 〈개요〉를 작성하였다. 〈개요〉의 수정 및 상세화 방안으로 적절하지 않은 것은?

〈개요〉

Ⅰ. 서론
　1. 연구의 필요성 ──────────────── ㉠
　2. 연구의 범위와 방법 ──────────── ㉡

Ⅱ. 군인 인권의 문제와 보장
　1. 군 사법 체계의 문제
　2. 언어폭력 근절 교육 ─────────── ㉢
　3. 시민으로서의 표현의 자유 ───────── ㉣

Ⅲ. 군인 인권 개선 정책 방안
　1. 휴식 및 휴가권
　2. 의식주 환경권

Ⅳ. 결론 ──────────────────── ㉤

① ㉠: 군 인권 센터에 접수된 여러 사례와 군 인권 실태에 대한 설문을 근거로 연구의 필요성을 주장한다.
② ㉡: 군 인권의 범위가 넓으므로 표현의 자유, 진료권이나 사생활의 자유 등에 대한 것으로 범주를 제한하고 구체적인 연구 방법을 제시한다.
③ ㉢: 상위 항목과 연계성이 뚜렷하지 않으므로 'Ⅲ. 군인 인권 개선 정책 방안'의 하위 항목으로 이동한다.
④ ㉣: 인권 침해 발생 시 가장 먼저 지원을 요청하는 기관에 대한 안내와 신고 방법을 제시한다.
⑤ ㉤: 군대 내 인권 개선 정책 방안의 부처별 구체적 실행을 요구하며 연구를 마무리한다.

04. 퇴고

기출동형 문제

정답 P. 27

[1~2] '소아 비만의 정의와 원인'이라는 주제로 작성한 보고서의 일부이다. 제시된 물음에 답하시오.

> 　소아 비만은 편식, 잦은 과식 등 잘못된 식습관이나 장기간의 열량 섭취 과다로 인해 발생하는 경우가 많다. 섭취한 에너지가 소모되는 에너지보다 많으면 남은 에너지가 지방으로 축적되면서 살이 찌게 된다. 대한소아과학회 보건위원회가 실시한 소아 비만 아동의 식습관 ㉠조사를 하게 되면, 소아 비만 아동은 정상 체중을 가진 아동들에 비해 과식하고, 기름기 많은 음식을 좋아하며, 식사 속도가 빠르고, 특히 저녁 식사를 많이 먹는 것으로 나타났다.
> 　소아 비만아들의 생활 습관을 조사한 결과, 컴퓨터 활동 시간이 전체 활동 시간의 56%, TV 시청이 25%를 차지하는 데 반해 운동은 ㉡꽤 5.5%에 그쳤다. 밖에서 아이들과 뛰어놀기보다는 홀로 컴퓨터 게임이나 TV 시청 등을 하며 장시간 앉아 있는 시간이 늘어나, 활동량은 감소하고 섭취하는 칼로리에 비해 소모되는 칼로리가 적기 때문에 요즘 아이들에게서 비만이 많은 것은 당연한 결과이다.
> 　㉢그럼에도 불구하고 비만한 아이들은 컴퓨터 게임과 TV 시청 시간만 줄여도 절반 이상의 비만 치료 효과를 볼 수 있다. 더 나아가 그 시간에 가족과 함께 재미있으면서도 적당한 칼로리를 소모할 수 있는 운동을 찾아 한다면 더욱 ㉣비만의 치료는 어려워질 것이다.
> 　소아 비만이 지속적으로 늘어나는 데에는 환경적 요인도 빼놓을 수 없다. 우리의 식습관이 탄수화물 중심에서 고단백 및 고지방식으로 바뀌는 추세이고, 과자나 탄산음료 등의 고칼로리 간식을 어디서나 쉽게 구할 수 있기 때문이다. 형제 중 비만아가 있으면 다른 형제도 비만하게 될 확률이 40~80%에 ㉤지나지 않는다. 이는 유전적 요인 외에도 한 가족의 생활 양식 및 식습관이 비만의 발생에 미치는 영향을 보여 주는 것이기도 하다.

1 ㉠~㉤을 수정하려고 할 때, 그 방안으로 적절하지 않은 것은?

① ㉠: 서술어와의 적절한 호응을 위해서 '조사에 따르면'으로 수정해야 한다.
② ㉡: 아주 적은 비율을 설명하고 있으므로, '꽤'보다 '겨우'라는 부사를 넣는 것이 적절하다.
③ ㉢: 뒤의 내용이 앞의 내용과 인과 관계를 형성해야 하므로, '이와 같은 이유로'로 수정한다.
④ ㉣: 문맥의 자연스러운 흐름을 위해 '효과적으로 비만을 치료할 수 있을 것이다'로 수정한다.
⑤ ㉤: 내용의 흐름에 어울릴 수 있도록 '나타났다'로 서술어를 수정한다.

2 윗글을 보완할 수 있는 방안으로 가장 적절한 것은?

① 다이어트 전문가가 이야기하는 체중 감량 방법에 대한 인터뷰 내용을 제시한다.
② 글의 신뢰성을 높이기 위해 생활 습관에 대한 통계 수치를 구체적으로 제시한다.
③ 가족 생활 양식 및 식습관의 대조군을 만들고 각 가족의 소아 비만 양상을 비교한다.
④ 체계적인 내용 전개를 위해 SNS 이용 시간과 소아 비만 발생의 관계를 조사하여 소개한다.
⑤ 소아 비만 아동이 정상 체중이 되는 데까지 걸린 시간과 활용한 방법을 조사하여 제시한다.

[3~4] '관광과 지역 사회'라는 주제로 작성한 보고서의 일부이다. 제시된 물음에 답하시오.

관광 산업의 활성화를 위해 많은 지역에서 범하는 오류는 지역민을 배려하지 않는 관광 시설과 매력물을 조성하는 것이다. 외국의 어느 작은 지역에서는 관광객 편의 시설의 확충(擴充)을 위해 격년제로 지역민 중 65세 이상의 고령자(高齡者)와 13세 미만의 청소년, 그리고 장애인들을 대상으로 설문 조사를 하고 있다고 한다. 도로 표지판의 크기와 색상 및 식별성, 식당의 메뉴판의 가독성, 마을 지도의 가독성과 접근성을 비롯해 각종 편의 시설에의 접근성 등을 ㉠물어볼 것이다. 지역의 취약 계층이 마을 어디라도 접근 가능하고 생활하기 편해야 관광객 편의 시설로서의 기본을 갖출 수 있다고 믿는 것이다.
　지역민이 공감할 수 있는 자원 그리고 방문객과 지역민이 함께 공감하고 교감할 수 있는 ㉡자원 이외에도 가장 매력적인 관광 자원이 될 수 있다. 재생 지역에 벽화 그리기나 예술 작품의 설치에 있어서도 아무리 유명한 화가가 아름다운 그림을 그려 방문객의 감탄을 불러일으킨다고 해도 지역민의 공감이 없으면 지속 가능성이 담보(擔保)될 수 없다.
　지역 재생에서 가장 중요한 관광 자원은 '공감'과 '교감'이다. 지역의 고유한 자원이든 새로 도입되는 자원이든 방문객과 지역민이 서로 대등한 위치에서 교감할 수 있는 자원을 ㉢만들어 낸다. 관광지를 만들기보다는 사람과 사람 간 소통의 공간을 만들어야 지역민의 명소가 되고 그것이 곧 방문객을 위한 공간이 된다고 볼 수 있다.
　잘 생각해 보면 우리가 외국 관광을 갔을 때 주로 방문하는 곳이 이러한 제3의 공간이다. 그러나 우리는 이런 것을 잊어버리고 ㉣겨우 관광객만을 위한 무언가를 억지로 만들려고 한다. 그 결과, 막대한 예산을 쏟아부어서 관광지를 만든 후 유지·보수에 더 많은 비용을 소요하는 어리석은 경우들을 보게 된다.
　관광지를 만들기보다는 소통의 공간을 만드는 것이 중요하다. 지금 있는 좁은 골목길, 가파른 계단, 마을 중심지 등을 어떻게 활용하고 ㉤해석하기 때문인지 대한 연구가 필요하다. 또한 방문객이 일시적으로 지역의 주민이 되도록 하는 장치가 필요하다. 방문객이 지역 자원을 이해할 수 있는 장치가 있으면 훌륭한 관광 자원과 관광 시설이 될 수 있다. 그리고 관광객 또한 지역민의 생활과 정체성을 이해하고 존중할 수 있는 구도를 만들기 위해 노력한다면 결국 마부위침(磨斧爲針)하게 될 것이다.

3　㉠~㉤을 수정하려고 할 때, 그 방안으로 적절하지 <u>않은</u> 것은?

① ㉠: 문맥의 자연스러운 흐름을 위해 '물어본다고 한다'로 수정한다.
② ㉡: 의미를 분명하게 하기 위해 '자원이 늘어나는 데에는'으로 수정한다.
③ ㉢: 문장의 적절한 호응을 위해 '만드는 것이 중요하다'로 수정한다.
④ ㉣: 자연스러운 연결을 위해 '자꾸만'으로 수정하는 것이 바람직하다.
⑤ ㉤: 문맥에 적합한 표현이 아니므로 '해석할 것인지에'로 수정한다.

4　윗글을 보완할 수 있는 방안으로 가장 적절한 것은?

① 글의 신뢰성을 높이기 위해 설문 조사를 더 많은 인원에게 실시하여 제시한다.
② 지역민이 참여하는 예술 작품의 설치가 마을 경제를 살린 사례를 모아 소개한다.
③ 소통하는 공간에 대해 연구하는 건축 사무소의 전문가와 인터뷰한 내용을 제시한다.
④ 글의 타당성을 높이기 위해 지역민 대상 설문 조사가 외국의 어느 지역에서 실시되었는지 밝힌다.
⑤ 체계적인 내용 전개를 위해 지역의 취약 계층이 자주 방문하는 관광지가 어디인지 조사하여 제시한다.

[5~6] '여가 공간의 브랜드 개성 강화와 여가 공간 활용의 극대화 방안'이라는 주제로 작성한 보고서의 일부이다. 제시된 물음에 답하시오.

> 본 연구의 결과를 바탕으로 실무적 시사점을 도출할 수 있다. 일반적으로 청계천을 방문하는 시민들이 인식하는 브랜드 개성을 '혁신·역동성', '세련성', '평온함', '신뢰성' 순으로 볼 때, 상대적으로 '신뢰성'에 대한 부분을 방문객에게 ㉠결코 호소할 필요가 있다.
>
> 여가 공간으로서 청계천의 '신뢰성'을 강조해야 할 필요가 있는데, 특히 '신뢰성'의 평균값이 다른 요인에 비해 낮은 것으로 나타났기 때문이다. ㉡실무자들도 청계천이 여가 공간으로서 건전하고 믿을 만한 공간이라는 정보를 제공하여 신뢰성에 대한 인식을 개선할 수 있다. 따라서 관련 실무자들은 청계천에 대한 안전성을 확보하기 위해 보안에 대한 부분을 보다 강화하거나, 현재 시행 중인 안전성 및 건전성을 추구하는 정보를 웹 페이지 및 관공 정보 채널에 널리 알릴 필요가 있다.
>
> 또한 여가 공간이 기본적으로 추구하고자 하는 '평온함'이 상대적으로 '혁신·역동성', '세련성'에 비해 낮은 평균값 그리고 만족에 대한 낮은 경로값인 것을 고려할 때, 여가 공간 이용자들에게 있어 '평온함'에 대한 부분을 ㉢확산으로 인해 전략도 필요하다. 즉 '평온함'이 여가 공간을 찾게 하는 주요 동기인 만큼, 청계천의 실무 관리자들은 이용자들의 관점에서 생각할 필요가 있다. 여가 공간을 구성하는 시설의 편리성 외에도 전반적인 공간 이미지나 서비스 등이 '평온함'을 조성할 수 있도록 인적 서비스 교육을 포함한 디자인 등 총체적인 관리가 ㉣청구해야 한다. 이미 방문객들이 청계천에 대한 브랜드 개성을 이해하고 있다 하더라도, 실무자 및 정책 담당자들은 지속적으로 청계천이 여가 공간으로서 시민들과 방문객들이 쉬고 즐길 수 있는 '평온함'을 마케팅 커뮤니케이션을 통해 강조하고, 창의적인 여가 공간의 '혁신·역동성', '세련성'에 대한 홍보를 통해 방문객과의 장기적인 관계를 유지할 필요가 있다. 이러한 노력을 통해 여가 공간이 그 근본적인 성격인 휴식과 재충전을 ㉤실시할 때, 여가 공간 활용을 극대화할 수 있고, 서울 시민들의 삶의 질적 만족 향상을 통한 도시 경쟁력 제고에 이바지할 수 있다.

5 ㉠~㉤을 수정하려고 할 때, 그 방안으로 적절하지 <u>않은</u> 것은?

① ㉠: 내용의 흐름에 어울리지 않으므로 삭제한다.
② ㉡: 서술어와의 호응을 위해 '실무자들은'으로 수정한다.
③ ㉢: 자연스러운 문장을 위해 '확산시킬'로 수정한다.
④ ㉣: 주어와의 적절한 호응을 위해 '요청해야 한다'로 수정한다.
⑤ ㉤: 문맥에 적절하지 않은 어휘이므로 '제공'으로 수정한다.

6 윗글을 보완할 수 있는 방안으로 가장 적절한 것은?

① 글의 완결성을 높이기 위해 청계천 관리 조항들과 개정되어 온 내용을 제시한다.
② 글의 타당성을 높이기 위해 국내외 도심의 여가 공간 개수를 비교한 내용을 추가한다.
③ 글의 신뢰성을 높이기 위해 여가 공간 구성 시설에 지출된 비용의 연도별 수치를 제시한다.
④ 글의 논리성을 강화하기 위해 청계천 이용자가 증가하는 요인들을 정리한 시각 자료를 소개한다.
⑤ 체계적인 내용 전개를 위해 시민들을 대상으로 청계천에서 '평온함'과 '신뢰성'이 덜 느껴진 이유를 조사하고 보완 방법을 제시한다.

[7~8] '도시 미관 개선을 위한 간판세 적용 사례 분석'이라는 주제로 작성한 보고서의 일부이다. 제시된 물음에 답하시오.

> 간판은 도시의 문화 수준을 측정하는 척도이자 도시의 이미지를 창출하는 ㉠상징물은, 지방 정부는 해당 도시의 도시 경쟁력 제고 측면에서 간판 정비의 책임과 의무를 지니고 있다. 이에 간판 정비는 지방 정부의 도시 조경 및 문화 정책에 따라 이뤄지는 것이 바람직하며, 간판세 과세권은 도시의 무분별한 간판 난립 방지를 위한 지방 정부의 정책 수단으로 고려될 수 있다. 특히, 불법 간판의 ㉡설립 등으로 인해 우리나라의 간판 규제가 그 정책 목적을 달성하지 못하고 있는 상황임을 고려할 때, 해외 사례와 같이 도시 환경 개선을 위한 정책 수단의 하나로 간판세 도입이 고려될 수 있을 것이다.
>
> 도시 미관 개선을 위한 무분별한 옥외 광고물의 정비 방안의 하나로 간판세 도입을 고려한다면, ㉢이와 같이 과세 주체는 해당 기초 자치 단체가 되어야 한다. 간판세 부과 및 납부 활동을 포함한 도시 미관 정비 사업을 위해서는 해당 기초 자치 단체의 인력과 예산 소요가 필수적이다. 간판은 각 지역의 도시 미관과 직접적으로 연결되는 요인이기에, 이에 대한 관리와 과세의 책임은 각 기초 자치 단체에게 귀속되어야 하는 것이다.
>
> 간판세 과세 체계는 독립세 형태가 ㉣바람직하기 때문이다. 독립세란 지방 자치 단체가 국가 또는 다른 지방 자치 단체와 독립해서 세원을 보유하고 독자의 과세 표준에 의해서 부과되는 형태를 말한다. 이때 중앙 정부에서 일방적인 태도로 결정을 할 것이 아니라 지역의 특성과 상황을 고려하여 간판세를 도입할 수 있도록 도입 여부, 과세 표준, 세액 등을 지방 자치 단체가 자율적으로 결정할 수 있는 독립세로서의 간판세 도입이 바람직한 것이다. 우리나라의 현행 간판 규제 및 간판 정비 사업이 획일적이고 지역의 특성을 반영하지 못한다는 문제점을 ㉤감안한 덕분에, 지역성을 부각시킬 수 있도록 간판의 과세 여부, 과세 방식, 단위 세액 등의 전반적인 요건을 지방 자치 단체에서 결정하는 것이 타당하다.

7 ㉠~㉤을 수정하려고 할 때, 그 방안으로 적절하지 <u>않은</u> 것은?

① ㉠: 적절한 호응을 위하여 '상징물로'로 수정한다.
② ㉡: 내용의 흐름상 적절하지 않은 어휘이므로 '난립'으로 수정한다.
③ ㉢: 자연스러운 의미의 연결을 위해 '이에 대한'으로 수정한다.
④ ㉣: 주어와 서술어의 적절한 호응을 위해 '바람직할 것이다'로 수정한다.
⑤ ㉤: 의미를 분명하게 전달하기 위해 '감안하지 않으면'으로 수정한다.

8 윗글을 보완할 수 있는 방안으로 가장 적절한 것은?

① 글의 신뢰성을 높이기 위해 도시 미관 개선 사업의 구체적 내용을 소개한다.
② 지방 자치 단체에서 결정하는 세금의 항목과 활용처 등에 대한 인터뷰 내용을 제시한다.
③ 글의 완결성을 높이기 위해 해외의 도시 환경 개선 정책 사례와 국내의 사례를 비교하여 설명한다.
④ 체계적인 내용 전개를 위해 우리나라의 현행 간판 규제 및 간판 정비 사업의 문제점을 사진 자료와 함께 제시한다.
⑤ 글의 중립성을 높이기 위해 도시 미관 정비 사업의 예산 사용 현황과, 이 중 간판 정비에 드는 비용이 얼마인지 제시한다.

PART IV

창안

01 시각 자료를 통한 내용 생성
02 조건에 따른 내용 생성

창안 10%

📝 최근 13개년 기출 전 문항 분석 결과

영역	출제 유형	출제 문항 수
[51~60] 창안	시각 자료를 통한 내용 생성	2~5
	조건에 따른 내용 생성	7~8

- ☑ '창안'은 '유비추리'의 대상이 되는 근거 자료의 형태에 따라 '시각 자료(그림)를 통한 내용 생성'과 '조건(텍스트)에 따른 내용 생성'으로 분류된다. 그러나 '유비추리'를 통해 도출해야 하는 결과물은 크게 차이가 나지 않으므로, 같은 유형으로 보고 공부하면 된다.
- ☑ ① 특정 상황을 '인간의 행동'에 유비할 때 이끌어낼 수 있는 주제(교훈, 속담, 고사성어)를 도출하거나, ② 특정 내용을 새로운 영역이나 상황에 비유할 때 적절한 것을 찾아내고, ③ 자료들 사이의 공통점과 차이점(표현, 핵심, 주제 등)을 분석하고, ④ 해당 상황에 어울리는 표어나 문구를 창작하거나 그림을 고른다.
- ☑ 최근 시험에서는 상황에 적절하거나 그렇지 않은 광고 그림과 문구를 1:1로 대응하여 고르는 문제가 출제되었다. '광고'라는 영역이 다를 뿐, 공통점에 근거하여 다른 맥락에 있는 자료를 고른다는 흐름은 변하지 않았다.

01. 시각 자료를 통한 내용 생성   기출동형 문제

[1~3] '제3의 법칙'을 '인간 사회'에 유비(類比)하고자 한다. 다음 글을 읽고 물음에 답하시오.

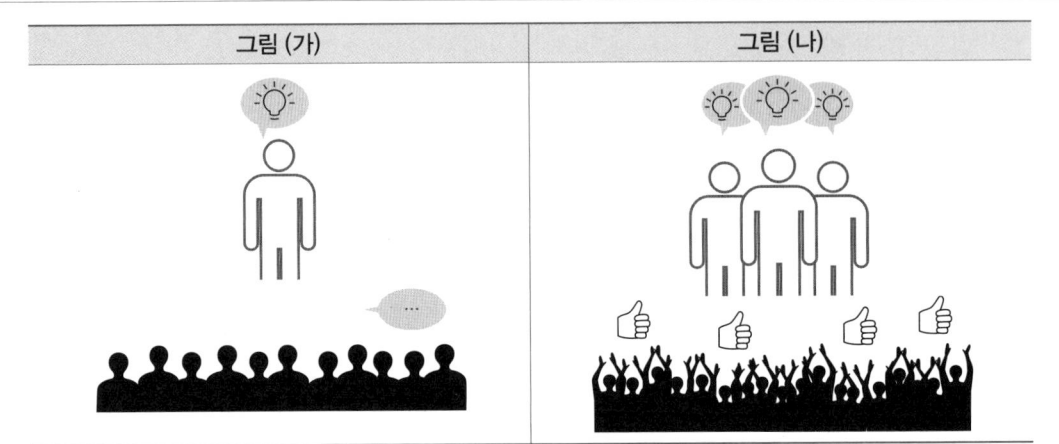

  복종 실험으로 유명한 하버드 대학교 심리학과의 스탠리 밀그램 교수는 '제3의 법칙'이라는 사회심리학 연구를 통해 군중 심리를 설명한다. ㉠'제3의 법칙'이란 3명이 특정한 행동을 하면, 다른 사람들은 합리적 사고와 이성적 판단 없이 그 행동을 따라 하게 된다는 심리학적 법칙을 말한다. 많은 사람들이 지나가는 군중 속에서 아무것도 없는 허공을 한두 사람이 가리키며 쳐다보고 있으면 아무 반응을 보이지 않던 행인들이, 세 사람이 허공을 가리키면서 쳐다보면 같은 방향의 허공을 쳐다보며 관심을 갖는다는 실험으로 이를 입증해 보이기도 한다. 사람들은 군중 심리에 이끌려 없는 것을 있다고 여기거나 잘 모르는 타인을 비난하는 등의 행동을 하기도 하지만 반대로 위기에 빠진 사람을 서너 명이 달려들어 돕기 시작하면,   ㉡ . 이를 이용하여 사람들의 행동 패턴을 어떤 쪽으로 이끄느냐에 따라서 그 사회 전체의 분위기가 달라질 수도 있을 것이다.

1 ㉠과 관련지어 활용할 수 있는 표현으로 가장 적절한 것은?

① 삼인성호(三人成虎)
② 삼삼오오(三三五五)
③ 삼척동자(三尺童子)
④ 작심삼일(作心三日)
⑤ 조삼모사(朝三暮四)

2 윗글의 ⓒ에 들어갈 내용으로 가장 적절한 것은?

① 타인을 안타깝게 여기기도 한다.
② 관련 없는 사람을 조건 없이 함께 돕기도 한다.
③ 어떤 상황인지에 대해 명확하게 인지하게 된다.
④ 도울 만한 상황인지에 대해 판단하기 시작한다.
⑤ 미처 생각지 못했던 효율적인 해결 방안을 찾는다.

3 윗글을 바탕으로 그림 (가)와 (나)를 표로 분석할 때 가장 적절한 것은?

구분	(가)	(나)
상황	한 사람이 의견이나 행동을 제시함.	세 명 이상의 사람들이 의견이나 행동을 제시함.
	ⓐ사람들이 의견을 이해하지 못하고 궁금해함.	ⓑ3명의 의견과 행동에 대한 이해 여부와 관련 없이 사람들이 동조함.
특징	ⓒ너무 뛰어난 생각은 사람들에게 외면당하기 마련임.	대중을 움직이는 데에 적어도 3명 이상의 힘이 필요함.
주제	ⓓ사람들이 이해하기 쉽도록 표현 방식을 바꿀 필요가 있음.	ⓔ긍정적인 의견과 행동에는 사람들이 쉽게 따른다.

① ⓐ　　② ⓑ　　③ ⓒ　　④ ⓓ　　⑤ ⓔ

[4~6] 다음 그림 (가)와 (나)를 보고 물음에 답하시오.

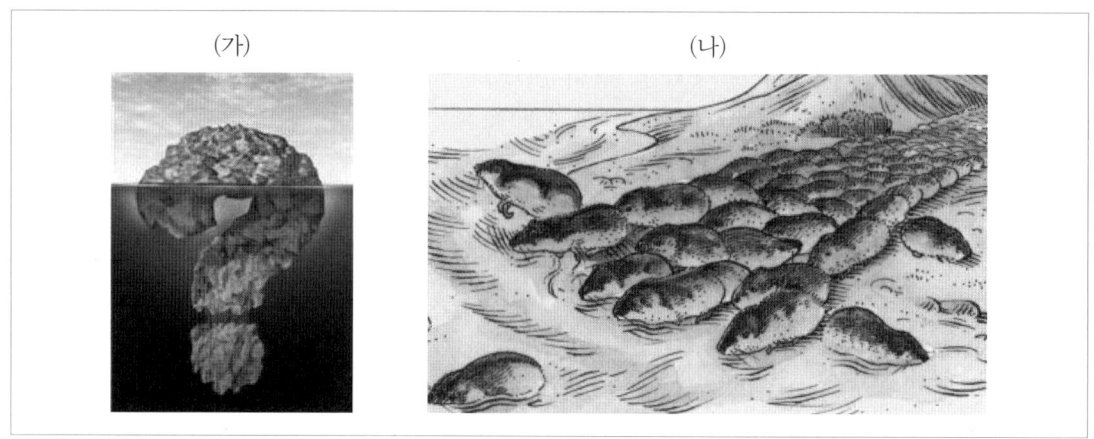

4 그림 (가)와 (나)를 바탕으로 다음과 같이 분석할 때 적절하지 <u>않은</u> 것은?

	(가)	(나)
표현	빙산을 물음표 모양으로 그림.	ⓐ군중 심리(群衆心理)를 그림으로 표현함.
핵심	ⓑ드러난 것 이면에는 다른 사실이나 정보가 있을 수 있다.	ⓒ주변 눈치에 따라서만 진로를 결정하면 공동체가 망가질 수 있다.
주제	ⓓ알려진 것 이상의 것이 존재할 수 있음을 기억하며 대상을 탐구하자.	ⓔ자신의 소신과 상대방에 대한 배려를 동시에 이룰 수 있는 방법을 찾자.

① ⓐ   ② ⓑ   ③ ⓒ   ④ ⓓ   ⑤ ⓔ

5 그림 (가)를 활용하여 다음 〈보기〉의 상황을 해석하는 논리로 가장 적절한 것은?

> 보기
>
> 대부분의 사람들이 농업 혁명 덕분에 인류가 발전했다고 일반화하고 지나갔던 것과 달리, 유발 하라리는 그의 책 '사피엔스'에서 농업 혁명에 대한 다른 관점을 제시한다. 인류는 더 여유롭고 더 풍요한 삶을 수렵 시절에 누리고 있었으나, 농업 혁명으로 인해 좁은 지역에 모여 제한된 종류의 곡식에 의존하여 질병과 영양실조로 허덕이게 되었다는 것이다. 그뿐만 아니라 그는 인류가 농업 혁명 이후 소수의 권력자들의 안녕을 위해 다수의 인간들이 생산과 노동에 매진하여야 하는 하락된 삶의 질을 감수해야 했다는 것도 언급하고 있다.

① 숨겨진 역사적 사실을 발견하기 위해서는 면밀한 관찰이 필요하다.
② 역사의 진실을 파악하려면 겉으로 드러난 것부터 자세하게 보아야 한다.
③ 인류의 해석에 대하여 끊임없이 성찰하고 더 깊이 탐구하는 자세를 가져야 한다.
④ 알려진 것과 또 다른 실상이 존재할 수 있기에 늘 의문을 갖고 역사를 탐구해야 한다.
⑤ 유물, 사료에 대한 다양한 해석이 쌓여 기존의 생각이 바뀌므로 정보 축적에 힘써야 한다.

6 그림 (나)를 활용하여 이끌어 낼 수 있는 내용으로 가장 적절한 것은?
① 새로운 길을 개척할 때에는 협동하는 마음이 중요하다.
② 정확한 판단 없이 다른 사람만 쫓아가는 것은 위태롭다.
③ 남을 따라 하고 결과가 나쁘다고 탓하는 것은 옳지 않다.
④ 선구자들의 결과를 보고 자신의 태도를 결정해도 늦지 않다.
⑤ 누구나 처음 가 보는 길이 있을 수 있기에 조심스러운 자세가 필요하다.

[7~9] 공사장에 설치하는 '비계(飛階)'를 '인간 사회'에 유비(類比)하고자 한다. 다음 그림을 보고 물음에 답하시오.

7 그림 (가)와 (나)를 모두 활용하여 이끌어 낼 수 있는 논지로 가장 적절한 것은?
① 지나친 도움은 오히려 학습을 더디게 한다.
② 충분히 휴식을 취해야 학습을 꾸준히 이어 나갈 수 있다.
③ 학생에게 필요한 도움을 적절한 방식으로 제공해야 한다.
④ 지식적인 성장뿐 아니라 정서적인 발달도 함께 이루어져야 한다.
⑤ 협동 학습을 통해 개인이 할 수 있는 것보다 더 나은 성과를 얻을 수 있다.

기출동형 문제

8 윗글을 바탕으로 그림 (가)와 (나)를 표로 분석할 때 적절하지 <u>않은</u> 것은?

구분	(가)	(나)
상황	ⓐ탄탄한 비계를 딛고 인간이 올라갈 수 있는 곳보다 더 높은 곳에서 작업을 진행함.	비계가 무너지면서 사람들이 같이 떨어지고 있음.
특징	ⓑ부수적인 장치인 비계를 사용하여 건물을 높이 세울 수 있음.	ⓓ비계는 부수적인 장치이지만, 공사 전체를 망가뜨릴 수 있음.
주제	ⓒ적절한 도움을 통해 학습자는 더 높은 수준의 과제를 수행할 수 있다.	ⓔ도움을 주어도 학습 성과가 좋지 않다면 과감하게 포기해야 한다.

① ⓐ   ② ⓑ   ③ ⓒ   ④ ⓓ   ⑤ ⓔ

9 그림 (가)와 (나)를 동시에 관련지어 설명할 수 있는 대화의 원리로 가장 적절한 것은?

① 상대방이 듣기 싫어하는 말을 잘 파악하여 이를 최소화해야 한다.
② 논리가 불충분한 근거는 주장 전체를 무력화할 수 있으니, 검증된 논리를 갖춰야 한다.
③ 필요 이상의 정보는 오히려 독이 될 수 있으나, 일단 많은 정보를 확보하는 것이 중요하다.
④ 자신과 상대방의 의견이 대립하는 대화는 보류하고, 의견이 일치하는 대화부터 극대화해야 한다.
⑤ 타인과 가까워지고자 하는 욕구와 타인과 거리 두기를 하고 싶은 상반된 욕구를 잘 조절해야 한다.

02. 조건에 따른 내용 생성 — 기출동형 문제

정답 ⓟ 30

[1~3] '알약의 종류와 기능'을 '인간 사회'에 유비(類比)하고자 한다. 다음 글을 읽고 물음에 답하시오.

> 알약의 종류에는 연질 캡슐, 경질 캡슐, 일반 알약, 당의정, 장용정, 서방정이 있다. 연질 캡슐은 액체나 기름 성분을 담을 수 있도록 만든 캡슐이다. 경질 캡슐은 잘 뭉쳐지지 않는 가루 형태의 약을 젤라틴 성분의 용기에 담은 것이다. 당의정은 ㉠고약한 냄새와 역한 맛을 숨기기 위해 일반 알약에 설탕으로 코팅을 한 약이다. 장용정은 산성인 위에서는 녹지 않고, 알칼리성인 장에서만 녹도록 만든 약이다. 유산균제가 주로 장용정의 형태로 만들어진다. 서방정은 약물을 서서히 방출하여 효과가 오래가도록 만든 약이다. 일반 알약의 약효가 4시간 지속된다면 서방정은 8시간 약효가 지속된다. ㉡아래 그래프는 일반 알약의 경우 4번을 먹어야 하지만, 서방정의 경우는 한 번만 먹어도 혈중 농도가 유지됨을 나타내고 있다.
>
>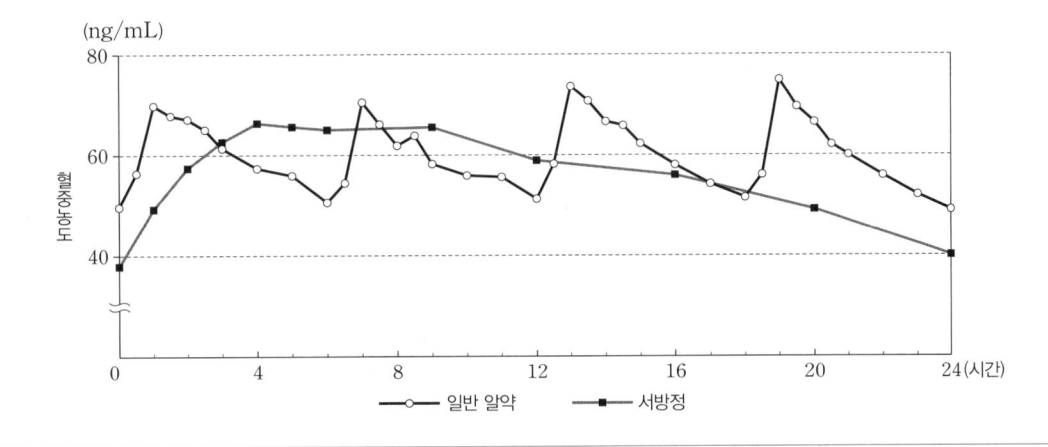

1 '알약'을 '사람의 성품이나 특성'에 비유하여 글을 쓰기로 하였다. 이끌어 낼 수 있는 내용으로 적절하지 <u>않은</u> 것은?

알약 종류	비유한 아이디어
① 연질 캡슐	잘 빠져나가는 사람들도 수용해 주는 사람
② 경질 캡슐	데면데면한 사이의 사람들도 함께 있게 해 주는 사람
③ 당의정	남보다 앞장서서 힘든 일을 하는 사람
④ 장용정	본인을 필요로 하는 순간에만 능력을 발휘하는 사람
⑤ 서방정	폭발적인 힘은 없지만 성실하여 일을 끝까지 해내는 사람

2 윗글의 ㉠을 활용하여 주장할 수 있는 내용으로 가장 적절한 것은?

① 불행도 인생의 좋은 날을 위한 전 단계일 뿐이다.
② 인생은 멀리서 보면 코미디, 가까이서 보면 비극이다.
③ 코미디는 사회에 대한 신랄한 비판을 우스꽝스럽게 전달해 준다.
④ 행복한 가정은 모두가 엇비슷하고 불행한 가정은 제각기 다르다.
⑤ 행복을 가장하고 찾아오는 불행을 선별할 수 있는 사람이 어른이다.

3 윗글의 ㉡을 활용하여 설명할 수 있는 논지로 가장 적절한 것은?

① 서로 다른 능력을 지닌 사람들과 일해야 작업 속도가 유지된다.
② 뛰어난 1명보다는 평범한 4명과 함께 일하는 것이 더 효율적이다.
③ 열정이 떨어지는 집단을 끌어올릴 수 있는 활력소 같은 사람이 필요하다.
④ 상황에 따라 능력을 달리 발휘하는 사람보다 항상 실수 없는 사람이 필요하다.
⑤ 열정이 떨어질 때마다 이를 자각하고 다시 끓어오를 수 있는 사람이 필요하다.

[4~6] '관성'을 '인생'에 유비(類比)하고자 한다. 다음을 읽고 물음에 답하시오.

관성이란 외부로부터 아무런 힘이 작용하지 않을 때 ㉠정지해 있는 물체는 정지 상태를 계속 유지하려고 하고, 운동하고 있는 물체는 운동을 계속하려는 성질을 가리키는 것이다.
이미 운동하고 있는 물체는 외부로부터 힘을 받지 않는다면 상태를 계속 유지하려는 관성이 있다. 그러나 ㉡마찰력과 같은 외부의 힘을 받으면 관성이 유지되지 못하고 결국 정지하게 되며, 반대로 ㉢관성과 같은 방향으로 약간의 힘이 주어지면 더 크게 움직이게 된다.

4 윗글에서 설명한 ㉠의 개념을 적용한 사례에 해당하지 않는 것은?

① 코로나19 때문에 사람을 계속 만나지 않았더니, 이제 혼자 있는 것이 편하다.
② 매운 음식에 맛을 들였더니 이젠 고춧가루를 넣지 않으면 맛이 너무 심심하다.
③ 그 영화는 처음 볼 때에는 다 안 것 같았는데, 볼수록 새로운 장치가 숨어 있다.
④ 처음 동아리를 결성하기는 어렵지만, 일단 사람이 모이고 나면 자연스럽게 운영이 된다.
⑤ 목표한 운동량을 나흘째 꾸준히 달성하였더니 피곤한 오늘도 체육관에 갈 수밖에 없었다.

5 윗글의 ㉡에 빗대어 학습 과정을 설명한 사례로 가장 적절한 것은?

① 계획을 세우지 않으면 목표한 점수를 받을 수 없다.
② 마음이 맞는 친구와 함께 공부를 하면 능률이 오른다.
③ 다른 사람에게 설명하면서 공부하면 앎이 구체화된다.
④ 혼자서 집중이 되지 않을 때는 주변에 도움을 요청하는 것이 좋다.
⑤ 갑자기 원래 풀던 문제보다 어려운 문제를 풀면 학습 의지가 꺾일 수 있다.

6 ㉢과 관련지어 활용할 수 있는 표현으로 가장 적절한 것은?

① 권불십년(權不十年)
② 시종일관(始終一貫)
③ 작심삼일(作心三日)
④ 주마가편(走馬加鞭)
⑤ 화무십일홍(花無十日紅)

PART

V

읽기

01 문학 – 현대시/현대소설
02 학술문 – 인문/예술/과학/사회
03 실용문

읽기 30%

최근 13개년 기출 전 문항 분석 결과

영역	출제 유형		출제 문항 수
[61~90] 읽기	현대시	시에 내포된 의미	2~3
		표현상의 특징 및 효과	
		화자의 심리 상태	
		시어의 의미와 역할	
	현대소설	서술상의 특징 및 효과	2~3
		작품의 이해와 감상	
		추론적 이해	
		비판적 이해	
	학술문	사실적 이해	7~10
		추론적 이해	
	실용문	사실적 이해	10~19
		추론적 이해	
		비판적 이해	

- ☑ 현대시, 현대소설은 대개 어려울 것으로 생각하나, 정답률이 70~90%일 정도로 쉽다. 출제 비중도 적으므로, 문학 이론 및 작품 공부에 시간을 많이 할애할 필요가 없다. 특히 현대소설은 정답률이 80~90%에 이른다.
- ☑ 학술문은 정답률 50% 내외의 문제가 1문항일 정도로 정답률이 높다.
- ☑ 실용문에서는 자료, 보도 자료 문제의 정답률이 낮은 편이다.
- ☑ 출제 비중은 '실용문 〉 학술문 〉 문학' 순으로 높은 편이다.

01. 문학 – 현대시/현대소설 기출동형 문제

[1~2] 현대시 | 다음 글을 읽고 물음에 답하시오.

겨울나무와
바람
㉠머리채 긴 바람들은 ㉡투명한 빨래처럼
진종일 가지 끝에 걸려
나무도 바람도
혼자가 아닌 게 된다.

혼자는 아니다.
누구도 혼자는 아니다.
나도 아니다.
실상 하늘 아래 ㉢외톨이로 서 보는 날도
하늘만은 함께 있어 주지 않던가.

삶은 언제나
㉣은총의 돌충계의 어디쯤이다.
사랑도 매양
㉤섭리의 자갈밭의 어디쯤이다.

이적진 말로써 풀던 마음
말없이 삭이고
얼마 더 너그러워져서 이 생명을 살자.
황송한 축연이라 알고
한 세상을 누리자.

새해에 눈시울이
순수의 얼음꽃
승천한 눈물들이 다시 땅 위에 떨구이는
백설을 담고 온다.

– 김남조, 〈설일〉

1 위 시에 대한 설명으로 적절하지 않은 것은?

① 시각적 이미지를 선명하게 제시하고 있다.
② 차가운 이미지의 시어로 화자의 고통을 드러내고 있다.
③ 담담하면서도 차분한 어조로 화자의 마음을 그려 내고 있다.
④ 신에 의탁하고자 하는 시적 화자의 자세를 형상화하고 있다.
⑤ 쉽고 평범한 시어를 통해 관조적인 삶의 태도를 표현하고 있다.

2 다음 중 〈보기〉의 밑줄 친 부분에 해당하는 것으로 보기 어려운 것은?

> 보기
>
> 작가가 일정한 의도에 따라 문학의 여러 가지 요소를 실감 나게 그려 내는 것을 형상화라고 한다. 이는 작가의 문학적 상상력에 의한 노력을 언어라는 매체를 통해 구체적인 형상으로 나타내어 독자가 인식하도록 하는 방법론이다.

① ㉠   ② ㉡   ③ ㉢   ④ ㉣   ⑤ ㉤

[3~4] 현대시 | 다음 글을 읽고 물음에 답하시오.

제한시간: 1분 30초

> 푸른 산이 흰 구름을 지니고 살 듯
> 내 머리 위에는 항상 푸른 하늘이 있다.
>
> 하늘을 향하고 산삼(山森)처럼 두 팔을 드러낼 수 있는 것이 얼마나 숭고한 일이냐.
>
> 두 다리는 비록 연약하지만 젊은 산맥으로 삼고
> 부절(不絕)히 움직인다는 둥근 지구를 밟았거니…….
>
> 푸른 산처럼 든든하게 지구를 디디고 사는 것은 얼마나 기쁜 일이냐.
>
> 뼈에 저리도록 생활은 슬퍼도 좋다.
> 저문 들길에 서서 푸른 별을 바라보자.
>
> 푸른 별을 바라보는 것은 하늘 아래 사는 거룩한 나의 일과이거니…….
>
> – 신석정, 〈들길에 서서〉

3 위 시의 화자에 대한 설명으로 가장 적절한 것은?

① 명령법을 활용하여 자신의 의지를 표현하고 있다.
② 이상과 희망을 추구하는 의지적 태도를 보이고 있다.
③ 이상과 현실의 괴리 속에서 자신의 자아를 반성하고 있다.
④ 고달픈 삶을 살아가는 자신의 삶을 이기적이라고 인식하고 있다.
⑤ 상처받는 자들을 위로하고 사랑하며 살고자 하는 마음을 표현하고 있다.

4 〈보기〉의 밑줄 친 부분에 대한 설명으로 가장 적절한 것은?

> 보기
> 이 시에서는 주제를 효과적으로 드러내기 위해 두 가지 세계를 대립시키고 있는데, 첫 번째로는 '저문 들길'을 통해 시적 자아가 존재하는 현실을 상징하고 있다. 두 번째로는 '푸른 별'을 통해 <u>이러한 삶의 자세</u>를 상징하고 있다.

① 미래에 대한 희망을 놓지 않는 삶의 자세
② 떠돌이의 비애와 정한을 그려 내는 삶의 자세
③ 민족 국가 건설에 대한 기대를 가지는 삶의 자세
④ 고향에 대한 그리움을 환기하고 털어 내는 삶의 자세
⑤ 불순하고 부패한 삶을 거부하고 그에 저항하는 삶의 자세

[5~6] 현대시 | 다음 글을 읽고 물음에 답하시오.

제한시간: 1분 30초

> 가문 ㉠섬진강을 따라가며 보라.
> 퍼 가도 퍼 가도 전라도 실핏줄 같은
> 개울물들이 끊기지 않고 모여 흐르며
> 해 저물면 저무는 강변에
> 쌀밥 같은 토끼풀꽃,
> 숯불 같은 자운영꽃 머리에 이어 주며
> 지도에도 없는 동네 강변
> 식물 도감에도 없는 풀에
> ㉡어둠을 끌어다 죽이며
> ㉢그을린 이마 훤하게
> 꽃등도 달아 준다.

흐르다 흐르다 목메이면
영산강으로 가는 물줄기를 불러
뼈 으스러지게 그리워 얼싸안고
지리산 뭉툭한 허리를 감고 돌아가는
섬진강을 따라가며 보라.
섬진강 물이 어디 ㉣몇 놈이 달려들어
퍼낸다고 마를 강물이더냐고,
지리산이 저문 강물에 얼굴을 씻고
일어서서 껄껄 웃으며
무등산을 보며 그렇지 않느냐고 물어보면
노을 띤 무등산이 그렇다고 훤한 이마 끄덕이는
고갯짓을 바라보며
저무는 섬진강을 따라가며 보라.
어디 몇몇 애비 없는 후레자식들이
㉤퍼 간다고 마를 강물인가를.

– 김용택, 〈섬진강1〉

5 위 시에 대한 설명으로 적절하지 않은 것은?

① 외형적으로 연의 구분이 없는 형식을 취하고 있다.
② 의태어를 사용하여 시적 대상을 효과적으로 드러내고 있다.
③ 명령형 어미를 사용하여 화자의 단호한 태도를 드러내고 있다.
④ 문장 구조가 유사한 구문의 반복을 통해 운율을 형성하고 있다.
⑤ 민중들의 삶을 위협하는 부정적 세력에 대한 비판적 인식이 드러나 있다.

6 ㉠~㉤에 대한 이해로 가장 적절한 것은?

① ㉠: 유한한 세계와 대비되는 자연의 강한 모습을 표현한 것이다.
② ㉡: 소박한 민중의 모습을 구체적 대상으로 형상화한 것이다.
③ ㉢: 민중들의 고단하고 고달픈 삶을 상징적으로 표현한 것이다.
④ ㉣: 강인한 생명력과 끈기를 지닌 민중의 삶을 사실적으로 표현한 것이다.
⑤ ㉤: 민중의 삶을 위협하는 반민중적 세력들이 끊이지 않을 것임을 상징적으로 표현한 것이다.

[7~9] 현대소설 | 다음 글을 읽고 물음에 답하시오.

제한시간: 2분 30초

　ⓐ두 달 전 그때만 같았어도, '이놈!' 하고 호통을 하여 당장 물고를 내련만, 그 좋은 세상이 어디로 가고 이 지경이란 말인지 몰랐다. 하여튼 그만치나 혼란스런 백주사에다 대면 미스터 방의 근지야 아주 보잘것이 없었다.
　미스터 방의 증조가 타관에서 떠들어온 명색 없는 사람이었다. 그 조부가 고을의 아전을 다녔다. 그 아비가 짚신장수였다. 칠십에, 고로롱고로롱, 아직도 살아 있지만, 시방도 짚신 곱게 삼기로 고을에서 첫째가는 방첨지가 바로 그였다. 그리고 이 방삼복이는……. 먹고 자고 꿍꿍 일하고, 자식새끼 만들고 할 줄밖에 모르는 상일꾼(농부)였었다. 그러나마 삼십을 바라보도록 남의 집 머슴살이로, 이집 저집 살고 다니는 코삐뚤이 삼복이었다. ㉠물론 낫 놓고 기역 자도 못 그리는 판무식이었다.
　상일꾼일 바엔 남의 세토(貰土) 마지기라도 얻어 제 농사를 짓는 것이 아니라, 삼십을 바라보도록 남의 집 머슴살이만 하고 다니던 코삐뚤이 삼복이가 하루아침 무슨 생각이 났던지, ㉡돈벌이를 간답시고, 조석이 간데없는 부모에게다 처자식 떠맡기고는 훌쩍 일본으로 떠나 버렸다. 그것이 열두 해 전.
　떠난 지 칠팔 년을 별반 신통한 벌이도 못 하는지, 돈 한 푼 보내는 싹도 없더니, 하루는 느닷없이 중국 상해에 와 있노라 기별이 전해져 왔다. 그러고는 감감소식이 없다가, 삼 년 만에 푸뜩 고향엘 돌아왔다. 십여 년을, 저의 말따나 동양 삼국 물 골고루 먹고 다녔으면서, 별로이 때가 벗은 것도 없어 보이고, 행색은 해어진 양복 누더기에 볼 꿰어진 구두짝을 꿰고 들어서는 모양이, 군데군데 김질은 하였으나 빨아 다린 무명 고의적삼을 입고 고향을 떠날 적보다 차라리 초라한 것 같았다. 〈중략〉
　청년회관 앞에서 담뱃대를 사고 있는 하나가, 몸집이 부대하고, 여느 병정은 아닌 듯하고, 얼굴이 사뭇 선량하여 보이는 게 선뜻 마음에 들었다. 구경하는 체하고 넌지시 그 옆으로 가 섰다.
　미국 장교는 담뱃대를 집어 들고 기물스러하면서 연방 들여다보다가 값이 얼마냐고,
　"하우 머치? 하우 머치?"
하고 묻는다.
　담뱃대장수 영감은, 삼십 원이라고 소래기만 지른다.
　알아들을 턱이 없어 고개를 깨웃거리면서 다시금 하우 머치만 찾는 것을, 기회 좋을씨고라고, 삼복이가 나직이, / "더티 원." / 하여 주었다.
　핵 돌려다보더니, / "오, 캔 유 스피크?"
하면서 ㉢사뭇 그러안을 듯이 반가워하는 양이라니, 아스러지도록 손을 잡고 흔드는 데는 질색할 뻔하였다.
　직업이 있느냐고 물었다. 방금 실직하였노라고 대답하였다.
　그럼, 내 통역이 되어 주겠느냐고 물었다. 그러겠다고 대답하였다. 〈중략〉
　그 공로에 정비례해서, ㉣미스터 방은 나날이 훌륭하여져 갔다. 8·15 이전에 어떤 은행의 중역의 사택이라던 지금의 이 집으로, 현저동 그 집에서 옮아오기는 S소위의 통역이 되는 사흘 후였다. 위아래층을 다, 양식 절반 일본식 절반으로 꾸민 호화스런 저택이었다. 정원엔 때마침 단풍과 가을 화초가 아름다웠고, 연못에선 잉어가 뛰놀고 하였다.
　시방 주객이 앉아 술을 마시는 방은, 앞은 노대가 딸리고, 햇볕 잘 들고 밝아서, 여러 방 가운데에 제일 좋은 방이었다. 그러나 방 안에는 벽에 그림 한 장 붙어 있는 바 아니요, 방에 알맞은 가구 한 벌 놓여 있는 바 아니요, 단지 방일 따름이어서, 싱겁게 넓기만 하였다. 그렇지만 ㉤미스터 방은 실내의 장식 같은 것쯤 그다지 관심할 줄을 아직은 몰랐다.

- 채만식, 〈미스터 방〉

7 윗글의 서술 방식에 대한 설명으로 가장 적절한 것은?

① 인물의 행동을 치밀하게 묘사하고 있다.
② 풍자적, 해학적 문체를 통해 인물을 희화화하고 있다.
③ 전체적으로 볼 때 퇴폐적 낭만주의 경향의 작품이라 할 수 있다.
④ 1인칭 주인공 시점으로 사건을 서술하여 독자에게 신뢰감을 주고 있다.
⑤ 상징적 소재를 통해 인물이 앞으로 겪게 될 비극적 사건에 대해 암시하고 있다.

8 윗글의 흐름으로 볼 때, ㉠~㉤에 대한 이해로 적절하지 않은 것은?

① ㉠: 삼복이가 무지한 삶을 사는 처지였음을 드러내고 있다.
② ㉡: 삼복이가 일본으로 떠나게 된 과정을 간략하게 서술하고 있다.
③ ㉢: 미국 장교의 행동에 대해 마땅치 않아 하는 서술자의 관점을 표현하고 있다.
④ ㉣: 서술자가 삼복이의 처지가 나아지는 것을 다행스러워하고 있음을 표현하고 있다.
⑤ ㉤: 경제적으로 여유를 누리게 되었지만, 실내를 꾸미는 등의 일에는 관심이 없는 삼복이의 성향을 드러내고 있다.

9 ⓐ와 관련 있는 한자 성어로 가장 적절한 것은?

① 권불십년(權不十年)
② 수주대토(守株待兎)
③ 권토중래(捲土重來)
④ 남가일몽(南柯一夢)
⑤ 각주구검(刻舟求劍)

[10~12] 현대소설 | 다음 글을 읽고 물음에 답하시오.

제한시간: 3분

[앞부분 줄거리] 중풍으로 쓰러졌던 병력이 있던 나의 아버지는 작은 구멍가게를 운영한다. 이 가게는 유일한 수입원이며 생존 이유였기 때문에 아버지가 몰두하는 일이기도 하다. 나는 아버지의 잔심부름꾼으로 시장통 도매상을 종종 다니는데, 어느 날 도매상에서 스무 병이 와야 할 술병이 열여덟 병만 왔음을 알게 된다. 도매상인 혹부리 영감에게 자초지종을 말하지만 혹부리 영감은 사정을 봐주지 않는다.

한 닷새쯤 지났을까, 아버지와 나는 다시 그 수도 상회로 물건을 떼러 갔다. 아버지는 또 고만고만한 물건들로 구색을 맞춰 골랐고 ㉠혹부리 영감은 일일이 헤아린 다음 우리 부자가 가져온 정부미 자루에 집어넣으라고 손짓을 했다. 아버지와 나는 허겁지겁 물건들을 자루에 휩쓸어 담았다. ㉡평소와 달리 아버지의 손은 약간 떨려서 헛손질을 많이 해 일부러 나한테 훼방질을 놓는 사람 같았다.

내가 그 이유를 모를 리가 있겠는가. 아버지는 그 혹부리 영감의 눈을 속여 미리 진로 소주 두 병을 은밀한 자루에 더 넣어 두었던 것이다. 셈을 치르고 문턱을 가까스로 나서려는 순간, 이게 무슨 운명의 조화런가, 혹부리 영감이 우리를 불러 세우는 것이었다.

거, 영감, 이보우다, 그 포대 좀 풀어 다시 한번 헤아려 봅세. 계산이래 안 맞아.

나는 그때 겁에 질린 송아지처럼 눈에 흰자위가 유난히 많아진 아버지의 눈동자를 지금도 똑똑히 기억한다. 아버지는 어린 아들인 내가 무슨 구세주라도 돼 주었으면 하는 간절한 눈으로 내 얼굴을 쳐다 봤던 것 같았다. 그러나 난들 달리 뾰족한 수가 있을 턱이 없지 않은가.

㉢결국 혹부리 영감은 두 병이 더 들어간 것을 밝혀냈고 아버지에게 해명을 요구했다. 나는 내가 희생양이 돼야 함을 느꼈다.

예, 맞아요. 그건 말예요, 제가 영감님 몰래 넣은 건데요……. 왜냐하면 접때 접때 우리 집에서 사실 두 병을 빠뜨리고 갔기 때문에 응, 쌤쌤이어서요…….

나는 이상하게도 맘이 편하고 당당했다. ㉣나도 모르게 입가로 번져 나온 미소를 단속하느라 손바닥으로 입을 몇 번인가 틀어막기도 했다. 혹부리 영감은 얼굴에 별다른 표정을 짓지 않고는 고개를 끄덕거렸다. 일단 직접적 책임을 모면한 아버지는 헤설픈 표정으로 날 쳐다볼 뿐이었다.

그러나 한편으로는 그 혹부리 영감이 당신과는 이제 끝이야 하고 선언할까 봐 전전긍긍하는 얼굴이었다. 아버지처럼 이북 출신인 그 영감은 시장통에서 신용 하나는 보증 수표나 다름없었지만 성질이 불같고 매몰차기로 소문이 자자한 위인이었기에 그런 상황은 쉽게 상상해 볼 수 있었다.

내레 이까짓 걸루다 당신하고 거래를 끊지는 않갔어. 다 물정 모르는 아이들이 저지른 짓인데 으잉?

아유, 고맙습네다 영감님. 그저 어떻게 헤헤……우리 아이가 평소에는 그렇게 민한 애가 아닌데 어쩌다…….

단, 혹부리 영감이 아버지의 말끝을 가로챘다.

내 앞에서 저 아이를 호되게 가르치는 꼴을 봬 주라우. 내가 그깟 술 두 병이 아까워서 기러는 게 아니야. 하지만 기렇게 따끔하게 가르치는 건 바로 자식에게 말야, 부모 된 도리를 다하는 것 아니갔슴매? 내 이 자리서 이녁이 하는 깜냥을 두고 보고서리 까짓것 그 술 두 병은 거저라두 주갔어. 내 이제껏 남한테 콩알 반쪼가리도 거저 준 적은 없지만서두, 이건 경우가 다르다우. 아암.

호되게라믄……어떠케?

쯔쯧, 이녁도 함경도 아바이 출신이믄 부랄값도 못하는 자식이 잘못을 저질렀을 때 어드르케 다루는 지는 알 만하잖소? 그걸 왜 내게 묻소 으응? 아안 그렇소?

야! 간나야! 니 다시는 이런 민한 짓이래, 하갔니, 안 하갔니? 어서 말 좀 해 보라우.

짐짓 호령을 하는 아버지의 손이 부들부들 떨며 허공 높이 허우적거렸다. ⓜ단 한 대에 내 뺨은 무섭게 부풀어 오르며 감각을 잃어 갔다.
　길티……기게 바로 진짜 교육이야.
　혹부리 영감의 격려를 받은 아버지는 고개를 돌려 그에게 굽실거린 다음 또 한 차례 내 뺨을 기세 좋게 올려붙였다. 그러나 이 지독한 연극을 지켜보면서 나는 아픔을 거의 느끼지 못했던 것 같다. 머릿속에서 뭔가가 맑아지는 느낌뿐이었다. 그러곤 투시해 버리고 말았다. 어린 나이에도 ⓐ아버지의 눈 속에 흐르지도 못하고 괴어 있는 눈물을. 차라리 죽는 한이 있어도 애비라는 존재는 되지 말자. 아마도 나는 그때 그런 끔찍한 다짐을 했는지도 모른다.

－ 김소진, 〈자전거 도둑〉

10 윗글에 대한 설명으로 가장 적절한 것은?

① 배경 묘사를 통해 인물의 감정 표현에 여운을 주고 있다.
② 현재와 과거의 회상이 교차되면서 이야기가 전개되고 있다.
③ 간단한 대화를 주로 하여 내용을 압축적으로 표현하고 있다.
④ 질박한 함경도 사투리를 구사하여 작품의 현실감을 높이고 있다.
⑤ 철학, 사회학 용어를 사용하여 내용을 철학적, 관념적으로 표현하고 있다.

11 윗글의 흐름으로 볼 때, ㉠~㉤에 대한 반응으로 적절하지 <u>않은</u> 것은?

① ㉠: 혹부리 영감의 꼼꼼한 성격을 구체적인 행동의 묘사로 나타내고 있군.
② ㉡: 자신이 한 행동을 들킬까 봐 불안함을 느끼고 있는 것을 표현하고 있군.
③ ㉢: 위기가 절정에 오르게 되는 과정과 순간을 담백하게 표현해 내고 있군.
④ ㉣: 아버지가 가장 두려워하는 것을 알게 되어서 흥미로움을 느끼고 있군.
⑤ ㉤: 아버지에게 호되게 맞아 '나'의 뺨이 부어오르는 모습을 그리고 있군.

12 문맥에 비추어 볼 때, ⓐ에 담긴 아버지의 심리로 가장 적절한 것은?

① 도둑질을 하고도 미안해할 줄 모르는 '나'에게 실망하여 화가 남.
② 부모의 도리를 제대로 하지 못하여 '나'가 실수를 하게 한 것이 싫음.
③ 내 뺨을 올려붙이자 혹부리 영감이 만족스러워하는 것에 실망감을 느낌.
④ 떳떳하지 못한 자신의 행동에 대한 부끄러움과 '나'에 대한 미안함을 느낌.
⑤ 혹부리 영감이 '나'의 실수에도 불구하고 거래를 끊지 않은 것을 다행이라고 생각함.

[13~15] 현대소설 | 다음 글을 읽고 물음에 답하시오.

제한시간: 2분

[앞부분 줄거리] '나'는 일곱 살로, '노랑눈이'라고 불린다. 아버지가 전쟁터에 강제 징집되어 나가고 아버지가 없는 피난살이가 길어지면서 읍내로 일하러 나가는 어머니의 외박은 갈수록 잦아진다. 이러한 어머니의 행실에 반발하는 오빠는 까닭 없이 언니에게 무서운 매질을 가하여 행패를 부린다. 한편 멍청이에 뚱보 취급을 받는 '나'는 아버지를 그리워하지만 자신과 가족이 변한 것처럼 아버지도 변했으리라고 생각하며, 상실감을 메울 수 없을 것이라고 생각한다.

  한밤중에 이렇게 나와 앉아 부네의 방을 바라보면, 너무 조용하기 때문일까, 낮의 일들이 꼭 꿈속의 일처럼 아주 몽롱하고 멀게 느껴지는 것이었다. 밤마다 술 취해 오는 어머니, 더러운 이불 속에서 쥐처럼 손가락을 빨아 대는 일 따위가 한바탕의 긴 꿈만같이 여겨졌다. ㉠<u>진짜의 나는 안타까이 더듬어 보는 먼 기억의 갈피쯤에서 단편적인 감각으로 남아 있는 것이 아닐까.</u> 아버지처럼. 아버지는 키가 몹시 컸다. 아니 그것은 덩치 큰 오빠를 향해 하던, 아버지를 쏙 빼었다는 할머니의 말에서 비롯된 연상인지도 몰랐다.
  저녁을 먹은 후 바람이 서늘해지면 아버지는 나를 어깨 위에 태우고 밖으로 나갔다. 아버지의 무등을 타면 어찌나 높던지 나 자신이 풍선처럼 공중에 둥실 떠오르듯 눈앞이 어지러이 흔들렸다.
  곧 동생이 태어날 거다. 아버지는 내 넓적다리를 꽉 쥐며 노래 부르듯 말했다. 엄마 배 속에 아기가 들었단다.
  꼭 잡아. 아버지의 말에 따라 아버지의 머리를 잡으면 손에 찐득찐득한 머릿기름이 묻어났.
  아버지는 내게 연약한 넓적다리, 혹은 발목을 잡던 악력, ㉡<u>막연히 따스하고 부드러운 것, 보다 커다란 것</u>, 땀으로 젖어 있던 등허리로 남아 있었다. 그러나 이 모든 기억 역시 내 상상이 꾸며 낸 더 먼 꿈속의 일은 아니었을까.
  전쟁이 끝나면 아버지가 돌아온다. 두 해가 지나도록 소식이 없었지만 할머니는 끈기 있게 기다렸다. 그러나 아버지에 대한 정다운 기억, 기다림에도 불구하고 ㉢<u>아버지가 돌아온다는 사실에 우리는 모두 얼마쯤의 불안과 두려움을 갖고 있었다.</u> 매일 술 취해 돌아오는 어머니를 향해, 아버지가 돌아오시면 뭐라고 하실까요, 차갑게 협박하는 오빠까지도.
  ㉣<u>우리가 임자 없는 닭의 맛에 길들여지듯</u>, 어머니의 지갑을 더듬는 내 손길이 점차 담대해지고 빼내는 돈의 액수가 많아지듯, 할머니가 단말마의 비명도 없는 도살의 비기를 익혀 가듯, 그리고 종내는 눈의 정기만으로도 닭들이 스스로 죽지 밑에 고개를 묻고 널브러지듯 ㉤<u>아버지 역시 달라져 있을 것이다.</u> 아버지가 우리를 떠나 있던 그 긴 시간의 갈피쯤마다 연기처럼 모호히 서린 낯설음은 새로운 전쟁으로 우리 사이에 재연될 것이기에 차라리 그립고 정답게 아버지를 추억하며 희망 없는 기다림으로 우리 모두 아버지가 영영 돌아오지 않기를 바라거나 돌아오지 않을 사람으로 치부하고 있음을 변명하고 용서를 구하는 것이나 아니었는지.
  멀리 산등성이 너머에서부터 들려오는 대포 소리는 고즈넉이 가라앉은 이 마을에 문득 전쟁을 ⓐ_____ 시켰고, 드문드문 흘러드는 피난민들은 아직도 바깥에서는 전쟁이 계속되고 있다고 말했다.

— 오정희, 〈유년의 뜰〉

13 윗글에 대한 설명으로 가장 적절한 것은?

① 과거 회상과 현실의 글쓰기 상황을 순간순간 환기하며 병치해 나간다.
② 서술자의 개입을 억제한 채 생략과 암시로 심리의 변화를 드러내고 있다.
③ 사실적이고 긴박한 문체로 상황을 묘사하여 현실적인 모순을 그리고 있다.
④ 설명이나 묘사를 절제하고 사건 자체의 골격만 서술하는 문체를 사용하였다.
⑤ 감각적인 문체를 통해 1인칭 주인공의 예민하고도 섬세한 감각을 느낄 수 있다.

14 윗글의 흐름에 비추어 볼 때, ㉠~㉤에 대한 반응으로 적절하지 않은 것은?

① ㉠: 전쟁으로 인해 정상적인 삶에서 멀리 벗어나 있음을 알 수 있군.
② ㉡: 기억 속의 아버지가 따뜻하고 자상했음을 추측할 수 있군.
③ ㉢: 폭력적이고 무서웠던 아버지가 돌아오는 것을 두려워하고 있군.
④ ㉣: 가족이 비도덕적인 행동을 하면서도 양심의 가책을 느끼지 않게 된 것이로군.
⑤ ㉤: 자신들이 변화한 것처럼 아버지도 달라졌을 것 같다고 추측하고 있군.

15 문맥에 비추어 볼 때 ⓐ에 들어갈 말로 가장 적절한 것은?

① 발발(勃發)
② 상기(想起)
③ 기념(祈念)
④ 선포(宣布)
⑤ 종료(終了)

02. 학술문 – 인문/예술/과학/사회 　기출동형 문제

[1~3] 인문 | 다음 글을 읽고 물음에 답하시오.

　　반사회적 인격 장애는 유전적인 요소로 생겨나는 경우가 많은 것으로 알려져 있다. 다만, 반사회적 인격 자체가 유전되는 것인지, 혹은 충동성, 공격성 등의 기질이 유전되는 것인지에 대해서는 명확하지 않다. 반사회적 인격 장애 환자들은 선천적으로 충동성과 감각 추구 성향이 높은 것으로 보인다. 뇌의 세로토닌 전달 기능에 문제가 있을 것으로 추정하고 있다. 뇌에서 감정 반응과 관련된 변연계–전전두엽 회로 기능이 떨어져 있다는 연구 결과도 있다. 인지 기능 중 공간 지각 및 기억 능력에 이상이 있어 충동적으로 위험한 자극을 추구한다는 설명도 있다. 환경적으로는 어린 시절부터 부모의 비일관적인 양육이나 학대, 착취, 폭력, 유기를 지속적으로 경험한 경우가 많다.

　　이 장애를 겪는 환자는 다른 사람의 권리를 무시하는 무책임한 행동 양식을 반복적, 지속적으로 보인다. 많은 이들이 반복적인 범법 행위에 참여하거나 연루되곤 한다. 다른 사람의 감정에 대한 관심이나 걱정이 전혀 없으며, 사기를 일삼고, 다른 사람에게 피해를 입히고도 양심의 가책을 느끼지 못한다. 사회적, 가정적으로 맡은 역할을 수행하지 못하기 때문에 성실, 정직, 신뢰와는 거리가 멀다. 반사회적 인격 장애를 가진 사람들 중 일부는 달변의 매력을 갖추어 다른 사람을 매혹시키고 착취하기도 한다. 대개의 경우 다른 사람이 느끼는 감정에 관심이 없지만, 타인의 고통에서 즐거움을 얻는 가학적인 사람들도 있다. 또한 반사회적 인격 장애는 마약 등의 물질 남용과 연관성이 높다.

　　반사회적 인격 장애를 정확하게 진단하기 위해서는, 환자가 진단 기준에 부합하는지에 대해 자세히 조사해야 한다. 환자 본인뿐 아니라 관련된 여러 사람의 이야기를 듣고 환자의 행동 유형과 특성을 정확히 파악해야만 진단이 가능하다. 자기애성 인격 장애와 감별 진단하기가 어렵거나, 두 진단 기준을 동시에 만족할 수 있다. 이 두 인격 장애는 모두 타인에 대한 공감 결여와 착취, 사기성 등을 보일 수 있다. 그중 자기애성 인격 장애자는 주로 타인에 대한 우월감과 자신의 존귀함, 혹은 지위 상승과 성공에 대한 욕구로 이런 행동 양식을 보인다. 반사회적 인격 장애자들은 주로 물질적 이익에 대한 욕구를 충족시키기 위해 이런 행태를 보이며, 충동성, 무모함, 무책임함을 보이는 경향이 크다. 반사회적 인격 장애자 중 일부는 치료자와 성공적인 치료적 동맹 관계를 맺고 호전되어, 경쟁적인 직종에서 성공을 거두는 경우도 있다. 이들을 치료할 때에는 양심, 죄책감, 후회를 불러일으키기보다는, 친사회적인 행동을 통해 얻을 수 있는 장기적인 이익과 물질적 가치에 초점을 두는 것이 효과적이다. 동반된 정신과 증상에 따라 정신과 약물은 대증적으로 시도해 볼 수 있다. 치료가 되지 않는다는 속설과 달리, 통계적으로는 연령이 증가함에 따라 감소하는 것으로 알려져 있다. 아마도 이들 중 상당수는 나이가 듦에 따라 자신의 반사회적 행동이 오히려 　　　㉠　　　 깨닫고 행동을 교정하는 것으로 보인다.

1 윗글의 내용 전개 방식에 대한 설명으로 가장 적절한 것은?
   ① 중심 화제가 지닌 기대 효과를 제시하여 독자의 관심을 끌고 있다.
   ② 권위 있는 사람의 말을 인용하여 글쓴이의 생각을 뒷받침하고 있다.
   ③ 대립적 견해를 제시하여 설명하려는 대상의 의의를 부각시키고 있다.
   ④ 글에 대한 독자의 궁금증을 유발하기 위해 묻고 답하는 형식을 사용하고 있다.
   ⑤ 글의 화제와 관련된 다양한 정보를 체계적인 구성으로 명확하게 전달하고 있다.

2 윗글에서 알 수 있는 내용이 아닌 것은?
   ① 반사회적 인격 장애의 원인
   ② 반사회적 인격 장애의 증상
   ③ 반사회적 인격 장애의 합병증
   ④ 반사회적 인격 장애의 진단 방법
   ⑤ 반사회적 인격 장애의 치료 방법

3 문맥상 ㉠에 들어갈 내용으로 가장 적절한 것은?
   ① 양심의 가책을 마음 깊이 느낀다는 것을
   ② 장기적인 이익에 가치를 둬야 한다는 것을
   ③ 싸움이나 타인을 공격하는 일을 멈춘다는 것을
   ④ 사회생활과 대인 관계에 악영향을 미친다는 것을
   ⑤ 파괴적인 행동이 현저히 줄어들기도 한다는 것을

[4~6] 인문 | 다음 글을 읽고 물음에 답하시오.

제한시간: 2분

인간 의식이 세계를 인식하는 방식은 고대부터 현대까지 철학적 탐구의 핵심 주제였다. 플라톤은 이데아론으로 현상계 너머 불변 본질을 직관해야 한다고 보았고, 아리스토텔레스는 감각 경험에서 출발해 보편 원리에 이르는 과정을 인식이라 정의하였다. 그는 또한 윤리학과 정치학 연구를 통해 인식론과 실천의 연계를 강조했으며, 지적 전통의 범위를 확장하였다.

중세철학에서는 아우구스티누스가 내적 조명으로 진리를 신의 빛에서 찾았고, 토마스 아퀴나스는 아리스토텔레스 철학을 기독교 교리와 통합하였다. 이 시기에 철학은 신학과 결합하며 초월적 존재와의 관계 속에서 인식 가능성을 모색하였다.

근대에는 데카르트의 "나는 생각한다. 고로 존재한다"가 주체–객체 이원론을 확립하였고, 칸트는 인식의 선험적 형식을 규명해 새로운 지평을 열었다. 19~20세기에는 헤겔이 변증법으로 의식의 역사적 전개를 설명하고, 마르크스가 사회경제적 조건에 의식을 귀속시켰으며, 후설과 하이데거는 현상학·실존 분석을 통해 주체 경험을 심화하였다.

분석철학에서 비트겐슈타인은 언어 게임으로 의미를 공적 언어 사용 속에서 이해하려 하였고, 포스트모더니즘은 푸코의 담론–권력 분석과 데리다의 해체로 전통적 이원론을 비판하였다. 이 모든 사유 과정은 학문적 논쟁과 실천적 적용을 통해 교육 제도와 사회적 가치 형성에도 결정적 역할을 하였다. 결론적으로, 대립항 간 상호작용과 통합적 이해를 추구하는 '　㉠　 사유 방식'이 철학적 의식 발달의 핵심이다.

현대는 복잡계 이론·생태학적 인식론·체화된 인지와 결합해 의식을 신체·환경·사회문화 맥락의 열린 시스템으로 보고, 인지과학·AI 연구와의 융합이 인식론 지평을 확장시키고 있다. 체화된 인지는 감각·운동·정서의 통합을 강조하며 철학적 사유의 실제 적용 영역을 넓힌다.

결국 철학적 의식의 궤적은 다양한 사유가 교차·충돌하며 새로운 통찰을 생성해 온 복합 과정으로, 인간의 실존적 자기이해와 세계 내 위치 설정 문제에 대한 풍부한 자원을 제공한다.

4 윗글의 제목으로 가장 적절한 것은?

① 철학의 역사
② 의식의 본질과 한계
③ 존재론과 인식론의 관계
④ 철학적 사유의 변천과 의의
⑤ 이원론적 사고의 문제점과 해결 방안

5 윗글의 내용 전개 방식에 대한 설명으로 가장 적절한 것은?

① 구체적 사례에서 출발하여 일반적 원리를 귀납적으로 도출해내고 있다.
② 대상을 시대순으로 고찰하여 그 변천 과정을 체계적으로 서술하고 있다.
③ 다양한 이론을 비교 분석하여 각각의 장단점을 객관적으로 평가하고 있다.
④ 특정 개념의 여러 측면을 구분하여 그 의미를 단계적으로 심화시키고 있다.
⑤ 상반된 주장을 대비시켜 논점을 명확히 한 후 절충적 대안을 제시하고 있다.

6 문맥상 ㉠에 들어갈 내용으로 가장 적절한 것은?

① 합리적
② 정서적
③ 초월적
④ 분석적
⑤ 변증법적

[7~8] 예술 | 다음 글을 읽고 물음에 답하시오.

제한시간: 1분 30초

일반적으로 공공 미술 작품을 선정하거나 작품 계획안을 변경할 때 또는 작품 설치를 위해 공공장소를 결정하는 일에 수용자가 직접 참여하거나 공모 심사 위원과 같은 형식으로 전문가들에게 위임하기도 한다. 그 밖에 지역 사회의 공동체 기반 미술의 경우 수용자가 작가와 더불어 일종의 공동 작업에 참여하는 경우도 있다. 물론 최종적인 결정권은 작가가 행사하는 경우가 대부분이지만 '영감 받은 천재', '예외적 개인'과 같은 낭만주의 미학의 모델에 의거한 작가의 이미지는 공공 미술적 실천에서는 더 이상 유지되기 어려워 보인다.

물론 수용자가 중심으로 부각되는 현상은 영구 설치보다는 일시적인 프로젝트로 그리고 오브제보다는 담론과 과정으로 무게 중심이 옮겨 온 공공 미술의 관행이 정착되는 과정과 떼어서 생각할 수 없다. 그렇지만 역사적 아방가르드의 빛바랜 윤리적 이념에 그치고 말았던 예술과 삶의 통합의 당위성이 네오 아방가르드에 있어 예술 창작의 민주화란 기치 아래 부활된 것처럼 '모두가 예술가'라는 일종의 문화 포퓰리즘과 같은 이념은 여기서 다시 반복되지 않도록 경계해야 한다.

지역 공동체 기반 미술 프로젝트나 관람객 참여형 프로그램(Public Participatory Pprogramme)의 경우 프로젝트 단계의 구상만이 작가의 몫일 뿐 그 프로젝트의 실현은 거기에 참여하는 수용자에게 전적으로 의존한다. 이럴 경우 일반적인 미적 판단 범주인 '작품의 성취도'는 작가의 손이 아니라 공동 작업자로서 수용자의 적극적인 역할 분담에 달려 있다.

최근의 공공 미술 프로젝트에 등장하는 프로듀서로의 매개자(Mediator-Producer) 역할은 작가의 단순한 협업자 이상으로 집단 창작 또는 공동 창작의 형태를 취하기도 한다. 여기서 주목해야 할 점은 새로운 형식의 공공 미술 실천과 더불어 야기된 작가의 위상 변화가 의미하는 바는 이제 작가는 절대적인 창작자의 자리를 내어 준 것이 아니라 오히려 작가도 비로소 수용자의 일원이라는 사실을 자각했다고 해석해야 한다는 것이다. 다시 말해 작가가 수용자의 위치에 서지 않고는 공공 미술의 실천 자체가 불가능하게 되었다.

미술사, 비평 그리고 미술과 사회의 영역에서 살펴본 공공 미술의 미학은 당대 미술이 제기하는 문제들에 의해 요청되는 미학적 사유의 틀을 조금도 벗어나지 않는다. 제도적 전환 이후 공공 제도가 당대 미술을 관리하는 방식으로 인해 발생하는 모순과 갈등 구조가 공공 미술에 그대로 [㉠]되기 때문이다. 오히려 대중과의 소통을 시도하는 공공 미술의 다양한 형식들은 제도에 기인하는 구조적 제약들에도 불구하고 현실에 가장 생산적으로 [㉡]하는 당대 미술의 첨병 역할을 수행하고 있다. 결국 공공 미술 작품의 비판적인 힘을 무력화시키는 제도와의 싸움에서 살아남자면 성공한 작품과 그렇지 못한 작품을 차별화시킬 수 있는 미학적 논증을 공공 담론의 장 안에서 구축해야 한다.

7 윗글의 제목으로 가장 적절한 것은?

① 치열한 미술 논쟁
② 공공 미술의 평가 기준
③ 공공 미술의 모순적 구조
④ 전통의 모델에 대한 저항
⑤ 수용자가 주인이 된 공공 미술

8 문맥상 ⑤과 ⑥에 들어갈 말이 바르게 짝지어진 것은?

	㉠	㉡
①	사용	관리
②	반영	등장
③	대응	관리
④	반영	대응
⑤	대응	사용

[9~10] 사회 | 다음 글을 읽고 물음에 답하시오.

제한시간: 1분 30초

'외로운 늑대'란 '자생적 테러리스트'를 의미한다. 특정 조직이나 이념이 아니라 정부에 대한 개인적 반감을 이유로 스스로 행동에 나선다는 게 특징이다. 외로운 늑대에 의한 테러는 테러 감행 시점이나 방식에 대한 정보 수집이 쉽지 않아 예방이 거의 불가능하다는 점에서 테러 조직에 의한 테러보다 큰 위협으로 받아들여지고 있다. 독일의 주간지 〈슈피겔〉은 외로운 늑대 유형의 테러는 사건이 발생하기 전까지는 추적하기 어렵다는 점에서 정보기관들에는 '최악의 악몽'이라고 표현했다.

애초 1996년 러시아 남부 다게스탄공화국 키즐랴르를 기습한 체첸 반군이 스스로를 이르는 말이었던 외로운 늑대에 자생적 테러리스트라는 의미가 담긴 것은 1990년대 중반 미국에서 활동한 극우 인종주의자 앨릭스 커티스 때문이다. 커티스는 백인 우월주의자들에게 독자적 행동을 선동하면서 외로운 늑대라는 표현을 사용했다. 1995년 4월 19일 168명이 사망하고 500여 명이 부상당했던 미국 오클라호마시티 연방 청사 테러 사건의 주모자인 티머시 맥베이가 대표적인 외로운 늑대형 테러범이다.

1978년부터 17년간 우편물 폭탄으로 무차별 테러를 가해 수십 명의 살상자를 낸 '유나바머(Unabomber)' 역시 외로운 늑대형 테러리스트로 볼 수 있다. '유나바머'는 대학교(University)와 항공사(Airlines)에 폭탄(Bomb)을 보냈다 해서 붙여진 이름이다. 2013년 4월 보스턴 마라톤 테러 사건의 범인인 차르나예프 형제 역시 외로운 늑대형 테러리스트다. 이들은 사건의 배후에 테러 조직이 없다고 밝히며 자생적 지하디스트(Jihadist: 이슬람 성전 전사)라고 주장했다.

2000년대 이후 미국에서 탄생한 외로운 늑대는 주로 이슬람계 젊은이들에게서 많이 발견되고 있다. 예컨대 2009년 텍사스에서 민간인·군인 13명을 죽인 이는 팔레스타인 출신 군 정신과 의사였으며, 같은 해 뉴욕 지하철 폭탄 공격을 계획했던 20대 젊은이는 아프간계였다. 2010년 뉴욕 타임스 스퀘어에서 차량 폭탄 테러를 시도했던 파키스탄계 청년은 미국에서 경영학 석사(MBA) 학위를 딴 금융 분석가였다.

전문가들은 이슬람계 청년들이 외로운 늑대가 되는 이유로 미국이라는 나라에서 느끼는 정체성의 혼란 등을 꼽고 있다. 〈뉴욕타임스〉 역시 차르나예프 형제의 범행 동기로 이슬람과 미국이라는 두 세계가 충돌하는 데서 느끼는 정체성 혼란과 미국 사회에 적응하지 못하는 이민자로서의 ㉠ 을 지목했다. 뉴 아메리카 재단의 테러리즘 전문가 브라이언 피시먼은 "아랍계 미국인들이 지하드 전사로 변한 것은 '너는 미국이 먼저냐, 이슬람이 먼저냐'라는 질문 앞에서 행동으로 답해야 한다는 압박을 느끼기 때문"이라고 분석했다.

비약적으로 발전하고 있는 정보 통신 기술이 외로운 늑대를 양산한다는 분석도 있다. 인터넷을 활용해 테러 조직의 홈페이지에 쉽게 접속할 수 있을 뿐만 아니라 개인이 정보를 수집하고 사제 폭탄을 만들어 테러를 자행할 수 있게 되었기 때문이다. 인터넷이 외로운 전사들을 양성하는 '온라인 교육 기관'이 되고 있다는 해석이 나오는 이유다. 세계 각국에서 이민자들을 받아들여 다인종·다민족·다문화 사회가 된 미국을 일러 '용광로(Melting Pot) 국가'라고 불러 왔지만 지속해서 등장하고 있는 외로운 늑대 때문에 용광로 국가라는 신화가 깨지고 있다는 분석도 있다.

9 윗글의 서술상 특징에 대한 설명으로 가장 적절한 것은?

① 대상을 관찰하면서 느낀 점을 서술하고 있다.
② 중심 화제의 개념과 특성을 구체적으로 제시하고 있다.
③ 비유적인 방식으로 대상의 의의를 효과적으로 설명하고 있다.
④ 군더더기 없는 간결한 형식으로 보편적 의미를 강조하고 있다.
⑤ 대상의 뜻을 명백히 밝히고 논의의 범위를 좁혀 가며 말하고 있다.

10 문맥상 ㉠에 들어갈 내용으로 가장 적절한 것은?

① 허탈감
② 존재감
③ 실망감
④ 회의감
⑤ 고립감

[11~12] 예술 | 다음 글을 읽고 물음에 답하시오.

제한시간: 1분 30초

　　사진에도 질감과 촉감이 들어 있습니다. 모래를 만지거나 울퉁불퉁한 돌로 된 석탑을 만지는 것, 비단과 데님의 촉감은 크게 다릅니다. 그런데 모래나 석탑, 비단 치마, 청바지를 사진으로 찍으면 그냥 종이나 컴퓨터 모니터 표면의 재질에 숨어 버리게 됩니다. 암실에서 확대기를 통해 인화하거나 품질 좋은 프린터로 출력하면 한결 나아집니다만 디지털 시대에선 모니터에 의존해 사진을 감상하는 것이 대부분이어서 촉감이 제한되는 것입니다.
　　'차고 문 위에 쌓인 눈(Snow on Garage Door, 1960)', '벗겨진 페인트(Peeled Paint)'를 비롯한 마이너 화이트의 사진들, 에드워드 웨스턴의 사막이나 누드나 피망 사진들을 보면 사진에 등장한 대상의 표면이 거칠거나 포근하거나 매끄러움이 생생히 느껴집니다. 그 외 일일이 거명할 필요도 없이 많은 대가들의 사진에서 우리는 촉감을 살려 낸 경우를 발견할 수 있습니다.
　　촉감을 살리는 방법 중의 하나는 표면의 특성을 포착하는 것입니다. 우리는 여러 가지 조명 아래에서 활동합니다. 일출부터 일몰까지 거리에선 태양이 사물에 직접 빛을 전해 줍니다. 흐린 날엔 구름이란 거대한 필터가 햇빛을 부드럽게 만들어 줍니다. 집, 사무실, 학교, 지하철 등 실내엔 형광등, 나트륨등을 비롯한 다양한 조명이 있습니다. 예를 들어 보겠습니다. 사과나 복숭아를 하나 들고 주변에서 찾을 수 있는 여러 가지 조명을 옮겨 다니면서 사진을 찍어 봅시다. 분명 같은 사과인데도 빛의 종류에 따라 달라지는 것을 발견할 수 있습니다. 어떤 조건 아래서 사과나 복숭아가 원래 표면의 특질대로 표현될 것인지 알아봅시다. 거칠게 마감이 된 콘크리트 건물의 외벽은 어느 시간대에 가장 질감이 살아나는 사진을 찍을 수 있는지 보자는 것입니다. 여기서 한 가지 공통점을 발견할 수 있습니다. 그것은 비스듬한 방향에서 들어오는 빛이 표면의 입체감과 그림자를 불러오면서 재질의 특성을 잘 보여 준다는 것입니다.
　　촉감을 살리는 또 하나의 방법은 대비를 통하는 것입니다. 서로 재질이 다르게 보이는 두 가지 이상의 표면을 한 프레임에 담으면 사람은 비교를 통해 재질의 특성을 더 쉽게 알아차릴 수가 있습니다. 사람은 누구나 체험, 학습 등을 통하여 물체의 특성을 인지하고 있습니다. 물, 불, 얼음, 돌, 나무, 천 등에 대해서 우리는 어릴 때부터 직간접으로 겪어 와서 표면의 촉감을 잘 알고 있습니다. 그런 표면 옆에 다른 재질의 대상이 존재하면 쉽게 그 감각을 　㉠　 할 수 있고 곧 머릿속으로 촉감을 떠올릴 수 있게 됩니다.
　　시각 속에서 촉각을 떠올릴 수 있게 되는 것이며 예민한 　㉡　 의 소유자는 실제 손끝의 느낌을 떠올릴 수 있을지도 모르겠습니다. 우리 중에도 조금씩은 공감각의 능력을 가진 사람이 있습니다. 타고난 사람이 아니라면 훈련을 통해서 공감각을 키워 나갈 수 있을 것이며 사진은 감각 훈련에 적합한 매체입니다. 그 외 어떤 대상을 촬영하면서 유사한 재질의 것을 떠올리게 하는 방법입니다. 이불 속의 솜이 연상되는 가을 하늘의 구름은 주변에서 흔히 찾을 수 있는 소재입니다.

11 윗글의 서술 방식에 대한 설명으로 가장 적절한 것은?

① 권위 있는 전문가의 말을 인용하여 설득하고 있다.
② 생활 주변의 사례를 들어 독자의 이해를 돕고 있다.
③ 공간의 이동에 따른 글쓴이의 감정 변화를 제시하고 있다.
④ 문장 부호를 사용하여 글 안에 숨어 있는 정보를 제공하고 있다.
⑤ 글쓴이의 주장을 부각시키기 위해 특정 대상의 개념을 밝히고 있다.

12 문맥상 ㉠과 ㉡에 들어갈 말이 바르게 짝지어진 것은?

	㉠	㉡
①	연상	시각
②	유추	능력
③	감각	유추
④	유추	감각
⑤	예상	감성

[13~15] 과학 | 다음 글을 읽고 물음에 답하시오.   제한시간: 2분

크리스퍼(CRISPR) 유전자 편집 기술은 2020년 노벨화학상을 수상한 혁신적인 생명과학 기술로, 현재 임상 치료제 개발의 새로운 전환점을 맞고 있다. 2023년 최초의 크리스퍼 유전자 편집 치료제인 카스게비(CASGEVY)가 미국 FDA 승인을 받아 상용화되면서, 이 기술은 실험실에서 실제 환자 치료까지 이어지는 완전한 의료 혁신 사례가 되었다.

기존의 크리스퍼-Cas9 시스템은 DNA를 절단하는 방식으로 작동하지만, 최근에는 염기교정(Base editing)과 프라임교정(Prime Editing) 같은 정밀 편집 기술이 개발되어 부작용을 최소화하면서도 높은 효율을 달성하고 있다. 염기교정 기술은 DNA 한 가닥을 자르는 Cas9 변형체와 특정 염기를 변환하는 효소를 결합해 시토신을 티민으로 바꾸는 방식으로 작동한다. 이를 통해 점 돌연변이로 인한 질환을 정확히 교정할 수 있게 되었다.

체외 유전자 편집 방식에서는 환자의 세포를 채취해 실험실에서 편집한 후 다시 이식하는 카스게비와 같은 치료제가 대표적이다. 반면 체내 편집 방식은 지질나노입자를 통해 편집 도구를 직접 간세포에 전달하는 인텔리아 테라퓨틱스의 NTLA-2001이 주목받고 있다. 이 치료제는 희귀질환인 ATTR 아밀로이드증 치료를 위해 간에서 비정상 단백질을 생성하는 TTR 유전자를 비활성화시키는 방식으로 작용한다.

프라임 메디슨은 프라임교정 기술을 활용해 낭포성섬유증, 만성 육아종병 등 다양한 희귀질환 치료제를 개발하고 있다. 특히 낭포성섬유증 환자의 절반 이상이 가진 F508del 유전자형은 기존 기술로는 교정이 어려웠지만, 프라임교정을 통해 3개 염기쌍 결핍을 정확히 복구할 수 있게 되었다. ㉠이러한 기술적 진보는 유전자 치료 분야에 새로운 가능성을 제시하고 있다.

현재 크리스퍼 기술 시장은 2023년 35억 달러에서 2036년 275억 달러로 성장할 것으로 예측되며, 연평균 20.6%의 높은 성장률을 보일 전망이다. 하지만 높은 개발 비용, 윤리적 우려, 장기적 안전성 검증 등의 과제가 남아있어 이를 해결하기 위한 지속적인 연구가 필요한 상황이다.

13 윗글의 제목으로 가장 적절한 것은?

① 유전자 편집 기술의 역사와 발전
② 유전자 치료제 개발의 기술적 과제
③ 희귀질환 치료를 위한 생명과학 혁신
④ 체내외 유전자 편집 방식의 비교 분석
⑤ 크리스퍼 기술의 임상 적용과 미래 전망

14 윗글에 사용된 내용 전개 방식이 <u>아닌</u> 것은?

① 구체적인 치료제 사례를 들어 설명한다.
② 기술의 발전 과정을 시간순으로 서술한다.
③ 전문가의 연구 결과를 인용하여 논증한다.
④ 서로 다른 편집 방식을 대비하여 제시한다.
⑤ 기술 발전의 원인과 결과를 연결하여 설명한다.

15 윗글에 제시된 글쓴이의 태도를 고려하여, ㉠의 근거를 추론한 내용으로 가장 적절한 것은?

① 크리스퍼 기술이 노벨상을 수상했기 때문에
② 시장 규모가 급속도로 확장되고 있기 때문에
③ 체외와 체내 편집 방식이 모두 실용화되었기 때문에
④ 부작용을 최소화하는 정밀 편집 기술이 개발되었기 때문에
⑤ 기존에 치료 불가능했던 질환을 다룰 수 있게 되었기 때문에

[16~17] 과학 | 다음 글을 읽고 물음에 답하시오.   ⏱ 제한시간: 1분 30초

> 뇌-컴퓨터 인터페이스(BCI)는 인간의 뇌와 외부 장치를 직접 연결하여 생각만으로 기계를 조작할 수 있게 하는 혁신적인 기술이다. 1970년대 UCLA에서 시작된 이 기술은 반세기를 거쳐 2024년 현재 획기적인 전환점을 맞고 있다. 특히 일론 머스크의 뉴럴링크가 2024년 1월 인간 대상 뇌 칩 이식에 성공하고, 환자가 생각만으로 체스와 문명 6 게임을 플레이하는 데 성공하면서 BCI 기술의 실용화 가능성을 전 세계에 입증했다.
>
> BCI 기술은 크게 침습적 방식과 비침습적 방식으로 구분된다. 침습적 방식은 뇌에 직접 전극을 삽입하여 신경 신호를 수집하는 방법으로, 신호의 정확도와 해상도가 높아 정밀한 제어가 가능하다. 반면 비침습적 방식은 두피에서 뇌파(EEG)를 측정하거나 기능적 근적외선 분광법(fNIRS)을 사용하여 안전하지만 상대적으로 낮은 해상도의 신호를 얻는다. 최근에는 중국 칭화대학교에서 개발한 SpiralE처럼 외이도에 삽입하는 반침습적 방식도 등장해 침습성과 실용성의 균형을 추구하고 있다.

2023년 네이처지에 발표된 두 개의 획기적인 연구는 BCI 기술의 언어 복원 능력을 극명하게 보여준다. 스탠포드대학의 프랜시스 윌렛 연구팀은 루게릭병 환자의 뇌에 실리콘 전극을 삽입하고 딥러닝 알고리즘을 훈련시켜 환자의 발화 의도를 텍스트로 변환하는 데 성공했다. 50단어 어휘에서는 기존 기술보다 2.7배 빠른 속도로 9.1%의 오류율을 달성했으며, 125,000단어의 대규모 어휘에서도 23.8%의 오류율로 네 단어 중 세 단어를 정확히 인식했다.

한편 캘리포니아대학 샌프란시스코 캠퍼스의 에드워드 장 연구팀은 18년간 뇌졸중으로 언어 능력을 잃은 47세 여성 환자에게 233개 전극이 포함된 종이처럼 얇은 장치를 뇌 피질 표면에 부착하여 음성 복원에 성공했다. 이들 연구는 단순한 의사소통 보조를 넘어서 완전한 언어 기능 회복의 가능성을 제시하며, 중증 환자들에게 새로운 희망을 주고 있다.

BCI 기술의 적용 분야는 의료 재활을 넘어 다양한 영역으로 확장되고 있다. 증강현실(AR)과 BCI를 결합한 시스템은 사용자가 생각만으로 주변 IoT 기기를 제어할 수 있게 하며, 게임과 엔터테인먼트 산업에서도 새로운 인터페이스로 주목받고 있다. 또한 집중력 향상, 치매 예방, 정신 건강 관리 등 웰빙 분야에서의 활용도 기대된다.

시장 전망 측면에서 BCI 기술은 2022년 17.3억 달러에서 연평균 11.5% 성장하여 2045년에는 16억 달러 이상의 시장을 형성할 것으로 예측된다. ㉠이러한 급속한 성장의 배경에는 전 세계적인 고령화 진행과 신경계 질환 증가가 자리 잡고 있다. 현재 미국에서만 200만 명 이상의 신경계 손상 환자가 BCI 기술의 상용화를 기다리고 있으며, 전 세계적으로는 훨씬 많은 수의 환자들이 이 기술에 기대를 걸고 있다.

그러나 BCI 기술의 대중화를 위해서는 여전히 해결해야 할 과제들이 남아있다. 침습적 방식의 경우 뇌의 면역 반응으로 인한 신호 품질 저하와 장기적 안전성 문제가 있으며, 비침습적 방식은 신호의 정확도와 반응 속도 개선이 필요하다. 또한 개인차에 따른 신호 변동성, 윤리적 문제, 높은 개발 비용 등이 상용화의 걸림돌로 작용하고 있다. 이러한 기술적, 사회적 과제를 극복하기 위한 지속적인 연구개발과 국제적 협력이 BCI 기술의 성공적인 미래를 결정할 것이다.

16 윗글의 제목으로 가장 적절한 것은?

① 인공지능과 뇌과학의 융합을 통한 기술 발전
② 뇌-컴퓨터 인터페이스: 현실이 된 미래 기술
③ 침습적 vs 비침습적 BCI 기술의 장단점 비교
④ 신경계 질환 치료를 위한 첨단 의료기기 개발
⑤ BCI 기술의 의료 분야 혁신과 환자 치료 사례

17 윗글에 제시된 글쓴이의 태도를 고려하여, ㉠의 근거를 추론한 내용으로 가장 적절한 것은?

① 뉴럴링크의 성공적인 인간 임상시험 결과 때문에
② 다양한 분야로의 기술 응용 범위가 확대되었기 때문에
③ 의료 서비스에 대한 사회적 수요가 증가하고 있기 때문에
④ 침습적 방식과 비침습적 방식 기술이 모두 발전했기 때문에
⑤ 게임과 엔터테인먼트 산업에서 새로운 수요가 창출되었기 때문에

[18~19] 인문 | 다음 글을 읽고 물음에 답하시오.

제한시간: 1분 30초

유럽의 전 지역에서는 로마에 의해 새로운 도시가 정복되거나 계획되기 시작하면 그들만의 도시 구축 언어인 중심 도로 카르도(Cardo)와 데쿠마누스(Decumanus)를 기반으로 그 지역의 계획적 도시가 만들어 낼 형세가 결정되었다. 그 중심에는 로마 광장인 포럼(Forum)이 자리 잡고, 일정한 장비를 갖춘 도시의 블록에는 전면 도로와 후면 도로의 개념이 구체적으로 적용되는, 원칙적이고도 합리적인 방법으로 이루어졌다.

그리고 그 카르도나 데쿠마누스의 한 켠에 반드시 자리 잡고 있는 로마 극장이 도시의 구색을 맞추고 완성시킨다. 화려한 로마가 아닌, 분화된 로마식 도시에서도 광장과 함께 극장이 고려되지 않은 도면은 없다. 즉, 도시라는 타이틀의 이름에 극장의 요소는 필수적인 요소였던 것이다. 이런 도시화 과정과 함께 형성된 로마 극장은 근본적으로 전체적인 도시 조직의 일원으로 그 구성적 요소가 매우 치밀하지만, 동시에 매우 폐쇄적인 구조를 띠고 있다.

로마 극장의 폐쇄성은 지형적 이유 외에도 거대한 제국을 이끌어 가기 위한 정치적 목적을 수반하고 있었다. 관람자가 경관을 자의적으로 해석하는 것을 용납하기보다는 폐쇄된 무대에 의해 정치적인 성향으로 극장이 이용되었고, 극의 성격에서도 제신적인 측면보다는 유희적 측면이 강조되었다. 이는 통치 제일 법칙이다. 단적으로 그리스에서는 무대이자 제단이었던 오케스트라가 로마에 와서는 그 규모가 반으로 줄어들고 자연을 담던 투명 무대는 가려졌다. 무대 벽에 의해 관객과 자연은 철저하게 차단되었고 무대 벽은 장식적인 내용을 담으려 했다.

근본적으로 로마에서 극은 하나의 오락이자 구경거리였다. 이는 그리스에서는 무대에 '신에 대한 경건한 의식'의 의미가 있어 출연과 출장이 명예롭게 여겨졌으나, 로마에서는 황제 네로가 무대에 섰다가 비난을 받은 것을 통해 확인할 수 있다. 이런 배경에서는 계획 도시의 규모가 당시로는 상상할 수도 없이 엄청난 것이었기 때문에 이를 통치하고 운영하는 보조적인 장치가 반드시 필요했던 것을 이해할 수 있다.

18 윗글의 제목으로 가장 적절한 것은?

① 계약적 도시의 중심, 로마 극장
② 계획 도시의 합리적인 건설 방법
③ 로마 극장의 폐쇄성과 계획 도시
④ 로마에서 극의 근본적 개념과 의미
⑤ 계획 도시에서의 극장, 정치적인 도구

19 '로마 극장'에 대한 설명으로 적절하지 <u>않은</u> 것은?

① 치밀하면서도 폐쇄적 구조를 지녔다.
② 로마 극장은 늘 도시의 중심에 위치하였다.
③ 광장과 극장은 계획 도시의 필수 요소였다.
④ 제사보다 놀이를 위한 목적으로 사용되었다.
⑤ 거대한 제국을 이끌어 가기 위한 수단이었다.

[20~21] 사회 | 다음 글을 읽고 물음에 답하시오.

제한시간: 1분 30초

생성형 AI가 업무 현장 곳곳에 도입되면서, 기업들은 알고리즘이 자동으로 할당한 작업 흐름과 실시간성과 점수를 '혁신'이라 홍보하고 있다. 그러나 현장에서 일하는 직원들은 AI가 제시하는 초 단위 생산성 지표 앞에서 끊임없이 능률을 입증해야만 한다. 관리자들은 데이터 대시보드를 통해 직원의 마우스 이동과 응답 속도, 심지어 휴식 시간을 점수화하고, 알고리즘은 그 점수를 토대로 인사 고과와 보너스를 자동 산출한다. 문제는 이러한 '알고리즘 관리'가 효율성을 앞세워 인간적 상황과 관계적 가치를 충분히 고려하지 못한다는 점이다.

예컨대 고객 상담 센터에서는 생성형 AI가 실시간 작성한 스크립트를 거의 그대로 낭독해야 하므로 상담사는 자신만의 온기와 공감으로 대화를 조율할 기회를 박탈당한다. 합성 음성봇의 품질 지표가 지속적으로 공표되면서 인간 상담사는 스스로 기계와 경쟁해야 하는 존재로 인식하게 된다. 일의 가치는 섬세한 배려와 상호 신뢰에서 비롯되는데, 알고리즘은 이를 수치로 환원할 수 없다.

또 다른 현장인 제조업에서는 작업자들의 동작 궤적을 센서로 감지해 생산성을 예측하고, 미세한 오차가 발생하면 즉시 경고 메시지를 발송한다. 실제 한 조립 라인에서는 센서 알람이 지나치게 잦아 작업자들이 업무 스트레스를 호소하였고, 심지어 현장 비전문가가 시스템 오류를 숙련자가 아닌 알고리즘 탓으로 오인해 불필요한 장비 점검을 반복하기도 하였다.

알고리즘 관리의 가시적 편의성에 현혹된 일부 기업들은 "데이터가 곧 진실"이라는 구호를 내세워 노동 조건 개선보다 수익 극대화에 몰두한다. 결과적으로 생성형 AI는 업무의 불확실성을 해소하기는 커녕, 오히려 ㉠불평등한 권력 구조를 정교하게 강화하는 수단으로 작동할 가능성이 크다. 특히 취약 노동자는 알고리즘이 매긴 점수에 저항할 제도적 여력이 없어, 낮은 점수가 곧 계약 해지로 이어지기도 한다.

한편 노동조합과 학계에서는 알고리즘 투명성 확보를 위한 연구와 제도 개선을 요구하고 있다. 예컨대 유럽연합(EU)은 '알고리즘 투명성 지침'을 마련해 직원 권리 보장을 위한 설명 가능 AI(explainable AI) 기준을 제시하였고, 미국 일부 주에서는 감시 사회로의 전락을 우려해 AI 관리 시스템 도입 절차에 노동자 참여를 의무화하기도 하였다. 기술 혁신이 인간의 존엄성과 상생을 보장하지 않는 한, 고도화된 디지털 일터는 또 다른 감시 사회가 될 위험이 상존한다.

20 윗글의 제목으로 가장 적절한 것은?

① AI 관리
② 알고리즘 감시
③ 데이터 노동 통제
④ 알고리즘 기반 업무 평가
⑤ 생성형 AI와 불평등한 권력 구조

21 윗글에 제시된 글쓴이의 태도를 고려하여, ㉠의 근거를 추론한 내용으로 가장 적절한 것은?

① 자율성을 억압한다.
② 통제 강화를 초래한다.
③ 평가를 데이터로만 한정한다.
④ 알고리즘이 불평등을 심화한다.
⑤ 인간 판단 배제로 권력 불평등을 고착화한다.

[22~23] 인문 | 다음 글을 읽고 물음에 답하시오.

제한시간: 1분 30초

우리는 TV나 신문 등을 통해 인간의 공격 행동과 관련된 사건들을 흔히 접한다. 공격 행동이란 타인에게 손상이나 고통을 주려는 의도와 목적을 가진 모든 행동을 의미하는데, 인간의 공격 행동에 대해 심리학자들은 여러 가지 견해를 제시하였다.

프로이트(Freud)는 인간은 생존 본능을 지니고 있어서 자신의 생명을 위협받으면 본능적으로 공격 행동을 드러낸다고 설명했다. 그리고 달라드(Dollard)는 인간은 자신이 추구하는 목표를 획득하는 데에 간섭이나 방해를 받을 때, 욕구 좌절을 느끼게 되고 그로 인해 공격 행동을 드러낸다고 보았다. 그러나 그의 주장은 욕구 좌절을 경험한 사람이라고 해서 모두 공격 행동을 보이는 것은 아니며, 욕구 좌절을 경험하지 않더라도 공격 행동을 드러내는 경우가 있다는 점에서 한계가 있다.

그렇다면 공격 행동이 일어나는 다른 이유는 없는 것일까? 이에 대해 반두라(Bandura)는 인간의 공격 행동이 관찰을 통해 학습되어 나타난 것이라고 보고, 그 과정을 다음과 같이 제시하였다.

먼저 주의 집중 과정에서는 타인의 공격 행동을 관찰하면서 그것에 주의를 기울이게 된다. 이 과정에서는 공격 행동을 관찰하게 되는 빈도가 높을수록, 관찰 대상과 연령이 비슷할수록 그와 같은 행동이 학습되기 쉽다는 특징이 있다. 다음으로 파지* 과정에서는 관찰한 공격 행동을 머릿속에 기억하게 되는데, 이는 자신이 관찰한 것을 언어적 기호 또는 영상의 형태로 기억하는 인간의 인지 능력과 관련이 있다. 이 과정에서는 인지적 시연*이 공격 행동에 대한 기억에 영향을 미친다. 즉 관찰한 공격 행동을 실제 행동으로 옮기지 않더라도 이를 머릿속으로 그려 보는 것만으로도 기억이 오래 남게 된다. 세 번째 행동 재생 과정에서는 머릿속에 저장된 공격 행동을 신체적 움직임을 통해 한번 실행해 보게 된다. 즉 관찰된 공격 행동을 단순히 따라 함으로써 자신의 행동과 관찰 대상의 행동을 일치시키고자 한다. 이를 위해서 파지 단계와 마찬가지로 인지적 시연이 반복되기도 한다. 마지막으로 동기 부여 과정에서는 자신의 공격 행동으로 무엇인가 ㉠   을/를 받을 수 있다면 공격 행동을 다시 표출하게 된다. 이때 자신의 공격 행동에 대해 직접 보상을 받는 경우에도 동기가 부여되지만 다른 사람이 공격 행동을 한 후 보상을 받는 것에 대한 관찰에 의해서도 동기가 부여될 수 있다.

이와 같은 반두라의 견해는 인간의 공격 행동이 드러나는 데에는 외부적인 요인뿐만 아니라 인간 내부의 인지적 요인도 중요하게 작용함을 보여 준다는 점에서 의의가 있다.

* 파지: 경험에서 얻은 정보를 유지하고 있는 작용
* 인지적 시연: 어떤 행동을 관찰한 후 이를 머릿속으로 그려 보는 것

22 윗글의 서술 방식으로 가장 적절한 것은?

① 구체적 수치를 제시하여 독자의 이해를 돕고 있다.

② 인상적인 장면을 간추려 중심 사건의 핵심을 전달하고 있다.

③ 시간의 흐름에 따라 서술자가 직접 경험한 사실을 제시하고 있다.

④ 독자가 글의 내용에 공감하기 쉽도록 주로 평이한 어휘와 표현을 사용하고 있다.

⑤ 글의 제재에 대한 독자의 호기심을 유발하기 위해 묻고 답하는 형식을 사용하고 있다.

23 문맥상 ㉠에 들어갈 내용으로 가장 적절한 것은?

① 공격

② 위로

③ 보상

④ 평가

⑤ 위해

03. 실용문

기출동형 문제

[1~2] 기타 문서 | 다음 글을 읽고 물음에 답하시오.

대한민국 행정안전부 〈20○○. □. △. 13:32〉

첨단정보기술 활용으로 인공지능 기반 미세먼지 대응 시스템 구축
– 행안부, 올해 첨단정보기술 활용 공공서비스 사업 5개에 38억 원 지원 –

인공지능을 기반으로 한 미세먼지 대응 시스템 구축, 재난상황 공유·관리 플랫폼 운영 등 첨단정보기술을 활용한 공공서비스 사업이 시행됩니다. 행정안전부는 올해 첨단정보기술 활용 공공서비스 촉진 사업으로 5개를 선정하고 총 38억 원을 지원한다고 밝혔습니다.

올해 선정된 5개의 사업은 ▲서울 도봉구의 미세먼지 사물인터넷(IoT) 측정 및 인공지능 기반 대응 시스템, ▲국립공원공단의 국립공원 스마트 재난안전 통합 플랫폼, ▲대전 소방본부의 실시간 재난 응급상황 공유 플랫폼, ▲서울 성동구·경남 김해시의 인공지능 기반 민원서식 작성 도우미 서비스 등입니다.

행안부는 사업 선정을 위해 지난 ○월 △△일부터 ○월 □□일까지 공모 접수를 진행하였으며, ○월 ◇일 사업검토위원회를 통해 서류심사 및 발표심사 과정을 거쳐 최종 5개의 과제를 선정했습니다.

먼저, 서울시 도봉구는 '인공지능 기반 미세먼지 대응 시스템'을 구축하여, 미세먼지 농도 측정 정확도를 높이고 미세먼지 정보를 분석·활용합니다.

도봉구는 관내에 100여 개의 사물인터넷(IoT) 기반 미세먼지 측정기를 설치하고, 수집한 정보를 빅데이터 분석을 통해 전광판 등 대민 서비스로 제공할 예정입니다. 또한, 새롭게 구축하는 인공지능 기반 도로청소차량 관리 시스템과 연계하여 청소차 운행경로도 효율적으로 관리합니다. 국립공원공단은 첨단정보기술을 적용한 '재난상황 공유·관리 플랫폼'을 구축합니다. 국립공원 재난상황 공유·관리 플랫폼은 각각의 국립공원에 산재되어 있는 11종의 안전관리 시스템을 통합한 시스템입니다. 시설물 위치 및 관측 정보 등의 공간 정보를 제공할 수 있는 3D 지리정보체계(GIS) 기반 디지털 트윈을 구현하고, 보안카메라(CCTV) 영상 이미지 분석, 드론영상 관제 등 재난상황 모니터링 등을 시행하여 ⓐ_____.

서울시 성동구와 경상남도 김해시의 '인공지능 기반 민원서식 작성 도우미'는 복잡한 민원서식 작성 불편을 해소하기 위해 마련됐습니다. 종이 서식이 아닌 키오스크를 활용하여 서식을 작성하고, 마이데이터를 활용하여 민원서식 항목을 자동으로 채우는 서비스로 민원인의 편의성이 크게 향상될 것으로 기대하고 있습니다. 대전광역시 소방본부는 재난상황 발생 시 민·관 정보 공유를 통한 상호협력 및 지능형 지원체계를 확보하기 위하여 '개방형 응급상황 공유 플랫폼'을 구축합니다. 재난 시 상황실의 신속한 대응을 위하여 인공지능 기반의 실시간 분석·대응서비스를 구축하고, 음성 인식을 통해서 신고자의 위치 정보뿐만 아니라, 관련 시설 및 대응방법 등 연관 정보를 분석·제공하여 재난 의사결정을 돕습니다. 또한, 번역 기능을 추가하여 외국인 신고에 대한 실시간 통·번역 대응이 가능하도록 할 예정입니다.

행안부와 사업주관 기관인 한국지역정보개발원은 ○월 말까지 5개 주관기관과 함께 사업자 선정을 완료하고 ○○월 말까지 시스템 구축을 완료할 계획입니다. 특히, 올해는 행정안전부와 과학기술정보

통신부에서 추진해 왔던 첨단정보기술 활용 공공서비스 시범사업과 디지털 공공서비스 혁신 프로젝트 시범사업에서 사업 효과성이 검증되고 파급 효과가 높은 사업을 선정하여 이를 전국으로 확산할 방침입니다. 지역디지털서비스 과장은 "첨단정보기술을 활용하여 국민 생활에 필수적인 민원·행정 분야의 편의성을 높이고, 재난·안전 분야의 안전성을 강화하여 보다 안전한 대한민국을 만들기 위해 노력하겠다"라고 밝혔습니다.

1 윗글을 읽은 독자의 반응으로 적절하지 <u>않은</u> 것은?

① 국립공원에서 발생하는 재난을 첨단 기술로 빠르게 파악한다면 구급 대원에게 큰 도움이 되겠군.
② 키오스크를 활용하여 민원 서식을 작성하는 것이 노년층에게는 새로운 어려움이 될 수도 있겠군.
③ 재난 발생 시 음성 인식을 통해 신고자의 위치 정보를 분석하는 것은 사생활을 침해할 여지가 있겠군.
④ 개방형 응급상황 공유 플랫폼에서 연관 정보를 어떻게 분석하고 제공하는지 구체적인 과정이 궁금하군.
⑤ 미세먼지 측정 정보가 그대로 전광판에 나오는 것이 아니라 정보를 분석하는 과정을 거쳐 전광판에 나오는군.

2 ㉠에 들어갈 내용으로 가장 적절한 것은?

① 재난 발생 시 발생하는 복구 비용을 최소화할 계획입니다.
② 재난 발생 시 의료 기관의 인프라가 훼손되지 않도록 할 계획입니다.
③ 재난 발생 시 신속한 상황 인지와 인명 구조 등에 활용할 계획입니다.
④ 재난 발생 시 대피 후에 발생하는 기상 위험 상황의 추이를 확인할 계획입니다.
⑤ 재난 발생 시 거주 지역에 가장 큰 피해가 발생하는 시기를 미리 파악할 계획입니다.

3 통계 자료 | 다음 자료를 분석한 내용으로 적절하지 <u>않은</u> 것은?

문화 융성 관련 건의 사항(일반 국민 및 전문가의 응답)

(단위: 명, %)

일반 국민			전문가		
응답 내용	사례 수	비율	응답 내용	사례 수	비율
이용 요금 인하	43	4.3	단발성 전시 행정 지양/현실적·구체적·체계적 정책 추진 필요	10	9.8
적극적인 홍보	43	4.3	홍보 확대 필요	7	6.9
문화의 날은 주말에 진행했으면	11	1.1	장기적 접근 필요	7	6.9
문화 시설 확충이 우선되어야	8	0.8	민간 중심의 정책 추진	6	5.9
지방의 문화 시설 확충	7	0.7	인프라 및 토대 구축	4	3.9
많은 사람이 즐길 수 있는 공간 필요	7	0.7	현장 및 관련 종사자 목소리 반영	3	2.9
문화 예산 확대	7	0.7	문화 융성 개념 명확화	3	2.9

*모름/무응답: 1.0%, 없다: 75.5%
*0.7% 이상 응답 제시

*모름/무응답: 14.7%
*2.9% 이상 응답 제시

① 일반 국민과 전문가 모두 문화 융성 정책을 적극적으로 홍보할 필요성을 느끼고 있다.
② 전문가들은 문화 융성의 개념을 명확하게 하는 것이 무엇보다 중요하다고 생각하고 있다.
③ 일부 전문가들은 문화 융성 정책을 위해 장기적인 계획을 세우는 것을 중요하게 여기고 있다.
④ 일반 국민 중 일부는 현재 사람들이 향유할 수 있는 문화 시설이 다소 부족하다고 인식하고 있다.
⑤ 일부 전문가들은 민간이 중심이 되어 문화 융성 정책의 준비와 기획의 과정을 탄탄하게 하기를 원하고 있다.

4 통계 자료 | 〈보기〉의 자료를 이해한 내용으로 적절하지 않은 것은?

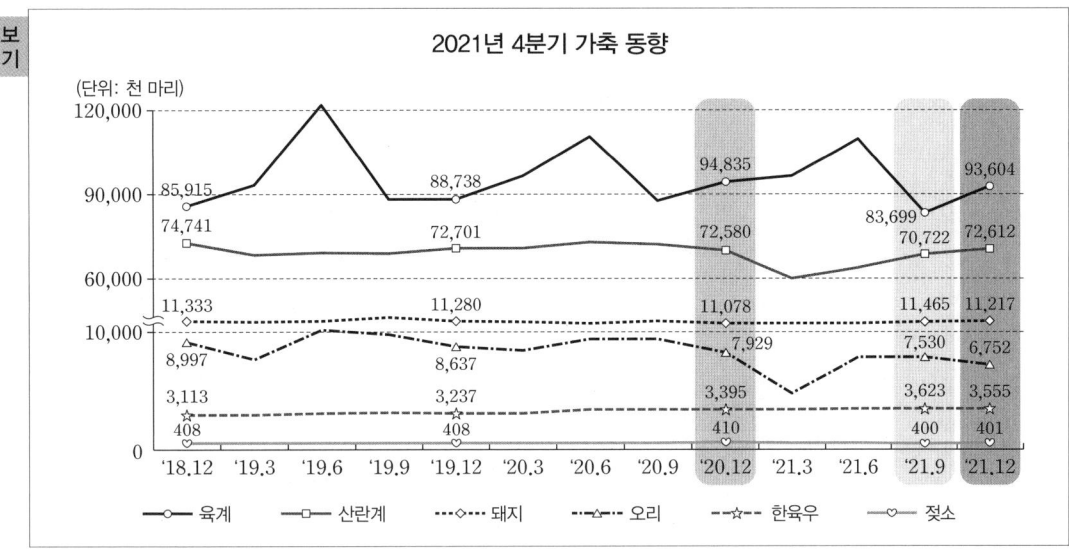

① 돼지의 최근 3년간 분기별 마릿수는 변화의 폭이 상대적으로 작다.
② 오리는 매년 3월에 마릿수가 감소했다가 6월에 증가하는 패턴을 보인다.
③ 육계의 최근 3년간 분기별 마릿수의 변화는 산란계와 유사한 패턴을 보인다.
④ 산란계, 젖소는 모두 2021년 3분기에 비해 4분기에 사육 두수가 증가하였다.
⑤ 한육우는 2021년 12월 조사를 제외하고는 지속적으로 증가하는 추세를 보인다.

5 설명서 | 다음을 읽고 보인 반응으로 적절하지 <u>않은</u> 것은?

도심공항 터미널	1. 도심공항터미널 도착	
	2. 직통열차 승차권 구입 고객안내센터, 자동 발매기에서 구입 가능 ＊국제선 이티켓(항공권) 제시 시 할인(할인가 6,900원)	
	3. 탑승 수속 • 대상: 인천공항 당일 출발 국제선 항공기 전 이용객 • 시간: 05:20~19:00 　(수속 마감: 항공기 출발 3시간 전)	수하물 탁송 • 항공사 규격 내 수하물 • 골프백(150cm)이하
	4. 출국심사 • 장소: 법무부 출입국 관리사무소 • 시간: 08:00~19:00	
직통열차 승강장 (지하 7층)	5. 직통열차 승차 <table><tr><th>구분</th><th>서울역 출발</th><th>인천공항역 출발</th></tr><tr><td>첫차</td><td>06:00</td><td>05:20</td></tr><tr><td>막차</td><td>22:20</td><td>21:50</td></tr></table>	수하물 처리시스템(BHS) 수하물 보안 검색, 직통열차에 수하물을 적재, 운반하여 탑승항공기 탑재, 도심공항터미널에서 탁송한 수하물은 인천공항이 아닌 도착지 공항에서 수령함.
인천국제 공항	6. 직통열차 하차 및 출국장 이동 도심공항터미널에서 탑승 수속과 출국심사를 완료한 고객은 전용출국통로 이용 가능	

① 수하물을 보낼 때는 규격을 넘지 않는지 확인을 해야겠군.
② 오후 1시에 탑승 수속을 받으면 오후 4시 50분 비행기를 탈 수 있겠군.
③ 직통열차 승차권을 도심공항터미널의 자동 발매기에서 구입해도 되는군.
④ 국외 여행을 할 경우 새벽부터 저녁까지 도심공항터미널 이용이 가능하군.
⑤ 제주도 여행을 하는 경우에는 도심공항터미널에서 탑승 수속을 할 수 있군.

[6~7] 설명서 | 다음 글을 읽고 물음에 답하시오.

> Q: 전화 주문, 인터넷 주문, 모바일 주문의 차이점은 무엇인가요?
> A: 이용하시는 매체에 따라 적립금 혜택의 차이가 있습니다. 상담원 또는 자동주문전화(ARS)의 경우 특별 적립금 행사 외에는 적립금을 지급하지 않습니다. 인터넷과 모바일 주문의 경우 일부 상품을 제외하고 1~10%의 적립금을 지급해 드립니다.
> ※ 각 매체별로 진행되는 카드 청구 할인, 각종 이벤트 등으로 인해 구매 혜택이 상이할 수 있습니다.
>
> Q: 상품 품절 보상 기준은 어떻게 되나요?
> A: 입금 완료 기준 익일 내(48시간 내) 미 안내 시: 상품 판매가의 5%를 적립금으로 돌려드립니다(최대 2만 원 이내). 미 안내일 산정 기준은 휴일 제외 기준입니다. 보상 지급 시, 다른 보상 조건과의 중복 지급은 불가합니다(파손/훼손 시, 구성품 누락 및 상품 오배송 시와 중복 지급 불가). 무형 상품, 설치 상품, 해외구매대행 등 상품 특성으로 인해 배송 지연 보상 기준이 적용되지 않는 상품은 품절 보상 대상에서 제외됩니다.
>
> Q: 반품이 불가능한 경우가 있나요?
> A: 반품 요청 가능 기간이 지난 경우, 구매자에게 책임 있는 사유로 상품 등록이 멸실 또는 훼손된 경우(단, 상품 등의 내용을 확인하기 위하여 포장 등을 개봉한 경우 제외), 구매자의 사용 또는 일부 소비에 의하여 상품 등의 가치가 현저히 감소한 경우(화장품류/식품류는 밀봉 개봉 시, 패션류/침구류는 수선했거나 세탁하였을 시), 시간 경과에 의해 재판매가 곤란할 정도로 상품 등의 가치가 현저히 감소한 경우, 복제가 가능한 상품 등의 포장을 훼손한 경우(도서, CD, DVD, 게임CD, 명품 가방 등의 경우 포장 개봉 시)에 반품이 불가능합니다.

6 윗글을 바탕으로 할 때 반품이 불가능한 경우가 아닌 것은?

① 도서의 포장을 개봉하여 책의 가치가 훼손된 경우
② 침구류를 세탁한 이후에 제품의 이상을 발견한 경우
③ 구매한 신발의 사이즈 확인을 위해 포장을 개봉한 경우
④ 개봉한 명품 가방을 반품 요청 가능 기간 안에 반품하려는 경우
⑤ 생선을 구매하고 몇 마리인지 확인하기 위해 밀봉을 개봉한 경우

7 윗글을 읽고 보인 반응으로 적절하지 않은 것은?

① 옷 종류는 반품 요청 기간 안에 이상이 없는지 잘 확인을 해 봐야겠네.
② 인터넷이나 모바일로 주문할 때 이 상품이 적립 대상인지 확인해야겠네.
③ 자동주문전화로는 적립금을 일절 받을 수 없다니 모바일로 주문해야겠네.
④ 해외구매대행 상품은 배송이 지연될 수 있다는 점을 감안하고 구입해야겠네.
⑤ 40만 원짜리 가방을 주문했는데 월요일에 주문한 가방의 품절 안내를 금요일에 받았다면 금액의 5%를 보상받을 수 있겠네.

[8~9] 안내문 | 다음 글을 읽고 물음에 답하시오.

연극 〈바람이 불어 별이 흔들릴 때〉

우주에서 바라보면 한낱 푸른 점에 불과한 지구. 자신이 외계에서 왔다고 주장하는 한 노인. 거리를 헤매며 뭔가를 찾고 있다.

뜻밖의 사고로 장애를 입은 남편을 돌보며 자신의 마음을 헤아려 주지 않아 답답해하던 한 여인. 길거리 노인을 만나면서 심경의 변화를 일으킨다. 10년 전 히말라야 트래킹 중 사고를 당한 천문학도 준호. 과거 기억에서 헤어 나오지 못하고 있다. 회사에서 궁지에 몰린 진석은 준호의 친구다. 회사에서 인정받지 못하고 있는 자신에 대해 자괴감에 빠진 채 거리 홍보 행사에 나서게 된다. 인형 탈을 쓰고 허그데이 행사 도중 진석은 냄새 나는 노인이 자신을 향해 돌진하듯 다가오자 환멸을 느끼고 차도로 밀쳐 버린다. 진석의 사건 조사를 맡게 된 명수는 우주에서 왔다고 주장하는 노인과 만나게 된다.

다양한 인생. 하늘의 별만큼이나 셀 수 없이 많다. 하늘의 별만큼 괴롭고 힘든 각자의 짐을 지고 살아간다. 우리 인생이 바람 불어 별이 흔들리는 것처럼.

- 기간: 20□□.04.18.(수) ~ 20□□.05.06.(일)
- 시간: 수요일, 목요일 오후 8시/금요일, 토요일, 일요일 오후 3시
   *월요일, 화요일 공연 없음.
- 장소: ○○ 소극장
- 관람 등급: 중학생 이상
   *중학생 미만은 공연 입장이 불가합니다.
- 관람 시간: 90분
- 가격: 1층석 6만 원/2층석 4만 원/3층석 2만 원
- 주최: △△의 전당
- 문의: 02-123-1300

■ 할인 정보 안내
※ 현장에서 티켓 수령 시 할인에 해당하는 증빙 자료(학생증, 신분증, 복지카드, 유공자증 등)를 제시하지 못할 경우 차액 지불 후 공연 관람 가능
- 조기 예매 30% (1인 3매까지/~3월 31일까지)
- 후원 회원, 골드 회원 40% (5매)
- 싹틔우미 회원 본인 40% (1매)
- 노블 회원 본인 40% (1매)
- 중·고·대학생 40% (1인 4매/3층석 제외/대학원생 제외/학생증 현장 제시)
- 장애인 복지카드 소지자(1급~3급) 본인 및 동반 1인 50%/(4급~6급) 본인 50%
- 국가유공자증, 의상자(1~2급)증 소지자 본인 및 동반 1인 50%
- 유족증(국가유공자,의사자), 의상자(3급 이하)증 소지자 본인 50%
※ 그 밖의 할인은 상세 정보 확인

■ 주의 사항 안내
　* 공연 시작 후에는 입장이 제한될 수 있사오니 입장 시간을 꼭 지켜 주시기 바랍니다.
　* 본 공연은 중학생 이상(13세 이상) 관람가입니다.
　* 본 공연의 러닝 타임은 휴식 없이 약 90분입니다.
　* 공연장 내에서는 생수 이외의 음료, 음식물 섭취가 불가합니다.
　* 공연 중, 사전 협의되지 않은 사진이나 영상 촬영, 녹음은 절대 불가합니다.
　* 커튼콜 촬영은 가능하며, 촬영 시 플래시 사용은 금지합니다.

8 윗글을 읽고 난 반응으로 적절하지 <u>않은</u> 것은?

① 주말 저녁에는 공연을 하지 않는다니, 시간이 영 맞지 않는군.
② 다양한 인생의 경험에 대한 내용을 만나 보는 시간이 기대되는군.
③ 중학생 아들 녀석과 함께 보러 가도 좋은 가족적인 공연인가 보군.
④ 목요일 퇴근 후에 간단한 간식거리를 사 가서 먹으면서 보면 좋겠군.
⑤ 공연 기간이 한 달이 채 되지 않으니 볼 기회를 놓치지 않게 예매해야겠군.

9 윗글에서 안내하는 가격 정보 및 공지 사항에 대한 이해가 적절하지 <u>않은</u> 것은?

① 공연 중에 플래시만 터트리지 않으면 촬영을 해도 상관없겠군.
② 조기 예매 할인이 다른 곳은 보통 4명까지 가능하던데 3명까지로군.
③ 국가유공자 할인을 받기 위해서는 증빙 자료를 잊지 말고 소지해야겠군.
④ 대학생이라면 조기 예매 할인보다는 학생 할인 혜택을 받는 것이 낫겠군.
⑤ 공연이 시작된 후에 휴식 시간이 없으니 공연 전에 화장실에 꼭 가야겠군.

[10~11] 안내문 | 다음 글을 읽고 물음에 답하시오.

<패션과 예술, 경계를 허무는 아티스트>

파리 패션 위크에서 매년 컬렉션을 발표하는 유일한 북유럽 패션 디자이너 ○○는 끊임없이 형식을 파괴하고 예기치 못한 충격적인 방식으로 그만의 독창적인 패션쇼를 선보이며 새로운 컬렉션이 발표될 때마다 뜨거운 관심과 화제를 불러일으키고 있습니다. 그는 패션뿐만 아니라 사진, 설치, 영상, 퍼포먼스 등 순수 예술의 영역에서 꾸준히 작업을 진행해 왔으며, 세계 유수의 미술관에서 다수의 전시를 통해 아티스트로서의 무한한 가능성을 인정받았습니다.

이번 전시는 새롭게 재연출한 런웨이와 데뷔부터 현재까지 발표된 대표 컬렉션, 그리고 다양한 장르를 아우르는 주요작 및 신작을 포함한 총 300여 점의 작품을 한자리에서 소개하고, 특정 장르의 형식적 한계를 깨기 위한 시도와 변화를 두려워하지 않는 ○○의 작업 방식을 통해 모든 창작의 과정을 놀이처럼 즐기는 적극적인 멀티 크리에이터의 모습을 제시하고자 합니다. 다양한 예술적 영감과 관심사를 하나로 아우르는 도구로써, 패션이 단순히 '입기 위한' 옷이 아닌 '자유롭고 열린 표현'을 위한 매체로 확장될 수 있는 가능성을 선보이는 전시 <○○ - 패션과 예술, 경계를 허무는 아티스트>는 위트 넘치는 감각의 놀이터에서 관람객들이 보다 열린 관점으로 새롭게 '패션'을 바라보고, 직접 그의 예술 세계를 경험해 보는 특별한 기회가 될 것입니다.

패션과 예술이 결합하여 완성된 ○○의 감각적인 세계를 직접 경험할 수 있는 런웨이를 새롭게 구현합니다. 특히 후각과 미각이라는 요소를 패션쇼에 최초로 적용시키며 패션에서 시도되지 않은 새로운 관객 경험을 선사한 'The Mint Institute A/W 2008 Collection'의 런웨이를 재연출하여, 관람객들에게 패션쇼의 주인공이 되어 보는 특별한 경험을 선사합니다.

■ 관람 시간 안내
　화~금요일 10:00 AM~6:30 PM
　토~일요일 10:00 AM~4:30 PM
　※ 매주 월요일, 설/추석 연휴는 휴관

■ 관람료 안내
　30,000원
　※ 매표는 전시 종료 30분 전에 마감

■ 온라인 회원 할인
　미술관의 소식을 가장 먼저!
　전시 관람 20% 할인

10 윗글의 내용에 대한 이해로 적절하지 <u>않은</u> 것은?

① 이 전시는 월요일에는 관람할 수 없다.
② 이 작가는 '옷'의 의미를 확장하여 제시하려 한다.
③ 평일에는 오후 6시까지는 매표를 완료해야 한다.
④ 패션쇼 런웨이의 영상을 관람할 수 있는 전시이다.
⑤ 온라인 회원의 경우 전시 관람료를 할인받을 수 있다.

11 윗글을 바탕으로 〈예매 취소 조건〉을 고려할 때, 공연 안내문에 대한 이해로 적절하지 <u>않은</u> 것은?

〈예매 취소 조건〉
취소 일자에 따라서 아래와 같이 취소 수수료가 부과됩니다. 예매일 기준보다 관람일 기준이 우선 적용됩니다. 단, 예매 당일 취소 시에는 취소 수수료가 없습니다.

취소일	취소 수수료
예매 후 7일 이내	없음.
예매 후 8일~관람일 10일 전까지	장당 2,000원
관람일 9일 전~5일 전까지	티켓 금액의 10%
관람일 4일 전~1일 전까지	티켓 금액의 20%
관람일 당일	티켓 금액의 50%

① 티켓 2장을 관람일 당일에 취소하면, 티켓 1장 살 돈을 버리게 되는 셈이로군.
② 예매를 언제 하든 7일 이내에는 취소 수수료가 없으니 취소를 해도 상관없겠군.
③ 티켓 1장을 관람일 10일 전에 취소하면 취소 수수료가 2,000원으로 그리 크지는 않군.
④ 취소 수수료를 내고 싶지 않다면 예매 후 7일 이내, 관람일 11일 전까지는 예매 취소 여부를 선택해야겠군.
⑤ 티켓 2장을 관람일 1일 전에 취소하는 것과 관람일 당일에 취소하는 것의 수수료 차이가 18,000원이나 되는군.

기출동형 문제

12 공문 | 다음 글에 대한 평가로 적절하지 않은 것은?

○○○구

수신: 수신자 참조
(경유)
제목:「○○○ 아이디어 펀딩」홍보 및 협조 요청

1. 귀 대학의 무궁한 발전을 기원합니다.
2. 우리 구는 지역 산업과 청년, 스타트업의 아이디어를 결합하여 새로운 도시 경제 모델을 창출하기 위해「○○○ 아이디어 펀딩(산업제품화지원)」을 공모하고 있습니다.
3. 이번 공모에 많은 청년들이 참여할 수 있도록 귀 대학의 적극적인 관심과 홍보를 요청드리며, 공고문 및 포스터를 학교 홈페이지 등에 게재하여 주시기 바랍니다.

  □ 공모 개요
  • 공모명: ○○○ 아이디어 펀딩(산업제품화지원)
  • 공모 주제: ○○○ 일대 도시재생활성화지역 내 기반 산업과 인프라를 활용한 제품화 아이디어
  • 공모 대상: ○○○ 일대 도시재생활성화지역 내 기반 산업 지역과 협업이 가능한 스타트업 및 아이디어를 가지고 있는 청년
  • 지원 내용: 제품화를 위한 기본 교육 지원, 크라우드 펀딩 기획 및 진행을 위한 컨설팅 및 지원
  • 접수 일정: 2022. 4. 13. ~ 2022. 5. 10.
  • 신청 방법: 사업신청서를 작성하여 담당자 이메일로 제출
  • 신청 문의: 02-○○○-○○○○

① 요청을 하게 된 사회적 배경을 제시하고 있다.
② 요청을 통해 이루고자 하는 목적을 밝히고 있다.
③ 공모의 접수 기간을 구체적으로 명시하고 있다.
④ 요청이 수행되지 않을 때 발생할 문제를 예상하고 있다.
⑤ 요청의 의의 제고를 위해 적극적인 참여를 권유하고 있다.

[13~14] 평론 | 다음 글을 읽고 물음에 답하시오.

오전 10시. 그녀는 보푸라기가 인 낡은 점퍼에 목도리를 두르고 화장기 없는 맨 얼굴이다. 초췌하고 불쌍해 보이는 그녀는 아들이 저지른 폭행 사건을 수습하기 위해 피해 학생의 부모에게 용서를 구하러 가는 길이다. 오후 2시. 검은색 모직 코트를 입은 그녀는 신발장에서 9㎝ 높이의 하이힐을 신고 우아한 걸음걸이로 남편의 회사로 들어간다. 그녀는 남편이 회사에서 밀려나는 것을 막기 위해 화려한 분장과 화술로 남편의 경쟁 상대와 독대한다.
그리고 저녁. 치매에 걸린 어머니를 찾아간 그녀는 어머니에게 죽을 떠먹이며 하루에 일어났던 일들을 아이처럼 종알종알 늘어놓는다. 소설가 서하진(49)의 새 소설집 ≪착한 가족≫의 주인공들은 이렇

게 여러 가지 가면을 바꿔 쓰는 '팔색조'와 같다. 표제작 〈착한 가족〉의 주인공 여자는 아들, 남편, 어머니를 위해 전혀 다른 세 개의 가면을 첩보 영화의 주인공처럼 능숙하게 척척 바꿔 쓴다.

〈아빠의 사생활〉의 주인공도 마찬가지다. 시인 겸 교수이자 자상한 아버지는 딸에게 "사는 일은 연극 같은 거라고, 무대가 바뀌면 다른 배역을 맡듯 눈빛을, 표정을, 마음을 바꾸어 보라"라고 말을 건넨다. 완벽해 보이는 아버지였지만, 사실 그는 바람을 피우고 있었다. 아버지와 '미상녀'의 밀월 여행을 쫓아 홍콩으로 간 딸은 평소의 모습과 전혀 다른 아버지의 모습을 보고 혼란에 빠진다. 혼잡스러운 곳은 싫어하던 아버지가 사람들로 붐비는 놀이공원에 가고, 차가운 음식을 싫어하던 아버지가 아이스크림을 먹으며 천진스레 웃는다. 딸은 말한다. "나는 이제 아빠라는 사람에 대해 헷갈리기 시작했다"라고. 서하진은 이렇게 가장 기본적이고 가까운 관계인 가족 관계를 통해 '우리는 매일 어떤 가면을 쓰고 살아가는가'에 대해 묻고 답한다. 현대 사회에서 개인은 다양한 역할에 맞는 다양한 가면을 쓰고 살아간다. 〈착한 가족〉의 주인공은 우리 사회가 요구하는 '슈퍼 우먼'의 이미지이기도 하다.

가면은 가면에 그치지 않는다. 가면은 종국에 우리 내면으로 침투해 어느새 무엇이 진짜 얼굴인지 구별하기 어려운 지경에 이르거나, 자신의 진짜 얼굴을 잊어버리게 된다. 〈슬픔이 자라면 무엇이 될까〉의 주인공은 말기 암에 걸린 평범한 주부. 가족에게 봉사하는 것까지도 모자라 호스피스 병동에서 일하며 죽어 가는 사람들을 위해 봉사하며 살아온 그녀는 정작 자신은 돌보지 않는다. 그런 그녀가 암에 걸려 죽음을 앞두고 있을 때, 그녀의 친구는 "너는 다른 사람 상처 내는 일, 싫은 소리, 해되는 짓 절대 안 하잖아. 그게 다 네 상처로 돌아간 게 아닌가 싶어"라고 말한다. 그녀는 "병에 걸리는 일은 참으로 쓸쓸하구나"라고 혼자 중얼거린다.

하지만 가면을 비집고 본 얼굴이 맨살을 불쑥 드러내는 순간이 있다. 치매에 걸린 어머니가 떠먹여 주는 죽을 받아먹을 때, 강아지에게 밥을 줄 때 그녀들은 무거운 가면을 내려놓고 숨을 고른다. 그것은 사회적 관계와, 고단한 일상으로부터 자유로워진 순간에 찾아온다. 그녀들에게 가족은 고통과 행복의 진원지이자 타락의 진원지이기도 하다.

13 윗글의 제목으로 가장 적절한 것은?

① 진정한 나는 누구인가
② 가족의 가면을 벗기기
③ 사회가 요구하는 어머니의 상
④ 가족의 고통과 어머니의 희생
⑤ 가족은 애틋한 또는 고통의 관계

14 윗글에 대한 설명으로 가장 적절한 것은?

① 유사한 속성을 지닌 사례를 열거하며 독자의 행동을 촉구하고 있다.
② 서술자가 경험하게 된 내적 갈등의 원인을 규명하여 제시하고 있다.
③ 주인공의 삶의 모습을 통해 이로부터 도출되는 의미를 제시하고 있다.
④ 공간의 이동에 따라 느끼게 되는 주인공의 감정의 변화를 제시하고 있다.
⑤ 독자의 호기심을 유발하고 설득력을 높이기 위해 유명 인물을 제시하고 있다.

[15~16] 공문 | 다음 글을 읽고 물음에 답하시오.

○○도 태권도 협회

수신: 각 시, 군지부장, 각 이사
(경유)
제목: 차량 운행 안전 의무 이행의 건

---

1. 귀 지부장님(이사 회원)의 건승을 기원합니다.
2. 본회에서는 위의 건에 대하여 귀중한 수련생들의 안전과 여러분의 재산을 보호하기 위하여 차량 운행 시 안전 수칙을 철저히 지켜 아래와 같이 운행해 주시기 바랍니다.

– 아 래 –

가. 하차 안전 장치 설치를 의무적으로 실행하여 주시기 바랍니다.
나. 운행 시 규정 속도를 준수하여 주시기 바랍니다.
다. 운전자는 반드시 운전하기 편한 복장과 신발(운동화)을 착용하시기 바랍니다.
라. 탑승자 전원의 안전띠 착용을 반드시 확인하시기 바랍니다.
마. 수련생의 승하차 시 운전자 또는 계도 동승자의 주의 아래 진행 바라며 탑승자 명부 및 운행 일지를 작성하여 승하차 상황을 기재하여 주시기 바랍니다.
바. 운전자 또는 계도자는 건널목에서 수련생을 먼저 건너게 한 후 차량 운행을 하시기 바랍니다.
사. 저학년 수련생의 경우 차 뒤편으로 앉히고 창문 옆과 출입문 주위에는 탑승하지 않도록 지도하여 주시기 바랍니다. 또한 정숙한 분위기에서 차량을 운행할 수 있도록 수련생을 지도하여 주시기 바랍니다.

15 윗글에 대한 내용의 이해로 가장 적절한 것은?

① 수련생의 승하차를 확인하는 사람이 필요하다.
② 하차 안전 장치 설치는 유예 중이며 필수가 아니다.
③ 운전자나 계도 동승자는 승하차 인원만 확인하면 된다.
④ 창문 옆과 출입문 주위에 저학년 수련생을 앉혀야 한다.
⑤ 승하차 상황은 계도 동승자가 있을 경우 일지에 쓰지 않아도 된다.

16 윗글에 대한 평가로 가장 적절한 것은?

① 법적인 근거를 들며 수신자가 이행할 내용을 제시하고 있다.
② 차량 운행 시 유의해야 할 사항들을 구체적으로 제시하고 있다.
③ 차량 운행 사고로 인해 경각심을 지녀야 할 시기임을 강조하고 있다.
④ 작성해야 할 운행 일지의 양식을 제공하여 업무 처리에 도움을 주고 있다.
⑤ 차량을 운행하는 운전자에게 준수하여야 할 규정 속도를 알려 혼란을 방지하고 있다.

17 보도 자료 | 다음 보도 자료의 내용을 읽고 보인 반응으로 적절하지 <u>않은</u> 것은?

"전국 모든 여권사무 대행 기관에서
여권사본증명서 발급이 가능해지다"
– 2017년 4월 10일부터 여권사본증명서 발급 기관 확대 –

1. 외교부는 국민 편의 제고를 위해 그간 본부 여권과와 재외공관에서만 발급해 오던 여권사본증명서를 2017. 4. 10.부터 전국 240개 여권사무 대행 기관에서도 발급할 예정이다.
   ○ 여권사본증명서 발급 업무는 외국 정부 기관 등의 요구에 따라 본인 여권사본의 정부 인증이 필요하지만, 「재외공관 공증법」상 공증 사무로 인정되지 않아 어려움을 겪어 온 우리 국민의 불편 해소를 위해 외교부가 2016. 8. 3.부터 신설, 시행 중인 제도이다.
2. 외교부는 동 제도의 수혜 대상이 주로 재외국민인 점을 감안, 그간 주로 본부 여권과와 재외공관에서 관련 서비스를 제공하여 왔으나, 최근 국내에서도 세금 신고, 비자 발급 등을 위해 동 서비스를 이용하는 사례가 증가함에 따라 본부 여권과 외에 전국 모든 여권사무 대행 기관에서도 여권사본증명서 발급 업무를 하기로 한 것이다.
3. 이번 발급 기관 확대에 따라, 국내 거주 민원인들이 직접 외교부 여권과를 방문하는 대신 가까운 지자체의 여권사무 대행 기관에서 여권사본증명서를 발급받을 수 있게 되어, 국민 편의가 크게 증진될 것으로 기대된다.
4. 외교부는 앞으로도 여권민원업무 처리와 관련한 국민 불편 사항을 적극 발굴, 개선해 나가는 등 국민 애로 사항 해소 및 편의 증진을 위해 지속적으로 노력해 나갈 것이다.

① 그동안 여권사본증명서를 발급해 주는 기관이 적어 불편했는데 외교부가 잘했군.
② 이제 외교부 여권과에 가지 않아도 여권사본증명서를 발급받을 수 있다니 편하군.
③ 여권사무 대행 기관이 전국에 240개라고 하는데 우리 집 주변에도 있는지 찾아봐야겠군.
④ 여권사본증명서 발급 업무가 대행 기관에서 가능하게 된 것은 해외 거주 민원인을 위한 것이군.
⑤ 여권사본증명서 발급을 전국 여권사무 대행 기관에서 해 온 것이 2017년부터였다니 미처 몰랐군.

18 보도 자료 | 다음 보도 자료의 내용에 대한 이해로 적절하지 <u>않은</u> 것은?

 금융위원회 | **보 도 참 고 자 료**

제목: 「화재로 인한 재해보상과 보험가입에 관한 법률」 개정(안) 국회 통과

◇ 각종 재난 사고 발생에 대비 사회 안전망을 강화하고, 현행 운영상 미비점을 보완하는 내용의 「화재로 인한 재해보상과 보험가입에 관한 법률」(이하 '화보법'이라 함) 개정(안)이 국회를 통과 ('17. 3. 30.)
  * '16. 5. 23. 화보법 개정(안) 입법 예고

1. 주요 개정 내용

① **특수건물 소유자의 의무보험 가입범위 확대 [타인재물 포함]**

○ (현행) 특수건물 소유자는 화재로 인한 자기 건물 보상 및 타인의 신체 손해(사망·부상 등)에 대한 배상책임보험만을 의무가입
  * 화재로 인한 "타인의 재물에 손해"가 발생한 경우 특수건물 소유자의 배상책임에 대한 보험가입 의무는 없음.

○ (개정) 화재로 인한 "타인의 재물상 손해"에 대한 배상책임보험의 가입을 의무화하여, 재난 관련 사회 안전망을 강화

현행			개정		
화재 재물 (자기)	화재 대인 (타인)		화재 재물 (자기)	화재 대인 (타인)	**화재 대물 (타인)**

※ 특수건물의 범위
  □ 백화점·의료 시설·공동 주택 등 여러 사람이 출입·근무·거주하는 건물로서 화재 위험·규모를 고려하여 설정(법 §23호, 令 §2①)
  ① 11층 이상인 모든 건물(단, 아파트의 경우 16층 이상)
  ② 일정 규모 이상을 아래 업종을 위해 사용하는 건물
    - (3,000㎡ 이상) 병원·호텔·여관·공연장·방송국·백화점·공장·농수산물 도매시장·학교·공장·철도역사 등
    - (2,000㎡ 이상) 학원·음식점·유흥주점·목욕장 등

② 의무보험 가입기준일 세분화
  ○ (현행) 준공검사 합격일 또는 소유권 취득일부터 30일 내 가입
    – 특수건물의 건축·소유권 변경 외 임차인의 업종 변경 등으로 인해 특수건물에 해당하게 되는 경우 화재보험 의무가입 시점이 불분명
  ○ (개정) 특수건물 해당사유별로 화재보험 의무가입 시점을 명확하게 규정
    – 건물 건축 시 → 사용승인일(건축법), 사용검사일(주택법) 등
    – 소유권 변경 시 → 소유권 취득일
    – 그 밖의 경우 → 특수건물 소유자의 인지시점 등

2. 향후 일정
  ○ 개정 법률안은 공포일로부터 6개월 이후 시행 예정
  ○ 개정 법률안의 차질 없는 시행을 위해 관련 시행령 개정 작업을 조속히 추진할 계획

① 건물 건축 시, 건물의 소유권 취득일이 의무보험 가입기준일로 명확하게 규정되도록 하였다.
② 기존의 의무가입은 자기 건물 보상 및 타인의 신체 손해에 대한 배상책임보험에만 해당되었다.
③ 개정된 의무보험은 타인의 신체에 대한 손해와 더불어 타인의 재물상 손해도 배상을 하도록 하였다.
④ 이 개정안은 여러 사람이 출입하거나 거주하는 건물의 재난 사고 발생을 대비하기 위해 마련된 것이다.
⑤ 자신이 소유한 건물이 특수건물인지 아닌지 확인하기 위해 건물의 규모를 분명하게 확인해야 할 것이다.

[19~20] 보도 자료 | 다음 보도 자료를 읽고 물음에 답하시오.

보 도 자 료

청년 일자리, 노동시장개혁이 열어갑니다.

▶ 보도 일시: 2017. 3. 30.(목) 석간
  〈인터넷 3. 30.(목) 11:00 이후〉
▶ 총 6쪽

2016년 공공 기관 청년의무고용 준수율 80%로 2015년 대비 증가
– 3. 30.(목), 2017년 제1차 청년고용촉진특별위원회 개최 –

□ 2016년 청년고용의무제 적용 대상 공공 기관 409개소 중 청년 미취업자 고용의무(정원의 3% 이상)를 이행한 공공 기관은 80.0%인 327개소였고, 전체 정원 대비 청년 신규고용비율은 5.9%인 것으로 나타났다.

○ 2015년과 비교해 보면, 2016년도 청년고용의무 준수 기관 비율은 전년(70.1%)보다 9.9%, 기관 수는 41개소 증가하였고,
○ 청년 신규고용비율은 전년(4.8%)보다 1.1%, 청년 신규고용 인원은 전년보다 3,660명 증가하였다.
□ 2016년도 청년고용의무제 이행 결과를 구체적으로 살펴보면, 우선, 대상 기관은 409개소로 2015년에 비해 1개소 증가하였다.(공공 기관 276 → 279개소, 지방공기업 132 → 130개소)
○ 의무제 적용 대상 기관이 신규 고용한 청년은 19,236명으로 2015년(15,576명)보다 3,660명(23.5%) 증가하였고,
○ 정원 대비 청년 신규고용비율은 총 정원(326,774명)의 5.9%로 전년(4.8%, 총 정원 323,843명)보다 1.1% 증가하였다.
   * 2015년 대비 2016년 정원 2,931명 증가(0.9%↑)
○ 의무를 이행한 기관은 327개소(80.0%)로서 2015년(286개소, 70.1%)에 비해 이행 기관 수와 이행률 모두 상승했다.

〈 전체 대상 기관 청년고용의무 이행 추이 〉

구분	'09	'10	'11	'12	'13	'14	'15
청년신규고용비율(%)	2.5 →	2.6 →	3.0 →	3.3 →	3.5 →	4.8 →	4.8
의무이행기관비율(%)	33.2 →	32.0 →	42.3 →	48.1 →	51.3 →	72.1 →	70.1

   * 2013년까지는 청년고용 '노력' 의무, 청년고용 대상 15~29세, 2014년부터는 청년 '고용' 의무, 청년고용 대상 15~34세
□ 의무이행 준수율이 상승한 원인을 분석한 결과, 각 소관 중앙부처와 자치단체의 청년고용에 대한 관심 증가와 함께,
○ 「공공 기관의 운영에 관한 법률」에 따른 공공 기관의 경우에는 임금피크제 도입에 따른 별도 정원 활용 등에 의한 정원 증가(4,634명)로 신규채용 여력을 확보한 것으로 나타났고,
○ 「지방공기업법」에 따른 지방공기업의 경우에는 2016년 정원은 소폭 감소하였으나, 임금피크제 도입에 따른 결원 충원, 신규 사업 확대 시 청년 채용 등이 주된 요인이었던 것으로 조사되었다.
□ 고용노동부는 「청년고용촉진특별법」 제5조에 따라 금일 동 위원회의 심의를 거쳐 미이행 기관 명단을 관보 게재를 통해 조속히 공표하고, 2016년 공공 기관 경영 평가에도 반영토록 이행 결과를 주무부처에 통보할 계획이다.
○ 아울러, 미이행기관들에 대해서는 2017년도 청년고용의무제 준수를 촉구하고, 소관부처 및 자치단체에 청년고용 실적을 통보하는 등 관련 기관의 청년고용 확대를 위한 협조를 요청하고,
○ 2016년 11월 발표한 「일·가정양립 등을 통한 공공부문 청년고용 확대 실행 방안」*을 지속 추진하면서, 지역별 고용 센터를 통한 분기별 모니터링 및 반기별 점검 회의를 개최하여 청년고용의무제 이행을 선제적으로 점검할 계획이다.
   * (남성)육아휴직 활성화, 전환형 시간선택제 확산, 임금피크제 활용 등으로 일자리 창출 여력 확보 → 빈 일자리에 청년 채용
□ 한편, 금번 회의에서는 「2017년 청년고용정책 모니터링 추진 계획(안)」과 관련하여 청년의 정책에 대한 체감도를 제고할 수 있는 방안도 논의되었다.
   * 청년고용촉진특별위원회 산하 「현장모니터링 전문위원회」에 「청년고용정책참여단」 설치·운영

○ 청년고용정책 모니터링은 정책 수요자인 청년이 직접 정책을 모니터링하고 스스로 그 개선안을 만들어 낸다는 취지에서 2016년 처음으로 시행된 사업이다.
○ 지난해의 경우 공모를 통해 약 200여 명의 청년을 선발하여 22개 부처 97개 정책에 대해 1차·2차로 나누어 추진했고, 그중 가장 우수하고 즉시 실행이 가능한 주요 제안 내용*을 2016년 12월 제3차 청년고용촉진특별위원회에서 채택하여 현재 추진 중에 있다.
  * ① 훈련사업 통합관리, ② 통합 홍보 시스템 구축 방안, ③ 취업맞춤특기병제 개선 방안
○ 금년에는 지난해 처음 실시로 인해 다소 미흡했던 부분을 보완하여 모니터링단 운영 기관(한국고용정보원)을 지정하여 모니터링을 상시화·체계화하고 사전 교육도 강화할 계획이다.
  - 특히, 금년부터는 청년 단체가 직접 모니터링에 참여하여 개선안을 제시한다는 점에서 청년의 제도적인 참여를 강화했다.
  - 아울러 지난해와는 달리, 분야별* 주제를 정하여 청년들 스스로의 문제 인식을 기반으로 정책적 대안을 찾아가고, 일자리 문제 이외에도 청년 생애주기별 각종 문제 해결을 위한 정책 모니터링으로 확대 추진할 예정이다.
  * 예) 진로 지도, 고용·취업 지원, 직업 훈련, 채용 절차, 근로 조건 및 격차 해소 등

19 윗글의 내용에 대한 이해로 적절하지 <u>않은</u> 것은?

① 의무를 이행한 기관의 2016년의 이행 추이는 2015년에 비해 상승하였다.
② 2016년도 청년고용의무제 대상 기관은 2015년도에 비해 41개소 증가하였다.
③ 청년고용정책 모니터링 공모를 통해 제안된 내용 중 일부가 채택되어 추진 중이다.
④ 청년신규고용비율의 이행 추이는 의무이행기관비율의 추이에 비해 변화 폭이 좁다.
⑤ 의무이행 준수율이 상승한 원인 중 하나는 공공 기관이 임금피크제를 도입하여 신규채용 여력을 확보한 것이다.

20 윗글의 내용을 읽고 보인 반응으로 적절하지 <u>않은</u> 것은?

① 청년고용의무제 적용 대상 기관은 모두 고용 의무를 정확하게 이행하고 있군.
② 청년 모니터링의 분야별 주제를 미리 정하고 공모를 준비를 해 보는 것도 좋겠어.
③ 미이행 기관의 청년고용의무제 준수를 촉구하는 광고 영상 같은 걸 만들면 좋겠군.
④ 나의 공모 제안 내용이 청년고용촉진특별위원회에서 추진된다면 굉장히 뿌듯하겠군.
⑤ 청년고용의무를 준수한 기관에 정부에서 특혜를 많이 준다면 일자리가 많이 생길 텐데.

PART

VI

국어문화

01 국어학
02 국문학

국어문화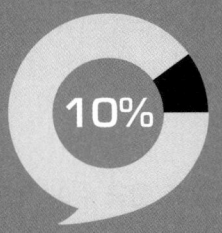

최근 13개년 기출 전 문항 분석 결과

영역	출제 유형	출제 문항 수
[91~100] 국어문화	국문학–작품/작가	3
	국어학–국어사/내용 파악	3
	국어학–수어/점자	2
	국어학–매체	2

- ✅ '국문학'은 정답률이 매우 낮다. 최대한 많은 작가의 성향과 작품 정보를 살펴 눈에 익히는 것이 중요하다. 고전시가의 경우 갈래(향가, 고려가요, 가사 등)를 나누어 익히고, 고전소설은 작품 제목과 내용을 연결 지으며 공부한다. 현대시와 현대소설은 해당 작가의 성향과 대표작을 함께 익혀두어야 작품을 보고 작가를 찾거나 작가를 보고 작품을 찾는 문제를 모두 맞힐 수 있다.
- ✅ 국어학에서 '국어사'는 '훈민정음 해례본'을 중심으로 출제된다. 처음 익히기는 어려우나 한번 외우면 문제 유형이 바뀌어도 언제든 적응할 수 있으니 충실히 공부한다.
- ✅ 국어학에서 개화기(근대)의 '신문 기사 내용'을 파악하는 문제는 해당 표기를 발음하면 어떻게 소리가 날지 생각하면 의미가 쉽게 이해된다.
- ✅ 수어, 점자, 북한어는 반복해서 출제되지 않으니 〈보기〉의 자료를 보고 유추해서 푼다. 어법 파트에서 익힌 로마자 표기법과 문장 부호까지도 북한어 공부에 활용된다.
- ✅ 법령문은 내용 정리 파트를 충분히 공부하고, 한자어 뜻과 맥락을 살펴서 풀도록 한다.

01. 국어학

기출동형 문제

정답 P 37

1 다음은 국립국어원의 '한국 수어 사전'에 실린 자료이다. 제시된 수어가 나타내는 의미는?

① 걷다
② 뛰다
③ 숨쉬다
④ 때리다
⑤ 넘기다

2 다음은 국립국어원의 '한국 수어 사전'에 실린 자료이다. 제시된 수어가 나타내는 의미는?

① 접다
② 가다
③ 베다
④ 패다
⑤ 잠들다

3 <보기>에 쓰인 ㉠~㉤의 의미로 적절하지 않은 것은?

> 근읍 수령이 모여든다. 운봉 영장, 구례, 곡서, 순창, 옥과, 진안, 장수, 원님이 차례로 모여든다. 좌편에 행수 군관, 우편에 청령 사령, 한가운데 본관은 주인이 되어 하인 불러 분부하되, "관청색 불러 다담을 올려라. ㉠육고자(肉庫子)에 불러 큰 소를 잡고, 예방(禮房) 불러 ㉡고인(鼓人)을 대령하고, ㉢승발(承發) 불러 차일(遮日)을 대령하라. 사령 불러 ㉣잡인(雜人)을 금하라." 이렇듯 요란할 제, ㉤기치(旗幟) 군물(軍物)이며 육각(六角)풍류(風流) 반공에 또 있고, 녹의홍상 기생들은 백수(白手) 나삼(羅衫) 높이 들어 춤을 추고, 지야자 두덩실 하는 소리 어사또 마음이 심란하구나.
> – 춘향전

① ㉠: 육고에 딸려 관아에 육류를 진상(進上)하던 관노(官奴)
② ㉡: 북을 연주하는 사람
③ ㉢: 잔치를 담당하던 스님
④ ㉣: 그곳이나 그 일에 관계 없는 사람
⑤ ㉤: 군대에서 쓰던 깃발

4 『훈민정음(언해본)』(1459)에 대한 설명으로 가장 적절한 것은?

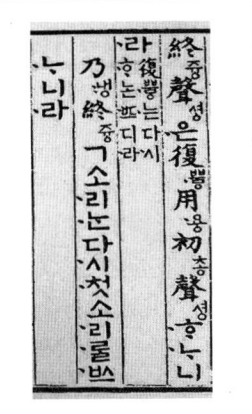

① 조사와 어미는 훈민정음으로 달았다.
② 한자 위에 훈민정음을 함께 표기하였다.
③ 모음조화를 지키되 음성모음의 비중이 더 높았다.
④ 음의 높낮이를 나타내는 표시를 훈민정음 오른쪽에 표기하였다.
⑤ 현대에는 쓰지 않는 자음을 초성에는 사용하되 종성에는 사용하지 않았다.

5 〈보기〉의 밑줄 친 법령 용어를 쉬운 용어로 정비한 것으로 가장 적절한 것은?

>
> 사립학교 교원은 형(刑)의 선고, 징계처분 또는 이 법에 정하는 사유에 의하지 아니하고는 본인의 의사에 반하여 휴직이나 면직 등 불리한 처분을 받지 아니한다. 다만, 학급이나 학과의 개편 또는 폐지로 인하여 폐직이나 과원이 된 때에는 그러하지 아니하다. -『사립학교법』 제56조 제1항

① 해당인이 필요가 없어진 경우에는
② 교원에게 이익이 생기게 될 때에는
③ 해당인이 병들거나 죽었을 경우에는
④ 본인의 의사가 변하거나 사라진 경우에는
⑤ 직책이 없어지거나 정원이 초과된 경우에는

6 〈보기〉의 (가)를 바탕으로 (나)를 분석한 내용으로 적절하지 <u>않은</u> 것은?

>
> (가) 품사는 단어를 형태, 기능, 의미를 기준으로 분류한 것이다. ㉠형태에 따라 불변어, 가변어로, ㉡기능에 따라 체언, 용언, 수식언, 관계언, 독립언으로, ㉢의미에 따라 명사, 대명사, 수사, 동사, 형용사, 관형사, 부사, 조사, 감탄사로 나뉜다.
> (나) 다섯 평 남짓의 방에 개 하나가 홀로 있었다.

① ㉠에 따라 나누면 '있었다'는 가변어이다.
② ㉡에 따라 나누면 '평'과 '개'는 체언이다.
③ ㉡에 따라 나누면 '다섯'과 '하나'는 같은 품사이다.
④ ㉢에 따라 나누면 '홀로'는 부사이다.
⑤ ㉢에 따라 나누면 '의'와 '가'는 같은 품사이다.

7 〈보기〉를 참고하여 훈민정음의 초성 자음을 설명한 내용으로 적절하지 않은 것은?

> 훈민정음의 초성 자음은 모두 17자이다. 기본자 5개(ㄱ, ㄴ, ㅁ, ㅅ, ㅇ)는 발음 기관을 본떠 만들었고, 여기에 획을 더하여 가획자 9개, 가획하였으나 그 이전 음보다 더 세진다는 의미는 없는 이체자 3개를 더 만들었다.

① ㄷ은 기본자 'ㄴ'의 가획자이다.
② ㅂ은 기본자 'ㅁ'의 가획자이다.
③ ㆁ은 기본자 'ㅇ'의 가획자이다.
④ ㅈ은 기본자 'ㅅ'의 가획자이다.
⑤ ㅎ은 기본자 'ㅇ'의 가획자이다.

8 〈보기〉의 ㉠~㉢의 과거 시제 선어말 어미에 대한 설명과 그에 해당하는 예시를 연결한 것으로 적절하지 않은 것은?

> 선어말 어미 '-았-/-었-'은 여러 가지 의미를 지닌다. ㉠사건이나 상태가 과거의 것임을 나타내기도 하고, ㉡과거에 일어난 사건의 결과, 상태가 현재까지 지속되고 있음을 나타내기도 한다. ㉠과 달리 ㉡의 경우에는 '-았-/-었-'을 보조 용언 구성 '-아/-어 있-'이나 '-고 있-'으로 교체하여도 의미가 달라지지 않는다. 또한 ㉢미래의 일을 확정적인 사실로 받아들임을 나타내기도 한다.

① ㉠ A: 너 지난 휴가에 뭐 했어?
　　　B: 하루에 영화를 한 편씩 보았어.
② ㉠ A: 너 지난 주말 내내 집에 없더라.
　　　B: 할머니 댁에 잠깐 병문안을 갔어.
③ ㉡ A: 감기 걸렸다며?
　　　B: 응, 그래서인지 지금도 목이 잠겼어.
④ ㉡ A: 교외로 나가니까 아직 단풍이 예쁘니?
　　　B: 응, 거긴 물이 곱게 들어 있었어.
⑤ ㉢ A: 너 요새도 늘 야근이야?
　　　B: 응, 내년에도 시집은 다 갔어.

기출동형 문제

9 <보기>를 참고할 때 단어 형성 방식이 ㉠에 해당하는 것은?

> <보기>
>
> 합성어는 어근과 어근이 합쳐져 만들어진 복합어로, 그 형성 과정이 국어의 자연스러운 문장 구성 방법과 일치하는 ㉠통사적 합성어, 그렇지 않은 비통사적 합성어로 나뉜다.
> 예를 들어 '주어 – 목적어 – 서술어'의 순서로 결합하거나 명사는 관형사의 수식을 받고, 어간은 어미와 결합하여 쓰이는 것이 국어의 자연스러운 문장 구성 방식이다.

① 독서　　　　　② 감발　　　　　③ 보슬비
④ 검푸르다　　　⑤ 작은아버지

10 <보기>의 ㉠과 ㉡에 들어갈 예를 바르게 연결한 것은?

> <보기>
>
> 관형사는 체언 앞에 놓여서, 그 체언의 내용을 자세히 꾸며 주는 '품사'이다. 한편, 관형어는 체언을 꾸며 주는 역할을 하는 '문장 성분'의 이름이다. 예를 들어 'ⓐ다른 사람들은 서로와 ⓑ다른 방법을 ⓒ선택했을 것이다'에서 관형사는 ㉠ 이고, 관형어는 ㉡ 이다.

	㉠	㉡		㉠	㉡
①	ⓐ, ⓑ	ⓒ	②	ⓐ, ⓑ	ⓑ, ⓒ
③	ⓐ	ⓑ, ⓒ	④	ⓐ	ⓐ, ⓑ, ⓒ
⑤	ⓐ, ⓒ	ⓑ, ⓒ			

11 <보기>의 ㉠~㉤이 중의적으로 해석될 수 있는 이유로 적절하지 <u>않은</u> 것은?

> <보기>
>
> ㉠ 나는 밥을 안 먹었다.
> ㉡ 그는 그녀를 총으로 쏘지 않았다.
> ㉢ 다리가 튼튼해야 안심이 될 것이다.
> ㉣ 철수와 영희가 결혼하였다.
> ㉤ 행복한 친구의 가정을 보고 있으면 나도 마음이 편안하다.

① ㉠: '안'이 무엇을 부정하는지 분명하지 않기 때문이다.
② ㉡: '않았다'가 부정하는 요소가 무엇인지 분명하지 않기 때문이다.
③ ㉢: '다리'가 의미하는 바가 무엇인지 분명하지 않기 때문이다.
④ ㉣: '결혼하다'의 주체가 누구인지 분명하지 않기 때문이다.
⑤ ㉤: '행복한'이 무엇을 수식하는지 분명하지 않기 때문이다.

12 서술절을 가진 안은문장을 포함하고 있는 문장으로 가장 적절한 것은?

① 내 옷은 소매가 길다.
② 영수는 이제 아버지가 다 되었다.
③ 친구가 입사했다는 소식이 전해졌다.
④ 정신이 하나도 없이 살다가 늙어 버렸다.
⑤ 기타를 짧은 시간에 배우기는 매우 어렵다.

13 부사절을 가진 안은문장으로 가장 적절한 것은?

① 봄이 오면 꽃이 핀다.
② 소리 없이 눈이 온다.
③ 넓은 밭에 보리가 익었다.
④ 그가 온 사실을 나는 몰랐다.
⑤ 영수는 자신이 청소를 하겠다고 말했다.

14 〈보기〉에 나타나는 북한어의 특징으로 적절하지 <u>않은</u> 것은?

- 거마리(거머리), 도드라기(두드러기), 수집다(수줍다)
- 무데기(무더기), 웅뎅이(웅덩이), 지푸래기(지푸라기)
- 헤염(헤엄), 드디여(드디어)
- 눈뚝(눈둑), 원쑤(원수), 색갈(색깔), 손벽(손뼉), 잠간(잠깐), 이발(이빨), 눈섭(눈썹)

* 표기 방식: 북한어(남한어)

① 남한어와 북한어는 모음만 서로 다른 것이 있다.
② 남한어와 달리 북한어는 모음 조화를 지켜 표기한다.
③ 남한어와 달리 북한어는 'ㅣ 모음 순행 동화'를 표기한다.
④ 남한어와 달리 북한어는 'ㅣ 모음 역행 동화'를 표기한다.
⑤ 남한어는 된소리로 적는 것을 북한어는 어원을 밝혀 예사소리를 적는 경우가 있다.

기출동형 문제

15 〈보기〉의 ㉠, ㉡에 들어갈 말로 가장 적절한 것은?

> 보기
>
> 북한에서는 남한의 한글 맞춤법과 달리 "어간의 모음이 'ㅣ, ㅐ, ㅔ, ㅚ, ㅟ, ㅢ'인 경우와 어간이 '하'인 경우에는, 어미를 '-여, -였-'으로 적는다"라고 한다. 그래서 기본형이 '기다, 베다, 되다, 희다, 하다'인 경우 북한어에서 이 단어들을 활용하면 ㉠ 가 되고 이에 비해 남한어는 ㉡ 가 된다.

	㉠	㉡
①	기여, 베여, 되어, 희여, 하여	기여, 베여, 되어, 희여, 하여
②	기여, 베여, 되어, 희여, 하여	기어, 베어, 되어, 희어, 하여
③	기어, 베여, 되어, 희여, 하여	기여, 베여, 되어, 희여, 하여
④	기어, 베여, 되어, 희여, 하여	기여, 베여, 되어, 희어, 하여
⑤	기여, 베여, 되여, 희여, 하여	기어, 베어, 되어, 희어, 하여

16 〈보기 2〉는 북한의 축구 중계인 〈보기 1〉을 본 학생들의 대화이다. ㉠에 들어갈 말로 가장 적절한 것은?

> 보기 1
>
> 해설자: 아! 연락 좋습니다. 정대세 선수 좋은 자리입니다.
> 아나운서: 우리 팀에서는 문지기 1번의 리명국, 중간방어수에는 9번의 안영학, 11번 문인국, 4번 박남철 선수 등이 있습니다.
> 해설자: 사우디아라비아의 넘겨차기가 좋군요. 오~ 다행히 공격어김이 되었습니다.
> 아나운서: 슛! 아~ 정대세 선수의 차넣기였는데 가까스로 사우디아라비아 팀의 문지기가 처리했습니다.

> 보기 2
>
> 진영: 남한과 북한은 축구 용어를 서로 다르게 사용하고 있구나. 패스가 연락으로, 골키퍼가 문지기로, 미드필더가 중간방어수로 표현되어 있어.
> 건구: 넘겨차기와 공격어김은?
> 진영: 각각 센터링과 오프사이드야!
> 건구: 이런 예를 통해 보았을 때, 북한어는 ㉠ 특징을 보인다는 것을 알 수 있어.

① 남한에 비해 의미를 풀어 쓴다는
② 남한에 비해 외래어를 적게 사용한다는
③ 남한에 비해 파생어를 많이 사용한다는
④ 남한에 비해 명사형을 적게 사용한다는
⑤ 남한에 비해 고유어를 적게 사용한다는

17 〈보기〉는 북한 교과서에 실린 글의 일부이다. ㉠~㉤을 탐구한 내용으로 적절하지 <u>않은</u> 것은?

> ㉠<u>토</u>는 단어와 단어를 이어서 문장을 이루게 하며 문장의 뜻도 잘 ㉡<u>알수</u> ㉢<u>있게합니다</u>. 례를 들어 ㉣<u>≪오늘, 수학 시험, 치다, 날≫</u>하고 단어만 써놓으면 무슨 뜻인지 잘 알 수 없습니다. 그러나 여기에 알맞은 ㉤<u>토</u>를 붙여 ≪오늘은 수학 시험을 치는 날입니다.≫라고 하면 그 뜻이 똑똑히 나타납니다.

① ㉠: 품사를 지칭하는 단어가 남한과 차이를 보이는군.
② ㉡: 남한의 맞춤법과 같이 의존 명사를 앞말에 붙여 쓰고 있군.
③ ㉢: 남한의 한글 맞춤법 원칙과 달리 본용언과 보조 용언을 붙여 쓰고 있군.
④ ㉣: 단어나 문장을 인용하는 부호가 남한과 다르군.
⑤ ㉤: '토'는 남한의 '조사'와 '어미'를 아우르는 의미로 사용되는군.

18 〈보기〉에 대한 설명으로 적절하지 <u>않은</u> 것은?

추석 음식은 '아지노모도'
추석은농가에서 뎨일깃븐명졀임내다
그추석음식에는 '아지노모도'를처서맛잇게하야
일가단락히유쾌한하로를보내십시오
— 〈동아일보〉(1929. 10. 25.)

① 띄어쓰기가 현대와 다르다는 것을 확인할 수 있다.
② 구개음화가 반영되지 않은 표기가 있음을 확인할 수 있다.
③ 현대와 달리 비음화를 표기에 반영하고 있음을 확인할 수 있다.
④ 모음 조화가 현대에 비해 비교적 잘 지켜졌음을 확인할 수 있다.
⑤ '기쁘다', '유쾌하다'와 같은 단어의 기본형이 현대와 일치하는 것을 확인할 수 있다.

19 ㉠~㉤의 예시로 적절하지 않은 것은?

> 보기
>
> 진행자: 오늘은 국립국어원에서 국어 순화 연구를 담당하고 계신 정○○ 연구관님을 모시고 말씀을 나누어 보겠습니다. 선생님, 어떤 말이 순화의 대상이 되나요?
> 연구관: 아무래도 최근에는 서구 외래어, 특히 ㉠영어를 순화하는 경우가 많습니다.
> 진행자: 그럼 외국어를 순수 우리말, 즉 고유어로 바꾸는 것이 국어 순화 작업인가요?
> 연구관: 꼭 그렇지는 않습니다. ㉡고유어를 활용할 수도 있고 ㉢한자어를 활용할 수도 있지요. 또 이 ㉣두 가지를 조합한 순화어도 있어요. 아주 가끔은 ㉤외래어를 활용하기도 합니다. 이때 활용된 외래어는 완전히 우리말로 정착한 외래어이어야겠지요.

① ㉠: 인터체인지 → 나들목
② ㉡: 팁 → 봉사료
③ ㉢: 스크린 도어 → 안전문
④ ㉣: 팝업창 → 알림창
⑤ ㉤: 그룹 엑서사이즈 → 그룹 운동

20 ㉠~㉢에서 부사격 조사가 바르게 실현된 것을 모두 고른 것은?

> 보기
>
> 중세 국어에서 부사격 조사는 '♀로/으로/로'가 쓰였다. 부사격 조사는 /ㄹ/이나 모음 뒤에는 '로'가 실현되었으며, /ㄹ/을 제외한 자음 뒤일 경우 선행 체언의 끝음절에 양성 모음이 사용된 경우 '♀로', 음성 모음이 사용된 경우 '으로'로 실현되었다.
>
> | ㉠ 소ᄂ로(손+♀로) | ㉡ 쑤므로(쑴+으로) | ㉢ 눉믈로(눉믈+로) |

① ㉠
② ㉡
③ ㉠, ㉢
④ ㉡, ㉢
⑤ ㉠, ㉡, ㉢

02. 국문학

기출동형 문제

1 〈보기〉에서 설명하는 문학 작품은?

> 보기
> 조선 중기에 허난설헌이 지은 규방가사로, 남편의 사랑을 받지 못하고 규방에서 속절없이 눈물과 한숨으로 늙어가는 여인의 애처로운 정한을 표현한 작품이다.

① 연행가 ② 규원가 ③ 북천가
④ 만분가 ⑤ 면앙정가

2 〈보기〉에서 설명하는 문학 작품은?

> 보기
> 1772년(영조 48) 그의 남편이 함흥판관으로 부임할 때 같이 가서, 그 부근의 명승 고적을 탐승하며 지은 기행(紀行)·전기(傳記)·번역 등을 합편한 문집이다. 조선조 여인의 글로는 매우 개성적이고도 우수한 작품이다.

① 계축일기 ② 산성일기 ③ 의유당일기
④ 조침문 ⑤ 요로원야화기

3 〈보기〉에서 설명하는 문학 작품은?

> 보기
> 시골 초등학교를 배경으로 하여, 반 친구들 사이에 군림하는 엄석대라는 인물을 통해 권력의 속성과 무기력한 대중들의 모습을 알레고리적으로 보여 준 작품이다.

① 눈길 ② 홍어 ③ 만세전
④ 삼포 가는 길 ⑤ 우리들의 일그러진 영웅

4 〈보기〉에서 설명하는 문학 작품은?

> 보기
> 조선 시대의 대표적 군담 소설로, 간신 이두병의 간계로 죽은 승상의 아들이 태자와 더불어 후일을 기약하고 헤어져 방랑하다가 장 소저와 백년가약을 맺고 위기에 처한 태자를 구출하고 수십만 대군으로 송나라를 구해 낸다는 내용이다.

① 최척전   ② 운영전   ③ 조웅전
④ 심생전   ⑤ 서동지전

5 〈보기〉에서 설명하는 문학 작품은?

> 보기
> 고려 시대 문인 이규보가 지은 수필로, 이[虱]와 개[犬]의 죽음을 둘러싼 '객'과 '나' 두 사람의 대화로 이루어져 있다. '객'은 '이는 미물이어서 죽어도 슬프지 않으나 개는 큰 짐승이므로 죽으면 불쌍하다'고 생각하는데, 이에 대해 '나'는 '모든 생명체의 죽음은 동일하다'는 인식의 자세를 일깨우고 있다.

① 경설   ② 뇌설   ③ 차마설
④ 이옥설   ⑤ 슬견설

6 〈보기〉에서 설명하는 시나리오 용어는?

> 보기
> 어두운 화면이 점점 밝아지는 것으로 주로 시작 부분에서 많이 사용된다.

① 이중 노출(D.E.)   ② 클로즈업(C.U.)   ③ 페이드인(F.I.)
④ 팬(PAN)   ⑤ 포커스인(Focus in)

7 〈보기〉에서 설명하는 작가는?

　　호는 고산(孤山), 조선 시대 시인이자 문신, 남인 정치인이었다. 효종과 현종을 가르치기도 하였으나 예송 논쟁 당시 허목, 윤휴와 함께 나섰다가 정치적으로 패해 유배 생활을 했다. 유배지에서 울적한 심사를 달래며 지은 〈어부사시사(漁父四時詞)〉, 담백하게 자연을 읊은 〈오우가(五友歌)〉 등의 연시조가 특히 유명하다.

① 정철　　　　② 송순　　　　③ 송시열
④ 윤선도　　　⑤ 정약용

8 〈보기〉에서 설명하는 문학 작품은?

　　조선 시대의 연애 소설이다. 안평 대군이 거처하였던 수성궁에 놀러 간 선비 유영(柳泳)이 꿈속에서 궁녀와 김 진사를 만나 그들의 슬픈 사랑 이야기를 듣고 깨어 보니 두 사람은 없고 김 진사가 그들의 이야기를 기록한 서책만 남아 있어, 이를 후세에 전한 것이 이 책이라 한다. 여타 고전소설들과 달리 행복한 결말을 맺고 있지 않은 것이 특징이다.

① 운영전　　　② 홍계월전　　　③ 금방울전
④ 박씨부인전　⑤ 숙영낭자전

9 〈보기〉의 ㉠과 관련 있는 문학 작품이 아닌 것은?

　　'전쟁의 상처'라는 주제는 한국의 현대 문학에서 지금까지 변용을 거듭하고 있다. 1950년대 한국 소설의 대부분은 ㉠6·25 전쟁을 소재로 하거나 작품의 배경으로 삼고 있다. 전쟁을 직접 겪은 이들 세대의 작가들이 잔혹한 한국 전쟁의 경험을 재현해 냈다면, 그 이후 작가들은 전쟁 후유증이 그들의 삶에 어떤 영향을 미치고 있는지 질문했다.

① 오상원, 〈유예〉　　② 황순원, 〈학〉　　③ 최인훈, 〈광장〉
④ 하근찬, 〈수난이대〉　⑤ 염상섭, 〈삼대〉

10 〈보기〉에서 설명하는 문학 갈래는?

신라 시대에 향찰로 지어진 노래로, 신라의 고유한 문화적 성격이 잘 드러난다. 향찰을 당대의 말로 해석(재구성)한 내용이 몇 줄로 나뉘는지에 따라 4구체, 8구체, 10구체로 분류한다. 작자층은 승려, 화랑 등 다양하게 추정되며, 현재 ≪삼국유사≫에 14수, ≪균여전≫에 11수, 총 25수가 전한다.

① 가사 ② 시조 ③ 향가
④ 한시 ⑤ 가전체

11 〈보기〉에서 설명하는 작가는?

1909년에 태어난 소설가로, 호는 구보(丘甫/仇甫)이다. 일본 유학 이후 귀국한 1931년부터 본격적인 창작 활동을 시작하였으며, 1933년 이태준, 박팔양 등과 함께 순수 문학적, 유미주의적 성향의 구인회(九人會)에서 활동했다. 독특한 문체를 시도하였으며 주로 소시민의 생활을 소재로 한 심리 소설과 세태 소설을 썼다. 본인의 호를 딴 인물이 주인공인 소설이 있다.

① 이상 ② 박태원 ③ 김기림
④ 정지용 ⑤ 이효석

12 〈보기〉에서 설명하는 작가는?

1921년에 태어나 1968년에 요절한 시인이다. 1947년 ≪예술부락≫에 〈묘정(廟庭)의 노래〉를 발표하면서 등단한 후 김경린, 박인환과 함께 시집 ≪새로운 도시와 시민들의 합창≫을 발표하였는데 그의 시는 독자들로부터 다소 난해하다는 평을 받았으나 곧 지성과 감성의 조화를 이룬 작품으로 평가받았다. 4·19 혁명 이후 현실 비판 의식과 저항 정신을 바탕으로 한 참여시를 썼다. 작품에 〈풀〉, 〈푸른 하늘을〉 등과 시집 ≪달나라의 장난≫, ≪거대한 뿌리≫ 등이 있고 산문집 ≪시여, 침을 뱉어라≫ 따위가 있다. 그의 사후 '민음사'에서는 그를 기념하는 문학상을 제정하여 1981년 이후 매년 수여하고 있다.

① 김수영 ② 신동엽 ③ 신경림
④ 고은 ⑤ 이성부

13 〈보기〉에 제시된 문학 작품을 쓴 작가는?

> 보기
> - 죽는 날까지 하늘을 우러러 / 한 점 부끄럼이 없기를 / 잎새에 이는 바람에도 / 나는 괴로워했다.
>   − 〈서시〉
> - 내 이름자 묻힌 언덕 위에도 자랑처럼 풀이 무성할 거외다. − 〈별 헤는 밤〉
> - 우물속에는 달이 밝고 구름이 흐르고 하늘이 펼치고 파아란 바람이 불고 가을이 있고 추억처럼 사나이가 있습니다.
>   − 〈자화상〉

① 김소월 ② 윤동주 ③ 이육사
④ 서정주 ⑤ 박목월

14 반영론적 관점에서 문학 작품을 분석한 내용으로 가장 적절한 것은?

① 어머니께 일찍이 효도하지 못했던 것이 후회된다.
② 산업화 과정에서 소외된 노동자들의 애환이 드러난다.
③ 공감각적 이미지를 통해 화자의 경험을 재구성하고 있다.
④ 대비되는 시어를 통해 화자의 의지를 강하게 드러내고 있다.
⑤ 자아에 대한 철저한 분석을 바탕으로 한 성찰 의지가 드러난다.

15 〈보기〉에 제시된 문학 작품을 쓴 작가는?

> 보기
> - 쟁반에 놓인 감이 고와도 보이는구나. / 유자가 아니라도 품어감직 하다마는 / 품어 가 반길 사람이 없으니 그를 슬퍼하노라.
> - 어리석고 멍청한 이가 내 위에는 더 없구나. / 길흉화복을 하늘에 붙여 두고 / 누항 깊은 곳에 초가집을 지어 두고 / 아침 바람 저녁 서리에 썩은 짚이 섶이 되어 / 세 홉 밥 닷 홉 죽에 연기도 많기도 많구나.
>   − 〈누항사〉

① 송순 ② 정철 ③ 박인로
④ 윤선도 ⑤ 정약용

16 <보기>에서 설명하는 작가는?

> 보기
> 초기에는 관념적이고 형이상학적인 사물의 존재 의의를 그리는 시를 썼고, 1980년대 이후에는 〈모든 순간이 꽃봉오리인 것을〉과 같이 구체적인 생명 현상에 대한 공감을 표현하였다. 그의 작품에는 상반된 정서(고통과 축제, 슬픔과 기쁨 등)의 갈등 속에서 초월과 화해를 탐구하는 역동적인 긴장을 찾아볼 수 있다.

① 정현종　　　② 송수권　　　③ 박노해
④ 신경림　　　⑤ 곽재구

17 <보기>에서 설명하는 작가는?

> 보기
> 세련된 감수성과 지성을 바탕으로 서정의 세계를 노래한 시인이다. 개성적인 서정시와 산문과 같은 장시를 발표하며 시적 변화를 모색해 온 것으로 잘 알려져 있다. 대표작으로 〈즐거운 편지〉, 〈조그만 사랑 노래〉 등이 있다.

① 최승호　　　② 이용악　　　③ 박목월
④ 황동규　　　⑤ 박재삼

18 <보기>에서 설명하는 문학적 장치는?

> 보기
> 현재 장면을 누가 보고 있는지 또 무엇을 보고 있는지, 누가 알고 있는가에 관심을 두는 개념

① 액자 구성　　　② 전기적 구성　　　③ 초점화 구성
④ 옴니버스 구성　　　⑤ 피카레스크식 구성

실전모의고사

(1~100)

KBS
한국어능력시험

기/출/변/형 실전모의고사

제한시간: 120분

🎧 에듀윌 도서몰(book.eduwill.net)에서 듣기 MP3 파일을 무료로 내려받으세요.

정답 ❷ 42

듣기·말하기(1~15)

1 그림에 대한 설명으로 적절하지 <u>않은</u> 것은?

① 삶의 희망을 부르짖는 자와, 망연자실한 자의 모습이 모두 담겨 있다.
② 암담하고 비참한 상황을 묘사하고 있으나, 이를 통해 현실을 고발한 것은 아니다.
③ 뒤를 돌아보며 외치고 있는 사람의 모습을 통해 희망이 발견된 순간임을 알 수 있다.
④ 안정된 삼각형 구도를 통해 인간의 운명이 항상 불안하고 공포스러운 것은 아님을 표현하고 있다.
⑤ 돛의 뒤쪽에서 몰려오는 파도와 검은 하늘을 통해 삶에서 죽음으로 전이되는 인간의 운명을 암시하고 있다.

2 이어질 내용으로 가장 적절한 것은?

① 노력을 하지 않고 꾀만 부리면 실패하기 십상이라는 것입니다.
② 근거도 없이 남을 트집 잡다가는 언젠가 자신도 똑같이 당한다는 것입니다.
③ 남의 의견이나 비난과 상관없이 자신만의 주관을 갖고 행동하라는 것입니다.
④ 의리와 도덕을 알지 못하거나 가볍게 생각하는 사람은 멀리 하라는 것입니다.
⑤ 굳이 없어도 되는 것을 욕심내서 가지려고 했다가 피해를 볼 수 있다는 것입니다.

3 강연의 내용과 일치하지 <u>않는</u> 것은?

① 사이코패스는 반사회적인 범죄를 저지르고도 범행을 인지하지 못한다.
② 소시오패스는 잘못된 행동임을 알면서도 지속적으로 범행을 저지른다.
③ 소시오패스는 반사회적인 인격 장애로, 정신 질환의 범주에 들어가는 질병이다.
④ 사이버패스는 현실의 생활은 정상이지만 가상 현실에서 소시오패스의 경향을 보인다.
⑤ 소시오패스는 다른 사람을 속이는 사기성, 타인을 위협하는 공격성을 복합적으로 지니고 있다.

4 강연을 바르게 이해하지 <u>못한</u> 것은?

① 만유인력은 거리가 가까울수록 크게 작용한다.
② 차등 중력은 거리의 차이가 매우 커지면 작용하지 않는다.
③ 사람들은 블랙홀 이론이 처음 제시되었을 때 그 존재를 믿지 않았다.
④ 블랙홀에 사람이 빨려 들어갈 경우 원자까지도 쪼개지는 것은 차등 중력 탓이다.
⑤ 블랙홀에 들어가는 사람의 속도가 빛에 가까운 속도가 되면 시간은 점차 느려지게 된다.

5 이 시의 제목으로 가장 적절한 것은?

① 영원한 눈물
② 지리산의 봄
③ 상한 영혼을 위하여
④ 아름다운 사람 하나
⑤ 고통에게로 가는 길

6 교수가 설명한 내용과 일치하지 <u>않는</u> 것은?

① 조현병 환자의 운전면허 발급을 금지하기보다는 관리 방안을 고민해야 한다.
② 당뇨나 심장병이 있는 사람들의 운전면허 취득이 합법적인지부터 따져 봐야 한다.
③ 조현병 환자의 운전면허 발급을 금지하는 것은 환자의 치료가 잘 안 되는 원인이 된다.
④ 특정한 질병에 대해 일괄적으로 운전면허 발급 금지를 하는 것은 적절한 방법론이 아니다.
⑤ 조현병이 있더라도 전문의가 문제가 없다고 판단한다면 운전면허를 취득하는 데 문제가 없다.

7 기자가 사용한 말하기 전략으로 적절하지 <u>않은</u> 것은?

① 조현병 환자의 운전에 대한 여론이 어떤지 말하고 있다.
② 조현병 환자의 운전 가능 여부에 대해 전문가에게 묻고 있다.
③ 조현병 환자의 운전면허 취득에 반대하는 의견을 내세우고 있다.
④ 조현병에 대한 교수의 발언을 수용하며 다음 질문을 이어 가고 있다.
⑤ 조현병 환자의 운전면허 발급과 관련한 내용을 정리하며 인터뷰를 마무리하고 있다.

8 대화를 통해 알 수 있는 등장인물의 생각으로 볼 수 없는 것은?

① 딸: 집에 여러 사람들이 모여 사는 건 불편한 일이다.
② 아빠: 상황이 어려운 가족을 품고 돌보는 것은 불편한 일이 아니다.
③ 딸: 사정이 어려운 사람을 집에 들이는 것은 괜찮지만, 긴 시간 살게 하는 것은 불편하다.
④ 아빠: 가족은 좁게 볼 게 아니고, 넓게 봐도 삶에 특별히 문제가 될 것이 없다.
⑤ 딸: 아빠에게 화가 난 이유는 일상적 생활에서 불편함을 느끼고 있기 때문이다.

9 등장인물 간 미묘한 갈등의 근본적인 원인으로 가장 적절한 것은?

① 가족관에 대한 시각 차이
② 경제관에 대한 시각 차이
③ 가족의 교육적 효과에 대한 시각 차이
④ 가족과 경제의 괴리에 대한 시각 차이
⑤ 객식구의 사회적 의미에 대한 시각 차이

10 강연의 내용과 일치하지 않는 것은?

① 개인의 소비는 타인의 소비에 영향을 받는다.
② 값이 비싸야만 소비가 증가하고 수요가 증대된다.
③ 밴드왜건 현상이 일어나는 이유를 하나로 보기는 어려우며, 다차원적이다.
④ 편승 효과는 다른 사람들이 소비하는 상품을 좇아 소비가 증가하는 것을 뜻한다.
⑤ 많은 사람들이 그 물건을 사려 한다는 이유로 계획에 없던 물건을 산 것을 밴드왜건 효과로 설명할 수 있다.

11 강연자가 사용한 말하기 전략에 대한 설명으로 가장 적절한 것은?

① 비유의 방식을 사용하여 밴드왜건의 개념을 전하고 있다.
② 밴드왜건 현상의 장점과 단점을 균형 있게 소개하고 있다.
③ 통계를 인용하여 밴드왜건의 적용 양상을 언급하고 있다.
④ 전문가의 의견을 인용하여 서부 개척 시대를 설명하고 있다.
⑤ 밴드왜건 현상의 원인에 대해 구체적 사례를 들어 설명하고 있다.

12 대화 참여자의 입장을 가장 바르게 이해한 것은?

① 박 부장은 김 과장이 절차 없이 일을 처리한다고 생각한다.
② 박 부장은 이 대리가 보고서 제출 기한을 어겨 화가 나 있다.
③ 김 과장은 박 부장이 업무를 잘 파악하지 못하는 것에 불만이 있다.
④ 김 과장은 박 부장이 아무런 이유 없이 이 대리를 괴롭힌다고 생각한다.
⑤ 이 대리는 박 부장과 김 과장의 다툼의 원인이 판매량 때문임을 알고 있다.

13 대화의 갈등이 생긴 근본적인 원인으로 가장 적절한 것은?

① 박 부장이 하급자의 세대를 고려하여 말하지 못하고 있다.
② 김 과장이 자신의 업무 성과를 과도하게 부풀려 이야기하고 있다.
③ 김 과장은 상사를 존중하는 것보다 하급자에게 좋은 상사가 되는 것을 선택했다.
④ 김 과장이 이 대리의 업무 능력을 제대로 파악하지 못한 채 일을 분배하여 문제가 발생했다.
⑤ 박 부장이 하급자가 제출한 보고서의 문제점을 정확히 말하지 못하고 김 과장에게 떠넘기고 있다.

14 이 발표에서 제시한 정보로 옳지 <u>않은</u> 것은?

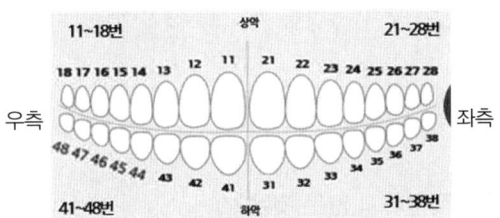

① 치아 번호 20번대는 좌측 윗니 구역을 표시한다.
② 대구치는 소구치보다 중요한 역할을 하는 치아이다.
③ 송곳니는 구강 내에 4개가 있는 것을 확인할 수 있다.
④ 발치 치아 교정을 할 때는 기능이 크지 않은 것을 발치한다.
⑤ 소구치는 윗니 중 2개, 아랫니 중 2개로 구강 내에 총 4개가 있다.

15 이 발표의 내용 구성 전략으로 가장 적절한 것은?

① 치아를 발치하는 치의학적 방법과 과정을 중심으로 설명한다.
② 치아 교정 시 발치하는 치아와 발치 이유를 중심으로 설명한다.
③ 치아 교정에 적합한 구강 상태를 구체적인 사례를 중심으로 설명한다.
④ 치아의 중요성에 대해 일반인이 잘 모르는 사실을 중심으로 설명한다.
⑤ 치아를 관리할 때 고려해야 할 양치 시간과 방법을 중심으로 설명한다.

어휘 · 어법(16~45)

16 밑줄 친 고유어의 뜻풀이로 바르지 <u>않은</u> 것은?

① 날이 흐려서인지 몸이 <u>까라진다</u>. → 기운이 빠져 축 늘어지다.
② 그 집은 <u>똘기</u>를 섞어서 비싼 값에 판다. → 채 익지 않은 과일
③ 그는 <u>해망쩍게</u> 또 사기를 당했다. → 영리하지 못하고 아둔하게
④ 요즘에는 <u>철겹게</u>도 개나리가 피곤 한다. → 꼭 알맞은 시절에 한창
⑤ <u>한소끔</u> 자고 일어나면 괜찮아질 것이다. → 일정한 정도로 한 차례 진행되는 모양

17 밑줄 친 한자어의 사전적 뜻풀이로 옳지 <u>않은</u> 것은?

① 사적 감정의 <u>개재(介在)</u>가 이 일의 변수이다. → 어떤 것들 사이에 끼여 있음.
② 이번 대회에서는 전 종목 <u>석권(席卷)</u>이 예상된다. → 빠른 기세로 영토를 휩쓸거나 세력 범위를 넓힘.
③ 수십 년 쌓아 온 그의 <u>아성(牙城)</u>을 무너뜨릴 수는 없었다. → 아주 중요한 근거지를 비유적으로 이르는 말
④ 불행한 사태의 <u>재연(再演)</u>을 막으려면 모두가 노력해야 한다. → 다시 나타남. 또는 다시 나타냄.
⑤ 그에 대한 일화는 아직도 많은 사람들 사이에 <u>회자(膾炙)</u>되고 있다. → 칭찬을 받으며 사람의 입에 자주 오르내림.

18 밑줄 친 고유어의 쓰임이 적절하지 <u>않은</u> 것은?

① 풀잎에 맺힌 이슬이 <u>함함하다</u>.
② 길이 너무 질어서 다른 길로 <u>에돌았다</u>.
③ 하다가 말 것이라면 <u>숫제</u> 안 하는 것이 낫다.
④ 때마침 비치는 달빛에 잠깐이지만 그녀의 얼굴이 <u>얼추</u> 보였다.
⑤ 마술사의 손놀림에 따라 보자기에 있던 비둘기가 <u>가뭇없게</u> 사라져 버렸다.

19 밑줄 친 말의 한자 병기가 <u>잘못된</u> 것은?

① 〈춘향전〉은 한국 고전 문학의 <u>백미(白眉)</u>이다.
② 그 안건에 대한 <u>결재(決濟)</u>가 나지 않아서 일의 진행이 어렵다.
③ 신속한 구조 활동으로 침몰한 배의 선원 모두가 무사히 <u>구명(救命)</u>되었다.
④ 법관은 법과 양심에 따라 자신의 판결에 최대한 <u>공정(公正)</u>을 기해야 한다.
⑤ 학회는 결정적 증거가 나오기 전까지 새 학설의 <u>공표(公表)</u>를 미루기로 결정하였다.

20 〈보기〉의 ㉠~㉢에 들어갈 단어를 바르게 연결한 것은?

> 보기
> - 영업팀 임금은 성과에 따라 (㉠)되었다.
> - 신년을 맞자 각 부서에 새 업무가 (㉡)되었다.
> - 도로에 의해 그 지역이 (㉢)되어 같은 동네라 할 수 없었다.

	㉠	㉡	㉢			㉠	㉡	㉢
①	분배	분담	분할		②	분담	분배	분할
③	분배	분할	분담		④	분담	분할	분배
⑤	분할	분담	분배					

21 〈보기〉의 ㉠~㉢에 해당하는 한자가 올바르게 묶인 것은?

> 보기
> - 경찰은 유괴 사건의 범인을 현상(㉠) 수배했다.
> - 핵가족화 현상(㉡)으로 독거노인의 비율이 증가했다.
> - 유럽 여행을 다녀와서 그녀는 사진을 현상(㉢)했다.

	㉠	㉡	㉢			㉠	㉡	㉢
①	現狀	懸賞	現象		②	現象	現像	懸賞
③	懸賞	現象	現像		④	現想	懸賞	現象
⑤	懸賞	現象	現狀					

22 〈보기〉의 밑줄 친 것에 해당하지 않는 것은?

> 보기
> 단어들 사이의 의미적 계층 관계는 크게 상하 관계와 부분 관계로 나눌 수 있다. 여기서 상하 관계는 상위어가 그것의 부분 속에 위치하고 있는 하위어를 포함하는 관계, 부분 관계는 한 단어가 지시하는 대상이 다른 단어가 지시하는 대상의 부분이 되는 관계를 일컫는다.

① 음식 : 김밥 ② 식물 : 나무 ③ 얼굴 : 낯
④ 책 : 시집 ⑤ 곡식 : 쌀

23 〈보기〉의 밑줄 친 단어의 문맥상 의미와 유사한 것은?

> 보기
> 인권 침해 책임자를 재판에 부쳐 처벌하였다.

① 그가 지금껏 부치던 논을 내년부터는 그럴 수 없게 되었다.
② 이제 기력이 부쳐 그 일을 할 수 없는 것이 못내 아쉽다.
③ 이번 공사는 이미 경쟁 입찰에 부쳐 한 기업을 결정한 상태이다.
④ 그는 신문지로 연방 바람을 부치면서 여기저기 구경을 하고 다녔다.
⑤ 그는 논문을 탈고하는 대로 인쇄에 부칠 예정이라 논문 쓰기에 여념이 없다.

24 밑줄 친 한자어를 다른 표현으로 바꾼 것 중 적절하지 않은 것은?

① 그는 재산을 분배(分配)하여 자식들에게 주었다. → 나눠서
② 정부에서는 노인 우대증을 발급(發給)해 주고 있다. → 끊어
③ 그의 죽음은 단순한 사고사로 사건이 종결(終結)되었다. → 매기단하였다
④ 그는 자신의 모습이 면괴(面愧)한 듯이 고개를 숙이고 머리를 긁적거렸다. → 민망한
⑤ 정부는 이번 사건의 책임을 물어 관계 장관을 경질(更迭)할 방침이라고 발표했다. → 내보낼

25 〈보기〉의 ㉠~㉤ 중, 다른 것과 의미 사이의 관련이 없는 것은?

> 보기
> ㉠ 책상 다리에서 못이 빠졌다.
> ㉡ 옷에 때가 쑥 빠져서 기분이 좋다.
> ㉢ 창문을 열었더니 방에 냄새가 빠졌다.
> ㉣ 그는 너무나 깊은 잠에 빠져서 일어날 줄을 모른다.
> ㉤ 구백 원만 있다면 천 원에서 백 원이 빠지는 셈이구나.

① ㉠ ② ㉡ ③ ㉢ ④ ㉣ ⑤ ㉤

26 〈보기〉의 (   ) 안에 공통적으로 들어갈 수 있는 단어의 기본형은?

> 보기
> • 본문에 각주를 (   ).
> • 기관차에 객차를 (   ).
> • 오늘 술값은 장부에 (   ) 두세요.

① 넣다 ② 달다 ③ 매다
④ 쓰다 ⑤ 적다

27 한자 성어와 속담의 의미가 일치하지 <u>않는</u> 것은?

① 주마간산(走馬看山) – 달리는 말에 채찍질
② 금지옥엽(金枝玉葉) – 쥐면 꺼질까 불면 날까.
③ 교각살우(矯角殺牛) – 빈대 미워 집에 불 놓는다.
④ 어로불변(魚魯不辨) – 낫 놓고 기역 자도 모른다.
⑤ 당랑거철(螳螂拒轍) – 하룻강아지 범 무서운 줄 모른다.

28 밑줄 친 관용 표현의 쓰임이 적절하지 <u>않은</u> 것은?

① <u>변죽만 울리지</u> 말고 본론을 말해.
② 그는 필요한 것만 취하고 <u>입을 씻었다</u>.
③ 상사에게 들키지 않으려고 그들은 <u>입을 맞췄다</u>.
④ 마을 사람들 모두 <u>코가 빠져</u> 아무 일도 하지 못했다.
⑤ 그녀는 사랑하는 그가 오자 놀란 마음에 <u>옹이가 졌다</u>.

29 다음 문장에서 밑줄 친 단어를 순화한 것으로 적절하지 <u>않은</u> 것은?

① 모인 사람들이 <u>갹출</u>(→ 추렴)하여 구제 기금을 마련하였다.
② 그는 눈의 구조에 <u>착안</u>(→ 실마리를 얻음.)하여 사진기를 발명하였다.
③ 그녀는 자신에게 내려진 '출국 금지'가 정치적 <u>린치</u>(→ 탄압)라고 항변했다.
④ 그 영화는 쫓고 쫓기는 숨 막히는 액션과 <u>서스펜스</u>(→ 박진감)가 압권이다.
⑤ 이 식당은 5번째 방문하는 손님에게 음식값을 10% <u>디스카운트</u>(→ 에누리)해 준다.

30 밑줄 친 말을 순화한 것으로 적절하지 <u>않은</u> 것은?

① 여름엔 <u>고수부지</u>(→ 둔치)에서 캠핑하는 것이 좋다.
② <u>저간</u>(→ 오래전)에 헤어진 그 사람이 더욱 생각난다.
③ 탈모가 고민인 민지는 요즘 <u>흑태</u>(→ 검정콩)만 먹는다.
④ 나래는 <u>유도리</u>(→ 융통성) 있게 일 잘하는 것으로 유명하다.
⑤ 의빈이와 상호는 요즘 <u>잉꼬부부</u>(→ 원앙 부부)처럼 사이좋게 지낸다.

31 밑줄 친 단어의 사이시옷 표기가 옳은 것은?

① 우윳빛 꽃이 길가에 피었다.
② 그는 여전히 월셋방에 산다.
③ 독서 모임이 끝나고 뒷풀이에 왔다.
④ 그의 말은 지나가는 인삿말이 아니다.
⑤ 그 사람은 반드시 댓가를 치를 것이다.

32 〈보기〉에 제시된 ㉠의 사례로 적절하지 않은 것은?

> 보기
> [한글 맞춤법 제40항] 어간의 끝음절 '하'의 'ㅏ'가 줄고 'ㅎ'이 다음 음절의 첫소리와 어울려 거센소리로 될 적에는 거센소리로 적는다.
> [붙임 1] 'ㅎ'이 어간의 끝소리로 굳어진 것은 받침으로 적는다.
> [붙임 2] ㉠어간의 끝음절 '하'가 아주 줄 적에는 준 대로 적는다.

① 거북지   ② 간편게
③ 생각건대   ④ 못지않다
⑤ 익숙지 않다

33 밑줄 친 표기가 한글 맞춤법에 맞지 않는 것은?

① 그는 허구한 날 술만 마신다.
② 놀란 그녀는 얼굴이 허애져서 주저앉고 말았다.
③ 무슨 말을 해도 괜찮으니 내게 서슴지 말고 말해 보아라.
④ 담당자의 서투른 일 처리 때문에 창구에서 큰 혼란이 있었다.
⑤ 작은 문 옆으로 차가 드나들 수 있을 만큼 널따란 문이 있었다.

34 다음 문장의 띄어쓰기가 올바른 것은?

① 열두 시부터 한 시 까지가 쉬는 시간이다.
② 그녀는 어쩔수 없이 산을 내려와야만 했다.
③ 내가 원하는 것은 너만큼 부모님께 잘하는 것이다.
④ 네가 원하는대로 하는 것이 좋은 것 만은 아니다.
⑤ 그는 새 신발을 산 데에서 집까지 신발을 신고갔다.

35 다음 중 밑줄 친 단어가 어문 규정에 맞지 않는 것은?

① 개펄에서 조개를 주웠다.
② 아이는 기쁜 마음으로 사탕을 한 웅큼 집었다.
③ 우리 집 강아지 중에 얼루기가 제일 영리하다.
④ 얽히고설킨 그들의 악연은 도무지 풀릴 것 같지 않다.
⑤ 엔간하면 나도 돕고 싶은데, 나도 너무 쪼들려서 어쩔 수 없어.

36 문장 부호 규정과 예시가 잘못된 것은?

규정	예시
① 빈 자리임을 나타낼 적에 중괄호({ })를 쓴다.	우리나라의 수도는 { }이다.
② 제목 다음에 표시하는 부제의 앞뒤에는 줄표(―)를 쓴다.	'환경 보호 ― 숲 가꾸기 ―'라는 제목으로 글짓기를 했다.
③ 특정한 어구의 내용에 대하여 의심, 빈정거림 등을 표시할 때, 소괄호(( )) 안에 물음표(?)를 쓴다.	너 참 대단한(?) 사람이야.
④ 기간이나 거리를 나타낼 때 물결표(~)를 쓴다.	서울~안양 정도는 출퇴근이 가능하다.
⑤ 말이 없음을 나타낼 때에 줄임표(……)를 쓴다.	"빨리 말해!" "……."

37 다음 중 밑줄 친 단어가 표준어인 것은?

① 노인은 젊은이의 무례한 행동을 점잖게 나무랬다.
② 동생은 깍정이라 항상 가장 좋은 물건을 차지한다.
③ 생각할수록 운명의 장난이란 주착이 없는 것 같다.
④ 우리는 죽을힘을 다해서 인왕산이 나타나기만을 바라고 뛰었다.
⑤ 친정어머니는 딸이 결혼하여 살림을 날 때 자질구레한 허드래 그릇까지 챙겨 주셨다.

38 다음 중 밑줄 친 단어의 사용이 적절하지 않은 것은?

① 목수는 집을 짓고 미장이는 벽을 바르고 청소부는 청소를 한다.
② 나는 좋은 옷을 얻어 입고 멋쟁이인 아버지를 따라 거리로 나갔다.
③ 열여섯 자 높이의 돌성에는 담쟁이덩굴이 촘촘하게 그물을 치고 있었다.
④ 경애는 어느 조잡한 골목쟁이로 돌더니 커다란 문을 쩍 벌려 놓은 요릿집으로 뒤도 아니 돌아다보고 쏙 들어가 버린다.
⑤ 그들은 하나같이 점치기를 좋아하는 버릇들이 있어서 어디 용한 점장이만 났다 하면 우르르 불원천리 달려갔다.

39 다음 단어 중 소리의 길이가 같은 것끼리 묶은 것으로 바르지 않은 것은?

	눈[雪]	눈[眼]
①	넌 정말 말[言]이 많구나.	제주도에서 말[馬]을 키우며 살자.
②	저 산엔 밤[栗]이 많이 열렸어.	밤[夜]에 나다니면 무섭다.
③	무력(武力)으로 굴복시키는 것은 무모한 짓이야.	머리카락을 잘린 삼손은 무력(無力)하다.
④	내일 해가 뜨지 않는다고 가정(假定)해 보자.	우리는 화목한 가정(家庭)에서 자랐다.
⑤	그녀는 올해로 성인(成人)이 된다.	소크라테스는 성인(聖人)으로 추앙받는다.

40 밑줄 친 말 중 외래어 표기법에 맞는 것은?

① 눈이 안 보이게 웃을 때면, 정말 엔젤(angel) 같아.
② 라면이라면 자다가도 벌떡 일어나는 매니아(mania)잖아.
③ 방송국에 스탭(staff)이 많이 부족해서 일이 많이 힘들다.
④ 친구들이랑 렌트카(rent-a-car)로 강원도 여행을 다녀왔다.
⑤ 스프링클러(sprinkler) 오작동으로 인해 대형화재로 번지고 말았다.

41 다음 중 로마자 표기가 옳지 않은 것은?

① 광희문 Gwanghuimun ② 해돋이 haedoji ③ 훈민정음 Hunminjeongeum
④ 경희궁 Kyounghuigung ⑤ 김밥 gimbap

42 다음 중 어법상 적절한 것은?

① 고기가 딱 맛있게 익혀졌다.
② 그에 의해 이제야 진실이 밝혀졌다.
③ 이번 시험은 전보다 어려울 것으로 보여진다.
④ 이 약은 예로부터 만병통치약으로 사용되어져 왔다.
⑤ 커피 향이 고스란히 담겨진 컵에 코를 가까이 대었다.

43 다음 중 문장 표현이 올바른 것은?

① 사회 복지란 모든 국민들의 인간다운 생활을 보장하고, 안락하게 사는 상태를 말한다.
② 우리가 인체를 탐구하는 것은 그 속에 인간을 창조한 모든 비밀이 숨어 있다고 생각한다.
③ 미술 작품은 그 표현 형식과 내용이 이해되어지는 경우에 비로소 감상에 접근할 수 있을 것이다.
④ 모든 개인은 환경에 관한 정보에 대해 적절한 접근과 의사 결정 과정에 참여할 수 있는 기회를 부여받아야 한다.
⑤ 저녁 종소리가 은은하게 울려 퍼지는 들판에 농부 내외가 조용히 기도를 드리는 경건한 모습이 한눈에 들어왔다.

44 다음 중 두 가지 이상의 의미로 풀이될 가능성이 있는 것은?

① 나는 어제 구름이와 함께 길을 가다가 아라를 만났다.
② 그는 잠시 망설이다가, 들어오는 면접관에게 인사를 했다.
③ 감독관은 수험생의 얼굴과 수험표의 사진을 일일이 확인했다.
④ 그 광고는 아내와 자식을 사랑하는 모든 가장들에게 불쾌감을 주었다.
⑤ 그녀는 따가운 햇빛을 받으며 손수건으로 이마에 흐르는 땀을 닦았다.

45 밑줄 친 번역 투의 표현을 잘못 고친 것은?

① 남북 간 경제 협력과 교류 확대를 위해 무엇보다 중요한 <u>과제임에 틀림없다</u>. → 과제이다.
② 그런 정책을 편다는 것은 현 상황을 이해하지 못하고 있다는 <u>증거에 다름 아니다</u>. → 증거나 다름없다.
③ 은행이 <u>휴면 계좌로부터</u> 얻는 수익이 연간 1,600억 원을 상회하는 것으로 나타났다. → 휴면 계좌에서
④ 눈 위 뼈까지 내려앉은 것으로 나타나, 3주간의 <u>치료를 요한다는</u> 진단을 받았다. → 치료를 필요로 한다는
⑤ 현빈은 중국 드라마의 주연으로 발탁돼, 중국 베이징에서 <u>기자 간담회를 가졌다</u>. → 기자 간담회를 열었다.

쓰기(46~50)

[46~50] '버스 서비스의 젠더 형평성'이라는 주제로 글을 작성하려고 한다. 제시된 물음에 답하시오.

46 글을 작성하기 위하여 계획한 내용으로 적절하지 <u>않은</u> 것은?

〈글쓰기 계획〉
- **주제**: 버스의 젠더 형평성을 위한 서비스 방안
- **목적**: 버스 서비스에 대한 남녀의 만족도 등을 조사한 결과 연구와 방안 모색
- **예상 독자**: 버스 이용객들
- **글의 내용**
  - 젠더 교통이 무엇인지와 그 연구 동향에 대해 소개한다. ············ ①
  - 대중교통 관련 정책의 효과를 측정하기 위한 기존 연구들을 소개한다. ············ ②
  - 버스 서비스의 품질을 측정하고 젠더별 만족도를 조사하여 결과를 비교한다. ············ ③
  - 버스 서비스의 전반적인 만족도에 어떠한 영향의 요인이 있었는지를 분석한다. ············ ④
  - 지방 버스 서비스와 대도시 버스 서비스의 차이를 비교하고 문제점을 지적한다. ············ ⑤

47 〈글쓰기 자료〉에 제시된 자료의 활용 방안으로 적절하지 <u>않은</u> 것은?

〈글쓰기 자료〉
㉠ 버스의 만족도 조사 결과 남성보다 여성의 만족도 평균 점수가 낮은 것으로 나타났다.
㉡ 여성이 남성에 비해 통행이 빈번하고 통행 거리가 짧은데, 이는 업무와 가사, 육아 등의 요인이 작용한 결과이다.
㉢ 통행 수단과 거리 등 이동성의 측면에서 젠더의 개념을 적용할 수 있으며, 이것이 성 형평성의 시작이다.
㉣ 버스의 서비스 속성을 평가하기 위해 운영자·사업자·관할 당국이 나서고 있으나, 어떠한 속성을 평가해야 할지 연구가 더 필요하다.

① ㉠을 활용하여 여성의 버스 만족도 평균 점수가 남성보다 낮은 이유가 무엇인지 알아본다.
② ㉡을 활용하여 남성의 버스 이용 패턴과 여성의 버스 이용 패턴을 비교하고, 그에 따른 서비스 대책을 모색한다.
③ ㉢과 ㉣을 근거로 버스 서비스의 젠더 형평성을 위해 기존에 운영자·사업자·관할 당국이 마련한 제도나 서비스 평가 요소가 무엇인지 파악한다.
④ ㉡과 ㉢을 활용하여 여성이 가사, 육아에 소모하는 시간과 가치를 측정하고 여성이 남성과 평등하게 활동할 수 있는 방안을 모색한다.
⑤ ㉣을 활용하여 현재의 연구에 반영된 속성 이외에 어떠한 요인을 더 조사하여 활용할 수 있을지와 관련된 해외의 사례를 제시한다.

48 위의 계획과 자료를 바탕으로 〈개요〉를 작성하였다. 〈개요〉의 수정 및 상세화 방안으로 적절하지 <u>않은</u> 것은?

> 보기
>
> Ⅰ. 서론 ·· ㉠
> Ⅱ. 버스 서비스의 품질 측정
>   1. 버스 시설, 접근 및 연계, 운행 정보 안내 등을 구분하여 측정 ··············· ㉡
>   2. 서비스의 시설 및 환경 요인을 포함하여 측정
>   3. 이용자의 서비스 만족도 측정 ··· ㉢
> Ⅲ. 젠더 형평성을 반영한 버스 서비스 방안
>   1. 여성의 정책 참여 확대와 여성 통행 패턴 인지 통계 구축 ··············· ㉣
>   2. 양질의 운행 서비스를 위한 대인 서비스 분야 개선
>   3. 사회적·문화적으로 다른 여성을 위한 버스 서비스 마련 ··············· ㉤
> Ⅳ. 결론

① ㉠: 젠더와 교통의 상관관계에 대해 구체적으로 설명한다.
② ㉡: 모든 버스 이용객을 대상으로 조사하여 조사의 실효성을 높인다.
③ ㉢: 젠더별 버스 서비스에 대한 만족도를 측정하고, 그 결과를 비교하여 '방안'과 맥락을 연결하여 제시한다.
④ ㉣: 여성의 정책 참여 확대 방안을 확인하고, 여성의 통행 패턴의 통계치를 분석하여 여성을 위한 서비스 특화 방안을 모색한다.
⑤ ㉤: 여성들의 다양한 사회적 층위를 고려한 서비스를 마련하기 위한 문화 캠페인 등의 방안을 제시한다.

[49~50] 위의 내용을 토대로 작성한 글의 일부이다. 물음에 답하시오.

>   전체적으로 서비스 품질 만족도는 여성이 남성에 비해 ㉠<u>낮게 되었으며</u>, 여성을 위한 버스 서비스 제공을 위해서는 정책 결정 과정에서의 여성 참여 확대와 여성 통행 패턴을 인지할 수 있는 교통 측면의 성인지 통계의 DB 구축과 분석이 필요하다. 또한 ㉡<u>이와 같은 예산 편성</u>이 뒷받침되어야 할 것이다.
>   서비스 만족도에 대한 영향 요인을 규명하기 위해 자료 분석을 실시한 결과, 전반적인 서비스 만족에 영향을 미치는 공통적인 요인은 '운행', '공공 정책' 차원으로 나타났다. 그러나 서울시 버스 서비스 중 가장 대인 접촉이 많은 '운행' 서비스 분야가 영향력이 가장 큰 것으로 나타나 서울시 버스 서비스 제공 시 이용자에게 제공되는 대인 서비스 분야를 보다 ㉢<u>개선하는 것이다</u>.
>   결론적으로 버스 서비스는 젠더 형평성을 ㉣<u>추구한 것은</u> 현재 운영 중인 서비스에 교통과 함께 젠더의 개념을 도입하는 것이 필요하며, 이를 위한 정책이 필요할 것이다. 사회적·문화적 차이에 의해 발생될 수 있는 버스 서비스(접근성, 이동성, 연계성, 운행 시간의 일정함, 정보 취득 용이성, 요금 등)를 분석하여 사회적·문화적으로 다른 여성에게 다양한 생활 패턴에 따른 서비스를 공공 측면에서 제공해야 한다. 하지만 ㉤<u>이를 배제하여</u> 정책 결정을 담보하기 위해서는 자료 축적(蓄積)과 분석이 필요할 것이다.

49 ㉠~㉤을 수정하려고 할 때, 그 방안으로 적절하지 않은 것은?

① ㉠: 문장 성분의 호응을 위해 '낮게 나타났으며'로 수정한다.
② ㉡: 정확한 의미의 전달을 위해 '이에 따른'으로 수정한다.
③ ㉢: 적절한 호응을 고려해 '개선할 필요가 있다'로 수정한다.
④ ㉣: 문맥의 자연스러움을 위해 '추구하기 위해'로 수정한다.
⑤ ㉤: 문장의 의미를 명확하게 하기 위해 '그럼에도 불구하고'로 수정한다.

50 윗글을 보완할 수 있는 방안으로 가장 적절한 것은?

① 글의 신뢰성을 높이기 위해 버스 기사의 인터뷰 내용을 제시한다.
② 글의 완결성을 높이기 위해 여성과 남성의 버스 서비스 만족도를 비교하여 설명한다.
③ 해외에서 유행하는 버스의 유형과 요금 등에 대한 내용을 사진 자료와 함께 제시한다.
④ 해외에서의 버스 서비스 항목을 조사하여 공공 측면에서 어떠한 서비스를 제공하고 있는지 소개한다.
⑤ 미혼 여성과 기혼 여성이 버스로 이동하는 거리에 어떤 차이가 있는지를 조사하여 수치를 제시한다.

창안(51~60)

[51~53] '유체 역학 이론'을 '인간 사회'에 유비(類比)하고자 한다. 다음 글을 읽고 물음에 답하시오.

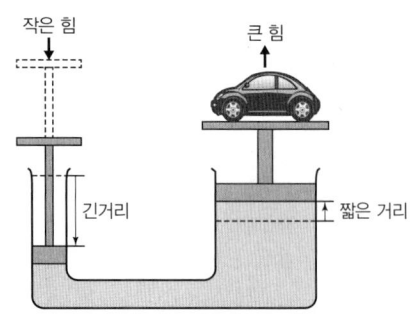

빠른 속도로 달리는 자동차를 멈추게 하려면 그것이 갖고 있는 힘의 크기보다 큰 힘이 있어야 한다. 이 때문에 달리는 자동차를 사람의 힘으로 세운다는 것은 불가능하다. 하지만 사람들은 브레이크 페달을 슬쩍 밟아 주는 것만으로 차를 세울 수 있다. 이것이 가능한 까닭은 유체에 작은 힘을 가해 큰 힘을 얻어 내는 '파스칼의 원리' 때문이다. 파스칼의 원리란 ㉠밀폐된 유체의 일부에 압력을 가하면 그 압력이 유체 내의 모든 곳에 같은 크기로 전달된다고 하는 원리이다. 이 원리를 이용하면 작은 관을 작은 힘으로 눌러도 반대편 큰 관에서는 큰 힘을 얻을 수 있다. 하지만 작은 힘을 가하는 관과 큰 힘을 받는 관의 피스톤 이동 거리에는 차이가 있다. 큰 관에서 힘을 받는 피스톤이 이동한 거리는 작은 힘을 가하는 피스톤이 이동한 거리보다 짧기 마련이다. 이는 일의 원리에 따라 힘과 움직인 거리의 곱이 항상 일정하기 때문이다.

51 '큰 관에 필요한 힘'을 '교통 체증을 해결하는 데 필요한 비용'이라고 착안했을 때, '작은 관에 필요한 힘'에 빗대어 설명할 수 있는 논리로 가장 적절한 것은?

① 교통 체증을 해결하려면 도로를 넓힐 수밖에 없다.
② 문제 상황을 여러 사람과 공유할 때 해결은 빨라진다.
③ 자동차 수를 줄이는 것처럼 근본적인 해결법을 먼저 생각해야 한다.
④ 교통의 흐름과 지형을 활용하면 적은 비용으로도 문제를 해결할 수 있다.
⑤ 인위적으로 조작하는 것보다 문제가 자연스럽게 해결되도록 기다려야 한다.

52 윗글의 밑줄 친 ㉠을 활용하여 주장할 수 있는 내용으로 가장 적절한 것은?

① 큰 변화를 두려워할 필요가 없다.
② 한쪽에서 이득을 보면 다른 부분은 양보해야 한다.
③ 모든 것을 바꾸고 싶을 때엔 다양한 방법을 떠올려야 한다.
④ 전체를 고루 바뀌게 하고 싶을 때에는 작은 부분부터 힘써야 한다.
⑤ 개인에게 동의를 얻는 절차를 거쳐야 문제를 원만히 해결할 수 있다.

53 〈조건〉을 반영하여 공익 광고 문구를 창안할 때 가장 적절한 것은?

조건	'큰 변화'에 도전할 엄두를 못 내는 사람에게 '파스칼의 원리'의 속성을 활용하여 용기를 주는 표현을 할 것

① 본인의 변화를 도와줄 창조적 리더를 찾으세요.
② 변화를 함께 경험해 줄 동료들이 곁에 있습니다.
③ 가진 능력이 적어도 노력하면 큰 변화가 펼쳐집니다.
④ 생각을 조금만 달리하면 난관도 좋은 과정일 뿐입니다.
⑤ 큰 변화에 도전하고 싶을 때엔 잠시 포기해도 되는 것을 먼저 살피세요.

[54~56] '비행기의 착륙 방법'을 '인간 사회'에 유비(類比)하고자 한다. 다음 글을 읽고 물음에 답하시오.

비행기는 조종사의 실력과 상관없이 부드럽게 착륙할 수도 있고 둔탁하게 착륙할 수도 있다. 연착륙인 소프트 랜딩(Soft Landing)은 승객 입장에서 편안하게 착륙한다는 장점은 있으나 긴 활주 거리가 필요하다는 단점이 있다. 둔탁한 착륙인 펌 랜딩(Firm Landing)은 활주로가 짧은 공항에 착륙할 때나 뒷바람이 많이 불 때, 비 또는 눈이 와서 활주로가 미끄러운 경우에 사용한다. ㉠펌 랜딩은 항공기 바퀴를 활주로에 내려찍듯이 충격을 주어서 속도를 크게 떨어뜨리는 원리를 이용한 것이다. 비 또는 눈이 와서 활주로가 미끄러운 경우에 펌 랜딩은 활주 거리를 줄일 수 있다는 장점이 있다. 경착륙인 하드 랜딩(Hard Landing)은 급격한 기상 악화와 같은 돌발 상황 때문에 비행기에 무리가 갈 정도로 세게 착륙하는 방법이다. 펌 랜딩과 하드 랜딩을 혼동할 수 있는데 ㉡펌 랜딩이 일부러 강하게 착륙하는 것이라면 하드 랜딩은 의도치 않게 불안하게 착륙할 수밖에 없는 것이다.

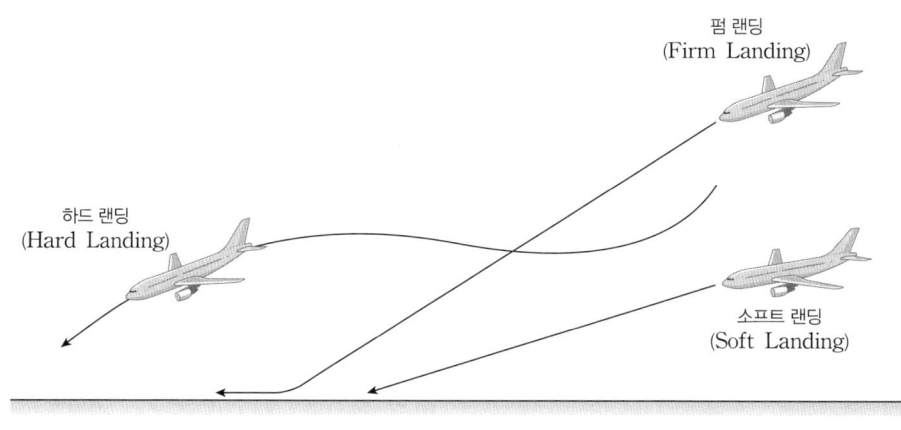

54 밑줄 친 ㉠과 관련지어 활용할 수 있는 내용으로 가장 적절한 것은?

① 명재경각(命在頃刻): 속도를 크게 줄일 때에는 목숨을 거는 모험이 필요하다.
② 과유불급(過猶不及): 충격을 줄이려다가 지나치게 많은 비용을 초래할 수 있다.
③ 새옹지마(塞翁之馬): 세상 일을 다 알 수는 없으므로 시련을 예측하기란 어렵다.
④ 선견지명(先見之明): 더 나은 결과를 기준으로 현재에 적합한 방법을 선택해야 한다.
⑤ 교각살우(矯角殺牛): 문제를 해결하고자 하다가 돌이키기 어려운 상황이 발생할 수 있다.

55 밑줄 친 ㉡을 '기업가의 협상법'에 비유하여 주장할 수 있는 내용으로 가장 적절한 것은?

① 상대방의 태도에 따라 목표를 수정해야 한다.
② 진짜 바라는 바를 초반부터 말해서는 안 된다.
③ 원하는 바를 얻기 위해 일부러 강하게 나갈 때도 있어야 한다.
④ 성공적인 협상을 위해서는 부드러움과 강함을 두루 갖춰야 한다.
⑤ 훌륭한 준비에 운이 잘 따라야 협상을 유리하게 마무리할 수 있다.

56 '착륙 방법'을 '체중 조절'에 비유하여 글을 쓸 때, 이끌어 낼 수 있는 내용으로 가장 적절한 것은?

[착륙 방법]	[비유한 아이디어]
① 소프트 랜딩	몸에 무리가 없도록 오랜 시간에 걸쳐 체중을 낮추는 것
② 소프트 랜딩	급격한 몸의 변화를 예상하면서 체중을 조절하는 것
③ 펌 랜딩	건강이 나빠졌을 때 체중을 높이는 것
④ 펌 랜딩	운동 중 근육통, 골절 등 돌발 변수에 대비하여 다른 사람의 도움을 구하며 안전하게 체중을 낮추는 것
⑤ 하드 랜딩	감정 기복 등 돌발 변수에 맞추어 때로는 과하게 때로는 적게 체중을 조절하는 것

57 다음 〈조건〉을 활용하여 치과의 이름을 지을 때, 가장 적절한 것은?

조건	• 동음이의어를 활용한다. • 관형격 조사를 사용한다.

① 사과나무치과　　② 이라인미소치과　　③ 드림치과의원
④ 이상한 나라의 치과　　⑤ 치아 건강은, 함박웃음치과

58 〈조건〉을 반영하여 〈기획 의도〉의 제목을 쓸 때, 가장 적절한 것은?

기획 의도

　　○○○은 지난 3월 하순 '중도 입국 학생의 학교 전·편입 및 적응 촉진'을 포함한 다문화 학생에 대한 종합 지원 대책을 마련했다고 발표했다. 이처럼 중도 입국 아이들에 대한 정부의 관심 증대와 더불어 다문화 가정 부모의 희망이 커지고 있다. 그런데 실제로 중도 입국 아이들은 학교 밖에 있는 경우가 많다. 제도적으로 공교육 진입이 보다 수월해져도 10대 후반에 한국에 입국하는 많은 아이들이 새로운 가정과 일반 학교에 적응하는 것은 어렵기 때문이다. 아직 중도 입국 아이들을 위한 예비 학교 수도 적고, 초기 적응 프로그램인 레인보우 스쿨이나 다문화 대안 학교의 수도 매우 적은 편이다. 중도 입국 자녀들이 가정과 학교, 사회에 적응하기 위해 기댈 곳이 그만큼 적다는 것이다. 본 프로그램에서는 이러한 중도 입국 자녀들을 위한 정책의 문제점을 전문가의 의견을 통해 진단해 본다.

조건	• 기획 의도를 충분히 반영할 것 • 문제 상황을 부각시킬 것 • 평서형 종결을 사용할 것

① 중도 입국 자녀가 울고 있다
② 중도 입국 자녀에 대한 관심 필요
③ 중도 입국 자녀, 일반 학교 진입이 필요하다
④ 중도 입국 아이들에 대한 정부의 관심이 뜨겁다
⑤ 다문화 가정 부모, 중도 입국 자녀의 희망이다

59 〈조건〉을 모두 반영하여 〈보기〉의 ㉮에 들어갈 공익 광고 문구로 가장 적절한 것은?

보기

조건
- 그림에서 강조한 의미를 잘 드러내도록 할 것
- 그림이 시사하는 문제점을 개선하는 방법을 제시할 것

① 차만 타면 변하는 우리 아빠. 아빠 차만 타면 불안해요.
② 아빠를 닮아서 무엇이든 잘 먹고 운동을 열심히 할 거예요.
③ 과속 운전, 소중한 우리 아이들의 생명을 위협할 수 있으니 조심합시다.
④ 아빠 차만 타면 힘이 세지는 수현이를 위해서 조금만 더 부드럽게 운전하세요.
⑤ 안전벨트는 나를 불편하게 하는 것이 아니라, 나를 지켜 주는 생명 벨트입니다.

60 〈조건〉을 반영하여 작성한 〈보기〉 기사의 표제로 가장 적절한 것은?

보기

　한국의 15세 학생들의 수학 성적은 경제협력개발기구 회원국 가운데 가장 뛰어났지만, 수학 공부에 대한 흥미나 자신감은 하위권인 것으로 밝혀졌다. 12월 3일 OECD가 발표한 국제 학업 성취도 결과에 따르면 우리나라는 높은 학업 성취도를 보였으나, 내적 동기는 매우 낮은 것으로 나타났다.

조건
- 기사의 핵심 내용을 담고 핵심어를 제시할 것
- 대구법을 사용할 것

① 학업 성취도 평가로 확인한 한국의 수학 성적
② 수학 공부에 대한 흥미와 자신감을 만들어 나갈 교육의 방향은?
③ 국제 학업 성취도 평가, 수학 영역에서 높은 학업 성취도 나타나
④ 경제협력개발기구 회원국 가운데 수학 성적이 뛰어난 회원국 '한국'
⑤ 한국, 수학 학업 성취도 평가 결과 '성적은 상위, 흥미는 바닥 수준'

읽기(61~90)

[61~62] 다음 시를 읽고 물음에 답하시오.

> 나는 시방 위험(危險)한 짐승이다.
> 나의 손이 닿으면 너는
> 미지(未知)의 까마득한 어둠이 된다.
>
> 존재의 흔들리는 가지 끝에서
> 너는 이름도 없이 피었다 진다.
>
> 눈시울에 젖어 드는 이 무명(無名)의 어둠에
> 추억의 한 접시 불을 밝히고
> 나는 한밤내 운다.
>
> 나의 울음은 차츰 아닌 밤 돌개바람이 되어 ┐
> 탑을 흔들다가   │ [A]
> 돌에까지 스미면 금이 될 것이다.   │
>   ┘
> ……얼굴을 가리운 나의 신부여

— 김춘수, 〈꽃을 위한 서시〉

61 위 시에 대한 설명으로 적절하지 <u>않은</u> 것은?

① 비유적이며 상징적인 심상의 기법을 활용하고 있다.
② 존재론의 입장에서 사물의 내면적 깊이를 탐구하고 있다.
③ 반어적 표현을 통해 특정한 사회적 현실을 풍자하고 있다.
④ 관념적이고 철학적인 남성의 목소리로 시를 전개하고 있다.
⑤ '꽃'은 의미를 부여받지 못한 불안정한 상태로 존재하고 있다.

62 [A]에 대한 설명으로 가장 적절한 것은?

① 자연물을 바라보며 마음속의 평화와 평온을 추구해야 한다.
② 존재의 참된 의미를 알기 위해 접근하는 노력의 영향력은 크다.
③ 낡은 옛 가치관을 버리고 새 가치관을 얻어야만 성숙하게 된다.
④ 종교적인 신념을 지니고 살면 비극적인 슬픔을 극복할 수 있다.
⑤ 존재의 본질을 인식하고자 노력하지만 본질을 파악하는 것은 막연하다.

[63~65] 다음 글을 읽고 물음에 답하시오.

　　진찰을 대강 하여 본 뒤에 의사가 주사약을 가지러 나가는 것을 보고 명호는 병자의 눈에 안 띄게 슬며시 뒤쫓아 나갔다.
　　"오늘 퇴원을 시킬까 하다가 선생두 안 오시구 해서 그만두고 있습니다마는 어떤 모양인가요?"
　　"오늘 낼 새로 어떻겠습니까마는 퇴원하시죠."
　　㉠퇴원한다는 말에 의사는 도리어 반색을 하는 눈치였다. 급한 고비는 넘겼으나, 이제는 길게 끌리라는 예고를 할 제부터 벌써 의사는 이 이상 더 할 수는 없으니 데려 내가라는 말눈치였던 것이다. 어차피 내일 한약을 지어 온 뒤에야 병인이 순순히 퇴원하겠고, 또 오늘내일 새로 어떨 리는 없으리라는 의사의 말에 안심이 되어서 퇴원은 내일로 미루기로 하였다.
　　그러나 뒤미처 주사침을 손수 들고 들어온 의사가 정맥 주사를 한참 고생을 하여 놓고 나더니, 명호에게 눈짓을 하며 나간다. 명호는 불길한 예감에 마음이 설레면서 눈치 빠른 병자의 눈을 피하느라고 머뭇거리다가 넌지시 따라 나갔다.
　　"될 수 있으면 오늘 해 전으로 나가시는 게 좋을 것 같은데요. 지금 보시다시피 약을 빨아들일 힘이 없는 것을 보니 이제는 심장이 완전히 주사의 힘으로만 부지를 하는 건데요……."
　　하고 의사가 되레 서두른다. 아닌 게 아니라, 지금 주사에 피가 자꾸 흘러 나와서 주사약은 분홍빛으로 물이 들고, 몇 차례를 쉬어 가며 간신히 억지로 넣고 나온 길이었다. 그러나 퇴원을 한다고 법석을 하다가 겨우 준좌가 되고 ㉡병인도 ××재단이 되면 이사는 되리라는 뜬소문일망정 기분이 좋은 터에 새판으로 퇴원하자고 소동을 할 수도 없었다.
　　병인은, 두 번씩이나 의사를 따라 나가서 수군수군하고 들어오는 ㉢명호의 얼굴을 빤히 쳐다보며, 무엇을 찾아내려고 몹시 초조해하는 기색이었다. 마음을 턱 놓았던 화색이 금시로 스러지고, 불안과 공포의 빛이 휙 떠오르다가 꺼지면서 어색한 웃음을 띠우고 무슨 말을 꺼내려는 눈치더니 자기도 입밖에 내서 물어보기가 무서운 듯이 멈칫하고는 또다시 퀭한 눈으로 언제까지 명호의 기색만 노려본다. 위중하다는 기별을 듣고 이른 아침이나, 날이 저문 뒤에 뛰어가면 어째 왔나? 하고 도리어 놀라며 겁을 내고 싫어하거나 흥분이 되곤 하는 병인이었다. 이렇게 의혹과 공포에 질린 눈으로 쏘아보는 양은, 마치 무서운 마굴에 불법 감금을 당하고 앉아서, 감시하는 옥졸의 눈치만 숨을 죽이고 슬금슬금 노려보는 것 같아서, 명호가 도리어 얼굴을 둘 데가 없고 말이 막혀 버렸다.
　　"의사 말이 훨씬 차도가 있으니, 오늘내일 주사를 좀 더 넉넉히 맞으시구 내일 오후에 퇴원하시라는군요."
　　명호는 잠자코만 있기가 도리어 괴로워서, 안 나오는 웃음을 지어 보기까지 하였다.
　　"응?"
　　병인은 바르르 떨리던, 잔뜩 당겨진 신경이 일순간 확 풀리는 듯하며 귀가 번쩍해 하다가,
　　"정말 그럴까?"
　　하고 의아한 눈치로 맥없이 한마디 하고서는,
　　㉣"그런 말쯤야, 내게 직접 말 못할 것은 무언구?"
　　하며 코웃음을 친다. 그러나 그 코웃음과는 반대로 좀더 자세한 의사의 말의 실증(實證)을 붙들어 보겠다는 듯이, 일단 느꾸어졌던 정신력과 주의력을 눈으로 힘껏 모아서 명호의 얼굴빛과 입술을 겨누어 보며,
　　"별안간 어떻게 차도가 있다는 거야?"

하고, 마치 명호의 말 한마디가 자기의 운명을 마지막 결정이나 한다는 듯 커다란 희망을 가지고 애원하듯이 매달려 오는 기색을 보인다. 명호는 마음이 무거워지며 괴로웠다. 조금 전까지도 이제는 운이 트이나 보다고 좋아하던 이 안타까운 병인에게 꾸며선들 무어라고 대꾸를 해 주어야 이 어려운 처지를 ⓐ 할지 선뜻 말이 아니 나왔다.
　ⓜ"형님이 원체 기력이 좋으니까, 인제 한약을 제 곬을 찾아서 잘 쓰기만 하면 염려 없다는 말이죠."

- 염상섭, 〈임종〉

63 윗글에 대한 설명으로 가장 적절한 것은?

① 역순행적 구성 방식을 취하며 과거를 회상하고 있다.
② 인물의 어리숙한 행동을 통해 작품의 해학성을 드러내고 있다.
③ 상징적 문체와 낯설게 하기 수법을 사용하여 이야기를 하고 있다.
④ 작품 외부의 서술자가 인물의 내면까지 상세하게 서술하고 있다.
⑤ 작품 속 한 인물을 중심으로 그의 의식의 흐름에 따라 서사가 진행되고 있다.

64 윗글의 흐름에 비추어 볼 때, ㉠~㉤에 대한 반응으로 적절하지 않은 것은?

① ㉠: 병인이 퇴원하는 것을 반기는 의사의 마음이 보이는군.
② ㉡: 죽음을 앞둔 상황에서도 세속의 명예를 좇는 허영이 드러나는군.
③ ㉢: 자신의 죽음을 받아들이고 그것을 명호에게는 비밀로 하고 싶어 하는군.
④ ㉣: 의사가 직접 와서 병세가 호전되었다고 말해 주지 않은 것에 의문을 품고 있군.
⑤ ㉤: 중병에 걸린 병인을 안심시키기 위해 애쓰고 있는 명호의 의도가 드러나는군.

65 문맥의 흐름으로 볼 때 ⓐ에 들어갈 말로 가장 적절한 것은?

① 극복(克復)
② 논의(論議)
③ 모색(摸索)
④ 모면(謀免)
⑤ 칩거(蟄居)

[66~67] 다음 글을 읽고 물음에 답하시오.

　인류의 역사를 통해 오랫동안 이미지는 언어에 종속되는 것으로 인식되어 왔다. 이미지라는 것은 언어로 표현할 수 없는 것을 표현하는 수단, 또는 언어에 의한 표현을 효율적으로 대체하는 수단 정도로 인식된 것이다. 더구나 구텐베르크에 의한 문자 혁명 이후로 언어의 표현 양식인 문자가 정보 소통의 주요한 매체로 자리하게 되었고, 이미지에 대한 평가는 갈수록 축소되었다. 즉, 문자가 대중화됨에 따라 이미지는 언어의 보조 수단 정도로 인식되었고, 이미지는 언어의 대체 수단이라는 인식이 보편화된 것이다.

　인간의 정신 활동은 그 구현 양태에 있어서 언어라는 도구를 사용하게 된다. 그러나 이것은 언어를 통하지 않고서는 인간 정신 활동의 결과가 전달될 수 없다는 것이 아니라, 정신 활동 자체에 언어의 개념이 들어 있다는 뜻이다. 메를로퐁티는 언어 없이는 사유 자체가 존재하지 않는다고 말하였지만, 이것은 철학적 사유의 영역에서뿐만 아니라 상상력의 영역에서도 동일하게 적용된다. 이미지도 언어의 문제로부터 결코 자유로울 수는 없다. 이것은 언어가 하나의 도구가 아니라 우리 인간 상상력의 근원을 이루는 기초 개념임을 뜻한다.

　그러나 언어와 이미지는 종속하는 개념이 아니라 서로 공존하는 개념들이다. 왜냐하면 이미지가 언어를 대체하는 것이 아니기 때문이다. 즉, 언어로도 될 수 있는 것을 이미지로 표현하는 것이 아니라 이미지는 사물의 전혀 다른 측면을 표현하는 것이다. 언어와 이미지를 혼동하는 것은 사물의 내면의 가치와 외형을 동일시하는 태도에서 나오는 오해에서 비롯된다.

　인간의 모든 사유는 언어를 매개로 하여 이루어지기 때문에, 흔히 언어를 사고의 기반이라고 말한다. 즉, 메를로퐁티가 말한 것처럼 언어가 없으면 사고도 없는 것이다. 그러나 이미지는 언어 이전의 의식의 활동 단계이다. 이것은 정신적 이미지의 창조성을 생각해 본다면 쉽게 이해할 수 있다. 이미지가 없으면 언어도 없는 것이다.

　인간 정신 활동이 언어로 구체화되기 이전의 단계에서 이미 상상력의 활동은 활발히 이루어진다. 인간의 정신 활동은 대략 다음과 같은 3가지 유형으로 분류할 수 있다. 첫째, 외부의 정보를 수집하는 지각 과정, 둘째 수집된 정보를 가공하여 새로운 가치를 만드는 사고 과정, 셋째 저장된 정보를 되살리는 기억 과정이다. 상상력은 이 3단계에 모두 작용하는 원동력이다. 언어로 표현되기 이전에 이미 인간의 정신 활동은 상상력의 매체인 이미지를 통해 지각-인식-기억-회상의 과정이 이루어지는 것이다.

　이러한 점을 고려해 본다면, 언어와 이미지가 서로 종속 관계가 아니라 생성의 인과 관계, 그리고 차후에는 상호 보완 관계를 갖는다는 것을 알 수 있다. 정신적 이미지의 대표적 형태의 하나인 문학적 이미지의 경우를 보더라도, 시적 이미지란 시인에 의해 언어의 형태로 주어진 이미지들이다. 시인의 역할은 일상 언어를 사용하여 새로운 이미지를 창조해 내는 데 있다. 결국 언어와 마찬가지로 이미지는 인간 정신 활동의 기본적인 요소이고, 인간의 생활 양식을 결정짓는 가장 원초적이고도 핵심적인 요소인 것이다.

66 윗글의 내용 전개 방식에 대한 설명으로 가장 적절한 것은?

① 일화를 제시하여 독자의 흥미를 유발하고 있다.
② 질문을 하고 그에 답하면서 독자의 주의를 환기하고 있다.
③ 기존의 견해가 지닌 문제점을 지적한 뒤 대안을 제시하고 있다.
④ 대상을 역사적 변천에 따라 시기별로 나누어 차례로 분석하고 있다.
⑤ 중심 화제의 장점과 단점을 병렬적으로 제시하여 글의 객관성을 높이고 있다.

67 윗글의 내용과 일치하지 <u>않는</u> 것은?

① 기존에 이미지는 언어의 보조적인 개념으로 인식되었다.
② 인간의 사유는 이미지를 언어로 표현하며 이루어지는 것이다.
③ 시적 이미지는 이미지와 언어를 종속 관계로 활용한 예이다.
④ 이미지와 언어는 분리되어 개별적으로 사용할 수 없는 것이다.
⑤ 인간의 정신 활동은 언어로 표현되기 전에 다양한 단계를 거친다.

[68~70] 다음 글을 읽고 물음에 답하시오.

　인간이 건축 공간을 창조하는 행위는 자연이나 외부의 공격으로부터 자기 자신을 보호할 수 있는 은신처를 마련하기 위한 것에서 비롯되었다. 이러한 은신처를 만들면서 외부와 내부가 구획되었고, 이로부터 내부 공간과 외부 공간의 개념이 생겨나기 시작하였다. 하지만 마루가 외부 공간인가 내부 공간인가에 대해서는 한마디로 결론 내기가 쉽지 않다.

　아직도 산간 깊은 곳의 원초형 주택을 보면 마루 없이 직접 방으로 출입하는 것을 볼 수 있다. 그러나 이럴 경우에는 신발을 벗고 신는 데 불편할 뿐만 아니라 물건을 나르는 데에도 상당히 불편하다. 이러한 불편을 해결하기 위해 조그만 쪽마루라도 필요했을 것인데, 이것이 고정식 쪽마루나 툇마루, 마침내는 대청으로까지 발전된 것으로 보인다. 즉, 바깥에서 신을 신고 서 있는 공간과 신을 벗고 앉아 있는 공간의 완충 지대인 마루는 걸터앉을 수 있는 중간 공간이라는 말이 된다.

　그뿐 아니라 마루 공간은 문이나 벽이 없이 개방되어 있고 설사 있다 하더라도 분합문으로 된 들어열개를 두어 개방성이 우선시되었다. 그러나 이와 동시에 바닥과 지붕이 있어 비를 피할 수도 있으며 거주성이 높은 공간임을 볼 때 마루를 완전한 외부 공간이라고도 볼 수 없다. 또 마루는 마당 쪽으로 완전히 개방되어 마당과 유기적으로 엇물리는 공간이 된다. 이러한 내부 공간의 엇물림은 건축적인 공간성을 높여 주고, 좁고 한정된 내부 공간을 외부까지 ⃞ ㉠ ⃞ 하거나 외부 공간이 내부까지 ⃞ ㉡ ⃞ 할 수 있게 하여 공간의 신축성 또는 탄력성을 높이는 우수한 연결 방식이라 할 수 있다.

　또 마루는 인간과 신을 이어 주는 또 다른 측면의 매개 공간이 되기도 한다. 집 전체를 관장하는 성주신의 성주단지를 모시는 곳도 이곳이고, 제사를 지내고 상청을 차리는 관혼상제의 공간과 조상을 모시는 사당이 마루이기 때문이다. 즉, 신과 인간이라는 상·하 개념의 두 존재가 마주할 수 있는 공간이 형성되어야 하는데, 이 기능을 담당하고 있는 곳이 마루인 것이다. 마루를 땅에서 떨어지게 한 것은 인간 세속을 벗어난다는 상징적인 의미를 가지고 있으며, 주거에 있어서 다른 공간들이 전부 막힌 구조인 데 비해 마루는 아래위를 비워 둠으로써 단면상의 상징성을 유도하기도 한다.

　선조들은 우주 만물의 체계적인 질서는 자연의 섭리이고 이를 거역한다는 것은 인간의 도리를 벗어난다고 생각하였다. 그러므로 자연 속에 인간을 포함시키기 위한 건축적인 방편이 바로 마루를 두는 것이었다. 마루로 오르기 위해서는 신발을 벗어야만 했으니, 이는 결국 땅과 분리된다는 개념으로 하늘로 상승하는 새로운 신의 공간이 이루어지는 것이다.

　따라서 마루는 수평적으로는 안과 밖을 이어 주는 매개 공간이고, 수직적으로는 인간 영역에서 탈인간 영역, 그리고 결국은 신의 영역으로 접근하는 공간이다. 아울러 하늘을 향하고자 하는 향천적인 의미와 신을 불러들이는 강신적인 의미를 가지고 있는 가장 신성하고 청빈한 공간 또는 주거의 중심 위치를 상징하고 있는 핵심적인 공간이 바로 마루인 것이다.

68 윗글의 제목으로 가장 적절한 것은?

① 주거의 중심을 차지하는 공간 – 마루
② 거주성과 개방성을 고려한 공간 – 마루
③ 성리학적 개념을 나타내는 중간 공간 – 마루
④ 자연 속에 인간을 포함시킨 주거 공간 – 마루
⑤ 안과 밖, 신과 인간을 이어 주는 매개 공간 – 마루

69 윗글의 내용 전개 방식에 대한 설명으로 가장 적절한 것은?

① 중심 화제의 장점과 단점을 함께 제시하여 글의 객관성을 높이고 있다.
② 중심 화제의 특성을 나열하여 글쓴이의 주장의 설득력을 높여 주고 있다.
③ 비유적인 방식을 사용하여 중심 화제의 중요성을 효과적으로 설명하고 있다.
④ 중심 화제의 특성을 구체적으로 제시하며 그 의의를 여러 각도에서 조명하고 있다.
⑤ 두 대상을 비교하여 공통점을 도출한 후, 이를 일반화하여 독자에게 제시하고 있다.

70 문맥상 ㉠, ㉡에 들어갈 내용으로 가장 적절한 것은?

	㉠	㉡
①	확장	침투
②	침투	확장
③	확장	진출
④	공개	확장
⑤	확장	공개

[71~72] 다음 글을 읽고 물음에 답하시오.

　　확장된 마음(Extended Mind) 이론은 뇌과학의 새로운 조류로서 기존의 뇌 중심적 연구 방향과 대립각을 세우고 있다. 이 이론의 주창자들은 마음이 두개골 속에만 있지 않으며, 따라서 몸과 환경을 제외한 뇌에 대한 연구만으로는 우리는 마음을 제대로 이해할 수 없다고 주장한다. 그들의 말에 따르면 뇌가 곧 마음은 아니며 마음은 뇌와 몸, 그리고 환경 간의 상호 작용의 산물이다. 확장된 마음 이론이 뇌 중심적 연구 방식의 문제점을 지적하고, 다양한 인지적 자원과 사회적 조건으로까지 연구의 대상을 확대시키는 긍정적인 영향을 준 것은 부인할 수 없는 사실이다.

　　그러나 확장된 마음이라는 개념에는 모호한 부분이 있다. 그 때문에 다음과 같은 윤리적인 문제가 발생할 여지가 있다. 다음의 두 사례를 비교해 보자.

　　A는 B를 차로 치는 교통사고를 일으켰다. 이 사고로 인해 B는 약간의 뇌 손상을 입고 말았다. 거의 모든 정신적 능력에 이상은 없었지만 B는 사업상 매우 중요한 한 가지 정보만 기억해 낼 수 없었다. 그로 인해 B는 큰 손해를 보았다.

　　C는 실수로 D의 휴대 전화를 망가뜨렸다. 그런데 D는 기억 상실증으로 고통받고 있었다. D의 기억은 하루 이상 지속되지 않기 때문에 모든 정보를 자신의 휴대 전화에 기록해 놓는다. C가 망가뜨린 휴대 전화에는 사업상 매우 중요한 정보가 있었을 뿐만 아니라 복구도 불가능했다. 이 사고로 인해 D는 큰 손해를 보았다.

　　두 사례에서 가해자 A와 C는 어떤 책임을 져야 할까? 확장된 마음 이론을 강하게 밀고 나가면 D의 휴대 전화는 B의 두뇌와 동등한 역할을 하며 따라서 D의 휴대 전화는 D의 마음의 일부일 것이다. 그렇다면 A와 C는 동일한 책임을 져야 하며 동등한 처벌을 받아야 할 것이다.

　　직관적으로 볼 때, 이 결론은 매우 이상하다. 어떻게 사람의 두뇌를 파괴한 것과 휴대 전화를 손상시킨 것이 같은 잘못일 수 있단 말인가? 현재 시점에서 볼 때, 이 결론은 분명히 불합리하다. 왜냐하면 휴대 전화는 쉽게 다른 휴대 전화로 대체 가능한 반면, 사람의 두뇌는 그렇지 않기 때문이다. 그러나 뇌과학의 발전 속도를 간과해서는 안 된다. 뇌과학의 발전 속도는 정신을 차릴 수 없을 정도로 빠르기 때문에 2030년 정도에는 뇌를 쉽게 교체할 수도 있다. 만약 위의 사건이 2030년에 발생했다면 우리는 어떤 윤리적 판단을 내려야 할까?

　　이러한 문제가 생기는 이유는 확장된 마음 이론에서 사용되는 '확장된(Extended)'이란 말의 의미가 모호하기 때문이다. 확장된 마음 이론은 마음이 확장되어 있다고 주장하지만, 마음이 어느 정도 확장되어 있는지를 명확하게 말해 주지 않는다. 온건하게 해석했을 때, 확장된 마음은 우리의 마음과 외부 환경과의 상호 작용을 강조하는 것으로 이해할 수 있다.

　　그러나 확장된 마음 이론가들의 주장은 그 정도에서 멈추지 않는다. 가장 급진적인 확장된 마음 이론의 주창자인 클라크와 차머스[Clark and Chalmers(1998)]는 '문자 그대로' 환경은 마음의 구성 요소라고 주장한다. 즉, 우리가 사용하는 휴대 전화와 같은 인지 도구는 실제로 마음의 일부라는 것이다. 그렇기 때문에 그들은 확장된 마음 이론에 따라서 '자아(The Self)'의 개념을 변경해야 한다고 주장한다.

　　그렇지만 설사 마음이 확장되어 있다고 인정하더라도 '자아'와 같은 윤리의 개념을 변경해야 할 만큼 마음이 멀리 확장되어 있는 것인지 확인하기 위해서는 많은 연구가 필요할 것이다.

71 윗글의 제목으로 가장 적절한 것은?

① 우리의 마음은 어느 정도까지 확장되는가?
② 우리의 마음에는 어떤 윤리적 문제가 있는가?
③ 우리는 어떤 윤리적 판단을 내려야만 하는가?
④ 우리는 '확장된 마음'을 어떻게 이해해야 하는가?
⑤ 우리의 마음과 외부 환경의 상호 작용은 어떠한가?

72 윗글의 내용 전개 방식으로 가장 적절한 것은?

① 어떤 현상에 대한 인과 관계가 나타난다.
② 구체적인 예를 제시하여 이해를 돕는다.
③ 서로 대비되는 두 대상의 차이점을 부각한다.
④ 기존의 이론에 반박하며 주장을 펼치고 있다.
⑤ 대상의 변화 과정을 단계별로 나누어 설명하고 있다.

[73~75] 다음 글을 읽고 물음에 답하시오.

법은 최소한의 도덕이다. 우리가 지켜야 하는 도덕 규범 중, 사회에서 가장 핵심적이고 중요한 가치를 법으로 규정함으로써 강제력을 부과하고 국가나 사회의 질서를 유지함을 목적으로 한다.

한편 인간이 최소한으로 지켜야 하는 행위에 대하여, 법에 규정되지 않았다고 하더라도, 이를 법 규범과 같은 강제력을 부여하여 행위를 강제하도록 하는데, 이것이 착한 사마리안의 법이다. 착한 사마리안의 법은 도덕 규범을 법 규범으로 승화시켰다는 데 의미가 있다.

사마리안의 법은 성서에 나오는 착한 사마리아인의 비유에서 유래되었다. 어떤 유태인이 예루살렘에서 예리코로 가다가 강도를 만나 상처를 입고 길가에 버려졌는데, 동족인 유태인 제사장과 레위인은 못 본 척 지나가 버렸다. 그런데 유태인에게 멸시받던 사마리아인이, 그를 보고 측은한 마음에서 구조해 주었다. 사회적으로 멸시받고 소외받던 사람이, 사회적으로 혜택을 받고 책임을 부과받은 사람도 하지 못한 일들을 한 것이다.

이 일화에 나오는 사람들에게는 법적인 의무가 없다. 하지만 이 일화는 도덕적 차원에서 인간이 당연히 해야 할 일을 하여야 한다는 의미를 내포하고 있다.

법률에 규정되지 않는 규범은 강제력이 없다. 따라서 그 의무를 이행하지 않더라도 그에 따르는 제재를 받지 않는다. 따라서 도덕 규범은 강제력이 발생하지 않으므로, 도덕적으로는 당연히 지켜져야 할 일들이 무시되고 경시되기 십상이다. 여기에 바로 사마리안의 법의 취지가 있는 것이다.

우리 형법에는 타인의 구조를 요하는 자를 유기할 때에 적용되는 처벌 조항이 있다. 하지만 이 처벌 조항은 보호를 받을 사람을 보호할 법적 의무가 있는 자만을 대상으로 처벌하고 있다. 예를 들어, 호숫가를 지나가던 사람이 호숫가에 빠져 있는 사람을 발견하였는데, 옆에 그 사람을 살릴 만큼의 충분한 로프가 있었는데도 불구하고, 길을 가던 사람은 물에 빠진 사람을 구조하지 않고, 그 사람이 죽어 가는 모습을 구경하였다고 가정해 보자. 이 경우에는 도덕적으로 그 사람을 비난할 수 있다. 하지만 법적으로는 그 사람에 대하여 법적 의무를 부과하지 않았기 때문에, 그 사람의 행위에 대하여 처벌할 수 없다. 만약 여기에 착한 사마리안의 법이 적용된다고 한다면, 그 사람의 행위는 도덕적으로 비난받아 마땅하고, 이에 법적인 책임을 물을 수 있다. 여기에 적용되는 원칙이 바로 착한 사마리안의 법이다.

일부 국가에서는 형법에 '착한 사마리아인 조항'을 규정해 놓고, 쉽게 조력을 할 수 있음에도 불구하고, 도움을 주지 않은 행위에 대해서 법적 제재를 가하고 있다. 프랑스 형법 제63조 2항은 "위험에 처해 있는 사람을 구조해 주어도 자기가 위험에 빠지지 않음에도 불구하고, 자의(自意)로 구조해 주지 않은 자는 3개월 이상 5년 이하의 징역, 혹은 360프랑 이상 15,000프랑 이하의 벌금형에 처한다"라고 규정하고 있다.

하지만 착한 사마리안의 법을 적용하는 데 있어서는 신중함으로 접근해야 한다. 착한 사마리안의 법을 무분별하게 ㉠   하게 되면, 도덕적 문제를 법적인 문제로 ㉡   시키고, 모든 도덕적 문제를 강제할 수 있는 위험성이 있다. 또한 도덕적 문제와 법적 문제의 구별점이 애매하므로, 사회의 규범은 법적의무로 부과될 것이다. 이를 통하여 개인의 자유가 침해될 가능성이 높아지고, 법률의 도덕화를 발생시킬 위험성이 내포되어 있기 때문이다.

73 윗글의 내용 전개 방식에 대한 설명으로 가장 적절한 것은?

① 서로 대비되는 두 대상의 차이점을 부각한다.
② 어떤 현상에 대한 인과 관계를 드러내고 있다.
③ 기존의 통념을 반박하며 자신의 주장을 강조하고 있다.
④ 예상되는 반론을 미리 논박함으로써 자신의 주장을 강화하고 있다.
⑤ 화제에 대한 글쓴이의 주장과 근거를 제시하여 글의 설득력을 높이고 있다.

74 윗글에 대한 이해로 적절하지 않은 것은?

① 법률에 규정되지 않는 규범도 존재한다.
② 모든 비도덕적 행위가 법으로 처벌되는 것은 아니다.
③ 착한 사마리아인은 자신을 멸시한 유태인을 도와주었다.
④ 도덕 규범은 강제력이 없어서 법 규범으로 절대 승화될 수 없다.
⑤ '착한 사마리안의 법'은 일부 국가에서 법적 효력을 지니고 있다.

75 문맥상 ㉠, ㉡에 들어갈 내용으로 가장 적절한 것은?

	㉠	㉡		㉠	㉡
①	활용	변화	②	적용	변질
③	변질	활용	④	활용	적용
⑤	변화	확대			

[76~78] 다음 글을 읽고 물음에 답하시오.

 마하트마 간디가 살았던 오두막에 앉아 있던 어느 날 아침 나는 이 오두막의 정신과 전언을 받아들이고자 노력했다. 내게는 두 가지가 크게 감명적이었다. 하나는 그 정신적인 면이었고, 다른 하나는 그 쾌적함이었다. 나는 그 오두막을 지을 때의 간디의 관점을 이해해 보려고 했다. 내게는 그 집의 단순성과 아름다움과 청결함이 참으로 좋았다. 간디의 오두막은 모든 사람과의 사랑과 평등의 원칙을 선언하고 있다.
 멕시코에 있을 때 내게 제공되었던 집이 여러 가지로 이 오두막과 비슷한 것이었으므로 나는 이 오두막의 정신을 이해할 수 있었다. 이 오두막에는 일곱 종류의 장소가 갖추어져 있다. 입구에는 신발을 벗고, 집안으로 들어가기 전의 신체적, 정신적 준비를 위한 장소가 마련되어 있다. 그다음에는 대가족을 수용할 수 있을 만큼 큰 중간방이 있다. 세 번째 공간은 간디 자신이 앉아서 일하던 곳이다. 두 개의 방이 더 있는데, 하나는 손님들을 위한 것이고, 다른 하나는 환자들을 위한 것이다. 노천 베란다가 하나 있고, 또한 넓은 욕실이 있다. 이 모든 방들은 서로 유기적인 관계를 가지고 있다.
 부유한 사람들이 이 오두막을 본다면 아마 웃을지도 모른다. 내가 소박한 인도 사람의 관점에서 보았을 때, 나는 간디의 오두막보다 더 큰 가옥이 있어야 할 까닭을 알 수 없었다. 오두막은 나무와 진흙으로 만들어져 있다. 이 오두막을 짓는 작업은 인간의 손으로 이루어졌고, 단 하나의 기계도 사용되지 않았다. 나는 오두막이라고 불렀지만, 실은 훌륭한 집이다. 집과 가옥 사이에는 차이가 있다. 가옥은 사람들이 가구들과 소유물들을 보관하는 곳이다. 그것은 사람들 자신보다는 가구의 안전과 편의를 위해 마련된 곳이다.
 델리에서 내가 머문 가옥에는 많은 편의 시설이 있었다. 그 건물은 이러한 편의 시설들의 관점에서 건축되었다. 그것은 시멘트와 벽돌로 만들어졌고, 가구와 기타 편의 시설들이 잘 어울리는 상자 같은 것이었다. 우리는 우리가 평생 동안 끊임없이 수집하는 가구나 기타 물품들이 우리에게 내면적 힘을 주지는 않는다는 것을 이해해야 한다. 이러한 물건들은 장애인의 목발 같은 것이다. 그러나 편의물들을 우리가 많이 가지면 가질수록 [　　　㉠　　　]. 다른 한편, 간디의 오두막에서 내가 발견한 가구는 전혀 다른 차원에 속하는 것이었다. 그 가구에 사람이 의존적으로 될 가능성은 거의 없었다. 사람들은 건강을 위해서 병원에 의존하고, 아이들의 교육을 위해서 학교에 의존한다. 그런데 실제로는 병원의 수는 그만큼 사람들의 불건강을 나타내고, 학교의 수는 그만큼 사람들의 무지의 정도를 나타낸다. 그와 마찬가지로, 소유물의 증가는 창조성의 표현을 줄어들게 한다.
 역설적인 것은 많이 가진 사람들이 우월한 존재로 간주된다는 것이다. 이것은 불행한 일이다. 의족을 사용하는 사람들이 우월한 존재로 간주된다면 이상한 일이 아니겠는가? 간디의 오두막에 앉아 있는 동안 나는 이러한 뒤틀림에 대해 곰곰이 생각하면서 마음이 슬펐다. 간디가 살았던 이 오두막보다 더 큰 장소를 가지고 싶어 하는 사람들은 마음과 몸과 생활 방식에서 가난한 자들이다. 그들은 자연과 거의 아무런 관계를 갖지 않으며, 그들의 동료 인간들과 거의 아무런 친밀성을 갖고 있지 않다.
 내가 설계가들에게 어째서 그들은 간디가 우리에게 가르쳐 준 소박한 접근 방법을 이해하지 못하는가 하고 물었을 때, 그들은 간디의 방식은 너무 어렵고 사람들이 그걸 따를 수 없을 것이라고 말했다. 그러한 단순한 원리가 이해되지 않고 있다니 어떻게 된 일일까? 실제에 있어서, 일반 민중은 그러한 단순성의 원리를 완전히 이해하고 있다. 이해하기를 거부하는 사람들은 무엇인가 기득권을 가지고 있는 사람들뿐이다.
 간디의 오두막이 함축하는 것은 인도 사회와의 완전한 조화를 이룸으로써 가능해지는 기쁨이다. 우리는 사람들이 소유하고 있는 불필요한 물건이나 상품들은 주위 환경으로부터 행복을 섭취할 수 있는 사람의 능력을 위축시킨다는 것을 이해하지 않으면 안 된다.

　　간디의 이 오두막은 평범한 사람의 존엄성이 어떻게 고양될 수 있는가를 세상에 알려 주고 있다. 그것은 또한 우리가 단순성과 봉사와 진실성을 실천함으로써 얻을 수 있는 행복의 상징이기도 하다.

76 윗글에 드러난 글쓴이의 주장과 일치하지 <u>않는</u> 것은?

① 사람을 위해 만든 집이 훌륭한 집이다.
② 학교의 수는 그만큼의 지식 수준을 나타낸다.
③ 불필요한 것을 줄이면 행복을 섭취할 수 있다.
④ 물품들이 우리에게 내면의 힘을 주지는 않는다.
⑤ 소유물이 적어야 창조성의 표현이 살아날 수 있다.

77 윗글의 내용 전개 방식에 대한 설명으로 적절하지 <u>않은</u> 것은?

① 대상을 관찰하면서 느낀 점을 서술하고 있다.
② 특정한 장소에 대한 자신의 경험을 구체적으로 설명하고 있다.
③ 다수의 사고방식을 제시하고, 이에 반박하는 의견을 제시하고 있다.
④ 당위성을 지닌 부분을 강조하기 위하여 질문하는 방법을 사용하였다.
⑤ 권위 있는 전문가의 의견을 비판적으로 수용하면서 논지를 전개하고 있다.

78 ㉠에 들어갈 내용으로 가장 적절한 것은?

① 계획성 없이 소비 욕구에 이끌리게 된다.
② 구매 행위의 중독으로 인한 안도감을 느낀다.
③ 그 물건들에 대한 우리의 의존도는 더 커진다.
④ 희소성이 높은 제품에 대한 구매 욕구가 상승한다.
⑤ 인위적으로 수익을 끌어올리는 방법을 모색하게 된다.

[79~80] 다음 글을 읽고 물음에 답하시오.

식품의약품안전처	**보 도 참 고 자 료**	배포	20**. 4. 19.(목)
		담당과	식품안전정책국 건강기능식품정책과

건강기능식품 허위·과대 표시 및 광고 처벌 강화
– 「건강기능식품에 관한 법률 시행규칙」 입법 예고 –

□ 식품의약품안전처는 건강기능식품 허위·과대 광고에 대해 행정처분을 강화하는 것을 주요 내용으로 하는 「건강기능식품에 관한 법률 시행규칙」 개정안을 4월 19일 입법 예고했다고 밝혔습니다.

  ○ 이번 개정안은 소비자를 기만하거나 국민 건강에 위해를 끼칠 수 있는 위반 행위에 대해 엄격히 관리하는 한편 안전과는 무관한 규제는 합리적으로 개선하기 위해 마련하였습니다.

□ 주요 내용은 ▲허위·과대 표시 및 광고 행정처분 강화 ▲기준·규격 위반 내용별 처분기준 세분화 ▲과징금 대체 금지대상 확대 ▲유통전문판매업소와 제조업소를 함께 처벌하는 위반행위 구체화 등입니다.

  ○ 건강기능식품이 질병의 예방 및 치료에 효과가 있다고 허위·과대 표시 및 광고하는 행위에 대해서는 기존 영업정지 15일에서 영업정지 2개월로 행정처분 기준을 강화하였습니다.

  ○ 영업자가 건강기능식품 원료 및 최종제품에 대한 기준·규격을 위반한 경우 고의성 여부와 인체 위해성 등을 고려하여 처분할 수 있도록 행정처분 기준을 개정하였습니다.

  ○ 영업정지 처분을 과징금으로 대체할 수 없는 중대한 위반 사항으로 '독성이 있거나 부작용을 일으키는 원료를 사용하여 제조'한 경우도 추가하여 행정처분의 실효성을 강화하였습니다.

    * (현행) 위해제품 판매, 질병치료 효과 광고, 의약품원료 사용 등 9개 항목

  ○ 위탁제조한 제품의 경우 제조업자에게 책임이 있더라도 위반 내용과 무관하게 제조를 위탁한 유통전문판매업자도 함께 처분하도록 했던 것을 위해가 있거나 기준·규격을 위반한 제품을 제조·판매한 경우 등으로 한정하여 위반 행위를 명확하게 하였습니다.

  ○ 아울러 행정정보망을 통해 확인할 수 있는 서류는 제출을 면제하고 영업자 지위승계 신고 시 인감증명서 제출 요건 등을 삭제하였습니다.

□ 식약처는 앞으로도 건강기능식품 안전 관리를 강화하여 국민의 건강 보호에 최선을 다하는 한편, 불합리한 규제를 합리적으로 개선하기 위한 노력을 기울여 나가겠다고 밝혔습니다.

79 윗글을 이해한 내용으로 가장 적절한 것은?

① 새로운 시행규칙을 마련하여 건강기능식품으로 인한 피해를 최소화하고자 했다.
② 제조를 위탁한 유통전문판매업자의 위반 행위 범주가 명확해지도록 기준을 개선하였다.
③ 과징금으로 영업정지 처분을 대체할 수 없는 대상은 의약품원료로 범주를 한정하고 있다.
④ 건강기능식품의 효과를 과대 표시하는 행위에 대한 행정처분 기준이 5배 이상 강화되었다.
⑤ 건강기능식품 원료에 대한 기준을 위반한 경우에만 인체 위해성을 고려한 처분을 시행한다.

80 윗글을 읽고 보일 수 있는 반응으로 적절하지 <u>않은</u> 것은?

① 독성 원료를 사용했을 때만 영업정지를 과징금으로 대체할 수 없군.
② 불필요한 서류 제출 과정도 면제되고 간략화된다고 하니 좋은 것 같군.
③ 고의적으로 인체에 위해한 건강 식품을 만드는 곳들은 이제 혼쭐이 나겠군.
④ 개정안이 4월 19일에 입법 예고된다고 하는데, 언제부터 시행이 되는지 궁금하군.
⑤ 과거에는 건강기능식품의 효과를 허위로 광고해도 영업정지 15일의 처벌로 그쳤었군.

81 다음 자료를 분석한 내용으로 적절하지 않은 것은?

욕설 및 비속어의 사용 정도

[단위: %]

		사례 수	자주 사용한다	가끔 사용한다	거의 사용하지 않는다	전혀 사용하지 않는다
전체		(5,000)	3.9	45.1	38.1	12.9
성별	남성	(2,496)	4.9	49.2	35.7	10.2
	여성	(2,504)	2.8	41.0	40.5	15.7
연령별	20대	(971)	6.7	55.9	30.5	6.9
	30대	(1,050)	3.9	48.4	38.1	9.6
	40대	(1,088)	2.9	44.4	41.0	11.7
	50대	(945)	3.2	38.3	42.4	16.1
	60대 이상	(946)	2.6	37.7	38.2	21.5
거주 지역별	경인권	(1,584)	2.9	43.0	38.7	15.4
	강원	(238)	3.4	46.2	34.5	15.9
	충청권	(745)	3.8	49.0	36.0	11.2
	전라권	(752)	5.6	49.5	38.4	6.5
	경상권	(1,539)	4.0	43.5	38.4	14.1
	제주	(142)	4.9	38.7	43.0	13.4
가구 소득별	100만 원 이하	(279)	4.3	38.0	39.8	17.9
	101~200만 원	(388)	5.2	41.4	38.7	14.7
	201~250만 원	(1,097)	4.4	44.7	37.9	13.0
	251~350만 원	(1,386)	3.4	47.3	37.6	11.7
	351~550만 원	(1,595)	3.6	45.9	38.3	12.2
	551만 원 이상	(243)	3.3	42.0	38.2	16.5
	모름 / 무응답	(12)	0.0	50.0	25.0	25.0

① 응답자 중 절반 정도가 욕설이나 비속어를 사용한다.
② 여성보다 남성이 욕설과 비속어를 사용하는 비율이 높다.
③ 욕설 및 비속어를 사용하는 비율은 가구 소득과 반비례한다.
④ 욕설과 비속어 사용 정도에 있어서 수도권과 지방의 차이는 뚜렷하지 않다.
⑤ 연령이 낮아질수록 욕설과 비속어를 사용하는 비율이 높아지는 경향이 있다.

[82~84] 다음 글을 읽고 물음에 답하시오.

　정신과 의사 헥터(사이먼 페그)의 인생은 소파를 닮았다. 진료실 한복판에 가로누운 '살찐 소파'. 푹신하고 안락해서 자꾸 더 깊이 몸을 파묻게 만드는 소파. 헥터 역시 자신의 푹신한 일상 속으로 점점 더 깊이 몸을 파묻고 있었다. 그 안락함을 박차고 일어서는 게 쉽지 않았다. 늘 같은 자리에 늘 같은 모습으로 머물러 있는 게 당연한 존재였다. 소파도, 그리고 헥터도. 매일 수많은 환자들이 헥터의 소파에 걸터앉는다. 저마다의 불운과 불행을 탓하면서 헥터의 마음 위에 걸터앉는다. 무겁다. 숨이 막힌다. "의사 선생님은 행복하세요?" 별로 특별할 것 없는 질문 하나가 소파 위 압정처럼 자꾸 헥터를 찌른다. 나는 지금 행복한 걸까? 행복이란 대체 뭘까? 나도 모르는 행복을 환자들에게 찾아보라는 건 무책임한 충고 아닐까? 스스로에게 묻는 걸 멈출 방법은 하나뿐이다. 답을 찾는 것. 그래서 여행을 떠나기로 한다. 만나는 사람마다 붙잡고 물어볼 작정이다. "당신은 행복이 뭐라고 생각하세요?"
　그래서 영화로 다시 찾아온 〈꾸뻬 씨의 행복 여행〉을 보러 갈 때도 큰 기대는 걸지 않았다. 다만 내가 좋아하는 배우 사이먼 페그가 주인공이라 보고 싶었다(〈새벽의 황당한 저주〉와 〈뜨거운 녀석들〉을 보았다면 아마 당신도!). 내가 좋아하는 영화를 두 편이나 만든 감독 피터 첼섬의 신작이라니 궁금했다(〈마이티〉와 〈세렌디피티〉를 보았다면 분명 당신도!).
　프랑스 작가의 소설을 영국 제작진이 만들면서 꾸뻬 씨는 헥터 씨가 되었다. 여자 친구 클라라(로자먼드 파이크)의 비중이 책보다 늘어난 걸 빼면, 헥터의 여정은 대체로 꾸뻬의 여정을 그대로 따른다. 중국, 아프리카, 미국을 여행하는 동안 유럽인의 수첩을 빼곡하게 채워 가는 '행복의 지혜'도 책에 적힌 지혜의 목록에서 크게 벗어나지 않는다. "행복의 첫 번째 비밀은 자신을 다른 사람과 비교하지 않는 것이다", "행복이란 있는 그대로의 모습으로 사랑받는 것이다" 등등. 조금 낯간지럽지만 그래도 귀담아듣게 되는 충고들. "정말로 불행한 사람들"은 잠시 미루어 두더라도 최소한 "불행하지 않으면서도 불행해하는 사람들"부터라도 어서 행복해지기를 바라는 작가의 뜻이, 책에서와 같이 영화에서도 이루어진다. 책보다 조금 더 유쾌한 방식으로. 책보다 훨씬 더 경쾌한 여정을 따라.
　이렇게 책과 영화를 비교하며 쓸 수 있는 건 지금 책을 읽고 있기 때문이다. 영화를 본 뒤 나는 비로소 소설 〈꾸뻬 씨의 행복 여행〉을 찾아 읽는 '많은 이' 가운데 한 명이 되었다. 헥터 덕분이다. 조금은 뻔했지만, 걱정과 달리 그렇게 　㉠　 영화 덕분이다. 그리하여 헥터의 수첩에 적힌 16가지 행복의 지혜 끝에 내가 덧붙일 17번째 지혜. 관객의 행복이란, 잠시 '살찐 소파'를 박차고 일어나 낡은 배낭을 메고 걷는 것이다. 노란 비행기를 타고 파란 하늘을 날아 보는 것이다. 그렇게 딱 2시간만이라도, 제법 근사한 지구인으로 살아 보는 것이다.

82 윗글의 제목으로 가장 적절한 것은?

① 꾸뻬의 경쾌한 여정으로!
② 자유로움을 누리는 삶은?
③ 행복을 위한 여행 떠나기!
④ 안락함 내려놓기에 도전!
⑤ 당신에게 묻는다, 행복하세요?

83 영화 〈꾸뻬 씨의 행복 여행〉에 대한 설명으로 적절하지 않은 것은?

① 헥터는 환자들에게 행복을 찾아보라는 충고를 하였다.
② 소설 원작이 영화화되면서 주인공의 이름이 '헥터'로 바뀌었다.
③ 주인공이 유럽을 여행하며 행복에 대한 답을 찾는 것이 주요 내용이다.
④ 주인공에게 있어 일상생활의 안락함을 거부하는 것은 어려운 일이었다.
⑤ 프랑스 작가의 소설을 영국 제작진이 영화화하였으나, 주인공의 여정은 비슷하다.

84 내용의 흐름상 ㉠에 들어갈 내용으로 가장 적절한 것은?

① 스릴이 느껴지는
② 경쾌하고 즐거웠던
③ 공허하지만은 않았던
④ 유머러스하지만은 않았던
⑤ 여행에 관심이 가지 않았던

[85~86] 다음 글을 읽고 물음에 답하시오.

국민건강보험공단 안산지사

수신자: 관내 장기요양기관 대표자
(경유)
제목: 요양 시설 코로나-19 선제 검사 등 장기요양기관 방역 지원을 위한 한시적 급여 비용 산정 지침 안내

---

1. 장기 요양 서비스 현장의 노고에 깊이 감사드립니다.
2. 최근 코로나19 3차 대유행으로 입소형 시설 내 집단 감염이 지속적으로 발생함에 따라, 장기요양기관 내 피해 확산 방지를 위해 선제적 진단 검사를 지원하고자 「요양 시설 코로나-19 선제 검사 등 장기요양기관 방역 지원을 위한 한시적 급여 비용 산정 지침」을 마련하여 홈페이지에 게시하였으니 급여 제공 시 참고하시기 바랍니다.

가. 주요 내용 – 홈페이지 / 공지사항에 게시(게시 번호 60587)한 세부 기준을 반드시 확인

구분		지침 주요 내용
검체 채취(PCR검사) 지원금 지급		(대상) 입소형 시설(주야간·단기 보호 기관 포함) (내용) 기관 규모에 따라 최소 10만 원에서 최대 70만 원 지급 (기준) 시설 내 의료·간호 인력 종사자 전원에 대해 PCR 검체 채취 시 지원 금액 산정
한시적 방역 지원금 지급	기본 방역 지원금	(대상) 입소형 시설(주야간·단기 보호 기관 포함) 수급자 (내용) 감염 관리 방역 활동 지원을 위해 수급자 1인당 6,000원/월 지급 (기준) 시설에서 월 1회 이상 실제 장기 요양 급여를 제공한 수납자
	검사 지원금	(대상) 입소형 시설(주야간·단기 보호 기관 포함) 종사자, 수급자 (내용) 신속 항원 검사 횟수당 8,000원 지원 (기준) 시설 내 간호 인력이 신속 항원 검사를 실시한 경우 종사자 주 1회, 수급자 월 1회 검사 횟수당 비용 지급
시설 급여 등 종사자 '월 기준 근무 시간' 인정		(대상) 코로나-19 선제적 진단 검사(의무) 대상 종사자 (내용) 근무 시간에 진단 검사에 참여한 경우 1일 8시간 범위에서 실제 소요된 시간을 근무 시간으로 인정

나. 노인장기요양보험 홈페이지 게시(게시일. '21.1.13.)
  – (게시 위치) 알람 자료실 / 알림방 / 공지사항(게시 번호 60587)

※ 자세한 사항은 전화 또는 홈페이지 관련 메뉴를 통해 문의하여 주시기 바랍니다. 끝.

85 윗글을 읽고 수신자가 해야 할 행동으로 가장 적절한 것은?

① 장기적 방역 지원금 지급의 세부 기준을 확인한다.
② 시설의 종사자가 신속 항원 검사를 받도록 권고한다.
③ 장기요양자에게 입소형 시설에 등록하는 절차를 구체적으로 안내한다.
④ 노인장기요양보험 홈페이지 공지사항에 게시된 세부 기준을 확인한다.
⑤ 시설 내에서 장기요양급여를 내지 않은 사람들에게 수납할 것을 권고한다.

86 윗글의 발신자가 해야 할 업무로 가장 적절한 것은?

① 한시적 급여 비용 산정에 관한 문의 사항에 응대한다.
② 한시적 급여 비용을 산정할 장기요양기관을 선정한다.
③ 한시적 급여 비용 산정을 위해 기존의 지침을 수정한다.
④ 한시적 급여 비용 산정 지침 내용의 적절성을 심사한다.
⑤ 한시적 급여 비용 산정을 위한 조사를 완료하고 급여 비용을 지급한다.

87 〈보기〉의 내용에 대한 이해로 적절하지 않은 것은?

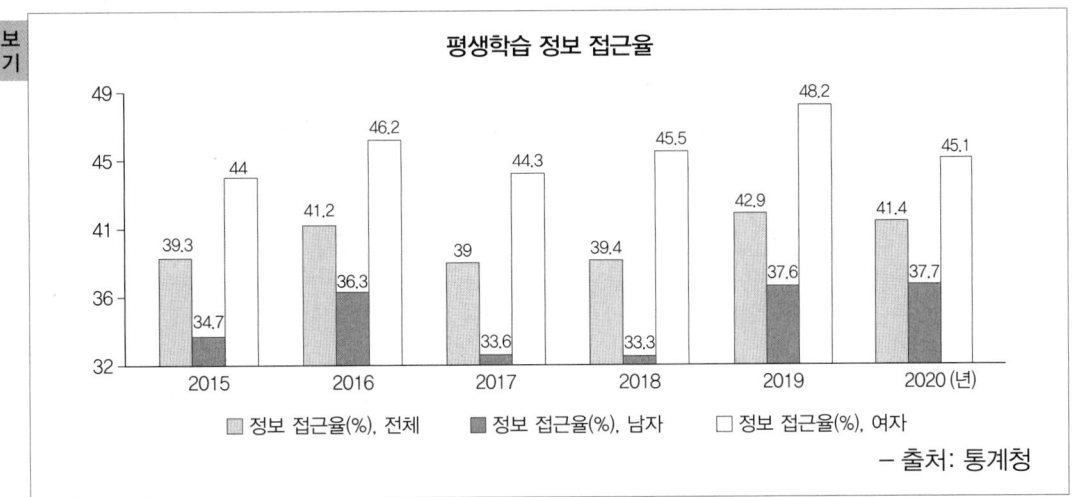

① 여성의 평생학습 정보 접근율은 6년간 모두 남성보다 높게 나타났다.
② 남성과 여성의 평생학습 정보 접근율은 매년 3% 이상의 차이를 보였다.
③ 남녀 전체의 평생학습 정보 접근율은 2016년부터 계속하여 상승세를 보이고 있다.
④ 여성의 평생학습 정보 접근율은 남녀를 포함한 전체 정보 접근율에 비해 매해 높았다.
⑤ 남성의 평생학습 정보 접근율은 2016년을 기점으로 2년간 하락하다가 2019년부터 상승했다.

88 다음 보도 자료를 이해한 내용으로 적절하지 않은 것은?

알기 쉬운 검진 결과 통보서 마련

수요자 맞춤형으로 건강검진 결과 통보서 개선

□ 보건복지부는, 국가건강검진 후 개인에게 통보하는 결과 통보서 서식을 도표를 이용하여 시각적으로 쉽게 이해할 수 있도록 전면적으로 개편할 방침이다.
  ○ 개인별 종합 소견을 구체적으로 기술하여 검진자의 전반적인 건강 상태를 알려 주고, 2차 검진 항목과 폐결핵 확진이 필요한 경우 추가 검진 일정과 검진 기관도 명시하여 안내할 수 있도록 하였다.
  ○ 또한, 비만·혈압 등 5개 항목의 국제 기준 정보를 제공하여 개인별 검진 결과를 국제 기준과 비교하여 건강 수준을 한눈에 알 수 있도록 개선하게 된다.
  ○ 검사 수치를 현재 단순하게 숫자로 기입하여 제공하는 방식에서 도표·그래프를 이용한 시각적 디자인 기법을 활용하여 보다 이해하기 쉽도록 개선하였다.
□ 알기 쉬운 건강검진 결과 통보서 개선으로 현재 단순하고 평면적으로 제공되어 일반 국민이 이해하기 어려운 검진 결과 통보서를 수요자 맞춤형으로 개선하여 제공함으로써 건강검진을 받은 국민이 검진 결과를 정확히 이해할 수 있어 질병의 조기 발견과 건강 관리에 큰 도움을 줄 것으로 예상하고 있다.
  ○ 금번 개선 사항은 일반 건강검진과 생애전환기(40세, 66세) 건강진단의 1차 건강검진 결과 통보서를 대상으로 금년 9월부터 우선 적용하고, 향후 디자인을 추가 개발하여 전체 검진 유형별 결과 통보서로 확대 적용해 나갈 계획이라고 밝혔다.

① 수요자의 건강검진 만족도를 높일 수 있는 개선책이다.
② 개선된 건강검진 결과 통보서는 금년부터 일부 연령대에 적용이 된다.
③ 개인별 검진 결과를 국제적인 기관에서 비교하여 건강 수준을 확인해 준다.
④ 단순하고 평면적이던 결과 통보서가 다채롭고 입체적으로 바뀔 예정이다.
⑤ 검진 결과를 알기 쉽도록 결과 통보서의 서식을 개선하는 변화를 꾀한 것이다.

[89~90] 다음 보도 자료를 읽고 물음에 답하시오.

보도 참고 자료

○○○○○, 환불정책 시정 관련 진행 상황
– 시정이 완료될 때까지 소비자는 ○○○○○를 통한 거래에 주의를 요함. –

▫ ○○○○○가 이의신청을 취하*한 후 2017. 3. 15. 공정위에 제출한 불공정약관 시정계획의 주요 내용은 다음과 같음.
 * ○○○○○는 당초 공정위의 시정명령에 불복하여 이의신청을 제기하였으나, 2017. 3. 14. 이의 신청을 취하함으로써 불복을 포기하였고 시정명령은 확정되었음.
① (엄격환불정책) 숙박 예정일로부터 30일 이상 남은 시점에 취소 시 숙박 대금 100% 환불, 30일 이내 취소 시에도 숙박 대금의 50%는 환불하는 것으로 시정함.

※ ○○○○○가 제출한 시정계획에 따른 엄격환불정책 시정 전·후 대비표

	예약 취소 시기	시정 전	시정 후
엄격 환불정책	숙박 예정일로부터 30일 이상 남은 시점	50% 환불	100% 환불
	숙박 예정일로부터 30일 미만 7일 이상 남은 시점	50% 환불	50% 환불
	숙박 예정일로부터 7일 미만 남은 시점	환불 불가	50% 환불

② (서비스 수수료) 숙박 전 예약 취소 시 ○○○○○의 서비스 수수료(총 숙박 대금의 6~12%)는 100% 환불하는 것으로 시정함.

※ ○○○○○가 제출한 시정계획에 따른 서비스 수수료 정책 시정 전·후 대비표

	예약 취소 시기	시정 전	시정 후
서비스 수수료	숙박 예정일 이전	환불 불가	100% 환불

③ (시정 시기) ○○○○○는 관련 시스템 수정 등에 시간이 소요되어 4월 초까지 시정 내용을 자사 홈페이지를 통해 공지하고, 2017. 6. 2. 이전에 시정된 환불정책을 전 세계에서 공통적으로 시행할 계획임.
▫ 한편 ○○○○○가 실제 시정 시점까지 기존의 엄격환불정책 및 서비스수수료 환불불가정책을 사용하는 것은 확정된 공정위의 시정명령 및 사용금지명령에 반하는 위법한 행위임.*
 * 의결서 송달일('16. 11. 22.)로부터 60일 이내에 시정명령을 이행하여야 하는데 피심인은 이의신청을 취하하였으므로 '17. 1. 22.부터 시정명령 이행 기한이 도과하였음.
◦ 따라서 이러한 불공정한 약관을 통해 손해를 입은 소비자는 법적으로 이를 다툴 수 있으나, 개별 소송 등을 통해 이를 주장하여야 하므로 시정이 실제로 완료될 때까지는 ○○○○○를 통한 거래 시 이 점을 유의할 필요가 있음.

▫ 공정위는 ○○○○○가 제출한 시정안이 조속히 시행될 수 있도록 시정명령 이행독촉 공문을 발송한 상태이며(2017. 3. 23.), ○○○○○가 공정위에 제출한 시정안대로 성실히 이행하지 않을 경우 형사고발대상이 됨.

> ▫ 공정거래위원회(이하 공정위)는 ○○○○○ 아일랜드(이하 ○○○○○)의 환불정책상 ① 숙박 예정일로부터 7일 이상 남은 시점에 예약을 취소하는 경우에는 총 숙박 대금의 50%를 위약금으로 부과하는 조항*, ② 예약이 취소되는 경우 등에도 ○○○○○의 서비스 수수료(총 숙박 대금의 6~12%)는 일체 환불되지 않는다는 조항에 대하여 시정명령함.
>
> *○○○○○의 환불정책은 엄격, 보통, 유연의 세 가지로 구분되는데 해당 내용은 엄격 환불정책과 관련된 내용임.
>
> ○ 공정위는 2016. 3. 8. 해당 조항의 시정을 권고하였으나 ○○○○○가 정당한 사유 없이 불응하여 2016. 11. 3. 시정명령을 의결함.*
>
> *사업자가 공정위의 시정권고를 정당한 사유 없이 따르지 아니하여 여러 고객에게 피해가 발생하거나 발생할 우려가 현저한 경우 시정명령을 할 수 있음(약관의 규제에 관한 법률 제17조의2 제2항 제6호).
>
> ▫ 이번 시정명령을 통하여 ○○○○○의 불공정약관조항으로 인한 소비자 피해가 예방되고 공유 경제 사업 모델의 건전한 성장을 위한 공정한 거래 질서가 형성될 것으로 기대함.

89 윗글을 이해한 내용으로 적절하지 않은 것은?

① 숙박 예정일 전날 취소를 하더라도 숙박 대금의 50%, 서비스 수수료는 전액 환불을 받을 수 있다.
② ○○○○○의 환불정책 시정 관련 사항이 시행되기 이전에 손해를 입었다면 법적으로 해결해야 한다.
③ ○○○○○의 서비스 수수료가 총 숙박 대금에서 차지하는 비중에 대해서도 시정 명령을 권고하였다.
④ 환불정책 시정 후에 숙박 예정일이 30일 남았을 때와 29일 남았을 때의 환불 금액은 2배의 차이가 발생한다.
⑤ 숙박 예정일로부터 7일이 남은 시점에서 예약 취소를 할 경우에는 시정 전과 시정 후의 숙박 대금 환불 내용에 차이가 없다.

90 윗글을 읽고 제기할 수 반응으로 볼 수 없는 것은?

① ○○○○○의 모든 환불정책이 완화되었으니 숙박 대금 부담이 줄어들겠군.
② 100% 환불을 받으려면 예약과 주변 정보 확인을 한 달 이상 남겨 놓고 해야겠군.
③ 2017년 여름 여행부터는 ○○○○○에서 숙박하는 것을 긍정적으로 생각해도 되겠군.
④ 공정위에서 내린 시정명령을 바로 받아들이면 되지 이의신청을 괜히 했던 게 됐군.
⑤ 숙박 전 예약 취소 시 서비스 수수료가 100% 환불된다면 주인 입장에선 불만이겠군.

국어문화(91~100)

91 〈보기〉에서 설명하는 문학 작품은?

> 보기
>
> 조선 정조 때 연암 박지원이 쓴 한문 단편 소설로 호랑이를 의인화하여 양반(도학자)의 위선을 신랄하게 꾸짖는 내용이다. 《열하일기》에 수록되어 있으며, 박지원이 청나라로 가던 중 들른 한 상인의 집 벽에 적혀 있던 이야기가 모태이며, 이 이야기를 본 박지원이 호탕하게 웃으며 이걸 가져가면 한양이 유쾌하겠구나 생각하여 옮기기 시작했다고 하였다.

① 호질   ② 양반전   ③ 이춘풍전
④ 배비장전   ⑤ 봉산탈춤

92 〈보기〉에서 설명하는 문학 작품은?

> 보기
>
> 조선 광해군 때 궁녀가 쓴 것으로 추정되는 한글 수필이다. 광해군이 아우 영창 대군을 죽이고 영창 대군의 어머니 인목대비를 서궁에 거두었을 때의 정경을 일기체로 적은 것이다. 〈인현왕후전〉, 〈한중록〉과 함께 대표적인 궁중 문학 작품이다.

① 옥루몽   ② 임진록   ③ 계축일기
④ 산성일기   ⑤ 창선감의록

93 〈보기〉에서 설명하는 작가는?

> 보기
>
> 시적 감수성을 세련된 감각으로 노래한 기교파의 대표 시인이다. 1930년대의 사회현실로서 도시적 비애의 내면 공간을 제시하여 인간성 상실을 극복하고자 하였다. 대표작으로는 〈와사등〉, 〈외인촌〉, 〈추일서정〉등이 있다.

① 김기림   ② 김광균   ③ 박목월
④ 유치환   ⑤ 정지용

94 〈보기〉는 일제강점기 신문에 게재된 만평이다. 이에 대한 설명으로 적절하지 <u>않은</u> 것은?

보기

이야기그림 – 서울은힝쟝의 죽엄

一.
甲: 무엇이야 그 큰 부쟈가 죽엇서? 서울은행쟝이 죽엇네그려.

二.
乙: 여보 무엇을 그러케 슬피게 울것이야잇소 무엇 무엇
甲: 도참판의 자근아들 서울은행쟝이 죽엇대요

三.
乙: 도참판이 당신 하라바지요 웨우러.
甲: 나의 하라바지가 아니니까우러요 아이고 흥

四.
乙: 아이고 슬허 하이고 흥흑흑

〈동아일보〉, 1920. 7. 26.

① 'ㅅ계 합용 병서'가 사용되고 있음을 알 수 있다.
② '그러케'로 보아 음운의 축약이 표기에 반영되고 있다.
③ 주격 조사 '이'와 '가'가 모두 사용되고 있음을 확인할 수 있다.
④ 이유를 묻는 의문사를 현대 국어와 다르게 표기함을 알 수 있다.
⑤ '슬허'로 보아 분철 표기가 일반적으로 나타남을 확인할 수 있다.

95 〈보기〉는 근대 신문 광고이다. 이에 대한 설명으로 적절한 것은?

보기

世昌 洋行 졔물포
세계에 뎨일 죠흔 금계랍을 이 회샤에셔 쏘 새로 만히가져 와셔 파니 누구 던지 금계랍 쟝ᄉ ᄒ고 싶흔이ᄂ 이 회샤에 와셔 사거드면 도매 금으로 쓰 게 주리라.

– 〈독립신문〉(1897. 12. 9.)

① 'ㅎ 종성 체언'이 나타나 있다.
② 구개음화가 반영되었음을 알 수 있다.
③ 표기에 아래 아를 사용하지 않았음을 알 수 있다.
④ 합용 병서는 근대부터 허용되지 않았음을 알 수 있다.
⑤ 이중 모음의 단모음화가 적용되기 이전의 표기를 살펴볼 수 있다.

96 밑줄 친 법률 용어에 대한 풀이가 적절하지 <u>않은</u> 것은?

① 위원장은 위원회를 대표하며, <u>회무</u>(→ 업무)를 총괄한다.
② 6차는 면접시험이다. 다만, 실기시험을 <u>병과</u>(→ 병행)할 수 있다
③ <u>사위</u>(→ 친인척 관계) 및 기타 부정한 방법으로 건축자 자격을 취득한 자는 합격을 취소한다.
④ 임원을 교체할 수는 있으나 6개월 이내에 그 임원을 <u>개임</u>(→ 교체)한 때에는 그러지 아니한다.
⑤ 현지 <u>실사</u>(→ 현장 조사), 문헌 조사 또는 전화와 전자우편 등을 통해 실태를 조사할 수 있다.

97 〈보기〉는 남북한 띄어쓰기 관련 규정이다. 남북의 띄어쓰기가 모두 올바른 것은?

> 보기
> (남) 한글 맞춤법
> 제42항 의존 명사는 띄어 쓴다.
> 제45항 두 말을 이어주거나 열거할 적에 쓰이는 말들은 띄어 쓴다.
> (북) 조선말 규범집
> 제5항 불완전명사(단위명사포함)은 앞단어에 들여쓰되 그 뒤에 오는 단어는 띄여쓰는 것을 원칙으로 한다.
> ※《등, 대, 겸》은 다음과 같이 띄여쓴다. [예] 알곡 대 알곡, 부수상 겸 농업상

	남	북
①	아는것이 힘이다	아는∨것이 힘이다
②	나도 할∨수 있다	나도 할∨수 있다
③	열∨내지∨스물	열내지스물
④	모른체 하지 마	모른∨체 하지마
⑤	사과, 배등	사과, 배∨등

98 다음은 국립국어원의 '한국 수어 사전'에 실린 자료이다. 제시된 수어가 나타내는 의미는?

① 울다
② 웃다
③ 보다
④ 듣다
⑤ 찌푸리다

99. <보기>를 바탕으로 할 때 점자에 대한 설명으로 적절하지 않은 것은?

자음자	ㄱ	ㄴ	ㄷ	ㄹ	ㅁ	ㅂ	ㅅ	ㅇ	ㅈ	ㅊ	ㅋ	ㅌ	ㅍ	ㅎ
첫소리 글자	●· ·· ··	●· ·● ··	●● ·· ··	●· ●● ··	●● ●· ··	●● ·· ··	·· ●· ··	(●● ·● ··)	·● ●· ··	·● ●● ··	●· ·· ●·	●● ·· ●·	●● ●· ●·	·● ·● ●·
받침 글자	·● ·· ··	·· ●· ●·	·· ●● ··	·· ·● ●●	·· ●● ·●	·· ·● ·●	·· ·· ●●	·· ·● ●●	·· ●· ●●	·· ●● ●●	·● ·· ·●	·● ·· ●●	·● ●· ●●	·· ·● ●●

① 'ㄱ'의 경우 받침으로 쓰일 때에는 초성의 점형을 왼쪽으로 이동하는군.
② '북이'와 '부기'가 점자에서는 똑같이 표기되기 때문에 구별되지 않겠군.
③ 'ㄷ'의 경우 받침으로 쓰일 때에는 초성의 점형을 아래로 한 단 내리는군.
④ 첫소리 'ㅁ'과 첫소리 'ㅂ'은 모두 첫째 줄(상단)과 둘째 줄(중단)의 점들로 만들어졌군.
⑤ 첫소리 'ㄱ, ㄴ, ㄷ'과 첫소리 'ㄹ, ㅁ, ㅂ'은 각각 특정한 점을 공통적으로 포함하고 있군.

100. <보기>에서 드러나는 광고 언어의 특성으로 적절하지 않은 것은?

> 사기범A: 공양미를 대출해 드릴 수 있을 것 같아요. 근데 수수료를 좀……
> 심청이: 보내야지! 아버지를 위한 일인데!
> (휴대폰 문자 알림소리) 링크를 클릭하라고? 해도 되나..?
> 사기범B: 계좌가 금융 범죄에 연루되어 관아로 출두를 하셔야……
> 심청이: 금융 범죄? 내가?
> 심봉사: 청아~ 가훈을 잊지 말거라.
> 아나운서: 늘 의심하고! 꼭 전화 끊고! 또 확인하고!
> 심봉사: 보이스 피싱에 눈을 뜨시오!
> 심청이: 눈을 뜨면, 의심하고 전화 끊고 확인하면, 예방책이 보입니다~(징 소리)

① 동일한 음절을 반복하여 리듬감을 형성하고 있다.
② 효과음을 활용하여 사람들이 상황에 몰입하기 쉽게 만들고 있다.
③ 특정 상황에 처했을 때 해야 할 일을 반복하여 제시하여 효과를 높이고 있다.
④ 비슷한 문장구조를 반복하여 피해자가 처한 상황을 효과적으로 전달하고 있다.
⑤ 사람들이 잘 아는 문학작품의 상황을 활용하여 수용자가 이해하기 쉽게 전달하고 있다.

2026 최신판

에듀윌
KBS한국어능력시험
한권끝장
+무료특강

정답과 해설

eduwill

정답과 해설

2026 최신판

에듀윌
KBS한국어능력시험
한권끝장 + 무료특강

정답과 해설

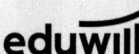

I. 듣기 · 말하기

본문 10~12쪽

01. 듣기

| 1 | ④ | 2 | ④ | 3 | ④ | 4 | ① | 5 | ① |
| 6 | ④ | 7 | ⑤ | 8 | ② | 9 | ② |

1 먼저 그림에 대한 강연을 들려드립니다.

> 인상주의에 관심이 많은 르누아르는 화상 폴 뒤랑 뤼엘(Paul Durand-Ruel)과 앙브루아즈 볼라르(Ambroise Vollard)에게 작품을 매매하곤 했습니다. 이 외에도 1890년대 초, 인상주 화가들과 관계를 맺은 화상 조스 베른헤임 죈(Josse Bernheim-Jeune)과 가스통 베른헤임 죈(Gaston Josse Bernheim-Jeune) 형제들과도 깊은 인연을 맺으며 1900년에는 그들의 화랑에서 〈르누아르전〉을 열기도 했습니다. 그리고 그 관계는 르누아르가 사망할 때까지 계속되었습니다. 이 그림은 르누아르와 돈독한 관계를 유지하며 그의 그림을 대중에게 알렸던 조스 베른헤임 죈의 부인과 아들을 그린 것입니다. 화면 속에서 부인과 아이가 앉아 있는 거실의 모습과 옷차림은 부르주아 계급을 암시하고 있습니다. 화려한 장식의 모자를 쓰고 격자형 소매의 검은 드레스를 입은 부인은 아이의 손을 잡은 채 먼 곳을 바라보고, 엄마에게 기대어 있는 아이는 안정적인 삼각 구도를 이루고 있습니다. 우아한 부인의 자태를 보면, 모자 관계가 그리 친근해 보이지는 않습니다. 이는 당시 상류 계급의 여성들이 직접 아이를 보살피지 않고 유모를 두었기 때문인지 모르겠으나, 이 그림에서 아들을 바라보는 부인에게서는 따뜻한 모성애가 느껴지지 않습니다. 다만 이 그림에서는 화려하게 치장된 거실이 르누아르가 잘 다루던 붉은색 계통으로 칠해져 있다는 점과 부인과 아이의 피부가 도자기처럼 투명하고 매끈하여 참으로 곱다는 생각이 들 뿐입니다. 이 작품을 통해 그는 자신이 가진 재능을 최대한 발휘하여 그림을 그렸고 예리한 눈으로 상류 계급 특유의 분위기를 포착해 낸 것 같습니다. 인상주의자들은 인물의 형태를 세밀하고 매끈하게 묘사하지 않지만 인물을 많이 그린 르누아르를 통해 이 그림의 인물은 매우 사실적으로 표현되었다고 보고 있습니다.

④ 화려한 장식의 모자를 쓰고 격자형 소매의 드레스를 입은 부인이 아이의 손을 잡은 채 먼 곳을 바라보고 있고, 우아한 부인의 자태가 느껴지는 것은 ④의 그림이다. 또한 ④는 인물이 매우 사실적으로 묘사되어 있다.

↓ 오답률 줄이는 | **오답풀이** |
① 르누아르, 〈두 자매〉
② 르누아르, 〈가브리엘과 장〉
③ 카를로 돌치, 〈꽃을 든 성모와 아기 예수〉
⑤ 프란스 할스, 〈아이를 데리고 있는 유모〉

2 이번에는 그림에 대한 설명을 들려드립니다.

> 이 그림은 얀 반 에이크가 그린 〈아르놀피니의 결혼식〉이라는 작품입니다. 이 그림의 인물은 모두 이탈리아인으로 남자가 지오반니 아르놀피니이며, 여자는 지오반나 체나미입니다. 지오반니는 당시 벨기에 궁정에서 막강한 실력을 행사하던 사람이며, 지오반나는 이탈리아에서 은행업으로 성공하여 벨기에에 진출한 집안의 딸로 지오반니의 아내가 되는 사람입니다. 이들이 이탈리아인이자 막강한 부를 지니고 있었음은 그림 왼쪽 창틀의 오렌지로 나타납니다. 오렌지는 지중해의 과일로 당시 벨기에의 값비싼 수입물이었던 것입니다. 이들 머리 위에는 샹들리에가 있고, 샹들리에의 촛대 가운데 단 하나의 초에 불이 켜져 있습니다. 이 불은 이들이 올리는 결혼식을 주관하시는 분이 바로 하느님이라는 의미입니다. 바로 가톨릭에서 말하는 혼인 성사인 것입니다. 그리고 그 아래 벽면에 걸린 크리스털 묵주는 신부들에게 순결과 신앙을 바라는 신랑들의 결혼 선물이며, 그 반대편의 옷솔은 가정 살림의 상징으로 신부들의 미덕을 표현합니다. 또한 신방의 침대는 재산의 상속과 자식의 잉태라는 의미를 지닙니다. 그리고 이들 발치의 강아지는 배우자에 대한 성실하고 순결한 태도를 암시합니다. 또한 창틀 앞 탁자 위의 오렌지는 일명 아담의 사과로 인간 원죄를 뜻하는데, 이 원죄가 혼인 성사를 통해 사함을 받는다는 것을 말합니다. 이런 일련의 기독교적인 당시의 풍습을 보면 이 결혼식이 비밀 결혼식임을 알 수 있습니다. 또한 비록 불완전하지만 공간의 원근법과 더불어 명암법을 통해 묘사된 인물과 사물들의 양감이 사실적 이미지를 보강하고 있습니다. 이들이 입고 있는 옷과 옷깃의 모피 모양과 보송보송한 털 강아지의 모습, 그리고 창문과 천장의 샹들리에에서 볼 수 있는 정밀한 붓 터치는 인간이 눈으로 관찰한 것을 정확하게 표현했다는 것을 입증하는 것으로, 인간 이성의 우위를 드러내는 동시에 관념의 시대인 중세의 종말을 예고하고 있는 것입니다. 더욱이 그림 속의 배경을 너무도 확연하게 드러내

고 있는 그림 중앙의 거울은 인간의 눈이 얼마나 정교하며, 이를 표현하는 이성이 얼마나 합리적인가를 보여 주는 듯합니다.

④ 비록 불완전하지만 공간의 원근법과 더불어 명암법을 통해 묘사된 인물과 사물들의 양감이 사실적 이미지를 보강하고 있다고 설명하고 있다.

3 이번에는 강연을 들려드립니다.

냉소주의만큼 그 정의가 시대에 따라 극과 극으로 변해 온 사상도 없습니다. 형이상학적인 고매한 철학자나 지식인의 사상을 일컫는 말로, 또는 그와는 완전 반대로 주위 시선은 아랑곳없이 자기 마음대로 살아가는 저질스러운 사람을 지적하는 용어로도 사용되기도 했지요. 철학적으로는 인간이 인위적으로 만든 관습이나 도덕, 제도 등을 부정하면서 인간의 본성에 따라 자연스럽게 생활할 것을 주장하는 사상을 일컫습니다. 그러나 일반적으로는 상대방에 대해 쌀쌀한 시선이나 비웃음으로 대하는 태도를 말합니다. 얄궂게 표현해서 책임이나 의무를 방기(放棄)하고 자기 멋대로 사는 인생관을 뜻합니다. 독일의 철학자 니체는 냉소주의자이면서도 고상하게 보였던 인물입니다. 그러나 44세에 신경 쇠약증에 걸린 그는 계속 병마에 시달리다가 말년에는 치매를 앓다 56세를 일기로 세상을 마감했습니다. 많은 철학자들이 그의 허무주의 사상은 냉소주의에 가깝다고 지적합니다. 즉, 사회 체제, 그리고 거기에 몸담고 있는 사람들에 대한 불신이 니체에게 가득했다고 보는 것입니다. 과학자들은 이러한 냉소주의와 정신 기능 사이에 어떤 연결 고리가 있을 것이라고 생각해 왔습니다.

미국 시사 주간지 〈뉴스위크〉가 과학자들의 연구 결과를 인용해 보도한 바에 따르면, 냉소적 불신, 다시 말해서 '다른 사람들의 모든 행동은 이기주의에서 비롯되었다는 믿음'이 높으면 높을수록 치매에 걸릴 확률이 높다고 합니다. 이 연구의 목적은 냉소주의와 치매의 인과 관계가 아니라 상호 연관 관계를 조사한 것이며 극단적인 냉소주의자들이 남을 잘 믿는 사람들보다 더 일찍 죽는다는 내용은 발견되지 않았습니다. 이 연구 결과는 생활 방식이나 나이, 성별 등 다른 요소로는 설명할 수 없는 것들이며, 사람의 성격이나 사고, 또는 철학이나 이념이 뇌 건강에 영향을 미칠 수 있다는 사실을 제시한 것입니다.

④ 냉소주의와 치매는 '인과 관계'가 아닌 '상호 연관 관계'에 놓여 있으며, 극단적인 냉소주의자들이 남을 잘 믿는 사람들보다 더 일찍 죽는다는 내용은 발견되지 않았다고 하였다.

4 다음은 뉴스를 들려드립니다.

하루 대부분을 의자에 앉은 채로 지내는 사람이 적지 않습니다. 앉아 있는 것은 언뜻 보면 쉽다고 여길 수도 있지만, 장시간에 이르면 신체에 악영향을 준다는 것은 명백한 사실입니다. 또 최근 연구에서는 일할 때 장시간 앉아 있는 사람은 정신적 스트레스를 느끼는 경향이 강한 것으로 밝혀졌습니다.

국제 학술지 〈정신 건강과 신체 활동(Mental Health and Physical Activity)〉에 게재된 이 연구는 2010년 호주 태즈메이니아주(州)에 사는 공무원 3,367명을 대상으로 건강 상태를 평가하고 이를 통계학적으로 분석한 것입니다.

그 결과, "장시간(하루 6시간 이상) 앉아 있는 일을 하고 중간에 정기적으로 의자에서 일어나 주위를 돌아다니지 않았다."고 응답한 사람은 정신적 스트레스를 느끼는 경향이 높은 것으로 나타났습니다.

즉, 이런 사람들은 "앉아 있는 시간이 짧아(하루 3시간), 의자에서 일어나 돌아다닐 기회가 많았다."고 답한 사람들보다 일상 업무를 해내는 데 있어서, 더 부담감을 느끼고 있다는 것입니다.

그러나 장시간 앉아 있는 상태와 정신적 스트레스를 느끼는 경향에는 상관 관계가 있을 수 있지만, 그렇다고 앉아 있는 상태가 반드시 정신적인 문제의 모든 것과 관련이 있다고는 할 수 없습니다. 그래도 장시간 앉아 일을 하는 사람은 중간에 의자에서 일어나는 횟수를 늘리고, 주변을 조금 배회하는 것이 건강 관리에 좋을 듯하다고 연구진은 말하고 있습니다.

한편 최근 또 다른 연구에서도 앉아 있는 시간이 길수록 암에 걸릴 위험이 높아지는 것으로 나타났습니다. 하루 1시간 이상 앉아 있으면 암 발병률이 66%까지 높아지는 것으로 확인됐습니다.

① 국제 학술지의 연구 결과를 인용하여 중심 내용을 강조하고, 듣는 이가 뉴스의 내용을 신뢰할 수 있도록 돕고 있다.

5 다음은 시 한 편을 들려드립니다.

> 봄은 / 남해에서도 북녘에서도 / 오지 않는다.
> 너그럽고 / 빛나는 / 봄의 / 그 눈짓은,
> 제주에서 두만까지
> 우리가 디딘 / 아름다운 논밭에서 움튼다.
>
> 겨울은, / 바다와 대륙 밖에서
> 그 매서운 눈보라 몰고 왔지만
> 이제 올 / 너그러운 봄은, 삼천리 마을마다
> 우리들 가슴속에서 / 움트리라.
>
> 움터서, / 강산을 덮은 그 미움의 쇠붙이들
> 눈 녹이듯 흐물흐물 / 녹여 버리겠지.
> ― 신동엽, 〈봄은〉

① 신동엽의 〈봄은〉이라는 시이다. 진정한 통일과 화해의 시대를 상징하는 '봄'에 대해 노래하는, 현실 참여적이며 상징적인 자유시이다.

6 이번에는 강연을 들려드립니다.

> 아프리카의 초원을 거닐다가 사자와 마주쳤다고 합시다. 이때는 이 위기를 어떻게 빠져나갈까 하는 것 이외에는 아무 생각이 없을 것입니다. 이 상태가 바로 '몰입'입니다. 몰입 상태에서는 한 가지 목표를 위하여 자기가 할 수 있는 최대 능력을 발휘하는 비상사태가 발동합니다. 자신을 초긴장 상태로 만들어 모든 것을 잊고 오로지 한 가지 일에 집중하기 때문에 잠재된 능력을 최대로 발휘하는 것입니다. 이러한 몰입적 사고는 과학, 비즈니스, 학습 등 여러 분야에서 그 위력을 발휘해 왔습니다. 중력의 법칙을 어떻게 발견했느냐는 질문에 뉴턴은 "한 가지만을, 그것 한 가지만을 생각했다."라고 대답했습니다. 아인슈타인은 또 "몇 달이고 몇 년이고 생각하고 생각하고 또 생각한다. 그러다 보면 99번을 틀리고 100번째가 되어서야 비로소 맞는 답을 찾아낸다."라고 이야기한 바 있습니다. 우리처럼 평범한 사람이 그들의 머리를 따라잡기는 어렵습니다. 그러나 적절한 방법을 알고 노력한다면 이들이 사용했던 몰입적 사고는 얼마든지 따라할 수 있습니다. 모든 시간과 마음을 다해 오로지 주어진 문제 하나만을 생각하는, 바로 그런 몰입 상태에 빠지는 것입니다. 이런 상태에 이르면 몇 날이고 몇 주일이고 내내 그 생각만 하고, 그 생각과 함께 잠이 들었다가 그 생각과 함께 잠이 깨게 됩니다. 이런 몰입의 상태에서는 문제 해결과 관련된 새로운 아이디어가 끊임없이 떠오르게 되며 감정적인 변화도 동시에 경험하게 됩니다. 이러한 몰입은 어렵거나 복잡한 것이 아닙니다. 사람은 누구나 몰입할 수 있는 능력을 가지고 있습니다. 이왕이면 업무나 학습 활동에 몰입하여 높은 기량도 쌓고 즐거움도 얻는 것이 좋을 것입니다.

④ 이 강연에서는 '모든 시간과 마음을 다해 오로지 주어진 문제 하나만을 생각하는', '몰입 상태에 빠지는 것'이 문제 해결에 도움이 될 수 있다고 주장한다. 즉, 하나만 생각하는 '극한의 몰입'의 필요성을 이야기하고 있는 것이다.

7 이번에는 뉴스해설을 들려드립니다.

> 겨울철 식중독 바이러스인 노로바이러스가 잇달아 발생하면서 기승을 부리고 있습니다. 노로바이러스는 일반 세균과 달리 낮은 기온에서도 오래 생존하고 쉽게 전파되기 때문에 식중독 피해를 줄이기 위해 가장 먼저 신경 써야 할 곳은 주방입니다. 입에 직접 닿는 식기 및 주방 용품 관리를 소홀히 하면 식중독의 발생 위험이 크게 높아지기 때문입니다. 이를 예방하기 위해서는 음식뿐만 아니라 입에 직접 닿는 수저 용품, 도마, 주방 용품 등의 위생 관리에 각별한 주의를 기울여야 합니다. 특히 매일 사용하는 수저는 사용 전에 식초를 이용해 간단하게 소독하는 것이 좋습니다. 수저가 들어갈 수 있는 크기의 냄비에 물과 약간의 식초를 넣고 물이 끓기 시작할 때 스테인리스 숟가락을 넣고 삶으면 살균 효과를 볼 수 있습니다. 기름때와 곰팡이가 생기기 쉬운 도마는 주방 전용 세제로 세척한 후 건조시키거나 솔을 이용해 구석구석 닦아 주는 것이 좋습니다. 주방 용품의 세균 번식을 억제하고 싶다면 항균 효과가 있는 주방 전용 세제를 사용하는 것도 좋은 방법입니다. 특히 싱크대는 세균 번식의 최적의 장소입니다. 따라서 설거지 후 마무리 청소까지 꼼꼼하게 신경을 써야 합니다. 싱크대 청소는 굵은 소금과 레몬을 활용하면 됩니다. 싱크대에 굵은 소금을 뿌리고 레몬을 반으로 잘라 문질러 주면 싱크대에 자리 잡은 물때를 쉽게 제거할 수 있습니다. 세균으로부터 취약한 싱크대 안 배수구는 수시로 통 사이에 낀 음식물 찌꺼기를 제거해 주는 것이 좋습니다. 솔을 이용해 이물질을 없앤 후 햇볕에 말려 주거나 일주일에 한 번은 배수구

거름망에 전용 세정제를 뿌려 깨끗하게 청소해야 합니다. 또한 전자레인지는 평소에 문을 닫아 놓는 경우가 많아 곰팡이와 세균이 쉽게 번식할 수 있으므로 꼼꼼하게 청소하는 것이 좋습니다. 전자레인지 내부의 묵은 때는 식초를 이용해 제거합니다. 전자레인지 전용 용기에 물과 식초를 2 : 1의 비율로 넣어 주고 2~3분 정도 돌려 준 후 내부에 수증기가 가득 차면 문 안쪽과 천장을 행주나 스펀지로 꼼꼼하게 닦아 줍니다. 청소가 끝난 후에는 문을 활짝 열어 내부의 물기를 말려야 청소 효과를 볼 수 있습니다.

⑤ '전자레인지는 평소에 문을 닫아 놓는 경우가 많아 곰팡이와 세균이 쉽게 번식할 수 있으므로'라고 하였다.

8 다음은 강연을 들려드립니다.

저는 사람들의 감정에 직접적으로 반하는 행동과 내 자신의 감정을 직접적으로 주장하는 것을 삼갈 것을 규칙으로 세웠습니다. 심지어 저는 고정된 의견을 나타내는 단어나 표현을 쓰는 것 또한 자제했습니다. 예를 들면, '확실히', '의심의 여지 없이'와 같은 표현이 그것입니다. 그 대신 저는 '제가 생각하기에', '제가 이해하기로는', '제가 추정컨대' 아니면 '현재로서는 제가 보기에' 같은 말을 썼습니다. 누군가 제가 생각하기에 틀린 점을 주장하면 저는 그 사람의 주장에 통명스럽게 반박하거나 그의 잘못을 즉시 입증해 보이며 즐거움을 찾으려고 하지 않았습니다. 대신 어떤 특별한 경우나 상황에 따라 그의 말이 옳을 수 있다고 보지만 '이번 경우는 좀 달라 보인다, 혹은 달라 보이는 것 같다'고 말을 이어 가기 시작합니다. 저는 이내 태도의 변화가 가져오는 이점을 발견했고 대화는 즐거워졌습니다. 의견을 내놓을 때 겸손한 태도를 유지하니까 상대방이 더 쉽게 수긍했고 반박도 줄어들었습니다. 제가 잘못되었다는 것을 알았을 때 덜 치욕스러웠고 제가 옳을 때는 손쉽게 상대방이 자신의 실수를 인정하고 합의를 볼 수 있게 되었습니다. 사실 처음에 이 방식을 따르려면 내 본래 성격을 억누르면서 해야 했는데 점점 쉽고 편해졌습니다. 그래서 지난 50년간 내가 독선적인 말을 하는 것을 본 사람은 거의 없을 것입니다. 제가 제안하는 새로운 제도나 새 개정안에 대해 많은 시민의 지지를 얻은 것 그리고 제가 의회의 일원이 되어 영향력을 행사할 수 있었던 것은 이 습관이 완전히 자리 잡았기 때문이라고 생각합니다. 저는 언변이 뛰어나지 않은 연설가인 데다가 단어 선택에 있어서도 우물쭈물하고 정확한 표현을 구사하지 못하지만 제가 말하려는 요지를 잘 전했기 때문입니다.

② 강연자는 서두에서 '저는 고정된 의견을 나타내는 단어나 표현을 쓰는 것 또한 자제했습니다'라고 하였으므로 '고정된 의견을 주장하는 것'은 강연자의 말하기 습관과 관련이 없다. '고정된 의견을 나타내는 단어나 표현을 쓰는 것을 자제하는 것'으로 수정되어야 할 것이다.

9 이번에는 시 한 편을 들려드립니다.

폭포(瀑布)는 곧은 절벽(絕壁)을 무서운 기색도 없이 떨어진다.

규정(規定)할 수 없는 물결이
무엇을 향(向)하여 떨어진다는 의미(意味)도 없이
계절(季節)과 주야(晝夜)를 가리지 않고
고매(高邁)한 정신(精神)처럼 쉴 사이 없이 떨어진다.

금잔화(金盞花)도 인가(人家)도 보이지 않는 밤이 되면
폭포는 곧은 소리를 내며 떨어진다.

곧은 소리는 소리이다.
곧은 소리는 곧은
소리를 부른다.

번개와 같이 떨어지는 물방울은
취(醉)할 순간(瞬間)조차 마음에 주지 않고
나타(懶惰)와 안정(安定)을 뒤집어 놓은 듯이
높이도 폭(幅)도 없이
떨어진다.

— 김수영, 〈폭포〉

② 김수영의 〈폭포〉라는 시이다. 이 시에서 '폭포'는 규정할 수 없는 물결이자 고매한 정신을 의미한다.

02. 듣기+말하기(통합 문제)

본문 13~15쪽

| 1 | ② | 2 | ② | 3 | ④ | 4 | ② | 5 | ④ |
| 6 | ③ | 7 | ⑤ | 8 | ④ | 9 | ④ | 10 | ⑤ |

[1~2] 먼저 담배에 대한 강연을 들려드립니다. 1번은 듣기 문항, 2번은 말하기 문항입니다.

> 최근 담뱃값이 크게 오를 예정이라는 정책이 발표되면서 금연을 고려하는 분들이 많은 것 같습니다. 건강을 위해서도 필요한 일일 텐데요. 금연을 위해 가장 좋은 방법은 무엇이라고 생각하십니까? 금연의 방법은 크게 '금연 보조제 사용'과 '본인의 의지'로 나눠 볼 수 있습니다. 금연 보조제에는 니코틴 보조제, 금연 치료 보조제, 항우울제 등 3가지가 있는데 담배를 끊은 사람들을 대상으로 추적 조사를 한 결과 보조제를 사용한 경우 재흡연 위험이 2.9배나 높았다고 합니다. 전문가들은 이런 보조제 없이 순수하게 본인의 의지로 끊는 것이 금연에 더욱 효과적이라고 조언하고 있습니다. 이러한 의지는 일상생활의 습관에서 나오게 됩니다. 우선 집이나 차, 일터에서 담배와 관련된 모든 것을 치우고 금연을 하고자 하는 이유를 쪽지에 적어 냉장고, 책상 등 눈에 잘 띄는 곳에 붙여 두어야 합니다. 또한 참다가 담배를 한두 대 다시 피우게 된 경우에도 실패가 아닌 실수라고 생각하고 계속하여 노력하는 것이 중요합니다. 담배가 계속하여 생각날 때는 냄새, 인후통, 각종 질환 등 흡연의 불쾌감을 떠올리는 것도 좋은 방법입니다. 금단 증상이 나타나 힘들어질 때는 물이나 따뜻한 녹차를 한 모금 마시거나 소금물로 입을 헹구는 것이 좋습니다.

1 ② '담배와 관련된 모든 것을 치우고 금연을 하고자 하는 이유'를 눈에 띄는 곳에 부착하여 의지를 강하게 할 것을 권하고 있다.

2 ② 이 강연은 '효과적인 금연 방법'에 대해 설명하고 있다. 비유를 통한 개념 전달은 드러나 있지 않다.

[3~4] 이번에는 드라마 속 대화를 들려드립니다. 3번은 듣기 문항, 4번은 말하기 문항입니다.

> 김 선생: 이 선생님, 오늘도 애쓰셨어요.
> 이 선생: 아니에요. 학생들이 봉사 활동 하느라고 수고했죠. 저야 뭐 특별히 한 게 없는 것 같아요.
> 김 선생: 이런 의무적인 봉사 활동은 안 해도 될 텐데, 선생님도 학생도 모두 시간 낭비만 하는 건 아닌지 모르겠어요.
> 이 선생: 음, 저는 의무적인 봉사 활동이라도 학생들에게 의미가 있다고 생각하는데요. 형식화된 것이라고 느끼는 것이 아예 없는 건 아닐 거예요.
> 김 선생: 에이, 학생들이 입시 문제가 아니면 이런 봉사 활동을 하려는 생각 자체를 하지 않는데요? 봉사 활동을 의무화하는 것 자체를 막아야 해요.
> 이 선생: 학생들이 입시나 경력을 위해 봉사 활동을 하더라도 보람과 즐거움을 느끼는 계기를 만들어 주는 것이 좋잖아요.
> 김 선생: 의무화가 된 봉사 활동은 아무 의미가 없다고 생각해요.
> 이 선생: 시작은 의무감으로 하더라도, 나중에 자발적인 봉사 활동이 될 수 있지 않을까요?
> 김 선생: 시간을 채운다는 생각만으로 앉아 있는 학생들 얼굴 못 보셨어요?
> 이 선생: 그런 학생들도 종종 있죠. 하지만 누군가에게 도움이 된다는 걸 알고 좋아하는 친구들도 많은 걸요.
> 김 선생: 에휴, 저희가 이렇게 이야기해 봤자 무슨 소용이 있겠어요.
> 이 선생: 그것도 맞는 말이에요. 자발적 봉사 활동이 가능한 동아리 같은 걸 만들어 볼까요?
> 김 선생: 다음 학기에 한번 도전해 봐요!
> 이 선생: 네, 그래요. 이제 식사하러 가시죠.

3 ④ 이 선생은 학생들이 입시나 경력을 위해 봉사 활동을 하는 것도 자발적 봉사 활동의 계기가 될 수 있다고 말하고 있다.

4 ② 학생들에게 의무적 봉사 활동이 어떤 의미를 가질 수 있는지에 대해 입장 차이를 보이고 있다.

↓ 오답률 줄이는 | **오답풀이** |
① 학생의 진로에 대한 입장 차이는 나타나 있지 않다.
③ 복지 제도에 대해 이야기하지 않았고, 의무적 봉사 활동이 자발적 봉사 활동으로 이어질 수 있는지에 대해 입장 차이를 보인다.

④ '이 선생'이 봉사 활동이 학생들에게 보람과 즐거움이 될 것이라고 말했을 뿐, 이는 두 사람이 대립하게 된 원인이 아니다.
⑤ 봉사 활동 동아리 기획은 두 사람이 이후에 함께하고자 고려하는 안건이지 대립하게 된 원인이 아니다.

[5~6] 이번에는 기자와 전문가의 인터뷰를 들려드립니다. 5번은 듣기 문항, 6번은 말하기 문항입니다.

기자: 직장 내 괴롭힘 금지법이 시행된 지 이제 열흘 됐습니다. 지금까지 노동부로 신고된 갑질 사례는 108건인데요. 취지는 참 좋은 법입니다마는 과연 실효성이 있겠는가, 이런 우려의 소리도 있었죠. 직장 갑질 119 운영 위원 만나 보죠. 위원님, 안녕하세요?
위원: 안녕하세요.
기자: 원래 공식 신고를 받는 곳은 노동부인데, 직장 갑질 119 쪽으로 먼저 문의하시는 분들이 그렇게 많다면서요?
위원: 법 시행 이후에 많이 늘었습니다. 이메일 제보, 카카오톡, 밴드, 이렇게 세 군데서 제보를 받고 있는데요. 법 시행 이전에는 평일 기준으로 하루 평균 50~60건 정도였는데 법 시행 이후 110건으로 한 2배 정도 늘었습니다.
기자: 네, 신고 건수가 많아졌군요. 시행 전과 후에 피해 유형에도 변화가 있습니까?
위원: 상당한 변화가 있는데요. 저희가 법 시행 이전에는 임금 체불 유형이 한 24~25% 정도였습니다. 돈을 떼였다는 거죠. 그다음에 부당 해고도 10% 정도 돼서 2개 합치면 35% 정도로 비중이 컸습니다. 물론 그 당시에 직장 내 괴롭힘 신고도 있었어요. 그런데 그건 전체 건수의 한 28% 정도 됐었습니다. 그런데 법 시행 이후에는 60% 이상이 괴롭힘 신고입니다.
기자: 괴롭힘 신고, 어떤 사례들이 좀 눈에 띱니까?
위원: 폭언이나, 협박이 상당히 많고요. 그다음에 따돌리거나 괴롭히거나 모욕을 주거나 명예 훼손과 같은 상대방에게 창피를 주는 것들입니다.
기자: 그런데 애매한 문제들도 꽤 많을 것 같아요. 최근에 기억나는 사례 중에 하나는, 모 증권 회사가 고객 포트폴리오 제안 경진 대회라는 걸 개최했어요. 직원들한테 프레젠테이션을 하게 하는 대회인데, 사측에서는 '직원들의 경험과 성과를 나누어 업무의 효율을 높이는 대회'라는 입장이고 노측에서는 '망신 주려는 대회'라는 입장인 겁니다. 이런 경우는 어떻게 해야 할까요?

위원: 법에 명확하게 나와 있습니다. 신체적, 정신직 고통을 주거나 업무 환경을 악화시키는 행위냐 아니냐로 판단합니다. 그런데 사실은 그것을 어떻게 해석하느냐의 문제입니다. 예를 들면 방금 말씀하신 그런 프레젠테이션 대회를 했는데, 그 대회가 해마다 진행되었던 일이라면 큰 문제가 없는 거죠. 그리고 또 하나 예를 들면, 영업 사원들의 업무 능력을 향상시키기 위해서 프레젠테이션 전문가가 와서 프레젠테이션 교육을 해요. 그 교육을 전 직원을 대상으로 하면 아무 문제가 없는 거예요. 그런데 몇몇을 뽑아서 그 사람의 명단을 공개하고 교육을 하겠다고 하면 망신을 주는 거잖아요.
기자: 그러네요.
위원: 망신을 주고 그 사람에게만 특별하게 그 일을 지속적으로 시키면 그 사람의 입장에서는 근무 환경이 악화되겠죠. 정신적 고통이 있는 겁니다. 그럴 경우에 괴롭힘이 분명합니다.
기자: 네. 직장 내 괴롭힘이 무엇인지 정확하게 알 수 있는 시간이었습니다. 위원님, 감사합니다.

– CBS 김현정의 뉴스쇼,
〈직장 갑질 대처하는 팀 1순위? 기록하라, 손으로라도〉, 노컷뉴스

5 ④ 직원들의 성과를 향상시키기 위한 업무일지라도 업무 환경을 악화시키고 지속적으로 신체적, 정신적 고통을 준다면 직장 내 괴롭힘에 해당한다고 하였다.

6 ③ 기자는 위원이 설명하는 직장 내 괴롭힘에 대한 정보를 수용하고 있다. 반대하는 입장에서 '직장 내 괴롭힘 문화가 없다'거나 '그런 것은 괴롭힘으로 볼 수 없다'와 같은 의견을 말하거나 묻지 않았다.

[7~8] 이번에는 발표를 들려드립니다. 7번은 듣기 문항, 8번은 말하기 문항입니다.

지금부터 가격과 관련한 판매 전략에는 어떤 것들이 있는지 살펴보겠습니다. 먼저 흥미로운 실험을 하나 보고 가죠. 미국에서 한 실험인데요, 한 의류 회사에서 똑같은 옷을 두고 가격만 다르게 적은 세 종류의 상품 안내서를 만들었습니다. 첫 번째 안내서에는 옷의 가격을 34달러로 표시하였고, 두 번째에는 39달러로, 마지막 하나에는 44달러로 표시했지요. 그리고 이 안내서들을 무작위로 고객들에게 보냈습니다. 사람들이 가장 많이 주문한 옷은 어떤 것일까요? 자료를 보면 아시겠지만 놀랍게도 39달러로 표시된 옷이 가장 많은 주문을 받았다고 합니다. 이 실험을 한 사람들은 그 까닭을 숫자 '9'에서 찾았습니다. 네, 가격들에는 숫자 9가 많이 들어 있다는 점을 눈치챘을 것입니다. 과연 9는 무엇 때문에 이렇게 많이 쓰였을까요? 그 까닭은 바로 '단수 가격'을 이용한 판매 전략 때문입니다. 단수 가격이란 100원, 1,000원, 10,000원 등과 같이 딱 떨어지는 가격이 아니라, 그에 조금 못 미치는 가격을 말합니다. 예를 들어 990원, 9,900원 등이 이에 해당합니다.

그렇다면 단수 가격을 쓰는 까닭은 무엇일까요? 단수 가격이 매겨진 제품은 소비자에게 저렴하다고 인식되기 때문입니다. 예를 들어 10,000원짜리 티셔츠가 있고 9,900원짜리 티셔츠가 있다고 해 보죠. 실제 가격 차이는 100원이지만 사람들은 하나는 만 원대, 다른 하나는 천 원대의 티셔츠로 인식할 것입니다. 1,000원짜리 과자와 990원짜리 과자의 경우에도 역시 가격 차이는 10원에 지나지 않지만 천 원대와 백 원대로 구분하여 인식하는 것이죠.

가격과 관련한 판매 전략을 하나 더 소개하겠습니다. 바로 '준거 가격(Reference Price)'을 이용한 전략입니다. 준거 가격이란 소비자가 어떤 제품을 사려고 할 때 심리적으로 적정하다고 생각하는 수준의 가격을 말하는데요. 우리가 가격이 비싼지 싼지를 평가할 때 비교 기준이 됩니다.

준거 가격을 이용한 판매 전략에는 무엇이 있을까요? 자주 사용되는 전략은 바로 정가와 할인가를 함께 표시하는 것입니다. 사진을 보면 정가 30,000원짜리 셔츠를 15,000원에 팔고 있네요. 이렇게 정가와 할인가를 함께 제시하면 소비자는 정가를 준거 가격으로 삼아 자신이 얼마만큼 저렴하게 구매하는지를 생각하게 됩니다. 이러한 까닭에 판매자는 정가와 할인가를 함께 표시해서 소비자에게 물건을 저렴하게 판매하고 있다는 것을 보여 주는 전략을 자주 사용합니다.

7 ⑤ '준거 가격'이란 소비자가 어떤 제품을 사려고 할 때 심리적으로 적정하다고 생각하는 수준의 가격을 말한다.

8 ④ '준거 가격'이 아니라 '단수 가격'과 관련이 있는 자료이다. 소비자들에게 10,000원에 조금 못 미치는 가격을 제시하여 저렴하다는 인식을 주는 것이다.

[9~10] 끝으로, 직장 내 대화를 들려드립니다. 9번은 듣기 문항, 10번은 말하기 문항입니다.

박 부장: 김 대리, 우리 개발 중인 애플리케이션 메인 페이지 간단하게 시안 좀 잡아서 줘.
김 대리: 어떤 내용을 중점적으로 생각해야 할까요? 콘셉트라도 알려 주실 수 있을까요?
박 부장: 김 대리가 디자인 담당자니까 알아서 만들어 봐. 요즘 젊은 친구들이 볼 때 감각적인 느낌이 들고 한눈에 확 들어오는 그런 디자인으로 말이야.
김 대리: 네, 오늘이 월요일인데 우선 수요일까지 초안 잡아서 보여 드리도록 하겠습니다.
김 대리: 부장님, 그저께 말씀하신 애플리케이션 메인 페이지 시안입니다.
박 부장: 하아……. 이 사람 지금 나랑 장난해? 이게 뭐야. 눈에 딱 들어오는 게 없잖아. 배색도 칙칙하고.
김 대리: 월요일에 구체적으로 말씀하신 내용이 없어서 요즘 20대가 선호하는 디자인을 참고해 만들어 본 겁니다. 어떤 게 문제인가요? 원하시는 것을 구체적으로 알려 주셔야 저도 원하시는 업무 산출물을 드릴 수 있지 않을까요?
박 부장: 상사가 뭘 해 보라고 하면 여러 가지를 쫙 만들어서 가지고 오고 그런 게 회사 생활 잘하는 거 아닌가? 하나하나 따지듯이 말하고 말이야.
김 대리: 부장님께서 간단한 시안을 말씀하셨고 구체적인 설명이 없으셔서 나름대로 고심해서 만들어 본 건데, 명확하지도 않은 지시를 받고 제가 여러 개의 시안을 만들어 드려야 했다는 건가요?
팀장: 무슨 일이길래 아침부터 큰 소리야? 일을 하다 보면 의견이 다를 수도 있고 그런 거지 잘 소통해 가면서 해결할 수 없어?

9 ④ 박 부장은 상사의 지시에 긍정적으로 따르지 않는 김 대리의 업무 태도가 적절하지 않다고 생각한다.

↓ 오답률 줄이는 | **오답풀이** |
① 김 대리는 일의 양이 많다고 말하지 않았다.
② 대화에서 김 대리의 성격에 대한 언급이 없다.
③ 김 대리는 박 부장이 업무 지시를 구체적으로 하지 않은 것에 불만이 있을 뿐, 이유 없이 자신을 괴롭힌다는 생각을 가지고 있지는 않다.
⑤ 김 대리는 월요일에 수요일까지 초안을 만들겠다고 했고, 약속한 날짜에 박 부장에게 초안을 제출했다.

10 ⑤ 김 대리는 박 부장에게 기한에 맞춰 초안을 제출하였으므로 팀장이 이와 같은 조언을 할 이유가 없다.

II. 어휘 · 어법_어휘

본문 18~20쪽

01. 고유어

| 1 | ③ | 2 | ④ | 3 | ① | 4 | ① | 5 | ④ |
| 6 | ① | 7 | ④ | 8 | ⑤ | 9 | ① | 10 | ① |

1 ③ '월가(越價)'는 '살 것의 값을 치름'을 의미하므로, '물건값을 제하고 거슬러 받는 잔돈'인 '우수리'와는 의미가 다르다. 따라서 대체하여 쓸 수 없다.

↓ 오답률 줄이는 | **오답풀이** |
① '화수분'은 '재물이 계속 나오는 보물단지'로, 그 안에 온갖 물건을 담아 두면 끝없이 새끼를 쳐 그 내용물이 줄어들지 않는다는 설화상의 단지를 이른다.

2 ④ '헤식다'는 '맺고 끊는 데가 없이 싱겁다'라는 의미이다. '자신도 모르는 사이에 조금씩'의 의미와 유사한 의미를 갖는 단어는 '시나브로'이다. '시나브로'는 '모르는 사이에 조금씩 조금씩'이라는 뜻이다.

3 ① '서릿바람'은 '서리가 내린 아침에 부는 쌀쌀한 바람'을 뜻한다.

4 ① '설핏'은 '잠깐 나타나거나 떠오르는 모양'의 의미로 쓰일 때 비슷한 말로 '얼핏'을 쓰는 경우가 있다. 그러나 제시된 문장에서는 '풋잠이나 얕은 잠에 빠져든 모양'을 의미하므로 문맥상 '얼핏'으로 바꾸기 어렵다.

↓ 오답률 줄이는 | **오답풀이** |
④ '낫잡다'는 '금액, 나이, 수량, 수효 따위를 계산할 때에, 조금 넉넉하게 치다'라는 의미이다.

5 ④ '괜히'는 '아무 까닭이나 실속이 없게'라는 의미로, '어떤 목적이나 생각을 가지고. 또는 마음을 내어 굳이'를 뜻하는 '일부러'와는 의미가 다르다.

↓ 오답률 줄이는 | **오답풀이** |
① '푼푼하다'는 '모자람이 없이 넉넉하다'라는 의미로, '넉넉하다'로 바꾸어 쓸 수 있다.
② '서름하다'는 '남과 가깝지 못하고 사이가 조금 서먹하다', '사물 따위에 익숙하지 못하고 서툴다'라는 의미이다.
③ '살라'는 '사르다'의 활용형으로, '사르다'는 '어떤 것을 남김없이 없애 버리다'라는 뜻이다.
⑤ '엉너리'는 '남의 환심을 사기 위하여 어벌쩡하게 서두르는 짓'이라는 뜻으로, 문맥상 '달콤한 말로 남의 비위를 맞

추어 살살 달래는 일'을 뜻하는 '입발림'으로 바꾸어 쓸 수 있다.

6 ① '나비잠'은 '갓난아이가 두 팔을 머리 위로 벌리고 자는 잠'을 의미한다.

↓오답률 줄이는 | **오답풀이** |
② '멍석잠'은 '너무 피곤하여 아무 데서나 쓰러져 자는 잠'을 의미한다.
③ '갈치잠'은 '비좁은 방에서 여럿이 모로 끼어 자는 잠'을 의미한다.
④ '새우잠'은 '새우처럼 등을 구부리고 자는 잠. 주로 모로 누워 불편하게 자는 잠'을 의미한다.
⑤ '노루잠'은 '깊이 들지 못하고 자꾸 놀라 깨는 잠'을 의미한다.

7 ④ '핫옷'은 '안에 솜을 두어 만든 옷'을 의미하므로, 문맥상 어울리지 않는 표현이다.

↓오답률 줄이는 | **오답풀이** |
① '까라지다'는 '기운이 빠져 축 늘어지다'라는 의미이다.
② '똘기'는 '채 익지 않은 과일'을 의미한다.
③ '해망쩍다'는 '영리하지 못하고 아둔하다'라는 의미이다.
⑤ '보늬'는 '밤이나 도토리 따위의 속껍질'을 의미한다.

8 ⑤ '땅기다'는 '몹시 단단하고 팽팽하게 되다'라는 의미이다.
'당기다'는 '좋아하는 마음이 일어나 저절로 끌리다'라는 의미이다.
'댕기다'는 '불이 옮아 붙다. 또는 그렇게 하다'라는 의미이다.

9 ① '머쓱하다'는 '어울리지 않게 키가 크다', '무안을 당하거나 흥이 꺾여 어색하고 열없다'라는 의미이다.

↓오답률 줄이는 | **오답풀이** |
② '사박스럽다'는 '성질이 보기에 독살스럽고 야멸친 데가 있다'라는 의미이다.
③ '생게망게하다'는 '하는 행동이나 말이 갑작스럽고 터무니없다'라는 의미이다.
④ '설명하다'는 '아랫도리가 가늘고 어울리지 아니하게 길다'라는 의미이다.
⑤ '무지근하다'는 '머리가 띵하고 무겁거나 가슴, 팔다리 따위가 무엇에 눌리는 듯이 무겁다'라는 의미이다.

10 ① '축'은 '오징어를 묶어 세는 단위'로, 한 축은 오징어 스무 마리를 이른다. '갓'은 '굴비, 비웃 따위나 고비, 고사리 따위를 묶어 세는 단위'로, 한 갓은 굴비, 비웃 따위 열 마리, 또는 고비, 고사리 따위 열 모숨을 한 줄로 엮은 것을 이른다.

↓오답률 줄이는 | **오답풀이** |
② '톳'은 '김을 묶어 세는 단위'로, 한 톳은 김 100장을 이른다.
③ '두름'은 '조기 따위의 물고기를 짚으로 한 줄에 열 마리씩 두 줄로 엮은 것을 세는 단위', '고사리 따위의 산나물을 열 모숨 정도로 엮은 것을 세는 단위'를 의미한다.
④ '자밤'은 '나물이나 양념 따위를 손가락을 모아서 그 끝으로 집을 만한 분량을 세는 단위'를 의미한다.
⑤ '담불'은 '곡식이나 나무를 높이 쌓아 놓은 무더기', '벼를 백 섬씩 묶어 세는 단위'를 의미한다.

본문 21~24쪽

02. 한자어

1	②	2	①	3	④	4	①	5	④
6	⑤	7	②	8	④	9	①	10	⑤
11	④	12	④	13	②	14	④		

1 ② '토로(吐露)'는 '마음에 있는 것을 죄다 드러내어서 말함'이라는 뜻으로, ②와 같은 상황에서는 '어떤 사실이나 결과, 작품 따위를 세상에 널리 드러내어 알림'을 뜻하는 '발표(發表)'로 바꾸어 쓰는 것이 적절하다.

↓오답률 줄이는 | **오답풀이** |
① '진술(陳述)'은 '일이나 상황에 대하여 자세하게 이야기함. 또는 그런 이야기'를 뜻한다.
③ '자백(自白)'은 '자기가 저지른 죄나 자기의 허물을 남들 앞에서 스스로 고백함. 또는 그 고백'을 뜻한다.
④ '개진(開陳)'은 '주장이나 사실 따위를 밝히기 위하여 의견이나 내용을 드러내어 말하거나 글로 씀'을 뜻한다.
⑤ '항변(抗辯)'은 '대항하여 변론함. 또는 그런 변론'을 뜻한다.

2 ① '고찰(考察)'은 '어떤 것을 깊이 생각하고 연구함'을 의미하는 말로 〈보기〉의 어떤 문장과도 어울리지 않는다.

3 ④ '속'은 주로 '내(內 안), 심(心 마음)'의 뜻으로 쓰이며, '중(中 가운데, 마음), 장(腸 창자, 마음)' 따위를 나타내기도 한다.

4 ① '묘령(妙齡)'은 '스무 살 안팎의 여자 나이'라는 의미이다. '일이나 이야기의 내용 따위가 기이하여 표현하거나 규정하기 어렵다'라는 의미의 단어는 '묘(妙)하다'이다.

5 ④ '추대(推戴)'는 '윗사람으로 떠받듦'을 의미하므로, 이와 바꾸어 쓸 수 있는 표현은 '높이 받들어 우러러봄'을 뜻하는 '추앙(推仰)'이다.

6 ⑤ 문맥상 '기운이나 세력 따위가 줄어 쇠퇴함'을 의미하는 '감퇴(減退)'와 대응한다.

7 ② 문맥상 '대상을 평가하다'라는 의미로 쓰였으므로, '상태, 모양, 성질 따위가 그와 같다고 봄. 또는 그렇다고 여김'을 의미하는 '간주(看做)'보다는 '사물의 가치나 수준 따위를 평함'을 의미하는 '평가(評價)'와 대응한다.

↓ 오답률 줄이는 | **오답풀이** |
① '의사가 환자를 진찰하다'라는 의미로 쓰였으므로, '의사가 환자를 진찰하고 치료하는 일'을 의미하는 '진료(診療)'는 적절한 표현이다.
③ '상대편의 형편 따위를 헤아리다'라는 의미로 쓰였으므로, '생각하고 헤아려 봄'을 의미하는 '고려(考慮)'와 대응한다.
④ '눈으로 대상을 즐기거나 감상하다'라는 의미로 쓰였으므로, '연극, 영화, 운동 경기, 미술품 따위를 구경함'을 의미하는 '관람(觀覽)'과 대응한다.
⑤ '맡아서 보살피거나 지키다'라는 의미로 쓰였으므로, '위험이나 곤란 따위가 미치지 아니하도록 잘 보살펴 돌봄'을 의미하는 '보호(保護)'와 대응한다.

8 ④ '팽배(澎湃)'는 '어떤 기세나 사조 따위가 매우 거세게 일어남'이라는 뜻이며, '전염병이나 나쁜 현상이 널리 퍼짐을 비유적으로 이르는 말'은 '만연(蔓延)'이다.

9 ① '위탁(委託)'은 '남에게 사물이나 사람의 책임을 맡김'을 뜻하므로, '맡기다'로 바꾸는 것이 적절하다.

10 ⑤ '혼효(混淆)'는 '여러 가지 것을 뒤섞음. 또는 여러 가지 것이 뒤섞임'을 의미하므로 '뒤섞여'가 적절하다.

↓ 오답률 줄이는 | **오답풀이** |
① '난만하다'는 '꽃이 활짝 많이 피어 화려하다'라는 의미이다.
② '곡진히'는 '매우 정성스럽게'라는 의미이다.
③ '요람'은 '사물의 발생지나 근원지를 비유적으로 이르는 말'이다.
④ '와전되다'는 '사실과 다르게 전해지다'라는 의미이다.

11 ④ '회자(膾炙)'는 '회와 구운 고기라는 뜻으로, 칭찬을 받으며 사람의 입에 자주 오르내림을 이르는 말'이다. 따라서 문맥에 어울리지 않는다.

↓ 오답률 줄이는 | **오답풀이** |
① '사사(師事)'는 '스승으로 섬김. 또는 스승으로 삼고 가르침을 받음'을 의미한다.
② '치부(恥部)'는 '남에게 드러내고 싶지 아니한 부끄러운 부분'을 의미한다.
③ '신수(身手)'는 '얼굴에 나타난 건강 색' 또는 '용모와 풍채를 통틀어 이르는 말'이다.
⑤ '화혼(華婚)'은 '남의 결혼을 아름답게 이르는 말'이다.

12 ④ '임명(任命)'은 '일정한 지위나 임무를 남에게 맡김'을 의미한다.
'임용(任用)'은 '직무를 맡기어 사람을 씀'을 의미한다.
'위촉(委囑)'은 '어떤 일을 남에게 부탁하여 맡게 함'을 의미한다.

13 ② '부정(否定)'은 '그렇지 아니하다고 단정하거나 옳지 아니하다고 반대함'을 의미한다.
'부정(不正)'은 '올바르지 아니하거나 옳지 못함'을 의미한다.
'부정(不淨)'은 '깨끗하지 못함. 또는 더러운 것'을 의미한다.

14 ④ '감독하며 격려함'을 의미하는 '독려'는 '독려(督勵)'로 병기해야 한다.

본문 25~28쪽

03. 어휘 간의 의미 관계

1	2	3	4	5
④	⑤	②	③	④
6	7	8	9	10
④	②	④	②	①

1 ④ 선지에 제시된 단어들은 모두 '한자어 : 동의 고유어'의 관계를 형성하고 있다. 그런데 '노파심(老婆心)'은 한자어이므로 ④는 '한자어 : 한자어'의 관계이다. '기우(杞憂)'와 같은 의미의 고유어는 '군걱정'이다.

↓ 오답률 줄이는 | **오답풀이** |
⑤ '졸가(拙家)'는 '보잘것없는 허술한 집'이란 뜻으로, 자기 집을 겸손하게 이르는 말이다.

2 ⑤ 나머지는 모두 유의 관계에 있는 한자어이나, ⑤는 '원인과 결과'의 관계에 있는 한자어이다.

↓ 오답률 줄이는 | **오답풀이** |
① '견지(見地)'는 '어떤 사물을 판단하거나 관찰하는 입장'을 의미한다.
'관점(觀點)'은 '사물이나 현상을 관찰할 때, 그 사람이 보고 생각하는 태도나 방향 또는 처지'를 의미한다.
② '구명(究明)'은 '사물의 본질, 원인 따위를 깊이 연구하여 밝힘'을 의미한다.
'천착(穿鑿)'은 '어떤 원인이나 내용 따위를 따지고 파고들어 알려고 하거나 연구함'을 의미한다.

③ '납득(納得)'은 '다른 사람의 말이나 행동, 형편 따위를 잘 알아서 긍정하고 이해함'을 의미한다.
'수긍(首肯)'은 '옳다고 인정함'을 의미한다.
④ '당착(撞着)'은 '말이나 행동 따위의 앞뒤가 맞지 않음'을 의미한다.
'모순(矛盾)'은 '어떤 사실의 앞뒤, 또는 두 사실이 이치상 어긋나서 서로 맞지 않음을 이르는 말'이다.

3 ② '초가(草家)'는 '짚이나 갈대 따위로 지붕을 인 집'으로, '사람이 사는 집'을 의미하는 '가옥(家屋)'의 한 종류이다. 따라서 이 둘은 의미상 상하 관계이다. 나머지는 서로 반의 관계에 있는 단어들이다.

4 ③ '어떤 일이 이루어지기를 기다리는 간절한 마음'(바람02)과 '들뜬 마음이나 일어난 생각'(바람01)이 짝을 이루고 있다. 이 둘은 동음이의 관계이다. 나머지는 모두 다의 관계이다.

↓ 오답률 줄이는 | **오답풀이** |
① '나다01'은 '생명체가 태어나다', '철이나 기간을 보내다'라는 의미이다.
② '대다01'은 '정해진 시간에 닿거나 맞추다', '이유나 구실을 들어 보이다'라는 의미이다.
④ '재다02'는 '자, 저울 따위로 너비, 높이 등의 정도를 알아보다', '여러모로 따져 보고 헤아리다'라는 의미이다.
⑤ '허물02'는 '잘못 저지른 실수', '남에게 비웃음을 살 만한 거리'를 의미한다.

5 ④ ㉣에 쓰인 '갈다'는 나머지 것들과 동음이의 관계에 있는 어휘로, '날카롭게 날을 세우거나 표면을 매끄럽게 하기 위하여 다른 물건에 대고 문지르다'(갈다02)의 의미로 쓰였다.

↓ 오답률 줄이는 | **오답풀이** |
①, ②, ⑤ '이미 있는 사물을 다른 것으로 바꾸다'(갈다01)의 의미로 쓰였다.
③ '어떤 직책에 있는 사람을 다른 사람으로 바꾸다'(갈다01)의 의미로 쓰였다.

참고 갈다01
1) 이미 있는 사물을 다른 것으로 바꾸다.
2) 어떤 직책에 있는 사람을 다른 사람으로 바꾸다.
갈다02
1) 날카롭게 날을 세우거나 표면을 매끄럽게 하기 위하여 다른 물건에 대고 문지르다.
2) 잘게 부수기 위하여 단단한 물건에 대고 문지르거나 단단한 물건 사이에 넣어 으깨다.
3) 먹을 풀기 위하여 벼루에 대고 문지르다.

갈다03
1) 쟁기나 트랙터 따위의 농기구나 농기계로 땅을 파서 뒤집다.
2) 주로 밭작물의 씨앗을 심어 가꾸다.

6 ④ ㉠~㉢에 들어갈 단어는 '떴다, 뜨지, 뜬'이다. ㉠은 '착 달라붙지 않아 틈이 생기다'(뜨다01)라는 의미이며, ㉢은 '빌려준 것을 돌려받지 못하다'(뜨다01)라는 의미이다. ㉡은 '다른 곳으로 가기 위하여 원래 있던 곳에서 다른 곳으로 떠나다'(뜨다03)라는 의미로, ㉠, ㉢에 쓰인 '뜨다'와 동음이의 관계이다.

7 ② ㉠~㉢에 들어갈 단어는 '맸다, 매고, 맸다'로, '매다'의 활용형이다. ㉠은 '끈이나 줄 따위의 두 끝을 엇걸고 잡아당기어 풀어지지 아니하게 마디를 만들다'라는 뜻이다. ㉡은 주로 비유적으로 쓰여 '어떤 데에서 떠나지 못하고 딸리어 있다'라는 의미이며, ㉢은 '가축을 기르다'라는 의미이다.

참고 메다01
2) 어떤 장소에 가득 차다. 예 마당이 메어 터지게 사람들이 들이닥쳤다.
3) 어떤 감정이 북받쳐 목소리가 잘 나지 않다. 예 나는 너무 기뻐 목이 메었다.
메다02
1) 어깨에 걸치거나 올려놓다. 예 어깨에 배낭을 메다.
2) 어떤 책임을 지거나 임무를 맡다. 예 젊은이는 나라의 장래를 메고 나갈 사람이다.

8 ④ 〈보기〉와 ④의 '빼다'는 '목소리를 길게 늘이다'라는 의미이다.

↓ 오답률 줄이는 | **오답풀이** |
① '꼭 그대로 물려받다'라는 뜻으로 쓰였다.
② '힘이나 기운 따위를 몸에서 없어지게 하다'라는 뜻으로 쓰였다.
③ '일정한 공간 속에 갇혀 있는 공기나 물·바람 따위를 밖으로 나오게 하다'라는 뜻으로 쓰였다.
⑤ '전체에서 일부를 제외하거나 덜어 내다'라는 뜻으로 쓰였다.

9 ② 〈보기〉의 '가리다'는 '잘잘못이나 좋은 것과 나쁜 것 따위를 따져서 분간하다'라는 의미로 쓰였다. 이와 동일한 의미로 쓰인 것은 ②이다.

↓ 오답률 줄이는 | **오답풀이** |
① '자기 일을 알아서 스스로 처리하다'라는 뜻으로 쓰였다.
③ '낯선 사람을 대하기 싫어하다'라는 뜻으로 쓰였다.
④ '음식을 골라서 먹다'라는 뜻으로 쓰였다.
⑤ '여럿 가운데서 하나를 구별하여 고르다'라는 뜻으로 쓰였다.

10 ① 〈보기〉와 ①의 '저미다'는 '칼로 도려내듯이 쓰리고 아프게 하다'라는 의미로 쓰였다.

↓ 오답률 줄이는 | 오답풀이 |
②, ⑤ '여러 개의 작은 조각으로 얇게 베어 내다'라는 의미로 쓰였다.
③, ④ '마음을 몹시 아프게 하다'라는 의미로 쓰였다.

본문 29~33쪽

04. 관용 표현 – 속담/한자 성어/관용구

1	②	2	⑤	3	④	4	⑤	5	②
6	④	7	④	8	⑤	9	④	10	⑤
11	②	12	④	13	④	14	③	15	①
16	③								

1 ② '우물에 가 숭늉 찾는다'는 '모든 일에는 질서와 차례가 있는 법인데 일의 순서도 모르고 성급하게 덤빔을 비유적으로 이르는 말'로, 비슷한 표현으로는 '싸전에 가서 밥 달라고 한다'가 있다. 나머지는 모두 '노력하면 이루어진다'라는 의미로, 노력의 중요성을 강조하는 표현이다.

↓ 오답률 줄이는 | 오답풀이 |
① 공들여 쌓은 탑은 무너질 리 없다는 뜻으로, 힘을 다하고 정성을 다하여 한 일은 그 결과가 반드시 헛되지 아니함을 비유적으로 이르는 말이다.
③ 작은 힘이라도 꾸준히 계속하면 큰일을 이룰 수 있음을 비유적으로 이르는 말이다.
④ 부지런하고 꾸준히 노력하는 사람은 침체되지 않고 계속 발전한다는 말이다.
⑤ 감나무 밑에 누워서 저절로 떨어지는 감을 얻어먹으려 하여도 그것을 받기 위하여서는 삿갓 미사리를 입에 대고 있어야 한다는 뜻으로, 의당 자기에게 올 기회나 이익이라도 그것을 놓치지 않으려는 노력이 필요함을 이르는 말이다.

2 ⑤ '나는 바담 풍(風) 해도 너는 바람 풍(風) 해라'는 자신은 잘못된 행동을 하면서 남보고는 잘하라고 요구하는 말이다.

3 ④ '개 발에 편자'는 '옷차림이나 지닌 물건 따위가 제격에 맞지 아니하여 어울리지 않음을 비유적으로 이르는 말'이다. 추하고 보잘것없는 가겟집 기둥에 '입춘대길(立春大吉)'이라 써 붙인다는 뜻으로, 제격에 맞지 않음을 비유적으로 이르는 말인 '가게 기둥에 입춘'과 바꾸어 쓸 수 있다.

↓ 오답률 줄이는 | 오답풀이 |
① 본래 좋고 훌륭한 것은 비록 상해도 그 본질에는 변함이 없음을 비유적으로 이르는 말이다.
② 어려운 일이 공교롭게 계속됨을 비유적으로 이르는 말이다. (= 기침에 재채기, 눈 위에 서리 친다)
③ 광대가 연기를 할 때 탈의 끈이 떨어졌다는 뜻으로, 의지할 데가 없어 꼼짝을 못 하게 됨을 비유적으로 이르는 말이다. (= 끈 떨어진 망석중이)
⑤ 빨랫줄을 받치는 바지랑대로 하늘의 높이를 재려 한다는 뜻으로, 도저히 불가능한 일을 하려는 것을 비유적으로 이르는 말이다.

4 ⑤ '빈대 잡으려고 초가삼간 태운다'는 손해를 크게 볼 것을 생각지 아니하고 자기에게 마땅치 아니한 것을 없애려고 그저 덤비기만 하는 경우를 비유적으로 이르는 말로, 이와 반대되는 의미의 속담으로는 '장마가 무서워 호박을 못 심겠다'가 적절하다. 이는 '다소 방해되는 것이 있다 하더라도 마땅히 할 일은 하여야 함'을 비유적으로 이르는 말이다. 같은 의미의 속담으로는 '구더기 무서워 장 못 담글까', '쉬파리 무서워 장 못 만들까' 등이 있다.

↓ 오답률 줄이는 | 오답풀이 |
① 어떤 사물이 지나치게 미미하여 일을 하는 데에 효과나 영향이 전혀 없다는 말이다. [= 한강투석(漢江投石)]
② 세수를 하고 머리를 빗고 그다음에 망건을 쓰는 법인데 망건을 먼저 쓰고 세수를 한다는 뜻으로, 일의 순서를 바꾸어 함을 놀림조로 이르는 말이다.
③ 입으로는 그럴듯하게 말하지만 실상은 좋지 못하다는 말이다.
④ 적은 이익이나마 얻으려고 한 일이 도리어 큰 손실을 입게 되었음을 비유적으로 이르는 말로, 〈보기〉의 '빈대 잡으려고 초가삼간 태운다'와 유사한 의미의 속담이다.

5 ② '말로 온 동네 다 겪는다'는 '음식이나 물건으로는 힘이 벅차서 많은 사람을 다 대접하지 못하므로 언변으로나마 잘 대접한다'라는 의미이다. 이는 일을 잘 해결하는 것과는 무관하며, 오히려 말로만 남을 대접한다는 의미이므로 제시된 상황과 어울리지 않는다.

↓ 오답률 줄이는 | 오답풀이 |
① '굳은 땅에 물이 괸다'는 헤프게 쓰지 않고 아끼는 사람이 재산을 모으게 됨을 비유적으로 이르는 말이다.
③ '기둥보다 서까래가 굵다'는 주(主)가 되는 것과 그에 따르는 것이 뒤바뀌어 사리(事理)에 어긋남을 비유적으로 이르는 말로, 보다 널리 쓰이는 표현으로는 '배보다 배꼽이 더 크다'가 있다. 휴대 전화의 가격보다 수리비가 더 나온 상황과 잘 어울리는 속담이다.

④ '호미로 막을 것을 가래로 막는다'는 커지기 전에 처리하였으면 쉽게 해결되었을 일을 방치하여 두었다가 나중에 큰 힘을 들이게 된 경우를 비유적으로 이르는 말로, 치료를 제때 받지 않아 아예 이를 뽑게 된 상황에 어울리는 표현이다.
⑤ '울력걸음에 봉충다리'는 '여러 사람이 함께 걷는 경우에 절름발이도 덩달아 걸을 수 있다는 뜻으로, 여럿이 공동으로 하는 바람에 평소에 못하던 사람도 할 수 있게 됨을 비유적으로 이르는 말'이다.

6 ④ '귀가 따갑다'는 '소리가 날카롭고 커서 듣기에 괴롭다' 또는 '너무 여러 번 들어서 듣기가 싫다'라는 의미로, 제시된 상황에 어울리지 않는 표현이다.

↓ 오답률 줄이는 | **오답풀이** |
① '들리는 말에 선뜻 마음이 끌리다'라는 의미이다.
② '믿기 어려운 이야기를 들어 잘못 들은 것이 아닌가 생각하다'라는 의미이다.
③ '듣고도 들은 체 만 체 하다'라는 의미이다.
⑤ '같은 말을 여러 번 듣다'라는 의미이다.

7 ④ '눈도 거들떠보지 않다'는 '낮보거나 업신여겨 쳐다보려고도 않다'라는 의미로, 제시된 문장의 상황과는 어울리지 않는다. 위협에 굴하지 않고 태연하게 대처한 상황과 어울리는 관용구는 '조금도 놀라지 않고 태연하다'라는 의미를 지닌 '눈도 깜짝 안 하다'이다.

↓ 오답률 줄이는 | **오답풀이** |
① '잠을 자다'라는 의미이다.
② '아무 생각 없이 맹목적으로 뒤따르는 것을 비유적으로 이르는 말'이다.
③ '흡족하게 마음에 들다'라는 의미이다.
⑤ '신임을 잃고 미움을 받게 되다'라는 의미이다.

8 ⑤ '어떤 사람이나 일 따위에 관한 기억이 떠오르다'는 '눈에 아른거리다'의 사전적 의미이다. '눈에 밟히다'는 '잊히지 않고 자꾸 눈에 떠오르다'라는 의미이다.

9 ④ '머리가 크다'는 '어른처럼 생각하거나 판단하게 되다'라는 의미이다. 같은 표현으로는 '머리가 굵다'가 있다.

10 ⑤ ㉠ '발에 채다'는 '여기저기 흔하게 널려 있다'라는 의미이다.
㉡ '입이 여물다'는 '말이 분명하고 실속이 있다'라는 의미이다.
㉢ '손이 돌다'는 '힘이 미치어 돌아가다'라는 의미이다.

11 ② '방약무인(傍若無人)'은 '곁에 사람이 없는 것처럼 아무 거리낌 없이 함부로 말하고 행동하는 태도가 있음'을 이르는 말이다. '낫 놓고 기역 자도 모른다'는 '기역 자 모양으로 생긴 낫을 보면서도 기역 자를 모른다'라는 뜻으로, 아주 무식함을 비유적으로 이르는 말이다.

↓ 오답률 줄이는 | **오답풀이** |
① '생구불망(生口不網)'은 '산 입에 거미줄을 치지는 아니한다는 뜻으로, 아무리 곤궁하여도 그럭저럭 먹고살 수 있음을 이르는 말'이다.
'산 (사람) 입에 거미줄 치랴'는 '거미가 사람의 입 안에 거미줄을 치자면 사람이 아무것도 먹지 않아야 한다는 뜻으로, 아무리 살림이 어려워 식량이 떨어져도 사람은 그럭저럭 죽지 않고 먹고 살아가기 마련임을 비유적으로 이르는 말'이다.
③ '호가호위(狐假虎威)'는 '남의 권세를 빌려 위세를 부림'이라는 의미로, '호랑이 없는 골에 토끼가 왕 노릇 한다, 범 없는 골에 토끼가 스승이라' 등과 같은 의미로 쓰인다.
'원님 덕에 나팔 분다'는 '남의 덕으로 당치도 아니한 행세를 하게 되거나 그런 대접을 받고 우쭐대는 모양을 비유적으로 이르는 말'이다.
④ '주마간산(走馬看山)'은 '말을 타고 달리며 산천을 구경한다는 뜻으로, 자세히 살피지 아니하고 대충대충 보고 지나감을 이르는 말'이다.
'수박 겉 핥기'는 '맛있는 수박을 먹는다는 것이 딱딱한 겉만 핥고 있다는 뜻으로, 사물의 속 내용은 모르고 겉만 건드리는 일을 비유적으로 이르는 말'이다.
⑤ '마부위침(磨斧爲針)'은 '도끼를 갈아 바늘을 만든다는 뜻으로, 아무리 어렵더라도 포기하지 않고 노력하면 언젠가는 반드시 목적하는 바를 이룬다'라는 의미이다.
'열 번 찍어 아니 넘어가는 나무 없다'는 '아무리 뜻이 굳은 사람이라도 여러 번 권하거나 꾀고 달래면 결국은 마음이 변한다는 말'이다.

12 ④ '일면지교(一面之交)'는 '한 번 만나 본 정도의 친분'을 뜻한다.

↓ 오답률 줄이는 | **오답풀이** |
① '사상누각(沙上樓閣)'은 '모래 위에 세운 누각이라는 뜻으로, 기초가 튼튼하지 못하여 오래 견디지 못할 일이나 물건을 이르는 말'이다.
② '포복절도(抱腹絶倒)'는 '배를 그러안고 넘어질 정도로 몹시 웃음'을 의미한다.
⑤ '철중쟁쟁(鐵中錚錚)'은 '여러 쇠붙이 중에서 유난히 맑게 쟁그랑거리는 소리가 난다는 뜻으로, 무리 가운데서 가장 뛰어남. 또는 그런 사람을 이르는 말'이다.

13 ④ 문맥상 '따끔한 충고나 교훈을 이르는 말'인 '정문일침(頂門一鍼)'이 가장 적절하다.

↓ 오답률 줄이는 | 오답풀이 |
① '각주구검(刻舟求劍)'은 '융통성 없이 현실에 맞지 않는 낡은 생각을 고집하는 어리석음을 이르는 말'이다.
② '수주대토(守株待兔)'는 '한 가지 일에만 얽매여 발전을 모르는 어리석은 사람을 비유적으로 이르는 말'이다.
③ '이전투구(泥田鬪狗)'는 '자기의 이익을 위하여 비열하게 다툼을 비유적으로 이르는 말'이다.
⑤ '지록위마(指鹿爲馬)'는 '윗사람을 농락하여 권세를 마음대로 함을 이르는 말'이다.

14 ③ '우공이산(愚公移山)'은 '우공이 산을 옮긴다는 뜻으로, 어떤 일이든 끊임없이 노력하면 반드시 이루어짐을 이르는 말'이다.

↓ 오답률 줄이는 | 오답풀이 |
① '위편삼절(韋編三絕)'은 '공자가 주역을 즐겨 읽어 책의 가죽끈이 세 번이나 끊어졌다는 뜻으로, 책을 열심히 읽음을 이르는 말'이다.
② '불치하문(不恥下問)'은 '손아랫사람이나 지위나 학식이 자기만 못한 사람에게 모르는 것을 묻는 일을 부끄러워하지 아니함'을 이르는 말'이다.
④ '면종복배(面從腹背)'는 '겉으로는 복종하는 체하면서 내심으로는 배반함'을 이르는 말'이다.
⑤ '형설지공(螢雪之功)'은 '반딧불·눈과 함께 하는 노력이라는 뜻으로, 고생을 하면서 부지런하고 꾸준하게 공부하는 자세를 이르는 말'이다.

15 ① '과유불급(過猶不及)'은 '정도를 지나침은 미치지 못함과 같다는 뜻으로, 중용(中庸)이 중요함을 이르는 말'이다. 제시문의 '필요한 용량과 성분만을 쓰고 불필요한 성분은 줄인'의 문맥적 의미를 고려할 때 적절한 표현이다.

↓ 오답률 줄이는 | 오답풀이 |
② '군계일학(群鷄一鶴)'은 '닭의 무리 가운데에서 한 마리의 학이라는 뜻으로, 많은 사람 가운데서 뛰어난 인물을 이르는 말'이다.
③ '익자삼우(益者三友)'는 '사귀어서 자기에게 도움이 되는 세 가지의 벗'이라는 뜻으로 심성이 곧은 사람과 믿음직한 사람, 문견이 많은 사람을 이른다.
④ '화룡점정(畫龍點睛)'은 '무슨 일을 하는 데에 가장 중요한 부분을 완성함'을 비유적으로 이르는 말'이다.
⑤ '화사첨족(畫蛇添足)'은 '뱀을 다 그리고 나서 있지도 아니한 발을 덧붙여 그려 넣는다는 뜻으로, 쓸데없는 군짓을 하여 도리어 잘못되게 함을 이르는 말'이다.

16 ③ '거의 죽게 되어 곧 숨이 끊어질 지경에 이름'이라는 뜻이므로 '명재경각(命在頃刻)'을 써야 한다. '명약관화(明若觀火)'는 '불을 보듯이 분명하고 뻔함'이라는 의미이다.

↓ 오답률 줄이는 | 오답풀이 |
① '탁상공론(卓上空論)'은 '현실성이 없는 허황한 이론이나 논의'를 이르는 말'이다.
② '기고만장(氣高萬丈)'은 '일이 뜻대로 잘될 때, 우쭐하여 뽐내는 기세가 대단함'을 이르는 말'이다.
④ '천의무봉(天衣無縫)'은 '천사의 옷은 꿰맨 흔적이 없다는 뜻으로, 일부러 꾸민 데 없이 자연스럽고 아름다우면서 완전함'을 이르는 말'이다.
⑤ '결초보은(結草報恩)'은 '죽은 뒤에라도 은혜를 잊지 않고 갚음'을 이르는 말'이다.

본문 34~36쪽

05. 순화어

1	⑤	2	②	3	③	4	④	5	④
6	②	7	④	8	①	9	⑤	10	④
11	②	12	②						

1 ⑤ '성과급'은 '인센티브'의 순화어이다. '커미션'은 '수수료, 구전, 구문'으로 순화한다.

2 ② '차장(車掌)'은 '기차, 버스, 전차 따위에서 찻삯을 받거나 차의 원활한 운행과 승객의 편의를 도모하는 사람'으로, '승무원' 또는 '안내원'으로 순화한다.

↓ 오답률 줄이는 | 오답풀이 |
① '콤플렉스(complex)'는 '열등감', '욕구 불만', '강박 관념'으로 순화한다.

3 ③ '우동[うどん]'은 '가락국수'로 순화한다.

↓ 오답률 줄이는 | 오답풀이 |
① '타깃(target)'은 '과녁, 표적, 목표'로 순화한다.
② '다이어트(diet)'는 '식이 요법, 덜 먹기'로 순화한다.
④ '버킷 리스트(bucket list)'는 '소망 목록'으로 순화한다.
⑤ '레퍼토리(repertory)'는 '(노래/연주) 곡목'으로 순화한다.

4 ④ 일본어인 '무데뽀(無鐵砲)'는 '일의 앞뒤를 잘 헤아려 깊이 생각하는 신중함이 없음을 속되게 이르는 말'로, '막무가내'로 순화한다. '무식(無識)'은 '배우지 않은 데다 보고 듣지 못하여 아는 것이 없음'을 이르는 말이다.

5 ④ '쇼부(しょうぶ)'는 '승부(勝負)'의 일본어 발음으로, '승부, 결판' 또는 '흥정'으로 순화한다.

6 ② '대금(代金)'은 '물건의 값으로 치르는 돈'이라는 뜻의 일본식 한자어이므로, '값' 또는 '돈'으로 순화한다. '후불(後拂)' 역시 일본식 한자어이므로 '후지급'으로 순화해야 한다.

7 ④ '마스터플랜(master plan)'은 '기본이 되는 계획. 또는 그런 설계'라는 뜻으로, '종합 계획', '기본 설계'로 순화한다.

8 ① '라이벌(rival)'은 '같은 목적을 가졌거나 같은 분야에서 일하면서 이기거나 앞서려고 서로 겨루는 맞수'로, '맞수' 또는 '경쟁자'로 순화한다.

9 ⑤ '레저(レジャ)'는 영어 'leather'의 일본식 표현으로, '인조 가죽'으로 순화한다.

10 ④ '리메이크(remake)'는 '예전에 있던 영화, 음악, 드라마 따위를 새롭게 다시 만듦'이라는 뜻으로, '재구성'으로 순화한다.

11 ② '흑태(黑太)'의 순화어는 '검정콩'이다.

12 ② '잔반(殘飯)'의 순화어는 '남은 밥' 또는 '음식 찌꺼기'이다.

II. 어휘·어법_어법

본문 37~41쪽

01. 주요 한글 맞춤법 규정

1	④	2	④	3	⑤	4	⑤	5	⑤
6	②	7	②	8	③	9	②	10	⑤
11	③	12	⑤	13	③	14	④		

1 ④ '쓰이어'는 '쓰이-+-어'로 분석될 경우 '씌어'가 되고, '쓰-+-이어'로 분석될 경우 '쓰여'가 된다.

↓ 오답률 줄이는 | 오답풀이 |
① '놓아라'는 'ㅎ'이 탈락되어 '노아라'가 된 상태에서 '놔라'로 축약된 것이다.
② '어제저녁'은 '어제'의 'ㅔ'가 탈락되고 '엊'으로 축약되어 '엊저녁'이 된다.
③ '간편하게'는 '하'의 'ㅏ'가 탈락된 'ㅎ게'가 축약되어 '간편케'가 된다.
⑤ '생각하건대'는 '하건대'의 '하'가 탈락되어 '생각건대'가 된다.

2 ④ '꼼꼼히'는 한글 맞춤법 제51항의 " '이, 히'로 나는 것'에 해당한다. '-하다'가 붙는 어근 뒤(단, 'ㅅ' 받침 제외)에서는 '-히'로 적으므로, '꼼꼼히'로 써야 한다.

3 ⑤ '알다시피'로 써야 맞다. 동사 '알다'의 어간 '알-'에 '-는 바와 같이'의 뜻을 나타내는 연결 어미 '-다시피'가 결합하게 되면 '알다시피'가 된다. '알다'가 'ㄴ, ㅂ, -오, -시-' 앞에서 '아는, 압니다, 아오, 아시오' 등처럼 어간의 끝소리인 'ㄹ'이 탈락하는 용언이므로 '아다시피'로 쓰려는 경향이 있지만, 어미 '-다시피' 앞은 어간의 끝소리 'ㄹ'이 탈락하는 조건에 해당하지 않는다. 그러므로 '아다시피'는 잘못된 표기이고, '알다시피'가 바른 표기이다.

4 ⑤ '옷거리'는 '옷을 입은 모양새'를 의미한다.

↓ 오답률 줄이는 | 오답풀이 |
① '눈이 쏙 들어가고 생기가 없다'의 의미를 지니는 단어는 '때꾼하다'이다.
② 한글 맞춤법 제11항 '한자음 '랴, 려, 례, 료, 류, 리'가 단어의 첫머리에 올 적에는, 두음 법칙에 따라 '야, 여, 예, 요, 유, 이'로 적는다'의 예외 규정인 '다만, 모음이나 'ㄴ' 받침 뒤에 이어지는 '렬, 률'은 '열, 율'로 적는다'에 따라 '치사율'로 적는 것이 올바르다.

③ 준말의 규정인 한글 맞춤법 제40항에 따라 '탐탁하지'의 준말은 '탐탁지'이다.
④ '전세방(傳貰房)'은 한자어와 한자어로 된 합성어로, 한글 맞춤법 제30항 사이시옷 표기 규정에 해당하지 않는다.

5 ⑤ '말짱히'는 한글 맞춤법 제51항 '부사의 끝음절이 분명히 '이'로만 나는 것은 '-이'로 적고, '히'로만 나거나 '이'나 '히'로 나는 것은 '-히'로 적는다'를 따를 때, '-하다'가 붙는 어근 뒤에서는 흔히 '히'를 붙여 적으므로 '말짱히'로 적는다.

↓오답률 줄이는 │오답풀이│
① 'ㄱ' 받침으로 끝나는 고유어 뒤에서도 '이'를 쓰므로, '축축이'는 올바른 표기이다.
②, ④ 첩어, 준첩어인 명사 뒤에서는 '이'를 쓰게 되어 있으므로 '번번이'와 '틈틈이'는 올바른 표기이다.
③ '여러모로 깊이 생각하는 모양'을 의미하는 부사 '곰곰'에 '이'를 더한 경우이므로, 한글 맞춤법 제25항에 따라 '곰곰이'로 적는다.

6 ② '고랭지'는 '저위도에 위치하고 표고(標高)가 600미터 이상으로 높고 한랭한 곳'이라는 뜻을 나타내는 단어로, '고냉지'로 적지 않고 '고랭지'로 적는다.

↓오답률 줄이는 │오답풀이│
① 한글 맞춤법 제40항에 따라 어간의 끝음절 '하'가 아주 줄 적에는 준 대로 적어야 한다. 따라서 '익숙지'가 올바르다.
③ 한글 맞춤법 제27항에 따라 '이'가 합성어나 이에 준하는 말에서 '니' 또는 '리'로 소리 날 때에는 '니'로 적는다. 따라서 '사랑니'가 올바르다.
④ 한글 맞춤법 제8항에 따라 '휴게실'은 본음대로 적어야 한다. 따라서 '휴게실'이 올바르다.
⑤ 사이시옷을 받치어 적는 조건에 해당하지 않는다. 따라서 '머리말'이 올바르다.

7 ② '얽히고설키다'는 '가는 것이 이리저리 뒤섞이다' 또는 '관계, 일, 감정 따위가 이리저리 복잡하게 되다'의 의미이다. 발음상 '얼키고설키다, 얽히고섥히다'로 표기를 헷갈리는 경우가 있으나, 어원을 지닌 '얽다'는 본모양을 밝혀 적고, 어원이 뚜렷하지 않은 '설키다'는 소리대로 적는다.

↓오답률 줄이는 │오답풀이│
① 한글 맞춤법 제22항, 제55항에 따라 '뻐치다/뻗치다'는 '뻗치다'로 통일하여 적는다. 따라서 '뻗쳤다'가 올바르다.
③ '무, 다시마, 멸치 따위로 우린 국물에 꼬챙이에 꿴 어묵을 푹 담그거나 끓여서 먹는 음식'은 '어묵꼬치'이다. 또한 '꼬챙이에 꿴 음식물'을 뜻하는 말은 '꼬치'이며, '꼬치'는 수 관형사 뒤에서 의존적 용법으로 쓰여, '꼬챙이에 꿴 물

건을 세는 단위'로 쓰이기도 한다.
④ 한글 맞춤법 제11항에 따라 모음이나 'ㄴ' 받침 뒤에 이어지는 '렬, 률'은 '열, 율'로 적어야 한다. 따라서 '백분율'이 올바르다.
⑤ 한글 맞춤법 제34항에 따라 어간 모음 'ㅏ' 뒤에 접미사 '-이'가 결합하여 'ㅐ'로 줄어지는 경우는, '-어'가 결합하더라도 다시 줄어들지 않는다. 따라서 '패어'가 올바르다.

8 ③ 한글 맞춤법 제39항에 따라 '만만하지' 뒤에 '않-'이 어울려 '찮-'이 될 적에는 준 대로 적으므로 '만만찮게'는 옳은 표기이다.

↓오답률 줄이는 │오답풀이│
① 한글 맞춤법 제53항에 따라 의문을 나타내는 어미는 된소리로 적는다. 강한 부정을 나타내는 종결 어미인 '-ㄹ쏘냐'가 의문문 형식으로 쓰였으므로, 된소리로 적어야 한다. 따라서 '질쏘냐'가 올바르다.
② 한글 맞춤법 제25항에 따라 부사 '일찍'에 '-이'가 붙어서 부사가 되는 경우에는 부사의 원형을 밝히어 적는다. 따라서 '일찍이'가 올바르다.
④ 한글 맞춤법 제27항 붙임 2에 따라 어원이 분명하지 아니한 것은 원형을 밝히어 적지 않는다. 따라서 '오라비'가 올바르다.
⑤ 한글 맞춤법 제4항에 따라 'ㅌ'은 '티읕'으로 적고 [티읃]으로 발음한다. 따라서 '티읕'이 올바르다.

9 ② '싹둑싹둑'은 〈보기 1〉의 '③ ㄱ, ㅂ' 받침 뒤에서 나는 된소리는 같은 음절이나 비슷한 음절이 겹쳐 나는 경우가 아니면 된소리로 적지 아니한다'에 따라 '싹둑싹둑'으로 적는다. '싹둑싹둑'이 첩어이기도 하지만, 본래 '어떤 물건을 도구나 기계 따위가 해결할 수 있을 만큼의 힘으로 단번에 자르거나 베는 소리. 또는 그 모양'을 의미하는 단어가 '싹둑'이기 때문이다.

10 ⑤ '-대'는 남이 말한 내용을 간접적으로 전달할 때 쓰이고, '-데'는 화자가 직접 경험한 사실을 말할 때 쓰인다. 따라서 ⑤는 '거였는데'로 써야 한다.

↓오답률 줄이는 │오답풀이│
① '-대'는 어떤 사실에 대한 의문을 나타내는 종결 어미로 놀라거나 못마땅하게 여기는 뜻이 섞여 있다.
② '-데'는 과거 어느 때에 직접 경험하여 알게 된 사실을 현재의 말하는 장면에 그대로 옮겨 와서 말함을 나타내는 종결 어미로, 나중에 보고하듯이 말할 때 쓰인다.
③ 해당 문장에서 '-래'는 '이다', '아니다'의 어간이나 어미 '-으시-', '-더-', '-으리-' 뒤에 붙어 '-라고 해'가 줄어든 말로 쓰였다.

참고 '-래'는 어떤 사실을 주어진 것으로 치고 그에 대한 의문을 나타내는 종결 어미로도 쓸 수 있다(놀라거나 못마땅하게 여기는 뜻).
④ '-대서'는 '-다고 하여서'가 줄어든 말이다.

11 ③ 한글 맞춤법 제30항 사이시옷 표기 규정에 따라 '들깻가루'로 표기하는 것이 올바르다.

↓ 오답률 줄이는 | **오답풀이** |
① '다그다'는 '물건 따위를 어떤 방향으로 가까이 옮기다'라는 의미로, 바른 표현이다.
② '곱슬하다'는 2014년에 표준어로 인정된 올바른 표현이다.
④ '손나팔'은 본래 '손나발'의 잘못으로 보았으나, 표준어 개정에 의해 표준어로 인정되었다.
⑤ '-기로서니'는 '아무리 그렇다 하더라도'의 뜻을 나타내는 연결 어미 '-기로'를 강조하여 이르는 말이다.

12 ⑤ '꺼멓게 되다'라는 의미로 쓰이는 단어는 '꺼메지다'이다.

↓ 오답률 줄이는 | **오답풀이** |
① '어제의 저녁'이라는 의미로, '어제저녁'은 올바른 표현이다. 이를 줄여 '엊저녁'으로 쓰기도 한다.
③ '도리어'의 준말을 '되려'로 잘못 알고 있는 경우가 많으나, 준말의 규정에 따라 '되레'가 바른 표기이다.

13 ③ '글이나 말을 기억하여 두었다가 한 자도 틀리지 않게 그대로 말하다'라는 의미의 단어는 '외우다'이다. '외우다'의 준말인 '외다'도 널리 쓰이므로 표준어 규정 제16항에 따라 둘 다 표준어로 삼는다. 따라서, '외다'의 과거형 '왰다(외었다)'는 올바른 표기이다.

↓ 오답률 줄이는 | **오답풀이** |
① '햇님'으로 헷갈리는 경우가 있으나, '-님'은 '높임' 또는 '그 대상을 인격화하여 높임'의 뜻을 더하는 접미사로, 합성어일 때 적용하는 사이시옷을 사용하지 않는다. 따라서 '해님'이 바른 표기이다.
② '제치다'는 '거치적거리지 않게 처리하다' 또는 '일정한 대상이나 범위에서 빼다', '경쟁 상대보다 우위에 서다'의 의미로 쓰인다. ②의 문장에서는 맥락상, '뒤로 기울게 하다'라는 의미를 나타내므로, '젖다'의 사동사인 '젖히다'를 쓰는 것이 올바르다.
④ '만들어진 물건을 두드리거나 깨뜨려 못 쓰게 만들다'라는 의미의 단어는 '부수다'이다. '부시다'는 '그릇 따위를 씻어 깨끗하게 하다'라는 의미이다. 따라서 이 문장에서는 '부숴버렸다'가 올바른 표기이다.
⑤ 실제적인 공간을 나타내는 명사와 함께 쓰여 '꽤 너르다'라는 의미를 갖는 형용사는 '널찍하다'이다. '널찍하다'는 '넓다'와 관련이 있지만, 소리가 [널찌카다]로 굳어졌으므로 한글 맞춤법 제21항에 따라 소리대로 적는다.

14 ④ '결단을 내리지 못하고 머뭇거리며 망설이다'라는 의미를 지닌 단어는 '서슴다'로, 흔히 '서슴지' 꼴로 '않다', '말다' 따위의 부정어와 함께 쓰인다. 기본형이 '서슴하다'가 아니므로, 활용할 때 '서슴지'로 쓴다.

↓ 오답률 줄이는 | **오답풀이** |
① 문맥상 '끼이다'가 아닌 '끼다'로 쓰는 것이 알맞다. 따라서 형태 분석을 하면 "끼(다)+연결 어미 '-어'+들(다)+접미사 '-기"이므로, '끼어들기'로 써야 한다.
② '파이다'는 '파다'의 피동사로, 이미 피동의 의미로 쓰였다. '파이다'를 줄이면 '패다'이므로, '파이었으니'를 줄여 '패었으니'로 쓴다.
③ 기본형이 '설레다'이므로, 명사형은 '설렘'이다.
⑤ 문맥상 '어떤 일이 이루어지기를 기다리는 간절한 마음'을 의미하므로 '바람'을 써야 한다. 명사형 '바램'의 기본형은 '볕이나 습기를 받아 색이 변하다'라는 의미의 '바래다'이다.

본문 42~43쪽

02. 한글 맞춤법 – 띄어쓰기

1	③	2	②	3	③	4	⑤	5	④
6	①								

1 ③ 수를 적을 때는 만 단위로 띄어 쓰는 것이 옳다. 참고로 '년'은 의존 명사, '전'은 명사이므로 각각 띄어 쓰는 것이 맞다.

↓ 오답률 줄이는 | **오답풀이** |
① '-보다'는 조사이므로 '꽃보다'와 같이 붙여 써야 옳다.
② '데'는 '일'이나 '것'의 뜻을 나타내는 의존 명사이므로 '하는 데'와 같이 띄어 쓴다.
④ '대로'가 의존 명사로 쓰였으므로 '끝나는 대로'와 같이 띄어 써야 한다.
⑤ '-시키는'이 조사 없는 명사 뒤에 왔으므로 '설득시키는'과 같이 앞말에 붙여 써야 한다.

2 ④ '-는커녕'은 '앞말을 지정하여 어떤 사실을 부정하는 뜻을 강조하는 보조사'로, 보조사 '는'에 보조사 '커녕'이 결합한 말이므로 모두 앞말에 붙여 쓴다.

↓ 오답률 줄이는 | 오답풀이 |
① '앞의 내용에 상당한 수량이나 정도임을 나타내는 말'인 의존 명사 '만큼'은 한글 맞춤법 제42항 '의존 명사는 띄어 쓴다'에 따라 띄어 쓰는 것이 맞다.
② 한글 맞춤법 제46항 '단음절로 된 단어가 연이어 나타날 적에는 붙여 쓸 수 있다'에 따라 '좀더 큰것, 이말 저말' 등과 같이 '그때 그곳'으로 쓸 수 있다.
③ 한글 맞춤법 제41항 '조사는 그 앞말에 붙여 쓴다'에 따라 조사가 둘 이상 겹쳐지거나, 조사가 어미 뒤에 붙는 경우에도 붙여 쓴다.
⑤ 한글 맞춤법 제48항 '성과 이름, 성과 호 등은 붙여 쓰고, 이에 덧붙는 호칭어, 관직명 등은 띄어 쓴다'에 따라 올바른 표기이다.

3 ② '데'가 '일'이나 '것'의 뜻을 나타내는 의존 명사로 쓰였으므로, 띄어 쓰는 게 맞다. 한편 '날씨도 추운데 어디 가니?'와 같이 어미 '-ㄴ데'로 쓰인 경우에는 붙여 써야 한다.

↓ 오답률 줄이는 | 오답풀이 |
① '안'은 부정문에 쓰일 때에는 띄어 쓰고, '되다' 등 다른 말과 결합하여 별도의 의미가 만들어진 경우에는 붙여 쓴다. 주어진 문장은 부정문이므로 '안 된다'로 띄어 써야 맞다.
예 시험에 떨어졌다니 참 안되었다. (섭섭하거나 가엾어 마음이 언짢다.)/얼굴이 무척 안돼 보이는구나. (근심이나 병 따위로 얼굴이 많이 상하다.)
③ '간'이 '관계'의 뜻을 나타내는 의존 명사이므로 '자식 간'과 같이 띄어 써야 한다.
④ '지'가 '어떤 일이 있었던 때로부터 지금까지의 동안'을 나타내는 의존 명사이므로 '나간 지'와 같이 띄어 써야 한다.
⑤ '뿐'이 체언 뒤에 올 때에는 조사이므로 '하나뿐인'과 같이 붙여 써야 한다.

4 ⑤ 연습하는 것에 신경을 쓰라는 의미이므로, '데'를 의존 명사로 보아 '연습하는 데'로 띄어 써야 한다.

5 ④ '들'은 체언이나 부사어 등의 뒤에 붙어 그 문장의 주어가 복수임을 나타내는 보조사이다. 또한 '-들'은 명사나 대명사 뒤에 붙어 '복수(複數)'의 뜻을 더하는 접미사로 사용되기도 한다. 따라서 ④는 '너희들'과 같이 붙여 써야 한다.

6 ① '옷 한 벌'의 '벌'처럼 단위를 나타내는 명사는 앞말과 띄어 쓴다.

↓ 오답률 줄이는 | 오답풀이 |
② '정당화되다'는 한 단어이므로, '정당화될'로 붙여 쓰는 것이 올바른 표기이다.

③ '하고는'은 체언의 뒤에 붙어서 마음에 들지 않음을 강조하는 조사이므로, 앞말에 붙여 '것하고는'으로 써야 한다.
④ '-ㄴ지'가 어미이므로 '것인지를'과 같이 붙여 써야 맞다.
⑤ 보조 용언 중간에 조사가 들어갈 적에는 그 뒤에 오는 보조 용언은 띄어 쓴다. 따라서 '올 듯도 한데'가 올바르다.

본문 44~48쪽

03. 표준어 규정/표준 발음법

1	③	2	⑤	3	④	4	⑤	5	⑤
6	⑤	7	①	8	③	9	②	10	⑤
11	②	12	①	13	②	14	⑤	15	③
16	②	17	⑤	18	④				

1 ③ '성기다'와 '성글다'는 둘 다 같은 의미의 표준어로, 복수 표준어에 해당한다.

↓ 오답률 줄이는 | 오답풀이 |
① '여태, 입때'는 표준어이지만, '여직'은 비표준어이다.
② '에구머니'가 표준어이다.
④ '초생달'과 '초승달' 중 '초승달'이 표준어이다.
⑤ '기존의 글이나 영화 따위를 편집하여 하나의 완성품으로 만드는 일'을 뜻하는 '짜깁기'가 올바른 표현이다.

2 ⑤ '늙은이를 속되게 이르는 말'은 '늙정이'와 '늙정뱅이' 중에서 널리 쓰이는 '늙정이'만 표준어이다.

↓ 오답률 줄이는 | 오답풀이 |
① '-구려'는 '하오할 자리에 쓰여, 화자가 새롭게 알게 된 사실에 주목함을 나타내는 종결 어미'로, '-구려'의 형태만이 표준어로 쓰인다.
② '일, 지식 따위가 아주 오래되어 시대에 뒤떨어진 데가 있다'라는 의미의 말은 '케케묵다'로, 모음을 단순화하여 적는다. '켸켸묵다'는 비표준어이다.
③ '뺨에서 귀의 가까이에 난 머리털'을 뜻하는 말은 '귀밑머리'이다. '귓머리'는 방언이다.
④ '뺨따귀'의 의미로 '뺨따구니'를 쓰는 경우가 있으나, 표준어 규정 제17항에 따라 '뺨따귀'만 표준어로 삼는다. 따라서 '뺨'을 비속하게 이르는 말로는 '뺨따귀'가 바른 표현이다.

3 ④ '주엄주엄'은 '주섬주섬'의 잘못된 표현으로, '여기저기 널려 있는 물건을 하나하나 주워 거두는 모양'을 뜻하는 말은 '주섬주섬'이다.

↓오답률 줄이는 | **오답풀이** |
① '애먼'은 '일의 결과가 다른 데로 돌아가 억울하게 느껴지는'이라는 뜻의 표준어이다.
② '방끗'은 '입을 예쁘게 약간 벌리며 소리 없이 가볍게 한 번 웃는 모양'이라는 뜻의 표준어이다. '방긋'보다 조금 센 느낌을 준다.
③ '바지런하다'는 '놀지 아니하고 하는 일에 꾸준하다'라는 뜻의 표준어이다.
⑤ '아등바등'은 '무엇을 이루려고 애를 쓰거나 우겨 대는 모양'을 뜻하는 표준어이다. '아둥바둥'을 쓰는 경우가 있으나, 표준어 규정 제17항에 따라 '아등바등'만 표준어로 삼는다.

참고 도리도리
1) 어린아이에게 도리질을 하라는 뜻으로 내는 소리
2) 어린아이가 머리를 좌우로 흔드는 동작

4 ⑤ '노름 따위에서, 좋은 끗수가 잇따라 나오는 기세' 또는 '아주 당당한 권세나 기세'를 의미하는 말은 '끗발'이다.

↓오답률 줄이는 | **오답풀이** |
① '얌체'는 '얌치가 없는 사람을 낮잡아 이르는 말'이다.
② '묏자리'는 '뫼를 쓸 자리. 또는 쓴 자리'라는 의미의 표준어이다.
③ '노느다'는 '여러 몫으로 갈라 나누다'라는 의미의 표준어이다.
④ '헹가래'는 '사람의 몸을 번쩍 들어 자꾸 내밀었다 들이켰다 하는 일. 또는 던져 올렸다 받았다 하는 일'을 의미하는 표준어이다. 기쁘고 좋은 일이 있는 사람을 축하하거나, 잘못이 있는 사람을 벌줄 때 한다.

5 ⑤ '일이 순순히 진행되지 못하도록 훼방을 놓거나 어기대는 것'을 뜻하는 말로, '딴지'를 쓴다.(2014 개정 표준어로 인정) 문맥상 본래 표준어인 '딴죽'과 개정된 표준어인 '딴지' 둘 다 쓸 수 있다.

↓오답률 줄이는 | **오답풀이** |
① '수컷'을 이르는 말은 '수-'로 통일하기로 하였으나, '숫양, 숫염소, 숫쥐'만 '숫-'으로 쓴다.
② '금성'을 의미할 때, '샛별'은 표준어이지만 '새벽별'은 비표준어이다.
③ '신비롭고 기이한 느낌이 있다'라는 의미를 지닌 말은 '신기롭다'이다. '신기스럽다'는 비표준어이다.
④ '뽀두라지'와 '뾰루지'는 표준어이지만, '뽀두락지'는 비표준어이다.

6 ⑤ '당최'는 '당초+에'에서 온 말로 "도무지', '영'의 뜻을 나타내는 말'이다. 부정의 뜻이 있는 말과 함께 쓰인다. '당최'의 의미로 '당체' 또는 '당췌'를 쓰는 경우가 있으나, '당최'만 표준어로 삼는다.

↓오답률 줄이는 | **오답풀이** |
① '세상을 살아가는 데 가져야 할 몸가짐이나 행동'을 뜻하는 '처신'을 낮잡아 이르는 말은 '채신'이다.
② '왜 그런지 모르게. 또는 뚜렷한 이유 없이'라는 의미를 지닌 표현은 '왠지'이다.
③ '무슨 생각으로 그러는지 알 수 없거나 마음속 깊이 맺힌 마음'을 의미하는 표준어는 '억하심정'이다.
④ '공을 많이 들여 매우 소중하다'라는 의미를 지닌 말은 '생때같다'이다.

7 ④ '다만 1'에서 거센소리 앞에서는 '위-'로 한다고 하였으므로 '위층'이 표준어이다.

8 ③ '귀이개'는 '귀개'보다 널리 쓰이고 있으므로 본말을 표준어로 삼고 있다. '귀개'는 비표준어이다. 또한 준말 '귀개'의 효용이 뚜렷이 인정된다고 볼 수 있는 근거도 확인할 수 없다.

↓오답률 줄이는 | **오답풀이** |
① '살판'은 '살얼음판'보다 널리 쓰이지 못하므로 제15항에 의거하여 본말을 표준어로 삼는다.
② '무'는 '무우'보다 널리 쓰이고 있으므로 제14항에 의거하여 준말을 표준어로 삼는다.
④ '노을'과 '놀'이 모두 쓰이고, 준말의 효용이 뚜렷이 인정된다면 제16항에 의거하여 두 가지를 다 표준어로 삼을 수 있으며 실제로 '노을'과 '놀'은 모두 표준어에 해당한다.
⑤ 제14항~제16항을 볼 때, 표준어를 선정하는 가장 기본적인 기준은 해당 단어의 준말과 본말 중 어떤 것이 '얼마나 널리 사용되느냐'임을 알 수 있다.

9 ② 표준 발음법 제10항 '겹받침 'ㄳ', 'ㄵ', 'ㄼ, ㄽ, ㄾ', 'ㅄ'은 어말 또는 자음 앞에서 각각 [ㄱ, ㄴ, ㄹ, ㅂ]으로 발음한다'와 경음화 규정인 제25항 '어간 받침 'ㄼ, ㄾ' 뒤에 결합되는 어미의 첫소리 'ㄱ, ㄷ, ㅅ, ㅈ'는 된소리로 발음한다'에 따라 '훑소, 떫지'는 [훌쏘], [떨ː찌]로 발음한다.

↓오답률 줄이는 | **오답풀이** |
① 표준 발음법 제12항 "ㄶ, ㅀ' 뒤에 'ㄴ'이 결합되는 경우에는, 'ㅎ'을 발음하지 않는다'에 따라 [뚤는]으로 발음한다. 그리고 제20항 [붙임]에 따라 'ㄴ'이 [ㄹ]로 발음되므로 최종적으로 [뚤른]으로 발음한다.
③ 표준 발음법 제26항에 따라 [일씨]로 발음한다.
④ 표준 발음법 제29항의 예외 규정 '다만, 다음과 같은 단어에서는 'ㄴ(ㄹ)' 음을 첨가하여 발음하지 않는다'에 따라

'6·25, 3·1절, 송별-연, 등-용문' 등은 [유기오], [사밀쩔], [송:벼련], [등용문]으로 발음한다.
⑤ 표준 발음법 제29항에 따라 '색-연필'은 'ㄴ' 음을 첨가하여 '색연필[생년필]'로 발음한다.

10 ⑤ '목간'은 '목욕'의 방언(경기, 충남)이다.

↓오답률 줄이는 | 오답풀이 |
① '얼결'은 '(흔히 '얼결에' 꼴로 쓰여) 뜻밖의 일을 갑자기 당하거나, 여러 가지 일이 너무 복잡하여 정신을 가다듬지 못하는 판'을 의미하는 표준어이다.
② '무진장'은 '다함이 없이 굉장히 많음'을 의미하는 표준어이다.
③ 표준어인 '넝마'는 '낡고 해어져서 입지 못하게 된 옷, 이불 따위를 이르는 말'이다.
④ '가는귀'는 '작은 소리까지 듣는 귀. 또는 그런 귀의 능력'을 의미하는 표준어이다.

11 ② '떫다'는 표준 발음법 제10항 '겹받침 'ㄳ', 'ㄵ', 'ㄼ, ㄽ, ㄾ', 'ㅄ'은 어말 또는 자음 앞에서 각각 [ㄱ, ㄴ, ㄹ, ㅂ]으로 발음한다'와 표준 발음법 제25항의 '어간 받침 'ㄼ, ㄾ' 뒤에 결합되는 어미의 첫소리 'ㄱ, ㄷ, ㅅ, ㅈ'은 된소리로 발음한다'에 따라 [떨:따]로 발음한다.

↓오답률 줄이는 | 오답풀이 |
① '희망'은 자음을 첫소리로 가지고 있는 음절의 'ㅢ'는 [ㅣ]로 발음한다는 원칙에 따라 [히망]으로 발음한다.
'맛있다'는 표준 발음법 제15항에 따라 원칙상 [마딛따]로 발음해야 하지만, [마싣따]로 발음하는 것도 허용된다.
'쌓네'는 'ㅎ' 뒤에 'ㄴ'이 결합하는 경우는 [ㄴ]으로 발음한다는 원칙에 따라 [싼네]로 발음한다.
③ '불세출'은 한자어 'ㄹ' 받침 뒤의 'ㄷ, ㅅ, ㅈ'은 된소리로 발음한다는 원칙에 따라 [불쎄출]로 발음한다.
⑤ '넓둥글다'의 겹받침 'ㄼ'의 대표음은 [ㄹ]이지만, '넓둥글다, 넓죽하다'의 경우에는 예외적으로 [넙뚱글다], [넙쭈카다]가 표준 발음이다.

12 ① '가져[가저]'는 표준 발음법 제5항의 예외 규정 '다만 1. 용언의 활용형에 나타나는 '져, 쪄, 쳐'는 [저, 쩌, 처]로 발음한다'에 따라 [가저]로 발음한다.

↓오답률 줄이는 | 오답풀이 |
② '협박죄'는 [협빡쬐/협빡쮀]로 발음한다.
③ '곧이듣고'는 구개음화 관련 조항인 표준 발음법 제17항 '받침 'ㄷ, ㅌ(ㄾ)'이 조사나 접미사의 모음 'ㅣ'와 결합되는 경우에는, [ㅈ, ㅊ]으로 바꾸어서 뒤 음절 첫소리로 옮겨 발음한다'에 따라 [고지듣꼬]로 발음한다.
⑤ '뒷공론'은 표준 발음법 제30항 '사이시옷이 붙은 단어는 다음과 같이 발음한다'의 '1. 'ㄱ, ㄷ, ㅂ, ㅅ, ㅈ'으로 시작하는 단어 앞에 사이시옷이 올 때는 이들 자음만을 된소리로 발음하는 것을 원칙으로 하되, 사이시옷을 [ㄷ]으로 발음하는 것도 허용한다'에 따라 [뒤:꽁논] 또는 [뒫:꽁논]으로 발음한다.

13 ② '그럼요'는 표준 발음법 제13항 '홑받침이나 쌍받침이 모음으로 시작된 조사나 어미, 접미사와 결합한 경우에는, 제 음가대로 뒤 음절 첫소리로 옮겨 발음한다'에 따라 [그러묘]로 발음한다.

↓오답률 줄이는 | 오답풀이 |
④ 'ㄹ' 받침 뒤에 첨가되는 'ㄴ' 음은 [ㄹ]로 발음하므로 '유들유들'은 [유들류들]로 발음한다.

14 ⑤ '효과'는 [효:과]와 [효:꽈] 모두 표준 발음이다.

↓오답률 줄이는 | 오답풀이 |
① '선릉'은 'ㄴ'은 'ㄹ'의 앞이나 뒤에서 [ㄹ]로 발음한다는 원칙에 따라 [설릉]으로 발음한다.
② '안팎으로'는 쌍받침이 모음으로 시작된 조사나 어미, 접미사와 결합되는 경우에는, 제 음가대로 뒤 음절 첫소리로 옮겨 발음한다는 원칙에 따라 [안파끄로]로 발음한다.
③ '설익은'은 'ㄹ' 받침 뒤에 첨가되는 'ㄴ'은 [ㄹ]로 발음한다는 원칙에 따라 [설리근]으로 발음한다.
④ '몫몫이'는 표준 발음법 제18항 '받침 'ㄱ(ㄲ, ㅋ, ㄳ, ㄺ), ㄷ(ㅅ, ㅆ, ㅈ, ㅊ, ㅌ, ㅎ), ㅂ(ㅍ, ㄼ, ㄿ, ㅄ)'은 'ㄴ, ㅁ' 앞에서 [ㅇ, ㄴ, ㅁ]으로 발음한다'에 따라 [몽목씨]로 발음한다.
참고 몫몫-이[몽몫-이 → 몽목씨]

15 ③ '쌓이면'은 표준 발음법 제12항 '4. 'ㅎ(ㄶ, ㅀ)' 뒤에 모음으로 시작된 어미나 접미사가 결합되는 경우에는, 'ㅎ'을 발음하지 않는다'에 따라 [싸이면]으로 발음한다.

↓오답률 줄이는 | 오답풀이 |
④ '맛있게'는 표준 발음법 제15항 '받침 뒤에 모음 'ㅏ, ㅓ, ㅗ, ㅜ, ㅟ' 들로 시작되는 실질 형태소가 연결되는 경우에는, 대표음으로 바꾸어서 뒤 음절 첫소리로 옮겨 발음한다'에 따라 원칙상 [마딛께]로 발음한다. 그러나 현실에서의 발음을 고려하여 덧붙인 예외 규정인 '다만, '맛있다, 멋있다'는 [마싣따], [머싣따]로도 발음할 수 있다'에 따라 [마싣께]로도 발음할 수 있다.
⑤ '공권력'과 같이 'ㄴ'과 'ㄹ'이 이어지는 경우 자음 동화 현상에 의해 'ㄹㄹ'로 발음하는 것이 일반적이지만, '공권력'의 경우 예외 단어에 해당하여 [공꿘녁]으로 발음한다.

16 ② '밭이랑'의 경우, '밭'과 '이랑'의 합성어로, 표준 발음법 제29항 '합성어 및 파생어에서, 앞 단어나 접두사의 끝이

자음이고 뒤 단어나 접미사의 첫음절이 '이, 야, 여, 요, 유'인 경우에는, 'ㄴ' 음을 첨가하여 [니, 냐, 녀, 뇨, 뉴]로 발음한다'에 따라 [반니랑]으로 발음해야 한다.

↓ 오답률 줄이는 | **오답풀이** |

① 겹받침 'ㄾ'의 대표음은 [ㄹ]이므로, 받침 'ㄹ'과 뒤 음절의 첫소리 'ㄴ'은 표준 발음법 제20항 "ㄴ'은 'ㄹ'의 앞이나 뒤에서 [ㄹ]로 발음한다'에 따라 [짤레요]로 발음한다.
④ '상견례'의 경우, 표준 발음법 제20항의 예외 규정인 '다만, 다음과 같은 단어들은 'ㄹ'을 [ㄴ]으로 발음한다'에 해당한다. 따라서 [상견녜]로 발음한다.

17 ⑤ 표준 발음법 제6항에 따르면 단어의 첫음절에서만 긴소리가 나타나는 것을 원칙으로 한다. 그런데 '다만, 합성어의 경우에는 둘째 음절 이하에서도 분명한 긴소리를 인정한다'는 규정이 명시되어 있다. 이에 따라 합성어 '반신반의(半信半疑)'는 첫음절 '반'의 긴소리를 뒤 음절에서도 적용해야 한다. 따라서 [반ː신바ː늬/반ː신바ː니]로 발음한다.

↓ 오답률 줄이는 | **오답풀이** |

③ 용언의 단음절 어간에 어미 '-아/-어'가 결합되어 한 음절로 축약되는 경우에도 긴소리로 발음하므로, '보아'를 줄인 '봐'는 [봐ː]로 발음한다.

18 ④ 용언의 어간에 피동·사동 접미사가 결합되는 경우에는 긴소리를 가진 음절이라도 짧게 발음한다. 따라서 '꼬다'는 본래 긴소리 음절로 [꼬ː다]로 발음하지만, '꼬이지'는 [꼬이지]로 짧게 발음한다.

본문 49~51쪽

04. 외래어/로마자 표기법

1	②	2	④	3	⑤	4	③	5	③
6	③	7	②	8	⑤	9	⑤	10	②
11	④	12	④						

1 ② '조미한 소스로 무친 고기와 야채 따위에 치즈와 빵가루를 뿌린 다음 오븐에서 겉이 누릇누릇하게 구워 낸 요리'를 의미하는 'gratin'은 '그라탱'으로 적는다.

2 ④ '아이섀도'가 올바른 표기이다.

3 ⑤ 영국 발음을 기준으로 하여 '프레젠테이션'으로 적는다.

4 ③ 출연자의 훌륭한 솜씨를 찬양하여 박수 따위로 재연을 청하는 일'인 프랑스어 'encore'는 발음이 [aŋkɔːr]이다. 이에 따라, '앙코르'가 옳은 표기이다. 이를 '앙콜/앵콜' 등으로 적는 것은 잘못된 표기이다.

5 ③ 'Los Angeles'는 '로스앤젤레스'로 적는 것이 올바른 표기이다.

6 ③ '중생대를 다시 셋으로 나누었을 때 가운데에 해당하는 지질 시대'를 뜻하는 말은 '쥐라기'로 적는다. 또한 외래어 표기법의 표기의 원칙 제4항 '파열음 표기에는 된소리를 쓰지 않는 것을 원칙으로 한다'에 따라 '모짜르트'가 아닌 '모차르트'로 적는다.

↓ 오답률 줄이는 | **오답풀이** |

① '시험을 칠 때 감독자 몰래 미리 준비한 답을 보고 쓰거나 남의 것을 베끼는 일'을 외래어로 '커닝'이라 한다. 실제 발음 ['kʌnɪŋ]을 고려하면 '커닝(cunning)'이 올바른 표기임을 알 수 있다.
② 외래어 표기법 가운데 영어의 표기에서 제1항 무성 파열음 ([p], [t], [k])에 관한 규정에 따라 유음, 비음, 이중 모음, 긴 모음 뒤의 [p], [t], [k]는 '으'를 붙여 적는다. 따라서 '플루트(flute)'로 써야 한다.
④ 외래어 표기법 표기의 원칙 제5항 '이미 굳어진 외래어는 관용을 존중하되, 그 범위와 용례는 따로 정한다'에 따라, 'Catholic'은 발음대로 하면 '카톨릭'이 되겠지만, 해당 분야에서 '가톨릭'이라고 널리 쓰므로 관용을 존중하여 '가톨릭'으로 적는다.
⑤ '데생(dessin)', '앙케트(enquête)'가 올바른 표기이다.

7 ② '행정상의 허가나 면허. 또는 그것을 증명하는 문서'를 의미하는 외래어는 '라이선스'로 표기한다. '라이선스'는 '사용권, 면허, 면허장, 허가, 허가장'으로 순화해야 한다.

↓ 오답률 줄이는 | **오답풀이** |

① '심포지엄'은 '특정한 문제에 대하여 두 사람 이상의 전문가가 서로 다른 각도에서 의견을 발표하고 참석자의 질문에 답하는 형식의 토론회'를 말한다. '학술 토론회', '학술 토론 회의', '집단 토론 회의'로 순화해야 한다.
③ '카탈로그'는 '선전을 목적으로 그림과 설명을 덧붙여 작은 책 모양으로 꾸민 상품의 안내서'를 말한다. '상품 안내서'로 순화해야 한다.
④ '콘셉트'는 '어떤 작품이나 제품, 공연, 행사 따위에서 드러내려고 하는 주된 생각'을 말한다. '개념'으로 순화해서 써야 한다.
⑤ '난센스'는 '이치에 맞지 아니하거나 평범하지 아니한 말 또는 일'을 말한다. '당찮은 말, 당찮은 일'로 순화해야 한다.

8 ⑤ 인명을 성과 이름 순서로 쓰고, 붙임표를 쓸 수 있는 것은 맞지만, 이름에서 일어나는 음운 변화는 표기에 반영하지 않고, 'ㄹ'은 모음 앞에서는 'r'로 적으므로 'Jeon mokryeon' 또는 'Jeon mok-ryeon'으로 쓴다.

9 ⑤ 어말 또는 종성의 'ㅂ'은 'p'로 적으므로 'Hapdeok'이 맞는 표기이며, 로마자 표기에서 음운 변화 중 된소리되기는 반영하지 않는다.

10 ② 체언에서 'ㄱ, ㄷ, ㅂ' 뒤에 'ㅎ'이 따를 때에는 'ㅎ'을 밝혀 적으므로, '맏형'은 'mathyeong'으로 적는다.

11 ④ 로마자 표기법 제3장 표기상의 유의점 제1항 [붙임]에 '된소리되기는 표기에 반영하지 않는다'라고 되어 있다. 그러므로 Apgujeong으로 적어야 한다.

12 ④ '돈의문'은 표준 발음이 [도늬문/도니문]이지만, 로마자 표기법 제2장 제1항 [붙임 1]에 따라 'ㅢ'는 'ㅣ'로 소리 나더라도 'ui'로 적어야 하므로 'Donuimun'으로 적는다.

본문 52~53쪽

05. 문장 부호

1	2	3	4
③	⑤	①	②

1 ③ '낱말'과 '단어(單語)'의 음이 다르므로 '묶음표 안의 말이 바깥 말과 음이 다를 때에 쓴다'는 3-(1)의 규정에 따라 소괄호가 아닌 대괄호를 써야 한다.

↓ 오답률 줄이는 | **오답풀이** |
① '이', '가', '께서'는 모두 주격 조사이므로 여러 단위를 동등하게 묶어서 보일 때 쓰는 중괄호를 쓴다.
② 묶음표 안에 니체에 대한 설명을 제시하고 있으므로 소괄호를 쓴다.
④ 빈 자리임을 나타내는 경우이므로 소괄호를 쓴다.
⑤ 묶음표 안에 또 묶음표가 있는 경우이므로 대괄호를 쓴다. 대괄호 안의 묶음표는 바깥 말의 원어를 적은 것이므로 소괄호를 쓴다.

2 ⑤ 따옴표 속 문장은 마음속으로 한 생각이다. 따라서 '들키지 않고 내 마음을 전달하려면, 어떻게 하면 좋을까?'와 같이 작은따옴표를 써야 한다.

↓ 오답률 줄이는 | **오답풀이** |
① 중요한 부분을 두드러지게 하기 위한 표기이므로 작은따옴표를 쓰는 것이 적절하다.
② 고대 그리스 철학자의 말을 인용한 표현이므로 큰따옴표를 쓰는 것이 적절하다.
③ 직접 대화를 나타내는 부분이므로 큰따옴표를 쓰는 것이 적절하다.
④ 따온 말 가운데 다시 속담을 따왔으므로, 큰따옴표 안에 작은따옴표가 들어가는 것이 적절하다.

3 ① 글자가 들어가야 할 자리를 나타낼 때는 '빠짐표(□)'를 쓴다. 예를 들어, '훈민정음의 초성 중에서 아음(牙音)은 □□□의 석 자다'와 같이 쓴다. 또한, '빠짐표'는 옛 비문이나 문헌 등에서 글자가 분명하지 않을 때 그 글자의 수효만큼 쓴다. 예를 들어, '大師遍法主□□賴之大□薦'처럼 쓴다.

참고 '숨김표(○, ×)'는 두 가지 경우에 쓰인다. 우선, 금기어나 공공연히 쓰기 어려운 비속어임을 나타낼 때, 그 글자의 수효만큼 쓴다. 예를 들어, '배운 사람 입에서 어찌 ○○란 말이 나올 수 있느냐?', '그 말을 듣는 순간 ×××란 말이 목구멍까지 치밀었다' 등이 있다. 그리고 비밀을 유지해야 하거나 밝힐 수 없는 사항임을 나타낼 때 쓴다. 예를 들어, '1차 시험 합격자는 김○영, 이○준, 박○순 등 모두 3명이다', '그 모임의 참석자는 김×× 씨, 정×× 씨 등 5명이었다' 등이 있다.

4 ② 한 문장 안에 몇 개의 선택적인 물음이 이어질 경우에는 앞에 오는 물음의 끝에는 쉼표를 쓰고 맨 끝의 물음에만 물음표를 쓴다. 그러나 각 물음이 독립적일 경우에는 각 물음의 끝마다 물음표를 쓴다. ②의 각 물음은 독립적이므로 '너는 여기에 언제 왔니? 어디서 왔니?'와 같이 써야 한다.

↓ 오답률 줄이는 | **오답풀이** |
① 한 문장 안에 몇 개의 선택적인 물음이 이어질 때는 앞에 오는 물음의 끝에는 쉼표를 쓰고 물음표는 맨 끝의 물음에 한 번만 쓴다.
③ 특정한 어구의 내용에 대하여 의심을 표시할 때 소괄호 안에 물음표를 쓴다.
④ 모르는 내용임을 나타낼 때 물음표를 쓴다.
⑤ 불확실한 내용을 나타낼 때 물음표를 쓴다.

본문 54~59쪽

06. 문장 표현/문법 요소

1	④	2	③	3	⑤	4	④	5	⑤
6	④	7	③	8	②	9	③	10	③
11	②	12	③	13	⑤	14	①	15	⑤
16	②								

1 ④ '많다'의 주어는 '영양'이지 '맛'은 아니다. 따라서 '맛'과 호응하는 서술어를 넣어 '맛도 좋고 영양도 많다'라고 써야 올바르다.

↓ 오답률 줄이는 | **오답풀이** |
① 이중 피동이 사용된 문장으로, '열리지 않는다'로 고쳐 써야 한다.
② 높임법이 잘못 사용된 문장으로, '말씀이 있겠습니다'로 고쳐 써야 한다.
③ 의미가 중의적으로 해석되는 문장이다.
⑤ '별도'와 '따로'를 함께 사용하여 불필요한 의미의 중복이 나타나고 있다.

2 ③ 필요한 문장 성분이 다 있는 자연스러운 문장이다.

↓ 오답률 줄이는 | **오답풀이** |
① '우유'와 호응하는 서술어를 넣어 '우유를 마시고, 빵을 구워 먹었다'로 고쳐야 한다.
② '이 배는 사람을 태우거나 짐을 싣고~'로 고쳐야 한다.
④ '~목도리를 두르거나 모자를 쓰고~'로 고쳐야 한다.
⑤ 서술어 '높여야 한다'가 목적어 '국가 경쟁력'과는 호응을 이루지만 '국민 통합'과는 호응을 이루지 못한다. '월드컵에서 보여 준 국민적 에너지로 국민을 통합하고 국가 경쟁력을 높여야 한다'로 고쳐야 한다.

3 ⑤ 문장의 주체인 아버지는 화자보다 높지만 청자인 할아버지보다는 낮기 때문에 '아버지'를 높이는 조사 '께서'와 선어말 어미 '-시-'를 사용하지 않는다.

4 ④ 필요한 성분이 모두 갖추어진 바른 문장이다.

↓ 오답률 줄이는 | **오답풀이** |
① 집에 '무엇을' 두고 나왔는지가 생략되어 있다.
② '무엇을' 궁리하였는지 목적어가 생략된 문장이다.
③ '상회하다'는 '어떤 기준보다 웃돌다'라는 뜻이므로 '기준'이 제시되어야 한다.
⑤ '후회하게 하는' 앞에 '누가 무엇을'이 생략되어 있다. '그 사람이 날 떠난 것을' 등을 넣어야 어법에 어긋나지 않는 문장이 된다.

5 ⑤ 주어와 서술어가 호응하는 자연스러운 문장이다.

↓ 오답률 줄이는 | **오답풀이** |
① 주어와 서술어의 호응이 부자연스러운 문장이다. '코 고는 빈도'는 '커지다'와 호응할 수 없으므로, '코 고는 빈도가 잦아지거나 세기가 더 커지기 전에~'로 고쳐야 한다.
② 주어인 '장점은'에 호응하는 서술어가 없다.
③ '요구되어진다'는 지나친 피동 표현이다. 맥락에 따라 '요구된다'로 고쳐야 한다.
④ 조사의 선택이 잘못되었으므로 '아르헨티나를 2:0으로 이겨'와 같이 바꾸어야 한다.

6 ④ 중의적으로 해석될 가능성이 가장 적은 문장이다.

↓ 오답률 줄이는 | **오답풀이** |
① '그녀가 꽃을 좋아하는 정도가 내가 꽃을 좋아하는 정도보다 크다' 또는 '그녀가 꽃을 좋아하는 정도가 나를 좋아하는 정도보다 크다'라는 의미로 해석될 수 있다.
② '윤정이와 성호'가 각자 결혼을 하거나, 둘이 결혼을 한 것으로 해석될 수 있다.
③ '신발을 신고 있다'가 '신발을 신는 중' 또는 '신발을 신은 상태'로 해석될 수 있다.
⑤ 웃는 사람이 '어머니' 또는 '할아버지'로 해석될 수 있다.

7 ③ 중의적으로 해석될 가능성이 가장 적은 문장이다.

↓ 오답률 줄이는 | **오답풀이** |
① '다 오지 않았다'는 '한 명도 오지 않았다'와 '전부 온 것은 아니다' 두 가지 의미로 해석될 수 있다.
② '하루 종일 배가 고팠다'와 '하루 종일 잠만 잤다' 두 가지 의미로 해석될 수 있다.
④ '숙제를 한 곳이 철수네 집이 아니다'와 '철수네 집에서 숙제는 안 하고 다른 것을 했다' 두 가지 의미로 해석될 수 있다.
⑤ '그가 아이에게 직접 옷을 입혔다'라는 직접 사동과 '아이에게 옷을 입도록 했다'라는 간접 사동 표현으로 해석될 수 있다.

8 ② '-에 있어서'에 사용되는 '있다'는 아무런 역할이 없는데도 습관적으로 사용되는 일본어 직역 투이다. 따라서 다른 어구로 대체하는 것이 바람직하다.

↓ 오답률 줄이는 | **오답풀이** |
① 어색한 피동 표현이므로 고치는 것이 좋다.
③ '~에도 불구하고'는 영어의 'even though' 또는 'in spite of'를 직역한 표현이다. 우리말에서는 '~인데도' 또는 '~했지만'으로 바꾸어 써야 한다.
④ 기존 문장은 너무 많은 명사가 나열되어 있어 명확하게 뜻이 전달되지 않는다.

⑤ 사물이 능동적 행위의 주어가 되지 않도록 고친다.

9 ③ 번역 투가 사용되지 않은 문장이다.

↓ 오답률 줄이는 | **오답풀이** |
① '너로부터'를 '너에게'로 고치는 것이 바람직하다.
② '치료를 요한다는'을 '치료를 받아야 한다는' 또는 '치료가 필요하다는'으로 고치는 것이 바람직하다.
④ '과제임에 틀림없다'를 '과제이다'로 고치는 것이 바람직하다.
⑤ '중국산 쌀에 대하여 전반적인 재검사가 이루어져야 할 것이다'를 '중국산 쌀을 전반적으로 재검사해야 한다'로 고치는 것이 바람직하다.

10 ③ 〈보기〉의 '표출'은 '겉으로 나타냄'을 의미하는 단어이다. 그런데 바로 앞에 '겉으로'라는 단어가 있어 의미가 중복된다. 이와 유사한 오류는 ③에 나타나 있다. '예측'은 '미리 헤아려 짐작하다'라는 의미인데, '미리'가 '예측' 앞에 쓰여 의미가 중복되고 있다.

11 ② '흐르다'는 '흘러, 흘러서…'와 같이 어간의 '르'가 탈락하고 'ㄹ'이 덧생겨 '흘ㄹ-'이 된다. 이는 '르' 불규칙 활용형이다. 한편, '따르다'는 '따라, 따라서…'와 같이 'ㅡ'가 규칙적으로 탈락한다. 이를 'ㅡ' 탈락이라 한다.

↓ 오답률 줄이는 | **오답풀이** |
① '매장하다'라는 뜻의 '묻다'는 규칙적으로 활용한다. '질문하다'라는 뜻의 '묻다'는 어간의 'ㄷ'이 불규칙적으로 활용한다.
③ '잇다'는 어간의 'ㅅ'이 불규칙적으로 활용한다.
④ '하다'는 어미가 변하는 '여' 불규칙 활용을 보인다.
⑤ '좋다'는 규칙적이지만, '노랗다'는 어간이 바뀌는 'ㅎ' 불규칙 활용을 하기도 하고 '노랗+어지다 → 노래지다'처럼 어간과 어미가 동시에 바뀌기도 한다.

12 ③ '뽑히게 되어서'는 '뽑히다'의 피동 접사 '-히-'와 '~게 되다'를 모두 사용한 이중 피동 표현이므로, '뽑혀서'로 고쳐야 한다.

13 ⑤ 주동문은 주어가 동작을 직접 하는 문장을 말한다. '날리다'는 '날다'의 사동사이지만, 문장에서 '명성을 떨치다'라는 의미로 사용될 때는 주동문을 만들기 어렵다.

↓ 오답률 줄이는 | **오답풀이** |
① '그가 짐을 지다'라는 주동문을 만들 수 있다.
② '교주가 뒷간에 숨다'라는 주동문을 만들 수 있다.
③ '아이가 옷을 입다'라는 주동문을 만들 수 있다.
④ '날씨가 더워지자 얼음이 녹다'라는 주동문을 만들 수 있다.

14 ① '손 + 발(명사 + 명사)'은 통사적 합성어에 해당한다.

↓ 오답률 줄이는 | **오답풀이** |
② '덮 + 밥(어간 + 명사)'은 어미 없이 결합하는 비통사적 합성어에 해당한다.
③ '부슬 + 비(부사 + 명사)'는 비통사적 합성어에 해당한다.
④ '뻐꾹 + 새(부사 + 명사)'는 비통사적 합성어에 해당한다.
⑤ '우 + 짖다(어간 + 어간)'는 어미 없이 결합하는 비통사적 합성어에 해당한다.

15 ⑤ '구멍가게'는 단어의 결합에 의해 '조그맣게 차린 가게'라는 제3의 의미가 되는 경우이다.

16 ② 능동문을 상정하기 어려운 문장이다. '누군가가 그녀를 슬픔에 썼다.'라는 구조의 능동문은 어색하다.

III. 쓰기

01. 글쓰기 계획

본문 62~65쪽

1	③	2	③	3	①	4	⑤	5	①
6	⑤	7	⑤	8	①				

1 ③ 한국 영화 산업이 해외로 진출하기 위한 전략을 수립하는 것에 관한 보고서이므로, 한국 영화 산업의 해외 자본 의존도를 조사한 내용을 포함할 필요가 없다. 이 내용은 '한국 영화 산업의 문제점과 개선 방안' 등의 주제에 속해야 적절하다.

2 ③ 주제가 '생활 악취 최소화를 위한 정책 연구'이므로, 일상생활에서 생활 악취를 줄이는 방법을 다룰 필요는 없다. 논지 전개에 어울리지 않는다.

3 ① '산림 복지와 환경 복지'의 개념과 특성은 작성해야 할 보고서의 주제의 범위를 벗어난 내용이다.

4 ⑤ 주제와 거리가 먼 내용이다. 주제와 관련하여 '서울 관광의 양적인 성장과 엔화 강세 등 관광 환경의 변화에도 불구하고 서울 관광이 잘 이루어지지 않는 점'을 고민하는 것이 바람직하다.

5 ① '평생 교육'은 주제와 관련이 없으므로 ①은 삭제하는 것이 적절하다.

6 ⑤ 이 글에서는 독서의 효과 중 '사고력의 확장, 인격의 수양'을 내세우고 있으며, 독서를 통한 우울증 치료에 대해서는 논하고 있지 않다. 또한 글의 예상 독자는 우울증 환자가 아닌 일반인이다.

7 ⑤ 도시 철도 환승 주차장이 현재 어떻게 이용되고 있으며, 앞으로 어떠한 문제점을 해결해야 하는지에 초점이 맞추어져 있다. 주민 편의 시설의 확충 방안을 논의하고 있지 않으므로 ⑤의 내용은 삭제하는 것이 바람직하다.

8 ① 작성하고자 하는 글의 내용은 '문화 향수', 즉 문화를 향유하고 누리는 것에 대한 것이므로, 문화 예술을 활용하여 이익을 취하는 기업에 관한 사례 제시는 글의 맥락에 어울리지 않는다.

02. 자료 활용 방안

본문 66~70쪽

1	⑤	2	④	3	②	4	④	5	④
6	④	7	①						

1 ⑤ ㉢과 ㉣에서는 스트레스 및 심리적 건강에 대해 언급하지 않았다. 따라서 ⑤는 보고서의 주제와 거리가 멀다.

2 ④ 이 글의 초점은 고령화 사회에 대한 대비 방안으로, 글쓰기 자료에서는 '저출산'에 대해 주요하게 다루고 있다. '저출산으로 인한 유소년층 인구 감소'와 '1~2인 가구의 사회적 여건 및 시스템 개선 방안 모색'은 직접적인 관련이 없다.

3 ② ㉡에서는 2인 이상 가구의 '소비 지출'이 상승하고 있다고 하였을 뿐, '소득에 대한 만족도'를 제시하지는 않았다.

4 ④ 여성의 취업에 어려움이 있으며, 여성이 가정일에 전념하는 것을 중요하게 생각하는 남성들이 많다는 조사 결과가 제시되었으나 '불평등한 근로 여건'에 대한 언급은 없다.

5 ④ ㉠은 해외 직구의 문제점에 대해 다루지만, ㉣은 해외 직구의 장점을 말하고 있으므로 두 가지 내용을 하나의 관점으로 묶을 수 없다.

6 ④ 글의 주제는 '라면 섭취와 나트륨 섭취'이다. 지출을 절약하는 등의 경제적인 측면을 다루는 것은 주제와 거리가 멀다.

7 ① 이동 전화 보급에 대한 조사에서 무선 가입자가 증가하고 있는 것은 미디어의 위기를 초래하는 것이 아니라 미디어의 폭넓은 활용을 가능하게 하는 조건이 된다.

03. 개요 수정 및 상세화 방안

본문 71~77쪽

1	②	2	⑤	3	④	4	④	5	①
6	③	7	④						

1 ② 현재 상위 항목은 '각국의 테러 대응 체제와 시사점'이므로 ㉡과 같이 수정하는 것은 적절하지 않다. 본래대로 수정을 하지 않고 두거나, 선지의 내용과 같이 수정할 경우에는 Ⅲ의 하위 항목에 포함되어야 한다.

2 ⑤ 결론에서는 학교 안전의 현황을 분석한 사항과 관리 방안을 제안한 본론의 내용이 압축적으로 제시되어야 한다. ⑤에서 언급된 내용은 '서론'에서 다루거나 삭제하는 것이 이 글의 개요 구성에 적합하다.

3 ④ Ⅲ은 '가정 폭력 근절을 위한 방안'을 제시하는 내용이므로, ㉢은 '형사 절차 속에서 피해자의 권한 강화'로 수정하는 것이 적절하다. ④의 내용으로 구성할 경우에는 상위 단계의 문제점(Ⅱ)에 포함시키는 것이 적절하다.

4 ④ Ⅲ은 '인터넷 중독 예방과 치료'에 대해 논하고 있으므로, ④의 내용은 적합하지 않다. ④에서 언급한 내용은 '인터넷 중독의 현황'에 활용될 수 있다. ㉣은 삭제하는 것이 적절하다.

5 ① Ⅱ에서는 '자살의 발생 원인'에 대해 다루고 있으므로, ㉠은 '자살의 사회적 요인' 등으로 수정하는 것이 바람직하다.

6 ③ 해당 상위 항목과의 연관성은 낮지만, 전체 주제와는 관련이 있는 내용이므로 Ⅲ-4로 위치를 이동하여 활용하는 것이 적절하다.

7 임태훈, 〈군 인권실태조사 연구보고서〉, 2013, 성공회대 학교 석사 학위논문
④ 선지에 제시된 내용은 'Ⅲ. 군인 인권 개선 정책 방안'으로 제시되는 것이 더 적절하다. '시민으로서의 표현의 자유'가 '군인 인권의 문제와 보장'의 하위 항목에 포함되어 있으므로, 군인이라는 신분이지만 한 사람의 시민으로서 자신의 의사를 표현할 수 있는 자유가 제한되어 있다는 문제점 등을 예로 든다면 개요의 상세화에 도움이 될 것이다.

↓ 오답률 줄이는 | 오답풀이 |
① 연구의 필요성에 대한 근거를 마련하기에 적절한 방법이다.
② 군 인권의 범위를 제한하여 연구의 범위가 너무 넓어지지 않게 조정하고 이에 따른 구체적인 연구 방법을 제시하는 것은 개요 구성의 좋은 예이다.
③ '언어폭력 근절 교육'은 '군인 인권 개선 정책 방안'에 포함되기에 적절하다.
⑤ 결론은 인권 실태 조사를 분석한 결과를 토대로 이를 해결할 방안을 도출한 것을 정리하여 제시하고, 방안의 실행을 촉구하는 방향으로 서술한다.

04. 퇴고

본문 78~81쪽

1	⑤	2	③	3	②	4	③	5	④
6	⑤	7	⑤	8	④				

1 ⑤ '비만하게 될 확률이 40~80% 정도이다'는 내용을 표현해야 하므로, '~에 이른다고 한다', '~에 달한다고 한다' 등의 표현으로 수정해야 한다.

2 ③ 가족의 생활 양식 및 식습관이 소아 비만의 원인이라고 언급하였으므로, 생활 양식과 식습관이 동일하지 않은 대조적 그룹을 만들고 그 가족 안에서 소아 비만이 어떻게 나타나는지 조사하면 글의 내용을 보완할 수 있다.

↓ 오답률 줄이는 | 오답풀이 |
① 다이어트가 글의 주제가 아니므로 ①의 인터뷰 내용은 불필요하다.
② 통계 수치는 완성된 글에 이미 구체적으로 제시되어 있다.
④ 'SNS 이용과 소아 비만의 상관성'은 글의 주요한 내용이 아니다.
⑤ 소아 비만의 원인에 대해 구체적으로 밝히는 글이지 소아 비만을 해결하는 방법을 제안하는 글이 아니다.

3 ② '자원이야말로'로 고쳐야 자연스러운 문장이 된다.

4 ③ 글의 초점이 지역민과 소통하여 지역 사회의 공간을 관광과 연계하는 것이므로, 이에 대한 건축 전문가의 의견을 반영하여 글을 보완할 수 있다.

↓ 오답률 줄이는 | 오답풀이 |
① 설문 조사의 인원을 늘려 재실시하는 것은 조사 자체의 신뢰성을 높일 수 있는 방법이지만, 이 글에서는 어떠한 항목을 조사하는지를 참고적으로 제시한 것뿐이다. 그 설문 조사 결과가 이 글에서 주장하는 바와 직결되는 것은 아니다.
② 글에서 지역민이 소통하고 공감하는 공간을 만들어야 한다는 내용을 제시하였으나, 지역민이 참여하는 예술 작품의 설치로 경제적 이익이 증가한 사례를 제시하는 것은 글과 관련성이 떨어진다. 이 글은 경제적 이익에 초점을 두지 않았다.

④ 설문을 조사한 지역을 밝히는 것은 '타당성'이 아닌 '신뢰성'과 관련된 부분이며, 이 글에서는 어느 지역에서 조사했는지보다는 어떤 항목을 조사했는지가 중요하다.
⑤ '취약 계층이 자주 방문하는 관광지'는 글의 초점과 거리가 멀기 때문에 보완할 항목으로 보기 어렵다.

5 ④ ㉣과 호응하는 주어가 '관리'이므로 '요청된다'로 수정해야 주어와 서술어의 호응이 적절하다.

6 ⑤ 글에 여가 공간인 '청계천'의 브랜드 개성 중 '평온함, 신뢰성'이 낮게 인식되었다는 조사 결과가 제시되어 있다. 따라서 그렇게 인식하게 된 이유를 조사하고 보완 방법을 제시한다면 내용이 더 체계적으로 전개될 수 있다.

↓ 오답률 줄이는 | **오답풀이** |
① 실무 관리자들이 활용하는 관리 조항은 브랜드 개성과 직접적 관계가 있다고 보기 어렵다.
② 여가 공간의 개수를 확인하고 조절하자는 것은 글의 핵심이 아니다. 글쓴이는 여가 공간에 부족하다고 느껴지는 요소를 채우는 방안을 제시하고 있다.
③ 여가 공간을 구성하는 시설에 비용이 얼마나 들었는지보다는 여가 공간의 '평온함, 신뢰성'을 높이기 위해 어떤 방법을 써야 할지를 모색하는 것이 글의 주제와 관련한 내용이다.
④ 청계천 이용자가 증가하는 것에 대해 언급한 것이 아닌 청계천의 브랜드 개성 강화에 대해 이야기하고 있다.

7 ⑤ 문맥의 흐름을 고려하여 '감안할 때'로 수정하면 '감안할 때 ~는 것이 타당하다'로 문장의 호응이 적절해진다.

8 ④ 간판 정비 사업에 실질적으로 어떤 문제점이 있는지 구체적으로 제시하고, 독자가 글에 관심을 가질 수 있도록 사진 자료를 함께 제시하는 것이 적절하다.

↓ 오답률 줄이는 | **오답풀이** |
① 도시 미관 개선 사업의 구체적 내용보다는 그 하위 영역인 간판 정비 사업과 관련한 과세 정책이 글의 주제이다.
② 글에서는 간판 정비 사업과 관련한 세금을 지방 자치 단체에서 결정하는 것이 타당하다는 주장을 하고 있을 뿐, 일반적으로 지방 자치 단체에서 어떤 세금을 결정하는지에 대해 서술하고 있지는 않다.
③ 도시 환경 개선 정책 사례를 비교하여 설명하는 것은 이 글의 주제 범주보다 넓은 범주를 다루는 것이다. 만약 국내와 해외의 사례를 비교하여 제시하고자 한다면, 국내외 도시 미관에서의 간판의 역할, 해외 간판 정비 사업의 진행 및 과세 방식 등을 제시하는 것이 바람직하다.
⑤ 글에서는 간판 정비 비용이 얼마인지를 확인하여 증감 방안을 제시하고자 한 것이 아니다. 도시 미관 개선을 위한 간판세를 어디에서 결정하고 집행하는 것이 적절할지에 대한 의견을 밝히고 있다.

Ⅳ. 창안

본문 84~88쪽

01. 시각 자료를 통한 내용 생성

| 1 | ① | 2 | ② | 3 | ② | 4 | ⑤ | 5 | ④ |
| 6 | ② | 7 | ③ | 8 | ⑤ | 9 | ② | | |

1 ① 3명이 특정 행동을 하면 다른 사람들이 이성적 판단 없이 그 행동을 따라 하게 된다는 내용과 관련된 표현을 골라야 한다. '세 사람이 짜면 거리에 범이 나왔다는 거짓말도 꾸밀 수 있다는 뜻으로, 근거 없는 말이라도 여러 사람이 말하면 곧이듣게 됨을 이르는 말'인 '삼인성호(三人成虎)'가 ⓒ의 상황과 관련된다. 숫자 3이 들어간 한자 성어들이 많으므로 함께 학습해 두도록 한다.

↓ 오답률 줄이는 | 오답풀이 |
② 삼삼오오(三三五五)는 '서너 사람 또는 대여섯 사람이 떼를 지어 다니거나 무슨 일을 함. 또는 그런 모양'을 의미한다.
③ 삼척동자(三尺童子)는 '키가 석 자 정도밖에 되지 않는 어린아이. 철없는 어린아이'를 이른다.
④ 작심삼일(作心三日)은 '단단히 먹은 마음이 사흘을 가지 못한다는 뜻으로, 결심이 굳지 못함을 이르는 말'이다.
⑤ 조삼모사(朝三暮四)는 '간사한 꾀로 남을 속여 희롱함을 이르는 말'이다.

2 ② ⓒ은 '군중 심리'로 인해 잘 모르는 사람을 비난하기도 하지만 정반대의 행동을 하기도 한다는 맥락의 내용을 고르면 된다. 따라서 위기에 빠진 사람을 서너 명이 돕기 시작하면 다른 사람들도 그들을 따라 위기에 빠진 사람을 돕는다는 내용이 적절하다.

↓ 오답률 줄이는 | 오답풀이 |
① 타인을 안타깝게 여기는 것은 다른 사람의 행동을 따라 하는 것과 관련이 없으므로 적절하지 않다.
③, ④, ⑤ 이성적인 판단을 하는 것이므로, 군중 심리와는 거리가 멀다.

3 ② '군중 심리'는 합리적 사고와 이성적 판단 없이 어떤 행동을 따라 하게 되는 것이므로 '동조'와 관련이 있다.

↓ 오답률 줄이는 | 오답풀이 |
①, ③, ④ 그림 (가)는 의견을 이해하지 못하고 궁금해하거나, 뛰어난 생각이 외면당하는 것 또는 표현방식의 변화 등을 나타내는 그림이 아니라, 한 사람의 의견에 다른 사람들이 무관심함을 나타내는 그림이다.
⑤ 그림 (나)는 긍정적인 내용이어서 사람들이 그 의견과 행동에 따르는 것이 아니다. '제3의 법칙'은 3명이 특정 행동을 하면 다른 사람들은 합리적 사고와 이성적 판단 없이 그 행동을 따라 하게 되는 것을 말한다.

4 ⑤ 그림 (나)는 개체 수가 증가하면 꼬리에 꼬리를 물고 벼랑에서 바다로 뛰어들어 집단 자살한다는 '레밍쥐'를 그린 그림으로, 소신과 배려를 어떻게 동시에 이룰 수 있을지를 그림에서 찾기는 어렵다.

5 ④ 〈보기〉는 유발 하라리의 〈사피엔스〉에 대한 설명으로, 우리가 당연하다고 생각했던 지식이 알고 보면 완전히 다른 상황을 포함하고 있음을 보여 준다. 그림 (가)의 빙산이 물음표 모양인 것을 활용하여 생각하면 의문을 갖고 역사를 탐구해야 함을 정답으로 고를 수 있다.

6 ② (나)는 부화뇌동(附和雷同)하는 군중들의 상태를 나타내므로, 이를 활용하여 정확한 판단 없이 다른 사람만 쫓아가는 것의 위험성을 이끌어 낼 수 있다.

7 ③ 그림 (가)의 비계는 적절하게 설치되어 작업자가 높은 공간에서 일할 수 있게 하지만, 그림 (나)의 비계는 비계뿐 아니라 미리 세워둔 건물의 뼈대, 사람들까지도 모두 위험하게 만들고 있다. 따라서 그림 (가)와 (나)를 활용하여 학생에게 필요한 도움을 적절한 방식으로 제공해야 한다는 내용을 이끌어 낼 수 있다.

↓ 오답률 줄이는 | 오답풀이 |
① 그림 (나)가 지나치게 많은 비계를 설치했다고 보기는 어려우며, 속도가 더뎌지는 것과도 관련이 없다.
② 그림 (나)가 (가)에 비해 충분히 쉬지 않았기 때문에 발생한 일인지 알 수 없다.
④ 그림 (가)와 (나)는 모두 비계를 설치한 것이므로 두 가지 측면의 발달과 관련짓기 어렵다.
⑤ 그림 (가)와 (나)는 모두 여러 명이 작업하고 있으므로 개인 학습과 협동 학습으로 나누어 설명할 수 없다.

8 ⑤ 그림 (나)의 주제는 '부적절한 도움은 오히려 학습을 방해한다'이다. 도움을 주어도 학습 성과가 좋지 않다면 과감하게 포기해야 한다는 내용과는 거리가 멀다.

↓ 오답률 줄이는 | 오답풀이 |
①, ②, ③ 그림 (가)는 적절한 비계가 있으면, 인간이 더 높은 곳에서 작업할 수 있듯, 적절한 도움을 통해 학습자가 더 나은 성과를 이룰 수 있음을 보여 주고 있다.
④ 그림 (나)는 도움을 받기 위한 비계가 잘못되면 비계는 물론이고, 원래 하려던 바를 망칠뿐더러 그 일을 하고 있는 사람까지 다칠 수 있다는 내용을 담고 있다.

9 ② 이 문제에 제시된 ①~⑤와 똑같은 선지가 최근 시험에서 반복하여 출제되었다. 비계를 '논리'로, 공사의 과정을 '주장'으로 보아, 잘못된 논리가 전체 주장을 망칠 수 있다는 내용을 설명할 수 있다.

↓오답률 줄이는 | **오답풀이** |
① '권불십년(權不十年)'은 '권세는 십 년을 가지 못한다는 뜻으로, 아무리 높은 권세라도 오래가지 못함을 이르는 말'이다.
② '시종일관(始終一貫)'은 '일 따위를 처음부터 끝까지 한결같이 함'이라는 의미이다.
③ '작심삼일(作心三日)'은 '단단히 먹은 마음이 사흘을 가지 못한다는 뜻으로, 결심이 굳지 못함을 이르는 말'이다.
⑤ '화무십일홍(花無十日紅)'은 '열흘 동안 붉은 꽃은 없다는 뜻으로, 한 번 성한 것이 얼마 못 가서 반드시 쇠하여짐을 비유적으로 이르는 말'이다.

본문 89~91쪽

02. 조건에 따른 내용 생성

1	③	2	③	3	④	4	③	5	⑤
6	④								

1 ③ 당의정은 사람들이 기피하는 것을 받아들일 수 있게 잘 감싸는 것과 관련된 약으로, '남보다 앞장서서 힘든 일을 하는 것'과는 유사성이 없다.

2 ③ ㉠은 본질을 감추고 겉을 포장하는 속성을 지닌 당의정의 특성을 의미한다. 이를 활용하여 사회 비판적인 메시지(고약한 냄새, 역한 맛이라는 약의 알맹이)를 웃음(알약에 입혀 놓은 설탕)으로 포장한 코미디가 당의정과 유사하다고 주장할 수 있다.

3 ④ ㉡을 통해 서방정이 일반 알약과 달리 편차 없이 약효를 오래 '유지'하게 만드는 특성을 지니고 있음을 알 수 있다. 이를 인간의 일하는 능력과 관련지어 기복 없이 꾸준히 능력을 발휘하는 인재가 필요하다는 논지를 이끌어 낼 수 있다.

[4~6] 아이뉴턴 편집부, 〈과학 용어 사전〉, 아이뉴턴

4 ③ 관성은 원래의 상태를 계속 유지하려는 성질을 말한다. 영화를 볼 때마다 새로운 장치를 발견하는 것은 관성과 관련이 없다.

↓오답률 줄이는 | **오답풀이** |
① 혼자 있는 상태를 계속 유지하려 하고 있다.
② 매운 맛을 계속 느끼려 하고 있다.
④ 동아리의 운영이 계속해서 자연스럽게 이어지고 있다.
⑤ 운동을 하던 상태를 계속 유지하려 하고 있다.

5 ⑤ 관성의 특성 가운데 '외부의 힘'이 관성을 멈추게 하는 예시를 골라야 한다. 원래 풀던 문제보다 어려운 문제라는 '외부 요소'가 개입하여 학습 의지가 꺾인 ⑤가 정답이다.

6 ④ '주마가편(走馬加鞭)'은 '달리는 말에 채찍질한다는 뜻으로, 잘하는 사람을 더욱 장려함을 이르는 말'이다. 이미 달리고 있는 말에 같은 방향으로 힘을 가하면 관성에 의해 더욱더 잘 나아감을 연관 지어 설명할 수 있다.

V. 읽기

본문 94~103쪽

01. 문학 – 현대시/현대소설

1	②	2	③	3	②	4	①	5	②
6	③	7	②	8	④	9	①	10	④
11	④	12	④	13	⑤	14	③	15	②

[1~2] 김남조, 〈설일〉

1 ② 시적 화자는 긍정적인 삶의 태도를 지녔으며, 시어들은 삶의 섭리와 희망적 태도를 나타내고 있다.

2 ③ 형체 없는 자연 현상인 '바람'을 '머리채'와 '투명한 빨래'에 빗대어 표현하였다. 또한 보이지 않는 신의 은총과 사랑을 '돌층계'와 '자갈밭'에 빗대어 표현하였다. 그러나 '외톨이로 서 보는 날'은 어떤 대상을 구체적으로 형상화하였다고 보기 어렵다. 홀로 있는 시간을 나타내고 있을 뿐이다.

[3~4] 신석정, 〈들길에 서서〉

3 ② 고통스러운 삶 속에서도 별을 바라보며 살겠다는 굳센 의지와 다짐, 희망과 이상을 잃지 않는 삶의 중요성을 표현하고 있다. 이 시에서는 시각적 이미지, 비유적·상징적 시어를 사용하여 시적 화자가 현실적으로 처해 있는 삶의 상황들을 뛰어넘고자 하는 의지를 나타내고 있다.

4 ① 이 시에서는 대립적 이미지의 시어를 사용하고 있다. '저문 들길'은 화자의 현실을 상징하며, '푸른 별'은 미래에 대한 희망, 이상을 상징한다.

[5~6] 김용택, 〈섬진강1〉

5 ② 이 시에서 의태어는 사용되지 않았다.

↓ 오답률 줄이는 | 오답풀이 |
① 외형적으로는 연의 구분이 없으나, 1~11행은 섬진강의 포용력을, 12~26행은 섬진강의 생명력을 노래하고 있다.
③ 화자는 섬진강이 절대 마르지 않는다는 확신과 섬진강에 대한 자부심을 갖고 있다. 이러한 화자의 태도는 '~보라'와 같은 명령형 어미를 통해 드러난다.
④ '섬진강을 따라가며 보라', '퍼 간다고 마를 강물' 등과 같은 시구를 변주·반복하여 운율을 형성하고 있다.
⑤ 민중들의 삶을 위협하는 자들을 '후레자식들'이라고 칭하고 있으며, 이들이 그러한 행위를 반복한다고 해도 민중의 생명력은 소멸되지 않을 것임을 노래하고 있다.

6 ③ 햇볕에 '그을린 이마'로 민중의 고단하고 고달픈 삶을 상징적으로 표현하고 있다.

↓ 오답률 줄이는 | 오답풀이 |
① 남도 민중들의 끈질긴 생명력을 상징한다.
② 부정적인 외부의 환경이나 조건을 의미한다.
④ 부정적인 존재로, 이후에 등장하는 '후레자식'과 같은 의미이다. 즉, 막되게 자라서 버릇이 없는 사람, 남도 민중의 삶을 위협하는 반민중적 세력들을 뜻한다.
⑤ 강물은 절대 마르지 않는다는 것, 즉 남도 민중들의 끈질긴 생명력은 끊어지지 않을 것임을 의미한다.

[7~9] 채만식, 〈미스터 방〉

7 ② 이 작품은 권력에 편승하는 기회주의적 인물을 풍자하며, 그 세태를 비판하고 있다. 풍자적, 해학적 문체를 통해 인물을 희화화했으며, 상황을 감칠맛 나는 서술로 요약하여 제시하고 있다.

↓ 오답률 줄이는 | 오답풀이 |
① 인물의 '행동'을 '치밀하게 묘사'했다고 보기는 어렵다. 인물의 내력, 됨됨이 등에 대한 서술에 더욱 집중하고 있다.
③ 퇴폐적 낭만주의 소설에 해당하지 않는다.
④ 전지적 작가 시점으로 서술하고 있다.
⑤ 제시된 내용에서 비극적 사건에 대한 암시는 나타나 있지 않다.

8 ④ ⓔ은 반어적인 표현이 활용된 부분으로, 미스터 방이 미군 장교와의 일로 이득을 얻게 된 것을 비꼬는 표현이다.

9 ① ⓐ에서 예전에는 호통을 치고 물고를 낼 수 있었으나 현재는 좋은 세상이 지난 뒤라고 이야기하고 있다. 따라서 '권세는 십 년을 가지 못한다는 뜻으로, 아무리 높은 권세라도 오래가지 못함을 이르는 말'인 '권불십년(權不十年)'이 가장 적절하다.

↓ 오답률 줄이는 | 오답풀이 |
② '수주대토(守株待兎)'는 '한 가지 일에만 얽매여 발전을 모르는 어리석은 사람을 비유적으로 이르는 말'이다.
③ '권토중래(捲土重來)'는 '땅을 말아 일으킬 것 같은 기세로 다시 온다는 뜻으로, 한 번 실패하였으나 힘을 회복하여 다시 쳐들어옴을 이르는 말'이다.
④ '남가일몽(南柯一夢)'은 '꿈과 같이 헛된 한때의 부귀영화를 이르는 말'이다.
⑤ '각주구검(刻舟求劍)'은 '융통성 없이 현실에 맞지 않는 낡은 생각을 고집하는 어리석음을 이르는 말'이다.

[10~12] 김소진, 〈자전거 도둑〉

10 ④ 김소진의 여타 작품과 유사하게, 사투리를 실감 나게 구사하여 작품의 현실감을 높이고 있다.

11 ④ '나'는 자신이 혹부리 영감에게 한 말에 대해 은근한 자부심을 가지고 있다. 왜냐하면 지난번 거래에서 손해를 본 것을 이번에 충당했다고 생각하고 있고, 그 마음을 그대로 성격이 깐깐한 혹부리 영감에게 표현했기 때문이다.

12 ④ 아버지는 자신의 잘못을 뒤집어쓴 아들을 때려야만 하는 상황에 봉착해 있다. 혹부리 영감이 아버지가 그러한 행위를 하도록 분위기를 형성했기 때문이다. 따라서 아무런 잘못을 하지 않은 '나'를 때려야 하는 아버지는 부끄럽고 미안한 감정을 느끼고 있을 것이다.

[13~15] 오정희, 〈유년의 뜰〉

13 ⑤ 1인칭 주인공 '나'가 자신과 가족들이 겪은 두려움을 섬세하고도 감각적인 문체로 서술하고 있다.

14 ③ ⓒ의 앞부분을 보면, 아버지에 대한 기억이 막연하고 따스한 것임을 알 수 있다. '나'와 가족들은 폭력적이고 무서웠던 아버지가 돌아오는 것을 두려워하는 것이 아니라, 예전에 따뜻했던 아버지가 전쟁으로 인해 달라진 모습으로 돌아올 것을 두려워하고 있는 것이다.

15 ② 대포 소리가 피난민들에게 전쟁을 다시 생각나게 한 것이므로 '지난 일을 돌이켜 생각하여 냄'을 뜻하는 '상기(想起)'가 가장 적절하다.

본문 104~117쪽

02. 학술문 – 인문/예술/과학/사회

1	⑤	2	③	3	④	4	④	5	②
6	⑤	7	⑤	8	④	9	②	10	⑤
11	②	12	④	13	⑤	14	③	15	⑤
16	⑤	17	③	18	⑤	19	②	20	⑤
21	⑤	22	⑤	23	③				

[1~3] 서울대학교병원, 〈반사회적 인격 장애〉

1 ⑤ '반사회적 인격 장애'의 원인과 증상, 진단 방법과 치료 등을 각 문단의 주제로 하여 정보를 체계적으로 전달하고 있다.

2 ③ 인격 장애의 원인은 글의 서두에서, 증상은 2~3문단에서, 진단 방법과 치료 방법은 3문단에서 서술하고 있다. 그러나 '반사회적 인격 장애의 합병증'에 대해서는 설명하고 있지 않다.

3 ④ ⑤의 뒤에는 이러한 점을 고려하여 자신의 행동을 교정하게 된다는 내용이 이어지고 있다. 글의 전체 맥락을 고려하면 가장 자연스러운 내용은 ④이다.

[4~6] 저자 집필

4 ④ 이 지문은 인간의 철학적 사유가 시대에 따라 어떻게 변화해왔는지를 체계적으로 설명하고 있다.

- 고대: 고대 그리스에서 신화적 사고에서 합리적 사고로 전환되는 과정
- 19~20세기: 계량적 방법론이 등장하고 과학적 접근법이 발달하는 시기
- 현대: 바른 교육과 인간 개발론이 융합되고 포스트모더니즘이 영향을 미치는 시대

지문 전체가 철학적 사유의 역사적 변천 과정과 각 시대별 사유 방식의 특징과 의의를 다루고 있으므로, '철학적 사유의 변천과 의의'가 가장 적절한 제목이다.

↓ 오답률 줄이는 | **오답풀이** |

① 지문은 단순한 역사 서술이 아니라 사유 방식의 변천과 그 의미를 중점적으로 다루고 있다.
② 지문에서 의식의 본질이나 한계에 대한 구체적인 논의는 제시되지 않는다.
③ 존재론과 인식론의 상관관계는 지문의 핵심 내용이 아니다.
⑤ 지문에서 이원론적 사고의 문제점을 직접적으로 지적하거나 문제점에 대한 해결 방안을 제시하는 내용은 없다.

5 ② 본문은 플라톤·아리스토텔레스(고대) → 아우구스티누스·아퀴나스(중세) → 데카르트·칸트(근대) → 헤겔·마르크스·후설·하이데거(19·20세기) → 분석철학·포스트모더니즘(현대) → 복잡계·체화된 인지(최신)에 이르는 시대순 배열로 철학적 사유의 변천 과정을 일관되게 제시하고 있다.

↓ 오답률 줄이는 | **오답풀이** |

① 구체 사례(플라톤·아리스토텔레스 등) 소개는 있으나, 이를 토대로 일반 원리를 귀납하여 제시하지 않는다.
③ 여러 이론이 언급되지만, '장단점 평가'보다는 변천 과정 서술에 초점이 맞춰져 있다.
④ 특정 개념 심화(예: 이원론 → 변증법)보다는 각 시대 사유의 특징을 개관한다.
⑤ 상반된 주장을 대비하여 절충안을 제시하는 구조는 나타나지 않고, 중립적 개관 서술이 주를 이룬다.

6 ⑤ 본문은 헤겔의 변증법·메를로퐁티의 현상학·들뢰즈의 차이 철학 등을 예로 들며, '대립항 간의 역동적 상호작용과 통합적 이해'를 추구한다고 설명한다. 따라서 '변증법적 사유 방식'이 문맥에 부합한다.

↓오답률 줄이는 | **오답풀이** |
① 이성적 논리만 강조하여, 대립항의 통합적 상호작용이라는 변증법적 특징을 담아내지 못한다.
② 감정 기반 사유를 의미하며, 본문에서 설명하는 이원 구도 극복과 통합적 사유와 맞지 않는다.
③ 경험 너머를 가리키나, 본문이 말하는 대립항 통합 방식과는 거리가 있다.
④ 대상을 분해하여 이해하는 접근으로, 본문이 강조하는 '통합과 합성'의 사유 방식과는 반대된다.

[7~8] 서울대학교 출판부, 〈공공 미술과 현대 미학〉

7 ⑤ 1문단의 '낭만주의 미학의 모델에 의거한 작가의 이미지는 공공 미술적 실천에서는 더 이상 유지되기 어려워 보인다'와 2문단의 '수용자가 중심으로 부각되는 현상' 등 글의 전반적 내용을 통해, 예술을 누리는 수용자가 주인이 된 공공 미술에 대해 서술하고 있음을 알 수 있다.

8 ④ 모순과 갈등 구조가 공공 미술에 그대로 녹아드는 것을 언급하고 있으므로, ㉠에는 '반영'이 들어가는 것이 적절하다. 그리고 ㉡은 현실에 맞서는 당대 미술의 첨병 역할을 논하고 있으므로, '대응'이 들어가는 것이 적절하다.

[9~10] 김환표, 〈외로운 늑대〉

9 ② '외로운 늑대'라는 용어의 의미와 특징, 형성 과정 등에 대해서 상세하게 설명하고 있다.

10 ⑤ 타지인 미국에서 이민자들이 적응하지 못하며 겉돌고 낯설어하는 삶에 대해 이야기하고 있으므로, ㉠에는 '고립감'이 들어가는 것이 적절하다.

[11~12] 곽윤섭, 〈손맛을 찍어라〉, 네이버캐스트, 2009. 9. 10.

11 ② 사진의 질감을 살리는 다양한 방법을 구체적 사례를 들어 설명하며 독자의 이해를 돕고 있다.

↓오답률 줄이는 | **오답풀이** |
① 전문가의 말을 인용하고 있지 않다.
③ 공간의 이동이 일부 제시되어 있으나, 이는 사진 촬영 방법에 대한 설명이며 글쓴이의 감정 변화는 제시하고 있지 않다.
④ 문장 부호를 일반적인 평서형 끝맺음 이외의 용도로 사용하지 않았다.
⑤ 특정 대상의 개념을 밝히고 있지 않다.

12 ④ ㉠은 감각을 미루어 짐작하는 것이므로 '같은 종류의 것 또는 비슷한 것에 기초하여 다른 사물을 미루어 추측하는 일'을 뜻하는 '유추'가, ㉡은 촉감에 예민한 것을 뜻하므로 촉각을 포함한 '감각'이 들어가는 것이 적절하다.

↓오답률 줄이는 | **오답풀이** |
① '연상'은 '하나의 관념이 다른 관념을 불러일으키는 현상'을 의미한다. '시각'은 '사물을 관찰하고 파악하는 기본적인 자세'를 의미한다.
② '능력'은 '일을 감당해낼 수 있는 힘'을 의미한다.
⑤ '예상'은 '어떤 일을 직접 당하기 전에 미리 생각하여 둠. 또는 그런 내용'을 의미한다. '감성'은 '자극이나 자극의 변화를 느끼는 성질'을 의미한다.

[13~15] 저자 집필

13 ⑤ 지문은 크리스퍼 기술이 실험실에서 실제 임상 치료로 발전하는 과정(카스게비 FDA 승인, NTLA-2001 임상시험 등)과 향후 시장 전망(2036년 275억 달러 성장 예측)을 중심으로 서술하고 있으므로 '임상 적용과 미래 전망'이 핵심 내용을 가장 잘 포괄하는 답이 된다.

↓오답률 줄이는 | **오답풀이** |
① 역사적 발전보다는 현재의 임상 적용 상황에 초점을 두었다.
② 기술적 과제는 마지막 문단에서만 간략히 언급하고 있다.
③ 희귀질환이 일부 언급되지만 전체 내용의 부분적 측면일 뿐이다.
④ 체내외 편집 방식 비교는 전체 내용 중 일부분에 불과하다.

14 ③ 지문에는 특정 전문가나 연구자의 견해를 직접 인용한 부분이 없다. 객관적 사실과 현황을 서술하는 방식으로 구성되어 있다.

↓오답률 줄이는 | **오답풀이** |
① 카스게비, NTLA-2001, 프라임 메디슨 치료제 등 구체적 사례를 제시하였다.
② 2023년 카스게비 승인 → 현재 개발 상황 → 미래 전망의 시간적 흐름으로 내용을 전개하였다.
④ 체외 편집(카스게비) vs 체내 편집(NTLA-2001) 방식을 대비하여 제시하였다.
⑤ 정밀 편집 기술 개발 → 부작용 최소화, 효율성 향상의 인과관계를 설명하였다.

15 ⑤ ㉠ 앞 문장에서 "F508del 유전자형은 기존 기술로는 교정이 어려웠지만, 프라임교정을 통해 3개 염기쌍 결핍을 정확히 복구할 수 있게 되었다"고 설명한다. 즉, 과거에는 불가능했던 치료가 새로운 기술로 가능해진 것이 "새로운 가능성"의 핵심 근거이다.

↓ 오답률 줄이는 | **오답풀이** |
① 노벨상 수상은 과거 업적 인정으로, 현재의 새로운 가능성과 직접 연관이 없다.
② 시장 성장은 결과적 현상이지 기술적 진보의 근거가 아니다.
③ 체내외 방식 실용화는 전달 방법의 다양화로, 치료 가능성 확장의 직접적 근거가 되지 않는다.
④ 정밀 편집 기술은 새로운 가능성의 방법론이지 근본적 근거가 아니다.

[16~17] 저자 집필

16 ② 지문은 1970년대 시작된 BCI 기술이 2024년 현재 실용화 단계에 도달했음을 강조하며, 뉴럴링크의 성공 사례, 언어 복원 연구 성과, 다양한 응용 분야 확장, 시장 전망 등을 종합적으로 다루고 있다. '현실이 된 미래 기술'이라는 표현이 기술의 발전 과정과 현재의 실용화 상황을 가장 잘 포괄한다.

↓ 오답률 줄이는 | **오답풀이** |
① AI와 뇌과학 융합은 지문에서 구체적으로 다루지 않는다.
③ 침습적/비침습적 비교는 지문의 부분적 내용이다.
④ 신경계 질환 치료는 BCI의 한 응용 분야로 전체를 대표하지 못한다.
⑤ 의료 분야가 중요하지만 전체 내용 중 일부분에 불과하다.

17 ③ ⓒ 바로 다음 문장에서 "현재 미국에서만 200만 명 이상의 신경계 손상 환자가 BCI 기술의 상용화를 기다리고 있으며, 전 세계적으로는 훨씬 많은 수의 환자들이 이 기술에 기대를 걸고 있다"고 설명한다. 이는 고령화와 신경계 질환 증가로 인한 의료 서비스 수요 증가가 시장 성장의 근본적 동력임을 보여준다.

↓ 오답률 줄이는 | **오답풀이** |
① 뉴럴링크 성공은 기술적 성과이지 시장 성장의 근본 원인이 아니다.
② 응용 범위 확대는 결과적 현상이지 시장 성장의 근본 동력이 아니다.
④ 기술 발전은 공급 측면이지 수요 증가의 직접적 원인이 아니다.
⑤ 게임/엔터테인먼트는 부차적 응용 분야로 주된 성장 동력이 아니다.

[18~19] 임종엽, 〈계획 도시에서는 극장이 정치적인 도구였다?〉

18 ⑤ 이 글에서는 로마에 의해 계획된 도시의 한 켠에 자리 잡은 극장이 거대한 제국을 이끌어 가기 위한 정치적 목적을 수반하고 있다고 하였으며, 이것이 계획 도시를 통치하고 운영하는 역할을 했음을 설명하고 있다. 따라서 ⑤가 글의 제목으로 가장 적절하다.

19 ② 로마 극장이 도시의 중심 도로 한 켠에 있었다고 했을 뿐 도시의 중심에 위치했다는 언급은 없다. 1문단의 '그 중심에는 로마 광장인 포럼(Forum)이 자리 잡고'라는 부분을 보고 ②의 내용과 혼동하지 않도록 주의한다.

[20~21] 학림학사, 〈디지털과 아날로그의 만남〉

20 ⑤ 본문은 알고리즘 관리가 '불평등한 권력 구조'를 강화한다고 비판하고, 기술 혁신이 인간 존엄을 위협할 수 있음을 강조하므로, ⑤번이 핵심 논지를 가장 포괄적으로 드러낸다.

↓ 오답률 줄이는 | **오답풀이** |
① 'AI 관리'는 본문이 다루는 알고리즘 관리의 구체적 문제(불평등한 권력 구조 강화)를 전혀 반영하지 못한다. 단순히 AI를 관리한다는 의미로는 글쓴이의 비판 초점이 흐려진다.
② '감시'라는 표현은 글에서 언급된 감시 사회로의 전락 우려와 일부 연관되지만, 생성형 AI가 강화하는 권력 불평등과 인간 존엄성 침해라는 핵심 논지를 포괄하지 못했다.
③ '데이터 노동 통제'는 노동자 평가 방식을 설명하지만, 생성형 AI가 매개하는 자동 산출 과정과 불평등 구조 강화라는 비판의 핵심을 충분히 담아내지 못한다.
④ 업무 평가 방식에만 집중되어 있어, 텍스트 곳곳에서 강조된 '권력 구조의 정교한 강화'와 '감시 사회 위험'이라는 비판의 내용을 포괄할 수 없다.

21 ⑤ 글쓴이는 인간적 판단이 배제된 채 알고리즘이 자동 산출하는 수치로만 노동자를 평가함으로써 기존 권력 관계를 더욱 고착화한다고 비판하므로, ⑤번이 옳다.

↓ 오답률 줄이는 | **오답풀이** |
① 알고리즘 관리가 통제 강화 효과를 낳는다는 것은 사실이지만, 왜 그 결과로 '불평등한 권력 구조'가 고착화되는지, 즉 인간적 판단 배제와 연결되는 구조적 맥락을 설명하지 못하고 있다.
② 알고리즘이 노동자의 자율성을 제약하는 면은 지문에서 언급되지만, 구조적 불평등이 고착화되는 구체적 메커니즘(인간 판단 배제 → 권력 강화)을 포착하지 못했다.
③ 평가 기준이 데이터에만 의존한다는 지적은 제시되나, 이로 인해 종래의 인간 중심 판단이 제거됨으로써 노동자 간·노동자-사용자 간 권력 관계가 더 불공정해진다는 본질적 문제를 담아내지 못한다.
④ 알고리즘이 불평등을 심화시킨다는 지적은 부분적으로 맞지만, '심화'와 '고착'의 차이를 구분하여, 장기적으로 기존 권력 구조를 더 단단히 만드는 '판결 불가능한' 힘의 작동 방식을 설명하지 못하고 있다.

[22~23] 2013학년도 4월 고3 전국연합학력평가 문제지

22 ⑤ '그렇다면 공격 행동이 일어나는 다른 이유는 없는 것일까?'라는 질문을 던지고, 이 문제에 대한 답을 전문가의 말을 바탕으로 제시하고 있다.

23 ③ 공격 행동으로 '보상'을 받을 수 있는 경우 이 행동을 반복할 수 있다는 것을 바로 뒤에 이어지는 문장을 통해 유추할 수 있다. 뒤 문장에 직접적인 보상과 다른 종류의 보상에 대해 연이어 서술하고 있으므로, '보상'이 가장 적절하다.

03. 실용문

본문 118~135쪽

1	③	2	③	3	②	4	③	5	⑤
6	③	7	③	8	④	9	①	10	④
11	②	12	④	13	⑤	14	③	15	①
16	②	17	④	18	①	19	②	20	①

[1~2] 대한민국 행정안전부 블로그, 〈인공지능 기반 미세먼지 대응 시스템 구축 등 첨단정보기술을 활용한 공공서비스 사업이 시행됩니다〉, 2022. 3. 8.

1 ③ 재난 발생 시 신고자의 음성을 인식하는 것은 자신의 위험을 알리고 도움을 요청하는 신고자를 돕기 위한 것이므로, 사생활 침해의 여지가 있다고 판단하기보다는 재난에 대해 대응하는 데 도움이 되는 것이라고 판단하는 것이 적절하다.

2 ③ ㉠의 앞에서는 시설물의 위치와 관측 정보를 제공하는 시스템을 구현하고, 보안카메라와 영상 이미지 분석, 드론영상 관제 등 재난상황 모니터링을 시행하겠다고 하였다. 이는 재난 발생 시 시각적인 정보를 활용하여 상황을 파악하고 이에 대처하는 데에 활용하기 위한 것이다.

↓오답률 줄이는 | 오답풀이 |
①, ② 시각적인 정보 확인으로 대비하기에 적절한 사항이 아니다.
④ 기상 관측과 관련한 내용은 제시되지 않았다.
⑤ 거주 지역에 가장 큰 피해가 발생하는 시기를 예측한다는 내용은 제시되지 않았다.

3 ② 문화 융성의 개념을 명확하게 해야 한다고 주장한 전문가는 전체의 2.9%로, 전문가들이 이를 무엇보다 중요하게 생각한다고 보기 어렵다.

4 ③ 육계의 최근 3년간 분기별 마릿수는 크게 변화한 반면, 산란계는 큰 변화가 나타나지 않았다. 따라서 유사한 패턴을 보인다고 볼 수 없다.

5 ⑤ 도심공항터미널의 탑승 수속 대상에는 국제선 항공기 이용객만 포함된다.

[6~7] 롯데홈쇼핑

6 ③ 상품 등의 내용을 확인하기 위하여 포장 등을 개봉한 경우는 반품이 불가능한 경우에서 제외된다고 설명하고 있다.

↓ 오답률 줄이는 | 오답풀이 |
① 도서는 복제 가능 상품이므로 포장 개봉 시 반품이 불가능하다.
② 침구류는 사용 또는 일부 소비로 상품 가치가 현저히 감소할 수 있으므로 수선이나 세탁 이후 반품이 불가능하다.
④ 명품 가방의 경우 복제가 가능한 상품이므로 포장 개봉 시 반품이 불가능하다.
⑤ 식품류는 사용 또는 일부 소비로 상품 가치가 현저히 감소할 수 있으므로 밀봉을 개봉하면 반품이 불가능하다.

7 ③ 자동주문전화도 특별 적립금 행사 시에는 적립금을 지급함을 알 수 있다.

↓ 오답률 줄이는 | 오답풀이 |
① 반품 요청 기간이 지나면 반품 신청이 불가능하므로 기간 내에 반품 신청을 해야 한다.
② 인터넷이나 모바일로 주문 시 상품에 따라 적립 조건이 다르므로, 이를 확인해야 한다.
④ 해외구매대행 상품은 배송이 지연될 수 있음이 명시되어 있으므로 구입 후 배송 기간을 넉넉하게 생각하고 주문해야 한다.
⑤ 입금 완료 기준 48시간 내 품절을 안내받지 못했을 경우 상품 판매가의 5%를 적립금으로 돌려준다고 하였고, 최대 2만 원 이내라고 하였으므로, 40만 원짜리 가방의 5%인 2만 원을 보상받을 수 있다.

8 ④ 생수 이외의 음식물 섭취는 불가하다고 명시되어 있으므로, ④는 옳지 않다.

9 ① 공연 중 사전에 협의되지 않은 사진 촬영은 절대 불가하다고 안내되어 있다.

[10~11] 대림 미술관 누리집(www.daelimmuseum.org)

10 ④ 패션쇼를 재연출하여 관람객들이 직접 경험해 볼 수 있는 자리를 마련했다고 안내되어 있으며, 이를 영상으로 구현한다는 내용은 제시되어 있지 않다. '영상'은 기존에 이 작가가 진행했던 작업의 일부로, 작가 소개 부분에 제시되어 있는 내용이다.

11 ② '예매일 기준보다 관람일 기준이 우선 적용'된다고 하였으므로, 예매 후 7일 이내라고 하더라도 관람일 기준으로 10일밖에 남지 않은 시점이라면 표에서 제시한 취소 수수료를 지불해야 한다. 따라서 취소 수수료가 없다고 생각한 것은 〈예매 취소 조건〉의 내용을 잘못 이해한 것이다.

↓ 오답률 줄이는 | 오답풀이 |
① 티켓 2장을 관람일 당일에 취소하면 취소 수수료가 30,000원이 되므로 티켓 1장 가격과 동일하다.
③ 티켓 1장을 관람일 10일 전에 취소하면 취소 수수료가 2,000원이 맞다.
④ 관람일 10일 전부터 취소 수수료가 부과되므로, 예매 후 7일 이내, 관람일 11일 전까지는 취소 여부를 결정해야 수수료를 물지 않게 된다.
⑤ 티켓 2장을 관람일 1일 전에 취소하면 수수료가 12,000원, 관람일 당일에 취소하면 30,000원이므로 18,000원의 금액 차이가 난다.

12 ④ 협조 요청을 하고 있을 뿐, 요청이 수행되지 않을 때 어떠한 문제가 발생할지는 서술하지 않았다.

13 ⑤ 이 글은 《착한 가족》을 소개하고 있다. 소설집의 작품들은 가족이 고통을 주는 모습을 다루고 있으며 그럼에도 불구하고 그 가족에게서 위로를 얻고, 무거운 가면을 내려놓을 수 있는 것도 가족의 앞임을 이야기하고 있다. 따라서 ⑤의 내용이 제목으로 적절하다.

14 ③ 주인공의 삶의 모습을 서술하고, 이로부터 도출되는 가족의 의미나 사회에서 요구하는 가면이 무엇인지에 대해 이야기하고 있다.

15 ① 운전자 또는 계도 동승자의 주의 아래 승하차가 진행되어야 하며, 승하차 상황을 기재해야 한다고 하였다.

↓ 오답률 줄이는 | 오답풀이 |
② 하차 안전 장치 설치는 의무적이라고 하였으므로 필수 사항이다.
③ 탑승자 명부를 작성해야 한다고 하였으므로 이름도 확인되어야 한다.
④ 저학년 수련생은 차 뒤편으로 앉히고 창문 옆과 출입문 주위에 앉히면 안 된다고 하였다.
⑤ 승하차 상황을 기재해야 함을 공문에 명시하였다.

16 ② 차량 운행 시 안전 장치 설치가 의무적인 것, 탑승자 명부를 작성하는 것 등 지켜야 할 안전 수칙을 구체적으로 제시하고 있다.

↓ 오답률 줄이는 | 오답풀이 |
① 법적인 근거를 든 바가 없다.
③ 차량 운행 사고에 대해 설명한 내용이 없다.
④ 운행 일지 양식 등 별도의 문서는 공문에 포함되어 있지 않다.
⑤ 규정 속도에 대한 구체적 정보는 제시되지 않았다.

17 ④ 해외 거주 민원인이 아닌 국내 거주 민원인을 위해 여권사 본증명서 발급 업무를 하는 기관을 확대한 것이다.

18 ① 건물을 건축했을 때에는 사용승인일, 사용검사일 등이 화재보험 의무가입시점으로 규정되도록 개정하였다.

19 ② 41개소가 증가한 것은 '청년고용의무 준수 기관'이다.

20 ① 2016년 청년고용의무를 이행한 공공 기관은 80.0%라고 제시되어 있다.

VI. 국어문화

본문 138~146쪽

01. 국어학

1	②	2	⑤	3	③	4	①	5	⑤
6	③	7	③	8	④	9	⑤	10	④
11	④	12	①	13	②	14	②	15	⑤
16	②	17	②	18	⑤	19	②	20	⑤

1 ② 주먹을 쥔 두 팔을 양쪽 가슴 옆에서 번갈아 두 번 올렸다 내리는 동작으로, '달리다, 뛰다, 달리기'를 의미한다.

2 ⑤ 오른 주먹의 검지와 중지를 펴서 끝이 눈으로 향하게 하여 왼쪽에서 오른쪽으로 옮기면서 한 번 구부리는 동작으로, '자다, 주무시다, 잠들다'를 의미한다.

3 ③ '승발(承發)'은 조선 시대에 지방 관아의 구실아치 밑에서 잡무를 맡아보던 사람이다.

4 ① 한문 원문에 토(조사와 어미)를 훈민정음으로 달았다.

↓ 오답률 줄이는 | 오답풀이 |
② 본문을 보면 한자 아래에 훈민정음을 병기하였다.
③ 아래 아(ㆍ)의 사용으로 볼 때 현대국어에 비해 양성모음의 비중이 높다.
④ 방점을 글자 왼쪽에 찍어 음의 높낮이를 표시하였다.
⑤ ㅆ에 초성이, ㅸ에 종성이 쓰인 것을 확인할 수 있다.

5 ⑤ '폐직(廢職)'은 직이 폐지되었다는 의미이고, '과원(過員)'은 정원이 넘쳤다는 의미이다.

6 ③ '다섯'은 의존 명사 '평'을 꾸미는 '수식언(수 관형사)'이고 '하나'는 '체언(수사)'이다.

7 ③ 'ㆁ(옛이응)'은 생김새로는 'ㅇ'의 가획자처럼 보인다. 그러나 (제60회 KBS한국어능력시험 94번 문제를 볼 때) 'ㆁ'의 조음 위치가 'ㄱ'의 조음 위치(연구개)와 같으므로 일반적으로 'ㆁ'은 'ㄱ'의 이체자로 본다.

↓ 오답률 줄이는 | 오답풀이 |
⑤ 'ㆆ(여린 히읗)'과 'ㅎ(히읗)'은 'ㅇ'의 가획자다.

8 ④ '(단풍이) 들어 있었어'의 '-었-'은 그 상태가 현재까지 지속되는 것을 확인할 수 없는, 과거의 사건에 해당한다.

9 ⑤ '작은아버지'는 아버지의 나이 어린 남동생을 일컫는 말로, 융합 합성어이다. 이 단어는 '작다'의 어간 '작-'에 관형사형 전성 어미 '-은'이 붙고, 이 관형어가 '아버지'라는 체언을 꾸며 주는 구조로 되어 있다. 어간과 어미가 결합하였고, 관형어가 체언을 수식하므로 이는 통사적 합성어이다.

↓ 오답률 줄이는 | 오답풀이 |
① '독서'는 직역하면 '읽는다 책을'이므로 문장 성분의 순서가 국어의 일반적 문장 구성 순서와 다르다.
②, ④ '검푸르다'와 '감발'은 각각 '검다'와 '감다'의 어간이 어미와 결합하여 쓰이지 않았다.
③ '보슬비'는 '보슬(보슬)'이라는 부사가 '비'라는 체언을 꾸미고 있으므로 비통사적 합성어에 해당한다.

10 ④ ⓐ는 '당장 문제 되거나 해당되는 것 이외의'라는 의미를 지닌 관형사로, 후행하는 체언 '사람들'을 꾸미는 역할을 하고 있으므로 관형어에 해당한다. 이에 반해 ⓑ는 '비교가 되는 두 대상이 서로 같지 아니하다'라는 뜻을 가진 형용사의 관형사형으로, 문장 성분은 관형어이다. ⓒ는 '선택했다'라는 동사에 '-을'이라는 관형사형 어미가 붙은 것으로, 관형어에 해당한다. 그러므로 관형사는 ⓐ 하나이고, ⓐ, ⓑ, ⓒ 모두 관형어에 해당한다.

11 ④ '결혼하다'의 주체는 '철수'와 '영희'로 분명하지만, 그 대상이 누구인지 분명하지 않은 중의적 표현이다. 철수와 영희가 서로 부부가 된 것인지, 철수의 결혼과 영희의 결혼이 서로 독립적인 사건인지 알기 어렵다.

↓ 오답률 줄이는 | 오답풀이 |
①, ② ㉠은 짧은 부정문, ㉡은 긴 부정문으로, 둘 다 중의적 해석이 가능하다. '안'이 '나는'과 '밥을', '먹었다'를 부정할 수 있고, '않았다'가 '그는', '그녀를', '총으로', '쏘지'를 부정할 수 있다.
③ '다리'가 교각인지 신체의 일부인지 분명하지 않은 문장이다.
⑤ '행복한'이라는 관형어가 '친구'를 꾸미는지, '가정'을 꾸미는지, 수식의 범위가 분명하지 않은 문장이다.

12 ① 절이 서술어의 역할을 하는 것이 서술절이다. ㉠은 '내 옷은(주어)', '소매가 길다(서술어)'로 구성되어 있는데, 그 서술어가 '소매가(주어) 길다(서술어)'로 절의 형태이다.

13 ② 문장이 부사어의 역할을 하는 것이 부사절이다. '소리가 없다'라는 문장이 '눈이 온다'라는 문장의 모양새를 나타내는 부사의 역할을 하고 있다.

14 ② 남한어 '거머리'와 비교할 때 오히려 북한어 '거마리'는 모음 조화가 파괴되어 있는 것을 확인할 수 있다.

↓ 오답률 줄이는 | 오답풀이 |
① 〈보기〉의 첫 번째 줄 예시들과 관련이 있다.
③ 〈보기〉의 세 번째 줄 예시들과 관련이 있다.
④ 〈보기〉의 두 번째 줄 예시들과 관련이 있다.
⑤ 〈보기〉의 네 번째 줄 예시들과 관련이 있다.

15 ⑤ 〈보기〉에 따르면 북한어는 해당 조건에서 어미가 모두 '-여'로 바뀌는 데 반해 남한어는 '-어/-아'를 기본 어미로 삼고, '하-'의 경우에만 형태론적 이형태인 '-여'를 사용한다.

16 ② 국어 어휘는 어종에 따라 고유어, 한자어, 외래어로 나뉜다. '문지기'는 고유어이고, '중간방어수'는 한자어이며, '미드필더'는 외국어에서 외래어로 정착한 단어이다. 〈보기 1〉을 통해 북한어는 남한에 비해 외래어를 적게 사용한다는 것을 알 수 있다. 어종이 다를 뿐 모두 명사이며, 의미를 짐작할 수 있고, '미드+필더', '골+키퍼', '넘기다+차다', '공격+어김'의 구성으로 보면 모두 합성어라는 것을 알 수 있다.

17 ② 국어의 맞춤법에서 모든 단어는 띄어 쓰는 것이 원칙이다. 따라서 의존 명사도 앞말(관형어)과 띄어 쓴다. 그러나 북한어는 의존 명사를 앞말에 붙여 쓰는 것이 원칙이다.

18 ⑤ 중세와 근대에는 '기쁘다'의 기본형이 '깃브다'였다.

↓ 오답률 줄이는 | 오답풀이 |
① 현대국어는 단어마다 띄어쓰되 조사만 앞말에 붙여씀을 원칙으로 하고 있다. 그러나 근대국어 자료를 보면 '아지모도를처서맛있게하야'에서 볼 수 있듯이 단어나 어절 단위에서도 붙여쓴 것을 확인할 수 있다.
② '뎨일'은 '제일(第一)'로, 현대에는 'ㄷ'이 구개음화되어 'ㅈ'과 반모음 'ㅣ'가 함께 쓰이지 않지만, 근대에는 'ㄷ'이 구개음화되지 않았기 때문에 '뎨'가 됨을 확인할 수 있다. 또한 '명절'에서 'ㅈ'이 구개음화되었다면 'ㅈ'과 반모음 'ㅣ'가 함께 쓰일 수 없어야 한다.
③ '명절임내다'를 보면 '입니다'에서 'ㅂ'이 'ㄴ'에 의해 비음화된 것을 그대로 표기에 반영하고 있다는 것을 확인할 수 있다.
④ '맛잇게하야', '하로'를 보면 양성 모음이 양성 모음끼리 어울려 쓰였는데, 현대에는 '하여, 하루'로 쓰고 있다.

19 ② '팁'을 순화한 '봉사료'는 한자어에 해당하므로 ㉡에 해당하지 않는다.

20 ⑤ ㉠의 '손'은 양성 모음이 사용되었으므로 '손+으로'가 맞고, ㉡의 '쉼'은 음성 모음이 사용되었으므로 '쉼+으로'가 옳다. ㉢의 '눈물'은 자음 'ㄹ'로 끝났으므로 '눈물+로'가 옳다.

02. 국문학

본문 147~152쪽

1	②	2	③	3	⑤	4	③	5	⑤
6	③	7	④	8	①	9	⑤	10	③
11	②	12	①	13	②	14	②	15	⑤
16	①	17	④	18	③				

1 ② 〈규원가〉는 조선 중기에 지어진 것은 맞으나 작가가 '허난설헌'이라는 설도 있고 허난설헌의 남동생인 '허균'의 첩 '무옥'이라는 설도 있다. '남편을 원망한다' 또는 '아내가 원망하고 있다'는 의미를 담아 '원부사(怨夫詞, 怨婦詞)' 또는 '원부가(怨婦歌)'라고도 한다.

↓오답률 줄이는 | **오답풀이** |

① 〈연행가〉는 1866년(고종 3) 북경(北京)에 다녀온 홍순학이 지은 장편의 기행 가사로, 서울에서 북경까지 긴 노정에 따라 고적을 더듬고, 풍속을 살피고, 인정에 접하였던 바를 소상히 기록한 여행기이다.
③ 〈북천가〉는 조선 철종 때 김진형이 지은 유배가사로, 작자가 홍문관 교리로 있을 때 이조판서 서기순의 비행을 논척(論斥)하다가 반대파에 몰려 함경도 명천으로 유배되었다. 이 작품은 그 유배 생활로부터 방면되어 돌아오기까지의 과정을 읊은 가사이다. 유배에 수반된 슬픔과 즐거움, 인정과 사랑을 보여주고 있어 옛날 귀양살이의 한 면모를 상세히 알 수 있다.
④ 〈만분가〉는 조선 연산군 때 조위(曺偉)가 지은 유배가사로, 사화에 연루되어 간신히 죽음을 면하고 유배된 뒤 귀양살이하는 원통함을, 천상에서 하계로 추방된 처지에서 옥황상제로 비유된 성종에게 하소연하고 있는 가사이다.
⑤ 〈면앙정가〉는 조선 중기에 송순(宋純)이 지은 가사로, 작자가 관직에서 잠시 물러나 그의 향리인 전라도 담양 기촌에 머물러 있을 때, 그곳 제월봉 아래에 면앙정(정자)을 짓고 그 주변 산수 경관과 계절에 따른 아름다운 모습을 감상하며 즐긴 것을 노래한 가사이다.

2 ③ 〈의유당일기〉는 1772년(영조 48) 그의 남편이 함흥판관으로 부임할 때 같이 가서, 그 부근의 명승 고적을 탐승하며 지은 기행(紀行)·전기(傳記)·번역 등을 합편한 문집이다. 조선조 여인의 글로는 매우 개성적이고도 우수한 작품이다. 소재가 특이할 뿐 아니라, 사물을 관찰하는 격조 높은 안목과 탁월한 표현력은 지은이의 문학적 역량이 높았음을 보여준다.

↓오답률 줄이는 | **오답풀이** |

① 〈계축일기〉는 조선 시대 광해군 때 궁녀가 쓴 것으로 추정되는 한글수필로, 광해군이 아우 영창대군을 죽이고 인목대비를 서궁에 가두었을 때의 정경을 일기체로 적은 것이다. 〈한중록〉, 〈인현왕후전〉과 더불어 3대 궁중 문학으로서 소설 문학의 발달에 크게 이바지했다.
② 〈산성일기〉는 병자호란 때 남한산성에서 청인들과의 항쟁에 참여하였던 어떤 궁중 나인이 명나라가 조선에 원병을 청하여 청나라와 관계가 나빠지게 된 배경부터 청나라가 침입하여 남한산성과 강화도로 피난하고, 저항하였으며, 삼전도로 나가 항복한 뒤 소현세자와 봉림대군, 척화파 신하 등이 심양으로 가고 인조가 환궁한 이야기를 모두 기록하고 있다.
④ 〈조침문〉은 19세기 중반 유씨 부인이 바늘을 의인화하여 제문 형식으로 쓴 고전수필이다. 바늘과 함께했던 긴 세월을 회고하고 바늘의 공로와 재주를 찬양한 뒤, 부러진 바늘에 대한 애도와 내세의 기약이라는 내용을 통해 조선 후기 여성들의 문학적 소양과 뛰어난 문장력을 확인할 수 있다.
⑤ 〈요로원야화기〉는 조선 숙종 때 박두세(朴斗世)가 지은 것으로 알려진 수필 형식의 단편 산문이다. 두 사람의 대화를 직접 인용의 형식으로 전하면서 당대 사회의 모순과 부조리에 대한 비판, 시작 과정에서의 재주 겨루기 등 다양한 내용을 담고 있다.

3 ⑤ 〈보기〉에서 설명하는 작품은 이문열의 〈우리들의 일그러진 영웅〉이다. 1987년도 제11회 이상문학상에서 대상을 받았다. 한국 사회와 역사, 권력의 속성, 지배하는 자와 지배당하는 자의 교호 관계를 미시적으로 기발하게 그려 낸 작품이다.

↓오답률 줄이는 | **오답풀이** |

① 이청준의 〈눈길〉은 어머니에 대한 책임을 회피하려는 아들과 아들에게 물질적 도움을 주지 못한 것에 대해 미안함을 느끼는 어머니 사이의 갈등과 화해의 과정을 그린 작품이다.
② 김주영의 〈홍어〉는 바람 피우고 집을 나간 아버지를 기다리는 소년 세영의 자아 성장과 어머니의 자아 탐색 과정을 보여 주는 작품이다.
③ 염상섭의 〈만세전〉은 주인공이 일본 동경부터 서울까지 이동하는 기행적 구조를 바탕으로 하면서 식민사회의 병폐를 식민지배국의 상황과 극명하게 대비시킨 작품이다.
④ 황석영의 〈삼포 가는 길〉은 영달, 정씨, 백화가 고향으로 가는 여정을 함께 하는 내용을 그린 작품이다. 1960년대 후반에서 1970년대 초반에 걸친 경제개발사업과 그에 따른 실향민의 고통을 묘사하였다.

4 ③ 〈보기〉에서 설명하는 작품은 조선 후기의 소설 〈조웅전〉이다. 〈조웅전〉은 대표적인 군담 소설로, 군담 소설은 기본적으로 남성이 주인공이다. 여성이 주인공인 작품으로는 〈정수정전〉, 〈홍계월전〉, 〈박씨전〉 등이 있다.

참고 〈심생전〉의 심생처럼 생(生)이 붙은 이름의 사람들은 '학식은 있으나 벼슬하지 않은 남자'들이다. 이들은 전쟁과는 거리가 멀다.

5 ⑤ 〈보기〉에서 설명하는 작품은 이규보의 수필 〈슬견설〉이다. 〈슬견설〉은 인간 중심 사상에 대해 반발하는 주제 의식을 담고 있으며, 《동국이상국집》에 실려 있다.

6 ③ 페이드인(F.I.)에 대한 설명이다.

↓ 오답률 줄이는 | **오답풀이** |
① 이중 노출(Double Exposure)은 다른 장면을 각각 촬영하여 같은 필름 프레임에서 겹치게 하는 촬영 기법을 말한다.
② 클로즈업(Close Up)은 피사체에 가까이 접근해서 촬영하는 기법으로 피사체를 확대하여 극적인 효과를 더하고 관객에게 몰입 효과를 준다.
④ 팬(PAN)은 파노라마(Panorama)의 약자로, 카메라를 상하좌우로 이동하며 촬영하는 것을 말한다.
⑤ 포커스인(Focus in)은 화면의 초점을 흐리게 한 상태에서 선명한 화면으로 만드는 것으로, 그 반대가 포커스아웃(Focus out)이다.

7 ④ 〈보기〉에서 설명하는 인물은 '윤선도'이다.

참고 예송 논쟁 당시 윤선도가 정치적으로 패했던 대상이 '송시열'이며, 함께 왕을 가르치기도 하였다. 윤선도는 다산 정약용의 외5대 조부이다.

8 ① 〈보기〉에서 설명하는 작품은 〈운영전〉이다.

↓ 오답률 줄이는 | **오답풀이** |
② 〈홍계월전〉은 남장을 한 여주인공이 여성의 지위와 한계를 과감히 뛰어넘어 영웅적 활약을 통해 남성보다 우월한 지위에 오르는 내용의 여성 영웅 소설이다.
③ 〈금방울전〉은 남주인공 '해룡'과 여주인공 '금령'이 온갖 고난과 시련을 극복하고, 혼인하여 행복하게 살았다는 내용의 고전소설이다. 이 작품은 많은 독자들의 사랑을 받으며 널리 읽혔는데, 작자가 누구인지는 알 수 없다.
④ 〈박씨부인전〉은 우리나라의 고전소설이다. 조선 숙종 때 창작된 것으로 전해지며, 작자와 정확한 창작 시기는 알려져 있지 않다. 조선 시대 병자호란 때에 주인공 박씨 부인이 전쟁에서 큰 활약을 펼쳐 나라를 구한다는 이야기로, 주인공이 전쟁을 통해 영웅적인 활약을 펼치는 내용을 담은 군담 소설이다.
⑤ 〈숙영낭자전〉은 조선 후기의 애정 소설이다. 세종 때, 숙영 낭자가 남편 백선군이 과거를 보러 간 사이 하녀인 매월(梅月)의 모략을 받고 자결하지만, 급제한 백선군이 돌아와 매월을 처단하고 선약(仙藥)으로 다시 살려 행복하게 살다가 신선이 되었다는 내용으로, 도교적 신선관을 담고 있는 작품이다.

9 ⑤ 염상섭의 〈삼대〉는 식민지 시대를 대표하는 장편 소설 중 하나다. 조의관, 조상훈, 조덕기로 이어지는 조씨 가족의 삶을 통해 자본주의적 삶의 모습을 그려 내고 있다. 1920년대 말의 식민지 조선 사회를 충실하게 재현해 냈다는 평을 받는 작품이다.

↓ 오답률 줄이는 | **오답풀이** |
①, ②, ③, ④ 오상원의 〈유예〉, 황순원의 〈학〉, 최인훈의 〈광장〉, 하근찬의 〈수난이대〉는 모두 6·25 전쟁의 상처를 보여 주는 작품이다.

10 ③ 신라 시대에 한자를 빌려 우리말을 기록한 표기법인 '향찰'로 기록된 노래를 '향가'라고 한다.

↓ 오답률 줄이는 | **오답풀이** |
① 가사는 고려후기에 발생하여 조선전기에 확고하게 자리잡은 시가 양식으로 주요 작가층은 사대부 계층이나, 장르의 개방성 때문에 모든 계층이 참여하였다.
② 시조는 고려후기에서 조선전기에 걸쳐 정제된 우리나라 고유의 정형시로, 일반적으로 4음보 율격의 3장의 단형시형을 가진다.
④ 한시는 한자로 기록된 시이다.
⑤ 가전체(소설)는 사물이나 동물을 의인화하여 사람들에게 교훈이나 잘못에 대한 경계 등을 목적으로 하는 풍자적 문학 형식이다.

11 ② '박태원(朴泰遠)'은 호(號)로 구보(丘甫 / 仇甫 / 九甫), 몽보(夢甫), 박태원(泊太苑)을 썼다. 1934년에는 일제 강점기 지식인의 자의식을 모더니즘적인 기법으로 묘사한 중편 소설 〈소설가 구보 씨의 일일〉을 발표하기도 하였다.

참고 박태준, 이상, 김기림, 정지용, 이효석은 모두 1933년 8월 일제 강점기에 조선에서 결성된 순수 문학 문인 단체 '구인회(九人會)'에 소속된 작가이다. 이때 '순수 문학'이란 프롤레타리아 문학에 반대되는 개념이다. 이종명, 김유영, 이효석, 이무영, 유치진, 조용만, 이태준, 김기림, 정지용 등 9명이 창단 멤버이다. 후에 이종명, 김유영, 이효석이 탈퇴하고 박태원, 이상, 박팔양이 입회한다. 1935년을 전후하여 유치진, 조용만이 탈퇴하게 되지만, 김유정, 김환태가 가입함으로써 구인회라는 명목에 걸맞게 9명의 회원을 유지하던 문인 모임이었다.

12 ① 〈보기〉에서 설명하고 있는 작가는 김수영이다.

참고 김수영, 신동엽, 신경림, 고은, 이성부는 소위 '참여 시인'으로 분류된다. '참여 시인'이란 사회의 여러 사태에 대해 문학 활동으로 문제의식을 제기하는 시인을 말하는 것으로, 인간의 감정과 표현법을 보다 중요하게 생각하는 '순수 시인'과 대비된다.

13 ② 윤동주는 1930~1940년대 일제의 만행이 극에 달하던 때에 학생 지식인이던 자신에 대한 치열한 자아 성찰과 그 끝에 얻은 부끄러움을 서정적으로 담은 작품을 많이 썼다.

14 ② 반영론적 관점은 작품에 드러난 시대 현실을 바탕으로 작품을 분석하는 것이다. 한 개인의 고통스러운 삶이 아니라 산업화 시대의 인간 소외를 바탕으로 인물(화자)을 분석한 것이 반영론적 관점이 적용되었다고 할 수 있다.

15 ③ '박인로'는 효심이 깊었고, 실제로는 가난하지 않았으나 화자를 가난하여 남에게 농기구를 꾸러 다니는 모습으로 그렸다. 첫 번째 작품은 아무리 좋아 보이는 음식이 있어 가져가려 해도 부모님이 돌아가셨기에 반길 사람이 없어 슬퍼한다는 '풍수지탄(風樹之嘆)'을 형상화한 시조이다. 두 번째 작품은 너무나 가난하지만 거기서도 충분히 도리를 깨닫고 즐거움을 느낄 수 있기에 만족감을 느낀다는 '안빈낙도(安貧樂道)'가 드러난 가사(歌辭) 〈누항사〉의 첫 부분이다.

16 ① 정현종은 중학교를 졸업할 무렵까지 경기도 화전에서 유소년기를 보냈는데 이때의 자연과의 친숙함이 그의 시의 모태를 이룬다. 〈떨어져도 튀는 공처럼〉과 같이 생명력이 넘치는 시, 《사랑할 시간이 많지 않다》처럼 생명과 자연에 대한 내적 교감을 보여주는 작품을 썼다.

↓ 오답률 줄이는 | **오답풀이** |
② 송수권은 1980년대까지 이어져 온 무력하고 자조적인 한의 정서가 아니라 한 속에 내재한 은근하고 무게감 있는 남성적인 힘을 강조한 시인이다. 작품으로 〈산문에 기대어〉, 〈꿈꾸는 섬〉 등이 있다.
③ 박노해는 1980년대 노동문학을 대표하는 시집 《노동의 새벽》으로 알려진 노동자 시인이다. 현실의 사회 제도와 이념에 대한 저항의식을 시로 나타냈다.
④ 신경림은 가난하고 소외된 민중들의 삶의 애환과 고통을 노래한 시인으로 잘 알려져 있다. 1970년대 민중문학을 대표하는 시인으로, 농촌을 배경으로 한 시를 주로 발표하며 농촌 현실을 시화하였다. 시집으로 〈농무〉, 〈새재〉, 〈가난한 사랑노래〉, 〈어머니와 할머니의 실루엣〉, 〈낙타〉 등이 있다.
⑤ 곽재구는 현실의 억압에서 비롯되는 분노를 아름다운 시어들을 통해 가슴에 와닿도록 절절하게 깊이 있는 정조로 노래한 시인이다. 주요 작품으로는 〈사평역에서〉, 〈서울 세노야〉 등이 있다.

17 ④ 황동규는 서정시로 그려낼 수 있는 다양한 대상들을 잘 형상화하는 시인이다. 그리움과 기다림이 담긴 적막하고 쓸쓸한 내면 풍경을 보여주거나(〈시월〉, 〈즐거운 편지〉), 현실과 적절한 거리를 유지한 채 고통스러운 시대를 사는 사람들의 비극적 아름다움을 보여주기(〈삼남에 내리는 눈〉, 〈열하일기〉)도 하며 고통스런 시대를 살아가는 아픔(〈나는 바퀴를 보면 굴리고 싶어진다〉)도 놓치지 않는다.

↓ 오답률 줄이는 | **오답풀이** |
① 최승호는 환경 문제와 밀접한 관련성을 맺고 있는 비극적 현실 인식을 보여주기도 하고, 군사 독재 시절에 대한 비판적인 시, 환경문제와 관련된 생태시를 쓰기도 했다. 주요 작품으로는 〈대설주의보〉, 〈북어〉 등이 있다.
② 이용악은 1930년대 후반에 서정주·오장환 등과 함께 3대 시인으로 불리기도 하였다. 식민치하의 우리 민족, 특히 간도 유이민들이 겪었던 비참한 생활실상을 밝혀 신랄하게 비판하고 있다. 또한 그 유이민들이 고국에 돌아와서도 소외되어 궁핍한 삶을 살아가는 모습과 좌절감을 노래하기도 하였다. 〈오랑캐꽃〉, 〈낡은집〉, 〈풀벌레 소리 가득 차있었다〉 등의 작품이 있다.
③ 박목월의 초기 시는 '청록파'의 한 사람으로서 자연물을 그려 〈산도화〉같은 작품에 그것이 잘 드러난다. 중후기에 가면 자신의 일상사를 소재로 한 세계(〈가정〉, 〈밥상 앞에서〉 등)를 보여준다.
⑤ 박재삼은 김소월 이후, 한국 서정시의 전통적 음색을 재현한 독보적인 시인으로 평가된다. 그의 시 세계에서는 자연에 의지할 때 얻을 수 있는 위로와 지혜뿐만 아니라, 자연의 완벽한 아름다움과 인간과의 거리 때문에 야기되는 절망감을 드러내기도 한다. 〈춘향이 마음〉, 〈추억에서〉, 〈울음이 타는 가을 강〉 등의 작품을 남겼다.

18 ③ '초점화'는 현재 장면을 누가 보고 있는지 또 무엇을 보고 있는지, 누가 알고 있는가에 관심을 두는 개념이다. 어디에 초점을 두고 이야기를 전개하고 있는가에 대한 인지적 시점으로 이야기가 진행되는 것을 의미한다.

실전모의고사

본문 154~200쪽

1	⑤	2	③	3	④	4	②	5	③
6	②	7	③	8	③	9	①	10	②
11	⑤	12	③	13	⑤	14	⑤	15	②
16	④	17	④	18	④	19	②	20	①
21	③	22	⑤	23	③	24	⑤	25	④
26	②	27	①	28	⑤	29	③	30	③
31	①	32	⑤	33	②	34	③	35	②
36	⑤	37	⑤	38	⑤	39	⑤	40	⑤
41	③	42	②	43	⑤	44	④	45	④
46	⑤	47	⑤	48	②	49	⑤	50	④
51	④	52	④	53	⑤	54	⑤	55	⑤
56	①	57	④	58	①	59	④	60	⑤
61	③	62	⑤	63	④	64	③	65	④
66	③	67	③	68	⑤	69	④	70	①
71	④	72	⑤	73	⑤	74	⑤	75	②
76	⑤	77	⑤	78	③	79	②	80	⑤
81	③	82	⑤	83	⑤	84	③	85	④
86	③	87	③	88	③	89	③	90	①
91	③	92	③	93	③	94	⑤	95	⑤
96	③	97	③	98	①	99	②	100	④

»» 1~15 듣기·말하기

1 먼저 그림에 대한 강연을 들려드립니다.

이 그림은 테오도르 제리코의 〈메두사호의 뗏목〉입니다. 한 인물이 황금과 모험에 눈이 멀어 돈으로 함장의 자리를 매수했으나 그의 미숙함과 무능함은 곧 파멸로 이어졌습니다. 배가 항해 중 암초에 걸려 침몰하게 된 것입니다. 이 뗏목은 마실 것도 먹을 것도, 또 방향을 잡을 키도 없이 15일 동안이나 무작정 바다를 떠다니게 됩니다. 7월 11일 이 뗏목의 생존자는 15명으로 줄어듭니다. 갈증과 질병으로 모두 물귀신이 되었습니다. 시체들은 태양열에 바짝 타들어 가고 있었을 것이며 심하게 역한 냄새를 뿜어 내고 있었을 것입니다. 살아 있다 한들 주림과 갈증으로 해골처럼 야윈 얼굴이었을 것이며, 피부는 더러워졌을 것입니다. 보다 견딜 수 없는 일은 옆의 동료가 언제 살인마로 돌변하여 자신의 머리에 도끼를 들이댈지 모르는 죽음의 공포였을 것입니다. 제리코는 이런 비참하고 암담한 상황을 그리기 위해 생존자들을 찾아가 증언을 듣습니다. 그리고는 삶에 대한 인간의 본능이 가장 강하게 움직이는 순간을 포착하여 화폭에 담았습니다. 삶에 대한 아무런 희망도 없이 그저 뜨거운 열기의 바다를 떠다니다 느닷없이 배를 발견하고는 새로운 삶의 희망이 용솟음치는 급박한 순간, 죽음의 절망에서 삶의 희망이라는 새로운 환희의 감정을 느끼게 된 순간을 그린 것입니다. 뗏목의 좌측과 전경에는 시체들이 있습니다. 중앙의 시체는 바다에 떠밀려 가야 하는데 다리가 나무 사이에 끼었습니다. 그래서 바다로 떠내려가지 못한 채 상체가 바닷물에 잠겨 퉁퉁 불어 부유하고 있는 것입니다. 뗏목 우측의 노인을 보면 삶의 희망을 부르짖는 젊은이들의 외침과는 상관없이 죽은 아들의 시체가 떠내려가지 못하도록 자신의 다리에 올려놓은 채 망연자실한 표정을 짓고 있습니다. 그리고 돛 쪽을 보면 여러 사람이 모여 있고, 그중 한 사람이 뒤를 돌아보며 희망에 찬 말을 외치고 있습니다. 가운데의 사람은 두 손을 모아 하느님께 구원에 대한 감사 기도를 드리는 모습입니다. 돛의 뒤쪽에는 검고 큰 파도가 밀려오고 있습니다. 이는 하늘의 모습과 더불어 죽음의 상징입니다. 그러나 그림의 우측에는 파도도 없고 하늘도 검지 않습니다. 구도상 이 그림이 죽음에서 삶으로 전이되는 인간들의 운명을 보여 주고 있는 것입니다. 그리고 인간의 운명이 이처럼 항상 불안하고 공포로 가득한 것은 아니라는 사실을 안정된 삼각형 구도를 통해 암시하고 있습니다. 이처럼 제리코는 기독교의 윤리와 이성을 저버린 반인륜적인 사건을 재현하면서 인간의 실존을 재고하는 계기를 마련하였습니다. 그리고 궁극적으로는 비참하고 잔혹한 현실을 고발하기보다는 인간에 대한 긍정적이고 낙관적인 희망의 메시지를 전하고 있는 것입니다. 이 그림은 화단에 '낭만주의 격정'을 불러일으킨 역사적인 작품입니다.

⑤ 돛의 뒤쪽에는 검고 큰 파도가 밀려오고 있으나, 그림의 우측에는 이러한 배경이 나타나지 않으며 이것이 구도상 죽음에서 삶으로 전이되는 인간의 운명을 보여 주는 것임을 설명하고 있다.

2 이번에는 우화를 들려드립니다.

한 가난한 아버지가 당장 먹을 것을 살 돈이 없자 마지막으로 남은 재산인 당나귀를 팔기로 결심했습니다. 아버지는 어린 아들을 당나귀에 태우고 자신은 당나귀의 고삐를 쥔 채 시장을 향해 걸어갔습니다. 이 광경을 본 사람들은 어린 아들이 자기만 편하게 당나귀를 타게 하고 아버지를 걷게 한다며 불효막심한 놈이라고 했습니다. 그 말이 맞는 것 같아 아버지는 아들을 걷게 하고 자신이 당나귀에 올라 가던 길을 계속 갔습니다. 조금 지나자 이번에는 사람들이 혼자 걸어가고 있는 아들이 불쌍하다며 아버지를 비난하기 시작했습니다. 그 말도 맞는 것 같아 이번엔 아들이 당나귀 위에 올라타 가던 길을 계속 갔습니다. 시간이 또 조금 지나자 사람들은 아버지를 걸어가게 만들고 본인은 편하게 당나귀를 타고 가는 아들을 버르장머리 없다며 나무라기 시작했습니다. 사람들의 말에 자꾸만 고민하던 아버지는 둘 다 당나귀 위에 올라타 가던 길을 갔습니다. 조금 지나자 이번엔 사람들이 어른 둘을 태우고 먼 길을 가고 있는 당나귀가 가엾다며 아버지와 아들을 욕하기 시작했습니다. 그 말도 맞는 것 같아 고민 끝에 아버지와 아들은 당나귀를 업고 가다가 너무 힘이 든 나머지 결국 그 당나귀를 강물에 빠트렸고 당나귀는 멀리 도망을 가 버렸습니다. 이 이야기가 우리에게 주는 교훈은 무엇일까요?

③ 이 우화는 남의 의견을 듣고 주관 없이 행동했다가 결국 낭패를 보는 부자에 관한 이야기이다. 이를 통해 자신만의 주관을 가지고 행동할 필요가 있다는 교훈을 전달하고 있다.

↓ 오답률 줄이는 | **오답풀이** |
① 우화에 등장하는 부자는 노력하지 않고 꾀만 부리다가 실패한 것이 아니다.
② 우화에 등장하는 부자는 남을 트집 잡지 않았다.
④ 우화에 등장하는 인물 중 누구도 의리와 도덕을 알지 못하거나 그런 사람으로 인해 나쁜 일을 당하지 않았다.
⑤ 부자는 굳이 없어도 되는 것을 욕심내지 않았다.

3 다음은 강연을 들려드립니다.

소시오패스는 사회를 뜻하는 '소시오'와 병리 상태를 의미하는 '패시'의 합성어로, 반(反)사회적 인격 장애의 일종입니다. 반사회적인 흉악 범죄를 저지르고도 자신의 행동에 대한 죄책감이 없고 타인에 대한 동정심이 없다는 점에서 사이코패스와 비슷하지만, 잘못된 행동이란 것을 알면서도 반사회적인 행위를 한다는 점에서, 잘못된 행동이라는 개념 자체가 없는 사이코패스와 구분됩니다. 미국 정신분석학회는 소시오패스를 '법규 무시·인권 침해 행위 등을 반복해 저지르는 정신 질환'이라 정의하고 있습니다. 또 미국정신의학회의 소시오패스 진단 기준에 따르면 소시오패스는 만 18세 이상이면서 반복적인 범법 행위로 체포되는 등 사회 규범을 따르지 않으며, 자신의 이익과 쾌락을 위해서는 수단과 방법을 가리지 않고, 다른 사람을 속이는 사기성이 있으며, 쉽게 흥분하고 공격적이어서 몸싸움이나 타인을 공격하는 일을 반복하면서도 이를 합리화하는 등 양심의 가책을 느끼지 않는 특징을 보입니다. 또 이런 특징이 오랜 기간 지속적으로 나타나게 되지요. 한편 외국에서는 인터넷 등 주로 가상 공간에서 소시오패스 행태를 보이는 자들을 가리켜 사이버패스라고 합니다. 이들은 스토킹·사기·데이트 강간 등의 범죄를 가상 현실 및 현실에서 일삼는 정신적 질환을 가진 자들이지요.

④ 가상 현실 및 현실에서 소시오패스의 행태를 보인다고 하였다.

4 다음은 블랙홀에 대한 강연을 들려드립니다.

> 블랙홀이라는 단어를 안 들어 본 사람은 없을 것입니다. 우리에게 블랙홀은 빛의 속도로도 도망칠 수 없는, 모든 물질을 다 삼켜 버리는 아주 무서운 천체로 알려져 있습니다. 이렇게 무서운 블랙홀은 과연 어떻게 만들어졌을까요? 또 만약 사람이 블랙홀에 들어가면 어떻게 될까요? 만유인력이 거리가 가까울수록 커진다는 사실은 누구나 알고 있을 것입니다. 사람이 선 채로 블랙홀에 들어간다면 중심에 더 가까운 발에 작용하는 인력이 머리에 작용하는 인력보다 훨씬 크게 작용합니다. 블랙홀로 들어가는 사람은 발에 작용하는 인력이 더 크기 때문에 발부터 몸이 점점 엿가락처럼 늘어나게 됩니다. 재미있는 것은 발에서 오는 빛이 눈에 도착해야 자신의 발이 늘어나는 것을 볼 수 있는데 이 빛마저도 안으로 빨려 들어가고 있기 때문에 자신의 발이 늘어나는 것을 볼 수 없습니다. 이렇게 거리에 따라 중력이 차이가 나는 것을 차등 중력이라고 합니다. 이 차등 중력은 거리의 차이가 아무리 작더라도 작용하기 때문에 블랙홀 주변에 있는 사람의 각 기관은 물론 분자, 원자까지도 쪼개 버릴 수 있는 힘이 작용하게 됩니다. 그래서 블랙홀에 들어간 사람은 몸이 엿가락처럼 늘어나서 몸을 구성하는 원자까지도 쪼개져 일렬로 늘어난 상태로 블랙홀 속으로 들어가게 됩니다. 블랙홀에 들어가는 속도가 점점 빨라져 빛에 가까운 속도가 되면 빨리 가는 사람의 시간은 점점 느려지게 됩니다. 시간이 점점 느려지다가 블랙홀에 들어가는 순간은 빛의 속도로 움직이기 때문에 시간이 완전히 멈춰 버릴 겁니다. '시간이 멈춘다'라는 경험을 해 본 사람도 없고 할 수도 없기 때문에 어떤 상황인지 잘 이해가 안 되는 것은 여러분도 마찬가지일 것입니다. 블랙홀과 관련된 이론이 처음 제시되었을 때 사람들은 아무도 그 사실을 인정하려 하지 않았습니다. 블랙홀의 존재는 이미 여러 가지 관측 사실로 증명되었으며, 지금 이 시간에도 많은 과학자들은 블랙홀에 대해 연구하고 있을 것입니다. 언젠가 블랙홀을 이용하여 안전한 시간 여행을 할 수 있는 날이 온다면 어느 곳, 어느 시간으로 여행을 할 것인지 상상을 해 보시기 바랍니다.

② 거리의 차이가 아무리 작더라도 차등 중력은 작용한다고 설명하였다.

5 다음은 시 한 편을 들려드립니다.

> 상한 갈대라도 하늘 아래선
> 한 계절 넉넉히 흔들리거니
> 뿌리 깊으면야
> 밑둥 잘리어도 새순은 돋거니
> 충분히 흔들리자 상한 영혼이여
> 충분히 흔들리며 고통에게로 가자.
>
> 뿌리 없이 흔들리는 부평초 잎이라도
> 물 고이면 꽃은 피거니
> 이 세상 어디서나 개울은 흐르고,
> 이 세상 어디서나 등불은 켜지듯,
> 가자 고통이여 살 맞대고 가자.
> 외롭기로 작정하면 어딘들 못 가랴.
> 가기로 목숨 걸면 지는 해가 문제랴.
>
> 고통과 설움의 땅 훨훨 지나서
> 뿌리 깊은 벌판에 서자.
> 두 팔로 막아도 바람은 불 듯
> 영원한 눈물이란 없느니라.
> 영원한 비탄이란 없느니라.
> 캄캄한 밤이라도 하늘 아래선
> 마주 잡을 손 하나 오고 있거니
>
> – 고정희, 〈상한 영혼을 위하여〉

③ 이 시는 고정희의 〈상한 영혼을 위하여〉이다. 이 시는 상처받은 내면의 고통에 대해 노래하고 있는 작품이다. 그러나 이 시는 내면에 지극한 상처를 드리우고 살아가는 삶의 고단함을 노래하는 데서 그치지 않는다. 자연물들을 통해, 고통을 부정하거나 회피하는 것이 아니라 고통과 직접 대면하고 고통을 수용하여 더욱 값진 삶을 살고자 하는 시인의 의지를 드러내고 있다. '상한 갈대'와 '부평초'를 넘어 '뿌리 깊은 벌판'으로 옮겨 가는 시인의 시선에는 고통이 존재하지 않는 세계란 없으며, 따라서 고통을 받아들임으로써 고통을 초월하고자 하는 시인의 강한 의지가 담겨 있는 것이다.

[6~7] 이번에는 기자와 전문가의 인터뷰를 들려드립니다. 6번은 듣기 문항, 7번은 말하기 문항입니다.

기자: '조현병 환자가 운전을 해도 되는가? 이것은 합법적인가?' 이분께 질문드려 보죠. 정신건강의학과 김 교수님이 연결되어 있습니다. 김 교수님, 나와 계세요?

교수: 네, 안녕하세요.

기자: 가장 궁금해하시는 부분부터 질문드릴게요. 조현병인데도 어떻게 운전면허가 나오는 건가요?

교수: 현재 법적으로는 가능합니다. 질환 자체가 결격 사유가 되는 게 아니라 개별적으로 '그 질병으로 인해 운전에 심각한 문제가 발생할 수 있다'라고 전문의의 판단이 있는 경우에 결격 사유가 된다고 볼 수 있겠습니다.

기자: 그러니까 경우에 따라 다른 거군요.

교수: 네, 그렇습니다. 조현병 환자분들이 생활하는 모습은 굉장히 다양합니다. 60% 이상의 조현병 환자분들이 직장 생활을 하거나 학교를 다닙니다.

기자: 그러니까 '약을 제대로 복용하고 치료를 받는 조현병 환자들은 일상생활이 가능하다. 운전도 가능하다' 이 말씀이세요?

교수: 충분히 가능합니다.

기자: 그럼 다음 질문을 드리겠습니다. '조현병 환자들에게 운전면허를 발급해 주는 것은 무책임한 것 아니냐?'라는 지적이 꽤 많이 있습니다.

교수: 운전면허와 관련해서 이야기를 하면, 사실 운전에 위험을 일으킬 수 있는 신체 질환은 굉장히 다양합니다. 최근 보도를 보면 저혈당 상태가 된 당뇨 환자분이 의식을 잃어서 갑자기 사고가 나거나 협심증 있는 분이 갑자기 심장 마비가 와서 문제가 일어나는 일이 종종 있거든요. 사실은 이 빈도가 조현병보다 빈도가 훨씬 더 잦을 텐데 그렇다고 해서 우리가 '당뇨나 심장병이 있는 분들에게는 운전면허를 다 발급하지 않아야 한다' 하는 것은 저는 무리라고 생각하고요. 개별 환자분들에게 어려움이 있을 때 이를 어떻게 잘 평가하고, 운전면허를 관리할 것인가 하는 부분을 생각해야 할 것 같습니다.

기자: 알겠습니다. 일괄적으로 운전면허 발급을 금지했을 경우에는 오히려 조현병 환자들이 치료를 안 받고 조현병이라는 것을 세상에 알리지 않는 등 더 많은 부작용이 생길 수도 있다고 보는 전문가들의 의견도 있더군요.

교수: 그 문제가 지금 치료가 늦어지고, 치료가 잘 안 되는 데 영향을 주는 굉장히 중요한 요소거든요. 그래서 그 부분을 국가와 사회가 없애 주는 것도 조기 치료를 앞당기는 것에 있어서 중요하다고 생각합니다.

기자: 조현병 환자의 운전면허 발급 금지와 같은 방법보다는 약을 끊고 숨는 조현병 환자들을 우리가 어떻게 체계적으로 관리할 것인가, 도와줄 것인가. 이 부분에 집중하자는 말씀이시군요. 말씀 고맙습니다.

교수: 네, 감사합니다.

기자: 정신건강의학과 김 교수님과 이야기 나눠 보았습니다. 감사합니다.

— CBS 김현정의 뉴스쇼,
〈조현병은 모두 역주행한다? 오해... 약 중단이 문제〉, 노컷뉴스

6 ② 당뇨나 심장병이 있는 사람들의 운전면허 취득이 합법적인지의 여부는 고려하고 있지 않다.

7 ③ 기자는 중립적 입장에서 어떠한 여론이 있는지를 전달하며 전문가에게 질문하고 있다.

[8~9] 이번에는 드라마 속 대화를 들려드립니다. 8번은 듣기 문항, 9번은 말하기 문항입니다.

> **딸**: 아빠, 우리 집이 무슨 객식구 집합소예요? 사정만 딱하면 그냥 개나 소나 막 들여도 되는 집이냐구요.
> **아빠**: 개나 소 아니고 달봉이 아는 애잖어.
> **딸**: 글쎄 난 싫다구요, 아부지.
> **아빠**: 남아도는 방 있겠다, 밥상에 숟가락 하나만 더 얹으면 되는데 뭘 그렇게 까탈스럽게 그래. 너하구 마주치는 일도 별로 없을 텐데.
> **딸**: 그렇게 고모랑 영설이도 들이셨어요. 그렇게 두 사람 우리 집에 눌러산 지 벌써 수십 년째구요.
> **아빠**: 아, 그거야 서 서방이 기러기 아빠니깐.
> **딸**: 아직 결혼 안 한 딸이 있는데 손아래 제부랑 한집에서 아침저녁 눈 마주치고 사는 거 딸 입장에서 얼마나 불편한지 생각은 해 보셨어요?
> **아빠**: 불편할 게 뭐 있어, 같은 가족끼린데.

8 ③ 딸은 사정이 어려운 사람들을 집에 들이는 것 자체에 불편함을 느끼고 있다.

9 ① 딸은 직계 가족을 제외한 고모, 제부 등을 '객식구'로 여기며 가족으로 보고 있지 않다. 이에 반해 아빠는 대가족 세대로, 폭넓은 가족관을 가지고 있다.

↓ 오답률 줄이는 | **오답풀이** |
② 경제관 문제로 갈등을 겪지 않았다.
③ 가족의 교육적 효과에 대한 입장을 밝힌 대화가 아니다.
④ 가족과 경제 중 하나를 선택해야 하는 갈등 상황이 아니다.
⑤ 객식구에 대한 사회적 의미보다는 딸과 아빠의 개인적 시각 차이라고 보아야 한다.

[10~11] '밴드왜건 효과'와 관련된 강연을 들려드립니다. 10번은 듣기 문항, 11번은 말하기 문항입니다.

> 오늘날 많은 사람들이 그들이 선망하는 사람이 입은 옷이나 먹는 음식, 사는 거주지 등을 추종하는 것을 자주 목격할 수 있습니다. 경제학에서는 기본적으로 개별 소비자들은 다른 사람의 소비 행태와는 관계없이 자신의 구매 행태를 결정한다고 언급하고 있습니다. 말하자면, 개별 수요는 서로 상호 독립적으로 작용한다고 가정합니다. 그러나 실제 우리가 일상생활에서 목격하는 소비 행태는 반드시 그런 것만은 아닙니다. 예를 들어, 특정 브랜드의 청바지가 유행이라 나도 덩달아 샀던 경험이 있다거나 정반대로 다른 사람들이 너도나도 구입해 너무 흔해 보여서 정작 사고 싶었던 옷이어도 구매를 포기했던 경험을 떠올려 본다면 경제학의 기본 이론과 반하는 상황을 쉽게 이해할 수 있을 것입니다. 즉, 개인의 소비 행위는 다른 사람의 소비 행위로부터 영향을 받는다는 것입니다. 이처럼 다른 사람의 소비 행태는 또 다른 사람의 소비에 영향을 주는데, 이를 설명하는 이론 중 하나가 밴드왜건 효과입니다.
> 밴드왜건 효과는 사람들이 많이 소비하는 재화를 나도 덩달아 소비하는 것을 말하며 이 때문에 '편승 효과'라고도 불립니다. 원래 밴드왜건이란 말은 서부 개척 시대의 마차를 가리킵니다. 당시 많은 사람들이 황금을 찾아 서부로 떠날 때 덩달아 서부로 간 사람들이 많다는 사실에 빗대어 이러한 소비 행태를 표현하게 되었습니다. 다른 사람들이 소비하는 상품을 따라서 소비를 하는 이유는 다양할 것입니다. 시대에 뒤지지 않기 위해서, 함께 교류하는 사람들의 행태를 따르기 위해서, 가까운 사람들 또는 다른 사람들과 비슷하게 지내기 위해서, 유행의 첨단에 서거나 맵시를 내기 위해서 사람들은 다른 사람들이 소비하는 상품을 좋아서 그 상품의 소비를 증가시키게 됩니다. 이러한 행태가 발생하는 것은 자신의 생각보다 다른 사람의 생각에 크게 의존하기 때문입니다. 설령 내 의견이 옳다고 생각해도 주위 사람들의 다른 생각과 충돌하면서 사는 게 마음이 편하지 않으므로 다른 사람의 생각을 확인하고 이에 따르기 때문인 것입니다. 타인의 소비 행태를 무비판적으로 수용하기보다는 자신의 기준에 따라 소비하는 문화가 형성되도록 해야 하지 않을까요?

10 ② 밴드왜건 효과는 개인의 소비 행위가 다른 사람의 소비 행위로부터 영향을 받는 것을 뜻하며, 상품 가격과의 연관성은 제시되어 있지 않다. 따라서 ②는 강연의 내용과 일치하지 않는다.

11 ⑤ 밴드왜건 효과의 원인이 다양함을 구체적 사례를 들어 설명하고 있다.

↓ 오답률 줄이는 | 오답풀이 |
① 비유의 방식을 사용하지 않았다.
② 단점을 소개하며, 이를 개선해야 함을 시사하고 있다.
③ 통계 자료가 인용된 내용이 없다.
④ 서부 개척 시대의 상황이 밴드왜건 효과의 배경이 되었음을 제시하였을 뿐, 전문가의 의견을 인용하지 않았다.

[12~13] 이번에는 세 사람의 대화 중 한 장면을 들려드립니다. 12번은 듣기 문항, 13번은 말하기 문항입니다.

> **박 부장**: 이 대리, 사업 중간 보고서가 왜 이런 거죠?
> **이 대리**: 부장님, 어떤…… (잠시 머뭇) 문제점이 있나요?
> **박 부장**: 그걸 일일이 다 말을 해 줘야 아는 건가요? 김 과장, 제가 말하는 문제점이 뭔지 알겠죠?
> **김 과장**: 아, 제가 담당했던 보고서가 아니라서……. (못마땅한 듯이) 제 생각에는 이 보고서를 왜 쓰게 되었는지 목적이 분명하게 보이지 않는 것 같습니다. 그래서 해결 방안도 뚜렷하게 찾지 못한 것 같고요.
> **박 부장**: 제가 불만인 부분이 바로 그거예요. 김 과장은 본인의 직접적인 업무가 아니더라도 이 대리가 하는 일을 확인을 좀 하도록 하세요. 이 대리, 어떻게 고쳐야 할지 알겠죠?
> **이 대리**: 네, 조금 알 것 같습니다. 보고서의 목적이 드러나도록 내용을 수정해 보겠습니다.
> **김 과장**: (퉁명스럽게) 그런데요, 이 대리. 그것만 고치는 걸로는 좀 부족할 것 같아요. 전체적으로 흐름이, 흠…….
> **박 부장**: (당황하며) 아, 맞아요. 이 대리! 작성 흐름에 어떤 문제가 있다고 보나요?
> **이 대리**: 나름대로 고민해서 작성한 것인데, 아직 정확하게 모르겠습니다. 죄송합니다.
> **박 부장**: 여기가 놀이터도 아니고, 학교도 아닌데. 김 과장, 이 대리에게 필요한 것 좀 더 알려 줘 봐요.
> **김 과장**: 부장님께서 안 좋아 보이시는 것을 직접 말씀하셔도 될 텐데요. (퉁명스럽게) 이 보고서를 작성한 이유는 판매량이 급격히 줄어든 것 때문인데, 그 문제가 발생한 원인과 근거가 추가되어야 합니다.
> **박 부장**: 그렇죠. 제가 말하려고 했던 것도 바로 그겁니다. 이 대리, 이제 뭘 해야 하는지 알겠죠?
> **이 대리**: 네. 알겠습니다. 하지만 해당 물품의 판매량에 대한 데이터 중 일부만 저에게 와 있어 그 원인을 파악하는 것까지는 어렵다는 생각이 드는데 어떻게 하면 좋을까요?
> **박 부장**: 다른 일로 바쁜 제가 그런 것까지 챙겨야 하나요? 김 과장과 상의해서 빨리 수정하도록 해요.
> **김 과장**: 그 데이터는 저에게도 열람 권한이 없습니다. 부장님께서 사업팀에 관련 정보를 요청해서 저희에게 주셔야 합니다.
> **박 부장**: 그래요? 언제부터 그렇게 됐죠?
> **김 과장**: (한심하다는 듯이) 제가 입사했던 때부터 지금까지 그랬습니다. 그래서 이 대리도 제한적인 정보만으로 작성을 하다 보니 보고서가 그렇게 나온 것 같고요.
> **박 부장**: 김 과장, 잠시 착각할 수도 있는 거지. 말투가 왜 그렇습니까?
> **김 과장**: 부장님, 제 업무도 아닌 부분을 자꾸 물으시고 이 대리에게도 직접 말씀하시면 될 걸 저한테 왜 그러십니까?
> **이 대리**: (당황하면서) 저 때문에 김 과장님께서 불편하시게 됐네요. 죄송합니다.
> **박 부장**: 이 대리 지금 뭐하는 거예요? 지금 이 대리만 잘했으면 제가 이렇게 화를 낼 일이 안 생겼을 겁니다. 누구한테 가장 죄송해야 할지 판단이 안 서요?
> **이 대리**: (당황하면서) 앗, 부장님께도 죄송합니다.

12 ③ 김 과장은 이 대리의 보고서의 문제점을 자신에게 지적하게 하고, 부장으로서 알아야 할 업무 내용도 모르고 있는 박 부장에게 불만을 표출하고 있다.

13 ⑤ 박 부장이 하급자가 제출한 보고서의 문제점을 분명하게 파악하여 이야기했다면 김 과장과의 말다툼이 시작되지 않았을 것이다.

[14~15] 마지막으로 발표를 들려드립니다. 14번은 듣기 문항, 15번은 말하기 문항입니다.

> **의사**: 치아 교정을 하고 싶으시다고요?
> **환자**: 네. 앞니가 좀 돌출된 편이어서, 앞니가 안쪽으로 들어갔으면 좋겠어요.
> **의사**: 그렇군요. 그럼 소구치 중 일부를 발치하는 치아 교정을 고려해 봐야 합니다.
>
> 오늘은 위의 대화에 나온 내용처럼 발치 치아 교정을 진행하게 될 때 어떤 치아를 주로 발치하는지에 대해 이야기해 보려고 합니다. 전체적인 구강 상태를 볼 때 앞니 등 일부 치아가 들어가야 할 필요가 있지만, 밀어 넣을 치아가 들어설 공간이 부족할 때는 소구치를 발치해야 합니다. 소구치는 구강 내에서 정확하게 어떤 자리에 있는 것일까요? 치아 번호는 다음과 같이 확인할 수 있습니다. 치아 번호는 두 자리로 표시하는데, 십 번대 자리는 치아가 위치한 구역을 지칭하고 있습니다. 10번대는 우측 윗니들이고 20번대는 좌측 윗니들입니다. 30번대는 좌측 아랫니들이고 40번대는 우측 아랫니들입니다. 이어서 치아 번호의 일 번대 자리를 살펴보면 1번 치아와 2번 치아는 앞니이며, 3번 치아는 송곳니, 4번 치아와 5번 치아가 작은 어금니, 즉 소구치입니다. 7번 치아와 8번 치아는 큰 어금니, 대구치입니다. 구강은 총 4개의 구역으로 나눠지므로, 소구치는 각 구역마다 2개씩 있는 셈입니다. 소구치를 발치하는 이유는 소구치가 전체 치아 중에 심미적인 기능이 떨어지는 편이며, 치아 중에서 기능적인 역할도 크지 않기 때문입니다. 대구치는 식사를 할 때 음식물을 씹거나 분쇄하는 데 매우 중요한 역할을 하지만 그에 비해 소구치는 특별히 하는 역할이 없습니다.

14 ⑤ 소구치는 윗니 중 4개, 아랫니 중 4개로 구강 내에 총 8개가 있다.(한 구역당 2개씩, 총 4구역 = 8개)

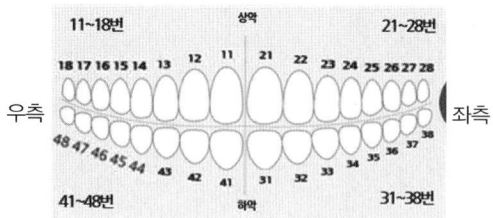

15 ② 치아를 교정할 때 발치하는 치아의 종류와 위치, 발치의 이유를 중심으로 설명하고 있다.

≫ 16~45 어휘·어법

16 ④ '철겹다'는 '제철에 뒤져 맞지 아니하다'라는 의미이다. '꼭 알맞은 시절'을 뜻하는 단어는 '제철'이다.

17 ④ '재연(再演)'의 사전적 의미는 '한 번 하였던 행위나 일을 다시 되풀이함'이다. '다시 나타남. 또는 다시 나타냄'은 '재현(再現)'의 사전적 의미이다.

18 ④ '얼추'는 '어지간한 정도로 대충' 또는 '어떤 기준에 거의 가깝게'라는 의미이므로 문맥상 적절하지 않다. 문맥상 '잠깐 나타나거나 떠오르는 모양'을 나타내는 '설핏'이 적절하다.

↓ 오답률 줄이는 | **오답풀이** |
① '함함하다'는 '소담하고 탐스럽다'라는 의미이다.
② '에돌다'는 '곧바로 선뜻 나아가지 아니하고 멀리 피하여 돌다'라는 의미이다.
③ '숫제'는 '처음부터 차라리. 또는 아예 전적으로'라는 의미이다.
⑤ '가뭇없다'는 '눈에 띄지 않게 감쪽같다'라는 의미이다.

19 ② 문맥상 '결재'는 '결정할 권한이 있는 상관이 부하가 제출한 안건을 검토하여 허가하거나 승인함'의 의미이므로, '決裁'가 쓰여야 한다. '決濟'는 '일을 처리하여 끝을 냄, 증권 또는 대금을 주고받아 매매 당사자 사이의 거래 관계를 끝맺는 일'을 의미하는 '결제'이다.

20 ① ㉠에는 '몫몫이 별러 나눔'을 의미하는 '분배'가 들어가는 것이 적절하다.
㉡에는 '나누어서 맡음'을 의미하는 '분담'이 들어가는 것이 적절하다.
㉢에는 '나누어 쪼갬'을 의미하는 '분할'이 들어가는 것이 적절하다.

21 ③ '현상(懸賞)'은 '무엇을 모집하거나 구하거나 사람을 찾는 일 따위에 현금이나 물품 따위를 내걺. 또는 그 현금이나 물품'을 의미한다.
예 현상 공모/현상 모집/현상 수배
'현상(現象)'은 '인간이 지각할 수 있는, 사물의 모양과 상태'를 의미한다.
예 열대야 현상/핵가족화 현상/피부 노화 현상
'현상(現像)'은 '노출된 필름이나 인화지를 약품으로 처리하여 상이 나타나도록 함'을 의미한다.

'현상(現想)'은 '보고 듣는 데 관련하여 일어나는 생각'을 의미한다.
예 현상의 교차/현상의 차이
'현상(現狀)'은 '나타나 보이는 현재의 상태'를 의미한다.
예 현상을 극복하려는 의지/현상을 파악하다./현상을 유지하다.

22 ③ 둘 이상의 단어 사이의 의미 관계를 파악하고, 단어를 정확하게 사용할 수 있는지를 평가하는 문제이다. 〈보기〉에서 설명하고 있는 개념은 '상하 관계'인데, 의미상 한쪽이 다른 한쪽을 포함하거나 다른 쪽에 포함되는 관계를 말한다. ③의 단어들은 유의 관계에 있다. 나머지 선지에 제시된 단어들은 모두 상하 관계에 있다.

23 ③ 동음이의어, 다의어를 함께 묻는 문항이다. 〈보기〉에서 제시한 '부치다'는 '어떤 문제를 다른 곳이나 다른 기회로 넘기어 맡기다'라는 의미로, ③의 문장이 의미상 가장 유사하다.

↓ 오답률 줄이는 | **오답풀이** |
① '논밭을 이용하여 농사를 짓다'라는 의미로 쓰였다.
② '모자라거나 미치지 못하다'라는 의미로 쓰였다.
④ '부채 따위를 흔들어서 바람을 일으키다'라는 의미로 쓰였다.
⑤ '원고를 인쇄에 넘기다'라는 의미로 쓰였다.

24 ⑤ '경질(更迭)하다'는 '어떤 직위에 있는 사람을 다른 사람으로 바꾸다'라는 뜻이다. 따라서 '경질할'은 '바꿀'로 바꾸어야 적절하다.

25 ④ ㉣에서 '빠지다'는 '잠이나 혼수상태에 들게 되다'라는 뜻으로, 나머지와 동음이의 관계이다.

↓ 오답률 줄이는 | **오답풀이** |
빠지다01
[1] 「동사」【…에서】
「1」 박힌 물건이 제자리에서 나오다. ················ ㉠
「3」 원래 있어야 할 것에서 모자라다. ················ ㉤
[2] 「동사」【…에】【…에서】
「1」 속에 있는 액체나 기체 또는 냄새 따위가 밖으로 새어 나가거나 흘러 나가다. ················ ㉢
「2」 때, 빛깔 따위가 씻기거나 없어지다. ················ ㉡

26 ② '달다'는 다의어로, 〈보기〉에서 각각 '글이나 말에 설명 따위를 덧붙이거나 보태다', '물건을 잇대어 붙이다', '장부에 적다'라는 의미로 사용되었다.

27 ① '주마간산(走馬看山)'은 '말을 타고 달리며 산천을 구경한다는 뜻으로, 자세히 살피지 아니하고 대충대충 보고 지나감을 이르는 말'이다. '달리는 말에 채찍질'을 의미하는 한자 성어는 '주마가편(走馬加鞭)'이다.

28 ⑤ '옹이(가) 지다'는 '마음에 언짢은 감정이 있다'라는 의미로, ⑤의 문맥상 적절하지 않다.

↓ 오답률 줄이는 | **오답풀이** |
① '변죽(을) 울리다'는 '바로 집어 말을 하지 않고 둘러서 말을 하다'라는 의미이다.
② '입(을) 씻다[닦다]'는 '이익 따위를 혼자 차지하거나 가로채고서는 시치미를 떼다'라는 의미이다.
③ '입(을) 맞추다'는 '서로의 말이 일치하도록 하다'라는 의미이다.
④ '코(가) 빠지다'는 '근심에 싸여 기가 죽고 맥이 빠지다'라는 의미이다.

29 ③ '린치(lynch)'는 '정당한 법적 수속에 의하지 아니하고 잔인한 폭력을 가하는 일'을 의미하며 '폭력'으로 순화한다.

↓ 오답률 줄이는 | **오답풀이** |
① '갹출(醵出)'은 '같은 목적을 위하여 여러 사람이 돈을 나누어 냄'을 의미하며, '나누어 냄', '추렴', '추렴함'으로 순화한다.
② '착안(着眼)'은 '어떤 일을 주의하여 봄. 또는 어떤 문제를 해결하기 위한 실마리를 잡음'을 의미하며, '눈여겨봄', '실마리를 얻음'으로 순화한다.
④ '서스펜스(suspense)'는 '영화, 드라마, 소설 따위에서, 줄거리의 전개가 관객이나 독자에게 주는 불안감과 긴박감'을 의미하며, '긴장감', '박진감'으로 순화한다.
⑤ '디스카운트(discount)'는 '물건값의 얼마 또는 몇 퍼센트를 낮추는 일'을 의미하며, '에누리', '할인01(割引)'으로 순화한다.

30 ② '저간'은 '바로 얼마 전부터 이제까지의 무렵'을 의미하며 '요즈음'으로 순화한다.

31 ① '우유(한자어)+빛(고유어)'은 한자어와 고유어가 결합된 합성 명사이고, 'ㅂ'이 된소리로 발음되므로 '우윳빛[우윧삗]'으로 표기한다. 정확한 표기이다.

↓ 오답률 줄이는 | **오답풀이** |
② '월세(月貰)+방(房)'은 둘 다 한자어이므로, '월세방'이 정확한 표기이다.
③ '뒤+풀이'는 뒷말의 첫소리가 거센소리이므로 '뒤풀이'가 정확한 표기이다.

④ '인사+말'은 'ㄴ 첨가'가 일어나지 않는 단어이다. 따라서 '인사말'이 정확한 표기이다.
⑤ '대(代)+가(價)'는 둘 다 한자어이므로 '대가'가 정확한 표기이다.

32 ② '-하-' 앞에 붙는 말이 울림소리 (모음, ㄴ, ㄹ, ㅁ, ㅇ)이면 축약된 형태, '-하-' 앞에 붙는 말이 안울림소리(울림소리를 제외한 나머지 자음)이면 '-하-'가 탈락한 형태로 나타난다. 따라서 '간편하게'를 줄이면 '간편케'가 된다.

↓ 오답률 줄이는 | 오답풀이 |
① '거북하지'를 줄이면 '거북지'가 된다.
③ '생각하건대'를 줄이면 '생각건대'가 된다.
④ '못하지 않다'를 줄이면 '못지않다'가 된다.
⑤ '익숙하지 않다'를 줄이면 '익숙지 않다'가 된다.

33 ② '허옇게 되다'라는 의미를 지닌 단어는 '허예지다'이다.
참고 '하얗게 되다'라는 의미를 지닌 단어는 '하얘지다'이다.

↓ 오답률 줄이는 | 오답풀이 |
① '허구하다(許久하다)'는 '날, 세월 따위가 매우 오래다'라는 의미로, 활용형인 '허구한'은 적절한 표현이다.
③ '서슴다'는 '결단을 내리지 못하고 머뭇거리며 망설이다'라는 의미로, '서슴지'는 적절한 활용이다.
④ '일 따위에 익숙하지 못하여 다루기에 설다'라는 의미의 '서투르다'는 '서투른'으로 활용한다. 다만, 준말인 '서툴다'는 '서툰'으로 활용한다. '서툴은'은 잘못된 활용이다.
⑤ '꽤 넓다'의 의미를 지닌 단어는 '널따랗다'로, 활용형은 '널따란, 널따래, 널따라니' 등이다.

34 ③ 띄어쓰기가 올바른 문장이다.

↓ 오답률 줄이는 | 오답풀이 |
① '까지'는 조사이므로 앞말에 붙여 써야 한다. 따라서 '열두 시부터 한 시까지가 쉬는 시간이다'로 고쳐 써야 한다.
② '수'는 의존 명사이므로 띄어 써야 한다. 따라서 '그녀는 어쩔 수 없이 산을 내려와야만 했다'로 고쳐 써야 한다.
④ '대로'는 의존 명사이므로 띄어 써야 하고, '만'과 '은'은 조사이므로 앞말에 붙여 써야 한다. 따라서 '네가 원하는 대로 하는 것이 좋은 것만은 아니다'로 고쳐 써야 한다.
⑤ '신다'와 '갔다'는 모두 본용언이므로 띄어 써야 한다. 따라서 '그는 새 신발을 산 데에서 집까지 신발을 신고 갔다'로 고쳐 써야 한다.

35 ② '손으로 한 줌 움켜쥘 만한 분량을 세는 단위'는 '웅큼'이 아닌 '움큼'으로 표기한다. 이보다 작은 의미로는 '한 손으로 옴켜쥘 만한 분량을 세는 단위'인 '옴큼'을 사용한다.

36 ① 빈 자리임을 나타낼 적에 소괄호(( ))를 쓴다. 나머지는 모두 선지에 제시되어 있는 규정과 예시가 적절하다.

37 ④ '바라다'가 기본 형태이므로, 연결 어미 '-고'가 결합된 형태는 '바라고'이다. '바래고'는 비표준어이다.

↓ 오답률 줄이는 | 오답풀이 |
① '나무랬다'가 아니라 '나무랐다'가 표준어이다.
② '깍정이'가 아니라 '깍쟁이'가 표준어이다.
③ '주착'이 아니라 '주책'이 표준어이다.
⑤ '허드래'가 아니라 '허드레'가 표준어이다.

38 ⑤ '점쟁이'를 기술을 지닌 사람이라고 생각할 수 있지만, '유기장이, 미장이, 양복장이, 옹기장이'에서와 같은 '匠人'의 의미와는 거리가 멀다. 따라서 '-쟁이'가 붙은 '점쟁이'를 표준어로 인정하고 있다.

39 ⑤ 눈[雪]은 [눈ː]으로 길게 발음하고, 눈[眼]은 [눈]으로 짧게 발음한다. '자라서 어른이 된 사람', 보통 만 19세 이상의 남녀를 이르는 말인 '성인(成人)'은 소리의 길이가 짧아 [성인]으로 발음하고, '지혜와 덕이 매우 뛰어나 길이 우러러 본받을 만한 사람'을 의미하는 '성인(聖人)'은 소리의 길이가 길어 [성ː인]으로 발음한다.

40 ⑤ '물을 흩어서 뿌리는 기구'인 'sprinkler'는 규범 표기에 따라 '스프링클러'로 표기한다.

↓ 오답률 줄이는 | 오답풀이 |
① '천사 또는 천사 같은 사람'을 의미하는 외래어 'angel'의 올바른 표기는 '에인절'이다.
② 'mania'는 '매니아'가 더 많이 쓰이나 영국식 발음에 따라 '마니아'가 올바른 표기이다.
③ '연기자를 제외한 연극, 영화, 방송의 제작에 관계하는 모든 사람'을 의미하는 'staff'는 '스태프'가 올바른 표기이다.
④ '세를 내고 빌리는 자동차'는 '렌트카'가 아니라 '렌터카'가 올바른 표기이다.

41 ④ 경희궁은 'Gyeonghuigung'으로 적어야 한다.

42 ② '밝혀지다'는 '진리, 가치, 옳고 그름 따위가 판단되어 드러나 알려지다'라는 의미로, '진리, 가치, 옳고 그름 따위를 판단하여 드러내 알리다'의 의미를 지닌 능동사 '밝히다'의 피동 표현이다. 따라서 '밝히-' 뒤에 '-어지다'를 붙여 '밝히어지다(밝혀지다)'와 같이 쓸 수 있다.

↓ 오답률 줄이는 | **오답풀이** |

① '익혀졌다'는 '익(다)+-히-(피동 접사)+-어지다'로, 이중 피동 표현이다. 따라서 '고기가 딱 맛있게 익었다'가 올바른 표현이다.
③ '보여지다'는 '보(다)+-이-(피동 접사)+-어지다'로, 이중 피동 표현이다. 따라서 '이번 시험은 전보다 어려울 것으로 보인다'가 올바른 표현이다.
④ '사용되어져'는 '사용+-되다+-어지다'로, 이중 피동 표현이다. 문맥상 피동 표현을 사용하는 것은 적절하므로, '사용되어 왔다'로 표현하여야 한다.
⑤ '담겨진'은 '담(다)+-기-(피동 접사)+-어지다'로, 이중 피동 표현이다. 이 경우, '담긴'으로 표현하는 것이 적절하다.

43 ⑤ 올바른 문장이다.

↓ 오답률 줄이는 | **오답풀이** |

① '안락하게 사는'의 주어가 빠진 문장이므로 적절하지 않다.
② '탐구하는 것은'과 '있다고 생각한다'가 호응하지 않는다.
③ '이해되어지는'은 '-되다'와 '-어지다'가 결합된 이중 피동 표현이므로 적절하지 않다. 피동 표현을 사용하기보다는 '미술 작품은 그 표현 형식과 내용을 이해했을 경우에 ~'로 능동 표현을 사용하는 것이 적절하다.
④ '적절한 접근'과 '의사 결정 과정에 참여'의 연결이 어색하다. '모든 개인은 환경에 관한 정보에 적절하게 접근하고 의사 결정 과정에 참여할 수 있는 기회를 부여받아야 한다'로 수정하는 것이 적절하다.

44 ④ 불쾌감을 느낀 주체가 '(아내와 자식을 사랑하는) 모든 가장들' 또는 '아내와 (자식을 사랑하는) 모든 가장들', 두 가지 의미로 해석될 수 있다.

45 ④ '~을 요(要)하다'는 일본어 번역 투의 문장이다. '치료를 요한다는'을 '치료가 필요하다는'으로 고치는 것이 바람직하다.

↓ 오답률 줄이는 | **오답풀이** |

① '~임에 틀림없다'는 일본어 번역 투의 문장이므로 '~이다'로 고치는 것이 바람직하다.
② '~에 다름 아니다'는 일본어 번역 투의 문장이다. '~나 다름없다'로 써야 자연스러운 표현이 된다.
③ 우리말에서 '~부터'는 어떤 것에 관련된 범위의 시작을 나타내는 보조사로, 보통 '~까지'와 짝을 이루어 사용되는데, 최근 영어 'from' 직역 투로 남용되고 있다. ③의 선지와 같은 문장에서는 '~에서'로 바꾸어 쓰는 것이 바람직하다.
⑤ '~을 가지다'는 영어 'have'를 번역한 말투로, '~을 열다'로 바꾸어 쓰는 것이 바람직하다.

46~50 쓰기

[46~50] 국우각, 〈서울시 버스의 젠더 형평성을 위한 서비스 만족도와 서비스 품질 연구〉

46 ⑤ 이 글의 주제는 '버스 서비스의 젠더 형평성'을 위한 방안으로, '지방과 대도시의 버스 서비스'를 비교하는 것은 내용의 흐름상 삭제하는 것이 적절하다.

47 ④ 이 글은 버스 서비스에 젠더 형평성을 반영하는 것에 초점을 두고 있다. 따라서 여성과 남성의 대중교통의 서비스 이용의 형평성을 위한 방안을 모색하는 것이 필요하며, 여성이 사회에서 남성과 평등하게 활동할 수 있는 방안을 모색하는 것은 주제와 관련성이 낮다.

48 ② 모든 버스 이용객을 대상으로 조사를 하는 것은 조사의 실효성을 오히려 떨어뜨릴 수 있다. 현실적인 조사 가능성과 실효성 등을 감안하여 조사 대상을 선정해야 한다.

49 ⑤ 맥락상 '이와 같은'으로 수정하는 것이 바람직하다.

50 ④ 남성과 여성의 버스 서비스 만족도에 대한 내용은 제시되어 있으나, 구체적으로 어떤 버스 서비스의 항목에 대한 공공 측면의 지원이 필요한지 서술되어 있지 않으므로 해당 내용에 대한 사례를 제시하고 적절한 부분을 차용하면 글의 설득력이 높아질 수 있다.

↓ 오답률 줄이는 | **오답풀이** |

① 버스 이용자의 인터뷰나 관련 전문가의 인터뷰가 아닌 버스 기사의 인터뷰 내용은 신뢰성 향상에 크게 도움되지 않을 수 있다.
② 버스 서비스 만족도 조사 결과는 이미 제시되어 있으므로 더 보완하지 않아도 된다.
③ 해외의 버스 유형과 요금에 대한 비교보다는, 남성과 여성의 상황과 입장 차이에 대해 논의하는 것이 적절하다.
⑤ 결혼 여부에 따른 여성의 버스 이동 거리의 차이는 이 글의 주제와 밀접한 관련이 없다.

⟫⟫ 51~60 창안

51 ④ '파스칼의 원리'의 핵심은 밀폐된 유체에서는 일부에 압력을 가해도 그 압력이 유체 내의 모든 곳에 같은 크기로 전달된다는 것이다. 따라서 지금 상황을 명확하게 인식하고 이를 활용하면 적은 비용으로도 큰 효과를 얻을 수 있다는 내용을 이끌어 낼 수 있다.

52 ④ ㉠에서 알 수 있는 것은 작은 관을 작은 힘으로 눌러도 반대편 큰 관에서는 모든 부분이 그 영향을 받는다는 것이다. 따라서 전체를 고르게 바뀌게 하고 싶을 때에는 작은 부분부터 신경 쓰고 노력해야 한다는 내용을 도출할 수 있다.

53 ③ '파스칼의 원리'에서 가해진 힘이 작아도, 큰 힘을 얻어 변화를 가져올 수 있다는 점에 착안해 본다. 이를 통해 적은 능력으로도 포기하지 않고 노력하면 큰 변화를 이끌어 낼 수 있다는 내용을 도출할 수 있다.

[54~56] 강갑생, 〈"쿵쾅"거리고 착륙하면 조종사 실력 엉터리?〉, 중앙일보

54 ④ 펌 랜딩은 비 또는 눈이 와서 활주로가 미끄러운 경우에 속도를 크게 떨어뜨리기 위해 일부러 선택하는 착륙 방법이다. 이를 한자 성어와 관련지어 활용할 수 있는 내용으로 적절한 것은 '어떤 일이 일어나기 전에 미리 앞을 내다보고 아는 지혜'를 의미하는 '선견지명(先見之明)'이다.

55 ③ ㉡에서 펌 랜딩과 하드 랜딩은 겉으로 드러난 양상은 유사하게 느껴질 수 있지만 그 의도가 다르다는 점을 알 수 있다. 어쩔 수 없이 불안하게 착륙할 수밖에 없는 하드 랜딩과 달리, 펌 랜딩은 목표를 분명히 세워서 강하게 착륙하느라 둔탁해진 경우다. 그러므로 목표를 세워(원하는 바를 얻기 위하여), '일부러' 하는 행동이 펌 랜딩과 비슷하다고 볼 수 있다.

56 ① 소프트 랜딩은 승객 입장에서 편안하게 착륙하지만 긴 활주 거리가 필요하다는 단점이 있다. 이를 체중 조절에 적용하면 몸에는 무리가 되지 않지만 시간이 오래 걸린다는 내용과 어울린다.

57 ④ 동음이의어인 이상(異常)의 '이'와 치아를 뜻하는 고유어 '이'를 활용하였으며, 관형격 조사 '의'를 사용하였다.

58 ① 중도 입국 자녀들을 위한 정책의 문제점을 진단하고, 문제 상황을 부각시키고 있으며, 평서형 종결 어미를 사용한 '중도 입국 자녀가 울고 있다'가 가장 적절하다.

▼ 오답률 줄이는 | **오답풀이** |

②, ③, ④, ⑤ 〈기획 의도〉의 제목으로 적절하지 않다. 문제 상황을 부각하지 못했거나 평서형 종결 어미를 사용하지 않았으므로 〈기획 의도〉의 제목으로 적절하지 않다.

59 ④ 아빠가 운전을 과격하게 하여 힘든 아이의 모습을 조금은 우스꽝스럽지만 과감하게 표현한 공익 광고이다. 그림에서 강조한 의미를 드러내면서 문제점을 개선하는 방법을 제시하라는 〈조건〉을 모두 반영한 것은 ④이다.

60 ⑤ 기사의 핵심 내용을 담고 있으며, '성적은 상위', '흥미는 바닥 수준'이라는 핵심어를 대구법을 활용하여 제시하고 있다.

»»» 61~90 읽기

[61~62] 김춘수, 〈꽃을 위한 서시〉

61 ③ 이 시에서는 반어적 표현을 사용하지 않았으며, 특정한 사회적 현실이 아닌 사물의 내면적 깊이를 알고 본질을 파악하고자 하는 시적 화자의 욕망을 그려 내고 있다.

62 ⑤ 시적 화자는 특정 대상의 본질을 알고자 하지만 얼굴을 가린 신부처럼 그 존재의 본질을 파악할 수 없어 막연함을 느끼고 있다.

↓ 오답률 줄이는 | 오답풀이 |
① 시적 화자는 마음속의 평화와 평온이 아닌 본질의 파악에 집중하고 있다.
② 존재의 참된 의미를 알기 위해 접근하는 시적 화자의 모습이 나타나 있으나, 그 노력의 영향력이 크다는 의미를 유추하기는 어렵다.
③ 가치관의 변화와 관련된 내용은 시에서 제시되지 않았다.
④ 종교적인 신념을 드러내는 내용이나 비극적인 슬픔을 극복하고자 하는 상황이 나타나 있지 않다.

[63~65] 염상섭, 〈임종〉

63 ④ 이 작품은 전지적 작가 시점으로, 서술자가 병인(병자)을 둘러싼 사람들의 심리를 직접적으로 제시하고 있다. 이를 통해 죽음을 앞둔 병인의 심리와 가족들의 냉정하고 이기적인 모습을 적나라하게 드러내고 있다. 제시된 본문에서는 퇴원에 대한 병인, 명호, 의사의 심리가 잘 나타나고 있다.

64 ③ ⓒ 바로 뒤의 문장을 보면, 병인이 심한 감정의 기복을 보이는 것을 알 수 있다. 그리고 명호는 병인의 상태에 대해서 이미 알고 있으며, 병인은 명호의 눈치를 보고 있다. 병인이 자신의 죽음을 받아들이고 그것을 명호에게 숨기려 한다고 볼 수 없다.

65 ④ 명호는 병인에게 질병의 예후에 대해 거짓말을 해야 하는 상황이므로, '어떤 일이나 책임을 꾀를 써서 벗어남'이라는 의미의 '모면(謀免)'이 적절하다.

[66~67] 홍명희, 〈상상력과 가스통 바슐라르〉

66 ③ 글쓴이는 기존에는 이미지를 언어의 보조 수단으로 여겼고, 이미지가 언어에 종속되는 것으로 인식했다는 내용으로 글을 시작하고 있다. 그러나 글의 마지막에서는 언어와 이미지는 종속 관계가 아니며 이 둘 모두 인간 정신 활동의 기본적인 요소이자 생활 양식을 결정짓는 핵심적인 요소라고 말하고 있다. 즉, 기존의 견해를 반박하며 글쓴이가 생각하는 대안을 제시하고 있는 것이다.

67 ③ 시적 이미지는 언어와 이미지가 종속적 관계가 아닌 생성의 인과 관계, 상호 보완 관계에 있음을 나타내는 예로 사용되었다.

[68~70] 박명덕, 〈안과 밖, 신과 인간을 이어 주는 매개 공간〉

68 ⑤ 한옥의 마루가 안과 밖을 이어 주는 연결 공간이며, 인간과 신을 이어 주는 측면도 있음을 서술하고 있다.

69 ④ 중심 화제인 '한옥의 마루'가 어떠한 특성을 가지고 있는지를 매우 구체적으로 제시하고 있다. 그리고 이러한 특성을 기반으로, 마루의 상징적 의미와 의의를 강조하고 있다.

70 ① ㉠은 내부 공간과 외부 공간을 연결하여 더 넓게 만드는 것이므로 '확장'이 적절하고, 이와 반대로 ㉡은 외부 공간이 내부로 연결되어 들어오는 것이므로 '침투'로 표현하는 것이 적절하다.

[71~72] 신경인문학 연구회, 〈우리는 확장된 마음을 어떻게 이해해야 하는가?〉

71 ④ 이 글에서는 '확장된 마음 이론'에 대해 다루고 있다. 이 이론에 따르면 마음은 뇌와 몸, 환경 간의 상호 작용의 산물이다. 이 글의 글쓴이는 이러한 주장이 획기적이긴 하지만 아직은 연구가 필요하다며 글을 마무리하고 있다. 따라서 이 글의 제목으로는 ④가 가장 적절하다.

72 ② '확장된 마음 이론'이 유발할 수 있는 윤리적 문제를 구체적인 사례를 통해 제시하고 있다.

↓ 오답률 줄이는 | 오답풀이 |
④ '확장된 마음 이론'이 기존의 견해와 방식이 지닌 문제점을 지적하면서 나타난 주장이긴 하나, 글쓴이는 이 이론을 소개하고 있을 뿐이다.

[73~75] 한림학사, 〈착한 사마리안의 법〉

73 ⑤ '착한 사마리안의 법'을 구체적으로 설명하였으며, 그 법의 적용에서 유의할 점을 적절한 근거를 들어 제시하였다.

74 ④ '착한 사마리안의 법은 도덕 규범을 법 규범으로 승화시켰다는 데 의미가 있다'고 서술하였으며, 이러한 예로 프랑스 형법의 일부분을 소개하였다.

75 ② 법을 무분별하게 '적용'할 경우, 모든 도덕적 문제가 강제성이 있고 제재가 가해지는 법적인 문제로 바뀔 위험성을 이야기하고 있으므로 ㉠에는 '적용'이, ㉡에는 '변질'이 들어가는 것이 적절하다.

[76~78] 이반 일리치, 〈간디의 오두막〉

76 ② 학교의 수는 '무지의 정도'를 나타낸다고 서술하고 있다.

77 ⑤ 전문가의 의견을 언급하지 않았으며, 글쓴이인 '나'가 경험하며 사유한 것들을 시대의 가치관과 함께 다루며 이야기를 전개해 나가고 있다.

78 ③ ㉠의 앞뒤 맥락을 살펴보면, 글쓴이는 물품들이 우리에게 내면적 힘을 주지 않는다고 서술하였으며 소유물의 증가를 부정적인 시각으로 바라보고 있다. 특히 물건들을 '장애인의 목발'에 비유하고 있으므로, 물건을 많이 가질수록 그에 대한 의존도가 커진다는 내용이 들어가야 한다.

↓ 오답률 줄이는 | 오답풀이 |
① 글에서 계획성 있는 소비를 강조하지 않았다.
② 구매 행위의 중독이 안도감을 준다는 내용을 제시하지 않았다.
④ 글에서 희소성이 높은 제품의 구입에 대해 언급하지 않았다.
⑤ 수익을 끌어올리는 방법에 대해 언급하지 않았다.

79 ② '위탁제조한 제품의 경우 제조업자에게 책임이 있더라도 위반 내용과 무관하게 제조를 위탁한 유통전문판매업자도 함께 처분하도록 했던 것을 위해(危害)가 있거나 기준·규격을 위반한 제품을 제조·판매한 경우 등으로 한정'한다고 하였다. 이를 통해 제조의 문제를 인식하지 못하고 유통만 담당한 업자들이 불합리한 처벌을 받지 않도록 위반 행위를 명확하게 하였음을 알 수 있다.

80 ① 영업정지 처분을 과징금으로 대체할 수 없는 경우에 '독성이 있거나 부작용을 일으키는 원료를 사용하여 제조'한 경우를 '추가'하고 있다. 따라서 이 외의 다른 과징금 대체 불가 사항이 있음을 알 수 있다.

81 ③ 욕설 및 비속어 사용과 가구 소득의 관계가 비례 관계인지 반비례 관계인지는 명확하게 드러나지 않는다.

[82~84] 김세윤, 〈나에게 묻는다, 행복하세요?〉

82 ⑤ 〈꾸뻬 씨의 행복 여행〉의 주인공인 헥터가 이와 같은 질문을 받고 고민하기도 하였다. 이 질문의 답을 찾기 위한 여행을 떠나는 영화이고, 행복이 무엇인지에 집중하고 있으므로 '당신에게 묻는다, 행복하세요?'가 가장 적절한 제목이다.

83 ③ 〈꾸뻬 씨의 행복 여행〉은 유럽인인 주인공이 유럽을 벗어나 중국, 아프리카, 미국을 여행하며 행복의 비밀, 지혜를 발견하는 내용이다.

84 ③ '그렇게 ~하지만은 않았다'는 표현은 괜찮은 수준 정도였음을 뜻한다. 글쓴이가 이 영화를 보고, 원작 소설을 찾아 읽었다는 내용으로 유추해 볼 때, ③이 답이 된다.

85 ④ 세부 기준을 확인하여 한시적 급여 비용을 산정해야 하므로 ④의 내용이 수신자가 취해야 할 행동으로 가장 적절하다.

↓ 오답률 줄이는 | 오답풀이 |
① '한시적' 급여 비용 산정을 위한 지침임을 명시하고 있다.
② 수신자가 해야 할 일은 지침에 해당되는 사람 수를 확인하여 급여 비용을 산정하는 것이다.
③ 요양 시설 입소를 위한 행정적 절차 내용을 안내하는 것은 수신자가 받은 문서와 관련이 없다.
⑤ 이 문서는 시설 대표자에게 한시적 급여 비용을 산정하는 지침을 안내하는 글이다.

86 ① 한시적 급여 비용 산정에 대한 문의가 들어오면 안내하는 것은 발신자가 해야 할 업무에 해당한다.

↓ 오답률 줄이는 | 오답풀이 |
② 급여 비용을 산정할 장기요양기관을 선정하는 것은 기관의 대표자(수신자)가 할 일에 해당한다.
③, ④, ⑤ 기존의 지침을 수정하거나 비용 산정을 위한 조사를 완료하고 급여 비용을 지급하는 것 등은 이 문서와 관련하여 수행할 업무가 아니다.

87 ③ 남녀 전체의 평생학습 정보 접근율은 2016년 이후 하락하였다가 상승한 후 다시 하락하였다.

88 ③ 개인별 검진 결과를 국제적인 기준과 비교하는 것이지, 국제적인 기관에 검사 결과 평가를 의뢰하는 것이 아니다.

89 ③ 서비스 수수료가 총 숙박 대금에서 몇 %를 차지하는 것이 좋은지에 대해서는 명시하고 있지 않으므로 ③은 적절하지 않은 내용이다.

90 ① ○○○○○의 환불정책은 엄격, 보통, 유연의 세 가지인데, 그중 '엄격'에 대한 환불 규정만 완화된 것이므로, 모든 환불정책이 완화되었다는 내용은 적절하지 않다.

»»» 91~100 국어문화

91 ① 〈보기〉에서 설명하는 작품은 〈호질〉이다.

↓ 오답률 줄이는 | 오답풀이 |

② 〈양반전〉은 박지원이 지은 한문 소설이다. 가난한 양반이 관아에 진 빚을 갚기 위하여 고을 원님의 배석하에 천한 신분의 부자에게 양반 신분을 팔려고 하였으나 양반의 조건이 너무 까다로워 부자가 양반 신분을 사양하였다는 내용이다. 양반 계급의 허위와 부패를 폭로하였으며 실학사상을 고취한다는 점에서 〈호질〉과 유사하다.
③ 〈이춘풍전〉은 작자와 연대를 알 수 없는 조선 후기 한글 소설이다. 평양 기생 추월에게 빠져 가산을 탕진한 이춘풍이 평안 감사의 비장으로 변장한 그의 아내에게 골탕을 먹는 내용으로, 당시 양반들의 위선적인 생활과 정치의 부패상을 폭로, 풍자한 작품이다.
④ 〈배비장전〉은 작자와 연대를 알 수 없는 소설로, 판소리 〈배비장〉을 소설화한 것이다. 여색(女色)에 빠지지 않겠다고 아내와 약속한 배비장이 제주 목사를 따라 임지로 부임하였다가, 사또의 사주를 받은 기생 애랑의 계교에 넘어가 많은 사람 앞에서 알몸이 되어 망신을 당한다는 내용으로, 여성의 활약상이 돋보인다.
⑤ 봉산탈춤은 황해도에서부터 전해져 온 대표적인 해서(海西) 탈춤으로 타령 장단이 사용되는 우리나라 대표 탈춤이다.

92 ③ 〈계축일기〉는 조선 시대 광해군 때 궁녀가 쓴 것으로 추정되는 한글수필로, 광해군이 아우 영창대군을 죽이고 인목대비를 서궁에 가두었을 때의 정경을 일기체로 적은 것이다. 〈한중록〉, 〈인현왕후전〉과 더불어 3대 궁중 문학으로서 소설 문학의 발달에 크게 이바지했다.

↓ 오답률 줄이는 | 오답풀이 |

① 〈옥루몽〉은 조선시대 남영로가 쓴 몽자류 소설이다. 주인공 양창곡이 만국을 토벌한 공으로 연왕으로 책봉되어 두 명의 아내와 세 명의 아내를 거느리고 호화로운 생활을 누리다가 하늘에 가서 선관이 되었다는 내용의 작품이다.
② 〈임진록〉은 조선 시대의 역사소설로 임진왜란을 배경으로 하여 영웅적인 과장을 붙인 작품이다. 이순신, 곽재우, 사명당 등 많은 영웅이 등장하여 곳곳에서 도술을 사용하는 등의 활약으로 왜적을 굴복시킨다는 내용이다. 우리 민족의 아픔을 문학에서라도 해소하고자 하는 의도가 엿보인다.
④ 〈산성일기〉는 조선 인조 때 궁녀가 쓴 일기체의 수필이다. 병자호란 때 남한산성으로 피난을 가면서 생긴 일과 인조반정 때 일을 생생하게 기록하고 있다.
⑤ 〈창선감의록〉은 조선 숙종 때 문인인 조성기가 쓴 소설로 배경이 명나라이다. '화진'의 인물을 둘러싼 가족의 이야기를 다루며, 부모에 대한 효도와 형제간의 우애를 유교적인 도덕관에 입각하여 그린 작품이다.

93 ② 김광균은 정지용, 김기림 등과 함께 한국 모더니즘 시 운동을 선도한 시인으로 도시적 감수성을 세련된 감각으로 노래한 기교파를 대표하는 작가이다. 그는 암담했던 1930년대의 사회현실로서 도시적 비애의 내면 공간을 제시하여 인간성 상실을 극복하고자 한 휴머니스트이기도 하다. 감성적이고 낭만적인 시인으로 고독과 슬픔 속에서 실존의 중요성을 확보하고 생의 의미를 긍정하고 있다.

↓ 오답률 줄이는 | 오답풀이 |

① 김기림은 모더니즘의 대표 주자로 감성보다는 이성을 바탕으로 한 주지주의 문학을 소개하는 데 앞장섰으며, 특히 I.A. 리차즈의 이론을 도입하고 이를 바탕으로 자신의 문학 이론을 정립했다. 대표작으로 〈바다와 나비〉, 〈태양의 풍속〉, 〈기상도〉 등이 있다.
③ 박목월은 '청록파'의 한 사람으로 초기에는 향토성이 짙은 토속적인 언어와 정형적이고 민요적인 율격을 바탕으로 자연친화적인 노래를 지었고, 후기에는 〈가정〉 등 실생활의 모습을 구체적으로 그린 작품도 지었다.
④ 유치환은 일제강점기의 대표작으로 〈깃발〉, 〈그리움〉, 〈일월〉 등이 있으며, '생명파 시인'으로 출발하여 한결같이 남성적 어조로 일관하여 생활과 자연, 애련과 의지 등을 노래한 작가이다.
⑤ 정지용은 다른 사상에 물들기보다 오로지 문학으로서 시가 무엇인지에 대해 노래한 시인으로 '시문학파'의 대표주자이다. 초기에는 모더니즘의 영향으로 〈카페 프란스〉, 〈파충류 동물〉과 같은 시를 썼는데, 1930년대로 넘어가면서는 〈유리창〉, 〈바다〉, 〈고향〉과 같은 서정적인 작품을 썼다. 윤동주, 청록파 등 많은 시인을 발굴하였다.

94 ⑤ '슬허'는 '슳다('슬퍼하다'의 옛말)'의 어간 '슳-'에 연결어미 '-어'가 붙어 연철된 사례이다.

95 ⑤ '셰계', '회샤' 등에서 이중 모음이 사용된 것으로 보아 단모음화가 적용되기 이전임을 알 수 있다.

↓ 오답률 줄이는 | 오답풀이 |

① '죠흔'은 ㅎ을 이어적기 한 것이며, '싶흔이'는 거듭적기의 흔적으로 볼 수 있다.
② '데일'에서 구개음화가 반영되지 않았음을 알 수 있다.
③ '쟝ᄉᄒ고', '쓰게'에서 아래 아를 찾아볼 수 있다.
④ ㅅ계 합용병서는 실제로는 어두자음군이 아니라 된소리로 발음되었을 것으로 추정한다. 'ᄶᅩ'를 보면 ㅅ계 합용병서를 사용하고 있음을 알 수 있다.

96 ③ '사위(詐僞)'는 일상에서는 거의 쓰지 않으므로 '거짓' 또는 '속임수'로 바꾸어 쓴다.

↓ 오답률 줄이는 | **오답풀이** |
① '회무(會務)'는 '회의에 관한 여러 가지 사무'의 뜻 외에 '모임이나 단체에 관한 여러 가지 사무'의 뜻을 가진 한자어이다. 실제 법령에서는 '회의' 자체의 사무보다는 '위원회'나 '기구(機構)' 등에 관한 사무 또는 업무로 쓰이므로 문맥에 따라 적절하게 바꾸어 쓴다.
② '병과(倂科)하다'는 주어가 '처벌'이나 '조치'일 경우 '함께 부과하다' 또는 '동시에 부과하다'로 바꾸어 쓰고, 문맥에 따라 '병행하다', '포함하다'로 바꾸어 쓴다. 다만 '형벌'이 포함되는 경우는 '부과하다'와 어울리지 않으므로, '병과하다'를 그대로 쓴다.
④ '개임(改任)하다'는 '다른 사람으로 바꾸어 임명하다'는 뜻을 가진 말로서, '교체 임명' 또는 '교체'로 바꾸어 쓴다.
⑤ '실사(實査)'는 '어떠한 사실을 조사하거나 검사한다'는 뜻이다. 문맥에 따라 '실제조사', '현지조사', '현장조사' 등으로 바꾸어 쓴다.

97 ③ 남한의 한글맞춤법은 의존 명사를 모두 띄어 쓰므로 '내지'를 띄어쓰지만, 북한의 조선말 규범집에 따르면 '불완전명사와 단위명사, 등, 대, 겸'을 제외한 다른 단어는 붙여 쓰는 것을 원칙으로 한다.

↓ 오답률 줄이는 | **오답풀이** |
① '것'은 의존명사이므로 남한에서는 띄어 쓰고 북한에서는 붙여 쓴다.
② '수'는 의존명사인데 북한에서는 앞말에 붙여 써야 한다.
④ '체'는 의존명사이므로 남한에서는 띄어 쓰고, 북한에서는 붙여 쓴다.
⑤ '등'은 열거할 때 쓰이는 말로 남한과 북한에서 모두 띄어 쓴다.

98 ① 양 주먹의 검지와 엄지 끝을 맞대어 양 눈 밑에서 아래로 두 번 내리는 동작으로 '울다'를 나타낸다.

99 ② 받침 'ㄱ'과 첫소리 'ㄱ'의 점형이 다르므로 구별이 가능하다.

↓ 오답률 줄이는 | **오답풀이** |
⑤ 첫소리 'ㄱ, ㄴ, ㄷ'은 오른쪽 제일 위의 점(4점)을, 첫소리 'ㄹ, ㅁ, ㅂ'은 오른쪽 두 번째 점(5점)을 공통으로 포함하고 있다.

100 ④ 피해자가 처한 상황에서 '금융 범죄'라는 단어를 반복했을 뿐 비슷한 문장구조를 반복한 것은 아니다.

↓ 오답률 줄이는 | **오답풀이** |
① '늘 의심하고! 꼭 전화 끊고! 또 확인하고!'에서 '-고'라는 어미(동일한 음절)를 반복하여 리듬감을 형성하고 있다.
② (휴대폰 문자 알림소리) 또는 (징 소리)를 활용하여 사람들이 상황에 몰입하기 쉽게 만들고 있다.
③ 의심하고, 전화를 끊고, 확인해야 함을 반복하여 말함으로써 시청자가 기억하기 쉽게 하고 있다.
⑤ 사람들이 잘 아는 '심청전'을 활용하여 수용자가 이해하기 쉽게 전달하고 있다.

KBS한국어능력시험 모의 답안지

기 록 란 (DATA SHEET)

답 안 란 (ANSWER SHEET)

KBS한국어능력시험 모의 답안지

기록란 (DATA SHEET) / 답안란 (ANSWER SHEET)

memo

memo

memo

여러분의 작은 소리
에듀윌은 크게 듣겠습니다.

본 교재에 대한 여러분의 목소리를 들려주세요.
공부하시면서 어려웠던 점, 궁금한 점,
칭찬하고 싶은 점, 개선할 점, 어떤 것이라도 좋습니다.

에듀윌은 여러분께서 나누어 주신 의견을
통해 끊임없이 발전하고 있습니다.

에듀윌 도서몰 book.eduwill.net
- 부가학습자료 및 정오표: 에듀윌 도서몰 → 도서자료실
- 교재 문의: 에듀윌 도서몰 → 문의하기 → 교재(내용, 출간) / 주문 및 배송

2026 에듀윌 KBS한국어능력시험
한권끝장 + 무료특강

발 행 일	2025년 7월 4일 초판
편 저 자	송주연, 김지학, 황혜림
펴 낸 이	양형남
개　　발	정상욱, 남궁현, 허유진
펴 낸 곳	(주)에듀윌
등록번호	제25100-2002-000052호
주　　소	08378 서울특별시 구로구 디지털로34길 55 코오롱싸이언스밸리 2차 3층
I S B N	979-11-360-3787-9(13710)

* 이 책의 무단 인용 · 전재 · 복제를 금합니다.

www.eduwill.net
대표전화 1600-6700

시험장에 가져갈 단 한 권!

어휘·어법 끝장노트

에듀윌 KBS한국어능력시험
한권끝장 + 무료 특강

어휘 | 고유어

01 가념
돌보다 풀이되는 뜻으로. = 가량지기
예) 사용 연도가 바다 가까이에까지 가까워지고 있다.

02 가득이
예) 옷이 옷장에 넣어야 할 정도로 가득하게 들어있다.
① 훌쩍 옷이 아기자기 가득하게 많아 생긴다.
② 이지자기 크고작은 것이 가까게 개나들다.
예) 가득한 유지다.

03 고요히
예) 시내 마음이 움직 고요한, 도로 움직 들은 사이.
① 마음이 고요하고 있는 상.

04 곤치
예) 마리, 끝로. 마음속에 들어 오르지 있는 말.

05 끝장하다
예) 상황이 끝고 중이다.
① 어서 시가 끝장하지 다 놓았다.
② 우시 마음하기 끝고 거센다.
예) 내 가시내지만 누구를 끝장이 끝장하지 다 놓았다.
예) 끝장할 유지다.

06 피거인이
예) 발표되는 정인이 아주 고요한다.
⑩ 피거일 정치.

07 그림하다
① 연기이 풀이 나시에 가까운 타 늘다.
예) 나릭없이 그림 들이느낄 거리지 등에 그리하는 것이 아주끝정이
있다.
② 사람을 기억 머시 유일하게 여소다.
예) 그녀는 다가지나 가짝지 만든 달 다른 사람들의 그림하는 뜻이 있었다.
③ 그리고 다지지나 기꺼지 만든 뜰이 다른 둥도안 깜을다었다.
예) 그는 그림하여 말이었다.

08 금방
예) 자꾸 알을 해어요, 도로 해어린 수 있는 등을.
⑩ 그들 자가의 시기의 성장할 함고 있었다.

09 내어이
① 아침 별 급해 더 나아가.
예) 가이 길이 대기 갈집 바이나같갔다.
② 훨씬 갈 집중이.
⑩ 감동 훨씬 시기가 대기 계속된다.

10 눈엄이
아침상에 놓인 비리이, = 느둠으로

11 느리가지다
예) 나이 나이에 아수들을 대기 않고 울림들로 지나가게 느속한다.
⑩ 옳은 눈이 어지거히 느리가지단.

12 득달같이
잠시도 늦추지 아니하게.
예 득달같이 달려가다.

13 머쓱하다
① 어울리지 않게 키가 크다.
　　예 키만 머쓱하게 큰 사람.
② 무안을 당하거나 흥이 꺾여 어색하고 열없다.
　　예 그는 자신의 마음을 들킨 것이 머쓱해서 웃고 말았다.

14 무녀리
① 한 태에 낳은 여러 마리 새끼 가운데 가장 먼저 나온 새끼.
　　예 강아지 여러 마리 가운데 무녀리 한 마리를 공짜로 얻어다 기르게 되었다.
② 말이나 행동이 좀 모자란 듯이 보이는 사람을 비유적으로 이르는 말.
　　예 무녀리인줄 알았던 그는 알고 보니 영특한 학생이었다.

15 무람없다
예의를 지키지 않으며 삼가고 조심하는 것이 없다.
예 어른에게 무람없이 굴지 마라.

16 바투01
① 두 대상이나 물체의 사이가 썩 가깝게.
　　예 바투 다가앉다.
② 시간이나 길이가 아주 짧게.
　　예 날짜를 바투 잡다.

17 부아01
노엽거나 분한 마음.
예 부아가 나다.

18 사뭇
① 거리낌 없이 마구.
　　예 그는 선생님 앞에서도 사뭇 술을 마셨다.
② 내내 끝까지.
　　예 이번 겨울 방학은 사뭇 바빴다.
③ 아주 딴판으로.
　　예 기질도 사뭇 다르다.
④ 마음에 사무치도록 매우.
　　예 그녀의 마음에는 사뭇 슬픔이 밀려왔다.

19 싹수
어떤 일이나 사람이 앞으로 잘될 것 같은 낌새나 징조. ≒싹

20 설명하다
① 아랫도리가 가늘고 어울리지 아니하게 길다.
　　예 그는 키가 설명하게 크고 어깨가 떡 벌어졌다.
② 옷이 몸에 맞지 않고 짧다.
　　예 설명한 바지를 입고 나타난 그의 모습이 너무나 우스꽝스러웠다.

21 섬벅섬벅01
크고 연한 물건이 잘 드는 칼에 쉽게 자꾸 베어지는 소리. 또는 그 모양.
예 무를 섬벅섬벅 썰다.

22 상쾌하다
사람이나 몸과 마음이 기분이 매우 좋다.
예 그는 상쾌한 공기정화로 꽉 찬 거리를 해매고 돌 줬었다.

23 새집다
이 드레스는 어깨 재단까지 들기 편했다.
예 그는 생애 일 동생진이로 쓸 것 가방을 채비로 돌 줬었다.

24 속독
기분을 세기로 따지 못하고 몸이기는 태도나 성질.
예 속독이 들다.

25 시레이
어떤 일이 일어나기 전 또는 어떤 기회나 때가 끝나기 직전의 미리.
예 지게 잡을 먹다.

26 가지가지하다
이러거러하나 향고 가지 가지이다.
예 너 아침 가지가지까지 얻고 잘못을 따지자.

27 강정강정
자기 분에 마땅하지 않거나 아니꼴게 마음에 차지 아니하여 몸부잡는 모양.
예 명계가 강정강정 웃기이다.

28 다부지다
몸이가 꽤 야무지고 매우 크시.
예 그는 생김이 다부장이 가다랗다.

29 대매리끔
사람을 대하는 태도가 친절참이 없이 에다리롭이 정중. 는 다매리롭이.
예 그는 수수를 대답리게 대한다.

30 응응음이
마디마디의 음성일 정둥 돋 그닉이 이상했다.
예 어제 새벽 찡돌이나 정퇴아 용하고, '응응음이 정둥 돋 가세 돋 돋.

31 몸글
밴에 마사가 달리난설에 올 용기도 성급.
예 변정 여섯 순진 디아정 반 새기가 몸글 걸 쓸 철렸다.

32 사내기지다
상정이 바르에 녹잣실이 아영답 대기 있다.
예 그는 나를 사내기실게 몽아름답다.

33 사이다
몸이 사그리저서 재도 된다.
예 새매에 고든원이 아직 상정일 사시지 얼겼다.

34 새록새록
상정이 자하다신 웅이고 가게리 생이 사람에게 상정일 대끈 왔었다.
예 사림이 얇은 공이세 새록새록 생육실 쇄이에게 사람에게 대용 왔섬다.

35 애오라지

① '겨우'를 강조하여 이르는 말.
　예 주머니엔 애오라지 동전 두 닢뿐이다.
② '오로지'를 강조하여 이르는 말.
　예 애오라지 자식을 위하는 부모 마음.

36 어우러지다

① 여럿이 조화되어 한 덩어리나 판을 크게 이루게 되다.
　예 들꽃이 어우러져 핀 둑은 환상적으로 아름답다.
② 여럿이 조화를 이루거나 섞이다.
　예 한동안 바이올린이며 첼로, 비올라가 한데 어우러졌다.
③ 여럿이 자연스럽게 사귀어 조화를 이루거나 일정한 분위기에 같이 휩싸이다.
　예 마을 회관에 주민들과 학생들이 함께 어우러진 흥겨운 잔치 마당이 펼쳐졌다.

37 엉기정기

질서 없이 여기저기 벌여 놓은 모양.
예 그는 책상 위에 책들을 엉기정기 벌여 놓고 나가 버렸다.

38 우럭우럭

① 불기운이 세차게 일어나는 모양.
　예 모닥불이 우럭우럭 피어오르다.
② 술기운이 얼굴에 나타나는 모양.
　예 그는 술이 한 잔만 들어가도 술기운이 얼굴에 우럭우럭 나타난다.
③ 병세가 점점 더하여 가는 모양.
　예 방치하는 사이에 그녀의 병세가 우럭우럭 더해졌다.
④ 심술이나 화가 점점 치밀어 오르는 모양.
　예 뜻밖의 일을 당하니 가슴이 우럭우럭하여 가만히 있을 수가 없다.

39 우렁잇속

품은 생각을 모두 털어놓지 아니하는 의뭉스러운 속마음을 비유적으로 이르는 말.
예 그 녀석의 속마음은 우렁잇속 같아서 뭐가 뭔지 알 수가 없다.

40 짬짜미

남모르게 자기들끼리만 짜고 하는 약속이나 수작.
예 그가 밤늦게 돌아오는 일에는 분명 그녀의 짬짜미가 있을 것이다.

41 조롱조롱

① 작은 열매 따위가 많이 매달려 있는 모양. = 조랑조랑
　예 푸른 줄기에 조롱조롱 매달린 흰 꽃송이는 놀랍도록 싱싱했다.
② 아이가 많이 딸려 있는 모양. = 조랑조랑
　예 그는 아이 다섯을 조롱조롱 데리고 나타났다.

42 추렴

모임이나 놀이 또는 잔치 따위의 비용으로 여럿이 각각 얼마씩의 돈을 내어 거둠.
예 추렴을 거두다.

43 티적티적

남의 흠이나 트집을 잡으면서 자꾸 비위를 거스르는 모양.

44 포슬포슬

덩이진 가루 따위가 물기가 적어 엉기지 못하고 바스러지기 쉬운 모양. '보슬보슬'보다 거센 느낌.

45 할금할금

곁눈으로 살그머니 계속 할겨 보는 모양.

46 해사하다 01
예 해사한 얼굴.
달빛이 희고 맑다랗다.

47 해쓱01
예 술 해서 초 못 든 동생. ≒ 해쓱
예 잘 먹지 못 해서 인지 얼굴이 해쓱해 보여 갓 낳은 것 같았다.

48 홀쭉하다
예 마른 몸에 비해 배가 홀쭉하지 않은 모양.
① 커지 않고 조금 호리호리해 보이는 모양.

49 초췌하다
예 며칠 밤을 새웠더니 얼굴이 무척 초췌해졌다.
① 병이나 근심, 고생 따위로 얼굴이나 몸이 여위고 기운이 없다.
② 매우 풀기죽어 풀죽풀죽 의롭다.
예 초췌한 기색 / 초췌해 지내다.

50 기력이
예 오랫동안 아파서 누워있는 그는 곡을 통했다.
기운이 없다.

51 풀죽이
예 풀죽 대답도 잘 질리더니가 갑자기.
① 이구리저리 갔었, 아주러고리운 매우 풀죽.
② 풀죽 차리리어 마리리릴.
예 꽃 사람에게 일이 질리기를 바라졌다.

52 풀리임피
예 풀린이 가늘 목이거나 몸이 계속 잘리임을 나타내는 말.
예 갑자기의 일이 풀리임인 일어났다.

53 나른등이
예 그 사람과 나나들은 일정 친밀 사이다.
서로 마지 하고 보려 한일 음식이 하늘들이 도로 질심. 즉 있이 ≒ 시로 간이.

54 달짐에
예 인기가 아주 사지 아니하였을 정에 ≒ 달짐에
예 덥이에 젊치을 매다.
② 음식 가치가 지나가 정에 ≒ 달짐에

55 마지막이다
예 기다림 또 풀 하다.
예 가족으로 자녀이들 마지아지한다.

56 마구장이
예 염 자정으로 물건을 파는 일, 또는 가지가 많은 속도.
예 오후 장 시가 넘도록 마지장이로 윤 했다.
② 맨 정정으로 부끄는 일.
예 마지작에 수험하지 않은 그기를 담겨었다.

57 매쪼지다
예 일이 끝을 당정이 이르승에 어떻든 갖이기를 매고했다.
그 선에 닫는 당성으로 상상으로 살어나더 갖이 갓기를 매고했다.

58 무릎맞춤
두 사람의 말이 서로 어긋날 때, 제삼자를 앞에 두고 전에 한 말을 되풀이하여 옳고 그름을 따짐. ≒ 대대, 두릴, 양조대변
- 예 그와 무릎맞춤을 해서 의심이 풀릴 일이라면 백 번이라도 하겠다.

59 빨
일이 되어 가는 형편과 모양.
- 예 그 노인이 하는 빨로 따라 하면 된다.

60 벼리다
무디어진 연장의 날을 불에 달구어 두드려서 날카롭게 만들다.
- 예 대장장이가 농기구를 만들기 위해서 날을 벼리었다.

61 보암보암
이모저모 살펴보아 짐작할 수 있는 겉모양.
- 예 보암보암에 괜찮은 것 같더니 실제는 형편없다.

62 본치
남의 눈에 띄는 태도나 겉모양.
- 예 손님들이 오자 나는 점심상을 본치 좋게 차렸다.

63 새록새록
새로운 물건이나 일이 잇따라 생기는 모양.
- 예 봄이 되자 새순이 새록새록 돋아난다.

64 스러지다
① 형체나 현상 따위가 차차 희미해지면서 없어지다. ≒ 슬다
- 예 의식이 희미해지고, 그의 모습이 스러졌다.

② 불기운이 약해져서 꺼지다.
- 예 스러지는 불꽃, 스러지는 촛불.

65 에누리
① 물건값을 받을 값보다 더 많이 부르는 일. 또는 그 물건값. ≒ 월가
- 예 에누리가 없는 정가(正價)이다.

② 값을 깎는 일.
- 예 에누리를 해 주셔야 다음에 또 오지요.

③ 실제보다 더 보태거나 깎아서 말하는 일.
- 예 그의 말에는 에누리도 섞여 있다.

④ 용서하거나 사정을 보아주는 일.
- 예 에누리 없이 사는 사람 있던가?

66 영금01
따끔하게 당하는 곤욕.
- 예 영금을 보다.

67 예제없이
여기나 저기나 구별이 없이.
- 예 오래 방치된 집 안에는 거미줄이 예제없이 엉켜 있었다.

68 우수리

① 물건값을 제하고 거슬러 받는 잔돈. ≒ 우수

예 만 원을 내고 우수리로 천 원을 거슬러 받았다.

② 일정한 수나 수량에 차고 남는 수나 수량. ≒ 단수

예 한 사람 앞에 5개씩 주었는데도 우수리가 7개나 된다.

69 이지러지다

① 불쾌한 감정 따위로 얼굴이 일그러지다.

예 심정을 억누르자니 얼굴의 표정이 이지러졌다.

② 성격, 생각, 행동 따위가 바르지 못하고 비뚤어지다.

예 삭막함이 사람의 마음을 이지러지게 한다.

70 잡도리

① 단단히 준비하거나 대책을 세움. 또는 그 대책.

예 그는 일을 시작하기 전에 철저히 잡도리를 하였다.

② 잘못되지 않도록 엄하게 단속하는 일.

예 이번에 잡도리를 못 하면 더 버릇없는 사람이 되고 말 것이다.

③ 아주 요란스럽게 닦달하거나 족치는 일.

예 경찰은 범인을 철저히 심문하며 잡도리를 하였다.

71 종요롭다

없어서는 안 될 정도로 매우 긴요하다.

예 이번 기술 제휴는 우리 회사를 키우는 데 종요로운 일이므로 모두가 성심으로 이 일에 임해 주기 바랍니다.

72 허수롭다

짜임새나 단정함이 없이 느슨한 데가 있다.

예 무슨 일에나 계획적이었던 그가 그런 것에 허수로울 리가 없다.

바로확인 ○×문제

※ 밑줄 친 단어의 의미가 옳으면 ○, 틀리면 × 표시하시오.

01 같은 증세가 <u>내처</u> 계속되다. → 어떤 일 끝에 더 나아가. (○/×)

02 <u>설멍한</u> 바지를 입고 나타난 그의 모습이 너무나 우스꽝스러웠다.
→ 옷이 몸에 맞지 않고 짧다. (○/×)

03 밤이 되자 <u>호젓한</u> 바닷가에 나 혼자만 남겨졌다.
→ 후미져서 무서움을 느낄 만큼 고요하다. (○/×)

04 그녀는 같은 부서 동료에게 일의 <u>갈무리</u>를 부탁하고 잠시 자리를 비웠다. → 일을 처리하여 마무리함. (○/×)

※ 단어가 문맥에 적합하게 쓰였으면 ○, 적합하지 않으면 × 표시하시오.

05 휴가 날짜를 <u>바투</u> 잡았으니, 여유 있게 계획을 짜 보아야겠군. (○/×)

06 그는 <u>실팍한</u> 몸집인데도 쌀 한 가마를 제대로 못 옮긴다. (○/×)

07 너 얼굴이 왜 그렇게 <u>해사해</u>? 어제 잠을 못 잤니? (○/×)

※ 문맥상 적절한 단어를 고르시오.

08 그가 밤늦게 돌아오는 일에는 분명 그녀의 (짬짜미, 짬짬이)가 있을 것이다.

09 그는 책상 위에 책들을 (얼기설기, 엉기정기) 벌여 놓고 나가 버렸다.

10 (보암보암, 알음알음)으로는 별다른 훈련 없이 그냥 할 수 있을 것 같다.

정답 01 × 02 ○ 03 ○ 04 ○ 05 × 06 ○ 07 × 08 짬짜미 09 엉기정기 10 보암보암

어휘 | 고유어(단위어)

01 갓04
한 갓은 굴비·비웃 따위 열 마리, 또는 고비·고사리 따위 열 모숨을 한 줄로 엮은 것을 이른다.

02 꾸러미
① 꾸리어 싼 물건을 세는 단위.
　예 소포 두 꾸러미. / 열 꾸러미의 수하물.
② 달걀 열 개를 묶어 세는 단위.
　예 달걀 한 꾸러미.

03 길05
① 길이의 단위. 한 길은 여덟 자 또는 열 자로 약 2.4미터 또는 3미터에 해당한다.
　예 천 길 낭떠러지.
② 길이의 단위. 한 길은 사람의 키 정도의 길이이다.
　예 트럭에 실린 통나무는 굵기는 한 아름이 넘고 길이는 열 길이 넘었다.

04 담불02
한 담불 = 벼 백 섬

05 돈01
무게의 단위. 한 돈 = 한 냥의 1/10 = 한 푼의 10배 = 3.75그램
예 금반지 열 돈을 팔아서 쌀을 샀다.

06 동01
물건을 묶어 세는 단위. 한 동은 먹 열 정, 붓 열 자루, 생강 열 접, 피륙 50필, 백지 100권, 곶감 100접, 볏짚 100단, 조기 1,000마리, 비웃 2,000마리를 이른다.

07 두름
① 물고기를 짚으로 한 줄에 열 마리씩 두 줄(스무 마리)로 엮은 것.
② 고사리 따위의 산나물을 열 모숨 정도로 엮은 것.

08 마지기01
한 마지기 = 볍씨 한 말의 모 또는 씨앗을 심을 만한 넓이. (논은 약 150~300평, 밭은 약 100평)
예 형님은 돈을 모아 논 다섯 마지기를 샀다.

09 뭇02
① 짚, 장작, 채소 따위의 작은 묶음을 세는 단위. 늑속
② 한 뭇 = 생선 열 마리
③ 한 뭇 = 미역 열 장.

10 바리01
마소의 등에 잔뜩 실은 짐을 세는 단위.
예 나무 한 바리. / 콩 두 바리.

11 발07
길이의 단위. 한 발은 두 팔을 양옆으로 펴서 벌렸을 때 한쪽 손끝에서 다른 쪽 손끝까지의 길이이다.
예 연못에서 길이가 한 발이나 됨 직한 잉어들이 서너 마리 놀고 있다.

12 쌈03
① 한 쌈 = 바늘 24개
② 옷감, 피혁 따위를 알맞은 분량으로 싸 놓은 덩이.
③ 한 쌈 = 금 100냥쭝(냥) = 1,000돈(1돈 = 한 냥의 1/10 = 3.75g).

정답

01 ○ 02 × 03 짐 04 마리 05 가마니

---

13 짐05
예 고등어 한 짐. (20마리)
길이의 단위. 물 수 있는 한 짐의 양을 배로 약 30.3cm.
예 상에 더 자전거 오십 짐 콜 잘 말을 만든다.

14 자03
예 채소두 고구마 100개

15 짐02
예 김장용 배추 한 짐을 샀더니 마당이 들썩하였다.

16 촘02
촘 = 옷, 그릇 따위의 10벌
예 시집갈 때 짐이 옷 촘 채워 보내다.

17 촘01
'촘'의 종류. 옷 한 촘에 있는 옷들을 세는 단위.
예 종이 한 촘. / 머리밭 한 촘. / 마늘 한 촘. / 옷의 누 촘.

18 촘02
촘 두 = 오징어 20마리
예 그들은 잡은 오징어 자장에서 오징어 한 촘씩 잘 내어 바렸다.

19 자04
촘 차이 = 촘 사이 1/10 = 약 3.03cm
예 새 기 세를 장롱가가다 곧 장신을 말았다.

마도촘인 ○×문제

※ 연통 진 단위 의미가 용임 ○, 틀리면 × 표시하시오.

01 그들은 잡은 오징어 자장에서 오징어 오십 촘 잘 줄이 내어 바렸다.
→ 오징어 누 마리   (○/X)

02 할머니 등에 업더 벼 한 짐 들름을 졌다. → 벼 한 짐   (○/X)

※ 만단에 진장한 단어를 고르시오.

03 김장을 술리고 매주 했다니 온 돌 맑이 들썩하였다.

04 담이 들에 나가 창 (아기기, 마리)를 잡아 왔다.

05 책장 하에는 수 표 누 (짐, 쫌, 자마리)이 놓여 있었다.

어휘 | 한자어

01 간발(間髮)
아주 잠시 또는 아주 적음을 이르는 말. 터럭(털)과 터럭 사이라는 뜻.
예 벌써 그의 가슴으로 간발의 틈을 노린 칼끝이 닿고 있었다.

02 개재(介在)
어떤 것들 사이에 끼여 있음.
예 이번 협상에는 수많은 변수가 개재되어 있다.

03 개정(改正)
주로 문서의 내용 따위를 고쳐 바르게 함.
예 회칙을 개정하였다.

04 개정(改定)
이미 정하였던 것을 고쳐 다시 정함.
예 대회 날짜를 개정하였다.

05 갱신(更新)
『법률』법률관계의 존속 기간이 끝났을 때 그 기간을 연장하는 일.
예 계약 갱신.

06 게재(揭載)
글이나 그림 따위를 신문이나 잡지 따위에 실음.
예 그의 칼럼을 일주일에 한 번 신문에 게재하기로 했다.

07 결부(結付)
일정한 사물이나 현상을 서로 연관시킴.
예 그 두 문제는 매우 밀접히 결부되어 있다.

08 결재(決裁)
결정할 권한이 있는 상관이 부하가 제출한 안건을 검토하여 허가하거나 승인함.
예 결재 서류.

09 결제(決濟)
『경제』증권 또는 대금을 주고받아 매매 당사자 사이의 거래 관계를 끝맺는 일.
예 결제 자금.

10 경신(更新)
① 기록 경기 따위에서, 종전의 기록을 깨뜨림.
  예 마라톤 세계 기록 경신.
② 어떤 분야의 종전 최고치나 최저치를 깨뜨림.
  예 무더위로 최대 전력 수요 경신이 계속되고 있다.

11 계륵(鷄肋)
닭의 갈비라는 뜻으로, 그다지 큰 소용은 없으나 버리기에는 아까운 것을 이르는 말.
예 겨울이 되니 선풍기가 계륵 같은 물건이 되었다.

12 계제(階梯)
어떤 일을 할 수 있게 된 형편이나 기회. ≒ 진량
예 지금은 이것저것 가릴 계제가 아니다.

13 공부(工夫)

예 "마를, 이미 훌륭한 변론, 즉, 상당히 공부하여 다른 사람에게 들리지 않은 말" 에서 사람이 일을 깨끗하게 잘 끝마침을 공부했다.

14 공표(公表)

예 어제 사람에게 만든 구리하여 정을 얻어 '공부하며', '공표' 그 사람에게 당당한 것임을 공표하였다.

15 관건(關鍵)

① 문단에서 사건이나 이유를 이르는 말. 예 아자 공부도 하고 싶지 않은 관건.
② 어떤 사물이나 문제 해결의 가장 중요한 부분. 예 앞에 해결의 관건이 있다.

16 요점(要點 / 核心)

① 마음대로 풀을 놓아기르는 말. 예 동생에게 잘 생각이 꽉 품이 바로잡았다.
② 마음대로 자라도록 방치하거나, 정신이나 나태를 버려두는 등. ≒ 동생자제
예 한 결정은 반드시 인생에 풀을 이르는 말. =동생자제
예 일곱 아이들의 용감한 풀을 이어야 들.

17 고돈(苦悶)

① 개체이나 체돈.
② 그의 고돈으로 이런 일은 인정해 주었다.
② 사사를 돼지하거나 상상하는 등에 나는 과네 해물이 될 그런 둬. 예 들 말이 그를 괴롭힌다. / 고모이 체돈다.

18 베이(日照)

예 한 곳이라는 뜻으로, 어떤 가운데에서 가장 남이나 사람이나 물건을 돋보이게 비 아상스로 이르는 말.

19 국진(恭蠹)

예 〈공부〉 등을 놓고 그렇게 공손해야 베이한다.

20 미건(芪菇)

예 상대에 따라.
생들이 준건하여 완강히 거부정.

21 시신(屍身)

예 그는 부모들이에 미원을 달성 찾아기이다.
것주서상. ≒ 없는

22 사정(事情)

① 해결의 단어 당. ≒ 사건, 해결해.
예 이 방에서는 가을에 상세히 모자앞한다.
② 아면 일이 아니거나 이루어진 듯, 또는 그런 미반. 예 우리 임신이 얼싹이를 기울 개쓸이 상되고 가정됩다.

23 수신(修身)

① 상비공정 왕. ≒ 왕성, 시세.
② 송는 남의 의에 조심.
예 선용한 베일 시키한 이게 사정이 대비 역할 것이다.

예 그리고 나누가 해행한 대출을 좋아 고칠, 목이 새로 방이 절상 수신하다.

24 슬하(膝下)

무릎의 아래라는 뜻으로, 어버이나 조부모의 보살핌 아래. 주로 부모의 보호를 받는 테두리 안을 이른다.
예 슬하에 자녀는 몇이나 두었소?

25 가관(可觀)

① 경치 따위가 꽤 볼만함.
  예 내장산의 단풍은 참으로 가관이지.
② 꼴이 볼만하다는 뜻으로, 남의 언행이나 어떤 상태를 비웃는 뜻으로 이르는 말.
  예 잘난 체하는 꼴이 정말 가관이다.

26 괘념(掛念)

마음에 두고 걱정하거나 잊지 않음. ≒ 체념, 괘심, 괘의
예 대수로운 일도 아니니 너무 괘념 마시고 마음 편히 가지십시오.

27 사족(蛇足)

뱀을 다 그리고 나서 있지도 아니한 발을 덧붙여 그려 넣는다는 뜻으로, 쓸데없는 군짓을 하여 도리어 잘못되게 함을 이르는 말. = 화사첨족(畫蛇添足)
예 사족을 달다. / 사족을 붙이다.

28 석권(席卷 / 席捲)

돗자리를 만다는 뜻으로, 빠른 기세로 영토를 휩쓸거나 세력 범위를 넓힘을 이르는 말.
예 중국 대륙의 석권.

29 숙환(宿患)

① 오래 묵은 병. ≒ 숙증
  예 아버님께서는 숙환으로 고생하시다가 별세하셨다.
② 오래된 걱정거리.

30 아성(牙城)

① 아기(牙旗)를 세운 성이라는 뜻으로, 주장(主將)이 거처하는 성을 이르던 말.
② 아주 중요한 근거지를 비유적으로 이르는 말.
  예 수십 년 쌓아 온 그의 아성을 무너뜨릴 수는 없었다.

31 와중(渦中)

일이나 사건 따위가 시끄럽고 복잡하게 벌어지는 가운데.
예 많은 사람이 전란의 와중에 가족을 잃었다.

32 용렬하다(庸劣--)

사람이 변변하지 못하고 졸렬하다.
예 그는 매사에 용렬하기 짝이 없다.

33 우골탑(牛骨塔)

가난한 농가에서 소를 팔아 마련한 학생의 등록금으로 세운 건물이라는 뜻으로, '대학'을 속되게 이르는 말.
예 한때, 대학은 상아탑 대신에 우골탑으로 불렸다.

34 유기(遺棄)

내다 버림.
예 불의에 침묵하는 것은 지성인의 사회적 책임을 유기하는 행위이다.

35 유래(由來)

예 동양에서 유래가 없는 일.
① 이쪽저쪽 오가면서 사귐. =왕래(往來)
② 그들의 공통점은 모두 청계천 유래에서 찾기 힘든 것이다.

36 유례(類例)

① 역사에서 유례를 찾아볼 수 없는 일.
예 이 사건은 이전의 판례에 비추어 볼 때 유례가 많지 않은 경우이다.
② 당신이 지금 내게 무슨 시비를 거는 미꼬, 또는 그리는 미짓.
예 『사랑』, 『유정』 등 이광수의 많은 장편소설이 이 잡지에 힘입어 연재되기 시작하였다.

37 자정(自淨)

예 맑은 계곡물.
③ 맑은 고음 기관.
예 아침 일찍 다시를 모으로 올림.
예 그는 탐욕스럽고 자정력을 잃고 나갔다.

38 정숙(靜肅)

① 조용하게 엄숙함.
② (주로으로, '정숙으로', '정숙에' 꼴로 쓰여) 사람이 성품이나 행동이 매우 얌전함.
예 장숙히 걸었다.

39 재연(再演)

① 연극이나 영화 따위를 다시 상영하거나 상연함.
예 그 연극이 좋은 반응을 얻어 다시 재연되고 있다.
② 한 번 하였던 행위나 일을 다시 되풀이함.
예 화재가 사건이 재연되어야 할 것이다.

---

40 재연(再現)

① 다시 나타남.
예 재활을 죽은 사람이 갔다가 다시 지상하는 지상계는 있다.
② 물품이 장인이가 미이 다시 공연하기 위해 시작이다.
예 어이이 오니간 곳에 그 물건을 이게 전압 수 있다가 있다.

41 진수(眞髓)

예 사상이나 사물의 가장 중요하고 본질적인 부분. = 진수
예 이번 연극에서는 마당 공익의 진수를 감상할 수 있다.

42 필치(筆致)

예 글에 드러나는 사람의 운명이나 자식. 사람의 연필의 동사.
예 그는 유능한 솜씨로, 성장한 문학 위에 사람들 사이에 많은 화장이 있다.

43 기운(氣運)

① 어떤 시대에 특별히 이끌이 가진 특이한 흐름.
② 이그이 나가는 방이 기운이 갖고 있다. 예렇는 가운데 움직임이다.

44 기숙(筆致)

예 사상의 재주. / 기상이 인물. / 에닝과 그을 그렇이 인물이 되었다.
예 가장, 그런, 실장 바라가 더다는 떠나다 남, 또는 그렇게 이십.

45 개조(改題)

예 책이나 대중 음악 따위의, 책 그림 것.
예 감독이 재상이를 대하여 발표 그림 것.

46 경륜(經綸)

일정한 포부를 가지고 일을 조직적으로 계획함. 또는 그 계획이나 포부. ≒ 영륜
예 경륜이 있는 사람. / 경륜을 품다.

47 묵인(默認)

모르는 체하고 하려는 대로 내버려둠으로써 슬며시 인정함.
예 지방 수령들의 수탈이 묵인되면서 백성들의 생활고는 더 심해졌다.

48 미증유(未曾有)

지금까지 한 번도 있어 본 적이 없음.
예 역사 이래 미증유의 사건.

49 박장대소(拍掌大笑)

손뼉을 치며 크게 웃음. ≒ 박소
예 사회자의 재치 있는 말에 방청석에서 박장대소가 터졌다.

50 발군(拔群)

(흔히 '발군의' 꼴로 쓰여) 여럿 가운데에서 특별히 뛰어남.
예 그 학생은 여러 학생 가운데 발군의 성적을 보였다.

51 발연하다(勃然-- / 艴然--)

왈칵 성을 내는 태도나 일어나는 모양이 세차고 갑작스럽다.
예 할아버지의 발연한 모습에 온 식구가 쥐 죽은 듯이 숨을 죽이고 벌벌 떨었다.

52 방출(放出)

① 비축하여 놓은 것을 내놓음.
예 은행의 자금 방출로 기업의 숨통이 조금 트였다.
② 『물리』 입자나 전자기파의 형태로 에너지를 내보냄. ≒ 내쏘기
예 은하가 태양계에 방출하는 빛의 양은 은하의 기울기에 따라 달라진다.

53 배임(背任)

주어진 임무를 저버림. 주로 공무원 또는 회사원이 자기의 이익을 위하여 임무를 수행하지 않고 국가나 회사에 재산상의 손해를 주는 경우를 이른다.
예 그 공무원은 배임 및 횡령죄로 구속되었다.

54 복기(復棋 / 復碁)

『체육』 바둑에서, 한 번 두고 난 바둑의 판국을 비평하기 위하여 두었던 대로 다시 처음부터 놓아 봄.
예 이번에 둔 바둑을 복기해 보니 내가 끝내기에서 실수한 것을 깨달았다.

55 봉정(奉呈 / 捧呈)

문서나 문집 따위를 삼가 받들어 올림.
예 선생님께 회갑 기념 논문집을 봉정했다.

56 부연(敷衍 / 敷演)

이해하기 쉽도록 설명을 덧붙여 자세히 말함.
예 그는 그동안의 진행 과정을 부연하여 설명하였다.

57 임대(賃貸)

돈을 받고 자기의 물건을 남에게 빌려줌.
예 임대 아파트.

58 입차(碁借)

돈을 대거나 물건 같은 것을 빌려 씀. ↔ 안대
예 은행 대출 등을 사사로이 입차하였다.

59 채근(採根)

① 식물의 뿌리를 캐냄.
② 어떤 일의 내용, 원인, 근원 따위를 캐어 알아냄.
③ 어떻게 행동하기를 따지어 독촉함.
  예 약속한 돈을 아직 안 주어서 채근을 하러 갔다.
④ 어떻게 하라고 따지어 독촉함.
  예 아버지의 잦은 채근에 매우 불편했다.

60 알력(軋轢)

수레바퀴가 삐걱거린다는 뜻으로, 서로 의견이 맞지 아니하여 사이가 안 좋거나 충돌하는 것을 이르는 말.
예 집안싸움의 지도자들이 알력한다.

61 문수성(分水嶺)

어떤 사실이나 사태가 발전하는 전환점이 되는 시기나 사건 따위를 비유적으로 이르는 말.
예 이곳에서 지난 5년간 들인 그의 인생에 그의 장래를 결판짓는 달이었다.

62 자웅(雌雄)

① 암컷과 수컷을 아울러 이르는 말. = 암수
  예 그 집 마당에는 닭 한 쌍이 자웅이 있었다.
② 승부, 우열, 강약 따위를 비유적으로 이르는 말.
  예 자웅을 겨루다. / 자웅을 다투다.

63 자웅수(自寬手)

자기가 이르는 말.
예 「자신에 바둑에서, 자웅이 이르는 수.」
 자충수를 두다.
② 스스로 행한 행동이 결국에 자신에게 불리한 결과를 가져오게 되는 것을 비유적으로 이르는 말.
예 그는 실언을 해서 자충수를 두는 꼴이 되었다.

64 재기(再起)

재기가 있는 기질.
예 재기 발랄한 젊은이. / 재기가 넘치다.

65 재원(才媛)

재주가 뛰어난 젊은 여자.
예 그는 이 지방에서 이름난 재원이다.

66 자간(這間)

바로 얼마 전부터 이제까지의 무렵. = 요즈음
예 자간의 소식.

67 정곡(正鵠)

① 과녁의 한가운데가 되는 점.
② 가장 중요한 요점 또는 핵심. = 적중
  예 정곡을 얻다. / 정곡을 찌르다.
③ (정확하게, 틀림없이'의 뜻을 나타내는 말.
  예 정곡을 찌르다. / 정곡을 쏘다.
  예 그는 상황을 정확으로 알고 있었다.

68 제고(提高)

수준이나 정도 따위를 끌어올림.
예 생산성의 제고. / 능률의 제고. / 이미지 제고.

69 제청(提請)

어떤 안건을 제시하여 결정하여 달라고 청구함.
예 국무총리의 제청으로 장관이 임명된다.

70 토로(吐露)

마음에 있는 것을 죄다 드러내어서 말함.
예 어머니께 흉금을 토로하다. / 친구에게 심정을 토로하다.

바로확인 ○×문제

※ 밑줄 친 단어의 의미가 옳으면 ○, 틀리면 × 표시하시오.

01 겨울이 되니 선풍기가 계륵(鷄肋) 같은 물건이 되었다.
→ 아주 쓸모 있는 것. (○/×)

02 저번 난리도 이 두 분의 모략(謀略)으로 진압되었다.
→ 계책이나 책략. (○/×)

03 대수로운 일도 아니니 너무 괘념(掛念) 마시고 가세요.
→ 마음에 두고 걱정하거나 잊지 않음. (○/×)

04 수십 년 쌓아 온 그의 아성(牙城)을 무너뜨릴 수는 없었다.
→ 타인의 입장을 고려하지 않고 자기만 내세우는 것. (○/×)

※ 문맥상 적절한 단어를 고르시오.

05 이번 협상에는 수많은 변수가 [게재(揭載), 개재(介在)]되어 있다.

06 새로 시행할 정책을 전 국민들에게 [공포(公布), 공표(公表)]했다.

07 떨어진 회사의 이미지를 [제고(提高), 재고(再考)]할 수 있는 효과적인 방안을 생각해야 한다.

※ 다음 한자를 바르게 읽은 것을 고르시오.

08 암울한 역사는 가고 이제 瑞光(신광, 서광)의 시대가 열릴 것이다.

09 최악의 사태가 再燃(재연, 제연)되고야 말았다.

10 그의 말은 모두 오랜 인생 經綸(경륜, 경력)에서 우러나오는 것이다.

| 정답 | 01 × | 02 ○ | 03 ○ | 04 × | 05 개재(介在) | 06 공포(公布) |
| | 07 제고(提高) | 08 서광(瑞光) | 09 재연(再燃) | 10 경륜(經綸) | | |

어휘 | 고유어 - 한자어 대응

01 만들다
- 영화를 제작(製作)하다.
- 비늘을 제조(製造)하다.
- 물건을 조성(造成)하다.

02 참다
- 욕되는 일을 감내(堪耐)하다.
- 화감을 조절(調節)하다.

03 나림
- 세상(世間)

04 둔감
- 인수(輪廻)

05 홀로서
- 회인(繪人)

06 가다
- 마을이나 군가(輪郭)되다.
- 사물을 이동(移動)하다.
- 공장 청사가 이전(移轉)하다.
- 중심 활동을 작동(作動)하다.

07 생기다
- 옷은 상이가 거기도 신포로 발현(發現)되어 처음 표현(表現)을 가지고 있다.

08 들다
- 문답이 도꼭 입문(入門)되다.
- 그릇 한명을 술에 속(屬)하다.
- 이먼 어림에 추운(屬種)되는 나의
- 휴가레이에 가입(加入)하다.

09 들어서다
- 경기가 치료(沈滯)되다.
- 깊이 지역 속에 몰락 공락(耽落)되다.
- 양의 자원성이 감원(減退)되다.
- 정신이 우로(우울)하다.

10 가시다
- 그릇 깨끗이게 세척(洗滌)해 두어라.

11 어정없다
- 소영(所用)없자리는 나는 많이 대가 없고 있었다.

12 원다
- 사정을 고주 해소(解決)하다.
- 이오진 사람들과 서로 친교(親交)하다.
- 억압을 초래(惹起)하기 위해 용서있다.
- 단선들을 구조(救護)하기 위해 사정을 마음하다.

어휘 | 반의 / 상하 / 부분 관계

01 반의어

- 맞다 – 틀리다
- 찾다 – 감추다
- 출석 – 결석
- 삶 – 죽음
- 참 – 거짓
- 열다 – 입을 닫다.
  - 뚜껑을 덮다.
  - 수도꼭지를 잠그다.
  - 자물쇠를 채우다.
- 파종 – 수확
- 입학 – 졸업
- 살다 – 죽다
- 쉽다 – 어렵다
- 덥다 – 춥다
- 길다 – 짧다
- 높다 – 낮다

02 상하 관계

- 바느질 – 시침질(바느질 방법 중 하나)
- 길 – 고샅길(시골 마을의 좁은 골목길)
- 열매 – 오디
- 가구 – 장롱
- 운율 – 압운
- 식물 – 나무

03 부분 관계

한 단어가 지시하는 대상이 다른 단어가 지시하는 대상의 부분이 되는 관계.

- 발 – 발가락
- 콧등 – 콧마루
- 귓바퀴 – 귓불
- 눈언저리 – 눈두덩

바로확인 ○×문제

01 '가다'의 의미가 맞으면 ○, 틀리면 × 표시하시오.
- ㉠ 며칠이나 유지되다. (○/×)
- ㉡ 서울로 이동하다. (○/×)
- ㉢ 전기 신호로 변환하다. (○/×)
- ㉣ 증기의 힘으로 작동하다. (○/×)

02 '들다'의 의미가 맞으면 ○, 틀리면 × 표시하시오.
- ㉠ 윤달이 포함되다. (○/×)
- ㉡ 이번 여행에 소요되는 비용. (○/×)
- ㉢ 산악회에 가입하다. (○/×)
- ㉣ 동아리를 결성하다. (○/×)

03 반의 관계면 ○, 아니면 × 표시하시오.
- ㉠ 맞다 – 틀리다 (○/×)
- ㉡ 입학 – 졸업 (○/×)
- ㉢ 높다 – 낮다 (○/×)
- ㉣ 삶 – 죽음 (○/×)

04 상하 관계면 ○, 아니면 × 표시하시오.
- ㉠ 열매 – 오디 (○/×)
- ㉡ 가구 – 장롱 (○/×)
- ㉢ 운율 – 압운 (○/×)
- ㉣ 길 – 고샅길 (○/×)

정답 01 ㉠○, ㉡○, ㉢×, ㉣○ 02 ㉠○, ㉡○, ㉢○, ㉣× 03 ㉠○, ㉡○, ㉢○, ㉣○ 04 ㉠○, ㉡○, ㉢○, ㉣○

아이 | 유아

01 누키다
- 잠을 자다.
- 용돈을 모으다.
- 일찍이 잠이 깨지다.
- 티머내를 만들다.

02 채다
- 달음을 듣기 시작했다.
- 주위 사람들에게 나이 으스대다.
- 양치질 잘이 좋다.
- 잠을 깨다.

03 놀다
- 태어가 놀기 시작다.
- 많이 잘 움직이지 않는다.
- 뱃속에서 사람씨까지 움직이 보인다.

04 곡
- 곡, 웃는 인간 눈 우리의 뻐의 피지 커짐.
- 곡: 눈 앞에 이해하는 쓴듯 끝을.
- 곡: 사람들 동료되 볼 좋 아기 곡.
- 곡가: 정상이 있다에 대답 인다.

05 웃다
- 웃을 걸기 잡는다.
- 배트득게 턱 꼬다.
- 쿨을 따다 잔잔에 쓰다.

06 우시아다
- 울보다.
- 울다.
- 웃다.
- 웃보다.

---

07 판들다
- 낮음아다.
- 판돈다다.
- 맞이랑다.
- 비동하다.

08 대다
- 손끝 시간에 앉아서 나놨다.
- 3등 감소다 이다.
- 해매림이 따지고 끌매 쓴다.
- 서망관도 3층에 갈들 초고 진동적으로 뽑은 한없다.

09 잡다다
- 용지지다.
- 오뤼다.
- 일찍이다.
- 일찍이다.

10 돗으읍다
- 기랑하다.

11 떼는 움이
- 떼는 마음에

12 나가기 영속아리이 그다는 것이 좋다.

13 국 도 자가 일기 뭉음함 뛰어 먹 걱정을 잃다.

- 글은 마음에 주자이고 담기가 앉았다.

14 수긍하다

- 인정하다

놓치지 말자!
비슷해 보이지만 다른 어휘의 의미 변별

- **가르치다**: 지식이나 기능, 이치 따위를 깨닫게 하거나 익히게 하다. 상대편이 아직 모르는 일을 알도록 일러 주다.
  예 문제 푸는 비법을 가르치다.
- **가리키다**: 손가락 따위로 어떤 방향이나 대상을 집어서 보이거나 말하거나 알리다.
  예 담뱃대로 먼 산을 가리키다.
- **가름**: '가르+ㅁ'. '가르-'는 '분류하다, 나누다' 따위의 뜻을 나타내는 동사이다. 그 뒤에 접미사 '-ㅁ'이 붙어서 '가름'이라는 명사가 된 것이다. 따라서 '가름'은 곧 '분류'의 뜻을 나타낸다.
  예 편을 가름.
- **갈음**: '갈+음'. 동사 '갈-'에 명사를 만드는 접미사 '-음'이 붙어서 생성된 단어로, '갈다'는 '대신하다, 바꾸다, 대체하다' 등의 뜻을 나타낸다.
  예 여러분과 여러분 가정에 행운이 가득하기를 기원하는 것으로 치사를 갈음합니다.
- **가늠**: 목표나 기준에 맞고 안 맞음을 헤아려 보는 기준. 어떤 대중(표준)이 될 만한 짐작.
  예 도무지 물가 변동을 가늠할 수가 없다.
- **갑절**: 어떤 수나 양을 두 번 합한 만큼.
  예 8은 4의 갑절이다. / 이것은 그것보다 갑절 많다.
- **곱절**: 일정한 수나 양이 그 수만큼 거듭됨을 이르는 말.
  예 세 곱절. / 여러 곱절.
- **목적**(目的): 실현하려고 하는 일이나 나아가는 방향. 추상적임.
  예 무슨 목적으로 이곳에 온 거죠?
- **목표**(目標): 어떤 목적을 이루려고 지향하는 실제적 대상.
  예 우리 회사는 올해 매출액 100억 원을 목표로 하고 있다.

바로확인 ○×문제

※ 다음 빈칸에 공통적으로 들어갈 단어의 기본형을 쓰시오.

01 실력이 (   ), 짐을 (   ), 용돈을 (   ), 인쇄에 (   ),
빈대떡을 (   )

02 땅을 (   ) 만들다, 막걸리를 (   ) 먹고 오다, 반찬이 (   ) 나오다

※ 밑줄 친 단어의 쓰임이 옳으면 ○, 틀리면 × 표시하시오.

03 ㉠ 문제 푸는 비법을 <u>가리키다</u>.   (○/×)
㉡ 담뱃대로 먼 산을 <u>가르치다</u>.   (○/×)

04 ㉠ 무슨 <u>목적</u>으로 나를 찾아온 거죠?   (○/×)
㉡ 나는 올해 아파트를 사는 것을 <u>목표</u>로 하고 있다.   (○/×)

※ 다음 빈칸에 들어갈 단어를 각각 적고, 제시한 뜻이 옳으면 ○, 틀리면 × 표시하시오.

05 ㉠ 8은 4의 (   )(이)다.
→ 일정한 수나 양이 그 수만큼 거듭됨을 이르는 말.   (○/×)
㉡ 남편은 나보다 소득이 세 (   )(이)나 많다.
→ 어떤 수나 양을 두 번 합한 만큼.   (○/×)

정답 01 부치다   02 걸다   03 ㉠ ×, ㉡ ×   04 ㉠ ×, ㉡ ○
05 ㉠ 갑절 / ×, ㉡ 곱절 / ×

어휘 | 다의어 / 동음이의어

01 듣다1

[1] 【…에】【…으로】
1. 밖에서 누군가 문을 쿵쿵 두드리는 소리가 들렸다.
사랑에 울다.
2. 쉿, 봐. 뭔 따라가 온다고 들어요.
이 말이 듣는 양이 잘 든다.
3. 양이나 칼 따위에 있거나 가져를 잡에 마르르게 되다.
여기 호명하는 순서.
4. 들을 태어오나 오다.
선정형 공부하에 들어가드는 그의 발길음이 빨라졌다.
5. 수업을 하기나 허락 장소에 가거나 오다.
예 이불 속에 들다.

02 듣다3

[1] 【…에 …을】
1. 몸가짐이나 언행을 조심하며 매우 흔들.
예 고정안이나도 따뜻한 배려가 큰 정이 될 생각하게 한다.
2. 봉사활동을 종고 본다.
예 유니님과 치교리에 동정을 듣다.
3. 아침 가기를 꽃자리다.
예 학선가야 가지고에 애정남을 듣고 저기에 듣는 있다.
4. 꽃이나 말이 있는 따라하나 요리하여 취하다.
예 공식은 그쪽지 마침는 대 맞춰 될 못가 수용하였다.
5. 이들이나 세게 따라는 창인을 듣다.
예 서희에 새네를 듣다.
6. 장차에 지다.
예 ❓종에 궁려진 상장에 돈이 듣어 오시오.
7. 물질이 여정으로 움을 놓다.
예 우리 집이 먼지 마을이 들었다.

03 듣다4

예 고장이 결정에 듣다.
예 【…에 …을】
"8. 튬려직이 안내가 듣이다."

04 듣다2

[1] 【…을】
"1. 얼마나 아이드에 드는 웋 웋 안에 이온 군데도 말아나가 빠지가지 않고 불다 새세 보다.
예 얼을 듣다.
"2. 흔들이 어이에 가든 운대를 공 끼데 벌 안에 새세 두다.
예 인물을 끓다.
"3. 이, 리미, 머리 따위의 뭐리가 쭈옥이 끌으로 흐를 처리다.
"보기가 찬는 끌려 꿀 마고 돌 이뭔다.
"4. (속되)지는 아이의 이름 것이나 사랑을 꽂아다가.
예 울의 일들 사람이 돌다.
"5. [예 …에] 널 속에 끌어 누다.
예 꿈 같은 말이 돌다.

05 지르다

[1] 【…에게】【…을】
예 소아에 쌀 로움을 대로 지르다.
[2] 【…을】
"1. 구부 돌을 첫이 대다."
예 시청을 지르다.
"2. 아침, 장장 따라하여 닫다."
예 ❓❓에 질음을 대로 지르다 나서에 것이다.

06 패다01

「1」 곡식의 이삭 따위가 나오다.
  예 보리가 패다.
「2」 사내아이의 목소리가 변성기를 지나 깊고 굵게 되다.

07 패다02

【…이】 머리 따위가 몹시 아프고 쑤시다.
  예 술을 많이 먹은 다음 날은 어김없이 머리가 팬다.

08 뜨다04

[1]【…에서 …을】
「1」 큰 것에서 일부를 떼어 내다.
  예 우리는 저쪽 산 밑에서 떼를 떴다.
「2」 물속에 있는 것을 건져 내다.
  예 양어장에서 그물로 물고기를 떴다.
「3」【…에 …을】 어떤 곳에 담겨 있는 물건을 퍼내거나 덜어 내다.
  예 바가지에 물을 떠서 한 모금 마셨다.
[2]【…을】
「1」 수저 따위로 음식을 조금 먹다.
  예 먼 길 가는데 아무리 바빠도 한술 뜨고 가거라.
「2」 고기 따위를 얇게 저미다.
  예 생선회를 뜨다.
「3」 종이나 김 따위를 틀에 펴서 낱장으로 만들어 내다.
  예 한지는 틀로 하나씩 떠서 말린다.
「4」 피륙에서 옷감이 될 만큼 끊어 내다.
  예 혼숫감으로 옷감을 떠 왔다.

바로확인 ○×문제

※ 다음 빈칸에 공통으로 들어갈 단어의 기본형을 쓰시오.

01 ㉠ 꽃은 해가 잘 (   ) 데 심어야 한다.
   ㉡ 하숙집에 (   ) 지도 벌써 삼 년이 지났다.

02 ㉠ 유치원생들이 가슴에 이름표를 (   ) 한 줄로 서 있었다.
   ㉡ 돼지고기 세 근만 (   ) 주세요.

※ 다른 것과 의미 사이의 관련이 없는 것을 고르시오.

03 ㉠ 아기가 젖병을 물다.
   ㉡ 모기가 옷을 뚫고 팔을 마구 물어 대었다.
   ㉢ 피해자에게 치료비를 물어 주다.

04 ㉠ 이번 일만으로도 그는 골이 패었다.
   ㉡ 벼는 패기 시작해서 볼록볼록 밴 이삭이 배를 가르고 나온다.
   ㉢ 변성기가 되면서 목소리가 패기 시작했다.

05 ㉠ 바가지에 물을 떠서 한 모금 마셨다.
   ㉡ 그는 밤중에 몰래 이 마을을 떴다.
   ㉢ 명절에는 경단을 만들고 편육을 뜬다.

정답 01 들다 02 달다 03 ㉢ 04 ㉠ 05 ㉡

어휘 | 둘째 마당

한자를 직접 쓰면서 익히고, 비슷한말·반대말 문제까지 풀어 보자!!

01 가인박명(佳人薄命)
미인은 대개 운명이 짧다는 뜻.

02 고사성어(故事成語)
옛일 등을 관용적 의미로 이르는 말. = 한자성어(漢字成語)

03 낭중지추(囊中之錐)
주머니 속의 송곳이라는 뜻으로, 재능이 뛰어난 사람은 숨어 있어도 자절로 사람들에게 알려짐을 이르는 말.

04 동고동락(同苦同樂)
괴로움과 즐거움을 함께함.

05 동병상련(同病相憐)
같은 병을 앓는 사람끼리 서로 가엾게 여긴다는 뜻으로, 어려운 처지에 있는 사람끼리 서로 가엾게 여김을 이르는 말.

06 만시지탄(晚時之歎)
시기에 늦어 기회를 놓쳤음을 안타까워하는 탄식.

07 망양지탄(亡羊之歎)
갈림길이 매우 많아 잃어버린 양을 찾을 길이 없음을 탄식한다는 뜻으로, 학문의 길이 여러 갈래여서 한 갈래의 진리도 얻기 어려움을 이르는 말.

08 불철주야(不撤晝夜)
어떤 일에 몰두하여 조금도 쉴 사이 없이 밤낮을 가리지 아니함.

09 삼구구사(三口九思)
성공할 일에 앞서 아홉 번이나 생각한다는 뜻으로, 깊이 생각함을 이르는 말.

10 새옹지마(塞翁之馬)
인생의 길흉화복은 변화가 많아서 예측하기가 어렵다는 말.

11 안시일단(眼肩一丹)
양쪽 옆에 끌고 들어 앉히는 두 개의 의자라는 뜻으로, 강자나 마음대로 일을 처리하거나 이익을 마음대로 이르는 말.

12 양상군자(梁上君子)
나무의 들보 위에 군자라는 뜻으로, 도둑이 대들보 위에 숨어 있는 것 등을 비유적으로 이르는 말.

13 오월동주(吳越同舟)
서로 적의를 품은 사람들이 한자리에 있게 된 경우나 서로 협력하여야 하는 상황.

14 자강불식(自強不息)
스스로 힘써 몸과 마음을 가다듬어 쉬지 아니함.

15 자승자박(自繩自縛)
자기의 줄로 자기 몸을 묶는다는 뜻으로, 자기가 한 말과 행동에 자기 자신이 옭혀 곤란하게 되는 일을 이르는 말.

16 전전반측(輾轉反側)

누워서 몸을 이리저리 뒤척이며 잠을 이루지 못함.

17 절체절명(絕體絕命)

몸도 목숨도 다 되었다는 뜻으로, 어찌할 수 없는 절박한 경우를 비유적으로 이르는 말.

18 주경야독(晝耕夜讀)

낮에는 농사짓고, 밤에는 글을 읽는다는 뜻으로, 어려운 여건 속에서도 꿋꿋이 공부함을 이르는 말.

19 천석고황(泉石膏肓)

자연의 아름다운 경치를 몹시 사랑하고 즐기는 성벽(性癖). = 연하고질(煙霞痼疾)

20 침소봉대(針小棒大)

바늘 만한 것을 몽둥이 만하다고 말한다는 뜻으로, 작은 일을 크게 불리어 떠벌림.

21 풍비박산(風飛雹散)

사방으로 날아 흩어짐.

22 혈혈단신(孑孑單身)

의지할 곳이 없는 외로운 홀몸.

23 호가호위(狐假虎威)

남의 권세를 빌려 위세를 부림.

바로확인 ○×문제

※ 다음 한자 성어의 의미가 옳으면 ○, 틀리면 × 표시하시오.

01 낭중지추(囊中之錐)
→ 서로 적의를 품은 사람들이 한자리에 있게 된 경우나 서로 협력하여야 하는 상황. (○/×)

02 천석고황(泉石膏肓)
→ 자연의 아름다운 경치를 몹시 사랑하고 즐기는 성벽(性癖). (○/×)

※ 제시된 한자 성어와 바꾸어 쓸 수 있는 것을 고르시오.

03 고식지계(姑息之計)
→ [하석상대(下石上臺), 자승자박(自繩自縛), 전전반측(輾轉反側)]

※ 문맥상 적절한 한자 성어를 고르시오.

04 사장의 동생은 직원들 앞에서 마치 자신이 사장이라도 되는 듯 [호가호위(狐假虎威), 만시지탄(晚時之歎)]했다.

05 그는 한 번 떨어졌던 시험에 합격하기 위해 잠도 자지 않고, [거안사위(居安思危), 와신상담(臥薪嘗膽)]했다.

정답 01 × 02 ○ 03 하석상대(下石上臺) 04 호가호위(狐假虎威)
05 와신상담(臥薪嘗膽)

어휘 | 낱말

01 가지 않고 나아가다 [나아가기] 바를 정 자만 본 적이 있다
가지도 않고 나아가지도 않는 상태에서 더 이상 조종 할 수이 없도록, 자식 없이 죽은 아이에이거나 근심, 걱정이 없는 것처럼 하는 사람가지도 않고 둘지도 않지도 정지 상태 등을 비유적으로 이르는 말.

02 가지지만이 비듬기 들어 있다
덩이 같이 들어가지 갖이 해치를 입을 비유적으로 이르는 말.

03 개자리 옷자락에 불 붙기
옷에 가는 개자리의 옷자락 들에 불이 기가가 얼굴까지 타기가 쉽듯이 힘이 아니라는 등 으로, 아주 작으의 것 자라이 초급이 그 지라이 옷풍도로 단아나바지 아니들 성룡를 낳음 은 타이을들이 이르는 말.

04 개불당이 이불 내밀 때가 있다
평소에 하는 힘이 없은 종투 수가 된던 것이 있다는 말.
= 하찮이에도 쎌 듣이 있다

05 개 꼬리 (추삭) 잡지
못 사람이나 가도 놓지 대처이 슬지 아나이에 이동되지 됩은.

06 기미몰에 눈을 맞다
야가나임의 같은 홀지 아동속이 흘돛됨을 이르는 말.
= 속된으로 눈을 떠 쎘기

07 고이이 엮에 양을 둘기[다도]
상정하기 이상인 같은 맑은 운를 이동덕들 이르는 말.

08 고이르고 갚은 가시나 게가리는 것(이다)
그럼일런대 터진 가시를 갖기가 어려우 유른 사람일들 감기 는 것 돌빠 같이 갖이 있어 난리나 혹은 상에 아무나 말기나 싶이 덩이어 장자다
는 비유적으로 이르는 말.

09 고이이 지 이르는
① 우리는 체 미음대로 가자고 드 긎 먹하는 입이 비유적으로 이르는 말.
② 등과에서도 얼이지 않는 얼미 듯이 비유적으로 이르는 말.

10 싱거닌에 속무
싱거닌에게 지으려온 담이 비유적으로 이르는 말.

11 갈음 덕에 나들 [나타기] 듯다
덕이 떡의 음지 아나나 기기기 욀렬 대답를 섯고 유용닌덕 당한.

12 양물에 가 흔옷 찾다
모든 일에는 정직 자리기 있는 얼리 담는 것도 순도리에 성믿이 없에 비 일물도 세에 곤근 찾은 순어이 기는 것지상의 말.
= 프리컴에 가 옷을 찾다 / 동얼에 가 꽃 찾다 / 줄어에 가 가수 찾아 지근다

13 길에 긴 새끼
① 이이 사지기 대문 하는 사람들 이르는 말.
② 아직 생각이 두어 서지 대문 혼자 아니들 수 지지에 있는 사람.

14 젊은이 망령은 몽둥이로 고친다

노인들은 그저 잘 위해 드려야 하고, 아이들이 잘못했을 경우에는 엄하게 다스려 교육해야 한다는 말.
= 젊은이 망령은 홍두깨로 고치고 늙은이 망령은 곰국으로 고친다

15 중이 제 머리를 못 깎는다

자기가 자신에 관한 일을 좋게 해결하기는 어려운 일이어서 남의 손을 빌려야만 이루기 쉬움을 비유적으로 이르는 말.

16 차돌에 바람 들면 석돌보다 못하다

야무진 사람일수록 한번 타락하면 걷잡을 수 없음.

17 책력 보아 가며 밥 먹는다

매일 밥을 먹을 수가 없어 책력을 보아 가며 좋은 날만을 택하여 밥을 먹는다는 뜻으로, 가난하여 끼니를 자주 거른다는 말.

18 추풍선

가을철의 부채라는 뜻으로, 철이 지나서 쓸모없이 된 물건.

19 큰북에서 큰 소리 난다

크고 훌륭한 데서라야 무엇이나 좋은 일이 생길 수 있음을 비유적으로 이르는 말.

20 타고난 재주 사람마다 하나씩은 있다

사람은 누구나 한 가지씩의 재주는 가지고 있어서 그것으로 먹고산다는 말.

21 하나는 열을 꾸려도 열은 하나를 못 꾸린다

① 한 사람이 잘되면 여러 사람을 돌보아 줄 수가 있으나, 여러 사람이 힘을 합하여도 한 사람을 돌보아 주기는 힘들다는 말.
② 자식이 많아도 부모는 잘 거느리고 살아가나 자식들은 그렇지 못하다는 말.

바로확인 ○×문제

※ 제시된 뜻의 속담으로 맞으면 ○, 틀리면 × 표시하시오.

01 근심, 걱정
　㉠ 가지 많은 나무에 바람 잘 날이 없다　(○/×)
　㉡ 고양이 목에 방울 달기　(○/×)
　㉢ 고양이보고 반찬 가게 지키라는 격　(○/×)
　㉣ 까치집에 비둘기 들어 있다　(○/×)

02 재촉하거나 서두름
　㉠ 우물에 가 숭늉 찾는다　(○/×)
　㉡ 보리밭에 가 숭늉 찾는다　(○/×)
　㉢ 거미줄에 목을 맨다　(○/×)
　㉣ 콩밭에 간수 치겠다　(○/×)

※ 속담의 의미가 옳으면 ○, 틀리면 × 표시하시오.

03 삼밭에 쑥대
　→ 아무리 유능한 사람도 환경과 조건이 바뀌면 생소하여 조심하게 된다는 말.　(○/×)

04 절에 간 색시
　→ 남이 시키는 대로 따라 하는 사람을 이르는 말.　(○/×)

05 추풍선
　→ 제철에 쓸모 있는 물건.　(○/×)

정답　01 ㉠ ○, ㉡ ×, ㉢ ○, ㉣ ×　02 ㉠ ○, ㉡ ○, ㉢ ×, ㉣ ○
　　　　03 ×　04 ○　05 ×

어휘 | 공통어

01 가휴(加課)
   지르, 고집, 뭐 고집
02 고수하기
03 생활
   수지, 수입, 월급
04 능누
   이해
05 동시에
   원만간
06 군비
   경찰
07 운동시
   야(운), 운동성
08 회사
   인기 기출
09 인피피지
   응답 부수
10 바퀴때
    아무거래, 부고
11 장고(藏古)
    나가서, 집어넣
12 수순
    도시, 지리
13 자기
    움공동
14 시가정서(市街整書)
    정검정서
15 저로 베이스
    베시사테, 원점
16 수시리
    표준, 엄정
17 검고
    중장
18 테스크스 / 테스코스터
    정정 조사, 비를 검정 조사, 비를 게임
19 불다
    아끼지
20 달
    ① 사기꾼 ② 도망질
21 돌리
    경정종

마무확인 O×문제

※ 말줄 친 단어의 수준함 것이 옳으면 ○, 표리남시오.

01 나도 사람이 없는 경은 혼자 가는 개특의 여행을 즐기고 싶다. (O/X)
02 풍풍 잠근(→생각)가 다음이 가두었다. (O/X)
03 시진(→)으로체인에 그 친구가 다음 생각났다. (O/X)
04 내 친구 안궁기(→용몸심)가 나다 마감해서 돋는다. (O/X)
05 좋은 나는 개치(→마당)에 운(양)이 많이 생긴다. (O/X)

정답 01 × 02 ○ 03 × 04 ○ 05 ×

어법 | 한글 맞춤법(사이시옷)

제4장 제4절 제30항 사이시옷은 다음과 같은 경우에 받치어 적는다.

1. 순우리말로 된 합성어로서 앞말이 모음으로 끝난 경우
   (1) 뒷말의 첫소리가 된소리로 나는 것
      귓밥 / 나룻배 / 나뭇가지 / 냇가 / 댓가지 / 뒷갈망 / 맷돌 / 머릿기름 / 모깃불 / 못자리 / 바닷가
   (2) 뒷말의 첫소리 'ㄴ, ㅁ' 앞에서 'ㄴ' 소리가 덧나는 것
      멧나물 / 아랫니 / 텃마당 / 아랫마을 / 뒷머리 / 잇몸 / 깻묵 / 냇물 / 빗물
   (3) 뒷말의 첫소리 모음 앞에서 'ㄴㄴ' 소리가 덧나는 것
      도리깻열 / 뒷윷 / 두렛일 / 뒷일 / 뒷입맛 / 베갯잇 / 욧잇 / 깻잎 / 나뭇잎 / 댓잎

2. 순우리말과 한자어로 된 합성어로서 앞말이 모음으로 끝난 경우
   (1) 뒷말의 첫소리가 된소리로 나는 것
      귓병 / 머릿방 / 뱃병 / 봇둑 / 사잣밥 / 샛강 / 아랫방 / 자릿세 / 전셋집 / 찻잔 / 텃세 / 핏기 / 햇수
   (2) 뒷말의 첫소리 'ㄴ, ㅁ' 앞에서 'ㄴ' 소리가 덧나는 것
      곗날 / 제삿날 / 훗날 / 툇마루 / 양칫물
   (3) 뒷말의 첫소리 모음 앞에서 'ㄴㄴ' 소리가 덧나는 것
      가욋일 / 사삿일 / 예삿일 / 훗일

3. 두 음절로 된 다음 한자어
   곳간(庫間) / 셋방(貰房) / 숫자(數字) / 찻간(車間) / 툇간(退間) / 횟수(回數)

사이시옷 有			사이시옷 無		
가욋일	고깃배	김칫국	뒤태	뒤풀이	마구간
날갯죽지	단춧구멍	뒷머리	머리기사	머리말	백지장
만둣국	모깃불	모퉁잇돌	소수점	소주잔	수라상
바닷가	배춧잎	베갯잇	우유병	월세방	인사말
보릿고개	부싯돌	부챗살	전기세	전세방	최소치
북엇국	사잣밥	선짓국	해님		
수돗물	아랫집	양잿물			
양칫물	우렁잇속	우윳빛			
윗니	잇몸	잇자국			
장밋빛	조갯살	최댓값			
하굣길	하룻날	혼잣말			
횟수					

바로확인 ○×문제

※ 밑줄 친 단어의 표기가 옳으면 ○, 틀리면 × 표시하시오.

01 아버지는 <u>머릿기름</u>을 바르고 새 양복을 입고 외출하셨다. (○/×)
02 저렴한 <u>전세집</u>을 구하는 것은 하늘의 별 따기보다 어렵다. (○/×)
03 <u>햇님</u>, 저의 소원을 들어주세요. (○/×)
04 일이 하도 많아 밤샘 작업이 <u>예사일</u>로 되어 버렸다. (○/×)
05 야근을 하는 <u>회수</u>가 늘었다. (○/×)

정답 01 ○ 02 × 03 × 04 × 05 ×

어법 | 한글 맞춤법(준말)

제35항 'ㅗ, ㅜ'로 끝난 어간에 '-아/-어, -았-/-었-'이 어울려 'ㅘ/ㅝ, 왔/웠'으로 될 적에는 준 대로 적는다.

본말	준말	본말	준말
꼬아	꽈	꼬았다	꽜다
보아	봐	보았다	봤다
쏘아	쏴	쏘았다	쐈다
두어	둬	두었다	뒀다
쑤어	쒀	쑤었다	쒔다
주어	줘	주었다	줬다

[붙임 1] '놓아'가 '놔'로 줄 적에는 준 대로 적는다.

[붙임 2] 'ㅚ' 뒤에 '-어, -었-'이 어울려 'ㅙ, 뢨'으로 될 적에도 준 대로 적는다.

본말	준말	본말	준말
괴어	괘	괴었다	괬다
되어	돼	되었다	됐다
뵈어	봬	뵈었다	뵀다
쇠어	쇄	쇠었다	쇘다
쐬어	쐐	쐬었다	쐤다

제37항 'ㅏ, ㅑ, ㅗ, ㅜ, ㅡ'로 끝난 어간에 '-이-'가 와서 각각 'ㅐ, ㅒ, ㅚ, ㅟ, ㅢ'로 줄 적에는 준 대로 적는다.

본말	준말	본말	준말
싸이다	쌔다	뜨이다	띄다
펴이다	폐다	쓰이다	씌다
보이다	뵈다		
누이다	뉘다		

제36항 'ㅣ' 뒤에 '-어'가 와서 'ㅕ'로 줄 적에는 준 대로 적는다.

본말	준말	본말	준말
가지어	가져	가지었다	가졌다
견디어	견뎌	견디었다	견뎠다
다니어	다녀	다니었다	다녔다
막히어	막혀	막히었다	막혔다
버티어	버텨	버티었다	버텼다
치이어	치여	치이었다	치였다

제38항 'ㅏ, ㅗ, ㅜ, ㅡ' 뒤에 '-이어'가 어울려 줄어질 적에는 준 대로 적는다.

본말	준말	본말	준말
싸이어	쌔어	싸여	
보이어	뵈어	보여	
쏘이어	쐬어	쏘여	
누이어	뉘어	누여	
뜨이어	띄어		
쓰이어	씌어	쓰여	
트이어	틔어	트여	

어법 | 한글 맞춤법(부사 -이/-히 구별법)

제6장 제51항 부사의 끝음절이 분명히 '이'로만 나는 것은 '-이'로 적고, '히'로만 나거나 '이'나 '히'로 나는 것은 '-히'로 적는다.

(1) '이'로만 나는 것

가붓이	산뜻이	적이
깨끗이	의젓이	헛되이
나붓이	가까이	겹겹이
느긋이	고이	번번이
둥긋이	날카로이	일일이
따뜻이	대수로이	집집이
반듯이	번거로이	틈틈이
버젓이	많이	

(2) '히'로만 나는 것

극히	속히	특히
급히	작히	엄격히
딱히	족히	정확히

(3) '이, 히'로 나는 것

솔직히	과감히	당당히
가만히	꼼꼼히	분명히
간편히	심히	상당히
나른히	열심히	조용히
무단히	급급히	간소히
각별히	답답히	고요히
소홀히	섭섭히	도저히
쓸쓸히	공평히	
정결히	능히	

바로확인 ○×문제

※ 밑줄 친 단어의 쓰임이 옳으면 ○, 틀리면 × 표시하시오.

01 점심을 먹고 난 뒤, 자리를 <u>깨끗히</u> 치웠다. (○/×)

02 집으로 가는 지하철 안에서 <u>틈틈이</u> 공부를 하였다. (○/×)

※ 표기가 바른 것을 고르시오.

03 지난날들을 (가만히, 가만이) 돌이켜 보면 어려운 때도 참 많았어.

04 시험에서 높은 점수를 받기 위해, 밤낮으로 (열심이, 열심히) 공부를 하였다.

정답 01 × 02 ○ 03 가만히 04 열심히

어휘 | 혼동하기 쉬운 표현(구분하여 써야 할 말)

표현	뜻	사례
가름	나누는 일.	팔씨름으로 승부를 가름한다.
갈음	다른 것으로 바꾸어 대신함.	새 책상으로 갈음하였다.
거치다	무엇에 걸리거나 막히다.	영월을 거쳐 왔다.
걷히다	'걷다'의 피동사.	외상값이 잘 걷힌다.
걷잡다	쓰러지는 것을 거두어 붙잡다.	걷잡을 수 없는 상태
겉잡다	겉으로 보고 대강 짐작하여 헤아리다.	겉잡아서 이틀 걸릴 일
그러므로 (그러니까)	앞의 내용이 뒤의 내용의 이유나 원인이 될 때 쓰는 접속 부사.	그는 부지런하다. 그러므로 잘 산다.
그럼으로 (써)	('그렇게 하는 것으로(써)'라는 뜻)	그는 열심히 공부한다. 그럼으로(써) 은혜에 보답한다.
노름	돈이나 재물 따위를 걸고 서로 내기를 하는 일.	노름판이 벌어졌다.
놀음(놀이)	여러 사람이 모여서 즐겁게 노는 일.	즐거운 놀음.
느리다	움직임이 빠르지 못하다.	진도가 너무 느리다.
늘이다	본디보다 더 길게 하다.	고무줄을 늘인다.
늘리다	크게 하거나 많게 하다.	수출량을 더 늘린다.
다리다	옷 따위의 구김이 펴지게 문지르다.	다리미로 옷을 다린다.
달이다	액체 따위를 끓여서 진하게 하다.	약을 달인다.

표현	뜻	사례
마치다	벌여 놓은 일을 끝내다.	벌써 일을 마쳤다.
맞히다	문제에 대한 답을 틀리지 않게 하다. / 맞게 하다.	여러 문제를 더 맞혔다.
목거리	목이 붓고 아픈 병.	목거리가 덧났다.
목걸이	목에 거는 물건. 또는 귀금속 장식품.	금 목걸이, 은 목걸이.
바치다	신이나 웃어른에게 정중하게 드리다.	나라를 위해 목숨을 바쳤다.
받치다	물건의 밑이나 옆 따위에 다른 물체를 대다.	우산을 받치고 간다. 책받침을 받친다.
받히다	'받다'의 피동사.	쇠뿔에 받혔다.
밭치다	건더기와 액체가 섞인 것을 체 같은 데에 따라서 액체만을 따로 받아 내다.	술을 체에 밭친다.
반드시	틀림없이 꼭.	약속은 반드시 지켜라.
반듯이	비뚤어지거나 기울거나 굽지 아니하고 바르게.	고개를 반듯이 들어라.
부딪치다	'부딪다'를 강조하여 이르는 말.	차와 차가 마주 부딪쳤다.
부딪히다	'부딪다'의 피동사.	마차가 화물차에 부딪혔다.
부치다	편지나 물건 따위를 일정한 수단이나 방법을 써서 상대에게로 보내다.	힘이 부치는 일이다. 편지를 부친다.
붙이다	맞닿아 떨어지지 아니하게 하다.	우표를 붙인다.

표현	뜻	사례
벌이다	일을 펼쳐 놓다, 물건을 늘어 놓다, 시설을 차리다.	잔치를 벌이다. 논쟁을 벌이다. 상품을 벌여 놓다. 가게를 벌이다.
벌리다	공간을 넓히다, 열어서 속의 것을 드러내다.	팔을 벌리다. 귤껍질을 까서 벌린다.
부딪치다	세게 마주 닿다. 직면하다.(=부닥치다, '부딪다'의 힘줌말)	차와 차가 부딪쳤다.
부딪히다	부딪음을 당하다.('부딪다'의 피동)	마차가 화물차에 부딪혔다.
시키다	하게 하다.	심부름을 시키다.
식히다	식게 하다.('식다'의 사동)	뜨거우니 식혀서 먹어라.
안치다	찌거나 끓이기 위해 냄비 등에 넣다.	밥을 안치다.
앉히다	앉게 하다. 임명하다.	그는 아이를 앉혀 놓고 잘못을 타일렀다. 사장 자리에 앉히다.
저리다	피가 통하지 못하여 아리다.	무릎을 꿇고 앉아 있었더니 다리가 저린다.
절이다	소금 등을 뿌려 절게 하다.	배추를 소금에 절이다.
조리다	국물이 바특하게 바짝 끓이다.	두부를 간장에 조리다.
졸이다	속을 태우다.	마음을 졸이며 합격자 발표를 기다렸다.
작다	길이, 넓이, 부피 등 크기와 관계됨.	그 애는 아직 키가 작다.
적다	수효, 분량, 정도 등 수량과 관계됨.	복권에 당첨될 확률은 매우 적다.
다르다	같지 않다.(different)	모양은 달라도 가격은 같다.
틀리다	맞지 않다.(wrong)	계산이 틀리다.

표현	뜻	사례
잊다	망각하다.	약속 시간을 깜빡 잊었다.
잃다	분실하다.	어제 잃었던 지갑을 다시 찾았다.
젖히다	안쪽이 겉면으로 나오게 하다.	그는 코트 자락을 뒤로 젖히고 앉았다.
제치다	어떤 대상이나 범위에서 빼거나 신경 쓰지 않다.	그 문제는 제쳐 놓고 얘기하자.
엉기다	액체가 굳어지다.	기름이 식어 엉기다.
엉키다	실, 줄, 그물 등이 꼬이거나 뭉친 상태가 되다.	머리카락이 엉켜서 잘 빗겨지지 않는다.
얽히다	이리저리 걸리고 묶이다.('얽다'의 피동), 관련되다.	뇌물 수수 사건에 얽혀 들다. 이 반지에 얽힌 사연.
두껍다	물질적인 것.	옷이 두껍다.
두텁다	정신적인 것.	신앙이 두텁다.
장사	물건을 파는 행위.	장사가 잘된다.
장수	물건을 파는 사람.	그녀는 방물장수이다.
드러내다	밖으로 내어 두드러지게 하다.	이제야 본색을 드러내는군.
들어내다	들어서 밖으로 옮기다.	책상까지 전부 들어냅시다.
드리다	~을 윗사람에게 주다. 정성을 바치다. 윗사람을 위해 동작함.	어머니께 꽃을 드렸습니다. 예배를 드리다. / 불공을 드리다. 편히 쉬게 해 드리겠습니다.
들이다	들어가게 하다.	집 안에 들여놓아라.
들리다	위로 올려지다.('들다'의 피동) '듣다'의 피동.	순식간에 몸이 번쩍 들렸다. 새소리가 들린다.
들르다	지나는 길에 잠깐 거치다.	꼭 고모 댁에 들러 오너라.
탓	부정적 원인과 관련됨.	이건 모두 네 탓이야!
덕분	긍정적 원인과 관련됨.	당신 덕분에 건강을 회복했습니다.
때문	긍정적 원인, 부정적 원인에 모두 사용 가능함.	우리가 이긴 건 영수 때문이야. 너 때문에 시험을 망쳤어!

정답									
01 ×	02 ×	03 ×	04 ×	05 ○	06 ○	07 바람	08 으로서	09 바람	10 생기

표현	뜻	예시
정신(精神)	기관이나 단체의 구성원들이 공통으로 지니고 있는 정신 (重: 다시, 거듭)	개개 구성원들이 공통으로 지니고 있는 정신
정신(重新)	새롭게 다시 시작하는 기 (重: 거듭)	어떠한 일이 나아 간절함 때
무수	파일럿이나 쌓여 있는 것.	차를 무수.
무시	꼴을 통해 생긴 매끈한 것.	정신 무시.
바람	대용	생각대로 되기를 기대하는 기 어떠한 일이 나아 간절함
바람	돌	바람이 돌아 생각이 마땅이 됨 개절이 바뀔수록 동정의 바람이 자연

마무리 O×문제

※ 맞는 것에 O, 틀린 것에 × 표시하시오.

01 여기 보거라, 장이 가득히 아름다운 해. (O/X)
02 어머니는 꽃을 집에 가득 들여놓았다. (O/X)
03 나는 자전거 타기 위해 옷을 입었다. (O/X)
04 나는 구름 감상에 좋아. (O/X)
05 눈 뜨고 대에 들을 들려나다. (O/X)
06 사람 꽃이 없이 다리가 자란다. (O/X)

※ 문맥에 맞는 단어를 고르시오.

07 사람들 앞에서 자기의 꿈을 (바람 / 바램) 수 있어.
08 나는 편지(으로서 / 으로써) 행인정을 가져야 한다.

※ 표기가 바른 것을 고르시오.

09 아이나의 않으니 나이 간절함 (바람, 바램)입니다.
10 그들이 사이 (생기다, 생기다).

어법 | 한글 맞춤법(띄어쓰기)

제5장 제1절 제41항   조사는 그 앞말에 붙여 쓴다.

꽃이 / 꽃마저 / 꽃밖에 / 꽃에서부터 / 꽃으로만 / 꽃이나마 / 꽃이다 / 꽃입니다 / 꽃처럼 / 어디까지나 / 거기도 / 멀리는 / 웃고만

조사가 둘 이상 연속되거나, 조사가 어미 뒤에 붙는 경우에도 붙여 쓴다.

집에서처럼 / 학교에서만이라도 / 여기서부터입니다. / 어디까지입니까 / 나가면서까지도 / 들어가기는커녕 / 옵니다그려 / 놀라기보다는

제5장 제2절 제42항   의존 명사는 띄어 쓴다.

아는 것이 힘이다. / 나도 할 수 있다. / 먹을 만큼 먹어라. / 아는 이를 만났다. / 네가 뜻한 바를 알겠다. / 그가 떠난 지가 오래다.

제43항   단위를 나타내는 명사는 띄어 쓴다.

한 개 / 차 한 대 / 금 서 돈 / 소 한 마리 / 옷 한 벌 / 열 살 / 조기 한 손 / 연필 한 자루 / 버선 한 죽 / 집 한 채 / 신 두 켤레 / 북어 한 쾌

다만, 순서를 나타내는 경우나 숫자와 어울리어 쓰이는 경우에는 붙여 쓸 수 있다.

두시 삼십분 오초 / 제일과 / 삼학년 / 육층 / 1446년 10월 9일 / 2대대 / 16동 502호 / 제1실습실 / 80원 / 10개 / 7미터

제44항   수를 적을 적에는 '만(萬)' 단위로 띄어 쓴다.

십이억 삼천사백오십육만 칠천팔백구십팔 / 12억 3456만 7898

제45항   두 말을 이어 주거나 열거할 적에 쓰이는 말들은 띄어 쓴다.

국장 겸 과장 / 열 내지 스물 / 청군 대 백군 / 책상, 걸상 등이 있다 / 이사장 및 이사들 / 사과, 배, 귤 등등 / 사과, 배 등속 / 부산, 광주 등지

제46항   단음절로 된 단어가 연이어 나타날 적에는 붙여 쓸 수 있다.

그때 그곳 / 좀더 큰것 / 이말 저말 / 한잎 두잎

놓치지 말자!
BEST 기출 띄어쓰기

띄어쓰기	붙여쓰기
• 맨 먼저(부사)	• 이틀간, 한 달간(접미사)
• 실력 면에 있어서는(명사)	• 밥은커녕
• 도착했음 직하다.(보조 형용사)	• 고의라기보다 실수다.
• 먹을 만하다.(보조 형용사)	• 애인하고 헤어졌다.
• 삼 년 만	• 보이는구먼그래.(–는구먼: 어미)
• 수일 내	• 무명만큼
• 각자 맡은 바 책임을 다하라.	• 의심해선 못쓰는 법이야.
• 가족 외의 사람은	(못쓰다: 옳지 않다. 또는 바람직한 상태가 아니다. → 동사)
• 한문 투, 십오 년	• 자식이 안되기를 바라는 부모는 없다.(안되다: 사람이 훌륭하게 되지 못하다. → 동사)
• 비행 시에는	
• 먹는 둥 마는 둥	
• 만 원 남짓	• 건강하시기를 바라 마지않습니다. (마지않다 → 보조 동사)
• 네 괴로움 따위	
• 원인은 구조적인 데 있다.	• 그까짓 일 정도는(관형사)
• 서울과 부산 간 야간열차(한 대상에서 다른 대상까지의 사이)	• 연구차 방문
	• 얼마짜리
• 부모와 자식 간에도 예의를 지켜야 한다.(관계)	• 이십여 년의 세월
	• 지배하에서
• 뛸 듯이 기뻐하다.(의존 명사)	• 인터넷상의
	• 학급당 하나
	• 만 원쯤
	• 만 원가량
	• 만 원어치
	• 금방 후회할걸(–ㄹ걸)

※ 밑줄 친 부분의 띄어쓰기가 옳으면 ○, 틀리면 × 표시하시오.

01 올해 수확한 사과를 한 개씩 먹어 볼 참 좋은 것이 없겠니? (O/X)

02 지난겨울에 이웃집들 햇빛을 엄청나게 많이 가져갔더니, 올해 애매가기 싫어. (O/X)

※ 밑줄 친 부분이 띄어쓰기가 옳은 것에 ○ 표시하시오.

03 그녀는 그릇을 장만한 김 배추김치 담그기 위해 물을 올렸다.

04 농장의 과일들이 잘 자랄 수 있게 농부들이 정성 껏 손길을 준다, 정이 있는 가지, 없는 가지?

※ 아래쓰기가 옳은 것에 ○ 표시하시오.

05 만날 김 이 틀만
멈춰 싫던 달만 훔쳐달
모집한다 먹이줍는구나

※ ⓒ과 ⓗ가 중 사기 표기를 고르시오.

06 우리는 꽃잎 때까지 이장님 집이 될 것이다.
ⓒ 수일이 잘된 후, 친구와 운동을 즐기었다.

07 ⓒ 이 인간에 정장되는 사랑이는 그 많이 없다.
ⓗ 그 때문에 강일이 마우스는 이동이 매끄럽지 않다.

정답
01 × 02 ○ 03 그에 04 농장사람이가는사업 05 열 감자, 깊은 움직이는구나 06 ⓗ 07 ⓒ

어법 | 표준어 규정

제2장 제1절 제6항 다음 단어들은 의미를 구별함이 없이, 한 가지 형태만을 표준어로 삼는다. (ㄱ을 표준어로 삼고, ㄴ을 버림.)

ㄱ	ㄴ	ㄱ	ㄴ
돌	돐	넷-째	네-째
둘-째	두-째	빌리다	빌다
셋-째	세-째		

다만, '둘째'는 십 단위 이상의 서수사에 쓰일 때에 '두째'로 한다.

ㄱ	
열두-째	스물두-째

제7항 수컷을 이르는 접두사는 '수-'로 통일한다. (ㄱ을 표준어로 삼고, ㄴ을 버림.)

ㄱ	ㄴ	ㄱ	ㄴ
수-꿩	수-퀑/숫-꿩	수-사돈	숫-사돈
수-나사	숫-나사	수-소	숫-소
수-놈	숫-놈	수-은행나무	숫-은행나무

다만 1. 다음 단어에서는 접두사 다음에서 나는 거센소리를 인정한다. 접두사 '암-'이 결합되는 경우에도 이에 준한다. (ㄱ을 표준어로 삼고, ㄴ을 버림.)

ㄱ	ㄴ	ㄱ	ㄴ
수-캉아지	숫-강아지	수-탕나귀	숫-당나귀
수-캐	숫-개	수-톨쩌귀	숫-돌쩌귀
수-컷	숫-것	수-퇘지	숫-돼지
수-키와	숫-기와	수-평아리	숫-병아리
수-탉	숫-닭		

다만 2. 다음 단어의 접두사는 '숫-'으로 한다. (ㄱ을 표준어로 삼고, ㄴ을 버림.)

ㄱ	ㄴ	ㄱ	ㄴ
숫-양	수-양	숫-쥐	수-쥐
숫-염소	수-염소		

바로확인 ○×문제

※ 밑줄 친 단어의 쓰임이 옳으면 ○, 틀리면 × 표시하시오.

01 돌쇠네 <u>숫소</u>는 힘이 세다. (○/×)

02 할머니 댁 지붕의 <u>숫기와</u>가 바닥에 떨어져서 깨졌다. (○/×)

03 어느 날, 그 마을에 <u>숫쥐</u>가 떼로 나타났다. (○/×)

※ 표기가 바른 것에 ○ 표시하시오.

04 우리 집 (셋째, 세째)는 고집이 세다.

05 교과서 153쪽 (열둘째, 열두째) 줄을 읽어 보아라.

정답 01 × 02 × 03 ○ 04 셋째 05 열두째

어휘 | 낱말 쓰기 시험 표준어

※ 낱말 옆의 타이어 풀이가 옳으면 ○, 틀리면 ×를 표시하시오.

마론헌인 ○×문제

01 낱말을 쓰기 운동은 긍정적이가 틀림이 유일 사상에게 풀이었다. (○/×)
02 많은 사람들이 시 내릴대로 감동과 상황과 같은 감동을 잘 느낀다. (○/×)
03 그 감정인지 따라다가 가지 배달자봉이다. (○/×)

※ 보기가 사는 것에 고르시오.

04 사이 (가립자시, 가립자시) 들을 사람은 쓰기로 어깨가 아파다.
05 그의 계속되는 아이나이 내 몸을 (동공, 동공, 도곤다.)

정답 01 ○ 02 ○ 03 × 04 가립자시 05 동공

표준어	비표준어
가지 (공옷, 공옷, 잠공, 잠공, 잠공 사이)	가지
호롱근하다	호롱근하다
가장나	가장나
강짜기	강짜기 / 강짜
고팔	고팔
구래돌	구래돌
보투	보투
강강옷옷	강강옷옷
아옷움	아옷움
사롯, 트러시	사롯든
아있다	아있다
강치	강치
붙릴시	붙릴시
아대아	아대아
허우	세우
(동옷이 소리이), (리리	리치
누고 / 움움	움움
배자사오다	배자사오다 / 배자사오다 / 배자사오다
통사사가다	통사사가다
굴큰	굴큰
아시가니	아시가니
리리 / 이리	들림

표준어	비표준어
용사닮다	용수닮다
쿠나가	쿠나가 (들)
낱말 옷은 애두 좋을 사람	낱말 옷은 애두 좋을 사람
이애 해도 (애+이+아)	이 해 해로
시랄기	시랄기
이자가다	이자가다
아이 가립자시	가립자시 이
바르미 기둘리게	바르미 기둘리게

어법 | 비표준어라 착각하는 표준어

01 거슴츠레하다 / 게슴츠레하다
예 그는 졸려서 거슴츠레한 눈을 비비고 있었다.

02 게검스럽다
예 그는 생긴 것부터 우락부락할 뿐 아니라 먹는 모습도 아주 게검스럽다.

03 낌새, 꼼수, 본때
예 낌새가 이상하다. / 꼼수를 쓰다. / 본때를 보이다.

04 눈엣가시
예 사사건건 참견하는 친구가 눈엣가시였다.

05 도통, 항시, 노상, 해필
- 도통: 아무리 해도, 이러니 저러니 할 것 없이 아주.
- 항시: 임시가 아닌 관례대로의 보통 때. 똑같은 상태로 언제나.
- 노상: 언제나 변함없이 한 모양으로 줄곧.
- 해필: 방언으로 착각하기 쉬운 표준어. '하필'과 비슷한 뜻.
  예 다른 사람도 많은데 왜 해필 제가 갑니까?

06 마구리, 우수리, 갈무리, 에누리
- 마구리: 길쭉한 물건의 양 끝에 대는 것.
- 우수리: 물건값을 제하고 거슬러 받는 잔돈.
- 갈무리: 일을 처리하여 마무리함.
- 에누리: 값을 깎는 일.('단도리'는 일본어임)

07 딸랑, 지지리, 삐죽
예 방 안에 혼자 딸랑 남아 있었다.
 지지리 가난한 사람들. / 입을 삐죽 내밀다.

08 먹통, 시방, 식겁하다, 욕보다
예 전화가 먹통이다. / 시방 살고 있는 주거지의 내력을 조사해 보도록 하라. 얼마나 식겁했는지 모른다. / 이 먼 곳까지 오느라 욕봤네.

09 무지
예 돈을 무지 벌다.

10 뻐기다
예 그는 우등상을 탔다고 무척 뻐기고 다닌다.

11 사리
국수, 새끼, 실 따위의 뭉치를 세는 단위.
예 점심에 냉면 두 사리를 더 먹었다.

12 시새움하다
예 동생은 공부 잘하는 오빠를 시새움했다.

13 아서라, 애고, 어쭈, 얼씨구, 아무렴, 머시
→ 모두 감탄사.
- 머시: 말하는 도중에 어떤 사람이나 사물의 이름이 얼른 떠오르지 않거나 또는 그것을 밝혀 말하기 곤란할 때 쓰는 감탄사.
  예 머시, 지난번에 말한 그거 있잖아.

14 아이, 어린, 짐, 뒤

아이 → 좋아든 꿈, 아침, 짐, 뒤 → 공중

- 아이: 아이에
- 짐승: 짐승에
- 아침: 아침에
- 뒤: 뒤에

15 오이, 물통, 대문, 수레, 가지, 탑집

예) 오이 공중. / 물통 옮겨지다. / 대문 열리다 내다.
지난 안방에서 힘들었다. / 가지 가지리 좋다. / 공책 장보다 좋다.

16 인체, 패습

예) 인체 떡 거리는 않다. / 짐승 이들이 과는 메로르지 않았다.

17 자식, 음식, 가게, 단골

예) 가정을 가지 해다. / 음식 가지 만들어서 단골이 많았다.
가계 장동 좋다. / 단골 많다.

18 돌풍, 타박, 웅성, 이름

예) 사업을 하려고 몰려 많았다.
해외지 공장 공래지 사장이 / 이름이 500영을 되었다. / 이름이 나다.

19 홀딱지공다 / 홀림지공다

예) 나가 공극지 못해 우리는 모임되고 배움을 돋림지공았다.

※ 다음 중 옳은 단어에 ○ 표 하시오.

01 그는 돌림지 (가죽조림, 가죽지림) 곡을 마음이 있었다.
02 비가 오지지 못해 들에 모릎이 마리고 (홀딱지공다, 홀림지공다).

※ 밑줄 친 단어가 표준아이면 ○, 비표준아이면 × 표 하시오.

03 눈을 뭐지 말았다. (O/X)
04 그는 사람들이 해 해줄 채무 참나까? (O/X)
05 열이나 시달렸지 뜻다. (O/X)
06 더 안이 들지 않이 밀이 있었다. (O/X)
07 그는 시대에 돋림 같은 짐이 아니다. (O/X)
08 사람이 혼자 있다가 돋림지 뜻다. (O/X)
09 음으을 들다 뺐기고 다리 풀을 피리 해마이 티돌리다. (O/X)
10 돋는 곰이 이주 개공지됐지 았다. (O/X)

정답

01 가죽조림 02 홀림지공다, 가죽지림, 홀림지공다 03 O 04 X 05 O 06 O 07 O 08 X 09 O 10 O

어법 | 헷갈리기 쉬운 표준어

옳은 표기	틀린 표기
오늘은 왠지('왜인지'가 줄어든 말)	오늘은 웬지
웬만큼	왠만큼
절체절명	절대절명
야반도주	야밤도주
성대모사	성대묘사
아연실색	아연질색
혈혈단신	홀홀단신
김치를 담갔다.	김치를 담궜다. *'담그다'는 '―' 탈락 규칙 활용을 하는 단어이다. 뒤에 모음 어미가 올 경우 '―'는 무조건 탈락한다. (담그+-아 → 담가)
내로라하는 저명인사	내노라하는 저명인사
그 남자는 숙맥이다. (숙맥: 사리 분별을 못 하고 세상 물정을 잘 모르는 사람.)	그 남자는 쑥맥이다.
인마, 까불지 마.	임마, 까불지 마.
머리가 한 움큼 빠졌다.	머리가 한 웅큼 빠졌다.
돌멩이 / 굼벵이	돌맹이 / 굼뱅이
날씨가 개다 / 길을 헤매다 / 목멘 소리	날씨가 개이다 / 길을 헤메이다 / 목메인 소리
오랜만에 그를 본다.	오랫만에 그를 본다.
예부터 / 예스럽다	옛부터 / 옛스럽다
꺼리다	꺼려하다
삼가다	삼가하다

옳은 표기	틀린 표기
뇌졸중	뇌줄증
닦달하다	닥달하다
귀띔	귀뜸
돌하르방	돌하루방
두루뭉술 / 두리뭉실	두루뭉실
떠버리	떠벌이
모둠냄비	모듬냄비
무릎쓰다	무릎쓰다
사족	사죽
발자국	발자욱
스라소니	시라소니
코방아 찧다	콧방아 찧다

바로확인 ○×문제

※ 표기가 바른 것을 고르시오.

01 오늘따라 (왠지, 웬지) 기분이 가라앉는 느낌이다.

02 이 자리에는 각 분야의 (내노라하는, 내로라하는) 석학들이 모두 모였다.

03 어른 앞에서는 행동을 (삼가야, 삼가해야) 한다.

04 손님은 종업원에게 당장 주인을 불러오라고 (닥달하였다, 닦달하였다).

정답 01 왠지   02 내로라하는   03 삼가야   04 닦달하였다

어휘 | 올바른 문장을 위한 어휘 쓰임 01

01 주어의 쓰임
사장이나 친구, 어르신께, 수상했을 자리 없이 없다.
→ 일반적인 주어가 있는, '나의 친한 친구'는 '친구'이고, 한 번 관심이 있어 빠지고 있으므로, 이를 표현해 주어야 한다.

02 주어의 서술어 호응 쓰임
우리가 해야할 일은 유리를 사랑하는 데 있다.
→ 주어, '우리', '우리'가 사용되어, '있다'의 서술어를 사용해서 될 것이다.

03 목적어와 서술어 호응 쓰임
인간들은 환경으로부터 자원에서, 다른 인간들에게 이동하여 했다.
→ '인간들의 자원으로부터 받아지기 있으므로, 그 목적의 사용이', '자원을' 등 많이 주어야 한다.

04 부사어의 서술어 호응 쓰임
그는 가끔씩이 이 사실에 나는 격분을 느꼈다.
→ 비록 '가끔씩이라고 ', '~하지만', '과 호응하므로 사용이를 고'
게 해야 한다.

05 목적어의 쓰임
우리는 이 곳에서 립원대기 갑자기 줄어들었다.
→ 대상이 다음과이므로, '에' 보고 쓰여 있어 한다.

06 통사 구조의 쓰임
그는 훌륭한 의사이고 자신의 공동을 받을 사람이다.
→ '훌륭한 의사', '공동을 받을 사람' 은 통일(例)이므로, '훌륭함과 사랑이고 자신의 공동을 받을 시력에게 공동을 받을 사람이다.' 고 해 주어야 한다.

07 피동의 적절한 쓰임
재미있게 읽어지는 책이 별로 없다.
→ '읽어지다'가 이 피동입이미 '어지다'가 붙여 이중 피동이 되었으
로, '읽힌다'로 고쳐 주어야 한다.

08 문장이 의미가 중의적이지 않은 쓰임
그 가난한 사람은 결혼한 동생 집에 얻어가지고 있었다.
→ 가난한 이 수선하는 대상이, '결혼', '사람', '고향하다', '수선한
는 대상이 '동생'이 분인의 그리고 고쳐 쓰여야 한다.

09 중복 표현 쓰임
미리 자원을 예사를 한복 되의 판결이 될요가 있습니다.
→ '미리', '예비'가 의미가 중복되어 있으므로, '메비'를 '본비' 로고
지 주어야 한다.

10 어휘의 적절성 확인

새로 온 사원에게 일하는 법을 <u>가리키고</u> 있는 김 과장의 모습이 보였다.

→ '가리키다'는 '손가락 따위로 어떤 방향이나 대상을 집어서 보이거나 말하거나 알리다.'라는 의미를 지닌 어휘이므로 '지식이나 기능, 이치 따위를 깨닫게 하거나 익히게 하다.'라는 의미의 '가르치다'로 고쳐 써야 한다.

바로확인 ○×문제

※ **문장이 자연스러우면 ○, 아니면 × 표시하시오.**

01 요즘에는 재미있게 <u>읽혀지는</u> 책이 별로 없다. (○/×)

02 비록 그는 가난할지라도 남에게 베푸는 즐거움을 알았다. (○/×)

03 정부는 이 문제를 일본<u>에게</u> 강력히 항의하였다. (○/×)

※ **알맞은 단어를 고르시오.**

04 미리 자료를 (예비, 준비)하지 못한 분은 별도의 자료를 만들어야 합니다.

05 새로 온 사원에게 일하는 법을 (가리키고 / 가르치고) 있는 김 과장의 모습이 보였다.

정답 01× 02○ 03× 04 준비 05 가르치고

아빠 | 돌봄 양육

01 육아담에 맞는 표정

웃어야는 표정변화가 많이 나타나는데, 주체가 상황에 맞게 다양한 표정을 지어 주는 것이 좋다.

① 아기가, 풍아버지에게 반기만 표정을 지어봅시다.
→ (웃으며) 정말 아버지가 정말 좋아하실 것 같아요. 풍인 표정으로 아버지에게 인사드려 볼까요? 좋은 표정을 지어주시면 좋겠어요.
예) 방긋 웃는 얼굴이면 더 좋을 것 같아요.

② 엄마, 아버지에게 반기를 감동하셨습니다.
→ (감동하셨습니다) 엄마의 표정이 아기에게 전해져서, 정말 행복한 마음이 들겠어요.

③ 다, 감사합니다 표정 지어요.
→ (감사합니다) 그 마음이 아기에게 전해질 수 있도록 표정을 지어봐요. ('웃어요', '감사해요', '사랑해요', '좋아요'—를 친절하게 이야기해도 좋고, 표정으로만 나타내도 좋습니다.)

④ 주체 선생님의 반응이 가내졌습니다.
→ (있으셨습니다) 풍인 표정으로 '웃어봅시다'라고 하시거나, '좋은 표정을 지어 주세요'라고 요청해야 합니다.

02 지정됨 사용 · 리듬 표현

영아 생경으로 풍겨울을 사용, 리듬 표현이 많이 나타나는데, 이는 우리말 표현 아이디어로 상상이 있다.

① 대구 친구 함 영 주체와 통자.
→ 영아가 아직 말을 할 수 없어도, 정서적 풍경과 함께 말하고, 표정으로 감정을 전달하려 합니다. 이때, 영아의 얼굴을 보면서 함께 풍경을 나눠요.

② 그래, 할아버지 만나서 반가워요?
→ (반가워서) 표정으로 아기가 반가움을 표현해요. 다같이 풍경을 할 수 있도록 하는 것이 좋아요.

③ 그래 할아버지 만나서 기뻐요.
→ (기뻐서) 아기가 기뻐하는 모습을 말로 표현해요.

④ 그래 우리 아가, 사랑해.
→ (사랑해) 아기의 얼굴을 바라보며 사랑의 표현을 풍경해요.

⑤ 아이들이 잘 받아들이고 있어요.
→ (그렇다) 아이가 주어진 표현을 잘 이해하고 있어요.

03 동사 · 풍용상의 바른 활용

① 아버지, 동해로 감상하세요.
→ (감상하세요) '감상하다'와 '감상을 하다' 모두 표현을 할 수 있어요. 영아가 일상생활에서 들을 수 있는 풍용상을 자연스럽게 풍용을 하고, 이를 표현할 수 있도록 구어주세요.

② 가족이 야외 풍경에 감동합니다.
→ (감동) 감동이나 풍경 속에서 아기가 풍경을 잘 받아들이고 있어요. '—이'의 풍용을 잘 사용할 수 있도록 지도해야 합니다.

③ 풍세요, 잘 받아들이지 않아요?
→ (풍어주다) '풍어주다' 사용에서 풍용상의 정경을 표현할 수 있도록 하는 것이 중요해요. 이는 '—어' 사용에 있어서 아이들이 혼란을 겪기 쉬운 표현 중 하나입니다.

04 조사의 바른 사용

① 그때 나는 학교에 가야겠다라고 생각했어요.
　우승하겠다는 생각을 하신 적이 있습니까?
　→ (가야겠다고) 간접 인용절에는 '고'가 쓰이고, 직접 인용절에는 '라고'가 쓰인다. 그러므로 '가야겠다고'로 고쳐 써야 한다. 그리고 두 번째 문장은 인용절에 '하는'이 결합되어 있는 형태에서 '-고 하-'가 생략된 형태이다. 그래서 "우승하겠다(고 하)는 생각을 하신 적이 있습니까?"라는 형태를 띠고 있는 것이다.

② 정부는 독도의 영유권과 관련, 이 문제를 일본에게 강력히 항의하였다.
　→ (에) '에게'는 유정물(사람이나 동물), '에'는 무정물(사물)에만 쓴다.

③ 눈이 큰데 귀가 작다.
　→ (눈은 큰데 귀는 작다) '은/는'과 '이/가'를 구분해서 사용해야 한다. '이/가'는 격 조사로서 주어를 받지만, '은/는'은 보조사로서 대조를 나타낸다.

④ 이천 년대의 식량 문제를 대처할 방안을 생각하자.
　→ (문제에)

⑤ 우리 축구 대표팀이 프랑스 대표팀에 5 : 0으로 이겼다.
　→ (대표팀을)

⑥ 우리는 이제 아시아에 손꼽히는 강대국이 되었습니다.
　→ (아시아에서)

⑦ 재해 지역 선포를 대통령에 요청했다.
　→ (께, 에게)

⑧ 어디를 가던지 자기 하기 나름이다.
　→ (가든지) '-든'은 선택을 의미하고 '-던'은 과거 시제를 의미한다.

바로확인 ○×문제

※ 밑줄 친 단어의 쓰임이 옳으면 ○, 틀리면 × 표시하시오.
01 아버지, 할아버지께서 빨리 오시라고 말씀하셨습니다. (○/×)
02 내가 친구 한 명 소개시켜 줄게. (○/×)
03 보세요, 잘 날아가지 않습니까? (○/×)

※ 표기가 바른 것을 고르시오.
04 개똥도 약에 (쓸려면, 쓰려면) 없다.
05 그때 나는 학교에 (가야겠다라고, 가야겠다고) 생각했어요.

정답　01 ×　02 ×　03 ○　04 쓰려면　05 가야겠다고

아랍어 | 히라어

사람 이름
- 뉴턴(Newton)
- 도널드 트럼프(Donald Trump)
- 루소(Rousseau)
- 르누아르(Renoir)
- 마르크스(Marx)
- 마오쩌둥(Mao Zedong)
- 모차르트(Mozart)
- 바흐(Bach)
- 비틀스(The Beatles)
- 셰익스피어(Shakespeare)

- 시저(Caesar)
- 아인슈타인(Einstein)
- 앙겔라 메르켈(Angela Merkel)
- 잔 다르크(Jeanne d'Arc)
- 차이콥스키(Tchaikovsky)
- 칭기즈 칸(Chingiz khan)
- 콜럼버스(Columbus)
- 클레오파트라(Cleopatra)
- 호찌민(Ho Chi Minh)
- 힐러리 클린턴(Hillary Clinton)

나라 이름
- 네덜란드(Netherlands)
- 덴마크(Denmark)
- 말레이시아(Malaysia)
- 베네수엘라(Venezuela)
- 싱가포르(Singapore)
- 에티오피아(Ethiopia)

- 우즈베키스탄(Uzbekistan)
- 카자흐스탄(Kazakhstan)
- 키르기스스탄(Kyrgyzstan)
- 타지키스탄(Tadzhikistan)
- 투르크메니스탄(Turkmenistan)
- 포르투갈(Portugal)

지역 이름
- 스코틀랜드(Scotland)
- 양곤(Yangon)
- 오사카/아이누(大阪)
- 인스브루크(Innsbruck)
- 잘츠부르크(Salzburg)
- 칸(Cannes)
- 캔자스(Kansas)
- 쿠알라룸푸르(Kuala Lumpur)
- 타슈켄트(Tashkent)
- 톈진(天津)
- 태평양(Pacific Ocean)
- 파리(Paris)
- 호놀룰루(Honolulu)
- 홋카이도(Hokkaido)

- 광저우(广州)
- 다낭(Dà Nẵng)/쯔어우(诸邑)
- 라스베이거스(Las Vegas)
- 로스앤젤레스(Los Angeles)
- 리옹(Lyon)
- 마르세유(Marseille)
- 마추픽추(Machu Picchu)
- 모스크바(Moskva)
- 몽블랑(Mont Blanc)
- 뮌헨(München)
- 밴쿠버(Vancouver)
- 블라디보스토크(Vladivostok)
- 삿포로(Sapporo)
- 상하이/상해(上海)
- 세비야(Sevilla)

운동경기
- 트랙 경기 | 축 | 높이 | 멀리
- 피구 | 구 | 뛰기 | 뛰기
- | 창 | 던지기

생활용품 및 가게

가스레인지	브러시	카메라
거즈	브로슈어	카페
깁스	사인펜	커튼
내비게이션	숍	컨테이너
노즐	슈퍼마켓	코펠
라디오	스노타이어	클리닉
렌터카	스프링클러	테이프
마스크	알루미늄	파일
마켓	알루미늄 새시	팸플릿
모바일	앰뷸런스	폰
바이올린	에어컨 / 에어컨디셔너	프랜차이즈
밴디지	재킷	플래카드
버저	차트	해먹

기타

가톨릭	빅토리	카운슬링
나르시시즘	샤머니즘	칼럼
난센스	센터 서클	커트
네트워크	쇼트 트랙	컨트롤
노블레스 오블리주	스로인	컷
데뷔	스케줄	케임브리지
드라큘라	스태프	코미디
라이선스	스탠퍼드	콘서트
랑데부	시프트	콤비네이션
레퍼토리	심벌	콩쿠르
로봇	심포지엄	쿠데타

로열티	아마추어	타깃
로켓	아케이드	터치라인
록 앤드 롤 / 로큰롤	알고리즘	판타지
리더십	알레르기	팜파탈(팜므파탈×)
마니아	앙케트	팡파르
마라톤	애드리브	패밀리
마사지	액세스	페미니즘
매사추세츠	엔도르핀	페스티벌
메시지	오프사이드	포르토프랭스
메커니즘	옥스퍼드	프리 킥
밸런타인데이	워크숍	하버드
부르주아	웹	헥타르
불도그	유머	휴머니즘

바로확인 ○×문제

※ 다음 중 외래어를 올바르게 표기한 것에 모두 ○ 표시하시오.

01 라스베가스, 로스앤젤레스, 마추피추, 텐진

02 뉴튼(Newton), 맑스(Marx), 셰익스피어(Shakespeare), 모짜르트(Mozart)

03 말레이시아, 싱가폴, 베네수엘라, 포르투갈

04 도너츠, 쥬스, 소시지

05 스탭, 스탠포드, 코미디, 타깃

정답 01 로스앤젤레스 02 셰익스피어 03 말레이시아, 베네수엘라, 포르투갈 04 소시지 05 코미디, 타깃